国际统计年鉴

INTERNATIONAL STATISTICAL YEARBOOK

2000

朱之鑫　主编

（京）新登字 041 号

图书在版编目（CIP）数据

国际统计年鉴－2000/朱之鑫主编.
－北京：中国统计出版社，2000.11
ISBN 7-5037-3409-4/C・1842

Ⅰ.国…
Ⅱ.朱…
Ⅲ.社会经济统计－统计资料－世界－2000－年鉴
Ⅳ.C831－54

中国版本图书馆 CIP 数据核字（2000）第 77217 号

国际统计年鉴－2000

作　　者/朱之鑫
责任编辑/陈悟朝
封面设计/张　冰
出版发行/中国统计出版社
通信地址/北京市三里河月坛南街 75 号　邮政编码/100826
办公地址/北京市丰台区西三环南路甲 6 号
电　　话/（010）63459084、63266600－22500（发行部）
印　　刷/科伦克三莱印务（北京）有限公司
经　　销/新华书店
开　　本/787×1092mm 1/16
字　　数/1150 千字
印　　张/44.5
印　　数/1－1500 册
版　　别/2000 年 12 月第 1 版
版　　次/2000 年 12 月第 1 次印刷
定　　价/150 元

《国际统计年鉴—2000》

编委会和编辑人员名单

编 者 说 明

一、《国际统计年鉴－2000》是一部综合性国际经济、社会统计资料书。本书收录了世界多达160个国家和地区的统计资料，对其中的40多个主要国家的经济和社会发展状况和世界主要企业的基本情况又作了更为详细的介绍。

二、本年鉴分为17个部分：1.世界概要，2.自然资源和环境保护，3.人口和人均主要经济指标，4.国民经济核算，5.农业，6.工业和建筑业，7.运输和通讯，8.就业、工资，9.财政、金融，10.国际收支、债务，11.价格指数，12.国际贸易和旅游，13.社会和军事，14.性别差异，15.家庭收支和居民消费，16.部分国家分地区主要指标，17.主要企业指标。

三、来自国外的资料口径和方法一般是经过联合国等国际组织的整理加工，大体是可比的。但有些国家的资料搜集和核算方法、口径和准确度不尽相同，尤其是一些价值指标，因各国价格结构不同和汇率不完全反映各国货币购买力等因素，在进行国际对比时，不可能绝对准确，只能反映大体趋势。一些实物量指标，经过调整，可比程度较高。

四、很多国家的最新资料主要是初步数或估计数。

五、本年鉴所列的中国数据，除国土面积外，均未包括中国台湾省、香港特别行政区和澳门特别行政区。

六、本年鉴资料来源主要是各国际组织的年报、月报和各国统计年鉴、月报。每张表均附有资料来源。其中中国数据均以《中国统计年鉴》为准，本书所列国际组织有关中国的统计数据仅供参考。

七、本年鉴部分数据合计数或相对数由于单位取舍不同会产生一定误差。各合计数不一定等于分项的累加。

八、本年鉴中使用的符号含义如下："…"表示数据不足本表最小单位数；"空格"表示无该项数据或该项统计数据不详；"＃"表示其中的主要项；"＊"表示因统计口径的调整，前后数据不可比。

九、尽管本年鉴所跨年度内，一些国家的名称和疆域有所改变，但除非特别注明，本年鉴中所列国家均为现国家名称及其疆域范围。

目　录

四、国民经济核算

五、农业

六、工业和建筑业

七、运输和通讯

八、就业、工资

九、财政、金融

十、国际收支、债务

十一、价格指数

十二、国际贸易和旅游

十三、社会和军事

十四、性别差异

十五、家庭收支和居民消费

十六、部分国家分地区主要指标

十七、主要企业指标

一、世界概要

1—1 世界经济发展主要指标

	1980年	1990年	1995年	1996年	1997年	1998年
国内生产总值(支出法)						
(十亿美元)						
世界总计	**10960**	**21418**	**28668**	**29344**	**29070**	**28737**
低收入国家	811	1120	1610	1817	1928	1881
中等收入国家	2323	3319	4244	4598	4705	4313
下中等收入国家		1601	1503	1674	1712	1477
上中等收入国家	1164	1761	2745	2930	3000	2838
高收入国家	7936	16967	22809	22935	22448	22544
非经合组织成员国	196	440	736	790	829	781
经合组织成员国	7739	16523	22072	22146	21623	21763
中、低收入国家						
(按地区分组)	3137	4440	5854	6414	6633	6194
东亚和太平洋	504	926	1789	2005	2000	1693
欧洲和中亚		1244	981	1113	1138	1003
拉丁美洲和加勒比	788	1149	1799	1898	2019	2028
中东和北非	410	428	481	547	585	583
南　　亚	237	410	488	528	553	565
撒哈拉以南非洲	272	298	318	330	345	334
人均国民生产总值(美元)						
世界总计	**2530**	**4030**	**4930**	**5170**	**5180**	**4890**
低收入国家	290	370	450	500	540	520
中等收入国家	1910	2260	2820	3030	3180	2990
下中等收入国家		1870	1710	1790	1870	1740
上中等收入国家	2590	3020	4520	4920	5170	4870
高收入国家	10640	20190	25720	26910	26850	25480
非经合组织成员国	5280	10280	15890	16980	17480	16430
经合组织成员国	10900	20730	26290	27480	27410	26060
中、低收入国家(按地区分组)	790	940	1150	1250	1320	1250
东亚和太平洋	330	570	940	1080	1140	990
欧洲和中亚			2000	2120	2310	2200
拉丁美洲和加勒比	2110	2250	3460	3720	3950	3860
中东和北非	2040	1720	1800	1890	1970	2030
南　　亚	270	380	390	420	430	430
撒哈拉以南非洲	650	550	520	530	540	510
国内生产总值年增长率%						
世界总计	**2.5**	**2.4**	**2.7**	**3.7**	**3.6**	**1.7**
低收入国家	5.7	4.6	8.5	8.0	6.5	4.0
中等收入国家	8.1	1.0	2.5	3.7	4.1	0.0
下中等收入国家	12.0	−0.3	1.2	1.8	1.8	−0.9
上中等收入国家	5.5	1.9	3.1	4.7	5.3	0.5
高收入国家	1.3	2.6	2.4	3.4	3.3	1.9
非经合组织成员国	6.8	6.4	5.7	5.7	5.7	1.2
经合组织成员国	1.2	2.5	2.3	3.3	3.3	1.9
中、低收入国家(按地区分组)	7.7	1.8	4.1	4.9	4.8	1.2
东亚和太平洋	3.7	7.1	9.3	7.9	6.1	−1.0
欧洲和中亚		−2.2	0.3	1.0	3.2	0.1
拉丁美洲和加勒比	6.5	−0.4	1.1	3.7	5.1	2.1
中东和北非	3.0	6.9	1.9	4.2	2.5	3.7
南　　亚	6.4	5.6	7.3	6.7	4.6	5.6
撒哈拉以南非洲	5.7	1.0	4.1	4.8	3.4	2.1

注:低收入国家指人均GNP在760美元及以下国家,中等收入国家指人均GNP在760美元以上、9361美元以下的国家,高收入国家指人均GNP在9361美元以上的国家。

资料来源:世界银行《世界发展指标》2000年。

1－2 世界工农业生产和对外贸易

	单 位	1990 年	1995 年	1996 年	1997 年	1998 年	1999 年
农业生产指数							
总 指 数	1989－1991 年＝100	100.7	109.2	113.6	116.3	117.5	119.4
食　品	1989－1991 年＝100	100.8	110.0	114.6	117.2	119.0	120.8
种 植 业	1989－1991 年＝100	101.0	108.4	114.8	116.8	117.0	118.8
谷　物	1989－1991 年＝100	102.5	100.4	109.1	111.0	109.9	109.9
牲　畜	1989－1991 年＝100	100.6	108.7	110.5	113.3	116.3	117.4
农产品产量							
薯　类	万　吨	57306	63044	66623	63165	64592	64999
豆　类	万　吨	5847	5481	5355	5533	5593	5928
油　料	万　吨	7432	9194	9333	9799	10206	10777
蔬菜及甜瓜	万　吨	46233	56076	59121	59904	61653	62875
水果(不包括甜瓜)	万　吨	35228	40918	42727	44299	43230	44465
肉　类	万　吨	17952	20463	20690	21493	22292	22594
烟　草	万　吨	713	629	741	898	693	708
圆　木	万立方米	344370	321412	321871	329740	326875	
鱼类捕获量	万　吨	9855	11604	11994	12214		
工业生产指数							
总 指 数	1990 年＝100	100.0	111.3	115.0	121.4	124.6	
矿　业	1990 年＝100	100.0	109.5	113.0	114.7	115.4	
制 造 业	1990 年＝100	100.0	111.2	115.0	122.3	125.9	
工业产品产量							
煤	万　吨	470933	465870	476355			
原　油②	万　吨	301411	307244	311333			
天 然 气	百万亿焦耳	75891	84920	90603			
生铁及铁合金	万　吨	58825	60250	58833			
纤维及非纤维织品	万　吨	414	370	359			
棉织品及毛织品	万　吨	1783	1688	1663			
皮　鞋	万　双	453715	378923	374802			
硫　酸	万　吨	13260	8886	8647			
肥　皂	万　吨	823	661	620			
电 冰 箱	万　台	5267	6155	6068			
洗 衣 机	万　台	4596	4642	4946			
机　床							
钻　床	万　台	10	9	8			
车　床	万　台	9	7	6			
卡　车	千　辆	11792	10098	10137			
铝	万　吨	2340	2264	2238			
水　泥	万　吨	114294	144951	150760			
发 电 量③	亿千瓦时	117122	129527	137457			
化　肥	万　吨	14760	14320	16470			
原　糖	万　吨	10485	10588	11650			
葡 萄 酒	万　吨	2830	2526	2684			
锯　材	万立方米	50525	42600	43163	43721	42961	
商船下水量	万吨位	1468		1548			
乘用车产量	万　辆	3490	3607	3720			
商用车产量	万　辆	1244	1391	1414			
交　通							
乘用车拥有量	万　辆	44490	47701	48595			
商用车拥有量	万　辆	13808	16975	18540			
贸 易 额①							
进　口	亿美元	35568	50226	5675	54616	53886	
出　口	亿美元	34235	49886	51783	53769	53235	

1－2 续表 1

	单 位	1990 年	1995 年	1996 年	1997 年	1998 年	1999 年
出口数量指数							
全部商品	1990 年＝100	100	135	141	157	166	
制 成 品	1990 年＝100	100	142	152	172	171	
出口单位价格指数							
全部商品	1990 年＝100	100	110	109	101	95	
制 成 品	1990 年＝100	100	110	106	98	96	
国际市场初级品出口价格指数							
全部商品	1980 年＝100	79	72	76	71	56	
食　　品	1980 年＝100	88	92	92	89	82	
非食用农产品	1980 年＝100	100	106	98	90	81	
矿　　物	1980 年＝100	71	58	67	62	43	
国际储备							
国际货币基金组织的存款	亿特别提款权	238	367	380	471	606	
外汇储备	亿特别提款权	5936	9882	11367	12553	12381	
特别提款权	亿特别提款权	204	198	185	205	203	
国际储备	亿特别提款权	6377	9317	10802	11878	11572	

注：①进口按 CIF(到岸价)计算，出口按 FOB(离岸价)计算。②不包括液化天然气。③包括水电、地热发电、热电及核电。④上年 7 月 1 日至 6 月 30 日。

资料来源：联合国《工业产品统计年鉴》1996 年、《统计月报》2000 年 3 月，4 月、粮农组织数据库、美国汽车制造协会《世界汽车数据》1998 年。

1－3 世界人口及有关指标、土地面积和人口密度

	年中人口数（百万人）							1990—1995 年人口增长率 %	1990—1995 年人口出生率 ‰	1990—1995 年人口死亡率 ‰	土地面积(万里) 1996 年	人口密度(人/里) 1996 年
	1950 年	1960 年	1970 年	1980 年	1990 年	1995 年	1996 年					
世界总计	**2520**	**3021**	**3697**	**4444**	**5285**	**5716**	**5768**	**1.5**	**24**	**9**	**13564**	**43**
非　洲	224	282	364	476	633	728	739	2.7	41	14	3030.6	24
东　　非	66	83	110	145	196	227	228	2.7	45	17	635.6	36
中　　非	26	32	40	52	70	82	86	3.4	46	15	661.3	13
北　　非	53	67	85	110	143	161	161	2.1	30	9	852.5	19
南　　非	16	20	25	33	42	47	48	2.3	32	9	267.5	18
西　　非	63	80	104	135	181	211	216	2.9	45	16	613.8	35
北美洲	166	199	226	252	278	293	299	1.0	15	9	2151.7	14
拉丁美洲	166	217	283	358	440	482	484	1.7	25	7	2053.3	24
加勒比地区	17	20	25	29	34	36	36	1.2	23	8	23.5	153
中 美 洲	37	49	67	89	113	126	126	2.0	29	6	248.0	51
南 美 洲	112	147	191	240	293	320	322	1.6	24	7	1781.9	18
亚　洲	1403	1703	2147	2642	3186	3458	3488	1.5	24	8	3176.4	110
东　　亚	671	792	987	1179	1352	1424	1434	1.0	18	7	1176.2	122
南　　亚	499	621	788	990	1243	1381	1392	1.9	30	10	1077.6	129
东南亚	182	225	287	360	442	484	490	1.7	26	8	449.5	109
西　　亚	50	66	86	113	149	168	171	2.2	30	7	473.1	36
欧　洲①	549	605	656	693	722	727	729	0.2	12	11	2298.6	32
大洋洲②	12.6	15.7	19.3	22.7	26.4	28.5	28.7	1.4	19	8	853.7	3
澳大利亚和新西兰	10.1	12.6	15.4	17.7	20.2	21.4	21.7	1.1	15	8	798.4	3
美拉尼西亚	2.1	2.6	3.3	4.2	5.2	5.8	5.9	2.2	32	9	51.4	11
密克罗尼西亚	0.2	0.2	0.2	0.3	0.4	0.5	0.5	2.3	33	6	0.3	167
波利尼西亚	0.2	0.3	0.4	0.5	0.5	0.6	0.6	1.3	25	6	0.9	67

注：①土耳其的欧洲部分列入西亚。②夏威夷包括在北美洲。

资料来源：联合国《统计年鉴》1999 年。

1—4 世界农业和食品生产指数

单位:1989—1991 年=100

	1990 年	1995 年	1996 年	1997 年	1998 年	1999 年
农业生产指数						
世界	**101**	**109**	**114**	**116**	**118**	**119**
非洲	98	111	122	119	123	126
北美洲	102	110	114	118	119	120
南美洲	99	118	122	126	128	133
亚洲	101	127	132	136	139	142
欧洲	100	86	88	88	86	86
大洋洲	101	109	116	119	121	120
食品生产指数						
世界	**101**	**110**	**115**	**117**	**119**	**121**
非洲	98	111	123	120	124	127
北美洲	101	110	114	118	120	121
南美洲	99	121	125	130	132	136
亚洲	101	128	133	137	141	144
欧洲	100	86	88	88	86	87
大洋洲	101	117	127	128	132	130

资料来源:联合国粮农组织数据库。

1—5 世界人均农业和食品生产指数

单位:1989—1991 年=100

	1990 年	1995 年	1996 年	1997 年	1998 年	1999 年
人均农业生产指数						
世界	**101**	**101**	**104**	**105**	**105**	**105**
非洲	98	98	105	100	102	101
北美洲	102	103	106	108	107	108
南美洲	99	109	111	112	113	115
亚洲	101	115	118	120	121	121
欧洲	100	59	60	60	59	59
大洋洲	101	101	106	107	108	106
人均食品生产指数						
世界	**101**	**102**	**105**	**106**	**106**	**106**
非洲	98	98	106	101	102	102
北美洲	101	103	106	108	108	109
南美洲	99	111	114	116	116	118
亚洲	101	116	119	121	123	123
欧洲	100	59	60	61	59	59
大洋洲	101	109	116	116	118	114

资料来源:联合国粮农组织数据库。

1－6　世界工业生产指数

单位:1990 年＝100

	权数	1992 年	1993 年	1994 年	1995 年	1996 年	1997 年	1998 年
世界								
工业	100.0	101.4	101.9	106.5	111.2	114.7	120.2	124.6
采掘业	9.8	102.9	104.1	107.6	110.0	113.0	114.8	115.4
煤炭	1.2	96.5	91.7	91.3	93.7	93.5	94.4	93.7
石油、天然气	6.6	105.0	107.5	111.4	113.6	116.8	118.4	118.4
金属矿	1.0	96.4	90.9	90.7	94.5	100.4	103.1	108.6
制造业	81.6	100.8	101.1	106.0	111.1	114.5	120.9	125.9
食品、饮料、烟草	10.0	104.0	104.9	108.5	111.1	113.7	117.3	121.2
纺织	3.9	102.2	100.9	104.4	105.2	105.1	108.4	106.6
服装、皮革、制鞋	2.9	95.5	93.5	93.9	93.1	90.1	87.6	85.1
木制品	1.8	97.3	97.8	102.4	102.9	102.0	104.3	105.5
造纸、出版、印刷及录音介质	6.3	101.6	103.6	106.5	108.2	108.5	112.6	112.9
化学、石油、塑料、橡胶制品	12.7	104.4	105.5	110.9	115.2	118.1	124.3	126.9
非金属矿制品	3.5	99.4	98.7	103.0	106.8	108.1	111.7	112.3
基本金属	4.9	96.3	97.9	103.6	108.0	108.9	114.8	112.7
金属及机械制造	12.2	95.4	95.1	101.2	107.5	108.2	109.1	105.1
办公机械,计算机,收音机电视及其他电子设备	12.3	102.3	104.1	113.7	129.8	145.7	165.9	194.6
运输设备	7.8	101.0	97.6	101.2	104.6	107.0	114.9	122.0
电、煤气、水	8.6	105.1	107.5	110.2	113.7	117.7	119.7	122.1
发达国家①								
工业	100.0	99.4	98.9	103.3	107.7	110.6	116.1	119.9
采掘业	5.4	100.6	101.9	106.1	107.7	110.5	111.5	109.5
煤炭	0.8	94.1	88.3	86.9	87.3	86.4	86.1	84.1
石油、天然气	3.2	103.2	107.0	113.0	115.3	120.1	120.9	117.6
金属矿	0.6	102.3	101.8	100.6	99.0	100.8	102.2	101.5
制造业	85.0	98.7	97.9	102.6	107.3	110.2	116.5	120.9
食品、饮料、烟草	9.0	102.4	102.7	105.3	106.7	107.4	109.1	109.8
纺织	2.5	98.3	95.4	98.3	97.1	93.9	97.1	95.1
服装、皮革、制鞋	2.5	94.7	91.7	92.4	91.4	88.0	85.1	81.5
木制品	1.9	96.8	96.5	101.4	102.3	102.0	104.9	106.6
造纸、出版、印刷及录音介质	7.9	100.4	102.0	104.5	105.7	105.9	110.2	110.0
化学、石油、塑料、橡胶制品	12.8	103.2	103.0	108.2	112.1	114.1	119.4	121.3
非金属矿制品	3.2	94.4	92.4	96.8	99.0	98.6	100.6	100.7
基本金属	4.8	95.0	94.3	99.1	102.3	101.5	106.9	104.2
金属及机械制造	13.5	93.4	92.2	98.2	105.0	105.1	105.9	100.6
办公机械,计算机,收音机电视及其他电子设备	13.9	101.4	102.6	111.9	128.0	144.5	165.3	195.5
运输设备	9.3	96.8	91.6	95.6	96.7	98.9	106.7	110.2
电、煤气、水	9.7	104.6	106.2	108.1	111.1	114.6	115.7	117.7

1—6 续表 1

	权数	1992 年	1993 年	1994 年	1995 年	1996 年	1997 年	1998 年
北美洲②								
工业	100.0	100.9	104.7	110.8	117.0	123.2	132.0	140.9
采掘业	8.4	97.5	98.3	100.9	101.3	102.7	105.2	102.1
煤炭	0.8	95.2	90.4	98.6	98.4	101.4	104.0	105.4
石油、天然气	6.0	97.3	99.1	100.6	100.3	101.8	103.8	99.4
金属矿	0.8	105.4	102.4	101.5	103.0	106.0	109.6	104.7
制造业	80.3	101.0	105.3	112.3	119.6	126.6	137.3	148.6
食品、饮料、烟草	8.6	102.0	101.7	105.8	108.5	108.7	110.8	111.8
纺织	2.2	107.1	112.7	118.8	119.1	117.9	122.0	120.8
服装、皮革、制鞋	2.0	99.5	101.6	104.1	104.2	101.8	100.3	94.9
木制品	2.2	97.6	98.9	103.5	105.0	107.9	112.0	115.8
造纸、出版、印刷及录音介质	9.7	98.5	100.3	102.1	102.8	102.5	106.8	106.8
化学、石油、塑料、橡胶制品	13.0	103.0	106.2	110.9	113.8	116.6	122.1	123.6
非金属矿制品	2.0	93.5	95.5	100.5	103.4	109.7	113.9	118.5
基本金属	3.6	97.4	103.0	109.6	112.9	115.8	120.6	121.3
金属及机械制造	11.4	94.9	100.9	110.7	117.2	116.6	114.1	97.0
办公机械,计算机,收音机电视及其他电子设备	12.7	110.7	119.9	136.9	168.8	206.9	255.8	334.6
运输设备	9.6	96.9	101.2	106.0	106.1	107.7	116.7	121.2
电、煤气、水	11.3	103.1	105.5	107.7	110.8	114.2	114.4	115.5
欧洲								
工业	100.0	95.7	92.2	93.3	95.7	95.6	98.5	101.5
采掘业	6.0	99.9	100.0	104.5	106.7	110.2	107.9	105.0
煤炭	1.9	86.9	78.8	69.3	66.9	62.9	58.3	50.9
石油、天然气	2.8	113.4	121.1	135.8	141.9	153.3	151.9	149.7
金属矿	0.5	81.2	69.1	62.7	61.0	54.6	49.4	45.7
制造业								
食品、饮料、烟草	10.2	98.3	98.0	97.8	97.5	97.4	98.7	100.6
纺织	4.2	84.0	75.7	69.3	66.1	61.4	62.6	61.0
服装、皮革、制鞋	3.3	88.8	83.0	77.0	74.0	70.3	68.1	64.7
木制品	2.1	92.7	88.6	88.5	90.4	86.6	89.0	91.0
造纸、出版、印刷及录音介质	5.6	99.9	100.3	103.2	104.4	104.0	109.7	110.7
化学、石油、塑料、橡胶制品	12.8	99.0	95.0	98.5	102.2	102.8	108.1	111.5
非金属矿制品	4.2	93.8	90.7	94.1	96.0	93.0	94.4	95.8
基本金属	4.8	89.3	83.1	85.7	88.8	85.5	90.6	90.9
金属及机械制造	15.7	90.6	86.3	84.6	89.7	87.0	88.8	91.3
办公机械,计算机,收音机电视及其他电子设备	11.7	96.9	95.1	98.6	104.6	108.2	114.3	126.9
运输设备	8.2	94.8	84.0	89.0	91.4	93.6	100.4	108.5
电、煤气、水	8.3	102.6	102.4	101.0	103.2	105.5	105.8	108.1

1－6 续表 2

	权数	1992 年	1993 年	1994 年	1995 年	1996 年	1997 年	1998 年
欧盟③								
工业	100.0	98.9	95.9	100.7	104.4	104.9	108.8	113.4
采掘业	3.7	100.2	101.8	108.4	110.5	112.6	109.9	110.2
煤炭	1.0	89.0	80.4	71.4	70.6	66.0	63.6	57.7
石油、天然气	1.8	110.8	119.8	135.4	139.4	147.5	143.0	145.0
金属矿	0.1	93.1	76.3	78.2	79.0	73.0	71.1	68.6
制造业	87.7	98.1	94.6	99.7	103.6	103.7	108.2	113.1
食品、饮料、烟草	9.8	103.2	104.3	106.5	107.5	108.3	110.7	112.4
纺织	3.3	95.2	90.2	93.3	92.3	87.7	91.2	91.1
服装、皮革、制鞋	3.1	92.4	88.2	89.3	89.2	85.1	82.0	80.6
木制品	1.8	98.2	97.7	104.9	107.3	103.9	107.7	111.6
造纸、出版、印刷及录音介质	6.9	101.1	101.7	105.3	106.0	105.7	112.0	112.7
化学、石油、塑料、橡胶制品	14.0	104.0	101.3	107.4	111.3	112.4	118.5	123.1
非金属矿制品	4.1	95.3	92.0	97.5	100.3	97.1	99.2	101.7
基本金属	4.4	95.4	91.3	99.3	102.4	98.5	105.7	107.4
金属及机械制造	16.8	93.5	89.4	94.9	103.6	102.9	105.9	110.8
办公机械，计算机，收音机电视及其他电子设备	11.0	97.1	94.9	101.5	109.1	113.1	118.9	132.9
运输设备	9.4	95.2	82.7	89.8	92.7	95.2	102.7	111.3
电、煤气、水	8.6	105.8	106.6	107.0	109.7	113.8	114.6	117.8
欧洲自由贸易联盟④								
工业	100.0	102.6	102.3	107.5	111.9	113.8	119.0	
采掘业	14.6	123.4	129.5	144.9	156.9	177.0	182.0	
煤炭	0.0	123.9	92.8	107.3	106.8	90.1	150.2	
石油、天然气	14.3	124.1	130.4	146.0	158.2	179.0	183.9	
金属矿	0.1	85.4	77.6	86.3	79.8	64.7	38.6	
制造业	76.4	99.3	97.6	102.0	104.5	104.9	110.1	
食品、饮料、烟草	8.8	100.4	102.0	102.8	104.7	105.9	105.8	
纺织	1.8	94.4	90.7	93.8	96.6	91.1	94.2	
服装、皮革、制鞋	0.9	92.2	88.0	86.1	85.3	87.6	84.7	
木制品	5.5	91.7	87.3	94.8	92.7	91.4	96.2	
造纸、出版、印刷及录音介质	8.2	97.1	96.7	103.9	106.9	107.0	107.9	
化学、石油、塑料、橡胶制品	11.6	101.9	108.2	121.0	130.0	140.4	156.0	
非金属矿制品	3.3	84.5	79.3	88.1	87.0	84.7	86.6	
基本金属	4.7	92.6	88.4	90.8	92.2	91.8	95.7	
金属及机械制造	8.0	100.2	97.3	100.2	103.8	104.3	111.0	
办公机械，计算机，收音机电视及其他电子设备	15.9	103.3	99.9	102.4	104.9	103.6	110.2	
运输设备	7.2	107.4	104.9	107.3	109.6	109.1	114.7	
电、煤气、水	9.0	96.5	98.6	93.3	101.6	86.4	92.3	

1－6 续表 3

	权数	1992 年	1993 年	1994 年	1995 年	1996 年	1997 年	1998 年
发展中国家⑤								
工业	100.0	108.4	112.5	117.7	123.7	128.8	134.5	140.8
采掘业	24.7	104.6	105.8	108.7	111.8	114.9	117.3	120.0
煤炭	1.1	103.0	100.8	103.3	110.8	112.3	116.4	119.3
石油、天然气	20.0	106.1	107.9	110.5	112.7	115.0	117.0	118.8
金属矿	2.2	90.7	80.2	81.1	90.1	100.0	104.0	115.5
制造业	69.4	109.8	114.7	120.5	127.4	133.2	139.9	147.7
食品、饮料、烟草	13.0	108.1	110.4	116.1	121.7	129.0	137.1	148.9
纺织	7.0	107.1	108.0	112.3	115.6	119.5	122.8	121.2
服装、皮革、制鞋	3.6	97.3	97.8	97.4	97.2	95.5	93.5	94.0
木制品	1.2	100.3	105.1	107.8	106.0	102.3	101.5	99.3
造纸、出版、印刷及录音介质	3.0	112.8	118.3	124.9	130.5	132.3	134.8	139.5
化学、石油、塑料、橡胶制品	13.7	108.4	113.8	119.5	125.1	131.4	140.4	145.4
非金属矿制品	4.0	113.9	116.7	120.5	128.7	134.9	142.8	145.3
基本金属	4.7	100.9	111.0	119.7	128.5	135.6	143.2	143.1
金属及机械制造	6.7	109.9	115.3	122.5	124.7	129.8	131.8	137.6
办公机械，计算机，收音机电视及其他电子设备	6.2	109.6	116.1	127.7	144.3	155.7	170.5	184.5
运输设备	4.0	136.3	146.9	147.6	169.3	174.2	181.6	219.1
电、煤气、水	5.9	108.1	115.1	122.3	128.8	135.4	142.9	147.4
中美洲、南美洲和加勒比地区								
工业	100.0	102.7	106.8	113.4	115.2	118.1	121.5	131.5
采掘业	11.7	104.6	109.7	114.5	125.3	134.3	141.3	149.9
煤炭	0.5	100.7	99.2	107.8	115.4	119.1	130.8	134.7
石油、天然气	7.2	109.3	111.7	116.7	125.8	132.9	139.2	149.0
金属矿	2.7	102.9	104.7	105.9	113.8	125.4	130.9	139.1
制造业	80.8	102.6	106.5	113.6	113.7	115.4	118.0	128.6
食品、饮料、烟草	18.2	107.2	106.6	109.9	115.2	117.1	120.1	127.0
纺织	4.1	100.6	96.6	99.4	94.9	93.2	90.3	94.1
服装、皮革、制鞋	4.1	93.8	95.7	97.0	91.6	91.3	89.4	95.0
木制品	1.2	105.1	108.6	119.5	106.1	97.1	98.8	122.7
造纸、出版、印刷及录音介质	4.9	111.5	116.3	121.9	124.1	125.9	126.0	135.8
化学、石油、塑料、橡胶制品	16.5	101.7	104.3	110.1	109.7	114.1	118.2	129.7
非金属矿制品	3.9	106.3	111.6	117.5	113.5	116.4	120.1	131.5
基本金属	5.0	95.5	101.3	109.2	112.1	117.9	126.0	130.6
金属及机械制造	7.1	98.8	107.4	119.0	111.7	107.2	110.9	122.7
办公机械，计算机，收音机电视及其他电子设备	7.4	89.9	99.0	113.8	123.1	128.4	126.1	127.5
运输设备	5.0	109.2	122.7	137.0	129.2	128.9	136.0	163.3
电、煤气、水	7.4	100.2	104.9	109.9	116.4	122.3	128.5	134.4

1－6 续表 4

	权数	1992 年	1993 年	1994 年	1995 年	1996 年	1997 年	1998 年
亚洲⑥								
工业	100.0	103.2	103.1	105.6	110.4	114.4	119.2	117.0
采掘业	12.7	106.0	108.1	111.6	113.1	114.5	116.2	117.6
煤炭	0.7	103.2	101.0	101.4	107.4	108.5	106.7	108.1
石油、天然气	10.5	106.0	108.5	111.7	112.7	113.5	115.2	115.7
金属矿	0.5	121.1	118.9	132.5	158.3	178.0	185.2	232.8
制造业	80.3	102.2	101.4	103.2	108.7	112.9	118.2	114.6
食品、饮料、烟草	8.9	104.6	106.3	110.9	112.7	118.1	123.0	129.1
纺织	4.9	104.9	103.3	105.8	108.9	112.9	117.0	112.2
服装、皮革、制鞋	2.7	97.8	93.1	90.1	88.2	85.3	81.3	74.6
木制品	1.1	96.4	95.8	94.1	93.0	91.7	88.1	76.1
造纸、出版、印刷及录音介质	5.0	105.7	109.2	111.6	115.6	117.5	119.7	116.5
化学、石油、塑料、橡胶制品	11.9	106.8	109.2	113.9	121.1	125.3	132.4	129.5
非金属矿制品	3.8	103.8	102.5	104.0	110.3	114.0	118.2	110.7
基本金属	6.2	95.7	96.6	97.9	103.2	104.0	108.7	97.3
金属及机械制造	9.7	96.7	92.6	94.8	100.0	104.7	105.4	97.9
办公机械，计算机，收音机电视及其他电子设备	15.1	100.3	98.0	102.8	113.8	122.9	133.3	133.0
运输设备	6.9	111.4	107.6	121.7	110.9	114.9	122.4	125.2
电、煤气、水	7.0	109.7	113.7	121.7	125.9	131.2	136.4	139.1
大洋洲⑦								
工业	100.0	99.1	101.5	105.1	108.6	110.7	113.4	114.2
采掘业	18.5	109.9	110.7	111.0	116.7	121.1	123.4	128.9
煤炭	5.0	112.5	112.4	113.8	120.9	124.6	126.0	131.0
石油、天然气	5.3	101.6	102.0	100.4	109.7	108.6	109.8	118.3
金属矿	7.5	116.1	118.1	120.6	119.6	132.7	140.2	140.9
制造业	66.8	95.3	97.9	102.8	105.8	107.2	110.1	110.2
食品、饮料、烟草	12.8	102.8	104.5	107.6	109.4	111.1	113.6	119.7
纺织	1.9	91.6	88.3	90.3	89.1	86.1	85.8	82.1
服装、皮革、制鞋	2.1	91.4	88.3	90.4	89.5	86.2	85.8	81.9
木制品	2.3	95.0	101.5	106.5	112.0	113.0	115.6	119.7
造纸、出版、印刷及录音介质	6.8	92.7	97.1	100.5	105.3	106.9	109.7	109.9
化学、石油、塑料、橡胶制品	9.4	100.5	103.3	109.8	114.6	118.2	119.9	117.3
非金属矿制品	3.4	88.2	95.6	98.2	99.1	87.8	89.1	98.7
基本金属	7.2	96.3	99.5	103.8	103.3	106.4	109.6	107.0
金属及机械制造	8.8	93.4	96.7	103.2	105.6	108.8	112.6	110.3
办公机械，计算机，收音机电视及其他电子设备	3.2	89.6	90.6	98.6	105.1	108.2	113.0	110.4
运输设备	6.8	90.2	91.0	99.1	105.3	108.6	113.3	110.4
电、煤气、水	14.6	102.8	106.3	108.3	111.4	113.2	115.5	113.9

注：①发达国家包括北美洲(美国和加拿大)，欧洲、澳大利亚、新西兰、日本、以色列和南非。②指加拿大及美国。③包括奥地利、荷兰、比利时、丹麦、芬兰、法国、德国、希腊、爱尔兰、意大利、卢森堡、葡萄牙、西班牙、瑞典及英国。④包括冰岛、挪威及瑞士。⑤指加勒比、中美、南美、非洲(不包括南非)、亚洲(不包括以色列及日本)。大洋洲(不包括澳大利亚和新西兰)。⑥不包括日本和以色列。⑦澳大利亚和新西兰。

资料来源：联合国《统计月报》2000 年 2 月。

1—7 世界能源平衡表

单位:标准煤万吨

	年份	一次能源产量					库存变化	进口
		总计	固体	液体	气体	电力		
世界	**1993**	**1156189**	**312742**	**460473**	**268435**	**114540**	**606**	**424889**
	1994	**1194406**	**334857**	**468139**	**275052**	**116358**	**6697**	**427777**
	1995	**1232942**	**345963**	**472796**	**293428**	**120756**	**1724**	**437570**
	1996	**1259808**	**351589**	**478276**	**305998**	**123945**	**424**	**459932**
非洲	1993	74615	14557	48666	10396	996	—678	7075
	1994	75228	15616	48425	10081	1106	—387	7744
	1995	74240	16425	49677	11965	1174	—219	7994
	1996	81012	16375	50641	12791	1205	—558	7818
北美洲	1993	298772	74653	96258	90662	37199	—2928	90369
	1994	323650	94339	95384	95511	38416	3702	94898
	1995	326841	94695	94908	97261	39977	—912	93797
	1996	330307	97613	92775	99263	40657	—1702	99397
南美洲	1993	54261	2836	36173	9846	5406	194	9602
	1994	58180	3082	38569	10852	5678	—332	10177
	1995	61187	3348	40504	11256	6078	—988	10648
	1996	63951	3611	42206	11761	6373	—575	11263
亚洲	1993	387326	129277	187510	49797	20742	3758	133423
	1994	402952	136092	193177	51662	22022	2158	135569
	1995	418952	144958	194777	55334	23884	3265	142198
	1996	433258	149491	198160	60674	24932	3441	150576
欧洲	1993	316322	75322	87526	104056	49418	538	180543
	1994	307904	68385	88455	102723	48342	1888	175337
	1995	318350	67008	88719	113786	48837	261	178845
	1996	322058	64624	90663	116770	50001	—67	186338
大洋洲	1993	24894	16097	4340	3678	779	—227	3877
	1994	26491	17343	4130	4224	794	—332	4025
	1995	28373	19529	4212	3827	806	317	4088
	1996	29223	19876	3831	4739	777	—115	4541

1—7 续表 1

单位:标准煤万吨

	年份	出口	能源消费量					
			人均消费量(公斤)	总计	固体	液体	气体	电力
世界	**1993**	**410768.2**	**2015**	**1107174**	**320592**	**404621**	**267384**	**114576**
	1994	**418389.3**	**2029**	**1131389**	**336338**	**405444**	**273252**	**116356**
	1995	**434267.9**	**2068**	**1169101**	**346029**	**408512**	**293793**	**120767**
	1996	**453234.7**	**2091**	**1199208**	**353371**	**416817**	**305167**	**123853**
非洲	1993	49033.3	423	28506	9661	12204	5661	981
	1994	48996.1	429	29638	10545	12122	5873	1098
	1995	52837.8	424	30112	9896	12060	6989	1167
	1996	54741.4	423	30854	9823	12453	7406	1172
北美洲	1993	47780.0	7521	334266	71937	134421	90704	37203
	1994	49157.3	7877	354615	83539	137378	95283	38415
	1995	52759.9	7891	359661	84619	136480	98575	39988
	1996	53748.2	7979	367999	88631	139100	99609	40659
南美洲	1993	24311.2	1181	36339	2564	18587	9798	5389
	1994	26344.8	1241	38782	2696	19569	10858	5659
	1995	29094.4	1282	40713	2838	20544	11255	6076
	1996	30304.3	1301	41921	2771	21040	11742	6368
亚洲	1993	160869.7	989	328016	142691	117994	46493	20838
	1994	158297.7	1035	348209	151938	122080	52019	22171
	1995	160778.3	1071	365824	160615	126186	55047	23977
	1996	165349.0	1106	383094	166205	131416	60428	25046
欧洲	1993	114890.8	5104	364373	87876	115211	111900	49386
	1994	120465.3	4730	344120	81413	108261	106229	48217
	1995	122838.1	4893	356285	81220	107179	119132	48755
	1996	132559.6	4906	357541	78553	106508	122649	49831
大洋洲	1993	13883.2	5741	15674	5863	6204	2828	779
	1994	15128.0	5792	16025	6207	6034	2990	794
	1995	15959.5	5887	16505	6841	6063	2796	806
	1996	16532.0	6264	17799	7387	6301	3334	777

资料来源:联合国《能源年鉴》1996 年。

1—8 进出口贸易指数

单位:1990 年=100

	1993 年	1994 年	1995 年	1996 年	1997 年	1998 年	1999 年
出口数量指数							
世界	113	123	135	144	156	166	
发达国家	107	117	127	135	150	156	157
非洲	106	112	103	116			
北美洲	117	127	137	145	160	165	170
亚洲	102	104	108	109	119	117	119
欧洲	104	115	128	137	153	161	160
#欧盟	105	116	130	139	155	164	163
#欧洲自由贸易区	108	117	119	125	140	142	145
大洋洲	127	136	139	155	167	166	167
发展中国家	131	143	159	171	176	196	
非洲	102	99	107	120	119	144	
美洲	117	124	143	155	162	173	
亚洲	138	154	171	183	189	210	
中东部分	138	135	137	143	164	199	
其它	137	157	177	190	192	210	
欧洲							
出口单位价格指数							
世界	97	101	109	107	102	95	
发达国家	99	101	110	106	98	95	94
非洲	97	96	114	106			
北美洲	99	101	107	107	106	102	101
亚洲	123	132	143	132	123	115	121
欧洲	93	96	106	102	91	90	88
#欧盟	94	97	106	102	91	90	88
#欧洲自由贸易区	85	88	103	102	88	83	82
大洋洲	85	89	97	98	93	82	80
发展中国家	95	101	109	109	110	96	
非洲	81	87	94	93	94	72	
美洲	89	97	102	105	109	98	
亚洲	98	104	112	111	110	98	
中东部分	83	84	93	101	95	68	
其它	102	108	116	113	110	106	
欧洲							

资料来源:联合国《统计月报》2000 年 4 月。

1—9 初级品和基本金属出口价格指数

单位:1980 年=100

	1993 年	1994 年	1995 年	1996 年	1997 年	1998 年	1999 年
初级品							
世界	65	66	72	76	71	56	60
发达国家	85	87	94	94	87	79	75
发展中国家	56	57	61	68	64	46	52
食品							
世界	82	87	92	92	89	82	77
发达国家	90	91	97	99	91	85	80
发展中国家	64	80	81	77	85	75	65
肉类	104	106	98	99	104	95	96
牛肉	102	98	92	87	78	67	66
羊肉	97	101	94	109	129	111	107
猪肉	122	134	111	111	137	135	124
家禽肉	102	107	104	123	137	143	175
咸肉	82	81	94	105	108	86	80
奶制品	103	99	105	99	90	91	88
牛奶	96	86	85	78	68	66	64
黄油	99	101	110	107	107	110	100
奶酪	120	119	132	117	106	111	111
蛋	84	77	80	99	68	66	63
谷物	79	79	84	93	79	70	66
小麦	81	83	94	108	84	69	64
稻谷	72	90	84	93	91	100	97
大麦	57	55	47	69	62	60	58
玉米	85	75	80	79	73	63	58
燕麦	80	68	71	73	65	57	55
蔬菜	104	99	100	91	73	65	64
土豆	108	73	74	54	42	48	51
木薯	86	86	85	81	68	37	36
干菜豆	87	106	100	111	107	102	99
干豌豆	139	137	141	124	117	119	115
西红柿	118	114	111	110	69	60	57
洋葱	78	86	100	67	41	37	36
饮品	56	88	88	76	97	87	72
咖啡	38	81	83	65	88	68	52
可可	43	53	55	54	57	62	49
茶	200	206	181	198	237	260	240
水果	117	126	147	140	130	135	127
柑橘类	103	116	143	138	130	137	137
柑橘	100	115	149	142	143	154	153
柠檬	111	131	147	157	113	112	115
葡萄柚	111	94	90	84	68	54	52
其它水果	131	137	151	141	131	134	119

1—9 续表 1

单位:1980 年=100

	1993 年	1994 年	1995 年	1996 年	1997 年	1998 年	1999 年
香蕉	128	115	111	95	117	122	109
苹果	134	159	190	187	144	146	129
动物饲料	88	83	83	109	114	79	63
油粕	92	85	81	114	123	78	66
鱼饲料	73	74	90	89	78	83	48
胡椒	75	112	143	136	217	255	260
鱼	118	119	111	114	114	114	118
糖	37	43	48	43	40	32	23
葡萄酒	102	117	173	159	137	163	157
非食用农产品							
世界	84	95	106	98	90	81	73
发达国家	87	96	105	97	93	82	74
发展中国家	79	93	109	98	87	79	71
油料、油及脂肪	81	90	95	98	97	93	76
花生	97	97	92	84	77	67	56
大豆	84	83	86	101	97	80	67
亚麻籽	68	70	80	93	88	79	56
椰子仁干	66	93	97	108	96	91	105
豆油	84	107	107	94	95	106	74
棉籽油	123	145	126	126	125	139	119
花生油	87	120	116	105	119	107	92
橄榄油	90	88	89	81	90	89	97
棕榈油	65	90	107	91	93	115	78
椰子油	64	87	96	107	94	94	107
油棕油	65	92	99	107	96	101	102
亚麻籽油	90	106	139	118	125	157	116
葵花籽油	86	101	110	91	92	116	84
动物油脂	67	76	82	93	106	97	72
林产品	91	97	109	94	85	76	72
木材	90	95	103	94	82	75	73
木材制纸浆	86	93	112	91	88	74	69
原木	101	105	115	98	85	79	72
纺织原料	63	81	95	85	81	69	61
羊毛	57	78	80	73	76	56	51
棉花	65	82	103	90	82	74	64
黄麻	74	96	105	111	84	73	74
亚麻	80	110	113	112	114	108	105
西沙尔麻	78	85	91	116	111	116	109
烟草	128	131	132	131	136	140	141
兽皮	156	173	178	178	172	142	134
天然橡胶	59	81	112	99	72	50	43

1—9 续表 2

单位:1980 年=100

	1993 年	1994 年	1995 年	1996 年	1997 年	1998 年	1999 年
矿产品							
世界	55	53	58	67	62	43	52
发达国家	72	71	79	83	76	64	65
发展中国家	53	51	55	65	59	39	49
铁矿石	122	120	140	141	141	138	134
铬矿	99	99	131	208	217	222	222
锰矿	164	130	125	126	127	125	118
燃料	54	52	56	65	60	40	50
煤	95	97	110	105	90	88	86
原油	51	49	54	63	58	38	48
天燃气	70	67	75	75	72	61	49
原肥	73	73	73	73	79	81	85
基本金属							
世界	76	92	114	96	99	77	74
发达国家	79	96	118	100	103	81	78
发展中国家	70	84	104	87	88	68	65
铜	87	106	135	105	106	78	72
镍	97	117	156	143	135	91	104
铝	66	86	104	87	92	77	74
铅	47	61	69	84	68	58	56
锌	154	153	156	156	204	159	160
锡	31	33	37	37	33	31	28
除原油以外的初级品							
世界	84	90	97	95	90	83	76
发达国家	89	92	99	98	91	84	79
发展中国家	72	85	93	87	88	79	70
除原油以外的矿产品							
世界	90	89	100	99	93	88	82
发达国家	89	88	100	98	91	85	79
发展中国家	94	92	103	104	104	99	93

资料来源:联合国《统计月报》2000 年 2 月。

主要统计指标解释

人口年均增长率 是由联合国秘书处人口司通过推算增长率公式计算的。

出生率和死亡率 分别为一年内所出生或死亡人口与年中人数之比,一般用千分率表示。这些比率都是预计数。

世界土地面积 是各国、各地区土地面积的合计数。

人口密度 是每平方公里的年中人口数。

农业生产指数和食品生产指数

农业生产指数是用农产品产量计算出的。包括粮食、牲畜产量,剔除种籽、饲料。

食品生产指数是指具有可食性、富有营养的商品,剔除咖啡、茶及其他不可食的商品。

表中的农业生产指数和食品生产指数是以1989—1991年为基准年,用拉氏公式计算得来的。采用三年平均数为基准年的目的是为了减少基准年农业生产波动的影响。每种产品的产量按1989—1991年平均国内生产者价格加权,分各年累加。如果不能从官方得到可靠数字,联合国粮农组织就要进行估算。我们这里也包括大量这样得来的数字。

人均农业生产指数和人均食品生产指数 是农业生产指数和食品生产指数与人口指数之比。

工业生产指数 按国际标准产业分类(ISIC)的大类,即矿业,制造业,电力、煤气、水分别列出。工业生产指数体现出按不变价美元计算的增加值的变化趋势。增加值为总产值减去中间消耗(物质,供应,燃料,电力,服务消耗)。该指数采用拉氏公式计算,基准年为1990年。

东欧和前苏联增加值数据是通过官方统计部门有关数据或从国家出版物的数据中估算的。

初级产品和基本金属出口价格指数 由单个商品各主要出口国按其商品等级所获占该商品出口份额加权平均后,经过单个商品物价指数再次加权平均而得。权数以1980年为基准年。价格均为美元数。

二、自然资源和环境保护

2－1 国土面积与人口密度

	国土面积（万平方公里）	1998年年中人口数（万人）	1998年人口密度（人/平方公里）		国土面积（万平方公里）	1998年年中人口数（万人）	1998年人口密度（人/平方公里）
世界	**13387.0**	**590105**	**44**	乌兹别克斯坦	44.7	2405	54
亚洲	**3174.8**	**358537**	**113**	越南	33.2	7756	234
中国①	960.0	124810	130	也门	52.8	1707	32
中国香港	0.1	669	6690	**非洲**	**3031.2**	**74893**	**25**
阿富汗	65.2	1880	29	阿尔及利亚	238.2	2980	13
亚美尼亚	2.9	354	122	安哥拉	124.7	1209	10
阿塞拜疆	8.7	764	88	贝宁	11.3	604	53
巴林	0.1	64	640	博茨瓦纳	58.2	157	3
孟加拉国	14.4	12477	866	布基纳法索	27.4	1068	39
不丹	4.7	200	43	布隆迪	2.8	630	225
文莱	0.6	31	52	喀麦隆	47.5	1431	30
柬埔寨	18.1	1144	63	佛得角	0.4	42	105
塞浦路斯	0.9	75	83	中非	62.3	349	6
东帝汶	1.5	86	57	乍得	128.4	727	6
格鲁吉亚	6.9	506	73	科摩罗	0.2	66	330
印度	328.8	97093	295	刚果(布)	34.2	279	8
印度尼西亚	190.5	20442	107	科特迪瓦	32.2	1429	44
伊朗	163.3	6163	38	吉布提	2.3	62	27
伊拉克	43.8	2180	50	埃及	100.1	6598	66
以色列	2.1	597	284	赤道几内亚	2.8	43	15
日本	37.8	12641	334	埃塞俄比亚	110.4	5988	54
约旦	8.9	630	71	加蓬	26.8	119	4
哈萨克斯坦	271.7	1507	6	冈比亚	1.1	123	112
朝鲜	12.1	2335	193	加纳	23.9	1916	80
韩国	9.9	4643	469	几内亚	24.6	734	30
科威特	1.8	203	113	几内亚比绍	3.6	116	32
吉尔吉斯	19.9	470	24	肯尼亚	58.0	2901	50
老挝	23.7	516	22	莱索托	3.0	206	69
黎巴嫩	1.0	319	319	利比里亚	11.1	267	24
马来西亚	32.9	1035	31	利比亚	176.0	534	3
蒙古	156.7	240	2	马达加斯加	58.7	1506	26
缅甸	67.7	4450	66	马拉维	11.8	1035	88
尼泊尔	14.7	2184	149	马里	124.0	1069	9
阿曼	21.2	229	11	毛里塔尼亚	102.6	253	2
巴基斯坦	79.6	13058	164	毛里求斯	0.2	116	580
菲律宾	30.0	7515	251	摩洛哥	44.7	2778	62
卡塔尔	1.1	54	49	莫桑比克	80.2	1692	21
沙特阿拉伯	215.0	2018	9	纳米比亚	82.4	166	2
新加坡	0.1	387	3870	尼日尔	126.7	1008	8
斯里兰卡	6.6	1877	284	尼日利亚	92.4	10641	115
叙利亚	18.5	1560	84	卢旺达	2.6	660	254
塔吉克斯坦	14.3	610	43	塞内加尔	19.7	928	47
泰国	51.3	6120	119	塞舌尔	0.1	8	80
土耳其	77.5	6345	82	塞拉利昂	7.2	457	63
土库曼斯坦	48.8	486	10	索马里	63.8	924	14
阿联酋	8.4	272	32	南非	122.1	4213	35

2－1 续表 1

	国土面积（万平方公里）	1998 年年中人口数（万人）	1998 年人口密度（人/平方公里）		国土面积（万平方公里）	1998 年年中人口数（万人）	1998 年人口密度（人/平方公里）
苏丹	250.6	2829	11	奥地利	8.4	808	96
斯威士兰	1.7	95	56	白俄罗斯	20.8	1019	49
坦桑尼亚	94.5	3210	34	比利时－卢森堡	3.3	1021	309
多哥	5.7	440	77	保加利亚	11.1	825	74
突尼斯	16.4	933	57	克罗地亚	5.7	457	80
乌干达	24.1	2103	87	捷克共和国	7.9	1029	130
刚果(金)	234.5	4914	21	丹麦	4.3	530	123
赞比亚	75.3	878	12	爱沙尼亚	4.5	145	32
津巴布韦	39.1	1268	32	芬兰	33.8	515	15
北美洲	**2239.1**	**47253**	**21**	法国	55.2	5885	107
安提瓜和巴布达	0.04	7	175	德国	35.7	8202	230
巴哈马	1.4	30	21	希腊	13.2	1052	80
巴巴多斯	0.04	27	675	匈牙利	9.3	1011	109
伯利兹	2.3	24	10	冰岛	10.3	27	3
加拿大	997.1	3030	3	爱尔兰	7.0	370	53
哥斯达黎加	5.1	334	65	意大利	30.1	5759	191
古巴	11.1	1112	100	拉脱维亚	6.5	245	38
多米尼加共和国	4.9	811	166	立陶宛	6.5	370	57
萨尔瓦多	2.1	603	287	马尔他	0.03	38	1267
格林纳达	0.03	9	300	荷兰	4.1	1571	383
危地马拉	10.9	1080	99	挪威	32.4	443	14
海地	2.8	765	273	波兰	32.3	3867	120
洪都拉斯	11.2	618	55	葡萄牙	9.2	997	108
牙买加	1.1	254	231	罗马尼亚	23.8	2250	95
墨西哥	195.8	9583	49	俄罗斯	1707.5	14654	9
尼加拉瓜	13.0	481	37	斯洛伐克	4.9	539	110
巴拿马	7.6	276	36	斯洛文尼亚	2.0	198	99
波多黎各	0.9	381	423	西班牙	50.5	3937	78
美国	936.4	27056	29	瑞典	44.9	885	20
南美洲	**1783.2**	**33572**	**19**	瑞士	4.1	710	173
阿根廷	278.1	3612	13	英国	24.5	5865	239
玻利维亚	109.9	795	7	乌克兰	60.4	5050	84
巴西	851.2	16179	19	南斯拉夫	10.2	1062	104
智利	75.7	1482	20	**大洋洲**	**856.4**	**2964**	**3**
哥伦比亚	113.9	4083	36	澳大利亚	774.1	1875	2
厄瓜多尔	28.4	1217	43	斐济	1.8	80	44
圭亚那	21.5	85	4	关岛	0.1	15	150
巴拉圭	40.7	522	13	新喀里多尼亚	1.9	20	11
秘鲁	128.5	2480	19	新西兰	27.1	379	14
苏里南	16.3	41	3	巴布亚新几内亚	46.3	460	10
乌拉圭	17.7	329	19	萨摩亚	0.3	17	57
委内瑞拉	91.2	2344	26	所罗门群岛	2.9	42	14
欧洲	**2298.8**	**72887**	**32**	汤加	0.1	10	100
阿尔巴尼亚	2.9	379	131	瓦努阿图	1.2	18	15

注：①中国为年底人口数。

资料来源：联合国粮农组织数据库；联合国《统计月报》2000 年 2 月。

2—2 土地利用

单位:千公顷

	1980年	1990年	1995年	1998年		1980年	1990年	1995年	1998年
世界总计					**巴林(续)**				
土地面积	13043683	13043644	13048407	13048407	其它面积	63	65	64	63
耕地面积	1331033	1383451	1376437	1380239	**孟加拉国**				
多年生作物面积	100454	118913	129376	131527	土地面积	13017	13017	13017	13017
其它面积	11612196	11541280	11542594	11536641	耕地面积	8892	9137	7823	7992
亚洲①					多年生作物面积	266	300	325	340
土地面积	2678234	2678234 *	3085414	3085414	其它面积	3859	3580	4869	4685
耕地面积	449701	457135 *	498469	496655	**不丹**				
多年生作物面积	39388	49199 *	57457	59584	土地面积	4700	4700	4700	4700
其它面积	2189145	2171900 *	2529488	2529175	耕地面积	104	113	130	140
中国					多年生作物面积	18	19	20	20
土地面积②	960000	960000	960000	960000	其它面积	4578	4568	4550	4540
牧场面积③	224340	224340	313330	313330	**文莱**				
其它面积	735660	735660	646670	646670	土地面积	527	527	527	527
中国香港					耕地面积	3	3	3	3
土地面积	99	99	99	99	多年生作物面积	5	4	4	4
耕地面积	7	6	6	5	其它面积	519	520	520	520
多年生作物面积	1	1	1	1	**柬埔寨**				
其它面积	91	92	92	93	土地面积	17652	17652	17652	17652
阿富汗					耕地面积	2000	3695	3700	3700
土地面积	65209	65209	65209	65209	多年生作物面积	70	100	107	107
耕地面积	7910	7910	7910	7910	其它面积	15582	13857	13845	13845
多年生作物面积	139	144	144	144	**塞浦路斯**				
其它面积	57160	57155	57155	57155	土地面积	924	924	924	924
亚美尼亚					耕地面积	103	106	100	100
土地面积②			2820	2820	多年生作物面积	65	51	43	43
耕地面积			492	495	其它面积	756	767	781	781
多年生作物面积			75	65	**东帝汶**				
其它面积			2253	2260	土地面积	1487	1487	1487	1487
阿塞拜疆					耕地面积	70	70	70	70
土地面积②			8660	8660	多年生作物面积	10	10	10	10
耕地面积			1640	1672	其它面积	1407	1407	1407	1407
多年生作物面积			310	263	**格鲁吉亚**				
其它面积			6710	6725	土地面积			6970	6970
巴林					耕地面积			777	785
土地面积	69	69	69	69	多年生作物面积			328	285
耕地面积	2	2	2	3	其它面积			5865	5900
多年生作物面积	4	2	3	3					

2—2 续表 1 单位:千公顷

	1980 年	1990 年	1995 年	1998 年
印度				
土地面积	297319	297319	297319	297319
耕地面积	162955	163138	162250	161500
多年生作物面积	5300	6300	7500	8000
其它面积	129064	127881	127569	127819
印度尼西亚				
土地面积	181157	181157	181157	181157
耕地面积	18000	20253	17130	17941
多年生作物面积	8000	11720	13050	13046
其它面积	155157	149184	150977	150170
伊朗				
土地面积	162200	162200	162200	162200
耕地面积	12981	15190	17388	16837
多年生作物面积	732	1310	1630	1966
其它面积	148487	145700	143182	143397
伊拉克				
土地面积	43737	43737	43737	43737
耕地面积	5250	5300	5200	5200
多年生作物面积	189	290	340	340
其它面积	38298	38147	38197	38197
以色列				
土地面积	2062	2062	2062	2062
耕地面积	325	348	351	351
多年生作物面积	88	88	86	86
其它面积	1649	1626	1625	1625
日本				
土地面积	37652	37652	37652	37652
耕地面积	4874	4768	4630	4535
多年生作物面积	587	475	408	370
其它面积	32191	32409	32614	32747
约旦				
土地面积	8893	8893	8893	8893
耕地面积	299	290	255	255
多年生作物面积	38	90	127	135
其它面积	8556	8513	8511	8503

	1980 年	1990 年	1995 年	1998 年
哈萨克斯坦				
土地面积②			267073	267073
耕地面积			31886	30000
多年生作物面积			144	135
其它面积			235043	236938
朝鲜				
土地面积	12041	12041	12041	12041
耕地面积	1610	1700	1700	1700
多年生作物面积	290	300	300	300
其它面积	10141	10041	10041	10041
韩国				
土地面积	9873	9873	9873	9873
耕地面积	2060	1953	1783	1708
多年生作物面积	136	156	202	202
其它面积	7677	7764	7888	7963
科威特				
土地面积	1782	1782	1782	1782
耕地面积	1	4	5	6
多年生作物面积		1	1	1
其它面积	1781	1777	1776	1775
吉尔吉斯				
土地面积②			19180	19180
耕地面积			1253	1350
多年生作物面积			73	75
其它面积			17854	17755
老挝				
土地面积	23080	23080	23080	23080
耕地面积	670	807	800	800
多年生作物面积	20	43	50	52
其它面积	22390	22230	22230	22228
黎巴嫩				
土地面积	1023	1023	1023	1023
耕地面积	210	183	180	180
多年生作物面积	91	122	127	128
其它面积	722	718	716	715

2－2 续表 2

单位：千公顷

	1980 年	1990 年	1995 年	1998 年
马来西亚				
土地面积	32855	32855	32855	32855
耕地面积	1000	1700	1820	1820
多年生作物面积	3800	5200	5784	5785
其它面积	28055	25955	25251	25250
马尔代夫				
土地面积	30	30	30	30
耕地面积	1	1	1	1
多年生作物面积	2	2	2	2
其它面积	27	27	27	27
蒙古				
土地面积	156650	156650	156650	156650
耕地面积	1182	1370	1321	1321
多年生作物面积	1	1	1	1
其它面积	155467	155279	155328	155328
缅甸				
土地面积	65755	65755	65755	65755
耕地面积	9573	9567	9540	9548
多年生作物面积	449	502	570	595
其它面积	55733	55686	55645	55612
尼泊尔				
土地面积	14300	14300	14300	14300
耕地面积	2290	2286	2898	2898
多年生作物面积	30	64	70	70
其它面积	11980	11950	11332	11332
阿曼				
土地面积	21246	21246	21246	21246
耕地面积	13	16	16	16
多年生作物面积	28	45	47	47
其它面积	21205	21185	21183	21183
巴基斯坦				
土地面积	77088	77088	77088	77088
耕地面积	19994	20484	20984	21425
多年生作物面积	306	456	566	615
其它面积	56788	56148	55538	55048

	1980 年	1990 年	1995 年	1998 年
菲律宾				
土地面积	29817	29817	29817	29817
耕地面积	5228	5480	5500	5500
多年生作物面积	4400	4400	4400	4500
其它面积	20189	19937	19917	19817
卡塔尔				
土地面积	1100	1100	1100	1100
耕地面积	4	10	14	14
多年生作物面积	1	1	2	3
其它面积	1095	1089	1084	1083
沙特阿拉伯				
土地面积	214969	214969	214969	214969
耕地面积	1890	3390	3700	3700
多年生作物面积	72	91	130	130
其它面积	213007	211488	211139	211139
新加坡				
土地面积	61	61	61	61
耕地面积	2	1	1	1
多年生作物面积	6			
其它面积	53	60	60	60
斯里兰卡				
土地面积	6463	6463	6463	6463
耕地面积	850	875	866	869
多年生作物面积	1030	1025	1020	1020
其它面积	4583	4563	4577	4574
叙利亚				
土地面积	18378	18378	18378	18378
耕地面积	5230	4885	4799	4709
多年生作物面积	454	741	703	775
其它面积	12694	12752	12876	12894
塔吉克斯坦				
土地面积			14060	14060
耕地面积			800	760
多年生作物面积			130	130
其它面积			13130	13170

2—2 续表 3

单位:千公顷

	1980 年	1990 年	1995 年	1998 年		1980 年	1990 年	1995 年	1998 年
泰国					**阿尔及利亚**				
土地面积	51089	51089	51089	51089	土地面积	238174	238174	238174	238174
耕地面积	16515	17494	16839	16800	耕地面积	6875	7081	7519	7661
多年生作物面积	1783	3109	3571	3575	多年生作物面积	634	554	510	512
其它面积	32791	30486	30679	30714	其它面积	230665	230539	230145	230001
土耳其					**安哥拉**				
土地面积	76963	76963	76963	76963	土地面积	124670	124670	124670	124670
耕地面积	25354	24647	24654	24438	耕地面积	2900	2900	3000	3000
多年生作物面积	3125	3030	2461	2530	多年生作物面积	500	500	500	500
其它面积	48484	49286	49848	49995	其它面积	121270	121270	121170	121170
土库曼斯坦					**贝宁**				
土地面积②			46993	46993	土地面积	11062	11062	11062	11062
耕地面积			1630	1622	耕地面积	1500	1615	1670	1700
多年生作物面积			65	65	多年生作物面积	85	105	140	150
其它面积			45298	45306	其它面积	9477	9342	9252	9212
阿联酋					**博茨瓦纳**				
土地面积	8360	8360	8360	8360	土地面积	56673	56673	56673	56673
耕地面积	16	35	40	40	耕地面积	402	418	343	343
多年生作物面积	7	20	40	41	多年生作物面积	2	3	3	3
其它面积	8337	8305	8280	8279	其它面积	56269	56252	56327	56327
乌兹别克斯坦					**布基纳法索**				
土地面积②				41424	土地面积	27360	27360	27360	27360
耕地面积				4475	耕地面积	2745	3520	3400	3400
多年生作物面积				375	多年生作物面积	40	55	50	50
其它面积				36574	其它面积	24575	23785	23910	23910
越南					**布隆迪**				
土地面积	32549	32549	32549	32549	土地面积	2568	2568	2568	2568
耕地面积	5940	5339	5509	5700	耕地面积	920	810	770	770
多年生作物面积	630	1045	1248	1550	多年生作物面积	260	340	330	330
其它面积	25979	26165	25792	25299	其它面积	1388	1418	1468	1468
非洲					**喀麦隆**				
土地面积	2963568	2963568	2963568	2963568	土地面积	46540	46540	46540	46540
耕地面积	158212	168442	176523	177733	耕地面积	5910	5940	5960	5960
多年生作物面积	19744	22717	23785	24230	多年生作物面积	1020	1230	1200	1200
其它面积	2785612	2772409	2763260	2761605	其它面积	39610	39370	39380	39380

2—2 续表 4

单位：千公顷

	1980年	1990年	1995年	1998年
佛得角				
土地面积	403	403	403	403
耕地面积	38	41	39	39
多年生作物面积	2	2	2	2
其它面积	363	360	362	362
中非				
土地面积	62298	62298	62298	62298
耕地面积	1870	1920	1930	1930
多年生作物面积	75	86	90	90
其它面积	60353	60292	60278	60278
乍得				
土地面积	125920	125920	125920	125920
耕地面积	3137	3273	3420	3520
多年生作物面积	13	27	30	30
其它面积	122770	122620	122470	122370
科摩罗				
土地面积	223	223	223	223
耕地面积	75	78	78	78
多年生作物面积	20	35	40	40
其它面积	128	110	105	105
刚果				
土地面积	34150	34150	34150	34150
耕地面积	138	154	165	173
多年生作物面积	37	42	45	45
其它面积	33975	33954	33940	33932
科特迪瓦				
土地面积	31800	31800	31800	31800
耕地面积	1955	2430	2920	2950
多年生作物面积	2300	3500	4100	4400
其它面积	27545	25870	24780	24450
吉布提				
土地面积	2318	2318	2318	2318
埃及				
土地面积	99545	99545	99545	99545
埃及(续)				
耕地面积	2286	2284	2817	2834
多年生作物面积	159	364	466	466
其它面积	97100	96897	96262	96245
赤道几内亚				
土地面积	2805	2805	2805	2805
耕地面积	130	130	130	130
多年生作物面积	100	100	100	100
其它面积	2575	2575	2575	2575
埃塞俄比亚④				
土地面积	110100	110100	100000	100000
耕地面积	13150	13200	9850	9950
多年生作物面积	730	730	650	650
其它面积	96220	96170	89500	89400
加蓬				
土地面积	25767	25767	25767	25767
耕地面积	290	295	325	325
多年生作物面积	162	162	170	170
其它面积	25315	25310	25272	25272
冈比亚				
土地面积	1000	1000	1000	1000
耕地面积	155	182	180	195
多年生作物面积	4	5	5	5
其它面积	841	813	815	800
加纳				
土地面积	22754	22754	22754	22754
耕地面积	1900	2700	2800	3600
多年生作物面积	1700	1500	1700	1700
其它面积	19154	18554	18254	17454
几内亚				
土地面积	24572	24572	24572	24572
耕地面积	702	728	883	885
多年生作物面积	440	500	600	600
其它面积	23430	23344	23089	23087

2—2 续表 5　　单位:千公顷

	1980 年	1990 年	1995 年	1998 年
几内亚比绍				
土地面积	2812	2812	2812	2812
耕地面积	255	300	300	300
多年生作物面积	30	40	45	50
其它面积	2527	2472	2467	2462
肯尼亚				
土地面积	56914	56914	56914	56914
耕地面积	3800	4000	4000	4000
多年生作物面积	480	500	520	520
其它面积	52634	52414	52394	52394
莱索托				
土地面积	3035	3035	3035	3035
耕地面积	292	317	320	325
多年生作物面积				
其它面积	2743	2718	2715	2710
利比里亚				
土地面积	9632	9632	9632	9632
耕地面积	126	170	190	190
多年生作物面积	245	230	200	200
其它面积	9261	9232	9242	9242
利比亚				
土地面积	175954	175954	175954	175934
耕地面积	1753	1805	1815	1815
多年生作物面积	327	300	300	300
其它面积	173874	173849	173839	173819
马达加斯加				
土地面积	58154	58154	58154	58154
耕地面积	2500	2502	2565	2565
多年生作物面积	500	600	540	543
其它面积	55154	55052	55049	55046
马拉维				
土地面积	9408	9408	9408	9408
耕地面积	1518	1815	1875	1875
多年生作物面积	82	115	125	125
其它面积	7808	7478	7408	7408
马里				
土地面积	122019	122019	122019	122019
耕地面积	2010	2053	3379	4606
多年生作物面积	40	40	40	44
其它面积	119969	119926	118600	117369
毛里塔尼亚				
土地面积	102522	102522	102522	102522
耕地面积	210	400	498	488
多年生作物面积	4	6	12	12
其它面积	102308	102116	102012	102022
毛里求斯				
土地面积	203	203	203	203
耕地面积	100	100	100	100
多年生作物面积	7	6	6	6
其它面积	96	97	97	97
摩洛哥				
土地面积	44630	44630	44630	44630
耕地面积	7530	8707	8921	9033
多年生作物面积	500	736	828	943
其它面积	36600	35187	34881	34654
莫桑比克				
土地面积	78409	78409	78409	78409
耕地面积	2870	3070	3120	3120
多年生作物面积	230	230	230	230
其它面积	75309	75109	75059	75059
纳米比亚				
土地面积	82329	82329	82329	82329
耕地面积	655	660	816	816
多年生作物面积	2	2	4	4
其它面积	81672	81667	81509	81509
尼日尔				
土地面积	126670	126670	126670	126670
耕地面积	3549	3600	4994	4994
多年生作物面积	3	5	6	6
其它面积	123118	123065	121670	121670

2—2 续表 6

单位:千公顷

	1980 年	1990 年	1995 年	1998 年
尼日利亚				
土地面积	91077	91077	91077	91077
耕地面积	27850	29539	30371	28200
多年生作物面积	2535	2535	2538	2538
其它面积	60692	59003	58168	60339
卢旺达				
土地面积	2467	2467	2467	2467
耕地面积	760	880	700	820
多年生作物面积	255	305	240	250
其它面积	1452	1282	1527	1397
塞内加尔				
土地面积	19253	19253	19253	19253
耕地面积	2341	2325	2230	2230
多年生作物面积	9	25	35	36
其它面积	16903	16903	16988	16987
塞舌尔				
土地面积	45	45	45	45
耕地面积	1	1	1	1
多年生作物面积	5	5	6	6
其它面积	39	39	38	38
塞拉利昂				
土地面积	7162	7162	7162	7162
耕地面积	450	486	485	484
多年生作物面积	49	54	56	56
其它面积	6663	6622	6621	6622
索马里				
土地面积	62734	62734	62734	62734
耕地面积	984	1022	1035	1040
多年生作物面积	16	20	21	22
其它面积	61734	61692	61678	61672
南非				
土地面积	122104	122104	122104	122104
耕地面积	12440	13440	14915	14791
多年生作物面积	814	860	910	959
其它面积	108850	107804	106279	106354
苏丹				
土地面积	237600	237600	237600	237600
耕地面积	12360	13000	16157	16700
多年生作物面积	100	235	210	200
其它面积	225140	224365	221233	220700
斯威士兰				
土地面积	1720	1720	1720	1720
耕地面积	185	180	168	168
多年生作物面积	4	12	12	12
其它面积	1531	1528	1540	1540
坦桑尼亚				
土地面积	88359	88359	88359	88359
耕地面积	3100	3500	3748	3750
多年生作物面积	900	900	900	900
其它面积	84359	83959	83711	83709
多哥				
土地面积	5439	5439	5439	5439
耕地面积	1950	2100	2200	2200
多年生作物面积	85	90	100	100
其它面积	3404	3249	3139	3139
突尼斯				
土地面积	15536	15536	15536	15536
耕地面积	3190	2909	2842	2900
多年生作物面积	1510	1942	2036	2000
其它面积	10836	10685	10658	10636
乌干达				
土地面积	19965	19965	19965	19965
耕地面积	4080	5000	5060	5060
多年生作物面积	1600	1710	1740	1750
其它面积	14285	13255	13165	13155
刚果(金)				
土地面积	226705	226705	226705	226705
耕地面积	6620	6670	6700	6700
多年生作物面积	980	1190	1200	1180
其它面积	219105	218845	218805	218825

2—2 续表 7　　　　单位：千公顷

	1980 年	1990 年	1995 年	1998 年		1980 年	1990 年	1995 年	1998 年
赞比亚					**加拿大**				
土地面积	74339	74339	74339	74339	土地面积	922097	922097	922097	922097
耕地面积	5094	5249	5260	5260	耕地面积	45575	45820	45460	45560
多年生作物面积	14	19	19	19	多年生作物面积	125	130	140	140
其它面积	69231	69071	69060	69060	其它面积	876397	876147	876497	876397
津巴布韦					**哥斯达黎加**				
土地面积	38685	38685	38685	38685	土地面积	5106	5106	5106	5106
耕地面积	2505	2890	3080	3220	耕地面积	283	260	225	225
多年生作物面积	100	120	130	130	多年生作物面积	223	250	290	280
其它面积	36080	35675	35475	35335	其它面积	4600	4596	4591	4601
北美洲					**古巴**				
土地面积	2137043	2137043	2137043	2137043	土地面积	10982	10982	10982	10982
耕地面积	267279	267018	260150	260213	耕地面积	2630	3250	3700	3630
多年生作物面积	6649	7566	8159	8111	多年生作物面积	700	810	820	835
其它面积	1863115	1862459	1868734	1868719	其它面积	7652	6922	6462	6517
安提瓜和巴布达					**多米尼加共和国**				
土地面积	44	44	44	44	土地面积	4838	4838	4838	4838
耕地面积	8	8	8	8	耕地面积	1070	1050	1020	1070
多年生作物面积	8	8	8	8	多年生作物面积	350	450	500	480
其它面积	28	28	28	28	其它面积	3418	3338	3318	3288
巴哈马					**萨尔瓦多**				
土地面积	1001	1001	1001	1001	土地面积	2072	2072	2072	2072
耕地面积	7	8	6	6	耕地面积	558	550	582	560
多年生作物面积	2	2	4	4	多年生作物面积	242	260	273	250
其它面积	992	991	991	991	其它面积	1272	1262	1217	1262
巴巴多斯					**格林纳达**				
土地面积	43	43	43	43	土地面积	34	34	34	34
耕地面积	16	16	16	16	耕地面积	3	2	2	2
多年生作物面积	1	1	1	1	多年生作物面积	12	10	9	9
其它面积	26	26	26	26	其它面积	19	22	23	23
伯利兹					**危地马拉**				
土地面积	2280	2280	2280	2280	土地面积	10843	10843	10843	10843
耕地面积	45	50	60	64	耕地面积	1270	1300	1355	1360
多年生作物面积	7	18	25	25	多年生作物面积	480	485	555	545
其它面积	2228	2212	2195	2191	其它面积	9093	9058	8933	8938

2—2 续表 8 单位:千公顷

	1980 年	1990 年	1995 年	1998 年		1980 年	1990 年	1995 年	1998 年
海地					**美国**				
土地面积	2756	2756	2756	2756	土地面积	915912	915912	915912	915912
耕地面积	545	555	560	560	耕地面积	188755	185742	176950	176950
多年生作物面积	345	350	350	350	多年生作物面积	1869	2034	2050	2050
其它面积	1866	1851	1846	1846	其它面积	725288	728136	736912	736912
洪都拉斯					**南美洲**				
土地面积	11189	11189	11189	11189	土地面积	1752925	1752925	1752925	1752925
耕地面积	1560	1610	1695	1695	耕地面积	84203	90303	96040	96123
多年生作物面积	197	210	350	350	多年生作物面积	16816	18486	20112	19718
其它面积	9432	9369	9144	9144	其它面积	1651906	1644136	1636773	1637084
牙买加					**阿根廷**				
土地面积	1083	1083	1083	1083	土地面积	273669	273669	273669	273669
耕地面积	135	119	174	174	耕地面积	25000	25000	25000	25000
多年生作物面积	105	100	100	100	多年生作物面积	2200	2200	2200	2200
其它面积	843	864	809	809	其它面积	246469	246469	246469	246469
墨西哥					**玻利维亚**				
土地面积	190869	190869	190869	190869	土地面积	108438	108438	108438	108438
耕地面积	23000	24000	25200	25200	耕地面积	1875	1900	1600	1974
多年生作物面积	1530	1900	2100	2100	多年生作物面积	187	221	230	229
其它面积	166339	164969	163569	163569	其它面积	106376	106317	106608	106235
尼加拉瓜					**巴西**				
土地面积	12140	12140	12140	12140	土地面积	845651	845651	845651	845651
耕地面积	1151	1963	2457	2457	耕地面积	38632	45600	53500	53200
多年生作物面积	178	251	289	289	多年生作物面积	10472	11000	12000	12000
其它面积	10811	9926	9394	9394	其它面积	796547	789051	780151	780451
巴拿马					**智利**				
土地面积	7443	7443	7443	7443	土地面积	74880	74880	74880	74880
耕地面积	435	499	500	500	耕地面积	3836	2802	2120	1979
多年生作物面积	120	155	155	155	多年生作物面积	214	247	280	315
其它面积	6888	6789	6788	6788	其它面积	70830	71831	72480	72586
波多黎各					**哥伦比亚**				
土地面积	887	887	887	887	土地面积	103870	103870	103870	103870
耕地面积	50	50	33	33	耕地面积	3712	3000	1929	2079
多年生作物面积	50	50	45	45	多年生作物面积	1487	2000	2501	2036
其它面积	787	787	809	809	其它面积	98671	98870	99440	99755

2—2 续表 9　　　　单位：千公顷

	1980 年	1990 年	1995 年	1998 年		1980 年	1990 年	1995 年	1998 年
厄瓜多尔					**欧洲①**				
土地面积	27684	27684	27684	27684	土地面积	472705	472678 *	2260320	2260320
耕地面积	1542	1604	1574	1574	耕地面积	126305	124720 *	295082	293727
多年生作物面积	920	1321	1427	1427	多年生作物面积	14421	13958 *	17006	16916
其它面积	25222	24759	24683	24683	其它面积	331979	334000 *	1948232	1949677
法属圭亚那					**阿尔巴尼亚**				
土地面积	8815	8815	8815	8815	土地面积	2740	2740	2740	2740
耕地面积	3	10	10	10	耕地面积	585	579	577	577
多年生作物面积	1	2	3	3	多年生作物面积	117	125	125	122
其它面积	8811	8803	8802	8802	其它面积	2038	2036	2038	2041
圭亚那					**奥地利**				
土地面积	19685	19685	19685	19685	土地面积	8273	8273	8273	8273
耕地面积	480	480	480	480	耕地面积	1536	1426	1420	1397
多年生作物面积	15	15	16	16	多年生作物面积	99	79	93	82
其它面积	19190	19190	19189	19189	其它面积	6638	6768	6760	6794
巴拉圭					**白俄罗斯**				
土地面积	39730	39730	39730	39730	土地面积			20748	20748
耕地面积	1620	2110	2200	2200	耕地面积			6232	6187
多年生作物面积	115	89	85	85	多年生作物面积			147	124
其它面积	37995	37531	37445	37445	其它面积			14369	14437
秘鲁					**比利时—卢森堡**				
土地面积	128000	128000	128000	128000	土地面积	3282	3282	3282	3282
耕地面积	3220	3400	3610	3670	耕地面积	762	766	789	812
多年生作物面积	330	400	464	500	多年生作物面积	13	15	18	20
其它面积	124450	124200	123926	123830	其它面积	2507	2501	2475	2450
苏里南					**保加利亚**				
土地面积	15600	15600	15600	15600	土地面积	11055	11055	11055	11055
耕地面积	40	57	57	57	耕地面积	3827	3856	4213	4291
多年生作物面积	9	11	11	10	多年生作物面积	350	300	204	220
其它面积	15551	15532	15532	15533	其它面积	6878	6899	6638	6544
委内瑞拉					**克罗地亚**				
土地面积	88205	88205	88205	88205	土地面积			5592	5592
耕地面积	2840	2980	2700	2640	耕地面积			1117	1458
多年生作物面积	820	915	850	850	多年生作物面积			116	129
其它面积	84545	84310	84655	84715	其它面积			4359	4005

2—2 续表 10

单位：千公顷

	1980 年	1990 年	1995 年	1998 年		1980 年	1990 年	1995 年	1998 年
捷克共和国					**匈牙利**				
土地面积			7728	7728	土地面积	9234	9234	9234	9234
耕地面积			3143	3101	耕地面积	5027	5054	4806	4819
多年生作物面积			236	232	多年生作物面积	306	234	225	226
其它面积			4349	4395	其它面积	3901	3946	4203	4189
丹麦					**冰岛**				
土地面积	4238	4239	4243	4243	土地面积	10025	10025	10025	10025
耕地面积	2639	2561	2319	2365	耕地面积	8	7	6	6
多年生作物面积	14	10	9	9	多年生作物面积	2	3	3	3
其它面积	1585	1668	1915	1869	其它面积	10015	10015	10016	10016
爱沙尼亚					**爱尔兰**				
土地面积			4227	4227	土地面积	6889	6889	6889	6889
耕地面积			1128	1128	耕地面积	1108	1247	1330	1355
多年生作物面积			15	15	多年生作物面积	2	3	3	3
其它面积			3084	3084	其它面积	5779	5639	5556	5531
芬兰					**意大利**				
土地面积	30459	30459	30459	30459	土地面积	29406	29406	29406	29406
耕地面积	2372	2271	2171	2167	耕地面积	9483	9012	8283	8280
多年生作物面积		3	4	3	多年生作物面积	2953	2960	2645	2750
其它面积	28087	28185	28284	28289	其它面积	16970	17434	18478	18376
法国					**拉脱维亚**				
土地面积	55010	55010	55010	55010	土地面积			6205	6205
耕地面积	17472	17999	18310	18362	耕地面积			1713	1841
多年生作物面积	1400	1191	1183	1155	多年生作物面积			31	30
其它面积	36138	35820	35517	35493	其它面积			4461	4334
德国⑤					**立陶宛**				
土地面积	34927	34927	34927	34927	土地面积			6480	6480
耕地面积	12030	11971	11835	11879	耕地面积			2947	2945
多年生作物面积	500	443	226	228	多年生作物面积			60	59
其它面积	22397	22513	22866	22820	其它面积			3473	3476
希腊					**马尔他**				
土地面积	12890	12890	12890	12890	土地面积	32	32	32	32
耕地面积	2903	2834	2878	2843	耕地面积	12	12	10	10
多年生作物面积	1022	1071	1083	1098	多年生作物面积	1	1	1	1
其它面积	8965	8985	8929	8949	其它面积	19	19	21	21

2—2 续表 11

单位:千公顷

	1980 年	1990 年	1995 年	1998 年
摩尔多瓦				
土地面积			3297	3297
耕地面积			1773	1796
多年生作物面积			413	386
其它面积			1111	1115
荷兰				
土地面积	3396	3392	3392	3392
耕地面积	790	879	881	906
多年生作物面积	32	30	35	35
其它面积	2574	2483	2476	2451
挪威				
土地面积	30683	30683	30683	30683
耕地面积	817	864	992	908
其它面积	29866	29819	29691	29775
波兰				
土地面积	30454	30442	30442	30442
耕地面积	14621	14388	14210	13999
多年生作物面积	340	345	365	380
其它面积	15493	15709	15867	16063
葡萄牙				
土地面积	9150	9150	9150	9150
耕地面积	2423	2373	2153	1880
多年生作物面积	718	800	747	700
其它面积	6009	5977	6250	6570
罗马尼亚				
土地面积	23034	23034	23034	23034
耕地面积	9834	9450	9337	9325
多年生作物面积	663	591	570	518
其它面积	12537	12993	13127	13191
俄罗斯				
土地面积			1688850	1688850
耕地面积			127500	126000
多年生作物面积			1900	1827
其它面积			1559450	1561023

	1980 年	1990 年	1995 年	1998 年
斯洛文尼亚				
土地面积			2012	2012
耕地面积			234	231
多年生作物面积			54	54
其它面积			1724	1727
西班牙				
土地面积	49947	49944	49944	49944
耕地面积	15558	15335	14045	14280
多年生作物面积	4941	4837	4708	4800
其它面积	29448	29772	31191	30864
瑞典				
土地面积	41162	41162	41162	41162
耕地面积	2979	2845	2767	2784
其它面积	38183	38317	38395	38378
瑞士				
土地面积	3955	3955	3955	3955
耕地面积	391	391	423	415
多年生作物面积	20	21	24	24
其它面积	3544	3543	3508	3516
英国				
土地面积	24167	24160	24160	24160
耕地面积	6931	6607	5928	6267
多年生作物面积	65	50	43	41
其它面积	17171	17503	18189	17852
乌克兰				
土地面积			57935	57935
耕地面积			33286	32858
多年生作物面积			1043	963
其它面积			23606	24114
南斯拉夫				
土地面积			10200	10200
耕地面积			3731	3696
多年生作物面积			354	351
其它面积			6115	6153

2—2 续表 12　　　　单位：千公顷

	1980 年	1990 年	1995 年	1998 年		1980 年	1990 年	1995 年	1998 年
大洋洲					**新西兰**				
土地面积	849137	849137	849137	849137	土地面积	26799	26799	26799	26799
耕地面积	46822	50851	50173	55788	耕地面积	2500	2561	1579	1555
多年生作物面积	2048	2467	2857	2968	多年生作物面积	1000	1304	1649	1725
其它面积	800267	795819	796107	790381	其它面积	23299	22934	23571	23519
澳大利亚					**萨摩亚**				
土地面积	768230	768230	768230	768230	土地面积	283	283	283	283
耕地面积	44031	47900	48138	53775	耕地面积	55	55	55	55
多年生作物面积	155	181	210	225	多年生作物面积	67	67	67	67
其它面积	724044	720149	719882	714230	其它面积	161	161	161	161
斐济					**所罗门群岛**				
土地面积	1827	1827	1827	1827	土地面积	2799	2799	2799	2799
耕地面积	90	160	200	200	耕地面积	40	40	42	42
多年生作物面积	80	80	85	85	多年生作物面积	12	17	18	18
其它面积	1657	1587	1542	1542	其它面积	2747	2742	2739	2739
波利尼西亚					**汤加**				
土地面积	366	366	366	366	土地面积	72	72	72	72
耕地面积	5	5	6	6	耕地面积	16	17	17	17
多年生作物面积	22	22	22	22	多年生作物面积	30	31	31	31
其它面积	339	339	338	338	其它面积	26	24	24	24
关岛					**瓦努阿图**				
土地面积	55	55	55	55	土地面积	1219	1219	1219	1219
耕地面积	6	6	6	6	耕地面积	18	30	30	30
多年生作物面积	6	6	6	6	多年生作物面积	90	90	90	90
其它面积	43	43	43	43	其它面积	1111	1099	1099	1099

注：表中其它面积指非耕地面积和非多年生作物面积。①1990 年及以前未包括前苏联各共和国，1995 年及以后则包括这些国家。②国土面积。③可利用草地面积。④1990 年及以前为前埃塞俄比亚人民民主共和国；1995 年及以后为埃塞俄比亚联邦民主共和国。⑤1980 年为原联邦德国与民主德国之和。

资料来源：联合国粮农组织数据库。

2—3　能源储量

（1995 年）　　　　单位：百万吨

	烟煤和无烟煤		亚烟煤和褐煤			泥　煤		
	探明储量	可开采储量	估计储量	探明储量	可开采储量	估计储量	探明储量	可开采储量
世界总计	**1092083**	**519357**	**4182297**	**1278281**	**512263**	**4414712**	**260901**	**31748**
中　国①	177600	62200	363200	108800	52300	304700	4687	328
孟加拉国	1054						138	
印　度	196892	68047	86088	26000	1900	3932		
印度尼西亚		962			31101		200000	
伊　朗	3754	193						
以色列							500	386
日　本	8296	804		175	17			
马来西亚	15	4	78	126		575		
蒙　古	12000			12000				
缅　甸	5	2	120			80		
朝　鲜	2000	300	2700	300	300	2200		
韩　国	276	183	237					
巴基斯坦					734			
菲律宾	1			369	262	1169		
斯里兰卡							5	5
泰　国				1422	999	368		
土耳其	590	162		7705	6986			
越　南	300	150						
埃　及	25	13			40			
尼日利亚		21	21	338	169	1000		
南　非	129218	58949	105793		999	100	47	30
加拿大	6435	4509	26045	14355	4114	31990	1092	
墨西哥	1569	860	1960	732	351	213		
美　国	226964	106495	468864	204491	134063	669944	26000	13000
阿根廷				195	130	7735	90	80
巴　西				10162	2845	22239		
委内瑞拉	697	417	2117					
保加利亚	48	13	1200	4791	2698	2618	5	5
捷克共和国	5400	1642	3600	565703	3728	1630		
法　国	594	113	200	129	26	165		
德　国	44000	24000	186300	78000			21	
意大利				75	34	302		2500
荷　兰	1406	497	2750					1120
波　兰	64650	29100	113300	14413	13000	30700	890	
罗马尼亚	1	1	1	3199	3117	1946	25	13
前苏联	130000	104000	2100000	157000	137000	3100000	22171	8868
西班牙	1000	850	5500	950	600	1600	94	70
英　国		2000	190000	1000	500			
南斯拉夫	80	70	22	17760	16500	3775		
澳大利亚	66220	45340	500000	50600	45600	204000		
新西兰	33	27	292	539	90	7781	1640	

2—3 续表 1　　单位：百万吨

	泥　煤估计储量	原油和液化天然气储　量	油页岩可开采储量	含油砂可开采储量	天然气可开采储量(10 亿立方米)	铀矿(吨)		水电理论装机容量(万亿焦耳)
						理论储量	估计储量	
世界总计	**351288**	**140766**	**12675**	**848**	**141205**	**3643542**	**1106875**	**33989264**
中　国①	952	3264		251	1670	72100		5922180
孟加拉国	138	1			370			
印　度		776			686	66360		2637800
印度尼西亚		759			2000	5420	2150	400063
伊　朗		12700			20659			56000
以色列	1000	1	700		1			0
日　本		8			30	6600		596098
马来西亚		585			2150			107000
蒙　古						80000		
缅　甸		7			278		366000	
韩　国						31000	21700	77201
巴基斯坦		27			646			150000
菲律宾		33			98			46759
斯里兰卡	46							10000
泰　国		27	145		175			55500
土耳其		66	227		11	9130		433000
越　南		68			105		200	6490
埃　及		472			706			
尼日利亚		1693		24	3451			90999
南　非		0			174	337460	107200	18204
加拿大	336908	758		520	2232	397000	78000	1223820
墨西哥		6906			1951	10600	700	500000
美　国		3900			4599	366000		528500
阿根廷	50	310			517	7300	2600	535000
巴　西	487	542	352		137	162000	94000	3020400
委内瑞拉		9842		2	4020			287328
保加利亚		1			2			26410
捷克共和国		2			5	22	21350	13100
法　国		20			36	30880	2130	266000
德　国		51			341	3000	4000	120000
意大利		44		33	270	4800	1300	340000
荷　兰		16			1875			700
波　兰	2300	5			124			23000
罗马尼亚		218		1	445	26000		70000
前苏联			2000					
西班牙		2			19	41300	4200	138000
英　国		605			610			7500
澳大利亚		199	3651		555	517000	394000	264000
新西兰		17			85			152082

注：①中国数来源于联合国。

资料来源：联合国《能源统计年鉴》1996 年。

2—4 森林消失和淡水资源

	1990—1995年年均森林消失量①		1996年人均淡水资源总量（立方米）	1980—1997年年度淡水抽取量占水资源总量百分比(%)	1987年淡水抽取量的利用(%)		
	平方公里	年均变化比率(%)			用于农业	用于工业	生活用水
中　国②	866	0.1	2282	16.4	87	7	6
孟加拉国	88	0.8	19065	1.0	96	1	3
印　度	−72	…	2167	18.2	93	4	3
尼日利亚	1214	0.9	2375	1.3	54	15	31
巴基斯坦	550	2.9	3256	37.2	97	2	2
斯里兰卡	202	1.1	2329	14.6	96	2	2
印度尼西亚	10844	1.0	12625	0.7	76	11	13
菲律宾	2624	3.5	4393	9.1	61	21	18
罗马尼亚	12	…	9222	12.5	59	33	8
保加利亚	−6	…	24663	6.8	22	76	3
乌克兰	−54	−0.1	4556	15.0	30	54	16
泰　国	3294	2.6	2954	17.8	90	6	4
波　兰	−120	−0.1	1454	21.9	11	76	13
土耳其	…	…	2246	22.1	72	11	16
俄罗斯	…	…	30168	2.6	23	60	17
蒙　古	…	…	9677	2.2	62	27	11
南　非	150	0.2	1231	26.6	72	11	17
巴　西	25544	0.5	42459	0.5	59	19	22
马来西亚	4002	2.4	21046	2.1	47	30	23
委内瑞拉	5034	1.1	57821	0.3	46	11	43
白俄罗斯	−688	−1.0	1841	15.9	19	49	32
匈牙利	−88	−0.5	11817	5.7	36	55	9
墨西哥	5080	0.9	3788	21.7	86	8	6
阿根廷	894	0.3	27861	2.8	73	18	9
韩　国	130	0.2	1438	41.7	46	35	19
新西兰	−434	−0.6	532	100.0	44	10	46
以色列	…	…	377	84.1	79	5	16
西班牙	…	…	2398	32.6	62	26	12
新加坡	…	…	193	31.7	4	51	45
澳大利亚	−170	…	18508	4.3	33	2	65
英　国	−128	−0.5	1203	16.6	3	77	20
意大利	−58	−0.1	2903	33.7	59	27	14
荷　兰	…	…	5767	8.7	34	61	5
加拿大	−1764	−0.1	95785	1.6	12	70	18
法　国	−1608	−1.1	3029	21.3	15	69	16
德　国	…	…	2084	27.1	20	70	11
美　国	−5886	−0.3	9259	18.9	42	45	13
日　本	132	0.1	4338	16.6	50	33	17
瑞　士	…	…	7054	2.4	4	73	23

注：①负值表示森林面积的增长。②中国为世界银行统计数据。

资料来源：世界银行《世界发展报告》2000年。

2—5　国家保护区和生物多样性

（1996年）

	国家保护区		哺乳动物		鸟　类		高植株植物(1997年)②	
	千平方公里	占土地总面积的%	物　种（种）	濒危物种（种）	物　种（种）	濒危物种（种）	物　种（种）	濒危物种（种）
中　国①	598.1	6.4	394	75	1100	90	32200	312
中国香港	0.4	40.4	24	0	76	14	1984	9
孟加拉国	1.0	0.8	109	18	295	30	5000	24
印　度	142.9	4.8	316	75	923	73	16000	1236
印度尼西亚	192.3	10.6	436	128	1519	104	29375	264
伊　朗	83.0	5.1	140	20	323	14	8000	2
以色列	3.1	15.0	92	13	180	8	2317	32
日　本	25.5	6.8	132	29	250	33	5565	707
缅　甸	1.7	0.3	251	31	867	44	7000	32
韩　国	6.8	6.9	49	6	112	19	2898	66
巴基斯坦	37.2	4.8	151	13	375	25	4950	14
菲律宾	14.5	4.9	153	49	395	86	8931	360
斯里兰卡	8.6	13.3	88	14	250	11	3314	455
泰　国	7.7	13.8	265	34	616	45	11625	385
土耳其	10.7	1.4	116	15	302	14	8650	1876
越　南	9.9	3.0	213	38	535	47	10500	341
埃　及	7.9	0.8	98	15	153	11	2076	82
尼日利亚	30.2	3.3	274	26	681	9	4715	37
南　非	65.8	5.4	247	33	596	16	23420	2215
加拿大	921.0	10.0	193	7	426	5	3270	278
墨西哥	71.0	3.7	450	64	769	36	26071	1593
美　国	1226.7	13.4	428	35	650	50	19473	4669
阿根廷	46.6	1.7	320	27	897	41	9372	247
巴　西	355.5	4.2	394	71	1492	103	56215	1358
委内瑞拉	319.8	36.3	305	24	1181	22	21073	426
捷克共和国	12.2	15.8		7	199	6		81
法　国	58.8	10.7	93	13	269	7	4630	195
德　国	94.2	27.0	76	8	239	5	2682	14
意大利	21.5	7.3	90	10	234	7	5599	311
荷　兰	2.4	7.1	55	6	191	3	1221	1
波　兰	29.1	9.6	84	10	227	6	2450	27
俄罗斯	516.7	3.1	269	31	628	38		214
西班牙	42.2	8.4	82	19	278	10	5050	985
英　国	50.6	20.9	50	4	230	2	1623	18
澳大利亚	563.9	7.3	252	58	649	45	15638	2245

注：①中国为世界银行数据。②指维管类植物。

资料来源：世界银行《世界发展指标》和《发展报告》2000年。

2—6　能源的使用与污染排放量

	商业能源的使用				每千克能源使用所产生的 GDP（1995 年 美元）		人均二氧化碳排放量（吨）	
	使用总量（千吨石油当量）		人均使用量（千克石油当量）					
	1980 年	1996 年	1980 年	1996 年	1980 年	1996 年	1980 年	1996 年
世界总计	**6954847**	**9317404**	**1622**	**1684**	**3.1**	**3.2**	**3.4**	**4.0**
中国①	593109	1096800	604	902	0.3	0.7	1.5	2.8
中国香港	5681	12190	1127	1931	10.0	12.0	3.2	3.7
孟加拉国	14920	23928	172	197	1.3	1.7	0.1	0.2
印度	242024	450287	352	476	0.6	0.8	0.5	1.1
印度尼西亚	59561	132419	402	672	1.3	1.6	0.6	1.2
伊朗	38918	89340	995	1491	1.4	1.1	3.0	4.4
以色列	8609	16185	2220	2843	5.1	5.6	5.4	9.2
日本	346491	510359	2967	4058	9.3	10.5	7.9	9.3
哈萨克斯坦	76799	43376	5163	2724		0.5		10.9
马来西亚	11128	41209	809	1950	2.9	2.3	2.0	5.6
蒙古							4.1	3.6
缅甸	9430	12767	279	294			0.1	0.2
韩国	43756	162874	1148	3576	3.1	3.0	3.3	9.0
巴基斯坦	25479	55903	308	446	1.0	1.1	0.4	0.8
菲律宾	21212	37992	439	528	2.7	2.1	0.8	0.9
新加坡	6054	23851	2653	7835	4.6	3.8	13.2	21.6
斯里兰卡	4493	6792	305	371	1.5	2.0	0.2	0.4
泰国	22740	79987	487	1333	2.3	2.2	0.9	3.4
土耳其	31314	65520	704	1045	2.8	2.8	1.7	2.8
越南	19348	33750	360	448		0.7	0.3	0.5
尼日利亚	52846	82669	743	722	0.4	0.4	1.0	0.7
南非	65355	99079	2370	2482	1.7	1.4	7.7	7.3
加拿大	193000	236170	7848	7880	2.1	2.5	17.1	13.7
墨西哥	98904	141384	1464	1525	2.3	2.1	3.7	3.8
美国	1811650	2134960	7973	8051	2.7	3.4	20.1	20.0
阿根廷	41868	58921	1490	1673	5.7	5.0	3.8	3.7
巴西	108997	163374	896	1012	4.7	4.4	1.5	1.7
委内瑞拉	35026	54962	2321	2463	1.7	1.4	5.9	6.5
白俄罗斯	2385	24566	247	2386		0.8		6.0
保加利亚	28673	22605	3235	2705	0.4	0.5	8.5	6.6
捷克共和国	46910	40404	4585	3917		1.3		12.3
法国	190111	254196	3528	4355	6.1	6.1	9.0	6.2
德国	360441	349552	4603	4267		7.0		10.5
意大利	138629	161140	2456	2808	6.0	6.8	6.6	7.0
荷兰	65000	75797	4594	4885	4.4	5.4	10.8	10.0
波兰	124806	108411	3508	2807	0.9	1.2	12.8	9.2
罗马尼亚	64694	45824	2914	2027	0.6	0.7	8.6	5.3
俄罗斯	764349	615899	5499	4169	0.5	0.5		10.7
西班牙	68583	101411	1834	2583	5.7	5.6	5.3	5.9
乌克兰	97893	153937	1956	3012		0.5		7.8
英国	201299	234719	3574	3992	4.0	4.8	10.4	9.5
澳大利亚	70372	100612	4790	5494	3.3	3.7	13.8	16.7
新西兰	9251	16295	2972	4388	4.7	3.8	5.6	8.0

注：①中国为世界银行统计数据。

资料来源：世界银行《世界发展报告》2000 年。

主要统计指标解释

人口密度 指由年中人口除以国土面积得来。国土面积是指一个国家包括内陆水域和沿海水域在内的总面积。

土地面积 是指土地的总面积，不包括内陆水域的面积。“内陆水域”的定义一般包括主要的河流与湖泊。

耕地 是指种植短期作物的土地(种植两季作物的土地面积只计算一次)，供割草或放牧的短期性草场，供应市场的菜园和自用菜园，以及暂时休闲的土地(少于5年)。而转换耕作方式而休闲的土地不包括在此类。耕地数据不是指潜在的可耕地数量。

多年生作物土地 是种有长期生长的作物而在每次收获后不需要再种植的土地，如可可、咖啡和橡胶；它包括生长灌木、果树、坚果树和藤本植物的土地，但不包括用材林所占的土地。

储量 指已探明可开采的原煤、原油、天然气的储量。

已探明可开采的储量 是将来在现有和可承受的经济条件下，已探明的可开采的吨数。

淡水资源 指可更新的淡水资源，既包括国内可再生的资源，也包括从其他国家流入的江河水流量和抽取的地下水量。

年度淡水抽取量 指水源总抽取量，未计入水库的水蒸发量。在淡化水是水资源的重要来源的国家，水资源抽取量还包括来自淡化水厂的水量。工农业的抽取量分别是指用于灌溉、畜牧生产以及工业的直接使用的总抽取量。民用抽取量包括饮用水、市政用水或供水、公共设施用水、商业机构用水和家庭用水。

国家级保护区 指总面积或部分面积不少于1000公顷的下列区域：国家公园、自然遗址、自然保护区、野生动植物栖息地、受保护的陆地景观和海洋景观地、公众进入受限的科学保护地。这一指标所计算的是占土地总面积的百分比。

二氧化碳排放量 是指煤炭燃烧以及水泥制造等过程中排放的二氧化碳，包括使用固体、液体、气体燃料以及煤气时产生的二氧化碳。

商业能源的使用 指外在的消费，其计算方法是本国产量加进口量和存量变动量，减去出口量和从事国际运输的船舶及飞机所使用的燃料。

三、人口和人均主要经济指标

3－1 人口增长率

单位:%

	年均增长率（1981－1998年）	1995年	1996年	1997年	1998年
世　界	**1.6**	**1.42**	**1.41**	**1.42**	**1.37**
中　国	1.3	1.06	1.05	1.01	0.96
中国香港	1.6	2.60	2.49	2.98	2.81
孟加拉国	2.1	1.57	1.58	1.59	1.60
印　度	2.0	1.71	1.73	1.76	1.78
印度尼西亚	1.8	1.63	1.63	1.63	1.63
伊　朗	2.6	1.61	1.63	1.66	1.66
以色列	2.4	2.67	2.62	2.50	2.15
日　本	0.4	0.38	0.26	0.26	0.25
哈萨克斯坦	0.3	－1.43	－0.91	－1.07	－1.01
朝　鲜	1.5	1.70	1.53	1.37	1.20
韩　国	1.1	1.21	1.21	0.97	0.95
马来西亚	2.7	2.49	2.49	2.51	2.34
蒙　古	2.4	2.02	1.89	1.76	1.64
缅　甸	1.5	1.16	1.19	1.21	1.24
巴基斯坦	2.6	2.46	2.45	2.40	2.40
菲律宾	2.5	2.31	2.30	2.24	2.22
新加坡	1.8	1.90	1.92	1.93	1.91
斯里兰卡	1.3	1.37	1.03	1.37	1.21
泰　国	1.5	1.16	1.01	0.99	0.98
土耳其	2.0	1.51	1.51	1.57	1.49
越　南	2.0	1.80	1.79	1.55	1.39
埃　及	2.3	1.94	1.86	1.80	1.73
尼日利亚	2.9	2.97	2.86	2.74	2.63
南　非	2.3	2.16	2.00	1.88	1.78
加拿大	1.2	0.83	1.08	1.14	0.96
墨西哥	1.9	1.74	1.71	1.67	1.65
美　国	1.0	0.95	0.92	0.96	0.95
阿根廷	1.4	1.34	1.29	1.28	1.26
巴　西	1.7	1.36	1.35	1.34	1.33
委内瑞拉	2.4	2.16	2.12	2.07	2.02
白俄罗斯	0.3	－0.26	－0.30	－0.29	－0.28
保加利亚	－0.4	－0.42	－0.53	－0.53	－0.66
捷克共和国		－0.05	－0.15	－0.11	－0.09
法　国	0.5	0.36	0.41	0.40	0.41
德　国	0.3	0.15	0.33	0.19	－0.03
意大利	0.1	0.15	0.31	0.25	0.11
荷　兰	0.6	0.51	0.37	0.58	0.58
波　兰	0.5	0.11	0.08	0.08	0.04
罗马尼亚	0.1	－0.22	－0.32	－0.24	－0.23
俄罗斯	0.3	－0.13	－0.27	－0.29	－0.27
西班牙	0.3	0.17	0.15	0.13	0.12
乌克兰		－0.75	－0.81	－0.82	－0.80
英　国	0.3	0.36	0.33	0.35	0.08
南斯拉夫	0.5	0.31	0.21	0.28	0.11
澳大利亚	1.4	1.20	1.37	1.20	1.17
新西兰	1.1	1.47	1.59	1.26	0.82

资料来源:世界银行《世界发展指标》2000年。

3－2 年中人口数

单位:万人

	1980年	1990年	1995年	1996年	1997年	1998年
世　界	**443018**	**525454**	**565616**	**573598**	**581719**	**589713**
中　国①	98705	114333	121121	122389	123626	124810
中国香港	504	570	616	631	650	669
阿富汗	1595	1769	2193	2307	2411	2505
阿尔巴尼亚	267	328	323	327	330	334
阿尔及利亚	1867	2501	2806	2868	2930	2992
美属萨摩亚	3	5	6	6	6	6
安哥拉	702	923	1097	1132	1166	1200
安提瓜和巴布达	6	6	7	7	7	7
阿根廷	2809	3253	3477	3522	3567	3613
亚美尼亚	310	355	376	377	379	380
澳大利亚	1469	1707	1806	1831	1853	1875
奥地利	755	773	805	806	807	808
阿塞拜疆	617	716	769	776	784	791
巴哈马	21	26	28	28	29	29
巴　林	33	50	58	60	62	64
孟加拉国	8670	11037	11977	12168	12363	12563
巴巴多斯	25	26	26	26	26	27
白俄罗斯	964	1026	1033	1030	1027	1024
比利时	985	997	1014	1016	1018	1020
伯利兹	15	19	22	22	23	24
贝　宁	346	474	548	563	579	595
百慕大	5	6	6	6	6	6
不　丹	49	60	70	72	74	76
玻利维亚	536	657	741	759	777	795
波斯尼亚和黑塞哥维亚	409	445	342	353	365	377
博茨瓦纳	91	128	146	150	153	156
巴　西	12167	14794	15935	16151	16369	16587
文　莱	19	26	29	30	31	31
保加利亚	886	872	840	836	831	826
布基纳法索	696	888	999	1023	1047	1073
布隆迪	413	546	616	629	642	655
柬埔寨	682	915	1070	1097	1124	1150
喀麦隆	866	1147	1318	1355	1392	1430
加拿大	2459	2779	2935	2967	3001	3030
佛得角	29	34	38	39	40	42
中非共和国	231	294	329	335	342	348
乍　得	448	575	671	689	709	728
智　利	1115	1310	1421	1442	1462	1482
哥伦比亚	2845	3497	3856	3929	4004	4080
科摩罗	34	43	49	50	52	53
刚果(金)	2701	3736	4385	4525	4671	4822
刚果(布)	167	222	256	263	271	278
哥斯达黎加	228	299	333	340	346	353
科特迪瓦	819	1164	1353	1389	1421	1449
克罗地亚	459	478	467	449	454	450
古　巴	971	1063	1096	1102	1106	1110
塞浦路斯	61	68	73	74	75	75

3－2 续表 1 单位:万人

	1980 年	1990 年	1995 年	1996 年	1997 年	1998 年
捷克共和国	1023	1036	1033	1032	1030	1029
丹　麦	512	514	523	526	528	530
吉布提	28	52	60	61	62	64
多米尼克	7	7	7	7	7	7
多米尼加	570	711	782	796	811	825
厄瓜多尔	796	1026	1146	1170	1194	1218
埃　及	4088	5244	5818	5927	6035	6140
萨尔瓦多	459	511	567	580	593	606
赤道几内亚	22	35	40	41	42	43
厄里特尼亚	238	314	357	367	377	388
爱沙尼亚	148	157	148	147	146	145
埃塞俄比亚	3772	5118	5653	5823	5975	6127
斐　济	63	74	77	78	78	79
芬　兰	478	499	511	513	514	515
法　国	5388	5674	5814	5838	5861	5885
波立尼西亚	15	20	22	22	22	23
加　蓬	69	96	110	113	115	118
冈比亚	64	92	111	115	118	122
格鲁吉亚	507	546	542	542	543	544
德　国	7830	7943	8164	8191	8207	8205
加　纳	1074	1487	1708	1752	1798	1846
希　腊	964	1016	1046	1048	1050	1052
格陵兰	5	6	6	6	6	6
格林纳达	9	9	9	10	10	10
关　岛	11	13	14	14	15	15
危地马拉	682	875	998	1024	1052	1080
几内亚	446	576	659	676	692	708
几内亚比绍	80	97	109	111	114	116
圭亚那	76	80	83	84	84	85
海　地	535	647	717	734	749	765
洪都拉斯	357	488	565	582	599	616
匈牙利	1071	1037	1023	1019	1015	1011
冰　岛	23	25	27	27	27	27
印　度	68733	84952	92936	94561	96238	97967
印度尼西亚	14830	17823	19398	19716	20039	20368
伊　朗	3912	5440	5895	5993	6093	6195
伊拉克	1301	1808	2078	2131	2185	2233
爱尔兰	340	351	360	363	366	371
以色列	388	466	555	569	584	596
意大利	5643	5672	5720	5738	5752	5759
牙买加	213	240	252	254	255	258
日　本	11678	12354	12544	12576	12609	12641
约　旦	218	317	420	431	444	456
哈萨克斯坦	1487	1635	1607	1592	1575	1559
肯尼亚	1663	2355	2722	2792	2861	2929
吉里巴斯	6	7	8	8	8	9
朝　鲜	1767	2046	2224	2258	2289	2317
韩　国	3812	4287	4500	4555	4599	4643
科威特	138	213	159	170	181	187

3－2 续表 2　　单位:万人

	1980年	1990年	1995年	1996年	1997年	1998年
吉尔吉斯	363	440	451	458	464	470
老　挝	321	403	461	473	485	497
拉脱维亚	254	267	252	249	247	245
黎巴嫩	300	364	401	408	415	421
莱索托	135	172	193	197	201	206
利比里亚	188	244	273	281	288	296
利比亚	304	442	497	508	519	530
立陶宛	341	372	372	371	371	370
卢森堡	36	38	41	42	42	43
马其顿	189	190	197	198	200	201
马达加斯加	887	1163	1330	1372	1415	1459
马拉维	618	851	976	1002	1028	1053
马来西亚	1376	1820	2061	2113	2167	2218
马尔代夫	16	21	24	25	26	26
马　里	659	846	971	999	1029	1060
马耳他	36	35	37	37	38	38
马绍尔群岛	3	5	6	6	6	6
毛里塔尼亚	155	203	233	239	246	253
毛里求斯	97	106	112	113	115	116
墨西哥	6757	8323	9115	9272	9428	9585
密克罗尼西亚	7	10	11	11	11	11
摩尔多瓦	400	436	434	433	431	430
蒙　古	166	222	245	250	254	258
摩洛哥	1938	2404	2639	2685	2731	2778
莫桑比克	1210	1415	1582	1623	1663	1695
缅　甸	3382	4052	4288	4339	4392	4446
纳米比亚	103	135	154	158	162	166
尼泊尔	1450	1877	2127	2179	2232	2285
荷　兰	1415	1495	1546	1552	1561	1570
荷属安的列斯	17	19	21	21	21	21
新喀里多尼亚	14	17	19	20	20	21
新西兰	311	344	366	371	376	379
尼加拉瓜	292	383	443	455	467	479
尼日尔	559	773	915	947	980	1014
尼日利亚	7115	9620	11127	11450	11768	12082
挪　威	409	424	436	438	440	443
阿　曼	110	163	214	217	226	230
巴基斯坦	8273	10798	12237	12541	12846	13158
帕　劳	1	2	2	2	2	2
巴拿马	195	240	263	267	272	276
巴布亚新几内亚	309	384	430	440	450	460
巴拉圭	311	422	483	496	509	522
秘　鲁	1732	2157	2353	2395	2437	2480
菲律宾	4832	6260	7027	7190	7353	7517
波　兰	3558	3812	3859	3862	3865	3867
葡萄牙	977	990	993	993	995	997
波多黎各	321	354	373	378	383	386
卡塔尔	23	49	66	69	72	74
罗马尼亚	2220	2321	2268	2261	2255	2250

3—2 续表 3

单位:万人

	1980年	1990年	1995年	1996年	1997年	1998年
俄罗斯	13901	14829	14814	14774	14730	14691
卢旺达	516	695	640	673	790	811
萨摩亚	16	16	17	17	17	17
圣多美和普林西比	9	12	13	14	14	14
沙特阿拉伯	937	1580	1898	1941	2007	2074
塞内加尔	554	733	833	856	879	904
塞舌尔	6	7	8	8	8	8
塞拉利昂	324	400	451	463	475	485
新加坡	228	271	299	304	310	316
斯洛伐克	498	528	533	534	538	539
斯洛文尼亚	190	200	199	199	199	198
所罗门群岛	23	32	38	39	40	42
索马里	585	777	820	848	877	908
南非	2758	3520	3912	3991	4067	4140
西班牙	3739	3884	3921	3927	3932	3937
斯里兰卡	1474	1699	1811	1830	1855	1878
圣基茨尼维斯	4	4	4	4	4	4
圣卢西亚	12	13	15	15	15	15
圣文森特	10	11	11	11	11	11
苏丹	1868	2406	2662	2716	2774	2835
苏里南	36	40	41	41	41	41
斯威士兰	57	77	90	93	96	99
瑞典	831	856	883	884	885	885
瑞士	632	671	704	707	709	711
叙利亚	870	1212	1411	1451	1489	1528
塔吉克斯坦	397	530	584	593	602	612
坦桑尼亚	1858	2547	2965	3049	3132	3213
泰国	4672	5560	5940	6000	6060	6120
多哥	262	351	411	423	435	446
汤加	9	10	10	10	10	10
特立尼达和多巴哥	108	122	126	127	128	129
突尼斯	638	816	896	909	922	934
土耳其	4448	5613	6061	6154	6251	6345
土库曼斯坦	286	367	451	460	466	472
乌干达	1281	1633	1917	1974	2032	2090
乌克兰	5004	5189	5153	5111	5070	5030
阿拉伯联合酋长国	104	184	234	246	258	272
英国	5633	5756	5861	5880	5901	5906
美国	22722	24944	26276	26519	26774	27030
乌拉圭	291	311	322	324	327	329
乌兹别克斯坦	1595	2052	2279	2323	2367	2405
瓦努阿图	12	15	17	17	18	18
委内瑞拉	1509	1950	2184	2231	2278	2324
越南	5370	6620	7298	7430	7546	7652
美属维尔京群岛	10	10	11	12	12	12
约旦河西岸和加沙地带		200	243	253	263	273
也门	854	1188	1525	1569	1614	1660
南斯拉夫	978	1053	1055	1057	1060	1062
赞比亚	574	778	898	921	944	967
津巴布韦	701	975	1101	1124	1147	1169

注:①中国为年末人口数。

资料来源:世界银行《世界发展指标》2000年。

3—3 人口性别构成和年龄构成

单位:千人

	日 期	合 计	0—4岁	5—9岁	10—14岁	15—19岁	20—24岁	25—29岁	30—34岁
中 国①									
合 计	1998年7月1日	1231066	74316	109343	115580	91102	89627	121960	121607
男		626160	40384	57844	59864	47571	44281	60568	61103
女		604906	33932	51499	55716	43531	45346	61393	60504
中国香港									
合 计	1997年7月1日	6502	370	389	418	438	470	526	648
男		3271	192	202	215	225	234	249	309
女		3231	177	187	203	212	236	277	339
孟加拉国②									
合 计	1991年3月11日	114555	18695	18391	13443		18864		16269
男		57314	9482	9505	7175		9175		8032
女		54141	9213	8886	6267		9690		8236
印 度									
合 计	1997年7月1日	955220	116778	125104	11375	94294	83657	77557	68323
男		495212	59585	64445	59928	50045	42848	38682	34638
女		460008	57193	60659	53822	44247	40809	38875	33685
印度尼西亚									
合 计	1995年7月1日	194755	20452	21788	23709	20279	17151	16308	14982
男		96930	10475	11130	12038	10273	8037	7798	7262
女		97825	9977	10659	11671	10006	9114	8510	7719
伊 朗									
合 计	1996年11月10日	60055	6163	8482	9081	7116	5222	4709	3980
以色列									
合 计	1995年7月1日	5545	567	546	526	506	477	407	374
男		2747	291	280	270	260	242	205	188
女		2798	276	266	256	246	235	202	185
日 本									
合 计	1996年10月1日	125864	4898	6375	7337	8243	9813	9315	8009
男		61687	3062	3266	3756	4228	5010	4721	4054
女		64177	2911	3110	3581	4016	4804	4593	3955
哈萨克斯坦									
合 计	1996年7月1日	15921	1451	1707	1619	1457	1328	1177	1253
男		7738	745	869	818	731	672	620	623
女		8183	706	838	801	726	655	557	630
朝 鲜									
合 计	1993年12月31日	20522	2089	1867	1767	1528	1863	2020	1608
男		9678	1072	958	905	709	765	987	791
女		10845	1017	909	862	820	1098	1032	817
韩 国									
合 计	1995年11月1日	44554	3427	3096	3712	3863	4304	4138	4230
男		22357	1821	1627	1914	1987	2238	2078	2146
女		22196	1606	1469	1798	1876	2066	2059	2084
马来西亚									
合 计	1996年7月1日	21169	2540	2499	2359	2116	1998	1803	1677
男		10823	1310	1287	1211	1090	1037	926	855
女		10346	1230	1212	1148	1026	961	877	822

3－3 续表 1

单位：千人

	日　期	35－39 岁	40－44 岁	45－49 岁	50－54 岁	55－59 岁	60－64 岁	65 岁及以上	年龄不明确
中　　国①									
合　计	1998 年 7 月 1 日	88172	94981	80084	59701	47536	45575	91483	
男		44801	48465	40784	30176	24292	23080	42948	
女		43371	46516	39300	29525	23245	22495	48536	
中国香港									
合　计	1997 年 7 月 1 日	691	580	479	299	256	265	674	
男		347	296	252	164	140	140	306	
女		344	284	228	134	116	126	367	
孟加拉国②									
合　计	1991 年 3 月 11 日		10883	←	8865	→	←	6045	
男			5886	←	4761	→	←	3298	
女			4997	←	4104	→	←	2748	
印　　度									
合　计	1997 年 7 月 1 日	58993	49608	41738	34254	27187	22828	41151	
男		30869	26371	22216	18268	14267	11769	21281	
女		28124	23237	19522	15986	12920	11059	19870	
印度尼西亚									
合　计	1995 年 7 月 1 日	14119	11103	8251	7120	6195	5183	8116	
男		7052	5819	4173	3779	2934	2301	3859	
女		7067	5284	4078	3341	3261	2881	4257	
伊　　朗									
合　计	1996 年 11 月 10 日	3572	2812	2013	1529	1367	1383	2592	34
以 色 列									
合　计	1995 年 7 月 1 日	363	359	317	200	199	177	529	
男		179	177	155	97	95	82	227	
女		184	182	162	102	105	95	301	
日　　本									
合　计	1996 年 10 月 1 日	7767	8599	11191	8489	8116	7617	19016	
男		3922	4325	5615	4210	3988	3682	7849	
女		3848	4274	5576	4278	4129	3934	11168	
哈萨克斯坦									
合　计	1996 年 7 月 1 日	1265	1033	840	458	774	464	966	
男		627	503	402	214	354	204	356	
女		638	530	438	244	420	260	739	
朝　　鲜									
合　计	1993 年 12 月 31 日	1386	991	1243	1209	1064	749	1139	
男		683	482	603	583	487	302	350	
女		703	508	640	626	576	447	790	
韩　　国									
合　计	1995 年 11 月 1 日	4134	3071	2464	2064	1913	1495	2640	
男		2103	1580	1262	1029	924	674	975	
女		2031	1491	1203	1035	990	821	1666	
马来西亚									
合　计	1996 年 7 月 1 日	1482	1220	957	709	581	450	777	
男		756	625	493	365	293	220	354	
女		725	595	465	344	288	229	423	

3—3续表2 单位:千人

	日　期	合　计	0—4岁	5—9岁	10—14岁	15—19岁	20—24岁	25—29岁	30—34岁
蒙　古③									
合　计	1997年7月1日	2313	268		612	←	…	…	1345
缅　甸									
合　计	1997年7月1日	46402	5786	4959	4708	4593	4299	3952	3555
男		23039	2879	2558	2440	2343	2165	1961	1745
女		23363	2907	2401	2268	2250	2134	1991	1810
巴基斯坦									
合　计	1995年7月1日	129871	21165	16874	15505	12500	10466	9707	8506
男		67051	10891	8502	7890	6420	5478	5032	4428
女		65820	10274	8372	7615	6080	4988	4675	4078
菲律宾									
合　计	1995年9月1日	68616	9362	8893	8041	7465	6271	5753	4861
男		34584	4827	4567	4082	3727	3120	2880	2455
女		34032	4535	4327	3959	3739	3151	2873	2407
新加坡									
合　计	1997年7月1日	3104	243	252	209	204	228	262	300
男		1559	126	130	108	105	114	129	150
女		1544	117	122	101	99	114	133	151
斯里兰卡									
合　计	1996年7月1日	18315	2288	2076	2083	1978	1883	1573	1389
男		9336	1165	1056	1063	1003	945	787	703
女		8979	1123	1020	1020	975	938	786	686
泰　国									
合　计	1997年7月1日	60602	5355	5387	5590	5791	5777	5527	5125
男		30245	2712	2727	2837	2943	2939	2809	2578
女		30357	2643	2660	2753	2848	2838	2718	2547
土耳其									
合　计	1997年7月1日	63745	6626	6535	6723	6742	6251	5436	5053
男		32206	3371	3344	3444	3443	3192	2765	2571
女		31539	3255	3193	3278	3298	3059	2671	2482
越　南									
合　计	1992年12月31日	69175	9436	9418	8506	7549	6360	5386	5135
男		33313	4926	4846	4413	3725	2903	2286	2428
女		35862	4510	4572	4094	3824	3458	3099	2707
埃　及									
合　计	1996年7月1日	60603	8391	7705	7387	6261	5458	4751	4103
男		30831	4299	3950	3787	3219	2807	2439	2102
女		29772	4092	3755	3600	3042	2651	2312	2001
尼日利亚									
合　计	1991年11月26日	88992	14344	14500	11149	9336	7672	7311	5914
男		44530	7344	7374	5813	4529	3314	3305	2809
女		44462	6999	7126	5336	4807	4357	4007	3105
南　非									
合　计	1991年3月7日	30987	3819	3597	3306	3159	2967	2695	2410
男		15480	1925	1814	1663	1588	1494	1372	1234
女		15507	1893	1783	1643	1571	1473	1323	1176

3－3 续表 3 单位：千人

	日 期	35－39 岁	40－44 岁	45－49 岁	50－54 岁	55－59 岁	60－64 岁	65 岁及以上	年龄不明确
蒙 古③									
合 计	1997 年 7 月 1 日	---	---	---	---	---	→	88	
缅 甸									
合 计	1997 年 7 月 1 日	3060	2594	2131	1747	1466	1202	2350	
男		1496	1263	1035	842	695	561	1056	
女		1564	1331	1096	905	771	641	1294	
巴基斯坦									
合 计	1995 年 7 月 1 日	7221	6497	5600	4444	3635	2880	4871	
男		3790	3409	2947	2332	1913	1514	2505	
女		3431	3088	2653	2112	1722	1366	2366	
菲律宾									
合 计	1995 年 9 月 1 日	4318	3403	2734	2063	1715	1322	2415	
男		2196	1730	1385	1033	844	642	1099	
女		2123	1673	1349	1030	871	680	1316	
新加坡									
合 计	1997 年 7 月 1 日	310	282	229	144	127	95	217	
男		158	144	116	73	63	47	98	
女		153	138	113	72	64	49	119	
斯里兰卡									
合 计	1996 年 7 月 1 日	1035	862	752	665	522	420	789	
男		520	444	381	351	275	226	417	
女		515	418	371	314	247	194	372	
泰 国									
合 计	1997 年 7 月 1 日	4678	4114	3275	2607	2284	1883	3209	
男		2339	2041	1611	1268	1097	893	1451	
女		2339	2073	1664	1339	1187	990	1758	
土耳其									
合 计	1997 年 7 月 1 日	4491	3706	2983	2300	1918	1810	3174	
男		2299	1895	1513	1142	913	872	1448	
女		2191	1810	1471	1160	1005	939	1725	
越 南									
合 计	1992 年 12 月 31 日	3627	2452	2180	1945	1912	1777	3490	
男		1690	1145	991	862	828	822	1448	
女		1937	1307	1189	1083	1085	955	2042	
埃 及									
合 计	1996 年 7 月 1 日	3530	3019	2554	2136	1717	1340	2251	
男		1804	1538	1297	1066	841	637	1045	
女		1726	1481	1257	1070	876	703	1206	
尼日利亚									
合 计	1991 年 11 月 26 日	4215	3846	2416	2571	1120	1690	2908	
男		2207	1971	1355	1389	639	899	1583	
女		2008	1875	1061	1182	481	792	1325	
南 非									
合 计	1991 年 3 月 7 日	2004	1660	1346	1119	891	683	1331	
男		1021	843	674	553	432	314	551	
女		983	817	672	566	459	369	780	

3—3 续表 4

单位:千人

	日　期	合　计	0—4 岁	5—9 岁	10—14 岁	15—19 岁	20—24 岁	25—29 岁	30—34 岁
加拿大									
合　计	1996 年 7 月 1 日	29964	1961	2016	2020	2003	2036	2224	2631
男		14845	1006	1031	1032	1026	1033	1121	1334
女		15119	955	985	988	977	1003	1102	1297
墨西哥									
合　计	1995 年 11 月 5 日	91158	10724	10868	10670	10142	9397	7613	6565
男		44900	5449	5516	5404	5022	4539	3653	3152
女		46258	5275	5352	5266	5120	4859	3961	3412
美　国									
合　计	1997 年 7 月 1 日	267636	19150	19738	19040	19068	17512	18869	20741
男		131018	9801	10104	9757	9827	8979	9470	10340
女		136618	9349	9634	9283	9241	8532	9399	10401
阿根廷									
合　计	1995 年 7 月 1 日	34768	3423	3340	3285	3350	2815	2471	2331
男		16977	1693	1692	1662	1683	1408	1235	1158
女		17610	1637	1638	1613	1647	1384	1220	1163
巴　西									
合　计	1996 年 7 月 1 日	157871	15333	16529	17252	16396	14682	13954	13313
男		77929	7767	8361	8724	8273	7397	6952	6496
女		79943	7567	8168	8528	8123	7285	7001	6818
委内瑞拉									
合　计	1996 年 7 月 1 日	22311	2771	2707	2512	2309	1995	1859	1729
男		11235	1415	1381	1280	1175	1012	939	870
女		11076	1356	1325	1232	1134	982	920	859
白俄罗斯									
合　计	1997 年 1 月 1 日	10236	547	765	843	761	727	675	772
男		4778	280	391	426	383	364	333	381
女		5458	267	375	417	378	362	343	391
保加利亚									
合　计	1996 年 12 月 31 日	8341	390	498	549	604	621	581	536
男		4078	200	255	282	310	316	296	270
女		4263	190	243	267	294	305	285	266
捷克共和国									
合　计	1996 年 12 月 31 日	10309	532	640	671	811	894	703	698
男		5012	273	328	343	415	456	359	356
女		5297	259	312	328	396	438	344	342
法　国									
合　计	1993 年 1 月 1 日	57527	3739	3805	3919	3939	4339	4332	4322
男		28018	1913	1946	2006	2013	2194	2171	2155
女		29509	1826	1859	1912	1926	2145	2161	2167
德　国									
合　计	1996 年 12 月 31 日	82012	3990	4662	4535	4487	4561	6408	7301
男		39955	2048	2393	2327	2304	2335	3313	3786
女		42057	1942	2269	2208	2182	2226	3096	3515
意大利									
合　计	1996 年 7 月 1 日	57397	2733	2786	2961	3445	4320	4639	4663
男		27855	1405	1428	1513	1759	2199	2350	2343
女		29542	1328	1359	1447	1686	2121	2289	2320

3－3 续表 5

单位：千人

	日 期	35—39 岁	40—44 岁	45—49 岁	50—54 岁	55—59 岁	60—64 岁	65 岁及以上	年龄不明确
加拿大									
合 计	1996 年 7 月 1 日	2666	2388	2159	1672	1333	1213	3642	
男		1344	1192	1085	838	662	596	1544	
女		1323	1196	1075	834	671	617	2098	
墨西哥									
合 计	1995 年 11 月 5 日	5820	4434	3612	2896	2232	1942	4014	14
男		2804	2173	1764	1419	1083	930	1884	5
女		3016	2261	1849	1478	1149	1012	2129	9
美 国									
合 计	1997 年 7 月 1 日	22625	21373	18470	15163	11757	10056	34076	
男		11286	10596	9074	7383	5646	4745	14010	
女		11338	10777	9396	7780	6111	5311	20066	
阿根廷									
合 计	1995 年 7 月 1 日	2198	2076	1851	1613	1431	1314	3271	
男		1073	1017	924	786	683	610	1352	
女		1119	1055	943	825	747	702	1917	
巴 西									
合 计	1996 年 7 月 1 日	11409	9258	7394	5877	5032	3901	7540	
男		5519	4453	3562	2803	2404	1831	3388	
女		5890	4805	3832	3074	2628	2070	4152	
委内瑞拉									
合 计	1996 年 7 月 1 日	1447	1237	1015	768	575	463	924	
男		726	620	509	382	282	224	419	
女		722	617	506	386	293	239	475	
白俄罗斯									
合 计	1997 年 1 月 1 日	878	762	667	402	594	537	1307	
男		433	371	319	187	262	224	423	
女		444	391	347	215	331	313	884	
保加利亚									
合 计	1996 年 12 月 31 日	565	591	612	530	470	515	1279	
男		282	292	300	257	224	241	553	
女		283	299	312	273	246	274	726	
捷克共和国									
合 计	1996 年 12 月 31 日	657	789	827	707	522	469	1388	
男		333	396	412	346	250	215	529	
女		324	393	415	361	273	254	859	
法 国									
合 计	1993 年 1 月 1 日	4269	4357	3544	2761	2897	2945	8360	
男		2126	2191	1791	1384	1415	1393	3321	
女		2143	2166	1753	1377	1482	1553	5040	
德 国									
合 计	1996 年 12 月 31 日	6630	5853	5331	4637	6062	4699	12857	
男		3413	2980	2702	2341	3028	2291	4694	
女		3217	2873	2629	2296	3034	2408	8163	
意大利									
合 计	1996 年 7 月 1 日	4098	3784	3960	3397	3589	3280	9742	
男		2051	1883	1964	1670	1739	1552	4000	
女		2048	1900	1996	1727	1850	1727	5772	

3－3 续表 6 单位：千人

	日 期	合 计	0－4 岁	5－9 岁	10－14 岁	15－19 岁	20－24 岁	25－29 岁	30－34 岁
荷 兰									
合 计	1996年7月1日	15531	977	971	907	925	1054	1293	1321
男		7680	500	496	464	473	534	660	676
女		7851	477	474	444	452	520	633	645
波 兰									
合 计	1996年7月1日	38618	2375	2833	3356	3241	2925	2481	2567
男		18789	1218	1453	1714	1654	1490	1267	1300
女		19829	1157	1380	1643	1586	1435	1213	1267
罗马尼亚									
合 计	1996年7月1日	22608	1210	1660	1629	1931	1866	1966	1253
男		11081	621	847	831	896	955	995	635
女		11527	589	813	798	946	911	972	619
俄罗斯									
合 计	1995年7月1日	147773	7886	11653	11822	10829	10242	9518	11688
男		69387	4047	5950	6007	5494	5255	4873	5886
女		78386	3839	5704	5815	5336	4987	4645	5802
西班牙									
合 计	1997年7月1日	39323	1919	1986	2304	2911	3309	3262	3164
男		19235	991	1022	1181	1490	1687	1660	1598
女		20088	928	964	1123	1421	1621	1603	1566
乌克兰									
合 计	1995年1月1日	51474	2950	3775	3807	3654	3650	3319	3873
男		23905	1512	1924	1935	1848	1865	1663	1914
女		27568	1438	1851	1872	1805	1786	1656	1960
英 国									
合 计	1996年7月1日	58801	3763	3905	3690	3522	3803	4578	4843
男		28856	1929	2002	1895	1810	1950	2339	2466
女		29946	1834	1903	1795	1713	1853	2238	2377
南斯拉夫									
合 计	1995年7月1日	10547	703	774	794	808	777	738	721
男		5230	364	397	406	414	397	375	365
女		5317	339	377	388	394	380	362	356
澳大利亚									
合 计	1995年6月30日	18054	1290	1286	1291	1269	1446	1381	1458
男		8990	662	660	662	652	737	693	728
女		9064	629	626	629	617	709	688	731
新西兰									
合 计	1996年3月5日	3618	280	288	264	263	272	273	293
男		1777	144	148	136	134	135	132	142
女		1841	135	141	129	129	137	141	151

3—3 续表 7

单位:千人

	日　期	35—39 岁	40—44 岁	45—49 岁	50—54 岁	55—59 岁	60—64 岁	65 岁及以上	年龄不明确
荷　兰									
合　计	1996 年 7 月 1 日	1247	1160	1183	945	781	694	2072	
男		634	589	604	483	394	339	835	
女		613	571	580	463	388	354	1238	
波　兰									
合　计	1996 年 7 月 1 日	3123	3222	2787	1741	1808	1785	4374	
男		1572	1606	1373	837	844	806	1656	
女		1551	1616	1414	905	964	979	2718	
罗马尼亚									
合　计	1996 年 7 月 1 日	1560	1660	1453	1127	1282	1241	2769	
男		782	826	718	547	606	576	1156	
女		777	833	735	580	676	664	1613	
俄 罗 斯									
合　计	1995 年 7 月 1 日	12830	11799	9346	5800	9708	6954	17699	
男		6381	5785	4500	2668	4297	2910	5336	
女		6449	6014	4846	3132	5412	4044	12363	
西 班 牙									
合　计	1997 年 7 月 1 日	2929	2587	2414	2259	1921	2088	6271	
男		1468	1291	1200	1113	933	991	2612	
女		1461	1296	1214	1146	989	1098	3659	
乌 克 兰									
合　计	1995 年 1 月 1 日	3917	3682	2933	2728	3728	2475	6984	
男		1912	1772	1380	1241	1664	1059	2218	
女		2005	1909	1553	1487	2064	1416	4766	
英　国									
合　计	1996 年 7 月 1 日	4289	3804	4130	3466	2986	2772	9251	
男		2166	1906	2065	1727	1478	1355	3768	
女		2123	1897	2065	1739	1508	1418	5483	
南斯拉夫									
合　计	1995 年 7 月 1 日	741	796	683	521	600	609	1284	
男		374	402	341	256	290	289	559	
女		366	394	342	265	310	320	724	
澳大利亚									
合　计	1995 年 6 月 30 日	1416	1326	1257	973	805	701	2154	
男		707	662	638	497	409	349	936	
女		709	664	619	476	396	352	1218	
新 西 兰									
合　计	1996 年 3 月 5 日	285	255	241	187	159	135	423	
男		139	125	120	93	79	67	182	
女		146	130	121	93	80	68	241	

注:①根据 1‰人口抽样调查推算人口数,未根据抽样误差和调查误差进行修正。②15—19 岁人口数包括在 20—24 岁中,25—29 岁人口数包括在 30—34 岁中,35—39 岁人口数包括在 40—44 岁中。③5—9 岁人口数包括在 10—14 岁中。

资料来源:联合国《人口统计年鉴》1997 年。

3－4 人口出生率和死亡率

单位：‰

	出生率				死亡率			
	1980年	1990年	1995年	1998年	1980年	1990年	1995年	1998年
世　界	**27.2**	**25.3**		**22.2**	**10.4**	**9.2**		**8.9**
中　国	18.2	21.1	17.1	16.0	6.3	6.7	6.6	6.5
中国香港	16.9	12.3	11.2	7.9	4.9	5.0	5.0	4.8
孟加拉国	44.1	32.7		27.8	18.1	12.4		9.6
印　度	34.4	30.2	28.3	26.5	12.9	9.7	9.0	8.9
印度尼西亚	33.5	25.4		23.2	12.1	8.5		7.5
伊　朗	43.6	30.8		22.0	11.4	7.2		5.5
以色列	24.3	22.2	21.1	21.9	6.7	6.8	6.3	6.2
日　本	13.5	10.0	9.5	9.5	6.1	6.7	7.4	7.4
哈萨克斯坦	23.9	21.7	16.7	14.3	8.0	7.7	10.2	9.9
朝　鲜	20.6	21.6		20.2	5.8	6.1		9.1
韩　国	22.3	16.3	15.2	14.3	6.4	6.3	5.3	5.6
马来西亚	31.4	28.9	27.0	25.0	6.5	4.8	4.6	4.5
蒙　古	38.2	30.9		20.5	10.6	8.2		6.6
缅　甸	36.3	24.2		25.9	14.4	10.9		9.9
巴基斯坦	47.1	41.4		35.1	15.2	12.6		7.9
菲律宾	35.3	31.1		28.0	8.5	7.2		5.7
新加坡	17.1	18.4	15.7	13.2	5.2	4.8	4.8	4.6
斯里兰卡	28.4	21.2	19.3	17.5	6.2	6.1	5.8	6.0
泰　国	27.7	20.9	17.9	16.8	7.5	6.0	6.2	6.5
土耳其	31.5	24.8	22.4	21.1	9.7	7.4	6.6	6.3
越　南	36.1	28.8		20.5	8.4	7.3		6.5
埃　及	39.0	31.1		24.2	13.3	9.5		6.9
尼日利亚	49.8	43.8		40.1	17.7	14.6		12.3
南　非	36.2	31.9		24.7	11.6	9.2		8.8
加拿大	15.4	15.0	12.9	11.6	7.1	7.3	6.8	7.2
墨西哥	34.0	31.7	30.2	27.5	6.9	5.4		5.1
美　国	15.9	16.7	14.8	14.4	8.8	8.6	8.8	8.6
阿根廷	24.1	21.0	18.9	19.3	8.7	8.3	7.7	7.6
巴　西	30.7	23.6		20.3	8.7	7.5		7.4
委内瑞拉	32.9	28.6		24.8	5.6	4.8		4.3
白俄罗斯	16.3	13.9	9.8	9.1	9.9	10.7	13.0	13.4
保加利亚	14.5	12.1	8.6	7.9	11.1	12.4	13.6	14.3
捷克共和国	15.4	12.7	9.3	8.8	12.7	12.5	11.4	10.6
法　国	14.9	13.4	12.5	12.6	10.2	9.3	9.1	9.2
德　国	11.0	11.4	9.3	9.7	12.1	11.5	10.7	10.4
意大利	11.3	10.0	9.2	9.1	9.8	9.4	9.7	10.1
荷　兰	12.8	13.2	12.3	12.0	8.1	8.6	8.8	8.9
波　兰	19.5	14.3	11.2	10.3	9.9	10.2	10.0	9.7
罗马尼亚	17.9	13.7	10.5	10.6	10.4	10.6	12.0	11.9
俄罗斯	15.9	13.4	9.3	8.8	11.0	11.2	15.0	13.5
西班牙	15.2	10.3	9.1	9.2	7.7	8.5	8.8	9.1
乌克兰	14.7	12.7	9.6	8.8	11.4	12.1	15.4	15.2
英　国	13.4	13.9	12.5	12.0	11.7	11.1	11.0	10.8
南斯拉夫	17.7	14.9	13.3	11.3	9.1	9.3	10.2	9.9
澳大利亚	15.3	15.4	14.1	13.3	7.3	7.0	6.9	6.8
新西兰	16.2	17.3	16.4	15.0	8.5	8.3	7.8	7.1

资料来源：世界银行《世界发展指标》2000年。

3—5 人口自然增长率

单位:‰

	1980 年	1990 年	1995 年	1996 年	1997 年	1998 年
世　　界	**16.8**	**16.1**			**13.6**	**13.2**
中　　国	11.9	14.4	10.5	10.4	10.1	9.5
中国香港	−1.2	−0.1			−0.7	−1.7
孟加拉国	39.2	27.7			21.7	23.0
印　　度	21.5	20.5	19.3	18.6	18.3	17.6
印度尼西亚	21.4	16.9			16.3	15.6
伊　　朗	32.3	23.6			16.5	16.5
以 色 列	17.6	15.4	14.8	15.0	15.3	15.7
日　　本	7.4	3.3	2.1	2.5	2.2	2.1
哈萨克斯坦	15.9	14.0	6.5	5.5	4.5	4.4
朝　　鲜	14.7	15.5			11.8	11.1
韩　　国	16.0	10.0	9.9		9.2	8.7
马来西亚	24.9	24.0	22.4	22.3	20.3	20.5
蒙　　古	27.7	22.8			14.1	13.9
缅　　甸	21.9	13.3			16.3	16.0
巴基斯坦	31.9	28.8			27.7	27.2
菲 律 宾	26.8	23.9			22.8	22.3
新 加 坡	11.9	13.6	10.9	10.9	8.6	8.6
斯里兰卡	22.2	15.1	13.5	12.1	12.7	11.5
泰　　国	20.2	14.9	11.7		10.0	10.2
土 耳 其	21.8	17.4	15.8	15.1	15.5	14.8
越　　南	27.7	21.5			14.5	14.0
埃　　及	25.7	21.7			17.5	17.2
尼日利亚	32.1	29.2			28.1	27.8
南　　非	24.6	22.7			17.1	15.9
加 拿 大	8.3	7.7	6.1	5.6	4.5	4.4
墨 西 哥	27.1	26.3			23.5	22.4
美　　国	7.1	8.1	6.0	6.0	6.0	5.8
阿 根 廷	15.5	12.6	11.2	11.6	11.8	11.7
巴　　西	22.1	16.1		12.8	13.3	13.0
委内瑞拉	27.3	23.7		21.1	21.1	20.5
白俄罗斯	6.4	3.2	−3.2	−3.7	−4.6	−4.3
保加利亚	3.4	−0.3	−5.0	−5.3	−6.9	−6.4
捷克共和国	2.7	0.2	−2.1	−2.0	−2.1	−1.8
法　　国	4.7	4.1	3.4	3.4	3.3	3.4
德　　国	−1.1	−0.1	−1.4	−0.9	−0.8	−0.7
意 大 利	1.5	0.6	−0.5	−0.3	−0.6	−1.0
荷　　兰	4.7	4.6	3.5	3.3	3.4	3.1
波　　兰	9.6	4.1	1.2	1.1	0.9	0.6
罗马尼亚	7.5	3.1	−1.5	−2.3	−1.8	−1.3
俄 罗 斯	4.9	2.2	−5.7	−5.3	−5.2	−4.7
西 班 牙	7.5	1.8	0.3	0.4	0.3	0.1
乌 克 兰	3.3	0.6	−5.8	−6.1	−6.2	−6.3
英　　国	1.7	2.8	1.5	1.6	1.6	1.3
南斯拉夫	8.6	5.6	3.1	2.5	1.9	1.4
澳大利亚	8.0	8.4	7.2	6.9	6.7	6.5
新 西 兰	7.7	9.1	8.6	8.2	8.1	7.9

资料来源:世界银行《世界发展指标》2000 年。

3－6 有关生育的指标

	总和生育率			产妇死亡率（每十万例成活分娩）	达到净再生产率为1的假定年份	避孕普及率②（%）
	1980年	1998年	2000年①	1990－1998年		1990－1998年
世　界	**3.7**	**2.8**	**2.9**			**49**
中　国③	2.5	1.9	1.9	65	2030	85
中国香港	2.0	1.1	1.2		2030	
孟加拉国	6.1	3.1		440	2010	49
印　度	5.0	3.2	3.2	410	2010	41
印度尼西亚	4.3	2.7		450	2005	57
伊　朗	6.7	2.7		37	2025	73
以色列	3.2	2.7	2.5	5	2000	
日　本	1.8	1.4	1.5	8	2030	
哈萨克斯坦	2.9	2.0	2.3	70	2000	59
朝　鲜	2.8	2.0		110		
韩　国	2.6	1.6	1.8	20	2030	
马来西亚	4.2	3.1	3.0	39	2010	
蒙　古	5.3	2.5	3.1	150	2025	
缅　甸	4.9	3.1	3.6	230	2020	
巴基斯坦	7.0	4.9			2030	24
菲律宾	4.8	3.6	3.3	170	2020	47
新加坡	1.7	1.5	1.7	6	2030	
斯里兰卡	3.5	2.1	2.2	60	2000	
泰　国	3.5	1.9	2.1	44	1995	72
土耳其	4.3	2.4	2.8		2010	
越　南	5.0	2.3	3.3	160		75
埃　及	5.1	3.2		170	2015	48
尼日利亚	6.9	5.3	5.7		2035	6
南　非	4.6	2.8	3.6		2020	69
加拿大	1.7	1.6	2.0		2030	
墨西哥	4.7	2.8	2.6	48	2010	65
美　国	1.8	2.0	2.1	8	1995	76
阿根廷	3.3	2.6	2.5	38	2000	
巴　西	3.9	2.3	2.5	160	2000	77
委内瑞拉	4.2	2.9	2.8	65	2005	
白俄罗斯	2.0	1.3	1.6	22	2030	
保加利亚	2.0	1.1	1.5	15	2030	
捷克共和国	2.1	1.2	1.8	9	2030	69
法　国	1.9	1.8	1.7	10	2030	71
德　国	1.4	1.4	1.3	8	2030	
意大利	1.6	1.2	1.3	7	2030	
荷　兰	1.6	1.6	1.6	7	2030	75
波　兰	2.3	1.4	1.9	8	2030	
罗马尼亚	2.4	1.3	1.5	41	2030	57
俄罗斯	1.9	1.2	1.7	50	2030	34
西班牙	2.2	1.2	1.2	6	2030	
乌克兰	2.0	1.3	1.6	25	2030	
英　国	1.9	1.7	1.8	7	2030	
南斯拉夫	2.3	1.7		10		
澳大利亚	1.9	1.8	1.9		2030	
新西兰	2.0	1.9	2.1	15	1995	

注：①假定目前这些国家生育率转变趋势持续下去，到2000年时的水平。②通常指15－49岁本人或其性伙伴采取了避孕措施的妇女。③世界银行统计数据。

资料来源：世界银行《世界发展指标》2000年。

3－7　婴儿死亡率

单位：‰

	1980 年	1990 年	1995 年	1996 年	1997 年	1998 年
世　界	**79.7**	**60.5**			**55.2**	**54.5**
中　国①	42.0	32.9			32.0	31.1
中国香港	11.2	6.2	4.6	4.1	4.5	3.2
孟加拉国	131.6	90.6			75.0	72.8
印　度	114.8	80.0	74.0	72.0	71.0	69.8
印度尼西亚	90.0	60.0	46.0		44.0	43.0
伊　朗	86.8	47.0			32.0	26.0
以色列	15.6	9.9	6.8	6.3	6.2	5.7
日　本	7.5	4.6	4.3	3.8	3.7	3.7
哈萨克斯坦	32.7	26.3	27.0	25.4	24.9	21.6
朝　鲜	32.0	44.8			56.0	54.4
韩　国	25.8	12.2			9.0	8.7
马来西亚	30.4	15.8			9.5	8.3
蒙　古	82.0	62.6			52.0	50.3
缅　甸	109.2	93.8			79.0	78.2
巴基斯坦	127.0	111.0			95.0	91.5
菲律宾	52.2	37.0	35.0		33.0	32.2
新加坡	11.7	6.7	4.0	3.6	3.6	3.8
斯里兰卡	34.4	18.5	16.5	17.3	17.0	16.4
泰　国	48.8	37.0			29.0	28.6
土耳其	109.2	58.0	44.4	39.9	39.9	37.9
越　南	56.5	40.0			35.0	33.6
埃　及	119.6	69.4			51.0	49.1
尼日利亚	99.4	85.2			77.0	76.4
南　非	66.6	55.0			48.0	51.5
加拿大	10.4	6.8	6.1	5.4	5.3	5.2
墨西哥	51.0	36.4			31.0	30.2
美　国	12.6	9.4	7.5	7.3	7.1	7.0
阿根廷	34.8	25.2	22.2	20.9	18.8	18.6
巴　西	70.0	47.8			34.0	33.1
委内瑞拉	36.0	24.6		21.4	21.0	20.6
白俄罗斯	16.3	11.9	13.3	12.5	12.4	11.3
保加利亚	20.2	14.8	14.8	15.6	17.5	14.4
捷克共和国	16.4	10.8	7.7	6.0	5.9	5.2
法　国	10.0	7.3	4.9	4.8	4.8	4.8
德　国	12.4	7.0	5.3	5.0	4.9	4.9
意大利	14.6	8.2	6.3	6.0	5.5	5.4
荷　兰	8.6	7.1	5.5	5.7	5.1	5.0
波　兰	25.5	19.3	13.6	12.2	10.2	9.5
罗马尼亚	29.3	26.9	21.2	22.3	22.0	20.5
俄罗斯	22.1	17.4	18.1	17.4	17.2	16.5
西班牙	12.3	7.6	5.6	6.0	5.5	5.4
乌克兰	16.6	12.9	14.4	14.3	14.0	13.9
英　国	12.1	7.9	6.2	6.1	5.9	5.8
南斯拉夫	33.3	22.8	16.8	15.0	14.3	12.6
澳大利亚	10.7	8.0	5.7	5.8	5.3	5.0
新西兰	12.8	8.3	6.7		6.6	5.3

注：①世界银行统计数据。

资料来源：世界银行《世界发展指标》2000 年。

3-8 按死亡原因分类的死亡率

单位:1/100000

	年份	合计	恶性肿瘤		脑血管疾病	心脏病	高血压	肺炎	结核	肠道传染病①	未确诊	交通事故	自杀
			乳腺和宫颈①	其他									
中国香港	1996	507.8	19.8	152.5	30.0	12.5	…	0.1	4.5	0.2		1.5	59.5
以色列	1996	609.2		130.9	44.1	13.4		0.1	0.7	0.2		6.6	75.1
日本	1996	712.6	18.7	218.7	111.6	59.2	5.8	56.4	2.3	0.8	19.7	11.2	17.6
哈萨克斯坦	1996	1042.8	15.4	121.5	41.1	28.5	3.8	0.1	35.8	6.0	3.6	89.3	0.1
韩国	1995	528.1	8.4	109.1	80.0	13.6	18.4	4.2	8.7	0.5	76.5	38.4	10.7
蒙古	1994	620.8		105.5	25.5	54.2	8.7	7.2	11.2	1.8			82.6
菲律宾	1993	475.6		33.7	23.7	35.5		3.9	36.7	6.8	1.8	1.3	43.7
新加坡	1996	431.6	26.8	101.6	44.3	11.2		0.1	3.7	0.7			39.6
南非	1993	507.9		44.8	11.3	9.6	…	1.0	18.9	12.7	3.4	31.7	32.9
加拿大	1995	717.9	44.3	178.8	75.7	6.9	…	5.4	0.4	0.2	0.3	6.1	109.2
墨西哥	1995	475.3	24.8	45.2	34.2	11.9	0.1	1.3	5.1	10.2	2.6	24.9	62.7
美国	1995	880.0	45.5	186.5	83.1	17.4	0.1	6.4	0.5	0.3	0.5	5.3	132.6
阿根廷	1993	780.7	44.9	125.5	44.8	15.3	0.1	15.5	3.5	1.9	1.8	43.6	83.3
巴西	1992	552.5	18.4	52.6	33.5	13.4	0.1	2.8	3.6	8.8	6.5	16.4	53.3
委内瑞拉	1994	467.4		53.1	53.7	17.8	…	2.1	3.7	18.0	5.1	18.6	39.7
白俄罗斯	1993	1241.2	34.4	167.1	10.6	15.4	0.6		4.9			45.1	
保加利亚	1996	1400.8	42.3	175.9	88.2	61.9	0.3	103.9	4.1	0.3		9.7	53.7
捷克共和国	1997	1094.2		248.8	147.7	257.1	7.5	25.2	0.9	0.2	6.2	15.4	16.2
法国	1994	898.0		223.0	49.2	12.4	…	2.2	1.4	1.0	1.0	1.8	130.9
德国	1996	1078.0	30.0	234.3	104.0	21.2	…	20.6	0.8	0.3	0.5	5.4	98.0
意大利	1993	968.2		243.4	68.3	32.0	…	17.9	0.9	0.2	0.2	26.6	84.0
荷兰	1995	877.6	57.5	212.2	101.5	6.8		8.1	0.3	0.2		4.7	127.6
波兰	1996	998.2	43.2	186.1	72.8	26.0	0.1	190.2	2.7	0.1	0.2	32.5	41.4
罗马尼亚	1996	1265.8	47.5	149.4	96.4	72.5	…	72.4	11.4	1.0		53.6	67.5
俄罗斯	1996	1409.4		179.8	37.9	17.9	1.2		17.0				
西班牙	1995	883.0	39.3	204.7	65.3	15.1	…	14.9	1.5	0.6		14.3	162.2
乌克兰	1996	1520.2		173.0	19.6	9.9	2.3		16.1			43.0	
英国	1994	1074.8	65.9	244.2	154.8	9.2	0.6	4.8	0.8	0.4	1.7	18.6	129.8
澳大利亚	1995	692.3	40.8	168.6	99.4	8.2	…	4.3	0.1	0.5	1.6	17.2	96.6
新西兰	1994	775.6	46.5	186.8	103.7	11.4		2.5	0.5	0.2		8.7	95.8

注:①除菲律宾外,分母均为15岁及15岁以上女性人口数。

资料来源:联合国《人口统计年鉴》1997年。

3—9 出生时的平均期望寿命

单位:岁

	1980年	1990年	1995年	1996年	1997年	1998年
世 界	**61.5**	**65.4**			**66.7**	**66.8**
中 国①		68.9			69.7	69.9
中国香港	74.1	77.6			78.7	78.7
孟加拉国	48.5	54.7			58.1	58.5
印 度	54.4	59.8			63.1	63.1
印度尼西亚	54.8	61.7			65.1	65.4
伊 朗	60.1	66.2			70.2	70.7
以色列	72.9	76.1			77.4	77.5
日 本	76.0	78.8	79.5	80.2	80.4	80.5
哈萨克斯坦	66.6	68.3	64.9	64.1	64.5	64.6
朝 鲜	66.8	65.5			63.0	63.3
韩 国	66.8	70.3			72.3	72.6
马来西亚	66.9	70.5	71.7		71.9	72.0
蒙 古	57.7	62.7			65.8	66.2
缅 甸	52.1	56.6			60.1	59.9
巴基斯坦	55.1	59.1			61.7	62.4
菲律宾	61.1	65.4			68.3	68.6
新加坡	71.5	74.3	76.4	76.7	77.0	77.2
斯里兰卡	68.2	71.4			73.1	73.3
泰 国	63.6	68.5			72.3	72.3
土耳其	61.4	66.1			69.0	69.3
越 南	63.2	66.6			68.2	68.4
埃 及	55.5	62.8			66.3	66.5
尼日利亚	45.9	49.5			53.5	53.4
南 非	57.1	61.9			65.2	63.4
加拿大	74.7	77.2			78.9	79.0
墨西哥	66.8	70.4			72.0	72.1
美 国	73.7	75.2	75.6	76.0	76.1	76.5
阿根廷	69.6	71.6			73.1	73.3
巴 西	62.7	65.4			67.0	67.1
委内瑞拉	68.3	71.2			72.8	73.0
白俄罗斯	70.6	70.8	68.5	68.6	68.5	68.4
保加利亚	71.4	71.4	70.9	70.8	70.7	70.9
捷克共和国	70.3	71.7	73.4	73.8	73.9	74.5
法 国	74.3	76.8	77.8	78.0	78.4	78.3
德 国	72.6	75.1		76.5	76.7	76.7
意大利	73.9	77.1			78.2	78.3
荷 兰	75.7	76.9	77.4	77.4	77.5	77.6
波 兰	70.1	70.9	71.9	72.2	72.6	73.0
罗马尼亚	69.1	69.7	69.5	69.1	69.0	69.3
俄罗斯	67.1	68.9	64.8	66.0	66.7	67.0
西班牙	75.5	76.7	77.1	77.9	77.9	77.9
乌克兰	69.2	70.1	67.1	67.3	67.3	67.3
英 国	73.8	75.6		76.8	77.1	77.2
南斯拉夫	70.2	71.6	72.0	72.0	72.1	72.2
澳大利亚	74.4	77.0	77.9	78.1	78.2	78.6
新西兰	73.2	75.3		77.0	77.1	77.3

注:①世界银行统计数据。

资料来源:世界银行《世界发展指标》2000年。

3—10 结婚率与离婚率

单位:‰

	结婚率					离婚率				
	1993年	1994年	1995年	1996年	1997年	1993年	1994年	1995年	1996年	1997年
中　国①	46.50					4.63				
中国香港			6.30	5.90						1.61
孟加拉国	11.30	11.60	11.20		9.70					
伊　朗	7.90	7.60		7.80		0.50	0.55		0.62	
以色列	6.50	6.70	6.10	6.10	5.60	1.39	1.52			
日　本	6.30	6.30	6.30	6.30	6.20	1.51	1.56	1.59	1.64	1.79
哈萨克斯坦	8.90	7.60	7.20	6.40		2.76	2.57	2.43	2.54	
韩　国	8.60	8.20	7.10			1.25	1.30	1.19		
蒙　古				6.00						
菲律宾	7.10									
新加坡	7.80	7.30	7.20	6.70	6.90	1.17	1.06	1.18	1.23	1.25
斯里兰卡	8.50		9.30	9.30						
泰　国	8.40		7.90			0.81		0.90		
土耳其	7.70	7.60	7.50	7.80		0.47	0.46	0.47	0.47	
埃　及	7.60	7.80				1.15	1.16			
南　非	3.00	3.30	3.60			0.67	0.74	0.76		
加拿大	5.50	5.50	5.40			2.71	2.69	2.62		
墨西哥	7.20	7.20	7.30	6.90		0.36	0.35	0.41	0.40	
美　国	9.00	9.10	8.90	8.80		4.60	4.57	4.45	4.33	
阿根廷			4.60	4.20						
巴　西	4.90	5.00					0.62			
委内瑞拉	4.90	4.60	3.80	3.70		0.82	0.89	0.65	0.79	
白俄罗斯	7.90	7.30	7.50	6.20	6.80	4.33	4.27	4.10	4.20	4.63
保加利亚	4.70	4.50	4.40		4.10	0.86	0.94	1.27		
捷克共和国	6.40	5.70	5.30	5.20	5.50	2.92	2.99	3.01	3.21	3.10
法　国	4.40	4.40	4.40	4.80		1.92	2.00	2.01	1.90	
德　国	5.50	5.40	5.30	5.20	5.10	1.93	2.04	2.07	2.14	
意大利	5.30	5.00	5.10	4.70	4.80	0.42	0.48	0.47		
荷　兰	5.80	5.40	5.30	5.50	5.40	2.00	2.35	2.21	2.24	2.18
波　兰	5.40	5.40	5.40	5.30		0.72	0.82	0.99	1.02	
罗马尼亚	7.10	6.80	6.80	6.70	6.50	1.37	1.74	1.54	1.57	
俄罗斯	7.50	7.30	7.30			4.48	4.60	4.51		
西班牙	5.20	5.00	5.10	5.00		0.74	0.80	0.84	0.83	
乌克兰	8.20	7.70	8.40	6.00	6.80	4.20	4.00	3.87	3.78	3.71
英　国	5.90	5.70	5.50			3.08	2.97	2.89		
南斯拉夫	5.90	5.70	5.70	5.40	5.30	0.70	0.67	0.75	0.75	0.68
澳大利亚	6.40	6.20	6.10	5.80		2.73	2.70	2.75	2.86	
新西兰	6.40	6.30	6.10	6.00					2.80	

注:①联合国统计数据。

资料来源:联合国《人口统计年鉴》1997年。

3—11 城市人口占总人口比重

单位:%

	1980年	1990年	1995年	1996年	1997年	1998年
世界	**39.7**	**43.6**	**45.3**	**45.7**	**46.0**	**46.1**
中国	19.6	27.4	29.7	30.2	30.7	31.1
中国香港	91.5	99.9	100.0	100.0	100.0	100.0
孟加拉国	14.4	19.3	21.8	22.3	22.9	23.4
印度	23.1	25.5	26.8	27.1	27.4	27.8
印度尼西亚	22.2	30.6	35.6	36.7	37.7	38.8
伊朗	49.6	56.3	59.0	59.5	60.0	60.6
以色列	88.6	90.3	90.7	90.8	90.9	91.0
日本	76.2	77.4	78.1	78.2	78.4	78.5
哈萨克斯坦	54.0	57.0	56.4	56.4	56.4	56.4
朝鲜	56.9	58.4	59.1	59.3	59.5	59.8
韩国	56.9	73.8	78.2	78.9	79.7	80.4
马来西亚	42.0	49.8	53.7	54.4	55.2	55.9
蒙古	52.1	58.0	60.8	61.3	61.9	62.4
缅甸	24.0	24.6	25.8	26.2	26.6	26.9
巴基斯坦	28.1	31.9	34.3	34.8	35.4	35.9
菲律宾	37.5	48.8	54.0	54.9	55.8	56.8
新加坡	100.0	100.0	100.0	100.0	100.0	100.0
斯里兰卡	21.6	21.3	22.1	22.4	22.7	23.0
泰国	17.0	18.7	20.0	20.3	20.6	21.0
土耳其	43.8	61.2	69.2	70.4	71.6	72.9
越南	19.2	19.7	19.4	19.5	19.5	19.6
埃及	43.8	44.1	44.4	44.6	44.7	44.9
尼日利亚	26.9	35.0	39.5	40.4	41.3	42.2
南非	48.1	48.8	49.3	55.4	54.2	52.9
加拿大	75.7	76.6	76.7	76.8	76.9	76.9
墨西哥	66.3	72.5	73.4	73.6	73.8	74.0
美国	73.7	75.2	76.1	76.3	76.5	76.8
阿根廷	82.9	86.5	88.4	88.7	89.0	89.3
巴西	66.2	74.7	78.4	79.0	79.6	80.1
委内瑞拉	79.4	84.0	85.5	85.8	86.1	86.3
白俄罗斯	56.5	66.3	68.8	69.8	70.3	70.6
保加利亚	61.2	66.5	68.0	68.3	68.6	69.0
捷克共和国	74.6	74.8	74.5	74.5	74.6	74.6
法国	73.3	74.0	74.7	74.9	75.1	75.2
德国	82.6	85.3	86.5	86.7	86.9	87.1
意大利	66.6	66.7	66.6	66.7	66.8	66.8
荷兰	88.4	88.7	89.0	89.1	89.2	89.2
波兰	58.1	61.8	63.7	64.1	64.5	64.8
罗马尼亚	49.1	53.6	54.9	55.2	55.4	55.7
俄罗斯	69.8	74.0	75.9	76.3	76.6	77.0
西班牙	72.8	75.4	76.5	76.7	76.9	77.2
乌克兰	61.7	66.9	67.4	67.5	67.6	67.8
英国	88.8	89.1	89.2	89.3	89.3	89.4
南斯拉夫	46.3	50.9	51.4	51.6	51.7	51.9
澳大利亚	85.8	85.1	84.7	84.7	84.7	84.7
新西兰	83.3	84.7	85.3	85.4	85.5	85.6

资料来源:世界银行《世界发展指标》2000年。

3－12 农业人口占总人口比重①

单位：%

	1980年	1990年	1995年	1996年	1997年	1998年
世界总计	**50.18**	**46.67**	**44.65**	**44.25**	**43.86**	**43.47**
亚　洲②	**80.61**	**73.59**	**70.96**	**70.63**	**70.08**	**69.60**
中　国③	74.24	72.24	69.66	69.13	68.59	68.05
中国香港	1.33	0.89	0.63	0.58	0.55	0.51
孟加拉国	72.60	65.28	60.59	59.63	58.66	57.69
印　度	64.50	59.54	57.22	56.77	56.32	55.87
印度尼西亚	53.60	50.92	47.40	46.72	46.06	45.40
伊　朗	38.95	32.91	29.86	29.28	28.72	28.16
以色列	6.11	4.12	3.34	3.22	3.07	2.94
日　本	10.46	7.20	5.37	5.06	4.77	4.50
哈萨克斯坦			22.06	21.59	21.12	20.66
马来西亚	44.82	38.01	33.95	33.16	32.39	31.62
蒙　古	33.93	16.14	11.90	11.19	10.53	9.91
缅　甸	39.16	26.04	21.45	20.64	19.85	19.10
朝　鲜	39.81	31.99	27.99	27.21	26.45	25.71
韩　国	75.80	73.27	71.76	71.46	71.15	70.84
巴基斯坦	66.62	55.57	53.11	52.63	52.16	51.68
菲律宾	52.11	45.62	42.38	41.76	41.15	40.55
新加坡	1.57	0.36	0.24	0.21	0.20	0.17
斯里兰卡	52.67	49.29	47.78	47.49	47.19	46.90
泰　国	64.34	56.88	52.78	51.99	51.22	50.46
土耳其	48.24	37.35	33.88	33.23	32.59	31.96
越　南	73.20	71.30	69.36	68.96	68.56	68.16
非　洲	**67.01**	**60.91**	**58.22**	**57.71**	**57.20**	**56.71**
埃　及	60.68	43.86	40.07	39.35	38.65	37.95
尼日利亚	53.95	43.01	38.04	37.08	36.12	35.18
南　非	24.97	19.91	16.95	16.42	15.90	15.39
北美洲	**15.41**	**12.98**	**11.89**	**11.69**	**11.49**	**11.30**
加拿大	7.20	3.65	3.06	2.95	2.84	2.74
墨西哥	38.87	29.79	26.63	26.04	25.47	24.90
美　国	3.83	3.02	2.59	2.51	2.43	2.36
南美洲	**32.75**	**23.25**	**20.62**	**20.13**	**19.67**	**19.21**
阿根廷	13.54	12.25	11.58	11.45	11.32	11.20
巴　西	36.18	22.69	19.35	18.74	18.16	17.59
委内瑞拉	16.63	14.17	11.63	11.18	10.75	10.33
欧　洲②	**13.95**	**10.39**	**10.26**	**9.90**	**9.55**	**9.22**
白俄罗斯			16.15	15.51	14.91	14.32
保加利亚	21.41	14.35	10.42	9.78	9.17	8.61
捷克共和国			9.58	9.28	9.00	8.71
法　国	8.26	5.49	4.30	4.09	3.89	3.70
德　国	6.94	3.98	3.17	3.02	2.89	2.76
匈牙利	12.61	8.60	6.78	6.46	6.15	5.86
意大利	5.56	4.57	3.93	3.81	3.70	3.58
荷　兰	26.93	24.92	22.06	21.52	21.01	20.50
波　兰			11.99	11.67	11.36	11.06
俄罗斯	33.70	25.10	20.00	19.12	18.27	17.46
罗马尼亚	18.35	12.12	9.55	9.10	8.68	8.28
西班牙	2.61	2.18	1.98	1.94	1.90	1.86
英　国			18.68	18.10	17.53	16.98
乌克兰			24.50	23.53	22.59	21.68
南斯拉夫	21.42	20.77	20.29	20.22	20.16	20.11
大洋洲	**6.50**	**5.51**	**5.01**	**4.92**	**4.83**	**4.74**
澳大利亚	10.95	10.12	9.43	9.30	9.17	9.04
新西兰	10.95	10.12	9.41	9.27	9.17	

注：①联合国粮农组织对1990－1995年部分国家数据做了修订，导致这些国家数据与1980年数据有较大差异。②1995年及以后，前苏联各共和国分别计入亚洲和欧洲，欧洲还包括摩尔多瓦共和国，而此前亚洲和欧洲均不包括前苏联各共和国。③中国农业人口为乡村人口，即县(不包括镇)人口，包括脱离农业但仍在居住的人口，与国外口径不一致。

资料来源：联合国粮农组织数据库。

3—13 负担系数、人口老龄化及人口惯性

	负担系数(%)①		65岁及以上人口比重(%)		65岁及以上人口性别比②		预计到2030年增加人口(百万人)	人口惯性
	1980年	1998年	1998年	2015年	1998年	2015年		1998年③
世界	**71.2**	**60.6**	**6.8**	**7.9**	**128**	**122**	**8043**	**1.3**
中国④	67.4	47.9	6.7	8.9	105	104	1477	1.2
中国香港	47.0	39.9	10.0	12.8	125	113	8	1.1
孟加拉国	97.9	76.3	3.3	4.0	81	94	190	1.6
印度	74.2	64.5	4.7	5.7	107	107	1398	1.4
印度尼西亚	79.7	56.6	4.5	6.0	117	123	285	1.4
伊朗	93.2	70.6	4.6	5.0	105	107	98	1.7
以色列	71.8	60.9	9.3	10.7	133	129	9	1.5
日本	48.3	45.5	16.0	24.7	139	130	117	0.7
哈萨克斯坦	62.6	54.4	7.1	8.1	197	173	17	1.2
朝鲜	75.4	47.5	4.9	7.2	189	126	29	1.2
韩国	60.8	39.9	6.3	10.8	162	138	53	1.2
马来西亚	75.4	63.4	4.0	6.0	118	119	34	1.5
蒙古	85.5	67.0	3.9	4.4	128	116	4	1.6
缅甸	77.3	51.7	4.7	5.3	118	125	59	1.3
巴基斯坦	89.6	83.7	3.2	3.8	97	103	244	1.7
菲律宾	80.7	69.2	3.6	5.1	119	117	119	1.6
新加坡	46.7	40.9	6.6	11.4	122	114	4	1.0
斯里兰卡	65.5	51.0	6.3	9.2	103	126	25	1.4
泰国	77.1	46.2	5.3	7.9	130	130	77	1.3
土耳其	78.4	53.8	5.5	6.9	119	122	88	1.4
越南	89.9	65.9	4.9	4.9	142	146	110	1.5
埃及	77.1	67.6	4.4	5.5	120	115	92	1.5
尼日利亚	95.2	88.7	2.5	2.8	135	126	252	1.5
南非	74.9	61.7	4.8	4.7	164	124	56	1.3
加拿大	47.3	46.7	12.3	15.9	134	126	34	1.1
墨西哥	95.8	62.7	4.4	6.0	126	134	141	1.6
美国	50.9	51.8	12.3	15.1	142	132	327	1.2
阿根廷	63.0	60.5	9.5	10.6	144	142	48	1.4
巴西	73.0	53.8	4.9	6.5	130	142	224	1.4
委内瑞拉	78.3	64.3	4.3	6.3	122	123	36	1.6
白俄罗斯	50.7	48.7	13.0	13.4	202	181	9	1.0
保加利亚	51.5	47.5	15.5	18.9	134	148	7	0.9
捷克	58.3	44.6	13.5	18.6	160	141	9	1.0
法国	56.9	52.6	15.5	18.1	150	139	62	1.0
德国	51.7	45.8	15.7	20.3	167	133	74	0.9
意大利	54.9	46.3	17.0	22.5	145	142	50	0.9
荷兰	51.1	46.7	13.5	17.9	144	124	16	1.0
波兰	52.4	47.9	11.6	14.4	165	157	38	1.1
罗马尼亚	58.6	46.4	12.5	14.5	138	149	20	1.0
俄罗斯	46.8	46.1	12.2	13.4	223	190	129	0.9
西班牙	59.4	46.0	16.3	18.8	140	142	36	1.0
乌克兰	50.0	48.3	13.9	14.9	205	184	40	0.9
英国	56.2	53.5	15.8	18.9	138	125	59	1.1
南斯拉夫	51.2	51.1	12.9	14.6	129	130	11	1.0
澳大利亚	53.6	48.9	11.8	15.2	129	120	23	1.2
新西兰	57.9	52.3	11.6	14.8	130	126	4	1.2

注:①指0—14岁和65岁及以上人口与15—64岁人口之比,用百分数表示。②男性为100。③假定从2000年开始,生育率保持在更替水平,到静止水平时的人口规模与2000年人口之比。④世界银行统计数据。

资料来源:世界银行《世界发展指标》2000年。

3—14 人均主要经济指标(1998 年)

	人均国民生产总值(美元/人)	主要农产品人均产量(公斤/人)①						
		谷 物	棉 花	肉 类	牛 奶	油菜籽	原糖产量	水产品②
世界总计	**4890**	**345.3**	**3.1**	**37.8**	**90.5**	**7.1**	**22.3**	**21.0**
中　　国	750③	359.8	3.0	47.2	5.7	8.0	6.8	32.7
中国香港	23660			36.4				29.8
孟加拉国	350	250.8	0.1	3.2	6.1	2.0	1.3	11.0
印　　度	440	230.5	2.1	4.7	74.1	5.8	16.9	5.6
印度尼西亚	640	280.4		9.3	1.8		7.7	21.7
伊　　朗	1650	207.4	2.1	21.9	68.6		13.3	5.9
以 色 列	16180	14.8	8.8	53.8	194.4			4.0
日　　本	32350	97.1		23.7	67.0		6.7	53.1
哈萨克斯坦	1340	875.8	4.6	38.5	213.0	0.3	1.9	2.5
朝　　鲜		167.0		7.9	3.4			13.3
韩　　国	8600	165.7	0.5	27.2	45.8			56.8
马来西亚	3670	90.9		47.3	2.1		5.0	60.8
蒙　　古	380	65.4		94.1	124.0			0.1
缅　　甸		391.3	1.2	9.5	13.3		1.1	20.9
巴基斯坦	470	175.0	9.8	14.9	138.9	2.0	25.1	4.2
菲 律 宾	1050	215.3		26.8	0.4		22.6	29.9
新 加 坡	30170			34.0				3.9
斯里兰卡	810	146.5					3.4	13.5
泰　　国	2160	461.8	0.2	31.0	7.8		88.5	58.4
土 耳 其	3160	462.0	12.2	19.0	138.4		33.7	7.9
越　　南	350	421.1	0.1	23.4	1.0		9.2	20.2
埃　　及	1290	291.4	3.6	19.3	50.6		20.1	6.5
尼日利亚	300	213.3	0.5	11.9	3.5		0.3	3.7
南　　非	3310	240.9	1.1	31.3	74.9		62.7	13.3
加 拿 大	19170	1742.8		122.5	270.3	285.1	4.5	34.1
墨 西 哥	3840	294.3	1.6	44.1	91.3		48.8	16.2
美　　国	29240	1216.5	13.4	134.6	266.0	2.3	27.4	20.1
阿 根 廷	8030	913.9	6.2	101.2	266.6	0.1	50.0	37.9
巴　　西	4630	283.6	3.0	78.1	133.9	0.1	125.0	5.0
委内瑞拉	3530	88.4	0.5	44.0	55.3		27.8	22.1
白俄罗斯	2180	326.4		63.5	463.5	5.8	14.9	0.5
保加利亚	1220	590.4	0.3	59.0	167.4		0.4	2.0
捷克共和国	5150	684.4		80.8	268.4	107.0	50.5	2.0
法　　国	24210	1099.8		109.8	417.9	75.9	83.1	14.2
德　　国	26570	539.5		77.2	344.4	51.3	52.3	3.9
意 大 利	20090	366.3		70.5	197.5	1.1	32.2	9.8
荷　　兰	24780	85.5		186.6	692.4	0.3	73.2	35.2
波　　兰	3910	664.7		76.7	319.4	29.2	46.3	10.1
俄 罗 斯	2260	365.4		29.5	216.0	0.9	10.3	31.9
罗马尼亚	1360	701.9		50.5	198.6	5.0	4.7	0.9
西 班 牙	14100	452.7	3.1	123.0	159.0	1.6	27.1	33.9
乌 克 兰	980	373.8		60.9	254.7	28.3	37.5	7.9
英　　国	21410	469.1		33.4	260.6	3.0	25.4	17.5
南斯拉夫		818.3		96.9	206.6	0.2	19.3	0.7
澳大利亚	20640	1663.9	38.3	192.8	525.2	112.5	309.0	11.7
新 西 兰	14600	237.7		320.8	2970.7	1.2		178.0

3—14 续表 1

	主要工业产品产量(公斤/人)						出口额(美元/人)	不包括黄金的国际储备(美元/人)
	煤	原油	电(千瓦小时)	水泥	化肥	钢		
世界总计	**839.8④**	**537.4④**	**2383.1④**	**261.4④**	**25.0**	**126.1④**	**9101.6**	**279.7**
中国	1001.5	129.0	935.0	429.5	24.1	92.6	147.2	116.1
中国香港			5300.4	229.6			26009.3	13393.3
孟加拉国			107.5	3.8②	8.4	0.3④	30.7	15.2
印度	331.0	34.0	461.3	88.1	13.9	14.0②	34.6	27.8
印度尼西亚	295.1	355.1		109.3	15.2	17.2④	239.0	109.6
伊朗		3003.4④			14.9	90.4④	302.9②	
以色列			6357.8	1014.8②	338.4	3.5④	3851.4	3797.9
日本	29.1	5.3	8048.2④	643.3	8.2	684.4	3068.8	1607.6
哈萨克斯坦	4916.3④	1598.1	3281.5		2.2	202.0④	360.7	71.3
朝鲜					5.1	383.4④		
韩国	93.8		4637.2	1007.7	21.5	937.2	2849.7	1119.2
马来西亚		1593.4④	2709.1②	585.0②	14.8		3305.0	1114.9
蒙古							143.8	38.7
缅甸			96.8	8.4	1.2		23.9	7.1
巴基斯坦	24.1	21.0	452.5	69.1②	12.3		66.3	7.9
菲律宾	15.4④		483.7④		5.3	7.0④	480.0	121.1
新加坡			7308.5				28396.6	19229.3
斯里兰卡			264.4②		0.6		255.6	103.9
泰国	328.8	24.7	1259.6②	645.6④	2.7	35.4④	889.8	464.6
土耳其	1000.7④	50.9	1746.8	570.3④	17.4	209.7	408.8	306.4
越南					2.3	4.1④		25.8
埃及		620.2		239.1②	16.5	44.2②	47.4	271.1
尼日利亚		975.7②	129.6④		0.8	0.2④	91.4	39.3④
南非	5121.3④		4876.1	195.4②	21.4	184.2②	625.7	99.0
加拿大	2622.0②	3272.9	17924.4	391.2②	415.5	969.6④	7073.5	657.1
墨西哥		1665.8	1752.9④	322.1	16.9	112.8	1225.7	328.3
美国	3721.0	1564.3	11872.3	353.8②	89.5	397.8	2522.5	133.1
阿根廷	8.9④	1171.8	1959.5	189.7②	1.9	116.7②	732.0	678.0
巴西	30.4④	294.5	1835.8④	246.9	14.6	159.2	316.0	263.2
委内瑞拉	243.9②	6209.2④		338.9④	20.2	176.5②	733.5	495.4
白俄罗斯					389.4	119.8②	693.8	33.2
保加利亚	3752.7	2.9	5054.5	199.3②	54.4	316.2②	520.7	333.8
捷克共和国	6563.3		6327.7	447.8	30.2	630.9	2567.3	1218.9
法国	152.1④	36.2④	8375.9④	314.7②	41.1	337.2②	5190.5	658.5
德国	2576.3	35.3	6709.6	445.8	60.2	497.3②	6625.2	781.9
意大利	3.3④	94.7④	4439.2④	586.2②	11.2	449.8②	4208.0	441.9
荷兰		109.2	5782.3		125.7	425.4②	12818.2	1116.3
波兰	5203.6②		3707.2④	385.9②	56.2	309.2②	703.2	680.5
俄罗斯	17375.4④	2069.1	5644.6	177.2	62.4	345.2②	506.4	53.2
罗马尼亚	1014.4	279.5	2332.8	324.3	18.2	294.9	368.9	127.4
西班牙	346.5④	13.0④	4441.9④	670.7④	46.8	317.4②	2774.4	1333.2
乌克兰	1556.0	77.2	3422.3	110.7	30.1	399.2	250.2	11.5
英国	703.6	2116.0	5509.0	192.0④	38.8	310.5②	4635.0	466.6
南斯拉夫	4108.5	85.9	3828.2	212.4	12.8	3.4		
澳大利亚	13514.6④	1188.5	9333.0②	405.1	35.5	431.4	2981.0	712.9
新西兰	995.7②	376.8	9147.2		92.9	242.3④	3184.7	1014.6

注:①1999 年数。②1997 年数。③世界银行统计数据。④1996 年数。

资料来源:联合国《统计月报》2000 年 3 月;联合国粮农组织数据库;世界银行《世界发展指标》2000 年;国际货币基金组织《统计月报》2000 年 5 月。

主要统计指标解释

人口数 指某一时点(通常为年中和年末)、某地域范围内的具有同一特征的人的集合。本年鉴中国家和地区人口数据有人口普查数、根据抽样调查得出的估算数(针对缺少人口普查的地区)、人口普查中期、后期估算和从人口登记中得出的数据。

(粗)出生率 指在一定时期(通常为一年)内所出生的人数与年中人数之比,一般用千分率表示。为估计数。

(粗)死亡率 指在一定时期(通常为一年)内死亡人数与年中人数之比,一般用千分率表示。为估计数。

人口自然增长率 指在一定时期(通常为一年)内平均每千人中出生的人数与死亡人数之差,一般用千分率表示。

总和生育率 是一个妇女活到育龄期结束,并按普遍的特定年龄生育率生育孩子的话,她可能生育的孩子数量。

净再生产率 指在假定特定年龄的生育率和死亡率保持不变的条件下,一名新生女孩在其一生中将生育的女孩数目。净再生育率等于1表示生育率处于更替水平,即在这个比率水平上,平均而言,妇女仅生育得以在人口中替换她们自身那样一个数目的女儿。

结婚率 指在一定时期(通常为一年)内平均每千人口中的结婚对数,一般用千分率表示。

离婚率 指在一定时期(通常为一年)内平均每千人口中的离婚对数,一般用千分率表示。

平均预期寿命 又称平均寿命,是通过编制生命表来计算的,表示在某一死亡水平下,已经活到X岁年龄的人们还有可能继续生存的年数。

出生时的平均期望寿命 表示一批人出生后平均一生可能存活的年数。

四、国民经济核算

4－1　国内生产总值(本币)

单位:十亿本币

	1980年	1990年	1995年	1996年	1997年	1998年
中国	452	1855	5848	6788	7446	7940
中国香港	142	583	1077	1192	1344	1289
孟加拉国	270	994	1512	1648	1752	1939
印度	1471	5793	12180	14098	15636	18060
印度尼西亚	48913	210866	454514	532568	627695	942844
伊朗	6632	36645	180000	230000	280000	330000
以色列	…	106	262	305	340	370
日本	240176	430040	483220	500310	507852	495210
哈萨克斯坦		…	1014	1416	1672	1721
韩国	37991	178797	377350	418479	453276	449509
马来西亚	53	116	219	254	282	284
蒙古	7	10	429	587	759	876
缅甸	39	152	604	790	1110	1560
巴基斯坦	235	856	1882	2142	2457	2737
菲律宾	244	1077	1906	2172	2421	2662
新加坡	25	66	118	129	141	141
斯里兰卡	67	322	668	769	890	1015
泰国	662	2184	4189	4598	4675	4604
土耳其	5231	393010	7762455	14772111	28835882	51625142
越南		41955	222840	258609	313623	361468
埃及	16	96	204	229	256	280
尼日利亚	50	261	1978	2824	3234	3639
南非	63	290	548	615	680	738
加拿大	311	668	787	808	841	861
墨西哥	4	739	1837	2526	3174	3791
美国	2709	5554	7038	7419	7844	8230
阿根廷	…	69	258	272	293	298
巴西	…	…	646	779	867	900
委内瑞拉	298	2279	13663	29333	43212	52030
白俄罗斯		4	119813	184174	351043	662370
保加利亚	26	45	880	1749	17055	21577
捷克共和国	415	626	1381	1572	1680	1821
法国	2808	6509	7662	7872	8137	8418
德国			3443	3524	3624	3755
意大利	385327	1310660	1772250	1872640	1950680	2034600
荷兰	342	517	640	669	709	757
波兰	…	58	306	385	469	551
罗马尼亚	617	858	72136	108391	249750	338670
俄罗斯		1	1540	2146	2522	2685
西班牙	15295	50145	69780	73743	77897	82650
乌克兰		…	55	82	93	104
英国	231	549	701	739	784	820
澳大利亚	141	381	492	516	545	576
新西兰	23	72	91	95	98	99

资料来源:世界银行《世界发展指标》2000年。

4－2　国内生产总值(美元)

单位:百万美元

	1980年	1990年	1995年	1996年	1997年	1998年
世　　界	**10960147**	**21418190**	**28668101**	**29344097**	**29069637**	**28736978**
低收入国家	**811234**	**1119640**	**1609878**	**1816876**	**1928415**	**1880673**
中等收入国家	**2322822**	**3319166**	**4244029**	**4597511**	**4704648**	**4312567**
下中等收入国家		**1600839**	**1503412**	**1674267**	**1711501**	**1477327**
上中等收入国家	**1164279**	**1760807**	**2744529**	**2929631**	**2999600**	**2838231**
高收入国家	**7936135**	**16967246**	**22809491**	**22934828**	**22448167**	**22543577**
非经合组织成员国	**196153**	**440445**	**735749**	**789811**	**828839**	**780826**
经合组织成员国	**7738900**	**16523236**	**22072378**	**22145919**	**21622958**	**21762914**
中、低收入国家（按地区分组）	**3137067**	**4439912**	**5853853**	**6414278**	**6632903**	**6193861**
东亚和太平洋	**503584**	**925765**	**1788541**	**2004688**	**1999514**	**1693340**
欧洲和中亚		**1244474**	**980736**	**1112621**	**1138249**	**1003000**
拉丁美洲和加勒比	**787863**	**1149080**	**1799458**	**1897782**	**2019175**	**2028359**
中东和北非	**409860**	**427838**	**481043**	**546720**	**584913**	**583374**
南　　亚	**237289**	**410341**	**487501**	**527723**	**553211**	**565131**
撒哈拉以南非洲	**271814**	**297627**	**317955**	**329619**	**344829**	**333865**
中　　国①	201687	354644	700219	816493	898244	959030
中国香港	28496	74784	139242	154104	173610	166440
阿尔巴尼亚		2102	2422	2689	2284	3047
阿尔及利亚	42345	61902	41256	46847	47869	47347
安 哥 拉		10268	5059	7618	7515	7472
安提瓜和巴布达	110	392	494	541	580	617
阿 根 廷	76962	141352	258290	272150	292859	298131
亚美尼亚		4124	2887	1597	1639	1900
阿 鲁 巴		865				
澳大利亚	160109	297204	364981	404098	404252	361722
奥 地 利	78539	159499	230991	228085	206024	211858
阿塞拜疆		9837	2894	3177	3760	3926
巴 哈 马	1335	3105	3459	3742		
巴　　林	3073	4006	5486	5808	5508	5350
孟加拉国	17430	29855	37614	40304	41040	42702
巴巴多斯	860	1710	1854	1983	2093	2268
白俄罗斯		34911	18307	18588	20863	22555
比 利 时	119979	196134	273682	268241	242509	248184
伯 利 兹	195	403	592	631	648	680
贝　　宁	1405	1845	2009	2208	2141	2306
百 慕 大	613	1592	2031	2139	2253	
不　　丹	142	285	307	331	399	398
玻利维亚	2750	4868	6715	7404	7967	8586
博茨瓦纳	1130	3766	4899	4910	5054	4876
巴　　西	235025	464989	703912	774946	820381	778209
文　　莱	4906	3591	5218	5450	5422	4851
保加利亚	20040	20726	13106	9830	10056	12258
布基纳法索	1709	2765	2355	2538	2382	2581
布 隆 迪	920	1132	1000	900	957	885
柬 埔 寨		1115	2938	3144	3089	2871
喀 麦 隆	6741	11152	7965	9109	9115	8701
加 拿 大	266003	572673	573437	592295	607694	580623
佛 得 角		339	493	492	484	496
中非共和国	797	1488	1122	1070	1004	1057

4－2 续表 1

单位：百万美元

	1980 年	1990 年	1995 年	1996 年	1997 年	1998 年
乍　得	1033	1739	1438	1624	1521	－3456
智　利	27572	30307	59348	68570	74108	78738
哥伦比亚	38900	46907	92506	99352	108801	102896
科摩罗	124	250	215	213	194	196
刚果(金)	14922	9348	6338	5869	6101	6964
刚果(布)	1706	2799	2116	2526	2304	1961
哥斯达黎加	4831	5713	9016	9170	9718	10479
科特迪瓦	10175	10796	9992	10700	10253	11005
克罗地亚			18811	19886	20294	21752
塞浦路斯	2154	5592	8828	8873	8444	8994
捷克共和国	29123	34880	52036	57922	53000	56379
丹　麦	67791	133361	180931	183975	170034	174870
吉布提		425	491	485	500	
多米尼克	59	166	223	236	243	250
多米尼加	6631	7074	11935	13324	15076	15853
厄瓜多尔	11733	10686	17939	19040	19768	18360
埃　及	22912	43130	60159	67651	75605	82710
萨尔瓦多	3574	4807	9501	10359	11211	11870
赤道几内亚		132	164	259	498	456
厄里特尼亚			574	631	655	650
爱沙尼亚		6760	4789	4358	4765	5202
埃塞俄比亚		6842	5779	6010	6381	6544
斐　济	1204	1381	1953	2121	2101	1577
芬　兰	51306	134806	125923	124964	119833	123502
法　国②	664596	1195438	1535093	1538793	1394127	1426967
波立尼西亚	1255		3850	4030	3714	
加　蓬	4279	5952	4959	5781	5152	5518
冈比亚	241	317	382	392	407	416
格鲁吉亚		12	3028	4579	5241	5129
德　国			2402289	2341548	2089898	2134205
加　纳	4445	5886	6461	6927	6884	7501
希　腊	48613	82914	116046	123375	119946	120724
格林纳达	84	221	276	296	316	343
危地马拉	7879	7650	14656	15783	17785	18942
几内亚		2818	3671	3959	3919	3598
几内亚比绍	111	244	254	271	269	206
圭亚那	603	397	620	702	749	721
海　地	1462	2981	2636	2958	2824	3871
洪都拉斯	2566	3049	3960	4081	4722	5371
匈牙利	22164	33056	44669	45162	45723	47807
冰　岛	3373	6252	6980	7307	7396	7894
印　度	186392	322737	363981	397132	420782	430024
印度尼西亚	78013	114426	202132	227370	215747	94156
伊　朗	92664	120404	71485	88395	108070	113140
伊拉克	47562	48657				
爱尔兰	20080	45527	65624	72018	77157	81949
以色列	21781	52490	86868	95461	98566	100525
意大利	449913	1093947	1087982	1213677	1145372	1171865
牙买加	2652	4239	4182	4071	4135	6418
日　本	1059254	2970043	5137382	4599321	4197440	3782964
约　旦	3962	4020	6508	6721	6976	7393
哈萨克斯坦		40304	19925	21036	22165	21979

4-2 续表 2

单位:百万美元

	1980年	1990年	1995年	1996年	1997年	1998年
肯尼亚	7265	8533	9047	9220	10572	11579
吉里巴斯	28	32	46	50	49	45
韩国	62543	252622	489258	520205	476486	320748
科威特	28639	18428	26558	30654	30207	25171
吉尔吉斯		2966	3325	1827	1764	1704
老挝		865	1764	1873	1725	1261
拉脱维亚		12490	4904	5135	5638	6396
黎巴嫩		2838	11119	12993	14962	17229
莱索托	368	622	852	860	950	792
利比里亚	1117					
利比亚	35545					
立陶宛		13264	6887	7892	9585	10736
卢森堡	5091	10743	17598	17645	16410	17386
马其顿			2533	2648	2641	2492
马达加斯加	4042	3081	3160	3995	3546	3749
马拉维	1238	1803	1484	2267	2512	1688
马来西亚	24488	42775	87337	100851	100198	72489
马尔代夫	42	146	271	303	342	368
马里	1787	2421	2461	2654	2509	2695
马耳他	1135	2312	3246	3333	3340	3471
马绍尔群岛		69	105	98	97	
毛里塔尼亚	814	1135	1068	1094	1098	989
毛里求斯	1132	2642	3973	4301	4177	4199
墨西哥	223510	262710	363280	352862	359870	393508
密克罗尼西亚		155	206	216	213	213
摩尔多瓦		10583	3093	1693	1926	1615
蒙古			957	1070	961	1042
摩洛哥	18821	25821	32986	36639	33415	35546
莫桑比克	3526	2512	2392	2842	3438	3893
纳米比亚	2262	2444	3336	3189	3280	3092
尼泊尔	1946	3628	4389	4509	4922	4783
荷兰	171861	283672	398368	397029	363348	381819
新西兰	22395	43103	60018	65441	64959	52845
尼加拉瓜	2144	1009	1892	1866	1921	2007
尼日尔	2509	2481	1881	1990	1854	2048
尼日利亚	64202	28472	28109	35299	39856	41353
挪威	63419	115453	146602	158152	153362	145892
阿曼	5982	10535	12102	15319	15655	14962
巴基斯坦	23690	40010	61200	63967	63020	63369
帕劳		77	105	124	131	129
巴拿马	3810	5313	7906	8151	8658	9144
巴布亚新几内亚	2548	3221	4938	5246	4760	3746
巴拉圭	4579	5265	8982	9650	9555	8608
秘鲁	20661	32802	58988	60938	63849	62745
菲律宾	32500	44331	74120	82847	82159	65107
波兰	56789	61197	126318	142965	143132	158574
葡萄牙	28730	69132	104680	108823	101287	106697
波多黎各	14436	30604	42364	45270	47624	
卡塔尔	7829	7360	8138	9059	9243	

4－2续表3

单位:百万美元

	1980年	1990年	1995年	1996年	1997年	1998年
罗马尼亚		38299	32841	31179	34843	38158
俄罗斯		579068	337903	419000	435953	276611
卢旺达	1163	2584	1286	1406	1865	2024
萨摩亚	112	146	155	175	192	175
圣多美和普林西比	43	50	45	45	44	41
沙特阿拉伯	156487	104670	127824	141335	146489	128892
塞内加尔	2987	5698	4493	4652	4380	4682
塞舌尔	147	369	508	508	539	535
塞拉利昂	1199	897	866	942	823	647
新加坡	11718	36638	83598	91470	95139	84379
斯洛伐克		15485	17393	18781	19452	20362
斯洛文尼亚			18743	18878	18206	19524
所罗门群岛	116	211	327	363	374	301
索马里	604	917				
南非	80544	111997	151117	143031	147617	133461
西班牙	213308	491938	559633	582207	532031	553230
斯里兰卡	4024	8032	13029	13912	15091	15707
圣基茨和尼维斯	48	157	232	246	272	291
圣卢西亚	133	397	561	568	581	610
圣文森特	60	198	264	278	294	316
苏丹	7617	13167	7194	7208	10069	10366
苏里南	891	317	335			
斯威士兰	582	860	1267	1228	1313	1221
瑞典	125557	229756	231299	251746	227752	226492
瑞士	107474	228415	307399	295113	255264	263630
叙利亚	13062	12309	16548	16712	16464	17412
塔吉克斯坦		4857	1993	1953	1995	2164
坦桑尼亚		4220	4958	5838	7024	8016
泰国	32354	85345	168129	181445	149071	111327
多哥	1136	1628	1309	1473	1501	1510
汤加	52	113	167	181	183	173
特立尼达和多巴哥	6236	5068	5324	5675	5789	6382
突尼斯	8743	12291	17987	19587	18900	19956
土耳其	68790	150721	170047	181682	190664	198844
土库曼斯坦		6333	2639	4067	3440	2367
乌干达	1245	4304	5756	6049	6298	6775
乌克兰		91327	49061	62761	53459	43615
阿拉伯联合酋长国	29625	34132	42807	47884	49309	47234
英国	537383	975512	1107040	1153367	1282865	1357197
美国	2709000	5554100	7038400	7418700	7844000	8230397
乌拉圭	10132	8355	17158	18891	19725	20578
乌兹别克斯坦			22258	23304	24622	20384
瓦努阿图	113	153	237	252	252	241
委内瑞拉	69377	48593	77261	70292	88434	95023
越南		6472	20240	23340	26355	27184
美属维尔京群岛	728	1565				
约旦河西岸和加沙地带			3283	3413	3586	3589
也门		4724	3692	5125	5656	4318
赞比亚	3884	3288	3470	3286	3932	3352
津巴布韦	6679	8784	7117	8544	8584	6338

注:①世界银行统计数据。②包括法属圭亚纳、瓜德鲁普、马提尼克和留尼汪。

资料来源:世界银行《世界发展指标》2000年。

4－3 国民生产总值(本币)

单位:十亿本币

	1980年	1990年	1995年	1996年	1997年	1998年
中国	452	1860	5749	6685	7314	7697
中国香港	142	583	1077	1192	1344	1289
孟加拉国	273	1015	1559	1698	1811	2003
印度	1477	5719	12045	13968	15501	17911
印度尼西亚	46903	201251	432798	518296	609340	856022
伊朗	6676	36760	180000	230000	280000	330000
以色列	…	103	256	298	331	361
日本	240098	432972	487212	505767	514343	502329
哈萨克斯坦		…	1012	1406	1656	1697
韩国	36933	178628	376316	417108	450853	443127
马来西亚	51	111	208	238	267	269
蒙古		9	423	578	717	832
缅甸	38	152	604	791	1067	1144
巴基斯坦	232	835	1827	2076	2373	2636
菲律宾	243	1071	1959	2261	2527	2789
新加坡	24	68	122	133	147	148
斯里兰卡	66	315	661	758	881	1003
泰国	657	2156	4101	4475	4681	4662
土耳其	5303	397127	7854886	14978067	29393262	53012781
越南			218704	253719	313623	361468
埃及	15	94	203	229	258	290
尼日利亚	48	234	1821	2645	3052	3386
南非	60	278	538	602	665	721
加拿大	303	644	760	781	815	833
墨西哥	4	715	1752	2420	3073	3666
美国	2747	5584	7070	7447	7853	8129
阿根廷	…	66	253	267	286	291
巴西	…	…	636	766	850	877
委内瑞拉	299	2211	13334	28603	42235	51110
白俄罗斯		4	119058	183930	350645	661851
保加利亚	25	42	852	1680	16455	21013
捷克共和国	415	626	1378	1553	1655	1796
法国	2821	6477	7632	7843	8151	8434
德国			3427	3498	3600	3731
意大利	386288	1292720	1746030	1849250	1929870	2012896
荷兰	340	516	641	675	717	763
波兰	…	53	301	383	466	546
罗马尼亚	603	861	71645	107438	247442	334117
俄罗斯	…	1	1512	2104	2466	2568
西班牙	15167	49693	69176	72854	76762	81364
乌克兰	…	…	54	80	92	102
英国	231	543	700	738	783	819
澳大利亚	138	363	476	499	527	559
新西兰	22	68	86	87	91	92

资料来源:世界银行《世界发展指标》2000年。

4－4 人均国民生产总值(美元)

单位:美元

	1980年	1990年	1995年	1996年	1997年	1998年
世　界	**2530**	**4030**	**4930**	**5170**	**5180**	**4890**
低收入国家	**290**	**370**	**450**	**500**	**540**	**520**
中等收入国家	**1910**	**2260**	**2820**	**3030**	**3180**	**2990**
下中等收入国家		**1870**	**1710**	**1790**	**1870**	**1740**
上中等收入国家	**2590**	**3020**	**4520**	**4920**	**5170**	**4870**
高收入国家	**10640**	**20190**	**25720**	**26910**	**26850**	**25480**
非经合组织成员国	**5280**	**10280**	**15890**	**16980**	**17480**	**16430**
经合组织成员国	**10900**	**20730**	**26290**	**27480**	**27410**	**26060**
中、低收入国家(按地区分组)	**790**	**940**	**1150**	**1250**	**1320**	**1250**
东亚和太平洋	**330**	**570**	**940**	**1080**	**1140**	**990**
欧洲和中亚			**2000**	**2120**	**2310**	**2200**
拉丁美洲和加勒比	**2110**	**2250**	**3460**	**3720**	**3950**	**3860**
中东和北非	**2040**	**1720**	**1800**	**1890**	**1970**	**2030**
南　亚	**270**	**380**	**390**	**420**	**430**	**430**
撒哈拉以南非洲	**650**	**550**	**520**	**530**	**540**	**510**
中　国①	220	320	520	620	710	750
中国香港	5790	12680	22680	24080	25270	23660
阿尔巴尼亚			640	830	750	810
阿尔及利亚	2080	2400	1580	1540	1530	1550
安哥拉		840	250	210	250	380
安提瓜和巴布达	1860	5580	7260	7900	8260	8450
阿根廷	2940	3130	7400	7770	8160	8030
亚美尼亚			700	620	520	460
澳大利亚	11270	16930	19200	20680	21310	20640
奥地利	10930	19440	26580	28320	28230	26830
阿塞拜疆		1460	420	400	440	480
巴哈马	6180	11730	11830	12400		
巴　林		6750	8660	8640	8280	7640
孟加拉国	210	280	330	340	350	350
巴巴多斯	3350	6520	6610			
白俄罗斯		3400	1900	1870	2040	2180
比利时	13210	18260	25440	26980	26880	25380
伯利兹	1380	2190	2650	2700	2730	2660
贝　宁	410	360	350	360	380	380
百慕大	13640	26530	33210	34530	35590	
不　丹		480	390	410	440	470
玻利维亚		730	870	930	970	1010
博茨瓦纳	1230	2730	3360	3410	3270	3070
巴　西	2190	2670	3700	4340	4800	4630
文　莱			24410	26260	27270	
保加利亚		2260	1370	1200	1170	1220
布基纳法索	260	290	220	240	240	240
布隆迪	220	220	150	140	140	140
柬埔寨		140	250	280	280	260
喀麦隆	650	970	660	620	620	610
加拿大	11150	19790	19640	19520	19810	19170
佛得角		980	1210	1260	1260	1200
中非共和国	340	470	350	300	320	300
乍　得	240	280	210	210	220	230

4—4 续表 1

单位:美元

	1980 年	1990 年	1995 年	1996 年	1997 年	1998 年
智　　利	2150	2190	3880	4360	4690	4990
哥伦比亚	1200	1190	2290	2320	2560	2470
科 摩 罗	370	540	440	410	400	370
刚果(金)	620	220	150	130	110	110
刚果(布)	880	980	640	660	690	680
哥斯达黎加	2030	1820	2590	2640	2720	2770
科特迪瓦	1140	800	670	680	720	700
克罗地亚			3380	4280	4640	4620
塞浦路斯	3590	8110	11460	12190	12090	11920
捷克共和国		3600	4420	5140	5310	5150
丹　　麦	14420	23480	32000	34290	34660	33040
多米尼克	800	2260	2900	3000	3080	3150
多米尼加	1170	870	1390	1550	1700	1770
厄瓜多尔	1370	980	1400	1500	1530	1520
埃　　及	520	810	980	1090	1200	1290
萨尔瓦多	760	930	1570	1690	1800	1850
赤道几内亚		350	390	410	870	1110
厄里特尼亚			180	200	230	200
爱沙尼亚			3010	3180	3360	3360
埃塞俄比亚		160	110	110	110	100
斐　　济	1870	1870	2410	2590	2560	2210
芬　　兰	10710	24470	20840	23400	24740	24280
法　　国①	12400	19250	24290	25550	25430	24210
波利尼西亚	8020		16930	18360	18050	
加　　蓬	4750	4750	3860	4010	4160	4170
冈 比 亚	380	320	350	340	340	340
格鲁吉亚			530	660	880	970
德　　国			27270	28620	28230	26570
加　　纳	430	390	370	380	400	390
希　　腊	5510	7530	10450	11390	11920	11740
格林纳达	970	2320	2840	2970	3140	3250
危地马拉	1220	970	1400	1490	1580	1640
几 内 亚		450	540	570	570	530
几内亚比绍	150	220	220	230	230	160
圭 亚 那	770	350	630	750	790	780
海　　地	270	410	300	360	380	410
洪都拉斯	700	700	650	660	710	740
匈 牙 利	2060	2880	4140	4350	4510	4510
冰　　岛	15230	23610	24720	26540	27490	27830
印　　度	270	400	390	420	430	440
印度尼西亚	500	620	990	1100	1110	640
伊　　朗	2250	2590	1300	1350	1510	1650
伊 拉 克	3240	2170				
爱 尔 兰	5650	11130	15610	17060	18170	18710
以 色 列	5350	10860	14810	15850	16190	16180
意 大 利	7900	17400	18970	19870	20180	20090
牙 买 加	1220	1650	1580	1610	1580	1740
日　　本	10390	26400	39720	41280	38260	32350
约　　旦	2030	1330	1540	1360	1230	1150

4—4 续表 2

单位:美元

	1980年	1990年	1995年	1996年	1997年	1998年
哈萨克斯坦		2420	1260	1270	1350	1340
肯尼亚	450	370	260	320	340	350
吉里巴斯		810	960	900	1130	1170
韩国	1750	5770	10240	11380	11390	8600
科威特	19420	12710	20200			
吉尔吉斯		1020	730	580	480	380
老挝		210	370	400	390	320
拉脱维亚		4550	2160	2200	2300	2420
黎巴嫩			2590	2940	3300	3560
莱索托	440	560	670	710	680	570
立陶宛			1730	1950	2280	2540
卢森堡	16590	32120	44870	47860	46660	45100
马其顿			1270	1310	1330	1290
马达加斯加	450	240	240	250	250	260
马拉维	190	190	180	190	220	210
马来西亚	1800	2330	3890	4330	4550	3670
马尔代夫		610	920	1000	1070	1130
马里	270	270	250	240	260	250
马耳他	3370	6880	8400	10820	12440	10100
马绍尔群岛			1890	1660	1610	1540
毛里塔尼亚	540	540	450	460	440	410
毛里求斯	1240	2430	3420	3720	3830	3730
墨西哥	2640	2830	4190	4080	3940	3840
密克罗尼西亚			1930	1980	1890	1800
摩尔多瓦			690	550	500	380
蒙古			300	370	400	380
摩洛哥	970	1030	1120	1290	1250	1240
莫桑比克		170	140	160	180	210
纳米比亚		1820	2220	2200	2110	1940
尼泊尔	140	210	210	220	220	210
荷兰	12980	18120	24070	25960	26060	24780
新喀里多尼亚	7820					
新西兰	7380	12410	14240	15370	16190	14600
尼加拉瓜	640	320	360	370	370	370
尼日尔	440	310	190	200	200	200
尼日利亚	710	270	210	240	280	300
挪威	15360	25480	31490	34710	36100	34310
阿曼	3050	5410	4940			
巴基斯坦	300	400	480	490	490	470
巴拿马	1620	2210	2940	3010	3020	2990
巴布亚新几内亚	810	880	1190	1150	1010	890
巴拉圭	1460	1190	1780	1890	1920	1760
秘鲁	1050	1000	2320	2460	2600	2440
菲律宾	690	730	1010	1160	1200	1050
波兰		1770	2880	3410	3790	3910
葡萄牙	2910	6240	9790	10630	10910	10670
波多黎各	3720	6150	7650	7980	8200	
卡塔尔	33420	15310	12000			

4—4 续表 3　　单位:美元

	1980 年	1990 年	1995 年	1996 年	1997 年	1998 年
罗马尼亚		1720	1400	1450	1410	1360
俄罗斯			2250	2350	2610	2260
卢旺达	250	370	200	200	210	230
萨摩亚		930	1120	1190	1160	1070
圣多美和普林西比		410	340	320	290	270
沙特阿拉伯	14740	6700	6960	7200	7320	6910
塞内加尔	530	720	550	530	530	520
塞舌尔	2110	5070	6460	6750	6910	6420
塞拉利昂	380	260	170	200	160	140
新加坡	5140	13210	27200	30700	32960	30170
斯洛伐克		3340	2940	3390	3680	3700
斯洛文尼亚			8300	9300	9920	9780
所罗门群岛	440	720	840	890	880	760
南非	2540	2890	3740	3760	3680	3310
西班牙	5740	11220	13680	14380	14530	14100
斯里兰卡	280	470	700	750	800	810
圣基茨和尼维斯		3600	5500	5820	6050	6190
圣卢西亚		2480	3580	3680	3690	3660
圣文森特	640	1740	2320	2440	2480	2560
苏丹	480	610	300	270	270	290
苏里南	2590	1330	880	1060	1320	1660
斯威士兰	970	1200	1380	1470	1520	1400
瑞典	15410	24320	24000	25780	26350	25580
瑞士	19620	33510	41370	43800	43130	39980
叙利亚	1550	900	1210	1180	1050	1020
塔吉克斯坦		920	340	320	340	370
坦桑尼亚		190	160	170	200	220
泰国	720	1520	2710	2930	2740	2160
多哥	440	430	310	320	350	330
汤加		1170	1770	1810	1770	1750
特立尼达和多巴哥	5410	3720	3860	4060	4320	4520
突尼斯	1360	1430	1820	2000	2080	2060
土耳其	1940	2280	2810	2890	3200	3160
土库曼斯坦			990	890	650	
乌干达		340	250	290	320	310
乌克兰		1610	950	960	1010	980
阿拉伯联合酋长国	31290	19930	19340	20830	20340	17870
英国	8580	16130	18710	19640	20760	21410
美国	12850	22660	27520	28620	29440	29240
乌拉圭	2920	2620	4830	5540	5980	6070
乌兹别克斯坦			970	990	1010	950
瓦努阿图		1170	1250	1320	1340	1260
委内瑞拉	4340	2700	3040	3070	3560	3530
越南			250	290	330	350
约旦河西岸和加沙地带				3766	4025	4263
也门			260	250	270	280
赞比亚	630	450	350	370	370	330
津巴布韦	950	920	630	700	710	620

注:①世界银行统计数字。②包括法属圭亚纳、瓜德鲁普、马提尼克和留尼汪。

资料来源:世界银行《世界发展指标》2000 年。

4-5 按购买力平价法计算的人均国民生产总值

	1998年按三年平均汇率法计算的国民生产总值(百万美元)	按三年平均汇率法计算的人均GNP(美元)		1990年至1998年汇率法人均GNP年均增长率(%)	1998年按购买力平价法计算的人均GNP(国际元)
		1997年	1998年		
中　　国①	923560	710	750	9.6	3051
中国香港	158238	25200	23660	2.4	20763
孟加拉国	44224	360	350	3.2	1407
印　　度	427407	370	440	4.3	2060
印度尼西亚	130600	1110	640	4.0	2407
伊　　朗	102242	1780	1650	1.8	5121
以 色 列	96483	16180	16180	2.2	16861
日　　本	4089140	38160	32350	1.3	23592
哈萨克斯坦	20856	1350	1340	-6.3	4317
韩　　国	398825	10550	8600	4.9	13286
马来西亚	81311	4530	3670	4.8	7699
蒙　　古	995	390	380	-1.5	1463
巴基斯坦	61451	500	470	1.5	1652
菲 律 宾	78938	1200	1050	1.5	3725
新 加 坡	95453	32810	30170	6.7	25295
斯里兰卡	15176	800	810	3.9	2945
泰　　国	131916	2740	2160	4.4	5524
土 耳 其	200530	3130	3160	2.9	6594
越　　南	26535	310	350	6.5	1689
埃　　及	79185	1200	1290	2.7	3146
尼日利亚	36373	280	300	0.4	740
南　　非	136868	3210	3310	-0.1	8296
加 拿 大	580872	19640	19170	1.1	22814
墨 西 哥	368059	3700	3840	0.6	7450
美　　国	7902976	29080	29240	2.1	29240
阿 根 廷	290261	8950	8030	4.2	11728
巴　　西	767568	4790	4630	1.7	6460
委内瑞拉	82096	3480	3530	-0.1	5706
白俄罗斯	22332	2150	2180	-3.7	6314
保加利亚	10085	1170	1220	-1.8	4683
捷克共和国	53034	5240	5150	-0.2	12197
法　　国	1465399	26300	24210	1.2	21214
德　　国	2179802	28280	26570	0.9	22026
意 大 利	1157001	20170	20090	1.0	20365
荷　　兰	389055	25830	24780	2.1	22325
波　　兰	151285	3590	3910	4.4	7543
罗马尼亚	30596	1410	1360	-0.6	5572
俄 罗 斯	331776	2680	2260	-7.2	6180
西 班 牙	555244	14490	14100	1.7	15960
英　　国	1264262	20870	21410	2.0	20314
乌 克 兰	49207	1040	980	-11.4	3130
澳大利亚	387006	20650	20640	2.8	21795
新 西 兰	55356	15830	14600	1.4	16084

注:①GNP、人均GNP为世界银行统计数据。

资料来源:世界银行《世界图表集》2000年。

4—6 国内生产总值增长率

单位:%

	1980年	1990年	1995年	1996年	1997年	1998年
世　　界	**2.5**	**2.4**	**2.7**	**3.7**	**3.6**	**1.7**
低收入国家	**5.7**	**4.6**	**8.5**	**8.0**	**6.5**	**4.0**
中等收入国家	**8.1**	**1.0**	**2.5**	**3.7**	**4.1**	**0.0**
下中等收入国家	**12.0**	**−0.3**	**1.2**	**1.8**	**1.8**	**−0.9**
上中等收入国家	**5.5**	**1.9**	**3.1**	**4.7**	**5.3**	**0.5**
高收入国家	**1.3**	**2.6**	**2.4**	**3.4**	**3.3**	**1.9**
非经合组织成员国	**6.8**	**6.4**	**5.7**	**5.7**	**5.7**	**1.2**
经合组织成员国	**1.2**	**2.5**	**2.3**	**3.3**	**3.3**	**1.9**
中、低收入国家(按地区分组)	**7.7**	**1.8**	**4.1**	**4.9**	**4.8**	**1.2**
东亚和太平洋	**3.7**	**7.1**	**9.3**	**7.9**	**6.1**	**−1.0**
欧洲和中亚		**−2.2**	**0.3**	**1.0**	**3.2**	**0.1**
拉丁美洲和加勒比	**6.5**	**−0.4**	**1.1**	**3.7**	**5.1**	**2.1**
中东和北非	**3.0**	**6.9**	**1.9**	**4.2**	**2.5**	**3.7**
南　　亚	**6.4**	**5.6**	**7.3**	**6.7**	**4.6**	**5.6**
撒哈拉以南非洲	**5.7**	**1.0**	**4.1**	**4.8**	**3.4**	**2.1**
中　　国	7.8	3.8	10.5	9.6	8.8	7.8
中国香港	10.4	3.4	3.9	4.5	5.3	−5.1
阿尔巴尼亚		−10.0	8.9	9.1	−7.0	8.0
阿尔及利亚	0.9	−1.3	3.8	3.8	1.1	5.1
安 哥 拉		−0.3	11.3	11.7	6.6	5.0
安提瓜和巴布达	8.6	2.5	−4.2	6.6	5.0	3.5
阿 根 廷	4.2	−2.4	−2.8	5.5	8.1	3.9
亚美尼亚			6.9	5.9	3.3	7.2
澳大利亚	3.8	−0.7	4.0	3.0	3.8	5.1
奥 地 利	2.3	4.6	1.7	2.0	2.5	3.3
阿塞拜疆		−11.7	−11.8	1.3	5.8	10.0
巴 哈 马	6.5	1.1	−0.3			
巴　　林		1.3	2.2	3.1	3.1	2.1
孟加拉国	1.5	6.6	5.5	5.0	5.3	5.1
巴巴多斯	4.7	−4.8	0.5	5.2	3.0	4.4
白俄罗斯		−2.2	−10.4	2.8	10.4	8.3
比 利 时	4.5	3.0	2.3	1.3	3.0	2.9
伯 利 兹	15.2	10.6	3.3	2.0	3.5	4.0
贝　　宁	6.8	3.2	4.6	5.5	5.7	4.5
百 慕 大	7.9	…	4.4	2.6	3.1	
不　　丹		7.7	6.8	5.5	7.8	7.1
玻利维亚	−0.9	4.6	4.7	4.4	4.4	4.7
博茨瓦纳	11.7	7.2	5.1	6.9	4.0	3.5
巴　　西	9.1	−4.3	4.2	2.8	3.2	0.2
文　　莱	−7.0	2.7	3.1	3.6	4.1	1.0
保加利亚		−9.1	2.9	−10.1	−7.0	3.5
布基纳法索	0.8	−1.5	4.0	6.0	4.7	6.2
布 隆 迪	1.0	3.5	−7.3	−8.4	0.4	4.8
柬 埔 寨		1.2	7.6	7.0	1.0	1.0
喀 麦 隆	−2.0	−6.1	3.3	5.0	5.1	5.0

4－6 续表 1　　　　单位：%

	1980 年	1990 年	1995 年	1996 年	1997 年	1998 年
加拿大	1.3	0.2	2.1	1.2	3.7	3.0
佛得角		0.7	7.5	3.5	5.2	5.0
中非共和国	−4.5	−2.1	7.2	−4.1	5.2	4.7
乍得	−6.0	−4.2	1.0	3.7	4.1	8.1
智利	8.1	3.7	10.6	7.4	7.6	3.4
哥伦比亚	4.1	4.0	5.2	2.0	2.8	0.6
科摩罗		5.1	−3.9	−0.4	…	…
刚果(金)	2.2	−6.6	0.7	−0.9	−5.7	3.0
刚果(布)	17.6	0.9	4.0	6.3	−1.9	3.5
哥斯达黎加	0.8	3.6	2.4	−0.6	3.7	6.2
科特迪瓦	−11.0	−1.1	7.0	6.9	5.9	5.4
克罗地亚			6.8	5.9	6.8	2.5
塞浦路斯	5.8	7.4	6.1	2.8	1.6	5.0
捷克共和国		−1.2	5.9	3.8	0.3	−2.3
丹麦	−0.4	1.2	3.2	3.2	3.3	2.9
吉布提			−4.0	−5.1	0.5	0.7
多米尼克	14.3	5.3	1.7	2.8	2.1	3.5
多米尼加	6.1	−5.8	4.8	7.3	8.2	7.3
厄瓜多尔	4.9	3.0	2.3	2.0	3.4	0.6
埃及	10.0	5.7	4.7	5.0	5.5	5.6
萨尔瓦多	−11.8	4.8	6.4	1.8	4.1	3.2
赤道几内亚		3.3	14.3	29.1	76.1	21.3
厄里特尼亚			2.9	6.8	7.9	3.0
爱沙尼亚		−7.1	4.3	3.9	10.6	4.0
埃塞俄比亚		2.5	6.1	10.9	5.9	−1.0
斐济	−1.6	2.6	1.4	3.4	−1.8	−3.7
芬兰	5.3	…	5.1	3.6	6.0	4.7
法国	1.6	2.5	2.1	1.6	2.3	3.2
波利尼西亚	0.5	4.0	3.3	6.3	2.5	
加蓬	2.6	5.2	7.0	3.8	4.1	2.0
冈比亚	6.3	3.6	0.9	2.2	4.9	4.7
格鲁吉亚	4.6	−14.8	2.4	10.5	11.0	2.9
德国			1.2	1.3	2.2	2.7
加纳	0.5	3.3	4.0	4.6	4.2	4.6
希腊	1.8	0.0	2.1	2.4	3.2	3.5
格林纳达	−0.4	5.2	2.5	4.3	6.8	4.8
危地马拉	3.8	3.1	4.9	3.0	4.4	5.1
几内亚		4.3	4.4	4.6	4.8	4.5
几内亚比绍	−16.0	6.1	4.4	4.6	5.4	−28.1
圭亚那	1.7	−3.0	5.0	7.9	6.2	−1.5
海地	7.6	−0.1	4.4	2.7	1.4	3.1
洪都拉斯	0.6	0.1	4.1	3.7	5.1	3.0
匈牙利	−0.3	−3.5	1.5	1.3	4.6	5.1
冰岛	5.7	1.2	1.0	5.6	4.4	5.0
印度	6.6	5.7	8.0	7.3	5.0	6.1
印度尼西亚	8.7	9.0	8.2	7.8	4.7	−13.2
伊朗	−12.8	11.2	2.9	5.5	3.0	1.7
爱尔兰	3.1	8.5	11.8	8.3	10.6	10.4
以色列	6.9	6.8	7.0	4.0	2.0	3.3
意大利	3.5	2.2	2.9	0.7	1.5	1.4

4－6续表 2　　单位:%

	1980年	1990年	1995年	1996年	1997年	1998年
牙买加	－5.8	5.5	0.5	－1.8	－2.4	0.1
日　本	2.8	5.1	1.5	5.0	1.4	－2.8
约　旦	19.0	1.0	3.9	1.0	1.3	2.2
哈萨克斯坦		－4.6	－8.2	0.5	1.7	－1.9
肯尼亚	5.6	4.2	4.4	4.1	2.1	1.8
吉里巴斯	－44.4	－0.3	6.5	2.6	3.3	6.1
韩　国	－2.7	9.5	8.9	6.8	5.0	－5.8
科威特	－20.6		1.0			
吉尔吉斯		6.9	－5.4	7.1	9.9	3.6
老　挝		6.7	7.0	6.8	7.0	4.0
拉脱维亚	4.1	－1.3	－0.8	3.3	8.6	3.6
黎巴嫩		26.5	6.5	4.0	4.0	5.0
莱索托	－2.7	4.0	9.1	12.7	8.0	－3.6
立陶宛		9.5	3.3	4.7	7.3	5.1
卢森堡	0.8	2.2	3.8	3.0	3.7	5.7
马其顿			9.1	2.1	1.5	3.3
马达加斯加	0.8	3.1	1.7	2.1	3.6	3.9
马拉维	0.4	5.7	15.4	9.0	4.9	3.1
马来西亚	7.4	9.6	9.5	8.6	7.5	－7.5
马尔代夫		16.3	7.1	6.5	6.2	6.8
马　里	－4.3	－1.9	7.4	4.0	6.7	3.6
马耳他	7.0	6.3	6.2			
马绍尔群岛		3.2	3.7	－15.2	－5.3	
毛里塔尼亚	3.4	－1.8	4.5	4.7	4.5	3.5
毛里求斯	－10.1	7.2	4.7	5.7	5.5	5.6
墨西哥	9.2	5.1	－6.2	5.2	6.8	4.8
密克罗尼西亚		－2.6	1.6	0.6	－4.0	－3.1
摩尔多瓦		－2.4	－1.4	－7.8	1.3	－8.6
蒙　古		－2.5	6.3	2.4	4.0	3.5
摩洛哥	3.6	4.0	－6.6	12.2	－2.3	6.5
莫桑比克		1.0	4.3	7.1	11.3	12.0
缅　甸	7.9	2.8	6.9	6.4	5.7	5.0
纳米比亚		－1.2	3.4	2.9	1.8	1.5
尼泊尔	－2.3	4.6	3.5	5.3	5.0	2.3
荷　兰	1.2	4.1	2.3	3.1	3.6	3.8
新西兰	0.7	－0.6	3.8	2.6	2.0	－0.8
尼加拉瓜	4.6	－0.1	4.3	4.7	5.1	4.0
尼日尔	－2.2	－1.3	2.6	3.4	3.3	8.4
尼日利亚	4.2	8.2	2.5	4.3	3.6	1.8
挪　威	5.0	2.0	3.8	5.5	3.4	2.0
阿　曼	6.0	7.5	3.2			
巴基斯坦	10.2	4.5	5.1	5.0	1.2	3.3
巴拿马	1.1	8.1	1.8	2.8	4.5	4.1
巴布亚新几内亚	－2.3	－3.0	－3.6	3.5	－4.6	2.5
巴拉圭	14.8	3.1	4.7	1.3	2.6	－0.4
秘　鲁	3.1	－5.4	7.5	2.5	6.8	0.3
菲律宾	5.1	3.0	4.7	5.8	5.2	－0.5
波　兰		－4.9	7.0	6.0	6.8	4.8
葡萄牙	4.6	4.4	2.8	3.2	3.7	3.9
波多黎各	1.5	3.8	3.4	3.3	3.2	
罗马尼亚	2.5	－5.7	7.1	3.9	－6.6	－7.5

4－6续表3

单位:%

	1980年	1990年	1995年	1996年	1997年	1998年
俄罗斯	24.0	－3.0	－4.1	－3.4	0.9	－4.6
卢旺达	9.0	－2.4	34.4	15.8	12.8	9.5
萨摩亚	－6.2	－4.4	9.6	5.8	1.6	1.3
圣多美和普林西比		1.8	2.0	1.5	1.0	2.5
沙特阿拉伯	7.9	8.6	0.5	1.4	1.9	2.3
塞内加尔	－3.3	3.9	4.7	5.2	5.0	5.7
塞舌尔	－4.2	9.0	－0.6	4.7	4.3	2.0
塞拉利昂	4.8	1.6	－10.0	5.0	－20.2	0.7
新加坡	9.7	9.0	8.4	7.5	8.0	1.5
斯洛伐克		－2.7	6.9	6.6	6.5	4.4
斯洛文尼亚			4.1	3.5	4.6	3.9
所罗门群岛	－6.0	1.8	7.0	3.5	－0.5	－7.0
南非	9.2	－0.3	3.1	4.2	2.5	0.5
西班牙	2.2	3.7	2.7	2.4	3.5	3.8
斯里兰卡	5.8	6.2	5.5	3.8	6.4	4.7
圣基茨和尼维斯	15.1	2.1	3.8	6.3	7.0	3.6
圣卢西亚		23.5	3.3	1.1	1.8	2.8
圣文森特	2.0	5.0	7.5	3.6	3.7	5.2
苏丹	1.5	－0.4	25.2	4.0	6.7	5.0
苏里南	－7.4	0.1	4.0			
斯威士兰	10.7	8.9	2.7	3.9	3.7	2.0
瑞典	1.7	1.4	3.9	1.3	1.8	2.9
瑞士	4.6	3.7	0.6	…	1.7	2.1
叙利亚	12.0	7.6	6.7	2.2	4.0	5.0
塔吉克斯坦		－2.4	－11.8	－4.4	2.3	8.2
坦桑尼亚		5.4	2.6	4.3	4.0	3.5
泰国	5.2	11.2	8.8	5.5	－1.3	－9.4
多哥	14.6	－0.2	6.8	9.7	4.3	－1.0
汤加		－2.0	4.7	－1.4	－4.4	－1.5
特立尼达和多巴哥	6.2	1.5	3.8	3.5	3.5	4.1
突尼斯	7.4	8.0	2.3	7.1	5.4	5.0
土耳其	－0.8	9.3	7.3	6.8	7.7	2.8
土库曼斯坦		0.7	－7.2	－6.7	－11.3	5.0
乌干达		6.5	11.5	9.1	4.7	5.6
乌克兰		－6.4	－12.2	－10.0	－3.0	－1.7
阿联酋	26.4	17.5	6.1	10.0	2.1	－5.7
英国	－1.6	0.4	2.8	2.3	3.4	2.1
美国	－0.6	1.2	2.9	4.2	5.3	3.9
乌拉圭	5.8	0.9	－1.8	5.3	5.1	4.5
乌兹别克斯坦		1.6	－0.9	1.7	2.5	4.4
瓦努阿图	－11.4	5.2	3.8	3.5	2.7	2.1
委内瑞拉	－4.4	6.5	3.7	－0.5	6.5	－0.7
越南		5.1	9.5	9.3	8.1	5.8
约旦河西岸和加沙地带			－1.4	－1.0	－0.7	－4.0
也门			8.2	4.4	5.4	3.8
赞比亚	3.0	－0.5	－2.3	6.5	3.4	－2.0
津巴布韦	14.4	7.0	－0.5	8.7	3.7	2.5

资料来源:世界银行《世界发展指标》2000年。

4－7　人均国民生产总值增长率

单位:%

	1992年	1993年	1994年	1995年	1996年	1997年	1998年
世　　界	**0.27**	**－0.14**	**1.40**	**1.30**	**2.29**	**2.20**	**－0.03**
中　　国①	12.71	11.81	11.42	7.88	8.71	7.46	6.40
中国香港	5.41	4.34	3.70	1.23	1.92	2.17	－7.76
孟加拉国	3.53	3.13	2.71	3.72	3.20	3.83	4.18
印　　度	3.46	3.08	6.07	6.37	5.68	3.22	4.29
印度尼西亚	5.41	6.04	5.94	5.68	7.58	2.42	－18.03
伊　　朗	4.42	0.37	－1.11	0.61	4.13	1.71	－0.21
以 色 列	1.90	3.21	4.31	3.28	1.11	－0.83	1.18
日　　本	0.98	0.08	0.20	1.09	5.05	1.34	－2.90
哈萨克斯坦	－15.30	－7.46	－11.33	－7.01	1.02	2.52	－1.18
韩　　国	4.45	4.54	7.24	7.51	5.41	3.79	－7.52
马来西亚	4.91	6.02	6.39	6.61	5.74	4.73	－8.02
蒙　　古	－9.59	－9.25	1.04	4.37	1.17	2.06	1.87
巴基斯坦	4.28	－0.86	0.93	2.99	1.63	－1.54	0.54
菲 律 宾	－0.77	－0.21	2.85	2.49	4.81	2.97	－2.12
新 加 坡	6.11	7.44	11.00	6.52	6.34	6.94	－0.43
斯里兰卡	3.58	6.24	3.95	4.49	2.27	5.38	3.30
泰　　国	5.66	7.38	7.72	7.60	3.96	－2.08	－8.60
土 耳 其	4.66	6.80	－7.85	6.54	5.28	6.86	2.34
越　　南	6.47	5.98	6.82	7.59	7.40	6.49	4.33
埃　　及	－0.69	1.01	4.22	3.65	3.63	4.58	4.48
尼日利亚	0.31	－0.09	－0.22	1.42	－1.43	1.92	－1.50
南　　非	－3.73	－0.66	1.31	0.79	1.79	0.60	－1.32
加 拿 大	－0.62	1.61	2.69	1.42	0.30	2.68	1.96
墨 西 哥	1.82	－0.08	2.31	－9.21	3.87	6.06	3.00
美　　国	1.57	1.45	2.52	2.07	3.19	4.01	1.51
阿 根 廷	10.54	4.53	4.42	－4.17	4.17	6.72	2.60
巴　　西	1.09	－0.17	4.50	3.03	1.83	1.93	－1.35
委内瑞拉	1.77	－1.95	－5.29	2.09	－3.67	6.60	－2.38
白俄罗斯	－10.01	－5.35	－12.89	－10.32	3.30	11.44	10.79
保加利亚	2.55	－0.81	1.94	2.18	－10.27	－6.14	5.08
捷克共和国	－6.50	－0.42	2.46	5.83	2.88	0.17	－2.13
法　　国	0.33	－1.80	2.44	2.04	1.18	2.47	2.79
德　　国	1.05	－2.28	1.85	0.82	0.67	2.09	2.80
意 大 利	0.17	－1.43	2.09	2.99	0.57	1.44	1.29
荷　　兰	1.08	0.39	2.93	1.59	3.39	3.42	2.72
波　　兰	2.85	4.12	3.56	7.42	6.87	6.69	4.38
罗马尼亚	－7.55	1.46	4.13	6.97	4.04	－6.48	－8.06
俄 罗 斯	－15.33	－8.36	－12.54	－4.36	－3.46	0.73	－6.38
西 班 牙	0.25	－1.00	1.08	3.57	1.90	3.13	3.61
乌 克 兰	－7.54	－16.23	－21.27	－12.12	－9.20	－2.19	－1.63
英　　国	－0.04	1.74	4.14	2.37	2.09	3.01	1.98
澳大利亚	2.94	4.13	3.23	2.75	1.56	2.64	4.35
新 西 兰	2.24	4.22	2.77	1.83	－1.23	2.21	－1.45

注:①世界银行统计数据。

资料来源:世界银行《世界发展指标》2000年。

4—8 第一产业对国内生产总值增长的贡献

单位:%

	1992年	1993年	1994年	1995年	1996年	1997年	1998年
中　　国①	1.19	1.09	1.01	0.99	0.96	0.63	0.60
孟加拉国	0.71	0.61	0.20	−0.15	0.83	1.47	0.73
印　　度	1.68	1.04	1.49	0.06	2.36	−0.25	1.83
印度尼西亚	1.19	0.31	0.10	0.70	0.54	0.16	0.12
伊　　朗	1.70	1.27	0.47	0.55	0.88	0.37	1.17
日　　本	0.14	−0.29	0.17	−0.11	0.06	−0.04	
哈萨克斯坦		−1.04	−3.45	−3.63	−0.61	−0.09	−2.13
韩　　国	0.70	−0.34	0.02	0.42	0.20	0.28	0.00
马来西亚	0.82	0.73	−0.16	0.17	0.29	0.05	−0.53
蒙　　古	1.24	−0.47	0.43	1.51	0.77	0.80	0.52
缅　　甸	4.93	2.15	2.75	2.21	2.23	1.63	1.20
巴基斯坦	2.18	−1.23	1.13	1.44	2.60	0.03	0.89
菲 律 宾	0.09	0.48	0.59	0.19	0.82	0.62	−1.37
新 加 坡	…	…	0.01	0.01	0.01	−0.01	−0.01
斯里兰卡	−0.34	0.99	0.66	0.64	−0.88	0.52	0.43
泰　　国	0.64	−0.17	0.63	0.29	0.41	−0.01	−0.05
土 耳 其	0.55	0.01	−0.07	0.15	0.66	−0.30	0.86
越　　南	2.74	1.42	2.54	1.68	1.49	1.40	1.10
埃　　及	0.31	0.39	0.60	0.45	0.47	0.51	0.55
尼日利亚	0.69	0.45	0.79	1.23	1.39	1.44	0.51
南　　非	−1.30	0.85	0.34	−0.90	0.85	0.11	−0.05
加 拿 大	−0.11	0.16	0.06	0.02	0.05	−0.02	
墨 西 哥	−0.06	0.18	0.01	0.10	0.23	0.01	…
美　　国	0.20	−0.17	0.27	−0.18	0.09	0.19	
阿 根 廷	0.01	0.13	0.39	0.29	−0.09	0.01	0.52
巴　　西	0.37	−0.01	0.42	0.31	0.31	0.15	0.04
委内瑞拉	0.10	0.14	−0.05	−0.02	0.09	0.13	−0.03
白俄罗斯	−3.25	0.31	−3.53	−0.58	0.36	−1.61	−0.19
保加利亚	−3.08	−5.80	1.29	2.11	−1.20	5.51	0.33
捷克共和国	−1.05	2.06	−1.05	−0.22	0.00	0.10	0.35
法　　国	0.44	−0.35	0.02	−0.01	0.22	−0.02	
德　　国	0.25	−0.09	−0.06	−0.04	0.12	−0.03	
意 大 利	0.09	−0.05	0.02	0.01	0.06	−0.02	
荷　　兰	0.16	0.06	0.29	0.16			
波　　兰	−0.68	0.37	−0.97	0.53	0.13	0.03	0.31
罗马尼亚	−2.54	2.47	0.55	0.92	−0.45	0.39	−1.81
俄 罗 斯		−0.28	−0.89	−0.60	−0.64	0.01	−0.41
西 班 牙	−0.07	−0.02	−0.53	−0.45	0.85		
乌 克 兰	−2.21	1.21	−2.60	−1.41	−3.43	−0.33	−1.14
澳大利亚	0.23	0.09	−0.80	0.69	0.50		
新 西 兰	−0.84	0.98	−0.01	0.16	0.43	0.22	

注:①世界银行统计数据。

资料来源:世界银行《世界发展指标》2000年。

4—9 第二产业对国内生产总值增长的贡献

单位:%

	1992年	1993年	1994年	1995年	1996年	1997年	1998年
中　国①	9.20	9.16	8.95	7.09	6.36	5.65	5.02
孟加拉国	1.82	1.82	1.53	2.27	2.11	1.54	−5.37
印　度	0.95	1.41	2.18	2.90	1.49	1.44	0.98
印度尼西亚	3.14	3.81	4.43	4.25	4.49	2.22	−6.50
伊　朗	1.23	0.89	−0.03	1.30	1.91		
日　本	−0.30	−0.82	−0.15	1.07	2.10	0.26	
哈萨克斯坦		−5.90	−9.24	−5.07	−1.10	1.30	−0.03
韩　国	1.55	2.70	3.87	4.39	3.02	2.33	−3.24
马来西亚	3.83	4.39	5.49	6.28	5.29	4.14	−5.74
蒙　古	−6.88	−4.52	0.67	5.52	−0.70	1.47	1.09
缅　甸	1.70	1.51	1.48	1.87	1.66	1.43	1.10
巴基斯坦	1.78	1.27	1.09	1.15	1.30	0.15	1.63
菲律宾	−0.19	0.57	1.98	2.33	2.28	2.19	−0.65
新加坡	2.08	3.21	4.50	3.27	2.52	2.54	0.31
斯里兰卡	1.92	2.70	2.32	2.27	1.67	2.37	1.77
泰　国	3.87	4.17	4.07	4.28	2.92	−0.26	−5.34
土耳其	1.90	2.95	−1.33	2.16	1.88	2.69	0.54
越　南	3.24	3.18	3.56	3.71	3.82	3.63	2.59
埃　及	0.49	0.70	1.70	1.59	1.56	1.46	2.52
尼日利亚	0.11	−0.25	−0.89	0.40	1.38	0.94	0.90
南　非	−0.71	0.03	0.80	1.17	0.46	0.74	−0.27
加拿大	−0.20	0.82	1.51	0.62	0.46	1.43	
墨西哥	1.09	0.07	1.19	−1.94	2.46	2.36	1.72
美　国	0.21	0.83	2.13	1.94	1.81	2.95	
阿根廷	3.33	1.72	1.56	−1.56	1.72	2.65	0.88
巴　西	−1.34	2.16	2.11	0.60	1.15	1.72	0.17
委内瑞拉	2.99	0.99	−0.65	2.62	1.24	3.85	−1.05
白俄罗斯	−2.80	−5.89	−9.06	−5.78	1.19	6.83	4.41
保加利亚	−3.19	−3.89	2.84	0.00	−4.02	−4.93	1.79
捷克共和国	2.82	−5.08	1.65	3.77	1.31	2.53	−1.93
法　国	−0.44	−0.91	0.74	0.93	0.23	0.90	
意大利	0.11	−0.92	1.11	1.30	−0.17	0.52	
荷　兰	−0.06	0.08	1.02	0.47			
波　兰	1.55	2.99	3.68	4.13	2.99	4.83	2.51
罗马尼亚	−5.07	1.30	2.58	2.32	2.51	−3.10	−4.06
俄罗斯		−6.17	−8.82	−1.82	−6.60	−2.58	−0.43
西班牙	−0.45	−1.17	1.19				
乌克兰	−4.93	−9.01	−13.87	−3.36	−1.22	−0.96	−0.24
澳大利亚	0.58	1.32	1.22	0.46	0.59		
新西兰	0.58	1.78	1.61	0.93	0.56	0.43	

注:①世界银行统计数据。

资料来源:世界银行《世界发展指标》2000年。

4—10 第三产业对国内生产总值增长的贡献

单位:%

	1992年	1993年	1994年	1995年	1996年	1997年	1998年
中　国①	3.87	3.29	2.88	2.44	2.25	2.56	2.14
孟加拉国	2.45	2.13	2.10	3.41	2.04	2.27	9.74
印　度	2.11	3.11	3.40	3.94	3.25	3.39	2.66
印度尼西亚	2.89	3.13	3.01	3.26	2.79	2.32	−6.82
伊　朗	2.83	2.62	1.20	1.34	1.99		
日　本	1.19	1.42	0.62	0.52	2.89	1.21	
哈萨克斯坦		4.57	0.86	−1.07	1.99	−0.02	−0.03
韩　国	3.19	3.14	4.36	4.11	3.52	2.40	−2.59
马来西亚	3.15	3.23	3.91	3.01	3.00	3.31	−1.23
蒙　古	−3.86	1.99	1.20	−0.71	2.33	1.73	1.88
缅　甸	3.03	2.37	3.25	2.87	2.55	2.58	2.65
巴基斯坦	2.92	1.98	1.84	2.12	2.19	1.59	1.44
菲律宾	0.44	1.07	1.82	2.15	2.75	2.36	1.54
新加坡	4.19	9.39	6.67	5.16	4.99	5.45	1.19
斯里兰卡	2.49	2.92	2.39	2.29	2.79	3.11	2.31
泰　国	3.57	4.38	4.24	4.27	2.19	−0.98	−4.04
土耳其	2.97	3.22	−1.56	2.97	3.39	3.27	1.57
越　南	2.67	3.47	2.74	4.15	4.03	3.12	2.11
埃　及	1.05	1.27	1.40	2.35	2.61	2.99	2.25
尼日利亚	2.12	1.75	0.15	0.78	1.47	1.12	0.84
南　非	−0.08	0.40	1.60	2.47	2.43	1.35	0.86
加拿大	0.72	1.22	1.88	1.07	0.88	2.13	
墨西哥	2.60	1.70	3.22	−4.33	2.46	4.39	3.07
美　国	2.41	1.76	1.30	1.15	2.32	2.15	
阿根廷	5.85	3.54	3.88	−1.19	3.40	4.80	2.89
巴　西	0.13	1.52	2.35	2.55	1.02	1.53	0.58
委内瑞拉	2.97	−0.88	−1.65	1.10	−1.79	2.47	0.41
白俄罗斯	−3.61	−1.85	0.54	−3.81	1.08	4.66	0.94
保加利亚	−1.00	8.21	−2.31	0.75	−4.91	−7.62	1.38
捷克共和国	−2.15	0.78	3.36	0.79	1.72	−2.24	−0.91
法　国	1.16	−0.06	2.07	1.16	1.10	1.45	
德　国	1.02	0.79	1.49	0.64	1.23	1.42	
意大利	0.36	−0.18	1.05	1.63	0.77	1.01	
荷　兰	1.93	0.63	1.91	1.63			
罗马尼亚	−0.59	−0.77	0.80	3.08	1.44	−3.83	−1.50
俄罗斯		−10.09	0.23	−5.32	2.97	2.96	−0.54
西班牙	1.20	0.02	1.60	−60.88			
乌克兰	−2.12	−6.14	−5.41	−6.90	−4.95	−2.76	−0.26
澳大利亚	2.62	3.57	4.26	2.82	1.91		
新西兰	1.45	3.56	3.79	2.70	1.58	1.33	

注:①世界银行统计数据。

资料来源:世界银行《世界发展指标》2000年。

4－11 总投资对国内生产总值增长的贡献

单位：%

	1992年	1993年	1994年	1995年	1996年	1997年	1998年
中国①	4.44	8.47	5.84	5.94	3.29	3.01	2.97
中国香港	3.23	0.08	6.92	6.00	－0.55	4.70	－5.53
孟加拉国	0.40	1.14	1.41	1.74	1.80	2.04	2.39
印度	2.65	－1.02	4.13	4.52	－0.34	1.80	1.84
印度尼西亚	1.16	1.93	3.80	8.46	－0.75	2.05	－14.79
伊朗	2.37	－6.03	－4.93	11.55	－6.06	3.22	－0.59
以色列	1.24	0.94	2.36	2.05	1.61	－1.35	－0.60
日本	－0.94	－0.75	－0.41	0.70	3.68	－0.66	
哈萨克斯坦		－6.83	6.64	－12.70	－5.86	0.82	0.91
韩国	－0.35	1.04	4.95	4.14	3.24	－2.83	－12.87
马来西亚	2.36	5.87	7.85	8.73	2.73	5.12	－20.27
缅甸	0.25	1.48	4.41	5.95	3.25	2.78	2.46
巴基斯坦	1.94	0.72	－0.14	0.75	0.97	－0.65	0.25
菲律宾	1.49	1.69	1.96	0.83	2.91	2.91	－4.51
新加坡	3.48	6.30	0.48	4.98	6.29	5.58	－5.32
斯里兰卡	1.02	2.87	2.33	0.12	0.69	1.11	3.72
泰国	2.19	3.49	4.52	5.11	2.31	－8.45	－11.15
土耳其	3.03	6.84	－8.35	6.83	0.04	1.44	2.25
越南	5.88	6.35	8.99	6.28	6.56	3.30	2.24
埃及	－0.77	－0.93	1.75	1.95	1.82	2.04	6.59
尼日利亚	5.65	7.43	1.90	－2.83	3.67	－8.55	3.50
南非	－1.34	0.36	2.65	2.09	－0.32	0.08	－0.45
加拿大	－0.35	0.49	1.59	0.11	－0.04	2.82	
墨西哥	2.63	－0.18	2.17	－7.72	3.93	4.61	1.82
美国	1.04	1.21	1.85	0.72	1.77	2.67	
阿根廷	4.89	2.42	2.61	－2.68	1.63	3.34	1.37
巴西	－0.21	0.90	1.77	2.00	－0.04	1.34	0.03
委内瑞拉	6.04	－3.86	－4.91	4.48	－1.82	2.15	0.08
白俄罗斯	－5.04	－1.83	－8.67	－6.82	1.37	2.91	1.13
保加利亚	－3.62	－5.50	－3.28	1.05	－1.89	5.68	10.87
捷克共和国	1.88	0.71	4.73	6.57	3.98	－1.42	－2.02
法国	－1.20	－2.96	1.96	0.76	－0.77	0.18	
德国	0.39	－1.44	1.59	－0.03	－0.75	1.26	
意大利	－0.31	－3.09	0.73	1.23	－0.27	1.07	
荷兰	－0.25	－1.87	1.45	0.88	1.05	1.39	
波兰	－0.62	2.16	1.49	4.54	4.26	5.12	3.93
罗马尼亚	－4.16	－0.54	－2.52	－1.08	－0.79	－3.03	－5.82
俄罗斯	10.75	－14.55	－12.16	－3.66	－6.03	－0.98	－2.62
西班牙	－1.03	－3.50	0.83	1.96	0.28	0.84	
乌克兰	－4.13	－5.37	－5.20	－8.42	－2.85	0.02	－0.47
英国	0.28	0.49	1.24	0.47	0.06	0.83	
澳大利亚	1.80	1.31	2.58	0.53	1.10	2.68	
新西兰	1.27	4.04	3.09	1.20	0.83	0.55	

注：①世界银行统计数据。

资料来源：世界银行《世界发展指标》2000年。

4—12 总消费对国内生产总值增长的贡献

单位:%

	1992 年	1993 年	1994 年	1995 年	1996 年	1997 年	1998 年
中　国①	8.90	5.83	4.82	5.31	5.76	3.09	3.88
中国香港	5.50	4.65	4.36	1.19	3.13	4.20	—3.90
孟加拉国	4.10	3.93	3.45	2.56	2.64	3.42	5.10
印　度	3.03	3.74	5.42	5.88	5.60	4.82	8.01
印度尼西亚	4.23	4.81	2.96	4.00	10.30	4.70	—2.51
伊　朗	2.17	3.28	1.88	—2.54	7.01	1.76	2.79
以色列	5.03	5.93	5.18	5.46	5.15	2.85	3.01
日　本	1.36	0.88	1.34	1.53	1.92	0.71	
韩　国	3.64	3.56	4.67	5.30	4.66	2.06	—5.21
马来西亚	2.11	3.77	6.02	5.49	3.02	2.99	—8.13
缅　甸	6.46	12.88	—4.55	4.92	1.73	1.40	1.35
巴基斯坦	8.07	3.64	1.26	5.62	6.06	2.24	0.47
菲律宾	2.43	2.85	3.42	3.44	3.93	3.96	2.70
新加坡	2.69	6.90	3.16	3.25	4.34	3.38	1.37
斯里兰卡	4.01	6.17	6.32	2.63	4.69	6.27	6.54
泰　国	5.38	5.14	5.14	4.53	4.21	—0.02	—10.07
土耳其	2.83	6.83	—4.14	4.00	7.07	6.34	0.58
越　南	0.16	10.94			13.78	17.19	2.45
埃　及	3.11	2.66	3.56	2.96	3.44	3.57	3.22
尼日利亚	—3.14	—4.49	—5.43	2.96	—1.07	13.80	3.19
南　非	—0.49	1.20	2.45	2.09	4.27	2.34	0.92
加拿大	1.29	1.03	1.38	0.87	1.04	2.38	
墨西哥	3.55	1.32	3.61	—6.99	1.46	4.62	4.14
美　国	1.89	1.89	2.40	1.99	2.64	2.96	
阿根廷	10.94	4.43	4.15	—2.94	4.88	6.53	2.69
巴　西	—3.37	3.54	3.89	2.23	4.71	3.13	—0.85
委内瑞拉	4.76	—0.52	—3.21	0.79	—2.92	3.36	—0.42
白俄罗斯	—6.76	—1.43	—8.67	—6.72	2.34	6.80	5.57
保加利亚	—1.99	5.13	1.88	0.69	—10.88	—10.87	4.91
捷克共和国	2.31	1.39	3.40	2.06	3.26	1.76	—1.39
法　国	1.44	0.75	1.06	1.00	1.68	0.75	
德　国	2.41	—0.01	1.13	1.45	1.46	0.13	
意大利	1.04	—2.04	0.42	0.69	0.73	1.29	
荷　兰	1.74	0.81	1.39	1.32	1.75	1.97	
波　兰	1.38	4.07	3.16	2.56	5.57	4.77	3.26
罗马尼亚	—3.43	0.94	2.87	8.25	6.21	—5.57	—0.83
俄罗斯	—26.51	4.24	—1.73	—0.29	2.16	2.98	—4.82
西班牙	2.08	—1.03	0.53	1.32	1.40	2.17	
乌克兰	—4.78	—14.88	—7.28	—3.20	—8.10	—1.79	—0.88
英　国	—0.08	1.54	2.23	1.35	2.63	2.93	
澳大利亚	2.07	2.43	3.64	3.06	1.75	3.19	
新西兰	0.71	1.90	3.53	3.05	2.68	2.88	

注:①世界银行统计数据。

资料来源:世界银行《世界发展指标》2000 年。

4—13 净出口对国内生产总值增长的贡献

单位:%

	1992年	1993年	1994年	1995年	1996年	1997年	1998年
中国①	−1.08	−2.78	2.64	1.15	−0.06	2.44	1.06
中国香港	−2.47	1.40	−5.87	−3.30	1.91	−3.64	4.30
孟加拉国	2.34	−2.60	1.04	−2.95	−1.95	1.03	1.39
印度	−1.01	0.02	−1.18	0.75	−0.54	−1.08	−1.29
印度尼西亚	1.83	−0.23	−1.01	−1.86	−2.44	−2.22	4.83
伊朗	1.56	4.86	3.94	−6.13	4.56	−2.02	−0.47
以色列	−1.18	−1.49	−1.24	−0.87	−2.60	0.50	0.78
日本	0.60	0.18	−0.28	−0.76	−0.55	1.38	
哈萨克斯坦		6.30	−4.89	13.42	0.94	−1.47	6.61
韩国	1.18	1.09	−1.46	0.19	−1.13	5.67	12.18
马来西亚	3.33	−1.29	−4.63	−4.76	2.83	−0.60	20.91
缅甸	2.95	−8.31	7.62	−3.93	1.46	1.47	1.15
巴基斯坦	−2.18	−2.45	2.77	−1.26	−2.02	−0.36	2.59
菲律宾	−2.94	−2.54	0.54	−2.89	−2.33	−0.27	1.84
新加坡						−0.83	5.48
斯里兰卡	−1.10	−2.27	−2.37	0.54	0.01	−0.98	−5.56
泰国	1.47	0.06	−0.41	−2.87	−0.38	7.80	10.24
土耳其	−0.20	−5.67	8.03	−4.32	−0.01	−1.47	2.14
越南	2.61	−9.22	−5.17	−10.21	−10.99	−12.34	
埃及	5.09	−0.43	−2.10	0.47	−0.06	0.06	−2.42
尼日利亚	0.40	−0.74	3.62	2.37	1.70	−1.66	−4.88
南非	−0.31	−0.33	−1.87	−1.07	0.20	0.09	0.07
加拿大	0.38	1.04	0.86	0.90	0.33	−1.61	
墨西哥	−2.55	0.81	−1.36	8.54	−0.26	−2.47	−1.14
美国	−0.11	−0.67	−0.55	0.19	−0.19	−0.33	
阿根廷	−3.89	−0.95	−0.92	2.77	−0.98	−1.76	−0.16
巴西	1.43	−0.97	−0.40	−2.78	−0.08	−1.21	−0.94
委内瑞拉	−4.74	4.63	5.77	−1.56	4.28	0.94	−0.33
白俄罗斯	0.90	−7.98	2.88	1.58	−0.45	−0.76	−0.79
保加利亚	−1.66	−1.10	3.22	1.12	2.64	1.67	−5.28
捷克共和国	−4.71	−2.04	−5.90	−2.68	−3.41	−0.02	1.08
法国	0.92	0.87	−0.19	0.33	0.64	1.39	
德国	−0.59	0.28	0.00	−0.20	0.57	0.81	
意大利	−0.17	3.98	1.02	1.02	0.20	−0.86	
荷兰	0.55	1.91	0.46	0.08	0.36	0.33	
波兰	1.89	−2.04	0.33	−0.41	−4.54	−3.69	
罗马尼亚	−1.19	1.14	3.59	−0.05	−1.51	1.99	−0.86
俄罗斯	1.24	1.65	1.32	−0.19	0.47	−1.10	2.83
西班牙	−0.36	3.37	0.89	−0.56	0.73	0.52	
乌克兰	−0.66	5.81	−15.23	8.13	−0.39	0.05	0.69
英国	−0.73	0.03	0.85	0.93	−0.51	−0.45	
澳大利亚	−0.13	0.59	−2.52	0.99	−0.39	−1.97	
新西兰	−1.16	0.24	−1.38	−1.36	−0.98	−0.44	

注:①世界银行统计数据。

资料来源:世界银行《世界发展指标》2000年。

4—14 投资率

单位:%

	1980年	1990年	1995年	1996年	1997年	1998年
世　界	**25.2**	**23.5**	**22.3**	**22.2**	**22.3**	
中　国	35.2	34.7	40.8	39.6	38.2	38.1
中国香港	35.1	27.4	34.8	32.1	35.4	30.2
孟加拉国	22.0	18.9	20.0	20.8	21.6	22.2
印　度	20.4	24.6	25.6	23.1	23.4	23.6
印度尼西亚	24.1	30.8	31.9	30.7	31.8	14.0
伊　朗	29.6	28.6	30.0	22.7	17.2	16.1
以色列	22.4	25.1	25.1	24.7	22.2	20.3
日　本	32.2	32.3	28.6	30.0	28.7	
哈萨克斯坦			23.3	16.1	15.6	17.3
韩　国	31.7	37.7	37.2	37.9	34.2	20.9
马来西亚	30.4	33.6	43.5	40.9	42.9	26.7
蒙　古		34.3	26.4	25.2	26.0	25.8
缅　甸	21.5	13.4	14.3	13.4	11.7	
巴基斯坦	18.5	18.9	18.4	18.8	17.7	17.1
菲律宾	29.1	24.2	22.5	24.0	24.9	20.5
新加坡	46.3	36.7	34.5	37.0	38.7	33.5
斯里兰卡	33.8	22.2	25.7	24.2	24.4	25.4
泰　国	29.1	41.4	41.6	41.7	30.1	25.3
土耳其	18.2	24.3	25.5	24.6	25.1	24.6
越　南		13.0	27.1	27.8	28.3	28.7
埃　及	27.5	28.8	17.2	16.6	17.7	22.2
尼日利亚	21.3	14.7	16.1	12.8	15.3	20.0
南　非	23.4	11.8	18.2	16.5	15.7	15.6
加拿大	23.2	20.7	18.2	17.6	19.7	
墨西哥	27.2	23.1	19.8	23.3	26.1	24.4
美　国	20.0	16.9	17.3	17.7	18.5	
阿根廷	25.3	14.0	17.9	18.1	19.4	19.9
巴　西	23.3	20.2	22.3	20.7	21.3	21.3
委内瑞拉	26.4	10.2	17.9	16.1	17.5	19.6
白俄罗斯		26.8	25.1	24.5	25.7	26.1
保加利亚	34.0	25.6	15.7	8.4	11.4	14.7
捷克共和国	31.0	25.2	34.0	34.9	33.2	29.9
法　国	24.2	22.5	18.3	17.1	16.8	
德　国			21.9	20.7	21.3	
意大利	27.0	21.1	18.2	17.1	17.5	
荷　兰	22.2	22.2	19.2	19.7	20.2	
波　兰	26.4	24.7	19.8	22.0	24.7	26.4
罗马尼亚	39.8	30.2	24.3	24.7	21.5	17.7
俄罗斯		30.1	23.2	23.2	21.3	16.3
西班牙	23.0	25.4	21.1	20.6	20.7	
乌克兰		27.5	26.7	22.7	21.4	20.7
英　国	16.9	19.3	16.2	15.9	15.9	
澳大利亚	25.4	21.0	21.1	20.6	21.8	
新西兰	20.5	18.9	22.3	21.7	20.8	

资料来源:世界银行《世界发展指标》2000年。

4—15 总储蓄占国内生产总值的比重

单位：%

	1980年	1990年	1995年	1996年	1997年	1998年
世　界	**23.8**	**20.0**	**22.1**	**22.0**	**22.3**	
中　国①	34.8	37.9	43.1	41.5	42.7	42.6
中国香港	34.1	35.8	30.5	30.7	31.8	30.5
孟加拉国	16.0	16.4	20.8	19.8	23.1	25.3
印　度	19.1	21.4	23.6	21.8	21.9	22.4
印度尼西亚		29.1	26.3	27.8	29.0	16.0
伊　朗	27.1	27.9	34.9	28.1	21.1	14.8
以色列	16.0	21.7	13.5	13.3	12.9	12.9
日　本	31.2		30.7	31.4	31.0	
哈萨克斯坦			20.8	12.9	12.4	11.8
韩　国	21.7	36.9	35.5	33.5	32.8	33.4
马来西亚	29.3	31.5	33.7	34.7	37.4	
蒙　古			35.1	28.3	23.3	20.3
缅　甸	17.3	11.5	14.0	13.2	7.6	
巴基斯坦	14.6	15.5	14.9	12.2	12.3	14.6
菲律宾	25.4	19.5	18.6	20.1	20.2	21.7
新加坡	33.6	45.2	51.9	52.9	54.5	54.4
斯里兰卡	17.4	19.0	19.9	19.3	21.8	23.5
泰　国	22.7	32.8	33.5	33.6	32.6	43.4
土耳其	15.9	24.1	24.9	22.4	23.8	26.7
越　南			16.8	16.6	22.7	
埃　及	20.6	21.5	18.4	15.8	19.2	24.6
尼日利亚	25.9	19.5	11.2	27.9	17.6	5.8
南　非	27.3	13.7	16.8	15.2	14.1	14.0
加拿大	22.3	17.0	17.7	18.2	18.2	
墨西哥	22.4	20.3	19.2	22.6	24.1	20.6
美　国	20.5	15.5	15.8	16.1	16.7	
阿根廷	23.0	16.0	16.0	15.7	15.2	15.1
巴　西	17.9	18.9	19.5	17.3	16.9	16.3
委内瑞拉	33.2	25.9	21.2	29.3	24.2	17.6
白俄罗斯					19.7	
保加利亚		14.1	10.8	7.5	13.4	11.1
捷克共和国			30.2	28.0	26.4	27.9
法　国	22.8	21.3	19.6	18.8	20.3	
德　国			20.6	19.7	20.7	
意大利	24.7	19.5	20.6	20.4	20.4	
荷　兰	20.7	25.6	24.4	25.5	26.7	
波　兰	20.6	26.6	21.3	20.9	21.0	22.1
罗马尼亚	32.8	21.5	19.0	17.1	15.2	9.8
俄罗斯			25.1	25.4	21.9	16.7
西班牙	20.7	21.7	21.2	20.7	21.0	
乌克兰						
英　国	18.4	14.5	14.3	14.4	14.6	
澳大利亚	21.8	16.7	17.6	17.8	17.9	
新西兰	17.6	14.1	17.7	15.1	15.0	

注：①世界银行统计数字。

资料来源：世界银行《世界发展指标》2000年。

4－16 总消费占国内生产总值的比重

单位：%

	1980 年	1990 年	1995 年	1996 年	1997 年	1998 年
世界	**75.7**	**76.7**	**77.3**	**77.4**	**77.2**	
中国	65.9	61.3	57.5	58.9	58.5	58.4
中国香港	65.9	64.2	69.5	69.3	68.2	69.5
孟加拉国	89.8	88.5	86.1	86.9	84.7	82.9
印度	82.9	78.0	77.6	80.4	80.0	79.1
印度尼西亚	62.0	66.8	69.4	69.9	68.5	75.9
伊朗	73.5	72.9	65.1	72.3	79.1	85.5
以色列	93.2	85.6	91.1	91.0	90.8	90.8
日本	68.7	67.0	69.9	69.5	70.1	
哈萨克斯坦			79.3	86.6	86.9	87.2
韩国	76.4	63.5	64.3	66.2	66.8	66.2
马来西亚	67.1	64.3	60.5	58.1	56.2	51.5
蒙古		86.8	71.6	76.8	76.6	80.0
缅甸	82.4	88.8	86.5	87.2	88.9	
巴基斯坦	93.1	88.9	86.8	89.0	89.6	87.3
菲律宾	75.8	81.6	85.4	84.8	85.5	83.7
新加坡	61.9	56.4	49.9	49.3	48.5	48.7
斯里兰卡	88.8	85.7	84.7	84.7	82.7	81.1
泰国	77.1	66.2	64.7	64.1	67.8	58.2
土耳其	88.6	79.9	79.0	81.4	80.7	78.9
越南		94.0	83.7	86.0	79.8	78.7
埃及	84.8	83.9	87.8	89.2	87.0	84.2
尼日利亚	68.6	70.6	81.8	66.5	78.1	88.2
南非	68.6	82.4	80.9	82.1	83.2	83.1
加拿大	75.0	79.2	78.8	78.5	78.7	
墨西哥	75.1	78.0	77.5	74.6	74.0	77.6
美国	80.6	84.5	84.1	83.7	82.9	
阿根廷	76.2	80.3	82.4	82.5	82.8	82.6
巴西	78.9	78.6	79.5	81.4	81.4	81.4
委内瑞拉	66.7	70.5	76.6	68.4	73.4	80.4
白俄罗斯		71.0	79.7	79.4	80.7	79.9
保加利亚	61.0	78.0	85.9	88.5	83.1	86.3
捷克共和国		72.2	70.7	71.4	72.8	71.5
法国	77.0	77.6	79.4	80.3	79.3	
德国			77.3	78.1	77.2	
意大利	75.8	78.9	77.5	77.7	78.1	
荷兰	78.2	73.2	74.1	73.6	72.8	
波兰	76.5	68.4	77.8	79.6	79.6	78.7
罗马尼亚	65.0	79.2	81.3	83.7	85.5	90.8
俄罗斯		69.7	73.1	72.7	75.8	78.8
西班牙	79.3	78.0	78.8	78.5	78.1	
乌克兰		73.6	76.4	79.9	81.6	82.3
英国	80.9	83.5	84.5	84.9	84.6	
澳大利亚	76.4	78.8	79.0	78.8	78.7	
新西兰	80.6	80.3	76.3	77.4	78.6	

资料来源：世界银行《世界发展指标》2000 年。

4－17 国内生产总值的三次产业构成

单位：%

	1980 年	1990 年	1995 年	1996 年	1997 年	1998 年
世　界						
第一产业	**6.7**	**5.6**	**4.7**	**4.4**	**4.3**	
第二产业	**37.9**	**34.1**	**32.2**	**31.8**	**31.6**	
第三产业	**55.4**	**60.2**	**60.7**	**61.1**	**61.9**	
中　国						
第一产业	30.1	27.1	20.5	20.4	19.1	18.6
第二产业	48.5	41.6	48.8	49.5	50.0	49.3
第三产业	21.4	31.3	30.7	30.1	30.9	32.1
中国香港						
第一产业	0.8	0.3	0.1	0.1	0.1	
第二产业	31.7	25.3	16.1	15.5	14.7	
第三产业	67.5	74.5	83.8	84.4	85.2	
孟加拉国						
第一产业	38.1	28.3	24.8	24.2	23.1	22.2
第二产业	23.8	23.6	26.2	26.5	27.1	27.9
第三产业	38.1	48.1	49.0	49.3	49.8	49.9
印　度						
第一产业	37.8	30.8	28.4	29.3	27.5	29.3
第二产业	23.8	27.1	27.2	26.1	26.1	24.7
第三产业	38.5	42.1	44.5	44.7	46.4	45.9
印度尼西亚						
第一产业	24.0	19.4	17.1	16.7	16.1	19.5
第二产业	41.7	39.1	41.8	43.5	44.3	45.3
第三产业	34.3	41.5	41.1	39.9	39.6	35.2
伊　朗						
第一产业	18.0	23.5	26.1	24.9		
第二产业	32.5	28.6	35.6	36.7		
第三产业	49.5	47.9	38.4	38.4		
日　本						
第一产业	3.7	2.5	1.9	1.9	1.7	
第二产业	41.9	41.2	38.2	37.8	37.2	
第三产业	54.4	56.3	59.9	60.3	61.1	
哈萨克斯坦						
第一产业			13.0	12.8	12.0	9.2
第二产业			31.6	26.9	26.8	31.2
第三产业			55.5	60.3	61.2	59.6
韩　国						
第一产业	14.4	8.5	6.2	5.8	5.4	4.9
第二产业	39.9	43.1	43.2	43.0	43.1	43.5
第三产业	45.7	48.4	50.6	51.2	51.6	51.6
马来西亚						
第一产业	21.9	18.7	12.7	12.6	11.2	13.2
第二产业	37.8	40.3	42.2	45.4	44.6	43.6
第三产业	40.3	40.9	45.1	42.0	44.2	43.3

4—17 续表 1

单位:%

	1980年	1990年	1995年	1996年	1997年	1998年
蒙　古						
第一产业		15.2	36.8	36.8	33.5	32.8
第二产业		40.6	35.1	24.3	27.5	27.6
第三产业		44.2	28.1	38.8	39.0	39.6
缅　甸						
第一产业	46.5	57.3	60.1	58.6	59.4	53.2
第二产业	12.7	10.5	9.8	10.1	10.3	9.0
第三产业	40.8	32.2	30.1	31.2	30.3	37.8
巴基斯坦						
第一产业	29.5	26.0	25.9	25.2	26.4	26.4
第二产业	24.9	25.2	24.5	25.0	24.5	24.7
第三产业	45.6	48.8	49.6	49.8	49.1	48.9
菲律宾						
第一产业	25.1	21.9	21.6	20.6	18.7	16.9
第二产业	38.8	34.5	32.1	32.1	32.2	31.6
第三产业	36.1	43.6	46.3	47.3	49.1	51.5
新加坡						
第一产业	1.3	0.3	0.2	0.2	0.2	0.1
第二产业	38.1	34.8	34.0	34.6	34.5	35.2
第三产业	60.6	64.9	65.8	65.2	65.3	64.6
斯里兰卡						
第一产业	27.6	26.3	23.0	22.4	21.9	21.1
第二产业	29.6	26.0	26.7	26.4	26.9	27.5
第三产业	42.8	47.7	50.3	51.1	51.2	51.4
泰　国						
第一产业	23.2	12.5	11.1	9.6	9.7	11.2
第二产业	28.7	37.2	39.0	40.9	41.3	41.2
第三产业	48.1	50.3	49.9	49.5	49.0	47.7
土耳其						
第一产业	26.4	18.3	16.4	17.4	15.1	17.6
第二产业	22.2	29.8	30.5	27.9	28.2	25.4
第三产业	51.4	51.9	53.2	54.7	56.7	57.0
越　南						
第一产业		37.5	28.4	27.2	25.8	25.7
第二产业		22.7	30.0	30.7	32.1	32.6
第三产业		39.9	41.7	42.1	42.2	41.7
埃　及						
第一产业	18.3	19.4	16.8	17.3	17.7	17.5
第二产业	36.8	28.7	32.3	31.6	31.8	32.3
第三产业	45.0	52.0	50.9	51.1	50.5	50.2
尼日利亚						
第一产业	20.6	32.7	31.6	30.7	32.7	31.7
第二产业	45.6	41.4	46.7	49.2	46.9	41.0
第三产业	33.8	25.9	21.7	20.1	20.4	27.3

4—17 续表 2

单位:%

	1980 年	1990 年	1995 年	1996 年	1997 年	1998 年
南　　非						
第一产业	6.2	4.6	3.9	4.2	4.1	4.0
第二产业	48.2	40.1	34.8	33.5	32.7	31.8
第三产业	45.6	55.3	61.3	62.2	63.2	64.3
加 拿 大						
第一产业	4.1	2.8				
第二产业	38.2	32.8				
第三产业	57.7	64.5				
墨 西 哥						
第一产业	8.3	7.2	5.0	5.5	5.0	4.9
第二产业	31.1	26.0	25.5	25.8	25.9	26.6
第三产业	60.6	66.8	69.5	68.6	69.1	68.4
美　　国						
第一产业	2.5	2.0	1.6	1.8	1.7	
第二产业	33.4	28.1	26.8	26.4	26.2	
第三产业	64.1	69.9	71.7	71.8	72.0	
阿 根 廷						
第一产业	6.4	8.1	5.7	6.0	5.6	5.7
第二产业	41.2	36.0	28.0	28.4	29.1	28.7
第三产业	52.4	55.9	66.3	65.6	65.3	65.6
巴　　西						
第一产业	11.0	8.1	9.0	8.3	7.9	8.4
第二产业	43.8	38.7	36.7	29.4	29.7	28.8
第三产业	45.2	53.2	54.3	62.3	62.4	62.8
委内瑞拉						
第一产业	4.8	5.4	5.2	4.2	4.5	5.0
第二产业	46.4	50.2	39.0	46.4	40.3	34.0
第三产业	48.8	44.4	55.8	49.3	55.2	61.0
白俄罗斯						
第一产业		23.8	17.7	16.0	14.1	13.4
第二产业		47.2	37.5	40.1	44.0	46.1
第三产业		29.0	44.8	44.0	41.9	40.5
保加利亚						
第一产业	14.4	17.7	12.7	14.5	23.8	18.7
第二产业	53.8	51.3	31.0	28.5	25.3	25.5
第三产业	31.8	31.0	56.4	57.0	50.9	55.7
捷克共和国						
第一产业	7.2	7.7	4.4	4.3	4.1	4.2
第二产业	62.7	44.7	39.2	37.6	39.1	39.2
第三产业	30.1	47.6	56.4	58.0	56.8	56.6
法　　国						
第一产业	4.2	3.4	2.4	2.3	2.3	
第二产业	33.7	29.2	26.6	26.1	26.2	
第三产业	62.0	67.4	71.0	71.5	71.5	

4—17 续表 3

单位:%

	1980 年	1990 年	1995 年	1996 年	1997 年	1998 年
德　国						
第一产业			1.1	1.1	1.1	
第二产业						
第三产业			44.2	44.2	44.1	
意大利						
第一产业	5.8	3.2	2.9	2.8	2.6	
第二产业	39.3	33.4	31.5	30.8	30.5	
第三产业	54.9	63.4	65.7	66.4	66.9	
荷　兰						
第一产业	3.5	4.0	3.1			
第二产业	32.2	28.9	26.9			
第三产业	64.3	67.1	70.0			
波　兰						
第一产业		8.0	6.1	5.6	4.9	
第二产业		48.3	34.1	32.8	32.8	32.0
第三产业		43.7	59.8	61.6	62.4	
罗马尼亚						
第一产业		20.3	20.6	19.5	19.6	16.4
第二产业		50.0	42.7	44.3	44.6	40.1
第三产业		29.8	36.7	36.1	35.8	43.4
俄罗斯						
第一产业	8.7	16.6	7.9	7.5	7.3	7.3
第二产业	54.3	48.4	39.2	36.7	35.3	35.3
第三产业	37.0	35.0	52.9	55.7	57.3	57.4
西班牙						
第一产业		4.6	3.0	3.5		
第二产业		34.9				
第三产业		60.4	25.6	25.1		
乌克兰						
第一产业		25.6	15.4	13.8	14.4	14.4
第二产业		44.6	42.3	37.7	34.3	34.4
第三产业		29.9	42.3	48.4	51.3	51.2
英　国						
第一产业	2.2	1.9	1.9	1.8		
第二产业	42.6	35.0	31.7	31.5		
第三产业	55.2	63.1	66.4	66.7		
澳大利亚						
第一产业	5.3	3.3	3.4	3.2		
第二产业	36.4	29.5	26.8	26.2		
第三产业	58.3	67.2	69.8	70.6		
新西兰						
第一产业	10.7	6.8				
第二产业	31.2	25.9				
第三产业	58.1	67.2				

资料来源:世界银行《世界发展指标》2000 年。

4-18 国内生产总值的行业构成

单位:十亿本币

	1990年	1993年	1994年	1995年	1996年	1997年	1998年
中　国							
按当年价格计算							
第一产业	502	688	946	1199	1384	1421	1455
第二产业	772	1643	2237	2854	3361	3722	3862
工业	686	1414	1936	2472	2908	3241	3339
建筑业	86	229	301	382	453	481	523
第三产业	581	1132	1493	1795	2043	2303	2517
交通运输仓储邮电通信业	115	212	269	305	349	380	412
批发和零售贸易餐饮业	142	309	405	493	556	616	658
总计	1855	3463	4676	5848	6788	7446	7697
中国香港①							
按当年价格计算							
农业、狩猎业、林业和渔业	1432	1612	1596	1453	1444	1464	
采矿业和采石业	210	197	249	317	311	273	
制造业	98352	92582	87354	84770	82769	82156	
电、煤气和水业	12612	17591	22175	23578	26989	29220	
建筑业	30220	43089	46325	54761	65058	73139	
批发、零售业、旅馆和饭店业	140722	224462	249167	270520	301277	328258	
运输、仓储和邮电业	52927	78993	92109	102199	111087	116551	
金融保险、不动产和工商服务业	82386	151373	184245	167627	194763	243221	
自有房产	59257	89862	115659	134933	147547	163477	
社会团体和个人服务业	81328	130408	151293	175956	198967	218423	
间接税	29614	53278	56286	52974	62443	85002	
统计误差	-6976	14016	4427	8056	-766	2921	
总计	582549	897463	1010885	1077145	1191890	1344105	
孟加拉国							
按当年价格计算							
农业	281	310	326	375	398	417	443
矿业②	154	221	229	269	295	322	371
制造业							
电、煤气和水业	14	20	22	23	25	27	28
建筑业	67	82	88	104	117	126	142
批发、零售业、旅馆和饭店业	135	176	192	230	252	269	296
运输、仓储和邮电业	119	147	154	162	172	184	195
金融保险、不动产和工商服务业	13	17	19	21	24	26	28
社会团体和个人服务业	212	278	302	328	366	395	435
总计	994	1250	1342	1512	1648	1765	1938
按1990年价格计算							
农业	281	301		301	312	331	341
矿业②	154	194	205	226	240	255	277
制造业							
电、煤气和水业	14	17	20	21	22	23	23
建筑业	67	72	77	81	92	97	104
批发、零售业、旅馆和饭店业	135	160	169	193	202	215	226
运输、仓储和邮电业	119	129	134	141	148	156	163
金融保险、不动产和工商服务业	13	14	15	16	16	17	18
社会团体和个人服务业	212	238	247	256	264	273	284
总计	994	1127	1170	1235	1297	1366	1437
印　度							
按当年价格计算							
农业	1480	2424	2840	3128	3761	3921	
矿业	118	197	224	246	272	294	

4—18 续表 1　　　　单位:十亿本币

	1990 年	1993 年	1994 年	1995 年	1996 年	1997 年	1998 年
印　　度(续)							
制造业	892	1267	1550	1921	2153	2399	
电、煤气和水业	105	190	238	277	299	358	
建筑业	286	404	464	555	629	677	
批发、零售业、旅馆和饭店业	619	1110	1356	1649	1971	2218	
运输、仓储和邮电业	339	580	686	778	924	1079	
金融保险、不动产和工商服务业	389	896	1027	1234	1391	1552	
社会团体和个人服务业	551	923	1049	1246	1453	1769	
加:净间接税	577	779	944	1147	1246	1369	
总计	5355	8770	10378	12180	14099	15636	
按 1993 年价格计算							
农业	657	705	2555	2561	2802	2774	
矿业	42	45	215	231	234	240	
制造业	449	488	1401	1611	1734	1852	
电、煤气和水业	48	61	207	221	234	249	
建筑业	98	105	426	461	474	493	
批发、零售业、旅馆和饭店业	266	309	1275	1439	1560	1644	
运输、仓储和邮电业	112	131	631	688	750	798	
金融保险、不动产和工商服务业	217	282	946	1024	1106	1198	
社会团体和个人服务业	235	266	954	1029	1097	1243	
加:净间接税	280	278	853	959	975	1018	
总计	2402	2669	9463	10223	10964	11510	
印度尼西亚							
按当年价格计算							
农业	40930	58963	66072	77639	88041	100151	186483
矿业	25634	31494	33507	38045	45916	54510	127217
制造业	43569	73556	89241	109395	135581	159748	259564
电、煤气和水业	1489	3290	4577	5624	6594	7939	11531
建筑业	11795	22513	28017	34452	42025	46181	53841
批发、零售业、旅馆和饭店业	35824	55298	63859	75874	88878	103763	147478
运输、仓储和邮电业	13362	23249	27353	30778	34926	42232	53639
金融保险、不动产和工商服务业	16403	28048	34506	39891	44371	58691	81469
社会团体和个人服务业	21860	33361	35089	40682	46300	52291	68351
总计	210866	329776	382220	452381	532631	625506	989573
按 1993 年价格计算							
农业	53056	58963	59291	61767	63743	64289	64434
矿业	26628	31497	33262	35502	37569	38386	36787
制造业	54211	73556	82649	91581	102260	108829	94808
电、煤气和水业	2508	3290	3703	4277	4840	5499	5702
建筑业	15226	22513	25858	29198	32924	35041	21116
批发、零售业、旅馆和饭店业	41725	55298	59504	64114	69372	73504	59572
运输、仓储和邮电业	18474	23249	25189	27555	29701	32169	28051
金融保险、不动产和工商服务业	21479	28048	30901	34369	37400	38730	28372
社会团体和个人服务业	29956	33361	34285	35406	36610	37649	35875
总计	263262	329776	354641	383768	414419	434095	374719
伊　　朗							
按当年价格计算							
农业	8419	19446	27273	40091	47803	55820	72422
矿业	3967	16990	25069	29952	37161	31640	23549
制造业	4414	12682	17726	25877	34133	44317	51180
电、煤气和水业	395	1079	1322	2430	4018	4801	5961
建筑业	1438	3134	4429	6386	10147	11061	11071

4－18 续表 2 单位：十亿本币

	1990 年	1993 年	1994 年	1995 年	1996 年	1997 年	1998 年
伊　朗(续)							
批发、零售业、旅馆和饭店业	6542	14536	19978	28989	37438	47032	58183
运输、仓储和邮电业	2652	6582	8167	11368	16987	22389	27487
金融保险、不动产和工商服务业	4296	9698	12273	17054	22888	28537	34333
社会团体和个人服务业	3909	10330	14110	19393	26384	32609	37818
减：估算的银行服务费	277	959	995	741	1200	541	407
统计误差	890	92	－969	1925	－524	166	742
总计	36645	93518	129351	180800	235233	277831	322339
按 1982 年价格计算							
农业	2968	3536	3606	3688	3822	3958	4278
矿业	2328	2722	2576	2602	2654	2521	2505
制造业	1644	1992	2061	2181	2320	2510	2633
电、煤气和水业	247	339	377	397	425	444	467
建筑业	438	562	596	624	708	686	613
批发、零售业、旅馆和饭店业	1136	1370	1374	1363	1468	1565	1614
运输、仓储和邮电业	796	1113	1180	1105	1167	1345	1307
金融保险、不动产和工商服务业	1392	1707	1760	1915	1939	1867	1845
社会团体和个人服务业	1175	1554	1580	1641	1765	1832	1774
加：间接税减补贴	265	13	－100	－144	－33	9	34
减：估算的银行服务费	78	152	117	58	77	30	18
统计误差	－1380	－1671	－1704	－1574	－1498	－1504	－1573
总计	10666	13071	13280	13884	14694	15203	15478
以 色 列①							
按当年价格计算							
农业	2549	3304	4021				
矿业②	16898	29007	31206				
制造业							
电、煤气和水业	1290	2266	2750				
建筑业	5021	10418	12877				
批发、零售业、旅馆和饭店业	8861	15779	18635				
运输、仓储和邮电业	6068	10264	11642				
金融保险、不动产和工商服务业	18784	36003	42497				
社会团体和个人服务业	3519	6003	7249				
统计误差	781	－992	420				
各行业合计	63771	112052	131297				
政府服务	18575	31068	39946				
小计	82346	143120	171243				
减：估算的银行服务费	4164	6064	6602				
加：其他调整	－758	181	－468				
总计	77424	137236	164173				
日　本							
按当年价格计算							
农业	10920	9787	10242	9351	9385	8860	
矿业	1122	1087	1033	1072	1084	1076	
制造业	121219	121428	117253	119261	122526	123476	
电、煤气和水业	11242	12821	13424	13733	14151	14778	
建筑业	43428	51115	51665	50332	51362	49507	
批发、零售业、旅馆和饭店业	58358	61350	60862	60984	60226	62178	
运输、仓储和邮电业	28475	30214	30468	31354	33177	33289	
金融保险、不动产和工商服务业	72338	81349	85705	86622	89709	94293	
社会团体和个人服务业	104836	126005	128511	132096	139213	142823	
减：估算的银行服务费	24810	22684	23121	24069	22710	25735	

4—18 续表 3　　　　单位:十亿本币

	1990年	1993年	1994年	1995年	1996年	1997年	1998年
日　本(续)							
加:进口税	2733	2549	2676	2861	3160	3254	
加:其他调整	179	360	543	−377	−973	52	
总计	430040	475381	479260	483220	500310	507852	495208
按1990年价格计算							
农业	10920	9390	10162	9653	9824	9724	
矿业	1122	1024	872	861	899	921	
制造业	121219	120841	119986	126554	134300	138368	
电、煤气和水业	11242	12044	12412	12649	13850	14014	
建筑业	43428	46757	46719	44781	45479	42498	
批发、零售业、旅馆和饭店业	58358	61243	61098	62643	62749	64462	
运输、仓储和邮电业	28474	29233	29578	29871	31958	32295	
金融保险、不动产和工商服务业	72338	76404	79118	79548	81450	84805	
社会团体和个人服务业	104836	115577	117061	120164	127193	128942	
减:估算的银行服务费	24810	23491	24362	25686	24315	25972	
加:进口税	2733	3290	3708	3999	3886	3728	
加:其他调整	125	−32	−1153	−3143	−2155	−1644	
总计	429986	452282	455197	461894	485219	492142	478228
哈萨克斯坦							
按当年价格计算							
农业		5	63	125	172	191	147
矿业							
制造业②③		8	123	239	300	357	384
电、煤气和水业							
建筑业		2	41	66	62	71	78
批发、零售业、旅馆和饭店业		3	51	175	244	262	303
运输、仓储和邮电业		3	47	108	160	196	193
金融保险、不动产和工商服务业④⑤		8	98	302	477	596	643
社会团体和个人服务业							
加:进口税							
减:估算的银行服务费							
总计		29	424	1014	1416	1672	1748
按1990年价格计算							
农业		5	4	3	3	3	2
矿业							
制造业②③		8	6	6	6	6	6
电、煤气和水业							
建筑业		2	2	1	1	1	1
批发、零售业、旅馆和饭店业		3	3	3	3	3	3
运输、仓储和邮电业		3	2	2	2	2	2
金融保险、不动产和工商服务业④⑤		8	9	9	10	9	10
社会团体和个人服务业							
加:进口税							
减:估算的银行服务费							
总计		29	26	24	24	24	24
韩　国							
按当年价格计算							
农业	15212	18598	21102	23354	24438	24258	22059
矿业	137	898	1095	1058	1034	1057	
制造业	52351	72162	82132	94409	100809	108157	
电、煤气和水业	3889	6194	7166	7976	8820	9891	
建筑业	20737	37006	41326	49080	56657	61632	

4—18 续表 4 单位:十亿本币

	1990 年	1993 年	1994 年	1995 年	1996 年	1997 年	1998 年
韩　国(续)							
批发、零售业、旅馆和饭店业	23111	31188	35752	40407	43660	47606	
运输、仓储和邮电业	12017	19112	22190	25846	28487	30905	
金融保险、不动产和工商服务业	26801	45481	52539	60105	67939	74126	
社会团体和个人服务业	23619	38816	44620	51465	58893	65055	
加:进口税	6859	7397	8874	11718	13706	15085	
减:估算的银行服务费	641	9942	11223	13103	14737	16584	
总计	179539	267146	305970	351975	389813	420987	
按 1990 年价格计算							
农业	15592	16123	16380	16986	17658	18103	
矿业	1025	879	918	872	817	814	
制造业	52351	63014	69596	77126	82875	88032	
电、煤气和水业	3889	5080	5721	6218	6982	7730	
建筑业	20737	25635	26843	29163	31087	31945	
批发、零售业、旅馆和饭店业	23111	27438	29809	32285	34164	35885	
运输、仓储和邮电业	12017	15838	17829	20208	22715	26157	
金融保险、不动产和工商服务业	26801	37500	41176	44330	47436	50173	
社会团体和个人服务业	23619	27281	28545	29763	30849	31674	
加:进口税	6859	8906	10731	12808	14550	14667	
减:估算的银行服务费	6461	9995	11173	12258	13444	14292	
总计	179539	217699	236375	257501	275691	290888	
马来西亚①							
按 1987 年价格计算							
农业	14827	16205	17559	17115	17889	17961	17157
矿业	7756	8039	11099	13643	14040	14454	14719
制造业	21340	30324	40566	45174	53387	58956	50899
电、煤气和水业	1526	2176	4940	5876	6441	6093	6277
建筑业	2832	4023	6122	7411	8610	9522	7333
批发、零售业、旅馆和饭店业	8807	12428	22702	25304	27297	29484	28565
运输、仓储和邮电业	5487	6921	10967	12298	13208	14742	14871
金融保险、不动产和工商服务业	7759	10650	15756	17287	10220	24049	23010
社会团体和个人服务业	10124	12219	23069	24583	25797	27832	28623
减:估算的银行服务费	4076	6412	7727	8888	10954	13765	13684
加:进口税	2947	4043	6661	6823	7356	7791	4560
总计	79329	100617	151713	166625	183292	197120	182331
蒙　古①							
按当年价格计算							
农业	1592	58335	104654	157494	216020	254587	287152
矿业							
制造业③	3724	51308	86372	139161	120630	182974	211488
电、煤气和水业							
建筑业	524	2725	5979	11502	22152	25414	30159
批发、零售业、旅馆和饭店业	2035	26537	33251	52666	107495	139996	165315
运输、仓储和邮电业	1259	7714	16365	19614	33795	50318	58859
金融保险、不动产和工商服务业④	1334	19601	36642	48770	86437	105637	122886
社会团体和个人服务业							
总计	10465	166219	283263	429207	586529	758927	875859
按 1993 年价格计算							
农业	64045	58335	59911	62454	68714	71986	74217
矿业							
制造业③	69336	51308	52175	59914	60032	62673	64741
电、煤气和水业							

4－18 续表 5　　　　单位：十亿本币

	1990 年	1993 年	1994 年	1995 年	1996 年	1997 年	1998 年
蒙　　古①							
建筑业	7144	2725	3011	3329	3497	3326	3150
批发、零售业、旅馆和饭店业	37134	26537	26533	26564	27220	28336	29611
运输、仓储和邮电业	16091	7714	7539	7449	8284	8457	8904
金融保险、不动产和工商服务业④	14890	19601	20874	21065	17501	17730	18582
社会团体和个人服务业							
总计	208642	166219	170042	180775	185048	192508	199205
缅　　甸①							
按当年价格计算							
农业	86999	227035	297664	362750	475494	627448	662806
矿业	1036	1704	2416	3170	4217	6798	10680
制造业	11824	24618	29516	41594	56651	79822	88228
电、煤气和水业	386	653	1218	1872	2015	1178	1861
建筑业	2763	5211	7739	13057	19058	25964	26351
批发、零售业、旅馆和饭店业	34542	77520	101428	140358	179269	250492	265485
运输、仓储和邮电业	4045	7415	13511	18770	27420	42588	53294
金融保险、不动产和工商服务业	270	521	768	1041	1279	1466	1620
社会团体和个人服务业	10076	15645	18513	22117	25474	31766	33820
总计	151941	360321	472774	604729	790877	1067522	1144145
按 1985 年价格计算							
农业	24022	27095	28693	30072	31565	32645	34255
矿业	443	655	752	878	961	1030	1308
制造业	4560	5306	5757	6192	6532	6878	7518
电、煤气和水业	340	592	620	660	711	757	906
建筑业	1240	1804	2087	2654	3307	3614	3649
批发、零售业、旅馆和饭店业	11385	12649	13541	14307	15022	15499	16377
运输、仓储和邮电业	2267	2977	3364	3704	4064	4433	4804
金融保险、不动产和工商服务业	268	503	740	998	1216	1383	1523
社会团体和个人服务业	5736	6483	6852	7277	7664	8090	8597
总计	50260	58064	62406	66742	71042	74329	78937
巴基斯坦							
按当年价格计算							
农业	197	298	358	437	495	671	718
矿业	5	7	9	9	12	13	14
制造业	132	207	247	289	331	383	430
电、煤气和水业	22	39	41	55	75	77	95
建筑业	32	50	55	61	71	81	89
批发、零售业、旅馆和饭店业	129	195	229	275	321	357	401
运输、仓储和邮电业	61	128	149	171	187	218	256
金融保险、不动产和工商服务业	56	89	109	128	150	177	188
公共管理和防卫	69	95	105	131	159	171	184
社会团体和个人服务业	57	93	110	132	156	186	213
加：间接税	96	142	160	194	190	202	197
总计	856	1342	1573	1882	2142	2457	2737
按 1981 年价格计算							
农业	109	119	125	133	149	149	155
矿业	2	3	3	3	3	3	3
制造业	74	90	95	98	103	104	113
电、煤气和水业	14	18	19	22	24	23	25
建筑业	18	21	21	21	22	22	23
批发、零售业、旅馆和饭店业	70	81	83	87	93	93	96
运输、仓储和邮电业	40	50	52	54	55	57	61

4－18 续表 6 　　　　　　　　　　　　　　　　　　　　　　　　单位：十亿本币

	1990 年	1993 年	1994 年	1995 年	1996 年	1997 年	1998 年
巴基斯坦(续)							
金融保险、不动产和工商服务业	33	38	41	43	47	50	48
公共管理和防卫	31	33	34	35	36	37	38
社会团体和个人服务业	32	39	41	44	47	50	53
加：间接税	52	58	57	60	55	50	46
总计	474	549	571	600	630	638	659
菲 律 宾							
按当年价格计算							
农业	236	319	373	412	448	453	450
矿业	17	17	17	17	17	17	20
制造业	268	350	394	438	495	540	583
电、煤气和水业	22	36	45	49	57	66	78
建筑业	65	79	96	107	128	156	160
批发、零售业、旅馆和饭店业	155	208	231	262	295	317	361
运输、仓储和邮电业	53	78	83	89	101	119	140
金融保险、不动产和工商服务业	43	59	67	78	96	115	130
公共管理和防卫	77	104	127	154	187	237	275
社会团体和个人服务业	143	226	262	300	348	402	470
总计	1077	1475	1693	1906	2172	2421	2667
按 1985 年价格计算							
农业	161	167	171	173	180	185	172
矿业	11	12	11	10	10	10	11
制造业	184	181	190	203	215	224	221
电、煤气和水业	19	20	23	26	28	29	30
建筑业	42	38	42	45	49	57	53
批发、零售业、旅馆和饭店业	107	113	117	123	130	135	139
运输、仓储和邮电业	41	43	45	47	51	55	59
金融保险、不动产和工商服务业	30	30	32	34	39	44	45
公共管理和防卫	36	38	40	42	44	45	46
社会团体和个人服务业	90	92	96	99	104	108	112
总计	721	734	766	802	849	893	888
新 加 坡①							
按当年价格计算							
农业	177	157	172	200	229	214	189
矿业	82	29	45	28	43	41	24
制造业	19393	23216	25689	29319	30771	32659	32710
电、煤气和水业	1250	1571	1714	1957	2372	2742	2921
建筑业	3724	6772	7944	8987	11449	13340	14085
批发、零售业、旅馆和饭店业	12764	17944	21272	23657	24792	26622	24842
运输、仓储和邮电业	8716	11520	13055	14291	14848	15778	15690
金融保险、不动产和工商服务业	17835	26653	32215	35058	37283	42637	43690
社会团体和个人服务业	7359	10057	11670	12684	14124	15190	15496
加：进口税	609	853	765	752	760	753	724
减：估算的银行服务费	4029	5867	8049	8442	7698	8714	9156
总计	67879	92905	106490	118491	128974	141262	141216
按 1990 年价格计算							
农业	177	162	171	184	196	184	174
矿业	82	43	40	27	25	21	16
制造业	19393	21356	24088	26505	27310	28540	28398
电、煤气和水业	1250	1504	1639	1741	1869	2070	2171
建筑业	3724	6017	6991	7586	9245	10629	11040
批发、零售业、旅馆和饭店业	12764	17080	19154	20846	22195	23455	22520

4—18 续表 7

单位:十亿本币

	1990 年	1993 年	1994 年	1995 年	1996 年	1997 年	1998 年
新 加 坡①(续)							
运输、仓储和邮电业	8716	10951	12117	13456	14606	15953	16828
金融保险、不动产和工商服务业	17835	23507	25848	27597	29899	33285	34326
社会团体和个人服务业	7359	9333	10104	10739	11684	12530	13060
加:进口税	609	796	701	669	672	694	706
减:估算的银行服务费	4029	5506	6073	6567	7190	8024	8127
总计	67879	85245	94778	102782	110510	119338	121112
斯里兰卡①							
按当年价格计算							
农业	72788	103703	115996	123990	156108	175744	192665
矿业	4570	5535	6968	8064	13927	16587	17433
制造业	54943	85139	98454	115538	112724	131876	151007
电、煤气和水业	5635	10362	13486	14846	9171	11280	13660
建筑业	21592	34159	41340	47931	48234	56434	69301
批发、零售业、旅馆和饭店业	61784	105608	122781	142807	155316	177123	196262
运输、仓储和邮电业	29614	46203	54551	62429	73784	86327	101620
金融保险、不动产和工商服务业	17252	32454	40574	48517			
社会团体和个人服务业⑥	32196	53017	59845	72700	198864	234871	272556
加:进口税	17531	23527	25164	25562			
总计	317904	499708	579159	662384	768128	890272	1014504
按 1996 年价格计算							
农业	72788	77670	80204	82947*	156108	160753	164804
矿业	4570	3642	4142	4378*	13927	14460	13677
制造业	54943	70675	76829	83040*	112724	122929	130702
电、煤气和水业	5635	7138	7807	8606*	9171	9918	10921
建筑业	21592	25364	27192	29371*	48234	50842	54461
批发、零售业、旅馆和饭店业	61784	76483	81259	85121*	155316	165312	172486
运输、仓储和邮电业	29614	34558	36090	37663*	73784	80268	86442
金融保险、不动产和工商服务业	17252	20957	22697	24795*			
社会团体和个人服务业⑥	32195	36205	37338	39044*	126670	135461	141303
加:进口税	17531	19184	19476	19643*			
总计	317904	371876	392884	414608*	695934	739763	774796
泰　　国							
按当年价格计算							
农业	273	330	393	469	510	532	683
矿业	35	44	49	50	62	86	86
制造业	594	892	1018	1179	1299	1333	1363
电、煤气和水业	48	76	85	99	101	111	132
建筑业	136	221	268	306	344	271	228
批发、零售业、旅馆和饭店业	386	531	601	673	720	774	678
运输、仓储和邮电业	157	238	270	304	342	366	386
金融保险、不动产和工商服务业	187	313	369	415	456	446	1262④
社会团体和个人服务业	368	525	584	689	768	805	
总计	2184	3170	3635	4186	4609	4724	4818
按 1988 年价格计算							
农业	264	292	308	317	328	326	336
矿业	31	41	44	44	52	63	60
制造业	541	748	818	911	974	975	887
电、煤气和水业	47	62	69	79	83	87	86
建筑业	117	151	172	185	198	146	116
批发、零售业、旅馆和饭店业	338	408	446	492	499	486	427
运输、仓储和邮电业	147	191	213	239	268	278	270

4－18 续表 8

单位:十亿本币

	1990 年	1993 年	1994 年	1995 年	1996 年	1997 年	1998 年
泰　　国(续)							
金融保险、不动产和工商服务业	169	253	284	302	316	294	653④
社会团体和个人服务业	293	328	341	366	391	400	
总计	1945	2474	2695	2935	3109	3055	2834
土 耳 其⑦							
按当年价格计算							
农业	69	306	598	1218	2490	4170	8948
矿业	6	22	54	98	183	337	552
制造业	86	412	853	1752	3123	6219	10128
电、煤气和水业	8	51	112	192	410	738	1279
建筑业	25	146	264	426	858	1743	3058
批发、零售业、旅馆和饭店业	75	368	761	1588	3022	5985	10352
运输、仓储和邮电业	46	237	514	981	1942	4019	7182
金融保险、不动产和工商服务业	40	224	386	859	1729	3392	6802
社会团体和个人服务业	33	204	345	620	1239	2580	4782
加:进口税	13	81	136	284	459	972	1545
减:估算的银行服务费	10	76	163	270	709	1372	3101
总计	393	1982	3868	7762	14772	28836	51625
按 1987 年价格计算							
农业	14	14	14	15	15	15	16
矿业	2	2	2	2	2	2	2
制造业	19	22	20	23	25	28	28
电、煤气和水业	2	3	3	3	3	3	4
建筑业	5	6	6	6	6	7	6
批发、零售业、旅馆和饭店业	17	20	18	21	22	25	25
运输、仓储和邮电业	10	12	12	13	13	14	15
金融保险、不动产和工商服务业	9	10	10	10	10	11	11
社会团体和个人服务业	4	4	4	4	4	4	5
加:进口税	4	5	3	4	5	5	5
减:估算的银行服务费	2	2	2	2	2	2	2
总计	84	97	91	98	105	113	116
越　　南							
按当年价格计算							
农业	16252	40796	48865	62219	77514	80826	93068
矿业							
制造业③	9513	29371	37535	50028	63111	80072	97042
电、煤气和水业							
建筑业		10101	12946	15792	17766	20523	20761
批发、零售业、旅馆和饭店业		17549	23072	46116	52901	60221	68394
运输、仓储和邮电业		6036	6924	9117	10390	12414	14101
金融保险、不动产和工商服务业	16190⑧	2318	3450	16996	18655	20799	23810
社会团体和个人服务业		30400	37466	28624	33700	38765	44292
总计	41955	136571	170258	228892	272036	313623	361468
按 1994 年价格计算⑨							
农业	12003	13634	14169	51319	53578	55895	57867
矿业							
制造业③	6629	7766	8771	43960	50078	56619	63315
电、煤气和水业							
建筑业		1558	1860	14590	16938	18855	18674
批发、零售业、旅馆和饭店业		4109	4478	40336	44294	47371	49477
运输、仓储和邮电业		897	960	7851	8429	9178	9548
金融保险、不动产和工商服务业	10894⑧	578	710	13678	14725	15649	16402

4—18 续表 9

单位:十亿本币

	1990年	1993年	1994年	1995年	1996年	1997年	1998年
越　南(续)							
社会团体和个人服务业		8193	9034	23833	25792	27697	29393
总计	29526	36735	39982	195567	213833	231264	244676
尼日利亚①							
按当年价格计算							
农业	84373	232176	349694				
矿业	87284	251644	228199				
制造业	16861	43189	65361				
电、煤气和水业	1163	1588	1730				
建筑业	4357	8028	10333				
批发、零售业、旅馆和饭店业⑩	36396	102078	160397				
运输、仓储和邮电业	5412	15206	31691				
金融保险、不动产和工商服务业	15912	26247	40888				
社会团体和个人服务业	925	2187	5427				
各行业合计	252684	682343	893720				
政府服务	7953	19130	20614				
总计⑪	260637	701473	914334				
按1984年价格计算							
农业	35277	37781	38692				
矿业	11911	13383	13052				
制造业	7361	7341	6974				
电、煤气和水业	501	580	594				
建筑业	1727	1960	2018				
批发、零售业、旅馆和饭店业	11967	13090	13095				
运输、仓储和邮电业	3110	3495	3521				
金融保险、不动产和工商服务业	10224	11469	11813				
社会团体和个人服务业	668	795	903				
政府服务	7596	10121	10377				
各行业合计	90342	100015	101040				
加:其他调整⑫	204	156	133				
总计	90546	100171	101173				
南　非①							
按当年价格计算							
农业	13055	15586	19802	18799			
矿业	24040	30505	33172	33742			
制造业	63064	81167	90177	104600			
电、煤气和水业	10804	13969	15506	17029			
建筑业	8606	11249	12281	13509			
批发、零售业、旅馆和饭店业	37204	55699	61450	70189			
运输、仓储和邮电业	18377	26780	29030	33321			
金融保险、不动产和工商服务业	35823	56595	63473	73214			
社会团体和个人服务业	4507	6857	7573	8479			
各行业合计	215480	298407	332464	372862			
政府服务	34207	53043	59233	65463			
其他部门	5398	7243	7954	8999			
小计⑪	255085	358693	399651	447324			
减:估算的银行服务费	7770	12744	14559	16452			
加:其他调整⑫	28745	36250	45996	53742			
总计	276060	382199	431088	484614			
按1990年价格计算							
农业	13055	12302	13779	11726			
矿业	24040	24458	23844	23094			

4－18 续表 10

单位：十亿本币

	1990 年	1993 年	1994 年	1995 年	1996 年	1997 年	1998 年
南　　非①(续)							
制造业	63064	58316	59791	64351			
电、煤气和水业	10804	11512	11939	12332			
建筑业	8606	7168	7251	7376			
批发、零售业、旅馆和饭店业	37204	35880	37281	39687			
运输、仓储和邮电业	18377	18748	19444	20459			
金融保险、不动产和工商服务业	35823	36714	37758	39100			
社会团体和个人服务业	4507	4698	4760	4853			
各行业合计	215480	209796	215847	222978			
政府服务	34207	35464	35748	35991			
其他部门	5398	5480	5534	5641			
小计⑪	255085	250740	257129	264610			
减：估算的银行服务费	7770	8255	8554	8840			
加：其他调整⑫	28745	28217	29568	31736			
总计	276060	270702	278143	287506			
加 拿 大①							
按当年价格计算							
农业	14903						
矿业	21397						
制造业	105478						
电、煤气和水业	18121						
建筑业	41438						
批发、零售业、旅馆和饭店业	83921						
运输、仓储和邮电业	37678						
金融保险、不动产和工商服务业	122938						
社会团体和个人服务业	36846						
各行业合计	482722						
政府服务	93787						
其他部门	16296						
小计⑪	592805	624124	656391				
减：估算的银行服务费	6658	6868	7195				
加：进口税	4237	3368	3765				
加：增值税	72425						
加：其他调整⑫		85363	89897				
总计	662809	705987	742858				
按 1986 年价格计算							
农业	14832	14354	14817	15018			
矿业	19570	21346	22641	23605			
制造业	92857	91581	98584	102334			
电、煤气和水业	15174	16290	16989	17025			
建筑业	32396	27867	28662	27221			
批发、零售业、旅馆和饭店业	71563	71294	75994	77431			
运输、仓储和邮电业	37967	39797	42515	44628			
金融保险、不动产和工商服务业	99837	105131	108043	110885			
社会团体和个人服务业	29493	30847	31794	32881			
各行业合计	413692	418507	440040	451027			
政府服务	76513	78342	77619	76809			
其他部门	13457	13842	13940	14170			
小计⑪	503661	510690	531599	542007			
减：估算的银行服务费	5708	5435	5659	5897			
加：其他调整⑩	61493	61031	63390	66829			
总计	559447	566287	589330	602938			

4－18 续表 11　　单位:十亿本币

	1990 年	1993 年	1994 年	1995 年	1996 年	1997 年	1998 年
墨 西 哥①							
按当年价格计算							
农业	53057	72703	74960	91899			
矿业	15820	16258	17442	29072			
制造业	140608	219934	245012	350671			
电、煤气和水业	9196	18327	19178	21331			
建筑业	26504	55379	69146	68358			
批发、零售业、旅馆和饭店业	167202	251629	275679	351981			
运输、仓储和邮电业	61450	107480	124833	168083			
金融保险、不动产和工商服务业	98119	205748	242393	347214			
社会团体和个人服务业	81467	172217	197786	243527			
各行业合计	653423	1119673	1266430	1672136			
政府服务	30394	69166	82349	97669			
小计	683817	118839	1348778	1769805			
减:估算的银行服务费	7750	33707	42477	90214			
加:其他调整	62831	101064	113858	158184			
总计	738897	1256196	1420159	1837775			
按 1993 年价格计算							
农业	69604	72703	72834	74168			
矿业	15602	16258	16670	16223			
制造业	205525	219934	228892	217839			
电、煤气和水业	17270	18327	19201	19614			
建筑业	48040	55379	60048	45958			
批发、零售业、旅馆和饭店业	225058	251629	268696	226896			
运输、仓储和邮电业	94873	107480	116842	111081			
金融保险、不动产和工商服务业	174308	205748	214344	212104			
社会团体和个人服务业	160229	172217	175812	171514			
各行业合计	1010509	1119673	1173338	1095398			
政府服务	64969	69166	70233	69975			
小计	1075478	1188839	1243571	1165373			
减:估算的银行服务费	26414	33707	37436	33416			
加:其他调整	91784	101064	105526	99036			
总计	1140848	1256196	1311661	1230994			
美　　国							
按当年价格计算							
农业	110	107	120				
矿业	114	90	92				
制造业	1039	1126	1208				
电、煤气和水业	160	186	196				
建筑业	249	247	273				
批发、零售业、旅馆和饭店业	908	1039	1117				
运输、仓储和邮电业	325	384	414				
金融保险、不动产和工商服务业	1472	1732	1824				
社会团体和个人服务业	589	719	764				
统计误差⑬	83	94	104				
各行业合计	5050	5724	6111				
政府服务	657	754	775				
小计	5707	6478	6886				
减:估算的银行服务费	188	220	225				
加:进口税	18	20	21				
加:其他调整⑭	17	59	35				
总计	5554	6337	6716				

4—18 续表 12　　　　单位:十亿本币

	1990 年	1993 年	1994 年	1995 年	1996 年	1997 年	1998 年
美　国(续)							
按 1992 年价格计算							
农业	104	105	117				
矿业	98	92	98				
制造业	1097	1105	1183				
电、煤气和水业	169	181	188				
建筑业	250	239	256				
批发、零售业、旅馆和饭店业	947	1025	1088				
运输、仓储和邮电业	327	378	400				
金融保险、不动产和工商服务业	1599	1673	1720				
社会团体和个人服务业	666	684	697				
统计误差⑬	92	92	93				
各行业合计	5349	5573	5841				
政府服务	716	729	730				
小计	6065	6302	6571				
减:估算的银行服务费	229	216	218				
加:进口税	17	20	21				
加:其他调整⑭	69	65	28				
总计	5922	6171	6402				
阿 根 廷①							
按当年价格计算							
农业	5599						
矿业	1972						
制造业	18464						
电、煤气和水业	1328						
建筑业	3064						
批发、零售业、旅馆和饭店业	10750						
运输、仓储和邮电业	3614						
金融保险、不动产和工商服务业	10239						
社会团体和个人服务业	14679						
小计	69709						
减:估算的银行服务费	786						
总计	68922						
按 1986 年价格计算(千比索)							
农业	813	865	896	917			
矿业	234	294	320	341			
制造业	2384	3036	3224	3000			
电、煤气和水业	195	242	265	280			
建筑业	420	685	788	703			
批发、零售业、旅馆和饭店业	1444	1985	2153	1983			
运输、仓储和邮电业	456	599	657	658			
金融保险、不动产和工商服务业	1319	1814	2052	2047			
社会团体和个人服务业	1886	2195	2358	2308			
小计	9151	11715	12710	12237			
减:估算的银行服务费	95	241	331	345			
总计	9213	11931	12948	12355			
巴　西①							
按当年价格计算							
农业	1	1532	43977	68290			
矿业	…	221	3489	5867			
制造业	3	3098	73142	123821			

4—18 续表 13

单位：十亿本币

	1990年	1993年	1994年	1995年	1996年	1997年	1998年
巴　西①(续)							
电、煤气和水业	…	378	9086	14198			
建筑业	1	985	25635	45124			
批发、零售业、旅馆和饭店业	1	937	22302	38037			
运输、仓储和邮电业	1	756	17466	30701			
金融保险、不动产和工商服务业	2	2945	62698	100625			
社会团体和个人服务业	1	2235	56826	104296			
各行业合计	9	13087	314621	500959			
政府服务	1	1274	33471	70154			
小计	11	14361	348092	571113			
减：估算的银行服务费	1	2023	39416	39333			
加：其他调整⑫	1	1778	52243	126361			
总计	11	14116	360919	658141			
委内瑞拉							
按当年价格计算							
农业	123	292	437	714			
矿业⑮	531	841	1480	2082			
制造业	468	961	1485	2334			
电、煤气和水业⑮	43	142	197	271			
建筑业	103	332	424	566			
批发、零售业、旅馆和饭店业	401	1045	1564	2395			
运输、仓储和邮电业	104	404	646	1076			
金融保险、不动产和工商服务业	256	1401	140	2069			
社会团体和个人服务业	95	327	560	932			
各行业合计	2123	5044	8194	12439			
政府服务	140	337	481	710			
其他部门	25	68	109	177			
小计	2288	5449	8784	13326			
减：估算的银行服务费	42	132	517	615			
加：进口税	33	104	143	213			
加：增值税	…	33	223	581			
总计	2279	5454	8632	13504			
按1984年价格计算							
农业	25	27	27	27			
矿业⑮	87	104	110	117			
制造业	104	115	113	121			
电、煤气和水业⑮	8	9	10	10			
建筑业	24	39	30	27			
批发、零售业、旅馆和饭店业	66	75	69	68			
运输、仓储和邮电业	25	28	27	28			
金融保险、不动产和工商服务业	66	75	73	73			
社会团体和个人服务业	24	27	29	29			
各行业合计	429	502	488	501			
政府服务	44	46	47	47			
其他部门	7	7	7	8			
小计	480	555	542	556			
减：估算的银行服务费	7	8	8	6			
加：进口税	5	11	9	11			
总计	478	558	542	561			
白俄罗斯							
按当年价格计算							
农业	10	1690	2418	19104			

4—18 续表 14

单位:十亿本币

	1990年	1993年	1994年	1995年	1996年	1997年	1998年
白俄罗斯(续)							
矿业	…	11	18	117			
制造业	16	2861	4975	33922			
电、煤气和水业②							
建筑业	3	777	992	6563			
批发、零售业、旅馆和饭店业	2	1034	2542	12463			
运输、仓储和邮电业	3	1287	2204	15310			
金融保险、不动产和工商服务业	…	914	1429	5844			
社会团体和个人服务业	5	1263	2127	14494			
各行业合计	40	9836	16706	107816			
政府服务	2	230	616	4237			
其他部门	…	11	14	112			
小计	42	10077	17337	112165			
减:估算的银行服务费	…	829	1196	4128			
加:进口税和增值税	1	611	1674	11777			
总计	43	9859	17815	119813			
捷克共和国①							
按当年价格计算							
农业		56300	57600	60500			
矿业		31600	27800	30300			
制造业		230100	263200	309700			
电、煤气和水业		56400	57200	63700			
建筑业		44500	59100	71600			
批发、零售业、旅馆和饭店业		145553	110900	149900			
运输、仓储和邮电业		47600	58600	72600			
金融保险、不动产		74200	107300	116100			
社会团体、个人服务业和工商服务业		118100	144900	167700			
各行业合计		756400	886600	1042100			
政府服务		104400	113700	118100			
其他部门							
小计		860800	1000300	1160200			
减:估算的银行服务费		56600	75300	72500			
加:净税减补贴		106400	112500	124300			
总计		910600	1037500	1212000			
法　国							
按当年价格计算							
农业	222	166	178	183			
矿业	30	32	32	32			
制造业	1395	1380	1423	1478			
电、煤气和水业	139	172	173	178			
建筑业	336	358	342	343			
批发、零售业、旅馆和饭店业	991	1081	1107	1154			
运输、仓储和邮电业	378	414	427	434			
金融保险、不动产和工商服务业	1390	1570	1697	1746			
社会团体和个人服务业	363	443	459	480			
各行业合计	5243	5616	5839	6028			
政府服务及其他	1016	1211	1261	1324			
小计	6259	6827	7101	7351			
减:估算的银行服务费	278	275	263	263			
加:进口税⑯	11	10	10	10			
加:增值税	518	515	542	576			
总计	6509	7077	7390	7675			

4—18 续表 15 单位:十亿本币

	1990年	1993年	1994年	1995年	1996年	1997年	1998年
法　　国(续)							
按1980年价格计算							
农业	149	147	147	150			
矿业	18	22	21	21			
制造业	750	700	732	756			
电、煤气和水业	84	92	93	95			
建筑业	218	201	196	193			
批发、零售业、旅馆和饭店业	492	483	485	493			
运输、仓储和邮电业	259	276	284	291			
金融保险、不动产和工商服务业	651	658	685	699			
社会团体和个人服务业	196	217	218	220			
各行业合计	2818	2796	2861	2919			
政府服务及其他	539	581	595	606			
小计	3357	3377	3456	3525			
减:估算的银行服务费	139	123	112	111			
加:进口税⑯	12	13	13	14			
加:增值税	315	300	310	318			
总计	3545	3566	3667	3746			
德　　国							
按当年价格计算							
农业		36	36	36			
矿业							
制造业②		785	808	833			
电、煤气和水业							
建筑业		198	216	223			
批发、零售业、旅馆和饭店业							
运输、仓储和邮电业		170	176	183			
金融保险、不动产和工商服务业⑰		403	437	464			
社会团体和个人服务业⑰							
各行业合计		2598	2735	2856			
政府服务		366	371	382			
其他部门		84	89	95			
小计		3048	3195	3333			
减:估算的银行服务费		135	139	142			
加:进口税		28	30	31			
加:增值税		217	235	235			
总计		3158	3320	3457			
按1991年价格计算							
农业		41	48	46			
矿业							
制造业②		745	764	769			
电、煤气和水业							
建筑业		171	180	181			
批发、零售业、旅馆和饭店业							
运输、仓储和邮电业		165	171	177			
金融保险、不动产和工商服务业⑰		342	356	371			
社会团体和个人服务业⑰							
各行业合计		2390	2462	2521			
政府服务		325	328	328			
其他部门		76	79	81			
小计		2790	2868	2931			
减:估算的银行服务费		125	131	136			

4—18 续表 16　　　　单位:十亿本币

	1990 年	1993 年	1994 年	1995 年	1996 年	1997 年	1998 年
德　　国(续)							
加:进口税		27	27	28			
加 :增值税		191	203	201			
总计		2884	2966	3023			
意 大 利							
按当年价格计算							
农业	42133	46108	47539	50503			
矿业②							
制造业	293622	310429	331620	369033			
电、煤气和水业	67380	89016	95673	102495			
建筑业	76627	85617	84689	88338			
批发、零售业、旅馆和饭店业	240691	286649	302103	327636			
运输、仓储和邮电业	73761	96675	105176	115512			
金融保险、不动产和工商服务业④	315645	409432	430076	469078			
社会团体和个人服务业							
各行业合计	1109859	1323926	1396876	1522595			
政府服务	170808	198468	202884	208888			
其他部门	11522	15697	16451	17674			
小计	1292189	1538091	1616211	1749157			
减:估算的银行服务费	60721	79889	73544	83119			
加:进口税	79191	92094	95839	104911			
总计	1310659	1550296	1638506	1770949			
按 1985 年价格计算							
农业	42133	45987	46196	46320			
矿业②	293622	282497	296468	313383			
制造业							
电、煤气和水业	67380	70940	72176	72571			
建筑业	76627	72926	69678	70393			
批发、零售业、旅馆和饭店业	240691	241491	248219	256076			
运输、仓储和邮电业	73761	81881	85965	90853			
金融保险、不动产和工商服务业④	315645	331161	334227	339801			
社会团体和个人服务业							
各行业合计	1109859	1126883	1152929	1189397			
政府服务	170808	173170	172706	172551			
其他部门	11522	12805	12974	13219			
小计	1292189	1312858	1338609	1375167			
减:估算的银行服务费	60721	72540	71434	69917			
加:进口税	79191	77350	78499	80368			
总计	1310659	1317668	1345674	1385618			
荷　　兰①							
按当年价格计算							
农业	20842	18245	20472	19849			
矿业	15421	15777	15501	16260			
制造业	97981	103121	108437	113050			
电、煤气和水业	8597	9632	10305	11088			
建筑业	27056	29457	30296	31459			
批发、零售业、旅馆和饭店业	76078	84404	88033	90071			
运输、仓储和邮电业	32203	38191	40319	42031			
金融保险、不动产和工商服务业	103178	129714	140294	148390			
社会团体和个人服务业	52983	63797	65866	67209			
各行业合计	434339	492338	519523	539407			
政府服务	51827	59508	60559	62748			

4—18 续表 17

单位:十亿本币

	1990 年	1993 年	1994 年	1995 年	1996 年	1997 年	1998 年
荷　兰①(续)							
其他部门	1696	1892	1968	2017			
小计	487860	553740	582050	604180			
减:估算的银行服务费	18060	22750	22250	23990			
加:进口税减补贴	7770	8060	9030	9570			
加:增值税	38590	41890	43440	44490			
加:其他调整	390	520	710	760			
总计	516552	581458	612980	635002			
按 1990 年价格计算							
农业	20840	22500	24100	24980			
矿业	15420	17370	17130	17200			
制造业	97980	98600	103930	106350			
电、煤气和水业	8600	9000	9260	9480			
建筑业	27060	25450	25620	25560			
批发、零售业、旅馆和饭店业	76080	79710	83480	85730			
运输、仓储和邮电业	32200	36320	38120	39480			
金融保险、不动产和工商服务业	103170	112210	115200	118610			
社会团体和个人服务业	52990	56810	57270	57770			
各行业合计	434340	458090	473920	484890			
政府服务	51820	53490	53760	53760			
其他部门	1700	1720	1750	1760			
小计	487860	513310	529380	540330			
减:估算的银行服务费	18060	18810	18160	18280			
加:进口税补贴	7770	7180	7550	8020			
加:增值税	38590	40870	41820	42420			
加:其他调整	390	550	860	950			
总计	516550	543090	561500	573520			
波　兰							
按当年价格计算							
农业	49785	103824	132282				
矿业		57205	88919				
制造业	265718③	392935	511787				
电、煤气和水业		61927	76355				
建筑业	54590	101503	119987				
批发、零售业、旅馆和饭店业	75294	241457	297402				
运输、仓储和邮电业	28718	94956	125310				
金融保险、不动产和工商服务业	16538	99745	147175				
社会团体和个人服务业	121205	282614	369893				
统计误差	9223						
各行业合计	621070	1436166	1869110				
小计	621070	1436166	1869110				
减:估算的银行服务费	29552						
加:进口税		70343	84864				
加:增值税		51291	150099				
总计	591518	1557800	2104073				
罗马尼亚							
按当年价格计算							
农业	187	4206	9898	14269			
矿业	28	657	1640	1885			
制造业	315	5338	14288	19086			
电、煤气和水业	5	786	2090	2740			
建筑业	46	1040	3251	4755			

4—18 续表 18

单位：十亿本币

	1990 年	1993 年	1994 年	1995 年	1996 年	1997 年	1998 年
罗马尼亚(续)							
批发、零售业、旅馆和饭店业	53	2058	4076	7570			
运输、仓储和邮电业	49	2015	4354	5577			
金融保险、不动产和工商服务业	61	1854	4534	7041			
社会团体和个人服务业	40	853	2204	3158			
各行业合计	784	18807	46334	66082			
政府服务	24	620	1611	2692			
小计	808	19427	47945	68773			
减：估算的银行服务费	20	848	1991	2175			
加：进口税	2	304	649	1189			
加：增值税	102	1857	3848	5579			
加：其他调整	−34	−705	−679	−1231			
总计	858	20036	49773	72136			
按 1983 年价格计算							
农业	158	1304	4328	10363			
矿业	15	195	660	19286			
制造业	285	1715	5503	15244			
电、煤气和水业	7	425	852	2138			
建筑业	44	362	1325	3504			
批发、零售业、旅馆和饭店业	50	781	2039	4739			
运输、仓储和邮电业	42	529	2030	4426			
金融保险、不动产和工商服务业	57	579	1927	4829			
社会团体和个人服务业⑱	36	295	888	2231			
各行业合计	696	6185	19552	49378			
政府服务	23	207	680	1615			
小计	719	6392	20232	50998			
减：估算的银行服务费	15	283	862	1804			
加：进口税	1	81	347	940			
加：增值税	80	464	1747	4005			
加：其他调整	−30	−533	−640	−851			
总计	755	6121	20824	53284			
俄 罗 斯							
按当年价格计算							
农业	100	14402	44704	152190			
矿业							
制造业③	236	66227	180370	476133			
电、煤气和水业							
建筑业	57	12460	58787	126254			
批发、零售业、旅馆和饭店业	36	25000	102747	261557			
运输、仓储和邮电业	60	13868	56403	205216			
金融保险、不动产和工商服务业	36	19346	78682	215879			
社会团体和个人服务业	61	12667	53252	130085			
各行业合计	586	163970	574946	1567312			
政府服务	17	5100	28893	70002			
小计	603	169070	603839	1637314			
减：估算的银行服务费	3	9654	44998	107996			
加：增值税	45	12093	52153	129615			
总计	644	171510	610993	1658933			
按 1992 年价格计算							
农业	1609	1353	1231	1159			
矿业							
制造业③	8788	5816	4618	4427			

4—18 续表 19　　单位：十亿本币

	1990 年	1993 年	1994 年	1995 年	1996 年	1997 年	1998 年
俄 罗 斯(续)							
电、煤气和水业							
建筑业	2074	1125	934	850			
批发、零售业、旅馆和饭店业	6120	5449	5469	5083			
运输、仓储和邮电业	1820	1145	944	909			
金融保险、不动产和工商服务业	1379	1555	1611	1570			
社会团体和个人服务业	1193	1127	1114	1109			
各行业合计	22984	17570	15922	15106			
政府服务	469	381	353	378			
小计	23452	17951	16274	15485			
减：估算的银行服务费	383	899	974	935			
加：增值税	330	300	－134	－21			
总计	23399	17352	15166	14529			
西 班 牙							
按当年价格计算							
农业	2323	2161	2146	2041			
矿业	277	323					
制造业	11346	12367					
电、煤气和水业	1322	1649					
建筑业	4574	4657	5150	5736			
批发、零售业、旅馆和饭店业	10426	13741					
运输、仓储和邮电业	2621	3401					
金融保险、不动产和工商服务业⑰	8821	11048					
社会团体和个人服务业⑰	2450	3253					
各行业合计	44161	52902	55977	60308			
政府服务	6074	8168	8392	8941			
其他部门	430	563	586	640			
小计	50666	61633	64956	69888			
减：估算的银行服务费	3662	4162	4121	4166			
加：进口税	373	132	132	141			
加：增值税	2768	3332	3733	3916			
总计	50145	60934	64699	69779			
按 1986 年价格计算							
农业	2013	1971	1772	1537			
矿业	250	251					
制造业	9682	9452					
电、煤气和水业	985	1014					
建筑业	3139	2891	2938	3134			
批发、零售业、旅馆和饭店业	7612	7777					
运输、仓储和邮电业	2118	2344					
金融保险、不动产和工商服务业⑰	6621	6519					
社会团体和个人服务业⑰	1843	1939					
各行业合计	34265	34157	35221	36229			
政府服务	4710	5120	5128	5243			
其他部门	337	370	381	383			
小计	39311	39647	40730	41856			
减：估算的银行服务费	2653	2291	2554	2583			
加：进口税	537	429	400	414			
加：增值税	1823	1911	1962	1977			
总计	39018	39696	40538	41664			

4—18 续表 20　　　　单位：十亿本币

	1990 年	1993 年	1994 年	1995 年	1996 年	1997 年	1998 年
乌 克 兰							
按当年价格计算							
农业	41	31939	175418	750678			
矿业							
制造业③	58	44042	421475	1687303			
电、煤气和水业							
建筑业	14	10282	89522	375278			
批发、零售业、旅馆和饭店业	7	11318	61916	288839			
运输、仓储和邮电业	15	25880	132100	796400			
金融保险、不动产和工商服务业	1	15056	87578	147974			
社会团体和个人服务业	18	15706	135032	791244			
各行业合计	154	154223	1103041	4837716			
政府服务	6	5304	45308	160861			
小计	160	159527	1148349	4998577			
减：估算的银行服务费		12137	68402	124284			
加：进口税	5	846	2832	24088			
加：增值税		17207	193167	712800			
加：其他调整	2	—17170	—72177	—159539			
总计	167	148273	1203769	5451642			
英　　国①							
按当年价格计算							
农业	8923	10719	11548				
矿业	11319	12542	13078				
制造业	111315	113940	121272				
电、煤气和水业	10583	14404	15458				
建筑业	34568	28851	31035				
批发、零售业、旅馆和饭店业	68273	78924	83472				
运输、仓储和邮电业	40200	45990	49039				
金融保险、不动产和工商服务业	117414	140248	154550				
社会团体和个人服务业	22581	39039	46646				
各行业合计	425176	484657	526098				
政府服务	68342	72919	68671				
其他部门	10842	13894	14855				
小计⑪	504360	571470	609624				
减：估算的银行服务费	25053	24423	29828				
加：进口税⑲	36938	37956	39851				
加：增值税	33457	43717	47329				
加：其他调整⑭	—316	—336	—759				
总计	549386	628384	666181				
澳大利亚①							
按当年价格计算							
农业	16179	13438	15042	13456	17031	16903	17525
矿业	16809	20035	19465	20540	22556	22582	25092
制造业	52112	54494	58466	61805	64715	64905	69004
电、煤气和水业	12188	13580	13466	13314	13657	13876	14272
建筑业	23238	21053	22626	25146	25801	26786	29973
批发、零售业、旅馆和饭店业	50456	55333	58793	62044	65930	68815	71700
运输、仓储和邮电业	30704	34822	36329	39581	43376	46884	49263
金融保险、不动产和工商服务业	88973	104634	108289	116326	125130	133099	140414
社会团体和个人服务业	64270	78365	82111	86784	92531	98335	104608
加：进口税	43283	44180	49424	54749	59203	61749	64966

4—18 续表 21 单位:十亿本币

	1990 年	1993 年	1994 年	1995 年	1996 年	1997 年	1998 年
澳大利亚①(续)							
统计误差	—14718	—12952	—14563	—19099	—21124	—21730	—22112
总计	383494	426982	449448	474646	508806	532204	564705
按 1997 年价格计算							
农业	14170	15675	16596	11731	14261	16903	16668
矿业	16369	18369	18694	19981	21442	22582	23769
制造业	59951	58339	60882	62263	62919	64905	65878
电、煤气和水业	12066	12697	13144	13503	13593	13876	14292
建筑业	24991	22393	24361	25556	25307	26786	30003
批发、零售业、旅馆和饭店业	57740	56323	59548	64510	67488	68815	72840
运输、仓储和邮电业	33822	36857	39222	42064	44778	46884	49129
金融保险、不动产和工商服务业	105864	112525	115525	121644	128064	133099	141229
社会团体和个人服务业	82362	89015	91772	95025	97968	98335	100713
加:进口税	32692	32836	34447	37542	39201	40019	42734
统计误差	—528	34	—388	…	…	…	—333
总计	437094	453063	471838	493689	515868	532204	556923
新 西 兰①							
按当年价格计算							
农业	5355	5666	6722	6443	6611		
矿业	836	1107	1126	1080	1032		
制造业	13098	13395	14530	16029	16582		
电、煤气和水业	2134	2126	2316	2383	2344		
建筑业	3216	2325	2600	3048	3376		
批发、零售业、旅馆和饭店业	10292	11102	12539	13783	14579		
运输、仓储和邮电业	5870	6252	6532	7102	7639		
金融保险、不动产和工商服务业	16015	16846	17838	19349	20809		
社会团体和个人服务业	16232	17700	18574	19592	21006		
减:估算的银行服务费	2996	2581	2665	3145	3429		
加:进口税	604	553	616	775	805		
统计误差	87	87	93	118	107		
总计	70773	74578	80824	86556	91461	95206	98247
按 1992 年价格计算							
农业	4784	4929	5731	5718	6029	6364	6516
矿业	999	1098	1168	1052	1066	1187	1159
制造业	13380	13030	13928	14856	15083	15152	15486
电、煤气和水业	2052	2030	2148	2224	2306	2290	2276
建筑业	3329	2302	2509	2814	3044	3156	3096
批发、零售业、旅馆和饭店业	10976	10692	11291	12155	12507	12610	12933
运输、仓储和邮电业	5885	6673	7266	8025	9027	9595	9928
金融保险、不动产和工商服务业	16738	16999	17554	17940	18357	18881	19471
社会团体和个人服务业							
减:估算的银行服务费	15041	14945	15689	16619	17045	17383	17423
总计	73607	73124	77740	81920	85013	87196	88901

注:①百万本币。②包括制造业。③包括矿业和电、气、水业。④包括社会团体和个人服务业。⑤包括进口税减估算的银行服务费。⑥1996 年及以后包括金融保险动产和工商服务业及进口税。⑦万亿本币。⑧包括批发、零售业、旅馆和饭店业、运输、仓储和邮电业、社会团体和个人服务业。⑨1995 年以前为 1989 年价格。⑩包括进口税。⑪为要素价格。⑫指间接税减补贴。⑬指政府企业。⑭指统计误差。⑮原油和天然气生产包括在矿业中。⑯包括产品增值税。⑰批发、零售业、服务业和除了住房外的房地产业包括在社会团体和个人服务业中。⑱不包括个人服务业。⑲指间接税减补贴减增值税。

资料来源:联合国《国民经济核算年鉴》1995 年、《亚太统计年鉴》1999 年。

4－19 国内生产总值支出构成

单位：百万本币

	1980年	1990年	1995年	1996年	1997年	1998年
中　国						
按当年价格计算						
居民消费	231710	911320	2694450	3215230	3485460	3692110
政府消费	65900	225200	669050	785160	872480	948480
固定资本形成总额	131800	473200	2030050	2333610	2515420	2818080
#存货增加	27200	171200	357650	353110	330340	221510
货物和服务净出口	－1480	51030	99850	145930	285720	305150
国内生产总值	455130	1831950	5851050	6833040	7489430	7985330
中国香港						
按当年价格计算						
政府消费	8720	43283	94236	104385	114161	120934
个人消费	84660	330459	654496	722098	801973	775094
总资本形成	46011	153776	329578	372327	472803	412712
商品和服务出口	127406	782195	1609762	1694105	1751532	1612315
减：商品和服务进口	128746	732892	1656583	1710787	1799153	1608287
国内生产总值	141796	582549	1077145	1191890	1344105	1289129
按1990年价格计算						
政府消费	23968	43283	57857	60162	61603	62166
个人消费	175128	330459	450450	471766	503529	470522
总资本形成	102047	153776	243800	270146	312247	294269
商品和服务出口	223903	782195	1461273	1540954	1619771	1544827
减：商品和服务进口	221004	732892	1497651	1562883	1670484	1559797
国内生产总值	308800	582549	755832	789753	831320	788635
孟加拉国						
按当年价格计算						
政府消费	4846	39458	69137	72603	80230	85447
个人消费	231968	826363	1259657	1388645	1518239	1692836
总资本形成	59341	188001	302616	342500	378629	430006
商品和服务出口	11337	62660	166585	184209	217061	267201
减：商品和服务进口	43036	136825	259238	311100	326877	365827
国内生产总值	270165	994172	1512063	1648425	1752410	1938663
按1990年价格计算						
政府消费	22584	39458	55146	55376	58682	58501
个人消费	498118	826363	962931	995277	1036310	1106140
总资本形成	168689	188001	242559	264806	291208	323783
商品和服务出口	24488	62683	115013	123547	141482	161781
减：商品和服务进口	72053	136877	197424	230018	234640	235986
国内生产总值	624997	994172	1235012	1296508	1364943	1434511
印　度①						
按当年价格计算						
政府消费	140	661	1270	1440	1739	1896
个人消费	1129	3779	7574	8862	9604	12392
总资本形成	276	1302	2901	3271	3578	4100
商品和服务出口	89	413	1327	1477	1676	1992
减：商品和服务进口	137	565	1714	1977	2203	2484
国内生产总值	1471	5793	12180	14098	15636	18060

4—19 续表 1

单位:百万本币

	1980 年	1990 年	1995 年	1996 年	1997 年	1998 年
印　　度①(续)						
按 1993 年价格计算						
政府消费	442	880	1193	1328	1585	1654
个人消费	3268	5117	6474	6912	7183	8036
总资本形成	871	1693	2428	2582	2717	2870
商品和服务出口	364	647	1258	1347	1431	1492
减:商品和服务进口	509	850	1401	1545	1747	1956
国内生产总值	4468	7892	10223	10964	11510	12210
印度尼西亚①						
按当年价格计算						
政府消费	5148	18649	35584	40299	42952	54416
个人消费	25594	124366	279876	332095	387171	661459
总资本形成	10550	59758	129218	157653	177686	221364
商品和服务出口	16718	55122	119593	137533	174871	508245
减:商品和服务进口	9886	50046	125657	140812	176600	413058
国内生产总值	48913	210866	454514	532568	627695	942844
按 1993 年价格计算						
政府消费	15987	26689	30851	31681	31701	26828
个人消费	73031	157589	215798	254500	273917	267913
总资本形成	32356	69519	114022	128699	139726	90071
商品和服务出口	56162	61865	103834	112391	121158	134707
减:商品和服务进口	39211	58981	103938	121863	139796	132401
国内生产总值	141872	263262	383768	413797	433246	376052
伊　　朗①						
按当年价格计算						
政府消费	1380	4054	23313	31637	58668	66569
个人消费	3497	22666	98137	140000	160000	220000
总资本形成	1442	5663	43639	63318	44144	48613
商品和服务出口	883	8058	37893	43833	50251	43537
减:商品和服务进口	1089	8623	29137	32305	40145	48855
国内生产总值	6632	36645	180000	230000	280000	330000
按 1982 年价格计算						
政府消费	1968	1337	1959	2079	2145	2250
个人消费	5223	7795	8687	9641	9859	10218
总资本形成	1848	1379	2289	2467	2430	2203
商品和服务出口	869	2253	2238	2876	2516	2453
减:商品和服务进口	1175	1274	777	717	684	700
国内生产总值	9461	12311	15315	16159	16637	16924
以 色 列						
按当年价格计算						
政府消费	45	31745	77199	90543	99479	109357
个人消费	59	64745	161217	186598	209329	227090
总资本形成	25	20234	62244	72024	74711	76706
商品和服务出口	49	36715	81918	92526	105433	118304
减:商品和服务进口	66	48030	124498	140250	149614	159476
国内生产总值	112	105831	261586	304682	339992	370424

4－19 续表 2　　单位：百万本币

	1980 年	1990 年	1995 年	1996 年	1997 年	1998 年
以 色 列(续)						
按 1994 年价格计算						
政府消费	64360	67429	77053	81585	83963	86889
个人消费	65023	112176	161792	170737	176119	181541
总资本形成	24078	33092				
商品和服务出口	34667	54516	84970	88492	92922	96630
减:商品和服务进口	48313	74268	126546	136869	139926	141472
国内生产总值	133271	190364	261586	272171	277633	286909
日　　本①						
按当年价格计算						
政府消费	23568	38807	47419	48423	49482	
个人消费	141324	249288	290524	299341	306438	
总资本形成	75821	136467	137611	147425	143998	
商品和服务出口	32886	45920	45393	49700	56332	
减:商品和服务进口	35036	42872	38272	47022	50316	
国内生产总值	240176	430040	483220	500310	507852	495210
按 1990 年价格计算						
政府消费	30216	38681	43546	44353	45012	
个人消费	172928	249139	274368	282422	285227	
总资本形成	82630	136685	137600	152828	149920	
商品和服务出口	27558	46012	56787	60337	67318	
减:商品和服务进口	24047	42966	51274	57360	57667	
国内生产总值	290551	429986	461894	485219	492142	478260
哈萨克斯坦						
按当年价格计算						
政府消费			137693	178712	202581	187787
个人消费			668961	1032191	1239973	1313747
总资本形成			233812	243876	271765	296205
商品和服务出口			347360	468848	583977	527358
减:商品和服务进口			373636	507878	626154	604147
国内生产总值		93	1014190	1415750	1672143	1720950
按 1993 年价格计算						
政府消费			3205	2995	2923	2528
个人消费			15511	16735	17436	15718
总资本形成			4529	3411	3534	3593
商品和服务出口			9160	11001	12635	13914
减:商品和服务进口			8798	10416	12399	12083
国内生产总值		40149	23607	23725	24128	23670
韩　　国①						
按现价计算						
政府消费	4541	18702	36433	42477	45660	48942
个人消费	23849	93505	206406	233644	254987	250349
总资本形成	12252	66689	138439	153976	159110	132359
商品和服务出口	12593	52020	113972	123468	157413	219086
减:商品和服务进口	15682	54101	119534	140659	162031	160996
国内生产总值	37991	178797	377350	418479	453276	449509

4—19 续表 3 单位：百万本币

	1980 年	1990 年	1995 年	1996 年	1997 年	1998 年
韩　　国①(续)						
按 1995 年价格计算						
政府消费	17895	29861	36433	39412	39984	39938
个人消费	66762	144655	206406	221006	228738	206766
总资本形成	30294	93529	138439	148580	145295	114618
商品和服务出口	20385	57225	113972	126750	153931	174432
减:商品和服务进口	21935	60276	119534	136562	140905	109892
国内生产总值	110728	263430	377350	402821	423007	398313
马来西亚						
按当年价格计算						
政府消费	8811	16209	27636	28585	30679	28454
个人消费	26946	60903	104695	118822	127649	118100
总资本形成	16597	37490	94120	105501	121384	76275
商品和服务出口	30676	88354	208699	229841	262714	325325
减:商品和服务进口	29342	85920	217453	227286	260092	263318
国内生产总值	53308	115701	218726	253731	281888	284474
按 1978 年价格计算						
政府消费	7750	11512	17568	17818	19172	17677
个人消费	24445	39728	56288	59675	62221	52296
总资本形成	13931	25872	55715	61160	66787	38135
商品和服务出口	22619	62990	128829	138043	145497	145206
减:商品和服务进口	23914	59670	138770	144583	152824	123176
国内生产总值	44512	79329	120309	130628	140425	129893
蒙　　古						
按当年价格计算						
政府消费		3118	64924	96191	132812	153275
个人消费		5963	270401	373619	459910	486102
总资本形成		3585	113300	147805	197321	225972
商品和服务出口		2239	236687	262738	512309	434205
减:商品和服务进口		4440	228102	274469	532041	485004
国内生产总值	6755	10465	429207	586529	758927	875859
缅　　甸						
按当年价格计算						
政府消费						
个人消费	31800	134982	523876	700118	956822	1005152
总资本形成	7228	22318	82582	108019	133042	
商品和服务出口	3513	3984	7165	7696	8917	
减:商品和服务进口	4997	7348	11829	12651	14971	
国内生产总值	38609	151941	603602	790000	1002499	1560000
按 1990 年价格计算						
政府消费	22584	39458	55146	55376	58682	58501
个人消费	37450	42199	51027	52184	53182	54192
总资本形成	7882	8852	16201	19887	21484	23579
商品和服务出口	2854	4039	5089	5608	6798	7977
减:商品和服务进口	5239	4213	6117	5663	5812	6127
国内生产总值	44246	50260	66710	70964	73833	78775

4—19 续表 4 单位:百万本币

	1980 年	1990 年	1995 年	1996 年	1997 年	1998 年
巴基斯坦						
按当年价格计算						
政府消费	23535	129562	219125	268098	288813	301614
个人消费	194912	611015	1367057	1566242	1846373	1995202
总资本形成	41345	148076	318308	369079	397768	396621
商品和服务出口	29286	132999	300097	343309	381336	432617
减:商品和服务进口	56521	200044	397281	511154	562121	553630
国内生产总值	234528	855943	1882071	2141842	2457381	2736919
按 1987 年价格计算						
政府消费	26662	65896	67360	71944	65933	70423
个人消费	217781	334306	427038	458798	478913	477393
总资本形成	47834	81271	99981	104929	100946	95461
商品和服务出口	30197	65710	101075	103091	96353	99961
减:商品和服务进口	78537	80601	104028	118169	113696	100806
国内生产总值	257778	474102	600086	630151	637876	658928
菲律宾						
按当年价格计算						
政府消费	22099	108843	217045	259501	315292	354795
个人消费	156824	767061	1411904	1595346	1762008	1981233
总资本形成	66350	248954	423197	508745	593284	567396
商品和服务出口	57458	296415	692952	879973	1188384	1481650
减:商品和服务进口	69398	358548	842073	1070612	1438909	1595148
国内生产总值	243749	1077240	1905951	2171922	2421306	2662408
按 1987 年价格计算						
政府消费	50177	57042	65810	68527	69599	70166
个人消费	397404	531772	622985	651790	684316	707904
总资本形成	150716	170570	184667	206854	230662	206048
商品和服务出口	154748	219703	344181	397201	466874	418190
减:商品和服务进口	179477	269148	428475	500194	572126	507035
国内生产总值	609768	720690	802224	849121	893017	888728
新加坡						
按当年价格计算						
政府消费	2447	6780	10124	12208	13395	14080
个人消费	12911	30762	49662	53122	56699	56637
总资本形成	10203	21578	39973	49549	54382	52260
商品和服务出口	54041	134123	210159	219920	231983	215403
减:商品和服务进口	56115	129525	191686	202324	213849	190286
国内生产总值	25091	66406	118490	128973	141262	141216
按 1990 年价格计算						
政府消费	3525	6780	9287	11057	12080	13090
个人消费	17110	30762	43583	46270	48978	49602
总资本形成	12673	21578	36771	45328	49964	47598
商品和服务出口				244355	261242	242845
减:商品和服务进口				233396	251202	226261
国内生产总值	32853	66406	102782	110510	119338	121112

4－19 续表 5　　　　单位:百万本币

	1980 年	1990 年	1995 年	1996 年	1997 年	1998 年
斯里兰卡						
按当年价格计算						
政府消费	5685	31404	76604	81021	92196	99109
个人消费	53399	244288	489057	569416	643839	723506
总资本形成	20845	70417	170875	183509	216873	257163
商品和服务出口	21434	97117	237711	268640	325289	364785
减:商品和服务进口	36456	122481	307425	337213	388154	430234
国内生产总值	66527	321783	667772	768934	890272	1014504
按 1982 年价格计算						
政府消费	7384	13262	16896	20038	22104	23961
个人消费	66902	103166	137048	142167	151571	162450
总资本形成	30423	31652	44011	45093	47389	54640
商品和服务出口	23607	40357	63971	66466	74189	74931
减:商品和服务进口	43040	53249	88618	91099	100619	112190
国内生产总值	90153	135655	176257	182955	194664	203813
泰　　国①						
按当年价格计算						
政府消费	81	205	413	468	471	493
个人消费	434	1235	2240	2504	2504	2449
总资本形成	184	882	1723	1889	1509	1229
商品和服务出口	160	745	1749	1806	2263	2713
减:商品和服务进口	201	909	2011	2074	2167	1953
国内生产总值	662	2184	4189	4598	4675	4604
按 1988 年价格计算						
政府消费	107	172	233	255	251	263
个人消费	607	1111	1601	1702	1706	1386
总资本形成	270	760	1238	1312	1093	
商品和服务出口	195	710	1383	1358	1448	1436
减:商品和服务进口	271	807	1532	1519	1367	1042
国内生产总值	914	1945	2933	3095	3056	2768
土 耳 其①						
按当年价格计算						
政府消费	604	43083	837243	1709247	3535104	6499361
个人消费	3199	269562	5457903	9937697	19619095	35316359
总资本形成	832	89892	1850225	3706403	7618372	12794101
商品和服务出口	270	52215	1544077	3178889	7088355	12781271
减:商品和服务进口	624	69042	1890238	4057373	8762232	14572641
国内生产总值	5231	393010	7762455	14772111	28835882	51625142
按 1994 年价格计算						
政府消费		410936	474304	500116	520743	546820
个人消费		2477161	2837121	3104945	3365354	3367149
总资本形成		843955	1021436	1148141	1318463	1286760
商品和服务出口		578678	892358	1085822	1293483	1428809
减:商品和服务进口		707061	1021811	1215483	1488221	1521424
国内生产总值	2126937	3547429	4151168	4431535	4772952	4905878

4-19 续表 6　　单位:百万本币

	1980年	1990年	1995年	1996年	1997年	1998年
越　　南①						
按当年价格计算						
政府消费		3164	20785	24772	25500	27523
个人消费		36283	165634	197408	225084	257607
总资本形成		4528	60488	71858	88754	103760
商品和服务出口		11084	80891	111460	136612	
减:商品和服务进口		14019	104958	147149	162138	
国内生产总值		41955	222840	258609	313623	361468
按1989年价格计算						
政府消费		2447	3806	3958	4116	4249
个人消费		24856	33052	38934	47007	48143
总资本形成		3197				
商品和服务出口		7566	25466	34986	39638	
减:商品和服务进口		9137	32496	46830	57390	
国内生产总值		29526	43797	47888	51791	54795
埃　　及						
按当年价格计算						
政府消费	2585	10850	21500	23800	26100	28610
个人消费	11411	68950	151900	176540	192700	215393
总资本形成	4062	25900	33100	36760	45200	59600
商品和服务出口	5034	19273	45800	46300	51700	47200
减:商品和服务进口	7072	31450	56100	59570	63800	65300
国内生产总值	16497	96138	204000	229473	256300	280220
按1992年价格计算						
政府消费	10912	14523	15958	15926	16688	17412
个人消费	61073	92293	112742	118134	123212	128044
总资本形成	26581	30888	28200	31400	35570	44888
商品和服务出口	21588	34609	44600	45300	46400	42810
减:商品和服务进口	52461	45903	51400	52200	53200	53784
国内生产总值	77375	131775	155700	163500	172480	182103
尼日利亚						
按当年价格计算						
政府消费	6079	39346	219395	226810	275361	390823
个人消费	28390	144778	1398306	1652163	2251102	2616720
总资本形成	10770	37904	318087	360014	495308	728672
商品和服务出口	14767	113197	875895	1359582	1321418	854657
减:商品和服务进口	9650	75088	834297	775023	1109741	1154138
国内生产总值	50270	260637	1977737	2823932	3233895	3639102
按1987年价格计算						
政府消费	19606	23272	18289	16672	19754	20149
个人消费	91558	85631	72400	72342	91852	96862
总资本形成	47697	21983	51653	57410	43420	49345
商品和服务出口	53824	39743	51692	57772	58474	53607
减:商品和服务进口	87498	32125	37149	40562	43974	47386
国内生产总值	124803	138794	156909	163656	169547	172599

4—19 续表 7　　　　单位：百万本币

	1980 年	1990 年	1995 年	1996 年	1997 年	1998 年
南　非						
按当年价格计算						
政府消费	8965	56991	100424	119457	134906	148694
个人消费	34065	181872	343037	385280	431072	464760
总资本形成	16244	55485	87042	99381	111273	122060
商品和服务出口	22015	70714	125867	151795	168415	190086
减:商品和服务进口	17008	54046	121091	143340	160819	180959
国内生产总值	62730	289815	548100	614942	680212	737813
按 1995 年价格计算						
政府消费	71922	100568	100424	106833	110314	110913
个人消费	238683	314909	343037	360046	369928	374697
总资本形成	97705	83256	87042	93560	98462	103231
商品和服务出口	87767	101757	125867	137514	145097	148405
减:商品和服务进口	81226	76691	121091	131641	138729	141600
国内生产总值	462128	525066	548100	570857	585149	588344
加 拿 大						
按当年价格计算						
政府消费	67024	151546	170570	168356	167907	
个人消费	165469	377860	449018	466108	493322	
总资本形成	72938	140996	135342	141178	158566	
商品和服务出口	87689	174438	300849	319456	342066	
减:商品和服务进口	82169	174019	277529	288356	328276	
国内生产总值	311015	668181	787009	807575	841424	861333
按 1992 年价格计算						
政府消费	126627	162464	164725	162562	162456	
个人消费	302818	401276	429955	439924	458085	
总资本形成	90632	133392	128401	134592	149895	
商品和服务出口	98665	170790	258298	273182	295160	
减:商品和服务进口	92680	174784	241531	253944	288086	
国内生产总值	526729	694435	747860	757060	785032	808435
墨 西 哥						
按当年价格计算						
政府消费	449	61949	191981	243706	314622	357130
个人消费	2909	514117	1232003	1644908	2038236	2585196
总资本形成	1107	132113	296708	451081	619494	807077
商品和服务出口	479	137441	558798	812854	963938	1184600
减:商品和服务进口	580	145603	509863	759451	965611	1258900
国内生产总值	4470	738897	1837019	2525575	3174193	3791191
按 1993 年价格计算						
政府消费	94531	126005	140643	139610	143648	141786
个人消费	679509	812336	854688	873656	929419	988524
总资本形成	219093	194456	179442	208860	252797	279910
商品和服务出口	75749	160643	293758	347312	384871	422283
减:商品和服务进口	144415	171634	248120	304901	374432	427592
国内生产总值	953813	1140848	1230771	1294197	1381666	1447945

4—19 续表 8

单位:百万本币

	1980 年	1990 年	1995 年	1996 年	1997 年	1998 年
美　　国①						
按当年价格计算						
政府消费	463	975	1121	1157	1193	
个人消费	1721	3720	4799	5053	5308	
总资本形成	547	933	1186	1284	1386	
商品和服务出口	277	548	805	859	949	
减:商品和服务进口	294	629	903	965	1059	
国内生产总值	2709	5554	7038	7419	7844	8230
按 1992 年价格计算						
政府消费	810	1044	1031	1041	1052	
个人消费	2943	3990	4481	4646	4838	
总资本形成	794	953	1147	1266	1416	
商品和服务出口	364	557	806	906	1067	
减:商品和服务进口	325	632	907	1020	1204	
国内生产总值	4579	5922	6588	6866	7230	7510
阿 根 廷						
按当年价格计算						
政府消费		2161	34446	34023	35325	35474
个人消费		53166	178269	190522	207108	210857
总资本形成			46285	49211	56727	59276
商品和服务出口	…	7140	25017	28470	30939	31019
减:商品和服务进口	…	3192	25985	30076	37240	38494
国内生产总值	…	68922	258032	272150	292859	298131
按 1993 年价格计算						
政府消费			32339	33041	34104	33729
个人消费			167126	178288	193981	201833
总资本形成	51851	23013	44528	48484	57047	60839
商品和服务出口	10010	16476	23219	25019	28018	30582
减:商品和服务进口	14741	6432	24026	28205	35709	38725
国内生产总值	206133	177060	243186	256626	277441	288258
巴　　西						
按当年价格计算						
政府消费	…	2	126652	149601	157084	159921
个人消费	…	7	386910	484224	548257	572391
总资本形成	…	2	132753	148884	169738	179203
商品和服务出口	…	1	49917	55469	65491	66862
减:商品和服务进口	…	1	61314	71486	88287	90833
国内生产总值	…	12	646192	778820	866828	899814
按 1995 年价格计算						
政府消费	97886	162859	126652	139060	150144	153299
个人消费	283529	307772	386910	404932	414623	418623
总资本形成	138877	112853	132753	132535	140755	145846
商品和服务出口	18322	36286	49917	52966	53931	54045
减:商品和服务进口	30753	30053	61314	64906	73937	80503
国内生产总值	475044	553847	646192	664285	685542	686570

4—19 续表 9

单位:百万本币

	1980 年	1990 年	1995 年	1996 年	1997 年	1998 年
委内瑞拉						
按当年价格计算①						
政府消费	35	192	975	1468	2673	3928
个人消费	163	1415	9488	18608	29044	37926
总资本形成	74	322	2199	4341	7231	9485
商品和服务出口	86	899	3659	10755	12575	10420
减:商品和服务进口	65	460	2911	6235	8645	10449
国内生产总值	298	2279	13663	29333	43212	52030
按 1984 年价格计算						
政府消费	42500	52900	55600	51400	52500	55556
个人消费	248000	279600	315700	303400	321199	315624
总资本形成	96800	59800	80400	73600	87600	86613
商品和服务出口	120500	154700	199400	216000	237400	243598
减:商品和服务进口	72800	55000	95700	88100	104200	112383
国内生产总值	441000	478300	565200	562600	598899	594866
白俄罗斯						
按当年价格计算②						
政府消费		1135	23157	36627	67915	128921
个人消费		1911	72356	109603	207295	372038
总资本形成		1151	29984	40438	86600	172338
商品和服务出口		1989	59890	88876	217574	410684
减:商品和服务进口		1893	65637	96050	239975	450252
国内生产总值		4294	119813	184174	351043	662370
按 1990 年价格计算						
政府消费		1135	702	701	742	785
个人消费		1911	1288	1354	1507	1638
总资本形成		1151	456	441	545	609
商品和服务出口		1989	581	737	914	876
减:商品和服务进口		1893	628	797	995	982
国内生产总值		4294	2775	2853	3150	3411
保加利亚						
按当年价格计算						
政府消费	1457	8255	134408	207496	2188117	3255264
个人消费	14271	27159	622138	1340234	11981707	15733740
总资本形成	7289	9652	134270	238470	1840974	2495596
商品和服务出口	9209	15033	393172	1099950	10555860	9755489
减:商品和服务进口	7915	16671	407204	1045842	9612221	9983468
国内生产总值	25791	45391	880322	1748701	17055205	21577020
按 1990 年价格计算						
政府消费	2018	8255	4407	3134	3090	3214
个人消费	23028	27159	25387	22333	18492	20001
总资本形成	10098	9652	6937	5466	4159	4839
商品和服务出口	46395	15033	11184	12333	12710	10730
减:商品和服务进口	47859	16671	8097	8197	7980	7753
国内生产总值	35729	45391	39760	35730	33216	34379

单位:百万本币

	1980 年	1990 年	1995 年	1996 年	1997 年	1998 年
捷克共和国						
按当年价格计算						
政府消费			275100	312500	331300	351800
个人消费			701700	810700	891500	949800
总资本形成			442400	500600	506900	501400
商品和服务出口			740800	831300	949700	1092100
减:商品和服务进口			806500	931700	1049600	1117700
国内生产总值						
按 1995 年价格计算			1381100	1572300	1680000	1820700
政府消费			275100	271800	281500	283300
个人消费			701700	750000	765500	743700
总资本形成			442400	478500	457900	440700
商品和服务出口			740562	808693	874197	967736
减:商品和服务进口			806261	921493	987297	1065336
国内生产总值			1381100	1433900	1438500	1405000
法　　国①						
按当年价格计算						
政府消费	509	1170	1476	1539	1573	
个人消费	1653	3879	4606	4784	4878	
总资本形成	646	1391	1375	1372	1388	
商品和服务出口	604	1468	1803	1898	2168	
减:商品和服务进口	639	1470	1621	1692	1848	
国内生产总值	2808	6509	7662	7872	8137	8418
按 1980 年价格计算						
政府消费	509	638	710	728	737	
个人消费	1653	2130	2258	2303	2323	
总资本形成	646	807	760	757	758	
商品和服务出口	604	888	1088	1144	1283	
减:商品和服务进口	639	964	1087	1120	1206	
国内生产总值	2808	3545	3743	3802	3890	4014
德　　国①						
按当年价格计算						
政府消费			687	705	703	
个人消费			1975	2046	2095	
总资本形成			736	723	723	
商品和服务出口			821	866	972	
减:商品和服务进口			794	823	917	
国内生产总值			3443	3524	3624	3755
按 1995 年价格计算						
政府消费			601	617	613	
个人消费			1730	1758	1766	
总资本形成			664	656	656	
商品和服务出口			792	833	925	
减:商品和服务进口			809	832	900	
国内生产总值			2996	3035	3101	3187

4—19 续表 11

单位:百万本币

	1980 年	1990 年	1995 年	1996 年	1997 年	1998 年
意 大 利①						
按当年价格计算						
政府消费	57709	230163	284633	305995	318411	
个人消费	234512	803619	1089510	1149320	1205750	
总资本形成	94305	266044	306869	317541	324914	
商品和服务出口	84349	262664	491571	499986	532957	
减:商品和服务进口	95423	262192	416663	402102	448540	
国内生产总值	385327	1310660	1772250	1872640	1950680	2034600
按 1990 年价格计算						
政府消费	182546	230163	233786	234304	232588	
个人消费	610301	803619	826597	836191	855904	
总资本形成	227850	266044	247134	248117	249535	
商品和服务出口	171505	262664	380865	378403	402887	
减:商品和服务进口	157699	262192	310718	305527	341942	
国内生产总值	1051040	1310660	1385860	1395020	1416060	1435900
荷　　兰						
按当年价格计算						
政府消费	59390	75080	91800	93850	96910	
个人消费	207900	303100	382200	398690	419030	
总资本形成	73050	107940	121950	130610	141880	
商品和服务出口	174600	279740	339570	360580	396720	
减:商品和服务进口	176160	255830	296850	315540	347010	
国内生产总值	341680	516550	639650	669350	708990	757426
按 1990 年价格计算						
政府消费	61300	75080	79754	80736	81917	
个人消费	260610	303100	337494	346563	357018	
总资本形成	89640	107940	113330	119426	127521	
商品和服务出口	183160	279740	348030	366161	390769	
减:商品和服务进口	182440	255830	305373	321431	344104	
国内生产总值	416250	516550	573233	591129	612664	635969
波　　兰						
按当年价格计算						
政府消费	23	10808	50802	63428	75682	90500
个人消费	168	26867	187575	243234	298061	343386
总资本形成	62	11761	57405	80390	110853	139674
商品和服务出口	71	16051	78172	94192	120408	
减:商品和服务进口	78	12050	70935	100224	140782	
国内生产总值	251	58137	306318	385448	469372	551110

4—19 续表 12　　　　单位:百万本币

	1980 年	1990 年	1995 年	1996 年	1997 年	1998 年
波　兰(续)						
按 1992 年价格计算						
政府消费	23764	25567	27218	28144	29138	29575
个人消费		67131	83246	90274	96503	
总资本形成	26051	22296	29597	35428	43119	49371
商品和服务出口	11159	25012	39046	43732	49067	
减:商品和服务进口	13895	19331	39902	51074	62004	
国内生产总值	117998	125047	142901	151475	161803	169570
罗马尼亚①						
按当年价格计算						
政府消费	31	114	9877	12576	25292	49787
个人消费	357	565	48785	78135	188323	257749
总资本形成	213	170	15425	25076	47851	61210
商品和服务出口	218	144	19921	30739	74250	86988
减:商品和服务进口	247	225	23958	39831	91766	115713
国内生产总值	617	858	72136	108391	249750	338670
按 1993 年价格计算						
政府消费		2132	2773	2564	2292	2615
个人消费		15938	14756	16350	15332	14829
总资本形成		4359	4625	4807	4041	3267
商品和服务出口		4913	6421	6434	6568	6733
减:商品和服务进口		7097	6709	7059	6732	7082
国内生产总值	24772	24842	22308	23180	21651	20026
俄 罗 斯						
按当年价格计算						
政府消费			162515	236184	331703	371796
个人消费			962938	1323951	1579538	1743118
总资本形成			322000	450000	481400	470766
商品和服务出口			417888	530764	597194	851467
减:商品和服务进口			359842	442199	523420	718934
国内生产总值			1540500	2145700	2521900	2684539
按 1997 年价格计算						
政府消费			272956	275117	331703	333219
个人消费			1508014	1561624	1579538	1456370
总资本形成			603096	506737	481400	465918
商品和服务出口			555382	568357	597194	591848
减:商品和服务进口			466380	467163	523420	446645
国内生产总值			2587376	2499405	2521900	2405492

4—19 续表 13

单位:百万本币

	1980 年	1990 年	1995 年	1996 年	1997 年	1998 年
西 班 牙①						
按当年价格计算						
政府消费	1995	7815	11650	12256	12585	
个人消费	10130	31303	43314	45668	48277	
总资本形成	3368	12261	14494	14976	16029	
商品和服务出口	2386	8555	16732	18761	22106	
减:商品和服务进口	2741	10251	16660	18165	21172	
国内生产总值	15295	50145	69780	73743	77897	82650
按 1986 年价格计算						
政府消费	3652	6198	7074	7141	7239	
个人消费	19640	24839	26184	26702	27532	
总资本形成	5972	9906	9555	9680	10169	
商品和服务出口	4399	7622	12300	13605	15612	
减:商品和服务进口	4719	9955	13595	14594	16379	
国内生产总值	29287	39018	41707	42715	44224	45901
乌 克 兰						
按当年价格计算③						
政府消费			11595	17738	25581	27070
个人消费			30055	47381	50617	58409
总资本形成			12692	16891	18517	20048
商品和服务出口			25663	37215	37898	41355
减:商品和服务进口			27343	39296	40754	44504
国内生产总值			54516	81519	93365	103869
按 1990 年价格计算④						
政府消费			237840	224888	219800	205518
个人消费			528052	477872	470045	479264
总资本形成			73503	56832	58000	55486
商品和服务出口			325195	324350	314658	273752
减:商品和服务进口			334243	336545	326488	280780
国内生产总值			798086	717930	696476	684636
英 国						
按当年价格计算						
政府消费	50003	112974	149256	155780	158860	
个人消费	137819	345650	443480	470679	502750	
总资本形成	41561	107577	108736	114623	122010	
商品和服务出口	63097	133870	200710	218365	224770	
减:商品和服务进口	57900	148885	205434	224079	228480	
国内生产总值	231233	549386	701496	739260	783620	819508

4—19 续表 14

单位:百万本币

	1980 年	1990 年	1995 年	1996 年	1997 年	1998 年
英　国(续)						
按 1990 年价格计算						
政府消费	101041	112974	119609	122445	122740	
个人消费	245883	345650	362082	374652	391920	
总资本形成	71764	107577	102249	104090	109520	
商品和服务出口	95195	133870	169134	180894	195330	
减:商品和服务进口	86845	148885	171226	185971	203080	
国内生产总值	423536	549386	585967	599540	619780	632564
澳大利亚						
按当年价格计算						
政府消费	25075	66602	83645	87062	90690	
个人消费	82871	231462	306316	318454	336860	
总资本形成	35192	81468	101845	107754	116965	
商品和服务出口	22539	65988	98589	104730	113315	
减:商品和服务进口	25075	65220	99114	101706	116414	
国内生产总值	140615	380735	492371	516382	544681	575800
按 1989 年价格计算						
政府消费	45951	63131	71922	73374	75240	
个人消费	165186	220193	263757	269982	282501	
总资本形成	69552	80419	97438	106194	114982	
商品和服务出口	35912	67624	99296	109346	114095	
减:商品和服务进口	40159	63409	95527	107301	120922	
国内生产总值	276893	368712	437533	450703	467939	491844
新 西 兰						
按当年价格计算						
政府消费	4134	12291	13218	13760	14928	
个人消费	14169	45760	56576	59849	62337	
总资本形成	4754	13795	19251	20120	19531	
商品和服务出口	7003	19960	27423	27570	28385	
减:商品和服务进口	7272	19441	26169	26727	27745	
国内生产总值	22992	72249	91460	95206	98246	98728
按 1990 年价格计算						
政府消费	10574	12291	12840	13143	13986	
个人消费	38540	45760	51347	53294	54933	
总资本形成	9358	13795	17859	18961	19240	
商品和服务出口	13884	19960	26870	27903	28903	
减:商品和服务进口	12313	19441	26574	28429	29806	
国内生产总值	60816	72249	83984	86137	87840	87169

注:①十亿本币。②1995 年起为十亿本币。③1980 年和 1990 年为万本币。④本币。

资料来源:世界银行《世界发展指标》2000 年。

4－20　按收入法计算的国内生产总值

单位：百万本币

	1980 年	1990 年	1991 年	1992 年	1993 年	1994 年	1995 年
中国香港							
间接税减补贴	5965	29614	36323	48777	53278	56286	
固定资本折旧							
劳动者报酬	65535	290838	326002	369292	418032	463764	
经营盈余①	68916	268608	305512	362826	412137	486408	
统计误差	1379	－6511	675	－1562	14016	4427	
国内生产总值	141796	582549	668512	779335	897463	1010885	
孟加拉国							
间接税减补贴	13464	50070	57492	65589	73150	88073	97990
固定资本折旧	16468	58860	63882	68239	74942	83508	93521
劳动者报酬							
经营盈余							
国内生产总值	231433	834392	906502	948065	1030365	1170261	1301600
白俄罗斯②							
间接税减补贴		3	4	74	963	2147	16497
固定资本折旧		6	12	153	2033	3485	19873
劳动者报酬		20	36	383	5119	7904	52340
经营盈余		14	34	306	1744	4279	31103
国内生产总值		43	87	917	9859	17815	119813
印　　度②							
间接税减补贴	136	577	640	751	779	953	1128
固定资本折旧	121	522	631	729	816	946	1102
劳动者报酬							
经营盈余							
国内生产总值	1360	5355	6168	7059	8098	9537	10986
印度尼西亚②							
间接税减补贴	1635	13420	15004	17795	20544		
固定资本折旧	2962	9784	11380	13045	14907		
劳动者报酬③	40849	172393	201118	229946	262575		
经营盈余							
国内生产总值	45446	195597	227502	260786	298026		
伊　　朗②							
间接税减补贴	161	890	1435	2062	92	－969	－1925
固定资本折旧	865	5443	7601	9919	14276	18967	28074
劳动者报酬	5641	30884	42348	57185	79242	110384	152726
经营盈余							
统计误差	－35	－573	－1277	－2703			
国内生产总值	6632	36645	50107	66463	93610	128382	178875
以 色 列							
间接税减补贴	11	17811	24789	30046	33784	39294	46854
固定资本折旧	17	15772	19304	22407	26908	32698	38780
劳动者报酬	57	56195	70047	84021	97937	120626	142990
经营盈余	31	21196	29250	35218	39539	44067	48045
国内生产总值	116	110974	143390	171692	198168	236685	276669

4—20 续表 1　　　　　　　　　　　　　　　　　　单位:百万本币

	1980年	1990年	1991年	1992年	1993年	1994年	1995年
日　本②							
间接税减补贴	14095	30568	31116	33996	33728	34537	35229
固定资本折旧	30701	62987	68541	72823	74383	75605	77216
劳动者报酬	130398	230313	248301	256885	262899	269534	275177
经营盈余	64757	105992	110744	107509	104012	99041	95907
统计误差	225	179	—403	—149	360	543	—598
国内生产总值	240176	430040	458299	471064	475381	479260	482930
韩　国②							
间接税减补贴	397	1399	1522	1821	2495	3381	3585
固定资本折旧							
劳动者报酬	935	3524	3960	4674	5627	7292	8753
经营盈余	1297	4853	5580	6293	7882	9011	10702
国内生产总值	2629	9776	11062	12807	16007	19684	23040
缅　甸							
间接税减补贴	3709	6610	8510	9382	12396	13360	14850
固定资本折旧	3415	8309	9249	10359	11672	13281	15339
劳动者报酬	14596	64651	79858	109285	162485	218405	282758
经营盈余	16889	72371	89185	120369	173768	227728	291782
国内生产总值	38609	151941	186802	249395	360321	472774	604729
巴基斯坦							
间接税减补贴	30365	112226	133442	141500	160239	193945	214038
固定资本折旧	16124	60640	75062	86734	101367	120216	138338
劳动者报酬③	231707	847734	1002881	1113395	1311491	1567910	1813222
经营盈余							
国内生产总值	278196	1020600	1211385	1341629	1573097	1882071	2165598
菲律宾							
间接税减补贴	20132	87885	114227	133532	150419	181076	207578
固定资本折旧	17113	82456	98398	109082	131575	151537	171986
劳动者报酬	77013	279624	315949	349534	378616	429736	482570
经营盈余	129491	627272	719437	759411	813847	930583	1043817
国内生产总值	243749	1077237	1248011	1351559	1474457	1692932	1905951
新加坡							
间接税减补贴		5764	6242	7548	9361	11813	12791
固定资本折旧		9668	10610	11729	13111	14209	15268
劳动者报酬		28610	32543	35813	40010	45712	50661
经营盈余		23837	25643	26183	32823	38020	42703
统计误差		0	—488	—337	—987	—1537	—720
国内生产总值		67879	75527	80936	94318	108217	120704
斯里兰卡							
间接税减补贴	9174	44460	46416	57756	70922	75182	91709
固定资本折旧	4449	12963	17293	19326	24156	29194	33673
劳动者报酬	31031	141645	167472	188552	222111	261060	295610
经营盈余	22692	120005	144775	159094	185228	207466	249303
统计误差	992	—1169	—6236	—2973	—2709	6257	—7911
国内生产总值	68338	317904	369720	421755	499708	579159	662384
泰　国							
间接税减补贴	76233	292284	324738	339564	384200	440900	503838
固定资本折旧	46659	190969	234558	282696	335625	396072	469677
劳动者报酬	164594	522819	608956	733619	862926	987760	1187087
经营盈余	374996	1177473	1338384	1478798	1596700	1810116	2042233
国内生产总值	662482	2183545	2506636	2834677	3179451	3634848	4202835

4—20 续表 2 单位:百万本币

	1980 年	1990 年	1991 年	1992 年	1993 年	1994 年	1995 年
土 耳 其②							
间接税减补贴	274	33911	55797	94060	184354	321844	777870
固定资本折旧	289	23019	39065	66775	112728	269255	501449
劳动者报酬	1285	106936	200752	346264	611904	987853	1721977
经营盈余	3327	229193	334502	586269	1072881	2289478	4761160
国内生产总值	5175	393059	630116	1093368	1981867	3868430	7762456
埃　　及							
间接税减补贴	431	6799	10705				
固定资本折旧							
劳动者报酬①③	16718	103344	125485				
经营盈余							
国内生产总值	17149	110143	136190				
尼日利亚							
间接税减补贴	1216	2764	3751	5478	5487	5840	
固定资本折旧	1207	13357	15267	16351	17240	18629	
劳动者报酬	11915	41050	46861	59100	74546	81048	
经营盈余	33919	203466	258111	468880	604200	808817	
国内生产总值	48257	260637	323990	549809	701473	914334	
南　　非							
间接税减补贴	3949	28745	31937	32680	36250	45996	53742
固定资本折旧	8023	42937	46720	50272	54108	59338	65936
劳动者报酬	29106	147615	168393	190003	210565	231630	258345
经营盈余	20250	56763	63024	68810	81276	94124	106591
国内生产总值	61328	276060	310074	341765	382199	431088	484614
巴　　西							
间接税减补贴		1	7	74	1788	52243	96361
固定资本折旧							
劳动者报酬①③		9	50	547	12272	304402	561780
经营盈余							
国内生产总值		11	57	619	14116	360919	658141
加 拿 大							
间接税减补贴	27272	76662	79878	84389	88731	92492	95113
固定资本折旧	35527	78594	82331	85305	87904	92925	96234
劳动者报酬	171424	372087	382378	391619	398163	409085	422110
经营盈余	73462	134222	123347	119890	128521	143317	154216
统计误差	45	1244	1179	1883	2668	2310	907
国内生产总值	307730	662809	669113	683086	705987	740129	768580
墨 西 哥							
间接税减补贴	343	66197	86157	103469	109046	121161	165888
固定资本折旧	384	68039	84911	100204	113388	129563	210842
劳动者报酬	1611	218203	293064	370021	436483	501897	571354
经营盈余	2133	386459	485016	551640	597279	667538	889692
国内生产总值	4470	738897	949148	1125334	1256196	1420159	1837775
美　　国②							
间接税减补贴	201	414	449	473	502	538	562
固定资本折旧	365	602	628	660	675	728	751
劳动者报酬	1653	3352	3457	3644	3813	4016	4232
经营盈余	476	1169	1168	1205	1288	1400	1486
统计误差	14	17	10	45	59	35	—2
国内生产总值	2708	5554	5711	6028	6337	6716	7030

4—20 续表 3

单位:百万本币

	1980年	1990年	1991年	1992年	1993年	1994年	1995年
委内瑞拉②							
间接税减补贴	8	34	108	176	259	621	1071
固定资本折旧	17	154	221	309	422	617	933
劳动者报酬	105	699	1007	1432	1864	2718	4221
经营盈余	124	1392	1701	2214	2909	4677	7279
国内生产总值	254	2279	3037	4131	5454	8632	13504
保加利亚							
间接税减补贴			10274	17524	28010	66422	108993
固定资本折旧	3559	6366	18999	26001	39704	53586	76895
劳动者报酬	13094	24360	56137	106378	155929	238680	364262
经营盈余	9138	14663	71373	64382	91662	204364	372210
统计误差			21072	—13453	—16371	—37500	—54669
国内生产总值	25791	45390	135711	200832	298934	525552	867691
捷克共和国							
间接税减补贴				80970	128416	130165	
固定资本折旧					177612	209470	
劳动者报酬				382357	455404	549748	
经营盈余				332312	284240	314204	
国内生产总值				795639	1045672	1203587	
法　　国②							
间接税减补贴	357	847	851	862	865	930	973
固定资本折旧	346	829	880	906	926	955	986
劳动者报酬	1576	3372	3532	3669	3739	3829	3980
经营盈余	529	1462	1513	1564	1547	1675	1735
国内生产总值	2808	6509	6776	7000	7077	7390	7675
德　　国②							
间接税减补贴			294	330	348	376	372
固定资本折旧			362	395	421	436	453
劳动者报酬			1608	1739	1777	1821	1877
经营盈余			590	612	613	688	756
国内生产总值			2854	3076	3158	3320	3457
意 大 利②							
间接税减补贴	22496	112952	129570	139195	154285	160784	181422
固定资本折旧	44581	154845	168418	180047	192059	202709	217857
劳动者报酬	184063	592391	647792	681573	688223	697996	728444
经营盈余	136529	450471	481791	501678	515729	577017	643226
国内生产总值	387669	1310659	1427571	1502493	1550296	1638506	1770949
荷　　兰							
间接税减补贴	32020	47990	49660	53990	57560	62840	70240
固定资本折旧	32490	59720	62830	65910	68610	71060	73600
劳动者报酬	197840	267740	283870	300240	308770	315370	328350
经营盈余	74390	141100	146210	145960	146520	163710	162820
国内生产总值	336740	516550	542570	566100	581460	612980	635010
波　　兰②							
间接税减补贴			110444	133058	218021	323795	
固定资本折旧							
劳动者报酬			338895	540785	688106	931341	
经营盈余			359490	475599	651673	848937	
统计误差			15501				
国内生产总值			824330	1149442	1557800	2104073	

4—20 续表 4 单位:百万本币

	1980 年	1990 年	1991 年	1992 年	1993 年	1994 年	1995 年
俄 罗 斯②							
间接税减补贴		76	62	636	14737	68214	
固定资本折旧		120	144	2436	29038	123593	
劳动者报酬		314	611	6979	66889	233385	
经营盈余		134	582	8955	60844	185800	
国内生产总值		644	1398	19006	171510	610993	
罗马尼亚②							
间接税减补贴		6	54	−184	1037	2808	4489
固定资本折旧							
劳动者报酬		443	954	2432	7207	16294	24510
经营盈余①		409	1196	3782	11791	30683	43147
统计误差						−12	−11
国内生产总值		858	2204	6029	20036	49773	72136
西 班 牙②							
间接税减补贴	688	4087	4436	5131	4455	5032	5300
固定资本折旧	1722	5545	6024	6452	6974	7425	7952
劳动者报酬	7784	23978	26792	28947	30050	30546	32040
经营盈余	4974	16535	17675	18576	19456	21697	24487
国内生产总值	15168	50145	54927	59105	60934	64699	69779
乌 克 兰②							
间接税减补贴		14	−10	49	11205	209050	1039741
固定资本折旧		29	54	947	29687	228656	995543
劳动者报酬		89	176	2572	57048	477503	2371770
经营盈余		36	86	1677	62470	356962	1168872
统计误差			−6	−212	−12137	−68402	−124284
国内生产总值		167	299	5033	148273	1203769	5451642
英 国							
间接税减补贴	30029	70395	77542	78821	80832	86388	93425
固定资本折旧	27952	61261	63356	62485	65353	68298	73014
劳动者报酬	137970	315892	332359	342975	351875	365306	381574
经营盈余	34507	101838	100652	112729	130615	146438	153483
国内生产总值	231233	549386	573909	597010	628675	666430	701496
澳大利亚							
间接税减补贴	15062	44648	44308	45729	50933	56410	60901
固定资本折旧	21207	58294	59814	62779	65166	66799	69530
劳动者报酬	74054	189981	193727	200851	211208	224567	240162
经营盈余	29957	85793	89207	95432	102481	109888	118489
国内生产总值	140280	378716	387056	404791	429788	457664	489082
新 西 兰							
间接税减补贴	1996	10930	10596	10572	10881	11807	12420
固定资本折旧	1684	6525	6884	7403	7665	8052	8490
劳动者报酬	13068	33368	33001	33785	35072	37435	39906
经营盈余	6341	21314	21664	22665	26680	28581	30229
国内生产总值	23089	72137	72145	74425	80298	85875	91045

注:①包括固定资本折旧。②10 亿本币。③包括经营盈余。

资料来源:联合国《国民经济核算年鉴》1991 年、1995 年。

4－21 总资本形成的行业构成

单位:百万本币

	1980年	1990年	1991年	1992年	1993年	1994年	1995年
印　度①							
按当年价格计算	309	1482	1441	1695	1915	2478	3008
农业	49	129	148	181	187	228	274
矿业	10	66	63	66	65	152	116
制造业	48	311	303	484	409	607	797
电、煤气、水	32	144	189	190	222	251	286
建筑业	7	22	17	25	26	33	42
商业、饭店和旅馆业	23	88	75	30	82	113	78
交通、仓储和运输业	29	143	162	197	241	257	307
金融保险、不动产和工商服务业	33	178	218	241	285	341	409
社会团体和个人服务业	6	27	26	30	31	38	45
各行业合计	236	1108	1201	1445	1547	2020	2353
政府服务	22	75	82	95	106	121	152
统计误差	51	299	158	155	262	337	502
按1980年不变价计算	309	623	521	569	605	735	835
农业	49	51	52	59	56	62	69
矿业	10	28	24	22	19	48	34
制造业	48	142	118	181	139	195	237
电、煤气、水	32	62	69	64	72	74	77
建筑业	7	10	7	9	9	11	13
商业、饭店和旅馆业	23	43	31	9	29	38	23
交通、仓储和运输业	29	60	60	67	80	79	88
金融保险、不动产和工商服务业	33	63	69	71	79	88	96
社会团体和个人服务业	6	10	9	9	9	10	11
各行业合计	236	470	440	492	493	604	649
政府服务	22	28	27	59	30	31	25
统计误差	51	124	54	47	82	100	152
南　非②							
按当年价格计算	16040	54113	55285	56711	59304	69226	81926
农业	938	2154	1941	1781	1911	2501	2806
矿业	1822	7176	7354	6448	5013	6426	7558
制造业	4327	13414	13007	13018	14522	17056	21842
电、煤气、水	1960	4937	4274	4584	4499	5463	7015
建筑业	266	758	834	778	726	817	869
商业、饭店和旅馆业	689	3023	3450	3841	4225	5030	6060
交通、仓储和运输业	1652	3937	5168	5139	5418	5459	6430
金融保险、不动产和工商服务业	2508	11715	12298	13094	14219	17101	19976
社会团体和个人服务业③	118	6999	6959	8028	8771	9373	9343
各行业合计	14280	54113	55285	56711	59304	69226	81926
政府服务③	1760						
私人非营利组织③							
按1990年价计算		54113	50115	47479	46159	50175	55359
农业		2154	1771	1498	1498	1840	1914
矿业		7176	6688	5437	3947	4730	5191
制造业		13414	11851	11145	11711	12871	15564
电、煤气、水		4937	3906	3915	3619	4134	4985
建筑业		758	770	664	575	604	625
商业、饭店和旅馆业		3023	3145	3218	3258	3603	4027
交通、仓储和运输业		3937	4714	4256	4092	3833	4175
金融保险、不动产和工商服务业		11715	11062	10751	10743	11894	12824
社会团体和个人服务业③		6999	6208	6595	6716	6666	6054

4－21 续表 1 单位：百万本币

	1980 年	1990 年	1991 年	1992 年	1993 年	1994 年	1995 年
南　非②(续)							
各行业合计		54113	50115	47479	46159	50175	55395
政府服务③							
私人非营利组织③							
加 拿 大							
按当年价格计算	72624	138541	128766	125164	129987	142111	141367
农业	4541	3713	2603	1962	4330	3402	4345
矿业	8576	8009	7830	6155	8807	13498	13003
制造业	9673	17060	14362	10992	12694	16162	20449
电、煤气、水	6663	11486	12744	11745	9858	7846	7687
建筑业	1098	1959	1576	1759	1766	2179	1815
商业、饭店和旅馆业④	1067	1053	2347	1637	3437	5661	6265
交通、仓储和运输业	6030	10755	10283	10588	9677	9819	10351
金融保险、不动产和工商服务业④	21983	55838	49922	53176	51888	54114	48601
社会团体和个人服务业④	4701	11991	10705	11084	11718	12364	11033
各行业合计	64332	121864	112372	109098	114175	125045	123549
政府服务	8292	16677	16394	16066	15812	17066	17818
私人非营利组织							
墨 西 哥①							
按当年价格计算	1214	170993	221423	262109	263777	308686	359955
农业	39	3346	4035	4897	2415	1524	－3393
矿业	4	36	33	33	23	－2	26
制造业	560	102489	131621	151048	138071	160658	210451
电、煤气、水							
建筑业	608	64847	85427	105843	122945	146126	152503
商业、饭店和旅馆							
交通、仓储和运输业							
金融保险、不动产和工商服务业							
社会团体和个人服务业	3	275	307	287	323	380	367
各行业合计	1214	170993	221423	262109	263777	308686	359955
政府服务							
私人非营利组织							
按 1993 年不变价计算		213497	234728	265982	263777	289451	189061
农业		4144	4543	4924	2415	1715	－4153
矿业		38	35	33	23	－6	5
制造业		101649	117610	141593	138071	155433	91192
电、煤气、水							
建筑业		107015	112093	119114	122945	132009	101781
商业、饭店和旅馆							
交通、仓储和运输业							
金融保险、不动产和工商服务业							
社会团体和个人服务业		650	447	318	323	300	235
各行业合计		213497	234728	265982	263777	289451	189061
政府服务							
私人非营利组织							
美　国							
按当年价格计算	539898	939000	879600	944100	1033500	1181500	
农业	13863	30000	23800	28000	21800	44100	31100
矿业	42988	27800	29300	22500	27800	26200	25400
制造业	79535	119900	107200	105300	120900	142800	164600

4—21 续表 2　　单位：百万本币

	1980 年	1990 年	1991 年	1992 年	1993 年	1994 年	1995 年
美　国(续)							
电、煤气、水	28256	52400	50800	52100	56300	53100	61900
建筑业	4896	6100	1900	4300	8800	10700	18000
商业、饭店和旅馆	36306	81500	81700	92600	110700	142900	133500
交通、仓储和运输业	45278	68600	70300	74800	77800	92400	108000
金融保险、不动产和工商服务业	181818	350200	304200	334200	367700	414300	433800
社会团体和个人服务业	17714	37300	42300	49200	52200	59700	58100
统计误差	209984	35400	35900	40400	42000	41800	
各行业合计	475822	809200	747500	803500	886000	1028000	
政府服务	49172	97200	101500	107200	113700	118500	
私人非营利组织	14904	32600	30600	33400	33800	35000	37700
按 1992 年不变价计算	647750	962300	883200	944100	1017000	1143200	1154700
农业	20818	31600	23600	28000	21300	42300	28600
矿业	51439	26900	27800	22500	27200	25600	24900
制造业	98481	123100	111200	101300	127100	130100	
电、煤气、水	35817	54100	51300	52100	56000	52000	59900
建筑业	6267	6400	9100	8100	10500	15000	13500
商业、饭店和旅馆	44101	83700	81900	92600	109200	138700	127000
交通、仓储和运输业	57890	71200	70800	74800	77400	90700	106600
金融保险、不动产和工商服务业	218278	355300	305500	334200	360000	397600	414500
社会团体和个人服务业	21590	38500	42900	49200	51200	57400	54100
统计误差		38800	26600	40600	31700	44300	
各行业合计		829700	750600	803500	871600	993800	
政府服务	55572	99500	101900	107200	112200	115600	
私人非营利组织	14904	33100	30700	33400	33200	33800	35700
法　国②							
按当年价格计算	645753	1462303	1457983	1376437	1311393	1332101	1380662
农业	23450	43330	26898	35745	32757	36836	42401
矿业	1176	307	323	1064	41	−15	−8167
制造业	99135	275162	240950	197005	170197	179896	191567
电、煤气、水	38826	42174	44633	52538	52819	48440	53853
建筑业	21196	37892	36626	25521	28701	28173	27508
商业、饭店和旅馆	43177	130402	130395	115848	106503	111170	117209
交通、仓储和运输业	60577	120176	135208	127261	119424	104576	111522
金融保险、不动产和工商服务业	266226	559016	571504	548448	516739	539610	560921
社会团体和个人服务业	12865	53148	52121	44040	56991	56749	57965
各行业合计		1261607	1238658	1147470	1084172	1105435	1154779
政府服务	77674	197660	216134	225689	223982	223359	222451
私人非营利组织	1451	3036	3191	3278	3239	3307	3432
荷　兰⑤							
按当年价格计算		114458	115810	106181	97319	106855	111455
农业		5591	5537	5306	4483	4413	4521
矿业		1326	2016	2399	3837	2077	1610
制造业		17515	16819	15856	14003	12809	24987
电、煤气、水		2896	3183	2999	4750	6241	
建筑业		2030	1877	1806	1814	1783	
商业、饭店和旅馆		9998	11034	11016	10983	10818	11606
交通、仓储和运输业		12323	12994	13331	10822	12603	13332
金融保险、不动产和工商服务业		29191	28478	31656	32549	35674	37018
社会团体和个人服务业		17438	18640	18668	17847	16935	18569

4－21 续表 3　　　　单位:百万本币

	1980 年	1990 年	1991 年	1992 年	1993 年	1994 年	1995 年
荷　兰⑤(续)							
各行业合计		104825	105928	106181	97319	106855	111455
政府服务		13258	13110	13909	14222	14942	15501
私人非营利组织							
统计误差		－3625	－3228	－3625	－3694	－3719	－3835
按 1990 年不变价计算		114460	113040	111690	101630	109990	114240
农业		5590	5400	5080	4120	4020	4100
矿业		1330	1960	2300	3650	1950	1490
制造业		17510	16510	15330	13500	12290	23370
电、煤气、水		2900	3080	2830	4380	5700	
建筑业		2030	1860	1760	1760	1720	
商业、饭店和旅馆		10000	10850	10680	10510	10300	11220
交通、仓储和运输业		12320	12760	12940	10500	12170	13120
金融保险、不动产和工商服务业		29190	27730	29820	30090	32310	32570
社会团体和个人服务业		17440	18410	18350	17490	16560	18340
各行业合计		104830	103440	101960	91960	99810	104200
政府服务		13260	12790	13330	13430	13950	14280
私人非营利组织							
统计误差		－3630	－3190	－3600	－3760	－3770	－3830
英　国							
按当年价格计算	38989	104566	90139				
农业	1042	1327	1197				
矿业	3647	3918	5701				
制造业	4874	12375	8758				
电、煤气、水	2254	5211	6389				
建筑业	286	1764	597				
商业、饭店和旅馆	2582	9113	6857				
交通、仓储和运输业	4184	9067	9140				
金融保险、不动产和工商服务业	13294	41260					
社会团体和个人服务业	3431	9297					
统计误差	1614	5073	4495				
各行业合计	37219	98405	83613				
政府服务	1770	6161	6526				
私人非营利组织							
按 1985 年不变价计算	50045	79354	68955				
农业	1228	1015	924				
矿业	4423	2856	4520				
制造业	6733	10264	7565				
电、煤气、水	2947	4051	5001				
建筑业	349	1333	415				
商业、饭店和旅馆	3199	7151	5642				
交通、仓储和运输业	5472	7435	7299				
金融保险、不动产和工商服务业	18912	30814					
社会团体和个人服务业	3860	6805					
统计误差	2755	2795	2427				
各行业合计	48019	74519	63778				
政府服务	2075	4835	5177				
私人非营利组织							

注:①十亿本币。②为固定资本形成,不包括库存增加,法国指 1993 年及以后。③政府服务和私人非营利机构包括在社会团体和个人服务业内。④饭店和旅馆业、工商服务业包括在社会团体和个人服务业内。⑤农业等九大行业部门不包括库存增加。

资料来源:联合国《国民经济核算年鉴》1991 年、1995 年。

4—22 中国投入产出基本流量表(1997年)

(按当年生产者价格计算)　　单位：亿元

投入＼产出	农业	采掘业	食品制造业	纺织、缝纫及皮革产品制造业	其他制造业	电力及蒸汽、热水生产和供应业
总投入合计	**246774**	**68284**	**137926**	**153666**	**98849**	**39087**
中间投入合计	**99358**	**32596**	**99669**	**108530**	**64057**	**22206**
农　业	39641	675	59228	13767	5121	5
采掘业	512	5190	638	405	1627	7824
食品制造业	16369	19	17662	2425	93	0
纺织、缝纫及皮革产品制造业	706	586	319	62034	7210	151
其他制造业	1043	1050	3899	1905	21651	501
电力及蒸汽、热水生产和供应业	1805	3335	1095	933	2413	1360
炼焦、煤气及石油加工业	2089	1527	311	250	528	2056
化学工业	18257	3324	3484	11769	7641	290
建筑材料及其他非金属矿物制品业	628	813	937	204	824	305
金属产品制造业	769	2667	1058	482	4624	271
机械设备制造业	3947	5978	1162	1967	2440	4573
建筑业	490	152	74	94	87	108
运输邮电业	2938	2960	1723	2016	2085	1270
商业饮食业	4475	2086	5557	7977	5536	2069
公用事业及居民服务业	1084	774	1613	1100	1033	442
金融保险业	1157	837	756	1065	850	792
其他服务业	3447	622	153	138	294	190
增加值合计	**147416**	**35687**	**38257**	**45135**	**34792**	**16881**
固定资产折旧	5848	7288	5183	6497	3653	5227
劳动者报酬	129787	16499	10605	21120	14320	4316
生产税净额	4330	3635	13073	7467	3913	2979
营业盈余	7451	8265	9397	10052	12906	4360

4－22 续表 1 单位：亿元

投入＼产出	炼焦、煤气及石油加工业	化学工业	建筑材料及其他非金属矿物制造业	金属产品制造业	机械设备制品业	建筑业
总投入合计	**32377**	**152122**	**88074**	**127583**	**255466**	**173855**
中间投入合计	**25175**	**111268**	**60249**	**100112**	**183445**	**123880**
农　业	0	7064	258	44	88	721
采掘业	17239	7180	9967	12930	2065	4557
食品制造业	0	1929	71	0	4	111
纺织、缝纫及皮革产品制造业	92	6161	1252	570	2005	572
其他制造业	240	3436	5381	5843	5977	4539
电力及蒸汽、热水生产和供应业	708	5820	3857	5785	2799	1220
炼焦、煤气及石油加工业	1606	2890	2463	3304	1824	4976
化学工业	689	55577	5049	2907	18540	3637
建筑材料及其他非金属矿物制品业	285	1512	12485	3054	5378	47056
金属产品制造业	205	1999	4693	45536	38925	21294
机械设备制造业	1270	3815	3927	5955	84494	14019
建筑业	39	134	67	110	300	101
运输邮电业	931	3522	3702	4871	4968	6373
商业饮食业	1232	6473	5032	4564	9456	8315
公用事业及居民服务业	244	1807	743	1387	3113	3503
金融保险业	324	1628	1151	2851	2755	1071
其他服务业	71	322	150	399	756	1816
增加值合计	**7202**	**40855**	**27825**	**27471**	**72021**	**49975**
固定资产折旧	1134	6467	4337	4863	8860	2869
劳动者报酬	1737	15325	13249	13388	30857	34579
生产税净额	2900	9364	4719	5720	11569	4074
营业盈余	1432	9699	5521	3500	20734	8453

4—22 续表 2

单位：亿元

投入 \ 产出	运输邮电业	商业饮食业	公用事业及居民服务业	金融保险业	其他服务业	中间使用合计
总投入合计	**70252**	**132988**	**75005**	**35953**	**110181**	**1998442**
中间投入合计	**31017**	**68627**	**38495**	**14008**	**58709**	**1241402**
农业	112	5836	466	0	1095	134122
采掘业	434	186	474	19	844	72089
食品制造业	408	9684	1847	6	641	51269
纺织、缝纫及皮革产品制造业	460	1905	1641	88	1306	87059
其他制造业	1331	5555	4198	1438	7003	74989
电力及蒸汽、热水生产和供应业	1155	1136	778	192	1880	36272
炼焦、煤气及石油加工业	5586	1797	1650	126	1003	33986
化学工业	1080	2444	2320	88	8317	145414
建筑材料及其他非金属矿物制品业	294	1071	1259	52	1241	77397
金属产品制造业	428	640	687	62	1232	125571
机械设备制造业	10032	11046	8278	1749	7136	171789
建筑业	1363	578	1964	665	3962	10285
运输邮电业	3116	3288	3084	1321	7425	55595
商业饮食业	1474	11914	2806	785	5153	84903
公用事业及居民服务业	2163	6718	4838	4079	6151	40792
金融保险业	1107	4266	1476	3121	1734	26942
其他服务业	476	563	729	215	2586	12929
增加值合计	**39235**	**64362**	**36510**	**21945**	**51472**	**757041**
固定资产折旧	11463	6486	13151	1710	8088	103122
劳动者报酬	15385	32195	15281	6569	40192	415404
生产税净额	3217	13507	2759	8311	913	102449
营业盈余	9169	12174	5319	5355	2278	136066

4—22 续表 3

单位：亿元

产出 投入	最终使用						
	最终消费					资本形成总额	
	居民最终消费			政府消费	合计	固定资本形成总额	存货增加
	农村居民	城镇居民	小计				
总投入合计							
中间投入合计	**177983**	**179807**	**357790**	**87249**	**445038**	**251542**	**33034**
农业	67413	36196	103609	0	103609	5938	4696
采掘业	614	301	915	0	915	0	224
食品制造业	36624	39334	75959	0	75959	0	5405
纺织、缝纫及皮革产品制造业	11065	19533	30597	0	30597	0	8180
其他制造业	4415	7694	12109	0	12109	1970	1948
电力及蒸汽、热水生产和供应业	1590	2609	4198	0	4198	0	0
炼焦、煤气及石油加工业	227	1058	1285	0	1285	0	715
化学工业	6083	4245	10328	0	10328	0	4200
建筑材料及其他非金属矿物制品业	1479	3809	5288	0	5288	0	3194
金属产品制造业	1387	1582	2969	0	2969	1703	−1359
机械设备制造业	10404	12500	22904	0	22904	68738	2926
建筑业	0	0	0	0	0	167473	0
运输邮电业	3914	5622	9537	0	9537	584	368
商业饮食业	12883	16744	29627	0	29627	3267	2538
公用事业及居民服务业	10920	11108	22027	6271	28299	1869	0
金融保险业	3615	5629	9244	0	9244	0	0
其他服务业	5350	11843	17193	80977	98171	0	0

4—22 续表 4

单位：亿元

产出 投入	最终使用			进口	其他	总产出
	资本形成总额	净出口	最终使用合计			
	小计					
总投入合计						
中间投入合计	**284576**	**165432**	**895047**	**−127591**	**−10415**	**1998442**
农业	10634	4083	118326	−4000	−1675	246774
采掘业	224	3898	5036	−7685	−1157	68284
食品制造业	5405	7331	88695	−4706	2669	137926
纺织、缝纫及皮革产品制造业	8180	38676	77453	−12051	1205	153666
其他制造业	3918	13796	29823	−6874	910	98849
电力及蒸汽、热水生产和供应业	0	382	4580	−2	−1763	39087
炼焦、煤气及石油加工业	715	1779	3779	−3945	−1443	32377
化学工业	4200	15144	29671	−21130	−1833	152122
建筑材料及其他非金属矿物制品业	3194	2995	11477	−1062	262	88074
金属产品制造业	344	11354	14668	−11566	−1090	127583
机械设备制造业	71664	38761	133329	−47932	−1719	255466
建筑业	167473	245	167718	−501	−3647	173855
运输邮电业	951	5854	16342	−1095	−590	70252
商业饮食业	5805	12893	48325	−431	191	132988
公用事业及居民服务业	1869	7552	37719	−3672	166	75005
金融保险业	0	169	9413	−441	39	35953
其他服务业	0	521	98691	−496	−943	110181

资料来源：中国国家统计局《中国统计年鉴》1999 年。

4－23 日本投入产出表

（1995 年）

单位：百万日元

部门	1 农林水产业	2 采掘业	3 食品饮料业	4 纺织品	5 纸、纸浆 木制品	6 化学制品	7 石油、煤炭 制品	8 陶瓷、粘土 制品
1 农林水产业	1922099	838	8516063	105978	968866	56990	541	707
2 采掘业	0	4133	25	63	22978	115701	3552640	767803
3 食品饮料业	1094746	0	5132390	22876	21497	103819	66	3186
4 纺织品	95639	8919	62218	3103824	114213	28188	6338	30654
5 纸、纸浆、木制品	180504	3880	749498	99213	4809089	428005	684	211001
6 化学制品	709232	14195	357980	780298	553408	7213460	54513	206451
7 石油、煤炭制品	176000	11208	87356	32104	99491	744525	412420	103952
8 陶瓷、粘土制品	20438	212	235836	5333	103755	147186	8266	977808
9 钢铁	465	2326	0	329	173888	1114	0	105220
10 有色金属	0	362	43169	159	23834	87670	154	36242
11 金属制品	22743	26097	870988	23538	239315	259144	25121	92011
12 一般机械	717	6991	10	0	39269	701	118	21989
13 电气机械	4685	764	232	23	3626	1359	17	49
14 运输机械	73895	55	0	0	0	0	0	0
15 精密机械	1381	23	90	127	534	543	11	269
16 其他工业产品	148184	18535	983896	432136	449054	568971	9253	110478
17 建筑	50332	10497	97100	40820	107898	172070	28600	135799
18 电、煤气、热供应	60324	41298	471253	171698	407348	845867	97099	333858
19 水供应和卫生服务	11301	5816	132016	36237	48232	169022	12431	46540
20 商业	655942	29097	3088738	740717	1329131	996007	194651	446299
21 金融保险	530268	73258	299062	331660	305165	446629	181017	266282
22 不动产	4159	15669	79897	73943	71988	109170	17512	65797
23 运输	727290	402110	1471975	284799	757365	706663	376982	809296
24 通信和广播	13526	7562	77049	49107	33110	109822	16688	20564
25 政府服务	0	0	0	0	0	0	0	0
26 教育、研究	13607	2955	219693	90694	91626	1945802	52872	203398
27 医疗、保健、社会保障	0	0	0	0	17	219	0	0
28 其他公共服务	3271	2474	30935	11153	13337	40586	5098	10677
29 工商服务	155619	62916	1232438	381762	468816	1411069	124813	379243
30 个人服务	5549	417	9484	3054	4236	6347	1035	2341
31 办公用品	8954	2283	54919	25977	25612	17886	1198	15765
32 分类不明	150716	22801	228339	94629	170468	268114	8626	49773
33 中间部门(1 至 32)	6841586	777691	24532649	6942251	11457166	17002649	5188764	5453452
34 家庭外消费支出	122830	86522	775173	174449	349183	675241	86527	244409
35 雇员报酬	1496583	338029	5181333	2681882	3287879	3179894	333981	2119759
36 营业盈余	5196772	243973	2831330	602855	1368568	2485372	283457	885939
37 固定资产折旧	1753170	152825	1392082	469665	873730	1775344	418068	662124
38 间接税	622156	76305	4474726	302742	469622	665450	4192082	334601
39 补贴	－215333	－15803	－330763	－9335	－6045	－5749	－10083	－4190
40 部门增加值(34 至 39)	8976178	881851	14323881	4222258	6342937	8775552	5304032	4242642
41 国内生产总额(33＋40)	15817764	1659542	38856530	11164509	17800103	25778201	10492796	9696094
42 国内生产净值(35＋36) （要素费用）	6693355	582002	8012663	3284737	4656447	5665266	617438	3005698
43 国内生产总值(40－34)	8853348	795329	13548708	4047809	5993754	8100311	5217505	3998233

4－23续表1 单位：百万日元

部门	9 钢铁	10 有色金属	11 金属制品	12 一般机械	13 电气机械	14 运输机械	15 精密机械	16 其他工业产品	17 建筑
1 农林水产业	16	229	0	0	0	190	0	292133	160985
2 采掘业	378260	419228	1390	808	121	481	98	40976	818677
3 食品饮料业	24	0	0	0	0	0	0	54294	0
4 纺织品	14307	11069	28706	46367	157265	94827	8094	194489	252377
5 纸、纸浆、木制品	17241	35933	91787	59029	353719	80718	26803	1831694	4573989
6 化学制品	120556	90678	147435	178057	500014	372900	28835	3380918	445342
7 石油、煤炭制品	454643	25220	30620	28805	44709	45609	2647	42957	697088
8 陶瓷、粘土制品	156459	32507	67252	151744	525599	276085	70293	91619	5774227
9 钢铁	9441650	9504	3099889	2318980	753033	1569445	43253	72440	1600241
10 有色金属	138732	2231799	862392	553638	1487186	718505	84600	208428	717575
11 金属制品	18293	12410	1021797	1090706	882013	456861	56560	246959	8244282
12 一般机械	10507	3211	32600	5374967	441022	530634	44006	58136	570214
13 电气机械	76	2267	72699	1314402	14449007	1833451	291698	204043	1019335
14 运输机械	0	0	0	0	0	18143543	0	0	0
15 精密机械	46	30	485	128373	43285	25528	472529	2609	4584
16 其他工业产品	52476	90473	184928	759801	1938442	1750353	200404	5358916	1959295
17 建筑	171809	39851	130561	87895	176174	81936	17057	103339	224214
18 电、煤气、热供应	667239	184806	279501	259351	537122	367516	40936	516714	484172
19 水供应和卫生服务	50007	11046	21543	58802	55261	41414	8000	40242	136079
20 商业	770116	455891	679996	1513409	2795897	1664248	265977	1796144	6184840
21 金融保险	270701	120615	280958	401560	435612	382289	87324	530519	953345
22 不动产	68160	16732	84224	124090	160122	59750	21488	182473	273086
23 运输	748326	235346	506243	601668	912003	683482	75994	1045504	4699385
24 通信和广播	18381	17164	67370	96487	120024	53757	15438	173220	491263
25 政府服务	0	0	0	0	0	0	0	0	0
26 教育、研究	187132	153250	138129	758834	3315971	1365013	238159	404818	255543
27 医疗、保健、社会保障	23	0	0	0	0	0	0	40	20
28 其他公共服务	18113	2441	19240	48078	36463	11266	2513	28935	93782
29 工商服务	423711	158080	610052	1142706	2268609	1057136	166479	1361792	6606055
30 个人服务	5317	1746	3866	7164	13392	7639	1006	31039	39145
31 办公用品	10607	4480	34776	49230	81279	28799	5263	56717	46359
32 分类不明	215814	42784	172137	339121	336770	96017	18773	273759	178790
33 中间部门(1至32)	14428742	4408790	8670576	17494072	32820114	31799392	2294227	18625866	47504289
34 家庭外消费支出	216844	83447	424550	640169	1301744	422997	79137	877283	1690537
35 雇员报酬	2693288	937451	4126589	5981555	9021484	5982875	968636	7756448	29275659
36 营业盈余	896415	349057	1156852	2266650	3154258	1225428	187158	2377501	3082390
37 固定资产折旧	1333246	385461	867941	1520930	3271479	1979132	208904	1675679	4537604
38 间接税	528696	180381	468430	578911	827672	459249	74588	762081	2226011
39 补贴	－3941	－1470	－7218	－7254	－11297	－13275	－1910	－12774	－167203
40 部门增加值(34至39)	5664548	1934327	7037144	10980961	17565340	10056406	1516513	13436218	40644998
41 国内生产总额(33＋40)	20093290	6343117	15707720	28475033	50385454	41855798	3810740	32062084	88149287
42 国内生产净值(35＋36)(要素费用)	3589703	1286508	5283441	8248205	12175742	7208303	1155794	10133949	32358049
43 国内生产总值(40－34)	5447704	1850880	6612594	10340792	16263596	9633409	1437376	12558935	38954461

4—23 续表 2

单位:百万日元

部门	18 电、煤气热供应	19 水供应和卫生服务	20 商业	21 金融保险	22 不动产	23 运输	24 通信和广播	25 政府服务
1 农林水产业	0	0	9968	0	75	2264	0	2004
2 采掘业	1318771	91	0	0	0	44	0	656
3 食品饮料业	0	0	15147	0	0	8453	0	8857
4 纺织品	5988	30330	402763	80843	2670	112631	16074	125225
5 纸、纸浆、木制品	19670	23622	899528	169917	42692	408785	34731	82936
6 化学制品	10120	93230	693	1017	1365	23745	20459	25880
7 石油、煤炭制品	767784	62260	97913	9513	26117	3772751	12408	98470
8 陶瓷、粘土制品	1155	17430	41192	686	3154	3602	1	8727
9 钢铁	0	2875	0	0	0	19343	0	786
10 有色金属	9857	846	1097	0	0	671	0	4922
11 金属制品	13821	4172	276127	1710	16259	85522	3057	159594
12 一般机械	127	24786	691	0	0	4322	194	8976
13 电气机械	298	380	28281	4581	906	13923	34697	262711
14 运输机械	0	0	0	0	0	593455	0	677615
15 精密机械	0	542	139767	1595	278	1247	506	20343
16 其他工业产品	103081	217391	1442147	900013	39750	292039	221115	1089011
17 建筑	969847	196520	592386	134029	2278817	471174	159065	462686
18 电、煤气、热供应	1660084	362883	930898	129833	192179	653448	125601	399459
19 水供应和卫生服务	98373	382118	234518	64176	34330	222907	55487	453376
20 商业	190686	123950	1124165	222522	106581	1805303	76185	468338
21 金融保险	637218	86552	5866190	3534837	3270553	3087894	225208	82355
22 不动产	226214	27100	3841571	677165	479022	830828	244458	49810
23 运输	425040	253048	5341643	704601	162279	5290484	415079	836923
24 通信和广播	66006	45768	1901388	673976	43531	346501	916686	382638
25 政府服务	0	0	0	0	0	0	0	0
26 教育、研究	375558	1117	151662	16159	224	86457	281404	8536
27 医疗、保健、社会保障	24	92	700	421	85	634	534	149
28 其他公共服务	28902	48032	57969	83972	15709	58749	13879	220
29 工商服务	1539309	441961	4952298	3660348	968680	6375330	1143717	1808605
30 个人服务	7590	3815	159888	21718	41982	36495	550703	41955
31 办公用品	22068	16960	479370	161765	30337	102093	39415	87329
32 分类不明	108634	61518	587403	145598	511154	228602	119611	426323
33 中间部门(1 至 32)	8606225	2529389	29577363	11400995	8268729	24939696	4710274	8085415
34 家庭外消费支出	383343	174336	2720339	1277775	278881	1100877	220492	546614
35 雇员报酬	2075229	2486172	49923358	13958101	2508320	16706851	4920604	16768963
36 营业盈余	2808447	751585	11302927	5990313	28407481	2805093	1496198	0
37 固定资产折旧	3720585	1645971	5010213	3672291	20798744	3272698	2833492	763140
38 间接税	1233024	246903	3958417	1554582	4089719	1631689	586315	52826
39 补贴	—16809	—180880	—171062	—1519495	—166676	—343128	—4564	0
40 部门增加值(34 至 39)	10203819	5124087	72744192	24933567	55916469	25174080	10052537	18131543
41 国内生产总额(33+40)	18810044	7653476	102321555	36334562	64185198	50113776	14762811	26216958
42 国内生产净值(35+36)(要素费用)	4883676	3237757	61226285	19948414	30915801	19511944	6416802	16768963
43 国内生产总值(40—34)	9820476	4949751	70023853	23655792	55637588	24073203	9832045	17584929

4－23 续表 3　　　　单位:百万日元

部门	26 教育、研究	27 医疗、保健 社会保障	28 其他公共 服务	29 工商服务	30 个人服务	31 办公用品	32 分类不明	33 中间部门 (1－32)	34 家庭外 消费支出
1 农林水产业	26690	173811	0	1213	1047401	0	0	13289061	103521
2 采掘业	3435	118	0	70	912	0	687	7448166	0
3 食品饮料业	16989	535336	0	0	5862169	0	256	12880105	1310601
4 纺织品	36746	148628	104246	143198	220544	37398	37088	5761866	157613
5 纸、纸浆、木制品	150026	170767	81292	280674	355612	943511	57737	17274287	196592
6 化学制品	111179	5650665	10109	215721	357283	147964	54497	21878199	254727
7 石油、煤炭制品	122098	118261	12438	84068	147666	0	43342	8414443	14933
8 陶瓷、粘土制品	44274	49222	4695	55655	127647	6172	38847	9047078	38863
9 钢铁	0	330	23	7336	1322	30	53108	19276930	0
10 有色金属	0	35210	580	9551	17203	648	28004	7303034	1860
11 金属制品	2444	10530	7823	84664	106525	361	54985	14416432	51196
12 一般机械	0	0	0	1456468	15904	81473	0	8728033	2023
13 电气机械	52809	2005	0	1058720	30231	30649	5814	20723738	265436
14 运输机械	1021	0	0	1764088	1924	0	0	21255596	0
15 精密机械	320	189672	89	38477	15278	0	0	1088561	19780
16 其他工业产品	1073003	368045	360712	3466009	748380	251400	121546	25709237	525831
17 建筑	410367	190864	9001	186667	382376	0	0	8119751	0
18 电、煤气、热供应	703068	590966	17256	372056	1204506	0	11650	13119989	1961
19 水供应和卫生服务	322276	335086	12355	55227	994013	0	79852	4228083	2827
20 商业	570621	2104431	164362	1663463	3342505	428284	112285	36110781	2174666
21 金融保险	161317	534400	84168	3269488	1333300	0	900313	28970057	284
22 不动产	503988	358727	105977	718770	1076487	0	73546	10641923	0
23 运输	526359	649667	129025	1025470	1545944	108798	141553	32600344	687905
24 通信和广播	343341	190534	90905	2588852	501841	0	9836	9482335	139704
25 政府服务	0	0	0	0	0	0	461434	461434	0
26 教育、研究	10	6608	0	123419	14420	0	40984	10544054	0
27 医疗、保健、社会保障	137	952909	28	290	1130	0	0	957452	382051
28 其他公共服务	43155	45887	0	133724	203433	0	2524	1114517	0
29 工商服务	1455875	1295881	299863	6075540	1819783	0	243631	50092117	35300
30 个人服务	40329	450225	20068	333538	975788	0	45584	2872455	13051703
31 办公用品	159774	110101	26368	190165	140103	0	1031	2036983	0
32 分类不明	349446	101632	45101	403450	251439	295	0	6007637	0
33 中间部门(1 至 32)	7231097	15370518	1586484	25806031	22843069	2036983	2620134	431854678	19419377
34 家庭外消费支出	378983	605886	188686	1773133	1491915	0	27075	19419377	
35 雇员报酬	22703803	16678899	2500298	20177792	16224041	0	164746	273160502	
36 营业盈余	156307	2097468	105002	5764481	7098624	0	2328330	99706231	
37 固定资产折旧	2627903	1793394	317742	7035867	3698538	0	332757	80800719	
38 间接税	263198	442348	90285	2192810	2836422	0	47313	36469554	
39 补贴	－114295	－759126	－129774	－58845	－19354	0	－2779	－4310430	
40 部门增加值(34 至 39)	26015899	20858869	3072239	36885238	31330186	0	2897442	505245953	
41 国内生产总额(33＋40)	33246996	36229387	4658723	62691269	54173255	2036983	5517576	937100631	
42 国内生产净值(35＋36)(要素费用)	22860110	18776367	2605300	25942273	23322665	0	2493076	372866733	
43 国内生产总值(40－34)	25636916	20252983	2883553	35112105	29838271	0	2870367	485826576	

4—23 续表 4　　单位:百万日元

部　门	44 个　人 消费支出	45 政　府 消费支出	46 政府固定 资本形成	47 私人固定 资本形成	48 库存增加	49 国内最终 总需求	50 国内总需求	51 出　口	52 最终需求合 计(49+51)
1 农林水产业	4077127	0	0	199355	483562	4863565	18152626	41179	4904744
2 采掘业	151	0	0	−8375	42414	34190	7482356	16362	50552
3 食品饮料业	28642652	674651	0	0	−60818	30567086	43447191	178905	30745991
4 纺织品	7012757	0	3274	381897	22327	7577868	13339734	572369	8150237
5 纸、纸浆、木制品	962579	0	97283	834945	24654	2116053	19390340	257642	2373695
6 化学制品	2918566	0	0	0	87316	3260609	25138808	2877423	6138032
7 石油、煤炭制品	2937577	0	0	0	−38593	2913917	11328360	303295	3217212
8 陶瓷、粘土制品	395116	0	0	0	30579	464558	9511636	501831	966389
9 钢铁	−20185	0	−19250	−99720	26206	−112949	19163981	1527889	1414940
10 有色金属	154931	0	0	4756	79887	241434	7544468	596898	838332
11 金属制品	478261	0	9330	469634	92253	1100674	15517106	499933	1600607
12 一般机械	79575	0	812641	13470199	292951	14657389	23385422	6199904	20857293
13 电气机械	6862944	0	2159611	11890408	410512	21588911	42312649	12923858	34512769
14 运输机械	6195606	0	267545	6576614	98023	13137788	34393384	9135861	22273649
15 精密机械	923704	0	219036	1170901	33499	2366920	3455481	1039117	3406037
16 其他工业产品	6235087	32991	204691	630457	95507	7724564	33433801	1274934	8999498
17 建筑	0	0	33918661	46110875	0	80029536	88149287	0	80029536
18 电、煤气、热供应	5664548	0	0	0	0	5666509	18786498	24724	5691233
19 水供应和卫生服务	1789546	1629633	0	0	0	3422006	7650089	4028	3426034
20 商业	50504982	3631	899208	9506661	178306	63267454	99378235	3099759	66367213
21 金融保险	7813799	0	0	0	0	7814083	36784140	577080	8391163
22 不动产	53542615	0	0	0	0	53542615	64184538	5151	53547766
23 运输	14694175	−66042	73146	730128	162398	16281710	48882054	3739656	20021366
24 通信和广播	5167930	0	0	0	0	5307634	14789969	47885	5355519
25 政府服务	781784	24973740	0	0	0	25755524	26216958	0	25755524
26 教育、研究	6754062	15960091	0	0	0	22714153	33258207	21570	22735723
27 医疗、保健、社会保障	8936610	25953963	0	0	0	35272624	36230076	59	35272683
28 其他公共服务	3536409	0	0	0	0	3536409	4650926	47139	3583548
29 工商服务	4106728	0	1531696	7676130	0	13349854	63441971	809071	14158925
30 个人服务	40621912	0	0	0	0	53673615	56546070	439455	54113070
31 办公用品	0	0	0	0	0	0	2036983	0	0
32 分类不明	24236	0	0	0	0	24236	6031873	46084	70320
33 中间部门(1至32)	271795784	69162658	40176872	99544865	2060983	502160539	934015217	46809061	548969600

4－23续表5

单位:百万日元

部门	53 需求合计 (33＋52)	54 减:进口	55 减:关税	56 减:进口 商品税	57 减:进口总计 (54至56)	58 各部门最 终总需求 (52－57)	41 国内生产 总额 (33＋58)	59 国内总支出 (58－34)
1 农林水产业	18193805	－2258524	－48366	－69151	－2376041	2528703	15817764	2425182
2 采掘业	7498718	－5074306	－75984	－688886	－5839176	－5788624	1659542	－5788624
3 食品饮料业	43626096	－3854871	－437361	－477334	－4769566	25976425	38856530	24665824
4 纺织品	13912103	－2440778	－228372	－78444	－2747594	5402643	11164509	5245030
5 纸、纸浆、木制品	19647982	－1759919	－34263	－53697	－1847879	525816	17800103	329224
6 化学制品	28016231	－2140807	－33295	－63928	－2238030	3900002	25778201	3645275
7 石油、煤炭制品	11631655	－1064298	－11503	－63058	－1138859	2078353	10492796	2063420
8 陶瓷、粘土制品	10013467	－305541	－2747	－9085	－317373	649016	9696094	610153
9 钢铁	20691870	－573875	－7270	－17435	－598580	816360	20093290	816360
10 有色金属	8141366	－1735767	－10105	－52377	－1798249	－959917	6343117	－961777
11 金属制品	16017039	－298237	－2123	－8959	－309319	1291288	15707720	1240092
12 一般机械	29585326	－1077954	0	－32339	－1110293	19747000	28475033	19744977
13 电气机械	55236507	－4709759	－52	－141242	－4851053	29661716	50385454	29396280
14 运输机械	43529245	－1625170	0	－48277	－1673447	20600202	41855798	20600202
15 精密机械	4494598	－664016	－768	－19074	－683858	2722179	3810740	2702399
16 其他工业产品	34708735	－2485110	－98260	－63281	－2646651	6352847	32062084	5827016
17 建筑	88149287	0	0	0	0	80029536	88149287	80029536
18 电、煤气、热供应	18811222	－1178	0	0	－1178	5690055	18810044	5688094
19 水供应和卫生服务	7654117	－641	0	0	－641	3425393	7653476	3422566
20 商业	102477994	－156439	0	0	－156439	66210774	102321555	64036108
21 金融保险	37361220	－1026658	0	0	－1026658	7364505	36334562	7364221
22 不动产	64189689	－4491	0	0	－4491	53543275	64185198	53543275
23 运输	52621710	－2507934	0	0	－2507934	17513432	50113776	16825527
24 通信和广播	14837854	－75043	0	0	－75043	5280476	14762811	5140772
25 政府服务	26216958	0	0	0	0	25755524	26216958	25755524
26 教育、研究	33279777	－32781	0	0	－32781	22702942	33246996	22702942
27 医疗、保健、社会保障	36230135	－748	0	0	－748	35271935	36229387	34889884
28 其他公共服务	4698065	－39342	0	0	－39342	3544206	4658723	3544206
29 工商服务	64251042	－1559773	0	0	－1559773	12599152	62691269	12563852
30 个人服务	56985525	－2812219	0	－51	－2812270	51300800	54173255	38249097
31 办公用品	2036983	0	0	0	0	0	2036983	0
32 分类不明	6077957	－558882	－771	－728	－560381	－490061	5517576	－490061
33 中间部门(1至32)	980824278	－40845061	－991240	－1887346	－43723647	505245953	937100631	485826576

资料来源:日本统计局《日本统计年鉴》2000年。

4—24 韩国投入产出表(1995 年)

单位:百万韩圆

部门	1 农作物	2 畜产品	3 林产品	4 水产品	5 采煤业	6 原油和天然气	7 金属矿	8 非金属矿	9 肉类和酪制品
1 农作物	391474	306062	8671	0	0	0	0	0	29227
2 畜产品	122056	164274	0	0	0	0	0	0	4277487
3 林产品	296861	81447	143393	14274	0	5137	28	423	1496
4 水产品	0	0	0	119609	0	0	0	0	413
5 采煤业	0	0	0	0	0	0	0	0	0
6 原油和天然气	0	0	0	0	0	0	0	0	0
7 金属矿	0	0	0	0	0	0	0	0	0
8 非金属矿	6	578	0	126	0	0	0	0	0
9 肉类和酪制品	0	9365	0	0	0	0	0	0	556844
10 加工的海产品	0	0	0	0	0	0	0	0	9365
11 加工的谷类、面粉和精制谷物	3092	13216	0	124	0	0	0	0	9707
12 糖和淀粉	0	2527	0	0	0	0	0	0	113781
13 面包、面条和点心	0	0	0	0	0	0	0	0	36232
14 调味品、脂肪和油	1483	7145	0	515	0	0	0	0	82025
15 罐装及晾干的水果、蔬菜及其它加工食品	0	3876	0	0	0	0	0	0	43842
16 饮料	0	0	0	40015	0	0	0	0	519
17 精饲料	0	3068750	0	44508	0	0	0	0	0
18 烟草制品	0	0	0	0	0	0	0	0	0
19 纱	0	0	0	409	0	0	0	0	0
20 纤维	52	69	126	25	0	0	0	0	0
21 服装及饰品	5129	2934	117	1429	356	0	24	868	3738
22 其他纺织品	1749	2515	216	94914	64	0	28	794	230
23 皮毛制品	1287	116	120	2229	96	0	11	1346	38
24 木材和木制品	28617	19978	807	103225	10714	0	145	10831	2450
25 纸浆和纸	45534	2055	208	9982	4	0	14	209	156197
26 印刷、出版和复印	5544	4967	217	3774	293	0	37	2328	19759
27 煤制品	8752	1318	0	950	0	0	0	114	0
28 原油提炼产品	100706	119008	4291	309325	2103	0	1259	100107	37334
29 基本化学产品	0	3025	0	102	0	0	8	31	2936
30 非基本化学产品	162	2067	0	4596	145	0	156	1080	3405
31 人造树脂和橡胶	—2350	0	0	0	0	0	0	0	398
32 化学纤维	62	0	0	0	0	0	0	0	0
33 肥料和农药	1294055	270	34839	54	0	0	0	0	0
34 药、化妆品和肥皂	27	80312	12	15163	223	0	12	248	12721
35 其他化学制品	471	5440	293	17846	4500	0	1538	34989	9407
36 塑料制品	160614	37520	2066	39912	958	0	145	3531	147838
37 橡胶制品	5020	14843	75	13353	744	0	198	15965	4148
38 玻璃制品	212	7272	24	1912	0	0	0	143	1241
39 陶瓷和黏土制品	207	2	0	63	12	0	2	0	0
40 水泥和混凝土制品	0	0	0	0	66	0	0	0	54
41 其他非金属制品	1494	988	212	688	20	0	9	526	0
42 生铁和粗钢	0	0	0	0	—107	0	—3	—975	—58

4－24 续表 1

单位：百万韩圆

部门	10 加工的海产品	11 加工的谷类、面粉和精制谷物	12 糖和淀粉	13 面包、面条和点心	14 调味品、脂肪和油	15 罐装及晾干的水果、蔬菜和其它加工食品	16 饮料	17 精饲料	18 烟草制品	19 纱
1 农作物	3680	7115096	182911	97255	539132	905017	180650	1024212	479149	579677
2 畜产品	0	0	0	70534	7804	5062	517	0	0	216601
3 林产品	0	0	0	15622	7076	65825	903	8189	0	0
4 水产品	990045	0	0	7531	32367	1185	0	358	0	0
5 采煤业	0	0	0	0	0	0	0	0	0	0
6 原油和天然气	0	0	0	0	0	0	0	0	0	0
7 金属矿	0	0	0	0	0	0	0	0	0	0
8 非金属矿	3351	0	0	0	24506	1381	－2764	5981	0	0
9 肉类和酪制品	694	0	0	98312	67026	56361	16381	39541	0	13858
10 加工的海产品	141412	0	0	17433	12259	7150	0	34391	0	0
11 加工的谷类、面粉和精制谷物	5784	8929	5869	483537	70041	70812	68008	120848	0	0
12 糖和淀粉	10463	63	412963	304057	121716	58535	174562	59444	0	0
13 面包、面条和点心	13	0	0	38372	0	1416	330	2584	0	0
14 调味品、脂肪和油	27366	0	1269	280440	239376	59841	31412	438305	0	0
15 罐装及晾干的水果、蔬菜及其它加工食品	2923	0	6097	137520	79254	73959	505940	4559	0	0
16 饮料	377	0	0	2030	3421	399	428431	0	0	0
17 精饲料	0	0	0	0	0	0	0	11792	0	0
18 烟草制品	0	0	0	0	0	0	0	0	85	0
19 纱	0	0	0	0	0	0	0	218	0	274669
20 纤维	185	1	88	223	0	97	0	0	0	44184
21 服装及饰品	1070	2290	397	2075	863	1762	2065	483	273	1769
22 其他纺织品	547	244	31	291	1443	735	323	145	63	－88
23 皮毛制品	150	0	0	0	0	28	3	0	0	191
24 木材和木制品	2914	86	95	1352	2654	6726	3659	188	336	112
25 纸浆和纸	31120	40900	15656	180139	40116	49217	71946	41347	43533	24832
26 印刷、出版和复印	4480	1959	2412	6156	5143	7147	27837	2090	2562	3576
27 煤制品	0	0	0	0	0	0	14	0	0	7
28 原油提炼产品	16647	7827	22508	36806	25873	32981	40437	10438	2457	25966
29 基本化学产品	663	0	1664	8241	31869	2941	8506	8430	620	3724
30 非基本化学产品	941	47	7488	6220	16586	6707	14986	18077	15	6957
31 人造树脂和橡胶	11	－1093	43	4065	291	0	－325	－6	0	316
32 化学纤维	0	0	0	0	0	0	0	0	0	540393
33 肥料和农药	59	0	0	0	0	0	0	0	0	0
34 药、化妆品和肥皂	1691	101	2493	2665	3005	4069	7204	221028	96	3884
35 其他化学制品	4471	220	2412	41595	11026	4386	14423	3777	7394	15210
36 塑料制品	46587	21259	21860	200593	112317	65346	238177	4604	14543	4697
37 橡胶制品	1363	688	134	3865	4375	1931	3608	1114	493	1890
38 玻璃制品	93	8	833	1849	14558	27376	194984	0	0	251
39 陶瓷和黏土制品	0	0	0	0	6	101	251	0	0	273
40 水泥和混凝土制品	0	0	0	0	0	0	0	0	0	0
41 其他非金属制品	17	0	12	0	29	0	0	0	0	32
42 生铁和粗钢	－36	0	－37	0	－94	－27	－53	－66	0	－155

4－24 续表 2 单位：百万韩圆

部门	20 纤维	21 服装及饰品	22 其他纺织品	23 皮毛制品	24 木材和木制品	25 纸浆和纸	26 印刷、出版和复印	27 煤制品	28 原油提炼产品
1 农作物	0	0	5027	14682	0	0	0	0	0
2 畜产品	0	0	137	145161	0	0	0	0	0
3 林产品	0	0	0	0	831537	2771	0	0	0
4 水产品	0	0	96	72	0	0	0	917884	0
5 采煤业	0	15	0	0	0	0	0	0	0
6 原油和天然气	0	0	0	0	0	0	0	0	8645359
7 金属矿	0	0	0	0	0	0	0	64	0
8 非金属矿	3986	0	0	1352	0	53658	0	0	638
9 肉类和酪制品	0	0	0	828690	0	0	0	0	0
10 加工的海产品	0	0	0	0	0	0	0	0	0
11 加工的谷类、面粉和精制谷物	0	0	287	0	0	0	0	0	0
12 糖和淀粉	0	0	0	0	0	9571	0	0	0
13 面包、面条和点心	0	0	0	0	0	0	0	0	0
14 调味品、脂肪和油	0	0	0	926	0	0	0	0	509
15 罐装及晾干的水果、蔬菜及其它加工食品	0	0	0	0	0	0	0	0	0
16 饮料	0	0	0	0	0	0	0	0	0
17 精饲料	0	0	0	0	0	0	0	0	0
18 烟草制品	0	0	0	0	0	0	0	0	0
19 纱	1869799	784416	152822	12795	0	6560	31	0	0
20 纤维	1753535	3239368	800729	188598	40	1767	1203	0	0
21 服装及饰品	3880	26543	1894	6032	1682	4540	3207	262	2145
22 其他纺织品	2720	66449	138011	49968	301	44624	7939	230	398
23 皮毛制品	38	822967	1020	1047779	32	2407	428	0	0
24 木材和木制品	2753	1137	1650	2344	861915	76355	1112	3776	488
25 纸浆和纸	43414	112942	47690	76145	28717	4191987	1997748	419	1534
26 印刷、出版和复印	13514	29134	12236	30875	2479	45335	581580	1869	15784
27 煤制品	0	21	3	0	0	0	0	10783	788
28 原油提炼产品	163927	92913	36127	25040	29416	105013	41614	15975	685735
29 基本化学产品	52283	2737	13559	26319	35775	25840	9740	1375	120000
30 非基本化学产品	45888	2596	1258	35891	6378	77690	1406	1064	31414
31 人造树脂和橡胶	19375	889	260051	163507	38663	75573	2333	0	937
32 化学纤维	1748228	27855	245253	10370	0	44	0	0	0
33 肥料和农药	0	0	0	5067	0	129	0	0	0
34 药、化妆品和肥皂	59866	2188	946	7448	805	3972	966	5	2483
35 其他化学制品	530697	36318	59886	174482	60881	271313	239198	1260	65921
36 塑料制品	24577	132064	109799	128183	9367	113269	74209	1728	18436
37 橡胶制品	21592	32092	13905	29724	2970	11081	6757	4793	2181
38 玻璃制品	658	3685	3194	160	2253	15	208	198	2123
39 陶瓷和黏土制品	97	0	40	27	2	2955	4	6507	830
40 水泥和混凝土制品	0	0	0	0	0	0	0	0	0
41 其他非金属制品	123	13	2948	7824	3477	41215	1099	957	1049
42 生铁和粗钢	−375	0	−1901	−370	−92	−428	0	−24	−223

4—24 续表 3

单位：百万韩圆

部门	29 基本化学产品	30 非基本化学产品	31 人造树脂和橡胶	32 化学纤维	33 肥料和农药	34 药、化妆品和肥皂	35 其他化学制品	36 塑料制品	37 橡胶制品	38 玻璃制品
1 农作物	0	0	1387	0	13	168305	5418	0	366090	20
2 畜产品	0	0	0	0	1016	10518	0	0	0	0
3 林产品	0	0	100	0	838	8296	3450	0	0	53
4 水产品	0	0	0	0	0	197	0	0	0	0
5 采煤业	0	9076	0	0	0	0	169	0	0	0
6 原油和天然气	0	0	0	0	0	0	0	0	0	0
7 金属矿	1056	32976	0	0	0	0	0	0	0	1527
8 非金属矿	1518	178632	654	0	54733	935	13886	905	1645	98288
9 肉类和酪制品	0	0	0	0	6	5992	1461	0	0	0
10 加工的海产品	0	0	0	0	0	1463	0	0	0	0
11 加工的谷类、面粉和精制谷物	0	0	0	0	3	505	4113	0	0	0
12 糖和淀粉	0	0	0	0	23	57685	360	0	0	0
13 面包、面条和点心	0	0	0	0	0	30686	0	0	0	0
14 调味品、脂肪和油	30149	1155	0	0	4562	149230	16687	2065	0	0
15 罐装及晾干的水果、蔬菜及其它加工食品	0	0	0	0	0	6172	0	0	0	0
16 饮料	608	0	0	0	0	407	0	0	0	0
17 精饲料	0	0	0	0	0	0	0	0	0	0
18 烟草制品	0	0	0	0	0	0	0	0	0	0
19 纱	0	0	99	0	0	2656	170	1324	39071	0
20 纤维	2	0	3	43	6	6625	190	32619	23423	186
21 服装及饰品	1685	1813	1623	484	411	4513	5247	10333	3202	1599
22 其他纺织品	285	1227	599	253	1006	3407	2058	20914	139583	1020
23 皮毛制品	191	365	201	180	19	1098	590	40	0	14
24 木材和木制品	949	1309	729	1183	2432	2787	7876	8014	2906	11659
25 纸浆和纸	2642	8437	11494	41740	9291	286918	50602	110670	11199	44191
26 印刷、出版和复印	5071	3217	4355	2652	3184	100752	30427	39600	8568	3357
27 煤制品	56742	27064	73	0	0	0	2517	2488	170	81
28 原油提炼产品	2251623	44233	57988	30130	96651	51684	75424	105623	42496	114876
29 基本化学产品	3261912	77255	3933418	1853305	289049	598414	1003182	218853	133881	5787
30 非基本化学产品	179875	337043	99192	12871	135939	176503	348345	26980	147148	168504
31 人造树脂和橡胶	152	1012	161743	93406	22	5156	366752	3136720	466568	14808
32 化学纤维	0	0	0	4806	0	97	226	74654	229	—1
33 肥料和农药	20714	4117	670	0	4069990	10524	8718	96	0	113
34 药、化妆品和肥皂	1402	850	5357	1438	2984	792252	20905	4090	2233	1727
35 其他化学制品	68001	9541	233006	63534	7129	143372	483468	540822	114143	28218
36 塑料制品	21331	25243	54561	20445	33202	379999	300437	1133397	57560	39149
37 橡胶制品	1587	3416	7750	321	794	19763	6274	15519	150568	8932
38 玻璃制品	396	2405	2609	0	11257	279765	4682	47367	5992	332804
39 陶瓷和黏土制品	413	543	308	135	148	558	16968	2207	741	28597
40 水泥和混凝土制品	0	0	1	0	0	0	123	0	0	43
41 其他非金属制品	789	3089	1619	0	2614	10886	7467	3161	1450	19645
42 生铁和粗钢	—923	—58	—17	—34	—114	—18	30	295	—541	—775

4－24 续表 4 　　单位：百万韩圆

部　　门	39 陶瓷和黏土制品	40 水泥和混凝土制品	41 其他非金属制品	42 钢铁初级产品	43 生铁和粗钢	44 有色金属铸块及制品	45 装配金属制品	46 通用机械设备	47 专用机械设备
1 农作物	0	0	0	0	0	0	0	2	0
2 畜产品	0	0	0	0	0	0	0	0	0
3 林产品	0	0	0	0	0	97	0	0	0
4 水产品	0	0	0	0	0	0	0	0	0
5 采煤业	3446	166591	15384	16205	1470	7416	0	0	0
6 原油和天然气	0	0	0	0	0	0	0	0	0
7 金属矿	17056	1599	0	724524	0	535050	0	0	0
8 非金属矿	129092	1438449	405050	129705	15045	687	2858	3536	6083
9 肉类和酪制品	438	0	0	0	0	0	0	0	0
10 加工的海产品	0	0	0	0	0	0	0	0	0
11 加工的谷类、面粉和精制谷物	0	0	0	0	0	0	0	0	0
12 糖和淀粉	0	0	0	0	0	0	0	0	0
13 面包、面条和点心	0	0	0	0	0	0	0	0	0
14 调味品、脂肪和油	0	0	0	0	0	0	0	163	0
15 罐装及晾干的水果、蔬菜及其它加工食品	0	0	0	0	0	0	0	0	0
16 饮料	0	0	0	0	0	0	0	0	0
17 精饲料	0	0	0	0	0	0	0	0	0
18 烟草制品	0	0	0	0	0	0	0	0	0
19 纱	0	0	537	0	0	0	2696	112	496
20 纤维	103	0	10549	0	0	40	783	362	344
21 服装及饰品	1416	4046	5431	6147	7891	3749	17693	25633	13011
22 其他纺织品	1981	1277	954	334	3302	1317	6640	3902	6088
23 皮毛制品	824	0	62	409	868	569	2395	689	3025
24 木材和木制品	11153	15796	7325	952	21341	10315	86169	29968	30159
25 纸浆和纸	58743	69893	35413	15	3692	5598	61407	38664	20382
26 印刷、出版和复印	20929	8018	2933	3193	10654	4422	32504	27837	14862
27 煤制品	3648	19778	5947	1025488	9185	9075	683	297	39
28 原油提炼产品	136807	175772	198855	89623	178602	72290	158071	127041	81852
29 基本化学产品	3889	4813	2564	224	2066	4978	5824	4066	2157
30 非基本化学产品	77871	2246	16139	36256	61953	39639	61847	40188	19828
31 人造树脂和橡胶	8464	908	25492	0	9939	3372	25602	14548	6413
32 化学纤维	0	0	0	0	0	0	－1	7	0
33 肥料和农药	23	22	0	85	163	420	1206	48	45
34 药、化妆品和肥皂	88	1225	322	265	516	719	5849	861	1287
35 其他化学制品	51302	26881	26423	34555	57683	17690	211284	75816	158612
36 塑料制品	8576	5089	18427	5024	28233	11261	155162	171083	95615
37 橡胶制品	5923	25394	4942	14619	20654	2090	29383	155365	162657
38 玻璃制品	665	201	4793	135	1615	261	17412	18049	5858
39 陶瓷和黏土制品	73229	63298	50	293640	135155	10309	14055	62181	17340
40 水泥和混凝土制品	7077	1909993	35870	0	390	0	515	445	0
41 其他非金属制品	71297	60063	110331	95241	50402	12649	34462	35832	15947
42 生铁和粗钢	260	28417	－43	5161786	8811382	7730	－41925	11968	38948

4—24 续表 5　　　　单位:百万韩圆

部　门	48 电子机械设备和供应	49 电子原配　件	50 录像及通讯设备	51 计算机和办公设备	52 家用电器	53 精密仪器	54 汽　车和配件	55 造　船与修理	56 其他交通设备	57 家　具
1 农作物	0	0	0	0	0	0	0	0	0	0
2 畜产品	0	0	0	0	0	0	0	0	0	0
3 林产品	0	0	0	0	0	12	0	0	0	3560
4 水产品	0	0	0	0	0	0	0	0	0	1724
5 采煤业	0	0	0	0	0	0	0	0	0	0
6 原油和天然气	0	0	0	0	0	0	0	0	0	0
7 金属矿	0	0	0	0	0	0	0	0	0	0
8 非金属矿	1340	30056	0	0	0	654	522	995	0	2644
9 肉类和酪制品	0	0	0	0	0	0	0	0	0	0
10 加工的海产品	0	0	0	0	0	0	0	0	0	0
11 加工的谷类、面粉和精制谷物	0	0	0	0	0	0	0	0	0	0
12 糖和淀粉	0	0	0	0	0	0	0	0	0	0
13 面包、面条和点心	0	0	0	0	0	0	0	0	0	0
14 调味品、脂肪和油	492	730	0	0	0	0	0	0	0	0
15 罐装及晾干的水果、蔬菜及其它加工食品	0	0	0	0	0	0	0	0	0	0
16 饮料	8	0	0	0	0	38	0	0	0	0
17 精饲料	0	0	0	0	0	0	0	0	0	0
18 烟草制品	0	0	0	0	0	0	0	0	0	0
19 纱	7332	0	0	0	35	562	145	0	0	2901
20 纤维	1837	256	0	0	1265	708	4179	390	825	22774
21 服装及饰品	10112	16572	2673	974	1793	2813	21876	7088	2657	8454
22 其他纺织品	3013	6881	1578	471	1871	1408	211815	22602	20449	12254
23 皮毛制品	1887	3221	5317	93	14	15189	1632	0	162	19015
24 木材和木制品	32453	8389	8735	338	3877	4622	62544	60716	5490	807814
25 纸浆和纸	131876	107727	96225	28864	55095	29230	32510	1563	5598	125627
26 印刷、出版和复印	21477	29640	46904	41659	23894	10427	22671	3933	5264	8569
27 煤制品	348	0	0	0	0	27	0	0	0	0
28 原油提炼产品	79000	55525	22735	7505	12770	15617	196533	22905	14565	26415
29 基本化学产品	18385	43449	1888	477	1948	3497	9657	2250	2564	758
30 非基本化学产品	73204	275784	2714	1640	7897	8703	41256	36343	9269	2632
31 人造树脂和橡胶	221948	283718	23146	9519	20097	26480	71883	20691	3043	18414
32 化学纤维	732	0	0	0	0	0	0	0	0	584
33 肥料和农药	429	7719	0	0	0	65	0	0	0	0
34 药、化妆品和肥皂	1936	4840	418	188	252	2154	3061	214	288	386
35 其他化学制品	121783	664248	25072	35927	40987	15975	293094	148051	15422	160040
36 塑料制品	278318	239706	260462	174894	271123	105076	1100845	58542	42684	92781
37 橡胶制品	58041	57689	47705	2771	53633	24309	895374	13900	27767	57299
38 玻璃制品	143362	1077881	19477	6743	27837	55551	206254	15531	7970	48048
39 陶瓷和黏土制品	139754	257009	48122	8699	27930	13318	4242	1896	3240	112
40 水泥和混凝土制品	0	0	0	0	0	9	0	3078	0	0
41 其他非金属制品	32643	22782	7110	1934	437	1781	35174	8926	5325	11406
42 生铁和粗钢	−3166	−6501	−897	−812	−1910	−266	−30465	−35866	−366	−332

4－24 续表 6

单位:百万韩圆

部　门	58 其他制造品	59 发　电	60 煤气和水供应	61 房屋建造与维修	62 非房屋类大型建筑	63 零售与批发贸易	64 餐饮、旅馆	65 交通和仓　储	66 广　播通　讯
1 农作物	7474	0	0	45692	44304	0	0	0	0
2 畜产品	1880	0	0	0	0	0	0	0	0
3 林产品	3031	0	0	19735	10784	0	12626	0	0
4 水产品	24847	0	0	0	0	0	0	0	0
5 采煤业	0	643373	7594	0	0	0	0	0	0
6 原油和天然气	0	0	1136102	0	0	0	0	0	0
7 金属矿	0	0	0	0	0	0	0	0	0
8 非金属矿	8610	0	0	353466	392163	0	0	0	0
9 肉类和酪制品	58	0	0	0	0	0	0	0	0
10 加工的海产品	0	0	0	0	0	0	0	0	0
11 加工的谷类、面粉和精制谷物	0	0	0	0	0	0	0	0	0
12 糖和淀粉	0	0	0	0	0	0	0	0	0
13 面包、面条和点心	0	0	0	0	0	0	0	0	0
14 调味品、脂肪和油	43	0	0	0	0	0	0	0	0
15 罐装及晾干的水果、蔬菜及其它加工食品	0	0	0	0	0	0	0	0	0
16 饮料	0	0	0	0	0	1750	0	0	0
17 精饲料	0	0	0	0	0	0	0	0	0
18 烟草制品	0	0	0	0	0	0	0	0	0
19 纱	72953	0	0	0	0	621	0	0	0
20 纤维	102858	0	0	0	1916	0	209	21	0
21 服装及饰品	3319	3880	1154	41163	15581	24468	13896	22637	5134
22 其他纺织品	28530	2093	201	33579	6670	－1893	22257	14679	1384
23 皮毛制品	103150	0	0	9088	6249	651	2218	1935	1132
24 木材和木制品	133483	375	0	1595281	270857	13244	36625	11522	48
25 纸浆和纸	92768	89	74	180468	2671	283467	57645	9263	1629
26 印刷、出版和复印	20650	7270	4432	59718	56593	383299	41942	132161	64305
27 煤制品	3096	115015	0	30	279	11482	2849	269	0
28 原油提炼产品	28594	1021980	282444	208226	289148	905010	324961	3987663	39536
29 基本化学产品	12189	4219	1053	0	0	0	0	0	0
30 非基本化学产品	17889	190599	50417	30331	11322	958	0	4057	0
31 人造树脂和橡胶	107616	0	0	477	1676	－657	－1264	0	0
32 化学纤维	70548	0	0	0	0	0	0	0	0
33 肥料和农药	437	0	0	137	355	226	0	44	0
34 药、化妆品和肥皂	917	277	91	1741	1388	3034	50462	17387	3862
35 其他化学制品	137358	1711	5596	508702	90458	14766	5242	32025	21219
36 塑料制品	150150	21049	1046	1255475	130343	103255	59707	21322	3924
37 橡胶制品	14186	849	294	19642	25779	19168	4189	533761	404
38 玻璃制品	20539	0	53	351208	7982	14890	12781	2617	738
39 陶瓷和黏土制品	3313	4421	155	663309	75982	1871	15656	137	84
40 水泥和混凝土制品	0	0	0	3797174	3065278	75	0	0	0
41 其他非金属制品	22908	0	6034	628246	796443	181	0	205	0
42 生铁和粗钢	5	0	－1	－42898	－17968	－4520	－29	－1225	－7

4—24 续表 7

单位:百万韩圆

部门	67 金融保险	68 房地产及出租	69 商业服务	70 公共管理与防卫	71 教育和研究服务	72 医药卫生和社会保障	73 文化休闲服务	74 其他服务	75 办公用品	76 商业消费支出
1 农作物	0	0	24981	13980	2220	75380	485	1148	0	1172470
2 畜产品	0	0	16	8731	613	5170	0	0	0	83709
3 林产品	0	0	2151	1428	1268	110	0	0	0	37076
4 水产品	0	0	0	2845	633	0	136	0	0	198887
5 采煤业	0	0	0	63	317	0	0	0	0	0
6 原油和天然气	0	0	0	0	0	0	0	0	0	0
7 金属矿	0	0	0	0	129	0	0	0	0	0
8 非金属矿	0	217	0	5865	67	631	0	0	0	0
9 肉类和酪制品	0	0	0	1250	3728	0	665	0	0	1630956
10 加工的海产品	0	0	0	8	1240	0	0	0	0	7819
11 加工的谷类、面粉和精制谷物	0	0	0	8	238	0	0	0	0	1271921
12 糖和淀粉	0	0	0	0	0	0	0	0	0	41719
13 面包、面条和点心	0	0	0	0	1182	0	0	0	0	925510
14 调味品、脂肪和油	0	0	0	536	3079	0	0	521	0	88477
15 罐装及晾干的水果、蔬菜及其它加工食品	0	0	0	255	3210	3830	0	0	0	402688
16 饮料	0	0	0	39	6126	0	0	0	0	2546950
17 精饲料	0	0	5142	10001	697	2148	12303	0	0	15915
18 烟草制品	0	0	0	0	73	0	0	0	0	207419
19 纱	0	0	0	276	1191	3	0	29	0	0
20 纤维	0	0	23	1176	1546	2950	113	503	0	227
21 服装及饰品	36666	10059	14260	60676	5713	24297	17810	21216	0	155972
22 其他纺织品	80	2531	8198	33285	3014	7158	6633	25903	38530	255149
23 皮毛制品	146	8	1569	2915	1154	1168	8858	272	0	174094
24 木材和木制品	0	1347	7055	13192	7502	3020	10530	1957	0	26275
25 纸浆和纸	4581	10093	66098	44281	29154	—6138	3366	3758	547458	118699
26 印刷、出版和复印	398363	21548	1840633	256140	369921	67254	66042	112232	182236	138125
27 煤制品	0	0	0	6883	1347	250	23	70	0	361
28 原油提炼产品	106647	61755	314075	390979	171775	147456	55637	95473	0	6024
29 基本化学产品	0	0	1407	592	18527	30150	120	1069	0	0
30 非基本化学产品	0	43	4358	9471	55436	26370	636	2744	0	0
31 人造树脂和橡胶	0	0	59	1462	3851	20	0	0	0	0
32 化学纤维	0	0	0	13	2360	0	0	0	0	0
33 肥料和农药	0	0	743	29335	6461	6696	44141	0	0	0
34 药、化妆品和肥皂	5464	1064	97122	106962	81855	2111047	10992	227169	0	194567
35 其他化学制品	5497	3073	149392	42821	45645	45004	43093	6166	170912	92244
36 塑料制品	2162	1074	98174	30515	19284	11516	2712	38384	10732	183214
37 橡胶制品	1857	655	22323	23023	6625	22717	2415	11967	1952	27434
38 玻璃制品	292	919	1181	1571	20566	3759	1138	6358	31147	38955
39 陶瓷和黏土制品	66	198	130	3175	6213	542	146	433	0	50429
40 水泥和混凝土制品	0	294	0	7658	6769	4760	85	0	0	0
41 其他非金属制品	0	0	70	6888	2946	1391	399	877	0	15450
42 生铁和粗钢	—17	—105	—98	0	2925	—72	—45	—122	0	0

4—24 续表 8

单位:百万韩圆

部　　门	77 不易分类的活动	78 总间接产出(或需求)	79 私人消费支　出	80 政府消费支　出	81 私人固定资产形成	82 政府固定资产形成	83 库存增加	84 出　口	85 总最终需　求
1 农作物	39790	13831091	9965116	0	8875	798	301089	99847	10375725
2 畜产品	0	5121286	697851	0	29559	352	777898	9475	1515135
3 林产品	2228	1452840	218449	0	33596	11713	24416	141039	429213
4 水产品	0	1380945	2572739	0	0	0	30299	692999	3296037
5 采煤业	22270	1811258	0	0	0	0	69079	70	69149
6 原油和天然气	0	9781461	0	0	0	0	−119972	0	−119972
7 金属矿	0	1313917	0	0	0	0	−20562	1767	−18795
8 非金属矿	561	3372355	−6790	0	0	0	−59772	57488	−9074
9 肉类和酪制品	5391	3337017	6848233	0	0	0	18612	127519	6994364
10 加工的海产品	0	302880	1499580	0	0	0	6065	575764	2081409
11 加工的谷类、面粉和精制谷物	14366	2151408	5552658	176012	0	0	−86158	69422	5711934
12 糖和淀粉	10987	1378456	119249	0	0	0	−13022	88397	194624
13 面包、面条和点心	1299	1037624	2820317	0	0	0	−83	241857	3062091
14 调味品、脂肪和油	13000	1481501	1634983	0	0	0	186	102783	1737952
15 罐装及晾干的水果、蔬菜及其它加工食品	7026	1281160	1919216	0	0	0	−2012	285993	2203197
16 饮料	23039	3054157	4104385	0	0	0	26322	301241	4431948
17 精饲料	30164	3201420	70158	0	0	0	21937	3033	95128
18 烟草制品	3390	210967	3094870	0	0	0	3043	47917	3145830
19 纱	6483	3241411	9832	0	0	0	−37785	1005334	97381
20 纤维	40264	6289608	51595	0	0	0	−66405	6584698	6569888
21 服装及饰品	64034	808701	7356958	0	0	0	30790	4055619	11443367
22 其他纺织品	7040	1388394	1151516	0	71042	1390	37153	1837165	3098266
23 皮毛制品	17927	2270889	1771045	0	0	0	59285	2851661	4681991
24 木材和木制品	15922	4542654	131708	0	0	0	3916	97009	232633
25 纸浆和纸	20123	10208760	715461	0	0	0	53751	864669	1633881
26 印刷、出版和复印	77	5597001	2307966	0	0	0	38323	140110	2486390
27 煤制品	0	1328354	95334	0	0	0	13165	1777	110276
28 原油提炼产品	47024	15119451	5093029	0	0	0	−3045	2374749	7464733
29 基本化学产品	19928	11940152	0	0	0	0	308901	2022436	2331337
30 非基本化学产品	490	3146150	0	0	0	0	22696	184940	207636
31 人造树脂和橡胶	45	5715979	−17466	0	0	0	20323	2873501	2876358
32 化学纤维	1059	2727518	0	0	0	0	5318	765869	771187
33 肥料和农药	21586	1906801	423	0	0	0	−32224	196879	165078
34 药、化妆品和肥皂	13525	4220666	5812418	0	0	0	7976	529416	6349810
35 其他化学制品	17331	6929688	381451	0	0	0	−10824	1296043	1666670
36 塑料制品	6846	9073308	723395	0	0	0	30039	1085540	1838974
37 橡胶制品	0	2812581	351095	0	0	0	58131	1126672	1535898
38 玻璃制品	5739	3130603	60326	0	0	0	8244	138896	207466
39 陶瓷和黏土制品	10418	2072254	248713	0	0	0	5960	77899	332572
40 水泥和混凝土制品	0	8839757	7391	0	0	0	4268	93950	105609
41 其他非金属制品	7439	2210271	125882	0	0	0	−6041	172802	292643
42 生铁和粗钢	0	13865996	−80243	0	−491298	−131820	−2641	127913	−578089

4—24 续表 9　　　　单位:百万韩圆

部　　门	86 总需求	87 国内生产总值	89 减:进口	90 减:关税	91 减:进口商品税	92 减:进口及相关税	95 总供给
1 农作物	24206816	20624367	3398699	170534	13216	3582449	24206816
2 畜产品	6636421	6181638	438701	11463	469	454783	6636421
3 林产品	1882053	958459	899706	20592	3296	923594	1882053
4 水产品	4676982	4177127	430410	69444	1	499855	4676982
5 采煤业	1880407	277986	1586835	15586	0	1602421	1880407
6 原油和天然气	9661489	0	9327447	212659	121383	9661489	9661489
7 金属矿	1295122	33260	1249583	12279	0	1261862	1295122
8 非金属矿	3363281	2944353	407206	11555	167	418928	3363281
9 肉类和酪制品	10331381	8364817	1644025	318391	4148	1966564	10331381
10 加工的海产品	2384289	2105681	255182	18248	5178	278608	2384289
11 加工的谷类、面粉和精制谷物	7863342	7755821	106842	670	9	107521	7863342
12 糖和淀粉	1573080	1109733	439270	19216	4861	463347	1573080
13 面包、面条和点心	4099715	3874716	169853	17374	37772	224999	4099715
14 调味品、脂肪和油	3219453	2554839	620586	28535	15493	664614	3219453
15 罐装及晾干的水果、蔬菜及其它加工食品	3484357	2915436	429914	110257	28750	568921	3484357
16 饮料	7486105	6856634	353710	51797	223964	629471	7486105
17 精饲料	3296548	3264934	23442	1162	7010	31614	3296548
18 烟草制品	3356797	3107410	249387	0	0	249387	3356797
19 纱	4218792	2729992	1424478	64192	130	1488800	4218792
20 纤维	128594496	11391624	1413205	52276	2391	1467872	12859496
21 服装及饰品	12252068	11181160	825854	14982	230072	1070908	12252068
22 其他纺织品	4486660	3850587	593776	12313	29984	636073	4486660
23 皮毛制品	6952880	5582872	1292453	19828	57727	1370008	6952880
24 木材和木制品	4775287	3466950	1200326	97185	10826	1308337	4775287
25 纸浆和纸	11842641	9575794	2123189	73816	69842	2266847	11842641
26 印刷、出版和复印	8083391	7638559	428583	4461	11788	444832	8083391
27 煤制品	1438630	1415969	21644	1017	0	22661	1438630
28 原油提炼产品	22584184	17194983	4785206	79710	524285	5389201	22584184
29 基本化学产品	14271489	9690561	4318908	258043	3977	4580928	14271489
30 非基本化学产品	3353786	2445821	866612	41010	343	907965	3353786
31 人造树脂和橡胶	8592337	7284674	1262223	45208	232	1307663	8592337
32 化学纤维	3498705	3293033	200877	4788	7	205672	3498705
33 肥料和农药	2071879	1767181	259028	7285	38385	304698	2071879
34 药、化妆品和肥皂	10570476	9474746	955511	58062	82157	1095730	10570476
35 其他化学制品	8596358	5631600	2747998	160973	55787	2964758	8596358
36 塑料制品	10912282	10128042	727029	43929	13282	784240	10912282
37 橡胶制品	4348479	4050513	276794	13456	7716	297966	4348479
38 玻璃制品	3338069	2625600	646668	50738	15063	712496	3338069
39 陶瓷和黏土制品	2404826	2125766	251444	18619	8997	279060	2404826
40 水泥和混凝土制品	8945366	8850123	90359	4644	240	95243	8945366
41 其他非金属制品	2502914	2279141	209359	14098	316	223773	2502914
42 生铁和粗钢	13287907	10929419	2303130	55356	2	2358488	13287907

4—24 续表 10

单位:百万韩圆

部 门	1 农作物	2 畜产品	3 林产品	4 水产品	5 采煤业	6 原油和天然气	7 金属矿	8 非金属矿	9 肉类和酪制品
43 钢铁初级产品	5858	19890	132	3559	3130	0	145	2737	352
44 有色金属铸块及制品	1731	29	6	3113	66	0	0	0	1253
45 装配金属制品	14552	15029	1607	4809	2505	0	346	6917	143417
46 通用机械设备	456	37115	105	72525	3791	0	230	17704	7703
47 专用机械设备	85609	38891	3181	1711	3296	0	630	29201	9988
48 电子机械设备和供应	1744	15252	152	40566	4483	0	221	6062	1723
49 电子原配件	0	303	0	433	1	0	2	9	0
50 录像及通讯设备	246	136	51	5481	39	0	9	239	1050
51 计算机和办公设备	80	747	6	301	11	0	14	216	612
52 家用电器	234	479	0	886	11	0	0	0	255
53 精密仪器	5294	34702	181	17469	183	0	21	154	671
54 汽车和配件	9339	55814	1996	5324	4300	0	91	90639	16939
55 造船与修理	0	0	0	43650	0	0	0	537	0
56 其他交通设备	3909	1206	18	466	579	0	141	619	17
57 家具	8	0	6	232	7	0	1	39	159
58 其他制造产品	685	7277	4	2441	86	0	12	780	329
59 发电	28655	33998	2943	5017	15844	0	1526	85196	38880
60 煤气和水供应	4180	6087	901	1504	76	0	14	3756	9444
61 房屋建造与维修	12686	3823	1125	6678	1287	0	80	74003	1763
62 非房屋类大型建筑	0	0	0	0	0	0	0	0	0
63 零售与批发贸易	26327	171063	2313	53434	2885	0	293	10282	482048
64 餐饮、旅馆	0	0	0	0	0	0	0	0	0
65 交通和仓储	98851	69602	4577	232282	10785	0	213	51666	79201
66 广播通讯	22534	368445	1227	11816	353	0	75	9222	12671
67 金融保险	501257	136314	26943	132409	10121	0	1374	42546	102610
68 房地产及出租	42261	7235	846	13881	1146	0	104	16286	20860
69 商业服务	713814	95079	3417	105263	46146	0	410	206498	210119
70 公共管理与防卫	0	0	0	0	0	0	0	0	0
71 教育和研究服务	677	0	803	12808	2412	0	1047	2091	9311
72 医药卫生和社会保险	1237	61340	50	14639	230	0	27	1442	5244
73 文化休闲服务	6973	0	0	0	0	0	0	0	0
74 其他服务	0	4697	501	4496	216	0	52	3382	3589
75 办公用品	3232	11283	395	8344	594	0	41	3141	11132
76 商业消费支出	87225	71493	8662	115234	7001	0	733	96231	113543
77 不易分类的活动	15508	6722	2611	29610	0	0	10	198	75
78 总间接产出(或需求)	4167478	4904390	131446	1789513	146912	0	11473	867751	6847727
79 雇员报酬	1217226	403447	144468	1035304	156982	0	9847	652159	718592
80 经营盈余	14449355	615500	654724	1013163	—74169	0	7504	1152755	458436
81 固定资产折旧	463065	227638	23661	319237	46722	0	4188	244378	186348
82 间接税减补贴	327243	30663	4160	19910	1539	0	248	27310	153714
83 总增加值	16456889	1277248	827013	2387614	131074	0	21787	2076602	1517090
84 总产出	20624367	6181638	958459	4177127	277986	0	33260	2944353	8364817

4－24 续表 11　　　　单位:百万韩圆

部门	10 加工的海产品	11 加工的谷类、面粉和精制谷物	12 糖和淀粉	13 面包、面条和点心	14 调味品、脂肪和油	15 罐装及晾干的水果、蔬菜和其它加工食品	16 饮料	17 精饲料	18 烟草制品	19 纱
43 钢铁初级产品	215	16	469	313	45	53	101	140	416	537
44 有色金属铸块及制品	91	0	0	2511	1185	1435	1217	96	－2	124
45 装配金属制品	25713	757	12716	2422	9968	57873	439226	522	234	1077
46 通用机械设备	3083	1318	1505	3890	5360	3479	11038	2276	1263	4141
47 专用机械设备	2637	3587	3487	6047	4522	2683	10568	6015	68	48243
48 电子机械设备和供应	1111	2271	349	2091	920	1516	2649	507	675	2008
49 电子原配件	0	0	28	3	26	0	43	11	27	9
50 录像及通讯设备	159	108	96	429	160	759	1046	78	414	189
51 计算机和办公设备	202	94	185	433	497	722	1614	948	289	294
52 家用电器	0	0	0	477	0	0	0	7	4	26
53 精密仪器	263	299	215	1032	517	598	733	708	283	707
54 汽车和配件	3742	3548	4138	5403	4973	4942	9893	2644	870	1358
55 造船与修理	0	0	0	0	0	0	0	0	0	0
56 其他交通设备	12	28	0	70	23	11	136	4	0	103
57 家具	14	4	24	45	138	20	17	17	0	89
58 其他制造产品	320	771	25	768	475	224	714	188	80573	277
59 发电	18999	32049	18132	36591	30728	32180	42855	23457	5843	65709
60 煤气和水供应	5702	1209	5360	5715	5911	7190	24084	3006	572	7693
61 房屋建造与维修	208	452	1896	4571	2784	1272	1850	855	1138	393
62 非房屋类大型建筑	0	0	0	0	0	0	0	0	0	0
63 零售与批发贸易	109922	－232646	22944	139807	129086	149560	138262	123581	14385	38935
64 餐饮、旅馆	0	0	0	0	0	0	0	0	0	0
65 交通和仓储	27517	154786	14408	53485	31106	36981	71384	58194	12411	39587
66 广播通讯	7186	2969	1622	8924	4809	6779	10287	4745	2966	5380
67 金融保险	39654	81947	21897	76840	43870	45861	101588	51898	22586	142536
68 房地产及出租	6623	1362	1637	21218	12351	20851	31501	1680	6	7855
69 商业服务	28344	8763	27880	148652	95633	122183	349094	34598	32952	43751
70 公共管理与防卫	0	0	0	0	0	0	0	0	0	0
71 教育和研究服务	2264	9277	7909	29616	17679	11614	10896	4845	280	32522
72 医药卫生和社会保险	3489	615	624	2611	3245	3918	8592	1547	346	4721
73 文化休闲服务	0	0	0	0	0	0	0	0	0	0
74 其他服务	1253	280	985	5137	2306	1865	9704	2139	529	3834
75 办公用品	4284	858	37416	12685	4260	7599	12766	3818	1126	4156
76 商业消费支出	34894	31938	20406	67923	34551	24314	86089	39277	17745	22593
77 不易分类的活动	885	1035	3440	332	2423	－278	548	574	－61	1224
78 总间接产出(或需求)	1627867	7306320	863291	2688819	1923589	2064670	3410910	2430446	749557	2242897
79 雇员报酬	287756	183876	94596	622013	318439	440559	648077	281308	283063	298410
80 经营盈余	113296	192240	102513	224772	153360	198471	361342	319459	136081	84768
81 固定资产折旧	51472	54581	39323	149495	76946	79658	272759	96246	55736	96462
82 间接税减补贴	25290	18804	10010	189617	82505	132078	2163546	137475	1882973	7455
83 总增加值	477814	449501	246442	1185897	631250	850766	3445724	834488	2357853	487095
84 总产出	2105681	7755821	1109733	3874716	2554839	2915436	6856634	3264934	3107410	2729992

4—24 续表 12 单位:百万韩圆

部　门	20 纤　维	21 服装及饰品	22 其　他纺织品	23 皮毛制品	24 木材和木制品	25 纸浆和纸	26 印刷、出版和复印	27 煤制品	28 原油提炼产品
43 钢铁初级产品	2803	343	2475	460	309	3614	165	618	23822
44 有色金属铸块及制品	430	257	6657	2474	502	25649	586	1318	1585
45 装配金属制品	5524	12314	34243	53577	15670	22526	3113	4166	104635
46 通用机械设备	21792	3797	8521	2959	6652	25183	6410	11920	93891
47 专用机械设备	97483	88890	23597	16660	13297	28903	67978	2564	58081
48 电子机械设备和供应	8870	5838	3528	2293	1839	7343	4951	2663	8010
49 电子原配件	0	0	0	90	0	252	13360	74	200
50 录像及通讯设备	809	1187	418	413	487	1197	1405	154	393
51 计算机和办公设备	1930	1247	607	329	587	2477	11724	110	2776
52 家用电器	63	83	27	0	20	1	0	0	0
53 精密仪器	2984	1837	561	821	238	2686	2777	486	19466
54 汽车和配件	10498	12135	3698	6412	10962	17030	26640	930	8348
55 造船与修理	0	0	0	0	0	0	0	0	0
56 其他交通设备	630	124	58	162	326	11	3	9	703
57 家具	5	210	5	118	47	14	2	25	56
58 其他制造产品	8987	135464	11429	38668	2341	2832	585	114	1695
59 发电	164858	32661	40976	28556	44648	236981	43213	29522	109947
60 煤气和水供应	85814	14200	7025	5963	4984	13541	5560	810	9803
61 房屋建造与维修	2412	13494	2295	1735	1339	3213	939	1699	3484
62 非房屋类大型建筑	0	0	0	0	0	0	0	0	0
63 零售与批发贸易	157261	407505	102470	292515	109954	307720	190723	9103	63951
64 餐饮、旅馆	0	0	0	0	0	0	0	0	0
65 交通和仓储	108487	145632	36682	61098	144084	109828	121364	69268	85866
66 广播通讯	20384	30757	8140	12987	10345	35011	58512	2365	35432
67 金融保险	540559	309410	147556	176280	118532	315587	133263	21830	163802
68 房地产及出租	31245	120791	17316	28928	7231	41065	88857	1172	28247
69 商业服务	166129	281881	45814	79995	26160	167373	420789	24920	206495
70 公共管理与防卫	0	0	0	0	0	0	0	0	0
71 教育和研究服务	6186	7194	2027	2747	1744	18854	13395	2571	19172
72 医药卫生和社会保险	22994	10958	3826	27509	2351	9463	4684	417	8677
73 文化休闲服务	0	0	0	0	0	0	36707	0	0
74 其他服务	9301	14886	2861	4143	3200	6267	5716	533	15239
75 办公用品	13090	28258	13128	21862	7219	22522	28555	3316	11141
76 商业消费支出	271760	245838	116062	83623	58433	99686	251450	14893	98729
77 不易分类的活动	4056	2365	6433	5945	0	964	504	59	965
78 总间接产出(或需求)	8127919	7345907	2555102	3978413	2510099	6695049	4514712	117654	10783140
79 雇员报酬	1968795	2177942	775251	1064477	562639	1270675	2113284	100762	620386
80 经营盈余	880660	1011682	334466	319395	235678	1090102	559253	71033	1384547
81 固定资产折旧	381148	231840	128083	118501	112049	392360	293966	63892	868948
82 间接税减补贴	33102	413789	57685	102086	46485	127608	157344	3528	3537962
83 总增加值	3263705	3835253	1295485	1604459	956851	2880745	3123847	239215	6411843
84 总产出	11391624	11181160	3850587	5582872	3466950	9575794	7638559	1415969	17194983

4—24 续表 13　　　　单位:百万韩圆

部门	29 基本化学产品	30 非基本化学产品	31 人造树脂和橡胶	32 化学纤维	33 肥料和农药	34 药、化妆品和肥皂	35 其他化学制品	36 塑料制品	37 橡胶制品	38 玻璃制品
43 钢铁初级产品	2176	3412	2630	877	2192	482	4675	8407	17212	1462
44 有色金属铸块及制品	2681	6477	1278	0	697	37033	149303	29604	23350	10118
45 装配金属制品	27918	28107	29219	2653	5424	52989	121055	25033	164305	6412
46 通用机械设备	33697	36955	31351	15768	7032	11925	23190	30949	60470	16512
47 专用机械设备	31168	9583	9978	36937	4930	14108	20732	219656	77760	31229
48 电子机械设备和供应	4841	3602	3946	6742	2016	6617	7367	13466	8591	8350
49 电子原配件	88	0	0	102	18	122	218	96	224	18
50 录像及通讯设备	303	329	97	119	258	17714	1032	1449	304	573
51 计算机和办公设备	2354	899	2263	771	935	2916	1637	907	659	883
52 家用电器	26	1	22	0	18	0	116	0	19	9
53 精密仪器	14484	5725	8939	1912	1162	7120	6141	1724	2084	2542
54 汽车和配件	2296	2966	6446	1200	1170	30444	13625	20777	8626	4000
55 造船与修理	0	0	0	0	0	0	0	0	0	0
56 其他交通设备	272	195	132	21	9	67	159	121	132	57
57 家具	83	22	30	1	0	112	39	37	758	67
58 其他制造产品	167	174	319	178	232	7699	2134	3539	1208	447
59 发电	297730	182378	149328	109288	24418	46888	70188	149356	58983	84244
60 煤气和水供应	48955	13047	14861	16574	7387	10749	9236	13838	2305	11737
61 房屋建造与维修	4269	1950	7086	771	616	4764	3651	5323	1976	1935
62 非房屋类大型建筑	0	0	0	0	0	0	0	0	0	0
63 零售与批发贸易	200187	36052	165648	92602	56504	246589	159928	190942	82767	51664
64 餐饮、旅馆	0	0	0	0	0	0	0	0	0	0
65 交通和仓储	106041	72483	65408	39269	35126	214723	75901	97377	47160	43468
66 广播通讯	6886	3639	16148	11001	5457	41124	13645	24342	16370	14659
67 金融保险	199834	70504	155964	84125	42982	226607	171173	230430	123595	67503
68 房地产及出租	16985	4184	7591	9171	7435	88501	14532	29781	13611	19078
69 商业服务	95633	59257	82504	60421	44701	713654	164697	221814	101231	52465
70 公共管理与防卫	0	0	0	0	0	0	0	0	0	0
71 教育和研究服务	109070	22291	48996	19187	49690	285025	53361	11331	10180	14567
72 医药卫生和社会保险	24479	20892	9605	7597	1685	13117	25282	14272	6939	4832
73 文化休闲服务	0	0	0	0	0	0	0	0	0	0
74 其他服务	8574	5301	5530	2642	2836	15532	4949	5163	4111	2273
75 办公用品	5924	5661	5159	3145	2001	16408	13843	19718	10564	5632
76 商业消费支出	75416	64190	128596	23909	44906	156584	77644	123775	66489	65664
77 不易分类的活动	1889	2145	694	894	302	79318	3680	516	6443	1681
78 总间接产出(或需求)	7232596	1436381	5539290	2674769	1416347	5651033	4001355	7031909	2636751	1448503
79 雇员报酬	522338	389570	550779	225415	130735	1638981	777832	1577700	689749	558263
80 经营盈余	1203094	372342	741580	176491	130322	1377329	542828	845753	440730	396505
81 固定资产折旧	705720	225467	434487	207918	85232	334958	260813	577596	249557	202219
82 间接税减补贴	26813	22061	18538	8440	4545	472445	48772	95084	33726	20110
83 总增加值	2457965	1009440	1745384	618264	350834	3823713	1630245	3096133	1413762	1177097
84 总产出	9690561	2445821	7284674	3293033	1767181	9474746	5631600	10128042	4050513	2625600

4—24 续表 14　　　　单位:百万韩圆

部　门	39 陶瓷和 黏土制品	40 水泥和混 凝土制品	41 其他非 金属制品	42 钢铁初 级产品	43 生铁和 粗　钢	44 有色金属 铸块及制品	45 装配金 属制品	46 通用机 械设备	47 专用机 械设备
43 钢铁初级产品	3401	77995	3390	26326	5286249	10120	4767597	2124852	1428424
44 有色金属铸块及制品	6463	7443	2222	97315	281846	3463872	1135651	603414	237101
45 装配金属制品	5266	90220	47314	9755	92329	26579	1426476	692824	566018
46 通用机械设备	8501	43715	16834	58901	169298	25683	172286	3003820	1166337
47 专用机械设备	27028	62071	29042	22042	133570	39236	206502	484314	1977575
48 电子机械设备和供应	3366	20845	3406	27447	41678	11723	97990	831093	406324
49 电子原配件	0	542	68	691	1008	410	237	169517	51367
50 录像及通讯设备	243	1610	839	48	1590	416	1066	2609	2686
51 计算机和办公设备	319	859	312	5740	9154	1838	2055	3659	6153
52 家用电器	195	0	24	22	188	0	6	169	20
53 精密仪器	870	1958	1106	7025	11153	4729	24900	171849	206341
54 汽车和配件	9222	114846	10168	2086	26862	12019	35112	39696	101914
55 造船与修理	0	1	0	0	6	0	2	0	0
56 其他交通设备	7	214	131	524	1333	237	643	1115	1298
57 家具	25	27	83	60	9	71	1481	1124	2646
58 其他制造产品	566	1277	222	86	1212	640	101548	4305	3123
59 发电	53082	346670	37137	408968	595520	225464	221801	96392	105055
60 煤气和水供应	2852	4399	2051	10697	18405	12085	23544	15140	6678
61 房屋建造与维修	1872	2496	1725	7221	19924	11555	12938	8678	6634
62 非房屋类大型建筑	0	0	0	0	0	0	0	0	0
63 零售与批发贸易	31915	168275	39286	224150	276775	141715	417529	461908	365023
64 餐饮、旅馆	0	0	0	0	0	0	0	0	0
65 交通和仓储	61766	432587	7099	174554	183203	94671	215182	200325	197596
66 广播通讯	10240	44209	5036	40773	65398	7097	37552	37138	26901
67 金融保险	76071	234342	91724	172125	495949	187364	409643	416507	295839
68 房地产及出租	10055	23505	4914	10295	39713	8522	50603	61077	19997
69 商业服务	73446	119909	59008	145842	417294	101887	274018	366449	219293
70 公共管理与防卫	0	0	0	0	0	0	0	0	0
71 教育和研究服务	15693	39528	4666	49246	179301	15479	36948	208185	183761
72 医药卫生和社会保险	2430	6773	4188	5829	13000	12544	27718	12529	11809
73 文化休闲服务	0	0	0	0	0	33	0	520	0
74 其他服务	3013	15007	2464	6323	19059	4918	15807	20459	14217
75 办公用品	3655	8171	4360	4787	20166	17815	31027	42651	37454
76 商业消费支出	39474	76548	54996	41470	202161	115041	318911	231411	159659
77 不易分类的活动	3021	8560	1057	0	10988	86	5462	14814	4053
78 总间接产出(或需求)	1148357	5984371	1429922	9198773	18046542	5315592	10964809	11177216	8512344
79 雇员报酬	570231	1330717	420598	566999	1972827	693963	3375508	3260083	2105457
80 经营盈余	231723	853217	288683	674893	2494617	593097	1158093	1381015	756897
81 固定资产折旧	144948	596158	122684	459454	1345979	273707	666228	694099	476788
82 间接税减补贴	30507	85660	17254	29300	99663	30384	230134	870077	651467
83 总增加值	977409	2865752	849219	1730646	5913086	1591151	5429963	6205274	3990609
84 总产出	2125766	8850123	2279141	10929419	23959628	6906743	16394772	17382490	12502953

4－24 续表 15　　　　单位：百万韩圆

部　门	48 电子机械设备和供应	49 电子原配　件	50 录像及通讯设备	51 计算机和办公设备	52 家用电器	53 精密仪器	54 汽车和配　件	55 造船与修　理	56 其他交通设备	57 家　具
43 钢铁初级产品	402480	241230	102374	28617	247444	67156	2525181	848696	103609	87601
44 有色金属铸块及制品	1642406	744804	88154	35163	82358	75369	359535	46996	67723	29838
45 装配金属制品	212048	154251	81981	40755	64234	54616	624107	170047	85577	124993
46 通用机械设备	125968	88393	29892	32530	124935	32919	1365105	1214484	143889	13534
47 专用机械设备	136694	120353	50200	14763	50915	25262	382841	111068	30887	9222
48 电子机械设备和供应	1907389	466513	950471	483398	357783	163517	1298327	265168	125563	4745
49 电子原配件	493366	6602681	4793026	2926965	505189	488363	153296	2823	21505	0
50 录像及通讯设备	12023	18180	1872595	23228	604	2784	467648	45876	8193	547
51 计算机和办公设备	16670	17794	15741	1430840	4430	28087	3966	4106	818	672
52 家用电器	78	2	0	7	759694	9	17	12417	0	35
53 精密仪器	95538	123219	115166	34484	95078	413744	296217	160553	40406	1033
54 汽车和配件	13653	4026	5229	4164	4073	4878	12755536	4898	43572	2965
55 造船与修理	0	0	0	0	0	0	10	377142	0	0
56 其他交通设备	1251	505	18	0	53	119	204	1002	495230	223
57 家具	389	457	277	435	16	367	215999	16139	5071	46197
58 其他制造产品	3897	4712	2316	1140	1282	4706	2490	866	1586	455
59 发电	85978	204281	38760	13072	21772	34537	259638	27091	10759	18919
60 煤气和水供应	12698	41638	6566	2070	4263	8303	20952	935	1600	4378
61 房屋建造与维修	7024	13494	8607	975	2875	1511	10985	884	629	1062
62 非房屋类大型建筑	0	0	0	0	0	0	0	0	0	0
63 零售与批发贸易	353703	514442	429662	277876	155175	118702	772501	182830	77681	150184
64 餐饮、旅馆	0	0	0	0	0	0	0	0	0	0
65 交通和仓储	135985	194035	201457	91427	75184	54658	278795	53566	24512	91072
66 广播通讯	36997	91218	58286	22053	12778	14843	77428	15496	5666	8465
67 金融保险	264500	351256	349447	110115	131793	167614	862097	356779	77519	126049
68 房地产及出租	35165	55782	35971	24361	14594	25908	53487	14057	4364	14673
69 商业服务	173636	551046	402348	177432	197783	229907	830248	137273	65099	142156
70 公共管理与防卫	0	0	0	0	0	0	0	0	0	0
71 教育和研究服务	176627	587025	575365	507210	707789	530789	598733	15121	41794	22849
72 医药卫生和社会保险	9463	14143	5907	1648	10746	7680	35688	4789	1873	2400
73 文化休闲服务	0	0	0	0	0	0	0	0	0	0
74 其他服务	14063	9620	5315	2609	2279	5010	141055	3851	1873	2862
75 办公用品	28246	30048	29568	7614	8296	12883	44360	5812	4291	8930
76 商业消费支出	174617	208369	127254	43286	61127	56405	245840	68111	21962	60975
77 不易分类的活动	1665	745	696	228	3605	987	13602	1380	278	1062
78 总间接产出(或需求)	7952761	14641583	10995633	6660349	3621992	2969592	27880690	4564004	1685745	2411977
79 雇员报酬	2214779	2913828	1467458	509260	566179	787633	5234730	1416205	310294	802623
80 经营盈余	1267465	6581434	829057	262140	423076	285045	1371942	434637	102253	298427
81 固定资产折旧	453364	2289794	490905	108934	162459	110873	1557868	253196	88181	137990
82 间接税减补贴	158308	73797	720378	249191	501440	271387	3564528	138121	115617	154165
83 总增加值	4093916	11858853	3507798	1129525	1653154	1454938	11729068	2242159	616345	1393205
84 总产出	12046677	26500436	14503431	7787874	5275146	4424530	39609758	6806163	2302090	3805182

4—24 续表 16　　　　单位：百万韩圆

部　门	58 其　他 制造品	59 发　电	60 煤气和 水供应	61 房屋建造 与维修	62 非房屋类 大型建筑	63 零售与 批发贸易	64 餐饮、 旅馆	65 交通和 仓　储	66 广播通讯
43 钢铁初级产品	20122	1364	36317	3512691	1621184	2241	198	2586	0
44 有色金属铸块及制品	199407	9385	42	890898	32114	−6270	526	2158	0
45 装配金属制品	69337	14821	2117	3526986	1591187	38435	38809	65819	2479
46 通用机械设备	11213	59323	30280	2574740	450021	93229	12866	57887	4332
47 专用机械设备	18717	2833	7263	85759	119674	2261	661	5797	411
48 电子机械设备和供应	43861	150464	4131	1537373	1196628	47631	34941	121466	138937
49 电子原配件	61447	859	49	1823	7271	1027	135	2131	2600
50 录像及通讯设备	1608	2030	207	22960	106346	14422	3819	12068	103203
51 计算机和办公设备	3643	4335	703	15029	3934	68900	7699	9154	16922
52 家用电器	38	0	0	13732	1217	1559	33018	632	31
53 精密仪器	2748	23209	19040	60717	79856	22471	99	21346	13295
54 汽车和配件	8034	5327	5074	37052	64636	81274	5481	936257	2272
55 造船与修理	0	3	0	0	0	0	0	138288	0
56 其他交通设备	130	423	113	2065	1539	3423	977	245971	4368
57 家具	586	16	156	438985	6383	27711	33677	6952	6485
58 其他制造产品	117284	2451	109	19561	3385	62268	76090	6240	12598
59 发电	48460	768782	222334	96634	35553	500277	165268	174898	131662
60 煤气和水供应	10757	773055	259121	15651	11373	37246	137787	14456	5355
61 房屋建造与维修	1523	694306	13890	23264	4979	100010	16414	18306	32167
62 非房屋类大型建筑	0	0	0	0	0	0	0	0	0
63 零售与批发贸易	118644	53788	38575	1474075	478259	424611	64981	342918	29280
64 餐饮、旅馆	0	0	0	0	0	0	0	0	0
65 交通和仓储	78891	124709	27835	706736	582224	1182079	45215	4289050	98056
66 广播通讯	12892	29285	9243	112872	67528	2523224	89362	150703	387713
67 金融保险	228865	131803	136546	2318417	418912	1809449	197228	960790	206778
68 房地产及出租	51083	6389	6265	269581	179592	3941107	1263315	369276	36839
69 商业服务	90948	154301	50952	3853585	3145123	1885561	208339	2851029	494292
70 公共管理与防卫	0	0	0	0	0	0	0	0	0
71 教育和研究服务	17675	183390	21705	242938	161154	88028	4974	109989	64071
72 医药卫生和社会保险	5045	13609	4281	33410	23264	101439	60236	82546	8852
73 文化休闲服务	0	0	0	0	0	0	0	3953	83124
74 其他服务	2463	5493	3553	30719	36175	78792	17775	63949	8771
75 办公用品	19222	6158	3560	50414	42037	123097	13985	31673	31268
76 商业消费支出	68313	89408	37577	557618	229389	1862617	94228	531727	298433
77 不易分类的活动	72060	0	0	45204	129738	6567	458	50592	34602
78 总间接产出(或需求)	2578415	5328519	2437777	32331479	16116928	16900032	3290533	16481087	2402879
79 雇员报酬	872284	1133500	498092	13383980	6970641	13390903	2043051	9720144	3765036
80 经营盈余	429843	2654577	378373	5869920	2373122	19402797	1164735	4118480	2340712
81 固定资产折旧	146529	2180395	293338	1092474	382539	1318922	226709	2290900	2681725
82 间接税减补贴	121385	187212	−21434	2916990	1070144	−1413989	283269	709454	679142
83 总增加值	1570041	6155684	1148369	23263364	10796446	32698633	3717764	16838978	9466615
84 总产出	4148456	11484203	3586146	55594843	26913374	49598665	7008297	33320065	11869494

4－24 续表 17　　　　单位:百万韩圆

部　　门	67 金融保险	68 房地产 及出租	69 商业服务	70 公共管理 与防卫	71 教育和 研究服务	72 医药卫生 和社会保险	73 文化休 闲服务	74 其他 服务	75 办公 用品	76 商业 消费支出
43 钢铁初级产品	0	693	1628	6560	14933	533	194	1096	0	0
44 有色金属铸块及制品	0	129	42	761	5043	38598	74	111	0	0
45 装配金属制品	6655	4006	8925	90166	15767	4203	2114	39903	57235	72842
46 通用机械设备	7265	45941	31482	80903	69959	45042	12431	9819	0	6509
47 专用机械设备	527	140	177826	124479	64348	6966	8151	4117	0	0
48 电子机械设备和供应	21945	15398	19579	69623	34071	6807	17019	15891	20415	458
49 电子原配件	27	0	9219	3671	53535	183	2023	415	0	0
50 录像及通讯设备	11389	5585	15286	116067	77619	9037	11529	10665	0	27752
51 计算机和办公设备	80856	2304	286170	75714	123726	6887	11212	14154	0	0
52 家用电器	104	804	1156	2194	49429	1547	1343	37915	0	3765
53 精密仪器	821	484	89068	190444	227854	211962	12276	3887	0	61433
54 汽车和配件	29815	5079	108388	241369	20644	78703	12999	11612	0	11710
55 造船与修理	0	0	18155	298863	21278	248	50	0	0	0
56 其他交通设备	131	0	4428	1165804	30881	2460	512	11490	0	125
57 家具	6832	11927	25597	12277	85829	11016	9055	9728	3090	12416
58 其他制造产品	12913	2679	105710	68549	52569	29988	118554	6024	274835	210010
59 发电	168462	673032	100356	306902	186997	141860	100561	69518	0	5544
60 煤气和水供应	38961	122967	24810	74842	60922	54491	32789	24354	0	4100
61 房屋建造与维修	19428	4633399	15942	179376	68371	20052	31134	4544	0	0
62 非房屋类大型建筑	0	0	0	813368	0	0	0	0	0	0
63 零售与批发贸易	41564	10305	147781	278949	151356	223411	39686	45779	2317420	1117684
64 餐饮、旅馆	0	0	0	0	0	0	0	0	0	4895900
65 交通和仓储	568671	44456	531384	505024	124288	81976	43337	109875	16870	569108
66 广播通讯	567075	51047	1766698	338119	80083	59826	36331	103949	0	350703
67 金融保险	2607330	2328347	325035	155239	178359	95358	82433	106640	0	870
68 房地产及出租	1530722	154849	1346051	320159	140045	730034	591462	1059006	0	84226
69 商业服务	1403501	187627	6052885	531649	334077	430777	352671	217600	0	2
70 公共管理与防卫	0	0	0	0	0	0	0	0	0	0
71 教育和研究服务	20632	1789	31337	34178	501048	13059	2405	11102	0	620151
72 医药卫生和社会保险	74770	80082	27043	85483	31419	111549	14903	13977	0	11424
73 文化休闲服务	238	0	95086	8051	964	0	467088	0	0	398187
74 其他服务	88967	4535	48031	41258	34407	28841	18728	12550	0	24895
75 办公用品	104703	10633	167359	66223	148705	38376	20491	28540	0	0
76 商业消费支出	1265799	471692	1171434	1739900	951112	403450	305845	895331	0	0
77 不易分类的活动	91211	0	22084	21256	46467	126226	34126	9433	0	0
78 总间接产出(或需求)	9333118	8984699	15435037	10286018	4882705	5612053	2681959	3447152	158754	18668889
79 雇员报酬	16063008	2503776	8316438	14797057	19684098	6186093	1769842	2766878	0	0
80 经营盈余	5274739	15900633	6666101	0	252581	1139491	773059	1892284	0	0
81 固定资产折旧	1181026	4469048	3007892	611389	1509276	618572	277759	209685	0	0
82 间接税减补贴	430940	6936112	278264	7926	91991	44847	368237	287754	0	0
83 总增加值	22949713	29809569	18268695	15416372	21537946	7989003	3188897	5156601	0	0
84 总产出	32282831	38794268	33703732	25702390	26420651	13601056	5870856	8603753	1587154	18668889

4—24 续表 18　　单位:百万韩圆

部　　门	77 不易分类的活动	78 总间接产出(或需求)	79 私人消费支出	80 政府消费支出	81 私人固定资产形成	82 政府固定资产形成	83 库存增加	84 出口	85 总最终需求
43 钢铁初级产品	29206	23750530	0	0	0	0	—48560	4014888	3966328
44 有色金属铸块及制品	3833	10497378	60780	0	—16983	—2694	—867	1287069	1327305
45 装配金属制品	15363	11695132	1027500	0	2200225	11885	82507	2495586	5817703
46 通用机械设备	2724	12078946	1196558	0	9393533	68967	97598	2114250	12870906
47 专用机械设备	19754	6797462	208	0	14027611	38211	68055	2423188	16557273
48 电子机械设备和供应	30984	11189541	272157	0	1885208	14214	12323	2045516	4229418
49 电子原配件	53790	16427026	76214	0	0	0	8936	18904112	18989262
50 录像及通讯设备	8	3037712	3552889	0	3978215	34065	53072	5917287	13535528
51 计算机和办公设备	209	2328040	1490570	0	3637447	55649	58853	3233846	8476365
52 家用电器	2718	926869	2203576	0	1153445	15928	2803	1283787	4659539
53 精密仪器	41856	3035954	776414	0	5253416	49365	42314	1161295	7282804
54 汽车和配件	0	15274801	6794364	0	12125954	29646	69676	7649708	26669348
55 造船与修理	0	898233	0	0	2838052	22056	5033	4491810	7356951
56 其他交通设备	2484	1991964	186444	0	2170038	7765	36913	429737	2830897
57 家具	0	1002042	1485984	0	1359004	13408	23307	156433	3038136
58 其他制造产品	4861	1637259	1547064	0	345017	23613	—16307	1763645	3663032
59 发电	1776	9126537	2343756	0	0	0	0	28170	2371926
60 煤气和水供应	0	2291084	1304734	0	0	0	0	1070	1305804
61 房屋建造与维修	0	6111409	0	0	46144151	3350819	0	3502	49498472
62 非房屋类大型建筑	0	813368	0	0	12361887	13681742	0	56377	26100006
63 零售与批发贸易	55788	14835074	23805382	0	6603350	59968	198242	4379190	35046132
64 餐饮、旅馆	0	4895900	3420248	0	0	0	0	975507	4395755
65 交通和仓储	30012	15317371	11223828	0	307856	8864	79395	9982596	21602539
66 广播通讯	0	7871841	3995136	0	0	0	0	423555	4418691
67 金融保险	0	22346919	9897827	0	0	0	0	342545	10240372
68 房地产及出租	0	13370468	21706178	0	3873481	12742	0	57872	25650273
69 商业服务	0	32217522	3156914	0	0	0	0	1104691	4261605
70 公共管理与防卫	0	0	0	25702390	0	0	0	0	25702390
71 教育和研究服务	43149	6885222	11080268	10061888	0	0	0	12209	21154365
72 医药卫生和社会保险	0	1307985	10928527	1385879	0	0	0	8020	12322426
73 文化休闲服务	0	1093951	4398374	424686	0	0	0	560601	5383661
74 其他服务	0	1010710	7635533	0	0	0	0	25989	7661522
75 办公用品	0	1587154	0	0	0	0	0	0	0
76 商业消费支出	535	16229524	0	0	0	0	0	2439365	2439365
77 不易分类的活动	0	946022	—4974	0	0	0	0	726817	721843
78 总间接产出(或需求)	835861	465715631	202971296	37750855	129292681	17378646	2299932	113852382	503545792
79 雇员报酬	0	179895888	0	0	0	0	0	0	0
80 经营盈余	0	123196518	0	0	0	0	0	0	0
81 固定资产折旧	0	41294456	0	0	0	0	0	0	0
82 间接税减补贴	1785	31416070	0	0	0	0	0	0	0
83 总增加值	1785	375802932	0	0	0	0	0	0	0
84 总产出	837646	841518563	0	0	0	0	0	0	0

4—24 续表 19

单位:百万韩圆

部门	86 总需求	87 国内生产总值	89 减:进口	90 减:关税	91 减:进口商品税	92 减:进口及相关税	95 总供给
43 钢铁初级产品	27716858	23959628	3571589	185225	416	3757230	27716858
44 有色金属铸块及制品	11824683	6906743	4764821	149168	3951	4917940	11824683
45 装配金属制品	17512835	16394772	1024959	50543	42561	1118063	17512835
46 通用机械设备	24949852	17382490	6654977	386697	525688	7567362	24949852
47 专用机械设备	23354735	12502953	8429283	467623	1954876	10851782	23354735
48 电子机械设备和供应	15418959	12046677	3057056	175723	139503	3372282	15418959
49 电子原配件	35416288	26500436	8589532	318687	7633	8915852	35416288
50 录像及通讯设备	16573240	14503431	1747810	59304	262695	2069809	16573240
51 计算机和办公设备	10804405	7789874	2613558	73921	327052	3014531	10804405
52 家用电器	5586408	5275146	227005	8361	75896	311262	5586408
53 精密仪器	10318758	4424530	4738799	255955	899474	5894228	10318758
54 汽车和配件	41944149	39609758	2038427	129444	166520	2334391	41944149
55 造船与修理	8255184	6806163	1166725	7080	275216	1449021	8255184
56 其他交通设备	4822861	2302090	2261083	16946	242742	2520771	4822861
57 家具	4040178	3805182	190597	13715	30684	234996	4040178
58 其他制造产品	5300291	4148456	906760	50719	194356	1151835	5300291
59 发电	11498463	11484203	14260	0	0	14260	11498463
60 煤气和水供应	3596888	3586146	10742	0	0	10742	3596888
61 房屋建造与维修	55609881	55594843	15038	0	0	15038	55609881
62 非房屋类大型建筑	26913374	26913374	0	0	0	0	26913374
63 零售与批发贸易	49881206	49598665	282541	0	0	282541	49881206
64 餐饮、旅馆	9291655	7008297	2283358	0	0	2283358	9291655
65 交通和仓储	36919910	33320065	3599845	0	0	3599845	36919910
66 广播通讯	12290532	11869494	421038	0	0	421038	12290532
67 金融保险	32587291	32282831	304460	0	0	304460	32587291
68 房地产及出租	39020741	38794268	226473	0	0	226473	39020741
69 商业服务	36479127	33703732	2763390	11839	166	2775395	36479127
70 公共管理与防卫	25702390	25702390	0	0	0	0	25702390
71 教育和研究服务	28039587	26420651	1618936	0	0	1618936	28039587
72 医药卫生和社会保险	13630411	13601056	29355	0	0	29355	13630411
73 文化休闲服务	6477612	5870856	603434	1838	1484	606756	6477612
74 其他服务	8672223	8603753	68470	0	0	68470	8672223
75 办公用品	1587154	1587154	0	0	0	0	1587154
76 商业消费支出	18668889	18668889	0	0	0	0	18668889
77 不易分类的活动	1667865	837646	82410	58090	0	830219	1667865
78 总间接产出(或需求)	969261423	841518563	116304183	4654348	6784329	127742860	969261423
79 雇员报酬	0	0	0	0	0	0	0
80 经营盈余	0	0	0	0	0	0	0
81 固定资产折旧	0	0	0	0	0	0	0
82 间接税减补贴	0	0	0	0	0	0	0
83 总增加值	0	0	0	0	0	0	0
84 总产出	0	0	0	0	0	0	0

资料来源:《韩国经济统计年鉴》1999 年。

主要统计指标解释

增加值和国内生产总值 按生产者价格计算的各行业增加值=总产出-按购买者价格计算的中间消耗的价值。

全部国内生产者的总增加值(加上国内生产者在增加值中没有反映的进口关税和增值税,减去估算的银行服务费用),同按支出法和收入法计算的国内生产总值相等。

国内生产总值可定义为国内经济最终消费总和,或国内经济最终收入总额。原则上讲,这三种方式应产生相同的结果,但在统计实践中,还是有一定差异。

国民生产总值(GNP) 为国内生产总值与国外净要素收入之和。1993年新SNA定义为国民总收入(Gross National Income)。

按购买力平价法计算的人均国民生产总值 使用购买力平价而不是汇率作为转换因子,将各国国民生产总值换算成国际元的计算结果。国际元是使各国的国民生产总值在指定年具有同美元相同的购买力的计帐单位。

对GDP增长的贡献 "贡献"一词把增长率与GDP构成联系在一起。对GDP增长的贡献,即在GDP其他组成部分不变的情况下,因为该部分变化导致GDP产生多少变化(指增长率)。

政府消费支出 同一般政府为自己提供的服务相等,因为这些服务不出售,所体现的价值在国内生产总值中只能以政府消费形式反应。

个人消费支出 衡量所有常驻的非政府机构的最终消费支出。

资本形成总额 是库存增加额与固定资本形成总额之和。

劳动者报酬 包括国家非常住雇员的报酬,不包括临时在国外工作的常住职员的报酬。具体包括:(1)工资;(2)雇主的社会保障缴款;(3)雇主的个人养老金、保险金及类似的缴款。其中工资为雇员因其劳动而得的所有报酬。

经营盈余 在SNA生产帐户中为平衡项目,即扣除给雇员补偿、固定资本折旧、净间接税后的增加部分。

固定资本折旧 包括日用和磨损的折扣。包括可预见的无形磨损、固定资产在正常情况下可能发生的事故性毁坏(不能修复的)和目前更新成本。

间接税 是向生产成本或货物销售和服务征收的税。包括:(1)进、出口税;(2)国内消费税,营业税,娱乐税和交易税;(3)房地产税和土地税。

补贴 是政府经常项目中的拨款,给(1)私人企业和国营公司;(2)非合作性的国营公司(由于政府价格政策导致公司亏损时补偿性的赠与)。

五、农　　业

5—1 农业生产指数

（1989—1991 年=100）

	1980 年	1990 年	1995 年	1996 年	1997 年	1998 年	1999 年
世　界	**78.5**	**100.7**	**109.2**	**113.6**	**116.3**	**117.5**	**119.4**
亚　洲	**66.6**	**100.7**	**126.8**	**131.8**	**136.4**	**139.2**	**141.7**
中　国①	54.8	100.0	120.3	126.5	131.9	136.5	140.4
中国香港	9.0	99.9	55.9	25.9	20.3	41.0	58.0
孟加拉国	80.4	99.5	103.3	109.5	111.6	111.8	115.0
印　度	67.2	99.4	115.6	118.8	121.5	120.9	126.1
印度尼西亚	64.0	101.1	119.7	122.2	119.3	117.0	117.2
伊　朗	59.6	104.2	132.7	140.5	136.9	160.6	151.8
以色列	89.0	108.2	107.9	111.2	110.0	112.8	113.8
日　本	94.3	100.8	97.7	95.6	96.3	92.4	92.5
哈萨克斯坦			63.5	61.2	59.1	48.3	61.5
朝　鲜	72.1	99.7	77.8	70.9	70.8	79.1	82.5
韩　国	74.2	101.8	112.5	119.2	124.7	124.0	100.6
马来西亚	66.1	99.6	115.1	118.3	119.1	117.3	128.2
蒙　古	87.3	96.2	83.5	91.2	88.1	90.2	90.0
缅　甸	89.9	101.0	131.3	138.9	138.5	139.4	145.9
巴基斯坦	62.3	98.5	123.2	125.3	127.8	135.1	134.0
菲律宾	86.2	103.8	116.9	122.8	128.6	122.9	128.8
新加坡	156.6	104.9	43.3	35.9	30.3	34.8	34.9
斯里兰卡	99.1	104.1	116.3	106.8	110.7	114.4	114.4
泰　国	79.0	94.3	112.6	116.3	117.7	113.2	115.9
土耳其	76.6	101.9	104.7	109.7	109.0	115.9	113.7
越　南	63.5	99.9	129.7	136.8	143.1	150.2	161.6
非　洲	**76.1**	**98.0**	**110.5**	**121.8**	**119.4**	**123.6**	**126.4**
埃　及	74.4	101.3	123.5	136.2	143.6	139.9	148.9
尼日利亚	58.6	97.4	133.1	141.2	137.8	150.2	156.0
南　非	91.9	98.0	85.3	100.6	100.5	95.2	100.4
北美洲	**88.5**	**101.5**	**110.1**	**114.0**	**117.5**	**118.6**	**120.3**
加拿大	79.5	103.6	111.1	117.4	117.2	121.7	130.7
墨西哥	83.4	101.4	118.9	115.9	120.5	122.0	124.7
美　国	90.3	101.3	110.2	114.6	118.7	119.4	120.4
南美洲	**76.7**	**99.4**	**118.0**	**122.2**	**126.0**	**128.2**	**132.5**
阿根廷	87.0	103.8	115.6	119.4	121.8	132.4	132.5
巴　西	72.7	97.2	120.2	125.2	129.0	129.6	136.5
委内瑞拉	80.6	100.2	105.3	110.7	118.3	114.9	115.6
欧　洲			**85.5**	**87.8**	**88.2**	**86.0**	**86.3**
白俄罗斯			63.0	66.1	63.1	65.8	60.8
保加利亚	104.0	101.4	77.9	64.2	68.6	67.6	70.7
捷克共和国			80.3	79.1	78.0	79.5	86.7
法　国	95.0	100.4	100.7	105.8	106.3	106.3	107.7
德　国	90.8	101.7	89.3	91.7	92.6	94.4	95.0
意大利	103.6	95.7	99.4	101.8	100.1	101.2	105.3
荷　兰	85.8	101.3	103.0	102.8	95.9	98.4	101.0
波　兰	84.9	102.4	83.8	87.9	85.0	91.2	87.8
俄罗斯			64.2	67.2	67.6	59.1	59.4
罗马尼亚	110.0	94.7	99.3	92.8	101.7	86.8	97.1
西班牙	86.3	102.6	86.5	107.9	113.5	107.1	108.6
英　国	93.0	100.1	101.3	101.0	99.6	99.4	99.2
乌克兰			60.4	52.2	54.9	46.3	46.6
南斯拉夫			95.6	103.5	99.6	103.3	92.3
大洋洲	**84.0**	**100.8**	**108.7**	**116.0**	**118.7**	**120.9**	**120.0**
澳大利亚	79.8	102.6	107.7	117.5	119.0	122.5	123.1
新西兰	94.4	96.0	112.5	113.4	119.8	118.6	113.5

注：①1990 年为基期的农林牧渔业增加值指数，

资料来源：联合国粮农组织数据库。

5－2 人均农业生产指数

(1989－1991年＝100)

	1980年	1990年	1995年	1996年	1997年	1998年	1999年
世界	**93.1**	**100.7**	**101.4**	**104.1**	**105.1**	**104.9**	**105.1**
亚洲	**80.2**	**100.7**	**114.9**	**117.7**	**120.1**	**120.9**	**121.4**
中国①	68.5	101.1	128.5	134.8	141.6	145.0	145.9
中国香港	10.2	99.8	51.2	23.2	17.8	35.1	48.6
孟加拉国	99.8	99.4	95.3	99.4	99.6	98.1	99.2
印度	83.0	99.4	105.3	106.4	107.0	104.7	107.5
印度尼西亚	77.5	101.1	110.8	111.5	107.2	103.7	102.4
伊朗	85.5	104.3	120.0	124.7	119.4	137.6	128.1
以色列	107.0	108.3	90.4	90.7	87.6	88.0	87.0
日本	99.7	100.8	96.2	93.9	94.4	90.4	90.3
朝鲜	83.4	99.6	71.6	64.2	63.1	69.4	71.2
韩国	83.4	101.8	107.3	112.7	116.9	115.2	92.8
马来西亚	85.7	99.6	102.2	102.8	101.3	97.8	104.9
蒙古	116.2	96.1	75.4	80.9	76.9	77.5	76.1
缅甸	107.7	101.0	124.1	129.7	127.7	126.9	131.2
巴基斯坦	87.0	98.5	107.8	106.6	105.7	108.7	104.9
菲律宾	108.4	103.9	103.9	106.7	109.3	102.3	105.1
新加坡	195.3	104.7	39.3	32.0	26.6	30.2	29.8
斯里兰卡	114.0	104.1	110.6	100.6	103.2	105.6	104.6
泰国	93.9	94.3	106.7	109.2	109.5	104.3	105.8
土耳其	96.7	101.9	95.8	98.7	96.4	100.8	97.3
越南	78.9	99.9	117.2	121.4	125.0	129.2	137.0
非洲	**100.3**	**98.0**	**97.5**	**104.9**	**100.4**	**101.5**	**101.4**
埃及	95.8	101.4	111.8	120.9	125.0	119.4	124.8
尼日利亚	77.9	97.5	117.2	121.4	115.6	122.9	124.8
南非	113.3	98.0	77.4	89.7	88.2	82.3	85.5
北美洲	**101.1**	**101.5**	**103.1**	**105.5**	**107.5**	**107.3**	**107.6**
加拿大	89.9	103.6	104.3	109.0	107.6	110.7	117.7
墨西哥	102.8	101.5	108.6	104.1	106.4	106.0	106.6
美国	99.5	101.3	104.8	108.1	111.0	110.7	110.7
南美洲	**93.4**	**99.4**	**108.6**	**110.8**	**112.4**	**112.7**	**114.7**
阿根廷	100.8	103.8	108.2	110.4	111.1	119.3	117.9
巴西	88.4	97.2	111.6	114.6	116.5	115.6	120.2
委内瑞拉	104.1	100.1	94.0	96.7	101.2	96.3	95.0
欧洲			**58.7**	**60.2**	**60.4**	**58.9**	**59.1**
保加利亚	102.3	101.5	79.9	66.4	71.4	70.7	74.5
法国	100.0	100.4	98.4	103.0	103.1	102.7	103.7
德国	92.0	101.7	86.8	88.8	89.5	91.2	91.7
意大利	104.7	95.7	98.9	101.2	99.5	100.6	104.7
荷兰	90.8	101.3	99.6	98.9	91.8	93.9	96.0
波兰	91.0	102.4	82.7	86.6	83.7	89.7	86.4
俄罗斯			64.9	67.0	66.0	56.2	
罗马尼亚	114.9	94.7	101.4	95.1	104.6	89.6	100.5
西班牙	90.3	102.5	85.9	107.1	112.5	106.2	107.7
英国	95.0	100.1	100.0	99.5	97.8	97.6	97.1
大洋洲	**97.8**	**100.8**	**100.8**	**106.1**	**107.1**	**107.7**	**105.6**
澳大利亚	92.5	102.6	101.4	109.4	109.6	111.7	111.1
新西兰	102.0	96.1	103.1	102.6	107.2	105.2	99.7

注：①粮农组织统计数据。

资料来源：联合国粮农组织数据库。

5-3 食品生产指数

（1989-1991 年=100）

	1980 年	1990 年	1995 年	1996 年	1997 年	1998 年	1999 年
世　界	**78.6**	**100.8**	**110.0**	**114.6**	**117.2**	**119.0**	**120.8**
亚　洲	**66.8**	**100.9**	**127.6**	**132.9**	**137.4**	**141.2**	**143.8**
中　国①	60.0	101.6	138.8	147.4	155.6	162.9	165.9
中国香港	9.0	99.9	55.9	25.9	20.3	41.0	58.0
孟加拉国	79.6	99.6	103.7	109.8	111.3	111.6	115.9
印　度	66.6	99.6	115.6	118.6	122.1	120.9	126.5
印度尼西亚	63.2	100.9	120.2	122.5	119.6	117.2	117.3
伊　朗	59.1	104.3	132.9	140.6	137.1	161.6	152.1
以色列	84.6	107.4	108.0	110.6	109.1	112.1	113.1
日　本	92.2	100.8	98.2	96.2	96.8	92.9	93.0
哈萨克斯坦			63.9	62.0	60.5	49.4	63.2
朝　鲜	72.8	99.7	75.7	68.2	68.0	76.9	80.6
韩　国	72.0	101.9	112.8	120.3	126.0	125.2	101.1
马来西亚	55.6	100.0	121.9	125.9	128.6	127.8	141.1
蒙　古	86.3	95.6	79.1	90.9	88.0	89.9	89.4
缅　甸	89.1	101.2	132.1	138.8	138.3	137.3	144.7
巴基斯坦	65.5	99.5	127.2	131.8	135.0	144.4	143.0
菲律宾	86.5	104.1	118.3	124.6	130.5	124.5	130.7
新加坡	156.1	104.9	43.3	35.9	30.3	34.8	34.9
斯里兰卡	100.4	104.6	119.1	104.8	108.2	113.3	113.3
泰　国	81.3	93.7	110.8	114.5	115.8	111.1	114.1
土耳其	75.9	101.7	104.3	110.1	108.3	116.4	114.1
越　南	63.7	99.8	128.2	134.1	138.5	145.7	156.2
非　洲	**75.4**	**98.0**	**111.2**	**122.5**	**119.8**	**124.4**	**127.4**
埃　及	68.4	101.4	126.0	137.6	145.5	143.6	152.9
尼日利亚	58.9	97.2	133.4	141.8	138.8	151.7	157.7
南　非	90.9	98.1	86.7	103.0	103.4	97.6	102.7
北美洲	**88.6**	**101.4**	**110.3**	**114.0**	**117.7**	**119.8**	**121.3**
加拿大	79.2	103.4	110.6	117.4	117.0	121.4	130.5
墨西哥	83.8	101.0	121.4	117.1	122.6	124.1	127.9
美　国	90.6	101.2	110.2	114.4	118.6	120.6	121.1
南美洲	**76.1**	**99.4**	**120.9**	**125.2**	**129.9**	**131.6**	**136.2**
阿根廷	86.8	103.6	117.4	121.1	124.5	135.7	136.5
巴　西	71.9	97.2	123.6	128.4	132.6	132.0	138.9
委内瑞拉	80.8	100.0	106.6	111.9	120.0	116.6	117.4
欧　洲			**85.7**	**88.0**	**88.4**	**86.2**	**86.5**
白俄罗斯			62.6	66.0	62.9	65.7	60.6
保加利亚	101.3	101.4	80.8	65.4	69.4	69.2	72.4
捷克共和国			80.0	79.2	78.2	79.7	86.8
法　国	94.9	100.4	100.7	105.9	106.4	106.3	107.8
德　国	90.8	101.7	89.3	91.7	92.5	94.3	94.7
意大利	104.2	95.6	100.0	102.4	100.6	101.8	105.9
荷　兰	86.1	101.2	103.0	102.9	96.0	98.7	101.2
波　兰	84.5	102.4	84.1	88.4	85.5	91.6	88.2
俄罗斯			64.6	67.8	68.4	59.8	60.1
罗马尼亚	109.4	94.7	100.4	93.7	102.8	87.6	98.2
西班牙	86.5	102.6	86.6	107.9	113.3	106.9	108.4
英　国	93.5	100.1	101.4	101.1	99.5	99.2	98.8
乌克兰			60.5	52.5	55.3	46.6	46.9
南斯拉夫			95.6	103.7	99.7	103.4	92.4
大洋洲	**86.7**	**100.5**	**117.1**	**126.5**	**128.1**	**131.9**	**130.0**
澳大利亚	84.8	102.4	118.2	130.6	130.0	135.8	134.6
新西兰	90.6	95.8	117.0	119.6	127.3	126.5	122.4

注:①粮农组织统计数据。

资料来源:联合国粮农组织数据库。

5－4 人均食品生产指数

（1989－1991年＝100）

	1980年	1990年	1995年	1996年	1997年	1998年	1999年
世界	**93.2**	**100.8**	**102.2**	**105.0**	**106.0**	**106.2**	**106.4**
亚洲	**80.4**	**100.9**	**115.6**	**118.7**	**121.0**	**122.6**	**123.2**
中国①	69.4	101.6	131.4	138.1	144.5	149.9	151.3
中国香港	10.2	99.8	51.2	23.2	17.8	35.1	48.6
孟加拉国	98.8	99.6	95.7	99.7	99.4	97.9	99.9
印度	82.2	99.6	105.3	106.2	107.5	104.7	107.8
印度尼西亚	76.5	100.9	111.2	111.7	107.5	103.8	102.5
伊朗	84.8	104.4	120.1	124.8	119.6	138.5	128.3
以色列	101.8	107.5	90.6	90.2	86.9	87.4	86.5
日本	97.4	100.8	96.7	94.4	94.9	90.8	90.8
朝鲜	84.2	99.7	69.6	61.7	60.5	67.4	69.6
韩国	81.0	101.9	107.6	113.7	118.1	116.4	93.2
马来西亚	72.1	100.1	108.3	109.4	109.5	106.6	115.4
蒙古	115.0	95.5	71.5	80.7	76.9	77.2	75.5
缅甸	106.7	101.2	124.8	129.6	127.5	125.0	130.1
巴基斯坦	91.5	99.5	111.2	112.1	111.6	116.1	111.9
菲律宾	108.8	104.2	105.1	108.2	111.0	103.6	106.6
新加坡	194.6	104.7	39.3	32.0	26.6	30.2	29.8
斯里兰卡	115.5	104.6	113.3	98.7	100.9	104.7	103.6
泰国	96.7	93.6	105.0	107.5	107.7	102.4	104.2
土耳其	95.8	101.7	95.5	99.1	95.8	101.3	97.6
越南	79.1	99.8	115.7	119.0	120.9	125.2	132.4
非洲	**99.3**	**98.0**	**98.1**	**105.5**	**100.7**	**102.1**	**102.2**
埃及	88.1	101.4	113.9	122.1	126.6	122.6	128.1
尼日利亚	78.3	97.3	117.4	121.9	116.3	124.2	126.1
南非	112.0	98.0	78.7	91.8	90.7	84.3	87.6
北美洲	**101.2**	**101.4**	**103.3**	**105.6**	**107.7**	**108.3**	**108.5**
加拿大	89.5	103.4	103.8	109.0	107.5	110.4	117.6
墨西哥	103.2	101.0	110.9	105.1	108.3	107.8	109.4
美国	99.9	101.2	104.8	107.9	110.9	111.9	111.4
南美洲	**92.7**	**99.4**	**111.3**	**113.5**	**115.9**	**115.7**	**118.0**
阿根廷	100.6	103.7	109.9	111.9	113.6	122.3	121.4
巴西	87.4	97.2	114.7	117.5	119.8	117.7	122.3
委内瑞拉	104.4	99.9	95.1	97.8	102.7	97.8	96.5
欧洲			**58.8**	**60.4**	**60.6**	**59.1**	**59.2**
保加利亚	99.8	101.5	82.9	67.5	72.1	72.4	76.2
法国	99.9	100.3	98.4	103.1	103.2	102.8	103.8
德国	92.0	101.7	86.8	88.8	89.5	91.1	91.4
意大利	105.3	95.6	99.4	101.8	100.0	101.1	105.3
荷兰	91.1	101.3	99.7	99.0	92.0	94.1	96.2
波兰	90.5	102.4	83.0	87.0	84.2	90.2	86.8
罗马尼亚	114.3	94.6	102.4	96.0	105.7	90.4	101.7
西班牙	90.5	102.6	86.0	107.1	112.4	106.0	107.4
英国	95.6	100.1	100.0	99.6	97.8	97.4	96.7
大洋洲	**100.9**	**100.5**	**108.6**	**115.6**	**115.6**	**117.5**	**114.4**
澳大利亚	98.3	102.3	111.2	121.6	119.7	123.8	121.5
新西兰	98.0	95.9	107.2	108.2	113.9	112.1	107.6

注：①粮农组织统计数据。

资料来源：联合国粮农组织数据库。

5－5 种植业生产指数

（1989－1991年＝100）

	1980年	1990年	1995年	1996年	1997年	1998年	1999年
世 界	**78.4**	**101.0**	**108.4**	**114.8**	**116.8**	**117.0**	**118.8**
亚 洲	**70.1**	**101.0**	**120.3**	**126.0**	**127.7**	**129.5**	**131.8**
中 国①	65.5	101.9	124.5	134.5	137.6	140.5	141.6
中国香港	139.3	94.0	77.8	69.7	62.0	59.3	59.3
孟加拉国	81.8	99.2	100.0	105.7	107.0	107.9	111.7
印 度	69.0	99.0	113.8	116.7	119.3	118.2	123.1
印度尼西亚	66.4	101.3	117.9	120.1	115.9	115.3	115.4
伊 朗	53.8	105.4	134.7	142.8	137.4	161.4	145.5
以色列	98.2	114.0	106.6	107.2	102.8	106.2	106.1
日 本	104.4	101.7	95.7	92.8	94.7	88.5	90.1
哈萨克斯坦			49.9	56.8	61.8	40.0	80.4
朝 鲜	67.0	99.6	67.3	61.4	62.3	70.2	72.5
韩 国	78.6	98.9	106.4	107.6	107.8	103.9	107.7
马来西亚	74.7	99.9	106.4	109.6	110.8	102.7	117.3
蒙 古	39.7	97.8	37.7	31.3	39.1	36.6	32.2
缅 甸	90.6	101.4	133.6	141.2	139.8	140.1	146.3
巴基斯坦	64.0	97.4	116.6	115.2	113.6	120.5	118.5
菲律宾	88.2	103.9	111.0	114.4	118.3	109.7	114.8
新加坡	587.5	120.9	56.6	55.6	48.1	48.2	48.2
斯里兰卡	100.0	104.5	114.0	103.9	108.0	111.9	111.9
泰 国	81.0	94.0	109.1	112.8	114.3	110.3	113.7
土耳其	77.4	103.6	106.2	113.1	109.8	118.7	115.9
越 南	67.0	99.5	130.0	137.8	144.7	150.6	160.9
非 洲	**74.3**	**97.0**	**110.4**	**125.2**	**119.8**	**125.1**	**127.6**
埃 及	76.5	102.3	122.8	135.0	137.6	135.6	145.4
尼日利亚	52.1	96.8	134.9	143.3	136.8	149.0	153.5
南 非	92.2	95.5	81.2	109.5	107.8	98.0	105.6
北美洲	**88.0**	**103.4**	**105.1**	**114.6**	**118.0**	**118.7**	**117.9**
加拿大	75.1	105.3	114.3	119.7	114.6	123.3	132.6
墨西哥	82.8	103.8	108.8	118.2	117.5	119.2	117.7
美 国	90.2	103.4	104.9	115.3	120.6	120.3	118.4
南美洲	**76.5**	**98.5**	**116.9**	**119.0**	**123.3**	**124.9**	**130.4**
阿根廷	76.5	103.4	125.4	133.7	138.4	159.8	155.8
巴 西	76.7	96.5	114.7	113.9	118.5	116.6	123.8
委内瑞拉	76.7	97.4	104.5	106.7	111.3	106.5	106.6
欧 洲			**88.9**	**93.0**	**96.9**	**90.4**	**91.5**
白俄罗斯			93.6	106.3	92.2	84.2	79.4
保加利亚	100.6	96.4	81.4	56.0	70.4	65.3	66.8
捷克共和国			86.6	88.1	85.4	86.7	95.9
法 国	89.6	101.3	98.8	107.7	109.1	111.3	113.5
德 国	88.2	100.3	101.4	105.7	107.2	112.6	115.3
意大利	109.6	92.2	97.8	101.1	98.4	101.4	108.2
荷 兰	78.8	103.4	110.4	115.6	111.5	97.7	111.4
波 兰	67.0	103.1	89.7	91.0	83.3	94.1	83.3
俄罗斯			76.2	77.2	90.1	59.7	67.7
罗马尼亚	112.0	93.2	103.6	93.6	109.9	90.0	94.6
西班牙	88.5	104.1	75.1	107.1	116.4	105.6	101.3
英 国	83.0	100.6	95.7	106.7	104.7	101.2	103.4
乌克兰			72.2	61.3	71.5	57.0	56.0
南斯拉夫			86.4	87.3	98.9	89.7	87.8
大洋洲	**71.8**	**102.2**	**123.0**	**144.8**	**140.8**	**147.2**	**152.4**
澳大利亚	68.3	102.3	125.0	151.2	146.1	154.8	160.6
新西兰	74.4	102.2	142.6	146.3	147.6	134.7	140.4

注：①粮农组织统计数据。

资料来源：联合国粮农组织数据库。

5－6 人均种植业生产指数

(1989－1991 年＝100)

	1980 年	1990 年	1995 年	1996 年	1997 年	1998 年	1999 年
世　界	**93.0**	**101.0**	**100.8**	**105.3**	**105.6**	**104.4**	**104.6**
亚　洲	**84.4**	**101.0**	**109.0**	**112.6**	**112.5**	**112.5**	**112.9**
中　国①	75.8	101.9	117.8	126.1	127.7	129.2	129.1
中国香港	157.7	94.0	71.4	62.5	54.3	50.8	49.8
孟加拉国	101.5	99.2	92.4	95.9	95.4	94.7	96.3
印　度	85.2	99.0	103.6	104.5	105.0	102.3	104.9
印度尼西亚	80.4	101.3	109.2	109.6	104.2	102.2	100.8
伊　朗	77.2	105.5	121.8	126.8	119.8	138.4	122.8
以色列	118.1	114.1	89.4	87.4	81.9	82.8	81.1
日　本	110.4	101.7	94.2	91.2	92.8	86.5	88.0
朝　鲜	77.6	99.6	61.9	55.6	55.5	61.5	62.6
韩　国	88.4	98.9	101.4	101.7	101.0	96.6	99.3
马来西亚	96.8	99.8	94.4	95.1	94.2	85.6	95.9
蒙　古	52.7	97.3	34.0	27.7	34.0	31.3	27.1
缅　甸	108.4	101.4	126.2	131.8	128.8	127.5	131.5
巴基斯坦	89.5	97.5	102.0	98.0	94.0	97.0	92.7
菲律宾	110.9	104.0	98.6	99.4	100.6	91.3	93.6
新加坡	731.2	120.5	51.2	49.6	42.2	41.6	41.1
斯里兰卡	115.0	104.5	108.5	97.8	100.7	103.4	102.4
泰　国	96.4	93.9	103.4	105.9	106.3	101.6	103.8
土耳其	97.7	103.6	97.2	101.8	97.2	103.3	99.2
越　南	83.2	99.6	117.4	122.3	126.3	129.5	136.3
非　洲	**98.0**	**97.0**	**97.4**	**107.8**	**100.7**	**102.7**	**102.4**
埃　及	98.5	102.4	111.1	119.8	119.8	115.8	121.9
尼日利亚	69.3	97.0	118.8	123.1	114.7	122.0	122.8
南　非	113.6	95.4	73.7	97.6	94.6	84.6	89.9
北美洲	**100.5**	**103.5**	**98.5**	**106.1**	**107.9**	**107.4**	**105.5**
加拿大	84.9	105.3	107.3	111.1	105.3	112.2	119.5
墨西哥	102.1	103.8	99.4	106.2	103.7	103.6	100.6
美　国	99.5	103.4	99.8	108.8	112.7	111.6	108.9
南美洲	**93.1**	**98.5**	**107.6**	**107.8**	**110.0**	**109.7**	**112.9**
阿根廷	88.6	103.5	117.4	123.6	126.3	144.1	138.7
巴　西	93.2	96.4	106.4	104.2	107.0	103.9	108.9
委内瑞拉	99.2	97.4	93.3	93.2	95.2	89.4	87.7
欧　洲			**61.0**	**63.7**	**66.4**	**62.0**	**62.7**
保加利亚	99.0	96.4	83.6	57.8	73.1	68.3	70.3
法　国	94.3	101.4	96.6	104.8	105.8	107.6	109.3
德　国	89.4	100.3	98.4	102.4	103.6	108.8	111.4
意大利	110.8	92.2	97.2	100.5	97.8	100.8	107.6
荷　兰	83.3	103.4	106.8	111.2	106.8	93.2	105.9
波　兰	71.8	103.1	88.5	89.7	82.0	92.6	82.0
罗马尼亚	117.0	93.1	105.6	95.9	113.0	92.8	97.9
西班牙	92.6	104.1	74.6	106.3	115.5	104.8	100.4
英　国	84.8	100.6	94.5	105.1	103.0	99.3	101.4
大洋洲	**83.6**	**102.2**	**114.0**	**132.4**	**127.0**	**131.2**	**134.1**
澳大利亚	79.2	102.3	117.6	140.6	134.5	141.1	145.0
新西兰	80.4	102.4	130.8	132.4	132.2	119.5	123.5

注:①粮农组织统计数据。

资料来源:联合国粮农组织数据库。

5—7 谷物收获面积、总产量与单产

国家或地区	收获面积(千公顷)			总产量(千吨)			每公顷产量(公斤)		
	1990年	1995年	1999年	1990年	1995年	1999年	1990年	1995年	1999年
世界总计	**708165**	**691988**	**679983**	**1953438**	**1903313**	**2064178**	**2759**	**2751**	**3036**
亚　洲	**310424**	**327981**	**325484**	**874254**	**944044**	**1021241**	**2816**	**2878**	**3138**
中　国①		89310	91617		416116	453041		4659	4945
孟加拉国	11141	10683	11405	27747	27702	31832	2491	2593	2791
印　度	102537	99486	101606	193919	210013	230042	1891	2111	2264
印度尼西亚	13660	15091	15076	51913	57990	58668	3800	3843	3891
伊　朗	9468	9172	7444	13684	17031	13851	1445	1857	1861
以色列	108	94	75	303	248	90	2818	2634	1200
日　本	2471	2352	2047	14449	14122	12281	5846	6003	5998
哈萨克斯坦		18807	10928		9476	14248		504	1304
朝　鲜	1655	1503	1266	8071	3787	3957	4877	2520	3127
韩　国	1441	1173	1175	8434	6877	7699	5853	5862	6554
马来西亚	701	696	702	1995	2170	1984	2847	3119	2826
蒙　古	656	354	279	720	261	172	1097	737	614
缅　甸	5221	6561	6010	14424	18483	17632	2763	2817	2934
巴基斯坦	11864	12202	12526	20957	24816	26661	1766	2034	2129
菲律宾	7138	6495	6679	14739	14702	16031	2065	2264	2400
斯里兰卡	870	934	865	2579	2850	2731	2965	3053	3156
泰　国	10537	10527	11428	21170	26399	28105	2009	2508	2459
土耳其	13640	13805	13430	30201	28134	30282	2214	2038	2255
越　南	6460	7322	8335	19896	26141	33146	3080	3570	3977
非　洲	**79257**	**88871**	**92231**	**93150**	**96913**	**112912**	**1175**	**1091**	**1224**
埃　及	2283	2727	2786	13022	16097	19590	5703	5904	7032
尼日利亚	15400	18239	19454	17678	21206	23234	1148	1163	1194
南　非	6146	5292	4494	11553	7492	9612	1880	1416	2139
北美洲	**100674**	**91577**	**89263**	**400181**	**366751**	**423925**	**3975**	**4005**	**4749**
加拿大	21547	18261	17443	56803	49315	53776	2636	2701	3083
墨西哥	10543	10669	10079	25562	26883	28651	2425	2520	2843
美　国	65638	59703	58591	312322	285269	336028	4758	4778	5735
南美洲	**33998**	**34930**	**33800**	**68059**	**91352**	**99638**	**2002**	**2615**	**2948**
阿根廷	8995	8626	9889	20079	24209	33426	2232	2806	3380
巴　西	18498	19749	17444	32469	49612	47635	1755	2512	2731
委内瑞拉	754	816	646	1874	2428	2097	2486	2974	3245
欧　洲		**133844**	**123029**		**376140**	**374399**		**2810**	**3043**
白俄罗斯		2573	2155		5314	3353		2065	1556
保加利亚	2048	2115	1600	8115	6514	4888	3964	3080	3055
捷克共和国		1580	1594		6609	7023		4184	4405
法　国	9060	8292	8935	55111	53545	64761	6083	6458	7248
德　国	6945	6527	6638	37580	39863	44333	5411	6108	6679
意大利	4413	4217	4170	17411	19692	21005	3945	4669	5038
荷　兰	195	193	191	1361	1505	1345	6969	7797	7042
波　兰	8531	8571	8701	28014	25905	25750	3284	3022	2959
俄罗斯		52946	45129		61902	53783		1169	1192
罗马尼亚	5704	6445	5153	17174	19883	15724	3011	3085	3051
西班牙	7551	6688	6634	18762	11574	17943	2485	1731	2705
英　国	3657	3181	3138	22569	21859	22045	6171	6872	7025
乌克兰		12878	11911		32360	23764		2513	1995
南斯拉夫		2443	2260		9245	8704		3785	3852
大洋洲	**13621**	**14785**	**16176**	**23948**	**28113**	**32063**	**1758**	**1901**	**1982**
澳大利亚	13428	14627	15998	23045	27331	31117	1716	1869	1945
新西兰	175	147	164	868	752	910	4950	5124	5549

注:①中国收获面积为播种面积。

资料来源:联合国粮农组织数据库。

5—8 小麦收获面积、总产量与单产

国家或地区	收获面积(千公顷)			总产量(千吨)			每公顷产量(公斤)		
	1990年	1995年	1999年	1990年	1995年	1999年	1990年	1995年	1999年
世界总计	**231285**	**219838**	**215272**	**592341**	**550597**	**583624**	**2561**	**2505**	**2711**
亚　洲	**85171**	**101705**	**98576**	**203108**	**238747**	**261322**	**2385**	**2348**	**2651**
中　国①	30753	28860	28855	98230	102207	113880	3194	3541	3947
孟加拉国	592	639	845	890	1245	1908	1503	1948	2259
印　度	23502	25700	27398	49850	65767	70778	2121	2559	2583
伊　朗	6278	6567	5396	8012	11228	8687	1276	1710	1610
日　本	260	151	169	952	444	583	3654	2932	3454
蒙　古	533	349	275	596	257	168	1119	737	613
缅　甸	130	107	96	124	89	93	954	833	973
朝　鲜	90	90	63	116	125	189	1289	1389	3000
韩　国	…	2	1	1	10	5	3024	4439	5000
巴基斯坦	7845	8170	8312	14316	17002	17970	1825	2081	2162
泰　国	1	1	1	…	1	1	611	639	625
土耳其	9432	9400	8650	20022	18015	18000	2123	1917	2081
非　洲	**8517**	**8136**	**8424**	**13607**	**13136**	**14866**	**1598**	**1615**	**1765**
埃　及	821	1055	1000	4268	5722	6347	5197	5422	6347
尼日利亚	60	35	49	50	44	98	833	1246	2000
南　非	1563	1363	718	1709	1977	1561	1093	1451	2174
北美洲	**43013**	**36733**	**32822**	**110356**	**95601**	**92589**	**2566**	**2603**	**2821**
加拿大	14098	11123	10364	32098	24989	26850	2277	2247	2591
墨西哥	933	929	639	3931	3468	3072	4214	3732	4809
美　国	27965	24667	21816	74294	67117	62662	2657	2721	2872
南美洲	**9796**	**6894**	**8144**	**16872**	**13309**	**19375**	**1722**	**1931**	**2379**
阿根廷	5797	4878	5800	10992	9445	14500	1896	1936	2500
巴　西	2681	994	1252	3093	1534	2436	1154	1544	1945
委内瑞拉	1	1	1	…	1	1	344	398	400
欧　洲		**57099**	**55619**		**172992**	**173913**		**3030**	**3127**
保加利亚	1163	1181	915	5292	3435	3000	4551	2909	3279
捷克共和国		831	867		3823	4028		4602	4644
法　国	5147	4745	5115	33346	30880	37009	6479	6508	7235
德　国	2430	2579	2609	15242	17763	19684	6273	6888	7543
意大利	2773	2482	2383	8109	7946	7743	2924	3201	3250
荷　兰	141	135	137	1076	1167	1000	7653	8664	7299
波　兰	2281	2407	2583	9026	8668	9051	3958	3602	3504
罗马尼亚	2253	2481	1666	7289	7667	4658	3235	3090	2795
俄罗斯		23909	22985		30119	30960		1260	1347
西班牙	2007	2126	2422	4774	3139	5084	2379	1476	2099
英　国	2013	1859	1847	14033	14310	14870	6971	7698	8051
南斯拉夫		863	681		2949	2167		3417	3182
大洋洲	**9257**	**9271**	**11689**	**15254**	**16811**	**21559**	**1648**	**1813**	**1845**
澳大利亚	9218	9221	11636	15066	16566	21269	1634	1797	1828
新西兰	39	50	53	188	245	290	4884	4904	5524

注:①中国收获面积为播种面积。

资料来源:联合国粮农组织数据库。

5—9 稻谷收获面积、总产量与单产

国家或地区	收获面积(千公顷)			总产量(千吨)			每公顷产量(公斤)		
	1990年	1995年	1999年	1990年	1995年	1999年	1990年	1995年	1999年
世界总计	**146933**	**149472**	**155128**	**520053**	**547086**	**596485**	**3539**	**3660**	**3845**
亚　洲	**132328**	**133585**	**138503**	**479480**	**499189**	**540621**	**3623**	**3737**	**3903**
中　国①	33064	30744	31283	189330	185226	198487	5726	6025	6345
孟加拉国	10435	9952	10470	26778	26398	29857	2566	2653	2852
印　度	42687	42800	44800	111517	115440	131200	2613	2697	2929
印度尼西亚	10502	11439	11624	45179	49744	49534	4302	4349	4261
伊　朗	524	566	550	1981	2301	2300	3779	4068	4182
日　本	2074	2118	1788	13124	13435	11469	6328	6343	6414
哈萨克斯坦		95	71		184	199		1948	2807
朝　鲜	650	582	580	3570	2016	2343	5492	3464	4040
韩　国	1244	1055	1059	7722	6387	7271	6206	6052	6868
马来西亚	681	673	674	1960	2127	1934	2880	3162	2869
缅　甸	4760	6033	5458	13972	17957	17075	2935	2977	3128
巴基斯坦	2113	2162	2400	4891	5950	6900	2315	2752	2875
菲律宾	3319	3759	3978	9885	10541	11388	2979	2804	2863
斯里兰卡	828	890	829	2538	2810	2692	3064	3159	3247
泰　国	8792	9113	10000	17193	22016	23272	1956	2416	2327
土耳其	46	50	60	230	200	317	4963	4000	5283
越　南	6028	6766	7648	19225	24964	31394	3190	3690	4105
非　洲	**6099**	**7072**	**7842**	**12407**	**15172**	**17602**	**2034**	**2145**	**2245**
埃　及	436	589	655	3167	4788	5816	7266	8136	8879
尼日利亚	1208	1796	2050	2500	2920	3397	2070	1626	1657
南　非	1	1	1	3	3	3	2308	2308	2231
北美洲	**1812**	**1820**	**2127**	**9227**	**9787**	**11789**	**5093**	**5376**	**5542**
墨西哥	105	78	83	394	367	399	3742	4679	4816
美　国	1142	1252	1442	7080	7887	9546	6198	6301	6622
南美洲	**5514**	**6295**	**5925**	**13418**	**19204**	**21803**	**2434**	**3050**	**3680**
阿根廷	117	184	281	428	926	1576	3671	5033	5609
巴　西	3945	4376	3810	7419	11226	11779	1881	2565	3092
委内瑞拉	115	177	149	495	757	670	4314	4266	4500
欧　洲		**573**	**581**		**2700**	**3238**		**4713**	**5578**
保加利亚	11	1	4	25	5	11	2379	3612	2750
法　国	20	25	17	121	122	101	5946	4857	5948
意大利	214	239	221	1291	1321	1362	6028	5521	6171
俄罗斯		171	146		462	444		2702	3041
罗马尼亚	40	6	2	67	24	4	1667	3903	2691
西班牙	90	55	112	571	330	845	6321	6046	7539
乌克兰		22	25		80	72		3636	2915
大洋洲	**117**	**126**	**150**	**951**	**1035**	**1433**	**8126**	**8201**	**9562**
澳大利亚	105	119	140	924	1016	1410	8838	8544	10071

注:①中国收获面积为播种面积。

资料来源:联合国粮农组织数据库。

5-10 玉米收获面积、总产量与单产

国家或地区	收获面积(千公顷)			总产量(千吨)			每公顷产量(公斤)		
	1990 年	1995 年	1999 年	1990 年	1995 年	1999 年	1990 年	1995 年	1999 年
世界总计	**131323**	**136383**	**139214**	**483177**	**516579**	**600418**	**3679**	**3788**	**4313**
亚　　洲	**39960**	**41199**	**44483**	**132288**	**148290**	**166508**	**3311**	**3599**	**3743**
中　　国①	21401	22776	25904	96820	111986	128086	4524	4917	4945
孟加拉国	3	3	3	3	2	3	1002	800	1044
印　　度	5904	6014	6300	8962	9534	10500	1518	1585	1667
印度尼西亚	3158	3652	3452	6734	8246	9134	2132	2258	2646
伊　　朗	30	120	156	130	545	941	4333	4542	6040
以 色 列	1	1	1	2	3	2	3219	2977	2353
日　　本	…	…	…	1	…	…	2524	2500	2400
哈萨克斯坦		86	66		136	198		1583	3017
朝　　鲜	680	670	496	4000	1366	1235	5882	2039	2490
韩　　国	26	18	20	120	74	82	4613	4245	4100
马来西亚	20	23	28	35	43	50	1750	1870	1786
缅　　甸	125	162	183	187	275	303	1495	1703	1650
巴基斯坦	845	881	880	1185	1283	1200	1401	1457	1364
菲 律 宾	3820	2736	2701	4854	4161	4643	1271	1521	1719
斯里兰卡	30	36	30	33	35	34	1123	970	1137
泰　　国	1545	1263	1300	3722	4155	4630	2409	3288	3561
土 耳 其	515	515	625	2100	1900	2400	4080	3689	3840
越　　南	432	557	687	671	1177	1752	1554	2114	2550
非　　洲	**25261**	**25683**	**26084**	**37687**	**34879**	**41200**	**1492**	**1358**	**1580**
埃　　及	830	736	900	4799	4535	6350	5780	6163	7056
尼日利亚	5104	5472	4250	5768	7048	5777	1130	1288	1359
南　　非	4163	3526	3491	9180	4866	7712	2205	1380	2209
北 美 洲	**37416**	**37440**	**39025**	**226425**	**216831**	**270256**	**6052**	**5791**	**6925**
加 拿 大	1030	1004	1141	7066	7281	9096	6860	7256	7974
墨 西 哥	7339	8020	7224	14635	18353	18324	1994	2288	2536
美　　国	27095	26389	28546	201532	187969	239719	7438	7123	8398
南 美 洲	**15625**	**19187**	**16757**	**31820**	**53537**	**51397**	**2037**	**2790**	**3067**
阿 根 廷	1560	2522	2509	5400	11404	13183	3461	4522	5254
巴　　西	11391	13960	11626	21341	36275	32178	1874	2599	2768
委内瑞拉	462	415	341	1002	1167	1024	2168	2810	3000
欧　　洲		**12803**	**12786**		**62631**	**70558**		**4892**	**5518**
白俄罗斯		1	2		3	3		2455	1500
保加利亚	424	475	370	1221	1817	1100	2877	3824	2973
捷克共和国		26	39		113	260		4284	6604
法　　国	1562	1651	1763	9401	12740	15628	6019	7717	8866
德　　国	229	325	363	1552	2395	3036	6776	7366	8358
意 大 利	768	942	1031	5864	8454	9996	7638	8970	9699
荷　　兰	…	9	7	3	63	58	10000	7044	8286
波　　兰	59	48	104	290	239	599	4913	4959	5751
俄 罗 斯		643	744		1739	1070		2703	1438
罗马尼亚	2467	3109	3006	6810	9923	10014	2761	3192	3331
西 班 牙	473	358	399	3042	2590	3777	6426	7246	9461
乌 克 兰		1161	688		3392	1733		2921	2520
南斯拉夫		1372	1395		5828	6100		4248	4373
大 洋 洲	**74**	**70**	**79**	**387**	**411**	**499**	**5257**	**5851**	**6335**
澳大利亚	52	50	58	219	242	319	4182	4826	5500
新 西 兰	18	17	18	162	161	170	9208	9742	9714

注:①中国收获面积为播种面积。

资料来源:联合国粮农组织数据库。

5—11 大豆收获面积、总产量与单产

国家或地区	收获面积(千公顷)			总产量(千吨)			每公顷产量(公斤)		
	1990年	1995年	1999年	1990年	1995年	1999年	1990年	1995年	1999年
世界总计	**57128**	**62511**	**71850**	**108439**	**126838**	**154323**	**1898**	**2029**	**2148**
亚　洲	**12854**	**15774**	**16896**	**16960**	**21794**	**22989**	**1320**	**1382**	**1361**
中　国①		11232	11189		17875	18940		1591	1693
印　度	2564	5035	6450	2602	5096	6500	1015	1012	1008
印度尼西亚	1334	1477	1075	1487	1680	1275	1115	1137	1186
伊　朗	68	87	86	89	134	140	1302	1540	1628
日　本	146	69	108	220	119	187	1511	1735	1730
哈萨克斯坦		5	3		4	4		776	1300
朝　鲜	340	310	300	455	390	340	1338	1258	1133
韩　国	152	105	98	233	160	145	1529	1516	1480
马来西亚	…	…	…	…	…	…	333	333	333
缅　甸	32	60	102	26	50	85	807	833	837
巴基斯坦	1	6	8	1	7	10	568	1202	1235
菲律宾	4	3	1	5	4	2	1219	1116	1154
斯里兰卡	4	2	1	3	2	1	804	1003	935
泰　国	408	275	240	530	386	340	1300	1402	1416
土耳其	74	31	22	162	75	49	2189	2419	2227
越　南	110	121	129	87	126	148	787	1036	1143
非　洲	**1028**	**932**	**908**	**695**	**555**	**909**	**676**	**596**	**1001**
埃　及	41	26	7	107	63	19	2577	2434	2637
尼日利亚	729	620	550	218	192	405	299	310	736
南　非	61	65	131	118	59	188	1938	901	1440
北美洲	**23663**	**25893**	**30449**	**54310**	**61731**	**74913**	**2295**	**2384**	**2460**
加拿大	484	824	999	1262	2298	2766	2610	2789	2769
墨西哥	286	134	81	575	190	132	2015	1412	1616
美　国	22869	24906	29330	52416	59174	71928	2292	2376	2452
南美洲	**17676**	**18894**	**22383**	**33057**	**41087**	**53121**	**1870**	**2175**	**2373**
阿根廷	4919	5934	7509	10700	12133	18000	2175	2045	2397
巴　西	11481	11658	13011	19888	25651	30904	1732	2200	2375
委内瑞拉	3	2	5	4	3	10	1148	1668	2000
欧　洲		**1000**	**1167**		**1643**	**2282**		**1643**	**1955**
保加利亚	17	15	3	15	14	5	883	904	1667
捷克共和国		…	…		1	1		1291	1603
法　国	117	102	102	245	262	272	2094	2570	2663
德　国	2	1		5	1	1	1979	2000	2601
意大利	521	195	253	1751	732	901	3359	3753	3560
俄罗斯		487	455		290	315		596	692
罗马尼亚	190	73	98	141	108	169	742	1470	1719
西班牙	17	3	4	42	5	9	2425	1798	2191
乌克兰		23	33		22	42		957	1273
南斯拉夫		52	108		107	316		2057	2930
大洋洲	**49**	**18**	**48**	**77**	**27**	**109**	**1572**	**1532**	**2271**
澳大利亚	49	18	48	77	27	109	1572	1532	2271

注:①中国收获面积为播种面积。

资料来源:联合国粮农组织数据库。

5—12 花生收获面积、总产量与单产

国家或地区	收获面积(千公顷)			总产量(千吨)			每公顷产量(公斤)		
	1990年	1995年	1999年	1990年	1995年	1999年	1990年	1995年	1999年
世界总计	**19691**	**22380**	**24748**	**23047**	**29119**	**33073**	**1170**	**1301**	**1336**
亚　洲		**13265**	**14095**		**20391**	**21874**		**1537**	**1552**
中　国①	2907	3809	4268	6368	10235	12639	2191	2687	2961
孟加拉国	39	36	35	42	40	40	1082	1129	1139
印　度	8309	7524	8000	7515	7579	7300	904	1007	913
印度尼西亚	651	739	650	1142	1085	990	1755	1468	1523
伊　朗	2	2	2	6	4	4	2895	2733	2733
以色列	3	4	4	21	24	24	6693	6152	6075
日　本	18	14	11	40	26	26	2179	1891	2336
哈萨克斯坦		0.8	0.5		1.6	0.8		2000	1600
韩　国	12	9	7	18	17	14	1503	1840	1841
马来西亚	1.4	1.4	1.5	5	5	6	3704	3700	3793
缅　甸	524	497	490	459	501	562	875	1008	1145
巴基斯坦	83	102	97	89	113	104	1082	1103	1067
菲律宾	44	48	25	35	36	25	782	761	1012
斯里兰卡	10	10	10	6	6	6	595	597	619
泰　国	117	97	95	161	147	153	1372	1516	1612
土耳其	24	29	35	63	70	90	2631	2414	2571
越　南	201	260	269	213	334	386	1058	1286	1433
非　洲	**5417**	**8025**	**9365**	**4336**	**6370**	**8314**	**800**	**794**	**888**
埃　及	12	45	59	26	131	181	2130	2931	3055
尼日利亚	707	1767	2650	992	1579	2783	1403	894	1050
南　非	106	123	95	130	117	163	1226	954	1719
北美洲	**904**	**742**	**731**	**1829**	**1731**	**1963**	**2024**	**2334**	**2686**
墨西哥	80	69	89	99	91	125	1242	1318	1405
美　国	735	614	578	1634	1570	1756	2223	2558	3039
南美洲	**322**	**311**	**518**	**537**	**569**	**868**	**1670**	**1828**	**1676**
阿根廷	166	155	336	322	340	610	1942	2192	1816
巴　西	83	94	97	137	169	173	1658	1802	1788
委内瑞拉	2.7	1.0	0.8	5.0	1.2	1.4	1825	1156	1818
欧　洲		**13**	**12**		**16**	**13**		**1203**	**1104**
保加利亚	12	12	11	11	13	10	917	1041	916
意大利	0.05	0.02		0.1	0.1		2500	3824	
西班牙	0.6	0.2	0.1	1.9	0.4	0.1	3106	1936	2267
大洋洲	**23**	**24**	**28**	**29**	**41**	**42**	**1272**	**1733**	**1485**
澳大利亚	18	21	25	25	38	39	1343	1867	1560

注:①中国收获面积为播种面积。

资料来源:联合国粮农组织数据库。

5-13 油菜籽收获面积、总产量与单产

国家或地区	收获面积(千公顷)			总产量(千吨)			每公顷产量(公斤)		
	1990年	1995年	1999年	1990年	1995年	1999年	1990年	1995年	1999年
世界总计	**17590**	**23955**	**27558**	**24445**	**34316**	**42532**	**1390**	**1433**	**1543**
亚　洲	**11123**	**13666**	**14221**	**11545**	**16026**	**16039**	**1038**	**1173**	**1128**
中　国①	5503	6907	6899	6958	9777	10132	1264	1416	1469
孟加拉国	338	337	344	217	245	254	643	728	738
印　度	4967	6060	6598	4125	5758	5774	831	950	875
日　本	1	1	1	2	1	1	1795	2123	1274
哈萨克斯坦		57	18		10	5		176	245
韩　国	4	2	1	7	4	1	1800	1960	1208
巴基斯坦	307	301	353	233	229	303	759	763	858
土耳其	2	…	…	2	…	…	1041	1286	2632
非　洲	**159**	**170**	**171**	**170**	**183**	**186**	**1072**	**1075**	**1088**
埃塞俄比亚		151	153		81	84		536	549
北美洲	**2560**	**5447**	**5991**	**3320**	**6685**	**9421**	**1297**	**1227**	**1573**
加拿大	2529	5271	5564	3266	6434	8798	1291	1221	1581
墨西哥	…	1	2	…	1	2	500	1036	1000
美　国	31	175	424	54	250	621	1742	1432	1463
南美洲	**59**	**35**	**46**	**80**	**55**	**86**	**1361**	**1595**	**1863**
阿根廷	15	16	2	17	21	2	1133	1355	1000
巴　西	12	9	12	10	8	12	833	889	1000
智　利	…	10	32	…	26	72	…	2581	2241
欧　洲		**4259**	**5397**		**10805**	**14693**		**2537**	**2723**
白俄罗斯		48	85		26	60		535	706
捷克共和国		253	350		662	1098		2621	3134
法　国	680	864	1369	1976	2789	4469	2907	3228	3264
德　国	722	974	1201	2088	3103	4212	2891	3187	3507
意大利	17	46	47	44	96	61	2607	2082	1279
荷　兰	8	1	2	26	5	4	3250	5000	2000
波　兰	500	606	545	1206	1377	1132	2410	2270	2076
罗马尼亚	13	…	83	11	…	111	839	1178	1338
俄罗斯		276	160		123	125		447	781
斯洛文尼亚		67	113		149	237		2203	2094
西班牙	24	88	48	30		64	1233	583	1331
乌克兰		47	222		40	150		851	676
英　国	390	439	542	1258	1235	1667	3227	2813	3076
南斯拉夫		47	222		40	150		851	676
大洋洲	**74**	**379**	**1733**	**101**	**562**	**2108**	**1362**	**1482**	**1216**
澳大利亚	73	377	1730	98	557	2103	1350	1479	1216
新西兰	1	3	3	2	5	5	2200	1920	1731

注：①中国收获面积为播种面积。

资料来源：联合国粮农组织数据库。

5－14　芝麻收获面积、总产量与单产

国家或地区	收获面积(千公顷)			总产量(千吨)			每公顷产量(公斤)		
	1990年	1995年	1999年	1990年	1995年	1999年	1990年	1995年	1999年
世界总计	**6144**	**6706**	**6134**	**2386**	**2530**	**2385**	**388**	**377**	**389**
亚　洲	**4646**	**4178**	**3594**	**1795**	**1728**	**1604**	**386**	**414**	**446**
中　国①	669	642	697	469	583	743	701	908	1066
孟加拉国	83	80	80	49	50	49	585	619	616
印　度	2516	1826	1673	835	531	555	332	291	332
伊　朗	28	30	38	18	19	27	643	633	695
韩　国	58	52	49	38	32	24	653	610	488
缅　甸	925	1132	705	207	304	210	224	269	298
巴基斯坦	53	90	71	21	39	32	406	441	452
斯里兰卡	9	9	10	5	5	6	516	500	553
泰　国	58	61	61	29	34	34	500	550	557
土耳其	85	73	60	39	30	26	460	411	433
越　南	40	52	30	19	29	14	475	558	460
非　洲	**1159**	**2320**	**2315**	**406**	**675**	**645**	**351**	**291**	**279**
埃　及	18	30	27	22	32	32	1247	1071	1175
尼日利亚	110	154	155	44	60	60	400	390	387
苏　丹	464	1494	1450	80	313	220	173	210	152
北美洲	**208**	**144**	**149**	**113**	**89**	**88**	**544**	**619**	**592**
墨西哥	110	37	62	60	21	36	542	575	578
南美洲	**131**	**64**	**75**	**71**	**37**	**47**	**542**	**583**	**627**
巴　西	20	22	22	12	13	13	600	591	591
委内瑞拉	98	30	44	51	17	28	515	576	645
欧　洲		**0.3**	**0.2**		**0.3**	**0.2**		**875**	**740**

注：①中国收获面积为播种面积。

资料来源：联合国粮农组织数据库。

5—15 籽棉收获面积、总产量与单产

国家或地区	收获面积(千公顷)			总产量(千吨)			每公顷产量(公斤)		
	1990年	1995年	1999年	1990年	1995年	1999年	1990年	1995年	1999年
世界总计	**32790**	**35597**	**33154**	**53626**	**56577**	**52146**	**1636**	**1589**	**1573**
亚　洲	**17099**	**21872**	**20335**	**26526**	**36392**	**31924**	**1551**	**1664**	**1570**
中　国①	5588	5422	3726	4508	4768	3829	807	879	1028
孟加拉国	19	35	42	47	40	45	2538	1169	1071
印　度	7440	9035	9000	5020	6582	6218	675	728	691
印度尼西亚	20	21	21	22	25	27	1082	1209	1286
伊　朗	221	272	229	437	523	460	1975	1923	2004
以色列	32	25	29	134	113	134	4184	4610	4620
哈萨克斯坦		110	141		223	249		2033	1765
朝　鲜	16	18	19	27	30	33	1688	1667	1784
缅　甸	141	178	290	63	86	158	443	484	545
巴基斯坦	2662	2997	2930	4913	5406	4486	1845	1804	1531
菲律宾	17	7	7	18	7	8	1076	976	1071
斯里兰卡	…			…			2000		
泰　国	71	55	25	97	81	37	1360	1470	1500
土耳其	641	757	731	1702	2224	2093	2654	2938	2864
越　南	8	18	22	3	13	21	392	731	955
非　洲	**3452**	**3721**	**4452**	**3443**	**3651**	**4253**	**997**	**981**	**955**
埃　及	417	298	271	838	640	644	2008	2144	2376
尼日利亚	410	439	350	276	350	200	673	797	571
南　非	123	54	95	149	64	127	1215	1179	1334
北美洲	**5069**	**6778**	**5570**	**9550**	**10783**	**9963**	**1884**	**1591**	**1789**
墨西哥	220	275	145	553	625	433	2518	2277	2974
美　国	4748	6478	5415	8790	10110	9517	1851	1561	1758
南美洲	**3395**	**2496**	**1691**	**4060**	**3500**	**2698**	**1196**	**1402**	**1596**
阿根廷	545	680	655	923	1123	707	1694	1651	1079
巴　西	1895	1192	672	1813	1451	1416	956	1217	2107
委内瑞拉	72	39	26	85	33	43	1181	851	1690
欧　洲		**484**	**544**		**1441**	**1581**		**2977**	**2904**
保加利亚	9	11	10	8	14	7	877	1214	701
意大利	…			…			2128		
罗马尼亚	1	…	…	…	…	…	968	700	900
南斯拉夫	84	31	109	259	101	388	3092	3254	3559
大洋洲	**240**	**245**	**562**	**792**	**809**	**1728**	**3306**	**3296**	**3075**
澳大利亚	240	245	562	792	809	1728	3306	3296	3075

注:①指棉花;中国收获面积为播种面积。

资料来源:联合国粮农组织数据库。

5－16 黄麻及黄麻类纤维收获面积、总产量与单产

国家或地区	收获面积(千公顷)			总产量(千吨)			每公顷产量(公斤)		
	1990年	1995年	1999年	1990年	1995年	1999年	1990年	1995年	1999年
世界总计	**2254**	**1821**	**1948**	**3668**	**3036**	**3327**	**1627**	**1667**	**1708**
亚　洲	**2160**	**1742**	**1870**	**3554**	**2932**	**3225**	**1645**	**1683**	**1725**
中　国①	300	147	648	726	371	164	2420	2524	253
孟加拉国	562	460	501	856	740	813	1524	1610	1623
印　度	1089	986	1200	1702	1617	2090	1564	1639	1742
印度尼西亚	9	5	6	9	4	7	968	902	1279
伊　朗	…	…	…	…	…	…	600	400	400
缅　甸	31	37	37	34	35	33	1077	924	897
巴基斯坦	6	4	3	4	3	2	633	656	667
泰　国	136	84	37	181	124	56	1327	1473	1515
尼泊尔	13	10	12	16	12	15	1235	1152	1302
越　南	12	8	4	24	15	9	2027	1973	2220
非　洲	**24**	**22**	**23**	**22**	**20**	**21**	**916**	**903**	**893**
安哥拉	1	1	1	1	1	1	1000	875	875
刚果(金)	7	8	8	4	5	5	583	704	671
埃　及	2	1	1	4	2	2	2500	2475	2316
尼日利亚	1	1	1	1	1	1	870	900	900
南　非	1	1	1	1	1	1	1091	1091	1000
北美洲	**12**	**16**	**16**	**12**	**16**	**17**	**1002**	**991**	**1043**
古　巴	10	10	10	10	10	10	1000	1000	1000
南美洲	**36**	**20**	**18**	**35**	**23**	**19**	**974**	**1192**	**1102**
智　利	10	10	10	10	10	10	1000	1000	1000
巴　西	24	8	6	22	12	8	915	1578	1437
秘　鲁	2	2	2	3	1	1	1579	632	632
欧　洲		**21**	**21**		**45**	**45**		**2143**	**2143**
俄罗斯		21	21		45	45		2143	2143

注:①指黄红麻;收获面积为播种面积。

资料来源:联合国粮农组织数据库。

5—17 甘蔗收获面积、总产量与单产

国家或地区	收获面积(千公顷)			总产量(千吨)			每公顷产量(公斤)		
	1990年	1995年	1999年	1990年	1995年	1999年	1990年	1995年	1999年
世界总计	**17080**	**18653**	**19405**	**1052602**	**1168746**	**1274697**	**61629**	**62659**	**65690**
亚　洲	**7234**	**8384**	**8717**	**433801**	**525898**	**568541**	**59971**	**62725**	**65221**
中　国①	1009	1125	1303	57620	65417	74703	57106	58148	57332
孟加拉国	186	180	165	7423	7446	6951	39830	41342	42127
印　度	3439	3870	4150	225569	275540	282250	65592	71199	68012
印度尼西亚	345	412	360	27980	28999	26000	81100	70387	72222
伊　朗	25	25	28	1659	1859	1970	65872	74297	70374
日　本	33	24	23	1983	1622	1530	60457	67303	67401
马来西亚	22	24	24	1300	1601	1600	60258	68000	68085
缅　甸	48	50	123	2198	2357	5429	45604	47133	44210
巴基斯坦	854	1009	1056	35494	47168	53104	41547	46748	50279
菲律宾	318	375	358	25482	24590	26287	80031	65556	73427
斯里兰卡	21	23	18	820	1273	946	39048	55475	53271
泰　国	686	923	945	33561	50597	52839	48894	54836	55914
越　南	131	225	351	5398	10711	17840	41329	47648	50855
非　洲	**1189**	**1273**	**1372**	**71433**	**73424**	**83121**	**60082**	**57696**	**60579**
埃　及	111	129	129	11095	14105	15325	100333	109532	119048
尼日利亚	22	19	23	920	636	675	41071	33005	29348
南　非	265	273	311	18083	16714	21248	68320	61197	68322
北美洲	**2980**	**2854**	**2794**	**184324**	**148895**	**160362**	**61854**	**52179**	**57394**
古　巴	1420	1177	1100	81800	33600	35000	57594	28538	31818
墨西哥	571	573	627	39919	44453	46000	69870	77573	73342
美　国	321	377	401	25524	27938	32406	79415	74047	80787
南美洲	**5269**	**5696**	**6025**	**334231**	**382940**	**420867**	**63436**	**67231**	**69855**
阿根廷	256	295	275	15700	17700	19400	61412	60012	70546
巴　西	4271	4565	4860	262605	303557	333314	61487	66490	68580
委内瑞拉	102	101	110	6619	6147	7080	65050	60736	64364
欧　洲		**1**	**1**		**105**	**84**		**72021**	**67200**
西班牙	2	1	1	171	101	80	79841	71738	66667
大洋洲	**406**	**445**	**495**	**28639**	**37484**	**41722**	**70495**	**84239**	**84236**
澳大利亚	332	363	415	24370	32971	36922	73403	90829	88969

注:①中国收获面积为播种面积。

资料来源:联合国粮农组织数据库。

5—18 甜菜收获面积、总产量与单产

国家或地区	收获面积(千公顷)			总产量(千吨)			每公顷产量(公斤)		
	1990年	1995年	1999年	1990年	1995年	1999年	1990年	1995年	1999年
世界总计	**8657**	**7905**	**6708**	**309187**	**264816**	**263020**	**35713**	**33501**	**39209**
亚　洲	**1309**	**1431**	**1227**	**37154**	**36876**	**45934**	**28387**	**25765**	**37423**
中　国①	670	695	341	14525	13984	8639	21679	20121	25334
伊　朗	149	203	185	3641	5521	4987	24509	27240	26983
日　本	72	70	70	3994	3813	3803	55503	54471	54329
哈萨克斯坦		41	17		371	294		9093	17187
巴基斯坦	11	8	8	343	194	200	31291	25526	26667
土耳其	378	312	500	13986	11171	20000	37044	35774	40000
非　洲	**84**	**85**	**109**	**3840**	**3907**	**5873**	**45853**	**46048**	**54000**
埃　及	14	21	54	575	920	2560	40127	43735	47446
北美洲	**581**	**599**	**635**	**25901**	**26587**	**30971**	**44549**	**44356**	**48742**
加拿大	24	25	17	942	1127	744	39075	45624	42759
墨西哥	0.002			0.080			40000		
美　国	557	575	618	24959	25460	30227	44786	44301	48910
南美洲	**48**	**54**	**50**	**2536**	**3746**	**3102**	**53317**	**69864**	**61572**
欧　洲		**5736**	**4686**		**193700**	**177141**		**33771**	**37800**
白俄罗斯		55	53		1172	1000		21309	18868
保加利亚	36	9	4	584	157	40	16001	16794	10000
捷克共和国		93	59		3712	2691		39865	45549
法　国	475	458	444	31746	30571	32776	66834	66749	73849
德　国	612	524	488	30366	26049	27587	49659	49750	56579
意大利	274	284	283	11768	13188	14100	42950	46439	49886
荷　兰	125	116	114	8623	6449	5505	68984	55595	48285
波　兰	440	384	372	16721	13309	12554	37983	34616	33773
俄罗斯		1085	813		19072	15200		17570	18686
罗马尼亚	163	133	65	3278	2655	1360	20149	19928	20869
西班牙	169	172	138	7361	7438	7998	43660	43129	58081
英　国	194	196	185	7902	8431	10328	40732	43015	55827
乌克兰		1449	950		29650	13890		20470	14621
南斯拉夫		62	61		1694	2318		27402	38000

注:①中国收获面积为播种面积。

资料来源:联合国粮农组织数据库。

5—19 茶叶收获面积、总产量与单产

国家或地区	收获面积(千公顷)			总产量(千吨)			每公顷产量(公斤)		
	1990年	1995年	1999年	1990年	1995年	1999年	1990年	1995年	1999年
世界总计	**2260**	**2298**	**2291**	**2526**	**2619**	**2872**	**1118**	**1140**	**1254**
亚　洲	**1941**	**2038**	**2021**	**1990**	**2170**	**2426**	**1025**	**1065**	**1201**
中　国①	1061	1115	1130	540	588	676	509	527	598
孟加拉国	47	48	49	39	52	51	824	1088	1041
印　度	415	428	470	688	754	749	1658	1761	1595
印度尼西亚	95	113	110	156	154	152	1650	1358	1386
伊　朗	32	34	35	37	54	60	1161	1581	1735
日　本	59	54	51	90	85	91	1537	1579	1795
韩　国	…	1	1	…	1	1	970	978	1303
马来西亚	3	3	3	6	6	6	1896	2037	2000
缅　甸	57	60	63	15	16	61	261	267	977
斯里兰卡	222	189	190	233	246	280	1051	1302	1470
泰　国	17	17	18	5	5	5	303	300	294
土耳其	91	77	80	123	103	120	1355	1341	1504
越　南	60	71	69	32	40	62	538	568	895
非　洲	**189**	**207**	**219**	**325**	**370**	**372**	**1716**	**1788**	**1695**
肯尼亚	97	111	114	197	245	220	2031	2197	1930
南　非	6	6	7	12	12	11	1967	1899	1567
北美洲	**1**	**1**	**1**	**1**	**1**	**1**	**924**	**997**	**1000**
南美洲	**48**	**45**	**45**	**67**	**66**	**63**	**1399**	**1463**	**1379**
阿根廷	39	37	38	51	51	49	1304	1378	1285
巴　西	5	5	4	10	9	7	1816	1899	1750
欧　洲		**2**	**2**		**7**	**4**		**4230**	**2420**
俄罗斯		2	2		7	4		4506	2467
大洋洲	**4**	**5**	**3**	**8**	**5**	**7**	**1951**	**1044**	**2420**

注:①中国收获面积为播种面积。

资料来源:联合国粮农组织数据库。

5－20 烟叶收获面积、总产量与单产

国家或地区	收获面积(千公顷)			总产量(千吨)			每公顷产量(公斤)		
	1990年	1995年	1999年	1990年	1995年	1999年	1990年	1995年	1999年
世界总计	**4653**	**4150**	**4606**	**7136**	**6290**	**7085**	**1534**	**1516**	**1538**
亚　洲	**3038**	**2749**	**3061**	**4305**	**3940**	**4456**	**1417**	**1434**	**1456**
中　国①	1593	1470	1374	2627	2314	2469	1649	1574	1797
孟加拉国	45	36	33	38	38	37	839	1056	1117
印　度	413	381	463	552	567	702	1335	1487	1515
印度尼西亚	236	216	222	156	140	138	663	649	621
伊　朗	17	14	21	19	14	23	1149	1010	1104
以色列	0.2			0.2			721		
日　本	30	26	25	81	70	64	2683	2671	2530
哈萨克斯坦		2	5		2	8		884	1739
朝　鲜	40	42	42	65	60	60	1625	1429	1429
韩　国	31	32	25	70	84	65	2237	2602	2630
马来西亚	10	11	14	10	10	11	999	980	787
缅　甸	30	31	26	40	38	42	1316	1205	1609
巴基斯坦	41	47	53	68	81	99	1665	1706	1846
菲律宾	63	56	48	82	64	71	1290	1131	1494
斯里兰卡	9	9	7	10	11	9	1159	1327	1340
泰　国	63	42	52	69	60	61	1101	1414	1178
土耳其	320	210	293	296	204	262	924	974	893
越　南	26	28	33	22	28	35	824	1000	1086
非　洲	**314**	**358**	**379**	**361**	**461**	**470**	**1149**	**1288**	**1239**
尼日利亚	22	22	22	9	9	9	409	418	418
南　非	25	14	14	27	21	30	1096	1470	2140
北美洲	**438**	**393**	**416**	**915**	**750**	**782**	**2089**	**1905**	**1881**
加拿大	29	27	28	63	74	75	2149	2760	2727
墨西哥	22	17	27	34	27	46	1563	1648	1693
美　国	297	268	263	738	576	576	2486	2146	2191
南美洲	**363**	**377**	**452**	**590**	**602**	**817**	**1627**	**1599**	**1809**
阿根廷	47	50	69	68	79	113	1430	1586	1630
巴　西	272	292	341	444	455	626	1632	1561	1834
委内瑞拉	9	8	6	15	15	11	1615	1780	1881
欧　洲		**271**	**295**		**529**	**552**		**1957**	**1874**
白俄罗斯		1	1		2	2		2000	1875
保加利亚	53	14	30	77	19	42	1447	1319	1400
法　国	11	10	9	28	26	26	2562	2705	2915
德　国	6	4	4	10	7	9	1898	1912	2415
意大利	88	50	47	215	124	133	2450	2504	2791
波　兰	28	19	21	59	40	44	2143	2142	2093
俄罗斯		1	1		1	1		583	520
罗马尼亚	17	10	11	14	13	11	845	1388	1026
西班牙	21	17	17	43	43	45	2047	2467	2647
乌克兰		6	4		5	3		833	833
南斯拉夫		11	10		13	13		1249	1300
大洋洲	**6**	**3**	**3**	**14**	**7**	**8**	**2322**	**2174**	**2380**
澳大利亚	5	3	3	12	7	7	2429	2336	2518
新西兰	0.5	0.2		0.8	0.2		1833	1333	

注：①中国收获面积为播种面积。

资料来源：联合国粮农组织数据库。

5－21 水果收获面积、总产量与单产

国家或地区	收获面积(千公顷)			总产量(千吨)			每公顷产量(公斤)		
	1990年	1995年	1999年	1990年	1995年	1999年	1990年	1995年	1999年
世界总计	**41058**	**46438**	**48958**	**352349**	**409175**	**444651**	**8582**	**8811**	**9082**
亚　洲	**14757**	**20307**	**22177**	**113898**	**161575**	**180683**	**7718**	**7957**	**8147**
中　国①	5179	8098	8667	18744	42146	62376	3619	5204	7197
孟加拉国	156	167	174	1332	1386	1405	8536	8312	8067
印　度	2513	3310	3447	27359	36388	38561	10886	10994	11188
印度尼西亚	660	982	872	5760	9332	7742	8725	9502	8880
伊　朗	846	1001	1083	7164	9790	11172	8464	9782	10312
以色列	65	64	62	2001	1479	1424	30831	23001	23070
日　本	296	256	237	4906	4218	4169	16574	16490	17595
哈萨克斯坦		83	64		165	69		1997	1070
朝　鲜	155	159	159	1305	1295	1300	8428	8165	8197
韩　国	142	183	183	1920	2479	2456	13482	13568	13398
马来西亚	96	97	94	1110	1123	1074	11573	11534	11462
蒙　古	0.1	0.1	…	0.4	0.1	…	3636	1667	1923
缅　甸	226	241	247	950	1114	1223	4198	4620	4953
巴基斯坦	444	568	598	3894	5215	5511	8772	9187	9218
菲律宾	769	820	842	8263	9516	10024	10748	11611	11903
新加坡	…	…	…	1	…	…	4818	3333	3333
斯里兰卡	72	91	94	718	814	833	9987	8944	8820
泰　国	607	655	663	6248	7133	7491	10300	10894	11293
土耳其	1018	1032	1019	9017	9593	10389	8855	9295	10199
越　南	279	359	355	3109	3769	3972	11135	10489	11184
非　洲	**7607**	**8283**	**8747**	**48603**	**54208**	**59546**	**6389**	**6545**	**6808**
埃　及	293	353	388	4618	5904	6417	15781	16726	16553
尼日利亚	1202	1398	1515	6382	7911	8768	5310	5659	5788
南　非	233	247	294	3715	3798	4777	15955	15367	16265
北美洲	**2885**	**3188**	**3387**	**46561**	**53802**	**52894**	**16140**	**16876**	**15619**
加拿大	72	76	71	773	874	677	10749	11451	9607
墨西哥	758	954	1086	9371	11658	11498	12364	12223	10586
美　国	1174	1243	1300	24155	29288	28400	20571	23560	21848
南美洲	**4258**	**4651**	**4854**	**54076**	**65158**	**70895**	**12700**	**14009**	**14605**
阿根廷	435	458	496	5715	7080	7060	13140	15461	14246
巴　西	2305	2415	2542	30173	34362	37573	13090	14231	14782
委内瑞拉	200	208	185	2563	2645	2535	12797	12717	13731
欧　洲		**9663**	**9428**		**69810**	**75588**		**7225**	**8017**
白俄罗斯		115	104		383	297		3329	2870
保加利亚	219	180	173	1650	1153	992	7520	6403	5721
捷克共和国		87	131		447	505		5124	3856
法　国	1103	1084	1052	11944	11253	12058	10831	10380	11465
德　国	361	347	367	4855	4310	4949	13449	12437	13497
意大利	1533	1406	1373	17112	16261	19126	11163	11564	13926
荷　兰	25	26	25	562	749	715	22036	28839	28046
波　兰	261	356	385	1419	2114	2390	5429	5944	6212
俄罗斯		802	795		2511	2630		3130	3307
罗马尼亚	450	479	467	2401	2209	2147	5335	4612	4595
西班牙	2053	1767	1815	14359	11414	14769	6994	6458	8137
英　国	43	38	26	451	396	362	10444	10332	13829
乌克兰		776	622		2354	1594		3034	2562
南斯拉夫		314	305		1124	1165		3583	3822
大洋洲	**324**	**347**	**365**	**4394**	**4622**	**5044**	**13563**	**13332**	**13808**
澳大利亚	152	170	191	2323	2346	2740	15238	13801	14340
新西兰	47	46	42	844	988	988	17896	21242	23378

注：①中国收获面积为播种面积。

资料来源：联合国粮农组织数据库。

5—22 牛、羊、猪的存栏头数

单位：千头

国家或地区	牛			羊			猪		
	1990 年	1995 年	1999 年	1990 年	1995 年	1999 年	1990 年	1995 年	1999 年
世界总计	**1444287**	**1479516**	**1496828**	**1784599**	**1750636**	**1778602**	**857618**	**894988**	**912708**
亚　洲	**544571**	**609675**	**618437**	**700656**	**820217**	**859235**	**436746**	**511446**	**527062**
中　国	102884	132060	126983	210020	276850	279258	362410	441690	430198
中国香港	2	2	32	0.4	0.3	0.2	304	107	110
孟加拉国	24016	24859	24220	21904	31400	34610			
印　度	283170	295868	306967	161900	172550	180130	12000	14306	16005
印度尼西亚	13745	14663	15384	17304	20478	23349	7136	7825	10069
伊　朗	7972	8794	8521	69329	76646	79657			
以色列	342	391	300	500	421	413	124	143	163
日　本	4760	4916	4658	65	50	45	11817	10250	9879
哈萨克斯坦		8083	3967		25132	9556		1983	892
朝　鲜	1000	886	565	1150	972	2085	5800	2674	2970
韩　国	2126	3147	2486	215	682	501	4528	6461	7864
马来西亚	873	881	872	537	504	397	2678	3150	2961
蒙　古	2693	3005	3726	19224	21028	25756	192	23	21
缅　甸	11371	12060	13131	1312	1492	1732	2278	2944	3715
巴基斯坦	35050	37559	39300	61144	72829	81000			
菲律宾	4394	4728	5401	4820	6213	6810	7990	8941	10390
新加坡	0.4	0.5	0.2	0.2	0.3	0.3	300	190	190
斯里兰卡	2731	2468	2320	548	610	531	85	87	76
泰　国	10576	11004	9177	283	208	167	4762	5369	7200
土耳其	12602	12206	11379	55589	45210	38614	8	8	5
越　南	5971	6602	7019	372	551	471	12261	16306	18886
非　洲	**191303**	**205071**	**226523**	**373703**	**414033**	**445981**	**16549**	**21623**	**27017**
埃　及	5515	6014	6330	5764	7352	7661	24	27	29
尼日利亚	13947	15405	19850	35781	38500	44800	3410	7150	12400
南　非	13500	13015	13565	38765	35241	35137	1532	1628	1531
北美洲	**159368**	**165367**	**160961**	**34144**	**31825**	**28179**	**85825**	**93783**	**95546**
加拿大	11220	12709	12981	622	645	685	10392	11291	12403
墨西哥	32054	30191	30293	16285	16328	14700	15203	15923	13855
美　国	95816	102785	98522	13258	10839	8638	53788	59738	62206
南美洲	**273591**	**285394**	**303798**	**126609**	**114945**	**106566**	**52229**	**49505**	**51311**
阿根廷	52845	53500	55000	31871	25173	17428	2400	3100	3200
巴　西	148499	151679	165170	31909	29608	30900	33623	27964	27425
委内瑞拉	13272	14737	15992	2200	3781	4781	2904	4182	4500
欧　洲		**178247**	**150769**		**199070**	**172209**		**213477**	**206510**
白俄罗斯		5403	4515		284	184		4005	3608
保加利亚	1598	652	681	8563	4193	3822	4352	1986	1721
捷克共和国		2030	1657		210	128		3867	4001
法　国	21394	20524	20214	12435	11389	11439	12276	14593	16190
德　国	20288	15962	14942	4212	2429	2412	34178	24698	26294
意大利	8858	7272	7320	12094	12129	12135	9254	8023	8225
荷　兰	4926	4654	4184	1763	1750	1584	13915	14397	13418
波　兰	10049	7306	6555	4158	713	392	19464	20418	18538
俄罗斯		43320	28651		34540	15600		24859	17300
罗马尼亚	6291	3481	3143	16452	11642	8994	11671	7758	7194
西班牙	5187	5248	6065	26519	26215	26351	16911	18345	21600
英　国	12079	11733	11423	43828	42771	44656	7450	7627	7284
乌克兰		19624	11722		5574	2026		13946	10083
南斯拉夫		1968	1846		3004	2392		4192	4372
大洋洲	**31879**	**35762**	**36340**	**230026**	**170546**	**166433**	**4702**	**5154**	**5263**
澳大利亚	23162	25731	26710	170857	121092	119780	2648	2653	2680
新西兰	8034	9272	8876	58915	49153	46330	395	431	413

资料来源：联合国粮农组织数据库。

5-23 牛肉产量、牛的屠宰头数与胴体重

国家或地区	牛肉产量(千吨)			屠宰头数(千头)			每头胴体重(千克)		
	1990年	1995年	1999年	1990年	1995年	1999年	1990年	1995年	1999年
世界总计	**55644**	**56819**	**58951**	**274365**	**287229**	**294882**	**203**	**198**	**200**
亚　洲	**7431**	**11741**	**13394**	**55059**	**82392**	**93160**	**135**	**143**	**144**
中　国①	1256	4154	5054	10883	30490	37662	115	136	136
中国香港	39	25	18	166	108	63	237	233	286
孟加拉国	143	151	165	2363	2475	2346	60	61	70
印　度	2403	2716	2832	20984	23045	24020	115	118	118
印度尼西亚	309	359	399	1566	1848	1982	197	195	201
伊　朗	220	265	306	2066	2107	2431	106	126	126
以色列	36	41	46	110	116	120	326	349	383
日　本	549	601	515	1391	1505	1285	395	399	401
哈萨克斯坦		548	331		3441	2176		159	152
朝　鲜	35	27	20	230	180	130	150	150	150
韩　国	128	221	240	555	780	1095	230	283	219
马来西亚	15	20	21	120	166	175	126	123	122
蒙　古	66	69	87	526	524	760	126	133	115
缅　甸	107	113	121	848	899	959	126	126	126
巴基斯坦	667	847	984	4995	5530	6460	134	153	152
菲律宾	125	147	223	729	873	1139	171	169	196
斯里兰卡	26	32	29	200	241	220	129	132	132
泰　国	317	337	267	1441	1576	1162	220	214	230
土耳其	372	299	364	3124	1859	2230	119	161	163
越　南	164	180	178	883	990	1030	186	182	173
非　洲	**3480**	**3561**	**3891**	**23927**	**25442**	**27271**	**145**	**140**	**143**
埃　及	304	394	527	2280	2872	3190	133	137	165
尼日利亚	204	267	299	1444	1600	1825	142	167	164
南　非	661	521	527	2935	2500	2688	225	208	196
北美洲	**13119**	**14453**	**15182**	**47598**	**50156**	**49758**	**276**	**288**	**305**
加拿大	900	936	1210	3354	3146	3825	268	298	316
墨西哥	1114	1412	1390	5300	6901	6492	210	205	214
美　国	10465	11585	12050	35277	37294	36422	297	311	331
南美洲	**9369**	**10639**	**11365**	**48244**	**48029**	**53609**	**194**	**222**	**212**
阿根廷	3007	2688	2650	13957	12867	12700	215	209	209
巴　西	4115	5710	6182	22500	24021	28484	183	238	217
委内瑞拉	382	316	424	1819	1525	1973	210	207	215
欧　洲		**13973**	**12542**		**69186**	**58342**		**202**	**215**
白俄罗斯		316	261		1805	1513		175	173
保加利亚	121	65	65	586	357	376	207	182	172
捷克共和国		170	136		752	615		225	221
法　国	1912	1683	1567	6672	6010	5642	287	280	278
德　国	2112	1408	1420	7354	4753	4570	287	296	311
意大利	1165	1181	1101	4884	4732	4407	239	250	250
荷　兰	521	580	510	2249	2379	2300	232	244	222
波　兰	725	386	397	4257	2621	2547	170	147	156
俄罗斯		2733	2229		19767	13788		138	162
罗马尼亚	317	202	170	2159	1487	1300	147	136	131
西班牙	514	508	675	2065	1990	2680	249	256	252
英　国	1002	996	678	3524	3811	2293	284	261	296
乌克兰		1186	786		8258	6023		144	131
南斯拉夫		227	258		981	998		231	259
大洋洲	**2176**	**2452**	**2577**	**10759**	**12023**	**12741**	**202**	**204**	**202**
澳大利亚	1677	1803	2009	7939	8268	9069	211	218	222
新西兰	479	629	547	2706	3647	3562	177	173	154

注:①屠宰头数为出栏头数,每头胴体重为每头产肉量。

资料来源:联合国粮农组织数据库。

5－24 羊肉产量、羊的屠宰头数与胴体重

国家或地区	羊肉产量(千吨)			屠宰头数(千头)			每头胴体重(千克)		
	1990年	1995年	1999年	1990年	1995年	1999年	1990年	1995年	1999年
世界总计	**9697**	**10631**	**11294**	**691902**	**761759**	**803507**	**14**	**14**	**14**
亚 洲		**5356**	**6105**		**395398**	**449889**		**14**	**14**
中 国①	1068	215	2513	89314	165374	188204	12	12	13
中国香港	0.2	0.1	0.1	18	9	6	14	13	13
孟加拉国	75	107	129	10734	15320	18370	7	7	7
印 度	611	663	694	58100	62771	65600	11	11	11
印度尼西亚	90	94	84	9000	9428	8200	10	10	10
伊 朗	338	377	397	21975	24450	25730	15	15	15
以色列	6	7	6	320	346	321	19	19	19
日 本	0.4	0.4	0.3	16	14	10	25	26	28
哈萨克斯坦		206	119		14552	6737		14	18
朝 鲜	6	4	10	370	298	670	15	15	15
韩 国	1	3	3	65	205	200	15	15	15
马来西亚	0.7	0.6	0.5	65	54	51	11	11	11
蒙 古	132	112	117	6852	5848	6550	19	19	18
缅 甸	7	8	9	439	502	581	15	15	15
巴基斯坦	484	683	838	29934	37810	46500	16	18	18
菲律宾	27	74	82	1924	2482	2722	14	30	30
新加坡	0.8	0.4	0.2	28	14	14	27	27	13
斯里兰卡	2	3	2	91	126	89	20	20	20
泰 国	1.2	1.0	0.8	81	68	50	15	15	15
土耳其	370	372	374	23564	23700	23900	16	16	16
越 南	3	4	5	186	275	311	15	15	15
非 洲	**1549**	**1785**	**1970**	**120918**	**135818**	**149275**	**13**	**13**	**13**
埃 及	90	114	123	4225	5330	5580	21	21	22
尼日利亚	165	180	246	13500	14800	20460	12	12	12
南 非	168	146	139	11960	11620	10700	14	13	13
北美洲	**251**	**224**	**203**	**11740**	**10794**	**9572**	**21**	**21**	**21**
加拿大	9	10	11	475	500	492	20	21	21
墨西哥	61	68	70	4320	4509	4330	14	15	16
美 国	165	130	105	5750	4628	3455	29	28	30
南美洲	**365**	**358**	**349**	**26590**	**25698**	**26021**	**14**	**14**	**13**
阿根廷	92	88	52	5990	5508	4200	15	16	12
巴 西	112	125	131	7850	8795	9270	14	14	14
委内瑞拉	7	7	9	778	714	810	9	10	11
欧 洲		**1740**	**1555**		**127145**	**108369**		**14**	**14**
白俄罗斯		4	3		195	120		20	25
保加利亚	63	45	53	4225	2710	2830	15	17	19
捷克共和国		2	3		157	167		14	20
法 国	194	148	139	11262	8754	8640	17	17	16
德 国	50	42	44	2228	2069	2194	23	20	20
意大利	85	76	71	9562	8473	7600	9	9	9
荷 兰	15	16	16	629	661	650	24	24	25
波 兰	29	6	3	1893	186	77	15	30	34
俄罗斯		261	174		19328	10230		14	17
罗马尼亚	109	75	54	9123	9489	5971	12	8	9
西班牙	234	242	249	21167	21976	21960	11	11	11
英 国	370	401	361	20012	21164	19107	19	19	19
乌克兰		42	19		3047	1446		14	13
南斯拉夫		29	30		1909	1961		15	15
大洋洲	**1174**	**1167**	**1113**	**67731**	**66906**	**60381**	**17**	**17**	**18**
澳大利亚	641	631	611	33414	33171	30292	19	19	20
新西兰	532	535	500	34237	33634	29990	16	16	17

注：①屠宰头数为出栏头数，每头胴体重为每头产肉量。

资料来源：联合国粮农组织数据库。

5－25 猪肉产量、猪的屠宰头数与胴体重

国家或地区	猪肉产量(千吨)			屠宰头数(千头)			每头酮体重(千克)		
	1990年	1995年	1999年	1990年	1995年	1999年	1990年	1995年	1999年
世界总计	**69908**	**78883**	**88430**	**922545**	**1032437**	**1138569**	**76**	**76**	**78**
亚　洲	**29599**	**40006**	**47046**	**421904**	**548646**	**630938**	**70**	**73**	**75**
中　国①	22811	36484	40056	309910	480510	519772	74	76	77
中国香港	188	159	157	3260	2605	2316	58	61	68
印　度	417	495	469	11900	14148	13386	35	35	35
印度尼西亚	545	589	759	9900	10700	13800	55	55	55
以色列	9	11	12	121	140	160	76	76	76
日　本	1555	1322	1283	20910	17606	17030	74	75	75
哈萨克斯坦		113	77		2010	1270		56	60
朝　鲜	225	115	134	4500	2300	2675	50	50	50
韩　国	550	799	741	8604	10178	12565	64	79	59
马来西亚	219	232	221	4001	4234	4033	55	55	55
蒙　古	8	1	1	130	12	16	61	50	40
缅　甸	75	97	121	1367	1766	2200	55	55	55
菲律宾	709	970	1123	12222	14376	17278	58	68	65
新加坡	76	86	50	1152	1292	1292	66	67	39
斯里兰卡	2	2	2	23	32	27	69	72	72
泰　国	338	489	426	6750	9779	8517	50	50	50
土耳其			1	7	6	17	50	80	74
越　南	729	1007	1318	11800	16306	19242	62	62	69
非　洲	**604**	**790**	**990**	**12911**	**16788**	**21193**	**47**	**47**	**47**
埃　及	2	3	3	59	65	71	42	43	43
尼日利亚	131	275	475	2900	6100	10560	45	45	45
南　非	131	127	117	2360	2194	2000	55	58	59
北美洲	**9104**	**10571**	**11550**	**116385**	**132951**	**136848**	**78**	**80**	**84**
加拿大	1124	1276	1525	14683	15771	19500	77	81	78
墨西哥	757	922	990	11652	16089	12034	65	57	82
美　国	6964	8097	8785	85432	96326	100863	82	84	87
南美洲	**1900**	**2412**	**2808**	**26226**	**32890**	**40194**	**73**	**73**	**70**
阿根廷	141	178	156	1707	2429	2323	82	74	67
巴　西	1050	1430	1752	12500	17241	23047	84	83	76
委内瑞拉	107	112	95	1847	1883	1589	58	60	60
欧　洲		**24645**	**25564**		**293498**	**301732**		**84**	**85**
白俄罗斯		263	310		3700	3975		71	78
保加利亚	406	256	258	5503	3500	3450	74	73	75
捷克共和国		502	452		6311	5900		80	77
法　国	1727	2144	2386	21304	24860	27250	81	86	88
德　国	4457	3602	3940	49141	39353	44300	91	92	89
意大利	1333	1346	1425	12134	11992	12700	110	112	112
荷　兰	1661	1622	1700	19941	18616	19200	83	87	89
波　兰	1855	1962	2026	19958	22668	23220	93	87	87
俄罗斯		1865	1205		24721	15055		75	80
罗马尼亚	788	673	610	9313	7906	8250	85	85	74
西班牙	1789	2175	2900	23658	27539	36250	76	79	80
英　国	946	1012	1048	13877	14687	14730	68	69	71
乌克兰		807	668		9885	7680		82	87
南斯拉夫		644	625		8152	7893		79	79
大洋洲	**405**	**459**	**472**	**7042**	**7664**	**7663**	**58**	**60**	**62**
澳大利亚	317	351	362	4942	5120	5048	64	69	72
新西兰	43	51	50	766	846	805	56	60	62

注：①屠宰头数为出栏头数，每头胴体重为每头产肉量。

资料来源：联合国粮农组织数据库。

5—26 肉类总产量

单位:千吨

	1990年	1995年	1996年	1997年	1998年	1999年
世界总计	**179579**	**204626**	**206897**	**214934**	**222917**	**225945**
亚　洲	**51395**	**75279**	**75797**	**83193**	**87862**	**88350**
中　国	28570	38415	45954	52688	57238	59490
中国香港	322	246	238	231	241	248
孟加拉国	308	371	400	427	412	412
印　度	3900	4486	4548	4654	4609	4677
印度尼西亚	1429	1932	2035	2075	1861	1938
伊　朗	976	1331	1358	1444	1475	1463
以色列	234	310	323	330	328	328
日　本	3503	3202	3068	2942	3047	2998
哈萨克斯坦		985	855	718	642	626
朝　鲜	312	168	154	125	159	187
韩　国	942	1409	1543	1620	1681	1264
马来西亚	620	960	930	1021	1031	1031
蒙　古	249	212	260	241	246	247
缅　甸	268	335	362	385	399	427
巴基斯坦	1325	1857	1996	2126	2270	2270
菲律宾	1114	1623	1759	1869	1901	1997
新加坡	145	148	145	154	154	120
斯里兰卡	53	91	90	92	92	92
泰　国	1323	1834	1886	1906	1940	1884
土耳其	1161	1191	1113	1255	1244	1244
越　南	1071	1384	1446	1513	1646	1841
非　洲	**8570**	**9524**	**9834**	**10343**	**10455**	**10603**
埃　及	747	1014	1096	1302	1244	1299
尼日利亚	773	991	1052	1243	1266	1292
南　非	1344	1220	1211	1190	1233	1251
北美洲	**35731**	**42326**	**42881**	**43701**	**45227**	**46908**
加拿大	2796	3111	3174	3293	3491	3779
墨西哥	2801	3799	3684	3904	4127	4289
美　国	28639	33868	34427	34890	35965	37180
南美洲	**15714**	**20366**	**21158**	**21517**	**21764**	**22873**
阿根廷	3701	3669	3610	3638	3681	3703
巴　西	7709	11446	12098	12172	12223	13123
委内瑞拉	755	880	945	1013	1022	1043
欧　洲		**52391**	**52618**	**51431**	**52608**	**52260**
白俄罗斯		656	623	632	675	652
保加利亚	775	463	493	447	468	488
捷克共和国		855	846	828	846	829
法　国	5744	6348	6567	6509	6522	6462
德　国	7246	5822	5981	5918	6166	6340
意大利	3948	3984	4077	4060	4044	4043
荷　兰	2730	2860	2923	2672	2995	2936
波　兰	2965	2758	2942	2820	3004	2972
俄罗斯		5796	5336	4854	4703	4344
罗马尼亚	1620	1252	1188	1186	1135	1130
西班牙	3467	3975	4182	4282	4689	4875
英　国	3319	3823	3567	3630	3733	3592
乌克兰		2297	2101	1900	1706	1691
南斯拉夫		1007	1097	1002	1031	1031
大洋洲	**4284**	**4740**	**4609**	**4748**	**5001**	**4951**
澳大利亚	3068	3297	3191	3283	3532	3606
新西兰	1119	1330	1303	1348	1352	1228

资料来源:联合国粮农组织数据库。

5－27 牛奶产量

单位:千吨

	1990年	1995年	1996年	1997年	1998年	1999年
世界总计	**523191**	**518800**	**521875**	**526155**	**536210**	**540993**
亚 洲	**99060**	**132518**	**136061**	**139049**	**144899**	**148687**
中 国	4157	5764	6294	6011	6621	7176
孟加拉国	766	804	790	803	773	773
印 度	51297	63239	65486	67969	71350	74000
印度尼西亚	329	432	441	424	375	384
伊 朗	2722	3590	3969	4087	4264	4579
以色列	952	1172	1160	1159	1186	1186
日 本	8189	8382	8657	8645	8572	8480
哈萨克斯坦		4576	3584	3295	3355	3466
朝 鲜	88	85	80	80	80	80
韩 国	1752	1998	2034	1984	2027	2129
马来西亚	39	45	44	44	45	45
蒙 古	271	296	297	320	324	325
缅 甸	517	548	563	573	583	597
巴基斯坦	14185	18277	19143	20127	21164	21164
菲律宾	31	29	29	28	28	28
斯里兰卡	246	282	280	280	288	288
泰 国	126	307	343	386	388	476
土耳其	8135	9390	9574	9001	9071	9071
越 南	60	66	67	69	70	75
非 洲	**16583**	**18340**	**19122**	**19871**	**20544**	**20874**
埃 及	2224	2630	2922	3214	3374	3402
尼日利亚	351	380	380	350	368	386
南 非	2475	2794	2638	2851	2990	2990
北美洲	**84832**	**89420**	**89169**	**90707**	**91964**	**94612**
加拿大	7975	7920	7890	8100	8200	8340
墨西哥	6332	7628	7822	8091	8574	8885
美 国	67005	70439	69855	70801	71414	73482
南美洲	**31827**	**38759**	**41732**	**43891**	**45815**	**46108**
阿根廷	6282	8771	9140	9372	9743	9750
巴 西	14933	16985	19089	20600	21630	22495
委内瑞拉	1497	1371	1405	1431	1440	1311
欧 洲		**221943**	**216723**	**212208**	**212108**	**209453**
白俄罗斯		5070	4908	5133	5232	4762
保加利亚	2122	1177	1176	1208	1347	1386
捷克共和国		3031	3039	2703	2716	2754
法 国	26136	25438	25109	24917	24741	24609
德 国	31307	28607	28779	28702	28378	28300
意大利	11164	11339	11696	11463	11325	11325
荷 兰	11226	11294	11013	10922	11200	10895
波 兰	15832	11642	11696	12123	12596	12373
俄罗斯		39098	35522	33835	32955	31800
罗马尼亚	3408	4646	4686	4638	4441	4450
西班牙	5825	6204	6133	5837	6104	6300
英 国	15251	14844	14808	14848	14635	15023
乌克兰		17060	15592	13539	13531	13200
南斯拉夫		1947	2000	2082	2197	2197
大洋洲	**14034**	**17821**	**19067**	**20429**	**20880**	**21259**
澳大利亚	6456	8460	8986	9304	9731	9822
新西兰	7509	9285	10010	11058	11084	11372

资料来源:联合国粮农组织数据库。

5—28 鸡蛋产量

单位:千吨

	1990年	1995年	1996年	1997年	1998年	1999年
世界总计	**37554**	**47067**	**50212**	**50302**	**52035**	**53745**
亚　洲	**15929**	**26419**	**29707**	**29369**	**30537**	**31651**
中　国①	7946	16767	19652	18971	20202	21347
孟加拉国	86	116	145	162	156	156
印　度	1161	1500	1547	1612	1683	1733
印度尼西亚	485	736	780	769	530	546
伊　朗	295	466	520	470	498	538
以色列	101	96	90	92	87	87
日　本	2419	2551	2567	2566	2542	2526
哈萨克斯坦		103	72	72	79	85
朝　鲜	145	85	91	75	75	75
韩　国	395	456	472	480	458	467
马来西亚	301	368	374	389	404	404
缅　甸	40	54	57	63	70	80
巴基斯坦	225	285	277	285	292	292
菲律宾	373	430	507	579	594	594
新加坡	19	19	19	17	16	16
斯里兰卡	46	49	49	49	50	50
泰　国	725	718	754	776	750	814
土耳其	385	550	612	756	820	820
越　南	97	136	157	162	165	165
非　洲	**1556**	**1775**	**1715**	**1716**	**1907**	**2157**
埃　及	141	162	162	168	168	169
尼日利亚	337	390	325	279	419	629
南　非	213	251	290	282	314	334
北美洲	**5779**	**6411**	**6516**	**6709**	**6979**	**7293**
加拿大	317	326	330	336	339	346
墨西哥	1010	1242	1236	1329	1461	1605
美　国	4034	4417	4513	4600	4731	4885
南美洲	**2253**	**2666**	**2616**	**2706**	**2707**	**2745**
阿根廷	291	281	256	256	236	236
巴　西	1256	1440	1475	1525	1525	1525
委内瑞拉	107	149	157	151	158	168
欧　洲		**9585**	**9417**	**9550**	**9646**	**9653**
白俄罗斯		191	195	194	195	190
保加利亚	138	110	97	89	95	95
捷克共和国		152	147	166	206	184
法　国	887	1025	994	1009	1009	1044
德　国	985	836	842	850	856	860
意大利	656	721	752	775	783	783
荷　兰	648	602	597	606	642	644
波　兰	422	351	392	426	405	420
俄罗斯		1898	1790	1843	1868	1864
罗马尼亚	411	278	301	277	279	323
西班牙	668	696	621	659	633	633
英　国	628	632	638	631	629	593
乌克兰		542	500	473	476	490
南斯拉夫		90	89	91	91	91
大洋洲	**246**	**210**	**241**	**252**	**257**	**247**
澳大利亚	188	155	185	195	200	200
新西兰	48	44	44	44	45	34

注:①禽蛋产量。

资料来源:联合国粮农组织数据库。

5－29 羊毛产量

单位:千吨

	1990年	1995年	1996年	1997年	1998年	1999年
世界总计	**3348**	**2577**	**2466**	**2421**	**2372**	**2363**
亚　　洲	**559**	**726**	**719**	**673**	**690**	**710**
中　　国	256	307	333	281	308	315
孟加拉国	1	1	1	1	1	1
印　　度	41	42	44	44	44	44
印度尼西亚	18	22	23	23	24	24
伊　　朗	45	51	51	57	63	74
以色列	1	1	1	1	1	1
哈萨克斯坦		58	42	35	25	25
蒙　　古	21	27	20	18	19	20
巴基斯坦	47	53	54	56	57	57
土耳其	61	51	50	46	41	41
非　　洲	**227**	**218**	**207**	**205**	**205**	**210**
埃　　及	5	9	7	7	7	7
南　　非	97	68	62	57	53	56
北美洲	**46**	**34**	**31**	**30**	**28**	**28**
加拿大	1	2	2	1	1	2
墨西哥	5	4	4	4	4	4
美　　国	40	29	26	24	22	22
南美洲	**314**	**230**	**214**	**215**	**210**	**198**
阿根廷	151	80	70	64	65	65
巴　　西	29	25	25	25	25	25
乌拉圭	94	82	76	82	76	60
欧　　洲		**353**	**327**	**303**	**288**	**285**
保加利亚	28	9	9	7	8	8
法　　国	22	22	22	22	22	22
德　　国	21	15	15	15	15	15
意大利	14	11	12	11	11	11
荷　　兰	4	3	3	3	2	2
波　　兰	15	2	2	2	1	1
俄罗斯		93	77	61	48	48
罗马尼亚	38	24	23	22	20	22
西班牙	30	31	32	32	31	31
英　　国	74	68	65	64	69	66
乌克兰		14	9	7	5	4
南斯拉夫		4	4	4	3	3
大洋洲	**1411**	**1015**	**969**	**995**	**951**	**931**
澳大利亚	1102	726	703	728	695	707
新西兰	309	289	265	267	257	224

资料来源:联合国粮农组织数据库。

5-30 蜂蜜产量

单位:千吨

	1990年	1995年	1996年	1997年	1998年	1999年
世界总计	**1176**	**1142**	**1091**	**1148**	**1159**	**1174**
亚　洲	**332**	**365**	**365**	**387**	**382**	**385**
中　国	193	178	184	211	207	230
印　度	51	51	52	51	51	51
伊　朗	7	8	8	8	8	8
以色列	3	2	3	3	3	3
日　本	5	3	3	3	3	3
哈萨克斯坦		8	4	2	1	1
韩　国	8	10	8	8	8	8
巴基斯坦	1	1	1	1	1	1
泰　国	2	3	4	4	4	4
土耳其	51	69	63	63	64	64
越　南	1	3	4	4	5	5
非　洲	**116**	**133**	**138**	**139**	**137**	**139**
埃　及	10	8	9	9	8	9
南　非	1	1	1	1	1	1
北美洲	**207**	**192**	**182**	**190**	**213**	**203**
加拿大	32	31	27	31	42	34
墨西哥	66	49	49	54	55	52
美　国	90	95	90	89	100	101
南美洲	**78**	**106**	**92**	**104**	**99**	**119**
阿根廷	47	70	57	70	65	85
巴　西	16	18	18	18	18	18
欧　洲		**319**	**277**	**293**	**297**	**296**
白俄罗斯		4	4	4	3	3
保加利亚	8	4	5	5	5	5
捷克共和国		7	5	5	7	7
法　国	17	19	20	28	25	25
德　国	25	37	15	15	16	18
意大利	10	10	11	11	11	11
波　兰	14	10	9	9	9	8
罗马尼亚		58	46	49	50	50
俄罗斯	11	10	11	11	11	10
西班牙	23	19	27	32	32	32
英　国	3	3	4	4	4	4
乌克兰		63	55	58	59	59
南斯拉夫		2	2	3	2	2
大洋洲	**31**	**28**	**35**	**36**	**31**	**32**
澳大利亚	21	19	26	27	22	22
新西兰	9	8	9	8	8	9

资料来源:联合国粮农组织数据库。

5－31 水产品产量

单位:千吨

	1990 年	1994 年	1995 年	1996 年	1997 年
世界总计	**98550**	**112190**	**116043**	**119944**	**122139**
亚　　洲	**46687**	**57096**	**61955**	**65825**	**69223**
中　　国	12370	21431	25172	32881	36018
中国香港	234	220	204	192	194
孟加拉国	848	1091	1173	1264	1343
印　　度	3795	4738	4906	5258	5378
印度尼西亚	3044	3913	4139	4291	4404
伊　　朗	270	332	368	382	380
以 色 列	24	19	19	22	23
日　　本	10356	7400	6789	6767	6691
哈萨克斯坦		48	50	45	41
朝　　鲜	1355	450	401	334	307
韩　　国	2843	2701	2688	2772	2596
马来西亚	1005	1182	1245	1240	1276
缅　　甸	744	824		873	918
巴基斯坦	479	552	542	555	597
菲 律 宾	2209	2233	2222	2133	2136
新 加 坡	13	14	14	14	13
斯里兰卡	166	227	236	232	247
泰　　国	2790	3522	3573	3515	3488
土 耳 其	385	603	652	557	500
越　　南	913	1178	1394	1431	1546
非　　洲	**5143**	**5223**	**5667**	**5458**	**5822**
埃　　及	313	341	373	396	419
尼日利亚	316	282	366	356	383
南　　非	538	525	578	439	514
北 美 洲	**9566**	**8791**	**8523**	**8424**	**8613**
加 拿 大	1674	1076	933	971	1031
墨 西 哥	1383	1223	1355	1495	1529
美　　国	5871	5926	5638	5395	5448
南 美 洲	**14427**	**22695**	**19959**	**20174**	**17792**
阿 根 廷	556	950	1149	1250	1352
巴　　西	802	771	753	793	820
委内瑞拉	339	441	505	492	503
欧　　洲		**17324**	**18750**	**19069**	**19527**
白俄罗斯		8	5	5	5
保加利亚	57	13	13	14	17
捷克共和国		23	23	22	21
法　　国	876	897	891	847	830
德　　国	391	273	298	312	319
意 大 利	526	568	617	570	562
荷　　兰	507	529	522	511	550
波　　兰	473	460	451	369	391
俄 罗 斯		3781	4374	4730	4715
罗马尼亚	128	43	69	32	19
西 班 牙	1300	1336	1391	1332	1341
英　　国	817	970	1011	983	1026
乌 克 兰		311	414	450	403
南斯拉夫		7	7	7	7
大 洋 洲	**746**	**895**	**1042**	**909**	**1081**
澳大利亚	220	220	226	228	214
新 西 兰	372	493	615	496	669

资料来源:联合国粮农组织数据库。

5—32 拖拉机拥有量

单位：千辆

	1990 年	1995 年	1996 年	1997 年	1998 年
世界总计	**26536**	**26187**	**26230**	**26245**	**26254**
亚　洲	**5599**	**6764**	**6975**	**7142**	**7242**
中　国①	814	672	671	689	725
孟加拉国	5	5	5	5	5
印　度	988	1355	1400	1450	1550
印度尼西亚	28	60	70	70	70
伊　朗	215	228	228	228	228
以色列	27	25	25	25	25
日　本	2142	2123	2200	2210	2210
哈萨克斯坦		170	142	108	64
朝　鲜	73	75	75	75	75
韩　国	41	100	113	131	158
马来西亚	26	43	43	43	43
蒙　古	11	7	7	7	7
缅　甸	13	8	8	8	9
巴基斯坦	266	305	320	321	321
菲律宾	11	12	12	12	12
斯里兰卡	7	7	7	7	7
泰　国	58	149	184	218	220
土耳其	690	777	807	875	875
越　南	25	98	110	115	123
非　洲	**532**	**575**	**563**	**553**	**542**
埃　及	57	89	90	90	90
尼日利亚	23	29	29	30	30
南　非	145	130	115	100	88
北美洲	**5841**	**5810**	**5807**	**5808**	**5808**
加拿大	750	715	711	711	711
墨西哥	170	172	172	172	172
美　国	4800	4800	4800	4800	4800
南美洲	**1186**	**1268**	**1269**	**1291**	**1293**
阿根廷	270	280	280	280	280
巴　西	720	790	804	805	806
委内瑞拉	48	49	49	49	49
欧　洲		**11369**	**11215**	**11050**	**10968**
白俄罗斯		116	102	96	96
保加利亚	52	24	25	25	25
捷克共和国		86	86	85	85
法　国	1440	1312	1290	1279	1270
德　国	1568	1216	1190	1116	1072
意大利	1430	1460	1465	1470	1475
荷　兰	182	173	167	161	155
波　兰	1185	1319	1303	1311	1311
俄罗斯		1052	966	886	857
罗马尼亚	133	163	165	163	165
西班牙	741	806	824	842	842
英　国	505	500	500	500	500
乌克兰		411	383	349	349
南斯拉夫		404	421	423	425
大洋洲	**403**	**401**	**401**	**401**	**401**
澳大利亚	317	315	315	315	315
新西兰	76	76	76	76	76

注：①为农用大中型拖拉机。

资料来源：联合国粮农组织数据库。

5—33 化肥施用量

单位:千吨

	1990 年	1995 年	1996 年	1997 年	1998 年
世界总计	**138044**	**121602**	**129584**	**135120**	**137254**
亚　洲	**56196**	**60430**	**67682**	**69893**	**71809**
中　国	25903	35937	38729	39807	40837
孟加拉国	933	1048	1182	1176	1072
印　度	12584	13564	13876	14308	16195
印度尼西亚	2387	2466	2556	2824	2463
伊　朗	1161	990	1018	1079	1152
以色列	102	104	104	119	120
日　本	1839	1759	1645	1564	1510
哈萨克斯坦		121	121	130	127
朝　鲜	832	323	92	93	171
韩　国	916	966	954	913	906
马来西亚	952	1069	1011	1134	1200
蒙　古	15	1	2	2	2
缅　甸	71	124	170	182	172
巴基斯坦	1893	2184	2508	2413	2659
菲律宾	588	602	603	666	810
新加坡	6	5	5	3	2
斯里兰卡	171	213	200	212	211
泰　国	1044	1311	1559	1519	1479
土耳其	1888	1507	1700	1799	1826
越　南	544	1279	1212	1513	1572
非　洲	**3686**	**3397**	**3465**	**3717**	**3637**
埃　及	965	852	1134	1158	1011
尼日利亚	400	296	181	174	138
南　非	792	752	770	810	780
北美洲	**23618**	**24082**	**24813**	**25617**	**25674**
加拿大	2074	2394	2568	2696	2753
墨西哥	1799	1648	1288	1623	1603
美　国	18587	19297	20038	20310	20205
南美洲	**4956**	**6959**	**6607**	**7488**	**8151**
阿根廷	166	462	526	851	832
巴　西	3164	5022	4516	4844	5491
委内瑞拉	427	246	298	298	296
欧　洲	**26380**	**24327**	**24433**	**25666**	**24996**
白俄罗斯		528	540	777	735
保加利亚	680	225	171	201	190
捷克共和国		337	348	349	314
法　国	5683	4712	4915	5065	5072
德　国	3272	2906	2823	2819	2857
意大利	1944	1891	1883	1820	1841
荷　兰	559	536	535	529	501
波　兰	1752	1429	1511	1575	1603
俄罗斯		1510	1700	1950	1670
罗马尼亚	1103	386	387	422	315
西班牙	1976	1920	1838	2164	2062
英　国	2370	2219	2191	2325	2105
乌克兰		974	924	860	888
南斯拉夫		69	83	214	234
大洋洲	**1564**	**2407**	**2584**	**2740**	**2987**
澳大利亚	1164	1726	1867	2016	2260
新西兰	362	647	683	687	691

资料来源:联合国粮农组织数据库。

5－34　美国农场的数量、规模和不动产价值

年　份	农场数量		土地面积		不动产价值	
	总计（千个）	年变化量（千个）	总面积（百万英亩）	平均面积（英亩）	总计（亿美元）	每英亩平均（美元）
1970	2949		1102	374	2150	196
1971	2902	－47	1097	378	2149	
1972	2860	－42	1092	382	2315	
1973	2823	－37	1088	385	2606	
1974	2795	－28	1084	388	3266	302
1975	2521	－274	1059	420	3586	340
1976	2497	－24	1054	422	4168	397
1977	2456	－41	1048	427	4950	474
1978	2436	－20	1045	429	5530	531
1979	2437	1	1042	428	6531	628
1980	2440	3	1039	426	7633	737
1981	2440	0	1034	424	8437	819
1982	2407	－33	1028	427	8438	823
1983	2379	－28	1023	430	8048	788
1984	2334	－45	1018	436	8129	801
1985	2293	－41	1012	441	7194	713
1986	2250	－43	1005	447	6411	640
1987	2213	－37	999	451	5971	599
1988	2201	－12	994	452	6269	632
1989	2175	－26	991	456	6606	668
1990	2146	－29	987	460	6723	683
1991	2117	－29	982	464	6889	703
1992	2108	－9	979	464	6963	713
1993	2202	94	969	440	7171	736
1994	2198	－4	966	440	7592	782
1995	2196	－2	963	438	8070	832
1996	2191	－5	959	438	8609	890
1997	2191	0	956	436	9123	945
1998	2192	1	954	435		1000

资料来源：美国《统计摘要》1975年，1982/1983年，1999年。

5－35　美国农户总收入、生产费用和净收入

单位：亿美元

	1990 年	1992 年	1993 年	1994 年	1995 年
农场总收入	**1982**	**2006**	**2042**	**2158**	**2104**
现金	1871	1887	2001	1978	2039
出售产品	1695	1713	1776	1808	1858
种植业	803	857	875	926	989
牲畜及畜产品	892	856	902	881	868
政府补贴	93	92	134	79	73
其它①	82	82	91	92	109
农户自产自用	7	6	5	5	5
房租	72	71	80	93	94
库存变动	33	42	－45	82	－34
农场生产支出	**1534**	**1525**	**1605**	**1674**	**1756**
中间产品	917	921	990	1034	1097
前期投入	395	386	412	413	425
饲料购买	204	201	214	226	245
畜禽购买	146	136	146	132	126
种子购买	45	49	52	54	55
生产期投入	194	201	205	217	234
肥料	82	83	84	92	100
农药	54	65	67	72	77
燃料和油	58	53	53	53	57
修理和保养费用	86	85	92	92	94
其它	242	249	282	312	343
资产	134	112	108	118	128
不动产	67	58	55	59	61
动产	67	54	53	60	67
劳动力雇佣	141	140	150	153	163
净租金	101	108	109	115	109
损耗和折旧	181	183	184	188	191
财产税	60	62	63	67	69
农场净收入	**448**	**480**	**436**	**484**	**348**

注：①包括林产品销售收入。

资料来源：美国《统计摘要》1997 年。

5－36　日本农户的数量和规模

单位:千户

	总户数	专营户	兼营户	按经营耕地规模分									
				都府县①	0.5公顷以下	0.5－1.0公顷	1.0－2.0公顷	2.0公顷以上	北海道	1.0公顷以下	1.0－5.0公顷	5.0－10公顷	10公顷以上
1904	5417	3777	1640										
1908	5408	3748	1662	5261	2003	1754	1031	473	147	23.0	104	20	
1910	5417	3695	1722	5266	2012	1774	1029	450	151	34.0	82	35	
1915	5451	3748	1703	5278	1969	1805	1069	435	173	38.0	94	42	
1920	5485			5298	1914	1818	1117	449	187	33.0	86	68	
1925	5549	3880	1668	5377	1928	1866	1169	414	171	34.0	81	56	
1930	5600	4042	1558	5412	1908	1905	1210	389	187	43.0	87	58	
1935	5611	4164	1447	5410	1874	1906	1238	392	201	47.0	88	66	
1938	5519	3704	1815	5324	1935	1795	1313	381	196	47.0	83	66	
1941	5499	2304	3195	5313	1823	1635	1456	399	186	45.0	78	43	20
1947	5909	3275	2635	5702	2418	1813	1261	211	208	57.0	104	36	11
1950	6176	3086	3090	5931	2468	1952	1308	203	246	84.0	114	38	10
1955	6043	2105	3938	5806	2285	1955	1357	209	237	60.0	100	48	28
1960	6057	2078	3979	5823	2275	1907	1405	237	234	61.0	114	47	11
1965	5665	1219	4446	5466	2096	1762	1272	255	199	47.0	91	46	16
1970	5342	831	4510	5176	1999	1604	1352	301	166	36.0	63	41	25
1975	4953	616	4337	4819	1995	1436	1076	301	134	27.0	48	33	26
1980	4661	623	4038	4542	1922	1304	981	335	120	23.0	39	30	29
1981	4614	580	4035	4497	1848	1310	988	351	118	21.0	36	31	31
1982	4567	599	3968	4451	1828	1284	977	362	116	21.0	35	29	31
1983	4522	596	3926	4407	1809	1268	965	364	115	20.0	34	29	32
1984	4473	605	3868	4360	1792	1251	952	365	113	19.0	33	28	32
1985	4376	626	3750	4267	1856	1182	883	346	109	20.0	32	26	31
1986	4331	643	3688	4223	1748	1193	909	372	108	18.0	32	26	32
1987	4284	631	3653	4178	1728	1181	898	372	106	19.0	30	26	32
1988	4240	614	3626	4136	1698	1177	890	371	104	18.0	28	25	33
1989	4194	603	3590	4092	1675	1162	881	373	102	18.0	26	25	33
1990	3835	592	3243	3739	1560	1049	782	348	95	17.0	24	22	32
1991	2936	460	2476	2851	632	1058	797	364	95	7.2	21	21	35
1992	2888	451	2437	2806	611	1046	783	366	82	6.8	20	20	36
1993	2835	447	2388	2755	585	1029	774	368	80	6.0	19	19	35
1994	2787	449	2338	2710	588	1007	755	360	77	4.4	19	18	35
1995	2651	428	2224	2578	633	925	682	339	74	7.0	18	17	32
1996	2606	436	2171	2535	582	918	681	354	72	3.8	16	18	33
1997	2568	435	2133	2497	568	906	670	354	71	3.3	16	18	34
1998	2522	434	2088	2454	557	887	654	356	69	3.2	14	17	34

注:①为不包括北海道以外的其他地区。

资料来源:日本总务厅统计局《日本统计年鉴》2000年。

5—37 日本农户总收入和总支出

	1980 年	1985 年	1990 年	1995 年	1996 年	1997 年
家庭平均人口数(人)	**4.40**	**4.34**	**4.27**	**4.21**	**4.18**	**4.16**
经营土地面积(公亩)	**249**	**270**	**287**	**336**	**332**	**343**
耕地	118	126	133	170	170	169
宅地	8	9	9	12	11	11
其他	123	135	145	155	150	163
总收入(千日元)	**7329**	**9029**	**10553**	**11573**	**11634**	**11536**
农业收入	2421	2897	3002	3791	3801	3642
种植业收入	1723	2169	2277	2995	2973	2821
养蚕收入	44	29	15	5	4	4
畜牧业收入	632	678	670	724	750	750
农业外收入	3829	4719	5754	5760	5748	5774
林业	77	66	83	49	55	45
商业、制造业、矿业	276	323	454	501	526	551
工资、薪水	3158	3824	4598	4627	4690	4698
年金、赠与	1079	1413	1797	2022	2085	2120
总支出(千日元)	**6456**	**7975**	**8838**	**9803**	**9895**	**9988**
农业支出	1469	1831	1839	2349	2413	2439
雇工	22	32	35	66	64	65
种子、蚕种	53	72	82	125	131	133
牲畜	84	91	96	115	120	110
农药	85	114	119	166	164	165
各种原料、加工原料	86	102	104	146	148	149
燃料、电力	65	77	70	130	133	138
农机具、维修和房屋修缮	468	650	670	618	633	476
租金	105	121	118	179	183	188
土地改良、水利	33	51	67	91	87	85
农业外支出	266	282	316	307	286	302
林业	28	29	41	26	28	26
商业、制造业和矿业	109	92	149	148	139	154
税收	779	1161	1491	1442	1466	1511
家庭支出	3942	4701	5504	5705	5730	5737

资料来源:日本总务厅统计局《日本统计年鉴》2000 年。

5—38 农业集约化经营程度比较

(1998 年)

	农业经济活动人口（万人）	平均每个农业经济活动人口耕地面积（公顷/人）	平均每千公顷耕地上拖拉机使用量（台/千公顷）	平均每千公顷耕地上收割机使用量（台/千公顷）	平均每千公顷耕地上化肥施用量（吨/千公顷）
世界总计	**130770.7**	**1.1**	**19.0**	**3.0**	**99.5**
亚　　洲	**103410.4**	**0.5**	**14.6**	**3.8**	**146.8**
中　　国①	51015.9	0.1	5.3	0.3	27.2
中国香港	1.8	0.3	0.8	…	…
孟加拉国	3725.7	0.2	0.7	…	146.5
印　　度	25960.0	0.6	9.6	0.03	104.0
印度尼西亚	4877.5	0.4	3.9	18.4	154.6
伊　　朗	606.9	2.8	13.6	0.3	74.4
以 色 列	7.5	4.7	69.8	0.7	345.0
日　　本	307.6	1.5	487.3	266.4	313.1
哈萨克斯坦	146.6	20.5	2.1	0.8	1.5
朝　　鲜	383.6	0.4	44.1	…	92.5
韩　　国	259.3	0.7	92.4	45.7	511.7
马来西亚	182.3	1.0	23.8	…	772.6
蒙　　古	33.4	4.0	5.3	1.2	3.8
缅　　甸	1786.8	0.5	0.9	0.8	18.0
巴基斯坦	2631.8	0.8	15.0	0.1	114.9
菲 律 宾	1241.9	0.4	2.1	0.1	114.2
斯里兰卡	367.3	0.2	8.5	0.01	268.3
泰　　国	2092.5	0.8	13.1	4.1	98.9
土 耳 其	1445.7	1.7	35.8	0.5	89.2
越　　南	2748.5	0.2	21.6	…	341.6
非　　洲	**18958.5**	**0.9**	**3.1**	**0.2**	**21.4**
埃　　及	855.5	0.3	31.8	0.8	392.6
尼日利亚	1518.6	1.9	1.1	…	6.7
南　　非	165.0	9.0	5.9	0.8	52.9
北 美 洲	**2071.6**	**12.6**	**22.3**	**3.2**	**96.9**
加 拿 大	41.4	110.0	15.6	2.9	58.2
墨 西 哥	874.0	2.9	6.8	0.8	67.7
美　　国	310.5	57.0	27.1	3.7	111.7
南 美 洲	**2722.1**	**3.5**	**13.4**	**1.3**	**87.9**
阿 根 廷	146.9	17.0	11.2	2.0	32.4
巴　　西	1364.5	3.9	15.2	1.0	107.8
委内瑞拉	81.9	3.2	18.6	2.2	92.0
欧　　洲	**3325.7**	**8.8**	**37.3**	**4.0**	**82.2**
白俄罗斯	77.9	7.9	15.5	3.1	147.9
保加利亚	34.4	12.5	5.8	1.3	39.4
捷克共和国	49.7	6.2	27.4	4.1	97.0
法　　国	97.7	18.8	69.2	6.0	263.1
德　　国	111.8	10.6	90.3	11.4	247.4
意 大 利	147.9	5.6	178.1	6.1	210.4
荷　　兰	26.0	3.5	171.1	6.2	513.2
波　　兰	450.6	3.1	93.6	6.9	116.3
俄 罗 斯	867.2	14.5	6.8	2.5	8.6
罗马尼亚	178.9	5.2	17.7	3.8	38.6
西 班 牙	139.7	10.2	59.0	3.5	147.5
英　　国	54.7	11.5	79.8	7.5	332.5
乌 克 兰	397.5	8.3	10.6	2.3	15.9
南斯拉夫	109.5	3.4	114.9	1.1	51.4
大 洋 洲	**282.4**	**19.8**	**7.2**	**1.1**	**50.4**
澳大利亚	44.5	120.8	5.9	1.1	39.2
新 西 兰	17.4	8.9	48.9	2.0	425.4

注：①联合国粮农组织统计数据。

资料来源：联合国粮农组织数据库。

主要统计指标解释

农业生产指数、食品生产指数和种植业生产指数

农业生产指数 是用农产品产量计算出的。包括粮食、牲畜产量，剔除种籽、饲料。

食品生产指数 是指可食用、富有营养的商品，剔除咖啡、茶及其他不可食用的商品。

表中的农业生产指数和食品生产指数是以1989－1991年为基准年，用拉氏公式计算得来的。采用三年平均数为基准年的目的是为了减少基准年农业生产波动的影响。每种产品的产量按1989－1991年平均国内生产者价格加权，分各年累加。如果不能从官方得到可靠数字，联合国粮农组织就要进行估算。我们这里也包括大量这样得来的数字。

人均农业生产指数和人均食品生产指数 是农业生产指数和食品生产指数与人口指数之比。

谷物产量 指收获后用作干粒粮食的作物。收获后作为干草或青割后作食物、青割饲料或青贮饲料的谷类作物不包括在内。

茶叶 成品茶的产量。其中印度尼西亚的产量数字，有三分之一为鲜茶叶的重量。

烟叶 指农场销售的重量。即将所得的干重数字按约90∶100的比例折算成农场销售重量。

黄麻及黄麻类纤维 黄麻纤维是从黄麻和长蒴黄麻中提取的。黄麻类纤维包括一些黄麻代替物，主要是槿麻或洋麻，以及玫瑰茄，刚果黄麻或梵天花。

肉类总产量 指在有关国家中屠宰的牲畜，而不论其产地如何。

牛奶产量 指全脂鲜奶的总产量，不包括幼畜吮吸的奶，但包括饲养其他家畜的奶产量。

羊毛产量 按未脱脂羊毛计算。这种羊毛一般含有30－65％的杂质。

拖拉机拥有量 一般指农业上使用的轮胎式和履带式拖拉机，园艺拖拉机除外。

水产品产量 指各种鱼类、甲壳类、软体类及其他水生动物和副产品及水生植物的产量。不包括游钓者的捕获量。

六、工业和建筑业

6—1　工业生产指数

单位:1990 年=100

	1992 年	1993 年	1994 年	1995 年	1996 年	1997 年	1998 年	1999 年
世　界	**101.4**	**101.9**	**106.5**	**111.2**	**114.7**	**120.2**	**124.6**	
中　国②	145.0	202.0	293.0	384.0	416.0	470.0	521.2	575.9
中国香港	104.8	104.7	101.3	102.8	99.7	99.3	92.6	
孟加拉国③	113.6	129.9	140.5	150.0	159.3	164.7	178.1	184.5
印　度⑥	103.0	109.1	118.3	133.5	140.8	150.2	156.0	
以色列	112.8	119.1	133.3	158.5	171.1	197.8	158.4	
日　本	95.5	91.2	92.4	95.4	97.7	101.1	94.4	94.8
马来西亚	120.7	132.4	148.8	168.3	186.8	206.7	191.9	
韩　国	116.1	121.2	134.4	150.6	163.7	172.4	159.8	198.8
巴基斯坦③④	112.3	117.1	118.9	122.6	119.8	129.2	133.7	
新加坡④	107.8	118.8	134.2	148.0	153.0	160.0	159.3	
土耳其	107.6	115.0	107.8	117.0	123.9	137.2	138.4	
摩洛哥	103.0	102.6	108.2	112.3	116.0	121.6	124.1	
南　非	95.4	97.1	98.8	102.9	103.8	107.2	104.7	
加拿大	97.2	101.5	108.1	113.2	114.7	120.7	123.6	129.7
墨西哥⑤	106.7	106.7	112.0	103.1	113.6	124.0	132.2	
美　国	97.1	104.6	110.3	115.7	120.7	128.5	133.9	138.6
阿根廷④⑥	114.8	128.7	134.6	125.2	133.2	145.7	147.5	
巴　西	93.8	100.8	108.5	110.4	112.4	116.7	114.2	113.4
智　利	119.1	122.4	127.0	136.5	148.3	158.5	163.1	
秘　鲁	100.3	106.9	120.7	129.2	132.7	141.3	144.8	
奥地利	93.8	92.5	93.6	112.3	113.4	120.6	130.5	
比利时	97.9	93.0	94.7	100.6	101.4	106.0	109.6	110.2
丹　麦	104.0	101.0	111.0	116.0	118.0	124.1	126.8	129.1
芬　兰	92.2	97.1	107.9	114.5	118.7	129.4	139.7	147.4
法　国	97.6	93.9	97.6	99.7	99.8	103.7	108.3	
德　国①	101.8	94.4	97.9	100.0*	100.4	103.9	108.5	109.9
匈牙利	73.7	76.7	84.0	87.9	90.8	100.9	113.4	
意大利	98.9	96.5	101.5	107.0	106.0	109.6	111.6	
爱尔兰	112.8	119.1	133.3	158.9	171.1	197.8	228.2	
荷　兰	101.5	100.4	105.2	108.3	111.2	114.7	116.3	116.8
波　兰	94.7	100.7	112.9	123.8	135.4	150.7	157.7	
罗马尼亚	57.6	58.0	59.9	65.5	69.2	64.6	53.6	48.9
瑞　士	99.0	96.7	101.0	103.1	103.0	108.6	111.8	
英　国	97.1	99.1	104.5	106.4	107.4	108.3	109.1	
澳大利亚③	99.9	101.7	105.4	108.7	111.1	113.5	115.5	117.1

注:①1992 年至 1994 年以 1991 年为 100,自 1995 年起,1995 年=100。②中国为工业总产值指数。③当年 7 月 1 日起至下年 6 月 31 日止的一年。④制造业生产指数。⑤包括建筑业。⑥当年 4 月 1 日至下年 3 月 1 日止的一年。

资料来源:联合国《统计月报》2000 年 3 月。

6－2 美国工业生产指数(制造业按行业分类)

单位:1990 年＝100

	1991 年	1992 年	1993 年	1994 年	1995 年
制造业合计	**98**	**102**	**105**	**112**	**117**
食品	102	103	105	107	109
饮料	101	105	105	109	111
烟草	94	95	80	99	101
纺织	99	107	113	119	118
服装	101	103	106	110	106
皮革制品	91	93	94	87	80
制鞋(不含橡胶鞋、塑料鞋)	86	89	89	87	81
木材制品(不含家具)	93	98	99	104	105
家具、装饰	94	99	104	107	108
纸及纸制品	101	104	108	113	115
印刷、出版	96	97	98	98	97
工业化学	96	99	97	101	102
其它化学	102	106	109	112	115
石油提炼	99	100	102	102	104
石油和煤制品	99	99	102	102	104
橡胶制品	96	106	112	118	121
塑料制品	100	110	118	129	133
玻璃及其制品	94	98	96	100	96
其它非金属矿产品	91	93	94	100	102
钢铁	90	94	101	106	109
有色金属	97	99	102	111	113
金属制品	95	100	104	111	115
非电气机械	98	105	105	132	149
电气机械	102	111	122	140	164
运输设备	95	98	102	105	103
专业和科学设备	101	101	102	101	102
其它	98	100	106	109	110

资料来源:联合国工发组织《国际工业统计年鉴》1998 年。

6－3 日本工业生产指数(制造业按行业分类)

单位:1991年=100

	1992年	1993年	1994年	1995年	1996年	1997年
制造业合计	**96**	**91**	**92**	**95**	**97**	**101**
食品及饮料	101	100	102	101	102	101
烟草	105	104	103	102	99	
纺织	93	80	75	68	65	69
服装	95	87	84	79	75	71
皮革制品及制鞋	96	89	85	79	77	72
木材制品(不含家具)	93	89	86	81	80	75
纸及纸制品	101	99	101	105	107	109
印刷、出版	106	111	113	115	117	118
焦炭、石油精炼及核燃料	108	110	114	116	116	119
化学制品	102	100	105	110	111	115
橡胶及塑料制品	97	93	93	95	97	99
非金属矿产品	94	91	92	92	93	93
有色金属	93	91	91	94	93	98
金属制品	97	93	95	95	96	94
机械设备	84	75	77	84	88	91
电气机械	95	90	94	103	113	118
收音机、电视机及通讯设备	96	100	107	119	123	135
医疗器械、精密仪器及光学仪器	95	83	77	76	80	84
汽车、挂车及半挂车	98	91	87	86	88	96
其他运输设备	109	103	100	96	103	108
家具制造	90	85	75	70	70	76

资料来源:联合国工发组织《国际工业统计年鉴》2000年。

6－4　德国工业生产指数(制造业按行业分类)①

单位:1990 年=100

	1991 年	1992 年	1993 年	1994 年	1995 年
制造业合计	**103**	**100**	**93**	**97**	**98**
食品	107	106	107	109	112
饮料	107	110	109	115	105
烟草	113	105	99	103	95
纺织	99	90	81	79	75
服装	99	86	76	65	61
皮革制品	97	85	74	70	67
制鞋(不含橡胶鞋、塑料鞋)	96	86	77	61	60
木材制品(不含家具)	105	108	107	117	115
家具、装饰	109	107	102	99	99
纸及纸制品	103	102	99	104	100
印刷、出版	106	106	101	99	103
工业化学	97	97	94	103	103
其它化学	107	110	104	108	106
石油提炼②	101	99	94	93	91
橡胶制品③	91	89	75	80	90
塑料制品	108	99	93	99	112
陶瓷	97	87	78	73	77
玻璃及其制品	104	108	103	109	101
其它非金属矿产品④	105	112	115	128	122
钢铁	99	93	83	92	93
有色金属	98	91	87	88	94
金属制品	105	107	101	107	110
非电气机械	99	90	79	81	84
电气机械	105	104	97	104	104
运输设备	102	102	85	92	92
专业和科学设备	104	102	93	93	95
其它	103	97	90	89	90

注:①原联邦德国地区数。②包括石油及煤制品业。③包括石棉产品。④包括采石业。

资料来源:联合国工发组织《国际工业统计年鉴》1998 年。

6－5　英国工业生产指数(制造业按行业分类)

单位:1990 年=100

	1992 年	1993 年	1994 年	1995 年	1996 年	1997 年
制造业合计	**95**	**96**	**101**	**103**	**103**	**104**
烟草	107	100	108	103	107	98
纺织	90	90	90	88	85	85
服装	93	93	97	94	96	86
纸及纸制品	100	102	106	107	104	100
印刷、出版	95	99	101	103	101	103
金属制品	86	84	86	88	87	89
机械设备	86	96	90	91	89	87
电气机械	89	88	92	93	96	92
医疗器械、精密仪器及光学仪器	96	100	97	100	102	95
汽车、挂车及半挂车①	93	93	102	106	110	112

注:①包括其他运输设备。

资料来源:联合国工发组织《国际工业统计年鉴》2000 年。

6－6 法国工业生产指数(制造业按行业分类)

单位:1990年＝100

	1992年	1993年	1994年	1995年	1996年	1997年
制造业合计	**97**	**93**	**97**	**98**	**98**	**102**
食品	102	104	105	108	111	112
饮料①						
烟草	97	89	88	85	87	82
纺织	93	87	92	91	86	88
服装	88	81	81	75	63	57
皮革制品	90	85	83	80	73	71
制鞋(不含橡胶鞋、塑料鞋)②						
木材制品(不含家具)	95	88	97	97	95	98
家具、装饰③						
纸及纸制品	109	106	113	111	111	117
印刷、出版	93	91	92	94	93	96
工业化学	107	108	115	116	120	127
其它化学④						
石油提炼	101	105	102	104	106	114
石油和煤制品⑤						
橡胶制品	102	97	105	109	109	114
塑料制品⑥						
陶瓷	90	83	90	93	87	86
玻璃及其制品⑦						
其它非金属矿产品⑦						
钢铁	95	87	96	97	95	103
有色金属⑧						
金属制品	90	83	88	93	90	97
非电气机械	89	82	83	87	88	92
电气机械	100	98	95	98	96	96
运输设备	93	90	87	75	76	79
专业和科学设备	89	84	82	81	83	92
其他	91	84	80	79	76	76

注:①包括在食品中。②包括在皮革制品中。③包括在其他中。④包括在工业化学中。⑤包括在石油提炼中。⑥包括在橡胶制品中。⑦包括在陶瓷中。⑧包括在钢铁中。

资料来源:联合国工发组织《国际工业统计年鉴》2000年。

6－7 意大利工业生产指数(制造业按行业分类)

单位:1990 年＝100

	1991 年	1992 年	1993 年
制造业合计	**97**	**95**	**90**
食品	101	103	103
饮料	99	98	97
烟草	94	88	89
纺织	101	100	95
服装	99	103	88
皮革制品	96	90	94
制鞋(不含橡胶鞋、塑料鞋)	92	95	95
木材制品	100	110	109
家具、装饰	106	104	103
纸及纸制品	97	100	100
印刷、出版	97	90	86
工业化学	94	95	90
石油提炼①	100	103	105
橡胶制品	94	89	87
陶瓷②	99	96	90
钢铁	98	97	94
有色金属	107	108	103
金属制品	94	93	89
非电气机械	90	84	84
电气机械	99	95	93
运输设备	96	91	75
专业和科学设备	85	88	78

注:①包括石油和煤制品业。②包括玻璃及其制品业和其它非金属矿产品业。

资料来源:联合国工发组织《国际工业统计年鉴》1998 年。

6—8 加拿大工业生产指数(制造业按行业分类)

单位:1990 年=100

	1991 年	1992 年	1993 年	1994 年	1995 年	1996 年
制造业合计	**93**	**94**	**99**	**106**	**111**	**112**
食品及饮料	101	103	104	108	109	112
烟草	96	88	84	96	89	88
纺织	91	84	88	93	96	96
服装	89	87	87	88	92	85
皮革制品及制鞋	79	79	80	82	72	66
木材制品(不含家具)	88	92	99	103	102	107
纸及纸制品	94	97	104	110	112	111
印刷、出版	86	81	79	78	78	76
焦碳、石油精炼及核燃料	97	97	102	104	105	111
化学制品	92	95	102	107	111	112
橡胶及塑料制品	94	103	116	126	134	140
非金属矿产品	83	80	81	85	87	89
有色金属	99	103	117	120	123	127
金属制品	88	82	85	95	101	102
机械设备	82	77	90	104	118	115
办公室、会计和计算机械	117	131	157	227	320	278
电气机械	85	79	80	81	83	84
收音机、电视机及通讯设备	98	106	100	109	131	135
医疗器械、精密仪器及光学仪器	107	105	104	107	114	118
汽车、挂车及半挂车	91	95	118	131	141	142
其他运输设备	88	89	85	87	91	95
家具制造	89	88	93	103	108	112

资料来源:联合国工发组织《国际工业统计年鉴》1999 年。

6－9 澳大利亚工业生产指数(制造业按行业分类)①

单位:1990 年＝100

	1991 年	1992 年	1994 年	1995 年	1996 年	1997 年
制造业合计	**98**	**95**	**102**	**104**	**105**	**108**
食品②	103	111	107	108	109	112
纺织	104	93	90	88	85	85
服装③	93	96				
木材制品④	97	92	102	106	107	110
纸及纸制品⑤	96	92				
工业化学⑥	100	101				
橡胶制品	87	100	109			
陶瓷⑦	95	104				
钢铁⑧	101	101				
金属制品	94	91	97	97	83	84
非电气机械⑨	98	116				
运输设备	91	95				
其它	97	97				

注:①年度为当年 7 月 1 日开始的财政年度。②包括饮料业和烟草业。③包括制鞋业。④包括家具及装饰业。⑤包括印刷出版业。⑥包括其它化学业石油提炼业、石油及煤制品业。⑦包括玻璃及其制品业和其它非金属矿产品业。⑧包括有色金属业。⑨包括电气机械业。

资料来源:联合国工发组织《国际工业统计年鉴》2000 年。

6—10 印度工业生产指数(制造业按行业分类)①

单位:1990 年=100

	1992 年	1993 年	1994 年	1995 年	1996 年	1997 年
食品	102	98	102	120	132	135
饮料②						
烟草	101	110	120	114	121	127
纺织	113	126	122	150	165	177
服装③	80	76	65	86	90	65
皮革制品	81	84	73	82	95	90
木材制品(不含家具)	95	104	103	128	137	133
纸及纸制品	111	116	126	145	158	169
工业化学	105	112	118	131	137	155
其它化学④						
石油提炼	93	93	99	109	115	120
橡胶制品	100	98	106	113	117	124
陶瓷	124	128	139	169	182	207
玻璃制品⑤						
其它非金属矿产品⑤						
钢铁	107	131	148	172	183	185
有色金属⑥						
金属制品	87	85	91	87	95	103
非电气机械	99	101	117	138	152	150
电气机械	94	93	97	127	128	146
运输设备	101	105	118	139	157	157
专业和科学设备	82	80	81	94	98	95
其它	105	136	157	157	173	168

注:①年度为当年 4 月 1 日开始的财政年度。②包括在食品中。③包括制鞋业。④包括在工业化学中。⑤包括在陶瓷中。⑥包括在钢铁中。

资料来源:联合国工发组织《国际工业统计年鉴》2000 年。

6－11 印度尼西亚工业生产指数(制造业按行业分类)

单位:1990年=100

	1992年	1993年	1994年	1995年	1996年	1997年
食品	109	136	180	207	245	330
饮料①						
烟草①						
纺织	116	115	126	142	145	135
服装	212	236	251	294	318	357
皮革制品	199	243	218	223	202	245
制鞋(不含橡胶鞋、塑料鞋)	156	171	200	205	171	133
木材制品	109	105	107	103	96	92
家具、装饰	92	83	94	109	73	70
纸及纸制品	150	153	175	210	223	266
印刷、出版	137	159	175	156	139	136
工业化学	129	145	156	159	158	162
其它化学②						
石油提炼②						
石油及煤混合品②						
橡胶制品②						
塑料制品②						
陶瓷	122	138	174	201	189	195
玻璃制品③						
其它非金属矿产品③						
钢铁	165	213	230	291	283	281
金属制品	98	91	102	115	137	104
非电气机械	99	70	38	40	29	25
电气机械	129	130	145	153	138	172
运输设备	103	98	126	127	122	163
其它	211	180	184	197	219	243

注:①包括在食品中。②包括在工业化学中。③包括在陶瓷中。

资料来源:联合国工发组织《国际工业统计年鉴》2000年。

6－12　韩国工业生产指数(制造业按行业分类)

单位:1990年=100

	1991年	1992年	1993年	1994年	1995年
制造业合计	**109**	**117**	**120**	**130**	**143**
食品①	109	111	113	122	123
烟草	101	105	107	102	99
纺织	98	95	87	86	84
服装	95	87	73	77	79
皮革制品②	93	87	66	56	47
木材制品(不含家具)	108	103	86	88	87
家具、装饰	102	95	88	86	86
纸及纸制品	104	111	120	134	143
印刷、出版	103	115	111	121	140
工业化学③	116	138	152	165	176
石油提炼④	129	164	179	184	208
橡胶制品⑤	108	115	120	130	136
陶瓷⑥	116	124	125	134	142
钢铁⑦	111	116	129	140	154
金属制品	108	103	102	118	134
非电气机械	111	108	114	134	157
电气机械	108	116	121	137	161
运输设备	118	147	136	148	171
专业和科学设备	106	106	118	136	153
其它	96	86			

注:①包括饮料业。②包括制鞋业。③包括其它化学业。④包括石油和煤制品业。⑤包括塑料制品业。⑥包括玻璃及其制品业和其它非金属矿产品业。⑦包括有色金属业。

资料来源:联合国工发组织《国际工业统计年鉴》1998年。

6-13 马来西亚工业生产指数(制造业按行业分类)

单位:1990 年=100

	1992 年	1993 年	1994 年	1995 年	1996 年	1997 年
食品	103	109	118	125	137	146
饮料①						
烟草	96	90	89	90	97	116
纺织	123	161	192	210	214	229
服装	105	106	102	101	98	100
皮革制品	92	83	102	80	80	60
制鞋②						
木材制品	117	140	146	155	173	170
纸制品	93	85	99	108	103	116
工业化学	121	131	145	159	195	225
其它化学③						
石油提炼	110	119	135	153	172	188
橡胶制品	126	150	174	198	219	273
塑料制品④						
陶瓷	163	171	193	214	266	292
玻璃制品⑤						
其他非金属矿产品⑤						
钢铁	131	148	170	192	225	254
有色金属⑥						
金属制品	170	268	314	342	421	471
非电气机械	220	206	276	323	310	367
电气机械	154	174	204	237	265	326
运输设备	110	114	136	185	227	259

注:①包括在食品中。②包括在皮革制品中。③包括在工业化学中。④包括在橡胶制品中。⑤包括在陶瓷中。⑥包括在钢铁中。

资料来源:联合国工发组织《国际工业统计年鉴》2000 年。

6－14 菲律宾工业生产指数(制造业按行业分类)

单位:1990 年＝100

	1991 年	1992 年	1993 年	1994 年	1995 年	1996 年
制造业合计	**119**	**127**	**141**	**159**	**182**	**200**
食品	110	120	120	134	133	154
饮料	122	132	131	149	150	182
烟草	106	110	122	136	140	152
纺织	108	104	86	83	96	88
服装	99	110	120	133	138	100
皮革制品	122	128	137	141	162	189
木材制品(不含家具)	118	84	107	97	87	83
家具、装饰	92	91	76	71	88	181
纸及纸制品	153	143	146	172	210	210
印刷、出版	120	131	139	155	171	193
工业化学	118	142	176	194	240	226
其他化学①						
石油精练	133	142	135	126	173	202
石油和煤制品②						
橡胶制品①						
塑料制品	115	118	108	98	89	70
陶瓷	125	133	137	148	175	193
玻璃制品③						
其他非金属矿产品③						
钢铁	127	108	115	123	156	162
有色金属④						
金属制品	108	117	127	130	141	164
非电气机械	141	151	197	265	320	419
电气机械⑤						
运输设备	121	148	230	273	335	344
其它	144	148	293	363	521	562

注:①包括在工业化学中。②包括在石油精练中。③包括在陶瓷中。④包括在钢铁中。⑤包括在非电气机械中。

资料来源:联合国工发组织《国际工业统计年鉴》1999 年。

6－15 美国制造业主要指标

按国际标准产业分类第二版分类	机构数(家)	雇员数(千人)			雇员工资(十亿美元)		
	1992年	1993年	1994年	1995年	1993年	1994年	1995年
制造业合计	**488277**	**16875**	**16992**	**17343**	**503**	**521**	**543**
食品	24962	1385	1383	1396	33	34	35
饮料	2237	136	128	130	5	5	5
烟草	115	37	35	31	1	1	1
纺织	19485	829	852	842	17	18	18
服装	19032	771	734	724	12	11	11
皮革制品	2073	44	39	36	1	1	1
制鞋(不含橡胶鞋、塑料鞋)	636	52	50	48	1	1	1
木材制品	25254	500	522	535	11	11	12
家具、装饰	19867	425	439	460	9	9	10
纸及纸制品	6810	588	583	589	20	21	21
印刷、出版	95664	1500	1502	1534	42	43	45
工业化学	4426	382	370	365	16	16	17
其它化学	10871	489	485	506	18	19	20
石油提炼	232	73	72	70	4	4	4
石油和煤制品	2108	41	41	40	1	1	1
橡胶制品	2862	208	209	217	6	6	6
塑料制品	17307	737	766	804	18	20	21
陶瓷	1674	37	40	44	1	1	1
玻璃及其制品	3126	131	132	132	4	4	4
其它非金属矿产品	17044	334	347	364	9	10	11
钢铁	3657	367	364	373	14	14	15
有色金属	3987	232	241	255	7	8	8
金属制品	47758	1247	1287	1338	34	36	38
非电气机械	76759	1927	1999	2096	64	68	73
电气机械	23803	1491	1520	1583	48	50	53
运输设备	16701	1725	1707	1690	67	70	70
专业和科学设备	15244	825	776	757	30	30	30
其它	24583	365	368	383	8	9	9

6－15 续表 1

按国际标准产业分类第二版分类	产值(十亿美元)			增加值(十亿美元)			固定资本形成(百万美元)		
	1993 年	1994 年	1995 年	1993 年	1994 年	1995 年	1993 年	1994 年	1995 年
制造业合计	**3112**	**3323**	**3573**	**1482**	**1593**	**1704**	**101822**	**111805**	**127642**
食品	371	377	392	142	146	154	8066	8493	10058
饮料	52	54	57	25	26	27	1323	1602	1872
烟草	28	30	33	21	22	25	388	387	411
纺织	96	102	104	41	44	45	2950	3544	3544
服装	54	55	56	28	29	29	527	575	607
皮革制品	6	5	5	2	2	2	88	64	72
制鞋(不含橡胶鞋、塑料鞋)	4	4	4	2	2	2	42	59	35
木材制品	68	75	75	28	30	29	1444	1860	2165
家具、装饰	39	41	45	19	20	22	745	785	908
纸及纸制品	128	138	166	57	60	77	7137	7097	7942
印刷、出版	173	176	188	117	121	126	4870	5656	5615
工业化学	159	171	189	73	79	90	9274	9026	10826
其它化学	162	169	179	101	106	111	6768	6789	7220
石油提炼	130	128	136	19	23	26	5986	5518	5876
石油和煤制品	15	15	15	5	5	5	315	409	337
橡胶制品	29	30	32	16	16	17	1059	1041	1067
塑料制品	96	107	115	49	54	57	4085	4796	5711
陶瓷	3	3	4	2	2	3	111	120	149
玻璃及其制品	19	20	21	11	12	12	881	989	1155
其它非金属矿产品	47	52	56	25	28	30	1503	1869	2212
钢铁	76	85	92	33	37	40	2777	3740	4038
有色金属	53	61	73	17	22	24	1677	2260	2139
金属制品	155	168	181	78	85	90	3831	4551	5658
非电气机械	304	343	379	155	177	188	8628	9905	10836
电气机械	245	269	312	135	151	180	10089	12856	17420
运输设备	436	477	490	175	184	184	12313	13068	14624
专业和科学设备	126	128	130	85	86	86	4104	3823	3982
其它	40	41	44	22	23	24	841	927	1165

资料来源：联合国工发组织《国际工业统计年鉴》1998 年。

6—16 日本制造业主要指标①

按国际标准产业分类第三版分类	机构数(家)		雇员数(千人)		雇员工资(十亿日元)	
	1996 年	1997 年	1996 年	1997 年	1996 年	1997 年
制造业合计	**369612**	**358246**	**9990**	**9835**	**32671**	**32969**
肉类、鱼类、水果、蔬菜、油类及油脂的生产、加工和保藏	13543	13216	330	329	585	586
乳制品	793	770	45	43	174	172
谷物磨制品、淀粉及淀粉制品，以及牲畜精饲料	1348	1315	30	29	92	89
其它食品	26424	25579	728	719	1550	1540
饮料	3297	3231	86	85	283	289
烟草制品	25	25	7	7	53	52
纺织品的纺制、织造及精加工	10958	10312	179	169	402	386
其它纺织品	9279	8834	127	122	200	196
针织品及钩针编织品及其制品	8338	7943	142	135	193	187
服装(毛皮服装除外)	17573	16182	336	312	419	395
毛皮修整与染色;毛皮制品	71	66	1	1	2	1
皮革鞣制和修整	2742	2571	31	28	52	40
鞋履	2901	2722	47	44	83	77
锯木及刨木	8960	8428	94	88	66	63
木、软木、草及编结材料制品	13613	13042	159	152	244	239
纸和纸制品	10186	9826	260	255	824	829
出版	2286	2365	115	117	847	865
印刷及印刷服务活动	23477	22809	414	409	1030	1048
记录媒介的复制	87	103	7	7	30	33
炼焦炉产品	812	823	10	10	15	15
精炼石油产品	275	257	23	22	163	161
核燃料处理	7	7	4	4	24	24
基本化学品	1265	1288	119	118	694	705
其它化学制品	3941	3886	247	244	1234	1240
人造纤维	85	81	22	21	120	112
橡胶制品	3341	3255	125	123	483	478
塑料制品	18881	18450	430	429	1122	1144
玻璃和玻璃制品	1060	1031	53	52	226	224
未另列明的非金属矿物制品	17680	17180	358	349	835	851
基本钢铁	2999	3002	207	197	1124	1076
基本贵重有色金属	1121	1183	67	68	336	342

6—16 续表 1

按国际标准产业分类第三版分类	机构数(家)		雇员数(千人)		雇员工资(十亿日元)	
	1996 年	1997 年	1996 年	1997 年	1996 年	1997 年
金属的铸造	2834	2799	83	83	287	294
结构性金属制品、油罐、水箱和蒸汽锅炉	21326	20793	372	361	978	958
其它金属制品;为金属制品生产者提供的服务活动	26156	25460	485	482	1212	1234
通用机械	15168	15090	455	458	1769	1808
专用机械	22923	22637	527	519	1800	1786
未另列明的家用器具	3200	3024	149	147	584	580
办公室、会计和计算机械	2955	2909	213	214	931	954
电动机、发电机和变压器	2611	2486	102	103	390	405
配电和控制装置	4941	4713	172	169	648	646
绝缘电线和电缆	918	890	51	50	235	238
蓄电池、原电池和原电池组	210	210	23	22	110	108
电灯和照明设备	1291	1247	49	48	170	170
未另列明的其他电力设备	4275	4229	182	186	616	658
电子管和真空管及其他电子元件	2700	2744	345	344	1573	1611
电视和无线电发射机以及有线电话和有线电报设备	514	503	93	87	475	448
电视和无线电接收机、录音录象或放音放相装置及有关消费品	7944	7585	408	406	1443	1503
医疗器械和测量、检查、检验、导航和其他用途的仪器和器具(光学仪器除外)	4424	4416	152	156	577	611
光学仪器和摄影设备	1956	1891	60	60	183	191
钟表	425	413	24	23	87	81
机动车辆	49	50	181	183	1203	1238
机动车辆车身(汽车车身);挂车和半挂车	285	276	55	55	315	326
机动车辆及其发动机零件和配件	9792	9637	533	531	2330	2410
船舶的建造和修理	1298	1234	51	50	230	231
铁道机车和有轨电车机车及其拖拽车辆	418	403	16	17	65	74
飞机和航天飞机	217	228	26	26	145	147
未另列明的运输设备	746	728	15	14	33	36
家具	9085	8732	155	148	351	341
未另列明的制造业	12902	12458	199	194	410	407
金属废料和碎屑的回收	681	669	11	11	16	16
非金属废料和碎屑的回收②						

6—16 续表 2

按国际标准产业分类第三版分类	产值(十亿日元)		增加值(十亿日元)		固定资产形成(十亿日元)	
	1996 年	1997 年	1996 年	1997 年	1996 年	1997 年
制造业合计	**313645**	**324038**	**119303**	**119869**	**13200**	**14072**
肉类、鱼类、水果、蔬菜、油类及油脂的生产、加工和保藏	7869	7972	2443	2471	201	216
乳制品	2205	2229	560	583	60	44
谷物磨制品、淀粉及淀粉制品，以及牲畜精饲料	2659	2652	523	503	71	68
其它食品	12903	12931	5854	5756	513	475
饮料	6661	6805	2401	2413	233	342
烟草制品	2195	2288	397	452	40	11
纺织品的纺制、织造及精加工	2851	2821	1248	1244	109	96
其它纺织品	2147	2136	897	893	64	54
针织品及钩针编织品及其制品	1623	1553	666	638	28	26
服装(毛皮服装除外)	2420	2290	1281	1193	33	30
毛皮修整与染色;毛皮制品	18	11	8	5	…	…
皮革鞣制和修整	596	516	224	195	16	12
鞋履	698	657	298	282	6	7
锯木及刨木	1928	1835	676	628	45	40
木、软木、草及编结材料制品	3120	3089	1208	1176	86	104
纸和纸制品	8616	8621	3260	3225	489	582
出版	5043	5092	3031	3082	137	159
印刷及印刷服务活动	8431	8595	3872	3911	332	396
记录媒介的复制	237	536	151	217	22	16
炼焦炉产品	688	708	197	184	19	16
精炼石油产品	7718	8345	910	652	346	244
核燃料处理	108	79	55	18	100	73
基本化学品	9035	9932	3873	4035	528	627
其它化学制品	13569	13834	7667	7713	551	656
人造纤维	862	875	344	361	90	64
橡胶制品	3056	3132	1433	1499	147	161
塑料制品	10402	10757	4197	4273	516	565
玻璃和玻璃制品	1615	1633	848	876	110	123
未另列明的非金属矿物制品	8585	8574	4138	4068	457	496
基本钢铁	11854	12506	4079	4296	890	674
基本贵重有色金属	3706	4005	1007	1037	208	211

6—16 续表 3

按国际标准产业分类第三版分类	产值(十亿日元)		增加值(十亿日元)		固定资产形成(十亿日元)	
	1996 年	1997 年	1996 年	1997 年	1996 年	1997 年
金属的铸造	1895	2010	889	913	105	133
结构性金属制品、油罐、水箱和蒸汽锅炉	10461	10206	4611	4377	269	313
其它金属制品;为金属制品生产者提供的服务活动	9820	10014	4617	4635	450	486
通用机械	12860	13672	5301	5593	414	458
专用机械	15279	15635	6200	6341	476	489
未另列明的家用器具	5379	5106	2169	2027	151	170
办公室、会计和计算机械	12193	12758	3018	2862	362	388
电动机、发电机和变压器	2329	2429	869	900	76	69
配电和控制装置	4399	4421	1787	1752	103	122
绝缘电线和电缆	2052	2216	630	670	99	130
蓄电池、原电池和原电池组	831	927	321	337	72	70
电灯和照明设备	1295	1331	508	487	49	56
未另列明的其他电力设备	4683	5147	1757	1877	370	381
电子管和真空管及其他电子元件	11897	12395	4273	4263	1156	1180
电视和无线电发射机以及有线电话和有线电报设备	5441	5504	1841	1705	122	126
电视和无线电接收机、录音录象或放音放相装置及有关消费品	11188	12351	3802	4193	662	724
医疗器械和测量、检查、检验、导航和其他用途的仪器和器具(光学仪器除外)	3895	4180	1822	1890	108	122
光学仪器和摄影设备	1124	1290	425	474	44	45
钟表	614	643	181	184	21	24
机动车辆	20563	21310	5418	5196	436	466
机动车辆车身(汽车车身);挂车和半挂车	2821	2958	649	680	90	115
机动车辆及其发动机零件和配件	17257	18250	5721	5739	788	1046
船舶的建造和修理	1905	2288	584	825	50	47
铁道机车和有轨电车机车及其拖拽车辆	388	488	161	187	18	13
飞机和航天飞机	864	972	354	381	21	29
未另列明的运输设备	396	380	160	142	14	14
家具	2972	2891	1277	1228	66	70
未另列明的制造业	4907	4739	1893	1858	117	147
金属废料和碎屑的回收	432	461	166	182	21	28
非金属废料和碎屑的回收②						

注:①指 4 人及 4 人以上的机构,不包括政府企业及公共服务机构。②包括在金属废料和碎屑中。

资料来源:联合国工发组织《国际工业统计年鉴》2000 年。

6—17　德国制造业主要指标①

按国际标准产业分类第三版分类	机构数(家)		从业人员数(千人)		雇员工资(亿马克)	
	1996 年	1997 年	1996 年	1997 年	1996 年	1997 年
制造业合计	**45800**	**44514**	**6353**	**6163**	**4006**	**3949**
食品及饮料	5037	4812	518	502	251	246
烟草	36	33	14	13	11	10
纺织	1394	1296	139	132	66	63
服装	1100	935	94	84	38	35
皮革制品及制鞋	344	314	31	29	14	13
木材制品	2130	2014	120	116	62	61
纸及纸制品	1058	1040	152	148	90	89
印刷、出版	2870	2825	262	259	176	173
炼焦炉产品、石油提炼及核燃料处理	83	76	25	23	20	20
工业化学	1716	1709	518	501	396	389
橡胶制品	2949	2923	348	343	192	192
非金属矿物制品	3793	3747	269	257	154	148
基本金属	1110	1068	279	271	174	175
金属制品	6531	6446	574	559	329	323
机械设备	6596	6461	1021	982	681	668
办公设备	201	210	45	46	38	36
电气设备	2306	2248	470	446	314	301
无线电接收机、电视及通讯设备	592	572	152	146	108	108
医疗及精密光学仪器	2012	1978	226	219	146	143
机动车辆、挂车及半挂车	1013	1000	682	696	511	526
其他运输设备	410	403	164	154	108	106
未列明的家具器具	2385	2241	243	232	126	121
金属回收	134	163	8	8	4	4

6—17 续表 1

按国际标准产业分类第三版分类	产值(亿马克)	
	1996 年	1997 年
制造业合计	**20500**	**21606**
食品及饮料	2225	2260
烟草	296	296
纺织	315	317
服装	225	225
皮革制品及制鞋	85	86
木材制品	304	314
纸及纸制品	503	504
印刷、出版	716	741
炼焦炉产品、石油提炼及核燃料处理	1205	1324
工业化学	2157	2311
橡胶制品	861	897
非金属矿物制品	701	700
基本金属	924	999
金属制品	1239	1282
机械设备	2582	2683
办公设备	264	274
电气设备	1265	1180
无线电接收机、电视及通讯设备	392	578
医疗及精密光学仪器	504	524
机动车辆、挂车及半挂车	2832	3155
其他运输设备	331	383
未列明的家具器具	552	545
金属回收	22	29

资料来源:联合国工发组织《国际工业统计年鉴》2000 年。

6－18　英国制造业主要指标①

按国际标准产业分类第三版分类	机构数（家）		雇员数（千人）		雇员工资（百万英镑）	
	1996年	1997年	1996年	1997年	1996年	1997年
制造业合计	**164808**	**169327**	**4235**	**4183**	**69783**	**73474**
肉类、鱼类、水果、蔬菜、油类及油脂的生产、加工和保藏	2630	2541	174	170	2325	2385
乳制品	720	689	41	39	663	689
谷物磨制品、淀粉及淀粉制品、以及牲畜精饲料	746	760	34	33	644	691
其它食品	3450	3547	186	184	2586	2951
饮料	719	719	50	54	1024	1097
烟草制品	29	25	10	8	286	297
纺织品的纺制、织造及精加工	1558	1577	64	60	861	843
其它纺织品	3730	3718	78	83	972	1120
针织品及钩针编织品及其制品	1059	1025	52	48	587	558
服装(毛皮服装除外)	8324	8155	159	162	1446	1576
毛皮修整与染色;毛皮制品	53	39	1	1	6	6
皮革鞣制和修整	928	816	13	13	152	153
鞋履	522	485	27	23	274	267
锯木及刨木	1347	1269	13	13	150	156
木、软木、草及编结材料制品	7087	7291	73	72	930	954
纸和纸制品	3086	3039	122	117	2150	2126
出版	8027	8769	142	147	2908	3284
印刷及印刷服务活动	19296	19499	194	175	3464	3373
记录媒介的复制	519	792	7	8	168	190
炼焦炉产品	29	22	1	1	11	10
精炼石油产品	260	232	14	13	355	326
核燃料处理	6	7	14	12	349	341
基本化学品	1454	1418	78	82	1770	1949
其它化学制品	2686	2678	182	181	3794	3927
人造纤维	59	50	7	5	139	121
橡胶制品	787	800	53	52	897	897
塑料制品	6273	6449	197	208	2940	3178
玻璃和玻璃制品	1485	1616	39	38	610	627
未另列明的非金属矿物制品	3500	3614	117	113	1764	1815

6—18 续表 1

按国际标准产业分类第三版分类	机构数（家）		雇员数（千人）		雇员工资（百万英镑）	
	1996 年	1997 年	1996 年	1997 年	1996 年	1997 年
基本钢铁	935	1008	68	72	1376	1503
基本贵重有色金属	970	891	34	29	598	528
金属的铸造	846	825	38	37	611	630
结构性金属制品、油罐、水箱和蒸汽锅炉	3802	4038	94	95	1548	1690
其它金属制品；为金属制品生产者提供的服务活动	24863	25121	315	286	4729	4471
通用机械	6507	6747	216	212	3845	3950
专用机械	6759	7046	146	148	2628	2956
未另列明的家用器具	560	611	36	38	521	571
办公室、会计和计算机械	1394	1611	59	61	1156	1293
电动机、发电机和变压器	1151	1140	35	37	546	608
配电和控制装置	931	987	51	50	818	803
绝缘电线和电缆	360	381	26	25	376	381
蓄电池、原电池和原电池组	89	109	8	7	124	119
电灯和照明设备	514	592	23	25	324	375
未另列明的其他电力设备	2480	2638	52	51	792	838
电子管和真空管及其他电子元件	1077	977	54	64	917	1175
电视和无线电发射机以及有线电话和有线电报设备	866	927	48	39	996	850
电视和无线电接收机、录音录相或放音放象装置及有关消费品	1026	1104	36	38	540	612
医疗器械和测量、检查、检验、导航和其他用途的仪器和器具（光学仪器除外）	4801	5005	123	118	2110	2187
光学仪器和摄影设备	634	681	17	17	250	267
钟表	139	134	2	2	28	28
机动车辆	547	600	123	120	2747	2827
机动车辆车身（汽车车身）挂车和半挂车	687	764	27	28	441	493
机动车辆及其发动机零件和配件	1266	1359	95	101	1532	1771
船舶的建造和修理	1559	1535	39	41	703	819
铁道机车和有轨电车机车及其拖拽车辆	100	90	13	12	245	241
飞机和航天飞机	766	970	103	104	2121	2362
未另列明的运输设备	247	297	6	6	79	87
家具	7317	7529	133	132	1842	2010
未另列明的制造业	10486	11053	71	69	906	992
金属废料和碎屑的回收	430	480	5	5	70	76
非金属废料和碎屑的回收	330	442	3	4	43	52

6－18 续表 2

按国际标准产业分类第三版分类	产值（百万英镑）		增加值（百万英镑）		固定资本形成（百万英镑）	
	1996 年	1997 年	1996 年	1997 年	1994 年	1995 年
制造业合计	**442124**	**451875**	**138753**	**142234**		**16768**
肉类、鱼类、水果、蔬菜、油类及油脂的生产、加工和保藏	19986	18679	4811	4604	556	639
乳制品	7750	7454	1548	1444	179	195
谷物磨制品、淀粉及淀粉制品、以及牲畜精饲料	9000	9164	1747	1874	234	247
其它食品	17044	17884	6025	6532	659	632
饮料	12306	13662	3486	3621	507	570
烟草制品	9407	9258	1661	1286	85	88
纺织品的纺制、织造及精加工	4725	5303	1405	1368	174	139
其它纺织品	1619	1932	1729	1897	102	116
针织品及钩针编织品及其制品	2472	2271	1002	935	81	88
服装(毛皮服装除外)	6125	6707	2545	2807	104	113
毛皮修整与染色;毛皮制品	36	30	8	9	1	…
皮革鞣制和修整	821	741	263	230	20	12
鞋履	1532	1352	609	526	44	46
锯木及刨木	924	1050	252	265	33	39
木、软木、草及编结材料制品	4678	4698	1495	1716	92	102
纸和纸制品	13282	11919	4222	4053	669	775
出版	14206	14744	5901	5770	358	452
印刷及印刷服务活动	12248	12458	5844	5865	664	645
记录媒介的复制	924	1099	437	526	28	64
炼焦炉产品	74	63	23	19	3	1
精炼石油产品	24208	22235	1573	1281	316	348
核燃料处理	1659	1539	883	714	260	390
基本化学品	17574	18133	5334	4675	662	821
其它化学制品	26582	27218	9494	9579	1139	1362
人造纤维	1105	923	438	307	56	91
橡胶制品	4297	3997	1569	1546	112	129
塑料制品	14851	15950	5417	6023	637	777
玻璃和玻璃制品	2810	2739	1263	1221	133	173
未另列明的非金属矿物制品	8447	8773	3601	3578	486②	404

6－18 续表 3

按国际标准产业分类第三版分类	产值（百万英镑）		增加值（百万英镑）		固定资本形成（百万英镑）	
	1996 年	1997 年	1996 年	1997 年	1994 年	1995 年
基本金属	10214	10226	2622	2607		273
基本贵重有色金属	6614	5298	1410	1130	91	116
金属的铸造	2342	2259	970	1031	83	113
结构性金属制品、油罐、水箱和蒸汽锅炉	6517	7401	2365	2847	107	134
其它金属制品；为金属制品生产者提供的服务活动	17981	16740	7644	7669	607	624
通用机械	17912	17708	6520	7050	438	542
专用机械	14010	15539	4882	5327	311	386
未另列明的家用器具	2721	3128	863	975	96	98
办公室、会计和计算机械	14270	15565	2929	2625	313	363
电动机、发电机和变压器	2294	2630	931	1010	57	46
配电和控制装置	3560	3244	1360	1255	75	100
绝缘电线和电缆	2007	2162	629	742	57	53
蓄电池、原电池和原电池组	691	641	233	210	24	28
电灯和照明设备	1511	1586	488	609	35	35
未另列明的其他电力设备	3574	3773	1312	1311	92	120
电子管和真空管及其他电子元件	4905	6526	1690	2336	394	848
电视和无线电发射机以及有线电话和有线电报设备	6591	6886	2344	2012	194	258
电视和无线电接收机、录音录相或放音放象装置及有关消费品	4554	4653	994	1169	150	164
医疗器械和测量、检查、检验、导航和其他用途的仪器和器具（光学仪器除外）	9449	9399	3720	3950	318	252
光学仪器和摄影设备	1222	1197	506	550	31	63
钟表	148	151	62	42	4	8
机动车辆	27243	28170	6220	5836	970	1576
机动车辆车身(汽车车身)；挂车和半挂车	2358	2677	709	820	38	25
机动车辆及其发动机零件和配件	7255	7969	2540	3042	250	336
船舶的建造和修理	2610	3003	1174	1114	26	32
铁道机车和有轨电车机车及其拖拽车辆	1143	1062	382	383	－21	63
飞机和航天飞机	11189	13191	3457	4556	230	249
未另列明的运输设备	436	444	156	149	8	20
家具	7994	8746	3084	3452	166	152
未另列明的制造业	4408	4612	1649	1835	129	165
金属废料和碎屑的回收	1056	1103	192	223	22	43
非金属废料和碎屑的回收	339	273	130	98	1	18

注：①指 20 人及 20 人以上的机构。

资料来源：联合国工发组织《国际工业统计年鉴》2000 年。

6－19 法国制造业主要指标

按国际标准产业分类第三版分类	机构数(家)		雇员数(千人)		雇员工资(百万法郎)	
	1996年	1997年	1996年	1997年	1996年	1997年
制造业合计	**21803**	**22231**	**2762**	**2960**	**463188**	**518344**
纺织品的纺制、织造及精加工	702	671	54	52	6975	6985
其它纺织品	489	495	39	37	4973	4843
针织品及钩针编织品及其制品	236	232	24	24	2882	2942
服装(毛皮服装除外)	1649	1543	101	95	11562	11121
毛皮修整与染色;毛皮制品	20	17	1	1	100	89
皮革鞣制和修整	191	185	15	14	1757	1803
鞋履	250	238	30	28	3191	2148
锯木及刨木	18	16	1	1	139	151
木、软木、草及编结材料制品	638	633	40	40	4874	5006
纸和纸制品	648	660	89	87	14579	14645
出版	650	599	65	64	15237	15468
印刷及印刷服务活动	1312	1266	76	75	12200	12320
记录媒介的复制	18	19	2	2	285	343
炼焦炉产品	9	9	11	11	2487	2500
精炼石油产品	51	51	20	19	5694	5576
核燃料处理①						
基本化学品	281	283	74	74	15998	16220
其它化学制品	891	893	191	194	40287	42585
人造纤维	12	12	2	2	409	429
橡胶制品	163	170	68	67	10337	10614
塑料制品	1256	1278	119	121	16414	17558
玻璃和玻璃制品	198	195	49	49	8030	8199
未另列明的非金属矿物制品	720	724	79	76	12296	12364
基本钢铁	150	149	68	66	12758	12813
基本贵重有色金属	96	91	25	24	4531	4577
金属的铸造	235	234	34	33	4463	4578
结构性金属制品、油罐、水箱和蒸汽锅炉	1443	1494	98	99	14832	15258
其它金属制品;为金属制品生产者提供的服务活动	3015	3083	201	206	28874	30270
通用机械	1079	1123	140	140	23383	23934
专用机械	1043	1043	85	85	14276	14415
未另列明的家用器具	74	69	30	28	4056	3919
办公室、会计和计算机械	73	76	36	37	10493	10243
电动机、发电机和变压器	157	162	23	23	3506	3631
配电和控制装置	247	247	62	62	10941	11104
绝缘电线和电缆	61	51	16	16	2776	2781
蓄电池、原电池和原电池组	13	15	8	8	1353	1382
电灯和照明设备	102	100	11	11	1644	1660
未另列明的其他电力设备	155	148	31	31	4766	5008
电子管和真空管及其他电子元件	340	337	70	69	13936	13798
电视和无线电发射机以及有线电话和有线电报设备	208	208	66	65	14640	14763
电视和无线电接收机、录音录象或放音放相装置及有关消费品	53	54	16	18	2466	2566
医疗器械和测量、检查、检验、导航和其他用途的仪器和器具(光学仪器除外)	700	709	64	64	11422	11854
光学仪器和摄影设备	100	98	13	12	1952	1881
钟表	63	59	5	5	666	665
机动车辆	49	55	184	172	30978	30689
机动车辆车身(汽车车身);挂车和半挂车	245	251	20	21	2710	2770
机动车辆及其发动机零件和配件	228	225	79	78	12245	12395
船舶的建造和修理	87	88	14	14	2001	1997
铁道机车和有轨电车机车及其拖拽车辆	40	41	16	15	2709	2723
飞机和航天飞机	91	99	79	79	18105	18466
未另列明的运输设备	55	60	8	9	1151	1228
家具	743	717	74	70	9531	9488
未另列明的制造业	456	453	38	37	5322	5313

6—19 续表 1

按国际标准产业分类第三版分类	产值(百万法郎)		增加值(百万法郎)		固定资本形成(百万法郎)	
	1996 年	1997 年	1996 年	1997 年	1996 年	1997 年
制造业合计	**3048550**	**3619644**	**908693**	**1103267**	**128785**	**171016**
纺织品的纺制、织造及精加工	45330	47937	12459	13066	1714	2012
其它纺织品	28242	27905	9084	9267	1192	1081
针织品及钩针编织品及其制品	13689	14208	4857	5082	476	412
服装(毛皮服装除外)	62323	60941	18946	18196	1095	1115
毛皮修整与染色;毛皮制品	567	537	154	137	9	7
皮革鞣制和修整	7851	8081	3487	3591	172	162
鞋履	13321	13150	5355	5201	371	339
锯木及刨木	349	353	211	223	6	7
木、软木、草及编结材料制品	31570	33328	9326	9840	1369	1220
纸和纸制品	101023	104543	28519	30015	5245	4920
出版	88149	87788	32975	33161	1461	1527
印刷及印刷服务活动	53974	55006	21476	21472	3031	2588
记录媒介的复制	2428	2454	742	848	175	157
炼焦炉产品	32712	32707	14386	14870	3789	3800
精炼石油产品	230963	241293	16747	13392	3931	3415
核燃料处理①						
基本化学品	160900	170124	42791	47087	9156	8183
其它化学制品	299179	330650	98376	104515	11239	11624
人造纤维	3115	3682	664	773	130	260
橡胶制品	44937	49616	19343	19920	2442	3216
塑料制品	93739	102544	32596	33798	5318	5397
玻璃和玻璃制品	37473	39006	15651	16038	2314	1782
未另列明的非金属矿物制品	67658	68505	27115	27101	4115	4124
基本钢铁	103993	112860	24878	26421	4152	4874
基本贵重有色金属	41399	48016	8109	9265	1282	1415
金属的铸造	19365	20484	7451	7868	988	812
结构性金属制品、油罐、水箱和蒸汽锅炉	69193	72012	24451	26843	1561	1719
其它金属制品;为金属制品生产者提供的服务活动	129197	138223	51900	56034	5970	6372
通用机械	117005	119962	42462	42947	3494	3475
专用机械	78896	82099	25698	27236	2365	2058
未另列明的家用器具	22808	22569	7789	7923	1133	1042
办公室、会计和计算机械	69563	72222	22408	21364	2758	1928
电动机、发电机和变压器	17818	19294	6357	6916	581	520
配电和控制装置	51534	54335	19423	19976	2100	1950
绝缘电线和电缆	20012	19868	5803	6077	639	597
蓄电池、原电池和原电池组	7329	7105	2376	2067	349	420
电灯和照明设备	7868	7946	3055	3306	341	376
未另列明的其他电力设备	26445	28063	9184	9536	1498	1382
电子管和真空管及其他电子元件	73108	75332	25759	26726	4962	5210
电视和无线电发射机以及有线电话和有线电报设备	73159	82252	23254	23829	1990	2278
电视和无线电接收机、录音录象或放音放相装置及有关消费品	20320	23778	4264	5163	1068	712
医疗器械和测量、检查、检验、导航和其他用途的仪器和器具(光学仪器除外)	49967	51199	19823	20471	1766	1642
光学仪器和摄影设备	7595	7885	3342	3429	235	203
钟表	2980	2698	1184	1147	108	105
机动车辆						
机动车辆车身(汽车车身);挂车和半挂车	333828	381906	58934	64629	19580	16558
机动车辆及其发动机零件和配件	15526	15669	4515	4545	326	348
船舶的建造和修理	10313	10333	2910	3057	445	359
铁道机车和有轨电车机车及其拖拽车辆	13152	13772	4748	4722	383	334
飞机和航天飞机	6427	6710	2021	2085	247	279
未另列明的运输设备	89312	101977	28548	34724	2515	2901
家具	49685	49825	16740	16625	1504	1568
未另列明的制造业	25674	26999	10153	10128	1109	1109

注:①包括在炼焦炉产品中。

资料来源:联合国工发组织《国际工业统计年鉴》2000 年。

6—20 意大利制造业主要指标①

按国际标准产业分类第三版分类	机构数（家）	雇员数（千人）	雇员工资（十亿里拉）	产值（十亿里拉）	增加值（十亿里拉）	固定资本形成（十亿里拉）
	1994年	1994年	1994年	1994年	1994年	1994年
制造业合计	**38983**	**2826**	**146454**	**812281**	**233824**	**34369**
肉类、鱼类、水果、蔬菜、油类及油脂的生产、加工和保藏	965	73	3770	33113	5388	1205
乳制品	368	32	1803	17914	3442	678
谷物磨制品、淀粉及淀粉制品、以及牲畜精饲料	243	13	837	10500	1520	303
其它食品	746	65	3780	23383	6489	1112
饮料	376	29	1895	14887	3538	678
烟草制品	32	14	550	6750	1147	68
纺织品的纺制、织造及精加工	1812	130	6059	32170	10412	1473
其它纺织品	584	28	1148	6155	1901	263
针织品及钩针编织品及其制品	1115	53	1886	11859	3194	330
服装(毛皮服装除外)	3852	168	5547	29495	9065	603
毛皮修整与染色;毛皮制品	36	1	50	142	70	2
皮革鞣制和修整	778	31	1280	11696	2536	222
鞋履	1962	85	2833	16245	4332	393
锯木及刨木	124	4	180	1078	323	32
木、软木、草及编结材料制品	894	37	1535	8678	2543	340
纸和纸制品	806	63	3421	20898	6163	1063
出版	289	35	3131	11686	4466	281
印刷及印刷服务活动	1037	49	2791	9024	3762	550
记录媒介的复制	18	1	48	271	79	10
炼焦炉产品	1					
精炼石油产品	111	25	1861	66196	5750	1221
核燃料处理	1					
基本化学品	297	57	3773	25949	6871	933
其它化学制品	876	119	8733	43274	15574	1990
人造纤维	41	12	695	3609	1209	268
橡胶制品	272	33	1824	7458	3826	385
塑料制品	1470	81	4010	21662	6909	1151
玻璃和玻璃制品	307	28	1511	5919	2586	410
未另列明的非金属矿物制品	1915	122	6368	27421	10854	1976
基本钢铁	495	77	4470	33105	7799	1357
基本贵重有色金属	139	22	1265	9354	1961	314
金属的铸造	361	27	1439	6146	2062	356

6—20续表1

按国际标准产业分类第三版分类	机构数（家）	雇员数（千人）	雇员工资（十亿里拉）	产值（十亿里拉）	增加值（十亿里拉）	固定资本形成（十亿里拉）
	1994年	1994年	1994年	1994年	1994年	1994年
结构性金属制品、油罐、水箱和蒸汽锅炉	1624	79	3659	14574	5015	466
其它金属制品；为金属制品生产者提供的服务活动	3460	154	7485	31718	11806	1853
通用机械	1972	148	8149	35174	12997	1314
专用机械	2398	161	9205	39862	13199	1081
未另列明的家用器具	235	55	2474	15784	4755	690
办公室、会计和计算机械	112	16	1100	8046	765	195
电动机、发电机和变压器	396	28	1489	6470	2135	210
配电和控制装置	331	28	1469	5417	2329	224
绝缘电线和电缆	116	13	692	4370	1141	117
蓄电池、原电池和原电池组	24	3	167	1015	245	38
电灯和照明设备	175	10	470	2680	867	120
未另列明的其他电力设备	590	56	2927	11454	4329	486
电子管和真空管及其他电子元件	223	24	1292	5381	2130	710
电视和无线电发射机以及有线电话和有线电报设备	232	57	3441	10475	4678	353
电视和无线电接收机、录音录相或放音放象装置及有关消费品	49	7	311	2018	554	46
医疗器械和测量、检查、检验、导航和其他用途的仪器和器具（光学仪器除外）	609	46	2728	8620	4076	314
光学仪器和摄影设备	166	13	554	2243	974	99
钟表	14	1	33	264	75	5
机动车辆	40	116	5691	27185	6325	3124
机动车辆车身(汽车车身)；挂车和半挂车	185	13	612	2452	743	101
机动车辆及其发动机零件和配件	461	52	2590	11894	4143	794
船舶的建造和修理	208	22	1049	4424	751	100
铁道机车和有轨电车机车及其拖拽车辆	32	23	1368	3263	1713	563
飞机和航天飞机	41	41	2481	5981	2618	307
未另列明的运输设备	185	17	808	4521	1384	188
家具	1952	89	3720	19959	5586	637
未另列明的制造业	788	37	1554	10251	2480	268
金属废料和碎屑的回收	13	2	87	422	110	5
非金属废料和碎屑的回收	29	1	45	194	91	26

注：①指20人及20人以上的机构。

资料来源：联合国工发组织《国际工业统计年鉴》1996年及1998年。

6－21 加拿大制造业主要指标

按国际标准产业分类第三版分类	机构数(家)		雇员数(千人)		雇员工资(百万加元)	
	1994年	1995年	1994年	1995年①	1994年	1995年
制造业合计	**31974**	**32718**	**1670**	**1715**	**61638**	**64936**
肉类、鱼类、水果、蔬菜、油类及油脂的生产、加工和保藏	1189	1195	92	95	2567	2692
乳制品	278	270	23	22	828	831
谷物磨制品、淀粉及淀粉制品，以及牲畜精饲料	539	531	14	14	536	532
其它食品	943	961	60	59	1973	1948
饮料	197	233	26	24	1182	1163
烟草制品	17	16	5	4	271	261
纺织品的纺制、织造及精加工②	227	251	15	16	437	472
其它纺织品	545	606	24	24	629	638
针织品及钩针编织品及其制品	146	148	11	11	264	270
服装(毛皮服装除外)	1549	1524	72	71	1538	1553
毛皮修整与染色;毛皮制品	125	117	1	1	16	18
皮革鞣制和修整	70	73	2	2	55	56
鞋履	146	156	11	10	243	224
锯木及刨木	837	883	62	63	2405	2541
木、软木、草及编结材料制品	1352	1330	44	46	1439	1495
纸和纸制品	649	668	100	103	4691	4987
出版	1300	1269	50	50	1975	2000
印刷及印刷服务活动	3172	3153	72	74	2501	2600
记录媒介的复制	42	46	3	4	92	126
精炼石油产品	61	64	12	11	690	653
基本化学品③	434	450	27	27	1464	1447
其它化学制品	971	982	65	66	2647	2661
人造纤维	24	27	5	5	194	211
橡胶制品	175	200	24	24	903	974
塑料制品	1132	1274	53	56	1547	1707
玻璃和玻璃制品	182	191	12	12	426	440
未另列明的非金属矿物制品②	1459	1472	34	35	1190	1259
基本钢铁	121	123	39	39	1971	2062
基本贵重有色金属	140	144	32	34	1605	1727
金属的铸造	186	189	15	17	633	673

6—21 续表 1

按国际标准产业分类第三版分类	机构数(家)		雇员数(千人)		雇员工资(百万加元)	
	1994 年	1995 年	1994 年	1995 年①	1994 年	1995 年
结构性金属制品、油罐、水箱和蒸汽锅炉	1672	1656	49	52	1631	1790
其它金属制品;为金属制品生产者提供的服务活动	3134	3157	81	88	2713	3030
通用机械	900	937	41	44	1517	1704
专用机械	971	1018	43	49	1554	1839
未另列明的家用器具	186	193	15	14	482	441
办公室、会计和计算机械	147	157	15	15	599	631
电动机、发电机和变压器	168	186	11	11	418	428
配电和控制装置	136	132	8	8	292	300
绝缘电线和电缆	58	59	7	7	288	296
蓄电池、原电池和原电池组	16	20	1	1	47	43
电灯和照明设备	150	151	5	6	162	174
未另列明的其他电力设备	95	109	10	10	309	344
电子管和真空管及其他电子元件	209	239	14	18	456	560
电视和无线电发射机以及有线电话和有线电报设备	249	272	38	39	1727	1747
电视和无线电接收机、录音录象或放音放相装置及有关消费品	16	17	2	1	46	33
医疗器械和测量、检查、检验、导航和其他用途的仪器和器具(光学仪器除外)	216	212	9	10	343	381
光学仪器和摄影设备	139	127	3	2	73	49
钟表	15	13			9	7
机动车辆	86	93	64	65	3503	3605
机动车辆车身(汽车车身);挂车和半挂车	279	292	12	14	382	449
机动车辆及其发动机零件和配件	473	488	73	79	2767	3086
船舶的建造和修理	240	276	10	11	419	397
铁道机车和有轨电车机车及其拖拽车辆	21	18	8	8	370	386
飞机和航天飞机	177	193	36	39	1649	1873
家具	1927	2016	65	67	1831	1940
未另列明的制造业	2086	2141	43	43	1147	1178

6－21 续表 2

按国际标准产业分类第三版分类	产值(百万加元)		增加值(百万加元)	
	1994 年	1995 年	1994 年	1995 年
制造业合计	**418630**	**465170**	**153790**	**173560**
肉类、鱼类、水果、蔬菜、油类及油脂的生产、加工和保藏	23580	24390	6930	6930
乳制品	8960	9420	2300	2200
谷物磨制品、淀粉及淀粉制品，以及牲畜精饲料	5630	6070	1670	1770
其它食品	12890	13420	5840	5820
饮料	7290	8200	4290	4280
烟草制品	3870	3880	1630	1660
纺织品的纺制、织造及精加工②	1800	1990	850	930
其它纺织品	3140	3280	1370	1380
针织品及钩针编织品及其制品	1130	1170	520	520
服装(毛皮服装除外)	6280	6500	2910	3080
毛皮修整与染色；毛皮制品	90	90	40	40
皮革鞣制和修整	270	280	110	110
鞋履	930	880	440	400
锯木及刨木	15500	153500	6360	5220
木、软木、草及编结材料制品	7650	7800	3360	3270
纸和纸制品	26740	39070	10790	18160
出版	6240	6550	4440	4560
印刷及印刷服务活动	8000	8900	4520	4770
记录媒介的复制	460	610	310	410
精炼石油产品	17900	18170	2620	2740
基本化学品③	16480	18250	6450	8310
其它化学制品	16300	17640	8290	8870
人造纤维	1310	1840	570	640
橡胶制品	6880	7570	2370	2350
塑料制品	7930	8880	3520	3820
玻璃和玻璃制品	2110	2260	1110	1210
未另列明的非金属矿物制品②	6120	6510	2890	3140
基本钢铁	12280	13560	4400	5160
基本贵重有色金属	9950	12240	4050	5130
金属的铸造	2400	2770	1230	1410

6—21 续表 3

按国际标准产业分类第三版分类	产值(百万加元)		增加值(百万加元)	
	1994 年	1995 年	1994 年	1995 年
结构性金属制品、油罐、水箱和蒸汽锅炉	7360	8330	3120	3790
其它金属制品;为金属制品生产者提供的服务活动	10100	11470	5260	5840
通用机械	7270	8340	3300	3870
专用机械	7230	8950	3430	4290
未另列明的家用器具	2500	2480	1020	1000
办公室、会计和计算机械	5990	7930	1280	1170
电动机、发电机和变压器	1580	1810	760	790
配电和控制装置	1340	1390	700	670
绝缘电线和电缆	1890	2030	740	710
蓄电池、原电池和原电池组	340	350	180	170
电灯和照明设备	910	990	390	390
未另列明的其他电力设备	1850	1960	880	830
电子管和真空管及其他电子元件	3930	5000	1120	1540
电视和无线电发射机以及有线电话和有线电报设备	7710	9140	4220	5140
电视和无线电接收机、录音录象或放音放相装置及有关消费品	840	820	160	140
医疗器械和测量、检查、检验、导航和其他用途的仪器和器具(光学仪器除外)	1400	1510	810	840
光学仪器和摄影设备	290	200	150	90
钟表	40	30	20	10
机动车辆	77580	81740	11810	13710
机动车辆车身(汽车车身);挂车和半挂车	1700	2070	690	800
机动车辆及其发动机零件和配件	14700	16240	6230	6720
船舶的建造和修理	1300	1460	780	910
铁道机车和有轨电车机车及其拖拽车辆	2310	2520	930	940
飞机和航天飞机	5930	7610	3530	4340
家具	7830	8430	3660	4000
未另列明的制造业	4570	4800	2420	2560

注:①指从业人员数。②包括炼焦炉产品。③包括核燃料处理。

资料来源:联合国工发组织《国际工业统计年鉴》1999 年。

6—22 澳大利亚制造业主要指标

按国际标准产业分类第三版分类	机构数（家）	雇员数（千人）	雇员工资（百万澳元）	产值（百万澳元）	增加值（百万澳元）
	1996年	1996年	1996年	1996年	1993年
制造业合计	**54340**	**944847**	**30515**	**202162**	**67965**
肉类、鱼类、水果、蔬菜、油类及油脂的生产、加工和保藏	1078	62263	1819	13941	4102
乳制品	259	16626	583	6591	1689
谷物磨制品、淀粉及淀粉			434		
制品、以及牲畜精饲料	442	12395	434	5725	1411
饮料	521	16812	600	6396	2474
烟草制品	5	1612	95	879	486
纺织品的纺制、织造及精加工①	287	13662	442	2499	869
其它纺织品	1131	12221	305	1628	654
针织品及钩针编织品及其制品	223	6368	169	965	427
服装（毛皮服装除外）	4345	35726	721	3635	1494
毛皮修整与染色：毛皮制品	301	4327	117	897	156
鞋履	258	5713	141	583	308
锯木及刨木	2609				
炼焦炉产品	36	776	36	377	70
精炼石油产品	29	3584	211	6622	1652
橡胶制品	278	7842	308	1527	606
塑料制品	1775	36058	1111	6325	2345
玻璃和玻璃制品	318	5243	200	1160	587
矿物制品	1820	31108	1050	7224	2993
基本钢铁②	1683				
结构性金属制品、油罐、水箱和蒸汽锅炉	4142				

6－22续表1

按国际标准产业分类第三版分类	机构数（家）	雇员数（千人）	雇员工资（百万澳元）	产值（百万澳元）	增加值（百万澳元）
	1996年	1996年	1996年	1996年	1993年
未另列明的家用器具	363	13088	414	2273	845
办公室、会计和计算机械	150	3174	119	1434	385
电动机、发电机和变压器③	660	15630	490	2198	894
绝缘电线和电缆	53	4429	182	1455	488
蓄电池、原电池和原电池组	18	732	38	286	118
电灯和照明设备	506	4834	123	476	196
电子管和真空管及其他电子元件④	463	10501		1638	557
电视和无线电发射机以及有线电话和有线电报设备	130	7592	320	2124	753
医疗器械和测量、检查、检验、导航和其他用途的仪器和器具（光学仪器除外）⑤	1069			2198	783
机动车辆	66	20875	804	9462	1603
机动车辆车身（汽车车身）；挂车和半挂车	596	7721	207	970	290
机动车辆及其发动机零件和配件	899	27313	854	4113	1313
船舶的建造和修理	667	10754	354	2097	631
铁道机车和有轨电车机车及其拖拽车辆	24	5083	174	738	226
飞机和航天飞机	271	11902	522	1374	827
未另列明的运输设备	73	629	15	65	24
家具	5165	40704	965	4130	1497
未另列明的制造业	1969	11865	281	1258	590

注：年度为当年7月1日开始的财政年度。1991年以前指4人及4人以上的机够，1991年（含）起指所有机构。①包括人造纤维。②包括基本贵重有色金属及金属废料和碎屑的回收。③包括配电和控制装置及未另列明的其它电力设备。④包括电视和无线电接收机、录音录相或放音放相装置及有关消费品。⑤包括光学仪器和摄影设备及钟表。

资料来源：联合国工发组织《国际工业统计年鉴》2000年。

6—23 印度制造业主要指标

按国际标准产业分类第二版分类	机构数(家)		雇员数(千人)		雇员工资(亿卢比)	
	1994年	1995年	1994年	1995年	1994年	1995年
制造业合计	**119672**	**127538**	**7988**	**8777**	**2910**	**3718**
食品	21127	22878	1206	1286	271	329
饮料	572	684	63	70	22	26
烟草	7708	7229	518	471	55	52
纺织	15220	16228	1395	1579	432	537
服装	3292	3463	244	264	48	61
皮革制品	1136	1186	53	54	12	14
制鞋(不含橡胶鞋、塑料鞋)	460	506	61	64	13	18
木材制品(不含家具)	3346	3473	64	68	11	13
家具、装饰	285	319	6	7	1	2
纸及纸制品	2504	2742	161	175	60	74
印刷、出版	3131	3399	158	181	86	94
工业化学	2528	2902	267	304	185	237
其它化学	5724	6304	405	454	175	214
石油提炼	143	161	31	31	27	46
石油和煤制品	604	553	41	46	18	23
橡胶制品	2398	2552	131	135	50	63
塑料制品	3330	3665	102	118	28	37
陶瓷	624	703	26	27	7	8
玻璃及其制品	616	776	54	60	16	21
其它非金属矿产品	9377	10067	365	395	101	118
钢铁	3379	3519	452	508	255	329
有色金属	2994	3301	179	229	71	120
金属制品	7287	7984	244	278	90	116
非电气机械	8521	9075	477	548	235	319
电气机械	5385	5472	418	444	217	281
运输设备	5922	6120	747	839	378	507
专业和科学设备	861	892	59	66	26	32
其它	1198	1385	62	78	19	28

6－23 续表 1

按国际标准产业分类第二版分类	产值(亿卢比)		增加值(亿卢比)		固定资本形成(亿卢比)	
	1994 年	1995 年	1994 年	1995 年	1994 年	1995 年
制造业合计	**46007**	**59274**	**9238**	**11761**	**4754**	**5913**
食品	6795	8248	908	922	332	396
饮料	429	500	91	114	52	67
烟草	560	533	176	152	13	11
纺织	5532	6509	1041	999	593	656
服装	837	1026	241	235	60	60
皮革制品	281	299	33	44	10	23
制鞋(不含橡胶鞋、塑料鞋)	212	218	39	36	18	11
木材制品(不含家具)	140	150	29	32	8	14
家具、装饰	10	15	2	3	…	1
纸及纸制品	897	1188	184	264	497	188
印刷、出版	518	739	157	202	43	57
工业化学	3930	5362	940	158	496	1146
其它化学	2877	3577	678	795	178	282
石油提炼	2589	3511	413	528	109	118
石油和煤制品	403	529	68	75	8	10
橡胶制品	890	1150	148	189	17	126
塑料制品	689	852	90	131	95	165
陶瓷	54	76	18	22	13	16
玻璃及其制品	175	248	37	61	34	68
其它非金属矿产品	1452	1881	326	494	237	269
钢铁	4538	5651	830	973	1120	854
有色金属	1266	2007	247	423	47	187
金属制品	1079	1494	222	326	116	176
非电气机械	2761	3874	646	928	150	264
电气机械	3040	3722	800	843	277	251
运输设备	3394	5034	733	1202	190	428
专业和科学设备	264	359	64	92	28	40
其它	395	521	77	102	14	31

注：指 10 人及 10 人以上的机构。年份是自当年 4 月 1 日开始的财政年度。

资料来源：联合国工发组织《国际工业统计年鉴》2000 年。

6－24 印度尼西亚制造业主要指标

按国际标准产业分类第二版分类	机构数(家)		雇员数(千人)		雇员工资(十亿卢比)	
	1996年	1997年	1996年	1997年	1996年	1997年
制造业合计①	**22997**		**4197**		**14778**	
食品	4501		557		1600	
饮料	268	275	25	26	92	66
烟草	839	874	222	224	500	424
纺织	2255		630		1841	
服装	2329	2159	393	393	1030	860
皮革制品	226	224	26	26	63	52
制鞋(不含橡胶鞋、塑料鞋)	420	386	302	285	925	706
木材制品(不含家具)	1782		404		1214	
家具、装饰	1363	1389	156	154	367	318
纸及纸制品	359	345	94	104	499	400
印刷、出版	676	659	71	63	354	
工业化学	414		70		644	
其它化学	621	626	116	116	719	571
石油及煤制品	29	31	2	2	5	4
橡胶制品	447		127		384	
塑料制品	1062	1053	169	154	491	385
陶瓷	86	80	42	38	174	119
玻璃及其制品	77	66	26	24	128	88
其它非金属矿产品	1995		121		514	
钢铁	103	117	33	36	248	179
有色金属	79	83	17	18	99	69
金属制品	1052	971	163	141	724	557
非电气机械	353	358	45	51	227	174
电气机械	498	549	166	186	882	648
运输设备	619	602	132	125	806	529
专业和科学设备	74	65	16	17	73	54
其它	462		72		173	

6－24 续表 1

按国际标准产业分类第二版分类	产值(十亿卢比)		增加值(十亿卢比)		固定资本形成(十亿卢比)	
	1996 年	1997 年	1996 年	1997 年	1996 年	1997 年
制造业合计①	**244011**		**93333**		**11976**	
食品	31952		7863		1115	
饮料	1866	2060	892	883	194	136
烟草	14381		8840		226	196
纺织	28347		9612		1679	
服装	8353		3272		210	445
皮革制品	800	1230	288	410	25	367
制鞋(不含橡胶鞋、塑料鞋)	6626		2738		370	
木材制品(不含家具)	16217		5871		417	
家具、装饰	2564		993		77	90
纸及纸制品	9427	9654	3135	4121	528	2105
印刷、出版	3550	2985	1681	1292	342	187
工业化学	13156		5256		815	
其它化学	9674	11395	3176	3894	439	1992
石油及煤制品	104		34		1	
橡胶制品	8457		1735		260	
塑料制品	6756		1846		430	558
陶瓷	1692	7023	763	804	372	170
玻璃及其制品	1703		861		118	285
其它非金属矿产品	5415		2124		426	
钢铁	14065	12695	8703	4071	378	244
有色金属	2979	3240	1148	1046	59	87
金属制品	10048	8518	3939	2837	430	801
非电气机械	3935	4521	1372	1901	217	231
电气机械	18135	21512	6766	6654	708	1784
运输设备	21185	19887	9331	10039	1333	1260
专业和科学设备	821	897	269	417	138	294
其它	1625		682		670	

注：指 20 人及 20 人以上的机构。①不包括石油提炼业。

资料来源：联合国工发组织《国际工业统计年鉴》2000 年。

6－25 韩国制造业主要指标

按国际标准产业分类第三版分类	机构数（家）		雇员数（千人）		雇员工资（十亿圆）	
	1996年	1997年	1996年	1997年	1996年	1997年
制造业合计	**97144**	**92138**	**2812.1**	**2618.8**	**42329.2**	**41489.2**
肉类、鱼类、水果、蔬菜、油类及油脂的生产、加工和保藏	1931	1907	61.5	60.7	624.6	638.2
乳制品	113	103	14.0	13.4	229.6	234.4
谷物磨制品、淀粉及淀粉制品、以及牲畜精饲料	910	972	20.5	19.2	317.0	327.7
其它食品	2787	2714	75.0	68.5	856.9	842.8
饮料	498	470	20.2	18.6	306.8	305.2
烟草制品	16	14	4.9	4.3	130.0	114.3
纺织品的纺制、织造及精加工	5108	4764	177.9	160.1	2171.1	2090.8
其它纺织品	2509	2374	42.6	38.3	500.9	465.2
针织品及钩针编织品及其制品	1854	1816	27.0	25.4	304.2	301.5
服装(毛皮服装除外)	8514	8109	167.2	151.5	1761.4	1671.1
毛皮修整与染色;毛皮制品	177	134	3.9	2.4	54.9	33.6
皮革鞣制和修整	1153	1060	22.9	19.5	300.6	266.7
鞋履	1769	1559	43.7	34.3	466.8	374.9
锯木及刨木	1123	934	12.1	9.0	154.1	119.6
木、软木、草及编结材料制品	1269	1122	23.0	20.3	316.2	298.8
纸和纸制品	2713	2639	64.9	60.4	958.0	969.2
出版	1352	1293	49.3	48.1	888.9	902.4
印刷及印刷服务活动	3370	3139	37.5	34.1	485.7	470.4
记录媒介的复制	74	70	1.9	2.0	26.1	27.6
炼焦炉产品	8	6	0.2	0.1	4.2	1.4
精炼石油产品	62	54	11.4	11.7	301.0	334.9
核燃料处理	1	1	0.6	0.6	12.8	13.5
基本化学品	1050	942	50.8	48.6	1037.5	1064.6
其它化学制品	1578	1613	80.7	78.7	1304.1	1326.8
人造纤维	44	108	17.7	16.4	399.2	378.2
橡胶制品	897	858	34.7	33.1	525.7	559.4
塑料制品	5122	4961	104.0	96.7	1410.0	1346.5
玻璃和玻璃制品	646	620	25.5	22.7	449.1	423.2
未另列明的非金属	3913	3564	96.8	86.4	1445.1	1361.3

6－25 续表 1

按国际标准产业分类第三版分类	机构数（家）		雇员数（千人）		雇员工资（十亿圆）	
	1996 年	1997 年	1996 年	1997 年	1996 年	1997 年
基本钢铁	903	848	74.5	70.3	1462.3	1413.2
基本贵重有色金属	704	685	27.2	25.4	437.8	432.1
金属的铸造	469	459	14.1	13.1	217.8	211.3
结构性金属制品、油罐、水箱和蒸汽锅炉	3734	3599	79.0	71.1	1306.1	1232.9
其它金属制品；为金属制品生产者提供的服务活动	6392	6316	116.2	105.2	1586.6	1507.0
通用机械	5156	4852	127.3	120.2	1964.2	2010.1
专用机械	6714	6422	133.9	125.6	2157.8	2154.2
未另列明的家用器具	1046	978	34.4	34.2	478.3	466.0
办公室、会计和计算机械	620	604	31.4	53.9	420.7	910.3
电动机、发电机和变压器	1199	1122	37.5	34.3	509.7	501.2
配电和控制装置	1604	1487	40.6	37.0	569.3	554.9
绝缘电线和电缆	475	431	20.9	17.9	348.1	297.5
蓄电池、原电池和原电池组	45	50	5.1	4.9	82.5	92.1
电灯和照明设备	775	684	14.3	12.6	164.2	158.9
未另列明的其他电力设备	576	611	18.1	17.6	219.6	230.0
电子管和真空管及其他电子元件	1441	1329	138.0	138.9	2193.7	2245.7
电视和无线电发射机以及有线电话和有线电报设备	726	732	36.1	39.2	513.7	557.8
电视和无线电接收机、录音录相或放音放相装置及有关消费品	1406	1177	95.1	60.6	1373.7	845.2
医疗器械和测量、检查、检验、导航和其他用途的仪器和器具（光学仪器除外）	1140	1140	29.0	27.0	392.5	386.0
光学仪器和摄影设备	600	602	14.2	14.2	171.8	198.5
钟表	260	229	5.2	4.2	61.1	56.4
机动车辆	62	51	102.9	98.1	2497.2	2454.7
机动车辆车身(汽车车身)；挂车和半挂车	113	103	6.7	4.9	133.8	75.7
机动车辆及其发动机零件和配件	3187	2929	123.9	118.8	1906.4	1920.3
船舶的建造和修理	670	648	75.1	75.5	1834.4	1749.1
铁道机车和有轨电车机车及其拖拽车辆	143	127	5.7	8.8	90.9	173.1
飞机和航天飞机	40	40	5.1	6.1	131.7	131.9
未另列明的运输设备	192	175	6.3	4.7	85.4	67.4
家具	3173	2749	49.2	40.5	635.0	565.8
未另列明的制造业	2823	2774	50.1	45.4	604.3	578.3
金属废料和碎屑的回收	98	107	1.6	1.6	22.5	27.0
非金属废料和碎屑的回收	97	158	1.2	1.7	13.8	20.5

6－25 续表 2

按国际标准产业分类第三版分类	产值（十亿圆）		增加值（十亿圆）		固定资本形成（十亿圆）	
	1996 年	1997 年	1996 年	1997 年	1996 年	1997 年
制造业合计	**401953**	**434895**	**174215**	**181085**	**48954**	**52400**
肉类、鱼类、水果、蔬菜、油类及油脂的生产、加工和保藏	5911	6151	2294	2204	580	346
乳制品	3518	3520	1324	1407	191	170
谷物磨制品、淀粉及淀粉制品、以及牲畜精饲料	7516	8351	1977	2181	345	338
其它食品	7866	8399	3967	4152	820	668
饮料	5047	5005	2848	2642	895	1172
烟草制品	4049	4195	3051	3012	53	63
纺织品的纺制、织造及精加工	14635	15565	6505	6626	1259	906
其它纺织品	3387	3307	1487	1398	453	255
针织品及钩针编织品及其制品	2316	2442	1075	910	89	77
服装（毛皮服装除外）	9841	9963	4989	4946	270	307
毛皮修整与染色；毛皮制品	535	351	206	141	17	7
皮革鞣制和修整	2863	2853	927	836	95	60
鞋履	2683	2255	1393	1079	101	86
锯木及刨木	1215	1000	529	384	50	33
木、软木、草及编结材料制品	2057	2320	837	960	170	196
纸和纸制品	9934	10247	4040	4104	1262	1942
出版	5529	5132	3398	3142	394	298
印刷及印刷服务活动	2353	2509	1283	1322	123	176
记录媒介的复制	222	225	112	115	12	17
炼焦炉产品	31	30	18	24	5	10
精炼石油产品	20956	27902	5059	7958	3034	2763
核燃料处理	59	106	32	59	49	50
基本化学品	17890	21566	7174	7975	4124	5992
其它化学制品	13813	15117	7145	7847	1007	1174
人造纤维	4211	4999	1770	1967	599	529
橡胶制品	4024	4046	2039	1899	695	435
塑料制品	10872	11176	4640	4712	1339	1086
玻璃和玻璃制品	2994	3029	1727	1689	677	582
未另列明的非金属	13416	14005	6285	6314	1838	1376

6－25 续表 3

按国际标准产业分类第三版分类	产值（十亿圆）		增加值（十亿圆）		固定资本形成（十亿圆）	
	1996 年	1997 年	1996 年	1997 年	1996 年	1997 年
基本钢铁	24602	26221	8553	8768	4160	6787
基本贵重有色金属	6619	7700	1740	1911	511	533
金属的铸造	1307	1283	650	581	155	88
结构性金属制品、油罐、水箱和蒸汽锅炉	11110	10970	4964	4639	848	784
其它金属制品；为金属制品生产者提供的服务活动	9077	9002	4534	4366	797	727
通用机械	15522	15585	6795	6392	1218	1217
专用机械	14735	15131	6386	6379	999	1306
未另列明的家用器具	4294	5571	1585	1995	293	371
办公室、会计和计算机械	6118	13313	2117	4266	427	450
电动机、发电机和变压器	3857	3736	1512	1497	221	200
配电和控制装置	4287	4170	1863	1766	281	252
绝缘电线和电缆	4775	4100	1527	1345	539	313
蓄电池、原电池和原电池组	657	856	265	352	89	95
电灯和照明设备	1075	1054	506	488	71	100
未另列明的其他电力设备	1584	1711	725	733	124	125
电子管和真空管及其他电子元件	24551	24422	16454	13988	6358	6435
电视和无线电发射机以及有线电话和有线电报设备	6511	11866	2811	5562	301	561
电视和无线电接收机、录音录相或放音放相装置及有关消费品	16118	8684	6977	3463	1618	573
医疗器械和测量、检查、检验、导航和其他用途的仪器和器具（光学仪器除外）	2659	2798	1189	1219	157	144
光学仪器和摄影设备	1044	1508	509	672	172	902
钟表	437	498	208	163	15	12
机动车辆	25558	29084	8800	11719	4509	5051
机动车辆车身（汽车车身）；挂车和半挂车	1267	714	416	283	116	78
机动车辆及其发动机零件和配件	14030	14384	5841	5788	1732	1895
船舶的建造和修理	10539	13741	4628	5912	1782	1503
铁道机车和有轨电车机车及其拖拽车辆	738	1594	203	713	87	154
飞机和航天飞机	660	984	314	357	277	170
未另列明的运输设备	682	678	256	242	115	30
家具	3844	3698	1872	1706	223	182
未另列明的制造业	3435	3402	1679	1587	166	181
金属废料和碎屑的回收	438	544	160	156	32	34
非金属废料和碎屑的回收	76	128	43	70	14	34

注：指 5 人及 5 人以上的机构。政府、军队直接经营的机够、公共职业指导中心的培训站及附属于公共组织和学校的实验站或实验室除外。

资料来源：联合国工发组织《国际工业统计年鉴》2000 年。

6－26 马来西亚制造业主要指标

按国际标准产业分类第二版分类	机构数(家)		雇员数(千人)		雇员工资(百万林吉特)	
	1995年	1996年	1995年	1996年	1995年	1996年
制造业合计	**22453**	**20204**	**1369**	**1432**	**16466**	**19171**
食品	3172	2976	92	97	1084	1172
饮料	104	111	5	5	87	96
烟草	289	278	16	13	90	100
纺织	673	680	46	50	537	618
服装	3606	2726	73	59	648	560
皮革制品	100	74	3	3	29	28
制鞋(不含橡胶鞋、塑料鞋)	144	108	3	3	24	27
木材制品(不含家具)	1493	1508	145	148	1206	1275
家具、装饰	1620	1313	42	40	376	391
纸及纸制品	285	303	23	24	292	337
印刷、出版	889	933	35	36	559	616
工业化学	150	207	13	15	351	470
其它化学	415	351	19	19	313	367
石油提炼	6	6	3	3	121	117
石油和煤制品	39	32	1	1	29	27
橡胶制品	526	467	75	69	807	833
塑料制品	1224	1065	71	75	757	916
陶瓷	87	84	8	7	78	76
玻璃及其制品	76	72	6	8	100	135
其它非金属矿产品	730	764	38	46	555	683
钢铁	397	394	22	24	372	430
有色金属	58	62	9	10	139	171
金属制品	2820	2320	71	69	882	965
非电气机械	1376	1246	63	56	825	1181
电气机械	851	884	398	433	4955	6124
运输设备	501	509	50	55	752	885
专业和科学设备	48	51	24	23	309	326
其它	772	680	19	23	190	246

6－26 续表 1

分类第二版分类	产值(百万林吉特)		增加值(百万林吉特)		固定资本形成(百万林吉特)	
	1995 年	1996 年	1995 年	1996 年	1995 年	1996 年
制造业合计	**246923**	**273439**	**59629**	**71538**	**21191**	**21875**
食品	34165	34294	4999	4921	796	1048
饮料	1313	1569	468	572	97	132
烟草	1462	1789	698	805	33	303
纺织	5780	6310	1772	2072	1430	1213
服装	3386	3324	1196	1108	119	174
皮革制品	187	194	63	66	17	11
制鞋(不含橡胶鞋、塑料鞋)	136	149	55	59	7	11
木材制品(不含家具)	11227	12192	3384	3879	1383	1332
家具、装饰	2656	2886	874	987	219	277
纸及纸制品	3309	3583	1058	1214	397	464
印刷、出版	3418	3716	1640	1857	273	399
工业化学	10710	12949	3418	4278	1070	1100
其它化学	3825	3935	1353	1298	268	224
石油提炼	5746	6760	1712	1809	840	225
石油和煤制品	518	515	220	230	12	5
橡胶制品	9674	9780	2767	2884	577	683
塑料制品	6338	7215	2273	2749	769	841
陶瓷	340	318	174	173	47	24
玻璃及其制品	1441	1661	553	731	503	708
其它非金属矿产品	6273	7705	2581	2918	1046	1071
钢铁	8322	9561	864	1829	535	655
有色金属	2819	3042	573	665	303	321
金属制品	8546	9261	2501	2965	724	1074
非电气机械	11588	15913	2991	3981	933	1315
电气机械	85498	94530	17254	21790	7647	6948
运输设备	13201	15874	3009	4472	817	1127
专业和科学设备	3279	2651	716	630	217	85
其它	1767	1765	465	598	113	105

资料来源：联合国工发组织《国际工业统计年鉴》2000 年。

6－27　菲律宾制造业主要指标

按国际标准产业分类第二版分类	机构数(家)			雇员数(千人)			雇员工资(百万比索)		
	1990年	1994年	1995年	1990年	1994年	1995年	1990年	1994年	1995年
制造业合计	**83825**	**10726**	**10219**	**1109**	**887**	**903**	**48577**	**66742**	**72108**
食品	36707	2630	2508	267	159	160	9561	11210	11907
饮料	823	86	88	33	25	25	2447	3231	3264
烟草	31	21	20	13	12	11	654	906	968
纺织	1850	537	491	99	64	56	3493	3673	3547
服装	14123	1612	1495	184	145	143	6376	7518	8072
皮革制品	339	84	84	8	6	8	290	308	418
制鞋(不含橡胶鞋、塑料鞋)	2061	384	370	14	15	14	241	579	593
木材制品(不含家具)	2745	401	351	50	24	24	1659	1049	1085
家具、装饰	5344	497	435	49	24	21	1290	971	940
纸及纸制品	307	215	205	16	18	19	847	1449	1637
印刷、出版	2362	637	632	29	22	23	1202	1646	1844
工业化学	169	171	189	12	12	12	958	1292	1511
其它化学	409	288	293	32	31	32	3864	5770	6448
石油提炼	4	4	4	3	3	3	701	1400	1234
石油和煤制品	14	14	16	1	1	1	22	44	83
橡胶制品	419	187	175	30	24	20	1508	1692	1378
塑料制品	374	377	359	20	26	25	766	1685	1823
陶瓷	754	68	59	5	10	8	262	638	605
玻璃及其制品	67	53	46	9	5	5	834	521	601
其它非金属矿产品	2561	322	267	29	21	19	1196	1705	1921
钢铁	193	191	196	19	22	23	1311	1985	2112
有色金属	88	34	40	3	4	4	172	421	479
金属制品	7404	589	583	37	31	36	1279	1841	2115
非电气机械	1959	464	451	24	22	29	928	1496	2225
电气机械	286	271	287	76	108	127	4489	9424	10775
运输设备	598	264	253	23	24	25	1198	2304	2436
专业和科学设备	12	13	18	3	7	7	161	523	557
其它	1822	312	304	25	27	26	867	1460	1530

6－27 续表 1

按国际标准产业分类第二版分类	产值(百万比索)			增加值(百万比索)			固定资本形成(百万比索)		
	1990 年	1994 年	1995 年	1990 年	1994 年	1995 年	1990 年	1994 年	1995 年
制造业合计	**591268**	**852565**	**1008158**	**215210**	**325084**	**394020**	**29960**	**64833**	**69061**
食品	145980	169191	208632	53623	58066	74448	5705	8691	9156
饮料	33333	47678	53008	19822	28835	33132	5133	2631	7729
烟草	18316	26937	27573	10216	17968	18563	257	149	453
纺织	27657	26639	32381	9554	10069	12394	1588	1640	2398
服装	25680	36536	36036	12379	20344	18632	466	645	741
皮革制品	1094	1202	1697	598	500	739	29	14	23
制鞋(不含橡胶鞋、塑料鞋)	1151	3604	3019	444	1121	1060	29	43	43
木材制品(不含家具)	10870	9166	8251	3998	3240	2871	411	800	245
家具、装饰	5193	5650	5140	2497	2402	1999	142	154	143
纸及纸制品	12554	17266	23030	4470	6663	8003	456	1140	3582
印刷、出版	7311	10980	13130	3029	4803	5420	127	606	468
工业化学	18427	22749	27851	6744	8550	9724	845	1028	1272
其它化学	41868	63292	68741	18655	33820	36417	1666	3310	4129
石油提炼	66889	111690	123116	11891	26241	40819	1629	7740	3672
石油和煤制品	524	849	1617	71	169	467	6	3	20
橡胶制品	8890	9848	10375	3838	4489	5149	570	389	1566
塑料制品	9412	15583	20262	2696	6423	7269	391	1182	2563
陶瓷	1199	2498	2339	695	1521	1387	129	167	142
玻璃及其制品	3857	5733	6309	2091	3418	3848	774	341	1157
其它非金属矿产品	13931	22147	26191	5844	10149	12880	1348	6281	7973
钢铁	29455	35408	48657	5730	14877	14101	1656	13326	2320
有色金属	13409	17565	24407	2840	3476	6496	131	175	549
金属制品	11046	16418	18995	3789	6189	6320	192	788	993
非电气机械	4874	11535	21519	2034	3712	8075	379	1118	1960
电气机械	48609	102221	125955	18842	32241	43504	4208	10488	13387
运输设备	24414	51060	60049	6269	11579	15626	1541	1310	1686
专业和科学设备	395	1686	2011	278	972	990	30	171	261
其它	4930	7434	7868	2272	3250	3689	121	506	431

注：1992 年以后为 10 人及 10 人以上的机构，1990 年及 1991 年为所有机构。

资料来源：联合国工发组织《国际工业统计年鉴》1999 年。

6－28 泰国制造业主要指标

按国际标准产业分类第二版分类	机构数(家)			雇员数(千人)			雇员工资(百万铢)		
	1990年	1993年	1994年	1990年	1993年	1994年	1990年	1993年	1994年
制造业合计	**11179**	**15145**	**16892**	**1717**			**110047**		
食品	4562	3208	3427	204	288	285	8545	17955	18971
饮料	61	72	67	95	45	21	5569	4883	1640
烟草	175	141	137	32	24	24	3936	2427	2779
纺织	1002	1529	1821	411	335	377	19850	18192	27610
服装	922	1459	1505	300	547	659	15219	39413	60475
皮革制品	66	142	232	12	17	22	1159	920	1070
制鞋(不含橡胶鞋、塑料鞋)	64	158	158	18	55	21	809	3678	1214
木材制品	521	922	910	27	48	47	1182	2673	2733
家具、装饰	238	497	517	32	30	29	5742	1411	1541
纸及纸制品	136	254	267	1	22	18	30	2153	2332
印刷、出版	330	411	429	25	24	30	1720	2851	4245
工业化学	184	273	282	12	20	11	689	2221	1639
其它化学	109	341	329	22	28	25	1340	5208	3129
石油提炼	2	10	13		14	6		5927	2732
石油和煤制品	2	4	4				11	37	
橡胶制品	203	394	405	38	61	53	2572	4780	3524
塑料制品	127	579	651	21	40	52	2697	2225	3415
陶瓷	153	233	245	19	21	28	554	1076	1478
玻璃及其制品	17	29	33	21	9	11	1925	890	1580
其它非金属矿产品	573	1180	1233	67	57	71	10637	9174	7874
钢铁	226	238	252	28	54	27	3577	2978	2299
有色金属	148	90	215	3	6	35	95	325	3188
金属制品	329	972	1046	53	74	130	3035	4940	9307
非电气机械	200	457	485	66	65	33	6163	6513	2743
电气机械	132	388	409	85	126	120	7056	9284	11135
运输设备	337	756	779	44	84	72	3901	8220	8061
专业和科学设备	16	32	39	6	7	9	211	667	1327
其它	344	376	1002	76	60	63	1834	3423	3804

6—28 续表 1

按国际标准产业分类第二版分类	产值(百万珠)			增加值(百万铢)			固定资本形成(百万铢)		
	1990 年	1993 年	1994 年	1990 年	1993 年	1994 年	1990 年	1993 年	1994 年
制造业合计	**2061255**	**2717563**	**2382533**	**703616**	**910196**	**958780**	**481586**	**218338**	**201220**
食品	251170	380843	329100	56312	112047	88933	79267	17712	14736
饮料	94972	70734	52571	70774	44144	37516	14522	7120	4588
烟草	52581	32893	37097	41520	25465	27921	6447	1495	464
纺织	632770	200701	213985	180755	84085	76677	60160	19493	41001
服装	108928	233520	314659	26858	67127	89886	20101	8190	14380
皮革制品	5679	10773	6817	1570	3324	3049	1008	3061	3638
制鞋(不含橡胶鞋、塑料鞋)	4418	16406	6320	1612	7422	2805	1010	412	670
木材制品	15933	21597	27584	4764	7544	12248	4296	1535	7515
家具、装饰	50735	10537	9880	16458	3771	4201	22757	852	2204
纸及纸制品	1254	61400	48328	195	18932	16050	112	5881	8273
印刷、出版	10015	55155	56553	5197	42073	44451	6228	1129	2522
工业化学	10371	47561	31206	3936	16681	8867	6940	1524	2079
其它化学	19064	55334	37496	7389	1690	13289	3603	4194	4496
石油提炼		479432	270755		134100	109864		44599	10789
石油和煤制品		3056	1294		664	651		—	780
橡胶制品	46508	83747	76573	12108	26634	16178	8992	1998	2536
塑料制品	61454	21753	34876	22828	6810	11165	31458	5605	4103
陶瓷	2808	6374	6497	1517	3696	3909	4850	982	1821
玻璃及其制品	5621	5083	11613	2346	1866	5997	772	1328	1950
其它非金属矿产品	159307	124689	75938	70840	55778	35421	65257	17305	9985
钢铁	53819	175125	68273	10994	47503	28302	7756	11407	28190
有色金属	1522	2354	17925	273	670	4184	355	481	1312
金属制品	82684	53757	82271	15473	13759	30515	22377	6140	8403
非电气机械	91586	128245	208132	49360	74727	166475	27712	8862	2541
电气机械	164214	202713	175643	64552	49191	52279	27387	27123	15011
运输设备	94980	198244	142209	21764	45194	51900	7228	15806	5822
专业和科学设备	2251	3785	8374	1491	789	3312	602	1398	630
其它	36611	36747	30562	12730	16300	12734	17149	2707	809

注:指 10 人及 10 人以上的机构。

资料来源:联合国工发组织《国际工业统计年鉴》1999 年。

6－29 能源平衡表

单位:标准煤千吨

国家	年份	一次能源生产量 总计	固体	液体	气体	电能	库存变化	进口	出口
世界总计	**1993**	**11527394**	**3125034**	**4596859**	**2659365**	**1146136**	**46367**	**4196714**	**4083713**
	1994	**11908710**	**3347040**	**4675508**	**2724352**	**1161810**	**75612**	**4209074**	**4173330**
	1995	**12321830**	**3492347**	**4726805**	**2898035**	**1204643**	**－3819**	**4343787**	**4318446**
	1996	**12598081**	**3515890**	**4782762**	**3059976**	**1239453**	**4242**	**4599323**	**4532347**
亚洲	**1993**	**3864176**	**1296537**	**1872857**	**487826**	**206959**	**35989**	**1320355**	**1597681**
	1994	**4020995**	**1364223**	**1928977**	**510061**	**217734**	**19958**	**1348407**	**1581637**
	1995	**4177702**	**1446197**	**1953351**	**540759**	**237934**	**28127**	**1410778**	**1605377**
	1996	**4332578**	**1494914**	**1981601**	**606744**	**249318**	**34405**	**1505758**	**1653490**
中国⑨	1993	1110590	821837	207680	22212	58861	410	5492	5341
	1994	1187290	885718	208963	22559	70050	668	4342	5772
	1995	1290340	971626	214196	24516	80001	－491	5456	6776
	1996	1276595	996859	224830	26719	28186	－2897	59661	65639
孟加拉国②	1993	7467		185	7208	75	－23	3046	4
	1994	8222		161	7956	104	－90	3101	…
	1995	9287		14	9227	46	－33	3537	…
	1996	10051		56	9904	91	－392	3635	…
印度③	1993	275411	209524	39521	15696	10670	2113	66924	604
	1994	296077	217339	45703	22665	10371	－1128	68129	99
	1995	310950	227343	47689	24509	11410	－1526	73887	103
	1996	340393	243928	49586	34841	12038	－1466	87034	841
印度尼西亚	1993	243365	27569	142623	70355	2818	5539	17938	123557
	1994	258893	30759	146685	78113	3336	794	18249	138602
	1995	266739	36104	143753	83378	3504	4946	23513	135877
	1996	299913	47339	146198	101779	4597	12586	27099	145354
伊朗④	1993	277291	970	250299	24816	1207	－7902	7549	191083
	1994	318914	980	263229	53790	915	296	7283	194462
	1995	323134	1000	263886	57323	925	1428	7131	192175
	1996	321416	1135	265557	53789	935	1636	7230	193006
以色列	1993	169	125	11	28	3	374	24441	3932
	1994	154	120	6	29	3	－1173	24146	4158
	1995	187	148	10	29	3	－126	26157	4169
	1996	158	132	6	17	3	－1115	24507	2628
日本	1993	117893	5989	1082	3085	107736	2337	527893	10711
	1994	121775	5753	1033	3182	111807	5266	558838	11895
	1995	132624	5196	1025	3092	123311	365	559966	13673
	1996	137427	5378	995	3121	127933	4765	573711	12156
哈萨克斯坦	1993	137750	95866	33203	7744	937	－419	31648	56742
	1994	125362	89873	29162	5199	1128	－1203	17171	40080
	1995	108856	71485	29496	6853	1023	－786	18072	32967
	1996	105104	62836	33133	8233	902		14572	42875
马来西亚	1993	76354	397	45923	29429	605	194	16924	49166
	1994	79335	134	47629	30771	801	621	14652	47975
	1995	89147	112	49472	38641	921	136	14755	50144
	1996	97918	83	50246	46957	632	1085	15812	52600
蒙古	1993	2902	2902					843	94
	1994	2561	2561					831	96
	1995	2472	2472					961	102
	1996	2611	2611					993	107
缅甸③	1993	2623	47	983	1384	209	－105	426	…
	1994	2970	51	993	1728	198	－128	582	…
	1995	2866	54	689	1935	188	－229	959	…
	1996	2928	47	582	2098	200	－349	992	…
朝鲜	1993	91148	88200			2948		8221	464
	1994	90287	87400			2887		8048	438
	1995	89425	86600			2825		7894	413
	1996	88468	85700			2768		7771	398

6—29 续表 1

单位:标准煤千吨

国家	年份	国际运输燃料		统计误差	人均消费量(标准煤公斤/人)	能源消费量				
		空运	海运			总计	固体	液体	气体	电能
世界总计	**1993**	**66767**	**149579**	**358324**	**1988**	**11019359**	**3164413**	**4061021**	**2647479**	**1146446**
	1994	**70272**	**152378**	**371375**	**2006**	**11274817**	**3365963**	**4067994**	**2679103**	**1161757**
	1995	**73891**	**158277**	**398630**	**2055**	**11720193**	**3503472**	**4107579**	**2905215**	**1203927**
	1996	**80024**	**175329**	**413386**	**2091**	**11992076**	**3533710**	**4168171**	**3051668**	**1238527**
亚洲	**1993**	**19818**	**50425**	**207774**	**975**	**3272844**	**1429956**	**1174469**	**460507**	**207913**
	1994	**20539**	**53040**	**222660**	**1019**	**3471567**	**1522064**	**1215283**	**515027**	**219192**
	1995	**22219**	**57793**	**231874**	**1054**	**3643090**	**1603472**	**1260109**	**541268**	**238241**
	1996	**24620**	**57991**	**236887**	**1106**	**3830942**	**1662049**	**1314161**	**604278**	**250455**
中国⑨	1993			37443	979	1159930	866468	211107	22039	60316
	1994		1218	43471	1024	1227370	920528	213562	23320	69960
	1995		1446	41934	1083	1311760	978573	229558	23612	77394
	1996		1619	46421	1012	1225474	978896	191968	26719	27891
孟加拉国②	1993			324	89	10207	45	2879	7208	75
	1994			1020	89	10394		2333	7956	104
	1995		17	948	101	11891		2619	9227	46
	1996		20	1067	108	12991		2996	9904	91
印度③	1993	921	248	20347	354	318102	214321	77238	15696	10847
	1994	943	…	21035	376	343257	227315	82724	22665	10553
	1995	951		26589	386	358722	237068	85455	24509	11600
	1996	958		26971	424	400122	255016	98034	34841	12231
印度尼西亚	1993	590	315	39376	480	91928	9037	51851	28222	2818
	1994	663	329	39945	498	96809	10851	54350	28271	3336
	1995	737	358	38684	555	109650	13905	57193	35047	3504
	1996	884	387	36011	657	131790	15840	59580	51773	4597
伊朗④	1993	8	839	6208	1458	94605	1229	68019	24150	1207
	1994	8	739	6141	1868	124552	1280	68568	53790	915
	1995	8	768	5837	1902	130049	1320	70481	59323	925
	1996	8	782	5945	1819	127269	1460	71085	53789	935
以色列	1993	674	273	1775	3344	17317	5654	11670	28	-36
	1994	546	268	2043	3322	17814	6027	11795	29	-37
	1995	581	283	1877	3325	18369	6118	12256	29	-34
	1996	596	68	636	3858	21852	7941	13928	17	-35
日本	1993	4701	9588	24026	4758	592423	116087	292738	75862	107736
	1994	7030	9824	25202	4979	621396	119098	309250	81240	111807
	1995	7951	8904	23243	5105	638454	125083	307468	82592	123311
	1996	8440	6194	24363	5227	655219	128562	309720	89004	127933
哈萨克斯坦	1993	481	…	1174	6603	111178	69653	24083	15067	2375
	1994	423	…	3096	6034	101510	68477	18692	11613	2728
	1995	612	…	1161	5614	94417	62371	15730	14452	1863
	1996	551	…	358	4512	75891	46278	15581	12289	1744
马来西亚	1993	…	86	2773	2133	41059	2030	23144	15278	608
	1994	…	346	2808	2145	42237	2348	23552	15530	807
	1995	…	355	3876	2452	49391	2470	34877	21125	918
	1996	…	369	5530	2631	54146	2524	25847	25144	630
蒙古	1993				1543	3651	2937	690		24
	1994				1366	3297	2600	671		26
	1995				1352	3331	2515	769		47
	1996				1390	3497	2651	797		49
缅甸③	1993	3	1	278	66	2872	59	1220	1384	209
	1994	3	7	338	75	3333	62	1345	1728	198
	1995	9	3	128	87	3915	65	1727	1935	188
	1996	18	7	95	90	4149	63	1788	2098	200
朝鲜	1993			-895	4669	99800	90420	6432		2948
	1994			-930	4547	98826	89572	6367		2887
	1995			-965	4429	97871	88747	6298		2825
	1996			-998	4310	96839	87833	6238		2768

6－29 续表 2

单位：标准煤千吨

国家	年份	一次能源生产量					库存变化	进口	出口
		总计	固体	液体	气体	电能			
韩国	1993	28405	6069			22336	6184	169939	19122
	1994	27073	4781			22292	5328	181768	16950
	1995	29251	3676			25574	3637	201497	18672
	1996	31322	3182			28139	2560	226373	25289
巴基斯坦②	1993	28021	2207	4312	18693	2810		16242	626
	1994	28776	2387	4022	19794	2572		18396	416
	1995	28997	2056	3945	19998	2998		19184	438
	1996	30967	2458	4225	21251	3034		21595	413
菲律宾	1993	9548	1069	646		7833	436	21540	1061
	1994	9260	979	319		7962	461	21613	484
	1995	9191	891	203		8097	829	27636	393
	1996	9120	748	67		8305	1829	29470	409
新加坡	1993						2091	104776	53419
	1994						－8476	104705	59836
	1995						－8882	105107	58694
	1996						－10080	106821	60109
斯里兰卡	1993	466				466	－49	3094	95
	1994	502				502	－55	3296	129
	1995	554				554	－19	3552	136
	1996	400				400	－20	4144	112
泰国	1993	27212	9775	5403	11578	456	576	36918	1338
	1994	29946	10747	5345	13298	556	－589	40298	1605
	1995	29662	11578	5260	11998	826	－912	48043	1611
	1996	38603	13498	7326	16875	904	1718	59560	6214
土耳其	1993	26591	16531	5559	235	4266	－246	48062	2700
	1994	26663	17296	5279	234	3854	1146	48592	2379
	1995	26882	17175	5022	214	4471	1539	52495	2200
	1996	28406	17641	5002	269	5494	769	57950	1787
越南	1993	16676	5899	9016	3	1758	695	5014	10221
	1994	17681	5690	9998	3	1990	－392	5597	12052
	1995	20715	7452	10998	7	2258	503	6477	13655
	1996	24822	9823	12579	10	2410	723	7958	16086
非洲	**1993**	**745234**	**145569**	**485858**	**103846**	**9961**	**－2358**	**70386**	**488166**
	1994	**752221**	**156208**	**484696**	**100688**	**10929**	**－3899**	**70297**	**487528**
	1995	**773415**	**152863**	**490117**	**119382**	**11052**	**－962**	**69405**	**505612**
	1996	**810116**	**163753**	**506406**	**127905**	**12052**	**－5577**	**78179**	**547414**
埃及	1993	83328		69201	12839	1288	714	1340	37513
	1994	82391		67033	14039	1319	714	1706	36575
	1995	86314		66914	18072	1328	857	1386	36585
	1996	84662		64071	19219	1371	1143	1656	32289
尼日利亚	1993	143565	41	136063	6724	737		1040	112337
	1994	136888	50	130043	6058	737		3295	114308
	1995	138317	50	131592	5938	737		3196	119992
	1996	139367	50	132618	5961	738		3198	124549
南非①	1993	154372	138967	10181	2448	2776	－1612	17905	53617
	1994	168317	149333	12868	2448	3668	－2592	13568	55650
	1995	168238	149401	12712	2457	3668	－2038	13724	54197
	1996	174895	157315	10559	2450	4571		20907	71837
北美洲	**1993**	**2975465**	**748099**	**958265**	**894658**	**374442**	**5278**	**875058**	**465112**
	1994	**3221015**	**945519**	**951262**	**937953**	**386281**	**45222**	**914851**	**485677**
	1995	**3246634**	**949052**	**947749**	**950586**	**399247**	**－27286**	**926120**	**522056**
	1996	**3303070**	**976126**	**927752**	**992625**	**406567**	**－17019**	**993971**	**537482**

6—29 续表 3

单位:标准煤千吨

国　家	年份	国际运输燃料		统计误差	人均消费量(标准煤公斤/人)	能源消费量				
		空　运	海　运			总　计	固　体	液　体	气　体	电　能
韩　国	1993	836	5543	12964	3486	153695	37343	85841	8175	22336
	1994	904	6046	11524	3777	168089	40138	94990	10669	22292
	1995	980	6753	14703	4142	186002	44459	102809	13159	25574
	1996	1080	7696	19592	4446	201478	47288	108990	17061	28139
巴基斯坦②	1993	231	21	1136	327	42239	3191	17547	18693	2810
	1994	190	24	1207	342	45335	3470	19499	19794	2572
	1995	198	21	1209	340	46314	3140	20178	19998	2998
	1996	184	17	1289	362	50659	3526	22848	21251	3034
菲律宾	1993	700	114	1309	423	27467	2319	17315		7833
	1994	722	143	693	427	28370	2216	18192		7962
	1995	737	172	5336	433	29359	2254	19009		8907
	1996	759	186	5137	437	30270	2279	19687		8305
新加坡	1993	1238	13269	9336	7930	25422	27	25401		−6
	1994	1268	14049	10739	8351	27290	36	27265		−11
	1995	1290	14830	10523	8612	28652	41	28611		…
	1996	1304	15439	10154	8834	29895	44	29851		
斯里兰卡	1993	97	486	266	152	2665	2	2197		466
	1994	100	487	232	164	2904	3	2399		502
	1995	113	480	232	176	3163	2	2607		554
	1996	144	541	180	198	3587	2	3185		400
泰　国	1993	…	…	1765	1055	60451	10863	37481	11578	529
	1994	…	…	1967	1164	67262	12111	41196	13298	657
	1995	…	…	3802	1257	73204	13809	46495	11998	902
	1996	…	…	3279	1481	86953	16757	52329	16875	992
土耳其	1993	457	142	4077	1145	67523	23185	34056	6062	4220
	1994	368	159	3003	1133	67900	22845	34856	6411	3788
	1995	377	267	2285	1195	72708	23509	36528	8285	4386
	1996	469	180	4585	1271	78566	24053	38175	10853	5485
越　南	1993			2	152	10771	3979	5031	3	1758
	1994			2	160	11616	4015	5607	3	1990
	1995			2	177	13032	4269	6498	7	2258
	1996			2	212	15969	5569	7980	10	2410
非　洲	**1993**	**3421**	**8219**	**32404**	**421**	**285768**	**96610**	**122855**	**56492**	**9810**
	1994	**3619**	**8772**	**28923**	**427**	**297575**	**105465**	**122594**	**58667**	**10848**
	1995	**3556**	**8768**	**19579**	**428**	**306267**	**103280**	**122268**	**69649**	**11070**
	1996	**3753**	**6385**	**27783**	**423**	**308536**	**98231**	**124528**	**74056**	**11721**
埃　及	1993	348	1699	2790	696	41604	1287	26190	12839	1288
	1994	516	1956	2795	682	41541	1392	24792	14039	1319
	1995	368	1960	1935	741	45994	924	25671	18072	1328
	1996	516	2519	1535	800	50602	1288	28723	19219	1371
尼日利亚	1993	523	556	9828	203	21361	48	13852	6724	737
	1994	523	527	8834	145	15691	56	8839	6058	737
	1995	523	541	4600	142	15857	56	9125	5938	737
	1996	538	541	1086	138	15851	56	9096	5961	738
南　非①	1993		3061	9879	2441	110406	85542	19820	2448	2596
	1994		3240	12520	2612	120864	93877	21058	2448	3480
	1995		3278	13140	2638	124847	95401	23510	2457	3479
	1996		319	7652	2396	115994	86720	22935	2450	3888
北美洲	**1993**	**1881**	**31386**	**27245**	**7468**	**3319620**	**684749**	**1364811**	**895573**	**374486**
	1994	**1970**	**32288**	**27038**	**7870**	**3543671**	**841660**	**1390076**	**925659**	**386276**
	1995	**2042**	**31986**	**46856**	**7891**	**3597100**	**849032**	**1384560**	**964205**	**399302**
	1996	**2220**	**47949**	**46420**	**7979**	**3679989**	**886314**	**1390995**	**996090**	**406590**

6－29 续表 4 单位：标准煤千吨

国家	年份	一次能源生产量					库存变化	进口	出口
		总计	固体	液体	气体	电能			
加拿大	1993	451136	53598	143947	178600	74991	122	57427	198438
	1994	479814	54509	148164	196772	80369	193	61127	219778
	1995	496012	56515	155151	209412	74934	－1079	59413	239906
	1996	489507	57661	144674	211240	75932	－34	67622	240266
墨西哥	1993	278231	4648	223409	38343	11831	－1682	13972	111788
	1994	283646	6215	225446	39833	12153	1150	14350	104680
	1995	282781	6206	220750	41145	14681	－2800	12098	105587
	1996	292529	4539	231141	42984	13865	－6672	13384	119873
美国	1993	2224993	689852	579773	670715	284653	5690	701089	106048
	1994	2433436	884795	565908	692501	290232	43718	735487	114037
	1995	2444217	886330	560349	691725	305813	－24036	748509	128744
	1996	2494292	913926	539195	728313	312858	－10144	804804	127560
南美洲	**1993**	**541722**	**28819**	**360848**	**98071**	**53984**	**3093**	**95812**	**243725**
	1994	**580603**	**30748**	**384548**	**108607**	**56701**	**－331**	**101820**	**262257**
	1995	**612036**	**33722**	**405700**	**111737**	**60876**	**－11961**	**105528**	**288972**
	1996	**639509**	**36107**	**422063**	**117607**	**63732**	**－5747**	**112631**	**303043**
阿根廷	1993	82493	141	44951	31556	5845	1295	5520	11770
	1994	90748	293	50010	34000	6444	－641	7353	19713
	1995	95425	257	52389	36244	6535	－14	8795	24919
	1996	101409	262	59230	35207	6710	－95	6984	27833
巴西	1993	85563	2917	47288	5907	29452	2174	67307	7583
	1994	89211	3259	49992	6128	29833	－83	67619	6567
	1995	93543	3283	51567	6573	32119	－3753	65294	3396
	1996	102014	3050	58003	7367	33594	1136	72338	2459
委内瑞拉	1993	251893	3889	193361	48812	5831	1544	354	160015
	1994	279192	4738	213136	55007	6311	610	285	171687
	1995	284511	4637	217549	55494	6830	－8149	112	185902
	1996	287716	3484	217665	59678	6888	－8497	380	189110
欧洲	**1993**	**3150248**	**745039**	**874082**	**1038114**	**493013**	**7514**	**1796246**	**1148942**
	1994	**3066977**	**676710**	**883305**	**1024723**	**482238**	**17749**	**1733358**	**1203885**
	1995	**3224185**	**715181**	**883797**	**1137226**	**487982**	**4791**	**1790995**	**1234259**
	1996	**3220583**	**646235**	**906634**	**1167702**	**500012**	**－667**	**1863378**	**1325596**
保加利亚	1993	12819	7250	61	78	5430	242	24218	1165
	1994	13108	7115	51	65	5877	－481	19663	2909
	1995	14449	7634	61	57	6697	256	21941	2884
	1996	14796	7706	46	52	6991	726	21534	2556
捷克共和国	1993	46071	40757	159	269	4887	254	20764	11121
	1994	42672	37177	183	273	5039	174	23416	11664
	1995	41234	35497	186	276	5274	－29	23526	11478
	1996	45077	39191	506	289	5091	960	29283	12221
法国⑤	1993	161946	8982	4629	3212	145122	－718	194735	30549
	1994	159387	7817	4664	3221	143685	684	188714	32073
	1995	166032	7854	4207	4433	149537	378	193742	28076
	1996	171168	7195	3637	3820	156516	－2619	209277	32423
德国	1993	210871	125474	4376	21352	59668	1299	294170	26935
	1994	200675	115708	4196	21664	59105	9822	304315	30718
	1995	199956	112700	4179	22812	60265	－2937	305833	28814
	1996	197884	105621	4107	24946	63210	－2210	327553	30740
意大利⑥	1993	41845	362	6630	24891	9961	－1604	216093	31634
	1994	43392	88	6994	26255	10054	－163	211307	29054
	1995	42928	136	7482	25947	9363	614	218185	22894
	1996	44288	106	7793	25974	10414	2784	219470	25136

6—29 续表 5

单位:标准煤千吨

国家	年份	国际运输燃料		统计误差	人均消费量(标准煤公斤/人)	能源消费量				
		空运	海运			总计	固体	液体	气体	电能
加拿大	1993	1147	816	—4747	10860	312789	34357	109674	97135	71738
	1994	1125	914	—6228	11170	325160	34268	113326	102591	74974
	1995	1191	897	—6350	10913	320860	34480	110567	105287	70525
	1996	1405	908	—11920	11001	326505	35000	111698	108506	71300
墨西哥	1993	106	566	8412	1967	173013	5969	115293	40056	11695
	1994	106	566	4822	2084	186671	7166	126370	41084	12051
	1995	106	566	4681	2049	186739	8839	120428	42886	14585
	1996	15	889	4702	2018	187106	6604	120038	46587	13877
美国	1993	…	41198	16502	10574	2771018	643606	1087924	751303	288184
	1994	…	39473	20785	11197	2963131	799416	1094942	773058	295715
	1995	…	39470	39488	11312	3021575	805055	1098509	807647	310364
	1996	…	42535	43978	11487	3095167	843848	1103017	830829	317473
南美洲	**1993**	**1452**	**3955**	**22952**	**1177**	**362357**	**24989**	**185958**	**97582**	**53817**
	1994	**1682**	**4138**	**24410**	**1248**	**390267**	**27285**	**197791**	**108673**	**56518**
	1995	**1778**	**3952**	**28057**	**1281**	**406767**	**28947**	**205338**	**111651**	**60831**
	1996	**2027**	**3933**	**29675**	**1301**	**419210**	**27713**	**210401**	**117416**	**63679**
阿根廷	1993	…	555	4902	2052	69490	889	28667	33913	6021
	1994	…	558	5002	2141	73468	1274	28526	37104	6563
	1995	…	457	1896	2214	76962	1347	29746	39074	6796
	1996	…	827	5992	2097	73837	1138	27771	37804	7124
巴西	1993	690	1501	10616	842	130307	15371	76193	5907	32836
	1994	843	1748	9943	878	137812	15840	82109	6128	33735
	1995	971	1701	11553	912	144969	16591	85343	6573	36461
	1996	1113	1924	13390	958	154330	16826	92046	7367	38090
委内瑞拉	1993	604	1109	3571	4083	85393	379	30408	48812	5795
	1994	678	1194	8223	4541	97085	449	35289	55052	6295
	1995	708	1315	7232	4469	97616	456	34807	55539	6814
	1996	708	218	5236	4541	101322	412	34363	59678	6869
欧洲	**1993**	**36406**	**53728**	**78695**	**4982**	**3621207**	**869476**	**1150133**	**1108959**	**492640**
	1994	**38614**	**51981**	**77871**	**4687**	**3410235**	**807232**	**1080912**	**1041095**	**480995**
	1995	**40144**	**53574**	**82232**	**4943**	**3600180**	**850018**	**1073369**	**1190402**	**486391**
	1996	**43005**	**56942**	**83672**	**4906**	**3575412**	**785531**	**1065077**	**1226492**	**498311**
保加利亚	1993		283	4268	3619	31078	11207	8996	2432	5443
	1994		377	1195	3366	28773	10331	7115	5457	5868
	1995		392	1854	3644	31005	10496	7283	6549	6677
	1996		340	1491	3686	31215	10521	6331	7428	6936
捷克共和国	1993	333		2616	5138	52844	32238	7510	8467	4629
	1994	134		3044	4984	51207	29924	8028	8270	4984
	1995	103		2146	4959	50895	28130	8860	8975	4931
	1996	133		2670	5695	58376	32364	8952	11969	5091
法国⑤	1993	4984	3492	6169	5418	312180	20803	109335	44466	137576
	1994	5253	3095	8936	5149	298059	20750	98584	42800	135926
	1995	5542	3614	13532	5309	308633	22210	98378	47086	140958
	1996	5911	3928	14153	5597	326649	23396	103317	51884	148052
德国	1993	7422	3155	3893	5724	462339	139714	168590	94259	59775
	1994	7716	2911	9019	5477	444802	122987	166278	96145	59393
	1995	8002	2937	7955	5650	461018	130751	164679	104730	30858
	1996	8386	2915	7518	5836	478089	129861	169597	116068	62563
意大利⑥	1993	3554	3480	—6568	3978	227442	15407	130643	66587	14805
	1994	3712	3365	—8962	3981	227694	16253	132471	64297	14673
	1995	3470	3471	—4980	4118	235644	17573	133234	70877	13960
	1996	4129	3282	—1923	4024	230350	16136	126079	73122	15013

6—29 续表 6

单位:标准煤千吨

国家	年份	一次能源生产量					库存变化	进口	出口
		总计	固体	液体	气体	电能			
荷兰	1993	106194	…	4705	99990	1500	1075	132110	117195
	1994	102621	…	6275	94827	1519	1336	133276	111561
	1995	102559	…	5055	95961	1643	—2181	136131	114394
	1996	114260	…	4441	108208	1611	—796	143184	124594
波兰	1993	132386	126891	336	4720	439	—1964	29727	23391
	1994	135062	129321	406	4870	465	851	30698	28289
	1995	135480	129608	417	4980	475	—258	33359	31444
	1996	135716	129634	453	5148	481	647	39435	28247
罗马尼亚	1993	46530	10894	10125	23943	1568	—397	21877	4034
	1994	43597	11118	9700	21177	1603	—422	23554	7173
	1995	43328	10689	9955	20633	2050	30	28040	6702
	1996	42791	10858	9817	19663	2453	—205	27219	5440
俄罗斯	1993	1480129	220337	502053	691909	65830	12713	59080	475419
	1994	1384012	196364	451016	678521	58111	24182	38583	475606
	1995	1512045	242956	435794	774509	58786	12449	43293	499930
	1996	1430169	186699	430435	755875	57160	310	39164	539501
西班牙	1993	41089	14569	1600	927	23993	378	103914	14023
	1994	39923	14134	1370	285	24133	401	108669	12624
	1995	38977	13622	1133	602	23620	2197	115454	8943
	1996	41409	13357	940	668	26444	—865	113596	7884
乌克兰	1993	153700	95725	6068	22574	29333		135391	6813
	1994	133077	78467	5999	21517	27094		100312	6584
	1995	118908	69546	5856	22179	21328		127069	6119
	1996	111301	61752	5862	23669	20018		118677	3729
英国	1993	316468	55802	143658	83084	33924	—158	124735	121456
	1994	342988	39556	182210	87913	33310	—16830	108370	146158
	1995	364154	45299	187116	97806	33933	—7061	100316	146460
	1996	382455	43205	186450	116917	35882	—2856	103773	145657
南斯拉夫	1993	11836	7838	1640	1116	1242		2518	
	1994	11897	8035	1540	956	1367		2389	
	1995	12027	8372	1304	972	1378		2587	
	1996	11770	8052	1472	863	1384		5495	19
大洋洲	**1993**	**250549**	**160970**	**44950**	**36850**	**7779**	**—3149**	**38756**	**140086**
	1994	**266900**	**173631**	**43019**	**42321**	**7927**	**—3087**	**40239**	**152346**
	1995	**287858**	**195332**	**46091**	**38344**	**8091**	**3470**	**40856**	**162171**
	1996	**292225**	**198755**	**38305**	**47393**	**7771**	**—1153**	**45406**	**165320**
澳大利亚⑦	1993	224705	158458	34322	29828	2096	—3259	27128	129501
	1994	241191	171028	32350	35768	2045	—3120	27555	141849
	1995	261022	192500	34402	32125	1995	3443	28125	150664
	1996	267597	195868	29453	40343	1932	—905	32077	156198
新西兰⑧	1993	17861	2512	2915	6916	5518	110	5612	2776
	1994	17579	2603	2813	6448	5714	33	6321	2545
	1995	17264	2832	2404	6110	5918	27	6557	2127
	1996	18606	2887	3137	6939	5643	—247	7128	3274

6—29 续表 7　　　　单位:标准煤千吨

国　家	年份	国际运输燃料		统计误差	人均消费量(标准煤公斤/人)	能源消费量				
		空　运	海　运			总　计	固　体	液　体	气　体	电　能
荷　兰	1993	3000	16927	—12711	7385	112819	12114	43739	54201	2765
	1994	3132	16152	—7369	7224	111112	12343	43209	52744	2817
	1995	3616	16345	—8370	7421	114885	12873	44966	54104	2942
	1996	3963	16641	—12006	8035	125149	13199	49868	59168	2914
波　兰	1993	450	146	1291	3612	138799	108635	18249	11772	143
	1994	758	128	800	3505	134934	102622	19263	12913	136
	1995	759	278	—44	3544	136660	101108	21286	14135	131
	1996	684	400	883	3738	144291	105063	23974	15156	97
罗马尼亚	1993			4203	2638	60566	14448	15211	29108	1798
	1994			2486	2537	57914	14876	14834	26513	1692
	1995			4052	2666	60583	14950	15944	27601	2087
	1996			3955	2685	60820	14761	15766	27741	2553
俄罗斯	1993			55062	6690	996015	216978	232674	482835	63529
	1994			38670	5945	884137	199159	184364	445020	55594
	1995			38309	6767	1004650	237800	173410	537062	56378
	1996			33296	6050	896226	180704	152761	508000	54761
西班牙	1993	3036	4974	7849	2903	114742	26067	55430	9097	24149
	1994	2750	4499	9069	3013	119248	25967	58214	10705	24361
	1995	2911	4626	10632	3157	125122	27042	61652	12258	24171
	1996	3070	6753	11123	3202	127041	26181	60575	13710	26575
乌克兰	1993			5661	5325	276618	99381	33203	114890	29143
	1994			3503	4305	223301	80530	28383	87418	26971
	1995			2539	4585	237319	80916	31575	103844	20984
	1996	980		2040	4325	223229	69276	23553	110627	19772
英　国	1993	6122	3468	—736	5350	311051	74206	112476	88393	35977
	1994	7516	3225	4965	5261	306326	69839	109926	91176	35384
	1995	7517	3390	4293	5315	309871	68038	106351	99545	35937
	1996	6786	3694	4903	5620	328043	63860	109181	117068	37933
南斯拉夫	1993	59	…	1074	1301	13279	8252	1422	2363	1242
	1994	56	…	841	1315	13445	8533	1268	2276	1367
	1995	62	…	615	1366	13999	8967	1402	2252	1378
	1996	81	…	1800	1493	15366	8647	1790	3565	1365
大洋洲	**1993**	**3788**	**1772**	**—10746**	**5717**	**157556**	**58634**	**62787**	**28356**	**7779**
	1994	**3848**	**2064**	**—9527**	**5782**	**161496**	**62257**	**61329**	**29982**	**7927**
	1995	**4152**	**2100**	**—9967**	**5892**	**166788**	**67422**	**61935**	**28040**	**8091**
	1996	**4398**	**2129**	**—11051**	**6264**	**177987**	**73871**	**63009**	**33335**	**7771**
澳大利亚⑦	1993	2386	984	—10080	7563	132300	56620	52250	21334	2096
	1994	2456	1087	—9011	7664	135486	60130	49882	23428	2045
	1995	2689	1222	—9636	7879	140766	66408	50541	21822	1995
	1996	2898	1307	—10979	8371	151156	71748	51189	26287	1932
	1992	618	389	—1022	6003	20607	1971	6207	7108	5320
新西兰⑧	1993	628	410	—707	5828	20257	1822	6000	6916	5518
	1994	675	594	—557	5857	20610	1940	6507	6448	5714
	1995	740	506	—372	5839	20794	2128	6639	6110	5918
	1996	769	450	—77	5987	21565	1932	7051	6938	5643

注:①包括博茨瓦纳、莱索托、斯威士兰和纳米比亚。②至当年 6 月为止的财政年度。③自当年 4 月开始的财政年度。④至当年 3 月 20 日止的财政年度。⑤包括摩纳哥数。⑥包括圣马力诺数。⑦至当年 6 月 30 日为止的财政年度。⑧至当年 3 月 31 日止的财政年度。⑨1993 年起电力折算标准煤的系数采用当量值,电力每万千瓦小时折算为 1.229 吨标准煤。

资料来源:联合国《能源统计年鉴》1996 年。

6－30 电力装机容量

单位：千千瓦

国家	年份	总装机容量					发电厂自用装机容量				
		总计	热电	水电	核电	地热	总计	热电	水电	核电	地热
世界总计	**1993**	**2928407**	**1891728**	**685907**	**341072**	**9700**	**232790**	**205627**	**22583**	**955**	**3625**
	1994	**2995874**	**1941918**	**697839**	**346213**	**9904**	**233115**	**205958**	**22862**	**685**	**3610**
	1995	**3058394**	**1990031**	**708931**	**348580**	**10852**	**237466**	**209876**	**23292**	**703**	**3595**
	1996	**3117679**	**2039667**	**710226**	**356552**	**11234**	**250501**	**223148**	**23017**	**703**	**3633**
亚洲	**1993**	**772240**	**553638**	**162281**	**54707**	**1614**	**65847**	**62896**	**2734**	**165**	**52**
	1994	**818235**	**589658**	**169102**	**57603**	**1872**	**69298**	**66324**	**2758**	**165**	**51**
	1995	**855460**	**617527**	**175620**	**60243**	**2070**	**71332**	**68328**	**2780**	**165**	**59**
	1996	**889524**	**645649**	**179163**	**62431**	**2281**	**68912**	**65885**	**2778**	**165**	**84**
孟加拉国①	1993	2948	2718	230			340	340			
	1994	2978	2748	230			370	370			
	1995	3284	3054	230			376	376			
	1996	3301	3071	230			393	393			
印度②	1993	87475	65041	20383	2005	46	10722	10710	4		8
	1994	91555	68600	20904	2005	46	11112	11100	4		8
	1995	93755	70400	21304	2005	46	11412	11400	4		8
	1996	96803	73400	21104	2225	74	11938	11900	4		34
印度尼西亚	1993	15915	12477	3298		140	4020	2900	1100		
	1994	18291	14668	3318		305	4090	2950	1140		
	1995	20296	16565	3371		360	4165	3000	1165		
	1996	21312	17557	3380		375	4234	3052	1182		
伊朗③	1993	22688	20735	1953			4476	4476			
	1994	25117	23164	1953			4657	4657			
	1995	26257	23757	2500			4710	4710			
	1996	26750	24250	2500			4750	4750			
以色列	1993	4280	4275	5			80	75	5		
	1994	4280	4275	5			80	75	5		
	1995	4480	4475	5			80	75	5		
	1996	4480	4475	5			80	75	5		
日本	1993	212913	134100	39965	38541	307	22486	20905	1372	165	44
	1994	220898	138049	41932	40531	386	23211	21629	1374	165	43
	1995	226996	141665	43456	41356	519	24050	22461	1374	165	51
	1996	233737	146074	44407	42712	544	24400	22832	1353	165	50
哈萨克斯坦	1993	18626	16323	2233	70		2646	2542	104		
	1994	19000	16184	2116	70		2643	2540	103		
	1995	18958	16753	2135	70		2584	2481	103		
	1996	18960	16755	2135	70		2584	2481	103		
马来西亚	1993	6857	5280	1577			537	480	57		
	1994	9000	7340	1660			560	500	60		
	1995	10600	8840	1760			560	500	60		
	1996	11800	9940	1860			560	500	60		
蒙古	1993	901	901				129	129			
	1994	901	901				129	129			
	1995	901	901				129	129			
	1996	901	901				129	129			
缅甸②	1993	1115	824	291			305	305	…		
	1994	1161	862	299			316	316	…		
	1995	1344	1016	328			344	344	…		
	1996	1393	1065	328			363	363	…		
朝鲜	1993	9500	4500	5000							
	1994	9500	4500	5000							
	1995	9500	4500	5000							
	1996	9500	4500	5000							

6—30续表1 单位:千千瓦

国家	年份	总装机容量					发电厂自用装机容量				
		总计	热电	水电	核电	地热	总计	热电	水电	核电	地热
韩国	1993	30519	20399	2504	7616		2865	2865			
	1994	31806	21697	2493	7616		3056	3056			
	1995	35355	23646	3093	8616		3172	3172			
	1996	39239	26529	3094	9616		3524	3524			
巴基斯坦①	1993	12386	7623	4626	137		1800	1800			
	1994	13169	8306	4726	137		1850	1850			
	1995	14025	9062	4826	137		1925	1925			
	1996	12969	8006	4826	137						
菲律宾	1992	7485	4325	2272		888	535	520	15		
	1993	7464	4167	2259		1038	537	522	15		
	1994	7640	4275	2315		1050	540	525	15		
	1995	7722	4327	2335		1060	542	527	15		
新加坡	1993	4513	4513								
	1994	4513	4513								
	1995	4513	4513								
	1996	5600	5600								
斯里兰卡	1993	1557	418	1139			148	146	2		
	1994	1557	418	1139			148	146	2		
	1995	1555	418	1137			146	146			
	1996	1555	418	1137			146	146			
泰国	1993	13935	11465	2470			1201	1201			
	1994	15103	12493	2610			2028	2028			
	1995	17544	14806	2738			2632	2632			
	1996	18513	15603	2909		1	2000	2000			
土耳其	1993	20335	10638	9682		15	1330	1319	11		
	1994	20858	10978	9865		15	1460	1449	11		
	1995	20953	11074	9864		15	1345	1335	10		
	1996	20954	11074	9865		15	1346	1335	11		
越南	1993	3478	1550	1860		68					
	1994	4120	1550	2500		70					
	1995	4500	1550	2880		70					
	1996	4587	1565	2950		72					
非洲	**1993**	**82072**	**59750**	**20405**	**1842**	**75**	**4360**	**3592**	**768**		
	1994	**93021**	**70399**	**20705**	**1842**	**75**	**4360**	**3592**	**768**		
	1995	**93371**	**70728**	**20726**	**1842**	**75**	**4387**	**3617**	**770**		
	1996	**94111**	**71361**	**20833**	**1842**	**75**	**4439**	**3669**	**770**		
埃及	1993	15590	12875	2715			300	300			
	1994	15856	13141	2715			300	300			
	1995	16015	13300	2715			300	300			
	1996	16617	13902	2715			300	300			
尼日利亚	1993	5881	3540	2341			40	40			
	1994	5881	3540	2341			40	40			
	1995	5881	3540	2341			40	40			
	1996	5881	3540	2341			40	40			
南非⑧	1993	26739	24304	593	1842		1109	1097	12		
	1994	35885	33390	653	1842		1109	1097	12		
	1995	35897	33390	665	1842		1111	1097	14		
	1996	35894	33390	665	1842		1111	1097	14		
北美洲	**1993**	**922281**	**629071**	**171858**	**115173**	**6179**	**73004**	**62230**	**7264**	**20**	**3490**
	1994	**925583**	**628228**	**174291**	**116849**	**6215**	**69844**	**58494**	**7898**	**…**	**3453**
	1995	**941545**	**643253**	**176565**	**115565**	**6162**	**71797**	**60401**	**7999**	**…**	**3397**
	1996	**960896**	**659316**	**176645**	**118854**	**6081**	**85886**	**74872**	**7639**	**…**	**3375**

6－30 续表 2 单位：千千瓦

国家	年份	总装机容量					发电厂自用装机容量				
		总计	热电	水电	核电	地热	总计	热电	水电	核电	地热
加拿大	1993	110554	32990	62101	15437	26	6298	1860	4438		
	1994	113828	34177	63214	16393	44	6614	2147	4445		22
	1995	113340	35000	63600	14700	40	6520	2000	4500		20
	1996	113612	31310	65877	16383	42	6757	2638	4119		
墨西哥	1993	32388	22731	8242	675	740	3184	3113	71		
	1994	35466	24211	9192	1308	755	3184	3113	71		
	1995	44257	32139	10013	1350	755	3184	3113	71		
	1996	44258	32139	10014	1350	755	3185	3113	72		
美国	1993	760750	557805	98651	99061	5233	60425	54533	2741	20	3485
	1994	757404	554058	99017	99148	5181	56945	50509	3364	…	3426
	1995	764876	560174	100060	99515	5127	58980	52563	3399	…	3372
	1996	783502	579679	97658	101121	5044	73183	66394	3419	…	3370
南美洲	**1993**	**125025**	**33868**	**89482**	**1675**		**9635**	**8229**	**1406**		
	1994	**129316**	**35431**	**92210**	**1675**		**9747**	**8331**	**1416**		
	1995	**131806**	**36453**	**93678**	**1675**		**9484**	**8063**	**1421**		
	1996	**134604**	**37002**	**95927**	**1675**		**9492**	**8070**	**1422**		
阿根廷	1993	18035	10026	6991	1018		1800	1779	21		
	1994	19610	10584	8008	1018		1800	1779	21		
	1995	19920	10584	8318	1018		1800	1779	21		
	1996	19920	10584	8318	1018		1800	1779	21		
巴西	1993	56231	6974	48600	657		3471	2847	624		
	1994	57629	7051	49921	657		3524	2900	624		
	1995	59036	7068	51311	657		3524	2900	624		
	1996	60756	7048	53051	657		3524	2900	624		
委内瑞拉	1993	19495	8820	10675			1200	1200			
	1994	19675	9000	10675			1200	1200			
	1995	19975	9300	10675			1200	1200			
	1996	19975	9300	10675			1200	1200			
欧洲	**1993**	**980546**	**582203**	**229097**	**167675**	**1571**	**78057**	**66810**	**10394**	**770**	**83**
	1994	**981878**	**583467**	**228688**	**168244**	**1479**	**77979**	**67347**	**10006**	**520**	**106**
	1995	**987502**	**586496**	**229469**	**169255**	**2282**	**78579**	**67597**	**10605**	**538**	**139**
	1996	**989832**	**590763**	**224785**	**171750**	**2534**	**79885**	**68782**	**10391**	**538**	**174**
保加利亚	1993	12087	7148	1401	3538		754	754	…		
	1994	12087	7148	1402	3538		754	754	…		
	1995	12087	7148	1401	3538		754	754	…		
	1996	12087	7148	1401	3538		754	754	…		
捷克共和国	1993	14227	11065	1402	1760		1741	1708	31		
	1994	13852	10695	1397	1760		1639	1609	30		
	1995	13852	10695	1397	1760		1639	1609	30		
	1996	13852	10695	1397	1760		1639	1609	30		
法国⑥	1993	107645	23460	24925	59020	240	8046	6227	1819		
	1994	407229	23483	24991	58515	240	8188	6319	1869		
	1995	107611	23869	24987	58515	240	8195	6319	1876		
	1996	109443	24159	25074	59970	240	8403	6475	1928		
德国	1993	114294	82834	8803	22657		15619	14916	553	150	2
	1994	114355	82616	8839	22713	187	15713	15044	519	150	3
	1995	115428	83361	8876	22834	357	15378	14703	525	150	3
	1996	115443	83368	8880	22835	360	15388	14710	525	150	3
意大利⑦	1993	63486	43346	19669	…	471	8486	6718	1768		
	1994	64062	43832	19745	…	485	8559	6740	1819		
	1995	65821	45484	19844	…	493	8733	6911	1822		
	1996	68146	47746	19876	…	524	9757	7921	1836		

6－30续表 3 单位:千千瓦

国　家	年份	总装机容量					发电厂自用装机容量				
		总　计	热　电	水　电	核　电	地　热	总　计	热　电	水　电	核　电	地　热
荷　　兰	1993	17599	16922	37	505	135	2635	2620			15
	1994	18348	17649	37	505	157	2536	2516			20
	1995	19012	18211	37	505	259	2546	2516			31
	1996	19012	18211	37	505	259	2547	2516			31
波　　兰	1993	29130	27085	2045			2363	2362	1		
	1994	29636	27589	2047			2246	2245	1		
	1995	29465	27418	2047			2235	2234	1		
	1996	29469	27418	2051			2235	2234	1		
罗马尼亚	1993	22262	16389	5872		1	1565	1535	29		1
	1994	22060	16122	5938		…	1447	1421	26		…
	1996	22856	16112	6038	706	…	1255	1221	34		
	1995	22276	16278	5998		…	1385	1364	21		…
俄 罗 斯	1993	213421	148736	43432	21242	11	12697	12578	119		
	1994	214687	149652	43782	21242	11	12913	12795	118		
	1995	210857	145844	43760	21242	11	12915	12797	118		
	1996	210857	145844	43760	21242	11	12915	12797	118		
西 班 牙	1993	43892	20447	16395	7020	30	1350	750	600		
	1994	44444	20938	16456	7020	30	1867	1341	526		
	1995	45764	21882	16784	7020	30	2218	1939	279		
	1996	45889	21882	16784	7068	155	2218	1939	279		
乌 克 兰	1993	54261	36737	4706	12818		4228	4219	9		
	1994	54243	36719	4706	12818		4228	4219	9		
	1995	54243	36719	4706	12818		4228	4219	9		
	1996	54243	36719	4706	12818		4228	4219	9		
英　　国	1993	69049	52873	4227	11894	55	4743	3960	113	620	50
	1994	68937	52600	4252	12019	66	4560	4011	114	370	65
	1995	70213	53129	4236	12762	86	4313	3711	129	388	85
	1996	73262	55986	4245	12916	115	4527	3881	144	388	114
南斯拉夫	1993	11814	8000	3814			354	354			
	1994	11779	7966	3813			360	360			
	1995	11779	7966	3813			360	360			
	1996	11779	7966	3813			360	360			
大 洋 洲	**1993**	**46243**	**33198**	**12784**		**261**	**1887**	**1870**	**17**		
	1994	**47841**	**34735**	**12843**		**263**	**1887**	**1870**	**17**		
	1995	**48710**	**35574**	**12873**		**263**	**1887**	**1870**	**17**		
	1996	**48712**	**35576**	**12873**		**263**	**1887**	**1870**	**17**		
澳大利亚⑥	1993	37231	29842	7389			1577	1570	7		
	1994	38829	31379	7448		2	1577	1570	7		
	1995	39693	32218	7473		2	1577	1570	7		
	1996	39693	32218	7473		2	1577	1570	7		
新 西 兰⑦	1993	7520	2208	5051		261					
	1994	7520	2208	5051		261					
	1995	7520	2208	5051		261					
	1996	7520	2208	5051		261					

注:①至当年 6 月为止的财政年度。②自当年 4 月开始的财政年度。③至当年 3 月 20 日止的财政年度。④包括摩纳哥数。⑤包括圣马力诺数。⑥至当年 6 月 30 日止的财政年度。⑦至当年 3 月 31 日为止的财政年度。⑧包括博茨瓦纳、莱索托、斯威士兰。

资料来源:联合国《能源年鉴》1996 年。

6－31 钢产量

单位:万吨

	1990年	1995年	1996年	1997年	1998年	1999年
世界总计	**77294**	**34349**	**69900**			
中国	6635	9536	10124	10894	11559	12426
印度	1303	1338	1344	1342		
日本	11033	10164	9895	10450	8652	
韩国	2312	3691	3890	4255	4351	
南非	863	851	797	760		
加拿大	2168	2831	2903			
墨西哥	822	995	985	1056	1081	
美国	8972	9496	9500	10856	10764	
阿根廷	362	361	407	416		
巴西	2058	2509	2525	2610	2576	
委内瑞拉	318	356	394	402		
保加利亚	218	272	246	263		
俄罗斯		5159	4925	5078		
奥地利	455	499	444	518		
比利时	1146	1154	1075	1072	1140	
丹麦	61	66	73	79	79	
芬兰	286	318	330	372	395	396
法国	1902	1813	1760	1976		
德国		4205	3979	4081		
匈牙利	281	186	197	182	194	
意大利	2545	2791	2440	2587		
荷兰	541	641	632	664		
波兰	1362	1189	1043	1159		
罗马尼亚	622	670	622	679	640	
西班牙	1271	1393	1217	1248		
瑞典	445	492	491	515	517	
土耳其	941	1069	1268	1308	1331	
英国	1646	1721	1799	1832		
捷克共和国		719	650	674	649	
南斯拉夫		2	4		4	
澳大利亚	668	805	794	809	809	

资料来源:联合国《统计月报》2000年3月。

6－32 煤炭产量

单位:万吨

	1990年	1995年	1996年	1997年	1998年	1999年
世界总计	**470756**	**455274**	**476355**			
中　国	107988	136100	139700	137300	125000	104500
印　度	21685	28768	30785	31922	32125	
印度尼西亚①	733	4152	4734	5222	6032	
日　本①	826	626	648	427	367	
韩　国①	1594	560	498	457	436	414
巴基斯坦	275	287	337	342	310	
菲律宾①	124	132	110			121
南　非①	17478	20654	20659			
加拿大	6833	7492	7606	7866		
美　国	93625	103297	106289	98878	100676	
阿根廷①	26	30	31			
巴　西①	460	520	480			
委内瑞拉①	218	464	418	556		
比利时	103	64				
保加利亚	3167	3084	3136	2960	3096	
捷克共和国		7855	8030	7397	6754	
法　国	1280	905	888			
德　国		25156	23219	22830	21131	
匈牙利	1758	1458	1409②	1561	1450	
波　兰	21526	19972	20094	20112		
罗马尼亚	3734	4499	4573		2525	
西班牙①	3581	1358	1361			
土耳其	4660	5507	6157	5862②	6178②	
俄罗斯		26622	25670			
英　国①	8930	5138	4931	4849	4128	
南斯拉夫	7584	4000	3844	4236	4363	
澳大利亚		19528	24745		24812①	

注:煤炭产量包括硬煤产量和褐煤产量,中国为原煤产量。①仅指硬煤产量。②仅指褐煤产量。

资料来源:联合国《统计月报》2000年3月。

6－33 原油产量

单位：万吨

	1990年	1995年	1996年	1997年	1998年
世界总计	**300549**	**306531**	**311333**		
中国	13831	15005	15733	16074	16100
印度	3331	3462	3227	3319	3290
印度尼西亚	7152	7374	7468	7344	7259
伊朗	15708	17940	18038		
伊拉克	10050	3608	3626		
日本	53	73	72	72	67
哈萨克斯坦		1793	2030	2564	2408
科威特	5954	10092	10087		
马来西亚	3002	3332	3373		
沙特阿拉伯	32038	39991	40385		
阿联酋	10196	10321	10385		
阿尔及利亚	3702	3616	3746		
埃及	4403	4453	4284	4205	4092
利比亚	6716	6730	6706		
尼日利亚	8634	9216	9281	10138	
加拿大	7622	8855	9094	9542	9917
墨西哥	13247	13601	14900	15964	15964
美国	37103	35964	37273	43412	42324
阿根廷	2478	3584	3898	4145	4232
巴西	3161	3454	3908	4204	4764
委内瑞拉	11201	14486	13853		
捷克共和国		13			
法国	302	251	211		
德国		296	275	282	289
匈牙利	198	169	148	136	126
意大利	464	521	544		
荷兰	353	272	222	206	172
挪威	7967	13462	15275		
罗马尼亚	793	666	659		629
土耳其	290	352	350	343	323
俄罗斯		30680	30100	30564	30320
英国	8801	12180	12180	12052	12410
南斯拉夫	356	107	103	98	91
澳大利亚	2749	2161	1955	2633	2228

资料来源：联合国《统计月报》2000年3月。

6－34 发电量

单位:亿千瓦小时

	1990 年	1995 年	1996 年	1997 年	1998 年
世界总计	**117189**	**129548**	**137457**		
中　　国	6212	10070	10813	11356	11670
中国香港	256	313	322	328	355
印　　度①	2643	3801	3937	4213	4479
以 色 列	207	291	325	351	
日　　本	8573	9899	10121		
韩　　国①	1077	1847	2055	2244	2153
马来西亚③	252	465	528	587	
缅　　甸①	25	37	42		43
巴基斯坦②	381	552	615	543	591
菲 律 宾	263	334	348		
新 加 坡①	156	221	235	262	283
泰　　国	441	801	750	763	
南　　非	1654	1890	1919	2103	2054
加 拿 大	4820	5384	5490	5538	5431
墨 西 哥	1224	1525	1625		
美　　国	30117	33453	34591	31225	32122
阿 根 廷①	470	628	671	686	708
巴　　西	2228	2756	2898		
奥 地 利	504	565	548	567	574
比 利 时	706	745	762	789	832
保加利亚	421	418	427	436	417
捷克共和国		608	643	646	651
丹　　麦	258	343	504		
芬　　兰	544	606	668		671
法　　国	4201	4962	4889		
德　　国		4585	5470		5503
匈 牙 利	283	340	349	359	370
意 大 利	2169	2411	2547		
荷　　兰	719	811	846	866	908
波　　兰	1363	1390	1432		
罗马尼亚	641	543	612	569	525
西 班 牙	1518	1664	1744		
瑞　　典	1464	1404	1397		
土 耳 其	575	839	934		1108
俄 罗 斯		8600	8472	8341	8272
英　　国	3190	3344	3479		3231
南斯拉夫	825	372	381	403	407
澳大利亚②	1551	1734	1773	1728	
新 西 兰①	302	325	335	347	

注:除单独注明外,本表发电量包括电力企业和自备电厂的发电量。①电力企业发电量。②当年 6 月 30 日为止的一年。③仅指马来西亚半岛数字。

资料来源:联合国《统计月报》2000 年 3 月。

6—35 水泥产量

单位:万吨

	1990 年	1995 年	1996 年	1997 年	1998 年	1999 年
世界总计	**114409**	**137466**	**150760**			
中　　国	20971	47591	49119	51174	53600	57300
中国香港	180	191				
孟加拉国①	34	41	42	53		
印　　度	4572	6692	7350	8230	8552	
印度尼西亚	1478	2314	2465		2234	
以 色 列	287	620		592		
日　　本	8444	9047	9442	9193	8132	
韩　　国	3391	5610	5844	6050	4679	4858
马来西亚②	588	1068	1235			
缅　　甸	42	53	50	53	37	
巴基斯坦①	749	833	956	954		
菲 律 宾	636	1057				
新 加 坡	185	190				
斯里兰卡	58	96				
泰　　国	1804	3438	3874			
埃　　及	1411	1423	1556	1548		
南　　非	656	744	767	788		
加 拿 大	1108	1044	1105	1174		
墨 西 哥	2450	2443	2617	2976	3086	
美　　国	7094	7532	8945	9481		
阿 根 廷	361	547	547	677		
巴　　西	749	2822	3460	3810	3995	
保加利亚	472	208	214	166		
捷克共和国		482	502	496	461	
法　　国	2651	1990	1834	1844		
德　　国		3750	3602	3593	3656	
匈 牙 利	394	269	275	281	300	
意 大 利	4055	3416	3332	3372		
荷　　兰	371	340				
波　　兰	1252	1391	1396	1492		
罗马尼亚	947	684	696	730		
西 班 牙	2809	2642	2634			
土 耳 其	2464	3301	3509			
俄 罗 斯		3643	2779	2657	2597	
英　　国	1474	1181	1129			
南斯拉夫	796	169	220	202	226	
澳大利亚①	707	661	640	695	760	
新 西 兰	68	70				

注:①当年 6 月 30 日为止的一年。②仅指马来西亚半岛数字。

资料来源:联合国《统计月报》2000 年 3 月。

6—36 化肥产量①

单位:万吨

	1980年	1990年	1995年	1996年	1997年	1998年
世界总计	**124753**	**147590**	**142217**	**147329**	**146357**	**147253**
中国	12321	18797	25481	28090	282100	30100
孟加拉国	194	705	1042	1015	907	1051
印度	3023	9081	11395	11208	13163	13633
印度尼西亚	1178	2937	3147	3341	3342	3130
伊朗	101	457	583	825	821	978
以色列	915	1570	1617	1798	1811	2025
日本	1850	1386	1199	1183	1093	1031
哈萨克斯坦			203	204	114	36
马来西亚	35	211	290	290	232	317
缅甸	60	60	66	74	54	52
朝鲜	680	797	95	92	92	119
韩国	1182	968	1036	1069	1087	990
巴基斯坦	638	1225	1789	1763	1727	1815
菲律宾	71	320	479	526	434	385
斯里兰卡	10	9	9	10	8	10
越南	39	77	179	190	190	174
埃及	506	871	1094	1221	1141	1090
尼日利亚	5	334	139	124	46	82
南非	924	810	793	850	825	842
加拿大	9816	10716	12366	12398	13578	12698
墨西哥	940	1742	1737	1921	1757	1616
美国	23377	24269	25587	26960	24226	24523
阿根廷	31	41	58	81	88	70
巴西	1966	1895	2284	2054	2443	2424
白俄罗斯			3264	3258	3754	4016
捷克共和国			290	4016	294	310
法国	4924	3735	2805	2925	2677	2409
德国②	9558	5921	4562	4806	4692	4941
意大利	1876	1295	876	733	707	642
荷兰	1951	2240	1933	2043	1988	1971
波兰	2133	1770	2071	1990	2031	2177
罗马尼亚	2394	1636	1424	1452	805	409
俄罗斯③			9603	9093	9367	9198
西班牙	2147	1805	1908	2040	2046	1855
英国	1800	1601	1399	1572	1707	1773
南斯拉夫			62	109	140	136
澳大利亚	1043	485	688	612	641	657
新西兰	346	231	324	310	351	353

注:①本表化肥包括氮肥、磷肥和钾肥。

资料来源:粮农组织数据库。

6—37 棉布产量

单位:百万平方米

	1990 年	1995 年	1996 年	1997 年	1998 年	1999 年
中　　国①	18880	26018	20910	24879	24100	25000
中国香港		659				
孟加拉国②③	63	63	10	11		
印　　度	15177	17172	18556	20832		
缅　　甸③	47	16	11			
日　　本	1765	1026	916	916		
哈萨克斯坦		21				
韩　　国	620	379	358	322		
巴基斯坦②	295	308				
埃　　及	603	414				
南　　非	175	228				
美　　国	3732					
保加利亚③	254	93		76		
捷克共和国		355	328		336	272
波　　兰	474	245				175
土 耳 其	715	336		485		
英　　国	198	77				
匈 牙 利	206	66	53	58	47	
罗马尼亚	536	275	192			
俄 罗 斯		1033	1004	1228		
奥 地 利	108	89				
比 利 时	399					
法　　国④	836	85	85	88		
德　　国			150	158		
意 大 利	1780	1585				
南斯拉夫④		19	22	18	18	
澳大利亚②	38	59	64			

注:本表国外数一般为棉布产量,有些国家包括了含棉的混纺布。①中国产量包括纯棉布、纯化纤布,但不包括代用纤维布、土布、帘子布。单位为百万米。②当年 6 月 30 日为止的一年。棉混纺交织布、棉帆布。③单位为百万米。④单位为千吨。

资料来源:联合国《统计月报》2000 年 3 月。

6—38 汽车产量

单位:千辆

	汽车产量				#乘用车产量①			
	1990 年	1995 年	1997 年	1998 年	1990 年	1995 年	1997 年	1998 年
世界总计	**48345**	**49983**	**55176**		**36106**	**36070**		
中　国②	514	1453	1583	1630		596	486	507
印　度	364	636		653	177	330	384	38
日　本	13487	10196	10975		9948	7611	8491	
韩　国	1322	2526	2818	1960	987	2003	2308	1577
加拿大	1928	2408	2578		1077	1337		
墨西哥	821	935	1323	1404	598	699	475	457
美　国	9783	11985	12149		6077	6351	5933	
阿根廷	100	285	374	454	81	227	366	349
巴　西	914	1629	2067	1585	663	1297	168	242
捷克共和国③	242	216			191	208		
法　国	3769	3475	3830	3839	3295	3051	3351	3352
德　国④	4977	4667	5023	5801	4661	4360	4678	5459
意大利	2121	1667	1817		1875	1422	1563	
荷　兰	151	132			121	100		
波　兰	333	382	576		284	347	520	
罗马尼亚		93	134	131		71	127	104
西班牙	2053	2334	2562		1916	2131	201	
瑞　典	410	490	460		336	388	345	
俄罗斯		995				838	958	836
英　国	1566	1765	1936		1296	1532	1698	
澳大利亚	381	332	349		365	314		

注:①本表乘用车指座位数不超过九个的汽车。②乘用车产量指轿车。③1990 年数据指原捷克斯洛伐克。④1990 年数据指原西德。

资料来源:联合国《统计月报》2000 年 4 月,《中国汽车工业统计年鉴》1998 年。

6－39　家用电视机产量

单位：千台

	1980 年	1990 年	1991 年	1992 年	1993 年	1994 年	1995 年	1996 年
世界总计	**72172**	**128250**	**127542**	**127253**	**130945**	**134587**	**136754**	**137141**
中　　国	2492	26847	26914	28678	30330	32833	34962	35418
中国香港		1177	749					
孟加拉国	8	136	104	46	61	77	79	64
印　　度	88	1322	1217	1254	1536	1559	2190	1949
印度尼西亚	607	674	641	700	1001			
伊　　朗	246	598	736	683	502	360	253	433
日　　本	15205	15132	15640	14253	12840	11192	9022	7568
马来西亚	157	3238	4838	5553	6629	7702	9461	8901
韩　　国	6819	16201	16129	16311	15956	17102	18722	
巴基斯坦	74	200	182	145	162	113	101	278
泰　　国	248	2351	2426					
土 耳 其	327	1994	2567	2111	1922	1528	1859	2510
埃　　及	308	333	264	260	269	234	243	336
南　　非	338	373	486	376	321			
突 尼 斯		115	124	153	126	103	94	
墨 西 哥	964	633	490	435	98	423	181	205
美　　国	10320	13982	12865	13972	13679	13881	12132	11440
阿 根 廷	454	310	607	1386	1612	1523	949	1089
巴　　西	3254	3196	3255	2322	3738	5522	6424	8644
白俄罗斯			1103	798	610	473	250	307
保加利亚	91	219	108	64	26	19	10	11
捷克共和国						128	66	62
法　　国	1928	2838	2549	2799	2523	2796		
德　　国					2800	3234	3218	1965
意 大 利	1984	2312	2435	2151	2432	2780	2780	2677
波　　兰	900	748	438	652	855	888	1138	1615
罗马尼亚	541	401	389	318	464	452	369	275
俄 罗 斯①	7528	10540	4439	3672	3987	2240	1005	313
西 班 牙	763	2466	2807	2544	3840	4103	5392	
乌 克 兰	2526		3616	2570	1919	821	315	118
南斯拉夫	543		80	64	24	40	31	24

注：①1990 年以前数字为前苏联。

资料来源：联合国《工业产品统计年鉴》1996 年。

6－40 竣工住宅

	单　位	1990年	1995年	1996年	1997年	1998年
中　国	万平方米	86289	107400	122188	121101	127572
中国香港⑤⑥	万平方米		102	82		
以色列④	万平方米	280	565	684		
日　本②③	万平方米	15587	13517	16895	13075	12048
韩　国①③	万平方米	7093	5971	6107		
新加坡	万　套		3			
南　非④	万　套	4	3			
加拿大	万　套	21				
美　国②	万　套	119	136	148		
阿根廷①	万平方米	108	1252			
巴　西①	万平方米					
委内瑞拉①	万　套	1				
保加利亚	万　套	3	1			
捷克斯洛伐克	万　套	7				
丹　麦	万平方米	240	145			
芬　兰	万　套	7	3	2	3	
法　国③	万　套	26	64			
德　国③	万　套		55	57		
荷　兰③	万　套	10	10	10	10	
波　兰	万　套		13			
罗马尼亚	万　套	4	1		1	
西班牙③	万　套	28	32	33		
瑞　典	万　套	4		1		
土耳其	万平方米	2569				
俄罗斯	万平方米		2596		3260	
英　国	万　套	18	15	18		
澳大利亚	万　套	15	15	12	13	
新西兰①	万平方米	304	370	382		

注：①批准开工数。②开工数。③包括修复和改建。④仅包括城市地区数字。⑤私人建筑。⑥使用面积。

资料来源：联合国《统计月报》2000年3月。

主要统计指标解释

货物(旅客)周转量 一定时期内,各种运输工具运输的货物(旅客)与其相应的运输距离的乘积的总和。

铁路旅客(货物)周转量 包括国内和国际铁路运输,但不包括纯粹的市内铁路运输、工厂和矿场内的运输以及索缆铁路运输。其中旅客周转量不包括免费运送的军人、政府官员和铁路工作人员;货运周转量不包括通勤车、邮件、行李以及免费为政府运送的货物。

空运旅客(货物)周转量 包括在国内注册的航空公司的国际和国内定期航班。其中货物运输不包括邮件和超重行李,尽管因此而要收取一定费用。

海运装货(卸货量) 在对外贸易中,在某个国家的港口,所有的装到(卸下)海运的轮船(不管轮船是否属于本国)上的货物和牲畜的总重量,不包括邮件、金银、硬币、旅客行李、燃料等,也不包括由政府的船只运输的政府货物、由进口船只转载到出口船只上的货物,包括从保税仓库装上的货物和卸到保税仓库的货物。

商船吨位 1991 年及以前指在当年 6 月 30 日在各国家登记的商船的总登记吨位,从 1992 年开始,为当年年底数。1 总登记吨位为 100 立方英尺或 2.83 立方米。商船吨位不包括未装备机械动力的船只,但包括装备辅助动力的帆船。

机动车拥有量 为调查时或登记中的车辆数量。其中乘用车为 9 人座以内(包括司机)的汽车,包括出租车、吉普车和旅行汽车;商用车包括客车、货车、公共汽车,但不包括挂车和农用拖拉机。

电话机数 电话机数指主要干线数,主要干线是指把用户设备连接到 PSTN,并且在电话交换机上有一个端口的线路。

七、运输和通讯

7—1 公路货物运输

单位:百万吨公里

	1990年	1995年	1996年	1997年	1998年
日　本	274444	294648	305510	306263	
韩　国	31841	52825	54834	74504	
蒙　古	1871	153	152	125	123
斯里兰卡		25	30		
加拿大	54700	65767	71473	72240	
墨西哥	108884	162827	170838	154083	
美　国	1073100	1344634	1419093	1534430	
白俄罗斯		9539	8658	9065	9747
保加利亚	13823	978	751	483	307
捷克共和国		31267	30052	43088	33912
法　国	190500	232800	229200	237200	
德　国	182800	279700	280700	301800	
意大利	177900	194800	198300	207200	
波　兰	49800	71600	79200	95500	69543
罗马尼亚	13800	19748	22400		15785
西班牙	10900	14800	15900	16500	
乌克兰	79668	34478	22201	20532	18266
英　国	133000	146700	150200	152500	
荷　兰	31800	42200	43900	45000	
澳大利亚	91400	120000	128000		

资料来源:世界银行《世界发展指标》2000年。

7—2 铁路货物周转量

单位:亿吨公里

	1980年	1990年	1995年	1996年	1997年	1998年	1999年
中　　国	5717	10622	12870	12971	13097	12312	12616
中国香港⑨			36	36	24	12	
孟加拉国	8	6	7	7	7	8	
印　　度②③	1477	2333	2644	2787	2846	2784	
印度尼西亚	10	32	42	47	82	50	
以 色 列	8	10	12	12	10	10	
日　　本	393	267	237	250	249	229	
哈萨克斯坦			1248	1127	1064	1030	
韩　　国	105	135	137	128	127	127	
比 利 时	80	84	76	72	75	76	
马来西亚④	12	14	14	14	13	9	
缅　　甸⑤	5	5	7	7	7	9	
巴基斯坦⑥	86	66	55	48	47	44	
泰　　国⑤	28	31	32	34	33	28	
加 拿 大	2350	2501					
墨 西 哥	413	364	365	416	385	489	
美　　国	13417	15138	18425	19130	20092	20119	19776
阿 根 廷	95	76	76	85	98	99	
巴　　西	862	1204					
奥 地 利①	112	127	137	139	148	153	156
保加利亚	177	141	86	75	74	62	
捷克共和国			255	243	222	195	176
芬　　兰	83	84	96	88	99	100	98
法　　国	688	515	490	506	548	504	
德　　国			699	677	729	736	
匈 牙 利	239	168	84	76	81	81	
意 大 利	184	219					
荷　　兰	35	26	31	31			
新 西 兰⑧	32	27	30	33	36	36	40
波　　兰	1347	835	691	683	687	630	555
罗马尼亚	755	573	272	269	248	197	
西 班 牙	103	112	97	98	110	113	
瑞　　典	166	188	190	188	191	159	188
土 耳 其	50	79	86	90	97	87	
俄 罗 斯			12134	11313			
英　　国⑦	176	158	134				
南斯拉夫	250	244	15	21	24	26	

注:①仅指联邦铁路数字。②仅指政府铁路数字。③年度为当年4月1日开始的一年。④马来西亚半岛和新加坡数。⑤年度为当年9月30日为止的一年。⑥年度为当年7月1日开始的一年。⑦不包括北爱尔兰。⑧1990年以前为当年3月31日止的一年,1990年及以后为当年6月30日止的一年。⑨单位为百万吨公里。

资料来源:联合国《统计月报》2000年3月。

7—3 铁路旅客周转量

单位:亿人公里

	1990年	1995年	1996年	1997年	1998年	1999年
中　　国	2613	3546	3325	3585	3773	4136
中国香港		37	39	42	43	43
孟加拉国	38	38	34	39	38	
印　　度①②	2773	3229	3437	3601	3800	
印度尼西亚	93	155	152	164	1614	
以 色 列	2	3	3	3	4	
日　　本	3837	3939	4007	3984	3911	
哈萨克斯坦		152	143	128	112	84
韩　　国	299			301	301	
马来西亚③	18	13	14	14	13	
缅　　甸④	44	42	43	38	38	
巴基斯坦⑤	201	186	196	189	188	
菲 律 宾	3	2	1			
泰　　国④	118	130	123	116	107	
墨 西 哥	60	18	15	17		
美　　国	99	87	81	84	85	78
阿 根 廷	105	70	92	101	96	
奥 地 利	85	105	107	87		
比 利 时	65	67	68	70	71	
保加利亚	78	47	58	59	48	
捷克共和国		80	81	77	70	69
芬　　兰	27	26	27	28	27	27
法　　国	636	559	600		642	
德　　国		636	653	640	626	
匈 牙 利	114	84	86	87	87	
意 大 利	455					
荷　　兰	111	140				
波　　兰	504	266	266	258	257	262
罗马尼亚	306	189	184	158	133	
西 班 牙	155	153	156	166	175	
瑞　　典	62	62	61	62	60	74
土 耳 其	64	58	52	58	63	
俄 罗 斯		1922	1687			
英　　国⑥	342	298	317	337		
南斯拉夫	111	26	18	18	17	

注:①仅指政府铁路数字。②年度为当年4月1日开始的一年。③马来西亚半岛和新加坡数。④年度为当年9月30日为止的一年。⑤年度为当年7月1日开始的一年。⑥不包括北爱尔兰数。

资料来源:联合国《统计月报》2000年4月。

7—4　海运装货量

单位:万吨

	1990年	1995年	1996年	1997年	1998年	1999年
中国香港	2243	4013	3653	4135	3738	
孟加拉国		193	185	155	95	
印度尼西亚	10956	24791	21640			
日　　本	8431	11479	11476	11926	11819	
韩　　国	4751			11484		
马来西亚	1871	2519	2809	3372	3518	
缅　　甸	58	164	199	170	167	
巴基斯坦	474	638	546	602	601	
菲 律 宾	1411	1538	1604	1698		
新 加 坡	8156	13000	13459	13927	31223	
以 色 列	793	1066	2134	1222	1349	
泰　　国	2267					
斯里兰卡	419	686	768	950	929	
埃　　及	863	1439	1255	1241	2387	
墨 西 哥	13234	12980	13978	13544	13441	
美　　国	37205	40625	38872	39208		
阿 根 廷	3683	4854	5207	5864	6937	
比 利 时	24592	29154	29766	33786		
丹　　麦	1469	2028	1986	2106		
芬　　兰	2405	3410	3335	3617	3757	3931
法　　国	6181	5520	5530	5880	6230	6470
德　　国		6714	6913	6906	6917	
意 大 利	4183	4825				
荷　　兰	9184	8410	8482	8867	8514	
波　　兰	3073	2870	2826	2772	2752	3336
罗马尼亚	1214	1468	1402	1265	1168	
西 班 牙	4033	4733	4986	5095	5575	
瑞　　典	4458	5281	5842	6107	5928	
土 耳 其	6334	2281	1897	3776	3840	
俄 罗 斯		2249	1412			
英　　国	12438	17723				
南斯拉夫	874	2	18	38	48	
澳大利亚	2399	106	113	431		
新 西 兰	1220	1841	1969	1661	1518	2064

资料来源:联合国《统计月报》2000年4月。

7—5 海运卸货量

单位:万吨

	1980年	1990年	1995年	1996年	1997年	1998年	1999年
中国香港		5227	8705	8089	9196	9011	
孟加拉国		65	1123	1061	1106	1040	
印度尼西亚	1903	3084	5632	6466			
以 色 列		985	1961	3778	2060	2033	
日 本	61272	71161	75349	78292	79412	76325	
韩 国	7135	17227			36985		
马来西亚	1656	2930	4610	5404	6235	4831	
缅 甸		61	242	286	190	342	
巴基斯坦		1972	2627	2852	3012	2688	
菲 律 宾	2352	3166	4486	5090	5260		
新 加 坡	4855	10622	17500	17957	18823		
斯里兰卡		671	1043	1188	1388	1663	
泰 国	1855	3580					
埃 及	1150	1796	2762	3756	3235	3115	
墨 西 哥	1456	4486	5322	6196	6204	6750	
美 国	44264	49524	58202	60244	71388		
阿 根 廷		587	1514	1973	1912	1954	
比 利 时		24514	29248	29761	33370	11112	
丹 麦		2946	3732	3713	3829		
芬 兰	3146	3482	3702	3695	3902	3877	3805
法 国	21960	17704	17760	17770	18480	19780	18950
德 国			12702	12947	13625	14137	
意 大 利	22543	22669	23412				
荷 兰	26857	28126	29596	29330	31286		
波 兰		1250	1483	1561	1562	1614	1586
罗马尼亚		3367	2168	2176	2057	1897	
西 班 牙	9432	12187	12578	14780	15295	16985	
瑞 典	5501	5497	6391	6467	6839	7430	
土 耳 其	2110	5510	5619	5516	6588	7504	
俄 罗 斯			163	143			
英 国	13254	17009	17857				
南斯拉夫	2306	1589	6	121	70	73	
澳大利亚	2622	260	176	190	3952		
新 西 兰		832	1109	1160	1236	1267	1331

资料来源:联合国《统计月报》2000年4月。

7—6 空运货物周转量

单位:百万吨公里

	1990年	1995年	1996年	1997年	1998年
中　　国	818	2230	2493	2910	3345
印　　度	689		552	530	434
印度尼西亚	466			597	
以 色 列		114	116	121	
日　　本		6865	7138	7854	7505
韩　　国	2494	5729	6612	7955	7281
马来西亚	587	1202		1429	
巴基斯坦	428	454		442	
菲 律 宾	331	387		481	
新 加 坡	1694	3773	4191	4841	
斯里兰卡	96	162	164	184	
泰　　国	700	1346	1387		1522
埃　　及	148		202	213	255
加 拿 大	1521	1723	1880	2057	1806
墨 西 哥	150	155	156	165	162
美　　国	17681	23003	25220	28630	29056
阿 根 廷	195			210	233
巴　　西	1114	650	1710	1746	
比 利 时	689	437	354	354	
捷克共和国		27	23	25	
丹　　麦	140	145	170	213	199
芬　　兰	143	225	248	313	276
法　　国	4125	4568	4811	5082	
德　　国		6006	6137	6310	6212
匈 牙 利	8				
意 大 利	1199	1498			
荷　　兰	2208	3782	3926	3971	3755
波　　兰	52	69	72	95	
罗马尼亚	13		16	13	
西 班 牙	786		760	742	767
瑞　　典	203	209	242	311	294
俄 罗 斯		1604	899	834	
英　　国	2692	3718	4008	4626	4780
澳大利亚	1186				
新 西 兰	332				

资料来源:联合国《统计月报》2000年4月。

7—7 空运旅客周转量

单位:百万人公里

	1990年	1995年	1996年	1997年	1998年
中　国	23048	68130	74800	77352	80024
印　度	16524	18852		18048	
印度尼西亚	13932	24384		18000	
日　本	61368	128712	140568	149652	152892
韩　国	18708	48504	52140	59376	47712
马来西亚	11868	23436		28704	
巴基斯坦	9384	10380		10800	
菲律宾	10392	14376		16560	
新加坡	31596	48396	53640	55452	
斯里兰卡	3420	3972	3816	4248	4140
泰　国	19752	27048	29700	30840	34344
埃　及	6000	7680	8736	9024	8040
加拿大	46128	49284	56436	61860	63804
墨西哥	18384	16836	17244	20004	21036
美　国	625536	858624	919752	964536	946968
阿根廷	8436	9516		10488	10584
巴　西	27840	34776	37500	38832	
比利时	7572	8616	7584	11280	15336
捷克共和国		2316	2364	2436	
丹　麦	4260	4620	4872	5076	5124
芬　兰	4740	8352	8580	9576	10716
法　国	43368	49524	57480	69996	
德　国		61716	63252	71496	75240
匈牙利	1500				
意大利	22752	31752			
荷　兰	28356	44676	49056	55608	57576
波　兰	3480	4236	3924	4200	
罗马尼亚	1836	2520	1812	1620	
西班牙	22116	24168	61812	28140	32472
瑞　典	7260	8580	8424	8748	9852
俄罗斯		61032	52716	49272	50304
英　国	81732	115296	123168	136248	149040
澳大利亚	27684				
新西兰	10608				

资料来源:联合国《统计月报》2000年4月。

7—8　美国货物、旅客周转量

	1980年	1990年	1993年	1994年	1995年	1996年	1997年
货物周转量							
（单位：亿吨英里）							
合计	24870	28950	31050	32610	34070	35400	36220
铁路	9320	10910	11830	12750	13750	14260	14210
公路	5550	7350	8610	9080	9210	9770	10510
内河	4070	4750	4560	4750	4970	4980	5080
管道	5880	5840	5930	5910	6010	6310	6280
国内航空	50	100	120	120	130	130	140
旅客周转量							
（单位：亿人英里）							
合计	14680	20340	21970	22800	23370	24050	24760
私人汽车	12100	16390	17860	18420	18810	19170	19680
国内航空	2190	3590	3730	3990	4140	4460	4660
公共汽车	270	230	250	250	280	290	300
铁路	110	130	130	140	140	130	140

资料来源：美国《美国统计摘要》1999年。

7—9　日本货物、旅客周转量

	1990年	1993年	1994年	1995年	1996年	1997年
货物周转量						
（单位：亿吨公里）						
合计	5470	5360	5440	5590	5730	5690
铁路	270	250	240	250	250	250
公路	2740	2760	2810	2950	3060	3060
沿海海运	2450	2340	2390	2380	2420	2370
国内航空	8	8	9	9	10	10
旅客周转量						
（单位：亿人公里）						
合计	12980	13560	13600	13880	14090	14190
铁路						
国营铁路	2380	2500	2440	2490	2520	2480
私营铁路	1500	1530	1520	1510	1500	1470
公路						
公共汽车	1100	1030	1000	970	950	930
小汽车	5760	6270	6400	6650	6840	7040
沿海海运	63	61	59	55	56	54
国内航空	520	570	610	650	690	730

资料来源：日本总务厅统计局《日本统计年鉴》2000年。

7—10 俄罗斯货物、旅客周转量

	1980年	1990年	1995年	1996年	1997年	1998年
货物周转量						
（单位：亿吨公里）						
合计	42342	58906	35326	33701	32555	31470
铁路	23160	25230	12140	11310	11000	10200
公路	670	680	310	260	250	210
管道	10870	25750	18990	19130	18440	18880
海运	5340	5080	2970	2270	2090	1500
内河	2280	2140	900	710	750	660
航空	22	26	16	21	25	20
旅客周转量						
（单位：亿人公里）						
合计	6183	7910	5529	5277	5115	4813
铁路	2273	2744	1922	1812	1703	1529
公共汽车	2097	2622	1882	1813	1792	1716
出租车	90	89	10	6	5	3
有轨电车	181	191	254	252	250	255
无轨电车	162	205	269	273	279	282
地铁	294	410	462	466	462	465
海运	10	6	2	1	…	…
内河	53	48	11	9	9	8
航空	1023	1595	717	645	615	555

资料来源：俄罗斯《统计年鉴》1999年。

7—11 韩国货物、旅客周转量

	1991年	1992年	1993年	1994年	1995年	1996年	1997年	1998年
货物周转量								
（单位：百万吨公里）								
合计	49840	61722	66194	64567	76110	78647	80377	53361
铁路	14494	14256	14658	14070	13838	12947	12710	10372
公路	10530	11364	12666	15446	18213	19114	22219	9387
沿海海运	24737	36008	38765	34935	43936	46452	45299	33461
国内航空	79	94	105	116	123	134	149	140
旅客周转量								
（单位：百万人公里）								
合计	138029	136667	130838	126339	123572	124145	120124	118285
铁路	33470	34787	33693	31912	29292	29580	30073	32976
地下铁路	11891	12970	13168	13343	14048	12859	11691	11144
公路	87697	83152	77998	74167	72324	72871	68737	66853
沿海海运	524	525	468	436	502	547	571	434
国内航空	4447	5233	5511	6481	7406	8288	9052	6877

资料来源：韩国《韩国统计年鉴》1999年。

7—12 乘用车普及率

单位:辆/千人

	1980 年	1990 年	1995 年	1996 年	1997 年	1998 年
世　界		**90.7**	**88.9**	**90.2**		
中　国①		1.4	2.9	3.2		
中国香港	40.6	20.6	54.6	54.4	56.4	57.4
孟加拉国		0.4	0.4	0.4	0.4	0.4
印　度		2.4	4.2	4.4		
印度尼西亚		7.3	10.5	12.0	13.1	
伊　朗		21.5	24.8	25.5		
以 色 列	106.9	168.3	199.9	205.8	210.2	214.9
日　本	202.6	283.0	358.6	376.0	385.3	394.5
哈萨克斯坦		48.4	64.0	62.4	61.4	62.1
马来西亚	51.9	103.9	131.2	144.6		168.0
蒙　古		5.6	10.3	12.8	14.9	15.6
缅　甸			0.6	0.6		
韩　国	6.5	48.4	133.2	151.4	165.0	163.3
巴基斯坦	1.7	3.9	4.5	4.6	4.7	4.9
菲 律 宾		7.3	9.1	10.0	10.4	10.2
新 加 坡		101.3	115.7	120.1	121.6	107.5
斯里兰卡		6.3	12.6	13.6	14.3	15.3
泰　国	8.8	14.3	24.0	27.2		
土 耳 其		33.4	51.7	54.4	57.7	63.8
埃　及	8.0	18.9	21.3	22.4		
尼日利亚	3.0		8.2	8.6		
南　非	84.6	111.3	91.6	85.2		
加 拿 大	417.0	496.4	457.0	458.2	445.1	
墨 西 哥	59.7	84.2	93.3	93.4	95.0	97.4
美　国	535.7	570.0	486.5	487.1	482.5	
阿 根 廷			134.2	135.8	137.4	
巴　西	74.7					
委内瑞拉	90.7		70.5	69.1		
白俄罗斯		59.0	91.5	101.0	111.0	
保加利亚	92.0	142.0	196.5	204.7	208.9	219.9
捷克共和国		228.3	301.7	324.9	344.4	358.4
法　国	355.0	406.4	432.8	438.9	442.0	455.7
德　国	296.7	475.8	493.7	498.7		507.7
意 大 利	302.9	475.8	517.2	527.6		
荷　兰	321.6	367.0	361.8	365.6	373.2	391.0
波　兰	67.0	137.8	194.7	208.4	220.7	229.9
罗马尼亚		55.6	96.9	105.8	116.1	
俄 罗 斯			96.2	107.5	120.2	
西 班 牙	202.1	300.9	351.3	371.6	385.3	
乌 克 兰		68.2	87.5	93.5	95.6	97.8
英　国	267.6	351.3	359.7	371.4		375.0
南斯拉夫		133.5	151.9	149.8	173.1	173.4
澳大利亚	401.5	449.1	479.4	486.8		
新 西 兰	420.0	439.3	460.7	470.2		

注:①世界银行统计数据。
资料来源:世界银行《世界发展指标》2000 年。

7—13 商船吨位

单位:千吨

	1990年	1991年	1992年	1993年	1994年	1995年	1996年	1997年
世界总计	**423627**	**436027**	**445169**	**457915**	**475859**	**490662**	**507873**	**522197**
中国	4907	5206	5405	5714	5960	6677	6781	6464
中国香港	6565	5876	7267	7664	7703	8795	7863	5771
孟加拉国	464	456	392	388	380	379	436	419
印度	6476	6517	6546	6575	6485	7127	7127	6934
印度尼西亚	2179	2337	2367	2440	2678	2771	2973	3195
伊朗	4738	4583	4571	4444	3803	2902	3567	3553
以色列	530	604	664	652	646	599	679	794
日本	27078	26407	25102	24248	22102	19913	19201	18516
马来西亚	1717	1755	2048	2166	2728	3283	4175	4842
缅甸	827	1046	947	711	683	523	687	568
朝鲜	442	511	602	671	696	715	693	667
韩国	7783	7821	7407	7047	7004	6972	7558	7430
巴基斯坦	354	358	380	360	375	398	444	435
菲律宾	8515	8626	8470	8466	9413	8744	9034	8849
新加坡	7928	8488	9905	11035	11895	13611	16448	18875
斯里兰卡	350	333	285	294	294	227	242	217
泰国	615	725	917	1116	1374	1743	2042	2158
土耳其	3719	4107	4136	5044	5453	6268	6426	6567
越南	470	574	616	728	773	700	808	766
埃及	1257	1257	1122	1149	1262	1269	1230	1288
利比里亚	54700	52427	55918	53919	57648	59801	59989	60058
尼日利亚	496	493	516	515	473	479	447	452
南非	352	340	336	346	331	340	371	383
加拿大	2744	2685	2610	2541	2490	2401	2406	2527
墨西哥	1320	1196	1114	1125	1179	1129	1128	1145
巴拿马	39298	44949	52486	57619	64710	71922	82131	91128
美国	19744	18565	14435	14087	13655	12761	12025	11789
阿根廷	1890	1709	873	773	716	595	586	579
巴西	6016	5883	5348	5216	5283	5077	4530	4372
委内瑞拉	935	970	871	971	920	787	697	705
保加利亚	1360	1367	1348	1314	1295	1166	1150	1128
捷克共和国				228	173	140	78	16
法国	3721	3879	3869	4252	4242	4086	4291	4570
德国		5971	5360	4979	5696	5626	5842	6950
意大利	7991	8122	7513	7030	6818	6699	6594	6194
荷兰	3330	3305	3346	3086	3349	3409	3995	3880
挪威	23429	23586	22231	21536	22388	21551	21806	22839
波兰	3369	3348	3109	2646	2610	2358	2293	1878
罗马尼亚	4005	3828	2981	2867	2689	2536	2568	2345
俄罗斯			16302	16814	16504	15202	13755	12282
西班牙	3807	3617	2643	1752	1560	1619	1675	1688
英国	4887	4670	4081	4117	4430	4413	3872	3486
南斯拉夫			2	2	2	2	2	2
澳大利亚	2512	1709	2689	2862	3012	2853	2718	2607
新西兰	254	269	238	218	246	307	386	367

资料来源:联合国《统计年鉴》2000年。

7－14 国际互联网站普及率

单位:个/万人

	1995年	1996年	1997年	1999年
世　　界	**16.8**	**28.9**	**34.8**	**63.1**
中　　国①	…	0.2	0.2	0.2
中国香港	28.7	77.9	74.8	108.0
印　　度	…	…	…	0.1
印度尼西亚	0.1	0.5	0.5	0.5
以 色 列	49.8	86.5	104.8	147.0
日　　本	21.5	58.4	75.8	107.0
哈萨克斯坦	0.1	0.5	0.7	0.9
马来西亚	2.0	11.9	18.7	18.4
蒙　　古	…	…	0.1	0.1
韩　　国	6.5	14.5	28.8	37.6
巴基斯坦	…	…	0.1	0.1
菲 律 宾	0.3	0.5	0.6	1.0
新 加 坡	76.2	94.9	195.5	188.0
斯里兰卡	…	0.2	0.3	0.3
泰　　国	0.7	1.5	2.1	4.2
土 耳 其	0.9	2.8	3.7	4.4
埃　　及	0.1	0.3	0.3	0.3
南　　非	12.3	24.9	28.9	34.0
加 拿 大	127.0	203.3	230.0	339.1
墨 西 哥	1.5	3.2	3.7	8.8
美　　国	230.4	381.3	441.8	975.0
阿 根 廷	1.5	3.6	5.3	15.9
巴　　西	1.3	4.8	4.2	9.9
委内瑞拉	0.5	1.1	2.1	2.9
白俄罗斯	…	0.2	0.4	0.6
保加利亚	1.3	4.0	6.6	7.4
捷　　克	21.2	39.6	47.7	63.8
法　　国	26.0	40.6	49.8	73.2
德　　国	58.1	84.5	106.7	140.7
意 大 利	13.2	25.8	36.8	55.7
荷　　兰	111.1	174.3	218.9	327.9
波　　兰	6.0	13.7	11.2	25.6
罗马尼亚	0.8	3.5	2.7	6.1
俄 罗 斯	1.5	3.9	5.5	8.9
西 班 牙	13.1	28.8	31.0	61.8
乌 克 兰	0.5	1.3	2.1	2.6
英　　国	75.0	122.3	148.8	
澳大利亚	171.4	281.1	381.8	400.2
新 西 兰	146.7	227.6	413.9	468.7

注:①世界银行统计数据。

资料来源:世界银行《世界发展指标》2000年。

7－15 电话机普及率

单位:部/千人

	1992 年	1993 年	1994 年	1995 年	1996 年	1997 年	1998 年
中　　国	16	22	32	47	63	81	105
中国香港	486	507	522	532	547	565	558
孟加拉国	2	2	2	2	3		3
印　　度	8	9	11	13	15	19	22
印度尼西亚	9	10	13	17	21	25	27
伊　　朗	51	58	66	74	95	107	112
以 色 列	346	363	383	417	441	450	471
日　　本	463	471	479	487	489	479	503
哈萨克斯坦	88	117	119	119	116	108	104
朝　　鲜	40	51	51	50	49		47
韩　　国	354	374	393	412	430	444	433
马来西亚	111	125	146	166	178	195	198
蒙　　古	32	30	30	34	36	37	37
缅　　甸	2	3	3	3	4	5	5
巴基斯坦	10	12	14	16	18	19	19
菲 律 宾	10	13	17	21	25	29	37
新 加 坡	368	382	396	412	433	543	562
斯里兰卡	8	9	10	11	14	17	28
泰　　国	31	38	47	59	70	80	84
土 耳 其	161	183	200	212	224	250	254
越　　南	2	4	6	11	16	21	26
埃　　及	37	40	43	46	50	56	60
尼日利亚	3	3	3	4	4	..	4
南　　非	87	91	93	97	100	107	115
加 拿 大	578	578	590	593	602	609	634
墨 西 哥	75	84	92	94	93	96	104
美　　国	564	578	602	626	643	644	661
阿 根 廷	110	121	141	159	174	191	203
巴　　西	73	75	80	85	96	107	121
委内瑞拉	90	100	109	114	117	116	117
白俄罗斯	169	175	183	192	208	227	241
保加利亚	274	285	295	305	317	323	329
捷克共和国	176	191	211	236	273	318	364
法　　国	525	536	549	558	564	575	570
德　　国	437	455	476	513	538	550	567
意 大 利	417	424	429	433	440	447	451
荷　　兰	487	500	511	524	540	564	593
波　　兰	103	115	130	148	169	194	228
罗马尼亚	113	114	123	131	140	167	162
俄 罗 斯	154	158	163	169	176	183	197
西 班 牙	354	365	375	385	392	403	414
乌 克 兰	145	150	155	161	181	186	191
英　　国	457	470	486	502	522	540	557
南斯拉夫	180	182	188	191	197	206	218
澳大利亚	472	484	496	492	501	505	512
新 西 兰	440	451	463	473	484	486	479

资料来源:世界银行《世界发展指标》2000 年。

7－16 传真机和移动电话普及率

	传真机(部/万人)					移动电话(部/千人)				
	1990年	1995年	1996年	1997年	1998年	1990年	1995年	1996年	1997年	1998年
世界	**39**	**93**	**117**	**127**		**2.1**	**16.0**	**25.2**	**37.1**	**55.3**
中国①		2	16		16		2.9	5.5	10.6	19.0
中国香港	202	463	532	532	543	24.4	129.7	215.8	342.9	474.7
孟加拉国	39	92							0.2	0.6
印度		1			2		0.1	0.3	0.9	1.2
印度尼西亚	1	4			9	0.1	1.1	2.8	4.5	5.2
伊朗	2						0.3	1.0	3.7	5.9
以色列	74	249			249	3.2	79.3	181.9	283.2	358.8
日本	548	1016	1268		1268	7.0	93.3	213.8	303.2	373.8
哈萨克斯坦		2	2		1		0.3	0.6	0.7	1.7
马来西亚	22	50	69		69	4.9	50.0	71.8	92.3	99.2
蒙古		9	27	27	27			0.4	0.8	
缅甸					1		0.1	0.2	0.2	0.2
韩国	54	89				1.9	36.4	69.8	149.6	301.9
巴基斯坦		12			19		0.3	0.5	0.8	1.4
菲律宾	2	7					7.2	13.7	18.0	21.9
新加坡	110	216	322		316	19.1	102.5	141.6	273.4	346.0
斯里兰卡	2					0.1	2.9	3.9	6.2	9.4
泰国	1	17	25		25	1.2	21.8	30.7	36.6	32.5
土耳其	6	16	17	17	17	0.6	7.0	12.6	25.6	52.5
越南		2	3		3					
埃及	1	5	5		5	0.1	0.1	0.1	1.0	1.4
尼日利亚						…	0.1	0.1	0.1	0.2
南非		24	35		35	0.1	13.0	22.5	36.9	56.4
加拿大	111	236	330	330	333	21.6	88.2	115.3	144.9	175.6
墨西哥	7	23	30		30	0.8	7.3	10.7	18.2	35.0
美国	203	646	784		784	21.1	128.4	165.9	206.5	256.0
阿根廷	5	14	20	20	20	0.4	9.8	18.9	56.3	78.1
巴西	6	17	31	31	31		8.3	15.8	27.5	46.8
委内瑞拉		12	30		30	0.4	18.7	25.6	46.7	86.7
白俄罗斯		9	15	15	19		0.6	0.6	0.8	1.2
保加利亚		18					2.5	3.2	8.4	15.2
捷克共和国		71	100	100	104		4.7	19.4	51.1	93.9
法国	102	327	478	479	474	5.0	22.4	42.2	98.5	187.8
德国		489	681	681	731		45.5	67.2	99.6	169.7
意大利	29	262	313	313	313	4.6	68.4	111.9	204.1	355.3
荷兰	167	323	382	382	384	5.3	34.8	65.1	109.8	212.9
波兰	2	14					1.9	5.6	21.0	49.8
罗马尼亚	2	9					0.4	0.8	8.9	28.6
俄罗斯		2	7	7	4		0.6	1.5	3.3	5.1
西班牙	36	166	178		178	1.4	24.1	76.3	110.3	179.1
乌克兰							0.3	0.6	1.1	2.3
英国	130	299	338		339	19.4	98.0	123.3	150.2	252.3
南斯拉夫		14	14	14	19		0.5	0.6		1.1
澳大利亚	164	262	486		486	10.8	127.5	217.9	264.0	285.5
新西兰	83	179				16.0	100.5	133.9	149.4	202.6

注：①世界银行统计数据。

资料来源：世界银行《世界发展指标》2000年。

7—17 道路线路长度

	年 份	道路线路长度(公里)					有路面道路所占比重(%)	道路密度(公里/平方公里土地面积)
		各种道路总计	汽车高速路	公路、公路或国家公路	次级公路或地区级公路	其他道路		
中 国①	1994	1384273	10198	116546	323188	934341		0.14
	1995	1462867	15424	136705	333724	977014		0.15
	1996	1526389	24474	156154	348757	997005		0.16
中国香港	1994	1661					100.0	1.54
	1995	1717					100.0	1.60
	1996	1760					100.0	1.61
阿塞拜疆	1994	24296		6405	17891		93.9	0.28
	1995	24335		6405	17930		93.9	0.28
	1996	24335		6405	17930		93.9	0.28
	1997	24981		6882	18099		92.3	0.29
	1998	24981		6879	18102		92.3	0.29
孟加拉国	1994	168578		15669	14352	138557	9.3	1.14
	1995	204022		16070	22780	165172	7.9	1.38
	1996	196413		17554	16451	162408	8.4	1.33
	1997	201182		19175	16772	165235	9.5	1.36
印 度	1994	2919439		34249	132401	2752789	46.0	0.67
	1995	3015229		34257	134085	2846887	45.7	0.67
	1996	3319644		34508	135187	3149949	45.7	0.73
印度尼西亚	1994	356878		26351	49693	280834	53.8	0.18
	1995	356878		23857	38170	296000	47.5	0.19
	1996	336377		26850	38747		46.3	
	1997	342700		27357	40490		46.3	
以 色 列	1994	14392	56	4657		9679	100.0	0.69
	1995	14751	56	4785		9910	100.0	0.71
	1996	15149	56	4936		10157	100.0	0.73
	1997	15583	56	5046		10421	100.0	
	1998	15965	56	5139		10770	100.0	
日 本	1994	1137453	5568	53313	124269	954303	73.0	3.01
	1995	1142308	5677	53327	125512	957792	73.6	3.02
	1996	1147532	5932	53278	126916	961406	74.3	3.04
	1997	1152207	6114	53356	127663	965074	74.9	3.05
哈萨克斯坦	1994	158581		17420	70152	71009	73.5	0.06
	1995	151193		17670	69667	63856	76.3	0.06
	1996	141076		17670	69483	53923	80.5	0.05
	1997	125796		17660	65591	42545	82.8	0.05
	1998	119390		18884	66302	34204	86.5	0.04
韩 国	1994	78833	1650	12046	10655	49482	77.8	0.79
	1995	74237	1825	12053	13854	46505	76.0	0.75
	1996	82342	1886	12464	17147	50845	72.7	0.83
	1997	84968	1889	12459	17089	53531	74.0	0.86
	1998	86990	1996	12447	17155	55392	74.5	0.88
马来西亚	1994	93600	580	15000	43000	35000	75.0	0.28
	1995	94000	580	15400	43000	35000	75.0	0.28
	1996	94500	580	15900	43100	35000	75.1	0.29
巴基斯坦	1994	203484		6587	104001	92816	54.0	0.26
	1995	214232		6587	111307	96338	55.0	0.27
	1996	218345	334	6587	118428	99917	57.0	0.27
	1997	236521	339	6587	126117	103478	56.0	0.30
	1998	247811	339	6587	133462	107423	57.0	0.31

7－17 续表 1

	年 份	道路线路长度(公里)					有路面道路所占比重(%)	道路密度(公里/平方公里土地面积)
		各种道路总计	汽车高速路	公路、公路或国家公路	次级公路或地区级公路	其他道路		
菲律宾	1994	160948		26659	45925	88364	16.6	0.54
	1995	160970		26720	45886	88364	16.7	0.54
	1996	161264		27369	45531	88364	17.4	0.54
	1997	161313		27650	45299	88364	17.7	0.54
	1998	199950		28162	50086	121702	19.8	0.67
沙特阿拉伯	1994	156084		22183	19273	114628	41.8	0.07
	1995	141716		22416	20276	99024	30.1	0.06
	1996	144307		13416	29048	101263	29.8	0.06
	1997	146524		14750	29390	102384	30.1	0.07
新加坡	1994	2943	128	565	1935	315	97.2	4.65
	1995	2972	132	567	1947	326	97.3	4.70
	1996	2988	139	565	1953	330	97.3	4.71
	1997	3017	148	559	1969	340	97.3	
	1998	3038	150	560	1983	345	97.3	
斯里兰卡	1994	98775		11077	14960	72738	40.0	1.50
	1995	98975		11154	15020	72801	40.0	1.50
	1996	99200		11300	15100	72900	40.0	1.50
	1997			11147			95.0①	0.17①
	1998			11285			95.0①	0.17①
叙利亚	1994	35375	850	26142	8383		24.0	0.18
	1995	37059	850	26919	9290		25.0	0.19
	1996	40480	866	27799	9411	2404	23.0	0.22
	1997	41451	877	29215	9585	2651	23.1	0.22
塔吉克斯坦	1994	13600		4630	5720	3230	80.7	0.09
	1995	13600		4620	5800	3180	82.7	0.10
	1996	13700		4620	5890	3140	82.7	0.10
泰 国	1994	59500		59500			94.7	0.12
	1995	62000		62000			97.4	0.12
	1996	64600		64600			97.5	0.13
土耳其	1994	381028	1167	31389	28443	320029		0.49
	1995	381300	1246	31422	28577	320055	23.0	0.49
	1996	381631	1405	31412	28813	320001	25.0	0.49
	1997	382397	1560	31320	29516	320001	25.0	0.49
	1998	382059	1726	31345	29540	319448	28.0	0.49
阿尔及利亚	1994	99974	524	25502	22998	50590	68.0	0.04
	1995	102424	608	25332	23357	52677	68.9	0.04
	1996	104000	640	25200	23900	53700		0.04
埃 及	1994	52000		18000	21000	13000	75.0	0.05
	1995	58000		22000	23000	13000	78.0	0.06
	1996	64000		26000	25000	13000	78.1	0.07
南 非	1995	331265	1142	59900	147828	122095	41.5	0.29
	1998	534131	2032	1094	230027	300978	11.8	
加拿大	1995	901902	16571	123187	178161	583983	35.3	
	1998	901903						
墨西哥	1994	303414	5100	44173	56149	197992	31.0	0.15
	1995	305968	5785	43163	56780	200681	31.0	0.15
	1996	310291	5921	42748	58941	202681	31.9	0.15
	1997	323977	6335	42402	61375	213865	29.7	0.16

7—17 续表 2

	年 份	道路线路长度(公里)					有路面道路所占比重(%)	道路密度(公里/平方公里土地面积)
		各种道路总计	汽车高速路	公路、公路或国家公路	次级公路或地区级公路	其他道路		
美 国	1994	6286973	87837	605287	693806	4900045	59.8	0.64
	1995	6296107	88097	693862	694773	4907525	60.7	0.64
	1996	6308086	88613	607530	695426	4916517	60.5	0.64
	1997	6348227	88727	608625	696406	4954469	58.8	0.65
阿根廷	1994	218276	567	37137	180572		28.7	0.08
	1995	218276	567	37137	180572		29.1	0.08
	1996	218276	567	37137	180572		29.1	0.08
	1997	215669	595	38744	176330		29.5	0.08
巴 西	1994	1824364		114923	230648	1478793	8.1	0.21
	1995	1940000		115000	234000	1590000	9.2	0.23
	1996	1980000		116000	236000	1630000	9.3	0.24
奥地利	1994	129282	1589	9911	19806	97976	100.0	1.54
	1995	130023	1596	10244	20183	98000	100.0	1.55
	1996	129055	1607	9668	19780	98000	100.0	1.54
	1997	129405	1613	9970	19822	98000	100.0	2.40
比利时	1994	141430	1665	12634	1331	126800	80.6	4.68
	1995	143175	1666	12583	1326	127600	80.7	4.69
	1996	144100	1674	12600	1326	127500	80.6	4.72
	1997	144914	1679	12509	1326	129400	80.7	4.75
	1998	145850	1682	12542	1326	130300	80.7	4.78
保加利亚	1994	36911	277	3110	10050	23474	91.9	0.33
	1995	36777	314	3095	10062	23306	92.0	0.34
	1996	36720	314	3075	10055	23276	92.0	0.34
	1997	36724	314	3078	10055	23277	92.0	0.34
	1998	36759	319	3080	10060	23300	92.0	0.34
捷克共和国	1994	55922	392	6502	14332	34696	100.0	0.71
	1995	55876	414	6515	14343	34604	100.0	0.71
	1996	55489	423	6410	14334	34322	100.0	0.70
	1997	93585	506	6155	14624	72300		1.59
	1998	127693	498	20653	34242	72300	100.0	1.62
丹 麦	1994	71255	786	3764	7063	59642	100.0	1.65
	1995	71255	786	3764	7063	59642	100.0	1.65
	1996	71321	786	3764	7060	59711	100.0	1.65
	1997	71336	825	3751	7050	59710	100.0	1.65
芬 兰	1994	77644	388	12373	28977	35906	63.0	0.23
	1995	77722	394	12366	29016	35947	63.0	0.23
	1996	77782	431	12338	29073	35939	64.0	0.23
	1997	77796	444	12625	28759	35968	64.0	0.23
	1998	77895	473	12798	28657	35967	64.0	0.23
法 国	1994	892500	9000	28500	355000	500000		1.62
	1995	892700	9140	28560	355000	500000		1.62
	1996	892500	9500	28000	355000	500000	100.0	1.62
	1997	892900	9900	28000	355000	500000	100.0	1.62
	1998	893300	10300	28000	355000	500000	100.0	1.62
德 国	1994	611604	11143	41770	56503	502188	99.0	1.71
	1995	641860	11190	41700	86717	502253	99.0	1.80
	1996	656076	11246	41487	86789	516554	99.1	1.77
	1997	656074	11309	41419	86819	516527		
	1998	656140	11400	41420	86820	516500		

7—17 续表 3

	年　份	道路线路长度(公里)					有路面道路所占比重(%)	道路密度(公里/平方公里土地面积)
		各种道路总计	汽车高速路	公路、公路或国家公路	次级公路或地区级公路	其他道路		
希　腊	1994	117000	380	9120	31300	75600	91.7	0.88
	1995	117000	420	9120	31300	75600	91.7	0.88
	1996	117000	470	9100	31300	75600	91.8	0.89
匈牙利	1994	158633.	378	29653	75683	52919	44.1	1.71
	1995	158633	378	29635	52683	52919	44.1	1.71
	1996	158633	420	29653	52683	52919	43.1	1.71
	1997	188203	438	29614	23199	134952	43.4	2.02
	1998	188203	438	29630	23199	134936	43.4	2.02
意大利	1994	313000	8220	46100	116000	142000	100.0	1.03
	1995	315000	8860	46500	117000	142000	100.0	1.04
	1996	483433	6460	45022	114500	141682	100.0	1.02
	1997	654676	6957	46043	113924	487752	100.0	
荷　兰	1994	120000	2200	6600	53600	57600	89.0	2.52
	1995	122000	2200	6400	55200	58200	90.0	2.93
	1996	124100	2200	6300	56800	58800	90.0	3.03
	1997	124825	2225	6400	57100	59100	90.0	4.00
	1998	125575	2235	6640	57300	59400	90.0	4.00
波　兰	1994	370510	245	45409	128545	196311	64.9	1.18
	1995	372479	246	45431	128624	198178	65.3	1.19
	1996	374990	258	45417	128684	200631	65.4	1.2
	1997	377048	264	45384	128548	202852	65.7	1.21
	1998	381046	268	45409	128544	206825	65.6	1.22
罗马尼亚	1994	153139	113	14683	58145	80198	51.0	0.64
	1995	153170	113	14683	58176	80198	51.0	0.64
	1996	153358	113	14570	58477	80198		0.66
	1997	153359	113	14570	58478	80198	67.6	0.66
	1998	153359	133	14570	58478	80198	67.6	0.66
西班牙	1994	341230	7572	22535	141123	170000	99.0	0.68
	1995	343197	7747	22536	137914	175000	99.0	0.68
	1996	344847	7747	23131	138969	175000	99.0	0.68
	1997	346858	9063	23397	139398	175000	99.0	0.69
乌克兰	1994	172315	1837	29297	141181		94.4	0.27
	1995	172257	1875	29211	141171		94.8	0.27
	1996	172565	1894	29184	141487		95.0	0.27
	1997	172378	1960	29178	141240		95.2	0.27
	1998	176310	1770	19077	155463		96.5	0.27
英　国	1994	364866	3168	1211	35719	313897	100.0	1.59
	1995	366988	3189	12108	35957	315744	100.0	1.60
	1996	368221	3226	12359	35858	317380	100.0	1.61
	1997	369887	3294	12269	35834	318470	100.0	1.61
	1998	371603	3303	12230	36002	320068	100.0	1.62
南斯拉夫	1994	48901	490	5987	12590	29834	59.1	
	1995	49396	490	5633	12682	30591	58.3	
	1996	49525	490	5633	12682	30720	58.3	
	1997	50414	545	5806	12860	31482	59.3	
	1998	48603	560	5928	12682	29433	59.3	
澳大利亚	1994	878000	1300	45400	81800	749000	37.9	0.11
	1995	896000	1330	46300	83400	764000	38.6	0.12
	1996	913000	1360	47200	85000	779000	38.7	0.13
新西兰	1994	92700					58.0	0.34
	1995	92100					58.0	0.34
	1996	92200					58.1	0.35

注：①仅指公路、主路或国家公路。

资料来源：国际公路协会《世界公路统计》2000 年。

7－18 交通道路事故情况

	年　份	交通伤亡事故数（件）	交通事故受伤人数（人）	交通事故死亡人数（人）	伤亡事故中下列情况所占比重（%）	
					在建筑物密集区	夜间
中国香港	1994	15440	20453	296	100.0	32.0
	1995	14812	19613	260	100.0	32.0
	1996	14397	18879	263	100.0	32.0
	1997	14776	19552	241	100.0	32.0
	1998	14014	1855	221	100.0	31.0
阿塞拜疆	1994	2871	3292	1107		
	1995	2513	2786	990		
	1996	2185	2420	763		
	1997	1988	2283	605		
	1998	1984	2290	594		
孟加拉国	1994	1884	2078	1315		
	1995	3346	2864	1653		
	1996	3727	3301	2041		
	1997	5453	5076	3162		
印　度	1994	315657	312080	64002		
	1995	328149	307089	59927		
印度尼西亚	1996	1333	3679	272		
伊　朗	1994	20084	30332	3272		
	1995	18170	29509	2963		
	1996	19917	31162	3157		
	1997	18103	27732	2599		
以色列	1994	20152	36397	539	77.3	33.5
	1995	21688	37974	550	33.0	
	1996	25405	46017	517	79.0	32.8
	1997	25491	47451	530	79.2	32.8
	1998	25337	49290	548	76.1	32.9
日　本	1994	729457	881723	12768	72.3	30.3
	1995	761789	922677	12670	72.4	30.1
	1996	771084	942203	11674	72.4	30.8
	1997	780399	958925	11254	72.7	30.6
哈萨克斯坦	1994	13572	15089	3049		
	1995	13036	14485	2926		
	1996	12495	14400	2732		
	1997	10093	11554	2026		
韩　国	1994	266107	350892	10087	32.8	35.4
	1995	248865	331747	10323	30.3	36.0
	1996	265052	355962	12653	31.2	39.3
	1997	246452	348159	11603	29.9	35.2
	1998	239721	340564	9057	33.7	34.8
马来西亚	1994	48503	43344	5159		
	1995	52152	46440	5712		
	1996	53475	47171	6304		
	1997	56574	50272	6302		
	1998	55704	49964	5740		
蒙　古	1994	723	715	289		
	1995	839	849	290		
	1996	971	132	275		30.0
	1997	1206	1283	309		40.0
	1998	1356	1522	271		

7－18 续表 1

	年　份	交通伤亡事故数（件）	交通事故受伤人数（人）	交通事故死亡人数（人）	伤亡事故中下列情况所占比重（%）	
					在建筑物密集区	夜间
巴基斯坦	1994	15235	12273	5363		
	1995	13684	11445	5640		
	1996	12626	11651	5280		
	1997	12336	11186	5127		
菲 律 宾	1994	2557	5235	1027		
	1995	1727	3719	1043		
	1996	2618	3989	645		
	1997	5983	10480	2049		
沙特阿拉伯	1994	125324	32133	4077		
	1995	122140	31033	3789		
	1996	167265	26115	3123		
	1997	135763	25078	3131		
新 加 坡	1994	6983	5728	255		
	1995	6943	6718	225		
斯里兰卡	1994	41815	14546	1414	71.0	20.0
	1995	55139	14821	1481	73.0	19.0
	1996	48675	14125	1560		
	1997	48198	13347	1705		
	1998	50376	14457	1921		
叙 利 亚	1994	7053	6365	1297	42.0	
	1995	8281	7897	1524	53.0	
	1998	12737	7679	1439		
泰　　国	1994	102610	43541	15176		
土 耳 其	1994	59409	102848	610	71.0	
	1995	61571	114319	6004	73.4	
	1996	62696	104599	5428	68.0	
	1997	63259	106146	5181	64.0	
	1998	66906	115489	4852	63.0	
越　　南	1995	15376	16920	5430		
埃　　及	1994	18480	22135	4400		
尼日利亚	1994	18237	25302	5407		
	1995	16217	21201	6647		
	1996	16793	21654	6364		
南　　非	1994	90933	128440	9981		
加 拿 大	1994	169502	244975	3260	69.5	26.6
	1995	166950	241800	3347	69.5	26.6
	1996	158973	230885	3082	67.8	28.0
	1997	152689	221186	3064	68.9	27.5
美　　国	1994	2159254	3266000	40716	71.1	27.9
	1995	2254241	2465000	41817	71.1	32.0
	1996	2275494	3483000	42065	69.7	32.0
	1997	2086324	3348000	42013	71.5	32.0
	1998	2066081	3192000	41471		
巴　　西	1994	77986	48523	6696		
秘　　鲁	1994	57232	9780	2449		
	1995	48235	14201	3443		
	1996	49081	12559	2848		
	1997	80961	27532	3216		

7—18 续表 2

	年份	交通伤亡事故数（件）	交通事故受伤人数（人）	交通事故死亡人数（人）	伤亡事故中下列情况所占比重（%）	
					在建筑物密集区	夜间
委内瑞拉	1994	26256	2920	2920		
	1995	26025	2087	2653		
	1996	28198	2439	2900		
奥地利	1994	42015	55156	1338	60.0	
	1995	38956	51974	1216	59.6	
	1996	38253	56700	1027		
	1997	39695	52696	1105		
	1998	39225	52040	963		
白俄罗斯	1994	7144	7296	1670		
	1995	7268	7457	1781		
	1996	7218	7492	1730		
	1997	6914	7120	1787		
	1998	6849	6899	1843		
比利时	1994	53018	73338	1692	54.0	
	1995	50744	70305	1449	54.0	
	1996	48750	66903	1356	54.0	21.0
	1997	50078	69543	1364	53.0	12.0
	1998	51167	70760	1500	53.0	27.0
保加利亚	1994	7288	8741	1390	70.0	38.6
	1995	7435	8717	1264	69.3	36.0
	1996	6351	7325	1014	70.6	35.7
	1997	6018	7007	915	73.0	23.2
	1998	6905	7980	1003	70.3	22.3
捷克共和国	1994	27590	35822	1473	67.9	31.1
	1995	28746	37164	1384	67.2	29.0
	1996	29340	37917	1386	67.6	28.3
	1997	28376	36608	1597	66.1	25.2
	1998	27207	35227	1360	64.2	26.7
丹麦	1994	8279	9757	546	62.0	28.0
	1995	8373	9991	582		
	1996	8080	9810	514		
	1997	8004	9617	489		
	1998	7447	8888	454		
爱沙尼亚	1994	1584	1832	364	64.3	37.9
	1995	1644	1897	332	62.4	36.9
	1996	1318	1547	213	60.0	32.8
	1997	1489	1836	279	53.2	35.6
	1998	1613	1990	284	51.3	38.7
芬兰	1994	6245	8080	480	59.2	18.0
	1995	7812	10191	441	59.0	17.5
	1996	7274	9299	404	60.0	14.1
	1997	6980	8957	438	58.3	19.9
	1998	6902	9097	400	57.0	33.4
法国	1994	132726	180382	8533	68.0	36.0
	1995	132949	181403	8412	68.0	33.0
	1996	125406	170117	8080	68.0	32.0
	1997	125200	169600	7989	67.0	32.2
	1998	124387	168535	8437	66.8	33.2
德国	1994	392754	516415	9814	63.4	26.0
	1995	388003	512141	9454	63.6	24.7
	1996	373082	493158	8758	63.3	25.0
	1997	380835	501094	8549	63.9	23.2
	1998	377262	497339	7776		

7－18 续表 3

	年份	交通伤亡事故数（件）	交通事故受伤人数（人）	交通事故死亡人数（人）	伤亡事故中下列情况所占比重(%)	
					在建筑物密集区	夜间
希腊	1994	23883	32059	2076		
	1995	22503	30531	1993		
	1996	23623	31658	2068		
	1997	24319	32667	2199		
	1998	24836	33417	2226		
匈牙利	1994	20723	26961	1562	68.7	30.5
	1995	21200	27580	1597	70.2	31.2
	1996	18324	23845	1367	70.0	70.0
	1997	19004	24528	1373	70.0	29.0
	1998	19665	25006	1478	70.0	30.0
意大利	1994	170679	239184	6578	73.2	
	1995	182761	259571	6512	52.0	32.0
	1996	190068	278308	6193	72.0	49.0
	1997	190131	270962	6226		
荷兰	1994	10278	11735	1298	55.0	
	1995	18109	19840	1298	54.0	
	1996	19227	20000	1334	55.5	
	1997	18579	19420	1180	55.9	
	1998	19176	20190	1163	55.8	
波兰	1994	53647	64573	6744	53.5	26.2
	1995	56904	70226	6900	52.7	25.7
	1996	57911	71419	6359	51.8	25.3
	1997	66586	83169	7310	52.0	26.0
	1998	61855	77560	7080	52.3	27.6
罗马尼亚	1994	9381	8198	2877	49.0	
	1995	9119	7716	2845	47.5	
	1996	8931	7504	2845	45.9	18.0
	1997	8801	7451	2863	44.6	
	1998	8457	7221	2778	44.3	28.8
俄罗斯	1994	174908	225476	35599		
	1995	167280	216717	32791		
	1996	160523	207846	29468		
	1997	156515	205589	27665		
西班牙	1994	78474	113716	5615	48.0	
	1995	83586	121432	5751	55.0	
	1996	85588	124157	5483	56.3	33.0
	1997	86067	130851	5604	57.5	38.5
乌克兰	1994	42252	45881	7560	74.2	42.0
	1995	43152	46943	7530	72.3	42.7
	1996	40088	44101	6631	73.0	42.9
	1997	37944	41964	5988	73.1	21.5
	1998	36299	40174	5522	73.4	43.8
英国	1994	234101	311539	3650	73.8	27.0
	1995	230376	308855	3621	73.7	
	1996	235939	316704	3598	73.3	
	1997	240046	323945	3599	72.7	27.2
南斯拉夫	1994	11608	14929	1270	75.1	
	1995	12249	16261	1155	77.4	
	1996	15140	19052	1276	78.5	
新西兰	1994	11000	16600	580	66.0	23.0

资料来源：国际公路协会《世界道路统计》2000 年。

主要统计指标解释

工业生产指数 按国际标准产业分类的大类，包括矿业，制造业，电力、煤气、水，不包括建筑业，工业生产指数体现按不变价计算的增加值的变化趋势，采用拉氏公式计算，基期为1980年或1990年。

机构数 这里所用的“机构”的概念大部分情况下指的是“经济活动单位”，即能够单独核算的、在一个地点经营的、主要从事一种经济活动的单位。但东欧和前苏联采用的概念是指具有独立法人资格、独立占有资产、负债并进行经济活动的企业。

从业人员数 指所有在企业中工作的人，包括企业主本人、合伙人、不领工资的家庭成员和所有雇员，但不包括家务劳动者。

雇员工资 指在统计期间内支付给雇员的各种形式的报酬，包括工资、奖金、由企业直接支付的津贴等，不包括企业为雇员支付的社会保险缴款。

产值 指企业的工业活动所产出的价值。

增加值 在国民核算中为平衡项，等于总产出减去中间消耗。

固定资本形成 指期间内所购买或自建的固定资产减去相应的卖出的固定资产的价值。

一次能源生产量 固体能源指硬煤、褐煤、泥炭和油岩；液体能源指原油和液化天然气；气体能源指天然气；电能指水电、核电、地热发电、潮汐发电和太阳能发电。

能源库存变化 库存变化、进口和出口包括所有的一次能源和商业能源。

国际运输燃料 指供给国际运输的飞机或轮船的燃料，空运燃料包括航空汽油和喷气发动机燃料，海运燃料包括硬煤、柴油等。

能源消费量 固体能源消费量指一次形式的固体燃料消费、二次形式的燃料的净进口和库存变化；液体能源消费量指各种形式的液体能源的消费；气体能源消费量指天然气的消费、煤气的净进口和库存变化。电能消费指一次形式的电能的消费和电能的净进口。

消费量＝产量＋进口－出口－国际运输燃料－库存变化

统计误差 在“能源平衡表”中的“统计误差”一项是为了使能源的生产和消费总量平衡，它一般是由于排除非能源用石油和无法取得的库存数据引起的。

八、就业、工资

8—1 经济活动人口

单位:万人

	1980年	1990年	1995年	1996年	1997年	1998年
世界总计	**205122**	**249902**	**272702**	**277283**	**281889**	**286512**
亚洲	**122859**	**153004**	**170877**	**173886**	**176910**	**179941**
中国	42903	64483	68737	69665	70580	71407
中国香港	248	290	324	333	343	
孟加拉国	4159	5147	5922	6093	6272	6458
印度	30023	36095	40327	41181	42034	42885
印度尼西亚	5962	8028	9110	9338	9571	9808
伊朗	1176	1619	1965	2039	2117	2196
以色列	145	184	230	239	247	255
日本	5725	6413	6629	6669	6707	6744
哈萨克斯坦			792	791	791	791
朝鲜	770	1045	1148	1170	1192	1213
韩国	1554	1963	2172	2214	2257	2301
马来西亚	530	726	836	858	880	902
蒙古	77	102	119	123	126	130
缅甸	1714	2140	2367	2417	2469	2522
巴基斯坦	3021	4246	4970	5135	5309	5489
菲律宾	1886	2422	2805	2885	2965	3045
新加坡	112	154	168	170	173	175
斯里兰卡	546	685	753	767	781	796
泰国	2436	3167	3442	3497	3551	3607
土耳其	1872	2429	2794	2872	2952	3034
越南	2560	3384	3805	3884	3959	4032
非洲	**19978**	**26021**	**29829**	**30630**	**31446**	**32275**
埃及	1533	1966	2269	2334	2400	2468
尼日利亚	2666	3462	3985	4094	4204	4317
南非	1057	1353	1514	1545	1576	1605
北美洲	**16515**	**19795**	**21493**	**21833**	**22172**	**22509**
加拿大	1219	1470	1582	1602	1622	1642
墨西哥	2204	3067	3549	3651	3754	3859
美国	11167	12800	13568	13714	13857	13997
南美洲	**8933**	**12076**	**13532**	**13833**	**14138**	**14447**
阿根廷	1069	1220	1353	1381	1410	1439
巴西	4768	6547	7227	7362	7498	7634
委内瑞拉	516	727	852	879	905	933
欧洲	**22018**	**23377**	**35569**	**35675**	**35775**	**35868**
白俄罗斯			545	545	545	544
保加利亚	459	444	435	433	430	428
捷克共和国			561	565	567	570
法国	2384	2469	2577	2598	2619	2639
德国	3745	3983	4058	4062	4062	4057
意大利	2256	2456	2503	2511	2518	2524
荷兰	564	690	715	719	723	726
波兰	1852	1873	1945	1957	1969	1980
罗马尼亚	1091	1065	1070	1071	1073	1075
俄罗斯			7814	7824	7833	7843
西班牙	1402	1595	1676	1692	1707	1723
英国	2704	2869	2914	2921	2929	2935
乌克兰			2598	2593	2587	2580
南斯拉夫			498	501	503	505
大洋洲	**1025**	**1285**	**1403**	**1426**	**1449**	**1472**
澳大利亚	668	840	903	916	928	940
新西兰	132	162	180	183	186	189

资料来源:联合国粮农组织数据库。

8—2 就业人数

单位:万人

	1980 年	1990 年	1995 年	1996 年	1997 年	1998 年
中　　国①	42361.0	63909.0	67947.0	68850.0	69600.0	69957.0
中国香港	223.8	271.2	290.5	300.8	314.5	320.1
孟加拉国②	129.7③	5015.9		5459.7		
印　　度②	2230.5	2635.3	2798.7	2794.1	2824.5	
印度尼西亚②		7585.1	8203.8	8570.2	8705.0	8767.2
以 色 列	125.4	149.2 *	196.5	201.3	204.0	207.7
日　　本	5536.0	6249.0	6457.0	6486.0	6557.0	6514.0
哈萨克斯坦			532.9	479.4	387.4	
韩　　国	1368.3	1808.5	2037.7	2076.4	2104.8	1992.6
马来西亚④	478.7	668.5	764.5	840.0	856.9	860.0
缅　　甸	1320.8	1522.1			1796.4	
巴基斯坦②	2434.1	2979.7	3140.7	3218.8	3418.0	
菲 律 宾	1715.4	2253.2	2569.8	2744.2	2788.8	2826.2
新 加 坡	106.9	153.7	170.2	174.8	183.1	187.0
斯里兰卡②	107.8	596.4	531.6	558.7	556.9	594.6
泰　　国⑤	2252.4	3084.2	3251.2	3223.2	3316.2	3213.8
土 耳 其⑥		1994.6	2137.8	2169.8	2081.5	2195.8
越　　南		3028.6	3459.0	3579.2	3699.4	
埃　　及⑦	979.9	1436.1	1534.4			
加 拿 大	1070.8	1316.5	1350.6	1367.6	1394.1	1432.6
墨 西 哥⑥	516.6		3388.1	3522.6	3739.1	3861.8
美　　国⑧	9930.3	11879.3 *	12490.0	12670.8 *	12955.8	13146.3
阿 根 廷②			1034.8	1054.2		
巴　　西②	4546.5③	6210.0 *	6962.9	6792.0	6933.2	
委内瑞拉	424.5	640.5	766.7	781.9	828.7	
白俄罗斯			441.0	436.5	437.0	439.0
保加利亚	402.5	409.7 *	328.2	328.6	315.7	310.6
捷克共和国			496.3	497.2	493.7	486.6
法　　国	2163.8	2239.6 *	2234.4	2249.2	2243.0	2270.5
德　　国	2687.4		3604.8	3598.2	3580.5	3586.0
意 大 利	2067.4⑨	2145.4⑨ *	2001.0	2008.8	2008.7	
荷　　兰⑤		635.6	683.5	697.1	719.4	739.8
波　　兰⑨		1732.1 *	1479.1	1496.9	1517.7	1535.4
罗马尼亚			1115.2⑨	1093.6	1105.0	1084.5
俄 罗 斯⑩	12562.6	13030.3 *	6414.9	6292.8	6002.1	5786.0
西 班 牙⑧	1155.7	1257.9	1204.2	1239.6	1276.5	1320.5
乌 克 兰			2196.2	2086.8	1983.5	1942.7
英　　国⑧	2532.7	2693.5	2597.3	2621.9	2668.2	2694.7
澳大利亚	628.4	783.7	821.7	832.8	839.4	855.3
新 西 兰	127.5	148.1	163.3	168.8	169.3	172.5

注:①从业人员。②10 岁及以上人数;印度为在 10 人及以上公共企业和私营非农企业就业人数。③1981 年数。④15 至 64 岁。⑤1980 年为 11 岁及以上,1990 年及以后为 13 岁及以上。⑥12 岁及以上。⑦12 岁至 64 岁。⑧16 岁及以上。⑨14 岁及以上。⑩15 岁至 72 岁。

资料来源:国际劳工组织《劳工统计年鉴》1989—1990 年、1999 年。

8—3 就业人口的行业构成

单位:万人

	1980年	1990年	1995年	1996年	1997年	1998年
中　国①						
农业、狩猎业、牧业和渔业	29122.0	34117.0	33018.0	32910.0	33095.0	33232.0
采掘业	697.0	882.0	932.0	902.0	868.0	721.0
制造业	5899.0	8624.0	9803.0	9763.0	9612.0	8319.0
电力、煤气及水业	118.0	192.0	258.0	273.0	283.0	283.0
建筑业	993.0	2424.0	3322.0	3408.0	3449.0	3327.0
地质勘查、水利管理业	188.0	197.0	135.0	129.0	129.0	116.0
交通运输、仓储和邮电通信业	805.0	1566.0	1942.0	2013.0	2062.0	2000.0
批发和零售贸易业以及餐馆和旅馆业	1363.0	2839.0	4292.0	4511.0	4795.0	4645.0
金融保险业	99.0	218.0	276.0	292.0	308.0	314.0
房地产业	37.0	44.0	80.0	84.0	87.0	94.0
社会服务业	276.0	594.0	703.0	747.0	810.0	868.0
卫生体育和社会福利业	389.0	536.0	444.0	458.0	471.0	478.0
教育、文化艺术和广播电影电视业	1147.0	1457.0	1476.0	1513.0	1557.0	1573.0
科学研究和综合技术服务业	113.0	173.0	182.0	183.0	186.0	178.0
国家机关、政党机关和社会团体	527.0	1079.0	1042.0	1093.0	1093.0	1097.0
其　他	588.0	1798.0	4484.0	4563.0	4862.0	5118.0
合　计	42361.0	63909.0	67947.0	68850.0	69600.0	69957.0
中国香港						
按第二版 ISIC 分类						
农业	3.2*	2.3	1.7	1.2	1.0	1.0
采矿和采石业	…*	…	…	…	…	…
制造业	94.3*	75.1	53.5	48.2	44.4	39.2
电、煤气和水	1.2*	1.9	2.0	2.1	1.9	1.8
建筑业	16.7*	22.6	22.9	27.0	30.6	32.0
批发、零售业、旅馆和饭店业	44.9*	70.3	82.5	88.7	95.2	97.4
运输、仓储和通讯	16.3*	26.8	32.8	33.2	34.6	36.3
金融保险、不动产和产业服务	10.3*	20.9	34.2	35.4	40.0	41.9
社会和个人服务	36.8*	51.2	61.0	65.0	66.7	70.5
行业不明确	…*	…	…	…	…	…
合　计	223.8*	271.2	290.5	300.8	314.5	320.1
印度尼西亚②						
按第二版 ISIC 分类						
农业	3266.2	4237.8	3785.8	3772.0	3584.9	3941.5
采矿和采石业	23.8	52.8	74.1	77.4	89.7	67.5
制造业	546.4	769.3	1084.0	1077.3	1121.5	993.4
电、煤气和水	1.3	13.5	18.3	16.4	23.3	14.8
建筑业	128.3	206.0	355.8	379.6	420.0	352.2
批发、零售业、旅馆和饭店业	541.5	1106.7	1396.7	1610.2	1722.1	1681.4
运输、仓储和通讯	125.3	231.3	337.7	394.3	413.8	415.4
金融保险、不动产和产业服务	2.3	47.8	62.4	69.0	65.7	61.8
社会和个人服务	465.3	907.0	1075.5	1172.9	1263.7	1239.4
行业不明确	0.1	12.8	13.5	1.0	0.3	…
合　计	5100.4	7585.1	8203.8	8570.2	8705.0	8767.2

注:①从业人员。②1996年及以前为10岁及以上。

8－3 续表 1

单位:万人

	1980 年	1990 年	1995 年	1996 年	1997 年	1998 年
以 色 列①②						
按第二版 ISIC 分类						
农业、狩猎业和林业;渔业	7.9	6.2				
采掘业	0.6	0.5				
制造业	28.9	31.7				
电、煤气和水	1.3	1.7				
建筑业	7.9	7.6				
批发、零售业、旅馆和饭店业	14.6	21.6				
运输、仓储和通讯	8.6	9.3				
金融保险、不动产和产业服务	10.3	14.8				
社会和个人服务	44.8	54.9				
行业不明确	1.0	0.9				
合　计	125.5	149.2				
按第三版 ISIC 分类						
农业、狩猎业和林业;渔业			5.7	5.1	4.9	4.8
采矿业、采石业和制造业			40.4	40.5	39.8	39.0
电、煤气和水供应			1.9	1.9	1.9	2.0
建筑业			14.1	15.0	14.6	13.1
批发、零售贸易;机动车及个人、家庭用品修理业			24.9	25.5	26.3	27.1
旅馆和饭店业			8.1	7.6	7.6	8.1
运输、仓储和通讯			11.5	12.4	12.4	12.4
金融媒介			6.8	6.8	7.4	7.3
房地产、租赁及商业活动			17.6	19.4	20.4	21.7
公共管理和防卫;强制性社会保险			10.7	10.8	11.4	11.3
教育			23.6	24.3	24.6	26.2
卫生和社会工作			17.2	17.9	18.4	20.3
社区、社会和私人其他服务活动			9.2	9.5	9.6	8.7
有雇工的私人家庭			3.3	3.4	3.2	3.2
域外组织和机构			0.1	0.1	0.1	0.2
行业不明确者			1.4	1.1	1.3	1.2
合　计			196.5	201.3	204.0	207.7
日　　本						
按第二版 ISIC 分类						
农业	577.0	451.0	367.0	356.0	350.0	343.0
采矿和采石业	11.0	6.0	6.0	6.0	7.0	6.0
制造业	1367.0	1505.0	1456.0	1445.0	1442.0	1382.0
电、煤气和水	30.0	30.0	42.0	37.0	36.0	37.0
建筑业	548.0	588.0	663.0	670.0	685.0	662.0
批发、零售业、旅馆和饭店业③	1248.0	1415.0	1449.0	1463.0	1475.0	1483.0
运输、仓储和通讯	350.0	375.0	402.0	411.0	412.0	405.0
金融保险、不动产和产业服务	317.0	516.0	555.0	561.0	575.0	593.0
社会和个人服务③	1074.0	1332.0	1491.0	1507.0	1542.0	1566.0

注:①包括东耶路撒冷地区。②1980 年为 14 岁及以上。③旅店也包括在社会和个人服务业内。

8－3续表 2

单位:万人

	1980年	1990年	1995年	1996年	1997年	1998年
日　本(续)						
行业不明确	13.0	30.0	25.0	29.0	34.0	36.0
合　计	5536.0	6249.0	6457.0	6486.0	6557.0	6514.0
韩　国						
按第二版 ISIC 分类						
农业		323.7				
采矿和采石业		7.9				
制造业		491.1				
电、煤气和水		7.0				
建筑业		134.6				
批发、零售业、旅馆和饭店业		39.5				
运输、仓储和通讯		92.3				
金融保险、不动产和产业服务		94.5				
社会和个人服务		263.8				
行业不明确						
合　计		1808.5				
按第三版 ISIC 分类						
农业、狩猎业和林业			242.4	229.8	221.5	234.3
渔业			11.7	10.8	10.9	8.1
采矿和采石业			2.7	2.4	2.7	2.0
制造业			477.3	467.7	447.4	388.4
电、煤气和水供应			6.9	7.4	7.6	6.1
建筑业			189.6	196.8	200.4	157.7
批发、零售贸易;机动车及个人、家庭用品修理业			376.3	386.7	391.8	381.5
旅馆和饭店业			159.5	176.1	188.0	175.0
运输、仓储和通讯			106.8	111.1	116.5	116.8
金融媒介			71.9	74.3	76.1	75.9
房地产、租赁及批发、零售业活动			91.6	102.9	114.6	110.9
公共管理和防卫;强制性社会保险			64.5	63.8	64.8	74.0
教育			101.0	106.0	110.3	114.4
卫生和社会工作			30.2	30.5	32.8	36.1
社区、社会和私人其他服务活动			84.9	88.7	95.0	89.1
有雇工的私人家庭			19.1	20.0	23.0	20.3
域外组织和机构			1.6	1.5	1.3	2.0
行业不明确者						
合　计			2037.7	2076.4	2104.8	1992.6
马来西亚①						
按第二版 ISIC 分类						
农业	178.1	173.8	152.7	162.6	148.1	161.7
采矿和采石业	4.6	3.7	3.3	3.5	3.9	2.8
制造业	76.9	133.3	178.1	191.2	200.3	190.8
电、煤气和水	6.6	4.7	4.8	4.4	5.1	5.0
建筑业	27.3	42.4	61.1	71.7	79.3	74.6

注:①15至64岁。

8—3 续表 3

单位:万人

	1980 年	1990 年	1995 年	1996 年	1997 年	1998 年
马来西亚(续)						
批发、零售业、旅馆和饭店业	69.2	121.8	137.1	156.7	157.8	161.6
运输、仓储和通讯	21.0	30.2	35.9	40.1	42.3	42.2
金融保险、不动产和产业服务		25.8	36.4	41.2	44.7	42.6
社会和个人服务	95.0	132.9	155.2	168.6	175.5	178.8
行业不明确						
合　计	478.7	668.5	764.5	840.0	856.9	860.0
缅　　甸						
按第二版 ISIC 分类						
农业	886.4	1061.4			1138.1	
采矿和采石业	6.8	7.8			13.2	
制造业	100.9	113.7			157.3	
电、煤气和水	1.6	1.7			2.1	
建筑业	19.5	17.4			37.8	
批发、零售业、旅馆和饭店业	126.2	140.9			174.6	
运输、仓储和通讯	44.3	38.5			47.0	
金融保险、不动产和产业服务	77.2	95.6			168.6	
社会和个人服务①	57.9	45.5			57.7	
行业不明确						
合　计	1320.8	1522.1			1796.4	
巴基斯坦②						
按第二版 ISIC 分类						
农业	1281.6	1576.5	1469.6	1506.1	1509.1	
采矿和采石业	3.4	4.4	3.8	3.9	3.5	
制造业	353.4	378.4	325.9	334.0	379.3	
电、煤气和水	18.0	17.6	25.7	26.4	33.4	
建筑业	119.7	190.0	226.3	231.9	230.7	
批发、零售业、旅馆和饭店业	269.7	355.2	455.5	466.8	499.6	
运输、仓储和通讯	115.1	145.8	159.2	163.2	195.0	
金融保险、不动产和产业服务	20.9	21.2	24.2	24.8	33.6	
社会和个人服务	245.8	339.4	448.3	459.5	532.4	
行业不明确	6.5	3.6	2.2	2.2	1.4	
合　计	2434.1	2979.7	3140.7	3218.8	3418.0	
菲 律 宾						
按第二版 ISIC 分类						
农业	889.4	1018.5	1132.3	1145.1	1126.0	1127.2
采矿和采石业	13.0	13.3	9.5	11.5	12.4	10.4
制造业	185.0	218.8	257.1	275.6	275.5	268.7
电、煤气和水	5.5	9.1	10.3	12.3	13.9	14.0
建筑业	60.0	97.4	123.9	157.3	164.1	151.1
批发、零售业、旅馆和饭店业③	179.9	314.5	374.5	406.2	421.9	432.8
运输、仓储和通讯	72.5	113.7	148.9	165.7	176.9	188.5
金融保险、不动产和产业服务	30.8	44.4	55.1	68.1	68.0	69.5
社会和个人服务③	279.1	422.0	455.9	501.9	529.6	563.1
行业不明确	0.2	1.5	2.1	0.5	0.5	0.8
合　计	1715.4	2253.2	2569.8	2744.2	2788.8	2826.2

注:①包括行业不明确者。②10 岁及以上。③旅馆、饭店业包括在社会和个人服务业内。

8－3 续表 4

单位:万人

	1980 年	1990 年	1995 年	1996 年	1997 年	1998 年
新 加 坡						
按第三版 ISIC 分类						
农业、狩猎业和林业;渔业			0.4	0.3	0.5	0.4
采矿和采石业			…	…	…	0.2
制造业			40.8	40.6	41.4	40.4
电、煤气和水供应			0.6	0.7	1.2	0.8
建筑业			11.3	11.5	12.6	13.1
批发、零售贸易;机动车及个人、家庭用品修理业			24.0	29.2	29.5	28.1
饭店和餐饮业			10.4	11.4	10.4	11.9
运输、仓储和通讯			18.3	19.5	21.0	20.6
金融媒介			8.8	9.5	10.6	10.9
房地产、租赁及批发、零售业活动			16.6	15.1	16.7	18.4
公共管理和防卫;强制性社会保险			10.0	10.6	11.5	11.9
教育;卫生和社会工作			11.7	13.3	13.8	13.8
社区、社会和私人其他服务活动;有雇工的私人家庭			15.9	12.7	13.5	16.2
域外组织和机构;行业不明确者			1.5	0.3	0.2	0.3
合　计		153.7	170.2	174.8	183.1	187.0
斯里兰卡①						
按第二版 ISIC 分类						
农业		285.1	198.5	196.3	208.1	247.2
采矿和采石业		16.1	5.6	6.9	8.8	7.8
制造业		86.9	86.4	83.8	84.6	91.5
电、煤气和水		1.3	2.5	2.5	4.8	3.5
建筑业		18.3	30.0	32.1	32.6	30.9
批发、零售业、旅馆和饭店业		51.1	55.7	70.5	75.9	59.4
运输、仓储和通讯		24.7	24.5	25.9	25.2	26.8
金融保险、不动产和产业服务		5.0	9.2	11.8	7.7	11.7
社会和个人服务		98.0	89.4	108.3	90.0	100.7
行业不明确		9.9	29.8	20.6	19.4	15.0
合　计		596.4	531.6	558.7	556.9	594.6
泰　国②						
按第二版 ISIC 分类						
农业	1594.3	1972.6	1692.9	1612.7	1669.1	1647.2
采矿和采石业	3.7	5.4	4.6	4.7	4.7	4.1
制造业	178.9	313.3	437.7	433.4	429.2	418.9
电、煤气和水	6.0	10.9	16.8	14.3	17.8	17.7
建筑业	43.6	102.6	184.6	217.2	202.1	128.0
批发、零售业、旅馆和饭店业③	191.6	297.6	409.4	434.1	460.1	446.4
运输、仓储和通讯	45.6	73.3	92.5	95.4	98.0	92.3
金融保险、不动产和产业服务③						
社会和个人服务③	188.7	306.5	412.2	409.4	434.2	458.4
行业不明确	0.1	2.2	0.6	1.9	0.9	0.8
合　计	2252.3	3084.2	3251.2	3223.2	3316.2	3213.8

注:①10 岁及以上,不包括北部省和东部省。②13 岁及以上。③金融保险、不动产业包括在批发、零售业中,饭店和旅馆业包括在社会和个人服务业中。

8－3 续表 5

单位:万人

	1980 年	1990 年	1995 年	1996 年	1997 年	1998 年
土 耳 其①						
按第二版 ISIC 分类						
农业		935.6	1022.7	996.2#	821.9	953.4
采矿和采石业		21.4	13.1	16.2#	17.6	17.1
制造业		295.8	294.8	313.4#	360.2	330.0
电、煤气和水		1.3	11.1	8.2#	11.1	10.6
建筑业		93.7	122.8	135.6#	132.3	133.5
批发、零售业、旅馆和饭店业		227.8	261.2	270.4#	291.6	290.1
运输、仓储和通讯		85.1	85.4	91.7	92.6	95.3
金融保险、不动产和产业服务		43.6	48.7	45.3	51.6	51.6
社会和个人服务		290.4	277.9	292.8	302.4	314.2
行业不明确						
合　计		1994.6	2137.8	2169.8	2081.5	2195.8
埃　　及②						
按第二版 ISIC 分类						
农业	415.2	559.9	521.6			
采矿和采石业	2.0	4.4	4.1			
制造业	143.9	186.8	218.4			
电、煤气和水	8.3	10.3	16.7			
建筑业	42.6	95.5	96.8			
批发、零售业、旅馆和饭店业	88.4	138.1	158.8			
运输、仓储和通讯	50.3	91.3	90.8			
金融保险、不动产和产业服务	12.7	28.0	28.3			
社会和个人服务	198.2	318.3	399.1			
行业不明确	18.3	3.7	0.1			
合　计	979.9	1436.1	1534.4			
阿 根 廷③						
按第三版 ISIC 分类						
农业、狩猎业和林业;渔业;采矿和采石业			13.7	15.9		
制造业			163.9	163.8		
电、煤气和水供应			9.9	10.6		
建筑业			82.1	85.2		
批发、零售贸易;机动车及个人、家庭用品修理业			179.7	185.8		
旅馆和饭店业			31.2	28.4		
运输、仓储和通讯			74.0	75.4		
金融媒介			23.2	22.0		
房地产、租赁及批发、零售业活动			59.5	65.1		
公共管理和防卫;强制性社会保险			89.9	95.7		
教育;卫生和社会工作			79.1	71.5		
社区、社会和私人其他服务活动			57.5	60.0		
有雇工的私人家庭			83.4	88.4		
域外组织和机构			83.1	81.0		
行业不明确者			4.5	5.5		
合　计			1034.8	1054.2		

注:①12 岁及以上。②12 至 64 岁。③10 岁及以上。

8—3 续表 6　　单位:万人

	1980年	1990年	1995年	1996年	1997年	1998年
巴　西①						
按第二版 ISIC 分类						
农业	1330.0	1418.1*	1815.4	1654.1	1677.1	
采矿和采石业②		86.0*	86.3	76.9	77.4	
制造业	756.2	941.0*	854.8	841.0	850.7	
电、煤气和水						
建筑业	366.4	382.3*	422.9	433.7	458.3	
批发、零售业、旅馆和饭店业③	468.8	797.6*	911.7	907.1	922.3	
运输、仓储和通讯③	176.8	244.0*	254.3	255.3	275.9	
金融保险、不动产和产业服务	122.3	171.6*	133.4	130.8	127.8	
社会和个人服务③	1326.1	2169.4*	2484.1	2993.1	2543.6	
行业不明确		*				
合　计	4546.5	6210.0*	6962.9	6792.0	6933.2	
加 拿 大④						
按第三版 ISIC 分类						
农业、狩猎业和林业		49.8	50.7	51.3	48.5	50.0
渔业		4.1	3.2	3.5	3.5	3.4
采矿和采石业		20.0	18.2	18.1	18.8	18.2
制造业		202.1	195.8	198.4	206.7	214.7
电、煤气和水供应		12.2	11.9	12.3	11.6	11.7
建筑业		82.1	71.5	70.5	73.1	75.7
批发、零售贸易;机动车及个人、家庭用品修理业		238.3	233.2	237.5	240.0	245.3
旅馆和饭店业		80.1	85.7	88.8	90.0	91.6
运输、仓储和通讯		97.5	103.3	102.0	106.0	108.1
金融媒介		58.3	60.3	59.3	60.9	59.6
房地产、租赁及批发、零售业活动		118.7	136.3	142.0	149.7	163.4
公共管理和防卫;强制性社会保险		81.7	80.0	82.7	79.0	78.8
教育		83.4	92.4	91.2	93.8	94.3
卫生和社会工作		126.2	139.6	140.3	139.8	146.5
社区、社会和私人其他服务活动		52.3	58.3	60.8	64.0	62.1
有雇工的私人家庭		9.6	10.0	8.6	8.6	9.2
域外组织和机构		0.2	0.3	0.3	…	0.2
合　计		1316.5	1350.6	1367.6	1394.1	1432.6
墨 西 哥⑤						
按第三版 ISIC 分类						
农业、狩猎业和林业			798.6	775.7	882.1	764.2
渔业			39.3	16.5	19.6	17.6
采矿和采石业			14.7	13.3	10.8	15.3
制造业			516.8	577.9	626.5	698.4
电、煤气和水供应			8.0	20.2	18.8	18.3
建筑业			181.9	179.7	175.9	212.6
批发、零售贸易;机动车及个人、家庭用品修理业			625.2	611.6	644.5	680.4

注:①10 岁及以上;1980 年为 1981 年数据,其中采矿和采石业、电、煤气和水业包括在制造业内。②包括电、煤气和水业。③旅馆和饭店业、仓储业包括在社会和个人服务业中。④不包括全职军人。⑤12 岁及以上。

8—3 续表 7 单位:万人

	1980 年	1990 年	1995 年	1996 年	1997 年	1998 年
墨 西 哥①(续)						
运输、仓储和通讯			146.1	144.9	152.0	169.3
金融媒介			30.6	32.7	36.6	31.6
公共管理和防卫;强制性社会保险			128.3	157.7	158.7	160.7
教育			166.4	173.9	183.0	189.3
卫生和社会工作			78.7	90.2	96.1	101.0
社区、社会和私人其他服务活动			289.6	279.0	288.9	311.0
有雇工的私人家庭			113.6	167.5	155.3	177.1
域外组织和机构			12.6	15.4	12.7	14.4
行业不明确者			3.4	2.6	1.3	2.5
合 计			3388.1	3522.6	3736.0	3861.8
美 国②						
按第二版 ISIC 分类						
农业	352.9 *	339.4 *	359.2	357.0 *	353.8	350.9
采矿和采石业	97.9 *	72.4 *	62.7	56.9 *	63.4	62.0
制造业	2194.2 *	2134.6 *	2049.3	2051.8 *	2083.5	2073.3
电、煤气和水	140.5 *	158.2 *	151.2	148.9 *	149.3	149.6
建筑业	621.5 *	776.4 *	766.8	794.3 *	830.2	851.8
批发、零售业、旅馆和饭店业③	2019.1 *	2462.2 *	2607.1	2649.7 *	2677.7	2720.3
运输、仓储和通讯	512.0 *	658.6 *	719.7	732.8 *	768.9	781.1
金融保险、不动产和产业服务	835.1 *	1342.2 *	1368.9	1418.0 *	1476.8	1545.2
社会和个人服务③	3156.9 *	3935.2 *	4405.2	4461.4 *	4552.1	4612.1
行业不明确						
合 计	9930.3 *	11879.3 *	12490.0	12670.8 *	12955.8	13146.3
委内瑞拉						
按第二版 ISIC 分类						
农业	63.7 *	86.0	103.5	105.6	89.4	
采矿和采石业	6.3 *	6.7	7.2	7.8	9.1	
制造业	67.5 *	99.3	104.1	100.5	112.2	
电、煤气和水	5.0 *	6.4	6.6	6.4	6.6	
建筑业	38.7 *	49.3	62.5	60.0	69.4	
批发、零售业、旅馆和饭店业	80.3 *	134.9	173.4	179.3	198.6	
运输、仓储和通讯	30.2 *	39.0	47.8	52.2	53.4	
金融保险、不动产和产业服务	18.7 *	35.8	42.6	48.2	46.6	
社会和个人服务	113.9 *	182.4	217.9	220.6	241.2	
行业不明确	0.2 *	0.6	1.0	1.3	2.1	
合 计	424.5 *	640.4	766.7	781.9	828.7	
捷克共和国						
按第二版 ISIC 分类						
农业	102.6	94.3				
采矿和采石业	18.2	26.0				
制造业④	271.7	259.6				
电、煤气和水	10.7	12.4				
建筑业	67.5	64.7				

注:①12 岁及以上。②16 岁及以上。③旅馆业包括在社会和个人服务业内。④包括供水业。

	1980 年	1990 年	1995 年	1996 年	1997 年	1998 年
捷克共和国(续)						
批发、零售业、旅馆和饭店业	89.7	92.8				
运输、仓储和通讯	51.4	55.1				
金融保险、不动产和产业服务	25.4	28.7				
社会和个人服务	134.8	188.6				
行业不明确	2.1	2.7				
合　计	774.1	824.9				
按第三版 ISIC 分类						
农业、狩猎业和林业①			33.2	25.2	23.0	
渔业				5.6	5.5	
采矿和采石业			9.7	9.0	8.9	
制造业			148.4	141.1	137.3	
电、煤气和水供应			10.2	10.0	9.2	
建筑业			46.2	46.8	48.0	
批发、零售贸易;机动车及个人、家庭用品修理业			64.8	64.7	66.0	
旅馆和饭店业			15.9	15.5	16.5	
运输、仓储和通讯			39.0	38.8	38.3	
金融媒介			9.6	9.5	9.7	
房地产、租赁及批发、零售业活动			25.2	25.6	25.3	
公共管理和防卫;强制性社会保险			27.1	30.9	32.1	
教育			32.5	31.2	30.7	
卫生和社会工作			30.5	27.4	27.2	
社区、社会和私人其他服务活动			17.5	16.7	16.0	
有雇工的私人家庭			0.1	0.2	0.1	
域外组织和机构			0.1	0.1	0.2	
行业不明确者			0.2	0.2	0.2	
合　计			510.2	497.5	494.2	
法　　国②						
按第二版 ISIC 分类						
农业	185.4	124.8				
采矿和采石业	14.0	8.3				
制造业	549.5	470.6				
电、煤气和水	18.7	20.5				
建筑业	184.2	163.4				
批发、零售业、旅馆和饭店业	346.1	375.0				
运输、仓储和通讯	133.4	140.4				
金融保险、不动产和产业服务	155.3	228.4				
社会和个人服务	577.3	708.2				
行业不明确						
合　计	2163.8	2239.6				
德　　国						
按第三版 ISIC 分类						
农业、狩猎业和林业			115.5	106.7	104.3	101.6

①1995 年包括渔业。②包括职业军人。

8－3 续表 9　　　　单位：万人

	1980 年	1990 年	1995 年	1996 年	1997 年	1998 年
德　国(续)						
渔业			0.8	0.9	0.6	0.8
采矿和采石业和采石业			26.2	24.3	20.2	18.2
制造业			894.6	853.6	847.5	846.1
电、煤气和水供应			35.9	33.5	33.9	30.5
建筑业			337.8	346.9	327.1	318.3
批发、零售贸易；机动车及个人、家庭用品修理业			515.2	512.7	511.1	515.4
旅馆和饭店业			103.6	111.5	113.3	113.0
运输、仓储和通讯			203.1	194.1	194.1	192.0
金融媒介			129.4	127.6	125.7	127.3
房地产、租赁及批发、零售业活动			216.0	228.4	247.5	258.1
公共管理和防卫；强制性社会保险			336.2	332.7	329.5	317.4
教育			182.7	189.3	188.7	192.7
卫生和社会工作			315.1	336.7	343.7	353.4
社区、社会和私人其他服务活动			177.5	181.9	177.2	182.6
有雇工的私人家庭			11.7	13.7	13.3	15.0
域外组织和机构			3.6	3.8	2.9	3.6
合　计			3604.8	3589.2	3580.5	3586.0
意 大 利①						
按第二版 ISIC 分类						
农业	289.9	189.5				
采矿和采石业②	22.0	22.9				
制造业	543.9	475.7				
电、煤气和水						
建筑业	204.1	185.9				
批发、零售业、旅馆和饭店业	379.8	453.7				
运输、仓储和通讯	113.4	114.6				
金融保险、不动产和产业服务	52.2	89.5				
社会和个人服务	462.1	613.6				
行业不明确						
合　计	2067.4	2145.4				
按第三版 ISIC 分类						
农业、狩猎业和林业			144.5			
渔业			4.4			
采矿和采石业			8.8			
制造业			453.4			
电、煤气和水供应			204.1			
建筑业			160.7			
批发、零售贸易；机动车及个人、家庭用品修理业			336.7			
旅馆和饭店业			85.3			
运输、仓储和通讯			105.9			
金融媒介			65.6			

注：①14 岁及以上。②包括电、煤气和水业。

8—3 续表 10　　　　单位:万人

	1980 年	1990 年	1995 年	1996 年	1997 年	1998 年
意 大 利①(续)						
房地产、租赁及批发、零售业活动			94.2			
公共管理和防卫;强制性社会保险			150.2			
教育			148.2			
卫生和社会工作			113.8			
社区、社会和私人其他服务活动			80.3			
有雇工的私人家庭			20.3			
域外组织和机构			1.4			
合　计			1994.2			
荷　　兰②						
按第二版 ISIC 分类						
农业		28.9				
采矿和采石业		1.1				
制造业		118.5				
电、煤气和水		4.1				
建筑业		40.9				
批发、零售业、旅馆和饭店业		110.4				
运输、仓储和通讯		38.2				
金融保险、不动产和产业服务		64.6				
社会和个人服务		222.9				
行业不明确		5.8				
合　计		635.6				
按第三版 ISIC 分类						
农业、狩猎业和林业			24.4	25.9	25.4	23.6
渔业			…	…	0.5	…
采矿和采石业			1.2	1.1	1.3	1.1
制造业			107.9	107.8	110.3	110.4
电、煤气和水供应			4.3	4.1	4.2	4.7
建筑业			40.6	42.7	44.8	45.1
批发、零售贸易;机动车及个人、家庭用品修理业			110.4	116.0	121.0	122.0
旅馆和饭店业			23.8	24.5	25.2	26.7
运输、仓储和通讯			40.6	42.3	42.3	44.2
金融媒介			22.2	23.6	25.2	26.4
房地产、租赁及批发、零售业活动			65.8	72.0	76.2	83.3
公共管理和防卫;强制性社会保险			52.9	50.0	52.9	52.5
教育			44.1	44.2	42.6	46.5
卫生和社会工作			92.9	94.6	98.7	102.8
社区、社会和私人其他服务活动			26.8	28.1	30.3	31.8
有雇工的私人家庭			1.2	2.8	2.4	2.2
行业不明确			23.9	16.9	15.8	16.1
合　计			683.5	697.1	719.4	739.8

注:①14 岁及以上。②15 至 64 岁。

8—3 续表 11

单位:万人

	1980 年	1990 年	1995 年	1996 年	1997 年	1998 年
波　兰						
按第三版 ISIC 分类						
农业、林业、狩猎业			333.1	329.8	310.4	293.4
渔业			1.4	1.2	1.3	1.2
采矿和采石业			44.6	41.8	38.8	38.1
制造业			311.9	313.0	318.2	320.5
电、煤气、水供应			26.6	27.1	27.3	26.5
建筑业			89.8	92.1	100.3	107.1
批发零售贸易;机动车及个人、家用批发、零售品修理业			181.1	189.5	199.2	211.7
旅馆和饭店业			19.4	20.2	21.0	21.9
运输、仓储和通讯			85.6	89.0	93.6	95.8
金融媒介			29.6	28.6	31.2	35.4
房地产业、租赁业及批发、零售业活动			33.7	41.2	44.0	46.4
公共管理、防卫;强制性社会保障			68.5	74.6	78.2	77.9
教育			99.9	96.8	94.0	97.2
卫生和社会工作			97.5	102.2	105.7	105.6
社区、社会和私人服务业			54.1	48.8	54.0	55.8
有雇工的私人家庭			1.1	1.3	0.8	0.8
域外组织和机构			...	...	...	0.1
行业不明确			1.7	...	...	...
合　计			1479.1	1496.9	1517.7	1535.4
罗马尼亚①						
按第三版 ISIC 分类						
农业、狩猎业和林业			448.5	413.9	430.2	433.5
渔业			1.2	1.1	0.9	0.8
采矿和采石业			28.2	24.1	22.5	20.2
制造业			249.8	251.2	244.4	231.4
电、煤气和水供应			20.4	22.4	23.4	23.5
建筑业			46.8	47.0	46.8	43.4
批发、零售贸易;机动车及个人、家用批发、零售品修理业			71.7	83.2	88.3	92.6
旅馆和饭店业			13.8	14.8	16.1	14.2
运输、仓储和通讯			55.7	57.6	55.9	52.9
金融媒介			8.7	8.7	9.0	8.2
房地产、租赁及批发、零售业活动			15.3	17.9	16.8	8.0
公共管理和防卫;强制性社会保险			56.3	51.8	50.0	50.5
教育			43.6	42.2	43.6	42.8
卫生和社会工作			34.5	35.7	35.8	33.5
社区、社会和私人其他服务活动			20.6	21.9	21.3	21.8
合　计			1115.2	1093.6	1105.0	1084.5

注:①1995 年为 14 岁及以上。

单位:万人

	1980 年	1990 年	1995 年	1996 年	1997 年	1998 年
俄 罗 斯						
按第三版 ISIC 分类						
农业、狩猎业和林业			1044.3			
渔业						
采矿和采石业			108.4	114.3	115.0	
制造业			1454.2	1357.0	1207.5	
电、煤气和水供应			116.7	123.7	138.0	
建筑业			577.0	551.6	534.2	
批发、零售贸易;机动车及个人、家庭用品修理业			706.4	716.5	906.5	
运输、仓储和通讯			525.3	521.9	512.0	
金融媒介;房地产、租赁及批发、零售业活动			535.2	507.7	503.4	
公共管理和防卫;强制性社会保险			189.3	272.6	261.3	
教育			618.0	619.1	601.9	
卫生和社会工作			433.5	444.3	432.7	
社区、社会和私人其他服务活动			239.3	254.7	264.8	
有雇工的私人家庭;域外组织和机构;行业不明确			73.7	104.9	54.6	
合 计			6644.1	6595.0	6463.9	
西 班 牙①						
按第二版 ISIC 分类						
农业	211.9	148.6				
采矿和采石业	9.1	7.8				
制造业	288.0	280.7				
电、煤气和水	8.6	9.4				
建筑业	98.4	122.0				
批发、零售业、旅馆和饭店业	216.4	254.0				
运输、仓储和通讯	65.6	72.7				
金融保险、不动产和产业服务	38.9	67.8				
社会和个人服务	176.9	295.0				
行业不明确						
合 计	1113.8	1257.9				
按第三版 ISIC 分类						
农业、狩猎业和林业			104.0	101.6	101.1	100.5
渔业			6.6	6.1	5.6	5.5
采矿和采石业			6.5	7.4	6.7	6.0
制造业			232.6	233.6	243.2	256.3
电、煤气和水供应			9.5	9.0	8.2	8.5
建筑业			113.5	117.6	124.3	130.7
批发、零售贸易;机动车及个人、家庭用品修理业			201.7	206.7	212.4	217.9

注:①16 岁及以上。

8－3 续表 13

单位：万人

	1980 年	1990 年	1995 年	1996 年	1997 年	1998 年
西 班 牙①（续）						
饭店和餐馆			75.6	75.0	78.0	79.8
运输、仓储和通讯			72.5	73.7	75.4	77.2
金融媒介			31.5	33.6	33.5	33.3
房地产、租赁及批发、零售业活动			65.3	73.7	79.2	85.9
公共管理和防卫；强制性社会保险			76.6	80.6	82.2	82.6
教育			66.9	71.6	74.6	78.7
卫生和社会工作			61.8	67.8	71.4	71.4
社区、社会和私人其他服务活动			44.7	46.1	46.8	49.7
有雇工的私人家庭			34.9	35.4	33.6	26.2
域外组织和机构			0.1	0.1	0.2	0.3
合 计			1204.2	1239.6	1276.5	1320.5
乌 克 兰						
按第二版 ISIC 分类						
农业		502.3	533.5	509.4	498.8	507.4
采矿和采石业			85.3	78.7	73.0	68.7
制造业			430.4	397.5	362.8	354.0
电、煤气和水						
建筑业		242.2	148.5	136.6	119.4	109.2
批发、零售业、旅馆和饭店业		186.7	158.5	159.6	158.9	151.4
运输、仓储和通讯		192.3	153.2	153.6	143.8	140.0
金融保险、不动产和产业服务		12.9	20.4	21.3	21.3	21.3
社会和个人服务						
行业不明确						
合 计		2540.1	2196.2	2086.8	1983.5	1942.7
英 国①						
按第三版 ISIC 分类						
农业、狩猎业和林业		55.4	52.0	49.8	47.8	44.5
渔业		12.9	1.4	1.4	1.5	2.0
采矿和采石业		23.3	11.3	10.8	10.5	10.0
制造业		299.1	490.9	503.6	499.1	498.7
电、煤气和水供应		33.3	22.2	18.9	17.9	17.9
建筑业		214.1	183.6	181.9	186.5	189.6
批发、零售贸易；机动车及个人、家庭用品修理业		419.9	406.9	405.4	414.9	411.7
饭店和餐馆		118.5	116.4	118.5	123.7	123.9
运输、仓储和通讯		170.3	165.6	162.9	170.8	175.6
金融媒介		116.8	115.6	112.1	117.7	118.4
房地产、租赁及批发、零售业活动		215.6	242.0	247.1	262.7	276.8
公共管理和防卫；强制性社会保险		162.5	154.7	158.4	158.4	156.4
教育		182.9	192.8	202.3	198.7	204.1

注：①16 岁及以上。

8—3 续表 14

单位:万人

	1980 年	1990 年	1995 年	1996 年	1997 年	1998 年
英　国①(续)						
卫生和社会工作		220.8	274.8	284.1	292.7	296.4
社区、社会和私人其他服务活动		116.4	137.7	135.4	138.0	145.2
有雇工的私人家庭		20.6	15.3	15.6	15.7	14.3
域外组织和机构		3.2	2.2	1.9	2.5	2.1
行业不明确		18.9	12.2	12.0	9.2	7.3
合　计		2693.5	2597.3	2621.9	2668.2	2694.7
澳大利亚						
按第三版 ISIC 分类						
农业、狩猎业和林业		42.4	39.2	40.3	41.6	40.7
渔业		1.4	1.7	1.6	1.4	1.3
采矿和采石业		8.9	7.8	8.1	7.5	7.7
制造业		117.9	111.5	111.8	113.5	109.8
电、煤气和水供应		10.6	8.4	7.2	6.6	6.5
建筑业		59.3	60.1	59.6	58.1	62.2
批发、零售贸易;机动车及个人、家庭用品修理业		162.6	170.7	174.0	172.0	177.5
饭店和餐馆		31.8	38.8	37.8	40.4	40.8
运输、仓储和通讯		53.2	53.7	56.2	55.1	54.5
金融媒介		36.7	31.5	31.8	31.6	32.3
房地产、租赁及批发、零售业活动		62.5	80.5	82.9	88.1	95.3
公共管理和防卫;强制性社会保险		44.3	45.4	45.6	44.7	42.8
教育						
卫生和社会工作		66.2	74.4	76.8	77.8	81.1
社区、社会和私人其他服务活动		31.9	39.1	39.0	41.3	42.3
有雇工的私人家庭		1.2	1.6	1.2	1.1	1.1
域外组织和机构		0.1	0.1	0.1	0.1	0.1
合　计		783.7	821.8	832.4	838.7	855.3
新 西 兰						
按第二版 ISIC 分类						
农业	13.8	15.7	15.8	16.0	15.0	14.7
采矿和采石业	0.5	0.6	0.5	0.5	0.5	0.4
制造业	31.8	25.3	29.2	28.7	28.3	29.0
电、煤气和水	1.4	1.4	1.3	1.4	1.1	1.0
建筑业	9.0	9.2	10.0	11.0	11.5	11.1
批发、零售业、旅馆和饭店业	21.6	31.2	34.9	36.0	37.6	37.0
运输、仓储和通讯	10.8	9.3	9.9	9.9	10.3	10.3
金融保险、不动产和产业服务	8.8	14.6	17.4	18.9	21.6	21.4
社会和个人服务	29.7	40.4	44.1	45.8	47.2	47.0
行业不明确		0.6	0.2	0.6	0.5	0.5
合　计	127.5	148.1	163.3	168.8	173.6	172.5

注:①16 岁及以上。

资料来源:国际劳工组织《劳工统计年鉴》1989—1990 年、1999 年。

8-4 就业人口的职业构成

单位:万人

	1990年	1995年	1996年	1997年	1998年
中国香港					
按1968年版ISCO分类					
专业、技术和相关人员	22.0				
行政和管理人员	11.6				
职员和相关人员	52.1				
销售人员	34.3				
服务人员	47.1				
农业、畜牧业和林业工作人员,渔民和猎人	2.4				
生产和相关人员、运输设备操作员和工人	101.7				
不能按职业分类的人员					
合　计	271.2				
按1988年版ISCO分类					
立法者、高级官员和经理		24.8	28.8	24.0	25.5
专业人员		14.1	15.5	15.9	16.9
技术员和助理专业人员		39.1	41.5	51.7	50.1
职员		54.0	55.1	57.9	58.5
商店、市场销售及服务人员		40.9	42.6	43.6	45.4
农业、渔业熟练工人		1.4	1.2	1.0	0.9
工艺和相关行业工人		34.5	33.8	36.1	36.3
设备和机器操作员和装配工		32.1	29.9	28.2	28.4
基本职业		49.7	52.5	56.1	58.2
不能按职业分类的人员					
合　计		290.5	300.8	314.5	320.1
孟加拉国①					
按1968年版ISCO分类					
专业、技术和相关人员	146.0		182.3		
行政和管理人员	18.7		18.3		
职员和相关人员	110.0		119.9		
销售人员	140.8		616.9		
服务人员	167.6		190.5		
农业、畜牧业和林业工作人员,渔民和猎人	3435.4		3485.8		
生产和相关人员、运输设备操作员和工人	698.4		845.7		
不能按职业分类的人员	38.0		0.3		
合　计	5015.9		5459.7		
以色列②					
按1968年版ISCO分类					
专业、技术和相关人员	37.1				
行政和管理人员	7.8				
职员和相关人员	25.2				
销售人员	13.0				
服务人员	19.4				
农业、畜牧业和林业工作人员,渔民和猎人	5.6				
生产和相关人员、运输设备操作员和工人	39.5				
不能按职业分类的人员	1.4				
合　计	149.2				

8—4 续表 1

单位:万人

	1990 年	1995 年	1996 年	1997 年	1998 年
以 色 列②(续)					
按 1988 年版 ISCO 分类					
议员、高级官员和经理		9.6	10.4	11.4	11.7
专业人员		22.6	24.3	25.3	26.1
技术人员与辅助专业人员		26.7	27.5	27.9	30.1
职员		32.5	33.2	35.1	35.5
商店、市场销售及服务人员		33.1	34.3	34.7	36.7
农业、渔业熟练工人		4.6	4.2	3.8	3.8
手工艺者和相关贸易人员		48.2	48.8	47.7	45.1
工厂和机器的操作者和装配工					
初等职业		17.4	17.0	16.5	16.9
职业不明确		1.9	1.6	1.8	1.8
合　计		196.5	201.3	204.0	207.7
日　　本					
按 1968 年版 ISCO 分类					
专业、技术和相关人员	690.0	790.0	804.0	824.0	844.0
行政和管理人员	239.0	236.0	240.0	226.0	222.0
职员和相关人员	1157.0	1252.0	1263.0	1273.0	1290.0
销售人员	940.0	945.0	933.0	940.0	928.0
服务人员	535.0	610.0	618.0	637.0	654.0
农业、畜牧业和林业工作人员，渔民和猎人	448.0	363.0	352.0	346.0	340.0
生产和相关人员、运输设备操作员和工人	2212.0	2236.0	2247.0	2278.0	2202.0
不能按职业分类的人员	30.0	24.0	28.0	32.0	34.0
合　计	6249.0	6457.0	6486.0	6557.0	6514.0
韩　　国					
按 1968 年版 ISCO 分类					
专业、技术和相关人员	130.7				
行政和管理人员	26.8				
职员和相关人员	235.2				
销售人员	262.7				
服务人员	201.8				
农业、畜牧业和林业工作人员，渔民和猎人	321.6				
生产和相关人员、运输设备操作员和工人	629.8				
不能按职业分类的人员					
合　计	1808.5				
按 1988 年版 ISCO 分类					
专业人员、技术人员和相关					
立法者、高级官员和经理		52.5	54.9	53.1	
专业人员		97.1	101.4	99.7	
技术员和助理专业人员		184.0	197.6	218.4	
职员		251.0	256.4	257.4	
商店、市场销售及服务人员		446.4	467.2	485.7	
农业、渔业熟练工人		238.9	229.5	221.3	
工艺和相关行业工人		321.9	322.9	316.3	
设备和机器操作员和装配工		217.5	217.0	217.3	
基本职业		228.4	229.5	235.5	
不能按职业分类的人员					
合　计		2037.7	2076.4	2104.8	

8—4 续表 2

单位:万人

	1990年	1995年	1996年	1997年	1998年
马来西亚③					
按1968年版ISCO分类					
专业、技术和相关人员	52.0	75.7	83.8	89.7	91.3
行政和管理人员	14.5	24.8	29.8	33.0	34.6
职员和相关人员	65.6	83.2	90.6	96.3	94.7
销售人员	75.9	83.5	93.6	91.9	93.8
服务人员	76.3	84.6	94.3	98.5	100.8
农业、畜牧业和林业工作人员,渔民和猎人	175.1	154.0	164.5	151.6	163.3
生产和相关人员、运输设备操作员和工人	209.3	258.8	283.4	296.0	281.5
不能按职业分类的人员					
合　计	668.5	764.5	840.0	856.9	860.0
巴基斯坦①					
按1968年版ISCO分类					
专业、技术和相关人员	113.7	158.3	162.2	181.8	
行政和管理人员	21.8	28.6	29.3	22.5	
职员和相关人员	113.2	144.2	147.7	109.3	
销售人员	325.7	428.1	439.7	601.5	
服务人员	129.0	139.5	143.0	170.9	
农业、畜牧业和林业工作人员,渔民和猎人	1508.1	1445.2	1481.0	1484.7	
生产和相关人员、运输设备操作员和工人	764.9	797.1	816.9	847.3	
不能按职业分类的人员	3.3				
合　计	2979.7	3140.7	3218.8	3418.0	
菲律宾					
按1968年版ISCO分类					
专业、技术和相关人员	140.1	142.8	164.0	165.4	169.7
行政和管理人员	26.4	42.1	45.6	53.1	57.0
职员和相关人员	98.7	111.5	122.3	120.5	127.1
销售人员	302.5	359.2	392.3	397.9	415.2
服务人员	208.4	230.9	259.0	281.5	300.5
农业、畜牧业和林业工作人员,渔民和猎人	1003.7	1122.4	1133.3	1115.1	1116.3
生产和相关人员、运输设备操作员和工人	463.4	557.1	625.9	650.6	646.6
不能按职业分类的人员	9.9	3.8	1.9	4.6	3.8
合　计	2253.2	2569.8	2744.2	2788.8	2826.2
新加坡					
按1988年版ISCO分类					
立法者、高级官员和经理		21.8	21.5	23.0	23.9
专业人员		12.5	12.9	16.4	17.2
技术员和助理专业人员		26.9	30.8	32.0	33.2
职员		22.0	26.3	27.7	27.9
商店、市场销售及服务人员		21.0	23.0	23.0	23.6
农业、渔业熟练工人		0.1	0.2	0.3	0.2
工艺和相关行业工人		14.5	14.5	13.4	14.4
设备和机器操作员和装配工		22.9	24.0	24.3	22.5
基本职业		21.4	15.7	17.0	17.9
军人和不能按职业分类的人员		7.1	6.0	6.1	6.2
合　计		170.2	174.8	183.1	187.0

8—4 续表 3

单位:万人

	1990年	1995年	1996年	1997年	1998年
斯里兰卡					
按1968年版ISCO分类					
专业、技术和相关人员	3.7				
行政和管理人员	1.7				
职员和相关人员	8.1				
销售人员	2.2				
服务人员					
农业、畜牧业和林业工作人员,渔民和猎人					
生产和相关人员、运输设备操作员和工人					
不能按职业分类的人员④	60.6				
合　计	76.3				
按1988年版ISCO分类①					
立法者、高级官员和经理		6.5	7.0	7.3	10.6
专业人员		27.9	34.0	26.5	35.6
技术员和助理专业人员		16.2	25.4	20.2	21.7
职员		27.5	24.5	22.9	24.5
商店、市场销售及服务人员		67.1	73.6	70.4	64.8
农业、渔业熟练工人		128.4	128.3	130.6	163.4
工艺和相关行业工人		95.8	90.7	91.0	80.0
设备和机器操作员和装配工		22.8	25.5	31.2	30.2
基本职业		132.5	136.4	141.1	157.6
不能按职业分类的人员		7.0	13.3	15.8	6.3
合　计		531.6	558.7	556.9	594.6
泰　　国⑤					
按1968年版ISCO分类					
专业、技术和相关人员	103.3	159.6	153.0	172.5	181.7
行政和管理人员	44.2	71.7	77.9	80.3	81.6
职员和相关人员	87.8	126.5	122.0	127.1	127.4
销售人员	268.8	364.7	376.4	392.5	402.6
服务人员	110.8	136.7	142.9	153.3	149.6
农业、畜牧业和林业工作人员,渔民和猎人	1975.5	1702.1	1617.1	1676.5	1649.3
生产和相关人员、运输设备操作员和工人	490.9	696.1	732.9	711.0	621.1
不能按职业分类的人员	3.0	0.2	1.0	0.4	0.6
合　计	3084.2	3251.2	3223.2	3316.2	3213.8
土 耳 其⑥					
按1968年版ISCO分类					
专业、技术和相关人员	115.5	121.5	127.2	134.4	144.3
行政和管理人员	48.0	48.7	41.8	53.4	52.0
职员和相关人员	94.7	101.7	105.6	115.8	107.4
销售人员	154.3	185.5	196.5	202.7	214.6
服务人员	157.0	155.2	162.6	183.1	173.4
农业、畜牧业和林业工作人员,渔民和猎人	934.5	1019.4	991.2	820.7	953.0
生产和相关人员、运输设备操作员和工人	485.8	495.1	529.7	555.1	538.9
不能按职业分类的人员	4.8	10.8	15.3	16.3	12.3
合　计	1994.6	2137.8	2169.8	2081.5	2195.8

8—4 续表 4

单位:万人

	1990 年	1995 年	1996 年	1997 年	1998 年
埃　及⑦					
按 1968 年版 ISCO 分类					
专业、技术和相关人员	199.0	256.3			
行政和管理人员	15.4	17.4			
职员和相关人员	117.0	146.5			
销售人员	104.0	120.9			
服务人员	98.5	113.8			
农业、畜牧业和林业工作人员，渔民和猎人	552.3	510.7			
生产和相关人员、运输设备操作员和工人	349.9	368.9			
不能按职业分类的人员					
合　计	1436.1	1534.4			
加 拿 大					
按 1988 年版 ISCO 分类					
立法者、高级官员和经理	133.6	148.3	150.6	150.4	151.1
专业人员	180.9	205.1	202.0	216.1	224.2
技术员和助理专业人员	156.2	168.6	174.3	175.4	186.4
职员	202.9	185.0	183.2	182.9	184.1
商店、市场销售及服务人员	181.3	190.6	197.1	196.6	203.9
农业、渔业熟练工人	48.1	46.7	47.6	45.5	46.2
工艺和相关行业工人	136.0	126.9	128.8	133.2	135.5
设备和机器操作员和装配工	148.3	147.4	149.3	154.2	157.9
基本职业	128.9	131.5	134.4	139.2	142.9
军人	0.3	0.4	0.4	0.4	0.4
合　计	1316.5	1350.6	1367.6	1394.1	1432.6
墨 西 哥⑥					
按 1988 年版 ISCO 分类					
立法者、高级官员和经理		71.1	81.4	78.6	82.7
专业人员		76.8	97.4	100.1	102.8
技术员和助理专业人员		346.8	366.1	401.1	425.3
职员		206.6	224.1	216.5	235.3
商店、市场销售及服务人员		730.9	718.4	793.2	838.3
农业、渔业熟练工人		810.0	765.5	872.9	759.3
工艺和相关行业工人		437.6	475.5	478.4	530.6
设备和机器操作员和装配工		265.0	268.2	307.0	345.1
基本职业		439.9	523.5	486.8	539.9
不能按职业分类的人员		3.4	2.6	1.5	2.5
合　计		3388.1	3522.6	3736.0	3861.8
美　国⑧					
按 1968 年版 ISCO 分类					
专业、技术和相关人员	1966.6 *	2204.1	2267.8 *	2345.9	2414.4
行政和管理人员	1480.2 *	1718.6	1774.6 *	1844.0	1905.4
职员和相关人员	1876.2 *	1838.9	1835.3 *	1836.1	1841.0
销售人员	1428.5 *	1511.9	1540.4 *	1573.4	1585.0
服务人员	1601.2 *	1693.0	1717.7 *	1753.7	1783.6
农业、畜牧业和林业工作人员，渔民和猎人	345.0 *	364.2	356.6 *	350.3	350.2
生产和相关人员、运输设备操作员和工人	3181.6 *	3159.2	3178.4 *	3252.3	3266.7
不能按职业分类的人员					
合　计	11879.3 *	12490.0	12670.8 *	12955.8	13146.3

	1990 年	1995 年	1996 年	1997 年	1998 年
巴　　西①					
专业人员、技术人员和相关专业、技术和相关人员	466.7 *	524.1	541.7	542.7	
行政和管理人员					
职员和相关人员	931.6 *	848.7	824.9	853.1	
销售人员	664.5 *	831.5	824.0	848.0	
服务人员	633.1 *	767.2	735.1	764.4	
农业、畜牧业和林业工作人员,渔民和猎人	1306.5 *	1734.1	1592.0	1620.0	
生产和相关人员、运输设备操作员和工人	1468.7 *	1540.2	1533.0	1553.9	
不能按职业分类的人员⑨	738.9 *	717.1	741.6	751.1	
合　计	6210.0 *	6962.9	6792.0	6933.2	
委内瑞拉					
按 1968 年版 ISCO 分类					
专业人员、技术人员和相关专业、技术和相关人员	77.8	93.0	99.3	102.7	
行政和管理人员	24.0	25.9	30.5	34.9	
职员和相关人员	64.9	77.2	71.6	75.4	
销售人员	99.6	130.3	139.5	149.5	
服务人员	91.9	113.5	113.9	129.6	
农业、畜牧业和林业工作人员,渔民和猎人	85.3	103.7	104.9	89.5	
生产和相关人员、运输设备操作员和工人	194.3	220.0	219.0	243.6	
不能按职业分类的人员	2.7	3.1	3.1	3.4	
合　计	640.4	766.7	781.9	828.7	
捷克共和国					
按 1988 年版 ISCO 分类					
立法者、高级官员和经理		31.9	33.3	32.8	
专业人员		48.8	46.8	47.9	
技术员和助理专业人员		93.2	88.9	89.2	
职员		39.9	38.8	39.8	
商店、市场销售及服务人员		58.7	56.6	58.1	
农业、渔业熟练工人		12.7	12.0	11.1	
工艺和相关行业工人		109.0	105.2	104.2	
设备和机器操作员和装配工		65.7	63.8	62.6	
基本职业		48.8	46.0	42.9	
军人		1.1	5.8	5.3	
不能按职业分类的人员		0.4	0.3	0.3	
合　计		510.2	497.5	494.2	
德　　国					
按 1988 年版 ISCO 分类					
立法者、高级官员和经理		211.4	203.2	207.6	206.6
专业人员		410.3	432.6	440.9	454.3
技术员和助理专业人员		670.0	701.6	704.7	706.1
职员		465.1	457.9	457.6	454.0
商店、市场销售及服务人员		391.0	402.0	404.6	410.4
农业、渔业熟练工人		80.8	78.4	77.9	75.6
工艺和相关行业工人		673.2	679.8	657.6	647.2
设备和机器操作员和装配工		278.4	282.5	269.2	267.7
基本职业		285.7	268.6	272.8	274.6
军人		41.0	39.0	37.2	36.2
不能按职业分类的人员		97.9	52.7	50.4	53.3
合　计		3604.8	3598.2	3580.5	3586.0

8—4 续表 6

单位:万人

	1990年	1995年	1996年	1997年	1998年
荷　兰③					
按1968年版ISCO分类					
专业、技术和相关人员	150.9				
行政和管理人员	27.4				
职员和相关人员	112.2				
销售人员	69.2				
服务人员	77.8				
农业、畜牧业和林业工作人员,渔民和猎人	31.4				
生产和相关人员、运输设备操作员和工人	153.5				
不能按职业分类的人员	4.5				
合　计	635.6				
按1988年版ISCO分类					
立法者、高级官员和经理		79.2	79.9	81.7	87.4
专业人员		105.8	111.7	118.1	124.6
技术员和助理专业人员		116.2	115.7	122.6	128.9
职员		75.6	85.5	83.9	85.9
商店、市场销售及服务人员		86.1	91.6	94.3	95.6
农业、渔业熟练工人		11.8	13.9	14.0	13.0
工艺和相关行业工人		70.8	75.4	78.3	77.4
设备和机器操作员和装配工		48.2	49.5	48.2	48.1
基本职业		46.0	56.6	57.8	64.3
军人		4.9	3.9	4.4	3.6
不能按职业分类的人员		38.7	13.4	16.1	10.9
合　计		683.5	697.1	719.4	739.8
波　兰					
按1988年版ISCO分类					
立法者、高级官员和经理		90.6	92.6	98.3	98.8
专业人员		139.3	140.6	144.1	154.2
技术员和助理专业人员		162.6	166.8	172.9	177.5
职员		102.4	107.1	113.5	119.3
商店、市场销售及服务人员		135.8	142.1	145.4	155.0
农业、渔业熟练工人		309.1	308.6	289.3	272.1
工艺和相关行业工人		289.6	289.3	295.0	294.3
设备和机器操作员和装配工		118.9	122.6	130.5	133.7
基本职业		125.1	120.7	121.6	123.2
军人		5.8	6.7	7.2	7.4
合　计		1479.1	1496.9	1517.7	1535.4
意大利⑩					
按1968年版ISCO分类					
专业、技术和相关人员		22.5			
行政和管理人员		188.8			
职员和相关人员		261.8			
销售人员		278.8			
服务人员		310.5			
农业、畜牧业和林业工作人员,渔民和猎人		86.4			
生产和相关人员、运输设备操作员和工人		776.1			
不能按职业分类的人员		69.0			
合　计		1994.2			

8－4 续表 7　　　　单位:万人

	1990 年	1995 年	1996 年	1997 年	1998 年
罗马尼亚⑩					
按 1988 年版 ISCO 分类					
立法者、高级官员和经理		26.5	30.2	29.7	26.5
专业人员		68.3	67.3	68.2	66.2
技术员和助理专业人员		98.5	97.7	95.4	91.0
职员		40.9	41.9	41.3	42.1
商店、市场销售及服务人员		57.3	66.9	73.2	72.5
农业、渔业熟练工人		410.8	377.4	394.4	393.5
工艺和相关行业工人		201.4	199.3	193.3	203.5
设备和机器操作员和装配工					
基本职业		61.0	60.5	61.1	70.3
不能按职业分类的人员		150.5	152.4	148.3	119.9
合　计		1115.2	1093.6	1105.0	1084.5
西 班 牙⑧					
按 1968 年版 ISCO 分类					
专业、技术和相关人员	137.1				
行政和管理人员	23.4				
职员和相关人员	162.7				
销售人员	138.7				
服务人员	172.4				
农业、畜牧业和林业工作人员，渔民和猎人	147.1				
生产和相关人员、运输设备操作员和工人	468.7				
不能按职业分类的人员	7.9				
合　计	1257.9				
按 1988 年版 ISCO 分类					
立法者、高级官员和经理		100.9	104.1	108.8	112.8
专业人员		122.3	136.5	143.3	150.3
技术员和助理专业人员		89.1	99.8	109.0	115.6
职员		121.5	124.8	128.0	127.7
商店、市场销售及服务人员		167.3	170.8	174.5	179.3
农业、渔业熟练工人		83.8	80.2	74.8	74.2
工艺和相关行业工人		207.3	210.0	217.9	225.2
设备和机器操作员和装配工		133.3	131.4	132.0	137.9
基本职业		174.0	176.3	182.4	191.1
军人		4.7	5.8	5.8	6.4
合　计		1204.2	1239.6	1276.5	1320.5
俄 罗 斯⑪					
按 1988 年版 ISCO 分类					
立法者、高级官员和经理				376.3	314.1
专业人员				945.6	914.0
技术员和助理专业人员				891.7	892.7
职员				189.7	181.2
商店、市场销售及服务人员				643.8	659.6
农业、渔业熟练工人				165.5	158.8
工艺和相关行业工人				1006.7	958.8
设备和机器操作员和装配工				879.8	826.2
基本职业				903.1	880.7
合　计		6414.9	6292.8	6002.1	5786.0

8—4 续表 8 单位:万人

	1990年	1995年	1996年	1997年	1998年
乌克兰⑫					
按1988年版ISCO分类					
立法者、高级官员和经理		49.6	169.1	166.7	160.3
专业人员		29.2	322.5	309.3	306.6
技术员和助理专业人员		575.1	325.8	342.5	325.6
职员		93.4	158.3	152.0	120.0
商店、市场销售及服务人员		203.7	137.5	135.4	173.2
农业、渔业熟练工人		324.7	120.4	197.5	183.4
工艺和相关行业工人		451.9	410.4	376.5	303.6
设备和机器操作员和装配工		356.7	196.8	187.7	216.7
基本职业		328.4	570.7	507.9	510.6
合　计		2412.5	2411.4	2375.6	2299.8
英　　国⑧					
按1988年版ISCO分类					
立法者、高级官员和经理		416.9	410.9	425.4	430.6
专业人员		266.5	279.1	270.6	282.4
技术员和助理专业人员		240.0	250.4	270.5	267.6
职员		388.9	388.8	399.3	403.5
商店、市场销售及服务人员		460.4	475.7	491.0	496.3
农业、渔业熟练工人		220.4	214.8	213.4	215.1
工艺和相关行业工人		328.5	324.4	330.9	329.3
设备和机器操作员和装配工		248.8	250.5	247.5	253.3
基本职业					
军人		13.4	13.1	11.8	11.0
不能按职业分类的人员		13.5	14.1	7.8	5.8
合　计	2693.5	2597.3	2621.9	2668.2	2964.8
澳大利亚					
按1968年版ISCO分类					
专业、技术和相关人员	86.6				
行政和管理人员	99.6				
职员和相关人员	46.0				
销售人员	120.7				
服务人员	134.5				
农业、畜牧业和林业工作人员，渔民和猎人	117.1				
生产和相关人员、运输设备操作员和工人	179.2				
不能按职业分类的人员					
合　计	785.9				

8—4 续表 9 单位:万人

	1990 年	1995 年	1996 年	1997 年	1998 年
澳大利亚(续)					
按 1988 年版 ISCO 分类					
立法者、高级官员和经理			62.3	63.5	
专业人员			141.2	144.5	
技术员和助理专业人员			87.5	89.7	
职员			114.4	114.1	
商店、市场销售及服务人员			39.7	38.4	
农业、渔业熟练工人			140.1	140.1	
工艺和相关行业工人			79.6	77.7	
设备和机器操作员和装配工			86.0	86.5	
基本职业			84.9	85.0	
合　计			835.6	839.4	
新 西 兰					
按 1968 年版 ISCO 分类					
专业、技术和相关人员	26.8				
行政和管理人员	9.2				
职员和相关人员	24.4				
销售人员	17.8				
服务人员	16.4				
农业、畜牧业和林业工作人员，渔民和猎人	15.6				
生产和相关人员、运输设备操作员和工人	36.6				
不能按职业分类的人员	0.4				
合　计	147.2				
按 1988 年版 ISCO 分类					
立法者、高级官员和经理		20.5	19.9	19.9	20.5
专业人员		20.7	21.3	22.8	22.6
技术员和助理专业人员		20.2	21.2	21.5	21.1
职员		22.8	24.1	23.9	23.1
商店、市场销售及服务人员		22.6	24.8	24.8	25.0
农业、渔业熟练工人		15.7	15.7	14.6	14.5
工艺和相关行业工人		17.2	18.0	17.1	17.4
设备和机器操作员和装配工		16.4	15.9	15.4	15.0
基本职业		10.2	11.7	13.3	12.9
不能按职业分类的人员		0.4	0.3	0.3	0.4
合　计		166.8	172.9	173.6	172.5

注:①10 岁及以上。②包括耶路撒冷地区。③15 至 64 岁。④包括服务人员、农林牧渔业人员、生产工人、司机和劳动者。⑤13 岁及以上。⑥12 岁及以上。⑦12 至 64 岁。⑧16 岁及以上。⑨包括军人。⑩1994 年至 1995 年为 14 岁及以上。⑪15 至 72 岁。⑫15 至 70 岁。

资料来源:国际劳工组织《劳工统计年鉴》1989—1990 年、1999 年。

8－5 失业人数

单位:万人

	1980年	1990年	1995年	1996年	1997年	1998年
中 国①	541.5	383.2	520.0	553.0	570.0	571.0
中国香港	8.8 *	3.7	9.6	8.6	7.1	15.8
孟加拉国②		99.7		141.7		
印 度③	1531.7	3463.2	3674.2	3743.0	3914.0	
印度尼西亚②	23.3	195.2		362.5	419.7	506.3
以 色 列④	6.4③ *	15.8 *	14.5	14.4	17.0	19.5
日 本	114.0	134.0	210.0	225.0	230.0	276.9
哈萨克斯坦			20.3	39.2	38.3	38.2
韩 国	74.9	45.4	41.9	42.5	55.6	146.3
马来西亚⑤	8.6	31.5	24.8	21.7	21.5	28.4
缅 甸⑥	48.6	55.5			53.5	
巴基斯坦②	14.4 *	96.3	178.3	182.7	222.7	
菲 律 宾	85.6	199.3	234.2	219.5	237.7	301.6
新 加 坡	3.4	2.6	4.7	5.4	4.6	6.2
斯里兰卡②		100.5	75.9	71.0		70.1
泰 国⑦	20.4	71.0	37.5	35.4	29.3	113.8
土 耳 其⑧		161.5	152.2	133.2	154.5	154.7
埃 及⑨	53.6	134.6	191.7			
尼日利亚	1.7	5.7				
南 非	5.4	11.1	27.3	29.6		
加 拿 大	86.5	116.4	142.2	146.9	141.4	130.5
墨 西 哥⑧		*	167.7	135.5	98.5 *	89.0
美 国⑩	763.7 *	704.7 *	740.4	723.6 *	673.9	621.0
阿 根 廷②			195.9	204.7		
巴 西②	202.3⑪	236.8	451.0	507.6	588.2	
委内瑞拉	27.2 *	74.3	87.5	104.3	106.1	
白俄罗斯			13.1	18.3	12.6	10.6
保加利亚			59.0	50.5	51.3	49.7
捷克共和国			20.8	20.2	24.8	33.6
法 国	145.1	220.5 *	293.5	309.9	315.2	305.0
德 国	88.9	197.1	403.5	347.3	389.0	384.9
意 大 利	168.4③	262.1③	272.5	276.3	280.5	
荷 兰⑤		51.6 *	52.3	48.9	42.2	33.7
波 兰			227.7	210.8	192.3	180.8
罗马尼亚			96.8	79.1	70.6	73.2
俄 罗 斯⑫			671.2	673.2	805.8	887.6
西 班 牙⑩	148.8	244.1	358.4	354.0	335.7	306.0
乌 克 兰⑬			143.7	199.8	233.0	293.7
英 国⑩	166.5	197.4	245.4	233.6	203.4	176.6
澳大利亚	40.9	58.5	76.5	77.9	78.7	74.7
新 西 兰		12.5	11.2	11.2	12.3	13.9

注:①城镇登记失业人数。②10岁及以上,印度尼西亚不包括1997至1998年,巴基斯坦指1990年及以后,意大利指1980年至1992年。③14岁及以上。④包括东耶路撒冷地区。⑤15至64岁。⑥18岁及以上。⑦1980年为11岁及以上,之后为13岁及以上。⑧12岁及以上。⑨1980年为6岁及以上,此后为12至64岁。⑩16岁及以上。⑪1981年数。⑫15至72岁。⑬15至70岁。

资料来源:国际劳工组织《劳工统计年鉴》1989－1990年、1999年。

8－6 失业率

单位:%

	1980年	1990年	1995年	1996年	1997年	1998年
中国①	4.9	2.5	2.9	3.0	3.1	3.1
中国香港	3.8	1.3	3.2	2.8	2.2	4.7
阿塞拜疆			0.8	0.9	1.0	1.1
塞浦路斯②	1.9	1.8	2.6	3.1	3.4	3.3
印度尼西亚				4.0②	4.7	5.5
以色列	4.8②	9.6*	6.9	6.7	7.7	8.6
日本	2.0	2.1	3.2	3.4	3.4	4.1
哈萨克斯坦			2.1	4.2	3.8	3.7
韩国	5.2	2.4	2.0	2.0	2.6	6.8
马来西亚③		5.1	2.8	2.5	2.5	
巴基斯坦④		3.1*	5.4	5.4	6.1	
菲律宾	4.8	8.1	8.4	7.4	7.9	9.6
新加坡	3.0④	1.7	2.7	3.0	2.4	3.2
斯里兰卡④		14.4	12.5	11.3		10.6
塔吉克斯坦			2.0	2.6	2.7	
泰国⑤	0.8	2.2	1.1	1.1	0.9	3.4
土耳其⑥		7.5	6.6	5.8	6.9	6.2
阿尔及利亚		19.8	27.9		28.7	
埃及⑦	5.2	8.6	11.3			
摩洛哥		15.4	22.2	17.8		
南非			4.5	5.1		
阿根廷④	2.3		15.9	16.3		
巴哈马			10.9	11.5	9.8	
巴巴多斯	11.4	15.0	19.7			
玻利维亚④	5.8	7.3	3.6	4.2		
巴西④		3.7*	6.1	7.0	7.8	
加拿大	7.5	8.1	9.5	9.7	9.2	8.3
哥伦比亚⑥		10.2*	8.7	11.9	12.1	15.0
哥斯达黎加⑥	5.9	4.6	5.2	6.2	5.7	5.6
智利	10.4*	5.7	4.7*	5.4	5.3	7.2
多米尼加②			15.8*	16.6④	15.9	
厄瓜多尔④		6.1	6.9	10.4	9.2	11.5
萨尔瓦多④		10.0*	7.7	7.7	8.0	
洪都拉斯④		4.8	3.2	4.3	3.2	3.9
牙买加②	26.8	15.7	16.2	16.0		
墨西哥⑥	4.5		4.7	3.7	2.6	2.3
荷属安的列斯		17.0	13.1	14.0	15.3	16.7
尼加拉瓜④		11.1	16.9	14.9	13.3	13.3
巴拿马			14.0	14.3	13.4	13.9
巴拉圭⑥		6.6		7.8④		
秘鲁②	7.0		7.0*	7.7	7.7	
波多黎各⑧	17.1	14.1	13.7	13.4	13.5	13.3
苏里南②		15.8	8.4	11.0		
特立尼达和多巴哥	10.0	20.0	17.2	16.2	15.0	14.2

8－6续表1　　　　单位：%

	1980年	1990年	1995年	1996年	1997年	1998年
美　国⑧	7.0＊	5.6	5.6	5.4＊	4.9	4.5
乌拉圭②	7.3	8.5	10.2			10.1
委内瑞拉	6.2	10.4	10.3	11.8	11.4	
美属维尔京群岛⑨	6.0	2.8	5.7	5.2	5.9	
奥地利	1.9	3.2	3.7	4.1	4.2	4.2
白俄罗斯			2.7	3.9	2.8	2.3
比利时②	9.1	7.2	9.3	9.6	8.9	9.1
保加利亚			16.5	14.2	14.4	
克罗地亚				10.0	9.9	11.4
捷克共和国			4.0	3.9	4.8	6.5
丹　麦⑩	7.0	9.7	10.3	8.8	7.9	6.6
爱沙尼亚⑪		0.6	9.7	10.0	9.7⑫	9.6⑫
芬　兰⑫	4.7	3.1	15.2	14.4	12.5	11.3
法　国	6.3	8.9	11.6	12.1	12.3	11.8
德　国	3.8	7.2	10.1	8.8	9.8	9.7
希　腊②	2.4	7.0	10.0	10.3	10.3	
匈牙利⑫			10.2	9.9	8.7	7.8
冰　岛⑬			4.9	3.7	3.9	2.7
爱尔兰		12.9	12.2	11.9	10.3	7.8
意大利	7.6②	11.0②	12.0	12.1	12.3	
拉脱维亚②			18.9	18.3	14.3	13.8
立陶宛②			17.1	16.4	14.1	13.5
卢森堡⑭	0.7	1.3	3.0	3.3＊	3.2	3.1
马其顿		23.6＊	35.6	38.8		
马尔他⑮		3.9	3.6	4.3	5.0	
荷　兰⑯	5.9	7.5	7.1	6.6	5.5	4.4
挪　威⑬	1.7	5.2	4.9	4.9	4.1	
波　兰			13.3	12.3	11.2	10.5
葡萄牙		4.7④＊	7.1②	7.2②	6.7②	5.0
罗马尼亚			8.0②	6.7	6.0	6.3
俄罗斯⑰			9.5	9.7	11.8	13.3
圣马力诺	5.8②	5.5②	3.9②	5.1②	4.4	4.1
斯洛伐克			13.1	11.1	11.6	11.9
斯洛文尼亚			7.4	7.3	7.1	7.7
西班牙⑧	9.9	16.3	22.9	22.2	20.8	18.8
瑞　士	0.2		3.3	3.7	4.1	3.6
瑞　典⑮	2.0⑬	1.6	7.7	8.0	8.0	6.5
乌克兰⑱			5.6	7.6	8.9	11.3
英　国⑧	6.8	6.8	8.6	8.2	7.1	6.1
澳大利亚	6.1	6.9	8.5	8.5	8.6	8.0
斐　济		6.4	5.4			
关　岛⑧	9.9	2.8				
新西兰	2.9	7.8	6.3	6.1	6.6	7.5

注：①城镇登记失业率。②14岁及以上。③15岁至64岁。④10岁及以上。⑤1980年为11岁及以上，1990年及以后为13岁及以上。⑥12岁及以上。⑦12至64岁。⑧16岁及以上。⑨16至65岁。⑩15至66岁。⑪15至69岁。⑫15至74岁。⑬16至74岁。⑭16至64岁。⑮16至61岁。⑯15至64岁。⑰15至72岁。⑱15至70岁。

资料来源：国际劳工组织《劳工统计年鉴》1989－1990年、1999年。

8—7 非农部门雇员人数

单位:万人

	1990 年	1995 年	1996 年	1997 年	1998 年
中　　国①	29792.0	34929.0	35940.0	36505.0	36725.0
中国香港	268.8	288.9	299.6	313.4	319.1
印度尼西亚	3347.2②	4418.0②	4798.2②	5120.1	4825.8
以 色 列	143.0 *	190.8	196.2	199.1	202.8
日　　本	5799.0	6089.0	6130.0	6207.0	6170.0
韩　　国	1484.8	1783.6	1835.8	1872.4	1750.2
马来西亚③	494.7	611.8	677.3	708.8	698.3
缅　　甸	460.7			658.3	
巴基斯坦②	1455.6	1671.1	1712.7	1908.9	
菲 律 宾	1234.7	1437.5	1599.1	1662.8	1698.9
新 加 坡		169.8	174.5	182.5	186.5
斯里兰卡②	311.3	333.1	362.4	348.9	347.4
泰　　国④	1111.6	1558.2	1610.5	1647.1	1565.8
土 耳 其⑤	1059.0	1115.1	1173.6	1259.6	1242.4
越　　南	839.7	1106.7	1163.9	1218.0	
埃　　及⑥	876.3	1012.9			
加 拿 大	1262.6	1296.7	1312.8	1342.0	1379.2
墨 西 哥⑤		2550.3	2730.4	2832.7	3077.6
美　　国⑦	11557.0	12146.0	12326.4 *	12615.9	12808.5
巴　　西②	4792.0	5147.5	5137.9	5256.1	
委内瑞拉	558.3	662.2	675.0	737.2	
保加利亚			248.6	235.7	230.9
捷克共和国		477.0	466.7	465.7	
德　　国		3488.5	3490.6	3475.7	3483.6
意 大 利⑧	1989.0	1845.3			
荷　　兰⑨	606.7 *	659.1	671.2	693.5	700.1
波　　兰	1295.5 *	1144.6	1165.9	1206.1	1240.8
罗马尼亚	768.6 *	665.3⑧	678.5⑧	673.9⑧	650.3
俄 罗 斯	6487.6	5599.8			
西 班 牙⑦	1109.3	1093.6	1132.0	1169.7	1214.4
乌 克 兰		1662.7	1577.4	1484.7	1435.3
英　　国⑦	2606.3	2531.7	2558.8	2609.6	2641.0
澳大利亚	739.8	781.0	790.5	795.6	813.2
新 西 兰	132.5	147.4	152.8	158.6	157.8

注:①为除农、林、牧、渔业之外的从业人员。②10 岁及以上。③15 至 64 岁。④13 岁及以上。⑤12 岁及以上。⑥12 至 64 岁。⑦16 岁及以上。⑧14 岁及以上。⑨15 至 64 岁。

资料来源:国际劳工组织《劳工统计年鉴》1999 年。

8—8　非农部门雇员平均每周工时数

单位:小时

	1980年	1990年	1995年	1996年	1997年	1998年
中国香港	53.1	45.6	45.1	46.1	45.2	45.2
以色列	36.5*	35.9*	37.6	37.7	37.1	37.1
日　本①	47.2*	46.1	43.6	43.3	42.7	42.5
韩　国	51.6	48.2*	47.8	47.3	46.7	45.9
缅　甸②	7.5				7.8	
菲律宾		47.6	46.6	46.2	45.9	45.2
新加坡③	48.6	46.5	47.1	47.3	47.4	46.7
斯里兰卡④⑤	47.5	52.6	53.4	52.3	52.0	55.3
泰　国		49.1	49.6	50.1	49.2	
土耳其⑥		47.1	45.7	47.9	51.3	46.5
埃　及④⑦	53.0⑨	55.0	53.0*	57.0		
阿根廷⑧		41.8*	43.5	42.7	42.8	42.9
墨西哥			44.0	44.2	45.1	44.8
美　国④⑩	35.3	34.5	34.5	34.4	34.6	34.6
法　国⑪	40.8*	39.0				
德　国④⑫	41.6	39.7				
荷　兰	40.6	40.1*	39.3			
波　兰			40.4	41.1	40.9	41.5
西班牙	39.7	36.7	36.0	36.2	36.1	36.2
罗马尼亚②			7.8	7.6	7.6	7.4
俄罗斯⑬			32.6	31.6	32.0	32.5
乌克兰⑭				127.0	123.0	125.0
英　国	43.0⑮	40.5	40.3	40.2	40.2	40.2
澳大利亚	34.5	34.8	35.1	35.0	34.8	34.8
新西兰	38.9⑥	38.9⑥	39.3	39.2	39.0	38.8

注:①包括渔业。②每天。③包括农业、渔业,私营部门指有25个以上雇员的企业。④付酬工时数。⑤不包括电气水业、金融保险及不动产业、社会和个人服务业。⑥包括农业、林业、狩猎业、渔业。⑦10人以上雇员的企业。⑧布宜诺斯艾利斯。⑨1979年。⑩指私营企业中生产、建筑工人和非管理人员。⑪不包括供水、通讯、公共管理和个人服务业。⑫不包括商业、旅馆业、金融保险业、社会服务业和运输通讯业。⑬指大中型企业职员。⑭每月。⑮男性。

资料来源:国际劳工组织《劳工统计年鉴》1989—1990年、1999年。

8－9 非农部门雇员工资

单位:本币

	单 位	1980年	1990年	1995年	1996年	1997年	1998年
中 国①	年	762.0	2140.0	5500.0	6210.0	6470.0	7479.0
中国香港②	日			307.3	333.0	369.1	394.9
以色列	月	2851.0*	2299.0*	4312.0	4876.0	5442.0	5859.0
日 本③	月	263.4*	370.2*	291.3	295.6	298.9	299.1
哈萨克斯坦④	月		259.0*	2392.0	3512.0	3875.0*	9682.0
韩 国③	月	176.1	642.3*	1222.1	1367.5	1463.3	1426.8
菲律宾⑤	月	88.9	4539.0				
新加坡	月		1527.8	2218.6	2347.1	2480.3	2549.0⑥
斯里兰卡⑦	小时	3.0	9.2	16.9	17.1	17.9	20.2
泰 国⑧	月	1300.0	3737.0*	5761.0	6252.0	6742.0	
土耳其③⑥	日	427.0	28.9		836.6	1531.8	
埃 及⑤	周	10.9⑨	55.0	88.0*	99.0		
加拿大⑩	周	317.4	599.4	694.6	716.6	736.7	755.9
墨西哥	月			1317.8	1478.2	1796.1	2039.7
美 国	小时	6.7	10.0	11.4	11.8	12.3	12.8
巴 西⑪	月		27610.0*	471.6	558.4	612.5	
白俄罗斯③	月	154.1	265.0	821.2	1308.0	2455.0	
保加利亚	月	182.1	352.0	7755.0*	13489.0	129571.0	188750.0
捷克共和国	月	2640.0	3241.0	8266.0	97976.0	10840.0	11840.0
法 国⑫	小时	22.6	45.1	52.2	53.3	54.5	
德 国⑬	小时	13.4	20.2	25.5	26.4	27.8	27.4
意大利⑭	小时	35.8	100.0	127.8*	101.8	105.5	108.4
荷 兰	小时		16.6*	20.6	20.9	27.9	
波 兰③⑮	月	5.8	1036.0	692.7	876.0	1067.6	1255.8
罗马尼亚③	月	2180.0	3273.0*	275.8	426.0	843.3	
俄罗斯③⑯	月	171.3	302.0	502.3	836.9*	101.3	111.3
西班牙	小时	282.0	876.0	1216.0*	1270.0	1318.0	1365.0
乌克兰⑰	月	156.9	247.8	8275.0*	140.6	157.8	168.6
英 国⑱	小时		6.4	8.4	8.7	9.2	9.6
澳大利亚	小时	6.7	13.5*	16.4*	17.2		18.6
新西兰	小时	5.2	14.1	15.5	16.0	16.7	17.1

注:①所有部门职工平均货币工资。②不包括采矿业。③千本币,波兰指1990年,白俄罗斯、俄罗斯指1995年及以后,土耳其指1990年及以后。④1990年前为卢布,1995年及以后货币为坚戈,1坚戈＝500卢布。⑤10人及以上企业。⑥所有部门雇员工资。⑦不包括电、气、水业、金融保险业及不动产业、社会和个人服务业。⑧1995年及以后不包括公共企业。⑨1979年数。⑩制造业雇员工资。⑪1990年为克鲁塞罗,1995年及以后为雷亚尔,1雷亚尔＝2750千克鲁赛罗。⑫不包括采矿业和电、气、水业及公共部门、个人服务业。⑬不包括第三产业,1995年及以后指制造业。⑭为工资指数。1996年前为1990年＝100,1996年及以后为1995年＝100。⑮1990年及以前为千兹罗提,1995年及以后为新兹罗提,1新兹罗提＝1万兹罗提。⑯1997年及以后为新卢布,1新卢布＝1000卢布。⑰1990年及以前为卢布,1995为千库邦,1卢布＝25库邦,1996年及以后为格里弗那,1格里弗那＝10万库邦。⑱不包括北爱尔兰。

资料来源:国际劳工组织《劳工统计年鉴》1989－1990年、1999年。

8—10 制造业雇员工资

单位:本币

	时 间	1990年	1995年	1996年	1997年	1998年
中 国①	年	2073.0	5169.0	5642.0	5933.0	7064.0
中国香港	日	179.5	278.0	296.9	322.6	335.3
印 度	月	988.4	1211.0	1188.8		
以色列	月	2669.0*	5061.0	5757.0	6676.0	7418.0
日 本②	月	352.0*	278.8	283.7	287.2	289.6
哈萨克斯坦③	月	277.0*	6520.0	9288.0	11092.0*	11632.0
韩 国②	月	590.8*	1123.9	1261.2	1326.2	1284.5
马来西亚	月	660.0	1002.0	1115.0		
缅 甸	月				1043.3	
巴基斯坦	月	1735.0	2970.0	2878.0		
菲律宾④	月	4263.0	6654.0			
新加坡	月	1395.0	2157.3	2319.5	2486.7	2553.0
斯里兰卡	小时	9.5	16.5	17.9	18.2	20.3
泰 国⑤	月	3357.0*	4994.0	5502.0	5935.0	
土耳其②	日	30.6		757.3	1640.9	
埃 及④	周	54.0	84.0*	93.0		
加拿大	小时	14.2	16.2	16.7	16.8	17.2
墨西哥	月		1178.1	1327.3	1575.3	1927.4
美 国⑥	小时	10.8	12.4	12.8	13.2	13.5
阿根廷⑦	小时	10030.8	3.9	4.1	4.1	4.1
巴 西⑧	月	26.1*	504.9	597.2	637.1	
保加利亚⑨	月	336.0	8848.0*	15276.0	148460.0	198116.0
捷克共和国⑩	月		7854.0*	9259.0*	10418.0	11493.0
法 国	小时	48.4	55.8	57.2	58.5	
德 国	小时	20.1*	25.5	26.4	26.8	27.4
荷 兰	小时	21.5*	28.9			
波 兰⑪	月	996.0	656.7	832.8	1014.9	1206.7
罗马尼亚②	月		268.4	424.6	826.9	
俄罗斯⑫	月		464.8	748.2*	919.0	1026.0
西班牙	小时	902.0	1263.0*	1311.0	1372.0	1429.0
乌克兰⑬	月	263.0*	7716.7*	131.7	148.9	157.4
英 国⑭	小时	6.1	7.9	8.2	8.5	9.1
澳大利亚	小时	12.9*	15.6*	16.4		17.4
新西兰	小时	13.3*	14.8	15.4	15.9	16.3

注:①制造业职工平均工资。②千本币。③1990年为卢布,1995年及以后为坚戈,1坚戈=500卢布。④10人及以上企业。⑤不包括公共企业。⑥指私营部门的生产工人。⑦1990年为奥斯特拉尔,1995年起为比索,1比索=1万奥斯特拉尔。⑧1990年为克鲁塞罗,1995年及以后为雷亚尔,1里亚尔=2750千克鲁赛罗。⑨1995年包括矿业、电、煤气和水业,1995年及以后为千本币。⑩1995年至1996年为100人以上企业,1997年为20人以上企业。⑪1990年为千兹罗提,1995年及以后为新兹罗提,1新兹罗提=1万兹罗提。⑫1995至1996年为千卢布,1997年及以后为新卢布,1新卢布=1000卢布。⑬1990年为卢布,1995为千库邦,1卢布=25库邦,1996年及以后为格里弗那,1格里弗那=10万库邦。⑭不包括北爱尔兰。

资料来源:国际劳工组织《劳工统计年鉴》1999年。

8－11　制造业雇员平均每周工时数

单位:小时

	1980年	1990年	1995年	1996年	1997年	1998年
中　　国①②			157.5*	148.9	135.5	
中国香港	49.1	44.2	43.7	45.0	43.8	44.0
孟加拉国	47.9	31.0	46.0			
印　　度		46.4*	46.5	46.7		
以 色 列③	38.6	38.9*	41.7	41.8	42.1	41.9
日　　本	46.0	45.7	43.5	43.3	42.7	42.5
韩　　国	53.1	49.8	49.2	48.4	47.8	46.1
缅　　甸④	7.4				7.8	
菲 律 宾	46.2	44.9	44.6	44.0	44.3	43.7
新 加 坡		48.5	49.3	49.4	49.5	48.4
斯里兰卡	45.3	49.3	51.4	48.8	52.4	54.7
泰　　国		48.3	49.4	49.4	49.1	
土 耳 其		48.8	50.2	52.0	51.0	51.2
埃　　及		56.0	57.0*	57.0		
南　　非	48.4	45.4	45.8			
加 拿 大⑤	38.5	38.2	38.5	38.4	39.3	38.6
墨 西 哥	47.7	44.9*	45.4	45.5	46.4	46.0
美　　国	39.7	40.8	41.6	41.6	42.0	41.7
阿 根 廷⑥	186.7②	44.3*	45.1	46.3	46.5	46.7
捷克共和国			40.4	40.5*	40.9	
法　　国	40.6	38.7*				
德　　国	41.6	39.5*	38.3	37.4	37.4	37.5
荷　　兰	40.8	39.9*	39.0			
波　　兰	159.0②	143.0②	41.7	42.7	42.1	41.9
罗马尼亚④			7.8	7.6	7.6	7.6
俄 罗 斯				31.7	31.9	32.3
西 班 牙	38.5	36.7	36.7	37.1	37.1	37.1
乌 克 兰		18.9	15.5	106.0②	106.0②	111.0②
英　　国		42.3	42.1	41.9	42.0	41.8
澳大利亚	37.4	38.1	38.7	38.7	38.5	38.6
新 西 兰	39.6	41.1*	42.1	41.8	41.4	41.4

注:①国际劳工组织统计数据。②平均每月工作时间。③包括采矿业。④平均每天工作时间。⑤仅指计时付酬工人。⑥仅指布宜诺斯艾利斯。

资料来源:国际劳工组织《劳工统计年鉴》1989－1990年、1999年。

8—12 罢工次数、罢工人数和罢工工作日数①

	单位	1980年	1990年	1995年	1996年	1997年	1998年
中国香港②③							
罢工次数	次	37	15	9	17	7	8
罢工人数④	千人	5.1	1.5	1.3	1.8	0.4	0.6
罢工工作日数	千天	21.1	3.5	1.0	2.7	0.8	1.4
孟加拉国							
罢工次数	次	104	5	5	1	0	1
罢工人数	千人	164.0	14.6	24.7	0.4	0	6.5
罢工工作日数	千天	1160.4	28.5	75.0	…	0	155.8
印　　度⑤⑥							
罢工次数	次	2856	1825	1066	1166	1305	891
罢工人数	千人	1900.3	1307.9	989.7	939.3	981.3	1105.7
罢工工作日数	千天	21925.0	24086.2	16289.6	20284.8	16971.4	17392.8
印度尼西亚							
罢工次数	次	198	61	276	346	234	
罢工人数	千人	21.7	31.2	126.9	221.2	145.6	
罢工工作日数	千天	33.8	262.0	1300.0	2496.4	1250.4	
以 色 列⑦							
罢工次数	次	84	117	71			
罢工人数	千人	91.5	571.2	75.8			
罢工工作日数	千天	216.5	1071.3	257.8			
日　　本⑧							
罢工次数	次	1133	284	209	193	178	
罢工人数④	千人	562.9	84.3	37.5	23.2	47.2	
罢工工作日数	千天	1001.2	144.5	77.0	42.8	110.2	
韩　　国							
罢工次数	次	206	322 *	88	85	78	129
罢工人数④	千人	49.0	133.9 *	49.7	79.0	43.9	146.1
罢工工作日数	千天	61.3	4487.2 *	392.6	893.0	444.7	1452.1
马来西亚⑨							
罢工次数	次	38	17	13	9	5	12
罢工人数④	千人	5.0	98.5	1.7	1.0	0.8	1.8
罢工工作日数	千天	24.5	302.0	4.9	2.6	2.4	2.7
巴基斯坦							
罢工次数	次	59	99 *	24	30	30	20
罢工人数	千人	24.7	61.6 *	10.9	18.6	7.9	6.1
罢工工作日数	千天	54.7	186.7 *	63.6	203.3	283.3	122.5
菲 律 宾⑩							
罢工次数	次	62	183	94	89	93	92
罢工人数④	千人	20.9	68.4	54.4	32.3	51.5	34.5
罢工工作日数	千天	105.3	1344.6	584.2	519.0	672.7	556.8
斯里兰卡④⑫							
罢工次数	次	227	116	183	224	156	122
罢工人数	千人	78.6	65.9	63.4	75.2	57.6	43.3
罢工工作日数	千天	335.2	193.7	293.5	388.9	325.5	270.1
泰　　国							
罢工次数	次	18	9	39	18	23	
罢工人数	千人	3.2	4.3	16.8	8.7	11.9	
罢工工作日数	千天	5.4	71.6	219.9	92.1	150.6	

8—12 续表 1

	单位	1980 年	1990 年	1995 年	1996 年	1997 年	1998 年
土 耳 其⑨							
罢工次数	次	227	458	120	39	38	44
罢工人数	千人	46.2	166.3	199.9	5.5	7.0	11.5
罢工工作日数	千天	5408.6	3466.6	4838.2	274.3	181.9	282.6
埃 及							
罢工次数	次	4	4	8	7	4	
罢工人数④	千人	0.1	2.4	5.9	1.5	0.7	
罢工工作日数	千天	0.1	2.1	4.2	5.6	1.7	
尼日利亚							
罢工次数	次	185	126				
罢工人数④	千人	141.7	275.9				
罢工工作日数	千天	1353.9	1373.5				
南 非							
罢工次数	次		948			1324	
罢工人数④	千人		350.9			212.1	
罢工工作日数	千天		2973.9			656.6	3833.1
加 拿 大⑬							
罢工次数	次	1028	579	328	330	284	375
罢工人数④	千人	441.0	270.5	149.2	281.8	257.7	232.9
罢工工作日数	千天	8975.4	5079.2	1583.1	3351.8	3609.8	2460.8
墨 西 哥							
罢工次数	次	1339	150	96	51	39	33
罢工人数④	千人	42.8	49.3	12.2	10.5	9.4	10.8
罢工工作日数	千天		1598.7	1304.4	701.8	500.4	436.1
美 国⑭							
罢工次数	次	187*	44	31	37	29	34
罢工人数	千人	795.3*	184.9	191.5	272.7	338.6	386.8
罢工工作日数	千天	20844.0*	5925.5	5771.2	4888.6	4497.1	5115.7
巴 西⑨							
罢工次数	次	81	1846				
罢工人数④	千人		14243.0				
罢工工作日数	千天		17.0				
白俄罗斯							
罢工次数	次		19	0	0	0	0
罢工人数	千人		10.7	0	0	0	0
罢工工作日数	千天		28.9	0	0	0	0
捷克共和国							
罢工次数	次			2	2		
罢工人数	千人			2.0	11.5		
罢工工作日数	千天			2.0	16.4		
法 国⑮							
罢工次数	次	2118	1790*	2066	1439	1607	1475
罢工人数	千人	500.8	18.5*	43.5	11.4	12.2	10.1
罢工工作日数	千天	1522.9	528.0*	783.8	444.1	393.4	345.6
德 国③④⑯							
罢工次数	次						
罢工人数	千人	45.2		183.3	165.7	13.5	4.3
罢工工作日数	千天	128.4		247.5	98.1	52.9	16.1

8—12 续表 2

	单位	1980 年	1990 年	1995 年	1996 年	1997 年	1998 年
意 大 利							
罢工次数	次	2238	1094	545 *	904	923	1103
罢工人数	千人	13825.0	1634.0	445.0 *	1689.4	737.3	435.4
罢工工作日数⑰	千天	16457.0	5181.3	909.3 *	1930.0	1185.6	580.4
荷　　兰							
罢工次数	次	18	29	14	12	17	22
罢工人数	千人	25.6	25.0	55.0	8.1	7.2	30.8
罢工工作日数	千天	56.8	206.7	691.5	7.4	14.6	33.2
波　　兰							
罢工次数	次		250	42	21	35	37
罢工人数	千人		115.7	18.3	44.3	14.2	16.9
罢工工作日数	千天		159.0	56.3	75.0	27.8	42.7
罗马尼亚							
罢工人数	次			27	15	15	54
罢工人数	千人			38.3	59.8	52.0	119.7
罢工工作日数	千天			212.1	142.4	167.3	360.9
俄 罗 斯⑩							
罢工次数	次		260	8856	8278	17007	11162
罢工人数	千人		99.5	489.4	663.9	887.3	530.8
罢工工作日数	千天		207.7	1367.0	4009.4	6000.5	2881.5
西 班 牙							
罢工次数	次	2103⑨	1312	883	830	744	632
罢工人数④	千人	2287.0⑨	977.0	573.5	1087.8	650.6	680.6
罢工工作日数	千天	6177.5⑨	2612.9	1457.1	1579.7	1836.8	1280.9
乌 克 兰							
罢工次数	次		260	247	1269	1162	687
罢工人数	千人		130.9	57.6	171.4	116.4	98.7
罢工工作日数	千天		126.1	202.4	2134.2	1228.3	1311.2
英　　国②⑤							
罢工次数	次	1330	630 *	235			
罢工人数	千人	833.7	298.2 *	174.0			
罢工工作日数	千天	11964.0	1903.0 *	415.0			
澳大利亚⑦							
罢工次数	次	2429	1193	643			
罢工人数	千人	1172.8	729.9	344.3			
罢工工作日数	千天	3320.2	1376.5	547.6			
新 西 兰⑦⑱							
罢工次数	次	360	137	69	72	42 *	35
罢工人数	千人	127.7	50.0	32.1	42.3	7.6 *	15.2
罢工工作日数	千天	373.5	330.9	53.4	69.5	24.6 *	11.8

注:①包括罢工和关闭工厂停工。②10 人以下或持续时间少于 1 天的停工,但累计超过 100 个工作日的停工也包括在内。③不包括公共部门。④不包括间接涉及的工人。⑤不包括政治性罢工。⑥不包括少于 10 人的停工。⑦不包括少于 10 个工作日的停工。⑧不包括持续时间少于半天的停工。⑨仅指罢工。⑩不包括持续时间少于 1 天或 1 个轮班的停工。⑪不包括涉及人数少于 6 人的停工。⑫不包括涉及人数少于 5 人的停工。包括持续时间少于 1 天,但累计超过 50 个工作日的停工也包括在内。⑬指至少持续半天时间,误工 10 个工作日以上的罢工。⑭不包括涉及人数少于 1000 人,持续时间少于 1 天或 1 个轮班的停工。⑮局部罢工(仅涉及 1 个单位);1 次罢工指 1 个企业罢工;不包括农业和公共行政。⑯包括持续时间少于 1 天的停工,累计超过 100 个工作日的停工也包括在内。⑰每个工作日按 7 小时计算。⑱包括局部罢工和关闭工厂停工。

资料来源:国际劳工组织《劳工统计年鉴》1989—1990 年、1999 年。

主要统计指标解释

经济活动人口 指在劳动年龄内通过参加劳动，从事商品生产和服务的人。可分为两项：
(1)经常参加经济活动的人口是相对于较长时间而言，比如一年。
(2)当前参加经济活动的人口，相对于较短时间而言，比如一天或一星期。
除非特别注明，本书中的经济活动人口、就业人口和失业人口均为15岁以上。

就业人员 为一定年龄以上，在参考期内(一周或一天)属于下列类型的所有人：
(1)有酬的从业人员，包括两类：①正在工作的人，指在参考期内做某些工作以得到现金或实物形式的薪金的人员；②有工作岗位但目前不工作的人，指已有现在的工作却在短期内暂时未上班，但同时也未辞职的人。
(2)自营就业者，也包括两类：①正在工作，指在短期时间内以利润或家庭收入为目的，做某些工作得到现金或实物的人；②拥有企业而不工作的人，指自己拥有企业(如商业企业，农场，服务性的企业)，在一定时期内暂不工作的人。

就业 为主要经济活动部门受雇情况的绝对数字，尽量按国际标准产业分类(1968年第二版或1988年第三版的ISIC)及国际标准职业分类(1968年版或1988年版ISIO)的大类列出。

失业 适龄劳动人口中的失业者分为：

(1)没有工作，即没有得到有报酬的工作，又没有自营就业的人；

(2)目前有工作能力，即在调查期内可从事有酬工作和自营就业的人；

(3)正在寻找工作，在最近特定时期已采取具体步骤寻求有酬工作或自营就业的人。

失业率 在参考期内(通常为某一特定日子或某一星期)失业人数同相应时间内整个就业与失业人数之和的比。

非农业部门每周工时数 此数据涉及以下主要经济活动部门：矿业，制造业，电、煤气和水，建筑业，批发零售、仓储，饭店，交通、通信，金融、保险、房地产、产业服务，社区、社会和个人服务业。在某些情况下，仅用一些代表性的部门表示。

工资 为每隔一段固定时间以现金或以实物形式支付给雇员的报酬，包括对雇员工作时间、完成的工作量和带薪休假(如定期休假，法定假日)支付的劳动报酬。报酬扣除雇主为其雇员支付的社会保险和养老基金缴款，扣除雇员因此而得到的收益，还应扣除解雇和辞职时加发的工资。

收入 同雇员的总报酬相联系，即雇主付给的扣除各项费用(税收、雇员社会保险和养老基金的捐助，人寿保险费，工会费和其他义务费用)以前的总数。

雇员收入 应包括工资、非工作时报酬(不包括退休金和辞职金)，奖金、小费和雇主直接付给雇员的住房和家庭补贴。

罢工 是由于受一组或多组工人的影响，为了坚持或抵制某些要求，表达不满以及对其他工人的要求和不满表示支持而采取的暂时停止工作的行为。

停工 是一个或多个雇主为了坚持或抵制某些要求，表达不满以及对其他雇主的要求和不满表示支持而采取的暂时关闭一处或多处工作场所，或阻碍雇员正常工作的行为。

九、财政、金融

9—1 中央政府财政收入占国内生产总值的比重①

单位:%

	1980年	1990年	1991年	1992年	1993年	1994年	1995年	1996年	1997年	1998年
中　国	6.3	5.4	4.3	3.7	2.8	6.2	5.6	5.4	5.7	6.2
中国香港					37.7	36.0	35.2	34.1	33.3	32.7
印　度	10.8	12.4	12.8	12.8	11.5	11.8	12.0	12.1	12.1	11.6
印度尼西亚	21.3	18.8	17.0	17.9	17.1	18.2	17.7	17.0	18.1	16.8
伊　朗	21.6	18.1	16.7	18.5	23.4	25.8	25.0	26.9	24.3	26.6
以色列	52.2	39.4	29.5	38.9	39.4	39.4	40.8	40.1	42.3	42.8
日　本	11.6	14.4	22.7	21.0	20.9					
马来西亚	26.3	27.1	28.8	28.7	27.7	28.4	24.8	24.5	23.1	
缅　甸	16.0	10.5	9.3	7.8	7.3	6.6	6.4	6.9	7.7	
韩　国	17.7	17.5	16.6	17.4	18.0	18.5	18.8	19.8	20.0	
巴基斯坦	16.2	19.1	16.7	17.9	18.1	17.4	17.1	17.3	15.6	15.8
菲律宾	14.0	16.2	17.1	17.7	17.4	18.0	17.7	18.6	19.0	
新加坡	25.4	26.9	26.9	26.9	27.2	26.4	26.5	29.4	24.5	
斯里兰卡	20.2	21.0	20.5	20.2	19.7	19.0	20.4	19.0	18.5	17.2
泰　国	14.3	18.5	19.1	17.6	18.0	18.4	18.6	19.0	18.6	16.4
土耳其	18.1	13.7	14.3	16.1	17.9	19.3	17.9	18.3	21.9	
埃　及	44.1	23.0	29.7	32.7	34.4	36.9	34.8	27.5	26.3	
南　非	22.9	26.3	25.5	23.5	24.4	24.1	24.4	25.2	25.6	26.3
加拿大	18.5	21.0	21.6	21.3	20.3	20.5	20.4			
墨西哥	15.1	15.3	14.9	15.4	14.9	14.9	15.3	15.2	14.7	
美　国	20.2	19.5	19.6	19.1	19.5	19.8	20.4	20.6	21.2	21.8
阿根廷	15.6	10.4	11.2	12.3	15.1	14.9	14.0	13.0	13.6	
巴　西	22.6	22.8	20.9	23.5	25.6	27.0				
委内瑞拉	22.3	23.7	23.7	18.1	17.3	18.2	16.4	19.7	23.7	17.3
保加利亚		47.2	36.4	35.6	33.3	39.0	35.5	32.5	32.1	33.9
法　国	39.6	40.4	40.6	40.4	40.3	40.2	40.6	41.5	41.8	
德　国			28.3	32.0	32.1	33.0	32.6	32.1	31.9	31.5
意大利	31.4	38.5	39.4	40.1	42.3	39.6	41.2	42.7	45.3	41.5
罗马尼亚	45.3	34.4	35.8	36.1	31.9	29.9	29.5	27.8	26.5	
英　国	35.2	36.5	37.3	36.5	34.4	35.3	36.1	36.4	36.6	38.4
澳大利亚	21.7	26.0	25.8	23.5	22.6	22.5	23.0	24.1	24.6	24.3
新西兰	34.2	42.6	37.6	34.9	32.9	34.8	35.7	35.5	33.7	34.2

注:①不包括捐赠。

资料来源:世界银行《世界发展指标》2000年。

9－2 中央政府财政盈余(赤字)占国内生产总值的比重①

单位:%

	1980年	1990年	1992年	1993年	1994年	1995年	1996年	1997年	1998年
中国②		−1.9	−2.2	−2.0	−1.9	−1.7	−1.6	−1.5	
印度	−6.0	−7.5	−5.2	−6.9	−5.5	−4.9	−4.7	−5.6	−5.2
印度尼西亚	−2.3	0.4	−0.4	0.6	0.9	2.2	1.2	−0.7	−2.4
伊朗	−13.8	−1.8	−1.5	−0.5	−0.2	1.5	0.1	−0.5	0.3
以色列	−16.2	−5.3	−4.3	−2.5	−3.1	−5.0	−4.3	0.4	−1.2
日本	−7.0	−1.6	0.3	−1.5					
马来西亚	−6.0	−2.1	−0.4	1.3	4.4	2.3	2.0	2.9	
缅甸	1.2	−5.1	−2.8	−2.2	−3.3	−4.1	−3.2	−0.9	
韩国	−2.2	−0.7	−0.5	0.6	0.3	0.3	0.1	−1.3	
巴基斯坦	−5.7	−5.4	−7.9	−8.9	−7.2	−6.6	−7.9	−7.7	−6.3
菲律宾	−1.4	−3.5	−1.2	−1.5	1.0	0.6	0.3	0.1	
新加坡	2.1	10.8	12.8	15.8	16.3	14.6	10.6	11.7	
斯里兰卡	−18.3	−7.8	−5.4	−6.4	−8.5	−8.3	−7.8	−4.5	−8.0
泰国	−4.9	4.6	2.8	2.1	1.9	2.9	2.4	−0.9	−3.5
土耳其	−3.1	−3.0	−4.3	−6.7	−3.9	−4.1	−8.4	−8.4	
埃及	−11.7	−5.7	−3.5	1.7	0.3	0.9	−1.9	−2.0	
南非	−2.3	−4.1	−8.7	−9.1	−5.6	−5.4	−5.2	−3.4	−2.9
加拿大	−3.5	−4.9	−6.2	−5.9	−4.8	−3.5			
墨西哥	−3.0	−2.5	4.2	0.5	0.0	−0.5	−0.2	−1.1	
美国	−2.8	−3.9	−4.8	−4.0	−3.0	−2.2	−1.5	−0.3	0.9
阿根廷	−2.6	−0.4	0.6	0.7	−0.2	−1.2	−2.2	−1.5	
巴西	−2.4	−5.8	−3.8	−9.3	−6.1				
委内瑞拉	0.0	0.0	−3.1	−2.3	−5.6	−3.6	1.6	2.2	−2.8
保加利亚		−8.3	−4.9	−12.1	−4.6	−5.2	−15.4	2.1	2.8
捷克共和国				2.4	0.8	0.3	0.1	−1.1	−1.6
法国	−0.1	−2.1	−3.9	−5.7	−5.6	−6.6	−5.3	−3.5	
德国			−2.4	−2.5	−1.3	−1.8	−2.2	−1.4	−0.9
意大利	−10.8	−10.3	−10.9	−10.3	−10.5	−7.6	−7.1	−3.1	−3.3
罗马尼亚	0.5	0.9	−4.7	−0.5	−2.5	−3.0	−4.0	−3.9	
英国	−4.6	0.6	−4.9	−7.4	−6.0	−5.5	−3.7	−2.1	0.6
澳大利亚	−1.5	2.1	−2.3	−3.3	−3.0	−2.4	−0.9	0.4	2.8
新西兰	−6.7	4.0	−2.2	0.1	0.8	0.4	5.2	4.0	0.5

注:①包括捐赠。②中国数来源于世界银行。

资料来源:世界银行《世界发展指标》2000年。

9—3 印度中央政府财政收支①

单位：亿卢比

	1980年	1990年	1992年	1993年	1994年	1995年	1996年	1997年	1998年
总收入及捐赠	**1655**	**7295**	**10138**	**10217**	**12936**	**15002**	**17290**	**19235**	**21722**
总收入	**1611**	**7236**	**10046**	**10117**	**12832**	**14888**	**17171**	**19118**	**21617**
经常收入	1592	7159	9757	10053	12220	14665	17070	18950	21030
税收收入	1327	5757	7464	7477	9229	11124	12876	14272	15593
公司、利润和资本所得税	291	1071	1750	1990	2665	3326	3851	5091	4840
社会保障缴款									
雇员支付									
雇主支付									
工资税									
财产税	10	28	54	17	14	10	11	16	18
货物和服务税	676	2587	3267	3228	3853	4189	4700	5044	5891
国际贸易税	351	2064	2378	2219	2679	3576	4285	4100	4815
其他税		8	15	23	20	23	29	21	30
非税收收入	265	1401	2294	2576	2991	3541	4194	4678	5437
资本收入	19	77	288	65	612	224	101	168	587
捐赠	**44**	**59**	**92**	**99**	**104**	**114**	**119**	**117**	**105**
总支出	**1803**	**9246**	**11893**	**13637**	**15406**	**17631**	**20106**	**23394**	**25947**
一般公务支出	113	599	810	889	1358	1216	1390	1741	1868
国防	357	1532	1740	2161	2289	2653	2941	3587	4090
公共秩序和安全									
教育	35	220	253	248	299	379	420	531	772
卫生	28	153	201	232	255	276	276	336	435
社会福利									
住房和通讯	77	568	700	899	1056	1242	1229	1359	1660
文化、娱乐和宗教									
能源									
农业	129	770	978	762	840	927	1026	1339	1469
工业	115	525	336	285	302	348	443	432	497
交通运输	51	178	212	242	241	246	252	359	421
其他经济活动	140	502	769	1260	1181	1288	1502	1517	1754
其他支出		4200	5894	6662	7586	9055	10627	12193	12981
财政赤字	**−886**	**−4346**	**−3991**	**−6053**	**−5675**	**−5985**	**−6688**	**−8720**	**−9321**

注：①当年4月1日至次年3月31日。

资料来源：国际货币基金组织《政府财政统计年鉴》1999年。

9－4 印度尼西亚中央政府财政收支①

单位：十亿卢比

	1980年	1990年	1992年	1993年	1994年	1995年	1996年	1997年	1998年
总收入及捐赠	**10406**	**39566**	**50645**	**56318**	**69469**	**80427**	**90298**	**113882**	**158148**
总收入	**10406**	**39566**	**50645**	**56318**	**69402**	**80426**	**90298**	**113882**	**158148**
经常收入	10406	39566	50645	56318	69394	80411	90289	113850	158116
税收收入	9898	37431	44500	47344	62338	72827	78241	103782	147171
公司、利润和资本所得税	8118	24467	27283	27781	32895	37076	45368	64947	96948
社会保障缴款									
雇员支付									
雇主支付									
工资税									
财产税		811	1101	1534	410	442	846	592	1183
货物和服务税	92	9380	13095	14842	23382	26762	26701	31817	39311
国际贸易税	899	2530	2661	2902	4224	3215	2877	3127	6868
其他税	753	244	360	285	47	521	18	23	65
非税收收入	508	2134	6145	8974	7056	7584	12048	10068	10946
资本收入					8	15	9	32	32
捐赠					**67**				
总支出	**10827**	**38720**	**52200**	**54983**	**61866**	**66723**	**77964**	**112893**	**168614**
一般公务支出	3600	13998	14238	15465	3948	4713	12281	7827	17936
国防	1461	2604	3332	3388	4266	4792	5695	6487	8909
公共秩序和安全		554	739	894	1260	1912	2299	2576	3095
教育	900	3512	5076	5479	6045	6042	7040	8531	11607
卫生	268	938	1263	1497	2011	1723	1962	2435	3857
社会福利					3259	4153	5643	7125	8450
住房和通讯	193	685	1062	870	11041	13699	15819	17316	23383
文化、娱乐和宗教	112	281	350	445	1448	1610	1862	2271	3411
能源	516	1708	3044	3232	225	355	536	1150	1050
农业	1088	2959	3784	3694	11903	6290	9729	8839	11060
工业	419	746	905	627	725	1004	1055	1065	624
交通运输	1989	3846	4668	5344	5230	5086	5720	6317	6153
其他经济活动	345	1246	1826	2136	1275	1390	1391	1369	2453
其他支出	759	5643	10996	10546	9230	9612	6932	39585	66627
财政赤字	**－1102**	**798**	**－1096**	**2018**	**3581**	**10085**	**6180**	**－4212**	**－22495**

注：①当年4月1日至次年3月31日。

资料来源：国际货币基金组织《政府财政统计年鉴》1999年。

9—5 伊朗中央政府财政收支①

单位:十亿里亚尔

	1980年	1990年	1993年	1994年	1995年	1996年	1997年	1998年
总收入及捐赠	**1430**	**6617**	**22018**	**31080**	**45171**	**62127**	**68315**	**88791**
总收入	**1430**	**6617**	**22018**	**31080**	**45171**	**62127**	**68315**	**88791**
经常收入	1430	6617	21934	30979	45063	61971	68083	87880
税收收入	455	2655	5515	7651	12271	19505	26013	37110
公司、利润和资本所得税	56	656	1988	2981	4175	6630	8503	10579
社会保障缴款	106	538	1445	1653	2916	3545	4257	6073
雇员支付								
雇主支付								
工资税	52	128	341	484	906	1590	1623	2110
财产税	14	145	210	313	458	612	758	989
货物和服务税	51	277	491	934	2402	3359	5201	8121
国际贸易税	167	892	948	1184	1269	3581	4323	8485
其他税	10	19	92	102	145	188	1348	753
非税收收入	975	3962	16419	23328	32792	42466	42070	50770
资本收入			84	101	98	152	205	818
捐赠								
总支出	**2368**	**7288**	**22565**	**31400**	**42795**	**61814**	**70036**	**87962**
一般公务支出	241	182	727	939	855	2195	2527	3309
国防	377	749	1707	3542	3251	5265	6548	7481
公共秩序和安全		318	785	991	1181	1923	2442	2922
教育	505	1585	4820	5597	6295	10457	13652	14068
卫生	151	556	1878	2536	2710	3941	5220	5652
社会福利	54	1014	2933	3230	5634	7616	9908	11937
住房和通讯	27	435	1575	2055	3378	4873	5322	4959
文化、娱乐和宗教	121	125	606	695	1163	1860	2280	2761
能源	76	191	1539	3303	5433	4878	6267	9411
农业		396	1076	1433	1660	1342	1556	1758
工业	105	295	352	335	382	576	438	595
交通运输	138	439	1458	1729	1992	2993	3163	4559
其他经济活动	127	255	1914	4018	6686	7549	7892	9948
其他支出	190	749	1195	997	2175	6346	2821	8602
财政赤字	**−915**	**−665**	**−443**	**−262**	**2637**	**313**	**−1391**	**1144**

注:①1980年为当年4月1日至次年3月31日。1990年及以后为当年3月21日到次年3月20日。

资料来源:国际货币基金组织《政府财政统计年鉴》1999年。

9—6 以色列中央政府财政收支①

单位:百万新谢克尔

	1980年	1990年	1992年	1993年	1994年	1995年	1996年	1997年	1998年
总收入及捐赠	**70**	**49226 ***	**72369**	**81711**	**96486**	**111760**	**135421**	**155229**	**171276**
总收入	**58**	**42286 ***	**63295**	**73482**	**88559**	**106634**	**122255**	**143843**	**158704**
经常收入	58	41729 *	62845	73482	88559	106634	122255	143843	158704
税收收入	51	35699 *	53853	63107	77502	92468	105560	124363	134729
公司、利润和资本所得税	24	15136 *	21948	27843	36524	41616	44248	52359	57145
社会保障缴款	6	3763 *	4301	5025	6044	11145	13554	19475	21949
雇员支付	2	1693 *	2478	2927	3624	7529	9606	11191	12434
雇主支付	4	1550 *	1172	1425	1664	1769	1852	5512	6486
工资税	3	1242 *	1761	1621	2068	2692	3486	4221	3809
财产税	1	355 *	460	526	838	979	1134	1139	1208
货物和服务税	14	13955 *	23752	26422	31117	35915	41523	45970	49164
国际贸易税	1	706 *	1165	748	544	502	523	622	672
其他税	0.4	207 *	331	476	541	500	751	749	782
非税收收入	8	6030 *	8992	10375	11057	14166	16695	19480	23975
资本收入		557 *	450						
捐赠	**11**	**6941 ***	**9074**	**8229**	**7927**	**5126**	**12986**	**11386**	**12572**
总支出	**81**	**53702 ***	**78163**	**86273**	**2350**	**123892**	**147838**	**163530**	**181362**
一般公务支出	1	985 *	1458	1796	2115	2702	3038	3332	3953
国防	32	13594 *	16919	17539	19836	22216	26489	29257	32258
公共秩序和安全	2	1392 *	1964	2301	2983	3763	4481	5005	5660
教育	8	5459 *	8474	10295	13921	16108	20630	22922	24316
卫生	3	2172 *	3359	3548	5791	12987	17348	22330	25135
社会福利	12	12356 *	17329	20034	25080	30051	35786	40732	45759
住房和通讯	0.2	1543 *	8312	6927	5989	5952	6880	6139	6029
文化、娱乐和宗教	1	472 *	860	867	978	1098	1497	1571	1606
能源	2	133 *	526	494	561	508	429	433	470
农业	2	1119 *	1142	1602	1677	1866	2166	1980	1617
工业	1	1676 *	2395	2973	3106	3773	4050	4255	3843
交通运输	2	1075 *	1846	2365	2412	2412	3099	3115	3521
其他经济活动	5	896 *	1241	1707	2161	1935	1476	1377	1575
其他支出	11	10322 *	12511	13879	15673	18622	20479	21484	24966
财政赤字	**—18**	**—5461 ***	**—6949**	**—4675**	**—6882**	**—13106**	**—13028**	**1419**	**—4628**

注:①1992年以前为当年4月1日至次年3月31日。1992年及以后为日历年度。

资料来源:国际货币基金组织《政府财政统计年鉴》1999年。

9－7　日本中央政府财政收支①

单位：十亿日元

	1980年	1985年	1988年	1989年	1990年	1991年	1992年	1993年
总收入及捐赠	**28105**	**40361**	**52230**	**55922**	**62311**	**107345**	**102690**	**103364**
总收入	**27893**	**40262**	**52082**	**55762**	**62146**	**104462**	**99412**	**99866**
经常收入	27831	40104	51928	55486	61961	103860	98830	99277
税收收入	26392	38190	49024	52337	58730	88227	83400	83848
公司、利润和资本所得税	19722	26963	34762	39472	42859	43724	37286	36115
社会保障缴款								
雇员支付								
雇主支付								
工资税								
财产税	665	1601	3861	3493	2793	3064	3615	4042
货物和服务税	5796	7558	7763	6661	10471	13665	13933	14409
国际贸易税	656	668	727	736	827	1211	1156	1243
其他税	840	1400	1911	1975	1780	1749	1571	1599
非税收收入	1439	1914	2904	3149	3231	15633	15430	15429
资本收入	62	158	154	276	185	602	582	589
捐赠	**212**	**99**	**148**	**160**	**166**	**2883**	**3278**	**3498**
总支出		**55214**	**60863**	**66695**	**67533**	**97478**	**100642**	**112655**
一般公务支出						2411	2516	2692
国防						4465	4613	4626
公共秩序和安全						1284	1329	1394
教育						6142	6376	6790
卫生						1405	1587	1801
社会福利						36178	38909	41456
住房和通讯						8101	11599	15500
文化、娱乐和宗教						101	110	159
能源								
农业						1109	1135	1228
工业						1432	1573	1846
交通运输						287	290	334
其他经济活动						361	354	357
其他支出						34202	30251	34472
财政赤字	**－16872**	**－15603**	**－9657**	**－11645**	**－6782**	**7759**	**1473**	**－7318**

注：①当年4月1日至次年3月31日。

资料来源：国际货币基金组织《政府财政统计年鉴》1999年。

9—8　马来西亚中央政府财政收支

单位:百万林吉特

	1980年	1990年	1991年	1992年	1993年	1994年	1995年	1996年	1997年
总收入及捐赠	**14053**	**31432**	**37241**	**42925**	**45817**	**54339**	**54337**	**62408**	**65153**
总收入	**14049**	**31428**	**37241**	**42925**	**45817**	**54339**	**54337**	**62408**	**65153**
经常收入	14012	31384	37206	42610	45723	54021	54216	62276	65031
税收收入	12540	22710	27467	30763	33913	39778	44181	50064	53355
公司、利润和资本所得税	5259	9650	12397	14386	15661	17408	20136	22661	23663
社会保障缴款	55	238	290	367	499	574	673	700	800
雇员支付	13								
雇主支付	42								
工资税									
财产税	64	95	118	231	177	219	281	437	422
货物和服务税	2352	6366	7469	8410	9986	11904	14029	15966	17193
国际贸易税	4628	5612	6334	6258	6199	6980	6664	7356	8231
其他税	182	749	859	1111	1391	2693	2398	2944	3046
非税收收入	1472	8674	9739	11847	11810	14243	10035	12212	11676
资本收入	37	44	35	315	94	318	121	132	122
捐赠	**4**	**4**							
总支出	**15187**	**34848**	**37825**	**42935**	**42805**	**45538**	**48905**	**54811**	**55481**
一般公务支出	824	2642	3263	3886	4147	4205	642	5700	6107
国防	2255	3043	4323	4500	4951	5565	612	6091	6183
公共秩序和安全		1825	1958	2469	2437	2293	277	2969	2935
教育	2786	6596	7067	8059	8538	10108	1060	12489	12651
卫生	778	1777	2035	2414	2407	2529	277	3474	3472
社会福利	607	1254	1935	2322	2568	3003	310	3856	3995
住房和通讯	453	2424	2440	2467	2327	2611	215	3456	4056
文化、娱乐和宗教	94								
能源	688								
农业	1329	2342	2345	2389	2442	2536	249	2618	2582
工业	75								
交通运输	1379	2456	2625	3517	3464	3730	419	5655	5489
其他经济活动	1090	4196	2194	2096	1870	2683	262	3705	3925
其他支出	3139	13444	13366	15032	13946	13959	1291	13194	13005
财政赤字	**−3185**	**−2435**	**−1377**	**−613**	**2084**	**8309**	**4988**	**5120**	**8230**

资料来源:国际货币基金组织《政府财政统计年鉴》1999年。

9—9 缅甸中央政府财政收支①

单位:百万缅元

	1980年	1990年	1991年	1992年	1993年	1994年	1995年	1996年	1997年
总收入及捐赠	**6591**	**16188**	**18339**	***20671**	**27785**	**32458**	**40173**	**55147**	**88238**
总收入	**6176**	**16048**	**18039**	***20313**	**27329**	**32029**	**39429**	**54726**	**86690**
经常收入	6171	15898	17343	*19421	26131	31430	38578	54235	85887
税收收入	3711	9417	10480	*12563	17036	20101	22644	31357	49429
公司、利润和资本所得税	182	2806	1970	*3181	4641	6741	7793	9217	15457
社会保障缴款									
雇员支付									
雇主支付									
工资税									
财产税									
货物和服务税	2611	4418	5646	*6463	8257	9135	10168	14112	25400
国际贸易税	918	2193	2864	*2919	4138	4225	4683	8028	8572
其他税									
非税收收入	2460	6481	6863	*6858	9095	11329	15934	22878	36458
资本收入	5	150	696	*892	1198	599	851	491	803
捐赠	**415**	**140**	**300**	***358**	**456**	**429**	**744**	**421**	**1548**
总支出	**6119**	**24349**	**27621**	***27931**	**35696**	**48021**	**64884**	**80120**	**98426**
一般公务支出	928	5035	4717	*3412	4555	5693	6889	6731	8752
国防	1342	5436	6086	*9126	13884	17694	23813	28952	30135
公共秩序和安全									
教育	646	3875	4810	*4735	5447	5640	6547	9973	9207
卫生	323	1588	1886	*2077	1675	1913	2309	3061	3457
社会福利	415	1075	1319	*1300	1462	1719	2263	1815	2252
住房和通讯	235	2031	2020	*229	158	163	185	319	362
文化、娱乐和宗教	46	378	782	*776	589	905	1429	2293	2257
能源		5	20	*31	33	8	6	8	11
农业	1442	2271	2028	*1972	2690	4967	9665	10513	13168
工业	138	246	133	*77	84	114	127	775	991
交通运输	385	2000	2964	*2871	2858	6497	7734	9558	19693
其他经济活动	97	250	245	*269	267	297	351	504	516
其他支出	122	159	611	*1056	1994	2411	3566	5618	7625
财政赤字	**473**	**−7789**	**−8993**	***−7054**	**−7761**	**−15757**	**−24924**	**−25052**	**−10343**

注:①当年4月1日至次年3月31日。

资料来源:国际货币基金组织《政府财政统计年鉴》1999年。

9—10 韩国中央政府财政收支

单位:十亿韩圆

	1980年	1990年	1991年	1992年	1993年	1994年	1995年	1996年	1997年
总收入及捐赠	**6834**	**32089**	**36818**	**43805**	**50750**	**61109**	**72087**	**84272**	**91979**
总收入	**6834**	**32089**	**36818**	**43805**	**50750**	**61109**	**72087**	**84272**	**91979**
经常收入	6738	31332	35948	42870	49833	59725	70862	82971	90740
税收收入	5898	28363	32196	37750	43547	51836	62209	72386	78434
公司、利润和资本所得税	1504	10643	11235	14071	15647	18652	22309	24317	24292
社会保障缴款	73	1450	1799	2417	4150	4575	5435	7425	8506
雇员支付		441	517	635	1394	1695	2160	2804	4178
雇主支付	73	1009	1282	1782	2756	2880	3275	4621	4328
工资税									
财产税	37	674	521	668	1073	1677	1621	1473	1590
货物和服务税	3093	10880	11956	14834	17062	19965	22993	27478	30650
国际贸易税	1014	3685	3294	3128	2884	3453	4633	5309	5798
其他税	177	1023	1859	2632	2731	3514	5218	6564	7598
非税收收入	840	2969	3752	5120	6286	7889	8653	10585	12306
资本收入	96	757	870	935	917	1384	1225	1301	1239
捐赠									
总支出	**6563**	**29004**	**35619**	**40776**	**45010**	**53887**	**62320**	**72600**	**79004**
一般公务支出①	657	2823	3472	4357	4630	5715	*2888	3198	3997
国防	2252	6665	7892	8709	9040	10057	11114	12583	13160
公共秩序和安全①							*3930	4472	4789
教育	1123	5647	5614	6502	9649	10974	12756	14422	16203
卫生	80	566	716	428	432	370	411	520	616
社会福利	417	2615	3381	4083	4497	5446	5423	6687	8527
住房和通讯	74	433	644	622	559	1021	1593	2074	1782
文化、娱乐和宗教	50	165	210	235	277	306	423	530	673
能源	27	196	181	140	130	49	434	459	560
农业	367	2746	2834	2795	3221	5410	6245	6403	6298
工业	160	213	292	464	1488	1975	1414	2650	2031
交通运输	297	266	1723	2049	2575	3254	4471	5350	8222
其他经济活动	171	2111	1801	1486	1053	1166	1127	1626	1595
其他支出	888	4558	6859	8906	7459	8651	10091	11671	10551
财政赤字	**-849**	**-1207**	**-3494**	**-1188**	**1704**	**984**	**1035**	**431**	**-5747**

注:①1994年及以前"公共秩序与安全"包括在"一般公务支出"中。

资料来源:国际货币基金组织《政府财政统计年鉴》1999年。

9—11 菲律宾中央政府财政收支

单位:百万比索

	1980年	1990年	1993年	1994年	1995年	1996年	1997年
总收入及捐赠	**34373**	**180902**	**260405***	**336160**	**361220**	**410449**	**471843**
总收入	**34151**	**178346**	**258854***	**335426**	**360232**	**409880**	**470105**
经常收入	34149	174164	257177*	305512	337403	404220	460677
税收收入	30529	151700	230170*	271305	310517	367894	412165
公司、利润和资本所得税	7210	49366	74795*	91885	111165	136356	164170
社会保障缴款							
雇员支付							
雇主支付							
工资税							
财产税	225	1030	223*	416	417	565	881
货物和服务税	14320	53616	70750*	82731	86936	109951	133388
国际贸易税	8261	43702	77534*	77241	97965	104850	95187
其他税	498	3986	6868*	19032	14034	16172	18539
非税收收入	3620	22464	27007*	34207	26886	36326	48512
资本收入	2	4182	1677*	29914	22829	5660	9428
捐赠	**222**	**2556**	**1551***	**734**	**988**	**569**	**1738**
总支出	**37758**	**211184**	**272394***	**310880**	**341726**	**401017**	**467319**
一般公务支出	6538	18426	31671*	39127	25963	46424	45775
国防	5115	23321	28932*	23125	27493	30978	37285
公共秩序和安全		3324	5550*	18253	22799	28272	34373
教育	4224	35741	43220*	45035	61536	74437	95376
卫生	1479	8623	8283*	7902	8384	11255	15006
社会福利	442	3452	8340*	5294	6913	10092	11714
住房和通讯	1696	1356	5236*	1907	3481	5948	2552
文化、娱乐和宗教	267	930	3162*	2699	2354	4764	3427
能源	3086	6698	8851*	7147	3490	1106	945
农业	1974	14331	22980*	22327	23586	28874	30363
工业	1063	2919	5045*	5758	129	146	196
交通运输	9605	19473	29483*	35618	40883	42936	63765
其他经济活动	2785	6415	9349*	9596	5145	4809	8616
其他支出	2296	75825	95489*	103980	105154	103256	110309
财政赤字	**—3385**	**—37194**	**—21891***	**16286**	**11074**	**6256**	**1564**

资料来源:国际货币基金组织《政府财政统计年鉴》1999年。

9－12　新加坡中央政府财政收支①

单位：百万新加坡元

	1980年	1990年	1992年	1993年	1994年	1995年	1996年	1997年
总收入及捐赠	**6620**	**21636**	**26617**	**33587**	**37977**	**42918**	**49650**	**53841**
总收入	**6620**	**21636**	**26617**	**33587**	**37977**	**42918**	**49650**	**53841**
经常收入	6365	17827	21417	25229	28096	31369	37902	34578
税收收入	4396	10254	13675	15952	18699	19626	21585	22764
公司、利润和								
资本所得税	2068	4577	6432	7294	7748	8145	9074	9494
社会保障缴款								
雇员支付								
雇主支付								
工资税	114							
财产税	586	1181	1498	1644	1845	1757	1823	2335
货物和服务税	1005	2859	3569	4277	5900	6450	6446	6696
国际贸易税	437	357	437	449	395	389	453	448
其他税	186	1280	1739	2288	2811	2885	3789	3791
非税收收入	1969	7618	7742	9277	9397	11743	16317	11814
资本收入	255	3764	5200	8358	9881	11549	11748	19263
捐赠								
总支出	**5027**	**14223**	**15858**	**16354**	**＊15059**	**19233**	**27435**	**23757**
一般公务支出	493	897	1332	1687	＊1500	2046	4920	1961
国防	1267	3409	3891	4049	＊4347	5492	5878	6865
公共秩序和安全		506	624	644	＊740	816	952	1203
教育	735	2828	3532	4047	＊3409	3633	4082	4472
卫生	350	652	964	979	＊1100	1466	1521	1596
社会福利	68	300	365	626	＊431	955	2893	425
住房和通讯	314	870	1061	1143	＊994	1565	2066	2147
文化、娱乐和宗教	72	174	58	68	＊58	59	31	17
能源	1							
农业	22	94	46	43	＊42	46	49	60
工业	6	26	24	25	＊8	8	7	6
交通运输	508	710	534	411	＊426	639	2616	1639
其他经济活动	354	1559	1226	1401	＊868	1284	1306	2374
其他支出	837	2198	2201	1231	＊1136	1224	1114	992
财政赤字	**538**	**7192**	**10170**	**14639**	**17340**	**17315**	**13614**	**16576**

注：①当年4月1日至次年3月31日。

资料来源：国际货币基金组织《政府财政统计年鉴》1999年。

9—13 泰国中央政府财政收支①

单位:亿铢

	1980年	1990年	1993年	1994年	1995年	1996年	1997年	1998年
总收入及捐赠	**967**	**4112**	**5729**	**6713**	**7832**	**8761**	**8734**	**7581**
总收入	**948**	**4046**	**5693**	**6674**	**7794**	**8730**	**8704**	**7536**
经常收入	948	4045	5693	6673	7793	8729	8702	7530
税收收入	871	3724	5129	6047	7075	7924	7775	6688
公司、利润和资本所得税	169	977	1591	1994	2418	2777	2762	2149
社会保障缴款	…	4	65	93	99	120	130	119
雇员支付			28	41	42	51	55	50
雇主支付	…	4	37	52	56	69	75	68
工资税								
财产税	12	134	132	161	164	135	95	51
货物和服务税	437	1677	2265	2599	3058	3561	3687	3659
国际贸易税	248	894	1038	1152	1282	1277	1052	678
其他税	6	39	40	49	55	54	49	32
非税收收入	77	321	563	627	719	805	927	843
资本收入	…	…	…	1	…	…	1	5
捐赠	**20**	**66**	**36**	**39**	**38**	**31**	**30**	**45**
总支出	**1245**	**3074**	**5046**	**5915**	**6607**	**7580**	**9017**	**8543**
一般公务支出	43	170	281	271	300	423	442	400
国防	270	533	752	875	934	956	1043	883
公共秩序和安全	64	159	298	350	400	466	509	523
教育	247	617	1099	1269	1449	1590	1949	1976
卫生	51	208	351	458	526	618	774	783
社会福利	33	111	174	206	240	286	337	352
住房和通讯	30	67	152	243	311	407	517	406
文化、娱乐和宗教	5	13	39	65	76	77	127	135
能源	13	72	40	40	33	29	34	57
农业	120	321	523	642	747	784	834	637
工业	4	22	33	33	33	37	44	43
交通运输	126	201	643	672	893	1097	1430	1358
其他经济活动	39	63	189	233	215	337	387	327
其他支出	206	520	473	553	439	471	590	664
财政赤字	**－323**	**994**	**664**	**674**	**1231**	**1082**	**－4196**	**－158860**

注:①上年10月1日至当年9月30日。

资料来源:国际货币基金组织《政府财政统计年鉴》1999年。

9-14 土耳其中央政府财政收支

单位：十亿里拉

	1980 年	1990 年	1992 年	1993 年	1994 年	1995 年	1996 年	1997 年
总收入及捐赠	**957**	**56573**	**178070**	**357333**	**751615**	**1409251**	**2727958**	**6328709**
总收入	**957**	**54937**	**176370**	**355736**	**750673**	**1401847**	**2726165**	**6327020**
经常收入	945	53675	175567	353797	745035	1392572	2709027	6308510
税收收入	750	45431	141797	264436	588058	1084941	2245290	5493391
公司、利润和								
资本所得税	464	23246	70134	125793	246580	435999	865909	2265094
社会保障缴款								
雇员支付								
雇主支付								
工资税								
财产税	16	101	259	742	32643	16775	3333	138982
货物和服务税	186	17252	59438	114701	271333	551188	1255413	2719737
国际贸易税	56	3336	7813	15228	23825	51783	63286	146916
其他税	28	1497	4153	7972	13677	29196	57349	222662
非税收收入	195	8244	33770	89361	156977	307631	463737	815119
资本收入	11	1262	803	1939	5638	9275	17138	18510
捐赠		**1636**	**1700**	**1597**	**942**	**7404**	**1793**	**1689**
总支出	**1117**	**68316**	**225256**	**490129**	**902077**	**1725514**	**3965948**	**8616864**
一般公务支出①	298	17215	65563	156418	318972	790645	1950126	*315816
国防	170	7966	25558	43711	85377	167798	333434	765747
公共秩序和安全①								*427023
教育	159	13088	45114	82515	122546	215024	442420	967811
卫生	40	2437	7870	14762	26886	45112	89526	349780
社会福利	30	1445	4782	19874	35056	62696	176574	778772
住房和通讯	37	1018	3900	9728	11254	17362	44856	154322
文化、娱乐和宗教	1	507	1554	3450	4467	7589	14494	111516
能源	48	3824	11724	19577	25337	53914	111454	124689
农业	21	1363	4102	6590	10142	17833	33568	459624
工业	54	607	1437	6888	12117	3059	48158	53738
交通运输	90	5012	17433	32630	45697	78435	162853	248317
其他经济活动	166	1349	9213	24959	26763	52860	57378	351011
其他支出	1	12487	27006	69027	177463	211509	496467	3508698
财政赤字	**-161**	**-11782**	**-47328**	**-133105**	**-150838**	**-316621**	**-1238128**	**-2433475**

注：①1996 年及以前"公共秩序和安全"包括在"一般公务支出"中。

资料来源：国际货币基金组织《政府财政统计年鉴》1999 年。

9—15　埃及中央政府财政收支①

单位:百万埃镑

	1981 年	1990 年	1992 年	1993 年	1994 年	1995 年	1996 年	1997 年
总收入及捐赠	**8081**	**24863**	**53015**	**62712**	**70639**	**75710**＊	**71187**	**74174**
总收入	**8072**	**23435**	**49678**	**59443**	**67828**	**73654**＊	**69233**	**72782**
经常收入	7884	22079	45418	54058	64590	70926＊	63193	67332
税收收入	5006	16091	30135	34479	39605	43108＊	40060	42450
公司、利润和资本所得税	1481	4245	9989	11114	12004	12134＊	13707	14589
社会保障缴款	707	3412	4429	5357	6272	7157＊		
雇员支付	268	1244	1660	1951	2279	2586＊		
雇主支付	435	2163	2764	3397	3980	4562＊		
工资税	46							
财产税	106	243	302	352	391	434＊	476	537
货物和服务税	685	3004	6439	7363	8255	9529＊	10667	11562
国际贸易税	1583	3039	4941	5428	6585	7352＊	8255	8460
其他税	398	2148	4035	4865	6098	6502＊	6955	7302
非税收收入	2878	5988	15283	19579	24985	27818＊	23133	24882
资本收入	188	1356	4260	5385	3238	2728＊	6040	5450
捐赠	**9**	**1428**	**3337**	**3269**	**2811**	**2056**＊	**1954**	**1392**
总支出	**7892**	**26738**	**54649**	**56143**	**65382**	**68689**＊	**74400**	**78503**
一般公务支出	445	841	1559	1879	1881	1928＊	2441	2401
国防	1068	3068	4506	4900	5333	6274＊	6948	7403
公共秩序和安全		1058	1523	2145	2790	2857＊	3539	3780
教育	675	3744	5648	6921	8367	9508＊	10551	11590
卫生	177	752	1150	1370	1549	1716＊	2073	2583
社会福利	956	3446	4959	6156	7824	9104＊	329	368
住房和通讯	228	1799	3087	3381	3348	3012＊	3653	4161
文化、娱乐和宗教	602	2304	3250	3925	4701	5228＊	5612	6332
能源	37	61	71	144	139	194＊	285	279
农业	361	1264	2054	2373	2825	3018＊	3357	4139
工业	14	52	57	77	75	81＊	115	107
交通运输	106	770	1302	1686	2217	2930＊	3045	3568
其他经济活动	31	109	153	208	172	245＊	280	374
财政赤字	**—1096**	**—5494**	**—4831**	**2681**	**589**	**1828**＊	**—4411**	**—5178**

注:①上年 7 月 1 日至当年 6 月 30 日。

资料来源:国际货币基金组织《政府财政统计年鉴》1999 年。

9-16　南非中央政府财政收支①

单位:百万兰特

	1980年	1990年	1992年	1993年	1994年	1995年	1996年	1997年	1998年
总收入及捐赠	**14448**	**76987**	**88920**	**106426＊**	**117234＊**	**134304**	**155265**	**174412**	**195550**
总收入	**14437**	**76341**	**84746**	**104417＊**	**116292＊**	**133945**	**154811**	**173910**	**194446**
经常收入	14387	76173	87647	104031＊	116208＊	133865	154715	173821	194339
税收收入	12553	70435	80802	97441＊	108896＊	125839	145203	163572	181504
公司、利润和资本所得税	8035	38725	46283	50912＊	58268＊	68860	82852	95403	107924
社会保障缴款	160	1337	1672	1873＊	2034＊	2237	2507	2721	2992
雇员支付									
雇主支付	160	1337	1672	1873＊	2034＊	2237	2507	2721	2992
工资税	19	37	23	42＊	34＊	39	44	49	54
财产税	252	1100	1517	1869＊	2464＊	2736	2837	2864	2553
货物和服务税	3421	25787	28494	38186＊	43173＊	48487	53108	60661	66026
国际贸易税	474	2775	2068	3721＊	1989＊	2455	2630	390	473
其他税	192	674	745	838＊	934＊	1025	1225	1484	1482
非税收收入	1834	5738	6845	6590＊	7312＊	8026	9512	10249	12835
资本收入	50	168	99	386＊	84＊	80	96	89	107
捐赠	**11**	**646**	**1174**	**2009＊**	**942＊**	**359**	**454**	**502**	**1104**
总支出	**13558**	**87268**	**121502**	**145284＊**	**143623＊**	**164620**	**187898**	**199562**	**218834**
一般公务支出									
国防									
公共秩序和安全									
教育									
卫生									
社会福利									
住房和通讯									
文化、娱乐和宗教									
能源									
农业									
工业									
交通运输									
其他经济活动									
其他支出									
财政赤字	**－1436**	**－11775**	**－32465**	**－38894＊**	**－26959＊**	**－29732**	**－31846**	**－22852**	**－21228**

注:①当年4月1日至次年3月31日。

资料来源:国际货币基金组织《政府财政统计年鉴》1999年。

9－17　加拿大中央政府财政收支①

单位:百万加元

	1980 年	1990 年	1991 年	1992 年	1993 年	1994 年	1995 年
总收入及捐赠	**57491**	**140674**	**145562**	**146962**	**145264**	**154158**	**160849**
总收入	**57491**	**140209**	**145074**	**146505**	**144718**	**153628**	**160332**
经常收入	57491	140209	145074	146505	144718	153628	160332
税收收入	49665	122486	126603	128004	127062	136490	142241
公司、利润和资本所得税	30213	73520	73932	71489	69050	75529	81735
社会保障缴款	5962	20650	23752	26487	27110	29349	29068
雇员支付	2626						
雇主支付	3183						
工资税							
财产税							
货物和服务税	9552	24311	24920	26217	27250	28036	28467
国际贸易税	4041	4005	3999	3811	3652	3576	2971
其他税	1						
非税收收入	7826	17723	18471	18501	17656	17138	18091
资本收入							
捐赠							
总支出	**65522**	**172001**	**183822**	**187932**	**187230**	**191380**	**194532**
一般公务支出	5666	10221	10817	11745	10765	12155	11058
国防	5045	12371	11894	12017	12605	12272	11958
公共秩序和安全							
教育	2511	4925	5496	6832	6439	6350	6365
卫生	4391	7402	8087	9811	8911	9404	9041
社会福利	21430	67983	77020	81765	84193	82083	83499
住房和通讯	1543	2469	2294	2425	2751	3076	2959
文化、娱乐和宗教	515	2757	2839	2988	2873	2942	2744
能源	7	305	255	271	441	1059	1773
农业	1442	3410	5435	4322	3156	3201	3150
工业	4125	99	83	69	79	76	80
交通运输	4367	4778	5041	4502	4754	4570	5779
其他经济活动	2771	6334	7935	7797	7441	7545	5690
其他支出	12490	45006	42641	39228	38305	42086	45732
财政赤字	**－10733**	**－32781**	**－38641**	**－42374**	**－42360**	**－36018**	**－27775**

注:①当年 4 月 1 日至次年 3 月 31 日。

资料来源:国际货币基金组织《政府财政统计年鉴》1999 年。

9－18 墨西哥中央政府财政收支

单位:百万新比索

	1980年	1990年	1992年	1993年	1994年	1995年	1996年	1997年
总收入及捐赠	**675**	**113289**	**173530**	**187282**	**212387**	**281138**	**384466**	**468187**
总收入	**675**	**113289**	**173530**	**187282**	**212387**	**281138**	**384466**	**468187**
经常收入	675	113275	173513	187211	212305	281056	384368	467703
税收收入	639	101275	154190	169983	185004	235016	321495	413921
公司、利润和资本所得税	248	34668	57945	69221	74274	76148	102220	144599
社会保障缴款	95	14213	23786	28473	33727	39013	48437	57780
雇员支付								
雇主支付								
工资税	6	818	1481	1077				
财产税	2	3	19	8	1			
货物和服务税	195	63486	86059	90905	101671	152613	218864	278741
国际贸易税	186	7073	14075	12715	12748	11208	14905	18103
其他税	18	1340	2653	4090	4029	5149	7910	9226
非税收收入	36	12000	19323	17228	27301	46040	62873	53782
资本收入		14	17	71	82	82	98	484
捐赠								
总支出	**750**	**132095**	**162523**	**184341**	**212417**	**292479**	**387810**	**516230**
一般公务支出	159	5801	9467	11563	14171	16151	19845	36071
国防	17	3474	6011	7211	9624	11477	14202	18321
公共秩序和安全		859	1650	2513	2916	3740	4306	4819
教育	135	19121	37255	48666	57791	70524	95010	114169
卫生	18	2474	4931	5688	7132	9255	12861	17764
社会福利	120	17269	34185	41660	48932	58513	74789	93216
住房和通讯	19	1788	4148	5195	5677	8204	13111	17571
文化、娱乐和宗教	6	552	1228	1684	1836	1785	2142	3140
能源		1248	600	1143	320	7163	6713	6798
农业	82	4029	7465	8079	9026	9833	16353	24141
工业		2703	1502	1218	813	227	523	3963
交通运输	66	4259	6296	7893	12034	11254	16494	37034
其他经济活动	86	7301	8883	10014	15243	15353	17051	18725
其他支出	80	66262	45154	40120	36968	78428	109940	150323
财政赤字	**－134**	**－18672**	**46921**	**6451**	**－386**	**－9784**	**－5546**	**－34161**

资料来源:国际货币基金组织《政府财政统计年鉴》1999年。

9—19 美国中央政府财政收支①

单位:亿美元

	1980 年	1990 年	1993 年	1994 年	1995 年	1996 年	1997 年	1998 年	1999 年
总收入及捐赠	**5461**	**10859**	**12379**	**13307**	**14426**	**15307**	**16768**	**18051**	**19142**
总收入	**5461**	**10859**	**12379**	**13307**	**14426**	**15307**	**16768**	**18051**	**19142**
经常收入	5459	10856	12377	13305	14348	15300	16654	17970	
税收收入	5009	9996	11303	12310	13189	14232	15495	16849	17913
公司、利润和资本所得税	3087	5606	6274	6834	7474	8285	9202	10173	10662
社会保障缴款	1541	3755	4235	4568	4799	5049	5350	5675	6080
雇员支付	665	1650	1875	2013	2115	2233	2382	2518	
雇主支付	818	1887	2154	2311	2414	2548	2688	2831	
工资税									
财产税	64	115	126	152	148	172	199	241	284
货物和服务税	241	349	475	546	569	536	561	564	707
国际贸易税	76	171	193	206	198	191	184	197	180
其他税	0.2	0.2							
非税收收入	450	861	1074	995	1159	1069	1159	1121	
资本收入	2	3	2	2	79	6	114	81	
捐赠			**0.4**						
总支出	**5966**	**13045**	**14914**	**15341**	**15938**	**16421**	**16966**	**17326**	
一般公务支出	301	872	1232	1267	1355	1385	1474	1602	
国防	1263	2950	2875	2773	2679	2607	2666	2662	
公共秩序和安全	46	112	169	174	192	209	239	264	
教育	158	227	299	296	312	295	298	312	
卫生	622	1758	2551	2797	3056	3239	3448	3555	
社会福利	2035	3334	4343	4532	4650	4735	4890	4974	
住房和通讯	230	342	392	405	454	440	453	498	
文化、娱乐和宗教	27	33	44	41	86	51	53	92	
能源	61	48	58	61	60	51	37	23	
农业	74	171	263	216	163	160	160	192	
工业	6	9	9	11	11	11	11	10	
交通运输	221	316	378	411	393	394	405	401	
其他经济活动	213	790	211	282	247	246	249	254	
其他支出	702	2071	2115	2125	2315	2571	2582	2537	
财政赤字	**−762**	**−2181**	**−2540**	**−2015**	**−1559**	**−1146**	**−217**	**707**	**988**

注:①上年 10 月 1 日至当年 9 月 31 日。

资料来源:国际货币基金组织《政府财政统计年鉴》1999 年。

9—20 巴西中央政府财政收支①

单位:千雷亚尔

	1980年	1989年	1990年	1991年	1992年	1993年	1994年
总收入及捐赠	**3 ***	**103297 ***	**3636**	**15593**	**173701**	**4273500**	**108404800**
总收入	**3 ***	**102300 ***	**3628**	**15553**	**173586**	**4271600**	**108279600**
经常收入	3 *	91514 *	2630	12603	150896	3601900	94161800
税收收入	2 *	67021 *	2198	9567	105588	2607900	7025300
公司、利润和							
资本所得税	0.4 *	20505 *	539	2150	24910	548500	12733800
社会保障缴款	0.8 *	24755 *	811	3822	43198	1127600	28711300
雇员支付	0.1 *	6420 *	157	730	7985	202300	4663200
雇主支付	0.6 *	18336 *	654	3093	35214	925300	23322500
工资税	0.1 *	3336 *	156	622	8250	184400	4032800
财产税	*	17 *	...	11	32	1200	16200
货物和服务税	0.8 *	16067 *	637	2670	26577	682200	22928300
国际贸易税	0.2 *	2340 *	55	293	2622	64000	1830600
其他税							
非税收收入	0.5 *	24494 *	432	3036	45309	994000	23908800
资本收入		11264 *	1001	3021	26033	706200	14272000
捐赠		**997 ***	**8**	**40**	**115**	**1900**	**125200**
总支出	**2.5 ***	**160561 ***	**4027**	**14683**	**187242**	**5250400**	**117905600**
一般公务支出	0.5 *	13355 *	533	2371	25193	575600	9960800
国防	0.1 *	6786 *	142	448	4882	143500	3690000
公共秩序和安全		1939 *	46	392	3566	76600	1900700
教育		8534 *	127	561	6765	160900	4286400
卫生	0.2 *	11584 *	270	1034	9757	278400	7388900
社会福利	0.8 *	31977 *	1018	5154	55312	1424800	35864700
住房和通讯		362 *	8	98	942	32100	211200
文化、娱乐和宗教		213 *	4	14	93	6300	93000
能源		828 *	14	42	383	5700	1450800
农业	0.2 *	2716 *	47	395	3290	71200	3367500
工业	0.3 *	13 *	1	17	159	1300	58800
交通运输		3217 *	42	883	9592	38700	1135400
其他经济活动	0.1 *	4383 *	25	53	562	37100	477900
其他支出	0.2 *	103046 *	3122	4945	89501	2726600	52131900
财政赤字	**−0.3 ***	**−74307 ***	**−672**	**−258**	**−24389**	**−1315000**	**−21269700**

注:①1980年为百万克鲁扎多,1989年为雷亚尔。

资料来源:国际货币基金组织《政府财政统计年鉴》1999年。

9—21 委内瑞拉中央政府财政收支

单位:百万博利瓦

	1980 年	1990 年	1993 年	1994 年	1995 年	1996 年	1997 年	1998 年
总收入及捐赠	**66806** *	**539495**	**946048**	**1575061**	**2242582**	**5767795**	**10240962**	**9017475**
总收入	**66527** *	**539495**	**946048**	**1575061**	**2242582**	**5767795**	**10240962**	**9017475**
经常收入	66526 *	539495	946048	1575061	2242582	5767795	10240962	9017475
税收收入	56402 *	419550	751742	1268083	1806073	4070195	7487817	6637579
公司、利润和资本所得税	44807 *	344944	486207	642042	843374	2203347	3971733	2047703
社会保障缴款	3093 *	20230	41898	87908	94574	94493	160012	372441
雇员支付	*							
雇主支付	*							
工资税	665 *							
财产税	367 *	590	1815	112517	4456	5060	5740	13015
货物和服务税	2823 *	17150	117719	329677	733809	1602322	3092291	3571799
国际贸易税	4497 *	36636	104103	141907	205361	397952	694966	1025967
其他税	150 *							
非税收收入	10124 *	119945	194306	306978	436509	1697600	2753145	2379896
资本收入	1 *							
捐赠	**279** *							
总支出	**55819** *	**472496**	**1013750**	**1666287**	**2541458**	**4964167**	**8894305**	**10281043**
一般公务支出	6694 *							
国防	3241 *							
公共秩序和安全	*							
教育	11119 *							
卫生	4921 *							
社会福利	4300 *							
住房和通讯	1029 *							
文化、娱乐和宗教	793 *							
能源	2437 *							
农业	2070 *							
工业	1380 *							
交通运输	3686 *							
其他经济活动	1697 *							
其他支出	13124 *							
财政赤字	**113** *	**19628**	**−124960**	**−485869**	**−493830**	**456497**	**955475**	**−1442760**

资料来源:国际货币基金组织《政府财政统计年鉴》1999 年。

9—22　法国中央政府财政收支

单位:亿法郎

	1980年	1990年	1993年	1994年	1995年	1996年	1997年
总收入及捐赠	**11251**	**26733**	**29215**	**30323**	**31695**	**33178**	**34905**
总收入	**11129**	**26387**	**28713**	**29835**	**31165**	**32712**	**34387**
经常收入	11121	26315	28553	29671	31121	32663	33978
税收收入	10297	24487	26538	27761	29174	30576	31889
公司、利润和资本所得税	1971	4578	4988	5289	5487	5887	6649
社会保障缴款	4580	11541	12765	12991	13581	14180	14153
雇员支付	1302	3767	4229	4319	4483	4677	4492
雇主支付	2908	6743	7420	7566	7939	8253	8404
工资税	123	284	406	391	405	327	485
财产税	167	565	554	574	624	580	678
货物和服务税	3440	7472	7725	8333	8785	9371	9709
国际贸易税	6	3		2	2	1	
其他税	11	24	100	181	290	230	215
非税收收入	824	1827	2015	1910	1947	2087	2089
资本收入	8	72	160	164	44	49	409
捐赠	**122**	**346**	**502**	**488**	**530**	**466**	**518**
总支出	**11100**	**27700**	**33369**	**34582**	**35647**	**36872**	**37892**
一般公务支出	690	1574	2170				
国防	820	1774	1785				
公共秩序和安全		401	422				
教育	953	1930	2352				
卫生	1642	4442	7246				
社会福利	4855	12188	13106				
住房和通讯	339	316	382				
文化、娱乐和宗教	57	169	205				
能源	8	35	70				
农业	134	150	91				
工业	81	104	73				
交通运输	289	492	352				
其他经济活动	247	597	2165				
其他支出	821	3528	2950				
财政赤字	**—20**	**—1365**	**—4020**	**—4120**	**—5026**	**—4133**	**—2844**

资料来源:国际货币基金组织《政府财政统计年鉴》1999年。

9—23　德国中央政府财政收支①

单位:亿马克

	1980 年	1990 年	1993 年	1994 年	1995 年	1996 年	1997 年	1998 年
总收入及捐赠	**4258 ***	**7016 ***	**10227**	**11047**	**11308**	**11398**	**11667**	**11945**
总收入	**4239 ***	**6990 ***	**10176**	**10994**	**11247**	**11331**	**11603**	**11881**
经常收入	4238 *	6987 *	10167	10973	11219	11294	11543	11829
税收收入	4072 *	6547 *	8712	9308	9652	9551	9730	9935
公司、利润和资本所得税	791 *	1143 *	1498	1523	1774	1665	1652	
社会保障缴款	2296 *	3733 *	4780	5115	5342	5494	5690	
雇员支付	907 *	1519 *	2087	2217	2306	2373	2473	
雇主支付	1076 *	1774 *	2430	2608	2703	2759	2853	
工资税								
财产税	5 *	11 *	3	4	3	3	4	
货物和服务税	979 *	1661 *	2399	2642	2533	2315	2310	
国际贸易税	1 *	*						
其他税								
非税收收入	166 *	440 *	1455	1666	1568	1743	1813	1894
资本收入	1 *	3 *	9	21	27	37	60	52
捐赠	**25 ***	**26 ***	**51**	**52**	**61**	**67**	**64**	**63**
总支出	**4475 ***	**7163 ***	**10843**	**11428**	**11880**	**12132**	**12147**	**12339**
一般公务支出	189 *	499 *	371	350	332	326		
国防	409 *	552 *	512	484	477	472		
公共秩序和安全		23 *	36	38	41	42		
教育	40 *	47 *	69	65	67	66		
卫生	852 *	1280 *	1897	2055	2173	2292		
社会福利	2203 *	3359 *	5319	5573	5949	6067		
住房和通讯	18 *	30 *	37	56	63	57		
文化、娱乐和宗教	5 *	8 *	22	16	17	13		
能源	16 *	7 *	10	11	13	13		
农业	22 *	38 *	55	46	41	33		
工业	30 *	98 *	98	98	99	128		
交通运输	259 *	274 *	436	475	470	367		
其他经济活动	63 *	165 *	274	250	338	354		
其他支出	355 *	784 *	1706	1910	1799	1900		
财政赤字	**—269 ***	**—152 ***	**—51**	**92**	**—15**	**2**	**—47**	**—130**

注:①1991 年及以前指原联邦德国,1992 年起为统一后的德国。

资料来源:国际货币基金组织《政府财政统计年鉴》1999 年。

9－24　意大利中央政府财政收支

单位：十亿里拉

	1980年	1990年	1993年	1994年	1995年	1996年	1997年	1998年
总收入及捐赠	**123684＊**	**509313**	**675048**	**668350**	**748856**	**811148**	**896536**	**857237**
总收入	**121079＊**	**508804**	**664395**	**664920**	**741919**	**801855**	**887899**	**848569**
经常收入	121071＊	504078	655234	649315	730497	798811	883033	844194
税收收入	112948＊	488591	637198	630952	678635	760405	825816	785366
公司、利润和资本所得税	36309＊	184296	250124	237806	240606	266400	295646	254751
社会保障缴款	41959＊	146404	196876	192520	225478	276648	293122	261822
雇员支付	8270＊							
雇主支付	30714＊							
工资税								
财产税	2901＊	6611	7049	9026	17508	18182	17889	15589
货物和服务税	29923＊	146778	174260	184185	187158	189958	210105	243316
国际贸易税	64＊	51	78	46	37	37	29	1444
其他税	1792＊	4451	8811	7369	7848	9180	9025	8444
非税收收入	9776＊	15487	18036	18363	51862	38406	57217	58828
资本收入	8＊	1233	100	2986	7384	3033	4866	4375
捐赠	**2605＊**	**509**	**10653**	**3430**	**6937**	**9293**	**8637**	**8668**
总支出	**159207＊**	**626713**	**822809**	**818824**	**860181**	**927504**	**941079**	**908412**
一般公务支出	15846＊							
国防	5396＊							
公共秩序和安全								
教育	13433＊							
卫生	20109＊							
社会福利	45478＊							
住房和通讯	1610＊							
文化、娱乐和宗教	1202＊							
能源								
农业	1745＊							
工业	2989＊							
交通运输	6765＊							
其他经济活动								
其他支出	39496＊							
财政赤字	**－41480＊**	**－134434**	**－160335**	**－172501**	**－134394**	**－132719**	**－60280**	**－66576**

资料来源：国际货币基金组织《政府财政统计年鉴》1999年。

9－25　荷兰中央政府财政收支

单位:亿盾

	1980年	1990年	1992年	1993年	1994年	1995年	1996年	1997年
总收入及捐赠	**1696**	**2432**	**2793**	**2913**	**2930**	**2928**	**3022**	**3245**
总收入	**1689**	**2430**	**2791**	**2912**	**2927**	**2927**	**3019**	**3244**
经常收入	1687	2428	2789	2909	2924	2924	3013	3237
税收收入	1508	2212	2548	2668	2695	2730	2818	3024
公司、利润和资本所得税	500	742	830	893	769	736	781	805
社会保障缴款	612	862	1039	1071	1188	1219	1199	1333
雇员支付	338	680	830	865	998	983	950	1078
雇主支付	275	182	209	206	190	236	248	256
工资税								
财产税	37	54	61	67	77	74	86	97
货物和服务税	351	540	594	610	635	667	710	736
其他税	8	14	23	27	27	35	43	54
非税收收入	180	216	241	241	228	193	195	213
资本收入	2	2	2	3	3	4	6	7
捐赠	**7**	**2**	**2**	**2**	**3**	**1**	**3**	**2**
总支出	**1806**	**2666**	**2983**	**3094**	**3189**	**3228**	**3208**	**3376**
一般公务支出	90	166	195	210	205	205	219	217
国防	101	135	138	130	128	127	128	130
公共秩序和安全	44	60	70	75	87	92	88	96
教育	237	290	323	315	324	343	345	337
卫生	212	314	414	425	455	472	451	499
社会福利	662	1008	1102	1176	1186	1195	1208	1262
住房和通讯	51	109	118	110	104	95	46	51
文化、娱乐和宗教	17	10	11	11	12	13	10	12
能源	3	5	6	7	7	7	6	5
农业	19	20	19	19	20	20	18	34
工业	16	17	11	8	11	9	6	11
交通运输	64	97	100	91	94	99	109	117
其他经济活动	94	60	44	50	56	55	34	40
其他支出	196	377	433	469	501	496	540	567
财政赤字	**－156**	**－233**	**－191**	**－55**	**－30**	**－313**	**－153**	**－119**

资料来源:国际货币基金组织《政府财政统计年鉴》1999年。

9－26 罗马尼亚中央政府财政收支

单位:亿列伊

	1980年	1990年	1992年	1993年	1994年	1995年	1996年	1997年
总收入及捐赠	**2793**	**2980**	**22000**	**63890**	**148840**	**213270**	**301940**	**683940**
总收入	**2793**	**2980**	**22000**	**63890**	**148840**	**213270**	**301940**	**683940**
经常收入	2793	2950	21750	63840	148750	213140	300890	661090
税收收入	623	2650	19920	59380	131260	188660	264310	608360
公司、利润和资本所得税		560	7730	18440	44570	61710	82010	199400
社会保障缴款	366	680	6410	19990	42720	57930	82080	176740
雇员支付	43	100		2060	4010	6930	9600	19330
雇主支付	43	530		17930	38720	51000	72480	157410
工资税	257	440						
财产税								
货物和服务税		960	4190	16230	34240	50120	70040	177720
其他税			810	1700	3240	7010	11670	16410
非税收收入	2171	300	1830	4460	17500	24480	36580	52730
资本收入		30	250	50	90	130	1050	22850
捐赠								
总支出	**2763**	**2900**	**24060**	**63120**	**159130**	**229270**	**340330**	**797340**
一般公务支出	18	40	1040	1750	4950	7250	8850	18810
国防	104	300	1960	4200	11700	15250	20580	57840
公共秩序和安全		50	580	2200	6710	8290	16740	29750
教育	83	80	2160	6370	15440	21350	34370	75140
卫生	17	250	1900	4590	12730	17430	25110	54490
社会福利	389	910	5600	18460	45820	68190	98530	247200
住房和通讯	31		280	380	1420	2150	4220	6260
文化、娱乐和宗教	7	20	120	350	1350	2640	4840	8940
能源	50	180	110	190	740	770	12290	9650
农业	201	300	2180	6170	13080	17670	26760	36580
工业	1034	320	4180	8180	12670	17180	11690	17020
交通运输	109	110	740	2170	7220	10430	14360	36110
其他经济活动	152	190	460	2860	7400	6900	9230	14840
其他支出	568	150	2740	5270	17910	33760	52760	184730
财政赤字	**30**	**80**	**－2820**	**－940**	**－12480**	**－21330**	**－43770**	**－97550**

资料来源:国际货币基金组织《政府财政统计年鉴》1999年。

9－27　西班牙中央政府财政收支

单位:亿比塞塔

	1980年	1990年	1991年	1992年	1993年	1994年	1995年	1996年
总收入及捐赠	**36759**	**155457**	**173166**	**190304**	**196590**	**203804**	**213283**	**224671**
总收入	**36688**	**153168**	**171009**	**188340**	**194793**	**201902**	**210857**	**222357**
经常收入	36670	152407	170847	188260	194179	201766	210717	221977
税收收入	33743	144301	159292	175323	175306	187156	197750	207469
公司、利润和								
资本所得税	8493	49121	54984	59303	58934	59712	64791	66913
社会保障缴款	17605	58378	64674	71838	75856	79788	81844	85935
雇员支付	3679	9940	10829	12022	13600	14509	14620	15460
雇主支付	3908	41181	45270	49826	50966	53287	55136	58326
工资税								
财产税	1512	572	629	702	722	801	778	809
货物和服务税	4630	33722	37153	42449	39692	46835	50334	53812
国际贸易税	1389	2508	1852	1031	102	20	3	
其他税	114							
非税收收入	2927	8106	11555	12937	18873	14610	12967	14508
资本收入	18	761	162	80	114	136	140	380
捐赠	**71**	**2289**	**2157**	**1964**	**2297**	**1902**	**2426**	**2314**
总支出	**40536**	**169637**	**190883**	**212742**	**239989**	**247380**	**256567**	**266277**
一般公务支出	1792	5309	5382	5316	6439	6470	6559	7101
国防	1760	7486	8049	7506	8000	7248	8294	8542
公共秩序和安全		5770	6510	7261	7340	6874	7425	7513
教育	3255	8913	8944	9410	10074	10080	10657	9740
卫生	275	11822	11630	13301	14749	14636	14208	14924
社会福利	23889	65362	73013	83054	95019	96651	100246	102396
住房和通讯	535	813	1010	1090	1204	829	1157	1001
文化、娱乐和宗教	430	1019	1238	1089	1692	1652	1760	1731
能源	123	716	699	679	836	713	777	690
农业	1361	1736	1515	1617	1879	1410	1327	1916
工业	678	1154	694	1224	1031	814	816	1044
交通运输	1234	8140	8590	8988	9797	8382	7080	7895
其他经济活动	1415	5127	5437	4854	5839	5680	5157	4852
其他支出	3789	46270	58172	67353	76090	85941	91104	96932
财政赤字	**－6351**	**－16193**	**－19873**	**－24505**	**－42354**	**－46586**	**－41847**	**－40662**

资料来源:国际货币基金组织《政府财政统计年鉴》1999年。

9－28 英国中央政府财政收支

单位:百万英镑

	1980年	1990年	1993年	1994年	1995年	1996年	1997年	1998年
总收入及捐赠	**82048**	**203162**	**219620**	**237835**	**255151**	**272784**	**289962**	**316475**
总收入	**81640**	**201410**	**217062**	**236083**	**253918**	**270360**	**288223**	**315091**
经常收入	81414	200769	216530	235538	253395	268929	286991	314617
税收收入	70712	182936	200480	218921	235463	250837	269331	298057
公司、利润和								
资本所得税	30702	79085	77452	85031	93908	99949	107097	122477
社会保障缴款	5236	34243	37835	41586	43987	46227	48888	55255
雇员支付	7128	13124	14612	17211	18495	19001	21241	22958
雇主支付		19984	23047	23260	24184	25454	27200	29240
工资税	3397							
财产税	1199	13905	16246	15804	16525	18330	19681	21697
货物和服务税	22661	55667	68946	76500	81043	86331	93665	98628
国际贸易税	50	36	1					
其他税	33							
非税收收入	10702	17833	16050	16617	17932	18092	17660	16560
资本收入	226	641	532	545	523	1431	1232	474
捐赠	**408**	**1752**	**2558**	**1752**	**1233**	**2424**	**1739**	**1384**
总支出	**88475**	**208761**	**272600**	**284051**	**295172**	**307310**	**306579**	**310880**
一般公务支出	4575	6880	9185	10288	11201	11273	11248	13281
国防	12186	22451	22990	22494	21557	21232	21393	22205
公共秩序和安全	1129	6744	8893	9222	9453	9768	10127	10489
教育	2090	5391	9709	11228	11330	11232	13020	12589
卫生	11917	27541	37065	39146	41332	43657	44664	46487
社会福利	23613	66563	99519	102619	106945	110025	112702	113097
住房和通讯	2963	5856	7209	5423	5182	6068	7263	6876
文化、娱乐和宗教	317	815	1366	1355	1362	1207	1297	1271
能源	610	6746	1702	1654	2855	1609	596	291
农业	1055	1012	1041	720	775	1405	1348	1361
工业	1183	651	846	1057	997	657	676	546
交通运输	1778	3209	4066	4156	4343	3498	3356	2531
其他经济活动	2011	7105	8105	9611	8574	9581	7510	9339
其他支出	23903	47797	60904	65078	69266	76098	71379	70508
财政赤字	**－10733**	**3566**	**－46447**	**－39868**	**－38922**	**－27440**	**－16136**	**4876**

资料来源:国际货币基金组织《政府财政统计年鉴》1999年。

9—29 澳大利亚中央政府财政收支①

单位:百万澳元

	1980 年	1990 年	1993 年	1994 年	1995 年	1996 年	1997 年	1998 年
总收入及捐赠	**30589**	**99204**	**98257**	**104560**	**114234**	**125092**	**134579**	**142036**
总收入	**30589**	**99204**	**98257**	**104560**	**114234**	**125092**	**134579**	**142036**
经常收入	30561	98876	97764	103661	113419	124412	133752	139970
税收收入	27474	90773	88759	93360	104919	115698	124557	130981
公司、利润和资本所得税	18588	64326	64242	66387	73895	82614	90436	95365
社会保障缴款								
雇员支付								
雇主支付								
工资税	33	1202	1389	1460	2811	3065	3202	3215
财产税	73	387	19	11	8	8	11	6
货物和服务税	7132	20793	19680	22159	24648	26882	27613	28752
国际贸易税	1648	4065	3429	3343	3557	3129	325	3643
其他税								
非税收收入	3087	8103	9005	10301	8500	8714	9195	8989
资本收入	28	328	493	899	815	680	827	2066
捐赠								
总支出	**31810**	**92503**	**115239**	**121561**	**127358**	**135130**	**139857**	**140877**
一般公务支出	2261	7597	8196	8781	8885	9250	9816	9941
国防	2991	7824	9078	9313	9222	9506	9587	9861
公共秩序和安全	206	859	1102	1116	1130	1202	1466	1226
教育	2622	6279	8630	9212	9789	10132	10416	10762
卫生	3186	11887	14892	16272	17426	18562	19405	20865
社会福利	8813	26417	38694	42126	43607	46596	49437	49961
住房和通讯	262	1664	1892	1719	1651	1639	1467	1714
文化、娱乐和宗教	336	1109	1208	1349	1357	1485	1340	1372
能源	107	533	733	686	851	943	1041	999
农业	499	1545	1768	1695	1806	1911	1827	1961
工业	365	560	499	464	536	410	385	401
交通运输	1032	2392	3238	2496	2552	2213	2495	2021
其他经济活动	501	1623	3225	3369	3666	4417	3557	3199
其他支出	8629	22214	22084	22963	24880	26864	27618	26594
财政赤字	**—2017**	**7922**	**—14447**	**—13636**	**—11641**	**—4840**	**2062**	**16368**

注:①上年 7 月 1 日至当年 6 月 30 日。

资料来源:国际货币基金组织《政府财政统计年鉴》1999 年。

9—30 货币供应量①

单位:亿本币

	1980年	1990年	1993年	1994年	1995年	1996年	1997年	1998年
中　　国								
广义货币			34880	46924	60751	76095	90995	104499
货币			16280	20541	23987	28515	34826	38954
准货币			18599	26383	36763	47580	56169	65545
中国香港								
广义货币			15085	16855	18650	20979	22808	25346
货币			1506	1507	1512	1744	1678	1600
准货币			13579	15348	17138	19236	21131	23747
阿 根 廷②								
广义货币	958.4	79.1	454.5	534.7	519.9	617.3	775.2	856.5
货币	361.6	30.7	151.2	163.6	166.3	190.8	214.8	214.9
准货币	596.8	48.5	303.3	371.1	353.6	427.1	560.4	641.6
澳大利亚								
广义货币	545.0	2187.6	2512.9	2763.0	2998.5	3317.7	3560.2	3859.0
货币	172.2	467.0	710.3	787.6	839.0	956.4	1083.5	1147.9
准货币	372.8	1720.6	1802.7	1975.4	2159.5	2361.2	2476.7	2711.1
孟加拉国								
广义货币	403.8	2342.1	3293.0	3928.9	4413.4	4887.7	5364.5	5975.6
货币	201.7	657.4	932.8	1159.7	1353.4	1416.8	1526.3	1639.7
准货币	202.1	1684.7	2360.2	2769.3	3054.0	3464.5	3838.1	4335.9
保加利亚⑤								
广义货币			231.9	410.0	571.3	1244.6	5750.7	6328.8
货币			50.3	76.0	107.9	236.6	2290.3	2826.1
准货币			181.6	334.0	463.4	1007.9	3460.4	3502.7
白俄罗斯								
广义货币				69402	179345	273370	577793	2172525
货币				26867	100266	157084	338520	809323
准货币				42535	79079	116286	239270	1363202
巴　　西③								
广义货币	0.5	291.8	110.9	1455.2	1919.9	2153.9	2549.9	2804.4
货币	0.5	91.7	11.1	255.4	320.9	416.8	509.9	548.2
准货币	0.1	200.0	99.8	1199.7	1599.0	1737.1	2039.9	2256.2
加 拿 大								
广义货币	1449.3	3273.6	4187.7	4522.9	4804.0	5042.5	5475.7	5599.9
货币	347.5	970.6	1175.8	1253.2	1380.7	1555.6	1699.2	1796.2
准货币	1101.8	2303.0	3011.9	3269.7	3423.2	3486.9	3776.6	3803.7
捷克共和国								
广义货币			6973.2	8396.2	10856.6	11555.9	11748.3	12143.3
货币			2689.7	4039.7	4310.8	4515.5	4183.9	4040.0
准货币			4283.5	4356.5	6545.8	7040.5	7564.4	8103.3
德　　国								
广义货币	8039.0	15986.8	20481.4	20986.4	21952.3	23588.0	24098.7	
货币	2433.6	5518.7	6975.8	7319.5	7836.6	8798.4		
准货币	5605.4	10468.1	13505.6	13666.9	14115.7	14789.6		
埃　　及								
广义货币	103.6	825.1	1331.7	1481.1	1627.7	1804.0	1998.4	2213.8
货币	67.7	262.1	345.7	382.7	415.4	445.2	487.1	585.8
准货币	35.9	563.0	986.0	1098.3	1212.3	1358.8	1511.3	1628.0
西 班 牙								
广义货币	123187	375528	494618	529883	564943	581356	590179	
货币	40976	156824	174093	185933	191791	206001		
准货币	82212	218704	320525	343950	373152	375355		
法　　国								
广义货币	21016	42081	43860	46848	51927	53988	57913	
货币	8012	16896	16200	16725	18191	18171		
准货币	13004	25185	27660	30123	33736	35817		
印度尼西亚								
广义货币	77068	846295	1431410	1717420	2183920	2777490	3478589	5686510
货币	50113	238190	337390	414620	471350	516520	687850	873010
准货币	26955	608105	1094020	1302800	1712570	2260970	2790730	4813500

9—30 续表 1　　　　单位:亿本币

	1980 年	1990 年	1993 年	1994 年	1995 年	1996 年	1997 年	1998 年
印　度								
广义货币	5068.8	24302.5	39317.6	47290.3	52497.5	62333.5	73339.6	86668.0
货币	2045.8	8535.6	13302.5	16950.5	18835.5	21489.1	24193.0	27035.0
准货币	3022.9	15766.9	26015.1	30339.8	33662.0	40844.4	49147.0	59633.0
伊　朗								
广义货币	40247.8	203920	414861	552992	719408	952911	1178581	1418820
货币	22580.4	97293	183054	259226	343416	458650	549770	674440
准货币	17667.4	106627	231807	293766	375992	494261	628810	744380
以色列								
广义货币	0.2	743.0	1349.3	1681.1	2045.4	2556.5	2938.8	
货币	0.1	70.2	134.9	145.2	167.2	201.3	224.0	
准货币	0.2	672.8	1214.4	1535.9	1878.3	2355.2	2714.8	3264.9
意大利④								
广义货币	297853	850334	1054828	1073651	1098170	1121895	1057296	
货币	169693	462774	554083	575594	577735	606250		
准货币	128160	387560	500745	498057	520435	515680		
日　本④								
广义货币	206987	495008	518188	534101	548986	561141	578394	602405
货币	69572	119628	145614	151665	171544	188147	204280	214403
准货币	137415	375380	372574	382436	377042	372995	374110	388002
韩　国④								
广义货币	12534.5	68707.5	112219.1	133178.6	153945.8	178311.1	203531.0	258539.0
货币	3807.0	15905.2	29041.3	32510.6	38872.8	39542.1	35036.0	35583.0
准货币	8727.5	52802.3	83177.8	100668.0	115073.0	138769.0	168495.0	222956.0
斯里兰卡								
广义货币	213.0	918.4	1612.1	1921.4	2294.9	2535.1	2885.6	3162.1
货币	93.3	396.0	593.5	704.6	752.2	782.0	858.5	962.7
准货币	119.7	522.4	1018.5	1216.7	1542.7	1753.1	2027.1	2199.4
墨西哥								
广义货币	13.0	1602.3	3403.5	4060.1	5348.7	6703.0	8972.5	10741.3
货币	4.8	474.4	1439.0	1454.3	1505.7	2061.8	2671.1	3081.4
准货币	8.2	1175.1	1964.4	2605.8	3843.0	4641.2	6301.4	7659.9
缅　甸								
广义货币	99.5	423.8	974.8	1322.3	1805.3	2507.6	3229.5	4335.4
货币	79.0	305.9	734.6	982.9	1259.6	1679.7	2200.1	2821.8
准货币	20.5	117.9	240.2	339.4	545.7	827.9	1029.4	1513.6
蒙　古								
广义货币			427.6	769.6	1020.4	1195.9	1700.7	1672.5
货币			185.5	330.5	426.4	608.4	761.1	825.8
准货币			242.2	439.1	594.1	587.6	939.6	846.7
马来西亚								
广义货币	274.4	766.6	1382.9	1559.7	1885.3	2343.1	2750.4	2710.6
货币	97.6	254.1	480.8	561.7	635.9	741.8	828.4	585.2
准货币	176.8	512.6	920.1	997.9	1249.4	1601.3	1921.9	2125.4
尼日利亚								
广义货币	143.9	575.5	1945.1	2642.8	3156.7	3687.6	4311.9	5225.8
货币	92.3	345.4	1204.5	1757.8	2044.1	2340.1	2765.6	3242.4
准货币	51.6	230.1	740.6	885.0	1112.6	1347.6	1546.3	1983.4
荷　兰								
广义货币	2362.4	4344.3	5047.9	5061.6	5361.6	5660.5	6044.1	
货币	655.8	1239.3	1496.4	1522.4	1729.3	1939.1	2092.5	
准货币	1706.5	3105.0	3551.5	3539.2	3632.3	3721.4	3951.6	
新西兰								
广义货币	63.6	476.8	638.0	658.8	732.5	850.8	895.1	911.4
货币	25.4	94.9	105.5	110.3	116.7	110.6	117.8	123.8
准货币	38.3	468.1	517.1	559.9	616.7	740.2	777.3	787.6

9—30 续表 2 单位:亿本币

	1980 年	1990 年	1993 年	1994 年	1995 年	1996 年	1997 年	1998 年
巴基斯坦								
广义货币	973.2	3349.9	6086.3	7143.5	8130.0	9761.6	11705.3	12625.2
货币	666.7	2546.2	3781.1	4353.9	4909.6	5280.1	6998.1	7322.9
准货币	306.5	803.7	2305.2	2789.6	3220.4	4481.4	4707.2	5302.3
菲律宾								
广义货币	585.6	3668.5	6213.4	7730.6	9598.3	11828.3	14916.5	16187.4
货币	225.4	929.4	1437.1	1599.0	1946.3	2331.2	2663.3	2859.5
准货币	360.2	2739.1	4776.3	6131.6	7652.0	9497.1	12253.2	13327.9
波兰								
广义货币	1.5	190.6	559.2	773.0	1043.5	1365.2	1764.2	2207.8
货币	0.9	94.3	196.5	274.5	374.4	523.3	616.9	716.7
准货币	0.6	96.3	362.8	498.5	669.1	841.8	1147.1	1491.1
罗马尼亚								
广义货币	2183	5185	44724	106475	181072	303159	621454	925300
货币	1145	2382	20670	42945	67714	107488	179420	211150
准货币	1038	2803	24054	63530	113358	195670	442030	714150
俄罗斯⑤								
广义货币			40983	129731	275781	357324	457245	628642
货币			23881	68544	151267	192402	298289	342817
准货币			17102	61187	124514	164922	158956	285825
新加坡								
广义货币	160.7	618.5	821.3	939.8	1019.7	1119.5	1234.4	1607.9
货币	61.4	152.6	228.8	234.1	253.5	270.4	275.1	272.4
准货币	99.3	465.8	592.5	705.7	766.2	849.1	959.3	1335.5
泰国								
广义货币	2517.8	15291.1	25071.0	28293.9	33105.6	37266.6	43407.0	47626.5
货币	714.4	1954.1	2961.6	3464.4	3882.8	4236.9	4301.0	4510.2
准货币	1803.4	13337.0	22109.4	24829.5	29222.8	33029.7	39106.0	43116.3
土耳其④								
广义货币	945	93803	503337	1234709	2514023	5462312	10790150	20472900
货币	758	30237	125868	228413	384391	882292	1491710	2432970
准货币	187	63566	377469	1006300	2129630	4580020	9298450	18039930
乌克兰								
广义货币			4.8	32.2	69.1	93.6	125.3	153.3
货币			3.4	18.6	46.8	63.2	90.5	103.3
准货币			1.4	13.6	22.3	30.5	34.8	50.0
美国								
广义货币	17033.9	37674.0	40137.3	40181.3	42457.0	45052.9	48030.0	52855.0
货币	4728.8	9250.6	12310.1	12320.0	12207.0	12373.7	12802.0	13248.0
准货币	12305.1	28423.4	27827.2	27861.3	30250.3	32679.2	35228.0	39607.0
委内瑞拉								
广义货币	919.7	7363.0	14950.6	25296.7	34684.2	58648.4	92958.0	99007.3
货币	542.6	2660.0	4086.0	9810.9	13673.5	33493.5	55909.6	51810.4
准货币	377.1	4703.0	10864.6	15485.8	21010.7	25154.9	37048.4	47196.9
越南								
广义货币			282307	362843	452825	569261	707770	
货币			190883	236827	267364	334391	399719	
准货币			91424	126016	185461	234870	308051	
南非								
广义货币	338.4	1559.3	1996.9	2362.7	2741.5	3132.9	3690.9	4194.9
货币	84.0	503.5	755.5	945.1	1118.4	1476.6	1733.5	2135.3
准货币	254.4	1055.8	1241.4	1417.6	1623.0	1656.3	1957.6	2059.6

注:①本表货币供应量为广义货币,即 M2。货币,即 M1,指狭义货币,即流通货币与除中央政府以外的常住机构活期存款之和。准货币指除中央政府外的常住机构定期存款,它与 M1 之和即为 M2。②1980 年为本币。③1980 年为本币,1990 年为万本币。④十亿本币。⑤百万本币。

资料来源:世界银行《世界发展指标》2000 年。

9－31 年平均存款利率

单位:%

	1980年	1990年	1993年	1994年	1995年	1996年	1997年	1998年	1999年
美国	13.07	8.16	3.17	4.63	5.92	5.39	5.62	5.47	5.33
加拿大	12.87	12.81	4.92	5.59	7.15	4.33	3.59	5.03	4.91
澳大利亚			4.76	5.05	7.33	6.86	5.12	4.67	4.59
日本	5.50	3.56	2.14	1.70	0.72	0.30	0.30	0.30	0.12
新西兰		11.65	6.24	6.38	8.49	8.49	7.26	6.78	4.56
奥地利	5.00	3.41	2.98	2.31	2.19	1.71	1.50	1.50	2.21
比利时	7.69	6.13	*7.11	4.86	4.04	2.66	2.88	3.01	2.42
丹麦	10.80	7.93	6.52	*3.53	3.85	2.80	2.65	3.08	2.43
芬兰		7.50	4.75	3.27	3.19	2.35	2.00		1.22
法国	6.25	6.68	4.50	4.56	4.50	3.67	3.50	3.21	2.69
德国	7.95	7.07	6.27	4.47	3.85	2.83	2.69	2.88	2.43
希腊	14.50	19.52	19.33	18.92	15.75	13.51	10.11	10.70	8.69
爱尔兰	12.00	6.29	2.27	0.33	0.44	0.29	0.46	0.43	0.10
意大利	12.70	6.80	*7.79	6.21	6.45	6.49	4.83	3.16	1.61
荷兰	5.96	3.31	3.11	*4.70	4.40	3.54	3.18	3.10	2.74
挪威	5.00	9.68	5.51	5.21	4.95	4.15	3.63	7.24	5.38
葡萄牙	19.00	13.58	11.06	8.37	8.38	6.32	4.56	3.37	2.40
西班牙	13.05	10.65	9.63	6.70	7.68	6.12	3.96	2.92	1.85
瑞典	11.25	9.93	5.10	4.91	6.16	2.47	2.50	1.91	1.65
瑞士		8.28	3.50	3.63	1.28	1.34	1.00	0.69	1.24
英国	14.13	12.54	3.97	3.66	4.11	3.05	3.63	4.48	
几内亚比绍		32.67	53.92	28.67	26.50	47.25	4.63	3.50	3.50
尼日利亚	5.27	19.78	23.24	13.09	13.53	13.04	7.31		
南非	5.54	18.86	11.50	11.11	13.54	14.91	15.38	16.50	12.24
印度尼西亚	6.00	17.30	14.55	12.53	16.72	17.26	20.01	39.07	25.74
韩国	19.50	10.00	8.58	8.50	8.83	7.50	*10.81	13.29	7.95
马来西亚	6.23	5.90			5.94	7.08	7.78	8.51	4.12
菲律宾	12.25	19.54	9.61	10.54	8.39	9.68	10.19	12.11	8.17
泰国	12.00	12.25	8.63	8.46	11.58	10.33	10.52	10.65	4.73
捷克共和国			7.03	7.07	6.96	6.79	7.71	8.08	4.48
土耳其	8.00	47.60	64.58	87.79	79.13	80.74	79.48	80.11	78.43
埃及	8.33	12.00	12.00	11.83	10.92	10.54	9.84	9.36	9.22
科威特	4.50		7.07	5.70	6.53	6.05	5.93	6.32	5.76
阿根廷	79.61	154.88	11.34	8.08	11.90	7.36	6.97	7.56	8.05
巴西	115.00	9394.29	3293.50	175.20	52.25	26.45	24.35	28.00	26.02
哥伦比亚		36.44	25.84	29.42	32.34	31.15	24.13	32.58	21.33

资料来源:国际货币基金组织《国际金融统计月报》2000年6月。

9—32 年平均贷款利率

单位:%

	1980年	1990年	1993年	1994年	1995年	1996年	1997年	1998年	1999年
美国	15.27	10.01	6.00	7.14	8.83	8.27	8.44	8.35	7.92
加拿大	14.25	14.06	5.94	6.88	8.65	6.06	4.96	6.60	6.44
澳大利亚	10.58	20.48	9.72	9.55	11.12	11.00	9.31	8.04	7.51
日本	8.35	6.95	4.41	4.13	3.40	2.66	2.45	2.32	2.16
新西兰	12.63	16.01	10.34	9.69	12.16	12.27	11.35	11.22	8.49
比利时		13.00	11.81	9.42	8.42	7.17	7.06	7.25	6.71
丹麦	17.20	14.10	10.46	*9.95	10.33	8.70	7.73	7.90	7.13
芬兰	9.77	11.62	9.92	7.91	7.75	6.16	5.29	5.35	4.71
法国	18.73	10.49	8.90	7.89	8.12	6.77	6.34	6.55	6.36
德国	12.04	11.59	12.85	11.48	10.94	10.02	9.13	9.02	8.81
希腊	21.25	27.62	28.56	27.44	23.05	20.96	18.92	18.56	15.00
爱尔兰	15.96	11.29	9.93	6.13	6.56	5.85	6.57	6.22	3.34
意大利	19.03	14.09	13.87	11.22	12.48	12.06	9.75	7.88	5.58
荷兰	13.50	11.75	10.40	8.29	7.21	5.90	6.13	6.50	3.45
挪威	12.63	14.26	10.97	8.40	7.78	7.10	5.95	7.91	8.16
葡萄牙	18.75	21.71	16.48	15.01	13.80	11.73	9.15	7.24	5.19
西班牙	16.85	16.01	12.78	8.95	10.05	8.50	6.08	5.01	3.95
瑞典	15.18	16.69	11.40	10.64	11.11	7.38	7.01	5.94	5.53
瑞士		7.42	6.40	5.51	5.48	4.97	4.47	4.07	3.90
英国	16.17	14.75	5.92	5.48	6.69	5.96	6.58	7.21	5.33
几内亚比绍		45.75	63.58	36.33	32.92	51.75			
尼日利亚	8.43	25.30	31.65	20.48	20.23	20.32	20.41		
南非	9.50	21.00	16.16	15.58	17.90	19.52	20.00	21.79	18.80
印度尼西亚		20.61	20.59	17.76	18.85	19.22	21.82	32.15	27.66
韩国	18.00	10.00	8.58	8.50	9.00	8.84	*11.88	15.28	9.40
马来西亚	7.75	7.17	9.05	7.61	7.63	8.89	9.53	10.61	7.29
泰国	18.00	16.54	11.17	10.90	13.25	13.40	13.65	14.42	8.98
捷克共和国			14.07	13.12	12.80	12.54	13.20	12.81	8.68
科威特	6.80		7.94	7.61	8.37	8.77	8.80	8.93	8.56
哥伦比亚		45.25	35.81	40.47	42.72	41.99	34.22	42.24	30.41

资料来源:国际货币基金组织《国际金融统计月报》2000年6月。

9－33　年平均国库券利率和政府债券到期收益率

单位:%

	1980年	1990年	1993年	1994年	1995年	1996年	1997年	1998年	1999年
国库券利率									
美　　国	11.62	7.51	3.02	4.27	5.51	5.04	5.07	4.82	4.66
加 拿 大	12.79	12.81	4.84	5.54	6.89	4.21	3.26	4.73	4.72
澳大利亚	10.67	14.15	5.00	5.69	7.64	7.02	5.29	4.84	4.76
新 西 兰	11.25	13.78	6.21	6.69	8.82	9.09	7.53	7.10	4.58
比 利 时	13.90	9.62		5.57	4.67	3.19	3.38	3.51	2.72
法　　国		10.16	8.38	5.79	6.58	3.84	3.35	3.45	2.72
德　　国	7.85	8.08	6.25	5.05	4.40	3.30	3.32	3.42	2.88
爱 尔 兰	15.13	10.90	9.06	5.87	6.19	5.36	6.03	5.37	
意 大 利	15.92	12.38	10.58	9.17	10.85	8.46	6.33	4.59	2.92
荷　　兰	10.13			4.50	5.50	5.70	5.80	5.80	
葡 萄 牙	12.37	13.52			7.75	5.75	4.43		
西 班 牙	15.70	14.17	10.53	8.11	9.79	7.23	5.02	3.79	3.01
瑞　　典	11.58	13.66	8.35	7.40	8.75	5.79	4.11	4.19	3.12
瑞　　士	5.15	8.32	4.75	3.97	2.78	1.72	1.45	1.32	1.17
英　　国	15.16	14.08	5.25	5.14	6.33	5.77	6.47	6.82	5.04
南　　非	4.65	17.80	11.31	10.93	13.53	15.04	15.26	16.53	12.85
泰　　国	9.16								
巴　　西	54.00				49.93	25.73	24.79	28.57	26.47
墨 西 哥	22.46	34.76	15.03	14.10	48.44	31.39	19.80	24.76	21.41
政府债券到期收益率									
美　　国	11.46	8.55	5.82	7.11	6.58	6.44	6.35	5.26	5.64
加 拿 大	12.48	10.85	7.85	8.63	8.28	7.50	6.42	5.47	5.69
澳大利亚	11.65	13.18	7.28	9.04	9.17	8.17	6.89	5.50	6.08
日　　本	9.22	7.36	3.69	3.71	2.27	2.23	1.69	1.10	
新 西 兰	13.29	12.46	6.69	7.48	7.94	8.04	7.21	6.47	6.13
奥 地 利	9.24	8.74	6.64	6.69	6.47	5.30	4.79	4.29	4.09
比 利 时	12.04	10.64	7.18	7.76	7.34	6.26	5.57	4.72	4.81
丹　　麦	17.66	10.74	7.08	7.41	7.58	6.04	5.08	4.59	4.30
法　　国	13.03	9.96	6.91	7.35	7.59	6.39	5.63	4.72	4.69
德　　国	8.50	8.88	6.28	6.67	6.50	5.63	5.08	4.39	4.26
爱 尔 兰	15.35	10.08	7.72	8.19	8.30	7.48	6.49	4.99	
意 大 利	16.11	11.51	11.31	10.56	12.21	9.40	6.86	4.90	4.73
荷　　兰	10.21	8.92	6.51	7.20	7.20	6.49	5.81	4.87	4.92
挪　　威	10.27	10.72	6.52	7.13	6.82	5.94	5.13	5.35	5.38
葡 萄 牙	16.68	15.17	12.45	10.83	10.34	7.25	5.48	4.09	
瑞　　典	11.74	13.08	8.54	9.41					
瑞　　士	4.77	6.68	4.05	5.23	3.73	3.63	3.08	2.39	3.51
英　　国	13.79	11.08	7.87	8.05	8.26	8.10	7.09	5.44	4.69
南　　非	10.09	16.15	13.97	14.83	16.11	15.50	14.70	15.12	14.90
印　　度	6.71								
巴基斯坦	11.20	8.05	13.31	13.01	13.00	13.00	13.10		
泰　　国	13.00	10.60	10.75	10.75	10.75	10.75	10.75	10.75	7.56

资料来源:国际货币基金组织《国际金融统计月报》2000年6月。

9—34 货币汇率(年末中间价)

单位:1美元合本币数

	1980年	1990年	1994年	1995年	1996年	1997年	1998年	1999年
中　国		4.78	8.62	8.35	8.31	8.29	8.28	8.28
中国香港				7.73	7.74	7.75	7.75	7.77
孟加拉国	16.25	35.79	40.25	40.75	42.45	45.45	48.50	51.00
印　度	7.93	18.07	31.38	35.18	35.93	39.28	42.48	43.49
印度尼西亚	626.80	1901.00	2200.00	2308.00	2383.00	4650.00	8025.00	7085.00
伊　朗	72.30	65.30	1736.00	1747.50	1749.10	1754.30	1750.90	1752.29
以色列①	7.55	2.05	3.02	3.14	3.25	3.54	4.16	4.15
日　本	203.00	134.40	99.74	102.83	116.00	129.95	115.60	102.20
马来西亚	2.22	2.70	2.56	2.54	2.53	3.89	3.80	3.80
缅　甸	6.76	6.08	5.90	5.78	5.99	6.36	6.11	6.27
韩　国	659.90	716.40	788.70	774.70	844.20	1695.00	1204.00	1138.40
巴基斯坦	9.90	21.90	30.80	34.25	40.12	44.05	46.00	51.79
菲律宾	7.60	28.00	24.42	26.21	26.29	39.98	39.06	40.31
新加坡	2.09	1.74	1.46	1.41	1.40	1.68	1.66	1.67
斯里兰卡	18.00	40.24	49.98	54.05	56.71	61.29	67.78	72.12
泰　国	20.63	25.29	25.09	25.19	25.61	47.25	36.69	37.52
土耳其	90.10	2930.10	38726.00	59650.00	107775.00	205605.00	314464.00	541400.00
埃　及	0.70	2.00	3.39	3.39	3.39	3.39	3.39	3.41
尼日利亚	0.54	9.00	22.00	21.89	21.89	21.89	21.89	21.89
南　非	0.75	2.56	3.54	3.65	4.68	4.87	5.86	6.15
加拿大	1.19	1.16	1.40	1.37	1.37	1.43	1.53	1.44
墨西哥	0.02	2.95	5.33	7.64	7.85	8.08	9.87	9.51
阿根廷②	0.02	*0.5585	1.00	1.00	1.00	1.00	1.00	1.00
巴　西③	23.82	*64.385	0.85	0.97	1.04	1.12	1.21	1.79
委内瑞拉	4.29	50.38	170.00	290.00	476.50	504.25	564.50	648.25
捷克共和国	14.84	28.00	27.80	26.30	27.33	34.64	29.86	35.98
法　国④	4.52	5.13	5.35	4.90	5.24	5.99	5.62	*1.00
德　国④	1.96	1.49	1.55	1.43	1.55	1.79	1.67	*1.00
意大利④	930.50	1130.20	1629.70	1584.70	1530.60	1759.20	1653.10	*1.00
荷　兰④	2.13	1.69	1.74	1.60	1.74	2.02	1.89	*1.00
波　兰		0.95	2.44	2.47	2.88	3.52	3.50	4.15
罗马尼亚	18.00	34.71	1767.00	2578.00	4035.00	8023.00	10951.00	18255.00
俄罗斯			3.55	4.64	5.56	5.96	20.65	27.00
西班牙④	79.25	96.91	131.74	121.41	131.28	151.70	142.60	*1.00
英　国	0.42	0.52	0.64	0.65	0.59	0.60	0.60	0.62
南斯拉夫	2.93	10.66	5.63	5.32	5.05	5.81	10.23	11.18
澳大利亚	0.85	1.29	1.29	1.34	1.26	1.53	1.63	1.53
新西兰	1.04	1.70	1.56	1.53	1.42	1.72	1.90	1.92

注:①1980年为千美元合本币数。②经过1983年、1985年和1992年三次货币改革,现行货币单位是1980年的1000亿倍。按现行货币单位计算,1980年为每百万美元折合本币数。③经过1986年、1989年、1990年和1993年四次货币改革,现行货币单位是1980年的27500万亿倍。按现行货币单位计算,1980年为万亿美元折合本币数,1990年为百万美元折合本币数。④1999年为欧元兑美元汇率。1999年1月1日欧元启动,各成员货币与欧元汇率锁定,其中1欧元分别可兑换1.95583德国马克、6.55957法国法郎、1936.27意大利里拉、2.20371荷兰盾和166.386西班牙比塞塔。

资料来源:联合国《统计月报》2000年4月。

9－35 道－琼斯世界股票指数①

	1994年	1995年	1997年	1998年		1994年	1995年	1997年	1998年
世　界	**113.91**	**133.46**	**166.63**	**202.79**	**亚太地区**	**119.39**	**119.80**	**77.93**	**81.03**
美　洲	**108.53**	**143.61**	**227.09**	**283.79**	澳大利亚	114.89	127.90	156.23	175.03
美　国	433.07	581.43	922.35	1169.34	中国香港	184.08	223.67	223.42	203.23
加拿大	95.23	108.25	190.22	194.30	印度尼西亚	176.25	172.48	145.78	158.89
墨西哥	107.06	77.96	375.72	287.32	日　本	116.21	114.08	73.63	67.70
欧　洲	**115.70**	**136.54**	**191.64**	**234.99**	马来西亚	216.69	223.08	114.64	109.14
奥地利	104.36	101.29	126.68	115.72	新西兰	155.86	176.17	155.58	132.41
比利时	115.75	142.56	210.25	317.82	新加坡	178.06	195.91	127.74	111.33
丹　麦	98.16	112.42	213.02	204.94	泰　国	207.44	196.76	59.94	61.45
芬　兰	205.90	202.88	411.28	743.15					
法　国	109.17	120.03	182.44	239.58					
德　国	122.57	138.24	232.98	273.36	**世界股指** (按行业划分)				
爱尔兰	122.90	152.83	274.91	377.12	基本原材料	124.40	130.91	119.65	112.04
意大利	109.54	103.51	223.02	313.21	联合企业	127.47	146.57	169.13	195.49
荷　兰	133.88	167.30	316.06	381.19	能　源	110.23	132.32	188.61	242.92
挪　威	122.41	129.21	209.76	147.04	金融服务	112.75	134.62	168.20	186.70
西班牙	89.33	114.31	286.63	393.72	工　业	112.24	118.38	117.79	128.77
瑞　典	119.43	163.14	341.28	371.21	技　术	134.91	168.07	242.59	370.31
瑞　士	162.99	232.62	352.50	401.54	公用事业	101.12	118.44	152.77	212.87
英　国	107.34	124.49	198.16	223.11					

注：①指数截止到12月31日。美国的股票指数以1982年6月30日为100；其它国家以1991年12月31日＝100。每股以美元计价。

资料来源：美国《美国统计摘要》1999年。

9－36　股票交易额相当于国内生产总值的比例

单位:%

	1990年	1992年	1993年	1994年	1995年	1996年	1997年	1998年
中　国①		4.0	10.1	18.0	7.1	31.4	41.1	29.7
中国香港	46.3	78.1	113.4	112.5	76.8	108.0	281.9	123.7
孟加拉国				0.3	0.4	1.8	0.9	1.9
印　度	6.8	7.8	7.8	8.3	3.8	6.7	12.8	15.0
印度尼西亚	3.5	2.8	5.8	6.7	7.1	14.1	19.3	10.3
伊　朗			0.4	0.6	1.0	3.0	1.1	1.2
以色列	10.5	22.3	46.0	33.6	10.5	8.4	10.9	11.2
日　本	54.0	17.1	22.3	23.9	24.0	27.2	29.8	25.1
韩　国	30.1	36.9	61.2	71.1	37.9	34.1	35.7	43.0
马来西亚	25.4	37.3	239.4	174.4	88.0	172.1	146.7	
巴基斯坦	0.6	2.0	3.6	6.1	5.2	9.5	18.2	14.4
新加坡	55.4	28.8	142.0	116.3	72.3	46.7	67.2	60.1
斯里兰卡	0.5	1.2	3.7	6.0	1.7	1.0	2.1	1.8
泰　国	26.8	64.7	69.4	55.5	33.9	24.5	15.5	18.6
土耳其	3.9	5.1	12.9	16.7	30.2	20.3	31.0	34.5
埃　及	0.3	0.5	0.4	1.5	1.1	3.6	7.7	6.1
尼日利亚				0.1	0.0	0.2	0.3	0.4
南　非	7.3	6.0	10.0	11.5	11.3	19.0	30.4	43.8
加拿大	12.4	14.7	25.7	29.3	32.0	44.8	58.5	64.1
墨西哥	4.6	12.3	15.5	19.6	9.5	12.2	14.6	8.6
美　国	31.5	34.5	52.9	53.0	72.6	96.0	130.2	159.8
阿根廷	0.6	6.9	4.4	4.4	1.8	1.6	8.8	5.1
巴　西	1.2	5.3	13.1	20.0	11.2	14.5	24.8	18.8
委内瑞拉	4.6	4.3	3.1	1.6	0.7	1.8	4.4	1.6
法　国	9.8	9.2	13.9	23.1	23.7	18.0	29.1	40.1
德　国		22.6	15.8	22.5	23.9	32.8	49.2	65.2
意大利	3.9	2.3	6.7	11.6	8.0	8.4	17.3	40.6
荷　兰	14.2	14.1	21.5	50.5	62.4	85.5	78.4	99.3
波　兰		0.2	2.4	5.2	2.2	3.9	5.6	5.6
罗马尼亚							0.8	1.6
俄罗斯				0.1	0.1	0.7	3.8	2.5
英　国	28.6	36.6	44.9	45.5	46.1	50.2	64.6	86.0
澳大利亚	13.5	15.3	23.0	28.1	27.0	58.7	76.9	112.6
新西兰	4.5	7.9	15.5	14.0	14.0	13.6	37.9	95.6

注:①中国为世界银行统计数字。

资料来源:世界银行《世界发展指标》2000年。

9－37 上市公司总市值相当于国内生产总值的比例

单位：%

	1990年	1992年	1993年	1994年	1995年	1996年	1997年	1998年
中　　国①		4.4	9.4	8.0	6.0	13.9	23.0	24.1
中国香港	111.5	170.9	332.1	206.0	218.1	291.6	238.1	206.3
孟加拉国	1.1	1.0	1.4	3.1	3.6	11.3	3.7	2.4
印　　度	11.9	24.7	35.1	38.6	34.9	30.9	30.5	24.5
印度尼西亚	7.1	8.7	20.9	26.7	32.9	40.0	13.5	23.5
伊　　朗			1.6	4.1	9.2	19.3	14.0	13.1
以 色 列	6.3	45.1	77.0	43.8	41.9	37.6	45.9	39.4
日　　本	98.2	64.5	70.2	79.3	71.4	67.2	52.8	66.0
韩　　国	43.8	34.1	40.3	47.6	37.2	26.7	8.8	35.7
马来西亚	113.6	161.2	343.3	274.8	255.0	304.6	93.4	136.0
巴基斯坦	7.1	16.4	22.4	23.5	15.2	16.6	17.4	8.5
新 加 坡	93.6	99.8	230.9	192.9	177.0	164.2	111.7	112.0
斯里兰卡	11.4	14.8	24.2	24.6	15.3	13.3	13.9	10.9
泰　　国	28.0	52.3	104.2	91.1	84.2	55.0	15.8	31.4
土 耳 其	3.9	5.1	12.9	16.7	30.2	20.3	31.0	34.5
埃　　及	4.1	7.8	8.1	8.2	13.4	21.0	27.6	29.5
尼日利亚	4.8	3.7	4.8	11.5	7.2	10.1	9.1	7.0
南　　非	122.8	79.3	131.8	166.2	185.6	168.9	157.2	127.6
加 拿 大	42.2	42.7	59.1	57.3	63.9	82.1	93.4	93.6
墨 西 哥	12.5	38.2	49.7	30.7	25.0	30.2	43.5	23.3
美　　国	55.1	74.4	81.0	75.4	97.4	114.4	144.2	163.4
阿 根 廷	2.3	8.1	18.6	14.3	14.6	16.4	20.2	15.2
巴　　西	3.5	11.6	22.7	34.6	21.0	28.0	31.1	20.7
委内瑞拉	17.2	12.5	13.3	7.0	4.7	14.3	16.5	8.0
保加利亚					0.5	0.1	0.0	8.1
法　　国	26.3	26.5	36.5	33.9	34.0	38.4	48.4	69.5
德　　国		17.7	24.2	22.9	24.0	28.7	39.5	51.3
意 大 利	13.6	10.6	13.8	17.7	19.3	21.3	30.1	48.6
荷　　兰	42.2	41.8	58.1	83.9	89.5	95.4	129.0	158.0
波　　兰		0.2	3.0	3.1	3.6	5.9	8.5	12.9
罗马尼亚				0.2	0.3	0.2	1.8	2.7
俄 罗 斯		0.0	0.0	0.0	4.7	8.9	29.4	7.4
英　　国	87.0	88.5	122.1	118.7	127.2	150.9	155.6	174.9
澳大利亚	36.2	45.2	69.3	65.1	67.2	122.4	172.3	241.7
新 西 兰	20.5	38.3	58.6	53.0	53.2	59.0	139.3	169.1

注：①中国为世界银行统计数字。

资料来源：世界银行《世界发展指标》2000年。

主要统计指标解释

中央政府　是全国范围内代表中央政府行使领土管辖权的所有单位。

财政收入　包括除了拨款之外的所有无须偿还的收入。

捐赠　从政府和国际组织得到的无报酬的、无须偿还的收入。

财政支出　包括政府无须偿还的支出——不论是资本支出，还是经常项目支出；不论是有偿的，还是无偿的。

赤字/盈余＝财政总收入＋拨入款－(财政支出＋拨出款)－支付款

货币供应量　货币供应量分为三个层次：流通中现金，通称 M_0；M_0＋除中央政府以外的常住机构活期存款构成狭义货币供应量，通称 M_1；M_1＋除中央政府以外的常住机构定期存款构成广义货币供应量，通称 M_2。

上市公司总市值　所有上市的流通股的股数×每股股价。

十、国际收支、债务

10—1 全球国际收支平衡项目误差

单位:十亿美元

	1990年	1993年	1994年	1995年	1996年	1997年	1998年
经常项目误差	**−109.9**	**−62.1**	**−36.0**	**−34.2**	**−18.6**	**32.2**	**−36.8**
贸易误差	26.9	67.0	97.2	115.0	97.7	117.3	80.1
服务误差	−39.8	−18.3	−4.0	−13.1	−1.3	16.6	12.0
运输	−48.2	−55.8	−55.7	−66.3	−63.6	−64.8	−60.9
旅游	11.4	26.4	24.5	29.1	39.3	36.6	40.2
政府服务	−13.2	−9.3	−10.9	−13.8	−11.4	−10.3	−6.8
其它	10.1	20.4	38.1	37.9	34.4	55.1	39.5
收入误差	−66.7	−66.8	−73.6	−87.8	−83.7	−82.6	−109.3
雇员报酬	−8.0	−10.1	−8.7	−8.9	−9.6	−7.1	−8.4
留存收益	50.9	45.8	41.1	57.8	67.4	56.8	40.7
其它直接投资收入	−8.3	−0.7	11.1	−17.9	−14.5		−6.3
证券及其它投资收入	−101.2	−101.8	−117.1	−118.7	−127.0	−132.4	−135.3
经常性转移误差	−30.4	−44.0	−55.6	−48.2	−31.4	−19.1	−19.6
资本项目误差	**14.8**	**19.3**	**22.5**	**17.6**	**1.1**	**−0.4**	**−8.9**
金融项目误差	**109.0**	**91.6**	**62.2**	**118.6**	**154.8**	**144.1**	**110.3**
直接投资	−37.5	−7.8	−18.5	−8.0	2.1	17.3	26.3
证券投资	30.0	156.1	66.8	187.9	175.9	280.0	−119.1
其它投资	140.0	15.2	55.4	−12.8	10.7	−109.0	206.0
储备	−23.5	−72.0	−41.6	−48.4	−34.0	−44.3	−2.9
误差	**−13.9**	**−48.7**	**−48.7**	**−102.0**	**−137.2**	**−175.9**	**−64.7**
经常项目误差占经常项目交易总额的比重(%)	1.0	0.5	0.3	0.2	0.1	0.2	0.2
贸易误差占货物交易总量的比重(%)	0.4	0.9	1.2	1.1	0.9	1.1	0.8
服务误差占服务交易总量的比重(%)	2.2	0.9	0.2	0.5		0.6	0.4
收入误差占收入交易总量的比重(%)	3.8	3.5	3.8	3.8	3.4	3.3	4.2
经常性转移误差占经常性转移总量的比重(%)	5.7	7.0	8.6	6.9	4.1	2.6	2.6
资本项目误差占资本业务的比重(%)	38.0	44.1	34.1	29.2	1.0	0.4	8.8

资料来源:国际货币基金组织《国际收支统计年鉴》1999年。

10－2 孟加拉国国际收支平衡表

单位：百万美元

	1990年	1993年	1994年	1995年	1996年	1997年	1998年
经常项目	**－397.9**	**359.3**	**199.6**	**－823.9**	**－991.4**	**－327.3**	**－189.8**
货物	－1587.0	－1112.6	－1416.1	－2324.1	－2275.3	－1747.7	－1720.6
贷方	1672.4	2544.7	2934.4	3733.3	4009.3	4839.3	5141.4
借方	－3259.4	－3657.3	－4350.5	－6057.4	－6284.6	－6587.6	－6862.1
服务	－308.9	－402.7	－435.2	－833.0	－561.2	－600.6	－529.4
贷方合计	391.6	529.4	589.8	698.2	604.8	687.3	723.9
借方合计	－700.5	－932.2	－1025.0	－1531.2	－1166.0	－1287.9	－1253.3
运输							
贷方	38.3	42.5	55.1	70.2	80.1	90.8	92.3
借方	－394.0	－512.2	－549.6	－775.4	－767.6	－853.9	－860.5
旅游							
贷方	18.9	29.2	21.3	25.1	33.4	62.2	52.4
借方	－78.0	－153.2	－193.6	－233.5	－135.4	－178.2	－150.9
其它							
贷方	334.4	457.8	513.4	602.9	491.3	534.3	579.3
借方	－228.5	－266.7	－281.8	－522.3	－263.1	－255.8	－241.9
收入	－115.6	－75.7	－38.3	68.3	－63.7	－109.6	－107.6
贷方合计	64.2	100.1	150.5	270.1	129.5	86.5	90.0
借方合计	－179.8	－175.8	－188.7	－201.8	－193.1	－196.1	－197.5
雇员报酬							
贷方						0.7	4.6
借方						－0.3	－2.5
投资收入							
贷方	64.2	100.1	150.5	270.1	129.4	85.8	85.3
借方	－179.8	－175.8	－188.7	－201.8	－193.1	－195.8	－195.0
经常性转移支付	1613.5	1950.3	2089.2	2264.9	1908.8	2130.6	2167.7
贷方	1614.2	1951.8	2091.4	2266.7	1912.8	2134.9	2173.6
借方	－0.7	－1.5	－2.2	－1.8	－4.0	－4.3	－5.9
资本和金融项目	**473.6**	**－428.7**	**57.5**	**690.5**	**878.0**	**404.6**	**－25.3**
资本项目					371.2	368.1	238.7
贷方合计					371.2	368.1	238.7
借方合计							
资本转移							
贷方					371.2	368.1	238.7
借方							
非生产非金融资产							
贷方							
借方							
金融项目	473.6	－428.7	57.5	690.5	506.7	36.5	－264.0
直接投资	3.2	14.0	11.1	1.9	13.5	138.2	304.9
对外直接投资							
国内吸收投资	3.2	14.0	11.1	1.9	13.5	141.3	307.9
有价证券投资	0.3	8.4	105.9	－15.2	－117.0	－14.5	0.7
资产							－0.3
负债	0.3	8.4	105.9	－15.2	－117.0	－14.5	0.9
其他投资	549.0	195.9	576.7	131.1	110.3	－342.2	－248.8
资产	－207.8	－178.4	－1.6	－243.9	－426.7	－674.6	－876.0
负债	756.7	374.3	578.3	375.0	537.0	332.4	627.2
储备资产	－78.9	－647.0	－636.2	572.8	499.9	254.9	－320.8
误差	**－75.7**	**69.4**	**－257.1**	**133.3**	**113.5**	**－77.3**	**215.2**

资料来源：国际货币基金组织《国际收支统计年鉴》1999年。

10—3 印度国际收支平衡表

单位:百万美元

	1990 年	1993 年	1994 年	1995 年	1996 年	1997 年	1998 年
经常项目	**−7036**	**−1876**	**−1676**	**−5563**	**−5956**	**−2965**	**−6903**
货物	−5151	−2093	−4150	−6719	−10052	−10028	−10752
贷方	18286	22016	25523	31239	33737	35702	34076
借方	−23437	−24108	−29673	−37957	−43789	−45730	−44828
服务	−1465	−1390	−2162	−3493	−3933	−3332	−2849
贷方合计	4625	5107	6038	6775	7238	9111	11691
借方合计	−6090	−6497	−8200	−10268	−11171	−12443	−14540
运输							
贷方	959	1242	1714	1890	1989	1942	1773
借方	−3418	−3976	−4564	−5703	−6447	−6813	−7093
旅游							
贷方	1558	2159	2272	2582	2831	2890	2949
借方	−393	−474	−769	−996	−913	−1342	−1713
其它							
贷方	2107	1706	2052	2303	2418	4279	6970
借方	−2278	−2046	−2867	−3569	−3811	−4288	−5734
收入	−3257	−3746	−3549	−3734	−3256	−3518	−3636
贷方合计	436	375	821	1486	1411	1484	1806
借方合计	−3693	−4121	−4370	−5219	−4667	−5002	−5443
雇员报酬							
贷方	32	27	75	84	313	34	27
借方	−106	−259	−351	−419	−538	−162	−44
投资收入							
贷方	405	348	746	1402	1098	1449	1779
借方	−3588	−3862	−4019	−4800	−4129	−4840	−5398
经常性转移支付	2837	5352	8185	8382	11284	13913	10334
贷方	2854	5375	8208	8410	11350	13975	10402
借方	−17	−23	−23	−27	−66	−62	−67
资本和金融项目	**7468**	**2863**	**185**	**4594**	**7890**	**4314**	**5513**
资本项目							
贷方合计							
借方合计							
资本转移							
贷方							
借方							
非生产非金融资产							
贷方							
借方							
金融项目	7468	2863	185	4594	7890	4314	5513
直接投资		550	891	2026	2187	3464	2587
对外直接投资			−83	−117	−239	−113	−48
国内吸收投资		550	973	2144	2426	3577	2635
有价证券投资		1369	5491	1590	3958	2556	−601
资产							
负债		1369	5491	1590	3958	2556	−601
其他投资	4670	5606	3040	−979	4421	2931	6186
资产	−611	1830	1170	−1179	−4710	−4743	−3239
负债	5281	3776	1870	200	9132	7674	9426
储备资产	2798	−4663	−9238	1956	−2676	−4637	−2659
误差	**−432**	**−987**	**1492**	**970**	**−1943**	**−1348**	**1390**

资料来源:国际货币基金组织《国际收支统计年鉴》1999 年。

10—4 印度尼西亚国际收支平衡表

单位:百万美元

	1990年	1993年	1994年	1995年	1996年	1997年	1998年
经常项目	**−2988**	**−2106**	**−2792**	**−6431**	**−7663**	**−4889**	**3972**
货物	5352	8231	7901	6533	5948	10075	18429
贷方	26807	36607	40223	47454	50188	56298	50371
借方	−21455	−28376	−32322	−40921	−44240	−46223	−31942
服务	−3568	−5887	−6619	−8071	−8540	−9666	−7334
贷方合计	2488	3959	4797	5469	6599	6941	4479
借方合计	−6056	−9846	−11416	−13540	−15139	−16607	−11813
运输							
贷方	70	44					
借方	−2795	−3667	−3913	−4861	−5244	−5400	−3731
旅游							
贷方	2153	3651	4575	5229	6184	6648	4255
借方	−836	−1539	−1900	−2172	−2339	−2411	−2102
其它							
贷方	265	264	222	240	415	293	224
借方	−2425	−4640	−5603	−6507	−7496	−8796	−5980
收入	−5190	−4987	−4693	−5874	−6008	−6332	−8212
贷方合计	409	1028	1048	1306	1210	1855	1910
借方合计	−5599	−6015	−5741	−7180	−7218	−8187	−10122
雇员报酬							
贷方							
借方							
投资收入							
贷方	409	1028	1048	1306	1210	1855	1910
借方	−5599	−6015	−5714	−7180	−7218	−8187	−10122
经常性转移支付	418	537	619	981	937	1034	1089
贷方	418	537	619	981	937	1034	1089
借方							
资本和金融项目	**2244**	**5038**	**3055**	**8686**	**6344**	**7022**	**−6699**
资本项目							
贷方合计							
借方合计							
资本转移							
贷方							
借方							
非生产非金融资产							
贷方							
借方							
金融项目	2244	5038	3055	8686	6344	7022	−6699
直接投资	1093	1648	1500	3743	5594	4499	−400
对外直接投资		−356	−609	−603	−600	−178	−44
国内吸收投资	1093	2004	2109	4346	6194	4677	−356
有价证券投资	−93	1805	3877	4100	5005	−2632	−2002
资产							
负债	−93	1805	3877	4100	5005	−2632	−2002
其他投资	3332	2179	−1538	2541	248	555	−2163
资产							
负债	3332	2179	−1538	2416	248	555	−2163
储备资产	−2088	−594	−784	−1573	−4503	4601	−2135
误差	**744**	**−2932**	**−263**	**−2255**	**1319**	**−2133**	**2727**

资料来源:国际货币基金组织《国际收支统计年鉴》1999年。

10—5 伊朗国际收支平衡表

单位:百万美元

	1990 年	1993 年	1994 年	1995 年	1996 年	1997 年	1998 年
经常项目	**327**	**－4215**	**4956**	**3358**	**5232**	**2213**	**－1897**
货物	975	－1207	6817	5586	7402	4258	－626
贷方	19305	18080	19434	18360	22391	18381	12982
借方	－18330	－19287	－12617	－12774	－14989	－14123	－13608
服务	－3526	－4516	－2788	－1746	－2223	－2179	－1266
贷方合计	436	1084	438	593	860	1192	1315
借方合计	－3962	－5600	－3226	－2339	－3083	－3371	－2581
运输							
贷方	36	19	91	138	434	449	419
借方	－1751	－1828	－990	－942	－1434	－1332	－1304
旅游							
贷方	28	71	11	67	19	16	12
借方	－340	－862	－149	－241	－258	－382	－153
其它							
贷方	372	994	336	388	407	727	884
借方	－1871	－2910	－2087	－1156	－1391	－1657	－1124
收入	378	8	－271	－478	－410	－259	－502
贷方合计	456	151	142	316	488	466	230
借方合计	－78	－143	－413	－794	－898	－725	－732
雇员报酬							
贷方							
借方							
投资收入							
贷方	456	151	142	316	488	466	230
借方	－78	－143	－413	－794	－898	－725	－732
经常性转移支付	2500	1500	1198	－4	463	393	497
贷方	2500	1500	1200		471	400	500
借方			－2	－4	－8	－7	－3
资本和金融项目	**620**	**5334**	**－1253**	**－3641**	**－7871**	**－1125**	**4668**
资本项目							
贷方合计							
借方合计							
资本转移							
贷方							
借方							
非生产非金融资产							
贷方							
借方							
金融项目	620	5334	－1253	－3641	－7871	－1125	4668
直接投资			2	17	26	53	24
对外直接投资							
国内吸收投资			2	17	26	53	24
有价证券投资							
资产							
负债							
其他投资	295	5563	－348	－791	－5534	－4875	3075
资产	－1510	1250	－1258	－419	－1305	2293	2779
负债	1805	4313	910	－372	－4229	－7168	296
储备资产	325	－229	－907	－2867	－2363	3697	1569
误差	**－947**	**－1119**	**－3703**	**283**	**2639**	**－1088**	**－2771**

资料来源:国际货币基金组织《国际收支统计年鉴》1999 年。

10－6　以色列国际收支平衡表

单位：百万美元

	1990年	1993年	1994年	1995年	1996年	1997年	1998年
经常项目	**266**	**－2561**	**－3387**	**－5196**	**－5316**	**－3398**	**－668**
货物	－2621	－5780	－5555	－7566	－7185	－5174	－3226
贷方	12686	14752	17198	19268	21241	22650	22972
借方	－15307	－20533	－22753	－26834	－28426	－27824	－26197
服务	－1198	－431	－1122	－623	－1179	－963	－776
贷方合计	4559	5967	6579	7759	8093	8418	9049
借方合计	－5757	－6398	－7701	－8382	－9271	－9382	－9825
运输							
贷方	1420	1653	1684	2014	1902	2001	2092
借方	－1927	－2718	－3079	－3681	－3780	－3817	－3941
旅游							
贷方	1594	2227	2440	2964	2955	2836	2657
借方	－2216	－1757	－2135	－2120	－2278	－2283	－2376
其它							
贷方	1545	2087	2455	2781	3236	3582	4300
借方	－1614	－1923	－2487	－2582	－3214	－3281	－3508
收入	－1135	－1977	－2356	－2774	－3225	－3474	－2810
贷方合计	1628	1261	1219	1739	1839	2119	2985
借方合计	－2763	－3239	－3575	－4512	－5064	－5593	－5794
雇员报酬							
贷方	76	164	135	178	159	173	168
借方							
投资收入							
贷方	1552	1097	1084	1561	1680	1947	2817
借方	－2763	－2331	－2656	－3101	－3157	－3593	－3665
经常性转移支付	5221	5627	5645	5766	6272	6213	6143
贷方	5410	5918	5889	6024	6565	6500	6710
借方	－189	－291	－244	－258	－293	－287	－567
资本和金融项目	**402**	**2211**	**3341**	**4504**	**4188**	**2245**	**1403**
资本项目	624	1426	1816	2027	2060	2197	1765
贷方合计	624	1426	1816	2027	2060	2197	1765
借方合计							
资本转移							
贷方	624	1426	1816	2027	2060	2197	1765
借方							
非生产非金融资产							
贷方							
借方							
金融项目	－223	785	1526	2477	2129	48	－362
直接投资	－65	－19	－309	604	340	788	1020
对外直接投资	－165	－615	－742	－733	－1042	－834	－830
国内吸收投资	101	596	432	1337	1382	1622	1850
有价证券投资	－210	1274	2345	1813	3490	3442	1890
资产	－345	－863	－353	91	315	－17	－24
负债	134	2137	2697	1723	3175	3459	1914
其他投资	567	1012	－428	1131	1689	5141	－1415
资产	－936	509	－2016	－1681	117	1572	－2900
负债	1503	503	1588	2812	1572	3569	1485
储备资产	－515	－1483	－82	－1070	－3389	－9323	－1858
误差	**－668**	**350**	**46**	**693**	**1128**	**1153**	**－735**

资料来源：国际货币基金组织《国际收支年鉴》1999年。

10—7 日本国际收支平衡表

单位:十亿美元

	1990年	1993年	1994年	1995年	1996年	1997年	1998年
经常项目	**44.08**	**131.64**	**130.26**	**111.04**	**65.88**	**94.35**	**120.70**
货物	69.28	139.42	144.19	131.79	83.56	101.60	122.39
贷方	282.31	352.66	385.70	428.72	400.28	409.24	374.04
借方	−213.02	−231.24	−241.51	−296.93	−316.72	−307.64	−251.66
服务							
贷方合计	41.38	53.22	58.30	65.27	67.72	69.30	62.41
借方合计	−84.28	−96.30	−106.36	−122.63	−129.96	−123.45	−111.83
运输							
贷方	17.75	18.93	20.31	22.51	21.59	21.82	21.27
借方	−26.65	−28.90	−31.70	−35.92	−33.60	−31.11	−28.38
旅游							
贷方	3.59	3.55	3.48	3.22	4.08	4.33	3.74
借方	−24.93	−26.85	−30.70	−36.76	−37.05	−33.01	−28.81
其它							
贷方	22.00	30.74	34.51	39.54	42.05	43.15	37.40
借方	−36.45	−40.56	−43.95	−49.94	−59.31	−59.33	−54.64
收入	22.49	40.41	40.23	44.29	53.55	55.74	56.57
贷方合计	122.64	147.83	155.19	192.45	225.10	222.15	209.58
借方合计	−100.15	−107.42	−114.96	−148.16	−171.55	−166.41	−153.01
雇员报酬							
贷方	0.46	0.78	0.87	1.15	0.26	0.35	0.33
借方	−1.17	−1.57	−1.58	−1.82	−0.26	−0.34	−0.31
投资收入							
贷方	122.18	147.05	154.32	191.29	224.84	221.80	209.24
借方	−98.67	−105.85	−113.37	−146.34	−171.29	−166.07	−152.69
经常性转移支付	−4.80	−5.10	−6.11	−7.68	−8.99	−8.83	−8.84
贷方	1.29	1.58	1.83	1.98	6.04	6.01	5.53
借方	−6.09	−6.68	−7.94	−9.66	−15.04	−14.84	−14.37
资本和金融项目	**−31.77**	**−131.14**	**−112.23**	**−124.82**	**−66.53**	**−128.67**	**−125.05**
资本项目	−1.06	−1.46	−1.85	−2.23	−3.29	−4.05	−14.45
贷方合计				0.01	1.22	1.51	1.57
借方合计	−1.06	−1.46	−1.85	−2.24	−4.51	−5.57	−16.02
资本转移							
贷方				0.01	0.75	0.75	1.24
借方	−1.06	−1.46	−1.85	−2.24	−4.35	−5.21	−14.40
非生产非金融资产							
贷方					0.47	0.76	0.33
借方					−0.16	−0.36	−1.62
金融项目	−30.71	−129.68	−110.38	−122.59	−63.24	−124.62	−110.60
直接投资	−48.72	−13.72	−17.18	−22.47	−23.24	−22.86	−21.36
对外直接投资	−50.50	−13.83	−18.09	−22.51	−23.44	−26.06	−24.62
国内吸收投资	1.78	0.12	0.91	0.04	0.20	3.20	3.27
有价证券投资	8.88	−70.87	−27.22	−36.58	−41.14	28.74	−40.02
资产	−37.80	−64.23	−91.55	−87.24	−114.58	−71.23	−113.73
负债	46.68	−6.65	64.33	50.67	73.44	99.96	73.70
其他投资	9.12	−17.62	−40.71	−4.94	36.29	−123.93	−55.39
资产		15.07	−35.12	−102.24	5.22	−191.96	37.94
负债	9.12	−32.70	−5.60	−7.30	31.07	68.03	−93.33
储备资产	9.09	−27.47	−25.27	−58.61	−35.14	−6.57	6.16
误差	**−21.40**	**−0.50**	**−18.03**	**13.78**	**0.64**	**34.31**	**4.36**

资料来源:国际货币基金组织《国际收支统计年鉴》1999年。

10—8 老挝国际收支平衡表

单位：百万美元

	1990年	1993年	1994年	1995年	1996年	1997年	1998年
经常项目	**—54.9**	**—35.7**	**—160.3**	**—236.7**	**—265.1**	**206.0**	**—76.5**
货物	—106.8	—149.5	—213.7	—315.9	—320.9	—283.0	—164.7
贷方	78.7	247.9	305.5	310.9	322.8	318.3	342.1
借方	—185.5	—397.4	—519.2	—626.8	—643.7	—601.3	—506.8
服务	—2.7	9.3	—65.1	—24.8	—21.6	—4.7	49.5
贷方合计	23.7	85.2	87.0	96.8	104.4	105.8	145.0
借方合计	—26.4	—75.9	—152.1	—121.6	—126.0	—110.5	—95.5
运输							
贷方	8.0	17.7	11.3	15.4	16.1	19.3	19.1
借方	—18.4	—33.7	—43.2	—51.4	—48.0	—45.0	—37.9
旅游							
贷方	2.6	34.0	42.7	51.4	62.3	57.8	95.0
借方		—11.0	—18.0	—29.6	—22.2	—21.0	—23.2
其它							
贷方	13.1	33.5	33.0	30.0	26.0	28.7	30.9
借方	—8.0	—31.2	—90.9	—40.6	—55.8	—44.5	—34.4
收入	—1.0	3.0	—2.0	—5.5	—4.3	—17.8	—34.9
贷方合计	2.2	8.6	7.2	7.4	9.2	11.1	6.9
借方合计	—3.2	—5.6	—9.2	—12.9	—13.5	—28.9	—41.8
雇员报酬							
贷方		2.6	0.5	0.4	0.5	0.5	0.6
借方		—0.2	—0.5	—0.4	—0.4	—0.4	—0.4
投资收入							
贷方	2.2	6.0	6.7	7.0	8.7	10.6	6.3
借方	—3.2	—5.4	—8.7	—12.5	—13.1	—28.5	—41.4
经常性转移支付	55.6	101.5	120.5	109.5	81.7	99.5	73.6
贷方	55.9	103.5	123.7	109.5	81.7	99.5	73.6
借方	—0.3	—2.0	—3.2				
资本和金融项目	**95.1**	**22.5**	**88.5**	**144.3**	**247.4**	**306.5**	**180.3**
资本项目	10.9	9.5	9.5	13.2	35.0	33.4	43.1
贷方合计	10.9	9.5	9.5	21.7	44.9	40.3	49.4
借方合计				—8.5	—9.9	—6.9	—6.3
资本转移							
贷方	10.9	9.5	9.5	21.7	44.9	40.3	49.4
借方				—8.5	—9.9	—6.9	—6.3
非生产非金融资产							
贷方							
借方							
金融项目	84.2	13.0	79.0	131.1	212.4	273.1	137.2
直接投资	6.0	29.9	59.2	95.1	159.8	91.0	45.9
对外直接投资							
国内吸收投资	6.0	29.9	59.2	95.1	159.8	91.0	45.9
有价证券投资							
资产							
负债							
其他投资	78.9	7.2	25.4	109.0	123.3	156.7	63.2
资产	—4.5	—43.2	—9.6	—1.5	—14.1	39.5	—22.8
负债	83.4	50.4	35.0	110.5	137.4	117.2	86.0
储备资产	—0.7	—24.1	—5.6	—73.0	—70.7	25.4	28.1
误差	**—40.2**	**13.2**	**71.8**	**92.4**	**17.7**	**—100.5**	**—103.8**

资料来源：国际货币基金组织《国际收支统计年鉴》1999年。

10—9 马来西亚国际收支平衡表

单位：百万美元

	1990 年	1993 年	1994 年	1995 年	1996 年	1997 年
经常项目	**−870**	**−2991**	**−4520**	**−8469**	**−4596**	**−4792**
货物	2525	3037	1577	−103	3826	3876
贷方	28806	46238	56897	71767	76881	77881
借方	−26280	−43201	−55320	−71871	−73055	−74005
服务	−1626	−3104	−2732	−3379	−2797	−2500
贷方合计	3859	6412	9320	11602	14510	15016
借方合计	−5485	−9516	−12052	−14981	−17308	−17516
运输						
贷方	1198	1613	1871	2466	1778	3000
借方	−2531	−3433	−4356	−5609	−5565	−5469
旅游						
贷方	1684	2190	3367	3969	4477	3741
借方	−1450	−1838	−1994	−2314	−2575	−2478
其它						
贷方	977	2608	4082	5167	7255	8276
借方	−1503	−4245	−5702	−7057	−9168	−9570
收入	−1872	−3211	−3595	−4144	−4595	−5074
贷方合计	1849	2007	2308	2623	2675	2490
借方合计	−3721	−5218	−5903	−6767	−7371	−7563
雇员报酬						
贷方	185	176	119	116	146	182
借方	−182	−211	−106	−131	−220	−340
投资收入						
贷方	1664	1831	2189	2508	2529	2308
借方	−3539	−5007	−5797	−6636	−7151	−7223
经常性转移支付	102	287	229	−843	−928	−1094
贷方	249	469	411	700	758	762
借方	−147	−181	−182	−1543	−1686	−1856
资本和金融项目	**−215**	**−633**	**4367**	**9231**	**6712**	**6362**
资本项目	−48	−88	−82	−174	−252	−239
贷方合计						
借方合计	−48	−88	−82	−174	−252	−239
资本转移						
贷方						
借方	−48	−88	−82	−174	−252	−239
非生产非金融资产						
贷方						
借方						
金融项目	−167	−545	4448	9405	6914	6601
直接投资	2332	5006	4342	4178	5078	5106
对外直接投资						
国内吸收投资	2332	5006	4342	4178	5078	5106
有价证券投资	−255	−709	−1649	−436	−268	−248
资产						
负债	−255	−709	−1649	−436	−268	−248
其他投资	−294	6508	−1405	3896	4669	−2115
资产	−205	−934	504	−783	62	−989
负债	−89	7441	−1909	4679	4607	−1126
储备资产	−1951	−11350	3160	1767	−2516	3859
误差	**1085**	**3624**	**154**	**−762**	**−2116**	**−1571**

资料来源：国际货币基金组织《国际收支统计年鉴》1999 年。

10—10 蒙古国际收支平衡表

	1990年	1992年	1993年	1994年	1995年	1996年	1997年	1998年
经常项目	**−639.5**	**−55.7**	**31.1**	**46.4**	**38.9**	**−36.9**	**102.9**	**−74.7**
货物	−496.9	−29.1	21.3	33.7	25.3	−36.3	115.4	−61.8
贷方	444.8	355.8	365.8	367.0	451.0	423.4	568.5	462.4
借方	−941.7	−384.9	−344.5	−333.3	−425.7	−459.7	−453.1	−524.2
服务	−106.4	−34.9	−40.9	−45.8	−38.1	−57.1	−52.4	−69.0
贷方合计	48.1	34.8	26.0	45.4	57.3	55.7	52.7	77.8
借方合计	−154.5	−69.7	−66.9	−91.2	−95.4	−112.8	−105.1	−146.8
运输								
贷方	20.1	17.8	14.0	20.7	15.0	27.7	29.2	32.2
借方	−86.8	−46.5	−51.3	−60.7	−60.8	−75.0	−72.3	−81.3
旅游								
贷方	5.0	3.2	3.5	6.6	20.6	10.0	12.5	35.0
借方	−1.2	−3.5	−2.5	−3.4	−19.5	−19.4	−13.5	−45.1
其它								
贷方	23.0	13.8	8.5	18.1	21.7	18.0	11.0	10.6
借方	−66.5	−19.7	−13.1	−27.1	−15.1	−18.4	−19.3	−20.4
收入	−43.6	−26.9	−20.2	−19.3	−25.4	−13.3	−12.0	0.4
贷方合计	5.1	0.2	0.8	3.2	3.0	13.4	6.1	10.1
借方合计	−48.7	−27.1	−21.0	−22.5	−28.4	−26.7	−18.1	−9.7
雇员报酬								
贷方								
借方								
投资收入								
贷方	5.1	0.2	0.8	3.2	3.0	13.4	6.1	10.1
借方	−48.7	−27.1	−21.0	−22.5	−28.4	−26.7	−18.1	−9.7
经常性转移支付	7.4	35.2	70.9	77.8	77.1	69.8	51.9	55.7
贷方	7.4	38.7	66.7	77.8	77.1	69.8	51.9	59.3
借方		−3.5	4.2					−3.6
资本和金融项目	**642.6**	**38.3**	**−26.3**	**−45.4**	**−48.0**	**65.0**	**−27.3**	**124.9**
资本项目								
贷方合计								
借方合计								
资本转移								
贷方								
借方								
非生产非金融资产								
贷方								
借方								
金融项目	642.6	38.3	−26.3	−45.4	−48.0	65.0	−27.3	124.9
直接投资		2.0	7.7	6.9	9.8	15.9	25.0	18.9
对外直接投资								
国内吸收投资		2.0	7.7	6.9	9.8	15.9	25.0	18.9
有价证券投资								
资产								
负债								
其他投资	541.0	−36.0	−10.5	−24.8	−36.2	29.5	8.9	112.4
资产	−2.0	−64.0	−35.4	−51.0	−49.2	−76.4	−108.1	−54.8
负债	543.0	28.0	24.9	26.2	13.0	105.9	117.0	167.2
储备资产	101.6	72.3	−23.5	−27.4	−22.6	19.6	−61.2	−6.3
误差	**−3.1**	**17.4**	**−4.8**	**−1.0**	**10.1**	**−28.1**	**−75.6**	**−50.2**

资料来源：国际货币基金组织《国际收支统计年鉴》1999年。

10—11 缅甸国际收支平衡表

单位:百万美元

	1990年	1993年	1994年	1995年	1996年	1997年	1998年
经常项目	**−431.3**	**−227.8**	**−129.9**	**−258.5**	**−279.8**	**−412.0**	**−453.7**
货物	−301.7	−629.9	−609.4	−823.0	−931.2	−1132.1	−1283.6
贷方	222.6	630.9	857.4	933.2	937.9	974.5	1171.4
借方	−524.3	−1260.8	−1466.7	−1756.3	−1869.1	−2106.6	−2455.0
服务	21.1	116.3	141.8	117.1	125.8	78.3	98.8
贷方合计	93.5	246.6	270.7	360.9	427.7	521.7	543.4
借方合计	−72.3	−130.2	−128.9	−243.8	−302.0	−443.4	−444.5
运输							
贷方	9.6	5.6	2.5	22.6	40.1	36.3	33.3
借方	−25.6	−14.4	−17.2	−25.4	−36.2	−110.0	−140.7
旅游							
贷方	19.5	112.2	132.9	149.1	179.7	153.5	169.5
借方	−16.3	−10.3	−12.4	−17.6	−27.6	−32.7	−26.6
其它							
贷方	64.3	128.7	135.3	189.2	207.9	331.9	340.5
借方	−30.4	−105.6	−99.3	−200.8	−238.2	−300.7	−277.2
收入	−189.7	−58.3	−67.0	−108.8	−44.0	−13.7	−28.9
贷方合计	2.4	4.7	7.1	15.4	9.1	6.5	10.9
借方合计	−192.1	−63	−74.1	−124.2	−53.1	−20.3	−39.7
雇员报酬							
贷方							
借方							
投资收入							
贷方	2.4	4.7	7.1	15.4	9.1	6.5	10.9
借方	−192.1	−63.0	−74.1	−124.2	−53.1	−20.3	−39.7
经常性转移支付	39.0	344.1	404.7	556.2	569.6	655.4	759.9
贷方	39.0	344.6	405.2	564.2	598.4	685.1	789.7
借方		−0.5	−0.6	−8.0	−28.8	−29.7	−29.8
资本和金融项目	**409.9**	**237.8**	**140.2**	**274.6**	**291.6**	**438.0**	**476.0**
资本项目	232.9						
贷方合计	232.9						
借方合计							
资本转移							
贷方							
借方							
非生产非金融资产							
贷方	232.9						
借方							
金融项目	177.1	237.8	140.2	274.6	291.6	438.0	476.0
直接投资	161.1	104.7	126.1	277.2	310.4	387.2	315.1
对外直接投资							
国内吸收投资	161.1	104.7	126.1	277.2	310.4	387.2	315.1
有价证券投资							
资产							
负债							
其他投资	22.2	56.1	59.1	−34.4	−43.6	81.9	220.7
资产							
负债	22.2	56.1	59.1	−34.4	−43.6	81.9	220.7
储备资产	−6.3	77.0	−45.0	31.8	24.7	−31.0	−59.7
误差	**21.4**	**−10.0**	**−10.3**	**−16.2**	**−11.7**	**−26.0**	**−22.3**

资料来源:国际货币基金组织《国际收支统计年鉴》1999年。

10—12 韩国国际收支平衡表

单位:百万美元

	1990年	1993年	1994年	1995年	1996年	1997年	1998年
经常项目	**−2003**	**990**	**−3867**	**−8507**	**−23006**	**−8167**	**40552**
货物	−2450	2319	−2860	−4444	−14965	−3179	41627
贷方	63659	82089	94964	124632	129968	138619	132122
借方	−66109	−79771	−97824	−129076	−144933	−141798	−90495
服务	−615	−2126	−1801	−2929	−6179	−3200	628
贷方合计	9637	12950	16805	22827	23412	26301	24580
借方合计	−10252	−15076	−18606	−25806	−29592	−29502	−23951
运输							
贷方	3179	5444	7362	9272	8765	11005	10204
借方	−3998	−6259	−7114	−9645	−10230	−10310	−8983
旅游							
贷方	3161	2964	3340	5150	4880	4731	5933
借方	−2768	−3533	−4513	−6341	−7482	−6988	−2898
其它							
贷方	3297	4542	6104	8405	9768	10565	8443
借方	−3486	−5284	−6979	−9820	−11880	−12204	−12070
收入	−87	−391	−487	−1302	−1816	−2455	−5055
贷方合计	2895	2509	2836	3486	3666	3878	3271
借方合计	−2982	−2900	−3322	−4787	−5482	−6333	−8326
雇员报酬							
贷方	542	799	785	774	745	706	446
借方	−26	−90	−96	−132	−180	−6	−42
投资收入							
贷方	2353	1710	2051	2712	2922	3172	2824
借方	−2965	−2810	−3226	−4655	−5302	−6327	−8283
经常性转移支付	1150	1188	1280	218	−46	667	3352
贷方	2454	3382	3672	4104	4279	5288	6737
借方	−1305	−2194	−2392	−3886	−4325	−4621	−3384
资本和金融项目	**3772**	**−267**	**5683**	**9746**	**21911**	**13177**	**−34197**
资本项目	−331	−475	−437	−488	−598	−608	171
贷方合计	7	2	8	15	19	17	464
借方合计	−338	−477	−445	−502	−617	−624	−293
资本转移							
贷方	7	2	8	15	19	17	6
借方	−338	−477	−445	−502	−617	−624	−275
非生产非金融资产							
贷方							
借方							
金融项目	4103	208	6119	10234	22509	13784	−34368
直接投资	−264	−751	−1651	−1776	−2345	−1605	616
对外直接投资	−1052	−1340	−2461	−3552	−4671	−4449	−4799
国内吸收投资	788	589	810	1776	2326	2844	5415
有价证券投资	84	10014	6120	11591	15185	14295	−1878
资产	−134	−538	−2028	−2284	−5998	2008	−1587
负债	218	10553	8149	13875	21183	12287	−292
其他投资	3075	−6047	6264	7459	11085	−10781	−2137
资产	−2425	−4592	−7369	−13991	−13487	−13568	6693
负债	5500	−1455	13632	21450	24571	2787	−8830
储备资产	1208	−3009	−4614	−7039	−1416	11875	−30968
误差	**−1769**	**−722**	**−1816**	**−1240**	**1095**	**−5010**	**−6355**

资料来源:国际货币基金组织《国际收支统计年鉴》1999年。

10－13 巴基斯坦国际收支平衡表

单位：百万美元

	1990年	1993年	1994年	1995年	1996年	1997年
经常项目	**－1654**	**－2953**	**－1845**	**－3410**	**－4517**	**－1792**
货物	－2714	－2634	－2279	－2944	－3723	－2443
贷方	5380	6917	7247	8509	8662	8503
借方	－8094	－9551	－9526	－11453	－12386	－10946
服务	－641	－1085	－791	－1100	－1469	－1028
贷方合计	1423	1602	1785	1891	2053	1678
借方合计	－2063	－2687	－2576	－2991	－3522	－2707
运输						
贷方	719	780	885	845	796	840
借方	－1242	－1483	－1516	－1658	－1783	－1767
旅游						
贷方	146	106	126	112	107	105
借方	－429	－651	－419	－454	－809	－360
其它						
贷方	558	716	774	934	1150	733
借方	－393	－553	－641	－879	－930	－580
收入	－1079	－1575	－1711	－1974	－2059	－2291
贷方合计	96	64	152	190	179	149
借方合计	－1175	－1639	－1863	－2164	－2238	－2440
雇员报酬						
贷方						
借方						
投资收入						
贷方	96	64	152	190	179	149
借方	－1175	－1639	－1863	－2164	－2238	－2440
经常性转移支付	2780	2340	2936	2608	2734	3970
贷方	2820	2379	2972	2658	2789	4011
借方	－40	－39	－36	－50	－55	－41
资本和金融项目	**1757**	**2959**	**1657**	**3719**	**4357**	**1798**
资本项目	8	2				
贷方合计	8	2				
借方合计	－1					
资本转移						
贷方	8	2				
借方	－1					
非生产非金融资产						
贷方						
借方						
金融项目	1749	2957	1657	3719	4357	1798
直接投资	242	357	428	735	932	754
对外直接投资	－2	2	－1		－7	25
国内吸收投资	244	355	429	736	939	729
有价证券投资	87	298	1498	4	266	420
资产						
负债	87	298	1498	4	266	420
其他投资	951	2736	1507	1778	2196	1145
资产	－363	－291	－289	－199	－167	－40
负债	1314	3027	1796	1977	2363	1185
储备资产	469	－434	－1776	1202	964	－520
误差	**－103**	**－6**	**188**	**－310**	**159**	**－6**

资料来源：国际货币基金组织《国际收支统计年鉴》1999年。

10—14 菲律宾国际收支平衡表

单位:百万美元

	1990年	1993年	1994年	1995年	1996年	1997年	1998年
经常项目	**−2695**	**−3016**	**−2950**	**−1980**	**−3953**	**−4351**	**1287**
货物	−4020	−6222	−7850	−8944	−11342	−11127	−28
贷方	8186	11375	13483	17447	20543	25228	29496
借方	−12206	−17597	−21333	−26391	−31885	−36355	−29524
服务	1483	1583	2114	2422	3518	1015	−2630
贷方合计	3244	4673	6768	9348	12947	15137	7477
借方合计	−1761	−3090	−4654	−6926	−9429	−14122	−10107
运输							
贷方	246	218	233	274	358	357	324
借方	−980	−1425	−1457	−2051	−2287	−2673	−1983
旅游							
贷方	466	1178	973	1136	1546	2341	1418
借方	−111	−130	−196	−422	−1266	−1935	−1950
其它							
贷方	2532	3277	5562	7938	11043	12439	5735
借方	−670	−1535	−3001	−4453	−5876	−9514	−6174
收入	−872	924	1850	3662	3282	4681	3510
贷方合计	1598	2824	3782	6067	6059	7698	6440
借方合计	−2470	−1900	−1932	−2405	−2777	−3017	−2930
雇员报酬							
贷方	1203	2276	3009	4928	4306	5742	4926
借方	−5	−13	−13	−15	−57		
投资收入							
贷方	395	548	773	1139	1753	1956	1514
借方	−2465	−1887	−1919	−2390	−2720	−3017	−2930
经常性转移支付	714	699	936	880	589	1080	435
贷方	717	746	1041	1147	1185	1670	758
借方	−3	−47	−105	−267	−596	−590	−323
资本和金融项目	**2102**	**2931**	**2793**	**4074**	**6939**	**9592**	**−320**
资本项目							
贷方合计							
借方合计							
资本转移							
贷方							
借方							
非生产非金融资产							
贷方							
借方							
金融项目	2102	2931	2793	4074	6939	9592	−320
直接投资	530	864	1289	1079	1335	1086	1553
对外直接投资		−374	−302	−399	−182	−136	−160
国内吸收投资	530	1238	1591	1478	1517	1222	1713
有价证券投资	−50	−52	269	1190	5317	591	−880
资产		−949	−632	−1429	191	−9	−604
负债	−50	897	901	2619	5126	600	−276
其他投资	1234	2566	3342	2678	4324	5306	945
资产					−1745	425	430
负债	1234	2566	3342	2678	6069	4881	515
储备资产	388	−447	−2107	−873	−4037	2610	−1938
误差	**593**	**85**	**157**	**−2094**	**−2986**	**−5241**	**−967**

资料来源:国际货币基金组织《国际收支统计年鉴》1999年。

10—15　新加坡国际收支平衡表

单位:百万美元

	1990年	1993年	1994年	1995年	1996年	1997年	1998年
经常项目	**3119**	**4211**	**11400**	**14436**	**14509**	**15032**	**17614**
货物	−1633	−2724	1354	977	2224	1118	14678
贷方	54679	77858	97919	118456	126010	125746	110379
借方	−56311	−80582	−96565	−117479	−123786	−124628	−95702
服务	4166	7276	9146	12057	10255	11095	330
贷方合计	12811	18597	23044	29817	29957	30492	18327
借方合计	−8645	−11321	−13898	−17761	−19702	−19397	−17997
运输							
贷方	2225	3173	4042	5126	5193	5158	4451
借方	−3513	−4015	−4797	−5927	−6284	−6318	−5981
旅游							
贷方	4650	6396	6781	7744	7483	6361	4590
借方	−1803	−3145	−3868	−5024	−5724	−5625	−5035
其它							
贷方	5936	9028	12220	16947	17280	18973	9286
借方	−3329	−4161	−5233	−6809	−7694	−7455	−6981
收入	1006	195	1561	2288	3103	4006	3783
贷方合计	6508	8075	9783	12717	14196	15254	13716
借方合计	−5502	−7880	−8222	−10429	−11093	−11248	−9932
雇员报酬							
贷方							
借方							
投资收入							
贷方	6508	8075	9783	12717	14196	15254	13716
借方	−5502	−7880	−8222	−10429	−11093	−11248	−9932
经常性转移支付	−421	−536	−661	−886	−1073	−1187	−1177
贷方	123	140	145	156	157	151	135
借方	−544	−676	−806	−1042	−1229	−1337	−1313
资本和金融项目	**−1506**	**−8861**	**−13661**	**−13404**	**−10630**	**−11964**	**−20832**
资本项目	−22	−71	−84	−71	−139	−173	−226
贷方合计							
借方合计	−22	−71	−84	−71	−139	−173	−226
资本转移							
贷方							
借方	−22	−71	−84	−71	−139	−173	−226
非生产非金融资产							
贷方							
借方							
金融项目	−1484	−8790	−13577	−13333	−10491	−11791	−20606
直接投资	3541	2534	3973	925	1609	4988	4110
对外直接投资	−2034	−2152	−4577	−6281	−6274	−4722	−3108
国内吸收投资	5575	4686	8550	7206	7883	9710	7218
有价证券投资	−1037	−4966	−7726	−7359	−10282	−11464	−7483
资产	−1610	−7833	−7840	−7769	−11955	−12054	−8741
负债	573	2856	114	410	1672	590	1258
其他投资	1444	1220	−5088	1700	5578	2625	−14268
资产	−220	−7104	−10999	−10281	−10268	−33467	1595
负债	1664	8324	5911	11981	15846	36092	−15863
储备资产	−5431	−7578	−4736	−8599	−7396	−7940	−2965
误差	**−1613**	**46650**	**2261**	**−1031**	**−3879**	**−3068**	**3218**

资料来源:国际货币基金组织《国际收支统计年鉴》1999年。

10—16 斯里兰卡国际收支平衡表

单位:百万美元

	1990 年	1993 年	1994 年	1995 年	1996 年	1997 年	1998 年
经常项目	**—298.3**	**—382.2**	**—757.4**	**—769.9**	**—682.7**	**—394.7**	**—288.4**
货物	—472.5	—742.1	—1085.0	—984.7	—799.7	—639.6	—567.5
贷方	1853.0	2785.7	3208.3	3797.9	4095.2	4638.7	4734.9
借方	—2325.6	—3527.8	—4293.4	—4782.6	—4895.0	—5278.3	—5302.4
服务	—199.5	—240.0	—298.4	—379.9	—438.3	—427.3	—445.8
贷方合计	439.6	634.4	753.9	819.2	765.5	875.3	913.0
借方合计	—639.2	—874.3	—1052.3	—1199.1	—1204.3	—1302.6	—1358.8
运输							
贷方	168.7	235.9	293.1	335.1	339.2	389.0	400.4
借方	—398.1	—493.3	—583.2	—678.7	—690.4	—761.0	—793.2
旅游							
贷方	128.3	203.0	230.2	225.9	166.2	208.8	229.9
借方	—73.7	—120.3	—169.6	—186.4	—175.8	—179.6	—201.6
其它							
贷方	142.6	195.5	230.6	258.2	260.1	277.6	282.8
借方	—167.4	—260.8	—299.4	—334.0	—338.2	—362.0	—364.0
收入	—166.8	—123.0	—168.1	—137.3	—203.1	—159.6	—178.3
贷方合计	93.0	111.4	143.9	223.3	175.1	233.3	213.9
借方合计	—259.8	—234.3	—312.0	—360.6	—378.2	—392.9	—392.2
雇员报酬							
贷方				11.2	11.0	11.7	11.8
借方				—12.6	—12.4	—13.3	—13.3
投资收入							
贷方	93.0	111.4	143.9	212.2	164.2	221.6	202.1
借方	—259.8	—234.3	—312.0	—348.0	—365.8	—379.6	—378.9
经常性转移支付	540.5	722.8	794.1	731.9	759.0	831.8	903.2
贷方	578.8	795.4	882.3	846.7	881.4	966.5	1054.2
借方	—38.3	—72.6	—88.1	—114.7	—122.4	—134.7	—151.0
资本和金融项目	**413.4**	**254.2**	**651.1**	**612.0**	**539.1**	**246.7**	**179.3**
资本项目				120.6	95.9	87.1	60.7
贷方合计				124.2	99.7	91.3	65.4
借方合计				—3.5	—3.8	—4.2	—4.7
资本转移							
贷方				124.2	99.7	91.3	65.4
借方				—3.5	—3.8	—4.2	—4.7
非生产非金融资产							
贷方							
借方							
金融项目	413.4	254.2	651.1	491.4	443.2	159.6	118.5
直接投资	42.5	187.6	158.2	56.0	119.9	430.1	193.2
对外直接投资	—0.8	—6.9	—8.3				
国内吸收投资	43.4	194.5	166.4	56.0	119.9	430.1	193.2
有价证券投资		67.2	27.0	—2.0	6.7	13.1	—23.8
资产		200.1	292.9	105.3	76.8	139.9	88.6
负债		—132.9	—265.9	—107.3	—70.2	—126.8	—112.4
其他投资	503.1	820.1	839.4	642.1	280.4	—42.1	90.7
资产	—115.8	16.4	—134.0	41.7	—27.9	—392.9	73.3
负债	618.9	803.7	973.4	600.3	308.4	350.8	17.3
储备资产	—132.3	—820.7	—373.5	—204.7	36.3	—241.4	—141.6
误差	**—115.1**	**128.0**	**106.3**	**157.9**	**143.6**	**148.0**	**109.1**

资料来源:国际货币基金组织《国际收支统计年鉴》1999 年。

10—17 泰国国际收支平衡表

单位:百万美元

	1990年	1993年	1994年	1995年	1996年	1997年	1998年
经常项目	**−7281**	**−6364**	**−8085**	**−13554**	**−14691**	**−3024**	**14241**
货物	−6751	−4297	−3726	−7968	−9488	1551	16234
贷方	22810	36398	44478	55447	54408	56652	52747
借方	−29561	−40694	−48204	−63415	−63897	−55100	−36513
服务	110	−1410	−3756	−3959	−2578	−1574	1158
贷方合计	6419	11059	11640	14845	17007	15763	13156
借方合计	−6309	−12469	−15396	−18804	−19585	−17337	−11998
运输							
贷方	1327	1964	1842	2455	2618	2417	2671
借方	−3576	−5005	−5862	−7780	−7845	−6872	−4604
旅游							
贷方	4325	5638	6063	8035	9089	7660	6174
借方	−1432	−3040	−4065	−4271	−4286	−3416	−1960
其它							
贷方	767	3457	3735	4356	5301	5686	4311
借方	−1301	−4424	−5469	−6753	−7454	−7048	−5435
收入	−853	−1406	−1731	−2114	−3385	−3480	−3566
贷方合计	2059	2140	2562	3801	3969	3742	3324
借方合计	−2913	−3546	−4292	−5915	−7354	−7223	−6889
雇员报酬							
贷方	973	1112	1281	1695	1806	1658	1424
借方	−198						
投资收入							
贷方	1086	1028	1281	2106	2163	2084	1899
借方	−2715	−3546	−4292	−5915	−7354	−7223	−6889
经常性转移支付	213	750	1128	487	760	479	414
贷方	278	1222	1901	1190	1651	1392	820
借方	−65	−473	−774	−704	−891	−913	−405
资本和金融项目	**5862**	**6593**	**7998**	**14750**	**17319**	**1373**	**−11233**
资本项目	−1						
贷方合计							
借方合计							
资本转移							
贷方							
借方	−1						
非生产非金融资产							
贷方							
借方							
金融项目	5863	6593	7998	14750	17319	1373	−11233
直接投资	2303	1571	873	1182	1405	3356	6811
对外直接投资	−140	−233	−493	−886	−931	−390	−130
国内吸收投资	2444	1804	1366	2068	2336	3746	6941
有价证券投资	−38	5455	2482	4081	3544	4352	−43
资产			−5	−2	−41	−446	−202
负债	−38	5455	2486	4083	3585	4798	159
其他投资	6559	3474	8812	16645	14537	−16235	−16568
资产	−164	−3265	−1027	−2738	2661	−2404	−3824
负债	6722	6739	9839	19383	11876	−13831	−12744
储备资产	−2961	−3907	−4169	−7159	−2167	9900	−1433
误差	**1419**	**−230**	**87**	**−1196**	**−2627**	**1651**	**−3007**

资料来源:国际货币基金组织《国际收支统计年鉴》1999年。

10－18 土耳其国际收支平衡表

单位：百万美元

	1990 年	1993 年	1994 年	1995 年	1996 年	1997 年	1998 年
经常项目	**－2625**	**－6433**	**2631**	**－2338**	**－2437**	**－2679**	**1871**
货物	－9555	－14160	－4216	－13212	－10582	－15398	－14332
贷方	13026	15611	18390	21975	32446	32631	31220
借方	－22581	－29771	－22606	－35187	－43028	－48029	－45552
服务	4945	6704	7019	9582	6625	10866	13461
贷方合计	8016	10652	10801	14606	13051	19373	23321
借方合计	－3071	－3948	－3782	－5024	－6426	－8507	－9860
运输							
贷方	920	1241	1221	1712	1756	2193	3120
借方	－900	－1194	－953	－1412	－1745	－1881	－2601
旅游							
贷方	3225	3959	4321	4957	5650	7002	7177
借方	－520	－934	－866	－911	－1265	－1716	－1754
其它							
贷方	3871	5452	5259	7937	5645	10178	13024
借方	－1651	－1820	－1963	－2701	－3416	－4910	－5505
收入	－2508	－2745	－3264	－3204	－2927	－3013	－2985
贷方合计	917	1135	890	1489	1577	1900	2481
借方合计	－3425	－3880	－4154	－4693	－4504	－4913	－5466
雇员报酬							
贷方							
借方							
投资收入							
贷方	917	1135	890	1489	1577	1900	2481
借方	－3425	－3880	－4154	－4693	－4504	－4913	－5466
经常性转移支付	4493	3768	3092	4496	4447	4866	5727
贷方	4525	3800	3115	4512	4466	4909	5860
借方	－32	－32	－21	－16	－19	－43	－133
资本和金融项目	**3094**	**8655**	**－4397**	**－17**	**4219**	**5273**	**332**
资本项目							
贷方合计							
借方合计							
资本转移							
贷方							
借方							
非生产非金融资产							
贷方							
借方							
金融项目	3094	8655	－4397	－17	4219	5273	332
直接投资	700	622	559	772	612	554	573
对外直接投资	16	－14	－49	－113	－110	－251	－367
国内吸收投资	684	636	608	885	722	805	940
有价证券投资	547	3917	1158	237	570	1634	－6386
资产	－134	－563	35	－466	－1380	－710	－1297
负债	681	4480	1123	703	1950	2344	－5089
其他投资	2742	4424	－5567	3981	7581	6401	6362
资产	－409	－3291	2423	－383	331	－1750	－1464
负债	3151	7715	－7990	4364	7250	8151	7826
储备资产	－895	－308	－547	－5007	－4544	－3316	－217
误差	**－469**	**－2222**	**1766**	**2355**	**－1782**	**－2594**	**－2203**

资料来源：国际货币基金组织《国际收支统计年鉴》1999 年。

10－19 埃及国际收支平衡表

单位:百万美元

	1990 年	1993 年	1994 年	1995 年	1996 年	1997 年	1998 年
经常项目	**2327**	**2538**	**31**	**－254**	**－192**	**－711**	**－2566**
货物	－6379	－6378	－5953	－7597	－8390	－8632	－10214
贷方	3924	3545	4044	4670	4779	5525	4403
借方	－10303	－9923	－9997	－12267	－13169	－14157	－14617
服务	2183	2528	2425	3717	4187	2610	1649
贷方合计	5971	7895	8070	8590	9271	9380	8141
借方合计	－3788	－5367	－5645	－4873	－5084	－6770	－6492
运输							
贷方	2410	2869	3165	3202	2689	2524	2494
借方	－1465	－1301	－1413	－1582	－1655	－1912	－2033
旅游							
贷方	1100	1927	2006	2684	3204	3727	2565
借方	－129	－1048	－1067	－1278	－1317	－1347	－1153
其它							
贷方	2462	3099	2899	2704	3378	3128	3082
借方	－2195	－3018	－3165	－2013	－2112	－3510	－3306
收入	－1022	－857	－784	－405	345	936	955
贷方合计	857	1110	1330	1578	1901	2122	2030
借方合计	－1879	－1967	－2114	－1983	－1556	－1185	－1075
雇员报酬							
贷方							
借方	－27	－140					
投资收入							
贷方	857	1110	1330	1578	1901	2122	2030
借方	－1852	－1827	－2114	－1983	－1556	－1185	－1075
经常性转移支付	7545	7245	4343	4031	3666	4375	5044
贷方	7559	7245	4622	4284	3888	4738	5166
借方	－14		－279	－253	－222	－363	－122
资本和金融项目	**－2957**	**－1019**	**－286**	**－18**	**266**	**2593**	**3288**
资本项目	10610	437			608		
贷方合计	10610	437			608		
借方合计							
资本转移							
贷方	10610	437			608		
借方							
非生产非金融资产							
贷方							
借方							
金融项目	－13567	－1456	－286	－18	－342	2593	3288
直接投资	722	493	1213	505	631	761	1031
对外直接投资	－12		－43	－93	－5	－129	－45
国内吸收投资	734	493	1256	598	636	891	1076
有价证券投资	15	4	3	20	545	816	－600
资产	15						－63
负债		4	3	20	545	816	－537
其他投资	－11796	856	－309	－134	－508	2201	2322
资产	－1921	319	－905	－396	－565	－170	39
负债	－9875	537	596	262	57	2371	2283
储备资产	－2508	－2809	－1193	－409	－1010	－1185	535
误差	**630**	**－1519**	**255**	**272**	**－74**	**－1882**	**－722**

资料来源:国际货币基金组织《国际收支统计年鉴》1999 年。

10—20 尼日利亚国际收支平衡表

单位:百万美元

	1990年	1993年	1994年	1995年	1996年	1997年	1998年
经常项目	**4988**	**−780**	**−2128**	**−2578**	**3507**	**552**	**−4244**
货物	8653	3248	2948	3513	9679	5706	−240
贷方	13585	9910	9459	11734	16117	15207	8971
借方	−4932	−6662	−6511	−8222	−6438	−9501	−9211
服务	−1011	−1563	−2636	−4012	−4094	−3925	−3282
贷方合计	965	1163	371	608	733	786	884
借方合计	−1976	−2726	−3007	−4619	−4827	−4712	−4166
运输							
贷方	37	200	51	100	76	91	113
借方	−639	−853	−754	−987	−454	−744	−704
旅游							
贷方	25	33	10	17	35	55	47
借方	−576	−298	−858	−906	−1304	−1816	−1567
其它							
贷方	903	930	310	491	621	641	723
借方	−760	−1575	−1395	−2726	−3069	−2152	−1894
收入	−2738	−3278	−2938	−2878	−3022	−3145	−2291
贷方合计	211	58	49	101	115	258	333
借方合计	−2949	−3335	−2986	−2979	−3137	−3404	−2624
雇员报酬							
贷方							
借方							
投资收入							
贷方	211	58	49	101	115	258	333
借方	−2949	−3335	−2986	−2979	−3137	−3404	−2624
经常性转移支付	85	812	498	799	945	1916	1570
贷方	167	857	550	804	947	1920	1574
借方	−82	−44	−52	−5	−2	−4	−5
资本和金融项目	**−5223**	**868**	**2267**	**2661**	**−3462**	**−489**	**4321**
资本项目				−66	−68	−49	−54
贷方合计							
借方合计				−66	−68	−49	−54
资本转移							
贷方							
借方				−66	−68	−49	−54
非生产非金融资产							
贷方							
借方							
金融项目	−5223	868	2267	2727	−3394	−440	4375
直接投资	588	1345	1959	1079	1593	1539	1051
对外直接投资							
国内吸收投资	588	1345	1959	1079	1593	1539	1051
有价证券投资	−197	−18	−27	−82	−173	−67	−8
资产						9	51
负债	−197	−18	−27	−82	−173	−76	−59
其他投资	−3136	151	662	1513	−2181	1594	2851
资产	−2886	−1345	−1286	−3295	−4320	−2183	−332
负债	−250	1496	1948	4808	2139	3777	3183
储备资产	−2478	−611	−327	217	−2634	−3507	481
误差	**235**	**−88**	**−139**	**−83**	**−45**	**−62**	**−77**

资料来源:国际货币基金组织《国际收支统计年鉴》1999年。

10—21　南非国际收支平衡表

单位：百万美元

	1990年	1993年	1994年	1995年	1996年	1997年	1998年
经常项目	**2065**	**1502**	**114**	**−2204**	**−1881**	**−2273**	**−1936**
货物	6783	6232	4481	2667	2695	2324	2018
贷方	23560	24717	26333	30071	30263	31171	29234
借方	−16778	−18485	−21852	−27404	−27569	−28848	−27216
服务	−681	−1430	−1337	−1351	−704	−669	−179
贷方合计	3559	3276	3750	4618	5028	5334	5292
借方合计	−4239	−4707	−5087	−5969	−5732	−6003	−5471
运输							
贷方	1161	792	901	1070	1004	1090	1084
借方	−2018	−1660	−1910	−2295	−2342	−2480	−2247
旅游							
贷方	1835	1862	2064	2125	2575	2769	2738
借方	−1132	−1868	−1861	−1849	−1754	−1961	−1842
其它							
贷方	563	622	785	1423	1450	1475	1470
借方	−1089	−1178	−1315	−1825	−1636	−1562	−1382
收入	−4096	−2657	−2422	−2874	−3118	−3204	−3029
贷方合计	833	696	972	1136	1076	1298	1319
借方合计	−4929	−3352	−3394	−4011	−4195	−4502	−4348
雇员报酬							
贷方	284	84	79	83	75	75	91
借方	−1116	−632	−572	−567	−518	−492	−419
投资收入							
贷方	549	612	894	1053	1002	1223	1228
借方	−3813	−2720	−2823	−3443	−3676	−4010	−3928
经常性转移支付	60	−643	−609	−646	−754	−724	−746
贷方	298	127	142	196	54	138	60
借方	−238	−769	−752	−841	−808	−862	−806
资本和金融项目	**−1162**	**940**	**337**	**3057**	**4243**	**3343**	**3919**
资本项目	12	−57	−67	−40	−47	−192	−56
贷方合计	23						
借方合计	−12	−57	−67	−40	−47	−192	−56
资本转移							
贷方	23						
借方	−12	−57	−67	−40	−47	−192	−56
非生产非金融资产							
贷方							
借方							
金融项目	−1173	997	404	3097	4290	3535	3975
直接投资	−117	−281	−886	−1245	−232	1487	−1040
对外直接投资	−28	−292	−1261	−2494	−1048	−2324	−1590
国内吸收投资	−89	11	374	1248	816	3811	550
有价证券投资	−50	747	2836	2490	2445	6740	4392
资产		−3	−82	−447	−2000	−4587	−5575
负债	−50	751	2918	2937	4446	11327	9967
其他投资	−651	39	−862	2759	804	−517	1125
资产	−97	−269	−298	−525	−599	−1983	−694
负债	−554	308	−565	3284	1403	1466	1819
储备资产	−356	491	−683	−906	1272	−4175	−502
误差	**−904**	**−2442**	**−451**	**−852**	**−2362**	**−1070**	**−1984**

资料来源：国际货币基金组织《国际收支统计年鉴》1999年。

10—22 加拿大国际收支平衡表

单位:百万美元

	1990年	1993年	1994年	1995年	1996年	1997年	1998年
经常项目	**−19764**	**−21822**	**−13024**	**−4328**	**3327**	**−10304**	**−11213**
货物	9513	10136	14834	25855	30786	17135	12625
贷方	130328	147418	166990	193373	205306	217620	217238
借方	−120815	−137281	−152155	−165517	−174520	−200485	−204614
服务	−9094	−10579	−8572	−7345	−6433	−6563	−4755
贷方合计	19210	21868	23958	26128	29189	30478	30922
借方合计	−28303	−32446	−32530	−33473	−35622	−37041	−35677
运输							
贷方	4223	4485	4884	5262	5724	6042	5732
借方	−5786	−7659	−7708	−7949	−7696	−8324	−7974
旅游							
贷方	6360	6558	6981	7917	8607	8819	9357
借方	−10931	−11151	−10021	−10260	−11248	−11478	−10800
其它							
贷方	8627	10825	12094	12950	14858	15617	15633
借方	−11587	−13635	−14801	−15264	−16678	−17238	−16903
收入	−19388	−20801	−18938	−22721	−21549	−21453	−19618
贷方合计	15072	10697	15443	18888	19212	21832	20599
借方合计	−34460	−31499	−34382	−41609	−40761	−43285	−40217
雇员报酬							
贷方							
借方							
投资收入							
贷方	15072	10697	15443	18888	19212	21832	20599
借方	−34460	−31499	−34382	−41609	−40761	−43285	−40217
经常性转移支付	−796	−579	−348	−117	523	576	534
贷方	2530	2593	2625	2878	3528	3580	3352
借方	−3326	−3172	−2973	−2995	−3006	−3004	−2817
资本和金融项目	**21475**	**26892**	**13050**	**962**	**−8617**	**12916**	**9910**
资本项目	5331	8292	7489	4950	5845	5453	3363
贷方合计	6203	8908	7876	5416	6262	5862	3794
借方合计	−872	−617	−378	−466	−417	−409	−431
资本转移							
贷方	6203	8908	7876	5666	6262	5862	3794
借方	−872	−522	−305	−466	−417	−409	−431
非生产非金融资产							
贷方				−250			
借方		−94	−72				
金融项目	16144	18600	5552	−3988	−14462	7463	6547
直接投资	2351	−963	−1080	−2171	−3482	−10591	−9896
对外直接投资	−5229	−5711	−9303	−11490	−12890	−22057	−26411
国内吸收投资	7581	4749	8224	9319	9408	11466	16515
有价证券投资	13725	27568	10568	13074	−649	3738	1829
资产	−2239	−13784	−6587	−5328	−14062	−8121	−14928
负债	15964	41352	17155	18402	13413	11859	16757
其他投资	1207	−7101	−4329	−12180	−4833	11923	19611
资产	−8442	−415	−20378	−8328	−21169	−16031	12256
负债	9648	−6686	16049	−3852	16336	27954	7355
储备资产	−1139	−904	392	−2711	−5498	2393	−4996
误差	**−1710**	**−5070**	**−26**	**3366**	**5290**	**−2612**	**1303**

资料来源:国际货币基金组织《国际收支统计年鉴》1999年。

10－23　墨西哥国际收支平衡表

单位:百万美元

	1990年	1993年	1994年	1995年	1996年	1997年	1998年
经常项目	**－7451**	**－23400**	**－29662**	**－1576**	**－2328**	**－7454**	**－15960**
货物	－881	－13481	－18464	7089	6531	623	－7915
贷方	40711	51885	60882	79542	96000	110431	117459
借方	－41592	－65366	－79346	－72453	－89469	－109808	－125374
服务	－2229	－2529	－2721	64	83	－1216	－1003
贷方合计	8094	9517	10321	9780	10901	11400	12064
借方合计	－10323	－12046	－13043	－9715	－10818	－12616	－13067
运输							
贷方	892	938	1066	1164	1412	1417	1432
借方	－2511	－3326	－4286	－3424	－1669	－1695	－1604
旅游							
贷方	5527	6167	6363	6179	6934	7593	7899
借方	－5520	－5562	－5338	－3171	－3387	－3892	－4267
其它							
贷方	1675	2412	2891	2436	2555	2391	2733
借方	－2292	－3158	－3419	－3121	－5762	－7030	－7196
收入	－8316	－11030	－12259	－12689	－13472	－12108	－13056
贷方合计	3273	2694	3347	3713	4032	4430	4961
借方合计	－11589	－13724	－15605	－16402	－17507	－16536	－18017
雇员报酬							
贷方	606	647	647	695	725	681	876
借方							
投资收入							
贷方	2667	2047	2700	3018	3307	3750	4085
借方	－11589	－13724	－15605	－16402	－17505	－16538	－18017
经常性转移支付	3385	3640	3782	3960	4530	5247	6014
贷方	3990	3656	3822	3995	4560	5272	6042
借方	－15	－16	－40	－35	－30	－25	－28
资本和金融项目	**6223**	**26528**	**32986**	**5824**	**2269**	**5256**	**14115**
资本项目							
贷方合计							
借方合计							
资本转移							
贷方							
借方							
非生产非金融资产							
贷方							
借方							
金融项目	6223	26528	32986	5824	2269	5256	14115
直接投资	2634	4389	10973	9526	9186	12831	10238
对外直接投资							
国内吸收投资	2634	4389	10973	9526	9186	12831	10238
有价证券投资	－3985	28355	7415	－10377	13961	4330	526
资产	－7354	－564	－767	－662	544	－708	－768
负债	3369	28919	8182	－9715	13417	5038	1294
其他投资	10835	－159	－3800	16323	－19071	－1392	5469
资产	－1345	－3038	－4903	－6694	－6885	7425	1531
负债	12180	2879	1103	23017	－12186	－8818	3938
储备资产	－3261	－6057	18398	－9648	－1806	－10513	－2118
误差	**1228**	**－3128**	**－3323**	**－4248**	**58**	**2198**	**1845**

资料来源:国际货币基金组织《国际收支统计年鉴》1999年。

10—24 美国国际收支平衡表

单位：十亿美元

	1990 年	1993 年	1994 年	1995 年	1996 年	1997 年	1998 年
经常项目	**−91.88**	**−85.29**	**−121.69**	**−113.57**	**−129.29**	**−143.85**	**−220.56**
货物	−108.25	−130.72	−164.14	−171.88	−189.37	−194.71	−244.97
贷方	390.71	458.73	504.45	577.69	613.96	681.66	672.21
借方	−498.95	−589.44	−668.59	−749.57	−803.33	−876.37	−917.18
服务	29.36	60.77	65.74	74.34	85.05	89.98	80.70
贷方合计	146.40	183.06	197.62	215.79	235.85	256.88	261.70
借方合计	−117.05	−122.29	−131.88	−141.45	−150.79	−166.91	−181.00
运输							
贷方	37.34	38.49	40.75	44.99	46.49	47.80	45.51
借方	−35.49	−35.94	−39.08	−41.70	−43.22	−47.10	−50.26
旅游							
贷方	49.32	66.73	67.95	73.46	80.35	84.62	83.38
借方	−38.10	−41.70	−44.89	−46.20	−49.45	−53.61	−57.82
其它							
贷方	59.35	77.84	88.92	97.34	109.01	124.47	132.80
借方	−43.46	−44.65	−47.90	−53.56	−58.12	−66.20	−72.93
收入	29.15	23.17	15.90	19.41	17.21	3.23	−12.21
贷方合计	163.45	134.62	165.97	212.23	224.62	258.66	258.32
借方合计	−141.50	−111.45	−150.06	−192.82	−207.41	−255.43	−270.53
雇员报酬							
贷方	0.12	1.43	4.54	1.76	1.76	1.80	1.86
借方	−2.35	−5.13	−5.95	−6.26	−6.30	−6.76	−7.11
投资收入							
贷方	163.32	133.19	164.42	210.47	222.86	256.86	256.47
借方	−139.15	−106.32	−144.11	−186.56	−201.11	−248.68	−263.43
经常性转移支付	−34.93	−38.52	−39.19	−35.44	−42.19	−42.35	−44.08
贷方	8.79	5.04	5.55	6.30	6.72	6.34	7.50
借方	−43.72	−43.57	−44.74	−41.74	−48.91	−48.69	−51.57
资本和金融项目	**67.16**	**82.19**	**130.42**	**137.25**	**194.76**	**286.48**	**210.47**
资本项目	0.26	−0.03	−0.30	0.50	0.67	0.12	0.60
贷方合计	0.26	0.49	0.54	0.80	0.67	0.30	0.62
借方合计		−0.52	−0.84	−0.30		−0.18	−0.02
资本转移							
贷方	0.26	0.49	0.54	0.80	0.67	0.30	0.62
借方		−0.52	−0.84	−0.30		−0.18	−0.02
非生产非金融资产							
贷方							
借方							
金融项目	66.90	82.22	130.72	136.75	194.09	286.36	209.87
直接投资	17.97	−31.86	−33.26	−39.84	−3.17	−0.69	60.54
对外直接投资	−29.95	−84.41	−80.70	−99.48	−92.69	−109.95	−132.83
国内吸收投资	47.92	52.55	47.44	59.64	88.98	109.26	193.37
有价证券投资	−6.75	−35.28	79.09	137.40	251.86	294.79	164.01
资产	−28.77	−146.25	−60.31	−100.07	−115.86	−89.17	−102.82
负债	22.02	110.98	139.40	237.48	367.72	383.96	266.83
其他投资	57.91	150.73	79.54	48.94	−60.73	−6.72	−7.95
资产	−13.14	31.03	−40.91	−121.38	−178.88	−265.16	−50.39
负债	71.05	119.70	120.44	170.31	118.15	258.44	42.43
储备资产	−2.23	−1.38	5.35	−9.75	6.67	−1.01	−6.73
误差	**24.71**	**3.10**	**−8.73**	**−23.68**	**−65.46**	**−142.63**	**10.09**

资料来源：国际货币基金组织《国际收支统计年鉴》1999 年。

10—25　阿根廷国际收支平衡表

单位:百万美元

	1990年	1993年	1994年	1995年	1996年	1997年	1998年
经常项目	**4552**	**—8003**	**—10949**	**—4938**	**—6468**	**—12035**	**—14697**
货物	8628	—2364	—4139	2357	1760	—2123	—3014
贷方	12354	13269	16023	21161	24043	26431	26434
借方	—3726	—15633	—20162	—18804	—22283	—28554	—29448
服务	—674	—3221	—3692	—3326	—3366	—4177	—4385
贷方合计	2446	3188	3428	3855	4428	4510	4660
借方合计	—3120	—6409	—7120	—7181	—7794	—8687	—9045
运输							
贷方	1156	885	907	971	1048	1090	1071
借方	—937	—1768	—2073	—2056	—2328	—2760	—2826
旅游							
贷方	903	1696	1934	2223	2621	2777	3025
借方	—1171	—3213	—3398	—3278	—3584	—3963	—4230
其它							
贷方	387	607	587	661	759	643	564
借方	—1012	—1428	—1649	—1847	—1882	—1964	—1989
收入	—4400	—2904	—3524	—4482	—5278	—6171	—7686
贷方合计	1854	2621	3608	4461	4504	5448	5914
借方合计	—6254	—5525	—7032	—8943	—9782	—11619	—13600
雇员报酬							
贷方		16	16	15	16	16	16
借方		—5	—5	—5	—8	—21	—22
投资收入							
贷方	1854	2605	3492	4446	4488	5432	5898
借方	—6254	—5520	—7027	—8938	9774	—11598	—13578
经常性转移支付	998	486	406	513	416	436	388
贷方	1015	674	628	623	510	542	490
借方	—17	—188	—222	—110	—94	—106	—102
资本和金融项目	**—5267**	**9214**	**11764**	**6607**	**8123**	**13292**	**14766**
资本项目							
贷方合计							
借方合计							
资本转移							
贷方							
借方							
非生产非金融资产							
贷方							
借方							
金融项目	—5267	9214	11764	6607	8123	13292	14766
直接投资	1836	2059	2480	3756	4937	4924	4177
对外直接投资		—704	—952	—1523	—1576	—3170	—1973
国内吸收投资	1836	2763	3432	5279	6513	8094	6150
有价证券投资	—1309	33738	8374	1882	9779	11115	9763
资产	—241	—1549	—1500	—2898	—2421	—1231	—1068
负债	—1068	35287	9874	4780	12200	12346	10831
其他投资	—2672	—22304	1594	887	—2718	546	4262
资产	661	—4653	—3239	—8281	—5232	—7112	402
负债	—3333	—17651	4833	9168	2514	7658	3860
储备资产	—3121	—4279	—685	82	—3875	—3293	—3436
误差	**715**	**—1211**	**—815**	**—1669**	**—1655**	**—1257**	**—69**

资料来源:国际货币基金组织《国际收支统计年鉴》1999年。

10—26 巴西国际收支平衡表

单位:百万美元

	1990年	1993年	1994年	1995年	1996年	1997年	1998年
经常项目	**—3823**	**20**	**—1153**	**—18136**	**—23248**	**—30491**	**—33829**
货物	10747	14329	10861	—3157	—5453	—6652	—6603
贷方	31408	39630	44102	46506	47851	53189	51136
借方	—20661	—25301	—33241	—49663	—53304	—59841	—57739
服务	—3761	—5590	—5346	—7495	—8059	—9309	—9045
贷方合计	3762	3965	4908	6135	4655	5989	7631
借方合计	—7523	—9555	—10254	—13630	—12714	—15298	—16676
运输							
贷方	1348	1638	2200	2600	1428	1405	1862
借方	—2991	—4055	—4300	—5800	—4151	—4874	—5090
旅游							
贷方	1383	1041	944	972	718	977	1317
借方	—1505	—1842	—2156	—3391	—4387	—5419	—5385
其它							
贷方	1031	1286	1764	2563	2509	3607	4452
借方	—3027	—3658	—3798	—4439	—4176	—5005	—6201
收入	—11608	—10322	—9091	—11105	—12177	—16344	—19617
贷方合计	1157	1308	2202	3457	5350	5344	4914
借方合计	—12765	—11630	—11293	—14562	—17527	—21688	—24531
雇员报酬							
贷方	10	38	59	61	193	248	273
借方	—5	—150	—190	—218	—254	—203	—177
投资收入							
贷方	1147	1270	2143	3396	5157	5096	4641
借方	—12760	—11480	—11103	—14344	—17273	—21485	—24354
经常性转移支付	799	1603	2423	3621	2441	1814	1436
贷方	840	1704	2577	3861	2699	2130	1795
借方	—41	—101	—154	—240	—258	—316	—359
资本和金融项目	**4119**	**795**	**1595**	**16689**	**25240**	**33651**	**36740**
资本项目	35	81	173	352	494	482	375
贷方合计	36	86	175	363	507	519	488
借方合计	—1	—5	—2	—11	—13	—37	—113
资本转移							
贷方	36	86	175	363	468	410	406
借方	—1	—5	—2	—11	—13	—14	—85
非生产非金融资产							
贷方					39	109	82
借方						—23	—28
金融项目	4084	714	1422	16337	24746	33169	36365
直接投资	324	801	2035	3475	11667	18608	29192
对外直接投资	—665	—491	—1037	—1384	467	—1042	—2721
国内吸收投资	989	1292	3072	4859	11200	19650	31913
有价证券投资	512	12322	51135	9745	20832	10058	18419
资产	—67	—606	—3052	—936	—257	—335	—594
负债	579	12928	54187	10681	21089	10393	19013
其他投资	3723	—3700	—44533	16037	573	—3781	—18236
资产	—2864	—2696	—4368	—1783	—3327	2251	—5992
负债	6587	—1004	—40165	17820	3900	—6032	—12244
储备资产	—474	—8709	—7215	—12920	—8326	8284	6990
误差	**—296**	**—815**	**—442**	**1447**	**—1992**	**—3160**	**—2911**

资料来源:国际货币基金组织《国际收支统计年鉴》1999年。

10—27 委内瑞拉国际收支平衡表

单位：百万美元

	1990年	1993年	1994年	1995年	1996年	1997年	1998年
经常项目	**8279**	**—1993**	**2541**	**2014**	**8914**	**3467**	**—2562**
货物	10706	3275	7606	7013	13770	10025	2748
贷方	17623	14779	16110	19082	23707	23703	17564
借方	—6917	—11504	—8504	—12069	—9937	—13678	—14816
服务	—1351	—3185	—3096	—3165	—3269	—4006	—3597
贷方合计	1183	1340	1576	1671	1573	1489	1457
借方合计	—2534	—4525	—4672	—4836	—4842	—5495	—5054
运输							
贷方	458	515	589	584	484	347	278
借方	—801	—1488	—1059	—1430	—1223	—1612	—1492
旅游							
贷方	496	562	787	849	884	933	961
借方	—1023	—2083	—1950	—1714	—2233	—2552	—2451
其它							
贷方	229	263	193	238	205	209	218
借方	—710	—954	—1646	—1711	—1386	—1331	—1111
收入	—774	—1715	—1896	—1924	—1725	—2408	—1559
贷方合计	2658	1599	1626	1865	1579	2139	2428
借方合计	—3432	—3314	—3522	—3789	—3304	—4547	—3957
雇员报酬							
贷方	1	2	2	2	4	4	4
借方	—10	—3	—11	—30	—27	—28	—24
投资收入							
贷方	2657	1597	1624	1863	1575	2135	2424
借方	—3422	—3311	—3519	—3778	—3277	—4519	—3963
经常性转移支付	—302	—368	—84	109	138	—144	—154
贷方	444	452	606	413	526	221	229
借方	—746	—820	—690	—304	—388	—365	—383
资本和金融项目	**—6537**	**2532**	**—2260**	**—1520**	**—8022**	**—2008**	**3788**
资本项目							
贷方合计							
借方合计							
资本转移							
贷方							
借方							
非生产非金融资产							
贷方							
借方							
金融项目	—6537	2532	—2260	—1520	—8022	—2008	3788
直接投资	76	—514	455	894	—1676	5036	4168
对外直接投资	—375	—886	—358	—91	—507	—500	—267
国内吸收投资	451	372	813	985	2183	5536	4435
有价证券投资	15976	621	253	—801	739	506	1045
资产	—1952	79	—22	—14	—41	—600	806
负债	17928	542	275	—787	780	1106	239
其他投资	—18213	2281	—4113	—3520	—4166	—4927	—4817
资产	—2305	615	—4173	—661	—1592	3385	—3630
负债	—15908	1666	60	—2859	—2574	—1542	—1187
储备资产	—4376	144	1145	1907	—6271	—2624	3392
误差	**—1742**	**—539**	**—281**	**—494**	**—892**	**—1459**	**—1226**

资料来源：国际货币基金组织《国际收支统计年鉴》1999年。

10－28 芬兰国际收支平衡表

单位：百万美元

	1990年	1993年	1994年	1995年	1996年	1997年	1998年
经常项目	**－6962**	**－1135**	**1110**	**5446**	**5194**	**6782**	**7561**
货物	701	6449	7723	12437	11314	11544	12492
贷方	26531	23587	29881	40558	40725	41148	43394
借方	－25829	－17138	－22158	－28121	－29411	－29604	－30902
服务	－2977	－2225	－1845	－1954	－1497	－1446	－1015
贷方合计	4728	4412	5490	7760	7349	6903	7220
借方合计	－7705	－6637	－7335	－9714	－8846	－8349	－8235
运输							
贷方	1754	1335	1610	2063	1897	1726	2065
借方	－1942	－1499	－1840	－2149	－2045	－1929	－2076
旅游							
贷方	1179	1201	1365	1986	1856	1902	1831
借方	－2767	－1569	－1619	－2408	－2614	－2194	－2247
其它							
贷方	1795	1876	2516	3711	3596	3275	3324
借方	－2997	－3568	－3876	－5057	－4487	－4226	－3912
收入	－3735	－4932	－4314	－4440	－3635	－2464	－2824
贷方合计	3505	1154	1789	2879	2868	4136	4418
借方合计	－7239	－6086	－6103	－7318	－6503	－6600	－7242
雇员报酬							
贷方	63	77	67	74	145	235	274
借方	－16	－35	－42	－54	－55	－89	－104
投资收入							
贷方	3442	1077	1722	2805	2722	3901	4144
借方	－7224	－6050	－6062	－7264	－6448	－6511	－7139
经常性转移支付	－952	－428	－453	－597	－989	－852	－1092
贷方	288	475	410	1536	1253	1210	1056
借方	－1240	－903	－863	－2133	－2242	－2062	－2148
资本和金融项目	**8474**	**82**	**－621**	**－3847**	**－4627**	**－5033**	**－3365**
资本项目				66	56	247	167
贷方合计				114	130	247	167
借方合计				－48	－74		
资本转移							
贷方				114	130	247	167
借方				－48	－13		
非生产非金融资产							
贷方							
借方					－61		
金融项目	8474	82	－621	－3913	－4683	－5280	－3532
直接投资	－1970	－538	－2858	－450	－2465	－3132	－8599
对外直接投资	－2782	－1401	－4354	－1494	－3583	－5260	－19392
国内吸收投资	812	864	1496	1044	1118	2128	10793
有价证券投资	5228	6232	7012	－936	－2669	－715	468
资产	－469	－604	826	243	－4148	－4672	－3810
负债	5696	6836	6186	－1179	1479	3957	4278
其他投资	9148	－5321	－61	－2898	－2585	871	4895
资产	720	－1832	－668	－2863	－4683	－2201	－261
负债	8428	－3488	607	－35	2099	3072	5157
储备资产	－3931	－291	－4714	372	3036	－2304	－296
误差	**－1512**	**1053**	**－489**	**－1599**	**－566**	**－1749**	**－4196**

资料来源：国际货币基金组织《国际收支统计年鉴》1999年。

10－29 保加利亚国际收支平衡表

单位：百万美元

	1990年	1993年	1994年	1995年	1996年	1997年	1998年
经常项目	**－1710**	**－1099**	**－32**	**－26**	**16**	**427**	**－376**
货物	－1314	－885	－17	121	188	380	－458
贷方	6113	3727	3935	5345	4890	4940	4299
借方	－7427	－4612	－3952	－5224	－4703	－4559	－4757
服务	237	－57	11	154	120	166	136
贷方合计	837	1172	1257	1431	1366	1337	1255
借方合计	－600	－1229	－1246	－1278	－1246	－1171	－1120
运输							
贷方	230	389	376	494	439	449	449
借方	－243	－454	－466	－531	－486	－506	－532
旅游							
贷方	320	307	362	473	388	369	437
借方	－189	－257	－244	－195	－199	－222	－221
其它							
贷方	287	475	520	465	538	520	369
借方	－168	－518	－537	－552	－561	－444	－366
收入	－758	－192	－193	－432	－396	－357	－284
贷方合计	120	93	85	150	181	211	307
借方合计	－878	－285	－277	－582	－577	－567	－590
雇员报酬							
贷方					42	51	51
借方					－34	－16	－4
投资收入							
贷方	120	93	85	150	140	160	256
借方	－878	－285	－277	－582	－544	－552	－587
经常性转移支付	125	37	167	132	104	237	230
贷方	232	286	357	257	232	276	261
借方	－107	－249	－190	－125	－128	－39	－32
资本和金融项目	**1640**	**1087**	**－40**	**－118**	**90**	**－683**	**316**
资本项目			763		66		
贷方合计			763		66		
借方合计							
资本转移							
贷方			763		66		
借方							
非生产非金融资产							
贷方							
借方							
金融项目	1640	1081	－803	－118	24	－683	316
直接投资	4	40	105	98	138	507	401
对外直接投资				8	29	2	
国内吸收投资	4	40	105	90	109	505	401
有价证券投资			－232	－66	－129	133	－181
资产			－222	10	－7	－14	－69
负债			－10	－75	－122	147	－112
其他投资	758	794	－335	83	－735	319	557
资产	384	338	－209	404	－568	－54	252
负债	374	455	－126	－321	－167	373	305
储备资产	878	247	－342	－234	751	－1641	－461
误差	**70**	**18**	**72**	**144**	**－105**	**256**	**60**

资料来源：国际货币基金组织《国际收支统计年鉴》1999年。

10—30 法国国际收支平衡表

单位:十亿美元

	1990年	1993年	1994年	1995年	1996年	1997年	1998年
经常项目	**−9.94**	**8.99**	**7.42**	**10.84**	**20.56**	**39.47**	**40.16**
货物	−13.25	7.52	7.25	11.00	14.94	28.07	26.17
贷方	208.93	199.04	230.81	278.63	281.85	284.20	301.70
借方	−222.19	−191.53	−223.56	−267.63	−266.91	−256.13	−275.53
服务	15.40	16.84	17.85	17.97	16.25	17.49	18.70
贷方合计	76.46	86.38	75.52	84.09	83.53	81.14	85.42
借方合计	−61.05	−69.54	−57.67	−66.12	−67.28	−63.65	−66.72
运输							
贷方	16.26	17.51	17.23	20.47	21.16	19.29	20.40
借方	−17.52	−18.81	−18.03	−21.25	−20.62	−19.67	−19.91
旅游							
贷方	20.27	23.51	24.82	27.59	28.35	27.88	29.96
借方	−12.33	−12.80	−13.85	−16.36	−17.75	−16.51	−17.81
其它							
贷方	39.93	45.36	33.49	36.04	35.02	33.97	35.06
借方	−31.20	−37.92	−25.79	−28.51	−28.91	−27.48	−29.00
收入	−3.90	−9.17	−6.75	−8.96	−2.71	2.69	4.38
贷方合计	55.74	98.99	41.56	45.18	47.55	52.76	62.39
借方合计	−59.63	−108.16	−48.32	−54.15	−50.25	−50.06	−58.01
雇员报酬							
贷方	3.03	3.54	2.34	2.65	2.61	2.37	2.49
借方	−3.99	−4.52	−1.44	−1.65	−1.25	−1.15	−1.17
投资收入							
贷方	52.70	95.45	39.23	42.53	44.94	50.39	59.90
借方	−55.65	−103.63	−46.87	−52.50	−49.00	−48.92	−56.84
经常性转移支付	−8.20	−6.20	−10.93	−9.17	−7.92	−8.78	−9.10
贷方	14.79	16.74	18.22	22.01	22.76	20.99	20.97
借方	−22.99	−22.94	−29.15	−31.17	−30.68	−29.77	−30.07
资本和金融项目	**9.68**	**−11.64**	**−11.40**	**−7.53**	**−21.35**	**−44.37**	**−48.98**
资本项目	−4.13	0.03	−4.18	0.51	1.23	1.48	1.47
贷方合计	0.22	0.30	0.99	1.16	1.88	2.41	2.10
借方合计	−4.35	−0.28	−5.16	−0.66	−0.65	−0.93	−0.63
资本转移							
贷方	0.20	0.26	0.92	1.07	1.80	2.35	1.96
借方	−4.32	−0.19	−5.08	−0.47	−0.55	−0.85	−0.54
非生产非金融资产							
贷方	0.02	0.04	0.06	0.09	0.08	0.06	0.14
借方	−0.04	−0.08	−0.09	−0.18	−0.10	−0.08	−0.09
金融项目	13.82	−11.67	−7.22	−8.04	−22.58	−45.85	−50.44
直接投资	−21.64	0.15	−8.64	7.91	−8.39	−12.44	−12.80
对外直接投资	−34.82	−20.60	−24.44	−15.82	−30.36	−35.48	−40.80
国内吸收投资	13.18	20.75	15.80	23.73	21.97	23.04	28.00
有价证券投资	34.81	3.02	−49.86	6.66	−60.65	−25.08	−50.77
资产	−8.41	−31.50	−21.96	−6.42	−53.10	−70.54	−119.31
负债	43.22	34.52	−27.90	13.08	−7.55	45.46	68.54
其他投资	11.59	−19.84	53.72	−21.89	46.69	−2.39	32.94
资产	−61.54	−13.38	23.06	−40.16	26.31	−51.86	25.94
负债	73.14	−6.46	30.69	18.26	20.38	49.48	7.00
储备资产	−10.95	5.01	−2.45	−0.71	−0.24	−5.94	−19.82
误差	**0.26**	**2.65**	**3.99**	**−3.31**	**0.79**	**4.89**	**8.82**

资料来源:国际货币基金组织《国际收支统计年鉴》1999年。

10—31 德国国际收支平衡表

单位：十亿美元

	1990年	1993年	1994年	1995年	1996年	1997年	1998年
经常项目	**48.30**	**−13.87**	**−20.94**	**−18.93**	**−5.65**	**−1.52**	**−3.44**
货物	68.51	41.19	50.92	65.11	71.28	71.93	79.04
贷方	411.01	382.68	430.54	523.58	522.58	510.72	539.99
借方	−342.50	−341.49	−379.63	−458.48	−451.30	−438.78	−460.95
服务	−17.30	−33.05	−36.96	−45.36	−44.02	−41.29	−42.98
贷方合计	63.70	64.70	66.25	81.84	85.01	81.79	83.42
借方合计	−81.00	−97.76	−105.94	−127.20	−129.03	−123.08	−126.40
运输							
贷方	14.76	15.89	16.67	19.57	19.77	19.07	20.31
借方	−17.13	−19.33	−20.77	−24.60	−25.02	−23.80	−24.64
旅游							
贷方	14.38	14.87	14.91	17.90	17.44	16.44	16.44
借方	−33.92	−40.82	−45.46	−52.17	−51.03	−46.14	−46.94
其它							
贷方	34.57	33.95	34.67	44.37	47.80	46.28	46.67
借方	−29.95	−37.60	−39.72	−50.43	−52.97	−53.15	−54.83
收入	20.83	13.28	6.83	0.30	1.13	−1.74	−9.20
贷方合计	65.60	77.13	68.51	84.89	82.49	80.27	79.19
借方合计	−44.77	−63.85	−61.68	−84.59	−81.36	−82.02	−88.39
雇员报酬							
贷方	4.86	4.38	4.39	4.51	4.33	3.79	3.77
借方	−2.16	−3.93	−4.20	−5.51	−5.50	−4.79	−4.82
投资收入							
贷方	60.74	72.75	64.11	80.38	78.16	76.48	75.42
借方	−42.61	−59.92	−57.48	−79.08	−75.86	−77.23	−83.57
经常性转移支付	−23.75	−35.29	−38.99	−38.97	−34.04	−30.41	−30.30
贷方	13.07	13.38	13.89	16.87	17.87	16.41	16.09
借方	−36.82	−48.67	−52.88	−55.84	−51.92	−46.83	−46.39
资本和金融项目	**−63.36**	**30.90**	**32.61**	**34.02**	**14.91**	**4.51**	**8.61**
资本项目	−1.33	0.49	0.15	−2.73	−2.18	…	0.72
贷方合计	0.41	1.38	1.56	1.68	2.76	2.83	3.31
借方合计	−1.73	−0.89	−1.42	−4.41	−4.94	−2.82	−2.59
资本转移							
贷方	0.41	1.38	1.56	1.68	2.76	2.83	3.31
借方	−1.73	−0.89	−1.42	−4.41	−4.94	−2.82	−2.59
非生产非金融资产							
贷方							
借方							
金融项目	−62.03	30.41	32.47	36.76	17.09	4.51	7.89
直接投资	−21.66	−13.32	−15.32	−27.11	−45.27	−31.04	−68.98
对外直接投资	−24.20	−15.26	−17.26	−39.10	−50.77	−41.21	−87.69
国内吸收投资	2.53	1.95	1.94	11.99	5.51	10.17	18.71
有价证券投资	−1.73	119.73	−30.29	34.43	57.89	−6.29	−1.44
资产	−15.17	−32.66	−52.18	−18.71	−36.49	−97.58	−146.66
负债	13.44	152.39	21.89	53.15	94.38	91.29	145.32
其他投资	−31.39	−90.20	76.05	36.66	3.26	38.09	82.33
资产	−74.67	−131.42	−0.62	−61.28	−39.67	−83.40	−84.90
负债	43.28	41.22	76.66	97.94	42.93	121.48	167.23
储备资产	−7.25	14.20	2.04	−7.22	1.20	3.76	−4.02
误差	**15.06**	**−17.02**	**−11.68**	**−15.09**	**−9.26**	**−2.99**	**−5.17**

资料来源：国际货币基金组织《国际收支统计年鉴》1999年。

10－32 意大利国际收支平衡表

单位:百万美元

	1990年	1993年	1994年	1995年	1996年	1997年	1998年
经常项目	**－16992**	**7802**	**13209**	**25076**	**39999**	**32403**	**19998**
货物	1139	28889	31568	38729	54118	39878	35631
贷方	170304	169153	191421	233998	252039	240404	242572
借方	－169165	－140264	－159854	－195269	－197921	－200527	－206941
服务	－253	3346	5443	6570	8055	7764	4170
贷方合计	49799	52284	53681	61619	65660	66991	67549
借方合计	－50053	－48939	－48238	－55050	－57605	－59227	－63379
运输							
贷方	10315	9418	9657	10823	10883	10669	10641
借方	－14285	－10301	－11479	－13370	－13784	－13607	－13627
旅游							
贷方	16460	22722	24741	28731	30017	29714	29809
借方	－10306	－15885	－13942	－14829	－15805	－16631	－17579
其它							
贷方	23025	20144	19282	22066	24759	26608	27099
借方	－25462	－22753	－22817	－26851	－28016	－28989	－32173
收入	－14712	－17218	－16689	－15644	－14959	－11202	－12318
贷方合计	18997	31844	28599	34168	40142	45734	51319
借方合计	－33709	－49062	－45289	－49812	－55101	－56936	－63636
雇员报酬							
贷方	3764	2022	1901	1934	2189	1844	1745
借方	－3640	－2143	－1905	－1441	－1667	－1698	－1822
投资收入							
贷方	15233	29822	26699	32234	37953	43890	49574
借方	－30069	－46919	－43384	－48370	－53434	－55239	－61814
经常性转移支付	－3166	－7215	－7112	－4579	－7214	－4036	－7485
贷方	12561	12925	12254	14287	14320	15552	14402
借方	－15726	－20140	－19366	－18866	－21535	－19588	－21887
资本和金融项目	**31774**	**10054**	**－14757**	**－4022**	**－19823**	**－16594**	**5756**
资本项目	759	1659	1026	1671	66	3434	2358
贷方合计	1822	2807	2213	2797	1414	4582	3359
借方合计	－1063	－1149	－1187	－1125	－1348	－1148	－1001
资本转移							
贷方	1373	2585	1901	2380	1112	3918	3100
借方	－534	－790	－640	－682	－628	－570	－567
非生产非金融资产							
贷方	449	223	312	417	302	665	260
借方	－530	－359	－547	－444	－720	－578	－434
金融项目	31015	8395	－15782	－5693	－19889	－20028	3398
直接投资	－983	－3580	－3039	－2182	－5151	－6714	－9772
对外直接投资	－7394	－7329	－5239	－7024	－8697	－10414	－12407
国内吸收投资	6411	3749	2199	4842	3546	3700	2635
有价证券投资	－26	74064	－7108	40872	49321	11674	3114
资产	－19285	12178	－37631	－5790	－26607	－62975	－109913
负债	19259	61886	30523	46662	75927	74649	113027
其他投资	43648	－65225	－4060	－41579	－52151	－11839	－11415
资产	－13894	－44197	2092	－28947	－68358	－25541	－21232
负债	57542	－21027	－6152	－12632	16206	13703	9816
储备资产	－11623	3135	－1575	－2804	－11907	－13150	21472
误差	**－14783**	**－17856**	**1547**	**－21054**	**－20176**	**－15810**	**－25754**

资料来源:国际货币基金组织《国际收支统计年鉴》1999年。

10—33 荷兰国际收支平衡表

单位:百万美元

	1990年	1993年	1994年	1995年	1996年	1997年	1998年
经常项目	**9219**	**13556**	**17862**	**24225**	**22035**	**27684**	**19915**
货物	12058	16904	18686	22102	20357	18994	18244
贷方	130002	127876	141810	175315	175266	166967	171271
借方	−117994	−110972	−123124	−153213	−154909	−147974	−153027
服务	734	676	1411	2262	3835	5756	5201
贷方合计	30924	38809	42847	48290	49965	51755	52817
借方合计	−30189	−38132	−41436	−46028	−46130	−45999	−47616
运输							
贷方	13418	15588	16723	19282	20246	20923	20576
借方	−11412	−12577	−13357	−13853	−13811	−13739	−14980
旅游							
贷方	4155	5391	5435	6577	6569	6299	6802
借方	−7376	−8920	−9371	−11673	−11576	−10262	−11000
其它							
贷方	13350	17830	20689	22431	23151	24533	25439
借方	−11401	−16635	−18708	−20520	−20744	−21998	−21635
收入	−631	476	3043	6293	4610	9055	3411
贷方合计	26265	28122	29100	35182	36608	41763	36405
借方合计	−26895	−27646	−26057	−28889	−31998	−32707	−32994
雇员报酬							
贷方	465	480	511	666	695	660	620
借方	−620	−823	−760	−1084	−1007	−965	−1018
投资收入							
贷方	25799	27642	28589	34516	35913	41103	35785
借方	−26276	−26823	−25297	−27805	−30991	−31743	−31977
经常性转移支付	−2943	−4501	−5277	−6432	−6767	−6120	−6935
贷方	4478	4359	4197	4725	4318	4345	3787
借方	−7421	−8860	−9474	−11157	−11085	−10465	−10722
资本和金融项目	**−5215**	**−17125**	**−11054**	**−16137**	**−2812**	**−14361**	**−356**
资本项目	−301	−714	−1006	−1096	−2030	−1268	−356
贷方合计	314	579	564	857	1254	1078	1016
借方合计	−615	−1293	−1569	−1954	−3284	−2346	−1371
资本转移							
贷方	314	579	564	857	1254	1078	1015
借方	−615	−1293	−1569	−1954	−3284	−2346	−1371
非生产非金融资产							
贷方							
借方							
金融项目	−4914	−16411	−10048	−15041	−782	−13093	
直接投资	−3043	−3549	−10467	−8047	−16954	−16268	−6466
对外直接投资	−15395	−12062	−17676	−20129	−31518	−28943	−39812
国内吸收投资	12352	8513	7209	12082	14564	12675	33346
有价证券投资	−4966	1918	−10155	−11043	−12142	−22286	
资产	−3588	−10437	−9270	−17125	−25611	−39959	
负债	−1378	12356	−885	6083	13468	17674	
其他投资	3363	−8139	11075	2137	22621	22754	9969
资产	−24248	−11342	7513	−5986	2570	−33714	−57688
负债	27611	3204	3561	8123	20051	56469	67657
储备资产	−268	−6641	−500	1912	5694	2707	3077
误差	**−4004**	**−3568**	**−6808**	**−8088**	**−19223**	**−13323**	

资料来源:国际货币基金组织《国际收支统计年鉴》1999年。

10－34　波兰国际收支平衡表

单位：百万美元

	1990年	1993年	1994年	1995年	1996年	1997年	1998年
经常项目	**3067**	**－5788**	**954**	**854**	**－3264**	**－5744**	**－6901**
货物	3589	－3505	－575	－1646	－7287	－9822	－12836
贷方	15837	13582	18355	25041	27557	30731	32467
借方	－12248	－17087	－18930	－26687	－34844	－40553	－45303
服务	353	570	2840	3537	3404	3172	4216
贷方合计	3200	4201	6699	10675	9833	8986	10920
借方合计	－2847	－3631	－3859	－7138	－6429	－5814	－6704
运输							
贷方	1833	2052	2438	3041	2752	3112	2874
借方	－1492	－1340	－1365	－1768	－1690	－1590	－1663
旅游							
贷方	358	147	2325	2306	3158	2297	4292
借方	－423	－189	－320	－410	－583	－589	－773
其它							
贷方	1009	2002	1936	5328	3923	3577	3754
借方	－993	－2103	－2174	－4960	－4156	－3635	－4268
收入	－3386	－3613	－2563	－1995	－1075	－1129	－1178
贷方合计	603	579	546	1089	1527	1467	2226
借方合计	－3989	－4192	－3109	－3084	－2602	－2596	－3404
雇员报酬							
贷方			23	28	51	51	132
借方			－130	－251	－230	－176	－161
投资收入							
贷方	603	579	523	1061	1476	1416	2094
借方	－3989	－4192	－2979	－2833	－2372	－2420	－3243
经常性转移支付	2511	760	1252	958	1694	2035	2897
贷方	6865	5840	2174	2459	2825	2700	3520
借方	－4354	－5080	－922	－1501	－1131	－665	－623
资本和金融项目	**－3229**	**5569**	**－856**	**－290**	**2943**	**4435**	**7421**
资本项目	424	2090	9215	285	94	66	63
贷方合计	424	2090	9215	285	5925	91	117
借方合计					－5739	－25	－54
资本转移							
贷方	424	2090	9215	285	5825	91	116
借方					－5732	－10	－42
非生产非金融资产							
贷方					8		1
借方					－7	－15	－12
金融项目	－3229	3479	－10071	－575	2849	4369	7358
直接投资	89	1697	1846	3617	4445	4863	6049
对外直接投资		－18	－29	－42	－53	－45	－316
国内吸收投资	89	1715	1875	3659	4498	4908	6365
有价证券投资			－624	1177	301	2098	1697
资产			－624	1	282	815	－130
负债				1176	19	1283	1827
其他投资	－901	1882	－9780	3062	1744	999	5309
资产	－4504	848	－1841	3356	6191	－754	2107
负债	3603	1034	－7939	－294	－4447	1753	3202
储备资产	－2418	－100	－1514	－8431	－3641	－3591	－5697
误差	162	219	－98	－564	321	1309	－520

资料来源：国际货币基金组织《国际收支统计年鉴》1999年。

10—35 罗马尼亚国际收支平衡表

单位:百万美元

	1990年	1993年	1994年	1995年	1996年	1997年	1998年
经常项目	**−3254**	**−1231**	**−455**	**−1780**	**−2579**	**−2137**	**−2918**
货物	−3344	−1128	−411	−1577	−2470	−1980	−2625
贷方	5770	4892	6151	7910	8085	8431	8302
借方	−9114	−6020	−6562	−9487	−10555	−10411	−10927
服务	−177	−115	−171	−325	−385	−414	−654
贷方合计	610	799	1044	1494	1563	1524	1217
借方合计	−787	−914	−1215	−1819	−1948	−1938	−1871
运输							
贷方	308	291	381	471	572	588	504
借方	−516	−341	−403	−604	−692	−565	−633
旅游							
贷方	106	197	414	590	529	526	260
借方	−103	−195	−449	−697	−665	−681	−458
其它							
贷方	196	311	249	433	462	410	453
借方	−168	−378	−363	−518	−591	−692	−780
收入	161	−145	−129	−241	−309	−322	−392
贷方合计	175	63	116	81	78	204	313
借方合计	−14	−208	−245	−322	−387	−526	−705
雇员报酬							
贷方			7	5	8	14	45
借方				−1	−2	−1	−6
投资收入							
贷方	175	63	109	76	70	190	268
借方	−14	−208	−245	−321	−385	−525	−699
经常性转移支付	106	214	283	369	593	579	753
贷方	138	231	344	479	675	731	886
借方	−32	−17	−61	−110	−82	−152	−133
资本和金融项目	**3107**	**1022**	**337**	**1318**	**2212**	**1042**	**2724**
资本项目		8	12	242	152	43	39
贷方合计		8	12	242	152	43	39
借方合计							
资本转移							
贷方		8	12	242	152	43	39
借方							
非生产非金融资产							
贷方							
借方							
金融项目	3107	1014	325	1076	2060	999	2685
直接投资	−18	87	341	417	263	1224	2040
对外直接投资	−18	−7		−2		9	9
国内吸收投资		94	341	419	263	1224	2040
有价证券投资		−73	75	32	1222	883	130
资产		−73	75	−22		−6	1
负债				54	1222	889	129
其他投资	1631	946	525	367	794	556	−329
资产	562	−45	−671	−186	−271	−6	208
负债	1069	991	1196	181	1065	562	−537
储备资产	1494	54	−616	259	−218	−1664	844
误差	**147**	**152**	**91**	**456**	**359**	**1095**	**194**

资料来源:国际货币基金组织《国际收支统计年鉴》1999年。

10－36 俄罗斯国际收支平衡表

单位:百万美元

	1994年	1995年	1996年	1997年	1998年
经常项目	**8873**	**7781**	**12010**	**4041**	**2262**
货物	17677	20475	22935	17442	17361
贷方	67826	82663	90565	89039	74748
借方	－50149	－62188	－67630	－71597	－57387
服务	－6715	－9402	－5655	－4631	－3098
贷方合计	8425	10568	12989	14146	12930
借方合计	－15140	－19970	－18644	－18777	－16028
运输					
贷方	3863	3781	3458	3567	3163
借方	－2878	－3099	－2360	－2824	－2534
旅游					
贷方	2412	4312	6869	7165	6509
借方	－7092	－11599	－10269	－10113	－8675
其它					
贷方	2150	2475	2662	3414	3258
借方	－5170	－5272	－6015	－5840	－4819
收入	－1784	－3365	－5337	－8410	－11587
贷方合计	3499	4281	4336	4366	4298
借方合计	－5283	－7646	－9673	－12776	－15885
雇员报酬					
贷方	108	167	103	226	301
借方	－221	－469	－508	－568	－465
投资收入					
贷方	3391	4114	4233	4140	3997
借方	－5062	－7177	－9165	－12208	－15420
经常性转移支付	－305	73	67	－360	－414
贷方	238	811	768	411	271
借方	－543	－738	－701	－771	－685
资本和金融项目	**－8505**	**－5**	**－3384**	**3768**	**7463**
资本项目	2408	－348	－463	－796	－382
贷方合计	5882	3122	3066	2138	1705
借方合计	－3474	－3470	－3529	－2934	－2087
资本转移					
贷方	5882	3122	3066	2138	1705
借方	－3474	－3470	－3529	－2934	－2087
非生产非金融资产					
贷方					
借方					
金融项目	－10913	343	－2921	4564	7845
直接投资	537	1659	1708	3639	1175
对外直接投资	－101	－357	－770	－2604	－1025
国内吸收投资	638	2016	2478	6243	2200
有价证券投资	36	－2407	8758	45434	8359
资产	114	－1704	－173	－157	－257
负债	－78	－703	8931	45591	8616
其他投资	－13421	11473	－16227	－42579	－6995
资产	－19528	6120	－30555	－26639	－16228
负债	6107	5353	14328	－15940	9233
储备资产	1935	－10382	2840	－1930	5306
误差	**－368**	**－7776**	**－8626**	**－7809**	**－9725**

资料来源:国际货币基金组织《国际收支统计年鉴》1999年。

10—37 西班牙国际收支平衡表

单位：百万美元

	1990年	1993年	1994年	1995年	1996年	1997年	1998年
经常项目	**—18009**	**—6017**	**—6927**	**513**	**503**	**2486**	**—1606**
货物	—29158	—14964	—14833	—18244	—16027	—13347	—18707
贷方	55658	62019	73924	93415	102735	104455	109814
借方	—84815	—76965	—88757	—111659	—118761	—117803	—128521
服务	11882	11108	14712	17899	19789	19227	21187
贷方合计	27937	30764	34149	40163	44308	43902	49070
借方合计	—16054	—19656	—19437	—22265	—24519	—24675	—27884
运输							
贷方	4752	4194	5043	5921	6767	6[illegible]0	7250
借方	—4688	—4495	—5175	—6427	—6967	—7142	—7787
旅游							
贷方	18581	19603	21629	25508	27521	26748	29890
借方	—4254	—4734	—4155	—4477	—4921	—4491	—5016
其它							
贷方	4604	6781	7478	8734	10019	10344	11930
借方	—7112	—10428	—10107	—11361	—12631	—13042	—15081
收入	—3533	—3573	—8194	—3878	—5799	—6369	—7509
贷方合计	7871	11811	8675	13690	14165	13162	14546
借方合计	—11350	—15384	—16869	—17568	—19964	—19558	—22056
雇员报酬							
贷方	229	112	104	158	175	240	309
借方	—11	—115	—98	—163	—200	—238	—304
投资收入							
贷方	7588	11700	8571	13532	13990	12922	14237
借方	—11339	—15270	—16772	—17405	—19764	—19320	—21752
经常性转移支付	2799	1394	1388	4731	2540	3003	3424
贷方	7849	8643	9278	12100	11159	11806	12768
借方	—5050	—7250	—7890	—7363	—8619	—8804	—9344
资本和金融项目	**17232**	**7698**	**8140**	**5085**	**2261**	**2898**	**5293**
资本项目	1451	3168	2722	6285	6420	5965	6261
贷方合计	1753	3617	3244	6848	7030	6556	7085
借方合计	—302	—448	—522	—563	—610	—591	—824
资本转移							
贷方	1749	3511	3181	6777	6940	6497	6973
借方	—220	—340	—432	—457	—466	—447	—723
非生产非金融资产							
贷方	4	106	63	71	90	58	112
借方	—82	—109	—90	—105	—143	—144	—101
金融项目	15782	4530	5418	—1200	—4159	—3067	—968
直接投资	10461	5492	5528	2551	1246	—4486	—7117
对外直接投资	—3522	—2652	—3831	—3650	—5208	—10042	—18509
国内吸收投资	13984	8144	9359	6201	6454	5556	11392
有价证券投资	9018	49213	—22314	20879	—1306	—6359	—29430
资产	—1367	—6771	—1837	—624	—3813	—16989	—46113
负债	10385	55984	20476	21502	2507	10630	16683
其他投资	3490	—54984	22254	—31044	20179	19534	21321
资产	—13175	—75295	9148	—37824	2069	—1200	—22482
负债	16665	20312	13106	6797	18110	20734	43802
储备资产	—7188	4808	—50	6415	—24278	—11755	14258
误差	**777**	**—1681**	**—1213**	**—5598**	**—2764**	**—5385**	**—3687**

资料来源：国际货币基金组织《国际收支统计年鉴》1999年。

10—38　乌克兰国际收支平衡表

单位：百万美元

	1994年	1995年	1996年	1997年	1998年
经常项目	**−1163**	**−1152**	**−1184**	**−1335**	**−1296**
货物	−2575	−2702	−4296	−4205	−2584
贷方	13894	14244	15547	15418	13699
借方	−16469	−16946	−19843	−19623	−16283
服务	1209	1512	3174	2669	1377
贷方合计	2747	2846	4799	4937	3922
借方合计	−1538	−1334	−1625	−2268	−2545
运输					
贷方	1894	2152	4033	4029	3222
借方	−244	−454	−424	−476	−487
旅游					
贷方	175	191	230	270	315
借方	−141	−210	−308	−305	−340
其它					
贷方	678	503	536	638	385
借方	−1153	−670	−893	−1487	−1718
收入	−344	−434	−571	−644	−871
贷方合计	56	247	102	158	122
借方合计	−400	−681	−673	−802	−993
雇员报酬					
贷方			6	12	12
借方			−1	−4	−3
投资收入					
贷方			96	146	110
借方			−672	−798	−990
经常性转移支付	547	472	509	845	782
贷方	583	557	619	942	868
借方	−36	−85	−110	−97	−86
资本和金融项目	**740**	**1104**	**925**	**2116**	**2114**
资本项目	97	6	5		−3
贷方合计	106	6	5		
借方合计	−9				−3
资本转移					
贷方	106	6	5		
借方	−9				−3
非生产非金融资产					
贷方					
借方					
金融项目	643	1098	920	2116	2117
直接投资	151	257	526	581	747
对外直接投资	−8	−10	5	−42	4
国内吸收投资	159	267	521	623	743
有价证券投资		4	198	1603	47
资产		−12	−1	−2	−2
负债		16	199	1605	49
其他投资	1040	1305	1090	317	−5
资产	−3026	−1574	−821	−1583	−1321
负债	4006	2879	1911	1900	1316
储备资产	−549	−469	−894	−385	1328
误差	**423**	**48**	**259**	**−781**	**−818**

资料来源：国际货币基金组织《国际收支统计年鉴》1999年。

10—39 英国国际收支平衡表

单位:十亿美元

	1990年	1993年	1994年	1995年	1996年	1997年	1998年
经常项目	**−32.50**	**−16.01**	**−2.04**	**−5.97**	**−0.72**	**10.83**	**0.23**
货物	−32.74	−20.03	−16.89	−18.53	−20.23	−19.49	−34.39
贷方	181.73	183.03	207.37	242.55	261.57	281.31	271.85
借方	−214.47	−203.06	−224.26	−261.09	−281.80	−300.80	−306.24
服务	6.56	9.89	10.00	14.05	13.96	20.34	20.29
贷方合计	56.23	60.07	66.70	76.82	82.65	94.19	99.49
借方合计	−49.67	−50.19	−56.69	−62.78	−68.69	−73.86	−79.20
运输							
贷方	14.19	13.17	14.56	16.10	16.89	18.30	19.05
借方	−15.07	−14.10	−15.83	−16.94	−18.60	−21.75	−22.60
旅游							
贷方	14.00	15.78	16.72	20.49	21.51	22.59	24.02
借方	−17.79	−20.02	−22.60	−24.93	−26.10	−28.53	−33.33
其它							
贷方	28.04	31.12	35.43	40.24	44.25	53.31	56.41
借方	−16.81	−16.06	−18.27	−20.90	−23.99	−23.58	−23.27
收入	2.42	1.03	11.92	9.40	12.59	18.25	25.16
贷方合计	141.44	119.11	127.72	154.58	160.21	176.67	184.47
借方合计	−139.01	−118.07	−115.80	−145.18	−147.62	−158.42	−159.31
雇员报酬							
贷方		0.89	1.04	1.40	1.42	1.65	1.29
借方		−0.84	−1.31	−1.87	−1.28	−1.51	−1.16
投资收入							
贷方	141.44	118.22	126.68	153.18	158.79	175.02	183.19
借方	−139.01	−117.24	−114.49	−143.31	−146.34	−156.91	−158.15
经常性转移支付	−8.74	−6.90	−7.07	−10.89	−7.04	−8.26	−10.83
贷方	7.22	19.91	19.59	21.09	33.35	25.05	25.82
借方	−15.96	−26.81	−26.66	−31.99	−40.39	−33.31	−36.65
资本和金融项目	**29.16**	**14.95**	**−9.12**	**2.87**	**4.22**	**−20.27**	**−14.33**
资本项目		0.46	0.05	0.84	1.14	1.33	0.70
贷方合计		1.67	1.93	1.84	2.18	2.77	2.10
借方合计		−1.21	−1.88	−0.99	−1.04	−1.45	−1.40
资本转移							
贷方		1.67	1.93	1.84	2.11	2.66	1.96
借方		−1.21	−1.88	−0.99	−0.99	−1.29	−1.23
非生产非金融资产							
贷方					0.08	0.11	0.14
借方					−0.05	−0.17	−0.17
金融项目	29.16	14.49	−9.17	2.03	3.07	−21.59	−15.03
直接投资	13.10	−11.22	−24.94	−24.15	−9.37	−26.50	−39.25
对外直接投资	−19.32	−26.81	−34.15	−44.46	−35.16	−63.50	−106.73
国内吸收投资	32.43	15.59	9.21	20.32	25.78	37.00	67.48
有价证券投资	−7.52	−90.47	82.37	−3.16	−23.57	−40.68	−22.69
资产	−32.43	−133.56	31.46	−61.72	−93.45	−84.99	−56.81
负债	24.91	43.08	50.91	58.56	69.88	44.31	34.12
其他投资	23.70	117.45	−65.12	28.44	35.36	41.68	46.66
资产	−94.78	−68.92	−44.11	−75.79	−215.66	−276.14	−24.84
负债	118.48	186.37	−21.01	104.23	251.02	317.82	71.49
储备资产	−0.13	−1.26	−1.48	0.90	−65.00	3.90	0.26
误差	**3.34**	**1.06**	**11.16**	**3.10**	**−3.50**	**9.45**	**14.10**

资料来源:国际货币基金组织《国际收支统计年鉴》1999年。

10—40 澳大利亚国际收支平衡表

单位:百万美元

	1990年	1993年	1994年	1995年	1996年	1997年	1998年
经常项目	**—16013**	**—9815**	**—17291**	**—19625**	**—15827**	**—12554**	**—17512**
货物	358	—29	—3277	—4223	—635	1849	—5393
贷方	39642	42637	47371	53220	60397	64893	55839
借方	—39284	—42666	—50648	—57443	—61032	—63044	—61232
服务	—3414	—1471	—1273	—954	—76	—332	—1141
贷方合计	10148	11942	14185	16156	18531	18537	16163
借方合计	—13561	—13412	—15458	—17110	—18606	—18869	—17304
运输							
贷方	2486	3868	4316	4711	5103	4991	4334
借方	—4538	—4498	—5479	—6260	—6647	—6473	—5942
旅游							
贷方	4245	5220	6564	7873	9072	8782	7273
借方	—4211	—3672	—4325	—4979	—5786	—6136	—5370
其它							
贷方	2417	2854	3305	3571	4356	4764	4556
借方	—4813	—5243	—5655	—5871	—6173	—6261	—5993
收入	—13315	—8084	—12358	—14189	—15232	—13877	—10918
贷方合计	3238	4179	4462	5258	6027	7162	6621
借方合计	—16553	—12262	—16820	—19447	—21259	—21039	—17539
雇员报酬							
贷方	348	340	387	431	507	527	490
借方	—341	—219	—235	—309	—420	—447	—496
投资收入							
贷方	3890	3838	4075	4827	5520	6635	6131
借方	—16212	—12043	—16585	—19138	—20838	—20592	—17043
经常性转移支付	358	—232	—383	—258	115	—193	—61
贷方	2313	2101	2206	2364	2683	2742	2536
借方	—1955	—2333	—2589	—2623	—2568	—2935	—2597
资本和金融项目	**15029**	**9036**	**15901**	**20137**	**15790**	**12128**	**17568**
资本项目	1516	260	323	558	967	903	672
贷方合计	2114	780	908	1250	1677	1606	1315
借方合计	—597	—519	—586	—692	—710	—703	—643
资本转移							
贷方	2022	761	890	1220	1655	1591	1291
借方	—508	—504	—577	—684	—687	—693	—639
非生产非金融资产							
贷方	92	18	18	30	22	15	24
借方	—89	—15	—9	—8	—23	—10	—4
金融项目	13512	8775	15578	19578	14823	11226	16895
直接投资	6406	1533	2107	8959	—625	1293	3791
对外直接投资	—1058	—2500	—2472	—3842	—5851	—6220	—2464
国内吸收投资	7465	4032	4579	12801	5227	7513	6255
有价证券投资	7472	7082	15930	13148	22066	10652	3004
资产	368	—3882	3348	752	—1472	407	—1775
负债	7104	10964	12584	12396	23538	10244	4779
其他投资	1375	119	—3420	—2133	—4147	2770	8221
资产	—2913	—753	—2247	—4681	—5732	—5480	—371
负债	4288	872	—1172	2548	1585	8250	8592
储备资产	—1740	42	960	—396	—2471	—3488	1879
误差	**984**	**779**	**1390**	**—512**	**37**	**425**	**—56**

资料来源:国际货币基金组织《国际收支统计年鉴》1999年。

10—41 新西兰国际收支平衡表

单位:百万美元

	1990年	1993年	1994年	1995年	1996年	1997年	1998年
经常项目	**—1453**	**—746**	**—2384**	**—3069**	**—4005**	**—4750**	**—3217**
货物	815	1719	1408	895	572	875	914
贷方	9190	10468	12176	13478	14257	14123	12156
借方	—8375	—8749	—10769	—12584	—13685	—13248	—11242
服务	—830	—651	—434	—212	—417	—801	—856
贷方合计	2494	2854	3667	4482	4640	4230	3725
借方合计	—3324	—3505	—4101	—4694	—5057	—5031	—4581
运输							
贷方	1049	1149	1433	1526	1515	1409	1254
借方	—1319	—1310	—1590	—1882	—2083	—2050	—1837
旅游							
贷方	1030	1245	1663	2318	2432	2063	1746
借方	—958	—1002	—1194	—1289	—1480	—1475	—1405
其它							
贷方	415	460	571	637	693	758	725
借方	—1047	—1194	—1318	—1523	—1493	—1506	—1338
收入	—1576	—1945	—3686	—3983	—4703	—5148	—3614
贷方合计	719	394	358	917	361	169	—4
借方合计	—2295	—2340	—4045	—4900	—5064	—5317	—3610
雇员报酬							
贷方							
借方							
投资收入							
贷方	719	394	358	917	361	169	—4
借方	—2295	—2340	—4045	—4900	—5064	—5317	—3610
经常性转移支付	138	132	329	232	543	323	338
贷方	317	310	638	558	900	710	692
借方	—179	—178	—309	—326	—358	—387	—354
资本和金融项目	**909**	**3440**	**2104**	**5505**	**3129**	**5015**	**563**
资本项目	213	542	617	1224	1335	236	79
贷方合计	507	833	995	1652	1838	777	516
借方合计	—294	—291	—379	—427	—502	—541	—436
资本转移							
贷方	507	833	995	1652	1838	777	516
借方	—294	—291	—379	—427	—502	—541	—436
非生产非金融资产							
贷方							
借方							
金融项目	696	2898	1487	4280	1794	4779	
直接投资	141	1074	818	3994	3764	2734	
对外直接投资	—1594	—1276	—1725	336	1533	77	
国内吸收投资	1735	2350	2543	3659	2231	2657	
有价证券投资	171	1657	542	—187	—534	—2269	
资产	—111	—283	—72	—284	—430	—1631	
负债	282	1940	614	96	—104	—638	
其他投资	1398	94	860	857	335	2872	
资产	—81	—739	—78	—393	—926	1175	
负债	1479	833	937	1251	1260	1697	
储备资产	—1014	74	—733	—384	—1772	1442	484
误差	**544**	**—2695**	**281**	**—2436**	**877**	**—265**	

资料来源:国际货币基金组织《国际收支统计年鉴》1999年。

10—42 未包括黄金的国际储备

单位:百万美元

	1980 年	1990 年	1994 年	1995 年	1996 年	1997 年	1998 年
中　国①	−1296	11093	51620	73597	105029	139890	144960
中国香港		24568	49251	55398	63808	92804	89645
孟加拉国	300	629	3139	2340	1835	1581	1905
印　度	6944	1521	19698	17922	20170	24688	27341
印度尼西亚	5392	7459	12133	13708	18251	16587	22713
以色列	3351	6275	6792	8119	11415	20332	22674
日　本	24636	78501	125860	183250	216648	219648	215471
韩　国	2925	14793	25639	32678	34037	20368	51975
巴基斯坦	496	296	2929	1733	548	1195	1028
菲律宾	2846	924	6017	6372	10030	7266	9226
新加坡	6567	27748	58177	68695	76847	71289	74928
斯里兰卡	246	423	2046	2088	1962	2024	1980
泰　国	1560	13305	29332	35982	37731	26179	28825
土耳其	1077	6050	7169	12442	16436	18658	19489
埃　及	1046	2684	13481	16181	17398	18665	18124
尼日利亚	10235	3864	1386	1443	4075	7580	8709
南　非	726	1008	1685	2820	942	4799	4357
加拿大	3093	17845	12286	15049	20422	17823	23307
墨西哥	2960	9863	6278	16847	19433	28797	31799
美　国	15596	72258	63284	74781	64041	58907	70715
阿根廷	6719	4592	14327	14288	18104	22320	24752
巴　西	5769	7441	37070	49708	58323	50826	42580
委内瑞拉	6604	8321	8067	6283	11788	14378	11920
捷克共和国			6145	13843	12352	9734	12542
法　国	27340	36778	26257	26853	26796	30927	44312
德　国	48592	67902	77363	85005	83178	77587	74024
意大利	23126	62927	32265	34905	45948	55739	29888
荷　兰	11645	17484	34532	33714	26767	24865	21418
波　兰	128	4492	5842	14774	17844	20407	26432
罗马尼亚	323	524	2086	1579	2103	3803	2867
西班牙	11863	51228	41546	34485	57927	68398	55258
英　国	20651	35853	41013	42016	39896	32317	32212
澳大利亚	1690	16265	11285	11896	14485	16845	15407
新西兰	352	4129	3709	4410	5953	4451	4204

注:①中国为外汇储备。

资料来源:世界银行《世界发展指标》2000 年。

10－43　未包括黄金的国际储备与进口之比

单位：%

	1980年	1990年	1995年	1996年	1997年	1998年
中　　国①	−6.5	20.8	55.7	75.6	98.3	103.4
中国香港		29.8	28.7	32.1	44.5	48.6
孟加拉国	11.5	17.4	36.0	27.8	22.9	27.2
印　　度	46.7	6.5	51.6	53.2	59.9	64.8
印度尼西亚	49.8	34.2	33.7	42.5	39.8	83.2
以 色 列	34.6	37.4	27.4	36.1	66.1	77.4
日　　本	17.4	33.3	54.6	62.1	64.8	76.8
韩　　国	13.1	21.2	24.2	22.6	14.1	55.7
巴基斯坦	9.3	4.0	15.1	4.5	10.3	11.1
菲 律 宾	34.3	7.1	22.5	29.4	19.0	29.3
新 加 坡	27.4	45.7	55.2	58.5	53.8	71.5
斯里兰卡	12.0	15.7	40.2	36.2	34.7	33.6
泰　　国	16.9	40.3	51.0	52.2	41.6	67.0
土 耳 其	13.6	27.1	34.8	37.7	38.4	42.9
埃　　及	21.5	26.3	124.5	131.8	141.4	111.9
尼日利亚	61.4	67.9	15.5	50.9	63.2	64.0
南　　非	3.7	5.6	9.2	3.1	14.6	
加 拿 大	4.9	14.5	9.0	11.7	8.9	11.6
墨 西 哥	15.2	31.7	36.6	62.3	37.5	
美　　国	6.1	14.0	9.7	7.8	6.6	7.5
阿 根 廷	63.8	112.6	71.0	76.2	73.2	78.8
巴　　西	23.1	33.0	92.4	102.4	78.2	73.9
委内瑞拉	55.8	111.8	49.9	120.3	98.5	
捷克共和国			54.7	44.6	35.8	43.4
法　　国	20.3	15.8	9.7	9.6	11.4	15.5
德　　国	25.8	19.7	19.1	18.1	17.4	15.8
意 大 利	23.0	34.6	16.9	22.1	26.5	13.8
荷　　兰	13.2	13.9	19.1	14.8	14.0	11.4
波　　兰	0.8	53.4	50.9	48.0	48.2	56.8
罗马尼亚	2.3	5.3	15.4	18.4	33.7	24.3
西 班 牙	34.8	58.4	30.4	47.6	55.7	41.5
英　　国	17.9	16.0	15.8	13.9	10.5	10.3
澳大利亚	7.5	38.7	19.4	22.1	24.8	23.8
新 西 兰	6.4	43.5	31.6	40.4	30.7	33.6

注：①中国为外汇储备与进口之比。

资料来源：世界银行《世界发展指标》2000年。

10－44　一些发展中国家外债及其构成

单位：百万美元

	1980年	1990年	1995年	1996年	1997年	1998年
中国						
外债总额	15828①	52545	106590	116275	130960	146040
长期外债	9410①	45779	94674	102167	112820	128700
短期外债	6418①	6766	11916	14108	18140	17340
孟加拉国						
外债总额	4230	12768	16325	16007	15125	16376
长期外债	3594	11987	15501	15327	14578	15804
私人非担保外债						
政府及政府担保外债	3594	11987	15501	15327	14578	15804
短期外债	636	781	824	680	548	572
印度						
外债总额	20581	83717	94387	93470	94320	98232
长期外债	18333	72550	86964	85431	88610	93616
私人非担保外债	336	1488	6618	7382	9208	8409
政府及政府担保外债	17997	71062	80346	78049	79402	85207
短期外债	2248	11167	7423	8039	5710	4617
印度尼西亚						
外债总额	20938	69872	124398	128941	136173	150875
长期外债	18163	58242	98432	96710	100338	121672
私人非担保外债	3142	10261	33123	36694	44469	54728
政府及政府担保外债	15021	47982	65309	60016	55869	66944
短期外债	2775	11629	25966	32230	35835	29203
伊朗						
外债总额	4500	9020	21879	16703	11823	14391
长期外债	4500	1797	15430	11948	8469	8307
私人非担保外债	0	0	314	236	207	628
政府及政府担保外债	4500	1797	15116	11712	8263	7679
短期外债	0	7224	6449	4755	3354	6084
韩国						
外债总额	29480	34986	85810	115803	136984	139097
长期外债	18236	24186	39197	49221	72128	94062
私人非担保外债	2303	5400	17074	23798	38276	36106
政府及政府担保外债	15933	18786	22123	25423	33852	57956
短期外债	11244	10800	46613	66582	64856	45035
马来西亚						
外债总额	6611	15328	34343	39673	47228	44773
长期外债	5256	13422	27068	28605	32289	36117
私人非担保外债	1248	1830	11046	12903	15482	17959
政府及政府担保外债	4008	11592	16023	15702	16807	18158
短期外债	1355	1906	7274	11068	14939	8656
蒙古						
外债总额			525	532	608	739
长期外债			464	481	533	634
私人非担保外债			0	0	0	0
政府及政府担保外债			464	481	533	634
短期外债			61	50	75	105

10—44 续表 1 单位:百万美元

	1980年	1990年	1995年	1996年	1997年	1998年
缅甸						
外债总额						
长期外债	1390	4466	5378	4804	4629	5071
私人非担保外债						
政府及政府担保外债	1390	4466	5378	4804	4629	5071
短期外债						
巴基斯坦						
外债总额	9931	20663	30130	29726	29977	32229
长期外债	8520	16643	25282	25514	26215	28663
私人非担保外债	18	138	1593	1995	2338	2601
政府及政府担保外债	8502	16506	23689	23519	23878	26061
短期外债	1411	4020	4848	4212	3762	3566
菲律宾						
外债总额	17417	30580	37829	40145	45682	47817
长期外债	8817	25241	31823	31770	33033	39064
私人非担保外债	2454	1201	3531	4902	6834	10875
政府及政府担保外债	6363	24040	28292	26868	26199	28189
短期外债	8600	5339	6007	8375	12649	8754
斯里兰卡						
外债总额	1841	5863	8231	8003	7698	8526
长期外债	1230	5049	7101	6906	6785	7726
私人非担保外债	3	102	90	88	84	77
政府及政府担保外债	1227	4947	7011	6818	6700	7649
短期外债	611	815	1131	1097	913	800
泰国						
外债总额	8297	28165	83093	90778	93731	86172
长期外债	5646	19842	41998	53164	56466	59410
私人非担保外债	1702	7311	25117	36235	34142	31297
政府及政府担保外债	3943	12531	16880	16929	22324	28113
短期外债	2651	8323	41095	37613	37265	26762
土耳其						
外债总额	19131	49424	73790	81832	91162	102074
长期外债	15575	39924	57405	60634	67934	74450
私人非担保外债	535	1054	7079	12418	20344	24518
政府及政府担保外债	15040	38870	50326	48216	47589	49932
短期外债	3556	9500	16386	21198	23228	27624
越南						
外债总额		23270	25427	26257	21633	22359
长期外债		21378	21777	21964	18839	19775
私人非担保外债						
政府及政府担保外债		21378	21777	21964	18839	19775
短期外债		1892	3649	4293	2794	2584
埃及						
外债总额	19131	32947	33266	31300	29850	31964
长期外债	14693	28372	30792	28937	26858	27704
私人非担保外债	265	1000	313	127	54	34
政府及政府担保外债	14428	27372	30479	28810	26804	27669
短期外债	4438	4575	2474	2362	2991	4260

10—44 续表 2

单位:百万美元

	1980年	1990年	1995年	1996年	1997年	1998年
尼日利亚						
外债总额	8921	33440	34093	31407	28455	30315
长期外债	5368	31936	28441	25731	22926	23740
私人非担保外债						
政府及政府担保外债	4271	31546	28140	25430	22631	23455
短期外债	3553	1504	5651	5676	5529	6575
南非						
外债总额			25358	26050	25221	24711
长期外债			14772	14334	13879	13268
私人非担保外债			4935	3987	2413	2641
政府及政府担保外债			9837	10347	11465	10627
短期外债			10586	11716	11342	11444
墨西哥						
外债总额	57365	104431	166883	157755	149301	159959
长期外债	41202	81797	113755	114409	111707	124073
私人非担保外债	7300	5835	18587	20340	27320	36077
政府及政府担保外债	33902	75962	95167	94069	84386	87996
短期外债	16163	22633	53129	43347	37595	35886
阿根廷						
外债总额	27151	62730	99363	111934	130828	144050
长期外债	16768	49202	71878	82144	92972	107652
私人非担保外债	6593	1800	16066	19068	25411	30853
政府及政府担保外债	10175	47403	55811	63076	67562	76799
短期外债	10383	13528	27486	29790	37856	36398
巴西						
外债总额	71520	119877	159037	180785	198231	232004
长期外债	57981	94340	128399	145275	163770	202054
私人非担保外债	16605	6671	30830	48953	75808	103095
政府及政府担保外债	41375	87669	97569	96321	87963	98959
短期外债	13540	25537	30638	35510	34461	29950
委内瑞拉						
外债总额	29344	33170	35848	35360	35558	37003
长期外债	13795	28159	30514	30283	29546	33373
私人非担保外债	3181	3650	2013	1814	2849	6681
政府及政府担保外债	10614	24509	28501	28469	26697	26692
短期外债	15549	5012	5334	5078	6012	3630
白俄罗斯						
外债总额			1667	1096	1162	1120
长期外债			1275	720	674	766
私人非担保外债			20	30	23	18
政府及政府担保外债			1255	690	652	748
短期外债			392	375	487	354

10－44 续表 3　　　　单位:百万美元

	1980 年	1990 年	1995 年	1996 年	1997 年	1998 年
保加利亚						
外债总额		10890	10305	10058	9859	9907
长期外债		9834	9068	8573	8145	8331
私人非担保外债		0	342	413	424	550
政府及政府担保外债		9834	8726	8160	7721	7781
短期外债		1056	1237	1485	1714	1575
捷克共和国						
外债总额		6383	16306	19997	23132	25301
长期外债		3983	11237	14277	14565	15365
私人非担保外债		0	1460	2128	2113	2465
政府及政府担保外债		3983	9777	12149	12451	12901
短期外债		2400	5070	5720	8568	9935
波兰						
外债总额		49366	44263	43473	40401	47708
长期外债		39263	42085	40810	36589	41517
私人非担保外债						
政府及政府担保外债		39263	41073	39208	34177	35136
短期外债		10104	2178	2663	3812	6191
罗马尼亚						
外债总额	9762	1140	6666	8519	9477	9513
长期外债	7131	230	4325	7052	7887	7825
私人非担保外债	0	7	416	369	730	863
政府及政府担保外债	7131	223	3909	6683	7157	6962
短期外债	2631	910	2341	1467	1590	1688
俄罗斯						
外债总额			120333	124887	126037	183601
长期外债			100360	100259	106730	145874
私人非担保外债			0	0	1905	26560
政府及政府担保外债			100360	100259	104826	119314
短期外债			19972	24628	19307	37728
乌克兰						
外债总额			8390	9499	11096	12718
长期外债			6625	6793	7604	9443
私人非担保外债			84	184	627	837
政府及政府担保外债			6541	6608	6978	8606
短期外债			1765	2706	3491	3275
南斯拉夫						
外债总额			13839	13439	15091	13742
长期外债			11484	11239	10924	11080
私人非担保外债			2759	2759	2759	2759
政府及政府担保外债			8725	8480	8165	8321
短期外债			2355	2200	4167	2662

注:①为 1985 年数。

资料来源:世界银行《世界发展指标》2000 年。

10－45　外债还本付息额与国民生产总值之比

单位：%

	1980 年	1990 年	1995 年	1996 年	1997 年	1998 年
中国	0.3①	1.3	1.6	1.3	1.7	2.4
孟加拉国	1.6	2.6	2.1	1.7	1.7	1.5
印度	0.8	2.6	3.8	3.0	3.0	2.8
印度尼西亚	4.1	9.1	8.5	9.7	9.4	22.2
韩国	7.3	3.3	2.4	2.6	2.9	6.5
伊朗	1.0	0.5	8.1	7.4	5.8	2.6
马来西亚	4.0	10.6	7.3	8.9	7.5	9.1
蒙古			5.5	5.0	7.3	3.5
巴基斯坦	3.7	4.9	5.4	5.3	6.7	4.5
菲律宾	6.7	8.1	7.0	6.2	5.3	7.6
斯里兰卡	4.5	4.9	3.2	3.1	2.9	2.9
土耳其	2.3	4.9	6.7	6.0	5.8	6.5
泰国	5.0	6.3	5.2	5.4	7.9	11.8
越南			1.8	1.7	3.4	4.0
埃及	5.8	7.3	4.0	3.4	2.5	2.1
尼日利亚	1.9	13.0	7.1	7.6	3.8	3.4
南非			2.3	3.0	4.5	3.4
墨西哥	5.0	4.5	7.8	12.1	12.4	7.7
阿根廷	5.5	4.6	3.5	4.9	6.4	7.4
巴西	6.5	1.8	3.1	3.3	5.2	6.3
委内瑞拉	8.7	10.6	6.5	6.6	10.0	6.3
保加利亚		7.2	9.0	13.2	9.6	10.8
波兰		1.7	3.3	1.9	1.8	2.9
俄罗斯		2.0	1.8	1.7	1.6	4.1
罗马尼亚		0.0	3.0	4.0	4.5	6.1
捷克共和国		3.0	4.7	4.6	8.5	9.7

注：①1985 年数。

资料来源：世界银行《世界发展指标》2000 年。

10－46　外债偿债率

单位：%

	1980 年	1990 年	1995 年	1996 年	1997 年	1998 年
中国	2.7①	8.7	7.6	6.0	7.3	10.9
孟加拉国	23.7	28.9	14.8	11.8	10.6	9.1
印度	9.3	32.7	28.1	22.0	21.3	20.6
印度尼西亚		33.3	29.9	36.6	30.0	33.0
韩国	20.2	10.8	7.8	8.6	8.2	12.9
伊朗	6.8	3.2	30.2	27.5	31.3	20.2
马来西亚	6.3	12.6	7.0	9.0	7.5	8.7
蒙古			10.1	10.7	10.6	6.3
巴基斯坦	18.3	23.3	27.2	27.6	35.9	23.6
菲律宾	26.6	27.0	16.1	13.4	9.2	11.8
斯里兰卡	12.0	13.8	7.4	7.2	6.4	6.6
土耳其	28.0	29.4	27.7	21.9	19.5	21.2
泰国	18.9	16.9	11.6	12.6	15.5	19.2
越南		8.9	4.9	3.9	7.7	8.9
埃及	13.4	22.5	13.4	12.7	9.7	9.5
尼日利亚	4.1	22.6	13.8	14.0	7.8	11.2
南非			9.5	11.6	17.3	12.2
墨西哥	44.4	20.7	27.8	35.4	33.1	20.8
阿根廷	37.3	37.1	30.4	39.5	50.3	58.2
巴西	63.3	22.2	36.8	42.0	64.0	74.1
委内瑞拉	27.2	23.2	21.5	16.8	31.6	27.4
保加利亚		19.4	16.5	19.4	14.4	22.1
波兰		4.9	11.1	6.8	6.1	9.7
俄罗斯			6.4	6.7	6.4	12.1
罗马尼亚	12.6	0.3	10.2	12.6	15.2	23.5
捷克共和国			8.2	8.4	14.2	15.2

注：①为 1985 年数据。

资料来源：世界银行《世界发展指标》2000 年。

10－47 公共外债及政府担保的私人长期外债还本付息额与中央政府财政经常性收入之比

单位:%

	1980年	1990年	1995年	1996年	1997年	1998年
中国①		23.9	34.6	33.2	32.3	
孟加拉国	7.9					
印度	5.6	14.5	23.0	20.6	20.8	20.2
印度尼西亚	10.6	34.4	26.5	30.5	22.8	49.3
韩国	24.7	10.5	4.6	4.9	4.8	
伊朗	4.7	0.3	20.2	17.4	15.5	5.0
马来西亚	5.8	31.4	11.6	16.6	12.0	
蒙古			16.9	18.9	29.8	14.5
巴基斯坦	15.0	18.0	22.2	21.4	30.9	20.4
菲律宾	13.1	39.5	30.5	25.7	20.5	
斯里兰卡	10.3	16.8	13.3	13.0	11.6	12.5
土耳其	8.4	30.9	29.8	25.0	20.4	
泰国	9.5	20.7	8.9	6.4	7.3	12.6
越南			6.5	5.4	14.2	
埃及	5.9	16.4	9.5	9.1	7.3	
南非			4.8	6.2	5.7	7.5
墨西哥	26.9	19.5	35.3	52.8	47.8	
阿根廷	6.1	32.7	14.8	19.9	28.9	
巴西	15.3	3.9				
委内瑞拉	19.1	36.2	27.3	22.5	35.7	27.2
保加利亚		12.9	17.6	28.6	22.6	19.6
罗马尼亚	7.4	0.0	3.7	6.9	13.0	

注:①中国数据来源于世界银行数据库。
资料来源:世界银行《世界发展指标》2000年。

10－48 短期外债占全部外债比重

单位:%

	1980年	1990年	1995年	1996年	1997年	1998年
中国	40.5①	12.9	11.2	12.1	13.9	11.9
孟加拉国	5.0	1.2	1.2	1.0	1.2	0.9
印度	6.2	10.2	5.3	7.2	5.3	4.4
印度尼西亚	13.3	15.9	20.9	25.0	24.1	13.3
韩国	35.8	30.9	54.3	57.5	39.3	20.2
马来西亚	20.5	12.4	21.2	27.9	31.6	19.3
伊朗	0.0	80.1	29.5	28.5	28.4	42.3
蒙古			2.6	1.3	4.5	7.7
巴基斯坦	7.4	15.4	10.7	9.5	8.3	6.8
菲律宾	43.4	14.5	14.0	19.9	25.8	15.0
斯里兰卡	11.9	6.9	6.5	7.1	6.2	5.1
土耳其	13.1	19.2	21.3	25.1	24.8	26.7
泰国	27.8	29.5	49.5	41.4	37.2	27.3
越南		7.7	12.9	14.3	10.8	9.8
埃及	21.1	13.5	7.1	7.5	10.0	13.3
尼日利亚	39.8	4.5	16.6	18.1	19.4	21.7
南非			38.1	41.6	43.3	46.3
墨西哥	28.2	15.4	22.4	19.1	19.1	17.2
阿根廷	38.2	16.7	21.5	21.0	24.5	21.5
巴西	18.9	19.8	19.2	19.6	17.4	10.8
委内瑞拉	53.0	6.0	8.6	8.1	12.4	6.5
保加利亚		9.7	5.0	8.9	7.8	4.6
波兰		19.4	4.9	6.1	9.4	13.0
俄罗斯		19.7	8.6	9.7	4.8	10.0
罗马尼亚	23.6	79.8	19.5	9.6	10.0	12.1
南斯拉夫	11.6	2.9	16.4	15.8	27.1	18.8

注:①1985年数据。
资料来源:世界银行《世界发展指标》2000年。

主要统计指标解释

外债 包括长期债务和短期债务。

长期债务 偿还期在一年以上的政府债务人和私人债务人负有所有对外负债，它包括政府、政府担保的、非政府担保的所有债务。按债务人分为中央政府负债、其他政府部门负债和非金融国营企业负债。

短期债务 原来或续约后规定偿还期在一年及一年以内的政府债务人和私人债务人负有所有对外债务。

不包括黄金的国际储备 一个国家的金融当局(中央银行、货币委员会、外汇平衡基金和财政部)所持有的特别提款权、在国际货币基金组织中的储备净额和外汇储备。

货物和服务的进出口 指某一国家居民(广义)同其他国家的机构之间发生的货物和服务所有权转换的交易活动。

国际收支口径的商品进出口 包括出口商品到海关之前所包含的相关服务的市场价值，即 FOB 价(指定装货港船舶上交货)，进口也同样按 FOB 价计算。

服务 装船、客运和其他交通服务，旅游，及其他未分类的经常项目(例如归入商品贸易，非要素服务或转移支付)。这些包括政府机构及其驻外人员同非居民(广义)的交易，私人同外国政府和驻外政府人员间的交易。

收入 为劳动力和资本服务，因而包括直接境外投资收入、利息、股息、财产和劳动收入。

经常项目收支平衡 货物净出口，非要素服务，净要素服务收入，转移净额，官方捐赠也都包括在内。

直接投资 投资者参与企业管理获得资产收益。除去这部分之外，所有在经济活动中通过企业运营所进行的有长期利益的资本交易均为直接投资。直接投资包括的项目有产权资本，再投资收益和其他长期资本、短期资本。

长期贷款 所有原定或续定偿还期为一年期以上并且以外汇、实物或服务为偿还手段的政府、政府担保的、私人未经担保的贷款。

储备变动 一个国家通过经常项目和资本项目的交易所导致的国际储备变动额。国际储备包括货币黄金、特别提款权、在国际货币基金国的储备净额、外汇资产和其他中央货币当局对非居民有效的产权。

十一、价格指数

11—1　国内生产总值缩减指数

单位:%

	基　期	1980年	1990年	1992年	1993年	1994年	1995年	1996年	1997年	1998年
中　国①	1990年	58.7	100.0	115.1	131.8	157.7	178.5	189.1	190.5	188.5
中国香港	1990年	45.9	100.0	119.8	130.0	139.0	142.5	150.9	161.7	163.5
阿根廷	1993年	…	38.9	101.5	100.0	102.8	106.1	106.0	105.6	103.4
澳大利亚	1989年	50.8	103.3	106.6	107.7	109.4	112.5	114.6	116.4	117.1
孟加拉国	1990年	43.2	100.0	110.3	110.9	114.7	122.4	127.1	128.4	135.1
巴　西	1995年	…	…	0.1	2.4	56.3	100.0	117.2	126.4	131.1
加拿大	1992年	59.0	96.2	100.0	101.2	102.5	105.2	106.7	107.2	106.5
捷克共和国	1995年		43.2	66.1	80.0	90.7	100.0	109.7	116.8	129.6
埃　及	1992年	21.3	73.0	100.0	109.9	117.6	131.0	140.4	148.6	153.9
法　国	1980年	100.0	183.6	193.7	198.4	201.5	204.7	207.1	209.2	209.7
德　国	1991年			105.6	109.8	112.4	114.9	116.1	116.9	117.9
印　度	1993年	32.9	73.4	91.4	100.0	109.7	119.1	128.6	135.8	147.9
印度尼西亚	1993年	34.5	80.1	91.8	100.0	107.8	118.4	128.7	144.9	250.7
伊　朗	1982年	70.1	297.7	459.9	634.4	806.1	1175.3	1423.4	1683.0	1949.9
以色列	1995年	0.1	55.6	74.7	81.6	92.0	100.0	111.9	122.5	129.1
意大利	1990年	36.7	100.0	112.7	117.7	121.7	127.9	134.2	137.8	141.7
荷　兰	1990年	82.1	100.0	105.0	107.1	109.6	111.6	113.2	115.7	119.1
韩　国	1995年	34.3	67.9	81.0	86.7	93.3	100.0	103.9	107.2	112.9
马来西亚	1978年	119.8	145.8	159.9	164.2	173.1	181.8	194.2	200.7	219.0
墨西哥	1990年	1.0	100.0	141.0	154.0	167.0	230.0	299.0	355.0	
蒙　古	1986年		101.8	560.1	2029.3	3380.6	4818.2	6430.0	7999.9	8920.3
缅　甸	1985年	87.3	302.3	455.5	620.6	757.6	904.4	1112.0	1478.3	1980.3
新西兰	1990年	37.8	100.0	103.3	105.3	107.0	108.9	110.5	111.8	113.3
尼日利亚	1987年	40.3	187.8	414.4	632.5	808.1	1260.4	1725.5	1907.4	2108.4
巴基斯坦	1981年	91.0	180.5	224.7	244.2	275.6	313.6	339.9	385.2	415.4
菲律宾	1985年	40.0	149.5	188.0	200.8	220.9	237.6	255.8	271.1	299.6
罗马尼亚	1993年	2.5	3.5	30.6	100.0	239.0	323.4	467.6	1153.5	1691.2
新加坡	1990年	76.4	100.0	105.3	109.0	112.4	115.3	116.7	118.4	116.6
南　非	1995年	13.6	55.2	73.2	82.8	90.7	100.0	107.7	116.2	125.4
斯里兰卡	1982年	73.8	237.2	287.4	315.8	346.6	378.9	420.3	457.3	497.8
泰　国	1988年	72.5	112.2	124.0	128.1	134.7	142.8	148.6	153.0	166.3
土耳其	1994年	0.2	11.1	28.9	48.3	100.0	187.0	333.3	604.2	1052.3
英　国	1990年	54.6	100.0	111.5	115.0	116.9	119.7	123.3	126.4	129.6
美　国	1992年	59.2	93.8	100.0	102.7	105.0	106.8	108.0	108.5	109.6
委内瑞拉	1984年	67.5	476.5	742.2	977.2	1591.4	2417.4	5213.8	7215.2	8746.6

注:①中国为世界银行统计数字。

资料来源:国际货币基金组织《国际金融统计月报》2000年6月。

11－2 生产者价格和批发价格指数

单位：1990年＝100

	1990年	1992年	1993年	1994年	1995年	1996年	1997年	1998年
中　国⑥								
全部工业品	104	107	124	120	115	103	100	96
生产资料	104	109	134	117	114	104	100	95
生活资料	104	109	124	117	102	99	100	97
孟加拉国								
按生产地组成分								
国内供应	100	108	110	115	121	127	128	135
农业产品	100	104	106	113	119	126	126	133
工业产品	100	117	119	122	125	131	132	137
按生产阶段分								
原材料	100	108	110	107	117	120	123	
成　品	100	114	117	118	130	133	132	
印　度								
按生产地组成分								
国内供应	100	125	137	151	151	176	183	197
农业产品	100	138	147	160	173	185	201	226
工业产品②	100	122	133	141	161	169	176	184
按生产阶段分								
原材料	100	131	138	153	168	181	189	210
印度尼西亚								
按生产地组成分								
国内供应③	100	111	115	121	135	145	158	319
国内生产	100	117	126	139	157	168	179	296
农业产品	100	118	131	156	186	209	233	393
工业产品	100	117	124	131	146	151	156	258
进口产品③	100	109	110	113	120	127	136	313
出口产品	100	100	99	99	112	128	150	372
以色列								
按生产地组成分								
工业产品	100	129	139	150	167	180	192	201
伊　朗								
按生产地组成分								
国内供应		169	212	301	483	582	644	740
国内生产	100	170	192	302	423	573	619	749
农业产品	100	162	171	268	409	505	541	690
工业产品	100	166	188	291	415	493	486	536
进口产品	100	168	193	314	477	668	731	798
出口产品	100	163	167	248	356	429	466	445
按生产阶段分								
原材料	100	149	155	287	410	572	598	608

11－2 续表 1 单位:1990 年＝100

	1990 年	1992 年	1993 年	1994 年	1995 年	1996 年	1997 年	1998 年
日　本								
按生产地组成分								
国内供应	100	102	102	95	94	94	95	93
国内生产	100	101	99	97	96	95	94	94
农业产品	100	102	101	98	90	91	90	85
工业产品	100	101	101	97	96	95	95	94
进口产品	100	96	96	98	104	103	102	92
出口产品	100	101	95	105	107	105	98	94
按生产阶段分								
原材料	100	103	106	80	80	86	93	83
半成品	100	100	100	93	92	93	94	92
成　品	100	102	102	98	96	96	96	95
按最终用途分								
生产用原料	100	97	101	92	92	92	94	91
消费品	100	103	103	99	97	96	97	96
投资用品	100	101	99	97	95	94	93	93
韩　国								
按生产地组成分								
国内供应	100	107	109	112	117	121	125	141
农业产品	100	115	114	128	134	134	136	142
按生产阶段分								
原材料	100	106	108	110	118	126	140	169
半成品	100	105	106	108	116	117	123	153
成　品	100	109	111	116	118	121	125	143
按最终用途分								
生产用原料	100	106	107	108	116	118	125	155
消费品	100	110	113	118	121	126	131	144
投资用品	100	106	108	110	112	112	114	139
巴基斯坦								
按生产地组成分								
国内供应	100	121	133	144	168	199	213	227
农业产品	100	122	136	165	184	206	221	236
工业产品	100	122	127	151	165	185	189	195
按生产阶段分								
原材料	100	121	134	155	179	216	233	256
新加坡								
按生产地组成分								
国内供应	100	92	89	87	87	87	87	84
国内生产②	100	91	83	80	81	81	79	77
进口商品	100	94	92	91	91	90	88	87
出口商品	100	88	86	83	82	81	80	78
斯里兰卡								
按生产地组成分								
国内供应	100	119	128	134	146	172	188	
国内生产	100	118	125	141	151	168	179	
进口商品	100	110	116	121	134	151	161	
出口商品	100	127	141	134	148		222	
按最终用途分								
消费品	100	120	129	130	138	173	189	

11－2 续表 2

单位:1990 年＝100

	1990 年	1992 年	1993 年	1994 年	1995 年	1996 年	1997 年	1998 年
泰　国								
按生产地组成分								
国内供应	100	106	106	109	119	125	130	147
农业产品	100	114	108	113	133	145	148	171
工业产品②	100	107	105	108	117	120	125	139
出口商品	100	103	101	115	131	132	131	158
按生产阶段分								
原材料	100	109	100	110	134	138	144	173
半成品	100	108	108	109	118	123	128	150
成　品	100	108	110	115	121	126	135	165
按最终用途分								
消费品	100	110	111	119	123	130	137	160
土耳其								
按生产地组成分								
国内供应	100	252	399	880	1638	2881	5238	9000
农业产品	100	245	398	788	1638	3054	5707	10659
工业产品	100	248	388	890	1611	2746	4959	8265
埃　及								
按生产地组成分								
国内供应	100	133	131	162	173	187	195	198
按生产阶段分								
原材料	100	147	170	106	116	142	145	136
半成品	100	143	143	146	161	172	171	179
成　品	100	139	150	162	173	189	196	200
按最终用途分								
投资用品	100	192	212	153	161	166	172	174
南　非								
按生产地组成分								
国内供应	100	121	129	139	152	164	175	181
国内生产	100	122	131	143	157	168	181	188
农业产品	100	129	137	155	166	174	188	191
工业产品②	100	120	128	139	156	169	184	188
进口商品	100	113	118	125	134	141	148	153
加拿大								
按生产地组成分								
工业产品②	100	99	103	105	117	118		
按生产阶段分								
原材料	100	95	100	108	117	122	120	103
半成品	100	97	100	102	119	118		
成品	100	104	107	108	114	117		
墨西哥⑤								
按生产地组成分								
国内供应	100	133	142	151	214	287	363	379
农业产品	100	151	159	167	206	287	333	349
出口商品	100	106	104	117	213	314	311	317
按生产阶段分								
原材料	100	124	129	138	211	287	325	358
按最终用途分								
消费品	100	139	150	158	222	288	349	404
投资用品	100	132	143	150	207	266	312	363

11－2 续表 3 单位：1990 年＝100

	1990 年	1992 年	1993 年	1994 年	1995 年	1996 年	1997 年	1998 年
美　国								
按生产地组成分								
国内供应	100	101	102	104	107	110	110	107
农业产品	100	92	96	95	96	109	101	93
工业产品	100	101	103	104	109	110	111	108
按生产阶段分								
原材料	100	92	94	93	94	104	102	89
半成品	100	100	102	103	109	110	110	107
成品	100	103	105	105	107	110	111	110
按最终用途分								
消费品	100	103	104	104	106	110	110	109
投资用品	100	105	107	109	111	113	113	112
阿根廷								
按生产地组成分								
国内供应	100	223	227	226	241	248	249	241
国内生产	100	226	230	229	243	252	253	245
农业产品	100	230	243	223	245	283	254	237
工业产品②	100	225	228	232	247	248	252	249
进口商品②	100	188	189	190	211	204	196	187
巴　西④								
按生产地组成分								
国内供应			4	100	159	169	181	189
农业产品			3	100	163	172	200	215
工业产品			5	100	155	165	172	175
按生产阶段分								
原材料			4	100	150	162	179	179
按最终用途分								
生产用原料			4	100	153	165	176	180
消费品			4	100	169	177	192	212
投资用品			4	100	155	172	176	178
委内瑞拉								
按生产地组成分								
国内供应	100	151	205	363	573	1165	1511	
国内生产	100	155	211	372	597	1191	1580	
农业产品	100	168	211	316	500	793	1089	
工业产品	100	150	204	367	579	1194	1545	
进口商品	100	140	189	341	514	1098	1339	
法　国								
按生产地组成分								
农业产品	100	93	89	88	89	89	90	90
德国①								
按生产地组成分								
国内供应		101	102	102	104	104	105	103
进口商品		98	96	97	97	98	97	97
出口商品		101	101	102	103	103	105	105
按生产阶段分								
成品		103	104	105	106	107	108	108
按最终用途分								
生产用原料		101	101	101	103	102	103	103
消费品		103	104	105	106	107	108	108
投资用品		103	104	105	106	107	108	109

11－2续表4 单位:1990年＝100

	1990年	1992年	1993年	1994年	1995年	1996年	1997年	1998年
意大利								
按生产地组成分								
国内供应	100	107	113	117	130	132	134	134
农业产品	100	107	105	109	122	127	124	
工业产品	100	107	114	119	130	133	136	
按最终用途分								
生产用原料	100	108	111	116	123	124	125	123
消费品	100	112	115	120	129	133	134	136
投资用品	100	106	112	116	130	133	137	139
荷　兰								
按生产地组成分								
国内生产								
农业产品	100	98	94	94	100			
工业产品	100	103	102	101	100	101	104	102
进口商品	100	94	91	92	98	104	109	101
出口商品	100	97	94	95	100	99	103	100
按生产阶段分								
原材料	100	96	93	95	100	101	104	99
半成品	100	101	99	100	100	101	104	100
按最终用途分								
生产用原料	100	95	92	94	100	103	106	100
消费品	100	106	107	105	100	102	104	103
投资用品	100	102	102	104	100	101	103	105
西班牙								
按生产地组成分								
国内供应	100	104	106	111	118	120	121	120
按最终用途分								
生产用原料	100	101	103	108	117	116	117	115
消费品	100	107	110	115	121	125	127	127
投资用品	100	105	107	109	113	116	117	118
英　国								
按生产地组成分								
国内生产								
农业产品	100	108	119	125	130	139	136	
工业产品②	100	107	110	116	120	123	123	123
按生产阶段分								
原材料	100	97	102	95	103	102	94	85
成品	100	109	113	120	125	128	130	130
澳大利亚								
按生产地组成分								
国内生产								
工业产品②	100	102	104	106	110	111	112	113
出口商品	100	92	93	91	98	94	96	101
按生产阶段分								
原材料	100	102	102	100	106	104	103	103
新西兰⑦								
按生产地组成分								
农业产品	100	98	102	105	*101	99	100	99
工业产品	100	103	107	108	*102	101	100	101

注:①1991年＝100。②仅包括制造业。③不包括电、煤气和水。④1994年＝100。⑤墨西哥城。⑥中国指工业品出厂价格指数,并以上年为100。⑦1995年起,以1997年为100。

资料来源:联合国《统计月报》2000年2月。

11－3　消费价格指数

单位:1990年=100

	1990年	1993年	1994年	1995年	1996年	1997年	1998年	1999年
中　国④								
总指数			124	117	108	103	99	99
食　品			131	123	107	99	97	96
中国香港								
总指数				157	167	177	182	175
食　品				150	155	161	164	161
孟加拉国(达卡)⑥								
总指数	100	112	100	110	113	119	129	
食　品	100	108	100	111	113	118	130	
印　度								
总指数	100	136	150	165	180	193	218	
食　品	100	139	155	173	188	199	229	
印度尼西亚								
总指数	100	129	140	153	165	176		
食　品	100	125	138	156	171	186		
伊　朗								
总指数	100	178	235	353	455	516	616	
食　品	100	193	255	405	506	542	669	
以色列								
总指数	100	148	166	183	203	222	234	246
食　品	100	135	150	161	177	193	204	
日　本								
总指数	100	106	107	107	107	109	110	109
食　品	100	107	107	106	106	108	109	109
马来西亚								
总指数	100	113	117	121	126	129	136	140
食　品	100	114	123	126	134	139	151	158
缅　甸(仰光)								
总指数	100	213	264	330	384	498	704	
食　品	100	234	281	354	421	548	835	
韩　国								
总指数	100	122	129	135	142	148	159	161
食　品	100	124	135	140	145	151	164	169
巴基斯坦								
总指数	100	135	151	170	188	209	222	
食　品	100	134	154	177	193	217	229	
菲律宾								
总指数	100	139	152	164	178	187	203	222
食　品	100	131	142	155	170	174	187	203
新加坡								
总指数	100	108	112	114	115	117	117	118
食　品	100	104	108	110	112	115	115	116
斯里兰卡(科伦坡)								
总指数	100	140	151	163	189	207	227	237
食　品	100	139	152	162	193	214	238	247

11－3续表 1

单位:1990 年＝100

	1990 年	1993 年	1994 年	1995 年	1996 年	1997 年	1998 年	1999 年
泰　国(曼谷)								
总指数	100	113	120	127	134	141	153	152
食　品	100	114	123	132	144	154	168	100
土 耳 其⑤								
总指数	455	469	967	1872	*339	630	1163	
食　品	510	468	983	1938	*331	637	1162	
埃　及								
总指数	100	153	165	179	192	200	208	
食　品	100	136	149	164	177	184	191	
尼日利亚								
总指数	100	257	403	688	901	975	1076	
食　品	100	259	380	380	851	924	985	
南　非								
总指数	100	144	157	171	183	199	213	224
食　品	100	160	182	198	210	230	244	
加 拿 大								
总指数	100	109	109	112	114	115	116	119
食　品	100	106	107	109	111	112	114	116
墨 西 哥								
总指数	100	156	166	225	302	364	422	492
食　品	100	142	150	209	296	352	409	474
美　国								
总指数	100	111	113	117	120	123	125	123
食　品	100	107	110	113	116	119	122	125
阿 根 廷①								
总指数		298478	310967	321465	321966	323668		
食　品		266327	270038	277693	276443	274621		
巴　西②								
总指数		2027	44110	73228	*206	212	212	222
食　品		2049	48776	77308	*169	174	174	
委内瑞拉								
总指数	100	239	381	609	1224	1819		
食　品	100	231	366	585	1096	1560		
白俄罗斯②								
总指数		1290	29946	242349	370043	605030	1049047	
食　品		1515	37474	285492	427011	725427	1275657	
保加利亚								
总指数	100	1450	2842	4607	10273	121456	148530	
食　品	100	1614	3287	5251	11463	140378	170085	
捷克共和国								
总指数		210	232	253	275	298	330	337
食　品		187	206	232	250	262	273	258

11－3 续表 2

单位:1990 年＝100

	1990 年	1993 年	1994 年	1995 年	1996 年	1997 年	1998 年	1999 年
法　国								
总指数	100	108	110	112	114	115	116	
食　品	100	104	105	106	107	109	111	
德　国③								
总指数		110	113	115	117	119	120	120
食　品		105	107	*100	101	102	103	102
意大利								
总指数	100	117	121	128	133	136	138	
食　品	100	114	118	126	131	131	132	
荷　兰								
总指数	100	109	112	114	117	119	122	124
食　品	100	107	109	109	109	112	114	116
波　兰								
总指数	100	330	436	557	668	767	858	
食　品	100	274	363	462	550	620	677	
罗马尼亚③								
总指数		1105	2617	3461	4805	12241	19474	28394
食　品		1174	2774	3657	4987	12536	18607	23789
西班牙								
总指数	100	117	123	129	133	136	138	
食　品	100	109	115	121	125	126	128	
英　国								
总指数	100	112	114	118	121	125	129	131
食　品	100	109	111	115	118	119		121
俄罗斯③								
总指数		16016	65244	192521	284429	326484	416814	
食　品		16759	67338	210975	287151	323749	412044	
澳大利亚								
总指数	100	106	108	113	116	116	117	119
食　品	100	107	104	113	116	119	122	126
新西兰								
总指数	100	105	107	111	113	115	116	
食　品	100	102	102	103	105	108	110	

注:①指布宜诺斯艾利斯市,以 1988 年＝100。②1992 年＝100,1996 年起,以 1994 年为 100。③1991 年＝100,从 1997 年开始以 1995 为 100。其中德国食品从 1995 年起以 1995 年为 100。④上年为 100。⑤从 1996 年起以 1994 年为 100。⑥1993 年以 1990 年为 100,从 1995 年起以 1994 年为 100。

资料来源:联合国《统计月报》2000 年 4 月。

主要统计指标解释

国内生产总值缩减指数 为按购买者价格或市场价格计算的国内生产总值除以按不变价格计算的国内生产总值而得的数据，也叫国内生产总值缩减系数(Implicit GDP Deflator)。

生产者价格指数和批发价格指数 生产者价格是生产者在国内市场或出口市场出售其商品的价格。批发价格是批发商在国内市场或出口市场出售其商品的价格。实际上它们反映了国内市场大宗交易的价格水平。许多国家的批发价格指数是以生产者价格和批发价格从某地购买大量国内商品的混合价格指数。生产者价格指数或批发价格指数包括以下特殊产品的价格：农业、林业和渔业、采矿业、制造业、电、煤气和水的供应。就国产商品而言，交易价格包括非扣减的间接税减补贴；就出口商品而言，包括进口税和其它非扣减间接税减补贴。交易价格权数一般是批发市场销售额。该指标采用拉氏公式计算。根据产品在生产过程中所处阶段可分为原材料、半成品和成品；根据其最终用途可分为生产用原料，消费品和投资用品。

消费价格指数 是反映一国居民消费(包括货物和服务)的价格升降幅度的指标。它体现了能够代表某地消费习惯的选定规格商品和服务的价格变动趋势。各类商品和服务的权数，依据以家计调查为基础的消费习惯而定，指标采用拉氏公式计算。

十二、国际贸易和旅游

12—1 进口额

单位:亿美元

	1980 年	1990 年	1995 年	1996 年	1997 年	1998 年
世界总计	**19717**	**35561**	**50632**	**53140**	**55054**	**54144**
中　　国	200	534	1321	1388	1424	1402
中国香港		825	1928	1986	2086	1845
孟加拉国	26	36	65	66	69	70
印　　度	149	236	347	379	412	422
印度尼西亚	108	218	406	429	417	273
伊　　朗	123					
以 色 列	97	168	296	316	308	293
日　　本	1413	2354	3359	3492	3388	2807
马来西亚	108	293	778	784	790	583
缅　　甸	4	3	13	14	20	27
韩　　国	223	697	1351	1503	1446	933
巴基斯坦	54	74	115	121	116	93
菲 律 宾	83	130	283	341	383	315
新 加 坡	240	608	1245	1313	1324	1048
斯里兰卡	20	27	52	54	58	59
泰　　国	92	330	706	723	629	430
土 耳 其	79	223	357	436	486	454
越　　南	13	28	82	111	116	115
埃　　及	49	102	130	132	132	162
尼日利亚	167	57	93	80	120	136
南　　非	196	180	306	301	329	
加 拿 大	625	1232	1681	1750	2009	2011
墨 西 哥	195	311	460	312	767	
美　　国	2570	5170	7709	8220	8990	9446
阿 根 廷	105	41	201	238	305	314
巴　　西	250	225	538	570	650	576
委内瑞拉	118	74	126	98	146	
白俄罗斯			56	69	86	85
保加利亚		131	57	53	50	50
捷克共和国			253	277	272	289
法　　国	1349	2332	2770	2804	2707	2868
德　　国			4446	4588	4457	4673
意 大 利	1007	1820	2060	2082	2103	2158
荷　　兰	884	1262	1769	1806	1781	1877
波　　兰	167	84	291	371	423	465
罗马尼亚	138	98	103	114	113	118
俄 罗 斯			609	612	736	589
西 班 牙	341	877	1133	1218	1227	1332
乌 克 兰			161	186	171	147
英　　国	1156	2246	2653	2875	3066	3136
南斯拉夫				41	48	46
澳大利亚	224	420	613	654	680	646
新 西 兰	55	95	140	147	145	125

资料来源:联合国《统计月报》2000 年 3 月。

12—2 出口额

单位:亿美元

	1980年	1990年	1995年	1996年	1997年	1998年
世界总计	**18968**	**34329**	**49821**	**51923**	**53831**	**53393**
中　　国	181	621	1488	1511	1828	1838
中国香港		822	1738	1808	1881	1303
孟加拉国	8	17	32	33	38	38
印　　度	86	180	306	331	346	329
印度尼西亚	219	257	454	498	534	488
伊　　朗	145					
以 色 列	55	116	190	205	225	293
日　　本	1304	2877	4431	4109	4211	3882
马来西亚	130	295	740	783	787	733
缅　　甸	5	3	9	7	9	11
韩　　国	175	649	1251	1298	1366	1332
巴基斯坦	26	56	80	93	87	85
菲 律 宾	57	81	175	204	251	165
新 加 坡	194	527	1183	1250	1250	1099
斯里兰卡	11	19	38	41	47	47
泰　　国	65	231	562	555	576	545
土 耳 其	29	130	216	232	262	259
越　　南	5	24	54	73	92	94
埃　　及	31	50	35	35	39	31
尼日利亚	260	130	106	186	176	115
南　　非	255	236	279	293	310	254
加 拿 大	677	1276	1922	2016	2144	2143
墨 西 哥	156	271	471	591	656	
美　　国	2256	3936	5847	6251	6887	6830
阿 根 廷	80	124	210	238	264	253
巴　　西	201	314	465	478	530	511
委内瑞拉	192	178	187	231	211	157
白俄罗斯			47	57	72	71
保加利亚		134	54	51	50	43
捷克共和国			217	219	228	264
法　　国	1160	2102	2873	2887	2905	3055
德　　国			5084	5242	5125	5406
意 大 利	781	1704	2340	2504	2381	2426
荷　　兰	851	1318	1963	1974	1940	2014
波　　兰	142	136	229	244	258	272
罗马尼亚	112	58	79	81	84	83
俄 罗 斯			811	891	874	742
西 班 牙	207	555	910	1020	1044	1092
乌 克 兰			133	144	142	126
英　　国	1101	1853	2420	2620	2812	2714
南斯拉夫				18	24	26
澳大利亚	219	398	531	603	629	559
新 西 兰	54	93	137	144	141	121

资料来源:联合国《统计月报》2000年3月。

12—3 进出口贸易差额

单位:亿美元

	1980年	1990年	1994年	1995年	1996年	1997年	1998年
世界总计	**−749**	**−1232**	**−809**	**−811**	**−1217**	**−1223**	**−751**
中　国	−19	87	54	167	122	404	436
中国香港		−3	−104	−190	−178	−206	−95
孟加拉国	−18	−20	−19	−33	−33	−31	−31
印　度	−63	−56	−18	−41	−48	−66	−93
印度尼西亚	111	38	81	48	69	117	215
伊　朗	23						
以色列	−41	−52	−84	−106	−111	−83	−63
日　本	−109	522	1218	1072	618	823	1075
马来西亚	21	2	−8	−37	−1	−3	150
缅　甸	1	1	−1	−5	−6	−11	−16
韩　国	−48	−49	−63	−101	−205	−80	399
巴基斯坦	−27	−18	−15	−35	−28	−29	−8
菲律宾	−26	−50	−93	−108	−137	−132	294
新加坡	−46	−80	−58	−62	−63	−74	51
斯里兰卡	−10	−8	−16	−14	−13	−12	−12
泰　国	−27	−100	−92	−144	−168	−53	115
土耳其	−50	−93	−52	−141	−204	−224	−195
越　南	−8	−4	−18	−28	−38	−24	−21
埃　及	−18	−52	−83	−95	−97	−93	−130
尼日利亚	93	73	29	13	106	56	−21
南　非	59	56	19	−27	−8	−19	−29
加拿大	52	44	103	241	266	135	132
墨西哥	−39	−40	−265	11	279	−111	
美　国	−314	−1234	−1766	−1861	−1970	−2103	−2616
阿根廷	−25	83	−59	9	1	−41	−61
巴　西	−48	89	76	−73	−92	−120	−65
委内瑞拉	74	103	76	61	133	65	
白俄罗斯			−6	−9	−13	−15	−15
保加利亚		3	−2	−3	−2	1	−7
捷克共和国				−36	−58	−44	−25
法　国	−188	−230	55	103	83	198	187
德　国			444	638	654	668	733
意大利	−226	−116	223	280	422	278	268
荷　兰	−33	56	158	194	168	159	136
波　兰	−25	52	−43	−62	−127	−166	−193
罗马尼亚	−26	−41	−10	−24	−34	−29	−35
俄罗斯			171	202	280	138	152
西班牙	−134	−322	−193	−223	−198	−183	−240
乌克兰			−4	−27	−42	−29	−20
英　国	−54	−392	−222	−233	−255	−254	−422
南斯拉夫					−23	−24	−20
澳大利亚	−5	−23	−59	−82	−51	−51	−87
新西兰	−1	−2	3	−2	−3	−4	−4

资料来源:联合国《统计月报》2000年3月。

12—4 进口数量指数

（1990 年=100）

	1993 年	1994 年	1995 年	1996 年	1997 年	1998 年
印　　度	138	168	261	219	198	297
以 色 列	146	166	182	193	196	197
日　　本	107	121	136	141	145	137
韩　　国	127	154	187	210	213	168
巴基斯坦	124	120	129	127	130	111
新 加 坡	137	157	177	188	203	184
斯里兰卡	154	173	178	182	200	225
泰　　国	130	151	170	260	233	170
土 耳 其	134	99	128	166	205	193
南　　非	107	122	136	155		
巴　　西	136	142	176	190	160	162
加 拿 大	120	133	143	151	179	187
美　　国	117	131	140	148	166	185
法　　国	107	117	123	126	135	
德　　国	104	114	115	125	144	150
意 大 利	96	108	119	114	126	139
荷　　兰	110	121	136	144		
波　　兰	186	211	254	335	397	473
西 班 牙	118	130	112	112	116	113
英　　国	101	108	112	124	136	144
澳大利亚	114	133	148	162	172	201
新 西 兰	104	122	129	134	139	142

资料来源：联合国《统计月报》2000 年 3 月。

12－5　出口数量指数

(1990年＝100)

	1993年	1994年	1995年	1996年	1997年	1998年
印　　度	140	154	189	213	205	
印度尼西亚	148	163	170	179	230	214
以 色 列	121	140	150	163	179	191
日　　本	102	103	107	107	118	116
马来西亚	86	84	84			
缅　　甸	149	145	150	104	110	
韩　　国	127	146	181	217	271	317
巴基斯坦	112	139	110	130	123	95
新 加 坡	145	187	216	230	245	247
斯里兰卡	124	136	145	151	167	167
泰　　国	150	177	243	219	235	254
土 耳 其	117	134	143	157	178	188
南　　非	107	116	119	168		
巴　　西	109	116	120	119	124	138
加 拿 大	123	138	152	162	175	189
美　　国	116	126	136	145	162	166
法　　国	110	120	129	134	147	
德　　国	98	112	116	128	165	
意 大 利	112	125	141	139	146	
荷　　兰	116	129	140	147		
波　　兰	94	111	130	144	162	389
西 班 牙	135	160				
英　　国	103	116	125	136	150	148
澳大利亚	128	139	141	157	182	190
新 西 兰	118	130	134	140	147	146

资料来源：联合国《统计月报》2000年3月。

12—6 贸易条件的变化①

单位：%

	1993年	1994年	1995年	1996年	1997年
印　度	13.7	37.1	−30.6		
以色列	3.9	−3.5	−3.3	0.7	3.9
日　本	8.3	7.6	−0.4	−8.1	−1.0
韩　国	3.0	1.2	−3.5	−13.1	
巴基斯坦	2.0	…	11.5	0.2	−0.8
菲律宾					
新加坡	−0.2	−3.1	−1.7	0.2	…
斯里兰卡	4.2	−0.7	−0.9	2.4	4.2
泰　国	0.7	0.3	−3.2		
南　非	1.8	1.7	2.9	4.6	
加拿大	−0.3	−0.4	3.3	1.4	−1.1
美　国	1.2	0.4	0.5	−0.4	0.9
巴　西		−15.1	−14.2	8.7	
委内瑞拉	−9.6	−9.5	−15.4	3.2	
法　国	1.8	2.7	−0.1	−0.8	−0.1
德　国	0.9	−2.8	−0.4		
意大利	−0.3	−0.4			−0.4
荷　兰	3.1	0.4	1.4	−0.6	
波　兰		1.4	1.8	−2.5	
西班牙	−0.4	−1.1	1.8	0.4	−2.2
英　国	2.7	−1.4	−2.9	1.0	1.4
澳大利亚	−6.3	−0.4	3.7	1.3	1.9
新西兰	3.2	−0.7	−1.6	−0.8	−1.8
贸易条件指数					
(1990年=100)					
发达国家	104.3	105.2	105.5	104.4	104.4
发展中国家	97.1	97.6	95.1	97.3	
非洲	97.2	93.0	101.7	103.7	
亚洲	101.6	101.1	98.4	97.2	
欧洲	91.0	93.0			
中东		95.4	85.9	94.2	
拉美和加勒比	85.9	84.6	86.2	97.0	96.2

注：①贸易条件指数与上年相比的变化。

资料来源：国际货币基金组织《国际金融统计年鉴》1998年。

12—7 货物和服务出口占国内生产总值的比重

单位:%

	1980年	1990年	1995年	1996年	1997年	1998年
中国①	7.6	17.5	24.0	21.0	23.1	21.6
中国香港	89.9	134.3	149.4	142.1	130.3	125.1
孟加拉国	4.2	6.3	11.0	11.2	12.4	13.8
印度	6.0	7.1	10.9	10.5	10.7	11.0
印度尼西亚	34.2	26.1	26.3	25.8	27.9	53.9
伊朗	13.3	22.0	21.1	19.1	17.9	13.2
以色列	43.8	34.7	31.3	30.4	31.0	31.9
日本	13.7	10.7	9.4	9.9	11.1	
马来西亚	57.5	76.4	95.4	90.6	93.2	114.4
蒙古		21.4	55.1	44.8	67.5	49.6
缅甸	9.1	2.6	1.2	1.0	0.8	
韩国	33.1	29.1	30.2	29.5	34.7	48.7
巴基斯坦	12.5	15.5	15.9	16.0	15.5	15.8
菲律宾	23.6	27.5	36.4	40.5	49.1	55.7
斯里兰卡	32.2	30.2	35.6	34.9	36.5	36.0
泰国	24.1	34.1	41.7	39.3	48.4	58.9
土耳其	5.2	13.3	19.9	21.5	24.6	24.8
新加坡	215.4	202.0	177.4	170.5	164.2	152.5
越南		26.4	36.3	43.1	43.6	
埃及	30.5	20.0	22.5	20.2	20.2	16.8
尼日利亚	29.4	43.4	44.3	48.1	40.9	23.5
南非	35.1	24.4	23.0	24.7	24.8	25.8
加拿大	28.2	26.1	38.2	39.6	40.7	
墨西哥	10.7	18.6	30.4	32.2	30.4	31.2
美国	10.2	9.9	11.4	11.6	12.1	
阿根廷	5.1	10.4	9.7	10.5	10.6	10.4
巴西	9.1	8.2	7.7	7.1	7.6	7.4
委内瑞拉	28.8	39.4	26.8	36.7	29.1	20.0
捷克共和国		45.2	53.6	52.9	56.5	60.0
法国	21.5	22.6	23.5	24.1	26.6	
德国			23.9	24.6	26.8	
匈牙利	39.1	31.1	37.3	38.9	45.5	49.8
荷兰	51.1	54.2	53.1	53.9	56.0	
波兰	28.2	27.6	25.5	24.4	25.7	
罗马尼亚	35.3	16.7	27.6	28.4	29.7	25.7
俄罗斯		18.2	27.1	24.7	23.7	31.7
西班牙	15.6	17.1	24.0	25.4	28.4	
英国	27.3	24.4	28.6	29.5	28.7	
澳大利亚	16.0	17.3	20.0	20.3	20.8	
新西兰	30.5	27.6	30.0	29.0	28.9	

注:①世界银行统计数据。

资料来源:世界银行《世界发展指标》2000年。

12－8 货物和服务进口占国内生产总值的比重

单位:%

	1980 年	1990 年	1995 年	1996 年	1997 年	1998 年
中国①	8.0	14.3	21.7	19.1	18.6	17.3
中国香港	90.8	125.8	153.8	143.5	133.9	124.8
孟加拉国	15.9	13.8	17.1	18.9	18.7	18.9
印度	9.3	9.8	14.1	14.0	14.1	13.8
印度尼西亚	20.2	23.7	27.6	26.4	28.1	43.8
伊朗	16.4	23.5	16.2	14.0	14.3	14.8
以色列	59.3	45.4	47.6	46.0	44.0	43.1
日本	14.6	10.0	7.9	9.4	9.9	
马来西亚	55.0	74.3	99.4	89.6	92.3	92.6
蒙古		42.4	53.1	46.8	70.1	55.4
缅甸	12.9	4.8	2.0	1.6	1.3	
韩国	41.3	30.3	31.7	33.6	35.7	35.8
巴基斯坦	24.1	23.4	21.1	23.9	22.9	20.2
菲律宾	28.5	33.3	44.2	49.3	59.4	59.9
斯里兰卡	54.8	38.1	46.0	43.9	43.6	42.4
泰国	30.4	41.7	48.0	45.1	46.3	42.4
土耳其	11.9	17.6	24.4	27.5	30.4	28.2
新加坡	223.6	195.0	161.8	156.9	151.4	134.7
越南		33.4	47.1	56.9	51.7	
埃及	42.9	32.7	27.5	26.0	24.9	23.3
尼日利亚	19.2	28.8	42.2	27.4	34.3	31.7
南非	27.1	18.6	22.1	23.3	23.6	24.5
加拿大	26.4	26.0	35.3	35.7	39.0	
墨西哥	13.0	19.7	27.8	30.1	30.4	33.2
美国	10.8	11.3	12.8	13.0	13.5	
阿根廷	6.5	4.6	10.1	11.1	12.7	12.9
巴西	11.3	7.0	9.5	9.2	10.2	10.1
委内瑞拉	21.8	20.2	21.3	21.3	20.0	20.1
捷克共和国		42.6	58.4	59.3	62.5	61.4
法国	22.7	22.6	21.2	21.5	22.7	
德国			23.1	23.4	25.3	
匈牙利	41.3	28.5	38.5	39.9	46.0	52.4
荷兰	51.6	49.5	46.4	47.1	48.9	
波兰	31.1	20.7	23.2	26.0	30.0	
罗马尼亚	40.1	26.2	33.2	36.7	36.7	34.2
俄罗斯		17.9	23.4	20.6	20.8	26.8
西班牙	17.9	20.4	23.9	24.6	27.2	
英国	25.0	27.1	29.3	30.3	29.2	
澳大利亚	17.8	17.1	20.1	19.7	21.4	
新西兰	31.6	26.9	28.6	28.1	28.2	

注:①世界银行统计数据。

资料来源:世界银行《世界发展指标》2000 年。

12－9　进口商品构成

单位：%

	1980年	1990年	1995年	1996年	1997年	1998年
世界						
合计	100.0	100.0	100.0	100.0	100.0	100.0
农业原材料	4.2	3.2	3.0	2.6	2.4	2.0
食品	10.8	9.1	8.8	8.9	8.5	8.0
燃料	25.0	10.9	7.5	8.5	8.2	7.0
矿产品及金属	5.0	3.9	3.7	3.2	3.2	3.0
制成品	53.6	71.1	75.0	74.3	74.6	77.0
中国香港						
合计	100.0	100.0	100.0	100.0	100.0	100.0
农业原材料	4.5	2.2	1.7	1.6	1.5	1.0
食品	12.4	7.9	5.5	5.6	5.5	5.0
燃料	5.5	2.4	1.9	2.3	2.0	2.0
矿产品及金属	1.9	1.6	2.1	2.1	2.1	2.0
制成品	75.1	85.5	88.5	88.0	88.5	89.0
孟加拉国						
合计	100.0	100.0	100.0	100.0	100.0	
农业原材料	5.9	5.4	3.4	4.3	5.0	
食品	23.6	19.0	17.3	17.0	15.0	
燃料	9.5	16.5	7.7	7.2	7.0	
矿产品及金属	2.9	3.1	2.3	2.7	2.0	
制成品	57.9	55.9	69.1	68.6	69.0	
印度						
合计	100.0	100.0	100.0	100.0	100.0	
农业原材料	1.7	4.0	4.0	3.2	4.0	
食品	9.0	3.2	4.3	4.7	6.0	
燃料	44.6	27.3	23.8	29.5	25.0	
矿产品及金属	5.9	8.1	7.0	6.8	6.0	
制成品	38.7	51.2	53.8	49.9	55.0	
印度尼西亚						
合计	100.0	100.0	100.0	100.0	100.0	100.0
农业原材料	3.5	4.7	6.2	5.5	4.7	7.0
食品	12.7	5.1	8.8	10.8	8.8	11.0
燃料	16.2	8.9	7.5	8.7	9.8	10.0
矿产品及金属	2.4	4.3	4.4	3.7	3.4	3.0
制成品	64.9	76.9	72.9	71.2	73.1	69.0
伊朗						
合计	100.0					
农业原材料	4.3					
食品	20.9					
燃料	0.6					
矿产品及金属	2.1					
制成品	71.9					
以色列						
合计	100.0	100.0	100.0	100.0	100.0	100.0
农业原材料	2.5	2.4	1.6	1.3	1.3	1.0
食品	10.7	7.9	6.6	6.9	7.1	7.0
燃料	26.5	8.8	6.0	6.1	7.9	7.0
矿产品及金属	3.6	2.7	2.3	2.0	2.2	2.0
制成品	56.5	76.8	82.0	82.3	81.1	82.0

12—9 续表 1

单位:%

	1980年	1990年	1995年	1996年	1997年	1998年
日本						
合计	100.0	100.0	100.0	100.0	100.0	100.0
农业原材料	8.6	6.5	5.6	4.8	4.6	4.0
食品	12.0	14.7	16.2	15.5	14.7	16.0
燃料	50.0	24.5	16.1	17.4	18.5	15.0
矿产品及金属	10.0	9.0	6.6	5.6	6.1	6.0
制成品	18.7	44.1	54.3	55.3	54.9	57.0
韩国						
合计	100.0	100.0	100.0	100.0	100.0	
农业原材料	11.3	8.1	5.5	4.6	4.0	
食品	9.8	5.6	5.5	6.1	6.0	
燃料	29.9	15.8	14.3	16.7	20.0	
矿产品及金属	5.8	6.7	6.4	5.4	7.0	
制成品	43.1	63.4	67.9	66.9	61.0	
马来西亚						
合计	100.0	100.0	100.0	100.0	100.0	
农业原材料	1.9	1.4	1.3	1.4	1.0	
食品	11.9	7.3	4.9	5.4	6.0	
燃料	15.2	5.3	2.3	2.8	3.0	
矿产品及金属	4.0	3.6	3.3	3.2	3.0	
制成品	66.6	82.2	85.7	84.8	85.0	
缅甸						
合计	100.0					
农业原材料	0.7					
食品	6.5					
燃料	2.7					
矿产品及金属	2.1					
制成品	87.0					
巴基斯坦						
合计	100.0	100.0	100.0	100.0	100.0	100.0
农业原材料	3.4	4.0	5.5	3.7	4.1	5.0
食品	13.0	17.4	17.7	15.2	19.3	21.0
燃料	27.0	20.9	16.5	20.7	19.9	16.0
矿产品及金属	2.7	3.6	2.7	2.7	2.3	2.0
制成品	54.0	54.1	57.4	57.2	54.1	55.0
菲律宾						
合计	100.0	100.0	100.0	100.0	100.0	100.0
农业原材料	2.1	2.4	2.2	2.1	1.6	1.0
食品	7.8	10.3	8.3	8.1	7.6	9.0
燃料	28.4	14.9	9.2	9.2	8.5	7.0
矿产品及金属	3.0	3.4	3.2	2.9	2.4	2.0
制成品	47.5	53.2	57.8	77.5	60.9	80.0
新加坡						
合计	100.0	100.0	100.0	100.0	100.0	100.0
农业原材料	5.7	1.7	0.9	0.7	0.6	1.0
食品	8.5	6.1	4.6	4.4	4.3	4.0
燃料	28.7	15.9	8.1	9.4	9.6	8.0
矿产品及金属	1.7	2.1	2.3	1.7	2.1	2.0
制成品	54.1	73.2	83.2	82.8	82.4	84.0

12—9 续表 2

单位:%

	1980 年	1990 年	1995 年	1996 年	1997 年	1998 年
斯里兰卡						
合计	100.0	100.0				
农业原材料	1.1	1.8				
食品	20.4	19.1				
燃料	24.3	12.6				
矿产品及金属	1.6	1.5				
制成品	52.3	64.9				
泰国						
合计	100.0	100.0	100.0	100.0	100.0	100.0
农业原材料	3.5	4.7	4.1	3.6	3.1	3.0
食品	5.2	5.0	3.8	4.2	4.8	5.0
燃料	30.4	9.3	6.8	8.8	9.3	9.0
矿产品及金属	3.7	3.6	3.3	2.9	3.0	3.0
制成品	50.8	75.0	80.7	78.3	77.9	78.0
土耳其						
合计	100.0	100.0	100.0	100.0	100.0	100.0
农业原材料	1.6	4.3	5.6	4.7	4.7	4.0
食品	3.5	8.3	7.0	6.5	5.4	5.0
燃料	48.4	20.8	13.0	13.9	10.4	8.0
矿产品及金属	3.3	5.5	5.9	4.8	4.8	5.0
制成品	43.1	61.0	68.3	69.1	71.9	75.0
越南						
合计	100.0					
农业原材料	2.1					
食品	36.8					
燃料	5.2					
矿产品及金属	0.3					
制成品	55.0					
埃及						
合计	100.0	100.0	100.0	100.0	100.0	100.0
农业原材料	6.2	7.1	7.1	6.1	6.0	5.0
食品	32.4	31.5	28.4	29.5	26.4	21.0
燃料	1.1	2.6	1.2	1.4	1.8	5.0
矿产品及金属	1.3	2.4	2.7	3.1	3.0	3.0
制成品	58.9	56.3	60.6	59.9	62.8	59.0
尼日利亚						
合计	100.0					
农业原材料	0.4					
食品	15.1					
燃料	6.8					
矿产品及金属	1.6					
制成品	75.9					
南非						
合计	100.0	100.0	100.0	100.0	100.0	
农业原材料	2.5	2.2	2.3	2.0	2.0	
食品	2.9	5.0	6.7	6.4	5.0	
燃料	0.4	0.6	8.4	9.6	8.0	
矿产品及金属	2.1	1.9	2.0	1.5	1.0	
制成品	62.2	77.0	78.2	72.3	70.0	

12—9续表3

单位:%

	1980年	1990年	1995年	1996年	1997年	1998年
阿根廷						
合计	100.0	100.0	100.0	100.0	100.0	100.0
农业原材料	3.7	4.0	2.0	1.9	1.5	2.0
食品	5.7	4.0	5.5	4.9	5.3	5.0
燃料	10.3	8.1	4.1	3.6	3.0	3.0
矿产品及金属	2.9	5.8	2.3	2.2	1.9	2.0
制成品	77.3	77.7	86.0	87.3	87.9	89.0
巴西						
合计	100.0	100.0	100.0	100.0	100.0	100.0
农业原材料	1.3	2.6	2.7	3.0	2.6	2.0
食品	9.6	9.4	10.7	10.8	9.1	10.0
燃料	43.1	27.0	12.1	13.2	11.7	9.0
矿产品及金属	5.1	4.6	3.2	2.6	2.8	3.0
制成品	40.8	56.5	71.2	69.9	73.9	76.0
加拿大						
合计	100.0	100.0	100.0	100.0	100.0	100.0
农业原材料	2.2	1.6	1.7	1.5	1.4	1.0
食品	7.5	6.1	5.7	5.8	5.5	6.0
燃料	12.4	6.3	3.6	4.4	4.5	3.0
矿产品及金属	4.8	2.8	3.0	2.7	2.6	2.0
制成品	71.7	80.5	83.3	82.3	83.2	85.0
美国						
合计	100.0	100.0	100.0	100.0	100.0	100.0
农业原材料	2.5	1.9	2.1	2.0	1.9	2.0
食品	8.2	5.8	4.8	4.9	5.0	5.0
燃料	32.8	13.3	8.2	9.4	9.2	7.0
矿产品及金属	4.7	2.8	2.6	2.3	2.3	2.0
制成品	50.0	73.1	79.2	78.0	78.2	81.0
捷克共和国						
合计			100.0	100.0	100.0	100.0
农业原材料			2.7	2.3	2.3	2.0
食品			6.7	7.0	6.6	6.0
燃料			7.8	8.7	8.6	6.0
矿产品及金属			4.2	3.5	3.7	4.0
制成品			77.5	78.5	78.8	82.0
法国						
合计	100.0	100.0	100.0	100.0	100.0	100.0
农业原材料	3.8	2.6	2.5	2.1	2.1	2.0
食品	10.3	9.8	10.8	10.4	10.0	10.0
燃料	26.6	9.6	6.8	8.3	8.2	6.0
矿产品及金属	5.0	3.9	3.5	3.0	3.3	3.0
制成品	54.0	74.1	76.4	76.1	76.4	80.0
德国						
合计			100.0	100.0	100.0	100.0
农业原材料			2.7	2.3	2.2	2.0
食品			9.9	9.9	9.0	9.0
燃料			6.4	7.6	7.6	6.0
矿产品及金属			4.1	3.4	3.7	4.0
制成品			73.3	71.7	68.1	73.0

12—9续表4

单位:%

	1980年	1990年	1995年	1996年	1997年	1998年
匈牙利						
合计	100.0	100.0	100.0	100.0	100.0	100.0
农业原材料	7.1	3.6	3.0	2.6	2.0	2.0
食品	8.3	7.6	5.6	5.2	4.7	4.0
燃料	16.4	14.2	11.7	13.6	9.2	6.0
矿产品及金属	5.9	3.8	4.2	4.0	3.4	3.0
制成品	62.0	70.4	73.7	73.5	79.1	84.0
意大利						
合计	100.0	100.0	100.0	100.0	100.0	100.0
农业原材料	7.0	5.5	5.7	4.9	4.7	4.0
食品	13.1	12.2	11.6	11.8	11.1	11.0
燃料	27.9	10.6	7.4	8.5	8.1	6.0
矿产品及金属	6.3	4.8	5.1	4.4	4.5	4.0
制成品	45.3	64.3	67.5	67.6	68.9	72.0
墨西哥						
合计	100.0	100.0	100.0	100.0	100.0	100.0
农业原材料	3.0	3.5	2.3	1.9	1.9	2.0
食品	16.1	14.6	6.3	7.6	6.1	6.0
燃料	2.0	3.8	2.1	2.0	2.7	2.0
矿产品及金属	4.0	2.9	2.4	2.3	2.5	2.0
制成品	74.9	75.1	80.0	83.6	83.4	85.0
荷兰						
合计	100.0	100.0	100.0	100.0	100.0	100.0
农业原材料	2.6	2.4	2.4	2.2	2.1	2.0
食品	14.9	12.6	13.9	13.6	11.0	11.0
燃料	23.7	10.2	7.5	8.7	8.5	7.0
矿产品及金属	4.1	3.0	3.5	2.8	3.0	3.0
制成品	53.3	71.1	72.2	71.9	75.2	71.0
罗马尼亚						
合计		100.0	100.0	100.0	100.0	100.0
农业原材料		4.4	2.3	2.2	1.8	2.0
食品		12.1	8.5	7.3	6.0	8.0
燃料		38.0	21.4	20.9	18.9	12.0
矿产品及金属		6.4	3.6	3.6	3.2	3.0
制成品		38.9	63.1	64.6	68.2	73.0
俄罗斯						
合计						
农业原材料				100.0	100.0	100.0
食品				17.8	18.6	17.0
燃料				2.8	3.3	3.0
矿产品及金属				1.7	1.7	2.0
制成品				45.3	45.9	44.0
西班牙						
合计	100.0	100.0	100.0	100.0	100.0	
农业原材料	4.8	3.2	3.0	2.6	2.0	
食品	12.5	10.8	13.6	12.3	12.0	
燃料	38.7	11.7	8.4	9.4	7.0	
矿产品及金属	5.8	3.7	3.9	3.4	3.0	
制成品	38.1	70.6	71.0	72.2	76.0	

12－9续表 5 单位:%

	1980 年	1990 年	1995 年	1996 年	1997 年	1998 年
英国						
合计	100.0	100.0	100.0	100.0	100.0	100.0
农业原材料	4.1	2.9	2.4	2.1	2.0	2.0
食品	13.2	10.3	10.0	10.0	9.4	9.0
燃料	13.5	6.2	3.5	3.9	3.5	2.0
矿产品及金属	7.3	3.9	3.5	3.2	3.1	3.0
制成品	60.7	75.4	79.7	79.9	81.1	82.0
南斯拉夫						
合计			100.0	100.0		
农业原材料			4.1	3.9		
食品			14.2	14.2		
燃料			14.0	16.0		
矿产品及金属			7.0	5.9		
制成品			59.8	59.3		
澳大利亚						
合计	100.0	100.0	100.0	100.0	100.0	100.0
农业原材料	2.8	2.0	1.7	1.4	1.3	1.0
食品	5.2	4.8	5.0	4.9	4.9	5.0
燃料	13.8	5.5	5.1	6.3	6.1	5.0
矿产品及金属	2.1	1.3	1.3	1.2	1.3	7.0
制成品	74.6	79.5	86.4	85.8	85.9	81.0
新西兰						
合计	100.0	100.0	100.0	100.0	100.0	
农业原材料	1.7	1.2	1.2	1.0	1.0	
食品	6.0	6.8	7.4	7.6	9.0	
燃料	22.5	7.7	5.4	6.4	7.0	
矿产品及金属	4.0	2.7	2.6	2.2	2.0	
制成品	65.3	81.4	83.3	82.8	81.0	

资料来源:世界银行《世界发展指标》2000 年。

12—10 出口商品构成

单位:%

	1980年	1990年	1995年	1996年	1997年	1998年
世界总计						
合计	100.0	100.0	100.0	100.0	100.0	100.0
农业原材料	4.4	3.0	2.7	2.3	2.1	2.0
食品	12.5	9.7	9.1	8.7	8.3	8.0
燃料	10.9	7.7	5.7	6.9	5.9	4.0
矿产品及金属	4.8	3.5	3.0	2.9	3.0	3.0
制成品	65.0	73.3	76.6	76.6	77.1	80.0
中国香港						
合计	100.0	100.0	100.0	100.0	100.0	100.0
农业原材料	2.3	1.4	1.3	1.2	1.2	…
食品	2.8	4.1	3.0	3.1	2.8	2.0
燃料	0.4	0.7	1.0	1.1	1.2	…
矿产品及金属	2.0	1.1	1.7	1.6	1.5	1.0
制成品	70.9	81.3	81.0	88.9	88.7	95.0
孟加拉国						
合计	100.0	100.0	100.0	100.0	100.0	
农业原材料	18.7	6.8	2.7	2.1	2.0	
食品	12.5	14.3	10.4	10.1	7.0	
燃料	…	1.3	0.4	0.3	…	
矿产品及金属	…			…	…	
制成品	67.6	77.5	85.2	87.2	91.0	
印　度						
合计	100.0	100.0	100.0	100.0	100.0	
农业原材料	5.0	4.1	1.3	2.5	2.0	
食品	28.2	15.6	18.7	18.5	18.0	
燃料	0.4	2.9	1.7	1.6	1.0	
矿产品及金属	7.5	5.2	3.3	3.3	3.0	
制成品	58.6	70.7	73.5	72.4	74.0	
印度尼西亚						
合计	100.0	100.0	100.0	100.0	100.0	100.0
农业原材料	14.1	5.0	6.6	5.8	4.6	5.0
食品	7.6	11.2	11.4	11.2	11.4	11.0
燃料	71.9	44.0	25.4	25.8	24.6	19.0
矿产品及金属	3.9	4.4	6.0	5.7	4.8	4.0
制成品	2.3	35.5	50.6	51.4	42.3	45.0
伊　朗						
合计	100.0					
农业原材料	0.9					
食品	0.8					
燃料	93.2					
矿产品及金属	0.3					
制成品	4.8					
以色列						
合计	100.0	100.0	100.0	100.0	100.0	100.0
农业原材料	4.0	2.5	1.8	1.8	1.8	2.0
食品	11.7	8.5	5.3	5.1	4.1	4.0
燃料	…	0.7	…	0.5	0.5	1.0
矿产品及金属	2.2	1.6	1.4	1.2	1.2	1.0
制成品	81.9	86.6	89.1	91.1	92.1	92.0

12—10 续表 1

单位:%

	1980 年	1990 年	1995 年	1996 年	1997 年	1998 年
日　本						
合计	100.0	100.0	100.0	100.0	100.0	100.0
农业原材料	0.9	0.6	0.6	0.6	0.5	1.0
食品	1.3	0.6	0.5	0.5	0.5	1.0
燃料	0.4	0.5	0.6	0.5	0.5	…
矿产品及金属	1.6	0.9	1.1	1.1	1.2	1.0
制成品	94.7	95.9	95.2	94.9	94.6	94.0
韩　国						
合计	100.0	100.0	100.0	100.0	100.0	
农业原材料	1.4	1.3	1.3	1.2	1.0	
食品	7.4	3.3	2.3	2.4	2.0	
燃料	0.2	1.0	2.0	3.1	4.0	
矿产品及金属	1.1	0.8	1.0	0.9	2.0	
制成品	89.5	93.5	93.3	92.4	91.0	
马来西亚						
合计	100.0	100.0	100.0	100.0	100.0	
农业原材料	31.0	13.8	6.2	5.2	3.0	
食品	15.0	11.7	9.5	8.7	10.0	
燃料	24.7	18.3	7.0	8.1	6.0	
矿产品及金属	10.2	2.1	1.3	1.2	1.0	
制成品	18.8	53.8	74.7	75.7	79.0	
缅　甸						
合计	100.0					
农业原材料	33.3					
食品	40.1					
燃料	9.0					
矿产品及金属	10.3					
制成品	7.2					
巴基斯坦						
合计	100.0	100.0	100.0	100.0	100.0	100.0
农业原材料	20.5	10.2	3.9	6.1	2.7	2.0
食品	23.5	9.3	11.8	9.0	10.1	14.0
燃料	7.1	1.3	1.0	0.8	0.9	…
矿产品及金属	0.4	0.3	0.2	0.2	0.2	…
制成品	48.2	78.7	83.0	83.8	86.0	84.0
菲律宾						
合计	100.0	100.0	100.0	100.0	100.0	100.0
农业原材料	6.1	1.9	1.3	1.2	1.0	1.0
食品	35.9	18.9	13.2	10.1	8.3	7.0
燃料	0.7	2.2	1.5	1.9	1.2	1.0
矿产品及金属	20.6	8.2	4.4	3.2	2.2	2.0
制成品	21.1	37.9	41.5	83.7	44.6	90.0
新加坡						
合计	100.0	100.0	100.0	100.0	100.0	100.0
农业原材料	10.3	2.6	1.1	0.8	0.7	1.0
食品	8.1	5.2	4.0	3.6	3.5	3.0
燃料	25.2	17.9	6.8	7.9	7.0	8.0
矿产品及金属	2.5	1.6	2.0	1.6	1.7	1.0
制成品	46.7	71.7	83.9	83.5	84.2	86.0

12—10 续表 2

单位：%

	1980 年	1990 年	1995 年	1996 年	1997 年	1998 年
斯里兰卡						
合计	100.0	100.0				
农业原材料	18.1	5.8				
食品	47.0	34.3				
燃料	15.4	0.7				
矿产品及金属	0.8	1.6				
制成品	18.5	53.6				
泰　国						
合计	100.0	100.0	100.0		100.0	100.0
农业原材料	11.2	5.1	5.4		4.0	4.0
食品	47.0	28.7	19.3		18.5	19.0
燃料	0.1	0.8	0.7		2.3	2.0
矿产品及金属	13.6	1.0	0.6		1.0	1.0
制成品	25.2	63.1	73.1		71.5	71.0
土耳其						
合计	100.0	100.0	100.0	100.0	100.0	100.0
农业原材料	13.6	3.0	1.5	1.7	1.3	1.0
食品	51.1	22.4	19.6	19.7	19.6	17.0
燃料	1.4	2.3	1.3	1.2	0.7	1.0
矿产品及金属	7.0	4.3	3.3	2.4	2.5	2.0
制成品	26.9	67.9	74.4	73.8	74.9	77.0
越　南						
合计	100.0					
农业原材料	23.2					
食品	29.5					
燃料	32.4					
矿产品及金属	1.3					
制成品	13.5					
埃　及						
合计	100.0	100.0	100.0	100.0	100.0	100.0
农业原材料	15.6	9.5	6.1	4.2	3.8	6.0
食品	6.8	9.7	9.8	10.5	7.5	12.0
燃料	64.2	29.4	37.2	47.6	43.3	30.0
矿产品及金属	2.5	8.9	6.4	5.9	5.0	6.0
制成品	10.9	42.5	40.4	31.6	40.3	44.0
尼日利亚						
合计	100.0					
农业原材料	0.2					
食品	2.2					
燃料	96.9					
矿产品及金属	0.3					
制成品	0.3					
南　非						
合计	100.0	100.0	100.0	100.0	100.0	
农业原材料	2.5	4.3	4.0	3.7	4.0	
食品	8.7	8.0	8.0	11.1	12.0	
燃料	3.8	7.1	8.9	10.9	8.0	
矿产品及金属	7.0	11.1	8.1	11.6	10.0	
制成品	18.2	21.9	43.5	55.3	54.0	

12—10续表3 单位:%

	1980年	1990年	1995年	1996年	1997年	1998年
阿根廷						
合计	100.0	100.0	100.0	100.0	100.0	100.0
农业原材料	6.2	4.3	4.3	3.8	2.8	2.0
食品	65.0	56.3	49.8	51.9	48.8	51.0
燃料	3.5	7.8	10.4	13.0	11.7	8.0
矿产品及金属	2.2	2.4	1.6	1.2	1.6	3.0
制成品	23.2	29.1	33.9	30.1	34.2	35.0
巴西						
合计	100.0	100.0	100.0	100.0	100.0	100.0
农业原材料	4.0	3.4	5.2	3.7	3.6	4.0
食品	46.3	27.7	28.7	30.3	31.3	30.0
燃料	1.8	2.2	0.9	0.9	0.6	1.0
矿产品及金属	9.4	13.6	10.3	10.0	9.4	10.0
制成品	37.2	51.9	53.5	53.8	53.7	55.0
加拿大						
合计	100.0	100.0	100.0	100.0	100.0	100.0
农业原材料	11.1	9.1	9.3	8.0	7.7	7.0
食品	12.3	8.7	7.5	7.7	7.8	8.0
燃料	14.3	10.0	9.1	10.3	10.3	8.0
矿产品及金属	13.9	8.6	6.7	6.2	6.0	5.0
制成品	48.1	58.8	63.0	63.3	63.5	66.0
墨西哥						
合计	100.0	100.0	100.0	100.0	100.0	100.0
农业原材料	2.3	1.6	1.3	1.2	1.0	1.0
食品	12.4	11.6	7.7	6.4	6.2	6.0
燃料	66.8	37.6	10.3	12.0	10.0	6.0
矿产品及金属	6.5	5.7	2.9	2.0	1.9	2.0
制成品	11.9	43.5	77.7	78.3	80.8	85.0
美国						
合计	100.0	100.0	100.0	100.0	100.0	100.0
农业原材料	5.1	4.4	3.9	3.1	2.7	2.0
食品	18.2	11.2	10.6	10.8	9.1	8.0
燃料	3.7	3.2	1.9	2.0	1.9	2.0
矿产品及金属	5.1	3.1	2.7	2.2	2.1	2.0
制成品	65.5	74.1	77.3	78.0	80.8	82.0
捷克共和国						
合计			100.0	100.0	100.0	100.0
农业原材料			3.7	3.2	2.8	2.0
食品			6.0	5.4	5.2	5.0
燃料			4.2	4.5	3.7	3.0
矿产品及金属			2.9	2.8	2.6	2.0
制成品			81.7	84.0	85.5	88.0
法国						
合计	100.0	100.0	100.0	100.0	100.0	100.0
农业原材料	2.4	1.9	1.4	1.4	1.2	1.0
食品	16.1	15.8	14.2	14.0	13.4	13.0
燃料	4.0	2.4	2.4	2.6	2.5	2.0
矿产品及金属	3.8	2.8	2.4	2.3	2.1	2.0
制成品	73.3	77.0	76.9	79.3	78.2	80.0

12—10续表 4

单位:%

	1980年	1990年	1995年	1996年	1997年	1998年
德　国						
合计	100.0	100.0	100.0	100.0	100.0	100.0
农业原材料	1.3	1.1	1.1	1.0	0.9	1.0
食品	5.3	4.8	5.0	5.2	4.7	5.0
燃料	3.7	1.3	1.0	1.4	1.3	1.0
矿产品及金属	3.4	2.5	2.6	2.3	2.4	2.0
制成品	84.6	89.1	87.8	86.1	83.4	86.0
匈牙利						
合计	100.0	100.0	100.0	100.0	100.0	100.0
农业原材料	2.9	2.8	2.3	2.2	1.5	1.0
食品	22.2	22.8	20.7	19.4	14.0	11.0
燃料	4.8	3.1	2.9	3.3	2.3	2.0
矿产品及金属	4.2	5.9	4.6	3.5	2.8	2.0
制成品	64.7	62.8	66.3	67.7	76.6	82.0
意大利						
合计	100.0	100.0	100.0	100.0	100.0	100.0
农业原材料	1.0	0.7	0.7	0.6	0.6	1.0
食品	7.0	6.3	6.5	6.6	6.4	6.0
燃料	5.7	2.3	1.3	1.2	1.4	1.0
矿产品及金属	1.6	1.4	1.4	1.3	1.3	1.0
制成品	83.9	88.1	89.2	89.4	89.3	89.0
荷　兰						
合计	100.0	100.0	100.0	100.0	100.0	100.0
农业原材料	3.4	4.2	3.9	3.7	3.2	3.0
食品	19.9	19.9	19.8	19.0	16.0	17.0
燃料	21.8	9.6	7.0	8.1	7.1	6.0
矿产品及金属	3.7	2.8	2.7	2.3	2.3	2.0
制成品	50.1	59.4	62.6	62.9	71.0	70.0
罗马尼亚						
合计		100.0	100.0	100.0	100.0	100.0
农业原材料		2.6	3.3	3.4	3.6	4.0
食品		1.1	6.5	8.5	6.9	5.0
燃料		17.8	7.9	7.3	6.1	5.0
矿产品及金属		4.1	3.4	3.2	4.3	5.0
制成品		72.7	77.5	76.8	78.6	81.0
俄罗斯						
合计				100.0	100.0	100.0
农业原材料				3.3	3.3	3.0
食品				1.8	1.5	2.0
燃料				43.1	45.8	38.0
矿产品及金属				10.0	11.3	16.0
制成品				26.0	23.2	28.0
西班牙						
合计	100.0	100.0	100.0	100.0	100.0	
农业原材料	2.0	2.1	1.6	1.3	1.0	
食品	18.0	14.8	15.5	15.5	15.0	
燃料	3.7	4.9	1.6	2.4	2.0	
矿产品及金属	4.5	2.4	2.3	2.3	2.0	
制成品	71.7	75.4	78.2	77.8	78.0	

12—10续表 5

单位:%

	1980年	1990年	1995年	1996年	1997年	1998年
英　国						
合计	100.0	100.0	100.0	100.0	100.0	100.0
农业原材料	1.4	1.1	1.0	0.8	0.7	1.0
食品	6.8	7.0	7.5	6.9	6.6	6.0
燃料	13.0	7.6	6.1	6.6	6.1	4.0
矿产品及金属	5.1	3.1	2.7	2.4	2.3	2.0
制成品	71.5	79.0	81.6	82.2	83.1	85.0
南斯拉夫						
合计			100.0	100.0		
农业原材料			4.0	5.0		
食品			28.2	16.0		
燃料			2.2	2.0		
矿产品及金属			14.8	14.3		
制成品			49.0	61.1		
澳大利亚						
合计	100.0	100.0	100.0	100.0	100.0	100.0
农业原材料	10.7	9.8	8.3	7.5	8.1	7.0
食品	34.4	19.7	22.2	24.8	24.4	22.0
燃料	11.1	18.4	19.1	19.1	19.7	20.0
矿产品及金属	17.5	16.0	17.3	15.7	15.7	17.0
制成品	21.5	15.6	30.3	29.8	29.4	29.0
新 西 兰						
合计	100.0	100.0	100.0	100.0	100.0	
农业原材料	26.4	18.5	18.6	16.9	13.0	
食品	47.9	47.0	44.5	46.7	47.0	
燃料	1.1	3.9	1.7	2.3	2.0	
矿产品及金属	4.4	5.7	5.0	4.4	5.0	
制成品	20.2	23.1	29.2	28.6	32.0	

资料来源:世界银行《世界发展指标》2000年。

12—11　农产品进口额

单位:百万美元

	1980年	1990年	1995年	1996年	1997年	1998年
世界总计	**255300**	**353062**	**461234**	**478013**	**468005**	**456842**
亚洲	**57799**	**85652**	**135064**	**139276**	**133385**	**119622**
中国①	7984	9791	18272	17513	16313	14074
中国香港	3162	6822	10575	10942	10996	9679
孟加拉国	607	767	1053	978	1369	1336
印度	1455	1085	2225	2205	4054	3436
印度尼西亚	1555	1591	4884	5624	4467	3655
伊朗	2171	2676	3523	2961	3254	3551
以色列	895	1197	1819	2005	2047	1764
日本	17747	28659	41181	41790	38205	34757
韩国	3303	6459	9673	10736	9710	6762
蒙古	52	66	70	67	84	72
缅甸	41	120	419	259	118	279
巴基斯坦	689	1399	2426	2087	1816	2087
菲律宾	634	1363	2378	2805	2544	2773
斯里兰卡	410	494	659	768	757	781
泰国	634	1601	2876	3230	2481	2269
土耳其	336	2262	3604	4008	4093	3508
越南	327	236	1012	1029	726	946
非洲	**15182**	**15920**	**21257**	**20606**	**20381**	**21109**
埃及	2350	3076	3364	3862	3438	3783
尼日利亚	2099	559	1180	1374	1536	1851
南非	724	989	2026	1961	1891	1645
北美洲	**30239**	**43756**	**54102**	**60539**	**65294**	**67083**
加拿大	4603	7101	9080	9523	10516	10846
墨西哥	3168	4990	5335	7550	7764	8501
美国	18410	27088	33839	37893	41068	41864
南美洲	**7427**	**5352**	**14158**	**15128**	**16253**	**16048**
阿根廷	682	227	1197	1305	1740	1658
巴西	2471	2269	6237	6280	6580	5825
委内瑞拉	1716	800	1648	1473	1528	1765
欧洲	**125072**	**179517**	**232112**	**237436**	**227692**	**228442**
捷克共和国			1893	2202	2038	2042
法国	14868	22613	28788	27619	25904	26552
德国			42834	44763	41298	41049
匈牙利	1071	738	1005	965	1113	1181
意大利	14857	23652	23591	25569	24137	23726
荷兰	11637	17963	21494	20663	17882	17581
波兰	3115	986	3158	4056	3817	3784
罗马尼亚	1494	1368	922	940	767	1040
俄罗斯			12831	10901	13040	10198
西班牙	4391	8039	13537	13160	11837	12123
英国	16310	22952	24322	26680	27119	28702
南斯拉夫	1641	2607	156	570	674	674
大洋洲	**1939**	**3151**	**4540**	**5027**	**4999**	**4538**
澳大利亚	967	1717	2590	2789	2834	2639
新西兰	340	668	1005	1187	1183	984

注:①联合国粮农组织统计数据。

资料来源:联合国粮农组织数据库。

12—12 农产品出口额

单位:百万美元

	1980年	1990年	1995年	1996年	1997年	1998年
世界总计	**234254**	**326138**	**442270**	**465207**	**455533**	**437907**
亚洲	**30148**	**46379**	**75845**	**78383**	**15532**	**15595**
中国①	4554	10208	14363	14343	13422	12196
中国香港	734	3611	5765	6162	5654	4743
孟加拉国	185	160	125	121	143	159
印度	2472	3075	5494	5850	5316	5882
印度尼西亚	2737	2802	5493	5905	6040	5054
伊朗	142	456	1067	952	824	941
以色列	862	1289	1344	1327	1223	1192
日本	914	1165	1750	1582	1639	1558
韩国	641	1145	1651	1761	1810	1656
蒙古	179	159	44	110	122	112
缅甸	241	188	411	335	237	232
巴基斯坦	936	987	1018	1396	837	1153
菲律宾	1977	1230	1881	1756	1803	1713
斯里兰卡	657	745	672	876	1079	1079
泰国	3344	5388	9022	9518	7750	7353
土耳其	1834	3120	4301	4700	5206	4788
越南	97	754	1540	1757	2116	2281
非洲	**14265**	**12246**	**15197**	**16337**	**15532**	**15595**
埃及	677	427	536	521	442	575
尼日利亚	446	230	403	619	529	452
南非	2517	1918	2284	2489	2533	2382
北美洲	**61619**	**66699**	**87861**	**93841**	**91791**	**87113**
加拿大	7072	9181	12789	14702	15192	15394
墨西哥	1833	2936	5718	5622	6292	6863
美国	42921	45211	62259	66256	62544	57352
南美洲	**20369**	**22617**	**33455**	**35127**	**40889**	**39746**
阿根廷	5519	6977	10131	9760	12285	12431
巴西	9320	8764	13354	14308	16002	15216
委内瑞拉	77	308	465	452	540	546
欧洲	**91896**	**158594**	**210336**	**218052**	**207836**	**204428**
捷克共和国			1256	1222	1249	1292
法国	18519	33432	40722	40402	38502	38254
德国			24682	26457	24584	25277
匈牙利	1991	2324	2900	2679	2800	2716
意大利	5677	11135	14587	16889	15735	16090
荷兰	16091	30928	36890	37308	32058	30221
波兰	1119	1628	2366	2595	3112	2928
罗马尼亚	1439	89	510	711	631	437
俄罗斯			1295	1656	1300	1035
西班牙	3566	7826	13190	14964	15120	14855
英国	8243	12767	14612	15398	17403	16588
南斯拉夫			72	532	393	409
大洋洲	**13236**	**17007**	**19574**	**23467**	**24814**	**20727**
澳大利亚	9216	11750	12691	16085	16946	14344
新西兰	3323	4780	6136	6603	7034	5719

注:①联合国粮农组织统计数据。

资料来源:联合国粮农组织数据库。

12—13　谷物进出口贸易

	进口量(千吨)			进口额(百万美元)			出口量(千吨)			出口额(百万美元)		
	1990年	1997年	1998年	1990年	1997年	1998年	1990年	1997年	1998年	1990年	1997年	1998年
世界总计	**223056**	**242215**	**252557**	**40042**	**47300**	**44788**	**226224**	**247719**	**253890**	**36468**	**43086**	**39881**
亚洲	**96426**	**113392**	**113989**	**16039**	**21546**	**20062**	**15649**	**30246**	**35882**	**3198**	**7416**	**8647**
中国①	19921	11216	9994	3258	2010	1655	4203	8523	9023	559	1316	1583
中国香港	754	640	593	216	301	258	102	52	40	26	20	14
孟加拉国	1538	1613	3684	216	246	380						
印度	131	2300	2224	35	442	277	652	2161	4828	277	1006	1464
印度尼西亚	1828	5087	5691	305	1065	1546	145	19	629	17	11	67
伊朗	5525	8711	6340	956	1708	1348		6			1	
以色列	1692	2782	2735	279	437	356	1	…	2			1
日本	27008	27872	26997	4100	4909	4112	436	407	734	73	87	219
韩国	9087	11833	11993	1316	1886	1615	1	19	25	2	6	6
蒙古	58	126	92	16	29	22	34		…	11	…	1
缅甸	7	41	70	1	11	16	234	170	140	55	33	25
巴基斯坦	2048	2503	2527	404	494	358	744	1771	1976	242	480	569
菲律宾	2545	3479	4570	461	699	1028				1	3	…
斯里兰卡	945	1286	1132	170	103	154		2	2		1	1
泰国	387	815	1016	73	171	218	5281	5657	6511	1257	2188	2566
土耳其	3177	3797	2971	561	701	466	210	1737	3135	39	340	386
越南	227	437	698	47	86	121	1660	3825	4050	309	911	1064
非洲	**28426**	**37082**	**40851**	**5176**	**7094**	**7416**	**3786**	**3148**	**2425**	**535**	**563**	**464**
埃及	8342	10077	10589	1313	1229	1516	76	208	435	18	73	136
尼日利亚	477	1775	2955	113	574	880					6	
南非	915	2229	2163	181	320	271	2230	2007	954	279	310	150
北美洲	**16148**	**21274**	**25140**	**2480**	**4104**	**4051**	**115772**	**102026**	**100345**	**15667**	**15674**	**13773**
加拿大	840	1417	1644	149	299	304	23092	23732	21014	3501	3920	3276
墨西哥	7599	7166	11621	1040	1190	1497	8	551	394	2	103	62
美国	2217	5981	5370	359	1198	1031	92616	77467	78756	12142	11534	10343
南美洲	**8481**	**17336**	**21863**	**1581**	**3610**	**3642**	**11452**	**24641**	**27350**	**1672**	**3936**	**3749**
阿根廷	8	185	43	5	81	32	10442	22073	25532	1406	3144	3105
巴西	3182	6938	10014	604	1552	1658	6	371	38	2	56	18
委内瑞拉	1603	2170	2348	247	364	323	2	88	171		42	61
欧洲	**39831**	**52139**	**49856**	**9701**	**10664**	**9392**	**62976**	**63507**	**67856**	**12602**	**11270**	**10298**
捷克共和国		621	328		54	21		245	396		13	33
法国	922	1412	1445	448	507	514	30898	28204	28764	6427	4869	4364
德国		2742	2673		710	659		7391	8080		1266	1266
匈牙利	503	81	61	78	28	27	1348	2582	4485	172	353	427
意大利	6699	8260	8315	1800	1674	1532	2435	2283	2230	714	682	613
荷兰	6899	5996	5818	1596	1101	1003	4226	1240	38887	749	376	307
波兰	1561	1429	1405	235	274	191	242	156	26	27	31	6
罗马尼亚	1186	271	216	138	59	42		798	892		90	87
俄罗斯		4147	2017		755	308		1953	2111		232	177
西班牙	3020	6390	6709	614	1087	1072	1747	1868	1413	411	442	328
英国	3084	3200	3230	886	861	792	6611	5480	5798	1141	915	834
南斯拉夫		343	343		71	71		166	249		39	56
大洋洲	**762**	**993**	**858**	**202**	**281**	**225**	**15049**	**24150**	**20031**	**2535**	**4227**	**2949**
澳大利亚	40	49	40	15	29	24	15013	2414	1997	2529	4219	2935
新西兰	279	261	193	62	74	45	34	9	55	6	3	8

注：①联合国粮农组织统计数据。

资料来源：联合国粮农组织数据库。

12—14 小麦进出口贸易

	进口量(千吨)			进口额(百万美元)			出口量(千吨)			出口额(百万美元)		
	1990 年	1997 年	1998 年	1990 年	1997 年	1998 年	1990 年	1997 年	1998 年	1990 年	1997 年	1998 年
世界总计	**95959**	**105943**	**106014**	**17182**	**19741**	**17686**	**98602**	**106941**	**108276**	**15986**	**17506**	**15116**
亚洲	**41748**	**44930**	**39700**	**7285**	**8673**	**7033**	**1517**	**3733**	**4095**	**217**	**637**	**535**
中国①	13375	2826	2507	2319	571	488	3	1	6	1	…	1
中国香港	130	19	16	23	5	4	…	…	…	…	…	…
孟加拉国	1157	1412	1040	148	203	143						
印度	63	2256	2050	12	435	250	139			17		
印度尼西亚	1724	3612	444	282	777	630		…			…	
伊朗	3382	5942	2770	541	1108	461		…			…	
以色列	655	1093	1560	111	184	188	…	…	1	…	…	1
日本	5474	6315	5758	1019	1363	1094						
哈萨克斯坦		6	4		1	…		2792	2501		430	259
韩国	2516	3325	4695	419	594	663		…	…		…	…
马来西亚	840	1070	1056	144	388	187	3	2	7	1	1	1
蒙古		17	22		6	10	27			10		1
缅甸		5	10		1	3						
巴基斯坦	2047	2500	2520	404	492	354			4			2
菲律宾	1531	2399	1867	260	423	287						
新加坡	187	134	128	32	28	22	23	1	1	5	…	…
斯里兰卡	588	873	800	92	21	100						
泰国	313	546	695	57	123	160						
土耳其	2181	2552	1721	387	457	232	25	15	1109	4	4	163
越南	28	208	302	5	39	46						
非洲	**14481**	**18580**	**22100**	**2360**	**3242**	**3739**	**147**	**118**	**115**	**23**	**21**	**19**
埃及	5400	6902	7340	853	821	1101		…			…	
尼日利亚	30	930	1841	5	283	541						
南非	584	347	511	88	73	78	146	94	53	22	15	9
北美洲	**3340**	**6619**	**7053**	**482**	**1225**	**1068**	**45516**	**45028**	**44823**	**6751**	**7415**	**6529**
加拿大	0	75	105	…	13	11	17954	18858	17702	2863	3157	2796
墨西哥	339	1801	2474	48	323	339	2	402	117	…	77	18
美国	634	2216	2006	84	376	298	27557	25768	27004	3887	4182	3714
南美洲	**4964**	**9077**	**11181**	**850**	**1792**	**1593**	**6183**	**9203**	**10657**	**913**	**1415**	**1334**
阿根廷	4	…	…	…	…	…	5837	8791	10371	871	1347	1298
巴西	1962	4850	6395	331	974	814		…	4		…	1
委内瑞拉	992	993	1191	169	181	178	…	…		…	…	
欧洲	**16096**	**26284**	**25606**	**3650**	**4710**	**4184**	**32908**	**29481**	**33356**	**5972**	**4738**	**4489**
捷克共和国		225	84		32	7		4	155		1	16
法国	199	438	413	57	90	80	17165	14600	13733	3296	2369	1960
德国		878	848		157	154		3862	4932		662	810
匈牙利	19	4	1	17	1	…	1120	971	1894	109	126	161
意大利	4663	6977	6916	1217	1337	1214	137	155	80	30	33	16
罗马尼亚	228	11	35	23	1	4		451	455		50	43
俄罗斯		2300	1095		359	123		553	1524		90	127
西班牙	695	2974	3308	162	510	522	225	363	203	60	76	41
英国	872	1102	1249	194	223	237	4460	3645	4213	760	575	582
大洋洲	**306**	**453**	**374**	**65**	**100**	**70**	**11507**	**19378**	**15231**	**1972**	**3279**	**2210**
澳大利亚		1	1		…	…	11507	19378	15231	1971	3279	2210
新西兰	176	216	145	37	52	28	…	…	…	…	…	…

注:①联合国粮农组织统计数据。

资料来源:联合国粮农组织数据库。

12－15　一些国家(地区)的出口去向(1998 年)

单位：%

	总计	发达国家	发展中国　家	发展中国家：欧洲	发展中国家：美洲	发展中国家：非洲	发展中国家：西亚
中　国①	100.0	56.0	39.9	15.9	2.9	1.7	2.4
中国香港	100.0	48.5	47.8	16.1	2.8	0.7	1.3
孟加拉国	100.0	86.5	12.1	46.4	0.6	1.1	3.1
印　度	100.0	58.5	35.7	27.5	2.3	4.2	8.8
印度尼西亚	100.0	55.5	40.0	16.6	1.6	2.0	3.4
伊　朗	100.0	51.6	42.6	33.1	1.2	1.5	10.0
伊拉克	100.0	90.8	4.3	55.3	…		0.3
以色列	100.0	74.2	15.7	32.6	3.7	0.9	1.7
日　本	100.0	55.0	37.8	19.4	5.0	1.0	3.5
哈萨克斯坦	100.0	26.1	28.4	20.2	0.8	0.7	7.6
朝　鲜	100.0	12.3	15.3	4.5	2.4	1.5	3.0
韩　国	100.0	48.8	44.8	18.0	6.5	2.5	5.0
马来西亚	100.0	52.3	43.2	16.4	1.7	0.8	2.4
缅　甸	100.0	35.2	47.4	13.4		0.9	0.6
巴基斯坦	100.0	61.2	36.3	31.5	2.3	3.4	11.0
菲律宾	100.0	70.9	22.8	20.5	1.4	0.1	0.7
新加坡	100.0	47.7	47.3	17.0	1.7	1.0	1.9
斯里兰卡	100.0	76.7	17.3	30.2	1.7	2.0	5.7
泰　国	100.0	58.7	34.5	19.0	1.6	1.4	2.9
土耳其	100.0	60.5	21.0	48.9	1.0	6.4	6.4
越　南	100.0	64.8	22.2	33.4	0.4	0.2	0.2
埃　及	100.0	64.4	27.9	47.9	0.7	3.3	15.3
尼日利亚	100.0	66.3	28.4	27.4	6.8	9.2	0.1
南　非	100.0	62.8	36.2	38.2	2.7	19.0	2.4
加拿大	100.0	94.6	4.8	5.4	1.8	0.4	0.4
墨西哥	100.0	93.4	5.7	3.4	4.6	…	0.2
美　国	100.0	58.1	38.0	23.4	20.8	1.1	3.0
阿根廷	100.0	31.1	62.6	18.2	48.8	2.7	3.1
巴　西	100.0	51.0	40.3	25.3	27.7	2.8	3.7
委内瑞拉	100.0	59.6	29.0	7.9	28.3	0.2	0.0
保加利亚	100.0	53.6	23.1	48.8	1.0	2.6	10.4
捷克共和国	100.0	69.1	6.5	66.0	0.7	0.7	1.5
法　国	100.0	69.4	16.9	58.6	2.6	5.3	2.9
德　国	100.0	70.1	13.4	56.2	3.0	1.3	3.0
匈牙利	100.0	79.8	7.2	74.3	0.8	0.6	1.1
意大利	100.0	70.8	19.3	57.8	4.4	3.6	4.6
俄罗斯	100.0	49.3	19.7	38.3	1.3	1.2	4.8
西班牙	100.0	79.9	15.6	72.8	6.7	3.3	3.0
乌克兰	100.0	23.8	30.1	17.8	1.5	3.1	9.9
英　国	100.0	71.9	15.6	51.9	2.2	2.0	4.9
南斯拉夫	100.0	84.0	8.5	82.0	0.2	…	2.9
澳大利亚	100.0	52.0	39.3	13.9	1.5	1.3	4.4
新西兰	100.0	66.2	28.3	17.1	4.6	1.3	2.3

12－15续表1 单位:%

	发展中国家:其他亚洲国家	发展中国家:其他	欧洲	东欧	石油输出国组织成员国	美国和加拿大	日本	其他
中　国①	32.8	2.1	15.3	2.0	2.7	21.8	16.2	2.1
中国香港	42.9	2.1	15.2	0.5	1.5	25.0	5.3	3.2
孟加拉国	7.2	0.6	45.7	0.7	2.3	37.9	1.7	0.6
印　度	20.2	3.4	26.5	2.9	9.3	22.5	5.1	2.9
印度尼西亚	32.8	4.3	16.3	0.8	3.0	16.9	17.7	3.6
伊　朗	29.8	0.4	32.7	0.8	6.4	0.8	17.3	5
伊拉克	3.4	0.8	55.3	2.2		32.6	2.0	2.7
以色列	9.1	2.1	30.8	2.9	0.4	36.2	3.2	7.2
日　本	28.1	3.1	18.5	0.6	4.0	32.5	·	6.6
哈萨克斯坦	19.2	0.1	20.0	45.0	3.7	3.5	2.2	0.6
朝　鲜	8.1	0.3	4.5	1.5	2.4	…	7.5	70.9
韩　国	30.4	3.0	13.8	2.3	5.2	18.6	9.3	4.1
马来西亚	38.1	3.0	16.2	0.4	3.1	22.4	10.5	4.1
缅　甸	45.8	0.7	13.2	0.1	2.7	14.4	6.7	17.3
巴基斯坦	19.6	2.7	30.7	0.6	10.5	23.6	3.4	2
菲律宾	20.5	0.9	20.3	0.2	1.0	35.2	14.4	6
新加坡	42.2	3.7	15.8	0.5	1.7	20.4	6.6	4.5
斯里兰卡	7.7	2.0	29.3	2.3	4.5	39.8	4.7	3.7
泰　国	28.4	2.5	17.8	0.5	4.4	23.5	13.7	6.3
土耳其	6.1	2.3	47.6	10.9	6.2	8.9	0.4	7.7
越　南	21.2	5.8	32.3	2.6	0.7	7.6	18.1	10.4
埃　及	8.2	1.5	47.6	2.0	5.9	13.4	1.5	5.7
尼日利亚	12.3	1.6	25.5	0.5	1.5	36.6	0.7	4.9
南　非	12.1	2.6	36.7	1.0	3.5	13.2	8.7	
加拿大	2.2	0.5	4.9	0.2	0.9	86.5	2.3	0.4
墨西哥	0.9	0.1	3.1	0.1	0.7	89.2	0.7	0.8
美　国	13.0	3.6	22.0	1.0	3.9	22.7	8.5	2.8
阿根廷	8.0	1.5	17.7	1.0	4.8	8.9	2.5	5.2
巴　西	5.9	1.0	24.6	2.2	5.4	20.4	4.3	6.5
委内瑞拉	0.4	…	7.7	0.2	1.4	50.4	1.3	11.2
保加利亚	4.5	0.7	47.9	15.4	1.1	3.3	0.8	7.8
捷克共和国	1.9	0.4	64.2	23.6	0.9	2.5	0.3	0.8
法　国	5.2	1.2	54.7	3.0	3.0	8.1	1.5	10.6
德　国	5.1	1.8	50.7	9.7	2.1	10.1	1.9	6.8
匈牙利	1.5	0.3	72.9	12.6	0.5	4.8	0.4	0.3
意大利	4.5	2.0	53.7	6.1	3.4	9.4	1.7	3.8
俄罗斯	11.8	0.7	32.7	28.9	1.5	7.1	3.1	2.2
西班牙	2.2	1.4	70.8	2.6	2.7	4.7	0.9	1.9
乌克兰	14.8	1.3	16.9	41.4	2.2	4.2	0.5	4.7
英　国	6.2	3.2	48.2	2.6	4.2	14.8	2.0	9.9
南斯拉夫	0.6	0.5	81.0	7.4	0.1	1.0	0.5	0.1
澳大利亚	29.7	7.7	12.4	0.5	5.8	11.0	19.5	8.1
新西兰	17.2	21.4	16.8	1.1	3.5	14.3	13.3	4.4

注:①联合国统计数据。

资料来源:联合国贸易和发展会议数据库。

12—16　一些国家(地区)的进口来源(1998 年)

单位:%

	总计	发达国家	发展中国家	发展中国家:欧洲	发展中国家:美洲	发展中国家:非洲	发展中国家:西亚
中　　国①	100.0	52.2	30.9	15.6	2.1	0.6	2.1
中国香港	100.0	33.6	58.3	11.1	0.8	0.1	0.5
孟加拉国	100.0	31.7	66.6	14.9	2.6	0.5	2.6
印　　度	100.0	50.0	45.9	28.6	1.8	6.0	14.7
印度尼西亚	100.0	49.2	44.8	16.9	1.8	1.4	4.2
伊　　朗	100.0	55.0	37.5	43.0	9.2	0.6	6.9
伊 拉 克	100.0	73.7	22.2	47.8	1.9	1.0	2.2
以 色 列	100.0	80.0	11.0	54.3	1.4	0.3	1.8
日　　本	100.0	48.6	46.4	15.5	3.2	0.5	8.9
哈萨克斯坦	100.0	33.1	19.1	29.4	0.5	0.1	6.4
朝　　鲜	100.0	20.8	29.3	11.6	3.4	0.7	0.2
韩　　国	100.0	62.8	33.9	13.7	2.3	1.4	11.5
马来西亚	100.0	55.7	37.6	12.9	1.0	0.3	1.0
缅　　甸	100.0	16.6	80.5	5.9		0.1	0.1
巴基斯坦	100.0	43.2	53.9	21.6	1.8	3.1	21.4
菲 律 宾	100.0	55.8	38.7	9.7	0.8	0.4	5.7
新 加 坡	100.0	52.5	43.0	15.0	1.1	0.5	6.4
斯里兰卡	100.0	33.2	59.4	16.0	2.0	1.4	8.3
泰　　国	100.0	55.1	35.9	13.8	1.4	1.1	7.3
土 耳 其	100.0	67.9	17.3	52.4	1.7	3.5	3.6
越　　南	100.0	28.3	52.9	11.0	0.2	0.1	…
埃　　及	100.0	65.4	24.5	42.1	4.5	1.2	5.4
尼日利亚	100.0	64.7	29.5	47.6	5.5	3.0	0.5
南　　非	100.0	72.1	27.8	45.7	2.3	4.1	7.9
加 拿 大	100.0	84.4	12.0	10.8	4.3	0.5	0.3
墨 西 哥	100.0	91.8	8.1	9.8	2.4	0.2	0.1
美　　国	100.0	54.8	40.4	20.6	15.9	1.5	1.5
阿 根 廷	100.0	55.1	39.9	28.8	30.9	0.3	0.2
巴　　西	100.0	63.3	33.0	30.1	21.7	2.7	1.7
委内瑞拉	100.0	72.7	25.3	22.3	19.9	0.1	0.0
保加利亚	100.0	52.2	13.7	46.2	2.6	1.0	4.4
捷克共和国	100.0	72.0	7.0	65.7	0.8	0.5	0.4
法　　国	100.0	71.1	14.7	57.7	1.8	3.7	1.9
德　　国	100.0	69.3	14.2	54.2	2.1	1.3	1.8
匈 牙 利	100.0	74.4	10.5	65.9	1.6	0.4	0.4
意 大 利	100.0	71.5	17.1	61.2	2.4	4.8	2.5
俄 罗 斯	100.0	50.7	22.0	37.8	4.0	0.8	1.4
西 班 牙	100.0	79.3	17.6	69.3	4.1	4.5	2.2
乌 克 兰	100.0	28.0	9.2	22.5	0.6	0.5	1.1
英　　国	100.0	71.2	16.0	48.6	1.8	1.3	1.8
南斯拉夫	100.0	79.9	10.3	76.4	0.4	1.4	3.5
澳大利亚	100.0	67.1	28.5	24.3	0.9	0.2	1.4
新 西 兰	100.0	75.7	21.2	21.2	1.4	0.6	2.9

12—16 续表 1

单位：%

	发展中国家：其他亚洲国家	发展中国家：其他	欧洲	东欧	石油输出国组织成员国	美国和加拿大	日本	其他
中国①	26.0	2.8	14.8	2.8	3.2	13.7	20.2	14.0
中国香港	57.0	1.7	10.1	0.3	1.3	8.1	12.6	7.8
孟加拉国	60.5	3.6	13.3	1.8	5.5	5.5	7.8	
印度	23.4	5.6	25.8	2.4	16.9	9.7	6.1	1.6
印度尼西亚	37.3	6.2	16.3	0.3	4.7	9.9	16.2	5.7
伊朗	20.5	3.3	41.3	5.8	5.3	1.4	7.3	1.7
伊拉克	16.9	16.1	45.4	3.9	0.4	9.0	0.8	0.2
以色列	7.4	1.4	48.5	1.9	0.1	20.8	3.6	7.1
日本	33.6	6.4	14.0	1.3	12.3	26.7		3.7
哈萨克斯坦	12.0	0.3	29.1	47.5	1.9	2.5	1.0	0.3
朝鲜	25.0	0.1	11.5	2.9	0.8	0.3	8.8	47.0
韩国	18.4	7.0	11.7	1.5	13.9	24.0	18.1	1.9
马来西亚	35.1	2.8	11.8	0.4	3.4	20.3	19.7	6.3
缅甸	80.3	0.7	5.7	0.1	10.1	1.5	8.5	2.9
巴基斯坦	27.4	3.0	18.3	1.0	21.4	10.6	8.0	1.9
菲律宾	31.5	3.1	9.1	0.1	7.1	22.7	20.3	5.4
新加坡	34.6	1.8	13.9	0.4	5.9	18.9	16.7	4.1
斯里兰卡	47.7	5.1	15.2	0.6	8.5	3.6	8.5	6.9
泰国	26.0	3.0	12.4	0.7	5.8	14.6	23.6	8.3
土耳其	8.2	1.9	49.8	9.4	5.5	9.2	4.5	5.3
越南	52.6	2.7	10.4	3.3	2.1	2.7	11.8	15.5
埃及	13.0	2.3	40.7	5.6	3.0	15.7	5.3	4.5
尼日利亚	20.4	1.3	46.2	1.6	1.3	12.4	3.4	4.1
南非	13.6	3.8	44.0	0.1	9.1	15.4	7.1	
加拿大	6.8	0.9	9.5	0.5	1.2	68.0	4.7	3.0
墨西哥	5.5	0.4	9.2	0.1	0.7	77.9	3.7	
美国	21.5	2.1	19.3	1.2	4.3	18.8	13.2	3.6
阿根廷	8.5	1.1	27.6	1.0	1.2	20.6	4.6	4.0
巴西	6.9	1.7	28.1	1.3	5.6	25.9	5.7	2.5
委内瑞拉	5.3	1.3	21.4	0.6	0.4	44.9	4.2	1.4
保加利亚	4.3	1.1	44.6	30.5	2.2	4.0	0.9	3.6
捷克共和国	4.5	0.4	63.4	18.6	0.5	4.0	1.9	2.5
法国	6.8	0.9	53.8	2.7	2.7	9.3	3.3	11.4
德国	8.0	1.2	48.5	9.5	1.4	8.9	5.0	7.0
匈牙利	7.0	0.4	64.1	14.1	0.4	4.3	3.8	1.0
意大利	6.0	2.3	56.8	5.7	5.0	5.8	2.2	5.7
俄罗斯	14.8	1.1	36.3	26.8	0.8	9.9	1.9	0.5
西班牙	6.6	1.1	67.4	2.2	5.3	6.0	2.9	1.0
乌克兰	6.4	0.5	21.6	61.7	0.3	4.2	0.8	1.1
英国	11.0	2.3	43.8	2.3	1.7	15.2	5.1	10.5
南斯拉夫	0.9	0.5	73.5	7.8	1.4	2.9	0.1	2.1
澳大利亚	24.7	4.9	23.0	0.2	4.9	24.1	13.8	4.2
新西兰	15.6	22.4	19.7	0.2	3.6	20.7	11.4	2.9

注：①联合国统计数据。

资料来源：联合国贸易和发展会议数据库。

12－17　按国家和部门划分的服务贸易额

单位：百万美元

部　门	1980年	1990年	1995年	1996年	1997年	1998年
阿 根 廷						
服务总额	1427	2264	3705	4278	4358	4507
交通运输	805	1156	971	1048	1090	1071
旅游	344	903	2223	2621	2777	3025
通讯			333	360	271	198
建筑				8	8	7
计算机和信息服务			1	2	1	2
金融和保险服务	6	1	122	124	82	56
其他商业服务	268	200	20	30	39	38
版税和许可证费用	4	4	7	6	8	8
个人、文化和休闲服务			28	79	82	102
澳大利亚						
服务总额	3660	9833	15741	18117	18379	15971
交通运输	1904	3486	4711	5103	4991	4337
旅游	1137	4245	7873	9083	9056	7422
通讯			645	752	806	796
建筑			68	58	44	9
计算机和信息服务			127	168	334	377
金融和保险服务	50	408	863	1049	1106	1006
其他商业服务	501	1532	1058	1433	1471	1500
版税和许可证费用	67	162	234	265	335	282
个人、文化和休闲服务			161	207	237	242
孟加拉国						
服务总额	172	296	469	223	266	252
交通运输	39	38	70	80	91	92
旅游	16	19	25	33	62	52
通讯				28	36	28
建筑					3	
计算机和信息服务					1	1
金融和保险服务				13	13	14
其他商业服务	117	238	373	68	60	62
版税和许可证费用						
个人、文化和休闲服务						1
白俄罗斯						
服务总额			466	907	919	870
交通运输			302	478	496	495
旅游			23	55	25	22
通讯			9	17	29	43
建筑			27	54	104	69
计算机和信息服务				1	2	6
金融和保险服务			2	3	3	14
其他商业服务			103	299	258	220
版税和许可证费用					2	1
个人、文化和休闲服务						
巴　西						
服务总额	1672	3706	6005	4453	5488	7083
交通运输	813	1348	2600	1428	1405	1862
旅游	126	1383	972	718	977	1317
通讯			36	227	146	157
建筑			14			

12—17 续表 1 单位:百万美元

部门	1980年	1990年	1995年	1996年	1997年	1998年
巴西(续)						
计算机和信息服务			43	4	6	6
金融和保险服务	137	115	1013	355	279	323
其他商业服务	584	848	1249	1582	2449	3160
版税和许可证费用	12	12	32	78	97	142
个人、文化和休闲服务			46	61	129	116
保加利亚						
服务总额	1211	837	1431	1366	1307	1234
交通运输	439	230	494	439	449	449
旅游	348	320	473	388	369	437
通讯					25	28
建筑					106	74
计算机和信息服务						
金融和保险服务	49	26			99	43
其他商业服务	375	261	465	538	259	203
版税和许可证费用						
个人、文化和休闲服务						
加拿大						
服务总额	7115	18350	25425	28517	29807	30281
交通运输	2540	4223	5262	5724	6042	5932
旅游	2547	6360	7917	8607	8819	9357
通讯			1278	1474	1607	1663
建筑			95	103	145	73
计算机和信息服务			1011	1109	1156	1099
金融和保险服务			2888	2921	3228	3463
其他商业服务	2028	7632	5853	7149	7218	7328
版税和许可证费用			374	536	653	574
个人、文化和休闲服务		135	748	893	939	792
捷克共和国						
服务总额			6638	8071	7033	7297
交通运输			1463	1334	1317	1348
旅游			2880	4079	3620	3758
通讯			292	77	61	71
建筑			57	466	371	264
计算机和信息服务			5	28	39	57
金融和保险服务			70	184	224	254
其他商业服务			1783	1764	1250	1210
版税和许可证费用			13	43	34	57
个人、文化和休闲服务			74	97	118	277
埃及						
服务总额	2321	4813	8262	9079	9096	7832
交通运输	1254	2410	3202	2689	2524	2494
旅游	593	1100	2684	3204	3727	2565
通讯			215	210	181	216
建筑			1	12	78	49
计算机和信息服务			1	1	5	10
金融和保险服务	10	46	83	93	81	93
其他商业服务	464	1257	2027	2808	2436	2337
版税和许可证费用			47	55	54	56
个人、文化和休闲服务			2	7	11	12

12－17 续表 2

单位：百万美元

部　　门	1980 年	1990 年	1995 年	1996 年	1997 年	1998 年
法　国						
服务总额	42156	74948	83108	82585	80269	84627
交通运输	10525	16257	20466	20161	19291	20400
旅游	8257	20270	27587	28352	27882	29963
通讯		207	472	582	636	887
建筑	2562	1771	3095	3790	3947	4926
计算机和信息服务		76	360	510	553	769
金融和保险服务	1475	11123	4388	3372	3097	2465
其他商业服务	18843	23549	23709	22515	21407	21454
版税和许可证费用	496	1295	1850	1884	2046	2336
个人、文化和休闲服务		399	1180	1419	1410	1428
德　国						
服务总额	25764	51605	75182	78797	76600	78903
交通运输	8810	14757	19568	19774	19066	20313
旅游	5000	14376	17903	17439	16442	16443
通讯	515	1407	2037	2023	1923	1775
建筑	3912	3286	5238	5001	4966	4367
计算机和信息服务		258	1402	1592	2144	2814
金融和保险服务	279	495	3676	5530	4551	4097
其他商业服务	6616	14914	22038	23929	24149	25717
版税和许可证费用	608	1987	3134	3364	3213	3252
个人、文化和休闲服务	24	125	186	144	146	125
印　度						
服务总额	2861	4609	6763	7179	8926	11067
交通运输	446	959	1890	1989	1942	1773
旅游	1552	1558	2582	2831	2890	2949
通讯						
建筑						
计算机和信息服务						
金融和保险服务	37	123	170	210	229	230
其他商业服务	826	1967	2120	2142	3852	6096
版税和许可证费用		1	1	7	12	19
个人、文化和休闲服务						
印度尼西亚						
服务总额		2488	5342	6462	6792	4340
交通运输		70				
旅游		2153	5229	6184	6648	4255
通讯			113	278	144	85
建筑						
计算机和信息服务						
金融和保险服务						
其他商业服务		265				
版税和许可证费用						
个人、文化和休闲服务						
伊　朗						
服务总额	731	343	533	743	1018	
交通运输	33	36	138	434	449	
旅游	29	28	67	19	16	
通讯						
建筑						
计算机和信息服务						

12—17 续表 3 单位:百万美元

部　门	1980年	1990年	1995年	1996年	1997年	1998年
伊　朗(续)						
金融和保险服务		22	47	99	72	
其他商业服务	669	257	281	191	481	
版税和许可证费用						
个人、文化和休闲服务						
以色列						
服务总额	2707	4546	7713	8031	8348	8980
交通运输	1037	1398	2014	1902	2001	2092
旅游	980	1396	2964	2955	2836	2657
通讯	61	256	428	405	236	193
建筑		56	41	67	114	134
计算机和信息服务						
金融和保险服务	27	11	18	13	15	17
其他商业服务	590	1387	2113	2528	2966	3670
版税和许可证费用	12	63	135	162	180	218
个人、文化和休闲服务						
意大利						
服务总额	18823	48579	61173	64913	66409	66621
交通运输	4594	10182	10823	10883	10669	10641
旅游	8959	16460	28731	30017	29714	29809
通讯	95	247	293	538	684	674
建筑		760	3166	3160	3348	4493
计算机和信息服务		133	160	207	235	288
金融和保险服务	1240	2679	4016	5124	5758	3560
其他商业服务	3796	16257	13154	14207	15066	16247
版税和许可证费用	96	1040	462	381	490	477
个人、文化和休闲服务	44	820	368	395	444	433
日　本						
服务总额	18760	41384	63966	66382	68136	61795
交通运输	12730		22506	21592	21824	21270
旅游	640		3224	4083	4329	3743
通讯			500	1377	1363	1163
建筑			6559	5938	7861	7736
计算机和信息服务				1222	1414	1338
金融和保险服务	320		601	3328	2194	1650
其他商业服务	4720		24437	21985	21614	17078
版税和许可证费用	350		6005	6683	7303	7388
个人、文化和休闲服务			133	175	234	429
哈萨克斯坦						
服务总额			529	667	833	869
交通运输			352	432	495	380
旅游			122	199	289	407
通讯			35	18	38	45
建筑					2	9
计算机和信息服务						
金融和保险服务						1
其他商业服务			21	19	9	27
版税和许可证费用						
个人、文化和休闲服务						

12—17 续表 4　　　　单位：百万美元

部　门	1980 年	1990 年	1995 年	1996 年	1997 年	1998 年
韩　国						
服务总额	2402	9155	22133	22648	25439	23843
交通运输	1545	3179	9272	8765	11005	10204
旅游	369	3161	5150	4880	4731	5933
通讯	31	395	561	643	652	656
建筑						
计算机和信息服务		3	5	6	3	5
金融和保险服务	49	5	85	218	158	197
其他商业服务	384	2376	6761	7952	8633	6575
版税和许可证费用	23	37	299	185	252	260
个人、文化和休闲服务					5	14
马来西亚						
服务总额	1046	3769	11438	14345	14868	
交通运输	472	1198	2466	2778	3000	
旅游	317	1684	3969	4477	3741	
通讯						
建筑						
计算机和信息服务						
金融和保险服务	7	3	7	7	7	
其他商业服务	250	885	4997	7083	8120	
版税和许可证费用						
个人、文化和休闲服务						
墨 西 哥						
服务总额	4383	7222	9585	10693	11214	11937
交通运输	445	892	1164	1412	1416	1432
旅游	3202	5527	6179	6934	7593	7899
通讯			860	845	1159	1043
建筑						
计算机和信息服务						
金融和保险服务	466	335	641	818	350	840
其他商业服务	249	395	622	557	561	580
版税和许可证费用	21	73	114	121	131	139
个人、文化和休闲服务			5	4	4	4
蒙　古						
服务总额		48	47	43	50	75
交通运输		20	15	28	29	32
旅游		5	21	10	13	35
通讯			5	5	7	7
建筑						
计算机和信息服务						
金融和保险服务		2	3	1	2	
其他商业服务		21	4			
版税和许可证费用						
个人、文化和休闲服务						
缅　甸						
服务总额	48	93	350	417	508	529
交通运输	18	10	23	40	36	33
旅游	10	20	149	180	153	170
通讯						
建筑						
计算机和信息服务						
金融和保险服务	1					

12－17 续表 5　　单位：百万美元

部　门	1980年	1990年	1995年	1996年	1997年	1998年
缅　甸(续)						
其他商业服务	17	64	178	197	318	326
版税和许可证费用	1					
个人、文化和休闲服务						
荷　兰						
服务总额	16686	30100	47018	48947	50508	51633
交通运输	8830	13418	19282	20246	20923	20576
旅游	2248	4155	6577	6569	6299	6802
通讯		422	633	648	652	844
建筑	1276	1711	3272	3024	3292	2806
计算机和信息服务			619	638	815	948
金融和保险服务	197	220	525	707	682	607
其他商业服务	3716	9087	13271	14190	15190	16157
版税和许可证费用	418	1086	2370	2427	2200	2432
个人、文化和休闲服务			468	498	456	461
新西兰						
服务总额	950	2415	4400	4553	4140	3651
交通运输	587	1049	1526	1515	1409	1254
旅游	213	1030	2318	2432	2063	1746
通讯						
建筑						
计算机和信息服务				24	38	44
金融和保险服务	11	6	11	14	27	25
其他商业服务	138	342	567	525	518	497
版税和许可证费用				12	24	44
个人、文化和休闲服务				31	62	41
尼日利亚						
服务总额	1127	965	608	733	786	
交通运输	911	37	100	76	91	
旅游	68	25	17	35	55	
通讯						
建筑						
计算机和信息服务						
金融和保险服务	74	3	4	2	3	
其他商业服务	73	901	488	619	637	
版税和许可证费用						
个人、文化和休闲服务						
巴基斯坦						
服务总额	576	1240	1458	1575	1496	
交通运输	274	735	845	796	840	
旅游	151	149	112	107	105	
通讯			273	386	311	
建筑						
计算机和信息服务					2	
金融和保险服务	12	17	14	40	41	
其他商业服务	138	339	181	200	172	
版税和许可证费用			6	19	2	
个人、文化和休闲服务			26	27	23	
菲律宾						
服务总额	1214	2897	9323	12929	15130	7465
交通运输	206	246	274	358	357	324

12—17 续表 6　　单位:百万美元

部　　门	1980 年	1990 年	1995 年	1996 年	1997 年	1998 年
菲 律 宾(续)						
旅游	320	466	1136	1546	2341	1418
通讯						
建筑		3	10	18	27	37
计算机和信息服务						
金融和保险服务		14	62	28	24	24
其他商业服务	688	2167	7839	10974	12363	5662
版税和许可证费用		1	2	5	18	
个人、文化和休闲服务						
波　　兰						
服务总额	2018	3200	10637	9786	8969	
交通运输	1195	1833	3041	2752	3112	
旅游	240	358	2306	3158	2297	
通讯			302	315	386	
建筑			2799	1534	700	
计算机和信息服务			12	28	20	
金融和保险服务	97	126	883	738	928	
其他商业服务	486	883	1263	1201	1451	
版税和许可证费用			4	24	27	
个人、文化和休闲服务			27	36	48	
罗马尼亚						
服务总额	1063	610	1476	1552	1500	1192
交通运输	400	308	471	572	588	504
旅游	324	106	590	529	526	260
通讯			66	75	86	97
建筑			137	52	35	40
计算机和信息服务			2	3	3	10
金融和保险服务	44	34	80	74	76	68
其他商业服务	295	162	87	92	126	145
版税和许可证费用			3	101		3
个人、文化和休闲服务			40	54	60	65
俄 罗 斯						
服务总额			10521	12946	14156	12930
交通运输			3740	3409	3567	3163
旅游			4312	6869	7165	6509
通讯			482	563	627	552
建筑			103	92	94	142
计算机和信息服务						
金融和保险服务			67	84	141	97
其他商业服务			1813	1770	2386	2439
版税和许可证费用			4	159	176	28
个人、文化和休闲服务						
新 加 坡						
服务总额	4774	12719	29724	29859	30399	18243
交通运输	1308	2225	5126	5193	5158	4451
旅游	1433	4650	7744	7483	6361	4590
通讯						
建筑						
计算机和信息服务						
金融和保险服务	54	88	354	397	445	418
其他商业服务	1980	5756	16500	16786	18435	8785

12—17 续表 7 单位:百万美元

部门	1980年	1990年	1995年	1996年	1997年	1998年
新加坡(续)						
版税和许可证费用						
个人、文化和休闲服务						
南非						
服务总额	2924	3442	4254	4397	4882	4823
交通运输	1225	1161	1248	1095	1217	1200
旅游	1379	1835	2125	2575	2865	2738
通讯						
建筑						
计算机和信息服务						
金融和保险服务	251	354	439	462	460	543
其他商业服务	52	38	398	197	267	270
版税和许可证费用	17	54	45	67	73	72
个人、文化和休闲服务						
西班牙						
服务总额	11450	27649	39714	43906	43570	48729
交通运输	3004	4752	5921	6767	6810	7250
旅游	6958	18581	25508	27521	26748	29890
通讯		113	543	642	551	532
建筑		150	467	472	491	476
计算机和信息服务		104	1029	1278	1414	1712
金融和保险服务	281	1192	1549	1612	1594	2016
其他商业服务	1170	2435	4283	5151	5404	6167
版税和许可证费用	36	90	196	214	211	243
个人、文化和休闲服务		232	220	249	347	443
斯里兰卡						
服务总额	223	425	800	741	850	888
交通运输	43	169	335	339	389	400
旅游	99	128	226	166	209	230
通讯						
建筑						
计算机和信息服务						
金融和保险服务	2	18	27	28	30	34
其他商业服务	79	110	212	208	223	224
版税和许可证费用						
个人、文化和休闲服务						
泰国						
服务总额	102	471	1098	1251	7363	13074
交通运输	22	99	184	196	1189	2671
旅游	65	324	602	681	3438	6174
通讯			15	17	102	159
建筑			1	2	18	94
计算机和信息服务						
金融和保险服务	1	1	7	8	31	51
其他商业服务	14	47	288	345	2577	3919
版税和许可证费用				2	8	7
个人、文化和休闲服务						
土耳其						
服务总额	596	7882	14475	12895	19193	23161
交通运输	266	920	1712	1756	2193	3120
旅游	326	3225	4957	5650	7002	7177
通讯						

12—17 续表 8

单位:百万美元

部　门	1980年	1990年	1995年	1996年	1997年	1998年
土 耳 其(续)						
建筑		741	1863	1967	2455	2504
计算机和信息服务						
金融和保险服务	3		221	304	390	548
其他商业服务	1	2996	3440	2269	4928	6234
版税和许可证费用						
个人、文化和休闲服务			2282	949	2225	3578
乌 克 兰						
服务总额			2846	4799	4937	3922
交通运输			2152	4033	4029	3222
旅游			191	230	270	315
通讯			176	125	114	102
建筑			31	42	50	41
计算机和信息服务						
金融和保险服务			76	26	33	23
其他商业服务			220	343	441	219
版税和许可证费用						
个人、文化和休闲服务						
英　国						
服务总额	34295	53172	74572	80813	91946	100548
交通运输	14171	13576	16096	16890	18041	18950
旅游	6916	15588	20487	21512	22586	23903
通讯			1592	1718	1893	1794
建筑			205	272	436	1191
计算机和信息服务			1254	1706	2060	2826
金融和保险服务		7454	11556	10976	15736	15102
其他商业服务	12072	13498	16675	20513	23142	28192
版税和许可证费用	1135	3055	5618	6086	6791	6756
个人、文化和休闲服务			1089	1141	1261	1833
美　国						
服务总额	38110	132185	197161	215703	234834	239957
交通运输	14240	37335	44991	46485	47795	45514
旅游	10590	49716	73462	80347	84617	83384
通讯	950	2940	3537	3551	4195	3936
建筑		867	2550	3554	3498	4053
计算机和信息服务		1313	2419	2775	3532	3992
金融和保险服务	1520	4649	8326	10398	14025	16540
其他商业服务	3730	17271	29027	33288	39779	41571
版税和许可证费用	7080	16635	30289	32470	33781	36808
个人、文化和休闲服务		1459	2560	2835	3612	4159
委内瑞拉						
服务总额	663	1121	1529	1448	1290	1248
交通运输	285	458	584	484	336	267
旅游	243	496	849	884	869	925
通讯		9	34	28	12	10
建筑						
计算机和信息服务					32	
金融和保险服务	100	2	2	2	2	2
其他商业服务	36	156	60	50	39	44
版税和许可证费用						
个人、文化和休闲服务						

资料来源:联合国贸易和发展会议数据库。

12—18 出国旅游人数

单位:千人次

	1980年	1990年	1995年	1996年	1997年	1998年
世界总计	**158652**	**380850**	**501089**	**520274**	**535511**	**442737**
中国①			7139	7588	8175	8426
中国香港	916	2043	3023	3445	3758	4197
孟加拉国		388	830	911	866	992
印度	1017	2281	3056	3464	3500	3811
印度尼西亚	635	688	1782	2076	2200	2200
伊朗	428	788	1000	1218	1354	1354
日本	5224	10997	15298	16695	16803	15806
马来西亚	1738	14920	20642	23333	26165	25631
韩国		1561	3819	4649	4542	3067
巴基斯坦	104					
菲律宾	461	1137	1615	2121	1930	1817
泰国	497	883	1820	1845	1660	1412
土耳其	1795	2917	3981	4261	4633	4601
新加坡		1237	2867	3305	3671	3745
埃及	1180	2012	2683	2812	2945	2921
尼日利亚		56				
南非		616	2520	2775	3080	3080
加拿大		20415	18206	18973	19111	17648
墨西哥	3322	7357	8451	9001	8910	9803
美国	22721	44623	50763	52311	52735	52735
阿根廷		2504	3550	3900	4465	5522
巴西	427	1188	2600	3797	4852	4598
保加利亚		2395	3524	3006		3059
法国	7930	19430	18686	18151	17115	18077
德国			73433	77390	77517	82975
意大利		16152	16005	16839	18039	14327
荷兰	6749	9000	10261	10200	10200	12860
波兰	6852	22131	36387	44713	48610	49328
罗马尼亚	1711	11247	5737	5748	6243	6893
西班牙	18022	10698	12725	11936	12313	13203
英国	15507	31150	41345	42569	45550	50872
澳大利亚		2170	2519	2732	2933	3161
新西兰	454	717	920	1093	1132	1166

注:①国内居民出境总人数。

资料来源:世界银行《世界发展指标》2000年。

12—19 国外游客到达人数

单位：千人次

	1980 年	1990 年	1995 年	1996 年	1997 年	1998 年
世界总计	**260891**	**449256**	**563529.98**	**595328**	**611628.03**	**634659**
中国①			46387	51128	57588	63478
中国香港	1748	6581	10200	11703	10406	9575
孟加拉国	57	115	156	166	184	172
印度	1194	1707	2124	2288	2374	2359
印度尼西亚	527	2178	4324	5034	5036	4606
伊朗	156	154	452	567	580	1008
以色列	1116	1063	2212	2100	2003	1942
日本	844	3236	3345	3837	4223	4106
韩国	976	2959	3753	3684	3908	4250
马来西亚	2105	7446	7469	7138	6211	5551
缅甸	38	21	117	172	185	201
巴基斯坦	299	424	378	369	351	429
菲律宾	1008	1025	1760	2049	2223	2149
新加坡	2562	4842	6422	6608	6542	5631
斯里兰卡	322	298	403	302	366	381
泰国	1859	5299	6952	7192	7263	7843
土耳其	921	4799	7083	7966	9040	8960
越南		250	1351	1607	1716	1520
埃及	1253	2411	2872	3528	3657	3213
尼日利亚	86	190	665	822	611	739
南非	700	1029	4488	4944	5530	5898
加拿大	12876	15209	16932	17329	17610	18837
墨西哥	11945	17176	20241	21405	19351	19810
美国	22500	39363	43318	46489	48409	46395
阿根廷	1120	2728	4101	4286	4540	4860
巴西	1271	1091	1991	2666	2995	4818
捷克共和国			16500	17000	16830	16325
法国	30100	52497	60033	62406	66864	70000
德国			14847	15205	15837	16511
匈牙利	9413	20510	20690	20674	17248	15000
意大利	22087	26679	31052	32853	34087	34829
荷兰	2784	5795	6574	6580	6674	9320
罗马尼亚		3009	2608	2834	2741	2966
俄罗斯			9262	14587	15350	15805
西班牙	22388	34085	38803	40541	43378	47749
英国	12420	18013	23537	25293	25960	25745
南斯拉夫			228	301	298	283
澳大利亚	905	2215	3726	4165	4286	4167
新西兰	465	976	1409	1529	1615	1485

注：①来华旅游入境人数。

资料来源：世界银行《世界发展指标》2000 年。

12—20 国际旅游支出

单位:百万美元

	1980年	1990年	1995年	1996年	1997年	1998年
世界总计	**102066**	**248885**	**356282**	**378746**	**375507**	**365243**
中国①		470	3688	4474	10166	9205
孟加拉国	16	78	229	135	170	198
印度	113	393	996	1011	1342	1713
印度尼西亚	375	836	2172	2300	2436	2102
伊朗	1700	340	241	243	258	153
日本	4593	24928	36792	37040	33041	28815
马来西亚	470	1450	1791	1815	2478	2478
韩国	350	3166	5903	6963	6262	2069
巴基斯坦	90	440	449	900	364	352
菲律宾	105	111	422	450	1936	1950
泰国	244	854	3372	4171	1888	1448
土耳其	115	520	912	1265	1363	1754
新加坡	322	1893	5039	6139	2805	3224
埃及	573	129	1278	1317	1347	1153
尼日利亚	780	576	797	1139	1816	1567
南非	756	1117	1729	2100	1947	1842
加拿大	3122	10931	10220	11090	11284	10755
墨西哥	4174	5519	3171	3387	3892	4268
美国	10385	37349	46053	48739	54183	56105
阿根廷	1791	1171	2067	2340	2680	2111
巴西	1160	1559	3412	5825	6583	5731
保加利亚		189	195	199	222	221
捷克共和国			1633	2953	2380	1869
法国	6027	12423	16328	17746	16755	17791
德国			52194	50815	45536	46939
意大利	1907	14045	12420	15516	16000	17579
荷兰	4664	7376	11455	11370	10232	11174
波兰	357	423	5500	6240	6900	4430
罗马尼亚		103	697	666	690	451
西班牙	1229	4254	4461	4919	4467	5005
英国	6893	19063	24268	25445	27710	32267
澳大利亚	1749	4535	4604	5322	6129	5388
新西兰	534	958	1289	1480	1451	1405

注:①世界银行统计数据。

资料来源:世界银行《世界发展指标》2000年。

12—21　国际旅游收入

单位:百万美元

	1980年	1990年	1995年	1996年	1997年	1998年
世界总计	**101016**	**266050**	**402006**	**434902**	**444263**	**439969**
中国①	617	2218	8733	10200	12074	12602
中国香港	1317	5032	9604	10836	9242	7083
孟加拉国	15	11	23	34	42	51
印度	1150	1513	2609	2963	3152	3124
印度尼西亚	246	2105	5228	6087	6589	4045
伊朗	54	61	190	244	248	441
日本	644	3578	3226	4078	4322	3742
韩国	369	3559	5587	5430	5200	5890
马来西亚	265	1667	3910	3926	3850	2456
巴基斯坦	154	156	114	146	117	98
菲律宾	320	1306	2454	2700	2831	2413
新加坡	1433	4904	8378	7961	7993	5162
泰国	867	4326	7664	8664	8700	5934
土耳其	327	3225	4957	5962	7000	7809
埃及	808	1100	2684	3204	3847	2564
尼日利亚	48	25	54	85	86	142
南非	652	992	1595	1995	2297	2738
加拿大	2284	6339	7994	8868	8928	9393
墨西哥	5393	5467	6179	6934	7593	7897
美国	10058	43007	63395	69908	75056	71250
阿根廷	345	1976	4306	4572	5069	5363
巴西	1794	1444	2097	2469	2602	3678
保加利亚	260	320	473	388	391	437
捷克共和国			2875	4075	3700	3719
法国	8235	20184	27527	28357	28316	29931
德国			18028	17567	16418	16429
意大利	8213	20016	27723	30018	30000	29809
荷兰	1668	3636	5762	6256	6597	6803
波兰	282	358	6600	8400	8700	7946
罗马尼亚		106	590	529	550	260
西班牙	6968	18593	25388	27675	26595	29737
英国	6932	14940	18554	19296	20569	20978
南斯拉夫			42	43	42	35
澳大利亚	967	4088	7375	8811	9324	7335
新西兰	211	1030	2163	2432	2510	1726

注:①世界银行统计数据。

资料来源:世界银行《世界发展指标》2000年。

主要统计指标解释

FOB出口价和CIF进口价 除了某些特例，只涉及越过海关边界的货物的国际运输。一般上来讲，出口价用FOB(指定装货港船舶上交货)表示，进口价用CIF(价格、保险费和运费)表示。

进口额和出口额 指一国居民(广义)与其他国家居民间发生的商品所有权转换的交易活动。出口价按FOB价计算，进口价按CIF价计算。

贸易条件 出口价同进口价的相对水平，用一个国家平均出口价格指数同平均进口价格指数的比率表示。

商品分类 按照国际贸易标准分类(SITC)的一至三位码进行分类，构成相应的商品组。

服务贸易 按照世界贸易组织的定义，“服务贸易”中的“服务”指“商用服务(commercial service)”，不包括政府服务。在国际货币基金组织《国际收支平衡手册》(第五版)中，“服务”与“货物贸易”、“收入”和“经常性转移”一起构成经常项目，而“商用服务”则等于“服务”减去“政府服务”。“商用服务”可分为交通、旅游和其他商用服务(通信服务、建筑服务、保险服务、金融服务、计算机和信息服务等)。

十三、社会和军事

13－1　人文发展指数

(1998 年)

	出生时的预期寿命(岁)	成人识字率(%)	初等、中等和高等教育综合入学率(%)	人均实际国内生产总值(购买力平价法国际元)	预期寿命指数	教育指数	GDP指数	人文发展指数	人文发展指数与人均国内生产总值位次之差①
世　界	**66.9**	**78.8**	**64**	**6526**	**0.70**	**0.74**	**0.70**	**0.712**	
加拿大	79.1	99.0	100	23582	0.90	0.99	0.91	0.935	8
挪　威	78.3	99.0	97	26342	0.89	0.98	0.93	0.934	1
美　国	76.8	99.0	94	29605	0.86	0.97	0.95	0.929	－1
澳大利亚	78.3	99.0	114	22452	0.89	0.99	0.90	0.929	9
冰　岛	79.1	99.0	89	25110	0.90	0.96	0.92	0.927	1
瑞　典	78.7	99.0	102	20659	0.90	0.99	0.89	0.926	15
比利时	77.3	99.0	106	23223	0.87	0.99	0.91	0.925	4
荷　兰	78.0	99.0	99	22176	0.88	0.99	0.90	0.925	6
日　本	80.0	99.0	85	23257	0.92	0.94	0.91	0.924	1
英　国	77.3	99.0	105	20336	0.87	0.99	0.89	0.918	13
芬　兰	77.0	99.0	101	20847	0.87	0.99	0.89	0.917	8
法　国	78.2	99.0	93	21175	0.89	0.97	0.89	0.917	5
瑞　士	78.7	99.0	80	25512	0.90	0.93	0.92	0.915	－9
德　国	77.3	99.0	90	22169	0.87	0.96	0.90	0.911	1
丹　麦	75.7	99.0	93	24218	0.85	0.97	0.92	0.911	－8
奥地利	77.1	99.0	86	23166	0.87	0.95	0.91	0.908	－4
卢森堡	76.8	99.0	69	33505	0.86	0.89	0.97	0.908	－16
爱尔兰	76.6	99.0	91	21482	0.86	0.96	0.90	0.907	－2
意大利	78.3	98.3	83	20585	0.89	0.93	0.89	0.903	3
新西兰	77.1	99.0	96	17288	0.87	0.98	0.86	0.903	7
西班牙	78.1	97.4	94	16212	0.89	0.96	0.85	0.899	9
塞浦路斯	77.9	96.6	81	17482	0.88	0.92	0.86	0.886	3
以色列	77.9	95.7	81	17301	0.88	0.91	0.86	0.883	3
新加坡	77.3	91.8	73	24210	0.87	0.86	0.92	0.881	－16
希　腊	78.2	96.9	81	13943	0.89	0.91	0.82	0.875	9
中国香港	78.6	92.9	64	20763	0.89	0.83	0.89	0.872	－6
马耳他	77.3	91.5	79	16447	0.87	0.87	0.85	0.865	2
葡萄牙	75.5	91.4	93	14701	0.84	0.92	0.83	0.864	3
斯洛文尼亚	74.6	99.6	81	14293	0.83	0.93	0.83	0.861	4
巴巴多斯	76.5	97.0	80	12001	0.86	0.91	0.80	0.858	9
韩　国	72.6	97.5	90	13478	0.79	0.95	0.82	0.854	4
文　莱	75.7	90.7	72	16765	0.84	0.84	0.85	0.848	－4
巴哈马	74.0	95.5	74	14614	0.82	0.88	0.83	0.844	－1
捷克共和国	74.1	99.0	74	12362	0.82	0.91	0.80	0.843	3
阿根廷	73.1	96.7	80	12013	0.80	0.91	0.80	0.837	3
科威特	76.1	80.9	58	25314	0.85	0.73	0.92	0.836	－31
安提瓜和巴布达	76.0	95.0	78	9277	0.85	0.89	0.76	0.833	9
智　利	75.1	95.4	78	8787	0.83	0.90	0.75	0.826	9
乌拉圭	74.1	97.6	78	8623	0.82	0.91	0.74	0.825	9
斯洛伐克	73.1	99.0	75	9699	0.80	0.91	0.76	0.825	5
巴　林	73.1	86.5	81	13111	0.80	0.85	0.81	0.820	－5

13－1 续表 1

	出生时的预期寿命(岁)	成人识字率(%)	初等、中等和高等教育综合入学率(%)	人均实际国内生产总值(购买力平价法国际元)	预期寿命指数	教育指数	GDP指数	人文发展指数	人文发展指数与人均国内生产总值位次之差①
卡塔尔	71.9	80.4	74	20987	0.78	0.78	0.89	0.819	－24
匈牙利	71.1	99.3	75	10232	0.77	0.91	0.77	0.817	－1
波兰	72.7	99.7	79	7619	0.80	0.92	0.72	0.814	10
阿联酋	75.0	74.6	70	17719	0.83	0.73	0.86	0.810	－21
爱沙尼亚	69.0	99.0	86	7682	0.73	0.95	0.72	0.801	7
圣基茨和尼维斯	70.0	90.0	79	10672	0.75	0.86	0.78	0.798	－7
哥斯达黎加	76.2	95.3	66	5987	0.85	0.85	0.68	0.797	18
克罗地亚	72.8	98.0	69	6749	0.80	0.88	0.70	0.795	7
特立尼达和多巴哥	74.0	93.4	66	7485	0.82	0.84	0.72	0.793	5
多米尼克	76.0	94.0	74	5102	0.85	0.87	0.66	0.793	27
立陶宛	70.2	99.5	77	6436	0.75	0.92	0.70	0.789	8
塞舌尔	71.0	84.0	76	10600	0.77	0.81	0.78	0.786	－12
格林纳达	72.0	96.0	76	5838	0.78	0.89	0.68	0.785	13
墨西哥	72.3	90.8	70	7704	0.79	0.84	0.73	0.784	－3
古巴	75.8	96.4	73	3967	0.85	0.89	0.61	0.783	40
白俄罗斯	68.1	99.5	82	6319	0.72	0.93	0.69	0.781	6
伯利兹	74.9	92.0	73	4566	0.83	0.86	0.64	0.777	25
巴拿马	73.8	91.4	73	5249	0.81	0.85	0.66	0.776	14
保加利亚	71.3	98.2	73	4809	0.77	0.90	0.65	0.772	19
马来西亚	72.2	86.4	65	8137	0.79	0.79	0.73	0.772	－10
俄罗斯	66.7	99.5	79	6460	0.69	0.92	0.70	0.771	－3
拉脱维亚	68.7	99.8	75	5728	0.73	0.91	0.68	0.771	6
罗马尼亚	70.2	97.9	70	5648	0.75	0.88	0.67	0.770	6
委内瑞拉	72.6	92.0	67	5808	0.79	0.84	0.68	0.770	3
斐济	72.9	92.2	81	4231	0.80	0.88	0.63	0.769	23
苏里南	70.3	93.0	80	5161	0.76	0.89	0.66	0.766	9
哥伦比亚	70.7	91.2	71	6006	0.76	0.85	0.68	0.764	－3
马其顿	73.2	94.6	69	4254	0.80	0.86	0.63	0.763	19
格鲁吉亚	72.9	99.0	72	3353	0.80	0.90	0.59	0.762	29
毛里求斯	71.6	83.8	63	8312	0.78	0.77	0.74	0.761	－21
利比亚	70.2	78.1	92	6697	0.75	0.83	0.70	0.760	－15
哈萨克斯坦	67.9	99.0	77	4378	0.72	0.92	0.63	0.754	11
巴西	67.0	84.5	84	6625	0.70	0.84	0.70	0.747	－16
沙特阿拉伯	71.7	75.2	57	10158	0.78	0.69	0.77	0.747	－32
泰国	68.9	95.0	61	5456	0.73	0.84	0.67	0.745	－5
菲律宾	68.6	94.8	83	3555	0.73	0.91	0.60	0.744	17
乌克兰	69.1	99.6	78	3194	0.73	0.92	0.58	0.744	26
圣文森特	73.0	82.0	68	4692	0.80	0.77	0.64	0.738	2
秘鲁	68.6	89.2	79	4282	0.73	0.86	0.63	0.737	7
巴拉圭	69.8	92.8	65	4288	0.75	0.84	0.63	0.736	5
黎巴嫩	70.1	85.1	77	4326	0.75	0.82	0.63	0.735	3
牙买加	75.0	86.0	63	3389	0.83	0.78	0.59	0.735	15
斯里兰卡	73.3	91.1	66	2979	0.81	0.83	0.57	0.733	25
土耳其	69.3	84.0	61	6422	0.74	0.76	0.69	0.732	－24

13－1 续表 2

	出生时的预期寿命（岁）	成人识字率（％）	初等、中等和高等教育综合入学率（％）	人均实际国内生产总值（购买力平价法国际元）	预期寿命指数	教育指数	GDP指数	人文发展指数	人文发展指数与人均国内生产总值位次之差①
阿　　曼	71.1	68.8	58	9960	0.77	0.65	0.77	0.730	－42
多米尼加共和国	70.9	82.8	70	4598	0.76	0.79	0.64	0.729	－5
圣卢西亚	70.0	82.0	68	5183	0.75	0.77	0.66	0.728	－14
马尔代夫	65.0	96.0	75	4083	0.67	0.89	0.62	0.725	1
阿塞拜疆	70.1	99.0	72	2175	0.75	0.90	0.51	0.722	29
厄瓜多尔	69.7	90.6	75	3003	0.75	0.85	0.57	0.722	17
约　　旦	70.4	88.6	69	3347	0.76	0.82	0.59	0.721	8
亚美尼亚	70.7	98.2	72	2072	0.76	0.90	0.51	0.721	29
阿尔巴尼亚	72.9	83.5	69	2804	0.80	0.78	0.56	0.713	17
西萨摩亚	71.7	79.7	65	3832	0.78	0.75	0.61	0.711	－3
圭 亚 那	64.8	98.3	66	3403	0.66	0.88	0.59	0.709	1
伊　　朗	69.5	74.6	69	5121	0.74	0.73	0.66	0.709	－20
吉尔吉斯斯坦	68.0	97.0	70	2317	0.72	0.88	0.52	0.706	19
中　　国①	70.1	82.8	72	3105	0.75	0.79	0.57	0.706	7
土库曼斯坦	65.7	98.0	72	2550	0.68	0.89	0.54	0.704	14
突 尼 斯	69.8	68.7	72	5404	0.75	0.70	0.67	0.703	－29
摩尔多瓦共和国	67.8	98.6	70	1947	0.71	0.89	0.50	0.700	22
南　　非	53.2	84.6	95	8488	0.47	0.88	0.74	0.697	－54
萨尔瓦多	69.4	77.8	64	4036	0.74	0.73	0.62	0.696	－13
佛 得 角	69.2	72.9	78	3233	0.74	0.75	0.58	0.688	－3
乌兹别克斯坦	67.8	88.0	77	2053	0.71	0.84	0.50	0.686	17
阿尔及利亚	69.2	65.5	69	4792	0.74	0.67	0.65	0.683	－27
越　　南	67.8	92.9	63	1689	0.71	0.83	0.47	0.671	24
印度尼西亚	65.6	85.7	65	2651	0.68	0.79	0.55	0.670	4
塔吉克斯坦	67.5	99.0	69	1041	0.71	0.89	0.39	0.663	43
叙 利 亚	69.2	72.7	59	2892	0.74	0.68	0.56	0.660	－1
斯威士兰	60.7	78.3	72	3816	0.60	0.76	0.61	0.655	－19
洪都拉斯	69.6	73.4	58	2433	0.74	0.68	0.53	0.653	2
玻利维亚	61.8	84.4	70	2269	0.61	0.80	0.52	0.643	4
纳米比亚	50.1	80.8	84	5176	0.42	0.82	0.66	0.632	－40
尼加拉瓜	68.1	67.9	63	2142	0.72	0.66	0.51	0.631	4
蒙　　古	66.2	83.0	57	1541	0.69	0.74	0.46	0.628	10
瓦努阿图	67.7	64.0	47	3120	0.71	0.58	0.57	0.623	－12
埃　　及	66.7	53.7	74	3041	0.69	0.60	0.57	0.623	－11
危地马拉	64.4	67.3	47	3505	0.66	0.61	0.59	0.619	－24
所罗门群岛	71.9	62.0	46	1940	0.78	0.57	0.49	0.614	5
博茨瓦纳	46.2	75.6	71	6103	0.35	0.74	0.69	0.593	－57
加　　蓬	52.4	63.0	63	6353	0.46	0.63	0.69	0.592	－60
摩 洛 哥	67.0	47.1	50	3305	0.70	0.48	0.58	0.589	－22
缅　　甸	60.6	84.1	56	1199	0.59	0.75	0.41	0.585	25
伊 拉 克	63.8	53.7	50	3197	0.65	0.52	0.58	0.583	－22
莱 索 托	55.2	82.4	57	1626	0.50	0.74	0.47	0.569	6
印　　度	62.9	55.7	54	2077	0.63	0.55	0.51	0.563	－7
加　　纳	60.4	69.1	43	1735	0.59	0.60	0.48	0.556	0

13－1 续表 3

	出生时的预期寿命（岁）	成人识字率（%）	初等、中等和高等教育综合入学率（%）	人均实际国内生产总值（购买力平价法国际元）	预期寿命指数	教育指数	GDP指数	人文发展指数	人文发展指数与人均国内生产总值位次之差①
津巴布韦	43.5	87.2	68	2669	0.31	0.81	0.55	0.555	－18
赤道几内亚	50.4	81.1	65	1817	0.42	0.76	0.48	0.555	－4
圣多美和普林西比	64.0	57.0	49	1469	0.65	0.54	0.45	0.547	7
巴布亚新几内亚	58.3	63.2	37	2359	0.55	0.54	0.53	0.542	－17
喀麦隆	54.5	73.6	46	1474	0.49	0.64	0.45	0.528	4
巴基斯坦	64.4	44.0	43	1715	0.66	0.44	0.47	0.522	－4
柬埔寨	53.5	65.0	61	1257	0.48	0.64	0.42	0.512	1
科摩罗	59.2	58.5	39	1398	0.57	0.52	0.44	0.510	5
肯尼亚	51.3	80.5	50	980	0.44	0.70	0.38	0.508	18
刚果(布)	48.9	78.4	65	995	0.40	0.74	0.38	0.507	16
老挝	53.7	46.1	57	1734	0.48	0.50	0.48	0.484	－9
马达加斯加	57.9	64.9	40	756	0.55	0.56	0.34	0.483	23
不丹	61.2	42.0	33	1536	0.60	0.39	0.46	0.483	－4
苏丹	55.4	55.7	34	1394	0.51	0.48	0.44	0.477	0
尼泊尔	57.8	39.2	61	1157	0.55	0.46	0.41	0.474	7
多哥	49.0	55.2	62	1372	0.40	0.57	0.44	0.471	0
孟加拉国	58.6	40.1	36	1361	0.56	0.39	0.44	0.461	0
毛里塔尼亚	53.9	41.2	42	1563	0.48	0.41	0.46	0.451	－11
也门	58.5	44.1	49	719	0.56	0.46	0.33	0.448	18
吉布提	50.8	62.3	21	1266	0.43	0.49	0.42	0.447	－2
海地	54.0	47.8	24	1383	0.48	0.40	0.44	0.440	－7
尼日利亚	50.1	61.1	43	795	0.42	0.55	0.35	0.439	10
刚果(金)	51.2	58.9	33	822	0.44	0.50	0.35	0.430	8
赞比亚	40.5	76.3	49	719	0.26	0.67	0.33	0.420	12
科特迪瓦	46.9	44.5	41	1598	0.36	0.43	0.46	0.420	－20
塞内加尔	52.7	35.5	36	1307	0.46	0.36	0.43	0.416	－9
坦桑尼亚	47.9	73.6	33	480	0.38	0.60	0.26	0.415	17
贝宁	53.5	37.7	43	867	0.47	0.40	0.36	0.411	0
乌干达	40.7	65.0	41	1074	0.26	0.57	0.40	0.409	－6
厄立特里亚	51.1	51.7	27	833	0.43	0.44	0.35	0.408	0
安哥拉	47.0	42.0	25	1821	0.37	0.36	0.48	0.405	－34
冈比亚	47.4	34.6	41	1453	0.37	0.37	0.45	0.396	－21
几内亚	46.9	36.0	29	1782	0.37	0.34	0.48	0.394	－34
马拉维	39.5	58.2	75	523	0.24	0.64	0.28	0.385	9
卢旺达	40.6	64.0	43	660	0.26	0.57	0.31	0.382	4
马里	53.7	38.2	26	681	0.48	0.34	0.32	0.380	2
中非共和国	44.8	44.0	26	1118	0.33	0.38	0.40	0.371	－15
乍得	47.5	39.4	32	856	0.38	0.37	0.36	0.367	－9
莫桑比克	43.8	42.3	25	782	0.31	0.37	0.34	0.341	－6
几内亚比绍	44.9	36.7	34	616	0.33	0.36	0.30	0.331	0
布隆迪	42.7	45.8	22	570	0.30	0.38	0.29	0.321	1
埃塞俄比亚	43.4	36.3	26	574	0.31	0.33	0.29	0.309	－1
布基纳法索	44.7	22.2	22	870	0.33	0.22	0.36	0.303	－16
尼日尔	48.9	14.7	15	739	0.40	0.15	0.33	0.293	－9
塞拉利昂	37.9	31.0	24	458	0.22	0.29	0.25	0.252	0

注：正值表示人文发展指数排序比实际人均国内生产总值（购买力平价方法计算，单位：国际元）排名位次靠前，负值则表示相反。

①中国为联合国开发计划署统计数字。

资料来源：联合国开发计划署《人文发展报告》2000 年。

13－2 居民文化程度构成

单位:%

	年份	25岁和25岁以上人口总计（万人）	大学	中学		小学		文盲及文化程度不明确者
				初中	高中	肄业	毕业	
中国⑩	1995	90607	2.7	33.5	11.2	2.4	34.1	15.9
中国香港	1996	420	14.5	18.7	28.7	26.9	③	11.4
孟加拉国	1981	3159	1.3	7.4	4.2	16.7	③	70.4
印度	1991	36800	7.3	7.2	④	28.0	③	57.5
印度尼西亚	1990	7850	2.3	16.8	④	26.4	③	54.5
以色列	1983	204	11.2	35.9	④	42.4	③	10.5
日本	1990	8199	20.7	43.7	④	33.6	③	0.3
哈萨克斯坦	1989	841	12.4	50.7	④	29.2	③	7.7
科威特	1988	86	16.4	15.1	15.1	8.6	③	25.6
韩国	1995	2622	21.1	15.7	36.2	0.9	17.3	8.7
马来西亚	1996	965	6.9	19.4	23.6	13.0	20.7	16.7
缅甸	1983	1395	2.0	14.5	④	27.7	③	55.8
巴基斯坦	1990		2.5	5.8	8.2	9.7	③	73.8
菲律宾	1995	4270	22.0	17.3	21.2	20.8	15.1	3.7
新加坡	1995	186	7.6	36.9	13.7	11.2	16.5	14.3
斯里兰卡	1981	649	1.1	34.1	④	48.9	③	15.9
泰国⑦	1990	4908	5.1	13.7	④	69.6	③	10.7
土耳其	1993		④	21.9	④	6.6	40.6	30.6
埃及	1986	1944	4.6	14.8	④	16.5	③	64.1
南非①	1995	2210	8.8	26.7	25.7	17.1	6.9	13.0
加拿大	1991	1747	21.4	34.3	27.7	4.0	11.7	1.0
墨西哥	1990	3119	9.2	12.7	10.7	28.6	19.9	18.8
美国	1994	16451	46.5	44.6	④	8.2	③	0.6
阿根廷	1991	1734	12.0	25.3	④	22.3	34.6	5.7
巴西⑥	1989	11016	⑤	11.9	5.5	57.0	6.9	18.7
委内瑞拉	1993	1563	10.1	38.3	④	43.7	③	8.0
保加利亚	1992	565	15.0	35.7	④	12.5	31.9	4.7
捷克共和国	1991	658	8.5	58.6	④	31.4	③	0.3
芬兰	1990	339	15.4	35.3		49.4	③	
匈牙利	1990	680	10.1	②	30.7	24.3	33.6	1.3
意大利⑦	1991	5348	3.8	30.7	18.6	12.2	32.5	2.1
挪威	1990	280	17.9	32.9	46.4	0.1	③	0.1
波兰	1988	2299	7.9	47.8	④	5.6	37.2	1.5
罗马尼亚⑨	1996	1907	5.6	69.4	④	20.7	③	4.3
西班牙	1991	2467	8.4	25.5	⑧	⑧	⑧	65.3
新西兰	1991	199	39.1	16.3	7.8	36.8	③	0.0

注：①为20岁及以上人口数。②本栏数字包括在小学毕业栏中。③本栏数字包括在小学肄业栏中。④本栏数字包括在初中栏中。⑤本栏数字包括在高中栏中。⑥为10岁及10岁以上人口。⑦为6岁及6岁以上人口。⑧本栏数字包括在文盲及文化程度不明确者栏中。⑨12岁及以上人口。⑩15岁及以上人口。其中小学肄业栏所列为扫盲班文化程度，小学毕业栏为小学文化程度。

资料来源：联合国教科文组织《统计年鉴》1999年。

13－3 大中小学生入学率

单位：%

	大学生			中学生			小学生		
	1980年	1990年	1997年	1980年	1990年	1997年	1980年	1990年	1997年
世界总计	**12**	**14**	**17**	**47**	**52**	**60**	**96**	**99**	**102**
中　　国⑦	2	3	6	46	49	70	94	98	99
中国香港	10	19④	22③	64	80	73①	107	102	94①
孟加拉国	3	4		18	19		61	72	
印　　度	5	6	7③	30	44	49③	83	97	100③
印度尼西亚	4	9	11③	29	44	56③	107	115	113③
伊　　朗		10	18③	45⑥	55	77③	98⑥	112	98③
以 色 列	29	34	41①	73	85	88①	95	95	98①
日　　本	31	30	41⑤	93	97	103①	101	100	101
马来西亚	4	7	12①	48	56	64	93	94	101
蒙　　古	22	14	17③	92	82	56③	107	97	88③
缅　　甸	5	4	5④	22	23	30⑤	91	106	121①
韩　　国	15	39	68	78	90	102③	110	105	94
巴基斯坦		3		14	23		40	61	
菲 律 宾	24	28	29①	64	73	78	112	111	117
新 加 坡	8	19	39③	60	68	74③	108	104	94③
斯里兰卡	3	5	5①	55	74	75①	103	106	109③
泰　　国	15		22③	29	30	56③	99	99	87③
土 耳 其	5	13	21③	35	47	58③	96	99	107③
越　　南	2	2	7③	42	32	57	109	103	113
埃　　及	16	16	20①	50	76	78	73	94	101
尼日利亚	3	4②		18	25	33⑤	109	91	98⑤
南　　非		13	19①		74	95①	90	122	133①
加 拿 大	57	95	88①	88	101	105	99	103	102
墨 西 哥	14	15	16③	49	53	64③	120	114	114③
美　　国	56	75	81①	91	93	97①	99	102	102①
阿 根 廷	22	38④	36⑤	56	71	77③	106	106	113③
巴　　西	11	11	15③	33	38	62	98	106	125
委内瑞拉	21	29		21	35	40③	93	93	91③
保加利亚	16	31	41③	84	75	77③	98	98	99③
捷克共和国	17	16	24③	99	91	99①	95	96	104①
法　　国	25	40	51③	85	99	111③	111	108	105③
德　　国		34	47③		98	104③		101	104③
意 大 利	27	32	47③	72	83	95③	100	103	101③
荷　　兰	29	40	47③	93	120	132③	100	102	108③
波　　兰	18	22	25①	77	81	98①	100	98	96①
罗马尼亚	12	10	23③	94	92	78③	104	91	103③
俄 罗 斯	46	52	43⑤	96	93	87②	102	109	107⑤
西 班 牙	23	37	51③	87	104	120③	109	109	109③
乌 克 兰	42	47	42①	94	93	91②	102	89	87②
英　　国	19	30	52③	83	85	129③	103	104	116③
澳大利亚	25	35	80	71	82	153	112	108	101
新 西 兰	27	40	63	83	89	113	111	106	101

注：①1995年数据。②1993年数据。③1996年数据。④1991年数据。⑤1994年数据。⑥1985年数据。⑦中国大学生和中学生入学率来源于联合国教科文组织。

资料来源：联合国教科文组织《统计年鉴》1999年。

13－4　大学和小学在校学生数

单位:万人

	大学生				小学生			
	1980 年	1990 年	1995 年	1997 年	1980 年	1990 年	1995 年	1997 年
中　　国	114.4	206.3	290.6	317.4	14627.0	12241.4	13195.2	13995.4
中国香港		8.5③	9.7②		824.0	1193.9		
孟加拉国	24.0	43.4			54.0	52.5	46.8	
印　　度	354.5	495.1	569.6	606.0①	7387.3	9911.8	10973.4	11039.0①
印度尼西亚	54.3	177.3③	230.3		2553.7	2975.3	2944.8	2923.6①
伊　　朗	18.4⑤	31.2	104.8	57.9①	479.9	936.9	974.6②	923.8①
以 色 列	9.7	13.5	19.8		62.2	72.5	63.2	
日　　本	241.2	289.9③	391.8②		1182.7	937.3	837.0	785.5
马来西亚	5.8	12.1	21.1		200.9	245.6	279.9	284.1
蒙　　古	3.5	3.1	3.9	5.1	14.5	16.6	17.6	23.4①
缅　　甸	16.3	19.6③	24.5②		414.8	538.5	541.4	
韩　　国	64.8	169.1	222.5	254.2①	565.8	486.9	391.6	379.4
巴基斯坦	26.7⑤				547.3	1145.1	1553.2②	
菲 律 宾	127.6	170.9	202.2		803.4	1042.7	1154.2	1215.9
新 加 坡	2.3	5.6	8.4	9.2①	29.2	25.8	26.2	26.9①
斯里兰卡		5.5③	6.4		208.1	211.2	196.2	184.4①
泰　　国	91.1④		122.0	152.2	739.3	395.6	596.2	592.8
土 耳 其	24.6	74.9	117.4②	143.4①	565.6	686.2	646.7②	638.9①
越　　南	11.5	12.9	29.8	50.9①	788.7	886.2	1022.9	1043.1
埃　　及	71.6	62.8	69.7	85.0①	466.3	696.4	818.5	749.9
尼日利亚	15.0				1211.7	1360.7	1619.1②	
南　　非		43.9	61.8②		435.3	695.1	815.9	
加 拿 大	117.3	191.7	176.3		218.5	237.6	244.8	
墨 西 哥	92.9	131.1	153.3	161.2①	1466.6	1440.2	1462.3	1465.1①
美　　国	1209.7	1371.0	1426.2		2042.0	2242.9	2404.6	
阿 根 廷	49.1	100.8③	106.9②		391.7	496.5	518.1②	515.3
巴　　西	140.9	154.0	171.6②	186.9①	2259.8	2894.4	3266.8	3422.9
委内瑞拉	30.7	55.0			315.8	405.3	412.0	426.2
保加利亚	10.1	18.8	25.0	26.3①	99.4	96.1	43.4	43.2①
捷克共和国	11.8	11.8	19.2	20.7①	64.7	54.6	54.2	
法　　国	107.7	169.9	209.2	206.2①	461.0	414.9	406.5	400.5①
德　　国		204.9	214.4	213.2①		343.1	380.5	385.9①
意 大 利	111.8	145.2	177.5	189.3①	442.3	305.6	281.6	281.0①
荷　　兰	36.0	47.9	49.2	46.9①	133.3	108.2	120.8	123.1①
波　　兰	58.9	54.5	72.0		416.7	518.9	502.1	
罗马尼亚	19.3	19.3	36.9②	41.2①	330.8	125.3	139.2	140.5①
西 班 牙	69.8	122.2	159.2	168.4①	360.9	282.0	279.9	261.0
俄 罗 斯	570.0	510.0	445.8②		600.9	759.6	784.9②	
乌 克 兰	168.4	165.2	154.1		359.2	399.1	265.9②	
英　　国	82.7	125.8	182.1		491.1	453.2	528.4	532.8①
澳大利亚	32.4	48.5	96.5	104.2	171.8	158.3	183.3	185.6
新 西 兰	7.7	11.1	16.4	16.9	38.1	31.9	34.5	35.8

注:①1996 年数据。②1994 年数据。③1991 年数据。④1981 年数据。⑤1985 年数据。

资料来源:联合国教科文组织《统计年鉴》1999 年。

13－5 中学在校学生数

单位:万人

	1980年	1990年	1993年	1994年	1995年	1996年	1997年
中　　国	5677.8	5105.4	5383.7	5707.1	6191.5	6635.7	6995.2
普通中学	5508.1	4586.0	4739.1	4981.7	5371.0	5739.7	6017.9
中等师范学校	48.2	67.7	72.2	78.4	84.8	88.0	91.1
职业中学	45.4	295.0	362.6	405.6	448.3	473.3	511.9
中等技术学校	76.1	156.7	209.8	241.4	287.4	334.8	374.3
中国香港	46.8					47.4	
普通中学	43.8	43.1	45.6	45.8	45.9	45.9	
职业中学	3.1					1.4	
孟加拉国	265.9	359.3					
普通中学	263.3	356.2					
中等师范学校	0.7	0.5					
职业中学	2.0	2.6					
印　　度	3274.8	6320.5	6411.6	6520.6	6663.4	6887.2	
普通中学	3232.3	5418.0	6326.2	6442.6	6590.3	6810.2	
职业中学	41.0		85.4	78.1	73.1	77.1	
印度尼西亚	572.2	1096.5	1136.0	1222.4	1309.6	1420.9	
普通中学	487.9	951.1	991.9	1063.2	1143.1	1244.3	
中等师范学校	23.2	4.0					
职业中学	61.0	141.4	144.1	159.2	166.5	176.7	
伊　　朗	271.8	508.5	705.9	765.3		877.7	
普通中学	251.7	482.2	668.4	728.5			
中等师范学校	2.8	3.3	3.5	2.1			
职业中学	20.2	23.0	34.0	34.7			
以色列	20.0	30.9	33.8	53.4	54.2		
普通中学	11.8	19.4	21.6	41.2	41.9		
职业中学	8.2	11.5	12.2	12.2	12.3		
日　　本	955.8	1102.6	1020.3	987.9			
普通中学	814.7	952.9	871.9	844.3			
职业中学	141.1	149.7	148.3	143.6			
韩　　国	428.6	456.0	458.0	464.6	470.7	466.2	
普通中学	340.5	373.5	366.5	373.2	374.4	371.3	
职业中学	88.1	82.4	91.5	91.4	96.2	95.0	
新加坡	18.8	22.1	20.6		20.4		
普通中学	17.4	19.1	18.1	19.8		20.8	
泰　　国	192.0	223.0	304.4	338.3	379.4	393.0	
普通中学	161.4	186.4	254.9	283.5	314.4	326.7	
职业中学	29.7	36.6	49.5	54.7	65.0	65.8	
埃　　及	292.9	550.7	613.3	614.7	614.3	672.7	483.4
普通中学	223.9	443.4	443.3	415.3	424.2	480.5	
中等师范学校	5.6	4.6				1.0	
职业中学	63.4	102.6	170.0	199.4	190.0	191.2	
尼日利亚	186.5	290.8	403.2	445.1			
普通中学	155.3						
中等师范学校	25.0						
加拿大	232.3	229.2	245.5	247.0	250.5		

13－5 续表 1

单位:万人

	1980 年	1990 年	1993 年	1994 年	1995 年	1996 年	1997 年
墨 西 哥	474.2	670.4	697.7	726.5	758.9	791.4	
普通中学	404.2	591.2	618.0	643.0	673.8	703.2	
中等师范学校	20.8						
职业中学	49.2	79.2	79.8	83.5	85.1	88.3	
美　国	2158.5	1927.0	2105.5	2112.3	2147.4		
阿 根 廷	132.7	216.0	202.6	230.8		259.4	
普通中学	51.0						
职业中学	81.7						
巴　西	281.9	349.9	418.4	451.0		573.9	640.5
保加利亚	31.5	39.2	36.3	37.1	75.7	73.3	
普通中学	9.2	15.3	15.2	15.9	54.3	52.7	
职业中学	22.3	23.9	21.1	21.2	21.3	20.7	
捷克共和国	125.6	126.8	119.0	119.3	119.1		
普通中学	68.0	75.7	69.4	66.4	64.3		
中等师范学校	1.4	0.9	0.3	0.5	0.3		
职业中学	57.6	51.1	49.4	52.3	54.4		
法　国	501.4	552.2	598.3	600.4	598.1	597.9	
普通中学	391.1	427.6	431.6	430.0	426.4	433.3	
职业中学	110.3	124.6	166.7	170.4	171.6	164.6	
德　国	656.1	739.8	807.0	815.2	826.1	838.2	
普通中学	595.1	510.2	578.4	589.1	598.6	606.2	
职业中学	61.0	229.6	228.6	226.1	227.5	232.0	
意 大 利	530.8	511.8	493.8	482.6	470.8	460.2	
普通中学	348.4	299.5	278.9	274.4	269.6	264.2	
中等师范学校	23.7	18.5	19.0	19.5	20.6		
职业中学	158.6	193.8	196.0	188.6	180.6	195.9	
波　兰	167.4	188.8	235.0	249.8	253.9		
普通中学	34.5	44.5	66.0	75.6	79.3		
中等师范学校	1.9	2.6	0.2	0.1			
职业中学	131.0	141.7	168.9	174.2	174.6		
罗马尼亚	114.8	283.8	233.6	225.2	222.3	221.2	
普通中学	8.1	162.2	155.9	146.8	146.1	145.8	
中等师范学校	0.6	1.1	1.9	2.0	1.9	1.8	
职业中学	78.4	120.6	75.8	76.4	74.3	73.7	
俄 罗 斯	1299.1	1395.6	1373.2				
普通中学	1135.1	1236.3	1242.4				
中等师范学校	24.1	34.1	30.1				
职业中学	140.0	125.2	100.7				
西 班 牙	397.7	475.5	483.8	474.5	411.7	385.2	
普通中学	308.8	365.4	361.0	355.8	297.3	294.6	
职业中学	88.9	110.2	122.8	118.7	114.4	90.6	
乌 克 兰	340.6	340.8	473.1				
普通中学	290.4	286.4	420.2				
中等师范学校	2.3	2.1	2.1				
职业中学	48.0	52.3	50.8				
英　国	534.2	433.6	649.1	667.8	669.7	654.9	
普通中学	508.7	385.5	399.7	406.2	407.8	411.3	
职业中学	25.5	48.0	249.4	261.6	261.9	243.5	
南斯拉夫		78.8	81.2	81.0	83.2	81.5	
普通中学			54.3	54.2	55.2	54.9	
中等师范学校		1.6	0.1	311.0	346.0	327.0	
职业中学		78.0	26.8	26.8	27.9	26.6	
澳大利亚	110.0	127.8	202.9	200.3	218.2	228.0	236.7
新 西 兰	35.2	34.1	37.7	40.5	42.0	43.1	43.3
普通中学	34.9	33.2	32.8	34.1	34.0	34.9	35.5
职业中学	0.3	0.9	4.9	6.4	8.0	8.1	7.8

资料来源:联合国教科文组织《统计年鉴》1985 年、1999 年。

13－6 大学和小学教师数

单位：万人

	大学教师				小学教师			
	1980 年	1990 年	1995 年	1997 年	1980 年	1990 年	1995 年	1997 年
中　　国	24.7	39.5	40.1	40.5	549.9	558.2	566.4	579.4
中国香港		0.6①			1.8	1.9	1.9	
孟加拉国	1.2	2.2			15.4	18.9		
印　　度		26.3			134.5	163.7	174.0	178.9③
印度尼西亚			15.7		78.7	128.1	131.8	132.7③
伊　　朗		2.3	5.3	4.0③		29.9	30.5②	
以 色 列	1.0				4.1	4.1		
日　　本	21.4	41.4①			47.1	45.3	43.1	42.1
马来西亚	0.5	1.1	1.5		7.4	12.1	14.0	14.8
蒙　　古	0.2	0.3	0.3	0.3	0.4	0.6	0.7	0.8③
缅　　甸	0.5	0.6			8.0	11.1	11.9②	
韩　　国	2.1	7.3	10.4	11.4③	11.9	13.7	12.3	12.3
巴基斯坦	0.8④				15.0	27.1		
菲 律 宾	4.4		6.7		26.4	31.7	32.4②	34.1③
新 加 坡	0.2		0.7	0.7③	0.9	1.0	1.0	1.1③
斯里兰卡	0.3④	0.2	0.3			7.2	7.1	6.6③
泰　　国	3.1④		3.8			31.5		
土 耳 其	2.2	3.4	4.4②	5.0③	21.2	22.6	23.3②	
越　　南	1.7		2.3	2.4③	20.4	25.2	29.9	32.4
埃　　及		3.5				27.9	30.3	31.0
尼日利亚	1.1	1.2①			34.4	33.2	43.5②	
南　　非		1.7	2.7②		16.0	22.5		
加 拿 大	5.3	6.2	17.7②		13.5④	15.5	14.9	
墨 西 哥	7.8	13.4	16.4	17.0③	37.5	47.2	51.6	52.5③
美　　国	30.6	83.4	91.5		142.5④	142.7①	149.9	
阿 根 廷	4.6				22.9④		29.6②	30.9
巴　　西	10.9	13.2	14.1②	16.4③	88.4	126.1	137.8②	141.4
委内瑞拉	2.8	4.6			9.3	17.7	19.8	20.2③
白俄罗斯	1.3	4.0	4.0	4.0③			3.2②	
保加利亚	1.4	2.4	2.5	2.6③	5.2	6.3	2.6	2.6③
捷克共和国	1.1	1.2	1.9		2.2	2.4	2.8	
法　　国		4.8	13.2	14.1③	19.2	21.8①	21.7	21.1③
德　　国		25.9①	27.1	27.5③		22.4①	22.3	22.4③
意 大 利	4.3	5.6	7.0		27.4	26.6	25.2	
荷　　兰		4.8①			5.8	6.3	8.2	8.5③
波　　兰	5.7	6.1	7.5		19.6	31.7	32.6	
罗马尼亚	1.5	1.4	2.0②	2.6③	15.7	5.7	6.9	7.2③
俄 罗 斯		36.4①	38.3②		21.5	34.0	39.5②	
西 班 牙	4.3	6.6	8.8		12.8	12.8	16.2	
乌 克 兰		7.2			7.9	11.9	13.4②	
英　　国	3.4	8.6	8.9			22.9	28.4	28.4③
澳大利亚	2.2	2.8	2.7	2.6		9.8①	10.1	10.4
新 西 兰	0.7	1.1	1.1	1.1		1.8		1.9

注：①1993 年数据。②1994 年数据。③1996 年数据。④1985 年数据。

资料来源：联合国教科文组织《统计年鉴》1992 年、1999 年。

13－7 中学教师数

单位:万人

	1980年	1990年	1993年	1994年	1995年	1996年	1997年
中　　国	317.1	349.2	366.8	375.7	388.3	404.0	418.6
普通中学	302.0	303.3	316.7	323.4	333.4	346.5	358.7
中等师范学校	3.7	5.8	5.8	6.0	6.2	6.3	6.4
职业中学	2.3	22.4	26.2	27.7	29.2	30.8	32.2
中等技术学校	9.1	17.6	18.1	18.7	19.5	20.4	21.2
中国香港	1.6				2.4		
普通中学			2.1	2.1	2.3		
孟加拉国	11.2	13.1					
普通中学	11.0	12.8					
中等师范学校	0.1	0.1					
职业中学	0.1	0.2					
印　　度							
普通中学	173.2	233.2	248.5	256.8	265.8	273.8	
印度尼西亚	38.5	77.1	80.6	86.5	91.8	98.7	
中等师范学校	1.7						
伊　　朗		21.6	25.0	24.9		28.0	
普通中学		19.8	22.8	22.9			
中等师范学校		0.1	0.1	0.1			
职业中学		1.8	2.1	2.0			
日　　本	55.4	65.9	69.6	70.3			
韩　　国	11.0	18.1	19.3	18.9	19.1	19.3	
普通中学	8.2	14.6	15.2	14.8	14.8	15.1	
职业中学	2.7	3.5	4.3	4.1	4.2	4.2	
马来西亚	4.8	7.5	8.8	8.7	8.9	9.2	9.7
普通中学	4.6	7.1	8.4	8.4	8.4	8.7	
职业中学	0.1	0.4		0.4	0.5	0.5	
巴基斯坦	12.4	20.9					
普通中学	12.1	20.2					
中等师范学校	0.1	0.3					
职业中学	0.2	0.4	0.7				
菲 律 宾	8.6	12.2	13.5	13.2		15.5	
普通中学	8.6	12.2	13.5	13.2		15.5	
新 加 坡	0.9						
普通中学	0.8	0.9	1.0	1.0	1.0	1.0	
职业中学	0.1			0.1	0.1	0.1	
泰　　国		13.4	15.1				
普通中学	7.0	10.6	12.6				
中等师范学校							
职业中学		2.7					
土 耳 其	11.2	15.9	18.9	20.3		21.9	
普通中学	7.7	10.9	12.7	13.3		14.3	
中等师范学校	0.1	0.1	0.1	0.1			
职业中学	3.4	4.9	6.0	6.8		7.6	

13－7 续表 1　　　　　　　　　　　　　　　　　　　　　　　　　　　　　　　　　　　　　单位：万人

	1980年	1990年	1993年	1994年	1995年	1996年	1997年
埃　及	12.2	28.7	30.9	33.4	36.9	42.5	
普通中学	8.3	20.3	21.0	21.9	23.5	28.6	25.9
中等师范学校	0.4	0.6				0.1	
职业中学	3.4	7.8		11.5	13.4	13.8	
尼日利亚	8.1	14.1	15.2	15.3			
普通中学	6.2						
中等师范学校	0.9						
职业中学	1.1						
加拿大	15.1	16.4	13.6	13.3	13.3		
墨西哥	26.8	40.2	42.6	44.8	46.8	48.5	
普通中学	22.7	34.4	36.6	38.6	40.3	42.1	
中等师范学校	1.3						
职业中学	2.9	5.8	6.0	6.2	6.5	6.4	
美　国	104.2		134.1	136.9	139.4		
阿根廷	23.0	28.4	23.4	23.9		12.5	
普通中学	9.4						
职业中学	13.6						
巴　西	19.8	24.3	27.4	29.6		32.7	35.3
委内瑞拉		3.1					
保加利亚	2.6	2.7	3.1	3.1	6.7	6.7	
普通中学	0.7	1.0	1.2	1.2	4.8	4.8	
职业中学	1.9	1.7	1.9	1.9	1.9	1.9	
捷克共和国	10.2	9.8	10.5	10.1	11.4		
普通中学	4.0	4.7	5.3	5.4	5.4		
职业中学	6.2	5.1	5.1	4.6	6.0		
法　国	25.6	44.1	46.8	47.4	47.9	48.3	
德　国		44.1	52.6	54.1	54.0	54.2	
普通中学	35.9	34.1	41.4	43.0	42.8	42.8	
职业中学		10.0	11.3	11.1	11.2	11.4	
意大利	51.9	59.0	60.4	50.5	46.2		
普通中学	32.6	33.6	32.3	26.8	25.0		
中等师范学校	2.2	2.2	2.2				
职业中学	17.1	23.2	25.9	23.7	21.2		
波　兰	9.3	10.4	11.3	12.0	12.1		
普通中学	2.1	2.4	3.0	3.5	3.6		
中等师范学校	0.1	0.2					
职业中学	7.1	7.7	8.2	8.5	8.5		
罗马尼亚	4.9*	15.7	16.9	16.9	17.3	17.6	
普通中学	0.7*	11.4	11.9	11.9	12.2	12.3	
中等师范学校	...*	0.1	0.2	0.2	0.2	0.2	
职业中学	4.2*	4.2	4.8	4.8	4.9	5.0	
西班牙	19.0	28.6	29.8	29.9	27.1		
普通中学	15.0	21.0					
职业中学	4.1	7.5					
英　国		39.8	4.0	45.2	47.6	46.4	
普通中学	33.3	28.7	30.2	31.4	31.7	31.2	
南斯拉夫	13.3	5.5					
澳大利亚	8.5	10.3	10.1	10.1	10.1	10.2	10.3
新西兰			2.8	2.8		2.7	2.9
普通中学	1.3	2.0	2.5	2.5		2.1	2.2

资料来源：联合国教科文组织《统计年鉴》1992年、1999年。

13—8 教育经费支出及经常性教育经费支出

单位:%

	年　份	教育经费总支出		经常性教育经费支出		
		占 GNP 的%	占政府总支出的%	占 GNP 的%	占政府经常性支出的%	占教育总支出的%
中　国③	1996	2.3		2.0		87.5
中国香港	1995	2.9		2.8		95.1
孟加拉国①	1996	2.2		1.3		58.5
印　度	1996	3.2				
印度尼西亚①	1996	1.4	7.9	0.6	5.8	46.0
伊　朗	1995	4.0	17.8	3.3	21.6	82.9
以色列	1994	7.8				91.4
日　本	1994	3.6	9.9			
哈萨克斯坦②	1997	4.4				
马来西亚①	1997	4.9		4.1		82.8
蒙　古	1997	5.7	15.1			
缅　甸①	1994	1.2	14.4	0.9	19.0	78.0
韩　国	1995	3.7	17.5			
巴基斯坦	1997	2.7	7.1	2.3	7.1	86.1
菲律宾①	1997	3.4	15.7	2.9	17.4	85.0
新加坡	1995	3.0	23.4	2.3	25.4	76.0
斯里兰卡①	1996	3.4	8.9	2.9	11.6	82.9
泰　国	1996	4.8		3.6		75.2
土耳其	1995	2.2				
埃　及	1995	4.8	14.9	4.4	16.7	92.0
尼日利亚②	1995	0.7	11.5	0.5		76.5
南　非	1996	8.0	23.9	7.5		94.9
加拿大	1994	6.9	12.9	6.4		92.4
墨西哥	1995	4.9	23.0	4.6		94.1
美　国	1994	5.4	14.4			
阿根廷	1996	3.5	12.6	3.2		91.8
巴　西	1995	5.1		4.7		93.1
委内瑞拉	1994	5.2	22.4	5.0	31.2	96.6
白俄罗斯	1996	5.9	17.8	5.4	18.5	91.1
保加利亚	1996	3.2	7.0	3.0	6.9	95.5
捷克共和国	1996	5.1		4.4		86.4
法　国	1996	6.0	10.9	5.6		92.3
德　国	1996	4.8	9.6	4.4		90.8
意大利	1996	4.9	9.1	4.6		95.3
荷　兰	1996	5.1	9.8	4.9		96.0
波　兰	1996	7.5	24.8			
罗马尼亚②	1996	3.6	10.5	3.3	11.5	92.5
西班牙	1996	5.0	11.0	4.6		91.9
乌克兰	1995	7.3		6.4		87.5
英　国	1995	5.3	11.6			
澳大利亚	1995	5.5	13.5	5.2		95.6
新西兰	1996	7.3		6.9		93.7

注:①仅指教育部支出。②仅指中央政府支出。③中国数据来源于联合国教科文组织。

资料来源:联合国教科文组织《统计年鉴》1999 年。

13－9 公共教育日常经费中各类学校所占比重

单位：%

	年 份	学龄前教育	小 学	中 学	大 学	其 它	未分列
中 国③	1996	1.3	36.1	32.2	15.6	14.8	
中国香港	1995	0.5	21.4	35.0	37.1	2.9	3.2
孟加拉国	1996	...	44.8	43.8	7.9	3.5	...
印 度	1995	①	39.5	26.5	13.7	3.9	16.4
印度尼西亚④	1996	②	②	73.5	24.4	2.1	
伊 朗	1995	①	29.0	33.9	22.9	3.5	10.6
以 色 列	1994	8.2	34.1	31.2	18.2		8.3
日 本	1994	2.3	37.0	41.8	12.1		6.8
马来西亚	1997	1.2	31.5	30.6	25.5		11.2
蒙 古	1996	19.9	②	56.0	14.3	9.8	...
缅 甸	1994		47.7	40.3	11.7	...	0.3
韩 国⑤	1995	0.9	44.5	36.6	8.0		10.0
巴基斯坦	1997	①	51.8	27.9	13.0		7.2
菲 律 宾	1997	0.1	55.9	23.3	18.0		2.7
新 加 坡	1995	①	25.7	34.6	34.8	...	4.9
斯里兰卡	1996	①	74.8	①	9.3	1.7	14.2
泰 国	1996	16.4	33.9	20.0	16.4		13.3
土 耳 其⑤	1995	0.2	43.0	22.0	34.7		
埃 及	1996	①	66.7	①	33.3	...	...
尼日利亚	1981	...	17.2	①	25.0	0.6	17.4
南 非	1996	1.4	42.1	29.5	14.3	5.5	7.1
加 拿 大⑤	1994	3.2	61.5	②	35.3		
墨 西 哥	1995	8.9	41.4	32.5	17.2		
美 国⑤	1994	7.0	31.7	36.1	25.2	...	...
阿 根 廷	1996	6.7	39.1	34.8	19.5		
巴 西	1995	5.1	48.4	20.3	26.2		
委内瑞拉	1994	3.7	②	25.8	34.7	2.8	33.0
白俄罗斯	1996	②	②	72.5	11.1	11.7	4.7
保加利亚	1996	21.3	②	52.5	18.0	8.2	
捷克共和国	1996	11.9	19.4	50.2	15.8		2.7
法 国	1996	11.6	19.8	49.5	17.9		1.2
德 国	1996	②	②	72.2	22.5	...	5.2
意 大 利	1996	8.4	23.6	49.2	15.1	...	3.7
荷 兰	1996	7.3	23.6	39.8	29.3	...	...
波 兰⑤	1996	6.5	31.2	15.1	11.1		36.1
罗马尼亚⑤	1996	8.1	34.6	23.8	16.0	8.3	9.1
西 班 牙	1996	7.3	26.1	47.9	16.6	...	2.1
乌 克 兰	1995	②	②	73.5	10.7	15.8	...
英 国⑤	1995	2.6	29.7	44.0	23.7	...	...
南斯拉夫	1996	①	65.6	①	23.6	2.6	8.4
澳大利亚	1995	1.6	29.0	38.9	30.5	...	
新 西 兰	1996	4.2	24.5	40.3	29.1		1.9

注：①本栏数字包括在小学一栏数字中。②本栏数字包括在中学一栏中。③中国数来源于联合国教科文组织。④仅为教育部支出。⑤包括资本项目支出。

资源来源：联合国教科文组织《统计年鉴》1999年。

13－10　报纸发行数量

	年　份	日报			除日报以外的其他报纸		
		报纸种类	发行量		报纸种类	发行量	
			总数(千份)	每千居民发行量(份)		总数(千份)	每千居民发行量(份)
中　　国①	1998				1035	128760	
中国香港	1996	52	5000	786	11		
印　　度②	1995				32702	43192	
印度尼西亚	1996	69	4665	23	94	4696	23
伊　　朗	1996	32	1651	26			
以 色 列	1996	34	1650	288			
日　　本	1996	122	72705	578	6		
马来西亚	1996	42	3345	163	44	1424	69
蒙　　古	1996	4	68	27	30	137	55
缅　　甸	1996	5	449	10			
韩　　国	1995	62	17700	394			
巴基斯坦	1995	223	2800	21			
菲 律 宾	1996	47	5700	82			
新 加 坡	1996	8	1095	324	2		
斯里兰卡	1996	9	530	29	40	2665	147
泰　　国	1996	30	3800	64	320	2550	43
土 耳 其③	1996	57	6845	110	1468		
越　　南	1996	10	300	4	214	4023	54
埃　　及	1995	15	2373	38	40	1442	23
尼日利亚	1996	25	2740	27			
南　　非	1996	17	1288	34	48	1110	29
加 拿 大	1996	107	4718	158	1071	21235	709
墨 西 哥	1996	295	9030	97	23	620	6.7
美　　国	1996	1520	56990	212	9728④	70000④	262④
阿 根 廷	1996	181	4320	123			
巴　　西	1996	380	6472	40	938		
委内瑞拉	1996	86	4600	206			
白俄罗斯	1995	8					
保加利亚②	1996	17	2145	254	869	5790	685
捷克共和国	1996	21	2620	254	181	4200	407
法　　国	1996	117	12700	218			
德　　国	1996	375	25500	311	36	6600	81
意 大 利	1996	78	5960	104			
荷　　兰⑤	1996	38	4753	306	63	590	38
波　　兰	1996	55	4351	113	32	860	22
罗马尼亚	1996	106					
西 班 牙⑥	1996	87	3931	99	12	4850	122
英　　国⑤	1996	99	19332	331	478	6220	106
澳大利亚	1996	65	5370	296	98	383	21

注：①"日报"包括在"除日报以外的其他报纸"中。②"除日报以外的其他报纸"包括杂志。③不包括地方报纸。④1995年数字。⑤"除日报以外的其他报纸"仅为地方报纸。⑥"除日报以外的其他报纸"仅为周报。

资料来源：联合国教科文组织《统计年鉴》1999年。

13－11 图书馆数和藏书量

	年份	图书馆（个）	藏书量（万册）
中国			
公共图书馆①	1998		38514
中国香港			
公共图书馆	1995	2	497
高等教育图书馆	1990	17	337
一般学校图书馆	1990	374	327
孟加拉国			
国家图书馆	1995	1	1
印度			
国家图书馆	1986	8	189
印度尼西亚			
高等教育图书馆	1989	45	174
伊朗			
国家图书馆	1995	1	41
公共图书馆	1995	26	1598
高等教育图书馆	1994	113	232
日本			
国家图书馆	1990	1	553
公共图书馆	1993	2172	19539
高等教育图书馆	1991	514	
马来西亚			
国家图书馆	1995	1	111
公共图书馆	1995	14	1090
高等教育图书馆	1990	48	341
蒙古			
高等学校图书馆	1990	9	158
一般学校图书馆	1990	530	322
缅甸			
国家图书馆	1996	1	1
公共图书馆	1996	1	
韩国			
国家图书馆	1995	1	258
公共图书馆	1995	329	1364
高等教育图书馆	1994	340	3576
一般学校图书馆	1994	9117	2973
菲律宾			
国家图书馆	1993	1	90
新加坡			
国家图书馆	1995	1	325
高等教育图书馆	1990	5	235
斯里兰卡			
国家图书馆	1993	1	16
高等教育图书馆	1996	13	74
泰国			
国家图书馆	1992	1	153
公共图书馆	1992	589	
高等学校图书馆	1996	73	627
土耳其			
国家图书馆	1995	1	115
公共图书馆	1995	1171	1117
高等学校图书馆	1997	68	
埃及			
国家图书馆	1995	1	115
公共图书馆	1995	187	150
高等学校图书馆	1996	412	
尼日利亚			
国家图书馆	1992	1	87
公共图书馆	1992	12	61
加拿大			
国家图书馆	1995	1	639
公共图书馆	1995	1045	7008
墨西哥			
公共图书馆	1995	5630	2417
高等学校图书馆	1996	1187	1400
一般学校图书馆	1993	4017	1426
美国			
高等学校图书馆	1988	3438	71850
一般学校图书馆	1988	92438	73871
阿根廷			
国家图书馆	1995	1545	1350
巴西			
国家图书馆	1993	1	528
公共图书馆	1994	2739	
委内瑞拉			
国家图书馆	1995	1	369
公共图书馆	1995	23	329
白俄罗斯			
国家图书馆	1995	1	687
非专业图书馆	1995	6	434
公共图书馆	1995	143	6094
高等学校图书馆	1996	33	1973
保加利亚			
国家图书馆	1997	1	247
一般学校图书馆	1997	2876	1579
公共图书馆	1997	4237	4079
高等学校图书馆	1997	92	827

13—11 续表 1

	年份	图书馆（个）	藏书量（万册）
法国			
国家图书馆	1997	1	1251
一般学校图书馆	1997	5556	5373
公共图书馆	1997	1620	8977
高等学校图书馆	1997	71	2350
德国			
国家图书馆	1997	9	3037
一般学校图书馆	1997	6487	2101
公共图书馆	1997	6313	14921
高等学校图书馆	1997	227	11978
意大利			
国家图书馆	1997	2	1280
一般学校图书馆	1997	8957	1633
公共图书馆	1997	84	4147
高等学校图书馆	1997	1513	3935
荷兰			
国家图书馆	1997	1	251
一般学校图书馆	1997	1499	1450
公共图书馆	1997	579	4149
高等学校图书馆	1997	469	2507
波兰			
国家图书馆	1997	1	276
高等学校图书馆	1997	273	3353
公共图书馆	1997	9230	13587
一般学校图书馆	1997	21538	15790
罗马尼亚			
国家图书馆	1997	5	1848
公共图书馆	1997	2953	5049
高等学校图书馆	1997	59	2341
俄罗斯			
高等学校图书馆	1996	520	32835
一般学校图书馆	1993	64318	118077
国家图书馆	1995	2	7281
公共图书馆	1995	50032	98336
西班牙			
国家图书馆	1997	1	380
公共图书馆	1997	3380	32750
高等学校图书馆	1997	588	1688
一般学校图书馆	1997	629	745
乌克兰			
国家图书馆	1995	1	393
公共图书馆	1995	21857	33672
高等学校图书馆	1997	1	280
英国			
国家图书馆	1997	3	2533
公共图书馆	1997	169	13168
高等学校图书馆	1997	218	9235
一般学校图书馆	1997	5107	5374
南斯拉夫			
国家图书馆	1995	3	566
非专业图书馆	1995	11	118
公共图书馆	1995	270	1397
高等学校图书馆	1992	166	705
澳大利亚			
国家图书馆	1995	1	244
高等学校图书馆	1994	43	3300
新西兰			
高等学校图书馆	1990	7	591

注：本表公共图书馆指为某一团体或某一地区人口提供图书借阅服务的馆所。公共图书馆可按服务对象分类，如妇女儿童图书馆、军人图书馆、医院病人图书馆。国家图书馆是指根据法律和有关条文规定，负责收集和存放国内外重要书刊，并进行国际交流活动的图书馆。①包括国家图书馆。

资料来源：联合国教科文组织《统计年鉴》1999 年。

13—12 从事研究和开发工作的科技人员数

单位:人

	年 份	研究人员数		技术人员数		年 份	每百万人口平均研究人员数	每百万人口平均研究人员数
		总 计	其中:女	总 计	其中:女			
中 国①	1996	559000		228000		1995	347	200
中国香港	1995	574		613		1995	98	105
印 度	1994	136503	10505	98769	9333	1994	149	108
印度尼西亚	1995	32038						
伊 朗	1994	34256		10104		1994	560	166
以色列	1984	20100	10400	4300	1400			
日 本	1994	787402		103400		1996	4909	
马来西亚	1992	1633	501	1655	507	1996	93	32
韩 国	1994	117446		14141		1996	2193	
巴基斯坦	1990	6626	464	9314		1997	72	13
菲律宾	1992	9960	5260	1399	374	1992	157	22
新加坡	1995	7695		997		1995	2318	301
斯里兰卡	1985	2790	667	693	188	1996	191	47
土耳其	1995	15854		1606		1996	291	
埃 及	1991	26415		19607		1991	459	341
尼日利亚	1987	1338		6042		1987	15	76
南 非	1993	37192		11343		1993	1031	315
加拿大	1995	80510				1995	2719	
美 国	1993	962700				1993	3676	
阿根廷	1995	22927	10655	5092		1995	660	147
巴 西	1995	26754		9327		1995	168	59
委内瑞拉	1992	4258	1490	650	205	1992	209	32
保加利亚	1996	14751	6114	8169	5462	1996	1747	967
捷克共和国	1997	12580				1997	1222	
法 国	1996	154839		165966②		1996	2659	
德 国	1995	231128				1995	2831	
意大利	1995	75536				1995	1318	
荷 兰	1996	34482				1996	2219	
波 兰	1996	52474				1996	1358	
罗马尼亚	1994	31672	14048	13272	7991	1994	1387	581
俄罗斯	1997	532469	210662	89003		1997	3587	600
西班牙	1996	51633				1996	1305	
乌克兰	1997	112327				1997	2171	575
英 国	1993	140000		59000		1996	2448	
南斯拉夫	1995	11611	4150	5436	2950			
澳大利亚	1996	60890				1996	3357	
新西兰	1995	6104				1995	1663	

注:研究人员指从事新知识、新产品、新工艺、新方法理论的探索与创新的专业人员,研究与开发项目的计划和管理工作的负责人员,大学毕业后从事研究与开发工作的人员也包括在内。技术人员指具有专业技术知识并有在工程、物理、生命科学、社会科学和人文科学等领域的工作经验,并在研究人员指导下从事研究与开发活动的人员。①中国来源于联合国教科文组织。②1994 年数。

资料来源:联合国教科文组织《统计年鉴》1999 年。

13—13 研究与开发经费占国民生产总值的比重及相关指标

	年 份	货币名称	研究开发经费占国民生产总值%	按人口平均的研究开发费用（本币）	每一研究人员年均费用（本币）
中 国	1998	人民币元	0.7	33①	72416①
中国香港	1995	港 元	0.3	534	5434495
印 度	1994	卢 比	0.7	75	499698
印度尼西亚	1995	卢 比	0.1	2156	
伊 朗	1994	里亚尔	0.5	9722	17372181
以色列	1997	谢克尔	2.4		
日 本	1996	日 元	2.8	112549	22928184
马来西亚	1996	林吉特	0.2	27	290069
韩 国	1996	圆	2.8	239896	109400803
巴基斯坦	1987	卢 比	0.9	52	
菲律宾	1992	比 索	0.2	47	295236
新加坡	1995	新加坡元	1.1	412	177592
斯里兰卡	1996	卢 比	0.2	78	408933
泰 国	1996	铢	0.1	94	915558
土耳其	1996	里 拉	0.5	1070526	3688259065
越 南	1985	盾		9	24900
埃 及	1996	埃 镑	0.2	8	
尼日利亚	1987	奈 拉	0.1	2	75809
加拿大	1997	加拿大元	1.7	446	
墨西哥	1995	比 索	0.3	63	292645
美 国	1996	美 元	2.6	720	
阿根廷	1995	比 索	0.4	30	44915
巴 西	1996	克鲁塞罗	0.8	37	
委内瑞拉	1992	博利瓦	0.5	960	
保加利亚	1996	列 弗	0.6	1083	620162
捷克共和国	1997	捷克克郎	1.2	1891	1548283
法 国	1997	法国法郎	2.3	3140	
德 国	1998	德国马克		1102	
意大利	1997	里 拉	2.2	358271	
荷 兰	1996	荷兰盾	2.1	900	405458
波 兰	1996	新兹罗提	0.8	72	52625
罗马尼亚	1995	列 伊	0.7	22631	
西班牙	1997	比塞塔	0.9		
俄罗斯	1996	卢 布	0.9	131150	34504406
英 国	1996	英 镑	2.0	246	100278
澳大利亚	1996	澳 元	1.8	480	142768
新西兰	1995	新西兰元	1.0	243	145700

注:①中国数来源于联合国教科文组织且为1996年数据。

资料来源:联合国教科文组织《统计年鉴》1999年。

13－14 世界主要国家(地区)医疗和健康状况比较

	获得安全饮用水的人口占总人口的%		获得卫生设施服务的人口数占总人口的%		婴儿死亡率(‰)		1990－97年产妇死亡率(每十万活产婴儿)
	1997年	1982年	1995年	1982年	1995年	1980年	
中　国①		83			42	32	95
中国香港					11	5	7
孟加拉国	40	84	4	35	132	75	850
印　度	54	85	8	16	115	71	440
印度尼西亚	39	65	30	55	90	47	390
马来西亚	71	89	75	94	30	11	34
蒙　古	100	54	50		82	52	65
韩　国	83	83	100	100	26	9	30
巴基斯坦	38	62	16	39	127	95	340
菲律宾	65	83	57	77	52	35	210
新加坡	100	100	85	100	12	4	10
斯里兰卡	37	70	66	75	34	14	30
泰　国	66	89	47	96	49	33	200
土耳其	69				109	40	180
越　南		47	30	60	57	29	105
尼日利亚	36	50		57	99	77	1000
南　非		59		53	67	48	230
加拿大	97	99	60	95	10	6	6
墨西哥	82	95	57	76	51	31	110
美　国	100	73	98		13	7	12
阿根廷	55	65	69	75	35	22	100
巴　西	75	69	24	67	70	34	160
委内瑞拉	84	79	45	72	36	21	120
白俄罗斯	100				16	12	22
保加利亚	85				20		18
法　国	98	100			10	5	15
德　国	90				12	5	22
意大利	99				15	5	12
荷　兰	100	99		100	9	5	12
波　兰	67		50	100	21	12	10
罗马尼亚	77	62		44	29	22	41
俄罗斯					22	17	53
西班牙	99			97	12	5	7
乌克兰		55		49	17	14	30
英　国	100	100		96	12	6	9
澳大利亚	99	99	99		11	5	9
新西兰	87	90	88		13	7	25

注:①中国为世界银行统计数据。

资料来源:世界银行《发展报告》2000年。

13—15 医疗卫生支出和医疗条件

	1990—1998 年医疗卫生支出			1990—1998 年人均医疗卫生支出		每千人拥有医生数(人)		每千人拥有病床数(张)	
	公共医疗卫生支出占 GDP 的比重(%)	个人医疗卫生支出占 GDP 的比重(%)	全部医疗卫生支出占 GDP 的比重(%)	按购买力平价法计算(美元)	按三年平均汇率法计算(美元)	1980 年	1990—98 年	1980 年	1990—98 年
世界总计	**2.5**	**2.9**	**5.5**	**561**	**483**	**1.0**	**1.5**	**3.4**	**3.3**
中　　国①	2.0	2.6	4.5	142	33	0.9	2.0	2.0	2.9
中国香港	2.1	2.8	5.0	1121	1134	0.8	1.3	9.1	
孟加拉国	1.6	2.0	3.5	45	12	0.1	0.2	0.2	0.3
印　　度	0.6	4.1	5.2	73	18	0.4	0.4	0.8	0.8
印度尼西亚	0.6	0.7	1.3	38	6	0.1	0.2		0.7
伊　　朗	1.7	2.5	4.3	216	93	0.3	0.9	1.5	1.6
以 色 列	7.0	3.4	10.4	1801	1701	2.5	4.6	5.1	6.0
日　　本	5.9	1.4	7.1	1757	2379	1.4	1.8	11.3	16.2
哈萨克斯坦	2.1	2.5	4.8	217	68	3.2	3.5	13.2	8.5
马来西亚	1.3	1.0	2.4	180	78	0.3	0.5	2.3	2.0
蒙　　古	4.3	0.4	4.7	68	23	9.9	2.6	11.2	11.5
缅　　甸	0.2	0.8	1.0		58	0.2	0.3	0.9	0.6
韩　　国	2.5	3.0	5.6	824	578	0.6	1.1	1.7	4.6
巴基斯坦	0.9	3.0	3.9	65	18	0.3	0.6	0.6	0.7
菲 律 宾	1.7	0.1	3.7	124	32	0.1	0.1	1.7	1.1
新 加 坡	1.1	2.0	3.2	744	841	0.9	1.4	4.2	3.6
斯里兰卡	1.4	1.2	2.6	72	22	0.1	0.2	2.9	2.7
泰　　国	1.7	4.5	6.2	329	112	0.1	0.4	1.5	2.0
土 耳 其	2.9	2.9	5.8	377	177	0.6	1.1	2.2	2.5
越　　南	0.4	3.9	4.3		16	0.2	0.4	3.5	3.8
埃　　及	1.8	2.0	3.8	124	48	1.1	2.1	2.0	2.0
尼日利亚	0.2	0.5	0.7	6	9	0.1	0.2	0.9	1.7
南　　非	3.2	3.5	7.1	571	246		0.6		
加 拿 大	6.4	2.8	9.2	2158	185	1.8	2.1		4.2
墨 西 哥	2.8	1.9	4.7	369	201	0.9	1.2		1.2
美　　国	6.5	7.5	13.9	4121	4080	1.8	2.6	5.9	4.0
阿 根 廷	4.0	5.6	9.6	1147	792		2.7		3.3
巴　　西	3.4	4.0	7.3	503	359	0.8	1.3		3.1
委内瑞拉	3.0	4.5	7.5	426	205	0.8	2.4	0.3	1.5
白俄罗斯	4.9	1.1	6.0	303	82	3.4	4.3	12.5	12.2
保加利亚	3.2	0.8	4.0	193	59	2.5	3.5	11.1	10.6
捷克共和国	6.4	0.6	7.0	865	384		2.9		9.2
法　　国	7.1	2.5	9.6	2026	2287	2.2	2.9		8.7
德　　国	8.3	2.5	10.7	2364	2727	2.2	3.4		9.6
意 大 利	5.3	2.3	7.6	1539	1511	1.3	5.5		6.5
荷　　兰	6.1	2.3	8.5	1874	1988	2.1	2.6	12.5	11.3
波　　兰	4.2	1.7	5.9	449	242	1.8	2.3	5.6	5.4
罗马尼亚	2.9	1.8	4.2	192	65	1.5	1.8	8.8	7.6
俄 罗 斯	4.5	1.2	5.7	404	130	4.0	4.6	13.0	12.1
西 班 牙	5.6	1.8	7.4	1182	1001	2.8	4.2		3.9
乌 克 兰	4.1	1.4	5.4	179	54	3.7	4.5	12.5	11.8
英　　国	5.9	1.0	6.8	1391	1480	1.6	1.6	9.3	4.5
南斯拉夫							2.0		5.3
澳大利亚	5.5	2.8	8.4	1866	1842	1.8	2.5		8.5
新 西 兰	5.9	1.7	7.6	1357	1310	1.6	2.1		6.1

注:①世界银行统计数据。

资料来源:世界银行《世界发展指标》2000 年。

13－16　1995－1999年世界军事支出最多的前15位国家和地区

（按1995年固定价格计算）　　单位：十亿美元

排　序	国家和地区	1995年	1996年	1997年	1998年	1999年	占世界军事支出的比重(%)
	世界总计	**724**	**708**	**718**	**704**	**719**	**100**
1	美　国	279	264	262	256	260	36
2	日　本	50	51	51	51	51	7
3	法　国	48	47	47	46	47	7
4	德　国	41	40	39	39	40	5
5	英　国	34	34	32	33	32	4
6	意大利	19	21	22	23	24	3
7	俄罗斯	26	23	25	18	22	3
8	中　国	13	14	15	17	18	3
9	韩　国	14	16	16	15	15	2
10	沙特阿拉伯	13	13	18	16	15	2
11	巴　西	11	9	12	11	14	2
12	印　度	8	8	9	9	10	1
13	土耳其	7	7	8	8	10	1
14	中国台湾省	10	10	11	11	9	1
15	西班牙	9	9	9	8	9	1

注：国家和地区的合计数与世界总计有出入。

资料来源：瑞典国际和平研究所《年度报告》2000年。

13－17　军事支出占国民生产总值的比重

单位：%

	1985 年	1990 年	1992 年	1993 年	1994 年	1995 年	1996 年	1997 年
中　　国①	2.1	1.6	1.4	1.2	1.2	1.1	1.1	1.1
孟加拉国	1.7	1.2	1.3	1.3	1.3	1.2	1.3	1.4
印　　度	3.5	2.9	2.5	2.7	2.7	2.4	2.8	2.8
印度尼西亚	2.4	1.5	1.4	1.3	1.4	2.3	2.1	2.3
伊　　朗	7.7	6.0	3.0	3.4	3.4	2.5	2.6	3.0
以 色 列	20.3	13.2	11.7	11.2	9.8	10.5	10.1	9.7
日　　本	1.0	1.0	1.0	1.0	1.0	1.0	1.0	1.0
马来西亚	3.8	2.8	3.2	3.2	3.1	2.9	2.6	2.2
蒙　　古	8.3	8.6	2.6	3.1	2.6	2.3	2.3	1.9
韩　　国	5.0	4.2	3.7	3.6	3.4	3.2	3.4	3.4
巴基斯坦	6.2	7.6	7.4	7.0	6.8	6.1	5.9	5.7
菲 律 宾	1.4	2.2	1.9	2.2	1.9	1.4	1.6	1.5
新 加 坡	5.9	5.0	5.2	5.8	4.7	5.2	5.3	5.7
斯里兰卡	2.9	4.8	3.8	4.1	4.7	6.4	5.9	5.1
泰　　国	4.2	2.5	2.6	2.9	2.7	2.4	2.4	2.3
土 耳 其	4.6	3.5	3.8	3.9	4.0	3.9	4.1	4.0
越　　南		7.9	3.4	2.3	2.8	2.8		2.8
埃　　及	12.8	3.1	3.7	3.7	3.4	3.2	3.0	2.8
尼日利亚	1.5	2.4	2.6	2.2	2.3	1.8	1.6	1.4
南　　非	3.8	4.2	3.2	2.9	3.1	2.5	2.4	1.8
加 拿 大	2.2	2.1	2.0	1.9	1.8	1.6	1.5	1.3
墨 西 哥	0.7	0.5	0.5	0.6	0.7	0.7	0.6	1.1
美　　国	6.1	5.2	4.8	4.5	4.1	3.8	3.5	3.3
阿 根 廷	3.8	1.9	1.9	1.7	1.7	1.7	1.5	1.2
巴　　西	0.8	1.8	1.1	1.4	1.2	1.6	1.8	1.8
委内瑞拉	2.1	2.1	2.6	1.8	1.6	1.8	1.3	2.2
保加利亚	14.1	8.6	3.3	2.9	2.8	2.7	2.5	3.0
捷克共和国				2.7	2.4	2.1	2.0	1.9
德　　国		2.8	2.1	1.9	1.8	1.7	1.7	1.6
法　　国	4.0	3.6	3.4	3.4	3.4	3.1	3.0	3.0
意 大 利	2.2	2.2	2.1	2.1	2.0	1.8	2.0	2.0
荷　　兰	3.0	2.6	2.5	2.3	2.1	2.0	2.0	1.9
波　　兰	10.2	5.4	2.3	2.6	2.5	2.9	2.7	2.3
俄 罗 斯			8.0	7.5	8.3	5.6	5.3	5.8
乌 克 兰			1.9	1.8	2.8	3.1	3.5	3.7
英　　国	5.1	4.1	3.8	3.6	3.4	3.1	3.0	2.7
南斯拉夫						4.9		4.9
澳大利亚	2.7	2.3	2.5	2.6	2.5	2.4	2.3	2.2
新 西 兰	2.0	2.1	1.6	1.6	1.3	1.3	1.3	1.3

注：①为国防支出占国民生产总值的比重。

资料来源：世界银行《世界发展指标》2000 年。

13—18 军事支出占中央政府支出的比重

单位:%

	1985年	1990年	1992年	1993年	1994年	1995年	1996年	1997年
中　国①	24.1	28.9	32.3	32.5	31.4	31.9	33.5	32.1
孟加拉国	13.0		11.2	10.4	9.7	8.6	10.2	10.7
印　度	15.7	13.2	12.4	13.3	13.9	12.7	14.7	14.3
印度尼西亚	10.3	7.8	7.2	7.8	8.0	14.1	13.1	13.1
伊　朗	34.1	30.2	14.9	14.1	13.4	10.7	9.5	11.6
以色列	27.2	24.8	23.3	23.8	21.0	21.5	20.2	20.9
日　本	5.6	6.0	6.3	6.4	6.4	6.7	6.5	6.6
马来西亚	10.7	9.0	10.3	11.3	12.1	12.4	10.6	9.9
蒙　古		11.7	9.3	9.2	7.6	7.4	7.0	5.1
韩　国	26.6	22.3	19.8	19.5	17.4	15.6	15.8	14.6
巴基斯坦	28.1	29.1	27.9	25.9	26.5	25.3	23.7	24.2
菲律宾	9.5	10.7	10.2	11.5	10.5	7.9	8.8	7.9
新加坡	17.0	27.2	27.2	32.7	25.4	26.3	24.4	19.4
斯里兰卡	8.4	15.3	13.6	14.8	16.1	21.2	21.0	21.2
泰　国	19.7	17.5	16.6	17.1	16.4	15.6	13.3	12.1
土耳其	17.9	20.3	18.8	15.8	17.4	17.5	15.4	14.7
越　南			14.5	8.1	10.5	11.2		11.1
埃　及	22.1	10.1	8.5	9.3	8.4	8.7	10.9	11.0
尼日利亚	9.4	9.5	15.6	10.0	16.0	13.3	14.4	12.3
南　非	11.6	13.5	9.8	8.6	8.6	7.9	7.3	5.6
加拿大	8.6	8.4	7.5	7.4	7.1			
墨西哥	2.6	2.5	3.7	3.8	4.3	3.9	3.5	6.2
美　国	25.7	23.5	21.1	19.9	18.8	17.4	16.5	16.3
阿根廷	12.4	16.7	16.0	12.4	12.2	11.9	11.2	6.3
巴　西	2.1	4.6	3.5	3.4	3.2	3.9		
委内瑞拉	9.2	8.4	11.9	8.7	6.6	9.0	7.1	9.8
保加利亚	32.5		7.9	6.2	6.1	6.3	4.9	9.2
捷克共和国				6.9	7.4	6.6	6.4	5.8
法　国	8.8	8.4	7.6	7.3	7.2	6.5	6.3	6.4
意大利	4.6	4.4	3.9	3.9	3.9	3.6	3.8	4.1
荷　兰	5.4	7.3	6.9	6.2	6.6	5.6	6.7	6.4
波　兰	40.7		8.8	8.1	5.5	6.7	6.5	5.6
俄罗斯			28.0	35.4	25.7	29.7	26.7	30.9
乌克兰						7.2	8.7	8.4
英　国	12.6	11.2	9.3	8.7	8.3	7.3	7.4	7.1
澳大利亚	9.4	9.4	9.2	9.7	9.5	9.0	8.9	8.6
新西兰	4.5	5.0	4.0	4.5	3.5	3.5	3.8	3.9

注:①为国防支出占中央政府支出的比重。

资料来源:世界银行《世界发展指标》2000年。

13—19 军事人员数

单位:千人

	1985年	1990年	1992年	1993年	1994年	1995年	1996年	1997年
中　国①	4100	3500	3160	3030	2930	2930	2650	2600
孟加拉国	91	103	107	107	113	115	113	110
印　度	1260	1260	1260	1260	1260	1260	1260	1260
印度尼西亚	278	283	283	271	280	280	280	280
伊　朗	345	440	528	528	528	530	540	575
以色列	195	190	181	181	185	185	185	185
日　本	241	250	242	242	233	240	250	250
韩　国	600	650	750	750	750	750	670	670
马来西亚	110	130	128	115	115	122	128	110
蒙　古	38	32	21	18	18	18	20	20
巴基斯坦	483	550	580	580	580	580	580	610
菲律宾	115	109	107	107	104	104	103	105
新加坡	56	56	56	56	56	53	53	55
斯里兰卡	22	22	110	110	110	110	110	110
泰　国	235	283	283	295	290	288	288	288
土耳其	814	769	704	686	811	805	818	820
越　南	1027	1050	857	857	700	650	650	650
埃　及	466	434	424	424	430	430	430	430
尼日利亚	134	94	76	76	80	80	80	76
南　非	95	85	75	75	75	75	75	75
加拿大	83	87	82	76	75	70	66	61
墨西哥	140	175	175	175	175	175	175	250
美　国	2244	2180	1920	1810	1710	1620	1570	1530
阿根廷	129	85	65	65	69	65	65	65
巴　西	496	295	296	296	296	296	296	296
委内瑞拉	71	75	75	75	75	75	75	75
保加利亚	189	129	99	52	80	90	80	80
捷克共和国				107	90	68	62	55
法　国	563	550	522	506	506	504	501	475
德　国		545	442	398	362	352	339	335
意大利	504	493	471	450	436	435	431	419
荷　兰	103	104	90	86	77	67	64	57
波　兰	439	313	270	260	255	250	235	230
俄罗斯			1900	1500	1400	1300	1300	
英　国	334	308	293	271	257	233	221	218
南斯拉夫			137	100	130	130	105	115
澳大利亚	70	68	68	68	65	65	65	65
新西兰	13	11	11	11	10	10	10	10

注:①中国数来源于世界银行数据库。

资料来源:世界银行《世界发展指标》2000年。

13－20 军事人员数占劳动力总数的比重

单位：%

	1985年	1990年	1992年	1993年	1994年	1995年	1996年	1997年
中国①	0.7	0.5	0.5	0.4	0.4	0.4	0.4	0.4
孟加拉国	0.4	0.4	0.3	0.3	0.3	0.3	0.3	0.3
印度	0.4	0.4	0.3	0.3	0.3	0.3	0.3	0.3
印度尼西亚	2.5	2.8	3.2	3.2	3.0	3.0	3.0	3.1
伊朗	12.1	10.5	8.8	8.4	8.4	7.9	7.7	7.5
以色列	0.4	0.4	0.4	0.4	0.4	0.4	0.4	0.4
日本	1.8	1.8	1.7	1.5	1.4	1.5	1.5	1.3
马来西亚	4.3	3.1	1.9	1.6	1.6	1.5	1.6	1.6
蒙古	3.4	3.3	3.7	3.5	3.5	3.4	3.0	2.9
韩国	1.4	1.4	1.4	1.4	1.3	1.3	1.2	1.3
巴基斯坦	0.5	0.4	0.4	0.4	0.4	0.4	0.3	0.3
菲律宾	4.6	4.1	3.9	3.8	3.7	3.5	3.4	3.5
新加坡	0.4	0.3	1.5	1.5	1.5	1.4	1.4	1.4
斯里兰卡	0.8	0.9	0.9	0.9	0.8	0.8	0.8	0.8
泰国	3.8	3.2	2.8	2.6	3.0	2.9	2.9	2.8
土耳其	3.6	3.1	2.4	2.4	1.9	1.7	1.7	1.7
越南	2.9	2.4	2.2	2.1	2.1	2.1	2.0	1.9
埃及	0.4	0.2	0.2	0.2	0.2	0.2	0.2	0.2
尼日利亚	0.8	0.6	0.5	0.5	0.5	0.5	0.5	0.5
南非	0.6	0.6	0.5	0.5	0.5	0.4	0.4	0.4
加拿大	0.5	0.6	0.5	0.5	0.5	0.5	0.5	0.7
墨西哥	1.9	1.7	1.5	1.4	1.3	1.2	1.2	1.1
美国	1.1	0.7	0.5	0.5	0.5	0.5	0.5	0.5
阿根廷	0.9	0.5	0.4	0.4	0.4	0.4	0.4	0.4
巴西	1.2	1.0	1.0	0.9	0.9	0.9	0.9	0.8
委内瑞拉	4.1	2.9	2.3	1.2	1.9	2.1	1.9	1.9
保加利亚				1.9	1.6	1.2	1.1	1.0
捷克共和国	2.3	2.2	2.1	2.0	2.0	1.9	1.9	1.8
德国		1.4	1.1	1.0	0.9	0.9	0.8	0.8
法国	2.2	2.0	1.9	1.8	1.7	1.7	1.7	1.7
意大利	1.7	1.5	1.3	1.2	1.1	0.9	0.9	0.8
荷兰	2.3	1.7	1.4	1.4	1.3	1.3	1.2	1.2
波兰	2.2	1.2	1.6	1.9	1.9	1.9	1.9	1.9
俄罗斯			2.5	1.9	1.8	1.8	1.7	1.7
乌克兰			2.5	1.9	1.8	1.8	1.7	1.7
英国	2.1	1.7	1.2	1.2	1.3	1.2	1.2	0.6
南斯拉夫		1.1	1.0	0.9	0.9	0.8	0.8	0.7
澳大利亚	5.5		2.8	2.0	2.6	2.6	2.1	2.3
新西兰	0.9	0.8	0.8	0.8	0.7	0.7	0.7	0.7

注：①中国数来源于世界银行。

资料来源：世界银行《世界发展指标》2000年。

主要统计指标解释

人文发展指数 是人类发展的一项综合指标，它代表了人类发展的三个方面指标的加权平均指数：寿命（出生时人口的预期寿命），知识（成人识字率和平均受教育年限）以及收入（购买力平价计算的人均国民生产总值）。

成人识字率 是指15岁以上人口中有一定理解、阅读、使用文字能力的人口占总人口的百分比。

粗入学率 是指已入学人数（无论年龄多大）与适龄入学人数之比。净入学率是已入学人数与相应适龄人数之比。本年鉴入学率为粗入学率。由于各国教育体制差别很大，各国适龄入学的年龄组差别也很大。

研究与开发 旨在增进包括人类、文化和社会知识在内的知识存量或利用现有知识进行亲自的应用设计的活动。具体包括基础研究、应用研究和科学实验。

婴儿死亡率 是指一年份每1000例活产而在一岁以下死亡的婴儿人数。更具体地说，就是从刚出生到恰好一岁之间的婴儿的死亡率再乘以1000。

产妇死亡率 根椐各国人口登记和人口调查统计关于死因的统计而得。产妇死亡用平均每10万产妇中死亡人口数表示。

军事人员数 指有效服役期内的军人，包括具有正规装备和组织，并进行正常训练的辅助军事人员数，不包括预备役部队。

获得安全饮用水的人口 指以适当的方式获得充足安全饮用水供应的人口（包括处理后的地表水、未经处理但未污染的水—诸如泉水、卫生井水和受保护的塘水）。

获得卫生设施的人口 指能获得至少具有适当的排泄物处置设施的人口，这种设施能够有效地防止人畜及蝇虫接触排泄物。

十四、性别差异

14－1　人口性别比和老龄人口性别比①

	1960年		1980年		1990年		1998年	
	全部人口	老龄人口	全部人口	老龄人口	全部人口	老龄人口	全部人口	老龄人口
世　　界	**99.2**	**130.0**	**98.1**	**138.2**	**98.4**	**136.3**	**98.5**	**128.1**
中　　国②	94.2	118.8	94.1	129.7	93.9	119.1	93.8	105.0
中国香港	94.9	230.0	92.0	150.1	95.2	121.8	99.8	124.9
孟加拉国	90.7	84.1	93.9	97.5	93.8	101.3	97.8	81.3
印　　度	93.8	99.4	93.1	97.2	93.4	105.7	93.7	107.2
印度尼西亚	102.2	113.6	101.1	118.6	100.6	115.1	100.4	117.0
伊　　朗	98.2	103.5	97.1	112.8	97.0	93.7	99.3	105.1
以 色 列	97.0	110.2	100.2	112.7	100.8	119.9	101.2	133.4
日　　本	103.8	130.4	103.3	136.3	103.7	147.5	104.0	139.5
哈萨克斯坦	107.7	129.8	107.6	213.4	106.1	235.2	106.1	196.6
朝　　鲜	106.6	181.2	103.5	188.6	103.9	218.8	99.3	189.4
韩　　国	101.6	180.2	98.0	142.7	98.8	165.6	98.5	162.4
马来西亚	96.7	93.1	98.6	102.2	98.3	116.3	97.4	117.8
蒙　　古	102.3	138.5	99.4	132.9	98.6	140.6	99.4	127.9
缅　　甸	100.5	126.8	99.7	124.8	101.0	116.1	101.0	118.0
巴基斯坦	92.6	82.8	90.5	85.6	92.6	92.0	92.9	97.4
菲 律 宾	99.4	160.8	99.4	112.0	98.9	117.9	98.4	118.9
新 加 坡	89.8	143.5	96.0	125.7	97.4	120.9	98.8	121.7
斯里兰卡	91.4	73.9	96.2	90.4	99.5	97.1	96.6	103.4
泰　　国	99.1	121.6	99.4	127.3	99.5	127.5	100.2	129.6
土 耳 其	95.9	151.2	97.1	121.3	95.0	118.3	97.9	118.6
越　　南	104.7	127.1	106.2	155.1	104.2	159.3	104.5	142.0
埃　　及	98.8	121.6	96.8	121.6	96.8	124.5	96.5	119.8
尼日利亚	102.9	126.2	102.4	125.5	102.0	125.1	102.9	135.4
南　　非	100.0	142.7	100.8	156.4	101.1	161.2	107.9	164.5
加 拿 大	97.3	105.3	100.7	132.4	101.7	138.7	101.8	134.3
墨 西 哥	100.4	119.5	99.5	121.0	100.2	122.8	101.9	126.4
美　　国	102.3	125.5	105.4	151.2	105.1	148.9	102.7	142.3
阿 根 廷	96.9	103.9	102.6	128.2	103.6	139.1	103.8	143.6
巴　　西	99.6	121.6	100.1	112.2	100.4	120.3	102.3	129.6
委内瑞拉	96.2	110.1	97.6	118.5	98.3	120.0	98.7	122.5
白俄罗斯	121.4	182.6	115.3	216.9	113.4	229.0	112.9	201.9
捷克共和国	105.2	143.1	106.4	158.7	105.7	165.7	105.3	160.1
法　　国	106.1	170.2	104.8	157.9	105.4	153.8	105.3	149.7
德　　国	115.0	148.9	110.1	179.9	107.3	195.0	104.3	167.1
意 大 利	104.2	133.3	105.4	142.6	105.9	145.3	105.7	145.1
荷　　兰	100.8	114.2	101.5	143.0	102.4	149.2	101.9	144.2
波　　兰	106.7	163.2	105.3	158.9	105.2	165.1	105.5	164.7
罗马尼亚	105.0	144.7	102.7	132.5	102.7	140.8	103.5	138.3
俄 罗 斯	124.2	244.5	117.0	270.8	113.5	272.7	113.9	222.5
西 班 牙	106.1	141.7	103.7	144.4	103.7	142.1	104.5	140.5
乌 克 兰	125.6	197.6	118.9	225.9	116.2	235.5	115.1	205.3
英　　国	107.2	159.8	105.3	154.8	104.9	145.6	103.6	138.0
南斯拉夫	103.5	139.9	101.8	127.5	101.3	138.6	100.7	128.8
澳大利亚	97.8	131.9	100.3	138.9	100.3	132.6	100.3	128.8
新 西 兰	99.0	125.3	101.0	138.5	102.7	135.0	103.4	130.4

注:①性别比以男性为100,老龄人口指年龄65岁及以上人口。②中国老龄人口性别比为世界银行统计数据。

资料来源:世界银行《世界发展指标》2000年。

14—2 平均期望寿命的性别差异

单位:岁

	1960年		1980年		1990年		1998年	
	女性	男性	女性	男性	女性	男性	女性	男性
世界	**51.9**	**48.7**	**63.7**	**59.4**	**67.6**	**63.5**	**68.9**	**64.8**
中国①	37.6	35.1			70.5	67.4	71.5	68.3
中国香港	69.8	62.5	77.2	71.1	80.4	74.9	81.6	76.0
孟加拉国	38.6	41.0	48.0	48.9	54.8	54.6	58.6	58.4
印度	43.5	45.1	54.1	54.7	60.2	59.5	63.9	62.4
印度尼西亚	42.3	40.7	56.4	53.3	63.5	60.0	67.3	63.6
伊朗	49.7	49.9	61.4	58.9	67.0	65.5	71.6	69.8
以色列	73.2	70.2	75.7	70.1	78.0	74.3	79.5	75.6
日本	70.2	65.3	78.8	73.3	81.9	75.9	83.9	77.3
哈萨克斯坦			71.9	61.6	73.1	63.8	70.3	59.2
朝鲜	55.8	52.6	70.1	63.7	68.1	63.1	65.5	61.3
韩国	55.8	52.6	70.1	63.7	73.9	66.9	76.3	69.1
马来西亚	55.9	52.8	68.8	65.0	72.7	68.4	74.6	69.6
蒙古	48.3	45.8	59.0	56.5	64.0	61.4	67.7	64.7
缅甸	45.5	42.6	53.7	50.5	58.3	55.0	61.6	58.3
巴基斯坦	43.1	44.6	55.7	54.6	60.0	58.2	63.3	61.5
菲律宾	54.8	51.6	62.8	59.4	67.3	63.6	70.5	66.8
新加坡	65.7	61.7	74.2	68.9	76.9	71.9	79.3	75.2
斯里兰卡	62.1	62.5	70.3	66.2	73.7	69.2	75.6	71.1
泰国	54.8	50.6	65.8	61.5	71.0	66.1	74.9	69.9
土耳其	52.1	48.9	63.8	59.2	68.4	63.9	71.9	66.7
越南	46.3	43.2	65.1	61.4	68.8	64.5	70.8	66.0
埃及	47.6	45.2	56.8	54.3	64.3	61.4	68.1	65.0
尼日利亚	41.2	38.2	47.5	44.3	51.1	48.0	55.2	51.8
南非	51.0	47.4	60.2	54.2	65.0	59.0	66.1	60.8
加拿大	74.1	68.3	78.4	71.2	80.6	74.0	82.1	76.0
墨西哥	59.0	55.7	70.2	63.5	73.5	67.4	75.2	69.1
美国	73.1	66.6	77.5	70.0	78.8	71.8	79.6	73.6
阿根廷	68.1	62.3	73.1	66.2	75.3	68.2	77.0	69.8
巴西	56.8	53.0	65.6	59.9	69.3	61.8	71.1	63.2
委内瑞拉	61.5	58.2	71.4	65.5	74.2	68.4	75.9	70.2
白俄罗斯	72.9	64.0	75.6	65.9	75.6	66.3	74.4	62.7
捷克共和国			73.9	66.8	76.0	67.5	78.1	71.1
法国	73.9	67.2	78.4	70.3	81.0	72.8	82.2	74.6
德国	72.3	66.9	76.0	69.4	78.5	71.9	80.0	73.6
意大利	72.3	67.2	77.4	70.6	80.4	74.0	81.7	75.0
荷兰	75.3	71.5	79.2	72.4	80.1	73.8	80.5	74.8
波兰	70.6	64.9	74.4	66.0	75.5	66.5	77.3	68.9
罗马尼亚	67.3	63.8	71.8	66.5	73.1	66.6	73.3	65.5
俄罗斯			73.0	61.5	74.3	63.8	72.9	61.3
西班牙	71.7	66.9	78.6	72.6	80.3	73.3	81.5	74.5
乌克兰	72.6	66.2	74.0	64.6	74.9	65.6	73.0	61.9
英国	73.8	67.9	76.9	70.8	78.5	72.9	79.9	74.6
南斯拉夫	64.5	62.3	72.6	67.9	74.3	69.1	74.8	69.7
澳大利亚	73.9	67.7	77.9	71.1	80.1	74.0	81.5	75.9
新西兰	73.6	68.3	76.4	70.1	78.4	72.3	80.0	74.6

注:①中国为世界银行统计数据。

资料来源:世界银行《世界发展指标》2000年。

14－3 人口文盲率的性别差异

单位：%

	1980年		1990年		1995年		1998年	
	女 性	男 性	女 性	男 性	女 性	男 性	女 性	男 性
世 界	**46.1**	**27.7**	**37.6**	**21.7**	**33.9**	**19.2**	**31.8**	**18.0**
中 国①	47.7	22.0	33.0	13.5	28.1	10.7	25.4	9.3
中国香港	23.8	6.0	15.6	4.7	12.6	4.1	10.9	3.7
孟加拉国	83.1	59.1	76.9	53.8	73.5	50.7	71.4	48.9
印 度	73.5	45.4	64.1	38.1	59.4	34.8	56.5	32.9
印度尼西亚	40.4	20.8	27.3	13.2	22.2	10.3	19.5	8.9
伊 朗	60.7	38.3	44.9	27.1	37.1	21.4	32.6	18.3
以 色 列	12.9	5.1	8.8	3.3	7.2	2.7	6.3	2.3
韩 国	11.1	3.1	6.6	1.6	4.9	1.2	4.1	1.0
马来西亚	37.3	19.7	25.4	13.0	20.6	10.6	18.0	9.3
蒙 古	71.7	44.2	59.1	34.7	52.7	30.5	49.0	28.1
缅 甸	34.0	14.5	25.6	12.6	22.3	11.8	20.5	11.3
巴基斯坦	86.0	59.4	79.1	50.0	74.1	44.8	71.1	42.0
菲 律 宾	12.0	10.0	8.1	7.0	6.3	5.6	5.4	4.9
新 加 坡	26.1	8.6	16.7	5.5	13.9	4.5	12.4	4.0
斯里兰卡	20.6	9.0	15.3	7.1	13.0	6.3	11.7	5.9
泰 国	17.3	7.5	10.5	4.6	8.0	3.6	6.8	3.1
土 耳 其	45.9	17.0	33.4	10.7	27.9	8.3	25.0	7.1
越 南	19.3	6.7	13.1	5.5	10.7	5.0	9.4	4.7
埃 及	75.2	46.5	66.3	39.7	61.4	36.5	58.2	34.5
尼日利亚	78.4	55.2	61.9	40.5	53.1	33.8	47.5	29.9
南 非	25.2	22.4	19.7	17.7	17.5	15.8	16.1	14.6
墨 西 哥	21.5	13.9	14.8	9.5	12.5	7.9	11.3	7.1
阿 根 廷	6.0	5.3	4.4	4.1	3.7	3.6	3.4	3.3
巴 西	26.5	22.5	19.8	18.4	17.0	16.5	15.5	15.5
委内瑞拉	18.1	13.8	12.1	9.8	9.8	8.2	8.6	7.4
白俄罗斯	2.0	0.4	1.0	0.3	0.8	0.3	0.6	0.3
意 大 利	4.7	2.7	2.9	1.7	2.3	1.3	2.1	1.2
波 兰	1.2	0.7	0.5	0.4	0.4	0.3	0.3	0.3
罗马尼亚	7.0	2.1	4.5	1.4	3.6	1.2	3.1	1.1
俄 罗 斯	1.7	0.5	1.1	0.4	0.8	0.3	0.7	0.3
西 班 牙	8.0	3.3	5.1	2.2	4.0	1.8	3.5	1.6
乌 克 兰	1.3	0.4	0.8	0.3	0.7	0.3	0.6	0.3

注：①中国为世界银行统计数据。

资料来源：世界银行《世界发展指标》2000年。

14—4 全部劳动力中女性所占比重

单位:%

	1960年	1980年	1990年	1995年	1997年	1998年
世　界	**36.6**	**39.1**	**39.9**	**40.3**	**40.4**	**40.5**
中　国①	40.5	43.2	44.9	45.1	45.1	45.2
中国香港	28.5	34.3	36.8	36.6	36.8	36.9
孟加拉国	38.8	42.3	41.5	42.1	42.2	42.3
印　度	34.4	33.7	31.2	31.7	31.9	32.1
印度尼西亚	26.9	35.2	38.5	39.7	40.1	40.4
伊　朗	17.9	20.4	21.2	24.2	25.4	25.9
以色列	25.3	33.7	37.9	39.7	40.3	40.6
日　本	39.0	37.9	39.8	40.8	41.0	41.2
哈萨克斯坦	40.4	47.6	46.2	46.3	46.6	46.8
朝　鲜	48.1	44.8	43.9	43.5	43.4	43.4
韩　国	26.0	38.7	39.3	40.4	40.8	41.0
马来西亚	27.7	33.7	35.7	36.8	37.2	37.5
蒙　古	45.5	45.7	46.4	46.7	46.8	46.9
缅　甸	44.9	43.7	43.6	43.5	43.5	43.4
巴基斯坦	20.2	22.7	24.0	26.3	27.2	27.7
菲律宾	31.6	35.0	36.6	37.2	37.4	37.6
新加坡	18.3	34.6	38.8	38.9	39.0	39.0
斯里兰卡	24.8	26.9	34.3	35.6	36.0	36.2
泰　国	47.6	47.4	46.7	46.4	46.4	46.3
土耳其	41.2	35.5	34.6	36.1	36.7	37.0
越　南	46.9	48.1	49.7	49.3	49.1	49.1
埃　及	24.1	26.5	27.0	28.7	29.4	29.7
尼日利亚	37.5	36.2	35.4	35.9	36.1	36.3
南　非	29.3	35.1	36.9	37.4	37.6	37.6
加拿大	25.3	39.5	44.0	44.9	45.3	45.4
墨西哥	15.3	26.9	30.0	31.7	32.3	32.6
美　国	31.7	41.0	44.3	45.2	45.5	45.7
阿根廷	21.0	27.6	28.5	30.9	31.8	32.3
巴　西	20.3	28.4	34.8	35.2	35.3	35.4
委内瑞拉	18.2	26.7	31.3	33.1	33.8	34.1
白俄罗斯	51.4	49.9	48.8	48.6	48.8	48.8
捷克共和国	42.5	47.1	47.4	47.5	47.4	47.4
法　国	33.5	40.1	43.4	44.3	44.6	44.8
德　国	39.1	40.1	41.8	41.9	42.1	42.1
意大利	26.2	32.9	36.7	37.7	38.0	38.2
荷　兰	21.8	31.5	38.9	39.7	40.1	40.2
波　兰	43.1	45.3	45.5	46.0	46.2	46.2
罗马尼亚	44.9	45.8	44.3	44.4	44.4	44.5
俄罗斯	49.4	49.4	48.4	48.4	48.7	48.9
西班牙	19.2	28.3	34.6	36.0	36.5	36.7
乌克兰	49.2	50.2	48.8	48.4	48.6	48.7
英　国	32.2	38.9	42.4	43.2	43.6	43.7
南斯拉夫	34.6	38.7	41.7	42.3	42.5	42.7
澳大利亚	25.5	36.8	41.3	42.6	43.0	43.3
新西兰	25.0	34.3	43.0	44.0	44.4	44.6

注:①中国为世界银行统计数据。

资料来源:世界银行《世界发展指标》2000年。

14—5 两性第一产业就业人口分别占两性经济活动人口的比重

单位:%

	1980年		1990年		1995年		1997年	
	女性	男性	女性	男性	女性	男性	女性	男性
世界	**73.9**	**66.7**	**56.4**	**49.5**	**52.1**	**46.5**		
中国①	86.5	81.0	78.5	71.0	76.1	69.1		
中国香港	1.2	1.5	0.7	1.0	0.4	0.7	0.2	0.4
孟加拉国	80.9	66.5	84.9	54.2				
印度	82.6	62.9						
印度尼西亚	53.0	57.4	56.3	55.6			42.0	40.7
伊朗	50.0	36.3						
以色列	4.1	7.6	2.3	5.3	1.2	4.2	1.0	3.4
日本	13.2	8.7	8.5	6.3	6.5	5.2	6.0	4.9
哈萨克斯坦	20.1	28.3						
朝鲜	52.0	39.0	42.0	34.9				
韩国	39.0	31.0	20.2	16.3	14.7	11.0	13.0	9.7
马来西亚	43.3	34.1	25.3	26.4	16.9	21.6	14.2	18.9
蒙古	36.0	43.0						
巴基斯坦			72.2	48.4	67.4	43.9		
菲律宾	37.3	59.8	31.3	53.1	31.1	51.7	28.4	47.6
新加坡		1.5			0.1	0.3	0.2	0.4
斯里兰卡					41.5	35.5		
泰国	74.1	67.8	65.0	63.1	37.1	50.8	51.5	49.4
土耳其	87.9	45.1	75.8	33.6	74.8	36.1	65.4	30.3
越南	75.3	71.2	73.1	69.5				
埃及	10.4	45.5	52.0	34.9	42.5	32.0		
尼日利亚	57.4	52.0	44.0	42.5				
南非	15.8	18.1	10.0	15.6				
加拿大	3.2	7.1	2.7	5.7	2.5	5.4	2.4	5.0
墨西哥			3.4	28.6	10.0	29.9	12.6	30.1
美国	1.6	5.0	1.3	4.1	1.6	4.0	1.5	3.8
阿根廷	3.1	16.7	2.9	15.8	0.3	2.0		
巴西			13.3	28.1	22.5	28.4		
委内瑞拉	2.4	19.9	1.8	18.0	1.7	18.7		
白俄罗斯	23.0	28.5						
捷克共和国	11.4	13.4	9.7	14.5	5.5	7.5	4.4	6.8
法国	7.3	9.0	4.5	6.4				
德国					3.1	3.3	2.6	3.2
意大利	16.0	13.4	9.1	8.8	7.6	7.4		
荷兰			3.4	5.2	2.2	4.6	2.5	4.4
波兰					22.5	22.7	20.3	20.7
罗马尼亚			34.3	24.6	46.2	35.3	43.4	35.3
俄罗斯	13.2	18.8						
西班牙	18.4	19.6	10.2	12.6	7.3	10.2	6.2	9.5
乌克兰	23.6	25.9	16.2	23.6				
英国	1.3	3.5	1.1	2.9	1.2	2.7	1.0	2.5
南斯拉夫	49.2		32.3					
澳大利亚	4.1	7.8	3.7	6.6	3.6	6.0	3.6	6.4
新西兰			7.8	12.8	6.6	12.1	5.6	11.1

注:①中国为世界银行统计数据。

资料来源:世界银行《世界发展指标》2000年。

14－6 两性第二产业就业人口分别占两性经济活动人口的比重

单位：%

	1980年		1990年		1995年		1997年	
	女　性	男　性	女　性	男　性	女　性	男　性	女　性	男　性
世　　界	**11.3**	**15.2**	**15.1**	**22.2**	**15.1**	**22.4**		
中　　国①	6.0	6.5	12.0	15.5	13.4	16.5		
中国香港	56.2	46.9	33.0	38.9	18.7	32.2	14.6	30.8
孟加拉国	13.9	4.9	8.8	15.6				
印　　度	9.2	15.0						
印度尼西亚	13.2	13.2	12.4	14.6			16.3	20.7
伊　　朗	16.9	28.4						
以 色 列	15.6	39.3	15.0	36.3	14.9	38.9	14.2	37.9
日　　本	28.4	39.7	27.4	38.6	25.0	39.4	24.1	39.2
哈萨克斯坦	24.8	37.9						
朝　　鲜	20.0	36.6	23.3	38.0				
韩　　国	23.8	32.2	30.1	39.0	23.7	39.6	21.1	38.3
马来西亚	20.8	25.8	28.0	27.3	31.4	32.8	29.8	35.6
蒙　　古	21.0	21.0						
巴基斯坦			14.1	20.6	10.7	19.6		
菲 律 宾	14.9	15.6	12.8	16.3	13.2	17.0	12.7	19.1
新 加 坡	40.2	33.3			24.1	35.7	24.7	34.0
斯里兰卡					28.7	21.0		
泰　　国	7.8	12.6	12.3	15.5	42.4	22.0	16.8	22.1
土 耳 其	4.6	22.1	9.7	25.7	8.7	25.9	13.3	29.2
越　　南	10.0	16.2	10.8	17.1				
埃　　及	13.9	20.9	10.2	23.9	9.2	24.9		
尼日利亚	4.8	10.3	3.3	8.9				
南　　非	16.1	44.7	14.5	42.2				
加 拿 大	16.2	38.3	13.3	36.2	11.9	32.1	12.0	32.4
墨 西 哥			20.8	30.0	15.3	24.7	18.9	24.2
美　　国	18.5	39.8	14.9	36.0	13.2	33.7	13.1	33.6
阿 根 廷	18.2	39.6	16.7	38.6	11.2	32.8		
巴　　西			12.8	28.1	9.3	26.4		
委内瑞拉	18.3	31.3	17.2	28.8	13.9	28.3		
白俄罗斯	33.2	43.6						
捷克共和国	38.7	56.9	35.9	54.1	30.9	51.2	29.1	50.4
法　　国	22.1	44.0	17.1	38.8				
德　　国					20.1	47.3	18.7	45.9
意 大 利	27.7	42.7	22.5	37.5	21.8	38.0		
荷　　兰			11.3	34.8	9.4	31.6	9.5	31.5
波　　兰					21.0	41.0	20.6	41.1
罗马尼亚			36.5	49.4	24.3	36.6	24.1	35.9
俄 罗 斯	37.0	50.3						
西 班 牙	21.3	41.8	17.3	40.9	14.0	38.5	13.6	38.9
乌 克 兰	32.5	46.2	33.5	45.8				
英　　国	22.5	47.8	17.3	43.7	13.9	38.0	13.2	37.8
南斯拉夫	18.6		26.2					
澳大利亚	16.0	39.4	12.5	33.8	11.4	31.5	10.9	30.7
新 西 兰			14.4	32.6	14.4	33.5	13.0	32.5

注：①中国为世界银行统计数据。

资料来源：世界银行《世界发展指标》2000年。

14－7 两性第三产业就业人口分别占两性经济活动人口的比重

单位：%

	1980年		1990年		1995年		1997年	
	女性	男性	女性	男性	女性	男性	女性	男性
世界	**15.6**	**18.1**	**24.4**	**25.1**	**28.6**	**28.6**		
中国①	7.5	12.5	9.5	13.5	10.6	14.4		
中国香港	42.6	51.5	66.2	60.2	80.9	67.1	85.2	68.8
孟加拉国	5.3	28.6	2.1	25.5				
印度	8.2	22.1						
印度尼西亚	32.0	29.4	31.1	29.7			41.7	38.6
伊朗	33.1	35.2						
以色列	79.5	52.3	82.3	57.7	83.5	56.1	84.3	57.9
日本	58.2	51.4	63.6	54.5	68.2	55.1	69.3	55.4
哈萨克斯坦	55.1	33.8						
朝鲜	28.0	24.4	34.7	27.1				
韩国	37.2	36.9	49.6	44.7	61.6	49.4	65.9	51.9
马来西亚	35.9	40.1	46.8	46.3	51.8	45.6	56.0	45.5
蒙古	43.1	36.0						
巴基斯坦			13.5	31.0	21.9	36.4		
菲律宾	47.8	24.6	55.8	30.5	55.6	31.2	58.9	33.3
新加坡	58.8	64.6			75.8	64.0	75.1	65.7
斯里兰卡					27.6	36.3		
泰国	18.1	19.6	22.7	21.3	20.4	27.3	31.7	28.5
土耳其	7.5	32.7	14.4	40.7	16.5	38.0	21.4	40.5
越南	14.7	12.6	16.0	13.4				
埃及	75.7	33.6	37.6	40.9	48.3	43.1		
尼日利亚	37.8	37.8	52.7	48.7				
南非	68.1	37.2	75.5	42.2				
加拿大	83.9	58.2	87.9	63.5	85.6	62.5	85.6	62.6
墨西哥			66.6	31.2	74.7	45.3	67.5	45.7
美国	79.9	55.2	83.8	59.9	85.2	62.3	85.4	62.6
阿根廷	78.6	43.8	80.5	45.5	88.0	64.9		
巴西			73.8	43.8	68.2	45.1		
委内瑞拉	79.2	48.8	80.8	53.1	84.1	53.0		
白俄罗斯	43.8	27.8						
捷克共和国	49.9	29.7	54.3	31.4	63.6	41.2	66.4	42.7
法国	70.5	47.0	78.4	54.8				
德国					81.4	46.4	78.7	50.9
意大利	56.3	43.8	68.4	53.6	70.6	54.6		
荷兰			84.4	59.0	83.0	61.6	85.3	62.1
波兰					56.5	36.1	59.0	38.3
罗马尼亚			29.2	26.0	29.5	28.0	32.5	28.8
俄罗斯	49.8	30.9						
西班牙	60.2	38.5	72.5	46.5	78.6	51.3	80.2	51.6
乌克兰	43.8	27.9	50.3	30.6				
英国	76.2	48.7	81.0	52.5	84.5	58.7	85.5	59.3
南斯拉夫	32.2		41.4					
澳大利亚	79.9	52.7	83.0	58.8	84.7	62.2	85.4	63.0
新西兰			77.5	54.3	78.9	54.2	81.1	56.0

注：①中国为世界银行统计数据。

资料来源：世界银行《世界发展指标》2000年。

14－8 失业率的两性差别

单位:%

	1980年		1990年		1995年		1997年	
	女性	男性	女性	男性	女性	男性	女性	男性
中国①			1.2	0.9				
中国香港			1.3	1.3	2.9	3.4	2.0	2.3
孟加拉国			1.9	2.0				
以色列	6.0	4.1	11.3	8.4	8.6	5.6	8.8	6.8
日本	2.0	2.0	2.2	2.0	3.3	3.1	3.4	3.4
韩国			1.8	2.9	1.7	2.3	2.3	2.8
巴基斯坦	7.5	3.0	0.9	3.4	13.7	4.1		
菲律宾	7.5	3.2	9.8	7.1	9.4	7.7	8.5	7.5
新加坡			1.3	1.9	2.8	2.7	2.4	2.4
斯里兰卡			23.5	9.1	19.7	8.8		
泰国	0.7	1.0	2.4	2.1	1.4	0.9	0.9	0.9
土耳其			8.5	7.8	6.5	7.1	7.4	6.0
埃及	19.2	3.9	17.9	5.2	24.1	7.6		
加拿大	8.4	6.9	8.1	8.1	9.2	9.8	9.2	9.2
墨西哥					6.0	5.5	4.7	2.9
美国	7.4	6.9	5.5	5.7	5.6	5.6	5.0	4.9
阿根廷			10.4	8.4	17.8	14.8		
巴西	2.8	2.8	3.4	3.8				
委内瑞拉			9.3	10.9	12.8	9.0		
白俄罗斯					3.3	2.2		
捷克共和国					4.8	3.5	5.8	3.8
法国	9.1	4.1	12.0	7.0	13.9	9.8	14.2	10.8
德国					9.4	7.1	10.9	8.9
意大利	13.2	4.8	17.6	7.8	16.9	9.6	16.9	9.7
荷兰	5.2	4.3	10.6	5.4	8.7	5.8	7.0	4.4
波兰					14.7	12.1	13.2	9.5
罗马尼亚					8.6	7.5	6.4	5.7
俄罗斯					8.7	9.0		
西班牙	12.8	10.4	24.2	11.7	30.6	17.9	28.3	15.8
乌克兰					4.9	6.3	8.4	9.5
英国			6.5	7.0	6.8	10.1	5.8	8.1
澳大利亚	7.4	5.0	7.1	6.9	7.5	8.5	8.1	8.6
新西兰			7.2	8.2	6.3	6.2	6.7	6.6

注:①中国为世界银行统计数据。

资料来源:世界银行《世界发展指标》2000年。

14－9　小学生和小学教师中女性所占比重

单位：%

	小学生中女性所占比重				小学教师中女性所占比重			
	1960 年	1980 年	1990 年	1997 年	1960 年	1980 年	1990 年	1997 年
世　　界					**35.7**	**44.2**	**46.0**	**51.3②**
中　　国		44.6	46.2	47.6		37.1	43.2	48.3
中国香港	43.0	47.9			58.3	72.6		76.1②
孟加拉国	27.8	37.0	44.8		2.1	7.9	19.4	
印　　度	32.6	38.6			17.1	25.5	28.7	32.7①
印度尼西亚		46.2	48.7	48.3①			50.5	52.3②
伊　　朗	31.7		46.2	47.1①	34.6		52.9	55.1①
以 色 列			49.4		59.6		82.2	
日　　本	49.0	48.7	48.8		45.6	56.7	58.4	62.0
哈萨克斯坦				49.4①			96.3	
韩　　国		48.5	48.5	47.6①	22.0	36.8	50.1	61.1①
马来西亚		48.6	48.6		32.9	44.2	56.8	60.1
蒙　　古				50.6①		87.2	89.7	89.8①
缅　　甸							61.8	
巴基斯坦	21.1	32.6			19.9	32.4	26.5	
菲 律 宾	47.8	48.6			74.1	80.0		
新 加 坡	44.1	47.7	47.4		50.6	66.5		77.1②
斯里兰卡		48.0	48.2	48.3①				95.6①
泰　　国	46.9	48.2	48.6		31.1			
土 耳 其	37.2	45.4	47.1		22.5	40.6	43.3	
越　　南		47.3				65.5		77.4
埃　　及	38.5	40.2		45.4①	38.3		51.6	52.2
尼日利亚			43.2		20.3	34.5	42.9	
南　　非			49.6	49.4②	53.0			73.5②
加 拿 大	48.3	48.7	48.3	48.4②	79.0		68.7	66.8②
墨 西 哥		48.8	48.5	48.5①				
美　　国		48.8	48.4	48.5②				86.5②
阿 根 廷	49.2	49.2		49.2	90.5			
巴　　西					93.8	84.7		
委内瑞拉	49.2		49.8	49.7①	80.7		74.5	75.4①
白俄罗斯				47.7①				
捷克共和国				48.5②				93.1②
法　　国		48.5	48.4		64.9	67.7		78.6①
德　　国				48.5②				81.3①
意 大 利	48.2	48.6	48.6	48.5①	73.8	87.1	90.6	93.6②
荷　　兰	48.3	49.4			52.1	45.9	53.0	60.3①
波　　兰			48.6	48.4②	70.7			
罗马尼亚	47.7		48.9	48.7①	61.5	69.5	84.0	85.0①
俄 罗 斯						97.7	98.8	
西 班 牙		48.6	48.5	48.3①		67.5	72.7	65.8②
乌 克 兰						97.5	98.0	
英　　国					74.9		78.0	80.7①
南斯拉夫			48.7	48.6①				
澳大利亚		48.6	48.6	48.7①	62.8			76.9
新 西 兰	48.3	48.7	48.4	48.6	55.7		78.6	81.8

注：①1996 年数据。②1995 年数据。

资料来源：世界银行《世界发展指标》2000 年。

14－10　小学净入学率的性别差异

单位:%

	1980年		1990年		1995年		1997年	
	女性	男性	女性	男性	女性	男性	女性	男性
世界	**77.2**	**85.8**	**85.7**	**91.1**	**87.5**	**91.7**	**88.3**	**92.2**
中国①	79.6	88.7	96.7	99.9	99.5	99.7	99.9	99.9
中国香港	97.9	97.2	98.7	95.9	92.6	89.5	93.2	89.7
孟加拉国	44.7	73.6	59.7	68.0	64.4	74.4	69.6	80.4
印度	53.2	75.1	66.3	83.9	71.1	83.8	71.0	83.0
印度尼西亚	83.7	93.4	97.4	99.9	97.9	99.9	98.6	99.9
伊朗	60.9	82.7	94.4	99.9	89.1	92.6	89.2	90.8
日本	99.9	99.9	99.9	99.9	99.9	99.9	99.9	99.9
韩国	99.9	99.9	99.9	99.9	99.9	99.9	99.9	99.9
马来西亚	91.8	92.9	93.7	93.7	99.9	99.9	99.9	99.5
蒙古	99.9	99.9	96.9	95.3	84.9	81.2	87.5	82.8
缅甸	69.8	71.5	82.4	83.1	93.1	94.8	98.5	99.9
菲律宾	93.8	96.9	99.9	99.9	99.9	99.9	99.9	99.9
新加坡	99.2	99.7	97.0	97.9	92.9	94.3	90.5	92.3
斯里兰卡	94.0	98.6	99.9	99.9	99.9	99.9	99.9	99.9
泰国	91.2	92.5	92.7	92.9	85.7	83.6	89.2	86.9
土耳其	77.5	84.6	89.3	91.8	97.1	99.9	98.1	99.9
越南	93.1	97.7	87.8	93.0	98.0	99.9	99.9	99.9
埃及	60.5	82.7	82.1	95.6	88.3	99.6	90.6	99.9
南非	68.3	66.8	99.9	99.9	99.9	99.9	99.9	99.9
加拿大	99.9	99.9	99.9	99.9	99.9	99.9	99.9	99.9
墨西哥	99.3	96.8	99.9	99.9	99.9	99.9	99.9	99.9
美国	90.2	89.0	99.9	99.9	99.9	99.9	99.9	99.9
阿根廷	98.0	96.7	99.2	94.5	99.9	99.9	99.9	99.9
巴西	78.5	82.4	84.0	89.6	90.2	99.0	94.3	99.9
委内瑞拉	85.4	81.1	89.7	87.1	83.8	81.1	83.6	81.4
捷克共和国	95.0	95.0	99.9	99.9	99.9	99.9	99.9	99.9
法国	99.9	99.9	99.9	99.9	99.9	99.9	99.9	99.9
德国	99.9	99.9	99.9	99.9	99.9	99.9	99.9	99.9
意大利	99.9	99.9	99.9	99.9	99.9	99.9	99.9	99.9
荷兰	99.9	99.9	99.9	99.9	99.9	99.9	99.9	99.9
波兰	98.7	98.5	96.9	96.8	94.5	94.8	99.3	99.5
罗马尼亚	90.1	92.7	90.1	90.9	97.1	97.5	99.9	99.9
俄罗斯	92.1	92.3	98.5	98.7	95.8	95.7	99.9	99.9
西班牙	99.9	99.9	99.9	99.9	99.9	99.9	99.9	99.9
英国	99.9	99.9	99.9	99.9	99.9	99.9	99.9	99.9
南斯拉夫			70.1	68.8				
澳大利亚	99.9	99.9	99.9	99.9	99.9	99.9	99.9	99.9
新西兰	99.9	99.9	99.9	99.9	99.9	99.9	99.9	99.9

注:①中国为世界银行统计数据。

资料来源:世界银行《世界发展指标》2000年。

14－11 中学生和中学教师中女性所占比重

单位：%

	中学生中女性所占比重				中学教师中女性所占比重			
	1960 年	1980 年	1990 年	1997 年	1960 年	1980 年	1990 年	1997 年
中　国③		39.6	41.9	45.5		24.8	31.5	38.2
中国香港	41.1	49.3		49.1②	31.7	48.7		50.4②
孟加拉国			32.9			6.7	9.6	
印　度	22.3				22.4			
印度尼西亚			44.5					39.5②
伊　朗	28.3			46.3①	20.0		40.6	44.2①
以色列						57.3	63.0	
日　本		49.4			20.8	26.3	30.0	
韩　国		45.5	47.7	48.4①		25.7	34.2	38.7①
马来西亚						45.0	51.4	59.0
蒙　古				57.3①			61.9	65.9①
缅　甸	33.2						71.0	
巴基斯坦					17.3	29.7		
菲律宾		53.2						
新加坡	39.1				33.5			
斯里兰卡								62.0②
泰　国	37.4							
土耳其				39.9①	34.4		38.7	41.3①
埃　及	26.2			45.3①	18.8	31.0		38.6①
尼日利亚					20.0	29.4	32.6	
南　非				54.4②				
加拿大			48.8	48.6②			53.5	67.2②
墨西哥					30.4			
美　国			49.2	48.8②				55.6②
阿根廷	51.3				57.2			
巴　西		53.8			43.4	53.5		
委内瑞拉			57.1	57.6①	31.6		51.4	
捷克共和国				49.6②				61.4②
法　国	52.1			48.7①			57.3	58.6①
德　国				48.2①				49.4①
意大利					56.1	58.2	62.3	63.6②
荷　兰		47.7	46.9	47.8①			29.0	29.0①
波　兰		50.2	50.1					
罗马尼亚				48.9①	38.7	43.4	61.1	63.1①
西班牙		49.8				40.4	50.9	52.3②
英　国	48.3	49.5	49.7	52.0①				55.1①
南斯拉夫			49.1					
澳大利亚		49.6	49.7	48.7①		45.2	50.1	
新西兰	48.7	49.4	49.4	50.0	38.7			58.0

注：①1996 年数据。②1995 年数据。③中国指普通中学。

资料来源：世界银行《世界发展指标》2000 年。

14—12 中学净入学率的性别差异

单位:%

	1980年		1990年		1995年		1997年	
	女性	男性	女性	男性	女性	男性	女性	男性
世界	**53.7**	**65.3**	**57.1**	**66.7**	**63.4**	**71.0**	**64.1**	**72.0**
中国①	52.3	73.6	49.8	64.5	64.0	71.7	65.1	74.4
中国香港	67.7	65.9	80.7	77.2	73.2	69.1	71.5	66.7
孟加拉国	9.7	24.9	15.0	27.8	15.6	27.0	15.6	27.1
印度	28.5	52.0	43.0	68.2	48.2	71.0	48.0	70.6
印度尼西亚	34.9	49.5	46.1	50.0	50.5	55.2	53.4	58.8
伊朗	37.3	61.4	53.7	72.2	72.3	84.0	75.8	86.3
日本	94.0	91.8	97.7	95.9	99.9	99.9	99.9	99.9
韩国	72.6	78.2	85.9	88.0	97.9	97.5	99.9	99.9
马来西亚	45.7	49.7	58.1	54.6	62.5	55.0	68.5	59.8
蒙古	92.8	85.5	84.7	74.6	67.5	51.2	63.7	48.2
缅甸	33.6	41.2	38.1	41.2	45.7	48.0	53.0	55.4
菲律宾	74.0	69.0	72.5	74.0	77.6	77.2	78.5	77.1
新加坡	65.7	66.8	69.0	75.0	72.8	75.0	74.8	76.4
斯里兰卡	61.4	57.5	78.6	73.1	78.9	72.7	79.3	72.9
泰国	23.6	26.1	24.6	26.4	43.4	44.8	46.9	48.3
土耳其	31.9	51.6	38.6	58.4	46.6	65.2	48.5	67.8
越南	44.7	49.5	37.2	39.4	50.8	52.9	54.2	55.9
埃及	32.8	53.0	61.4	77.1	68.3	79.4	70.1	79.9
南非	61.0	62.8	80.2	76.3	97.5	93.6	96.9	92.9
加拿大	84.3	83.1	90.9	91.7	92.9	94.3	94.4	96.0
墨西哥	61.8	72.6	55.7	60.0	61.4	66.0	64.0	68.2
美国	94.0	93.7	91.3	91.9	95.8	97.3	96.1	96.5
阿根廷	61.3	56.4	72.0	71.2	73.6	70.3	79.8	74.1
巴西	46.3	45.4	54.3	53.2	64.2	63.0	67.0	64.8
委内瑞拉	27.1	21.2	52.2	43.3	51.1	42.4	54.2	43.8
捷克共和国	95.8	90.9	87.8	90.9	95.7	93.3	99.9	99.9
法国	99.1	88.4	98.6	95.3	98.5	98.4	98.6	98.7
德国	81.2	82.7	90.2	90.7	96.5	97.4	94.9	95.6
意大利	69.2	70.6	79.7	79.1	90.7	89.1	96.0	94.1
荷兰	93.2	92.6	95.8	94.4	98.7	98.9	99.9	99.9
波兰	75.3	71.3	81.3	77.6	89.6	86.1	88.5	84.6
罗马尼亚	99.9	99.9	80.5	87.9	75.3	74.1	76.3	75.3
俄罗斯	98.8	97.6	98.6	94.2	91.8	85.8	90.7	84.6
西班牙	79.0	79.6	93.0	90.9	93.0	90.9	93.0	90.9
英国	89.7	87.1	90.5	86.3	94.8	91.8	93.2	90.5
南斯拉夫			63.3	61.2				
澳大利亚	81.6	80.6	90.5	88.0	94.3	94.0	96.0	96.0
新西兰	85.7	84.9	88.9	88.0	92.3	91.3	94.0	91.9

注:①中国为世界银行统计数据。

资料来源:世界银行《世界发展指标》2000年。

14—13　大学生和大学教师中女性所占比重

单位:%

	大学生中女性所占比重				大学教师中女性所占比重			
	1960 年	1980 年	1990 年	1997 年	1960 年	1980 年	1990 年	1997 年
世　界	**24.2**							
中　国		23.4	33.7	37.3		25.5	29.1	35.1
中国香港	40.3				18.1			
孟加拉国		13.9	15.9			10.5	12.7	
印　度	16.8	26.3	33.1	36.3①				
伊　朗			27.3	36.1①				17.7①
以色列	38.5	51.4	49.2					
日　本	20.8	32.8			8.6	13.8		
哈萨克斯坦				55.0②				
韩　国	16.9		31.6	37.0①		15.4	22.3	27.8①
马来西亚		38.5				25.5		
蒙　古		60.7	65.1	68.3		39.6	42.5	52.8
巴基斯坦	18.0							
菲律宾	51.4	53.4		56.7②	44.5	53.4		
新加坡		39.1	41.3	44.3②		18.6		31.0②
斯里兰卡	24.1			44.0②	2.8			34.1②
泰　国	30.3				34.3			
土耳其	19.9		33.7	35.2①	18.9	24.6	31.7	33.0①
越　南		23.6				22.4		33.8①
埃　及	17.0	31.5	36.2		14.3			
南　非	22.3		44.4		17.2		34.5	
加拿大	37.9	50.1	54.2	53.2②	21.2	23.5	26.1	
墨西哥	17.5	32.8		47.7①				
美　国	37.0	51.4	54.5	55.5②			35.2	38.6②
阿根廷	32.9	50.4			20.5	43.3		
巴　西	28.1	48.3	52.4		14.2	30.3	40.6	
委内瑞拉	31.0				9.1			
白俄罗斯	41.5			55.4①				
捷克共和国	33.5	40.4	43.6	48.4①				51.8②
法　国			53.1	55.0①				34.0①
德　国				45.8①				29.4①
意大利	27.0	42.6	47.5	54.0①				29.4②
荷　兰	25.7	39.7	44.4	48.2①				
波　兰	39.5	55.7	56.0	56.5②	25.8			
罗马尼亚	33.5	42.6	47.2	52.9①	30.2	29.9	28.0	37.7①
俄罗斯		56.1	54.9					
西班牙	23.5	43.7	51.0	52.9①		21.0	29.4	32.3②
英　国		36.6	48.2	51.8①			20.9	30.7①
南斯拉夫				53.8①				34.1①
澳大利亚	26.0	45.3	52.7	50.8			33.1	
新西兰	34.3	40.6	51.8	57.3	24.9	17.9	33.6	41.7

注:①1996 年数据。②1995 年数据。

资料来源:世界银行《世界发展指标》2000 年。

十五、家庭收支和居民消费

15－1　个人消费支出和人均个人消费支出增长率

	个人消费支出(百万美元,现价)			人个人消费支出(美元,1995年价格)			人均个人消费支出增长率(%)	
	1980年	1990年	1998年	1980年	1990年	1998年	1981－1990年	1991－1998年
世界总计	**6426910**	**13016247**	**18060431①**	**2628**	**3021**	**3257①**	**1.4**	**1.1②**
中　　国③	103442	174249	445974	94	180	331	6.7	7.9
中国香港	17013	42422	100073	6528	10881	13216	5.2	2.5
孟加拉国	14966	24816	37287	188	245	289	2.7	2.0
印　　度	143021	210530	295060	166	211	287	2.4	3.9
印度尼西亚	40821	67487	66056	284	510	759	6.0	5.1
伊　　朗	48854	74476	75427	737	791	910	0.7	1.8
以 色 列	11493	32112	61627	5548	7965	10074	3.7	3.0
日　　本	623284	1721691	2532736①	16669	22703	25465①	3.1	1.7②
韩　　国	39263	132113	178637	2051	3951	5215	6.8	3.5
马来西亚	12378	22516	30094	1319	1621	1751	2.1	1.0
蒙　　古			578					
巴基斯坦	19688	28561	46196	274	322	378	1.6	2.0
菲 律 宾	20910	31566	48449	725	749	830	0.3	1.3
新 加 坡	6030	16972	33841	6071	9208	12696	4.3	4.1
斯里兰卡	3230	6098	11202	316	422	602	2.9	4.5
泰　　国	21175	48270	59220	730	1122	1272	4.4	1.6
土 耳 其	42067	103378	136027		1852	2227		2.3
越　　南		5597	19373		171	286		6.7
埃　　及	15848	30933	63575	594	699	829	1.7	2.1
尼日利亚	36258	15816	29735	353	244	220	－3.6	－1.3
南　　非	43739	70283	84069	2054	2123	2147	0.3	0.1
加 拿 大	141521	323850	356288①	9370	10987	11615①	1.6	0.8②
墨 西 哥	145438	182791	268331	2258	2192	2316	－0.3	0.7
美　　国	1720600	3720500	5308500①	13881	17144	19363①	2.1	1.8②
阿 根 廷		109038	210857			7334		
巴　　西	163832	275761	495035	2538	2266	2749	－1.1	2.4
委内瑞拉	38066	30171	69263	2793	2437	2308	－1.4	－0.7
白俄罗斯		15537	12668		1614	1386		－1.9
保加利亚	11089	12401	8938	948	1137	884	1.8	－3.1
捷克共和国		17195	29411		2481	2594		0.6
法　　国	391263	712284	835735①	12538	15340	16195①	2.0	0.8②
德　　国			1208283①			17173①		
意 大 利	273819	670743	707975①	8751	11465	12040①	2.7	0.7②
荷　　兰	104571	166452	214747①	12972	14278	16112①	1.0	1.7②
波　　兰	37995	28281	98805		1636	2320①		5.1②
罗马尼亚		25232	29040		1034	992		－0.5
俄 罗 斯		282978	179608			1389		
西 班 牙	141274	307095	329729①	6972	8488	9292①	2.0	1.3②
乌 克 兰		52131	24526		1648	854		－7.9
英　　国	320290	613750	823052①	8437	11607	12838①	3.2	1.5②
澳大利亚	94360	180680	250011①	9681	11110	13125①	1.4	2.4②
新 西 兰	13801	27300	41217①	8965	9643	10576①	0.7	1.3②

注:①1997年数据。②1991至1997年年均增长率。③中国为世界银行统计数据。

资料来源:世界银行《世界发展指标》2000年。

15—2 收入分配

	年份	基尼系数	收入或消费占全部收入或消费的比重①(%)					
			最低的20%	第二个20%	第三个20%	第四个20%	最高的20%	最高的10%
中　国②	1998	40.3	5.9	10.2	15.1	22.2	46.6	30.4
孟加拉国	1995—1996	33.6	8.7	12.0	15.7	20.8	42.8	28.6
印　度	1997	37.8	8.1	11.6	15.0	19.3	46.1	33.5
印度尼西亚	1996	36.5	8.0	11.3	15.1	20.8	44.9	30.3
以色列	1992	35.5	6.9	11.4	16.3	22.9	42.5	26.9
日　本	1993	24.9	10.6	14.2	17.6	22.0	35.7	21.7
哈萨克斯坦	1996	35.4	6.7	11.5	16.4	23.1	42.3	26.3
韩　国	1993	31.6	7.5	12.9	17.4	22.9	39.3	24.3
马来西亚	1995	48.5	4.5	8.3	13.0	20.4	53.8	37.9
蒙　古	1995	33.2	7.3	12.2	16.6	23.0	40.9	24.5
巴基斯坦	1996—1997	31.2	9.5	12.9	16.0	20.5	41.1	27.6
菲律宾	1997	46.2	5.4	8.8	13.2	20.3	52.3	36.6
斯里兰卡	1995	34.4	8.0	11.8	15.8	21.5	42.8	28.0
泰　国	1998	41.4	6.4	9.8	14.2	21.2	48.4	32.4
土耳其	1994	41.5	5.8	10.2	14.8	21.6	47.7	32.3
越　南	1998	36.1	8.0	11.4	15.2	20.9	44.5	29.9
埃　及	1995	28.9	9.8	13.2	16.6	21.4	39.0	25.0
尼日利亚	1996—1997	50.6	4.4	8.2	12.5	19.3	55.7	40.8
南　非	1993—1994	59.3	2.9	5.5	9.2	17.7	64.8	45.9
加拿大	1994	31.5	7.5	12.9	17.2	23.0	39.3	23.8
墨西哥	1995	53.7	3.6	7.2	11.8	19.2	58.2	42.8
美　国	1997	40.8	5.2	10.5	15.6	22.4	46.4	30.5
巴　西	1996	60.0	2.5	5.5	10.0	18.3	63.8	47.6
委内瑞拉	1996	48.8	3.7	8.4	13.6	21.2	53.1	37.0
白俄罗斯	1998	21.7	11.4	15.2	18.2	21.9	33.3	20.0
保加利亚	1995	28.3	8.5	13.8	17.9	22.7	37.0	22.5
捷克共和国	1996	25.4	10.3	14.5	17.7	21.7	35.9	22.4
法　国	1995	32.7	7.2	12.6	17.2	22.8	40.2	25.1
德　国	1994	30.0	8.2	13.2	17.5	22.7	38.5	23.7
意大利	1995	27.3	8.7	14.0	18.1	22.9	36.3	21.8
荷　兰	1994	32.6	7.3	12.7	17.2	22.8	40.1	25.1
波　兰	1996	32.9	7.7	12.6	16.7	22.1	40.9	26.3
罗马尼亚	1994	28.2	8.9	13.6	17.6	22.6	37.3	22.7
俄罗斯	1998	48.7	4.4	8.6	13.3	20.1	53.7	38.7
西班牙	1990	32.5	7.5	12.6	17.0	22.6	40.3	25.2
乌克兰	1996	32.5	8.6	12.0	16.2	22.0	41.2	26.4
英　国	1991	36.1	6.6	11.5	16.3	22.7	43.0	27.3
澳大利亚	1994	35.2	5.9	12.0	17.2	23.6	41.3	25.4
新西兰	1991	43.9	2.7	10.0	16.3	24.1	46.9	29.8

注：①按收入水平或支出水平分组，每20%及最高10%的家庭或个人的收入或支出在总收入或总消费中所占份额。②中国为世界银行统计数据。

资料来源：世界银行《世界发展指标》2000年。

15－3 贫困线和贫困人口

单位：%

	低于国家贫困线人口所占比重①				国际贫困线②				
	年份	全国	乡村	城市	年份	日均1国际元以下人口所占比重	日均2国际元以下人口所占比重	日均1国际元以下人口贫困度	日均2国际元以下人口贫困度
中国③	1998	4.6	4.6	<2	1998	18.5	53.7	4.2	21.0
孟加拉国	1995－1996	35.6	39.8	14.3	1996	29.1	77.8	5.9	31.8
印度	1994	35.0	36.7	30.5	1997	44.2	86.2	12.0	41.4
印度尼西亚	1998	20.3	22.0	17.8	1999	15.2	66.1	2.5	22.6
哈萨克斯坦					1996	1.5	15.3	0.3	3.9
韩国					1993	<2	<2	<0.5	<0.5
蒙古					1995	13.9	50.0	3.1	17.5
巴基斯坦					1996	31.0	84.7	6.2	35.0
菲律宾	1997	40.6	51.2	22.5					
斯里兰卡	1990－1991	35.3	38.1	28.4	1995	6.6	45.4	1.0	13.5
泰国	1992	13.1	15.5	10.2	1998	<2	28.2	<0.5	7.1
土耳其					1994	2.4	18.0	0.5	5.0
埃及					1995	3.1	52.7	0.3	11.4
尼日利亚	1992－1993	34.1	36.4	30.4	1997	70.2	90.8	34.9	59.0
南非					1993	11.5	35.8	1.8	13.4
墨西哥					1995	17.9	42.5	6.1	18.1
阿根廷	1993	17.6							
巴西					1997	5.1	17.4	1.3	6.3
委内瑞拉					1996	14.7	36.4	5.6	15.7
白俄罗斯					1998	<2	<2	<0.5	0.1
保加利亚					1995	<2	7.8	<0.5	1.6
捷克共和国					1993	<2	<2	<0.5	<0.5
波兰					1993	5.4	10.5	4.3	6.0
罗马尼亚					1994	2.8	27.5	0.8	6.9
俄罗斯					1998	7.1	25.1	1.4	8.7
乌克兰					1996	<2	23.7	<0.5	4.4

注：①即贫困率。农村和城市贫困率分别为农村和城市贫困线以下人口占农村和城市人口比重。②为世界银行划分标准，即人均日消费支出不足1国际元和2国际元。国际元为按购买力平价法计算，1985年价格。贫困度指贫困线以下人口人均消费距贫困线的差距（即假定贫困线以上人口为零短缺时贫困人口的平均短缺程度）。③中国为世界银行统计数据。

资料来源：世界银行《世界发展指标》2000年。

15－4 家庭消费支出构成

单位：%

	年 份	食品和饮料	服装和鞋类	住房、燃料和能源	家用设备及支出	医疗保健	交通和通讯	教育、休闲与娱乐	其他
韩 国	1996	28.5	7.4	7.7	4.4	4.4	12.6	15.2	19.9
日 本	1996	16.3	5.2	23.3	5.0	10.8	11.6	12.8	15.0
菲 律 宾	1993	57.3	2.7	4.2	13.9		4.6		16.4
印 度	1993	53.0	9.8	9.9	4.2	2.3	13.0	3.5	4.4
泰 国	1993	29.2	12.2	7.8	10.2	7.0	15.5	4.9	13.1
法 国	1996	17.6	5.1	22.0	7.3	10.2	16.5	7.3	14.0
英 国	1996	19.9	5.9	19.7	6.5	1.6	17.1	10.8	18.5
意 大 利	1996	18.9	8.7	18.0	8.9	6.6	12.4	8.5	18.1
荷 兰	1996	14.1	5.9	20.9	6.6	12.6	13.3	9.8	16.8
丹 麦	1995	20.0	5.2	27.1	5.9	2.1	18.0	10.6	11.1
葡 萄 牙	1995	27.0	8.5	10.7	7.5	5.2	16.3	8.3	16.5
瑞 典	1996	18.4	5.3	33.4	5.1	4.0	17.1	9.2	7.5
美 国	1996	10.6	5.7	18.6	5.4	18.0	14.4	10.8	16.5
加 拿 大	1996	14.4	5.1	25.3	8.4	4.3	16.2	10.3	15.9
墨 西 哥	1996	29.0	4.3	14.1	8.5	4.4	14.6	6.0	19.3
澳大利亚	1996	20.6	4.6	20.2	6.2	7.2	14.3	11.0	15.9
新 西 兰	1996	16.2	4.1	20.3	10.6	7.3	15.4	9.8	16.3

资料来源：韩国《韩国社会指标》1999 年。

15－5 美国个人可支配收入和人均个人可支配收入

单位：亿美元

	1980 年	1985 年	1992 年	1996 年	1997 年	1998 年
人口数(万人)	**22773**	**23847**	**25539**	**26546**	**26801**	**27056**
个人收入	22654	33798	52772	64252	67840	71261
工资和薪金	13766	19865	29864	36311	38898	41499
农业、工业和建筑业	4719	6122	7657	9090	9750	10269
#制造业	3557	4613	5835	6746	7195	7515
运输、通讯、商业和公用事业	3364	4759	6803	8233	8798	9396
金融保险、不动产和产业服务业	3069	5245	9726	12579	13708	14940
政府	2614	3739	5678	6409	6642	6893
其他劳动收入	1398	1918	3513	3870	3929	4069
财产所得①	1718	2599	4238	5277	5512	5772
租金收入②	353	491	794	1502	1582	1626
股息	571	879	1594	2482	2603	2631
个人利息收入	2740	4981	6672	7194	7473	7648
给个人的转移支付	3215	4859	8582	10680	11104	11490
人寿、伤残和健康保险收益	1542	2534	4140			
政府失业保险收益	161	157	389			
老兵津贴	150	167	193			
政府雇员退休金	430	666	1090			
其他转移支付	932	1335	2771			
减：个人社会保险缴款	886	1491	2484	3063	3262	3474
减：个人税收和非税收支出	3124	4368	6506	8905	9890	10983
等于：个人可支配收入	19529	29430	46267	55347	57951	60279
减：个人支出	17991	27537	43410	53762	56741	60002
个人消费支出	17481	26674	42198	52157	54937	58079
个人利息支出	494	836	1117	1436	1615	1724
向国外的转移支付	16	27	96	169	189	199
等于：个人储蓄	1538	1893	2857	1585	1210	277
个人储蓄占个人可支配收入的比重(%)	8.2	6.9	6.2	2.9	2.1	0.5
按 1992 年价格计算的个人可支配收入			46267	50430	51831	53485
人均个人可支配收入(现价，美元)	**8576**	**12341**	**18113**	**20840**	**21633**	**22304**
人均个人可支配收入(1992 年美元)			**18113**	**18989**	**19349**	**19790**
人均个人储蓄(美元)	**675**	**794**	**1119**	**597**	**451**	**102**

注：①包括资本折旧和对库存价值的调整。②包括对资本折旧的调整。

资料来源：美国《美国统计摘要》1990 年和 1999 年。

15－6　美国人均消费支出

（1997 年）

单位:美元

	全部消费者	按年龄分组(岁)						按地区分组			
		25 岁以下	25－34	35－44	45－54	55－64	65 及以上	东北部	中西部	南部	西部
合计	**34819**	**18450**	**34902**	**40413**	**45239**	**35954**	**24413**	**36070**	**33791**	**32226**	**39037**
食品	4801	2838	4650	5666	6028	5085	3486	5358	4631	4426	5077
家庭消费	2880	1566	2758	3382	3440	3139	2293	2970	2739	2771	3125
谷物和面包	453	249	432	540	548	470	360	504	446	415	474
谷物	161	97	168	197	189	160	118	177	154	149	175
面包	292	151	264	344	359	310	242	326	292	266	299
肉、鱼和蛋	743	385	702	865	915	830	580	789	663	753	774
牛肉	224	125	219	264	284	231	162	214	207	235	233
猪肉	157	75	144	174	193	187	133	141	153	173	150
家禽肉	145	78	146	174	172	150	111	177	119	141	151
鱼和海鲜	89	37	80	97	117	114	67	108	58	85	110
蛋	33	20	28	35	38	37	30	36	25	31	41
奶制品	314	169	303	387	359	325	252	327	308	290	345
鲜牛奶和奶油	128	79	125	164	138	122	106	130	129	119	140
其他奶制品	186	90	177	224	221	203	146	198	179	171	205
水果和蔬菜	476	242	434	525	558	549	433	525	430	438	541
鲜水果	150	77	137	161	174	169	147	169	146	131	170
鲜蔬菜	143	64	124	151	174	185	128	162	122	125	176
水果加工品	102	55	97	117	117	108	92	115	92	93	116
蔬菜加工品	80	46	76	95	93	87	65	79	70	89	79
其他	895	520	887	1066	1060	965	668	825	892	876	991
外出食品消费	1921	1272	1893	2283	2588	1946	1193	2388	1892	1655	1952
含酒精饮料	309	253	380	348	358	283	197	379	306	229	377
房屋	11272	5860	11774	13415	13892	11090	8082	12480	10532	9877	13255
住房	6344	3656	6964	7864	7829	5783	4003	7539	5653	5070	8089
自有住房	3935	381	3435	5244	5586	4059	2612	4704	3785	3059	4818
抵押贷款利息等	2225	224	2368	3448	3396	1927	547	2351	1955	1779	3143
财产税	971	101	639	1054	1303	1195	1060	1569	1088	630	838
维修费	738	57	429	743	887	936	1006	784	742	650	836
租用住房	1983	3002	3291	2234	1515	1145	1051	2298	1477	1694	2731
其他住房	426	273	238	386	729	579	340	536	391	317	541
燃料、公用事业和服务	2412	1092	2229	2694	2890	2654	2157	2480	2452	2463	2220
天然气	301	88	264	327	321	342	338	396	446	185	238
电	909	390	785	1015	1114	1013	839	830	834	1094	762
燃油和其他燃料	108	11	69	108	147	126	131	255	115	55	48
电话	809	550	893	921	952	842	551	785	778	839	817
水和其他服务	286	55	218	323	357	331	297	215	279	290	355

15－6 续表 1　　(1997 年)　　单位:美元

	全部消费者	按年龄分组(岁)						按地区分组			
		25 岁以下	25－34	35－44	45－54	55－64	65 及以上	东北部	中西部	南部	西部
房屋(续)											
家庭管理	548	191	659	724	554	402	452	473	458	534	745
个人服务	263	132	493	450	146	59	108	219	248	249	346
其他家庭支出	285	58	167	274	409	343	343	254	210	286	399
家庭用品	455	163	403	524	552	523	412	418	485	427	501
房屋装饰和设备	1512	759	1518	1609	2066	1728	1059	1570	1484	1383	1699
纺织品	79	45	70	80	116	100	54	86	78	64	99
家具	387	257	475	430	515	390	190	424	354	386	392
地面铺设	78	18	69	57	70	101	124	102	85	63	72
主要家用设备	169	76	149	181	193	246	141	145	160	187	173
小家电和杂项用品	92	46	76	97	131	123	65	91	95	75	117
其他家用设备	707	317	678	764	1041	768	484	723	711	608	847
服装及其服务	1729	1247	1957	2062	2107	1656	1045	1916	1707	1620	1755
男人和男孩服装	407	269	453	496	550	357	219	432	446	350	432
女人和女孩服装	680	466	700	793	834	684	480	722	713	648	657
两岁以下幼儿服装	77	111	163	90	51	34	22	80	63	69	103
鞋	315	250	342	390	347	337	189	339	298	323	298
其他	250	151	300	293	325	243	135	343	186	231	266
交通	6457	3734	7051	7254	8734	6708	3812	5830	6367	6473	7120
车辆购置	2736	1737	3238	3038	3704	2641	1482	2040	2784	3055	2811
新轿车和卡车	1229	513	1159	1378	1808	1374	777	973	1216	1486	1062
旧轿车和卡车	1464	1196	2007	1594	1849	1267	686	1052	1544	1541	1633
汽油和其他车用油	1098	693	1123	1294	1430	1188	648	979	1107	1112	1174
其他车辆支出	2230	1087	2295	2556	3079	2369	1376	2223	2131	2062	2624
融资费用	293	162	418	349	388	260	95	214	307	335	281
维修费	682	324	598	788	942	760	491	584	659	657	838
车辆保险	755	341	746	837	994	851	549	808	684	727	831
租金、牌照及其他	501	260	533	582	755	499	241	617	480	343	674
公共交通	393	217	395	365	522	509	305	587	345	243	511
医疗	1841	425	1236	1605	1945	2187	2855	1709	1903	1902	1793
娱乐	1813	1051	1865	2129	2416	1900	1103	1769	1915	1561	2153
个人用品及服务	528	292	530	586	637	541	441	521	506	544	530
阅读	164	64	132	160	205	198	174	192	170	130	186
教育	571	1114	483	604	1068	281	153	772	512	449	647
烟草及制品	264	200	261	329	312	292	156	260	302	268	217
杂项支出	847	275	757	989	1106	1061	619	821	824	806	965
现金捐助	1001	157	484	945	1431	1208	1326	765	989	1057	1145
人身保险和养老金	3223	940	3341	4322	4998	3466	964	3298	3128	2883	3819
寿险及其他人身保险	379	47	239	383	604	523	334	386	361	421	322
退休金项目和社会保障	2844	893	3102	3939	4394	2943	630	2912	2767	2461	3497
个人税收	3241	660	3376	4278	4863	3500	1325	3170	3318	2399	4529

资料来源:美国《美国统计摘要》1999 年。

15—7 日本家庭月平均收支①

单位:日元

	1980年	1990年	1993年	1994年	1995年	1996年	1997年	1998年
平均人口数(人)	**3.83**	**3.70**	**3.65**	**3.63**	**3.58**	**3.53**	**3.53**	**3.50**
有收入人口数(人)	**1.50**	**1.64**	**1.68**	**1.67**	**1.67**	**1.66**	**1.66**	**1.66**
户主年龄(岁)	**41.7**	**44.5**	**45.3**	**45.1**	**45.6**	**45.8**	**45.8**	**46.2**
收入总额	**563465**	**926965**	**1031214**	**1044382**	**1045240**	**1068999**	**1078257**	**1081992**
实际收入	349686	521757	570545	567174	570817	579461	595214	588916
经常收入	341495	510727	557373	554228	557900	566856	582454	575969
工资和薪金	330587	490626	536070	532442	536458	543687	558596	551283
户主	293362	430670	468324	468008	467799	474550	487356	480122
定期收入	226117	332026	364427	369944	374148	378409	388738	386466
临时收入和奖金	67245	98644	103897	98057	93651	96141	98619	93656
妻子收入	24397	44101	51562	48801	54484	55020	56115	55891
其他家庭成员收入	12828	15854	15795	15435	14013	14028	14775	14898
经营和家庭劳动收入	5889	5216	5481	5075	4035	4089	3977	3312
经营收入	2157	2810	3224	3328	2578	2762	2660	2276
家庭劳动收入	3733	2405	2257	1747	1457	1327	1317	1035
其他经常收入	5018	14886	15822	16711	17408	19079	19881	21375
财产收入	1326	1593	1444	1152	880	770	792	746
社会保障收入	3375	12826	13896	15036	16037	17740	18466	19980
非经常收入	8191	11030	13172	12946	12917	12605	12760	12947
其他收入	124459	306094	363004	381259	379923	397236	394096	405673
提取存款	107782	277579	328620	337502	340884	354160	360489	369729
上月收入滚存	89320	99115	97664	95948	94500	92302	88946	87402
支出总额	**563465**	**926965**	**1031214**	**1044382**	**1045240**	**1068999**	**1078257**	**1081992**
实际支出	282263	412813	447666	439112	438307	442679	455815	446581
消费支出	238126	331595	355276	353116	349663	351755	357636	353552
食品	66245	79993	82477	81513	78947	78131	79879	80169
住房	11297	16475	20258	22446	23412	24679	24114	22242
燃料、照明和水	12693	16797	18674	19150	19551	19971	20841	20839
家具和家用器具	10092	13103	13144	13239	13040	12811	12599	12186
服装和鞋	17914	23902	23134	21963	21085	20438	20264	19081
医疗保健	5771	8670	9586	9474	9334	9858	10386	10565
交通和通讯	20236	33499	38561	37301	38524	40611	41552	41295
教育	8637	16827	18269	18988	18467	18511	19162	18766
阅读和娱乐	20135	31761	34799	34549	33221	33804	34295	34484
其他消费支出	65105	90569	96373	94491	94082	92939	94543	93926
非消费支出	44137	81218	92390	85996	88644	90924	98179	93029
所得税	12952	23632	28247	23976	22153	22776	25656	20876
其他支出	188375	415633	487583	510529	512956	536047	535505	550403
储蓄	131671	320894	372392	384727	387627	402610	417820	428164
滚存入下月	92828	98519	95965	94741	93977	90273	86937	85008
可支配收入	**305549**	**440539**	**478155**	**481178**	**482174**	**488537**	**497036**	**495887**
结余	67424	108944	122879	128063	132510	136782	139400	142335
金融资产净增加	40780	76904	82713	86918	88275	89932	99310	100371

注:①为工人家庭。

资料来源:日本总务厅统计局《日本统计年鉴》1990年和2000年。

15—8 英国家庭消费支出①

	1980年	1990年	1993年	1994/95年	1995/96年	1996/97年	1997/98年
平均每户人口数(人)							
平均人口数	2.71	2.48	2.48	2.43	2.44	2.45	2.41
男	1.31	1.19	1.20	1.16	1.17	1.18	1.15
女	1.41	1.28	1.28	1.26	1.27	1.28	1.26
成人	1.93	1.84	1.83	1.80	1.80	1.79	1.78
65岁以下	1.56	1.46	1.47	1.44	1.43	1.44	1.44
65岁以上	0.37	0.38	0.37	0.36	0.37	0.36	0.35
未成年人	0.78	0.64	0.65	0.62	0.64	0.66	0.62
1岁及以下	0.08	0.08	0.08	0.07	0.08	0.08	0.07
2岁至4岁	0.12	0.12	0.12	0.11	0.11	0.12	0.11
5岁至17岁	0.59	0.44	0.45	0.44	0.46	0.47	0.44
经济活动人口数	1.36	1.20	1.15	1.15	1.13	1.16	1.14
平均每周消费支出(英镑)							
住房	16.56	44.42	44.85	46.42	48.25	49.10	51.53
燃料、照明和电	6.15	11.11	13.24	12.95	12.92	13.35	12.66
食品	25.15	44.81	49.96	50.43	52.88	55.15	55.92
含酒精饮料	5.34	10.01	11.95	12.32	11.41	12.41	13.33
烟草	3.32	4.82	5.59	5.61	5.81	6.07	6.12
服装和鞋类	8.99	16.03	17.40	17.13	17.15	18.27	19.96
耐用消费品	7.70						
其他商品	8.75						
交通	16.15						
服务	11.96						
家庭消费品		20.00	23.05	22.66	23.45	26.74	26.90
家庭服务		12.28	15.44	15.08	15.13	16.36	17.89
汽车费用		9.47	11.04	10.78	11.55	11.64	12.54
个人用品及服务		33.83	36.28	36.17	36.99	41.20	46.63
车票及其他旅游费用		6.19	6.95	6.64	6.17	7.45	8.12
休闲商品		11.28	13.26	13.89	13.23	15.17	16.35
休闲服务		21.54	25.56	31.20	30.25	33.95	38.81
其他	0.53	1.37	2.10	2.30	2.37	2.21	2.02
合计	110.60	247.16	276.68	283.58	289.86	309.07	328.78
消费支出构成(%)							
住房	14.97	17.97	16.21	16.37	16.65	15.89	15.67
燃料、照明和电	5.56	4.50	4.79	4.57	4.46	4.32	3.85
食品	22.74	18.13	18.06	17.78	18.24	17.84	17.01
含酒精饮料	4.83	4.05	4.32	4.34	3.94	4.02	4.05
烟草	3.00	1.95	2.02	1.98	2.00	1.96	1.86
服装和鞋类	8.13	6.49	6.29	6.04	5.92	5.91	6.07
耐用消费品	6.96						
其他商品	7.91						
交通	14.60						
服务	10.81						
家庭消费品		8.09	8.33	7.99	8.09	8.65	8.18
家庭服务		4.97	5.58	5.32	5.22	5.29	5.44
汽车费用		3.83	3.99	3.80	3.98	3.77	3.81
个人用品及服务		13.69	13.11	12.75	12.76	13.33	14.18
车票及其他旅游费用		2.50	2.51	2.34	2.13	2.41	2.47
休闲商品		4.56	4.79	4.90	4.56	4.91	4.97
休闲服务		8.72	9.24	11.00	10.44	10.98	11.80
其他	0.48	0.55	0.76	0.81	0.82	0.72	0.61
合计	100.00	100.00	100.00	100.00	100.00	100.00	100.00

注:①1994年起为财政年度,比如1994/1995年度指1994年4月1日至1995年3月31日。

资料来源:英国《统计摘要》1991年和1999年。

15—9　韩国家庭月平均收支

单位:韩圆

	1981年		1990年		1997年		1998年	
	全部家庭	工薪家庭	全部家庭	工薪家庭	全部家庭	工薪家庭	全部家庭	工薪家庭
平均每户人口数(人)	**4.56**	**4.54**	**3.99**	**3.97**	**3.64**	**3.63**	**3.62**	**3.62**
有收入人口数(人)	**1.16**	**1.28**	**1.39**	**1.43**	**1.50**	**1.57**	**1.37**	**1.48**
户主平均年龄(岁)	**37.53**	**35.86**	**38.69**	**37.14**	**42.36**	**40.31**	**42.02**	**39.91**
收入				**1608100**		**4069700**		**3935300**
实际收入		281000		943300		2287300		2133100
经常收入		272200		887800		2140600		1994400
工资收入		248900		809300		1938800		1815500
户主		226500		691100		1543000		1494200
配偶				57300		213600		187400
其他成员		22400		60900		182200		134000
经营收入和第二职业收入		4600		24600		78900		77900
资产收入		10400		25700		53600		43300
转移收入		8300		28100		69200		57700
非经常性收入		8800		55500		146800		138800
其他所得				482500		1461400		1552700
出售资产				342600		1250800		1366600
增加负债				139900		210600		186000
上期滚存收入		52900		182300		321000		249500
支出				**1609500**		**4069900**		**3935500**
实际支出	225500	224000	755400	723000	1692900	1676900	1531400	1536200
消费支出	215300	211800	685700	650000	1489500	1453700	1316200	1297900
食品和饮料	93000	90200	220800	212400	427500	417500	365900	357900
住房	9000	8900	31900	29900	54000	49800	49800	45800
燃料、照明和水	18200	17500	30800	29100	68000	65300	74300	70600
家用器具	9200	9400	38300	37000	63400	61200	53100	50600
服装和鞋	18700	18500	56000	53700	97800	95800	69800	70500
医疗	14300	15200	34600	32900	66600	64900	58700	57700
教育、文化和娱乐	20455	19387	88022	77444	239500	225200	210000	202630
交通和通讯	12800	12700	58400	55700	188200	190600	183900	188900
其他消费支出	22100	22500	124900	120300	284600	283400	250800	257900
非消费支出	10200	12200	69700	73100	203400	223200	215100	238400
其他支出				695700		2057300		2086800
滚存入下月		55900		190800		335700		312500
自有住房虚拟房租	24100	21600	114300	98600	319400	284000	384800	331800
实物收入		2700		30800		84200		74100

资料来源:韩国《韩国统计年鉴》1987年和1999年。

15—10 电话、电视机和收音机普及率

	电话用户（部/百人，1997年）	蜂窝电话用户（部/十万人，1997年）	收音机（台/千居民）			电视机（台/千居民）		
			1980年	1990年	1997年	1980年	1990年	1997年
中国①	8	1070	95	323	335	9	267	321
中国香港			506	666	684	221	272	283
孟加拉国			17	44	50	1	5	6
印度	2	100	38	79	120	4	32	65
印度尼西亚	2	500	119	145	155	20	57	68
伊朗	11	400	163	238	263	51	64	71
以色列	45	28300	245	468	524	232	267	288
日本	48	30400	678	899	956	539	611	686
朝鲜			99	127	146	7	16	52
韩国	44	15000	944	1011	1039	165	210	348
马来西亚	19	11300	411	430	434	87	148	172
蒙古			96	130	142	3	38	47
缅甸			23	84	96	…	3	6
巴基斯坦	2	100	64	89	94	11	17	22
菲律宾	3	1800	124	142	161	22	44	52
新加坡	45	27300	373	590	744	306	338	388
斯里兰卡			101	199	211	2	44	84
泰国	8	3300	140	171	234	21	106	254
土耳其	24	2600	113	160	178	79	232	330
越南			93	103	107	34	39	47
埃及	6		137	302	317	32	101	119
尼日利亚			107	215	226	8	40	66
南非	11	3700	290	337	355	73	109	134
加拿大	61	13900	721	1024	1067	432	612	710
墨西哥	10	1800	133	258	329	57	148	272
美国	64	20600	1973	2084	2116	676	799	806
阿根廷	19	5600	427	670	681	183	218	223
巴西	10	2800	312	385	434	123	208	223
委内瑞拉	12	4600	391	441	472	113	159	180
保加利亚	32	800	395	453	537	243	333	394
捷克共和国	32	5100	509	768	803	280	475	531
法国	58	9900	741	888	946	353	402	595
德国	55	9900	893	878	948	439	554	567
意大利	45	20400	602	798	880	390	424	528
荷兰	56	11000	650	906	980	399	482	519
波兰	19	2200	298	433	522	246	305	337
罗马尼亚	14	900	252	286	319	180	194	233
俄罗斯	18	300	504	371	417	296	364	410
西班牙	40	11000	258	305	331	253	394	409
英国	52	15100	950	1390	1443	401	433	521
南斯拉夫			224	281	143	190	198	177
澳大利亚	50	26400	1098	1279	1391	384	486	554
新西兰	49	14900	885	931	997	332	446	512

注：①中国收音机和电视机普及率为联合国教科文组织统计数据。

资料来源：美国《美国统计摘要》1999年；联合国教科文组织《统计年鉴》1999年。

15—11 个人电脑普及率

单位:台/千人

	1990年	1991年	1992年	1993年	1994年	1995年	1996年	1997年	1998年
世　　界	**25.3**	**28.3**	**31.0**	**33.2**	**36.8**	**42.4**	**49.6**	**56.8**	**70.6**
中　　国①	0.4	0.7	0.9	1.2	1.7	2.3	3.6	6.0	8.9
中国香港	47.3	59.8	75.9	100.0	124.3	154.3	190.1	230.7	254.2
印　　度	0.3	0.4	0.5	0.6	0.9	1.3	1.6	2.1	2.7
印度尼西亚	1.1	1.4	2.0	2.8	3.7	5.0	6.6	7.9	8.2
伊　　朗					13.4	24.5	31.9		
以 色 列	63.3	70.0	76.7	83.4	98.5	133.5	156.3	186.3	217.2
日　　本	59.9	65.3	69.1	77.7	91.9	120.3	162.1	202.1	237.2
韩　　国	37.2	45.3	56.8	68.4	86.4	107.7	131.7	150.7	156.8
马来西亚	8.4	12.5	21.9	26.0	32.6	37.3	41.6	46.1	58.6
蒙　　古						3.2	4.2	5.4	
巴基斯坦	1.3	1.7	2.1	2.4	2.8	3.5	3.4	3.5	3.9
菲 律 宾	3.5	4.2	5.2	6.3	7.9	9.6	11.6	13.4	15.1
新 加 坡	73.9	83.3	106.5	121.8	170.6	234.4	312.1	399.5	458.4
斯里兰卡	0.2	0.3	0.6	0.7	1.0	1.1	3.3	4.1	
泰　　国	4.2	5.3	7.9	9.8	11.6	13.6	16.7	20.0	21.6
土 耳 其	5.3	6.6	8.9	11.4	12.9	14.7	17.2	20.7	23.2
越　　南			0.1	0.3	0.7	1.4	3.3	4.6	6.4
埃　　及					3.4	4.3	5.8	7.1	9.1
尼日利亚				4.0	4.3	4.8	5.3	5.7	
南　　非	6.6	8.8	11.1	14.1	21.6	26.7	33.7	41.5	47.4
加 拿 大	107.1	128.2	145.8	169.3	196.3	218.0	246.0	273.3	330.0
墨 西 哥	8.2	10.2	14.5	17.5	22.7	25.6	30.5	37.7	47.0
美　　国	216.8	233.5	252.6	272.0	297.4	328.1	363.9	406.9	458.6
阿 根 廷	7.2	8.8	9.9	13.6	18.9	24.4	34.1	39.2	44.3
巴　　西	3.1	4.4	6.4	8.6	11.7	17.3	21.5	26.3	30.1
委内瑞拉	11.0	12.6	14.7	19.1	23.4	27.7	30.8	37.0	43.0
保加利亚			10.5	11.8	17.8	29.7			
捷克共和国	11.6	14.6	24.2	29.0	43.5	53.2	67.9	82.5	97.3
法　　国	70.5	73.6	83.7	97.1	115.7	134.2	150.7	172.8	207.8
德　　国	90.5	99.3	109.9	125.4	153.3	190.7	232.9	255.9	304.7
意 大 利	36.4	45.8	54.5	61.3	71.6	83.7	92.4	113.0	173.4
荷　　兰	93.6	112.8	131.8	144.0	168.9	200.0	230.8	281.3	317.6
波　　兰	7.9	9.7	13.0	17.7	22.1	28.5	31.1	36.2	43.9
罗马尼亚	0.4	1.9	2.6	3.1	4.4	5.3	7.5	8.9	10.2
俄 罗 斯	3.4	4.4	6.4	7.9	11.5	17.6	23.7	31.9	40.6
西 班 牙	27.6	38.6	51.3	61.4	70.2	89.3	104.4	122.1	144.8
乌 克 兰				2.7	3.9	5.6			13.8
英　　国	107.7	124.5	144.8	164.9	169.5	201.6	216.1	242.9	263.0
澳大利亚	149.8	160.4	184.0	207.5	240.1	275.5	316.7	361.5	411.6
新 西 兰		96.9	117.7	144.4	181.5	220.3	244.5	263.9	282.1

注:①中国为世界银行统计数据

资料来源:世界银行《世界发展指标》2000年。

15—12 人均每天食物热值、蛋白质和脂肪含量

	食物热值(大卡)			蛋白质含量(克)			脂肪含量(克)		
	1979—1981年	1989—1991年	1994—1996年	1979—1981年	1989—1991年	1994—1996年	1979—1981年	1989—1991年	1994—1996年
中国①	2315	2652	2766	53.9	63.9	73.0	31.5	50.5	64.4
中国香港	2910	3240	3261	88.1	92.9	103.3	104.5	139.7	139.9
孟加拉国	1914	2063	2063	42.3	44.3	44.5	14.1	18.6	21.6
印度	2077	2337	2394	50.8	56.8	58.2	32.7	39.7	43.2
印度尼西亚	2176	2615	2880	46.4	58.3	66.9	35.0	50.9	58.3
伊朗	2657	2712	2885	68.9	71.7	76.2	62.9	63.3	65.3
以色列	2988	3244	3254	101.0	104.8	107.4	104.9	123.5	115.1
日本	2747	2899	2898	86.8	94.6	96.4	68.9	79.7	80.6
朝鲜	2698	2794	2395	80.8	87.1	75.7	38.3	46.9	39.7
韩国	3122	3238	3302	82.6	82.0	86.9	41.5	64.7	81.6
马来西亚	2724	2751	2848	58.0	64.2	73.4	77.4	94.3	83.4
蒙古	2398	2211	2011	81.3	74.3	68.8	85.5	79.2	73.0
缅甸	2318	2572	2711	59.8	63.8	68.8	35.3	41.3	43.6
巴基斯坦	2160	2392	2393	52.6	58.4	59.1	43.6	58.5	65.7
菲律宾	2228	2376	2366	51.0	55.8	55.8	35.7	40.4	46.8
斯里兰卡	2309	2220	2262	45.1	46.2	48.6	47.3	44.8	49.4
泰国	2218	2245	2330	48.5	50.5	52.5	31.4	43.5	43.1
土耳其	3287	3555	3562	96.8	101.7	102.6	80.9	94.4	97.4
越南	2105	2202	2449	47.1	50.4	57.1	19.9	27.3	34.0
埃及	2913	3156	3277	73.0	83.6	87.7	65.5	58.8	58.3
尼日利亚	1948	2310	2553	42.9	51.3	54.6	51.9	55.2	62.3
南非	2830	2880	2881	74.5	74.1	72.3	68.1	71.6	78.9
加拿大	2892	3014	3104	91.7	95.4	99.2	119.7	128.6	123.4
墨西哥	3115	3081	3137	83.4	79.6	83.2	79.3	80.8	85.6
美国	3174	3462	3624	98.2	107.0	111.0	128.4	139.2	142.9
阿根廷	3206	2965	3118	106.7	94.3	96.6	116.0	103.2	112.9
巴西	2667	2774	2878	62.2	66.4	72.2	65.1	80.9	80.2
委内瑞拉	2759	2395	2398	70.3	58.7	59.9	77.5	69.0	65.2
保加利亚	3619	3440	2827	104.2	104.5	82.6	107.2	114.6	92.2
捷克共和国	3359	3519	3084	99.0	102.0	93.3	122.7	130.7	112.4
法国	3395	3548	3550	112.3	116.9	114.4	148.2	163.6	164.3
德国	3324	3396	3296	95.1	99.1	94.3	136.0	142.6	141.4
意大利	3556	3575	3476	106.3	110.0	107.7	128.6	150.0	145.0
荷兰	3051	3262	3193	93.3	94.9	101.0	130.2	138.0	139.5
波兰	3523	3365	3309	111.1	101.9	98.1	116.8	114.1	110.2
罗马尼亚	3205	2949	2927	97.5	89.1	89.8	94.2	91.1	84.2
俄罗斯	3363	3248	2814	102.9	104.6	87.3	94.3	100.2	79.0
西班牙	3044	3281	3291	95.3	104.3	106.8	112.5	138.4	142.9
英国	3138	3206	3210	88.1	92.2	94.0	135.0	135.3	138.6
南斯拉夫	3649	3567	3040	106.1	102.1	89.9	104.2	111.2	123.6
澳大利亚	2975	3036	2975	100.3	104.0	103.1	107.3	113.9	111.3
新西兰	3137	3222	3411	98.1	96.1	106.2	128.2	131.4	134.5

注:①中国为联合国粮农组织统计数据。

资料来源:联合国粮农组织《食物平衡表》1994—1996年。

15—13 日本主要耐用消费品普及率

单位：%

	1980年	1990年	1995年	1996年	1997年	1998年
全部家庭						
空调器	41.2	68.1	77.2	79.3	81.9	84.4
微波炉	37.4	75.6	88.4	90.8	91.7	93.3
电冰箱	99.2	98.9	98.4	98.7	98.1	98.4
吸尘器	95.4	98.7	98.2	98.1	98.3	98.6
洗衣机	99.2	99.4	99.2	99.6	99.3	99.0
彩色电视机	98.5	99.3	99.1	99.2	99.2	98.9
录像机	5.1	71.5	73.8	75.7	76.8	77.8
音响	58.5	57.9	58.2	56.3	55.2	54.6
钢琴	16.7	23.3	22.0	22.3	22.3	22.9
缝纫机	83.1	80.6	76.6	76.2	73.3	73.6
照相机	85.2	86.8	84.9	85.1	85.0	83.7
摄像机	9.0	23.7	32.3	33.6	35.0	36.3
乘用车	58.5	79.5	80.1	82.6	83.1	82.5
摩托车	28.1	31.0	24.3	24.0	21.8	21.0
自行车	80.2	81.7	80.3	81.5	82.0	80.4
CD唱机		41.0	56.8	57.9	59.9	60.1
个人电脑		11.5	17.3	22.1	25.2	29.5
农户						
空调器	17.3	50.3	47.0	54.8	63.7	70.6
微波炉	35.5	67.5	81.1	83.9	89.7	90.2
电冰箱	99.0	98.6	98.9	97.8	98.6	98.6
吸尘器	91.3	98.8	99.5	97.8	97.3	99.3
洗衣机	98.9	99.3	100.0	100.0	99.3	98.6
彩色电视机	98.2	99.0	98.4	99.5	99.3	97.2
录像机	4.0	59.3	55.7	63.4	64.4	63.6
音响	54.5	58.8	48.1	41.4	43.8	46.9
钢琴	10.3	20.7	20.5	19.4	19.2	23.8
缝纫机	84.9	85.4	81.1	78.0	78.1	78.3
照相机	80.6	82.1	76.2	79.0	75.3	74.8
摄像机	3.9	20.9	24.9	21.0	26.7	28.0
乘用车	76.4	94.3	84.3	89.8	85.6	87.4
摩托车	51.6	63.0	43.8	48.4	35.6	31.5
自行车	84.2	84.0	80.5	79.6	79.5	83.9
CD唱机		27.2	36.2	43.5	43.8	44.8
个人电脑		7.5	15.1	10.2	15.1	21.7
工人家庭						
空调器	40.7	69.7	79.7	81.5	83.2	85.8
微波炉	36.3	77.1	89.9	92.3	92.6	94.5
电冰箱	99.4	99.0	98.5	98.8	98.1	98.4
吸尘器	96.7	98.8	98.1	98.2	98.6	98.6
洗衣机	99.4	99.4	99.3	99.7	99.2	99.0
彩色电视机	98.5	99.3	99.2	99.3	99.2	99.2
录像机	4.1	76.3	78.9	79.8	80.9	81.7
音响	60.9	59.7	62.8	60.7	59.4	58.2
钢琴	18.1	23.9	22.0	22.5	23.0	23.2
缝纫机	84.2	80.7	76.6	76.4	73.3	73.5
照相机	87.8	88.5	86.6	86.4	86.9	85.3
摄像机	9.4	24.5	34.8	36.7	38.3	39.8
乘用车	57.6	80.5	82.8	85.3	85.8	85.3
摩托车	23.6	27.2	22.5	22.4	20.9	20.7
自行车	80.6	82.3	81.7	83.3	83.4	80.5
CD唱机		45.5	62.3	63.5	66.1	65.9
个人电脑		12.5	18.8	25.1	28.1	33.0

资料来源：日本总务厅统计局《日本统计年鉴》1988年、1991年、1993/94年和2000年。

15—14 英国主要耐用消费品普及率①

单位:%

	1987 年	1990 年	1992 年	1993 年	1994/95 年	1995/96 年	1996/97 年	1997/98 年
提供数据家庭数(户)	**7396**	**7046**	**7418**	**6979**	**6853**	**6797**	**6415**	**6409**
汽车	63.4	66.8	67.6	68.6	69.0	69.7	69.0	69.8
一辆	44.8	43.9	45.1	45.6	45.0	46.8	43.0	43.9
两辆	15.5	19.1	18.7	19.1	20.0	19.2	21.5	20.6
三辆及三辆以上	3.1	3.8	3.8	3.9	4.0	3.7	4.5	5.2
中央供暖系统	74.4	79.3	81.8	82.5	84.3	85.3	87.3	88.6
洗衣机	84.6	86.3	87.9	89.3	89.0	90.9	91.0	90.6
电冰箱或冷冻箱	97.6	98.1	99.2	99.1	98.5	98.8		
冷冻箱或深度冷冻箱	72.6	80.1	83.5	86.6	85.7	86.8	90.7	90.0
电视机	97.9	98.1	98.3					
电话机	82.5	87.4	88.4	89.6	91.1	92.4	93.1	94.1
家用计算机	16.6	16.8	19.1				26.7	29.0
录像机	43.5	61.2	69.3	73.4	76.4	79.2	81.8	84.1

注:①1994 年起为财政年度,比如 1994/1995 年度指 1994 年 4 月 1 日至 1995 年 3 月 31 日。

资料来源:英国《英国统计摘要》1999 年。

15—15 荷兰主要耐用消费品普及率

单位:%

	1987 年	1990 年	1993 年	1994 年	1995 年	1996 年	1997 年
深度冷冻箱	47	53	58	60	61	62	65
微波炉	2	16	38	43	51	56	61
洗碗机	8	10	14	16	20	22	26
洗衣机	89	88	91	93	92	92	93
转筒式烘干机	16	25	34	37	41	43	46
电动缝纫机	66	64	64	64	63	62	63
日光浴室		3	7	9	12	12	13
彩色电视机	89	94	97	97	97	98	98
录像机	30	45	60	65	68	70	72
摄像机		5	12	14	16	16	18
幻灯机或电影放映机	30	25	25	25	25	24	24
家用或个人计算机	11	21	31	34	39	43	47
台式录音机	74	80	85	87	86	86	86
放音机	81	82	77	77	73	71	69
CD 唱机	6	38	66	71	75	78	82
DAT 唱机		1	1	1	1	1	1
DCC 唱机				1	1	1	2
微型唱机				3	5	5	5
机动脚踏两用车	7	7	7	8	7	7	7
摩托车	2	3	4	4	6	6	7
汽车	63	64	66	66	68	68	69
冲浪板	6	6	5	6	6	6	6
帆船和摩托艇			3	3	3	3	3

资料来源:荷兰《荷兰统计年鉴》1994 年、1997 年和 2000 年。

主要统计指标解释

个人所得＝全部收入－个人的社会保险缴款

个人可支配所得＝个人所得－个人所得税－非税收支出。对个人而言，各种花销和存款为可支配收入。

基尼系数 反映收入分配(或消费)差异程度的指标，介于“0”和“1”之间。“0”表示收入分配绝对平均，即每个家庭或每个人都得到同样份额的收入；“1”表示收入分配极端不平等，一个家庭或个人拥有全社会的收入。

耐用消费品普及率 用平均每百户家庭中拥有某种耐用消费品的比例来表示。

人均食物热值、蛋白质含量和脂肪含量 为热值、蛋白质含量及脂肪含量形式表示报告期内(三年平均数)可供人类消费的人均食品供应量的估计数。热值以大卡(即千卡或卡路里)为单位，在千焦耳(1 卡路里＝4.19 千焦耳)获得广泛的接受和理解之前，热值的传统单位(大卡)仍被暂时保留。人均供应量是由可供人类消费的总供应量(即“食用”)推算而来，即用在报告期内实际分享供应食物的总人口数去除食用总量，这里的人口数指某一国家当前地理区域内的实际现有人口数。换而言之，在报告期内，生活在国外的本国居民未包括在内，但生活在本国的外国人包括在内。关于暂时在国内和不在国内的情况，人口总数有必要进行调整，比如暂时迁移、外国游客以及由特殊计划支持的难民(如果不能将此计划所提供的总量考虑为进口的话)。几乎在所有的场合，所采用的人口数均为联合国人口司出版的年中人口估计数。因此，人均供应量仅表示平均可供总人口消费的供应量，而不必然表示实际个人消费的数量。尽管它被看作是人均消费量的近似值，重要得是，切记个人消费之间的差距是相当大的。

十六、部分国家分地区主要指标

16—1 美国各州主要统计指标

	人口数(千人)		1998年人口密度(人/平方英里)	1996年城市人口占总人口%	1997年人口出生率(‰)	1997年人口死亡率(‰)	1995年小学及中学入学率,%(5—17岁)	土地面积(千英亩)①(1997年)		
	1990年(4月1日)	1998年(7月1日)						合计	联邦	非联邦
全国合计	**248765**	**270299**	**76.4**	**79.9**	**14.5**	**8.6**	**91.6**	**2271343**	**563081**	**1708262**
亚拉巴马	4040	4352	85.8	67.7	14.1	9.9	91.6	32678	1080	31598
阿拉斯加	550	614	1.1	41.3	16.3	4.1	94.8	365482	171788	193694
亚利桑那	3665	4669	41.1	87.6	16.6	8.2	93.5	72688	31337	41351
阿肯色	2351	2538	48.7	48.3	14.5	11.0	94.9	33599	2740	30860
加利福尼亚	25786	32667	209.4	96.6	16.3		92.8	100207	44757	55449
科罗拉多	3294	3971	38.3	84.0	14.5	6.6	92.5	66486	24129	42357
康涅狄格	3287	3274	675.7	95.6	13.2	8.9	91.7	3135	7	3128
特拉华	666	744	380.4	81.9	14.0	8.9	86.6	1266	2	1264
哥伦比亚特区	607	523	8519.9	100.0	15.0	11.7	105.7	39	9	30
弗罗里达	12938	14916	276.2	92.9	13.1	10.6	91.0	34721	2645	32077
佐治亚	6478	7642	131.9	68.5	15.8	7.9	95.7	37295	1458	35837
夏威夷	1108	1193	185.7	73.6	14.7	6.7	88.3	4106	350	3755
爱达荷	1007	1229	14.8	37.5	15.4	7.4	95.2	52933	32992	19941
伊利诺斯	11431	12045	216.7	84.1	15.2	8.7	88.1	35795	405	35390
印第安纳	5544	5899	164.5	71.7	14.2	8.3	90.6	23158	394	22764
衣阿华	2777	2862	51.2	44.3	12.9	9.7	93.2	35860	30	35831
堪萨斯	2478	2629	32.1	55.4	14.4	9.2	91.7	52511	350	52161
肯塔基	3687	3936	99.1	48.2	13.6	9.8	93.0	25512	1083	24430
路易斯安那	4222	4369	100.3	75.2	15.2	9.2	88.5	28868	745	28123
缅因	1228	1244	40.3	35.8	11.0	9.6	96.5	19848	145	19702
马里兰	4781	5135	525.3	92.8	13.8	8.2	89.0	6319	157	6162
马萨诸塞	6016	6147	784.3	96.1	13.1	8.9	90.2	5035	52	4983
密执安	9295	9817	172.8	82.4	13.7	8.6	88.9	36492	3980	32513
明尼苏达	4376	4725	59.4	69.7	13.8	7.9	90.8	51206	4069	47137
密西西比	2575	2752	58.7	35.3	15.2	10.1	91.8	30223	1276	28946
密苏里	5117	5439	78.9	68.0	13.7	10.1	87.9	44248	1658	42590
蒙大拿	799	880	6.0	23.5	12.3	8.9	93.6	93271	25485	67786
内布拉斯加	1578	1663	21.6	51.3	14.1	9.2	88.6	49032	515	48517
内华达	1202	1747	15.9	85.7	16.0	8.0	95.7	70264	56082	14183
新罕布什尔	1109	1185	132.1	59.8	12.2	8.1	89.6	5769	734	5035
新泽西	7748	8115	1093.8	100.0	14.1	8.9	86.5	4813	102	4712
新墨西哥	1515	1737	14.3	56.7	15.5	7.4	91.7	77766	26218	51548
纽约	17991	18175	384.9	91.8	14.2	8.9	88.6	30681	197	30484
北卡罗来纳	6632	7546	154.9	66.8	14.4	8.9	92.0	31403	2028	29374
北达科他	639	638	9.3	42.7	13.0	9.5	93.2	44452	1413	43040
俄亥俄	10847	11209	273.7	81.1	13.6	9.4	88.4	26222	280	25942
俄克拉荷马	3146	3347	48.7	60.2	14.6	10.1	95.5	44088	678	43410
俄勒冈	2842	3282	34.2	70.2	13.5	8.9	90.1	61599	31809	29789
宾夕法尼亚	11883	12001	267.8	84.6	12.0	10.6	84.6	28804	623	28182
罗德艾兰	1003	988	945.9	93.8	12.6	9.9	88.1	677	3	674
南卡罗来纳	3486	3836	127.4	69.6	13.9	8.8	94.9	19374	935	18440
南达科他	696	738	9.7	33.3	13.8	9.5	94.5	48882	2577	46304
田纳西	4877	5431	131.7	68.0	13.9	9.8	94.7	26728	1576	25152
得克萨斯	16986	19760	75.4	84.2	17.2	7.3	98.9	168218	2008	166209
犹他	1723	2100	25.6	77.1	20.9	5.5	97.4	52697	33898	18799
佛蒙特	563	591	63.9	27.7	11.2	8.9	95.9	5937	377	5560
弗吉尼亚	6189	6791	171.5	77.9	13.6	8.0	93.4	25496	2279	23217
华盛顿	4867	5689	85.4	82.8	13.9	7.6	92.9	42694	11939	30755
西弗吉尼亚	1793	1811	75.2	41.8	11.4	11.6	96.6	15411	1077	14333
威斯康星	4892	5224	96.2	67.7	12.9	8.7	87.0	35011	1733	33278
怀俄明	454	481	5.0	29.7	13.3	7.8	97.0	62343	30878	31465

16—1 续表 1

	1997年州及地方政府财政收入(百万美元)			1996年州及地方政府财政支出(百万美元)				1996年州及地方政府债务(百万美元)	1998年失业人口数(千人)	1998年失业率(%)
	合计	#税收	保险基金收入	合计	#公共福利	高速公路	医疗保健			
全国合计	**1513633**	**689038**	**215487**	**1397634**	**193480**	**79092**	**110813**	**1169714**	**6210**	**4.5**
亚拉巴马	19617	7632	1804	19303	2366	1147	2980	11615	91	4.2
阿拉斯加	10002	2301	1446	7215	623	698	244	6799	18	5.8
亚利桑那	20787	10163	1873	20028	2625	1241	835	19211	94	4.1
阿肯色	11396	4851	1651	9661	1587	823	876	5812	67	5.5
加利福尼亚	200998	86215	32994	187314	24103	6402	15318	143791	969	5.9
科罗拉多	20785	9244	2670	19204	2144	1177	1072	19254	86	3.8
康涅狄格	20766	12543	2214	19797	2817	1017	1339	25571	57	3.4
特拉华	4432	2046	333	4218	463	339	207	5508	15	3.8
哥伦比亚特区	5675	2481	388	5817	1172	89	432	4137	24	8.8
弗罗里达	74196	33557	9319	68581	7383	4580	6011	65164	310	4.3
佐治亚	38006	17309	4441	35129	4691	2052	3799	23701	169	4.2
夏威夷	7821	3842	1004	7570	915	343	492	7206	37	6.2
爱达荷	5932	2542	1033	5073	560	439	402	2323	33	5.0
伊利诺斯	63909	32660	8741	59756	8831	3602	3644	52419	277	4.5
印第安纳	25793	12980	1543	24272	3241	1466	2048	15391	96	3.1
衣阿华	14320	6983	1041	13467	1789	1380	1339	6355	43	2.8
堪萨斯	12874	6373	1043	12214	1133	1338	997	8051	54	3.8
肯塔基	18515	8413	2240	16653	2789	1187	961	19401	89	4.6
路易斯安那	21458	8466	2570	20679	2975	1286	2665	16323	118	5.7
缅因	6145	3231	361	6006	1275	488	292	4681	29	4.4
马里兰	25843	14132	2702	24711	2963	1306	1031	22249	125	4.6
马萨诸塞	37025	19123	3194	36639	5779	2282	2814	40635	109	3.3
密执安	52580	24828	7071	49070	6768	2363	4131	31611	194	3.9
明尼苏达	30794	14569	4656	27891	4670	1949	2253	22067	68	2.5
密西西比	12516	5143	1271	11712	1607	995	1593	6149	68	5.4
密苏里	25647	11687	4407	21614	2949	1566	1739	13873	119	4.2
蒙大拿	4505	1782	606	4199	525	416	221	2928	26	5.6
内布拉斯加	9898	4181	638	8986	1018	719	621	6222	25	2.7
内华达	9124	4266	1806	7951	698	682	586	8166	40	4.3
新罕布什尔	5589	2619	633	5192	1030	333	128	6937	19	2.9
新泽西	53661	27449	8803	49032	7095	2576	2021	41630	192	4.6
新墨西哥	10147	3877	1811	8598	1170	839	794	5427	51	6.2
纽约	154432	72495	26798	145293	25048	5944	12322	149701	498	5.6
北卡罗来纳	35885	16486	3363	33978	4584	1920	4166	21501	131	3.5
北达科他	3439	1441	434	2958	395	282	80	1742	11	3.2
俄亥俄	64538	27961	14149	55041	7904	2821	3781	28954	242	4.3
俄克拉荷马	14996	6558	2247	13568	1627	944	1225	8967	74	4.5
俄勒冈	22126	7238	5291	18459	2127	1072	1256	12450	98	5.6
宾夕法尼亚	64439	30280	9439	60353	9861	2968	3209	58490	275	4.6
罗德艾兰	5769	2711	958	5582	867	265	335	6518	24	4.9
南卡罗来纳	18369	7328	1700	17864	2560	724	2669	12102	75	3.8
南达科他	3446	1439	408	3082	409	385	143	2406	11	2.9
田纳西	27197	9992	2540	25759	3770	1490	2569	22490	116	4.2
得克萨斯	89318	40705	9442	83495	10243	5125	7866	75988	487	4.8
犹他	10459	4294	854	9883	961	544	557	11479	40	3.8
佛蒙特	3189	1518	176	2905	505	268	65	2257	11	3.4
弗吉尼亚	31667	15627	3884	29030	3288	2264	1912	24233	102	2.9
华盛顿	37557	15467	7466	34611	3800	1995	2520	31770	145	4.8
西弗吉尼亚	8746	3643	1004	8437	1589	745	438	6499	53	6.6
威斯康星	33829	15205	8717	26742	3928	1915	1437	19692	99	3.4
怀俄明	3478	1165	314	3043	256	303	378	1870	12	4.8

16—1 续表 2

	1998 年非农业雇员人数(千人)							
		建筑业	制造业	交通和公用事业	批发和零售商业	金融、保险和不动产	服务业	政　府
全国合计	**125832**	**5965**	**18716**	**6549**	**29300**	**7341**	**37525**	**19862**
亚拉巴马	1906	102	379	92	439	87	449	347
阿拉斯加	275	13	15	26	57	13	69	74
亚利桑那	2078	144	217	101	499	139	626	339
阿肯色	1123	48	254	68	256	45	263	186
加利福尼亚	13584	602	1960	694	3122	798	4220	2164
科罗拉多	2051	132	207	129	493	135	618	322
康涅狄格	1645	59	279	76	356	136	513	227
特拉华	400	22	60	16	87	49	112	54
哥伦比亚特区	615	9	13	16	48	29	274	227
弗罗里达	6677	351	496	336	1684	430	2415	957
佐治亚	3740	182	593	242	930	200	999	586
夏威夷	530	21	16	41	132	36	172	112
爱达荷	522	32	76	25	132	23	127	103
伊利诺斯	5894	238	977	347	1334	405	1767	815
印第安纳	2918	145	684	144	688	141	709	400
衣阿华	1446	62	262	69	354	83	379	236
堪萨斯	1312	62	213	75	318	62	334	241
肯塔基	1753	84	321	102	416	70	443	294
路易斯安那	1897	128	192	114	442	87	510	367
缅因	570	25	87	24	143	30	168	94
马里兰	2324	142	178	109	539	134	787	435
马萨诸塞	3177	108	448	136	721	217	1135	412
密执安	4514	186	966	178	1067	210	1242	659
明尼苏达	2560	102	444	128	614	156	727	382
密西西比	1132	55	245	54	244	42	262	223
密苏里	2687	127	421	166	633	162	758	416
蒙大拿	373	19	25	22	100	17	107	78
内布拉斯加	875	41	119	56	212	57	238	151
内华达	925	85	42	48	189	43	392	112
新罕布什尔	588	23	108	20	152	31	173	79
新泽西	3801	135	478	260	886	248	1221	570
新墨西哥	721	44	45	33	171	32	203	178
纽约	8229	283	917	412	1662	736	2799	1415
北卡罗来纳	3773	214	825	172	852	178	933	594
北达科他	318	15	24	18	81	16	90	71
俄亥俄	5475	227	1095	241	1325	299	1512	763
俄克拉荷马	1441	54	186	82	332	73	404	278
俄勒冈	1557	83	245	76	384	95	417	255
宾夕法尼亚	5496	219	945	286	1231	318	1773	704
罗德艾兰	458	15	79	16	99	29	157	63
南卡罗来纳	1787	106	364	77	430	80	420	309
南达科他	361	16	50	17	90	22	95	71
田纳西	2637	123	515	158	624	125	704	384
得克萨斯	8939	496	1107	542	2107	495	2515	1510
犹他	1024	68	134	59	243	55	280	177
佛蒙特	286	14	48	13	66	12	87	46
弗吉尼亚	3310	189	405	173	733	175	1023	602
华盛顿	2596	143	380	136	625	135	710	466
西弗吉尼亚	719	35	82	39	163	29	207	141
威斯康星	2712	113	617	127	610	144	707	393
怀俄明	228	16	11	14	53	9	51	58

16－1 续表 3

	国内生产总值（现价，十亿美元）			国内生产总值（1992 年价，十亿美元）			人均个人收入（现价，美元）		人均个人收入（1992 年价，美元）	
	1990 年	1995 年	1996 年	1990 年	1995 年	1996 年	1990 年	1998 年	1990 年	1998 年
全国合计	**5659.8**	**7228.3**	**7631.0**	**6046.5**	**6707.6**	**6923.8**	**19156**	**26412**	**20618**	**23436**
亚拉巴马	71.1	95.0	99.2	75.5	88.4	90.7	15213	21442	16374	19026
阿拉斯加	25.4	23.7	24.2	25.2	22.7	21.4	21073	25675	22681	22782
亚利桑那	68.5	104.0	111.5	72.9	97.3	102.6	16608	23060	17875	20461
阿肯色	37.9	53.4	56.4	40.0	49.9	51.5	14025	20346	15095	18053
加利福尼亚	792.7	913.5	962.7	845.2	855.1	880.1	21363	27503	22993	24404
科罗拉多	74.4	107.9	116.2	79.0	101.6	106.8	19290	28657	20762	25428
康涅狄格	98.5	118.6	124.0	105.2	110.2	113.0	26453	37598	28472	33361
特拉华	21.0	26.9	28.3	23.2	27.1	28.9	21590	29814	23238	26454
哥伦比亚特区	40.7	49.7	51.2	45.3	46.7	47.8	25646	37278	27603	33077
弗罗里达	255.2	339.0	360.5	273.0	314.3	326.1	19127	25852	20587	22939
佐治亚	140.5	200.8	216.0	150.0	187.4	197.1	17385	25020	18712	22201
夏威夷	32.4	36.0	36.3	34.9	34.9	34.9	21529	26137	23172	23192
爱达荷	17.5	26.9	27.9	18.5	25.5	25.9	15346	21081	16517	18705
伊利诺斯	273.4	352.9	370.8	290.8	333.8	345.5	20494	28873	22058	25619
印第安纳	109.6	148.8	155.8	116.3	139.6	144.1	17167	24219	18477	21490
衣阿华	55.0	71.4	76.3	58.0	67.5	70.3	16885	23925	18174	21229
堪萨斯	51.3	64.1	68.0	54.3	60.3	62.0	17940	24981	19309	22166
肯塔基	67.7	90.6	95.4	72.3	86.4	89.3	15085	21506	16236	19083
路易斯安那	91.1	112.9	121.1	93.7	107.5	109.6	14773	21346	15900	18941
缅因	23.2	27.7	28.9	24.8	25.4	26.0	17159	22952	18468	20366
马里兰	113.7	137.4	143.2	122.3	127.6	130.2	22482	29943	24198	26569
马萨诸塞	158.9	195.9	208.6	169.9	183.0	191.0	23210	32797	24981	29101
密执安	188.0	251.8	263.3	202.1	234.9	241.0	18699	25857	20126	22943
明尼苏达	99.5	131.4	141.6	105.1	122.0	128.7	19348	27510	20824	24410
密西西比	38.7	53.6	56.4	40.8	50.2	51.7	12706	18958	13676	16822
密苏里	104.1	137.5	145.1	111.3	128.5	132.8	17639	24427	18965	21674
蒙大拿	13.3	17.7	18.5	13.9	16.6	16.9	15038	20172	16186	17899
内布拉斯加	33.2	43.7	47.2	34.9	41.3	43.2	17536	24754	18874	21965
内华达	31.3	48.7	53.7	33.1	44.8	48.3	20209	27200	21751	24135
新罕布什尔	23.7	31.8	34.1	25.2	30.0	31.7	20728	29022	22310	25752
新泽西	214.1	266.1	276.4	227.8	246.9	251.1	24883	33937	26782	30113
新墨西哥	26.7	40.8	42.7	27.9	39.6	40.4	14480	19936	15585	17689
纽约	498.3	587.7	613.3	535.6	549.6	563.3	23106	31734	24869	28158
北卡罗来纳	142.5	192.2	204.2	154.5	183.9	190.9	16649	24036	17919	21327
北达科他	11.4	14.5	15.7	11.9	13.7	14.3	15264	21675	16429	19232
俄亥俄	227.1	292.1	304.4	241.6	273.6	280.7	18116	25134	19498	22302
俄克拉荷马	56.9	68.6	72.8	59.5	65.0	66.7	15613	21072	16804	18697
俄勒冈	57.0	80.8	87.0	60.8	75.0	79.4	17423	24766	18753	21975
宾夕法尼亚	245.8	313.3	328.5	261.9	290.6	298.7	19371	26792	20849	23773
罗德艾兰	21.5	25.0	25.6	23.1	23.3	23.3	19698	26797	21201	23777
南卡罗来纳	65.4	85.3	89.5	69.5	80.1	82.7	15427	21309	16604	18908
南达科他	12.9	18.7	20.3	13.7	17.5	18.4	15488	22114	16670	19622
田纳西	94.2	134.9	140.8	100.5	125.8	128.7	16309	23559	17554	20904
得克萨斯	388.9	514.2	551.8	404.1	486.1	502.9	17290	24957	18609	22145
犹他	31.1	45.6	50.4	32.9	42.4	45.9	14214	21019	15299	18650
佛蒙特	11.6	13.9	14.6	12.3	13.0	13.5	17677	24175	19026	21451
弗吉尼亚	148.1	187.0	197.8	160.6	177.0	183.2	20021	27385	21549	24299
华盛顿	114.1	150.0	159.6	122.2	138.7	143.8	19605	27961	21101	24810
西弗吉尼亚	28.0	36.0	37.2	29.3	34.3	35.0	14176	19362	15258	17180
威斯康星	99.2	132.7	139.2	105.0	124.6	128.7	17692	25079	19042	22253
怀俄明	13.5	15.8	16.8	13.4	15.7	15.8	17174	23167	18485	20556

16－1 续表 4

	1996年国内生产总值的行业构成(1992年价格,十亿美元)									
		农　业	建筑业	制造业	交通、公用事业	批发商业	零售商业	金融保险和不动产	服务业	政府(包括各级政府)
全国合计	**6923.8**	**111.7**	**264.3**	**1323.7**	**611.7**	**493.3**	**648.5**	**1255.9**	**1342.9**	**839.6**
亚拉巴马	90.7	1.8	3.6	21.0	8.8	6.0	9.5	10.6	13.9	14.0
阿拉斯加	21.4	0.3	0.8	1.1	3.5	0.7	1.5	2.3	2.5	4.3
亚利桑那	102.6	1.7	5.6	16.8	8.2	6.7	11.4	18.3	19.6	13.0
阿肯色	51.5	2.4	1.9	13.2	5.9	3.3	5.6	5.5	7.2	6.0
加利福尼亚	880.1	18.1	27.3	138.7	62.8	62.9	83.0	189.7	194.8	99.6
科罗拉多	106.8	1.8	5.4	14.4	12.1	7.0	10.9	17.7	22.1	13.8
康涅狄格	113.0	0.8	3.5	20.8	7.2	7.9	8.9	30.3	23.6	9.9
特拉华	28.9	0.3	0.8	5.6	1.4	1.1	1.6	13.0	3.5	2.4
哥伦比亚特区	47.8		0.4	1.1	2.6	0.6	1.3	8.7	14.6	18.6
弗罗里达	326.1	5.8	14.7	28.8	30.4	25.2	39.2	67.8	73.4	40.1
佐治亚	197.1	3.3	7.2	37.9	22.7	18.1	18.8	29.9	34.0	24.4
夏威夷	34.9	0.4	1.5	1.0	3.5	1.4	4.1	9.3	7.0	7.0
爱达荷	25.9	1.5	1.4	5.8	2.4	1.6	2.7	3.0	4.0	3.3
伊利诺斯	345.5	4.4	13.4	71.9	32.3	27.2	29.0	65.3	67.2	33.4
印第安纳	144.1	2.4	6.2	48.3	11.9	9.0	13.8	17.4	20.7	13.7
衣阿华	70.3	4.9	2.7	18.4	5.8	5.0	6.1	9.3	10.1	7.8
堪萨斯	62.0	2.6	2.5	11.8	7.1	5.1	6.4	7.4	9.9	8.6
肯塔基	89.3	2.1	3.2	26.6	7.6	5.3	8.2	9.1	12.4	11.7
路易斯安那	109.6	1.3	4.4	21.9	10.2	6.2	9.2	13.4	16.5	11.8
缅因	26.0	0.5	1.1	4.9	2.0	1.6	3.1	4.6	4.7	3.5
马里兰	130.2	1.2	6.2	12.0	10.6	8.6	12.2	26.5	29.1	23.6
马萨诸塞	191.0	1.1	5.7	33.5	12.4	14.2	15.9	43.9	47.2	17.3
密执安	241.0	2.2	8.7	68.6	16.5	18.0	22.7	36.0	42.5	24.6
明尼苏达	128.7	3.6	5.3	26.7	10.3	11.2	11.9	21.2	24.0	13.8
密西西比	51.7	1.5	1.9	12.8	5.7	3.0	5.5	5.4	7.8	7.6
密苏里	132.8	2.3	5.8	29.6	14.1	10.2	12.8	18.8	24.1	14.7
蒙大拿	16.9	0.8	0.8	1.3	2.3	1.1	1.8	2.2	3.1	2.7
内布拉斯加	43.2	3.7	1.8	6.6	4.9	3.3	3.8	5.9	7.0	6.0
内华达	48.3	0.4	3.9	2.5	3.9	2.4	4.9	8.6	15.1	4.8
新罕布什尔	31.7	0.2	1.0	8.1	2.5	2.0	3.0	6.5	5.8	2.8
新泽西	251.1	1.4	8.4	36.8	25.6	24.0	19.6	55.8	52.8	26.6
新墨西哥	40.4	0.7	1.7	8.2	3.2	1.7	3.7	5.1	6.6	6.8
纽约	563.3	2.5	15.2	71.7	46.3	36.0	40.8	167.2	122.6	60.9
北卡罗来纳	190.9	4.1	7.4	56.8	15.2	12.5	17.7	25.2	27.4	24.1
北达科他	14.3	1.4	0.7	1.2	1.7	1.3	1.4	1.7	2.4	2.1
俄亥俄	280.7	2.9	10.1	80.7	22.3	20.6	27.2	40.3	46.9	28.6
俄克拉荷马	66.7	1.3	2.0	12.7	6.9	4.2	7.1	7.7	11.0	10.6
俄勒冈	79.4	2.3	4.1	17.4	6.3	6.6	7.4	12.1	13.9	9.3
宾夕法尼亚	298.7	2.9	10.8	66.7	27.5	18.4	27.5	51.8	60.5	31.0
罗德艾兰	23.3	0.2	0.8	4.3	1.7	1.4	2.2	5.0	5.1	2.8
南卡罗来纳	82.7	1.1	3.6	23.4	6.7	4.9	8.9	10.3	11.7	11.9
南达科他	18.4	1.7	0.6	3.1	1.5	1.2	1.7	3.4	2.7	2.2
田纳西	128.7	1.4	4.8	31.1	10.3	9.9	14.9	16.4	24.0	15.4
得克萨斯	502.9	6.4	20.8	90.8	55.4	38.4	46.6	66.6	86.7	57.9
犹他	45.9	0.5	2.5	6.8	4.2	3.0	5.0	7.1	8.6	6.7
佛蒙特	13.5	0.3	0.5	2.7	1.2	0.9	1.4	2.3	2.6	1.6
弗吉尼亚	183.2	1.7	7.5	30.3	16.1	10.6	15.7	31.2	34.7	34.3
华盛顿	143.8	4.0	6.6	19.4	12.0	11.3	15.0	25.0	28.8	21.5
西弗吉尼亚	35.0	0.2	1.5	6.2	4.8	1.9	3.2	3.6	5.3	4.6
威斯康星	128.7	2.6	5.2	38.3	9.2	8.4	11.7	19.7	20.0	13.5
怀俄明	15.8	0.3	0.5	0.9	2.5	0.5	1.1	1.6	1.4	2.0

16—1续表 5

	家庭收入中位数(1997年价,美元)				1997年贫困人口所占比重(%)	1998年新开工企业数(家)	1998年破产企业数(家)	1998年人均日报发行份数(份)	1995年人均能源消费支出②(美元)
	1987年	1990年	1996年	1997年					
全国合计	**36714**	**36770**	**36306**	**37005**	**13.3**	**155141**	**71857**	**0.21**	**1938**
亚拉巴马	27881	28682	30997	31939	15.7	2645	546	0.15	2112
阿拉斯加	46953	48258	53990	47994	8.8	271	177	0.18	2928
亚利桑那	37792	35887	32363	32740	17.2	2868	1225	0.17	1850
阿肯色	26600	27981	27745	26162	19.7	1091	748	0.19	2098
加利福尼亚	42592	40880	39703	39694	16.6	21582	17679	0.19	1599
科罗拉多	37407	37740	41890	43233	8.2	3041	2483	0.28	1666
康涅狄格	46429	47732	43085	43985	8.6	2069	530	0.23	2022
特拉华	41317	37827	40211	43033	9.6	508	28	0.19	2132
哥伦比亚特区	38790	33637	32699	31860	21.8	537	75	1.64	2188
弗罗里达	34599	32769	31344	32455	14.3	13029	2047	0.20	1551
佐治亚	37743	33845	33242	36663	14.5	5471	800	0.14	1952
夏威夷	49481	47795	42730	40934	13.9	593	781	0.19	1752
爱达荷	29324	31075	35505	33404	14.7	639	441	0.18	1918
伊利诺斯	38266	39962	40462	41283	11.2	5542	3291	0.20	1925
印第安纳	31816	33068	35953	38889	8.8	2611	473	0.23	2229
衣阿华	31351	33510	33971	33783	9.6	1020	244	0.23	2100
堪萨斯	36145	36738	33333	36471	9.7	967	1140	0.17	2113
肯塔基	29208	30430	33157	33452	15.9	1824	270	0.16	2102
路易斯安那	30163	27513	30956	33260	16.3	1849	377	0.17	3086
缅因	33343	33726	35492	32772	10.1	577	259	0.20	2265
马里兰	49407	47717	45002	46685	8.4	3139	1283	0.12	1738
马萨诸塞	45552	44511	40400	42023	12.2	3425	1200	0.27	1917
密执安	39139	36763	40125	38742	10.3	4293	1551	0.17	1873
明尼苏达	39676	38639	41932	42564	9.6	2111	1711	0.18	1861
密西西比	26156	24779	27289	28499	16.7	1347	177	0.14	1978
密苏里	33513	33564	35051	36553	11.8	2163	1321	0.18	1867
蒙大拿	28927	28705	29342	29212	15.6	397	201	0.22	2240
内布拉斯加	32874	33748	34794	34692	9.8	565	383	0.27	2019
内华达	37975	39324	39424	38854	11.0	1465	677	0.17	2120
新罕布什尔	45689	50109	40311	40998	9.1	708	322	0.19	1920
新泽西	48377	47565	48557	48021	9.3	6412	2024	0.17	2175
新墨西哥	29328	30748	25662	30086	21.2	887	585	0.17	1881
纽约	37277	38794	36222	35798	16.5	13403	4233	0.35	1710
北卡罗来纳	32157	32332	36418	35840	11.4	4371	846	0.18	1935
北达科他	31897	31024	32192	31661	13.6	229	144	0.27	2573
俄亥俄	36413	36856	34852	36134	11.0	4829	2524	0.22	2060
俄克拉荷马	30646	29944	28067	31351	13.7	1367	990	0.20	1980
俄勒冈	35375	35957	36306	37247	11.6	1823	1109	0.21	1791
宾夕法尼亚	35920	35618	35700	37517	11.2	5525	2641	0.24	1952
罗德艾兰	39972	39257	37835	34797	12.7	544	150	0.23	1905
南卡罗来纳	35391	35287	35460	34262	13.1	2023	410	0.17	1989
南达科他	29883	30173	30203	29694	16.5	281	275	0.22	1975
田纳西	29923	27743	31496	30636	14.3	2835	1369	0.16	1971
得克萨斯	34927	34664	33831	35075	16.7	10936	6785	0.15	2566
犹他	37482	37014	37888	42775	8.9	1417	388	0.15	1551
佛蒙特	35908	38188	33100	35053	9.3	261	80	0.21	1995
弗吉尼亚	42380	43070	40111	42957	12.7	3502	860	0.40	1810
华盛顿	38598	39434	37518	44562	9.2	2956	2528	0.20	1721
西弗吉尼亚	24311	27184	25826	27488	16.4	623	305	0.21	2116
威斯康星	37255	37713	40919	39595	8.2	2357	1005	0.18	1762
怀俄明	38981	36177	31663	33423	13.5	213	166	0.18	3513

16—1 续表 6

	1997 年底公路长度(英里)			1997 年汽车登记数(千辆)	1998 年建筑合同价值(百万美元)			1998 年自有住房比率(%)
	合　计	#州际公路	#其他干线		合　计	#住 房	非居住用　房	
全国合计	**3944597**	**46048**	**378451**	**129749**	**375263**	**173008**	**134038**	**66.3**
亚拉巴马	93356	905	8746	1906	5976	2241	2243	72.9
阿拉斯加	12775	1087	1512	225	1239	379	411	66.3
亚利桑那	55712	1168	4746	1853	11673	6748	3338	64.3
阿肯色	94366	546	6833	857	2531	1302	827	66.7
加利福尼亚	170598	2419	26695	15706	39560	18179	14131	56.0
科罗拉多	85069	953	8150	1920	9416	5486	2553	65.2
康涅狄格	20675	346	2848	1963	3417	1563	1409	69.3
特拉华	5722	41	617	404	892	460	297	71.0
哥伦比亚特区	1424	11	254	196	725	82	520	40.3
弗罗里达	114572	1472	11997	7375	28200	15192	9411	66.9
佐治亚	111828	1244	13072	3688	16065	8394	5507	71.2
夏威夷	4165	54	754	443	1653	522	711	52.8
爱达荷	60440	612	3698	494	2015	1216	479	72.6
伊利诺斯	137785	2165	13884	5854	14120	5723	5526	68.0
印第安纳	93196	1172	7909	3248	9494	4603	3451	72.6
衣阿华	112804	782	9446	1636	3249	1214	1007	72.1
堪萨斯	133540	872	9204	1137	3978	1685	1362	66.7
肯塔基	73031	762	5452	1634	5687	2571	1859	75.1
路易斯安那	60699	894	5278	1930	4371	1544	1685	66.6
缅因	22643	367	2312	637	1594	587	389	74.6
马里兰	29872	481	3552	2628	6255	3111	2423	68.7
马萨诸塞	35024	566	5644	3832	8841	3422	3745	61.3
密执安	119183	1240	12160	5111	11593	5491	3736	74.4
明尼苏达	130815	913	12617	2317	7297	3275	2851	75.4
密西西比	73150	684	7044	1263	3291	1101	1245	75.1
密苏里	122766	1178	9304	2550	6048	2741	2164	70.7
蒙大拿	69672	1191	6003	455	935	345	275	68.6
内布拉斯加	92813	482	7883	812	1980	795	633	69.9
内华达	45218	560	2918	659	6398	3044	2308	61.4
新罕布什尔	15119	224	1548	739	1606	717	520	69.6
新泽西	35920	420	5407	4269	7865	3270	3373	63.1
新墨西哥	59478	1000	4514	780	1999	817	671	71.3
纽约	112480	1499	13639	8063	13185	3896	5746	52.8
北卡罗来纳	98041	987	8896	3480	14329	8279	4388	71.3
北达科他	86719	572	5873	337	1103	286	469	68.0
俄亥俄	114801	1573	10611	6700	15127	6192	6149	70.7
俄克拉荷马	112593	930	7838	1529	3501	1578	1175	69.7
俄勒冈	83608	727	6710	1578	5046	2697	1608	63.4
宾夕法尼亚	119129	1750	13156	6050	11398	4117	4844	73.9
罗德艾兰	6028	68	828	515	648	337	194	59.8
南卡罗来纳	64773	828	6805	1765	7067	3225	2003	76.6
南达科他	83376	678	6283	378	791	297	243	67.3
田纳西	86026	1074	8606	2756	9155	4188	3343	71.3
得克萨斯	296651	3233	28290	7085	32415	15168	11988	62.5
犹他	42970	940	3326	851	3858	1972	1411	73.7
佛蒙特	14240	320	1298	291	551	262	175	69.1
弗吉尼亚	69632	1106	8150	3630	11081	5225	4077	69.4
华盛顿	79586	764	7296	2691	8431	4047	3061	64.9
西弗吉尼亚	35271	549	3237	755	1157	241	343	74.8
威斯康星	111950	746	11676	2551	5867	2947	1656	70.1
怀俄明	33293	913	3662	222	587	236	104	70.0

16—1 续表 7

	1996年制造业主要指标					制造业工人人均小时工资(美元)	
	雇员人数(千人)	雇员报酬(百万美元)	生产工人(千人)	增加值(百万美元)	交货额(百万美元)	1990年	1998年
全国合计	**18667**	**645140**	**12169**	**1750493**	**3719743**	**10.83**	**13.49**
亚拉巴马	383	10587	285	27451	66257	9.39	12.11
阿拉斯加	16	488	12	1470	3939	12.46	11.09
亚利桑那	208	7191	120	22850	36961	10.21	12.18
阿肯色	239	5829	188	18512	44310	8.51	11.11
加利福尼亚	1938	71164	1162	188805	368329	11.48	13.67
科罗拉多	196	6792	118	19215	39191	10.94	13.73
康涅狄格	299	12785	153	24772	44369	11.53	14.83
特拉华	60	2840	27	5791	13601	12.39	15.33
哥伦比亚特区	13	630	3	1512	1975	12.51	
弗罗里达	486	14853	297	38621	76387	8.98	11.43
佐治亚	585	17593	411	51753	115898	9.17	12.04
夏威夷	17	509	10	1609	3146	10.99	13.14
爱达荷	74	2383	53	7977	18315	10.60	12.78
伊利诺斯	996	36986	625	92011	196845	11.44	13.74
印第安纳	660	22976	477	61896	133787	12.03	14.96
衣阿华	250	7839	177	27021	61981	11.27	13.92
堪萨斯	209	6902	145	18820	46152	10.94	13.85
肯塔基	296	9162	216	35040	82531	10.70	13.80
路易斯安那	175	6037	123	25125	75961	11.61	14.64
缅因	89	2674	66	6675	14445	10.59	13.50
马里兰	192	6968	112	17455	35700	11.57	14.31
马萨诸塞	475	19026	264	44047	79254	11.39	13.79
密执安	967	41782	629	85688	205744	13.86	17.57
明尼苏达	432	15590	256	34716	73273	11.23	13.91
密西西比	239	5654	190	17295	39564	8.37	10.72
密苏里	415	13572	263	40208	85222	10.74	13.35
蒙大拿	22	588	15	1707	4930	11.51	13.77
内布拉斯加	110	3086	80	9218	25023	9.66	12.32
内华达	41	1195	27	3275	6194	11.05	14.42
新罕布什尔	107	3576	71	10815	19348	10.83	12.77
新泽西	540	22919	279	49995	96001	11.76	14.58
新墨西哥	43	1304	28	11745	16364	9.04	12.51
纽约	950	35641	555	90665	163697	11.11	13.53
北卡罗来纳	856	23796	628	76475	155911	8.79	11.84
北达科他	22	570	15	1808	4794	9.27	11.45
俄亥俄	1074	39790	720	105497	232721	12.64	15.78
俄克拉荷马	167	4859	119	15875	35220	10.73	12.62
俄勒冈	232	7869	157	21838	45022	11.15	14.06
宾夕法尼亚	918	30978	590	82922	165889	11.04	14.07
罗德艾兰	83	2565	55	5407	9959	9.45	11.59
南卡罗来纳	366	10658	272	30769	66794	8.84	10.54
南达科他	46	1220	32	3974	10488	8.48	10.22
田纳西	533	15394	397	42288	95851	9.55	12.09
得克萨斯	1055	36008	665	116631	284151	10.47	12.15
犹他	119	3511	79	11239	22010	10.32	13.10
佛蒙特	48	1483	33	3986	8554	10.52	13.03
弗吉尼亚	399	12555	284	42519	80795	10.07	12.91
华盛顿	342	13197	207	31929	71874	12.61	15.75
西弗吉尼亚	76	2521	55	8965	17679	11.53	13.71
威斯康星	601	19779	416	53619	114464	11.11	14.04
怀俄明	10	268	7	999	2874	10.83	14.88

16－1 续表 8

	按州来源地的出口额(百万美元)			1998 年出口额位次	1996 年零售商业概况			
	1990 年	1997 年	1998 年		机构数(千个)	销售额(百万美元)	付酬雇员数(千人)	年工资额(百万美元)
全国合计	**394045**	**688896**	**682977**		**1579.3**	**2465147**	**21487**	**317660**
亚拉巴马	2834	5932	6372	25	25.7	36729	337	4181
阿拉斯加	2850	2721	1954	39	4.0	6816	45	895
亚利桑那	3729	13820	11415	17	23.5	42748	364	5474
阿肯色	920	2305	2286	34	16.2	22053	196	2637
加利福尼亚	44520	99161	95768	1	160.8	268442	2235	37159
科罗拉多	2274	5120	5266	27	26.0	39777	362	5470
康涅狄格	4356	7058	7297	24	21.1	34037	264	4631
特拉华	1344	2067	2232	36	5.0	7902	67	981
哥伦比亚特区	320	485	348		3.7	3760	50	1004
弗罗里达	11634	23234	24452	8	91.3	158978	1276	18727
佐治亚	5763	12949	13476	14	44.1	70003	669	9370
夏威夷	179	334	276	50	8.0	13322	113	1850
爱达荷	898	1664	1510	43	8.0	11661	95	1338
伊利诺斯	12965	26455	28914	6	66.1	105802	956	14557
印第安纳	5273	12029	12318	16	34.9	54930	531	6825
衣阿华	2189	5118	4901	28	19.8	29189	254	3106
堪萨斯	2113	4292	4039	30	16.9	23538	225	3012
肯塔基	3175	7953	8100	22	22.9	33815	318	4064
路易斯安那	14199	18732	16836	9	23.6	37956	334	4230
缅因	870	1723	1825	41	9.6	12355	103	1507
马里兰	2592	5214	4722	29	28.1	46228	408	6456
马萨诸塞	9501	16526	15878	11	39.5	57583	530	8808
密执安	18474	32254	28977	5	56.0	94787	812	11642
明尼苏达	5091	9447	9147	20	28.6	45256	442	6310
密西西比	1605	2290	2286	35	15.8	19021	187	2315
密苏里	3130	6724	5762	26	33.3	52460	460	6466
蒙大拿	229	530	421	49	7.5	8296	76	931
内布拉斯加	693	1971	1995	38	11.5	15599	149	1810
内华达	394	1075	688	46	8.9	18443	134	2238
新罕布什尔	973	1597	1728	42	8.9	14175	114	1730
新泽西	7633	15167	15371	13	50.6	76932	588	10748
新墨西哥	249	1776	1855	40	10.2	15786	137	1881
纽约	22072	37979	37384	4	110.9	140700	1183	19482
北卡罗来纳	8010	16402	15706	12	46.7	72058	625	8828
北达科他	360	778	750	45	5.0	6619	58	675
俄亥俄	13378	24903	24852	7	64.5	110692	1008	14001
俄克拉荷马	1646	2728	2785	33	20.0	26793	251	3197
俄勒冈	4065	9151	9031	21	21.0	33367	279	4363
宾夕法尼亚	8491	16069	15974	10	72.0	113492	957	13494
罗德艾兰	595	1088	1102	44	6.7	7801	74	1074
南卡罗来纳	3116	7517	7749	23	24.4	33343	315	4131
南达科他	205	517	446	48	5.8	7651	66	784
田纳西	3746	9233	9552	19	32.6	51706	466	6548
得克萨斯	32931	76184	78875	2	104.1	170864	1525	22339
犹他	1596	3239	2981	32	10.5	16871	168	2351
佛蒙特	1154	3811	3668	31	5.3	5652	52	719
弗吉尼亚	9333	12755	12514	15	39.1	67433	558	8157
华盛顿	24432	32752	38249	3	33.4	51953	443	7130
西弗吉尼亚	1550	2276	2106	37	10.9	14177	127	1567
威斯康星	5158	10125	9752	18	32.4	51825	456	5918
怀俄明	264	560	500	47	4.1	4769	43	547

16－1 续表 9

	1998 年购物中心概况				1992 年征收联邦所得税的服务企业(个,百万美元)		1992 年免征联邦所得税的服务企业(个,百万美元)	
	机构数(个)	机构数比 1997 年增加(%)	零售额(亿美元)	零售额比 1997 年增加(%)	机构数③	营业收入③	机构数	营业收入
全国合计	**43661**	**1.6**	**10324**	**5.3**	**1825.4**	**1202613**	**208.9**	**446256**
缅因	200		41	6.8	9.0	3597	1.7	2068
新罕布什尔	220	0.8	43	6.8	9.2	4612	1.4	1933
佛蒙特	113		18	6.5	5.0	1946	1.1	1021
马萨诸塞	992	1.3	233	4.2	46.6	38949	7.2	16940
罗德艾兰	200		38	5.4	7.6	3664	1.1	2217
康涅狄格	785	1.5	186	5.1	27.4	19102	3.4	7046
纽约	1732	1.8	446	1.8	133.7	103025	16.3	49030
新泽西	1219	1.8	282	4.1	65.9	50242	4.8	13855
宾夕法尼亚	1638	1.4	402	3.5	77.8	49383	12.4	26516
俄亥俄	1704	1.2	416	3.7	69.9	40844	9.3	20111
印第安纳	905	1.4	214	3.0	34.5	17548	5.2	9009
伊利诺斯	2096	1.8	418	4.0	79.8	57927	9.0	23341
密执安	1018	2.5	253	2.2	61.3	35124	7.5	16757
威斯康星	625	1.8	146	3.5	32.0	15577	4.8	8654
明尼苏达	471	0.7	139	4.5	31.0	18764	5.0	9718
衣阿华	308	2.2	75	1.0	17.8	7711	3.7	4656
密苏里	887	0.9	227	4.3	36.4	20339	4.4	9484
北达科他	87		21	5.3	4.2	1576	1.1	1312
南达科他	58	3.1	13	1.1	4.8	1790	1.1	1258
内布拉斯加	264	2.9	57	1.6	11.3	5828	1.9	8572
堪萨斯	481	1.1	116	2.3	16.9	8460	3.0	3693
特拉华	139	0.9	43	4.6	5.3	2823	0.6	1324
马里兰	904	2.9	249	2.8	36.8	26937	3.9	9853
哥伦比亚特区	87	2.6	17	3.9	7.4	11238	2.6	9782
弗吉尼亚	1269	2.1	316	2.9	45.9	33606	4.7	10782
西弗吉尼亚	162	2.2	38	2.2	9.5	4466	1.6	2718
北卡罗来纳	1584	1.9	290	2.7	42.2	22155	4.8	9777
南卡罗来纳	804	2.0	156	2.0	21.5	10930	2.1	4200
佐治亚	1576	1.9	315	2.9	46.9	30802	3.8	9122
弗罗里达	3278	1.9	932	4.0	120.0	74347	8.4	17885
肯塔基	616	0.6	139	4.0	21.0	10378	8.6	4753
田纳西	1200	0.8	230	4.0	32.0	20410	3.5	7549
亚拉巴马	630	0.8	155	3.3	23.0	13649	2.4	4319
密西西比	430	0.3	82	2.9	12.8	5487	1.6	2961
阿肯色	370	1.1	75	3.1	14.0	6007	1.9	2946
路易斯安那	700	1.0	187	3.8	27.1	16067	2.6	5587
俄克拉荷马	568	0.2	132	3.2	21.2	9607	2.5	3935
得克萨斯	2976	1.4	873	3.5	123.6	84763	10.9	21692
蒙大拿	94		20	5.3	6.9	2197	1.4	1243
爱达荷	161	2.8	33	2.3	7.3	3440	0.9	1089
怀俄明	53		14	4.6	4.1	1384	0.7	561
科罗拉多	741	1.9	229	3.5	32.9	18810	3.3	6301
新墨西哥	303	1.1	64	3.0	10.7	6191	1.5	1899
亚利桑那	1019	0.5	245	4.7	28.7	16616	2.6	5386
犹他	236	1.9	65	—0.2	11.7	7491	1.0	1784
内华达	353	6.6	67	—2.6	10.8	16585	0.7	1013
华盛顿	763	2.3	177	4.6	39.5	21448	5.0	8837
俄勒冈	502	4.1	93	1.2	23.3	10663	3.1	4479
加利福尼亚	5887	2.0	1242	2.7	244.5	198432	20.1	49179
阿拉斯加	68		20	6.7	4.5	2382	0.9	10228
夏威夷	182		42	7.9	8.5	7291	1.0	2081

注:①不包括阿拉斯加和哥伦比亚特区。②包括民用和商用。③仅为支付工资的企业。

资料来源:《美国统计摘要》1999 年。

16－2 日本各县主要统计指标①

县(都、道、府)	国土面积(1998年10月1日)(平方公里)			1990年人口数(千人)	1995年人口数(千人)			1990年—1995年人口年均增长率(%)	1998年人口数(千人)	1995年人口密度(人/平方公里)
	合计	城市	乡村		合计	男	女			
全国合计	**377855**	**94183**	**257280**	**123611**	**125570**	**61574**	**63996**	**1.6**	**126486**	**337**
北海道	83452	12204	67880	5644	5692	2737	2955	0.9	5700	73
青森	9234	2080	6862	1483	1482	704	777	－0.1	1478	154
岩手	15278	4168	10532	1417	1420	682	738	0.2	1416	93
宫城	6861	1871	4990	2249	2329	1145	1184	3.6	2355	320
秋田	11434	2371	8698	1227	1214	578	636	－1.1	1201	105
山形	7394	2585	4809	1258	1257	607	650	－0.1	1253	135
福岛	13782	3657	9378	2104	2134	1042	1092	1.4	2137	155
茨城	6094	2029	3725	2845	2956	1476	1479	3.9	2996	485
枥木	6408	2504	3904	1935	1984	987	997	2.5	2008	310
群马	6363	1131	5233	1966	2004	990	1014	1.9	2025	315
崎玉	3767	1731	1853	6405	6759	3419	3340	5.5	6894	1780
千叶	4996	2958	1919	5555	5798	2924	2874	4.4	5887	1125
东京	2102	1320	782	11856	11774	5893	5881	－0.7	11830	5384
神奈川	2415	1467	828	7980	8246	4210	4036	3.3	8392	3417
新泻	10939	2978	7376	2475	2488	1210	1279	0.6	2494	198
富山	2801	1098	1577	1120	1123	541	582	0.3	1126	265
石川	4185	1792	2393	1165	1180	571	609	1.3	1185	282
福井	4189	1888	2301	824	827	402	425	0.4	830	197
山梨	4201	995	3206	853	882	435	447	3.4	892	198
长野	12598	2700	8472	2157	2194	1070	1124	1.7	2220	162
岐阜	10209	1551	8451	2067	2100	1020	1081	1.6	2115	198
静冈	7328	2092	3204	3671	3738	1842	1896	1.8	3770	481
爱知	5116	2459	2615	6691	6868	3439	3429	2.7	6974	1334
三重	5761	1826	3744	1793	1841	894	947	2.7	1861	319
滋贺	3855	624	2476	1222	1287	635	652	5.3	1323	320
京都	4613	1983	2329	2602	2630	1277	1353	1.0	2634	570
大阪	1893	1579	314	8735	8797	4322	4476	0.7	8804	4650
兵库	8391	2132	5551	5405	5402	2612	2790	－0.1	5461	644
奈良	3691	722	2969	1375	1431	689	742	4.0	1447	388
和歌山	4725	597	3865	1074	1080	513	567	0.6	1076	229
鸟取	3507	547	2960	616	615	294	321	－0.1	615	175
岛根	6707	1611	5097	781	771	369	403	－1.2	766	115
冈山	7008	2130	4871	1926	1951	938	1012	1.3	1958	274
广岛	8476	2746	5731	2850	2882	1399	1483	1.1	2884	340
山口	6110	2444	3666	1573	1556	737	819	－1.1	1543	255
德岛	4145	371	3513	832	832	396	437	0.1	831	201
香川	1861	440	1421	1023	1027	493	534	0.4	1029	548
爱媛	5676	1723	3953	1515	1507	713	794	－0.5	1502	266
高知	7104	2000	5105	825	817	384	432	－1.0	812	115
福冈	4837	2066	2617	4811	4933	2358	2576	2.5	4988	993
佐贺	2439	694	1481	878	884	419	466	0.7	884	363
长崎	4092	1243	2849	1563	1545	727	818	－1.2	1530	378
熊本	6907	1513	5395	1840	1860	880	980	1.1	1865	251
大分	5804	1708	3843	1237	1231	582	649	－0.5	1228	194
宫崎	6684	1716	4577	1169	1176	556	620	0.6	1176	152
鹿儿岛	9132	1452	6448	1798	1794	841	953	－0.2	1791	195
冲绳	2268	690	1521	1222	1273	625	649	4.2	1301	562

16－2 续表 1

县(都、道、府)	1998年人口年龄构成(千人)			1997年人口出生率(‰)	1997年人口死亡率(‰)	1997年婴儿死亡率(‰)	1995年15岁以上人口数(千人)	1995年劳动人口数(千人)	1995年就业人口数(千人)	1995年失业人口数(千人)
	0－14岁	15－64岁	65岁及以上							
全国合计	**19059**	**86920**	**20508**	**9.5**	**7.3**	**3.7**	**105426**	**67018**	**64142**	**2876**
北海道	831	3911	958	8.6	7.2	3.2	4788	2935	2806	129
青森	234	979	266	9.2	8.6	3.2	1228	775	736	39
岩手	217	915	285	8.8	8.6	3.1	1180	773	748	25
宫城	367	1607	381	9.4	6.9	3.4	1933	1211	1164	47
秋田	173	764	264	8.0	9.6	2.6	1025	630	609	21
山形	195	786	273	9.0	9.2	2.9	1048	675	657	18
福岛	357	1369	410	9.7	8.3	4.2	1752	1126	1087	39
茨城	476	2054	466	9.6	7.4	3.4	2449	1575	1516	59
枥木	320	1363	325	9.4	7.6	3.8	1644	1080	1041	40
群马	311	1366	348	9.8	7.5	3.1	1673	1091	1051	40
崎玉	1053	5045	795	9.9	5.5	4.4	5658	3675	3513	162
千叶	868	4267	752	9.4	6.0	3.7	4877	3125	2992	133
东京	1493	8592	1745	8.4	6.8	3.9	10236	6632	6310	322
神奈川	1208	6123	1061	9.9	5.8	3.3	7007	4477	4273	204
新泻	382	1610	502	9.0	8.4	3.8	2081	1354	1317	37
富山	162	742	222	9.1	8.5	4.0	953	633	615	18
石川	180	795	210	9.6	7.7	3.4	990	653	631	21
福井	132	536	162	9.9	8.5	6.1	686	463	451	12
山梨	141	585	166	10.0	8.0	4.5	736	479	462	16
长野	343	1420	457	9.7	8.5	2.7	1838	1249	1218	31
岐阜	332	1423	360	9.5	7.5	3.9	1753	1149	1112	37
静冈	574	2570	625	9.6	7.1	3.3	3118	2114	2040	74
爱知	1104	4936	934	10.7	6.3	3.7	5738	3828	3685	143
三重	289	1243	329	9.6	7.9	2.9	1538	982	949	33
滋贺	224	897	203	10.6	6.8	3.9	1056	676	655	21
京都	378	1825	430	9.1	7.4	3.9	2229	1377	1316	61
大阪	1290	6316	1198	10.3	6.7	3.2	7460	4659	4371	288
兵库	839	3756	865	10.0	7.4	3.5	4519	2745	2605	141
奈良	222	1003	223	9.4	7.0	3.3	1197	695	666	29
和歌山	164	699	213	9.1	9.1	4.4	905	546	522	24
鸟取	98	388	129	9.2	9.3	5.0	509	337	327	10
岛根	117	467	182	8.5	9.9	3.5	645	416	406	10
冈山	301	1282	375	9.9	8.4	3.6	1634	1028	990	38
广岛	442	1940	502	9.8	7.8	3.0	2413	1530	1473	57
山口	221	997	325	8.6	9.2	3.9	1315	814	785	29
德岛	123	535	174	8.6	9.3	5.4	699	425	406	19
香川	152	672	205	9.3	8.7	4.2	865	549	528	21
爱媛	224	971	306	9.1	9.0	4.2	1261	771	737	34
高知	117	512	183	8.4	9.8	5.0	690	432	409	23
福冈	770	3406	813	9.6	7.5	4.0	4111	2461	2326	135
佐贺	150	563	171	10.1	8.9	4.6	724	459	443	16
长崎	249	981	299	9.4	8.5	3.9	1267	758	726	32
熊本	301	1187	376	9.4	8.2	3.6	1537	937	898	39
大分	187	788	252	9.1	8.7	3.6	1030	626	602	24
宫崎	192	756	228	9.8	8.3	5.4	965	608	583	26
鹿儿岛	291	1114	386	9.2	9.2	3.7	1474	880	844	36
冲绳	267	863	172	12.9	5.7	5.4	991	604	542	62

16－2 续表 2

县(都、道、府)	1995年就业人口的行业构成(千人)										
	总 计	农 业	林 业	渔 业	矿 业	建筑业	制造业	电、气、水	通讯和运 输	商业和餐饮业	金融和保险业
全国合计	**64142**	**3426**	**86.0**	**308.0**	**61.0**	**6631**	**13556**	**364.0**	**3890**	**14618**	**1975.0**
北海道	2806	187	13.0	51.0	7.2	366	285	17.0	191	654	78.0
青森	736	109	3.1	12.0	1.0	91	92	3.4	40	154	18.0
岩手	748	109	4.3	12.0	1.4	86	134	3.4	38	143	16.0
宫城	1164	78	1.3	16.0	1.0	137	182	7.6	77	290	31.0
秋田	609	74	4.0	1.4	1.4	76	118	3.3	29	121	14.0
山形	657	82	1.5	1.1	1.0	70	160	3.0	27	127	16.0
福岛	1087	112	2.7	3.0	1.8	131	260	7.9	54	208	25.0
茨城	1516	138	0.8	2.8	1.2	151	381	8.4	86	294	37.0
枥木	1041	86	1.1	0.2	2.1	98	289	4.5	54	208	24.0
群马	1051	81	1.7	0.1	1.0	103	298	5.1	53	210	27.0
崎玉	3513	99	0.7	0.2	1.4	349	829	18.0	245	802	139.0
千叶	2992	128	0.5	8.7	2.2	307	513	19.0	224	702	132.0
东京	6310	29	0.7	1.4	2.2	548	1064	26.0	389	1645	271.0
神奈川	4273	47	0.4	3.1	1.5	430	915	24.0	300	967	156.0
新泻	1317	116	1.1	3.2	3.7	166	305	8.6	67	276	31.0
富山	615	33	0.3	1.8	1.0	71	173	5.2	31	126	16.0
石川	631	29	1.0	4.0	0.5	67	145	3.1	34	141	18.0
福井	451	27	0.6	1.9	0.4	51	121	4.8	21	92	12.0
山梨	462	45	1.0	0.1	0.6	51	111	2.7	20	92	12.0
长野	1218	153	2.5	0.5	1.4	132	308	6.7	52	228	27.0
岐阜	1112	46	3.0	0.3	2.0	115	339	6.1	53	237	30.0
静冈	2040	115	2.1	7.5	1.6	190	601	10.0	111	431	51.0
爱知	3685	114	1.2	7.2	1.6	332	1102	21.0	223	885	97.0
三重	949	45	2.3	14.0	1.3	94	260	6.6	58	192	23.0
滋贺	655	32	0.6	0.9	0.4	57	210	3.6	36	123	16.0
京都	1316	41	1.5	1.1	0.5	106	295	7.1	73	324	37.0
大阪	4371	26	0.5	1.4	0.6	434	1015	26.0	304	1145	144.0
兵库	2605	70	1.1	7.6	0.9	258	611	18.0	174	598	86.0
奈良	666	23	2.4	0.2	0.2	54	152	5.7	34	152	27.0
和歌山	522	53	2.1	5.3	0.1	51	96	4.0	30	111	15.0
鸟取	327	42	1.3	2.1	0.2	34	65	1.7	15	64	8.4
岛根	406	48	1.7	5.8	0.8	49	74	2.6	19	79	9.3
冈山	990	74	1.6	2.3	1.1	105	238	5.3	60	207	25.0
广岛	1473	76	1.4	5.7	0.9	154	314	9.0	90	348	40.0
山口	785	58	1.0	9.9	1.0	92	151	5.3	51	169	19.0
德岛	406	43	1.3	4.7	0.5	45	79	2.2	20	79	10.0
香川	528	41	0.2	4.2	0.8	53	110	3.5	31	122	16.0
爱媛	737	71	1.7	16.0	0.7	78	145	4.3	43	154	19.0
高知	409	49	3.1	8.2	0.9	47	47	2.2	19	92	11.0
福冈	2326	92	1.0	8.3	2.5	259	348	14.0	161	617	74.0
佐贺	443	50	0.4	6.7	0.6	51	79	2.6	22	91	11.0
长崎	726	55	0.6	25.0	2.1	83	94	4.3	41	164	20.0
熊本	898	114	3.0	11.0	2.0	96	131	4.0	46	188	22.0
大分	602	58	2.2	7.8	1.4	74	92	3.2	33	131	16.0
宫崎	583	78	4.2	5.2	0.5	67	87	2.8	27	123	14.0
鹿儿岛	844	113	2.1	11.0	1.3	98	109	4.3	47	177	21.0
冲绳	542	37	0.1	3.7	0.5	73	32	3.7	33	134	15.0

16－2 续表 3

县(都、道、府)	1995 年就业人口的行业构成（千人）			国内生产总值增长率（%）			人均国民收入（千日元）		
	不动产业	服务业	政　府	1994 年度	1995 年度	1996 年度	1994 年度	1995 年度	1996 年度
全国合计	**707.0**	**15932**	**2155**	**0.9**	**1.6**	**3.4**	**3076**	**3130**	**3228**
北海道	26.0	763	152	2.0	1.8	2.6	2732	2794	2857
青森	3.4	169	39	5.2	3.2	3.0	2442	2480	2549
岩手	2.6	171	27	5.6	1.9	4.3	2548	2594	2699
宫城	9.9	283	46	3.6	1.1	4.8	2786	2815	2914
秋田	2.3	139	24	4.0	1.3	4.4	2552	2575	2709
山形	2.2	140	24	2.3	1.0	4.9	2595	2643	2766
福岛	5.1	241	34	3.5	3.4	4.3	2674	2767	2878
茨城	11.0	346	53	4.7	0.1	2.5	3002	3019	3080
枥木	6.8	235	29	0.5	3.8	4.5	3018	3150	3313
群马	6.3	233	30	2.7	1.7	2.1	3026	3027	3171
崎玉	48.0	826	119	1.4	0.3	2.6	3364	3362	3438
千叶	43.0	773	112	2.4	0.0	2.1	3326	3316	3343
东京	153.0	1891	173	－0.9	1.1	1.8	4220	4270	4330
神奈川	73.0	1184	128	0.2	1.1	3.9	3254	3304	3413
新泻	5.7	291	42	2.1	1.9	5.1	2887	2931	3055
富山	2.6	137	16	0.5	2.2	4.7	2992	3049	3197
石川	3.8	164	21	0.6	3.4	3.7	2922	3037	3182
福井	1.7	104	14	1.8	－1.0	2.0	2890	2895	2925
山梨	3.4	106	16	2.0	1.7	5.2	2855	2891	3010
长野	6.1	267	34	2.8	4.8	4.6	2998	3049	3098
岐阜	5.3	241	32	0.1	1.8	3.2	2891	2914	2986
静冈	14.0	450	53	1.8	1.0	3.4	3022	3101	3208
爱知	32.0	773	86	0.8	3.4	6.6	3542	3661	3888
三重	5.4	214	30	0.9	1.1	4.4	2923	2934	3054
滋贺	4.2	148	21	1.3	1.9	7.3	3266	3324	3557
京都	16.0	352	42	0.7	1.1	2.4	3031	3078	3161
大阪	76.0	1049	100	－0.6	1.3	3.0	3369	3396	3506
兵库	35.0	640	83	－4.1	4.8	4.3	2864	3054	3186
奈良	8.8	174	25	3.7	1.0	4.4	2672	2715	2775
和歌山	3.8	126	20	0.0	1.0	4.3	2466	2520	2655
鸟取	1.2	77	14	3.5	2.3	2.9	2549	2631	2700
岛根	1.2	98	17	3.7	0.7	4.3	2387	2460	2604
冈山	5.7	232	31	0.9	1.5	2.5	2810	2913	3025
广岛	13.0	354	58	－0.4	1.7	2.8	3019	3037	3110
山口	3.9	190	32	0.8	1.1	2.9	2727	2799	2918
德岛	2.3	100	16	2.3	3.2	3.1	2662	2716	2782
香川	3.5	125	19	0.8	2.4	2.3	2789	2870	2934
爱媛	4.0	174	25	4.1	2.3	3.6	2505	2568	2698
高知	2.4	109	16	2.9	1.1	0.0	2423	2445	2461
福冈	26.0	622	86	2.3	1.1	3.8	2697	2770	2839
佐贺	1.5	109	19	2.5	2.7	2.9	2503	2557	2621
长崎	3.9	194	38	1.8	2.4	3.7	2364	2458	2566
熊本	5.8	234	38	2.8	0.6	5.7	2522	2517	2657
大分	3.7	154	25	2.6	2.2	1.0	2624	2682	2727
宫崎	3.0	146	25	3.1	0.7	4.1	2226	2243	2333
鹿儿岛	4.4	216	39	3.0	0.8	2.7	2233	2252	2323
冲绳	5.8	170	33	1.3	2.1	2.6	2136	2152	2197

16－2 续表 4

县(都、道、府)	1996 年国内生产总值及产业构成（十亿日元）				1996 年机构数(个)和从业人员数(千人)							
	合　计	第一产业	第二产业	第三产业	全行业机构数	全行业从业人员数	农　业机构数	农业从业人员数	矿　业机构数	矿业从业人员数	建筑业机构数	建筑业从业人员数
全国合计	**508301**	**7907**	**172893**	**348577**	**6717025**	**62781**	**21193**	**260.0**	**4521**	**64.0**	**647360**	**5775**
北海道	20306	738	5081	15078	287173	2748	3395	40.0	425	7.6	27776	340
青森	4584	262	1188	3298	77153	645	548	8.0	50	0.9	6991	78
岩手	4730	241	1603	3002	74546	652	734	10.0	126	1.7	7160	82
宫城	8766	238	2509	6280	119273	1122	536	9.0	102	1.2	13002	130
秋田	3947	191	1262	2615	70005	556	548	6.5	98	1.3	8081	73
山形	4142	182	1533	2588	73602	595	361	3.8	83	1.2	8993	72
福岛	7941	194	3126	4817	114728	1006	552	7.0	117	1.6	13946	122
茨城	10942	284	4923	6002	141768	1345	462	5.0	127	1.3	19669	128
栃木	8261	175	3774	4539	109892	977	439	4.2	154	2.0	13022	91
群马	7894	162	3598	4447	115808	1012	361	3.7	100	0.9	14283	96
崎玉	20079	155	7286	13414	277180	2592	296	3.4	52	1.0	31118	219
千叶	18585	337	5993	12836	214707	2148	509	6.0	121	1.9	23573	192
东京	85574	53	21400	70843	771655	8982	324	4.6	83	3.8	52357	619
神奈川	30618	80	11725	19738	326566	3530	495	4.6	56	1.1	32288	296
新泻	9804	271	3515	6277	150369	1246	693	8.4	252	3.7	19509	165
富山	4563	73	1988	2611	68383	608	312	3.6	102	1.2	8413	71
石川	4598	64	1531	3192	78220	641	236	3.0	58	0.6	8612	63
福井	3173	59	1044	2208	56059	438	151	1.3	46	0.4	6612	49
山梨	3248	82	1356	1922	55863	422	146	2.0	65	0.7	6269	42
长野	8348	189	3599	4876	133597	1107	661	8.1	186	2.0	17027	121
岐阜	7220	106	2872	4479	129444	1009	388	4.5	165	1.8	13405	92
静冈	15131	257	6663	8603	218056	1938	508	6.5	97	1.1	23337	159
爱知	34360	279	15398	19786	381542	3847	416	4.8	167	1.8	31830	295
三重	6529	178	2891	3685	98650	887	375	6.6	80	1.3	11125	80
滋贺	5881	64	3203	2748	63941	606	202	2.3	39	0.5	8234	51
京都	10048	65	3173	7281	155616	1270	145	1.4	52	0.7	11720	84
大阪	40311	38	11096	31122	533566	5221	122	1.5	42	0.4	33240	392
兵库	20980	166	8482	13049	264826	2490	385	4.4	111	1.0	23538	214
奈良	3750	59	1272	2549	54753	470	76	0.6	9	0.1	4845	33
和歌山	3393	151	1281	2096	63228	450	164	2.4	19	0.1	5670	40
鸟取	2135	74	686	1450	33847	292	223	3.2	32	0.4	3587	31
岛根	2448	77	814	1634	47399	362	285	3.8	106	1.1	5861	46
冈山	7576	114	3346	4340	99954	921	339	3.4	126	1.5	10418	92
广岛	11273	118	3779	7811	156096	1448	414	4.9	67	0.8	14283	137
山口	5770	91	2317	3498	83193	732	263	3.3	79	1.1	9151	82
德岛	2638	97	946	1699	48787	375	259	2.4	57	0.6	4946	38
香川	3798	74	1124	2759	61183	517	248	2.3	152	0.9	6055	53
爱媛	5093	202	1877	3205	84705	685	459	6.0	79	0.8	8473	72
高知	2386	148	584	1768	49034	358	253	3.8	59	1.0	4627	40
福冈	17922	198	4763	13535	253276	2338	327	4.1	83	3.1	23811	223
佐贺	2859	120	999	1820	46041	401	186	2.8	45	0.5	4921	45
长崎	4804	175	1220	3534	80040	655	441	8.8	75	2.0	7702	71
熊本	5916	282	1678	4158	91442	794	579	7.6	104	1.5	9729	83
大分	4268	158	1550	2679	66703	555	416	4.0	71	1.6	6570	67
宫崎	3345	222	933	2298	64001	513	709	8.1	48	0.5	7093	60
鹿儿岛	5012	288	1233	3706	95467	754	1093	12.0	117	1.5	9051	89
冲绳	3353	77	680	2704	75688	516	159	1.4	37	0.5	5437	54

16－2 续表 5

县(都、道、府)	1996 年机构数(个)和从业人员数(千人)							
	制造业机构数	制造业从业人员数	电、气、水机构数	电、气、水从业人员数	运输通讯业机构数	运输通讯业从业人员数	商业、餐饮业机构数	商业、餐饮业从业人员数
全国合计	**771906**	**12930**	**10168**	**341.0**	**189645**	**3896**	**2831334**	**18248**
北海道	15060	291	711	16.0	9294	194	121447	801
青森	4247	91	149	3.2	1841	39	35783	187
岩手	5354	131	161	3.2	2079	36	31975	167
宫城	7874	176	229	7.3	3711	77	52561	347
秋田	5901	113	150	3.2	1679	29	29677	145
山形	8085	152	138	3.0	1587	27	29574	148
福岛	11750	248	260	7.9	2708	51	46896	254
茨城	16415	360	265	7.0	3566	75	57584	343
枥木	15317	274	161	4.2	2643	47	43906	249
群马	18001	299	187	4.8	2421	52	44329	258
崎玉	43216	661	307	11.0	6993	172	107836	744
千叶	16307	350	296	13.0	5736	161	92680	647
东京	97470	1326	515	41.0	30370	607	322570	2842
神奈川	28930	735	304	18.0	9683	238	135921	1010
新泻	19527	289	353	7.9	3417	65	58317	321
富山	7540	167	123	5.0	1544	30	29010	153
石川	12861	144	126	3.1	2102	38	29755	175
福井	9179	115	125	4.8	1272	21	21427	112
山梨	7847	106	83	2.2	1155	18	21903	110
长野	16667	292	308	6.1	3108	53	49455	276
岐阜	25438	294	197	4.5	2461	43	49898	276
静冈	31235	586	288	9.8	5092	105	88573	501
爱知	63067	1081	372	21.0	9770	240	162026	1139
三重	11636	246	187	5.4	2416	51	40497	229
滋贺	8299	191	104	2.8	1601	31	23750	147
京都	27230	276	172	5.9	3494	70	64522	398
大阪	81359	1079	441	28.0	15617	358	237853	1719
兵库	29721	566	420	15.0	7447	164	116936	723
奈良	7961	108	96	2.8	986	22	22858	136
和歌山	6602	84	117	3.2	1440	26	27975	133
鸟取	2792	60	70	1.4	841	15	14136	77
岛根	3899	69	123	2.5	1304	18	18819	92
冈山	11253	220	182	5.0	3037	60	42089	244
广岛	15846	302	245	8.7	5281	95	67554	424
山口	5256	143	191	4.9	2339	49	37116	203
德岛	4643	77	102	2.2	1218	19	21149	102
香川	6672	105	113	3.1	1734	33	26068	149
爱媛	7496	136	178	4.5	2688	46	36850	188
高知	3476	44	121	1.8	1294	19	23095	110
福冈	16787	336	414	14.0	7955	167	115914	763
佐贺	3864	79	108	2.5	1160	22	20309	108
长崎	5352	90	197	3.8	2362	37	36405	189
熊本	5629	128	178	3.5	2824	44	39115	225
大分	3986	89	136	3.3	1768	31	29383	155
宫崎	4002	81	108	2.4	1384	24	28521	147
鹿儿岛	7460	109	237	4.2	2974	43	41011	212
冲绳	3397	33	120	3.7	2249	32	36306	169

16—2 续表 6

县(都、道、府)	1996年机构数(个)和从业人员数(千人)							
	金融保险业机构数	金融保险业从业人员数	不动产业机构数	不动产业从业人员数	服务业机构数	服务业从业人员数	政府及未分类机构数	政府及未分类从业人员数
全国合计	**108198**	**1976**	**292358**	**934.0**	**1794763**	**16508**	**45579**	**1850**
北海道	5946	82	18301	44.0	81728	800	3090	134
青森	1391	18	2987	6.1	22266	178	900	37
岩手	1261	16	2864	5.5	21899	175	933	24
宫城	1899	31	5194	14.0	33086	290	1079	40
秋田	1205	15	1492	3.5	20223	145	951	22
山形	1305	17	1882	4.1	20936	146	658	21
福岛	1874	25	3519	8.3	32006	251	1100	30
茨城	1916	35	4276	12.0	36333	340	1155	40
枥木	1502	24	3678	10.0	28270	247	800	24
群马	1674	26	4536	11.0	29169	235	747	26
崎玉	3809	69	12265	40.0	70034	608	1254	63
千叶	3416	64	10592	36.0	60112	610	1365	66
东京	13880	470	49130	226.0	202796	2609	2160	236
神奈川	4845	93	24813	73.0	88031	979	1200	83
新泻	2177	33	3592	8.7	41206	307	1326	37
富山	1102	16	1431	4.2	18235	143	571	15
石川	1303	19	2311	6.1	20233	171	623	19
福井	949	12	918	2.5	14924	108	456	12
山梨	743	12	2169	4.7	14906	108	577	15
长野	1813	28	5469	12.0	37732	279	1171	30
岐阜	1687	28	3365	7.8	31459	231	981	27
静冈	3415	50	8023	20.0	56479	451	1009	49
爱知	5609	99	14347	44.0	92446	847	1492	75
三重	1550	21	2846	7.6	26984	214	954	25
滋贺	916	14	2102	5.5	18112	144	582	17
京都	2087	35	7226	21.0	38249	339	719	38
大阪	8066	171	28307	117.0	127400	1261	1119	94
兵库	4034	68	10953	39.0	69855	632	1426	64
奈良	711	13	1777	6.6	14919	132	515	16
和歌山	978	14	2165	5.4	17470	124	628	18
鸟取	663	9	777	2.1	10292	80	434	12
岛根	817	10	1107	2.6	14344	100	734	16
冈山	1664	25	3383	8.4	26564	235	899	27
广岛	2637	42	6206	18.0	42403	370	1160	45
山口	1590	20	2497	6.0	23769	194	942	27
德岛	713	13	1567	3.8	13548	104	585	14
香川	1019	16	2202	5.2	16296	133	624	17
爱媛	1432	22	2644	5.9	23526	181	880	22
高知	756	11	1245	3.1	13494	110	614	14
福冈	4927	73	11373	34.0	70264	651	1421	69
佐贺	787	12	1168	2.5	12952	111	541	16
长崎	1369	19	2212	5.3	22913	196	1012	33
熊本	1556	25	2678	7.0	27986	236	1064	33
大分	1257	16	2255	5.2	20131	161	730	22
宫崎	1188	15	1353	3.7	19007	150	588	21
鹿儿岛	1661	19	2412	6.3	28278	224	1173	33
冲绳	1099	15	4749	9.7	21498	169	637	30

16—2 续表 7

县(都、道、府)	1997年耕种面积(公顷)								1997年稻谷产量(千吨)
		水稻	小麦和大麦	豆类	水果	绿色蔬菜	工业用作物	肥料及饲料作物	
全国合计	**4718000**	**1953000**	**265800**	**163200**	**301200**	**649100**	**197100**	**1010000**	**10025**
北海道	1184000	154300	123300	60300	3630	128100	69100	631700	802
青森	149600	64100	2500	3620	26200	21000	2050	27000	380
岩手	150400	69900	1940	4650	5220	11800	2560	51800	377
宫城	131800	93700	2480	4530	2380	11500	374	15000	497
秋田	142300	105000	1740	4550	4190	11100	855	13700	607
山形	118700	79700	775	2380	12100	11100	467	9480	474
福岛	142100	87000	1020	4800	8510	16600	2470	16600	465
茨城	176800	91500	9000	5490	8370	34300	2680	8690	449
枥木	130400	77300	14600	4310	3020	12000	985	13500	411
群马	88200	21100	14700	1610	3350	24500	5290	9200	105
崎玉	81500	39900	9340	1530	2990	18900	1900	2150	196
千叶	142400	68900	1220	10100	3900	39200	866	5970	360
东京	10200	321	55	26	1500	5270	402	429	1.2
神奈川	24200	3690	154	488	4000	10800	312	1860	17
新泻	161600	128900	394	3490	3310	16600	1210	4740	672
富山	57700	47400	1100	3500	838	2770	52	1260	245
石川	41200	30800	603	1640	1360	3990	513	1210	153
福井	42200	32900	2020	912	932	3560	49	652	163
山梨	26600	6030	298	781	12200	4430	312	1360	32
长野	107900	40500	2330	3510	17900	27100	742	10600	247
岐阜	57100	31000	1190	1170	3250	8720	1280	7900	140
静冈	76500	20500	863	706	10300	12800	21600	3860	105
爱知	79500	35400	4140	2560	5510	20300	1020	4500	170
三重	61100	38500	3260	1200	3720	6030	3710	1680	171
滋贺	55600	41800	4050	2200	601	4110	966	1370	198
京都	31100	19100	234	1700	1380	5350	1720	747	92
大阪	14600	7390	0	81	2610	3280		58	34
兵库	75400	47000	1270	3360	2580	12200	333	6540	223
奈良	21300	11400	52	334	2800	3890	1130	297	56
和歌山	36100	9050	10	194	20900	3950	181	177	42
鸟取	35700	16800	229	1180	3490	5390	533	5830	82
岛根	38400	24600	188	1410	2240	3870	771	3900	116
冈山	68300	41400	2820	4020	3940	6070	1010	7400	201
广岛	55300	31700	224	1550	7640	7320	496	4480	159
山口	49300	29600	710	1000	5420	7170	440	3810	144
德岛	38300	15800	598	885	4780	10800	898	1850	71
香川	35800	18100	1690	897	3950	7190	516	1710	87
爱媛	62100	19100	2020	552	27100	7640	1010	3000	92
高知	30800	15000	89	495	3130	5630	1610	2000	63
福冈	103900	47700	16300	3680	9910	13000	2130	6230	229
佐贺	75300	34400	18700	3950	7590	6220	1560	2120	171
长崎	53300	17200	2790	872	7320	11900	1840	9330	77
熊本	129800	48900	5500	2770	15700	18800	8880	24300	242
大分	63100	30500	3230	2500	6880	6850	2030	9880	146
宫崎	85300	25800	1310	955	4390	12900	3930	31400	119
鹿儿岛	136600	30800	4780	649	6180	19700	21200	32100	143
冲绳	38600	1160	12	62	1990	3430	23200	7130	3.6

16－2 续表 8

县(都、道、府)	1997年牛奶产量(千吨)	1997年鸡蛋产量(千吨)	1997年度电力消费量(百万千瓦时)			1996年每天工业用水量(千立方米)		1997年道路长度(公里)		
			合计	照明	动力	淡水	海水	国道	县道	市、镇、村道路
全国合计	**8645**	**2566**	**791451**	**232371**	**559080**	**148943**	**41426**	**53356**	**127663**	**965074**
北海道	3565	120	26687	9850	16838	6558	1356	6300	11579	67729
青森	97	81	7430	2370	5060	930	35	1322	2394	14889
岩手	298	74	7561	2329	5231	381	194	1701	2991	27233
宫城	190	77	13008	3904	9104	1121	5.1	1142	2255	19812
秋田	46	36	6366	1926	4439	358	160	1267	2422	18533
山形	104	13	6795	2088	4708	307		1098	2491	11451
福岛	145	68	12497	3557	8940	1198	550	1991	4046	31530
茨城	204	153	23170	5162	18007	8369	1573	1073	3283	50180
枥木	313	64	16153	3553	12599	2555		913	2762	19485
群马	306	7	15466	3720	11746	1253		923	2449	30528
崎玉	144	64	35342	12077	23265	2106		854	2472	42135
千叶	338	146	34094	10289	23805	11880	7714	1101	2554	34137
东京	23	2	74849	25002	49847	1121	116	321	2310	20487
神奈川	110	29	49704	14985	34719	9500	3438	686	1407	22292
新泻	91	62	14920	4310	10610	2569		2017	4567	28927
富山	27	26	10311	2121	8190	2248		479	2161	9891
石川	37	33	7764	2336	5428	465	…	593	1880	9645
福井	14	12	6732	1664	5068	971		753	1551	7693
山梨	34	11	5812	1726	4086	432		588	1359	8496
长野	176	17	14496	4309	10186	618		1737	3820	40466
岐阜	85	80	14139	3884	10255	1353		1507	3099	24251
静冈	129	64	29244	6822	22423	5721	91	1228	3136	31065
爱知	271	137	56344	12829	43515	15290	2664	1271	4087	41912
三重	71	71	14491	3454	11037	5798	967	1244	2820	19544
滋贺	35	12	11953	2404	9549	1795		651	1765	8572
京都	42	22	15215	5296	9919	863		852	2189	11665
大阪	27	5	58915	17582	41333	8193	1088	592	1732	15371
兵库	182	98	37306	10284	27022	8787	4257	1408	4401	27552
奈良	35	15	7139	2667	4471	88		790	1291	9733
和歌山	6	15	6173	2172	4001	2139	1008	1023	1848	9600
鸟取	62	12	3334	1163	2171	152	0.1	524	1604	5964
岛根	66	17	4130	1404	2726	402	2.4	912	2473	14084
冈山	176	97	14948	3736	11212	9527	2437	1033	3618	25984
广岛	84	100	17156	5506	11651	6083	1157	1427	3567	21780
山口	31	47	11409	2822	8587	8117	7030	1104	2721	11497
德岛	70	16	5098	1632	3467	1173	101	699	1752	11728
香川	52	66	6702	2023	4679	736	568	356	1544	7512
爱媛	57	44	8449	2837	5612	3081	805	1075	2900	12995
高知	32	8	4128	1567	2561	345	79	1054	2073	9694
福冈	138	74	27649	8684	18965	5559	1534	1082	3457	30597
佐贺	46	17	4979	1449	3530	371	1.1	590	1245	7918
长崎	69	44	6513	2538	3976	80	187	939	1616	14808
熊本	254	52	9283	3018	6264	1027	0.7	1239	2974	19993
大分	90	36	7343	2127	5216	4805	2028	1012	2521	13160
宫崎	131	82	6026	1951	4075	1638	34	1169	1987	15547
鹿儿岛	101	155	8103	2876	5227	509	44	1262	3525	21061
冲绳	38	18	6126	2364	3762	369	202	456	967	5953

16—2 续表 9

县(都、道、府)	1998财年末机动车辆拥有量(千辆)			1996财年县财政收支(百万日元)			1997年10月1日医院情况	
		乘用车	卡车	收入	支出	盈余	医院数(个)	病床数(张)
全国合计	**73688**	**49968**	**18861**	**53656094**	**52767578**	**888516**	**9413**	**1660784**
北海道	3480	2403	815	2929763	2909478	20285	650	109654
青森	930	579	294	825444	815850	9595	112	21057
岩手	916	577	286	892529	871398	21131	111	21562
宫城	1451	989	373	911040	889656	21383	150	25811
秋田	788	497	247	810543	802143	8400	86	18227
山形	869	557	264	713270	702082	11188	68	14652
福岛	1451	948	420	995077	979839	15238	161	33095
茨城	2184	1486	579	1081148	1066592	14555	225	33593
栃木	1469	1012	369	806352	787653	18700	116	22251
群马	1598	1090	421	789396	772463	16933	140	24840
崎玉	3596	2634	727	1820570	1799411	21159	370	59839
千叶	3164	2272	685	1591032	1567704	23328	301	54981
东京	4624	3136	930	6988367	6943591	44776	697	133790
神奈川	3800	2791	668	1813336	1801289	12047	368	74678
新泻	1676	1087	487	1371734	1356472	15262	137	30632
富山	819	566	213	629535	603968	25567	116	17674
石川	801	562	199	627178	616653	10525	127	21342
福井	600	403	169	540601	527246	13355	96	12482
山梨	671	432	199	528495	507027	21468	58	11041
长野	1736	1091	543	1163356	1140686	22670	143	24895
岐阜	1522	1057	387	858496	839718	18778	120	21698
静冈	2572	1739	671	1351035	1331599	19436	181	38785
爱知	4560	3261	1029	2171848	2153742	18107	384	70571
三重	1322	882	368	783528	762031	21498	121	21944
滋贺	853	583	226	632826	621275	11551	59	13394
京都	1316	899	318	864655	859135	5520	192	37690
大阪	3766	2559	912	2506926	2491301	15625	585	118666
兵库	2800	1942	659	2342530	2271206	71325	347	63306
奈良	769	541	187	567903	560805	7098	74	15460
和歌山	706	436	230	600160	586782	13378	95	15327
鸟取	421	263	138	430877	423007	7871	43	8681
岛根	504	317	163	604796	586446	18350	63	11822
冈山	1367	896	398	841583	827506	14077	198	32517
广岛	1698	1154	443	1074896	1063494	11402	276	41513
山口	1000	672	279	778926	768671	10255	157	29260
德岛	577	361	186	594347	576187	18160	131	17237
香川	699	450	212	551347	539363	11984	118	17757
爱媛	936	576	306	732188	676279	55909	161	24293
高知	537	317	187	638740	620529	18211	152	21328
福冈	2915	1997	740	1478009	1451503	26505	492	92038
佐贺	588	373	186	504782	498272	6509	120	16133
长崎	846	541	251	967207	945729	21478	177	29567
熊本	1181	758	363	893232	870304	22927	230	37454
大分	801	520	242	689341	662847	26494	161	21382
宫崎	832	510	278	660706	648977	11730	164	20354
鹿儿岛	1186	711	409	1039600	1009529	30071	291	36648
冲绳	794	542	204	666842	660140	6703	89	19863

16－2续表10

县(都、道、府)	1997年10月1日 普通诊所情况		1997年10月1日牙科诊所数(个)	1996年医生数(人)	1996年平均每十万人口医生数(人)	1996年牙科医生数(人)	1996年药剂师数(人)
	诊所数(个)	病床数(张)					
全国合计	**89292**	**239771**	**60579**	**240908**	**191.4**	**85518**	**194300**
北海道	3239	15043	2796	10656	187.0	3987	8066
青森	960	7032	533	2432	164.0	708	1422
岩手	842	5099	536	2392	168.5	971	1598
宫城	1413	6764	942	4211	180.1	1477	3482
秋田	761	2978	459	2087	172.5	598	1427
山形	839	2201	437	2174	173.1	590	1378
福岛	1693	4608	805	3531	165.3	1180	2506
茨城	1461	4167	1222	3975	133.7	1494	4455
枥木	1219	4467	890	3510	176.1	1148	2333
群马	1354	3602	817	3556	176.8	1074	2430
崎玉	3329	6766	2678	7734	113.6	3688	8086
千叶	3179	5864	2646	7788	133.7	3902	7932
东京	11412	9999	9560	30719	260.9	14043	29006
神奈川	5248	6070	4025	13338	161.0	5670	12213
新泻	1645	2439	1075	4047	162.4	1933	2835
富山	753	2678	418	2273	201.9	544	2527
石川	788	2609	436	2852	241.3	613	2167
福井	541	2579	273	1557	187.8	350	1173
山梨	601	1608	396	1574	177.7	526	1034
长野	1391	3624	925	3652	165.5	1435	3038
岐阜	1314	3262	853	3215	152.6	1303	2714
静冈	2422	4892	1585	5855	156.2	2070	5470
爱知	4232	8270	3257	11779	170.8	4472	9242
三重	1306	3298	799	3132	169.4	990	2089
滋贺	781	928	456	2242	172.7	580	1699
京都	2378	1977	1208	6714	255.2	1532	4256
大阪	7401	6610	4844	19440	220.8	6554	18362
兵库	4287	6424	2589	10254	189.5	3199	9504
奈良	942	1108	623	2441	169.6	769	2028
和歌山	1037	2781	551	2320	214.8	677	1857
鸟取	518	1672	245	1526	248.5	335	871
岛根	739	1815	286	1715	222.7	359	768
冈山	1577	4715	913	4513	231.1	1461	2785
广岛	2540	7299	1350	6249	216.8	1965	4937
山口	1326	4194	660	3245	209.2	854	2403
德岛	741	4483	395	2132	256.3	733	2236
香川	732	3815	406	2330	226.7	537	1593
爱媛	1150	7863	639	3208	213.2	805	2033
高知	578	3305	343	2014	247.1	448	1302
福冈	4029	15429	2667	12226	246.9	4308	7508
佐贺	624	4203	363	1810	204.3	515	1343
长崎	1379	8190	704	3595	233.3	1105	2050
熊本	1414	9920	722	4322	232.1	1011	2277
大分	898	6255	523	2531	205.8	665	1366
宫崎	822	5977	474	2194	186.4	605	1193
鹿儿岛	1245	8729	730	3659	204.1	1106	1938
冲绳	612	2160	525	2189	170.6	629	1368

注:①日本财政年度为当年4月1日至次年3月31日。

资料来源:日本总务厅统计局《日本统计年鉴》2000年。

16－3 阿根廷各省主要统计指标

	土地面积（平方公里）	1990－1992年平均期望寿命（岁）			1996年人口出生率（‰）	1996年人口死亡率（‰）	1996年婴儿死亡率（‰）	1990年人口数（人）	1999年年中人口数（人）	1999年中人口密度（人/平方公里）
		合计	男	女						
全国合计	**2780400**	**71.93**	**68.44**	**75.59**	**19.2**	**7.6**	**20.9**	**32527095**	**36233901**	**13**
联邦首都区	200	72.72	69.17	76.45	13.4	11.4	14.7	2990749	2982146	14911
布宜诺斯艾利斯省	307571	72.09	68.53	75.78	17.0	7.9	20.9	12571714	13935243	45
卡塔马卡省	102602	70.61	67.40	73.96	24.9	5.8	26.4	261627	309130	3
科尔多瓦省	165321	72.79	69.15	76.60	18.4	7.9	19.4	2763800	3031327	18
科连特斯省	88199	70.09	67.16	73.16	16.0	6.6	26.1	791917	899903	10
查科省	99633	69.20	65.64	72.55	24.0	6.7	34.4	836021	931073	9
丘布斯特省	224686	70.58	67.26	74.04	21.2	5.3	18.0	351861	433702	2
恩特雷里奥斯省	78781	71.61	68.13	75.26	21.1	7.7	19.5	1020801	1094327	14
福莫萨省	72066	69.37	66.27	72.62	27.9	5.8	31.4	392789	487260	7
胡胡伊省	53219	68.37	65.24	71.65	24.8	5.8	24.4	508078	587888	11
拉潘帕省	143440	71.57	68.15	75.15	19.9	7.0	12.4	257903	298613	2
拉里奥哈省	89680	70.38	67.04	73.89	26.1	6.4	25.7	217482	270702	3
门多萨省	148827	72.72	69.80	75.75	20.0	6.6	17.5	1407742	1572784	11
米西奥内斯省	29801	69.49	66.45	72.65	26.9	5.6	24.1	778158	960436	32
内乌肯省	94078	71.39	68.30	74.67	21.6	3.8	15.7	377915	534516	6
里奥内格罗省	203013	70.87	67.54	74.36	19.5	4.7	16.2	500202	600290	3
萨尔塔省	155488	68.92	66.13	71.84	24.6	5.5	25.5	855851	1033629	7
圣胡安省	89651	71.13	68.10	74.30	22.6	6.9	21.6	528451	566212	6
圣路易斯省	76748	70.79	67.64	74.07	23.7	6.5	20.6	282626	351431	5
圣克鲁斯省	243943	70.41	67.11	73.90	22.6	5.0	12.8	157149	199497	1
圣非省	133007	72.29	68.50	76.28	18.5	8.2	15.7	2798722	3040786	23
圣地亚哥－德埃斯特罗省	136351	69.83	67.13	72.73	24.7	5.9	17.1	672092	713648	5
火地岛区	21571	70.16	66.85	73.64	23.8	2.5	9.7	64861	134036	6
图库曼省	22524	71.01	68.08	74.13	18.7	6.0	28.8	1138585	1265322	56

16－3 续表 1

	1998 年中男性人口数（人）	1998 年中女性人口数（人）	1998 年中性别比，女性为 100	2000 年中 65 岁及以上人口所占比重(%)	1995 年医疗机构数（个）	1995 年病床数（张）	1997 年中小学学生人数（人）	1997 年教育机构数（个）	1997 年旅馆及其他住宿机构(个)
全国合计	**17718738**	**18406193**	**96.3**	**9.7**	**16085**	**155822**	**9703056**	**40181**	**6830**
联邦首都区	1387645	1652647	84.0	16.8	1204	23152	644273	1771	1197
布宜诺斯艾利斯省	6806637	7072938	96.2	10.3	3825	50155	3668344	13637	1897
卡塔马卡省	152802	153628	99.5	7.3	464	1344	94089	627	84
科尔多瓦省	1480957	1546156	95.8	10.5	1561	17958	762551	4171	867
科连特斯省	447600	448818	99.7	6.7	455	3433	277763	1249	133
查科省	468390	461488	101.5	6.1	414	4184	275148	1489	29
丘布斯特省	216783	211622	102.4	6.0	232	1976	120603	483	165
恩特雷里奥斯省	539009	557112	96.8	9.7	480	6650	313619	1975	588
福莫萨省	245609	235370	104.4	5.5	246	1689	154352	688	12
胡胡伊省	288769	295498	97.7	5.9	339	3169	191080	567	49
拉潘帕省	149036	147712	100.9	9.5	214	1189	71746	420	81
拉里奥哈省	134310	132536	101.3	6.7	294	1231	83853	567	34
门多萨省	771841	796620	96.9	9.0	540	4646	404798	1373	191
米西奥内斯省	483609	466653	103.6	5.3	443	2985	287187	1118	121
内乌肯省	262555	257868	101.8	4.7	277	1393	148153	627	20
里奥内格罗省	298715	296079	100.9	6.3	325	1989	171488	685	275
萨尔塔省	510626	512220	99.7	6.0	533	4014	321198	1112	85
圣胡安省	278970	290557	96.0	8.3	259	1750	159875	606	57
圣路易斯省	175254	171337	102.3	7.3	220	1256	93662	487	160
圣克鲁斯省	100335	96103	104.4	4.7	92	1188	60222	244	118
圣非省	1485083	1553784	95.6	11.2	2232	12148	802071	3169	10
圣地亚哥－德埃斯特罗省	359930	355961	101.1	7.5	576	4271	212042	1722	313
火地岛区	51366	53457	96.1	1.9	41	222	30784	112	31
图库曼省	622907	640029	97.3	7.4	819	3830	334155	1282	38

16－3续表2

	1996年就业率(%)①	1998年公开失业率①	1991年住房数(套)	1991年家庭数(户)	1998年农业机构数(个)	1997年年中牛存栏数(千头)	1994年企业数(个)		
							合计	制造业	贸易和服务业
全国合计	**22.3**	**13.2**	**10079846**	**8927289**	**421221**	**50059**	**1087108**	**104970**	**951316**
联邦首都区	18.6	9.5	1197788	1023464			184339	17348	162854
布宜诺斯艾利斯省	23.5	12.2	4079118	3535695	75531	17659	369038	41202	319302
卡塔马卡省	30.7	11.4	71180	61344	9538	195	7069	515	6175
科尔多瓦省		12.5	871328	771671	40817	6863	108333	9734	95664
科连特斯省	23.0	13.2	200820	188628	23218	3921	19858	1068	18163
查科省	20.8	10.4	211403	198103	21284	2656	20887	1867	18390
丘布斯特省	17.8	10.6	110185	94893	4241	120	12447	899	11016
恩特雷里奥斯省	20.7	11.6	296185	269975	27197	4039	31216	2524	27458
福莫萨省	17.2	6.7	99229	92512	12181	1225	8394	849	7271
胡胡伊省	14.4	16.1	127044	115776	8526	93	14662	894	13321
拉潘帕省	9.5	10.0	89999	76325	8718	2998	10292	863	8714
拉里奥哈省	19.8	9.7	56289	51653	7197	211	6573	432	5913
门多萨省	28.5	5.9	381706	360464	35221	264	46690	4723	40749
米西奥内斯省	24.8	4.3	203310	187678	28566	279	16206	1666	13966
内乌肯省	23.8	13.3	109989	96838	6641	158	13328	973	11753
里奥内格罗省		6.8	155633	134871	9235	447	16160	1209	14278
萨尔塔省	17.5	14.7	202181	193356	9229	382	22601	1426	20413
圣胡安省	30.9	8.5	130774	124142	11001	46	13015	1192	11409
圣路易斯省	32.8	8.7	82464	75799	6962	1135	9040	959	7635
圣库鲁斯	12.8	4.7	47726	42300	1114	52	5327	333	4613
圣非省	13.4	15.5	892536	803021	37029	6393	108427	11732	92983
圣地亚哥－德埃斯特罗省	15.7	9.8	165561	149537	21122	768	14446	867	12872
火地岛区	24.2	9.9	23639	19274	82	26	2712	265	2299
图库曼省	29.4	14.8	273759	259970	16571	129	26048	1430	23905

16－3 续表 3

	1994 年 7 月就业人数(千人)			1996 年出口额(百万美元)	1997 年底实际使用中的电话线(条)	1997 年国家公路网络线长度(公里)
	合 计	制造业	贸易和服务业			
全国合计	**4529**	**1125**	**2877**	**23811**	**6824**	**38744**
联邦首都区	1075	189	726	256	3285	
布宜诺斯艾利斯省	1512	491	376	8909	1151	4681
卡塔马卡省	27	7	16	22	24	4138
科尔多瓦省	398	89	267	427	60	2524
科连特斯省	63	10	43	842	75	1752
查科省	62	11	44	2332	504	1112
丘布斯特省	55	12	35	121	74	2269
恩特雷里奥斯省	102	21	69	405	148	1539
福莫萨省	24	4	17	56	18	1310
胡胡伊省	47	10	32	149	32	756
拉潘帕省	30	5	21	146	54	1570
拉里奥哈省	25	8	15	114	27	1765
门多萨省	171	41	109	657	243	1748
米西奥内斯省	60	16	36	196	69	839
内乌肯省	51	6	35	810	62	1564
里奥内格罗省	61	8	46	419	79	2420
萨尔塔省	76	12	55	363	74	1886
圣胡安省	49	13	30	111	77	827
圣路易斯省	49	24	20	238	41	1294
圣库鲁斯	21	3	14	1298	25	2389
圣非省	404	109	257	4218	522	2482
圣地亚哥－德埃斯特罗省	43	5	33	174	41	1464
火地岛区	16	6	9	262	23	908
图库曼省	108	26	70	363	115	507

注：①为当年 10 月各省区中心城市数据。

资料来源：阿根廷《阿根廷统计年鉴》1997 年，《阿根廷统计摘要》1999 年。

16—4 韩国各道、市主要统计指标

	1999年4月1日土地面积（平方公里）	1990年人口数（千人）	1995年人口数（千人）			1998年农业人口数（千人）	1998年耕地面积（公顷）			1998年农户平均耕地面积（公亩）
				男	女			水田	旱田	
全国合计	**99407.90**	**43411**	**44609**	**22389**	**22219**	**4400**	**1910081**	**1157306**	**752775**	**135.2**
汉城市	605.52	10613	10231	5139	5092	11	2106	753	1353	83.4
釜山市	733.19	3798	3814	1901	1914	37	10063	7474	2589	101.2
大邱市	885.53	2229	2449	1234	1216	43	12368	7023	5345	99.8
仁川市	958.01	1818	2308	1166	1142	58	24943	18372	6571	147.5
光州市	501.15	1139	1258	627	631	37	14249	10454	3795	128.0
大田市	539.79	1050	1272	643	629	27	6701	3569	3132	98.3
瑞山市	1055.74					39	14838	10342	4496	131.8
京畿道	10136.16	6156	7650	3865	3785	572	213858	129396	84462	137.8
江原道	16561.93	1580	1466	741	726	260	118166	50677	67489	147.1
忠清北道	7432.72	1390	1397	700	697	300	136905	66060	70845	144.0
忠清南道	8584.76	2014	1767	888	878	560	260917	188871	72046	148.6
全罗北道	8047.54	2070	1902	942	960	435	221543	165771	55772	155.9
全罗南道	11963.79	2507	2067	1024	1043	661	334302	221697	112605	142.5
庆尚北道	19022.93	2861	2676	1336	1341	728	300399	156553	143846	122.3
庆尚南道	10513.25	3672	3846	1935	1911	500	181911	120089	61822	104.8
济州道	1845.88	515	505	249	256	133	56812	205	56607	142.7

16—4 续表 1

	1998 年稻谷产量（吨）	1998 年小麦和大麦产量（吨）	1998 年大豆产量（吨）	1998 年土豆产量（吨）	1998 年杂粮产量（吨）	1998 年水果产量（吨）	1998 年森林面积（公顷）	1998 年制造业和矿业机构数（个）	1998 年制造业和矿业工人数（人）	1998 年制造业和矿业交货额（百万韩圆）
全国合计	**5096879**	**189179**	**140441**	**217530**	**91334**	**2153295**	**6436304**	**80315**	**2343722**	**426801412**
汉城市	2757		42	47	35	1870	11962	14885	241565	27044008
釜山市	23704		182	247	175	1274	33718	8220	174131	17359756
大邱市	25040	913	542	835	237	15195	49176	5811	120874	13013107
仁川市	86013	218	718	1587	405	4658	38849	6100	185314	29581853
光州市	39858	2145	411	607	86	7352	19791	1146	41942	6648748
大田市	14163		321	652	128	14452	28181	1018	34717	6038467
瑞山市	39338	122	451	895	410	24732	64324	894	121773	53298705
京畿道	592161	192	10032	18546	6213	127437	483517	21813	605502	96052152
江原道	209780	913	11032	40236	44778	14354	649227	1243	38929	6050398
忠清北道	290969	132	12940	8681	16557	146575	434720	2067	93560	17335756
忠清南道	882662	1032	9887	9470	1436	146202	426839	2521	109030	24700569
全罗北道	787836	24592	7672	21731	2146	68299	386996	1998	67451	11996331
全罗南道	1013317	119553	45184	44575	5029	164441	662580	2347	68073	27572891
庆尚北道	610628	4780	18408	16510	9058	683772	1121858	4363	189947	48543971
庆尚南道	478087	24622	11146	30246	3782	206544	661571	5627	246929	41131743
济州道	566	9966	11473	22665	859	526138	93287	262	3985	432957

16－4 续表 2

	1995年独立住房（户）	1998年完工住宅（套）	1998年道路长度（公里）	有路面	1998年高速公路长度（公里）	1998年自来水普及率（%）	1993年服务业概况 机构数（个）	工人人数（千人）	销售收入（十亿韩圆）	固定资本投资（十亿韩圆）
全国合计	**4337105**	**306031**	**86990**	**64781**	**1996.3**	**85.2**	**440746**	**2126349**	**35640**	**5479**
汉城市	561947	28994	8722	7752	24.3	100.0	121257	714911	14345	2423
釜山市	286812	21125	2485	2426	24.8	98.0	41697	175995	2494	254
大邱市	185152	3132	1948	1901	77.8	99.0	25999	105513	1976	168
仁川市	127567	9042	1956	1778	38.6	96.0	19885	81651	1498	151
光州市	95216	7113	1098	1096	17.1	95.0	14632	63491	935	137
大田市	85870	10418	1417	1363	43.4	94.0	13745	71687	1397	444
瑞山市		4154	2142	1338	41.9	84.0				
京畿道	501022	110633	11075	8929	338.5	86.0	62216	267943	3966	592
江原道	225049	14640	7831	5252	234.3	78.0	14085	66510	988	117
忠清北道	198679	17132	6009	3794	156.2	68.0	12927	53902	779	106
忠清南道	331152	15402	6008	4270	78.5	49.0	14868	66251	816	112
全罗北道	305106	7816	6090	4143	155.5	70.0	18078	84226	1221	244
全罗南道	427880	12575	7949	5765	178.4	54.0	19231	80622	1102	129
庆尚北道	463205	16667	9262	6378	228.1	66.0	23007	108965	1625	238
庆尚南道	467365	22525	10462	6585	358.8	71.0	33793	156024	2082	283
济州道	75083	4663	2536	2011		100.0	5326	28658	413	80

16—4 续表 3

	1998 年机动车拥有量（辆）					1998 年收到国内邮件和国内包裹（千件）				1998 年电话用户（千户）	1997 年国内生产总值（按当前价）	
		乘用车	卡　车	专用车辆	摩托车		挂号邮件	不挂号邮件	国内包裹		十亿韩圆	占全国的（%）
全国合计	**10469599**	**7580926**	**2104683**	**34670**	**2613280**	**3221900**	**159067**	**3044629**	**18203**	**20089**	**432195**	**100.0**
汉城市	2198619	1732632	309556	2148	448905	1245608	63007	1674727	7874	5258	97947	21.7
釜山市	719862	516456	144853	4398	144006	176735	11592	164119	1024	1608	27760	6.1
大邱市	614914	455474	120964	793	161740	119292	6787	111880	625	1149	16066	3.6
仁川市	557936	411577	99880	3008	91273	73425	5727	67304	393	1367	21149	4.7
光州市	287991	211359	57088	892	50555	81594	4134	77003	456	542	9986	2.2
大田市	326989	247807	57183	629	62038	86054	4622	80989	442	565	9735	2.2
瑞山市	261320	205120	40524	1351	53431	29279	2584	26520	175			
京畿道	2061665	1526265	370224	5284	382906	272583	20865	249762	1955	2957	78472	17.4
江原道	366801	249104	87017	1245	101123	78955	4854	73177	924	666	12374	2.7
忠清北道	337560	227110	84222	1542	124734	73799	3949	69472	378	612	15326	3.4
忠清南道	414513	267704	115650	1537	184869	83474	4952	77936	585	777	19375	4.3
全罗北道	415273	272038	113781	1109	130867	86782	5065	81146	570	794	15459	3.4
全罗南道	402501	244133	123529	3329	167579	81524	4718	75901	905	855	23158	5.1
庆尚北道	663253	443876	174332	3170	276244	101030	6463	93775	792	1052	28849	6.4
庆尚南道	699439	482894	164259	4046	197854	111575	8442	102253	881	1668	52073	11.5
济州道	140963	87377	41621	189	35156	20192	1305	18664	222	219	4466	1.0

16－4 续表 4

	国内生产总值增长率（%）			国内生产总值减缩指数（1995 年＝100）			1997 年按经济活动分类的国内生产总值(10 亿韩圆)			
							全部产业①			
	1995 年	1996 年	1997 年	1994 年	1996 年	1997 年		农、林、渔业	采矿业和采石业	制造业
全国合计	**7.6**	**8.3**	**4.9**	**93.1**	**103.0**	**106.6**	**410987.7**	**23109.1**	**1105.0**	**133568.2**
汉城市	3.0	7.0	0.9	92.8	103.0	107.2	99119.2	556.3	10.4	9132.5
釜山市	6.0	7.7	—0.4	93.7	103.4	107.2	25492.1	935.8	2.8	5120.0
大邱市	2.8	6.2	0.0	87.4	102.9	108.7	14830.6	148.0	3.3	3791.6
仁川市	12.0	5.6	2.3	93.7	103.7	108.7	20031.4	273.2	60.2	9733.1
光州市	8.9	4.7	3.2	93.5	104.2	108.4	9059.6	221.6	2.0	2323.7
大田市	2.8	5.8	8.4	91.8	103.0	107.0	8405.3	80.6	2.9	2063.8
京畿道	11.3	8.6	9.2	94.0	104.0	108.8	75155.7	2255.6	189.4	36676.9
江原道	7.2	11.0	7.4	93.0	105.1	106.3	10954.7	1130.7	271.2	1871.1
忠清北道	9.5	11.7	12.0	93.9	103.4	103.4	14198.1	1244.7	84.6	6304.3
忠清南道	6.5	20.5	6.6	92.0	101.0	102.1	17946.7	2784.2	105.7	5484.8
全罗北道	5.6	7.4	2.0	90.7	105.0	108.8	13685.0	2176.6	51.6	4242.3
全罗南道	8.0	9.0	8.1	92.1	102.3	104.0	21467.5	4049.8	103.5	6928.1
庆尚北道	8.8	8.1	7.7	96.0	101.1	103.2	26759.9	3345.0	108.8	11278.7
庆尚南道	11.7	8.6	6.5	94.6	100.8	102.9	49846.9	2829.8	95.8	28464.1
济州道	5.6	5.6	7.4	91.0	101.6	105.2	4035.2	1077.3	12.8	153.2

16－4 续表 5

	1997 年按经济活动分类的国内生产总值(10 亿韩圆)								
	全部产业①								
	电、气、水	建筑业	商　业	饭馆、旅馆	交通、仓储	通　讯	金融保险	不动产、产业服务	社区、社会和个人服务
全国合计	**9707.4**	**54333.6**	**42566.4**	**10438.4**	**21112.1**	**9681.0**	**30673.5**	**54340.9**	**20352.1**
汉城市	732.8	8661.2	16381.5	2457.8	7667.4	3656.9	17568.2	24972.2	7322.1
釜山市	807.5	3283.6	4263.8	828.1	2615.5	789.8	1373.7	3790.4	1681.2
大邱市	187.4	2347.6	2246.3	394.2	801.5	523.7	956.2	2393.9	1037.0
仁川市	677.2	2280.1	1438.7	388.7	1228.2	519.1	771.5	1939.2	722.1
光州市	99.2	1438.8	1427.9	285.3	596.0	263.7	673.1	1116.6	611.8
大田市	90.0	1434.9	1431.6	319.8	482.7	256.2	534.2	1122.2	586.2
京畿道	1861.8	10750.6	4575.5	1782.4	1535.7	1073.7	2954.1	8111.5	3388.5
江原道	233.3	2762.2	1065.0	576.7	610.5	278.4	660.8	925.6	569.2
忠清北道	190.1	2138.1	878.7	250.6	507.8	244.6	490.5	1335.2	528.9
忠清南道	1042.1	3721.3	1159.2	372.7	516.8	293.4	615.5	1387.7	463.3
全罗北道	208.7	2249.2	1191.6	429.1	575.8	307.8	580.9	1050.1	621.2
全罗南道	1207.7	3088.9	1392.1	569.7	1145.1	311.7	772.8	1333.8	564.3
庆尚北道	957.6	3923.8	1577.6	756.2	880.0	408.9	986.7	1816.4	720.2
庆尚南道	1352.5	5570.3	3052.3	721.9	1689.7	651.1	1490.3	2662.7	1266.3
济州道	59.5	682.9	484.6	305.2	259.5	102.2	244.9	383.3	269.8

16—4 续表 6

	1997 年按经济活动分类的国内生产总值(10 亿韩圆)			1998 年医疗保健机构(个)					1999 年小学和初中入学率(%)
	私人非营利组织	非直接计算的金融中介服务费	国内生产值		#普通医院	#普通诊所	#牙科医院	#牙科诊所	
全国合计	**11135.8**	**—17823.4**	**432195.0**	**34588**	**517**	**17041**	**31**	**9653**	**95.3**
汉城市	3494.8	—10803.0	97946.9	9883	100	4482	16	3046	92.9
釜山市	929.3	—543.5	27759.8	3079	51	1483		814	94.3
大邱市	580.2	—460.6	16065.8	2144	26	1004	2	577	96.0
仁川市	397.3	—370.5	21148.8	1633	14	895	2	433	95.9
光州市	449.4	—274.8	9986.2	1035	22	548	1	328	90.9
大田市	392.2	—258.1	9735.0	1212	12	640	1	294	87.4
瑞山市				707	15	353	1	177	97.1
京畿道	1535.5	—1715.4	78471.7	5663	83	2949	4	1629	96.3
江原道	329.0	—386.1	12374.1	901	18	455	1	236	95.8
忠清北道	265.4	—274.0	15325.5	941	14	511		200	94.9
忠清南道	464.8	—403.1	19375.0	1132	21	604	2	269	96.1
全罗北道	499.7	—292.2	15459.3	1399	32	743	1	339	99.5
全罗南道	303.3	—482.5	23158.0	1114	27	608		295	97.4
庆尚北道	733.6	—616.4	28849.3	1536	25	711		415	96.6
庆尚南道	676.9	—809.1	52073.4	1865	57	875		497	97.7
济州道	84.4	—134.0	4466.3	344		180		104	97.8

注:①全部产业中不包括政府服务、非营利组织,并且未扣减非直接计算的金融中介服务费。

资料来源:韩国《韩国统计年鉴》1999 年。

十七、主要企业指标

17—1 1999年按营业额排序的世界最大的500家企业

位次		企业名称	国家、地区	营业额（百万美元）	营业额比上年增长%	利润额（百万美元）	利润额比上年增长%	资产额（百万美元）	股东产权权益（百万美元）	雇员数（千人）	行业代码①
1999年	1998年										
1	1	通用汽车	美 国	176558.0	9.4	6002.0	103	273921	20059	388	29
2	4	沃尔—马特百货公司②	美 国	166809.0	19.8	5377.0	21	70245	25848	1140	18
3	8	埃克森—美孚石油	美 国	163881.0	62.7	7910.0	24	144521	63466	106	31
4	3	福特汽车	美 国	162558.0	12.6	7237.0	−67	276229	27537	365	29
5	2	戴姆勒—克莱斯勒	德 国	159985.7	3.5	6129.1	8	175069	36143	467	29
6	5	三井物产③	日 本	118555.2	8.4	320.5	38	62360	6381	38	43
7	7	三菱商事③	日 本	117765.6	9.9	233.7	−4	78949	8831	42	43
8	10	丰田汽车③	日 本	115670.9	16.0	3653.4	31	160572	66267	215	29
9	9	通用电气	美 国	111630.0	11.1	10717.0	15	405200	42557	340	9
10	6	伊藤忠商事③	日 本	109068.9	0.3	−792.8		59154	2743	5④	43
11	11	荷兰皇家/壳牌	英、荷	105366.0	12.5	8584.0	2353	113883	56171	96	31
12	13	住友商事③	日 本	95701.6	7.5	314.9		47820	6184	33	43
13	18	日本电报电话公司(NTT)③	日 本	93591.7	23.0	−609.0	−113	179512	59831	224	41
14	12	丸红③	日 本	91807.4	−1.9	18.5		54447	3162	32	43
15	15	安盛公司	法 国	87645.7	11.3	2155.8	27	508647	16396	92	22
16	14	国际商用机器(IBM)	美 国	87548.0	7.2	7712.0	22	87495	20511	307	8
17	19	英国石油阿莫科	英 国	83566.0	22.3	5008.0	54	89561	43281	80	31
18	16	花旗银行集团	美 国	82005.0	7.3	9867.0	70	716900	49700	177	9
19	17	大众汽车	德 国	80072.7	4.9	874.7	−31	67276	9637	306	29
20	21	日本生命保险公司③	日 本	78515.1	18.4	3405.4	312	423282	10560	71	21
21	22	西门子⑤	德 国	75337.0	14.1	1773.7	379	65489	17283	443	10
22	23	安联保险	德 国	74178.2	14.3	2382.1	18	383687	28855	114	24
23	24	日立③	日 本	71858.5	15.1	152.0		95912	28043	398	10
24	26	松下电器工业③	日 本	65555.6	9.7	895.5	745	74946	33805	290	10
25	20	岩井商事③	日 本	65393.2	−3.5	91.8		39763	1779	18	43
26	25	美国邮政总局⑤	美 国	62726.0	4.4	363.0	−34	55693	−447	906	25
27	28	荷兰国际集团	荷 兰	62492.4	10.7	5250.2	80	493949	34636	86	22
28	30	美国电话电报(AT&T)	美 国	62391.0	16.4	3428.0	−46	169406	78927	148	41
29	27	菲利普·莫里斯	美 国	61751.0	6.8	7675.0	43	61381	15305	137	42
30	31	索尼③	日 本	60052.7	13.0	1094.2	−22	66370	21283	190	10
31	42	德意志银行	德 国	58585.1	29.7	2694.4	43	841797	23200	93	3
32	29	波音	美 国	57993.0	3.3	2309.0	106	36147	11462	197	1
33	45	第一相互生命保险公司③	日 本	55104.7	23.9	1672.2	200	294387	6284	61	21
34	38	本田汽车③	日 本	54773.5	12.4	2356.7	−1	47759	18821	112	29
35	39	普通保险公司	意大利	53723.2	10.8	871.5	−13	175930	7167	57	22
36	33	日产汽车③	日 本	53679.9	4.3	−6146.2		63776	9061	142	29
37	46	费巴集团	德 国	52227.7	20.3	2845.9	114	52505	14415	132	43
38	48	东芝③	日 本	51634.9	24.5	−251.5		55596	9576	191	10
39	35	美洲银行集团	美 国	51392.0	1.2	7882.0	53	632574	44432	156	3
40	34	菲亚特	意大利	51331.7	0.7	376.5	−46	80057	12904	221	29
41	36	雀巢	瑞 士	49694.1	0.4	3144.3	6	36820	15276	231	14
42	104	西南贝尔电信	美 国	49489.0	72.0	8159.0	103	83215	26726	205	41
43	37	瑞士信贷银行	瑞 士	49362.0	0.4	3475.1	64	451507	20379	64	3
44	41	惠普⑥	美 国	48253.0	2.5	3491.0	19	35297	18295	84	8
45	51	富士通③	日 本	47195.9	15.1	383.8		50062	12591	188	8
46	32	梅特罗	德 国	46663.6	−10.5	295.1	−10	19027	3623	171	16
47	54	住友生命保险公司③	日 本	46445.1	17.5	1562.7	62	232490	5039	66	21
48	52	东京电力③	日 本	45727.7	14.9	785.3	3	141952	18034	48	44

17—1 续表 1

位次		企业名称	国家、地区	营业额（百万美元）	营业额比上年增长%	利润额（百万美元）	利润额比上年增长%	资产额（百万美元）	股东产权权益（百万美元）	雇员数（千人）	行业代码①
1999年	1998年										
49	109	克罗格公司⑦	美 国	45351.6		955.9		16266	2683	213	16
50	114	托塔尔菲纳公司	法 国	44990.3	66.3	1621.4	65	81168	27733	70	31
51	60	日本电气公司③	日 本	44828.0	20.4	93.5		44937	9524	155	10
52	44	州立农业保险公司	美 国	44637.2	0.0	1031.1	—22	119144	45794	79	23
53	69	通用水管	法 国	44397.8	25.8	1526.8	23	82967	10917	275	12
54	43	联合利华	英、荷	43679.9	—2.7	2953.1	—10	27940	7776	255	14
55	84	福特斯	比、荷	43660.2	1.1	2470.4	18	407043	13539	62	3
56	74	万全公司	英 国	42220.3	25.4	877.0	—40	242790	5518	22	22
57	58	商联保险	英 国	41974.4	11.7	833.3	1	188129	15419	49	24
58	73	中国石化集团公司	中 国	41883.1	23.1	447.7	131	53870	19777	1172	31
59	50	西尔斯·罗巴克	美 国	41071.0	—0.6	1453.0	39	36954	6839	326	18
60	76	美国国际集团	美 国	40656.1	22.1	5055.4	34	268238	33306	55	24
61	59	标致	法 国	40327.9	7.4	777.6	44	39906	8351	166	29
62	85	安龙天然气公司	美 国	40112.0	28.3	893.0	27	33381	9570	18	11
63	49	雷诺	法 国	40098.6	—3.0	569.6	—62	46529	8204	160	29
64	117	巴黎国民银行	法 国	40098.6	49.7	1582.9	28	700232	19835	77	3
65	56	苏黎世金融服务公司	瑞 士	39962.0	2.2	3260.0	307	221178	22237	69	24
66	95	家乐福	法 国	39855.7	30.8	805.6	12	33828	6660	297	16
67	64	教师保险和学院退休基金	美 国	39410.2	9.8	1024.1	22	289248	7025	6	21
68	47	汇丰银行控股公司	英 国	39348.1	—9.2	5407.8	25	567793	33330	147	3
69	72	阿姆斯特丹—鹿特丹控股公司	荷 兰	38820.7	13.4	2741.4	38	458937	12015	110	3
70	87	康柏电脑公司	美 国	38525.0	23.6	569.0		27277	14834	76	8
71	96	家用仓储零售公司②	美 国	38434.0	27.2	2320.0	44	17081	12341	183	40
72	68	慕尼黑再保险集团	德 国	38400.4	8.3	1208.5	147	180294	18496	33	24
73	63	莱茵集团⑧	德 国	38357.5	4.8	1300.8	63	57133	6826	156	11
74	97	朗讯⑤	美 国	38303.0	27.1	4766.0	391	38775	13584	153	30
75	61	宝洁⑧	美 国	38125.0	2.6	3763.0	0	32113	12058	110	39
76	66	埃尔夫·阿奎坦	法 国	37918.3	5.7	2210.2	268	43016	16485	57	31
77	53	德国电信	德 国	37835.1	—4.7	1336.5	—46	94855	34781	196	41
78	250	艾伯森公司②	美 国	37478.1	134.2	404.1	—29	15701	5702	235	16
79	214	世界通讯	美 国	37120.0	110.0	4013.0		91000	51000	77	41
80	175	麦克森赫伯克公司③	美 国	37100.5	22.1	723.7	752	10373	3566	21	45
81	83	范尼美集团	美 国	36968.6	17.4	3911.9	14	575167	17629	4	9
82	65	宝马汽车(BMW)	德 国	36695.9	2.3	—2652.8	—617	37593	3941	115	29
83		中国国家电力公司	中 国	36076.1	14.7	647.1	—24	133111	48099	1149	44
84	75	凯马特②	美 国	35925.0	6.7	403.0	—22	15104	6304	275	18
85	101	皇家控股公司	荷 兰	35798.1	24.0	802.3	35	14319	2131	209	16
86	81	德士古	美 国	35690.0	12.6	1177.0	104	28972	12042	18	31
87	67	美林公司	美 国	34879.0	—2.7	2618.0	108	328071	12802	67	37
88	62	法国电气	法 国	34146.6	8.9	761.3	115	116230	12672	133	44
89	78	国家碳化氢公司	意大利	34091.0	5.3	3047.5	18	46303	18440	72	31
90	106	明治相互生命保险公司③	日 本	33966.6	19.3	682.9	191	164305	3192	39	21
91	88	摩根斯坦利添惠⑨	美 国	33928.0	9.0	4791.0	46	366967	17014	55	37
92	99	三菱电气③	日 本	33896.2	14.2	223.0		38083	5815	117	10
93	79	大通曼哈顿集团	美 国	33710.0	4.1	5446.0	44	406105	23617	75	3
94	89	TARGET②	美 国	33702.0	8.9	1144.0	22	17143	5862	183	18
95	70	苏黎世里昂水电公司	法 国	33559.7	—3.8	1549.3	39	77074	11296	222	11
96	57	皇家飞利浦电子	荷 兰	33556.6	—12.7	1919.0	—71	29564	14791	229	10

17—1 续表 2

位次		企业名称	国家、地区	营业额（百万美元）	营业额比上年增长%	利润额（百万美元）	利润额比上年增长%	资产额（百万美元）	股东产权权益（百万美元）	雇员数（千人）	行业代码①
1999 年	1998 年										
97	82	维里森通讯	美国	33174.0	5.1	4202.0	42	62614	15880	145	41
98	77	农业信贷银行	法国	32923.5	—0.3	2527.5	21	440522	22954	86	3
99	139	蒂森·克虏伯公司⑤	德国	32798.0	34.3	293.8	—73	34771	8576	185	20
100	115	默克公司	美国	32714.0	21.6	5890.5	12	35635	13242	62	32
101	116	谢夫隆	美国	32676.0	21.9	2070.0	55	40668	17749	36	31
102	126	委内瑞拉石油	委内瑞拉	32648.0	27.2	2818.0	325	49990	32894	48	31
103	91	东京—三菱银行③	日本	32623.6	5.5	1148.7		729250	27819	17④	3
104	94	J.C.彭尼公司②	美国	32510.0	6.0	336.0	—43	20888	7228	260	18
105	103	鲜京公司	韩国	31997.3	11.1	611.5	1117	36588	14926	23	31
106	80	海伯威英斯银行	德国	31868.1	0.2	382.9	—82	504413	12469	46	3
107	140	现代公司	韩国	31669.4	29.9	19.2	220	977	381	1	43
108	93	巴斯夫	德国	31437.9	2.3	1319.3	—30	30078	13848	105	6
109	100	摩托罗拉公司	美国	30931.0	5.2	817.0		37327	16344	121	10
110	108	英国电信公司③	英国	30546.0	7.8	3311.3	—33	59964	25198	137	41
111	107	特斯科公司⑩	英国	30351.9	6.7	1088.4	8	15580	7529	135	16
112		好利获得公司	意大利	30087.8	592.1	5268.3	3402	75700	26371	129	41
113	111	三菱汽车③	日本	29951.3	9.0	—260.1	—922	27145	3387	65	29
114	105	罗伯特—博施有限公司	德国	29727.2	3.9	427.6	—4	20881	6330	195	29
115	102	三星	韩国	29715.2	3.0	59.1	364	7297	2746	5	43
116	121	英特尔公司	美国	29389.0	11.9	7314.0	21	43849	32535	70	10
117	86	拜尔	德国	29141.6	—6.6	2135.5	19	31351	15041	120	6
118	112	法国电信	法国	29048.8	6.0	2952.6	16	54179	18947	174	41
119	138	塞夫韦公司	美国	28859.9	17.9	970.9	20	14900	4086	193	16
120	131	第一劝业银行⑩	日本	28670.9	12.9	423.6	—18	19147	9088	97	16
121	157	INGRAM MICRO	美国	28038.6	27.4	183.4	—25	8272	1967	15	45
122	257	雷普索尔公司	西班牙	28048.3	79.7	1078.4	11	42147	12555	37	31
123	55	杜邦	美国	27892.0	—28.7	7690.0	72	40777	12875	94	6
124	181	富士银行③	日本	27815.8	34.0	474.5		567900	21912	14	3
125	113	瑞士银行公司	瑞士	27651.9	1.6	4193.3	101	613198	21762	49	3
126	144	强生公司	美国	27471.0	16.1	4167.0	36	29163	16213	98	32
127	141	价格成本批发公司⑪	美国	27456.0	13.1	397.3	—14	7505	3532	53	40
128	282	时代—华纳公司	美国	27333.0		1948.0		51239	9713	70	13
129	173	住友银行③	日本	27065.2	22.3	555.7		524228	17592	14④	3
130	135	联合包裹运输公司	美国	27052.0	9.1	883.0	—49	23043	12474	344	25
131	207	三星电子公司	韩国	26991.5	46.7	2671.0		25762	11555	54	10
132	124	奥尔斯泰特	美国	26959.0	4.2	2720.0	—17	98119	16601	47	24
133	120	日本兴业银行③	日本	26939.9	1.7	635.4		414044	15867	7	3
134	142	法国国家人寿保险公司	法国	26802.5	11.2	464.2	52	117831	3006	3	22
135	71	美国万全保险公司	美国	26618.0	—22.7	813.0	—27	285094	19291	60	22
136	178	艾特纳人寿意外事故保险公司	美国	26452.7	28.4	716.9	—16	112839	10690	56	19
137	195	朝日生命相互保险公司③	日本	26246.1	35.2	420.1	—9	110570	2112	29	21
138	169	商业银行	德国	26221.1	23.6	971.7	—2	372896	11167	35	3
139	132	桑斯博里③	英国	26218.0	4.3	562.4	—39	16834	7565	117	16
140	148	爱立信公司	瑞典	26052.3	12.3	1467.1	—11	23718	8097	103	10
141	130	皇家和太阳联盟公司	英国	26018.0	2.3	140.8	—81	113150	10450	46	24
142	127	第一银行	美国	25986.0	1.5	3479.0	12	269425	20090	86	3
143	152	三菱重工③	日本	25820.6	13.5	—1230.4	—970	45208	12139	65	20
144	174	墨西哥石油公司	墨西哥	25783.1	23.4	—1906.8		51692	18025	133	28

17－1 续表 3

位次		企业名称	国家、地区	营业额（百万美元）	营业额比上年增长％	利润额（百万美元）	利润额比上年增长％	资产额（百万美元）	股东产权权益（百万美元）	雇员数（千人）	行业代码①
1999 年	1998 年										
145	90	东绵③	日本	25747.6	－16.8	－848.9	－4047	16450	5	10	43
146	128	日绵③	日本	25702.7	0.9	26.4		16504	1256	19	43
147	136	美国钢铁马拉松	美国	25610.0	3.5	698.0	4	22962	6856	51	31
148	211	桑坦德集团	西班牙	25582.6	40.8	1677.9	76	257041	8212	100	3
149	122	洛克希德－马丁公司	美国	25530.0	－2.8	382.0	－62	29799	6361	147	1
150	119	都市人寿保险公司	美国	25426.0	－4.9	617.0	－54	225232	13690	42	22
151		高盛集团⑨	美国	25363.0		2708.0		250491	10145	15	37
152	129	通用电话电子公司	美国	25336.2	－0.5	4032.8	86	50832	10827	100	41
153	146	大荣⑩	日本	25320.1	7.4	－195.2		16701	524	48④	18
154	210	戴尔计算机②	美国	25265.0	38.5	1666.0	14	11471	5308	37	8
155	125	联合技术公司	美国	25242.0	－1.8	1531.0	22	24366	7117	148	1
156	149	贝尔南方公司	美国	25224.0	9.1	3448.0	－2	42453	14815	96	41
157	244	德国邮政	德国	25101.1	53.9	1186.1	586	77295	2658	264	25
158	251	卡地纳健康	美国	25033.6	57.3	456.3	85	8289	3463	36	45
159	170	曼内斯曼公司	德国	24816.3	17.1	103.5	－81	60383	21691	131	20
160	92	阿西布朗勃法瑞	瑞士	24681.0	－20.1	1614.0	24	29516	5608	164	10
161	143	康尼格拉	美国	24594.3	3.2	358.4	－42	12146	2909	85	14
162	192	国际造纸公司	美国	24573.0	26.0	183.0	－14	30268	10304	99	17
163	145	阿尔卡泰尔公司	法国	24558.1	3.9	686.9	－74	34285	11559	116	41
164	193	西班牙电话	西班牙	24487.7	25.9	1925.1	32	64294	14518	127	41
165	188	圣戈班公司	法国	24482.4	23.5	1307.7	7	27980	9560	165	5
166	212	弗雷德马克	美国	24268.0	34.5	2223.0	31	386684	11525	4	9
167	293	日本三菱石油公司③	日本	24214.8	69.4	－43.6	－157	36667	8199	16	31
168	218	AUTONATION	美国	24206.6	38.4	282.9	－43	9613	4601	33	40
169	153	西德意志银行	德国	24079.1	6.3	444.8	18	394660	8183	14	3
170	166	新日本制铁③	日本	24074.5	11.5	100.3	12	40681	8670	54	27
171	301	伯克希尔－哈撒韦公司	美国	24028.0	73.7	1557.0	－45	131416	57761	48	24
172	213	工业复兴	意大利	23944.7	34.4	3102.9	69	52080	3456	109	20
173	202	AEGON	荷兰	23865.8	27.4	1674.7	23	229334	13574	24	22
174	266	霍尼韦尔国际公司	美国	23735.0	56.9	1541.0	16	23527	8599	120	1
175	147	奥尚连琐超市	法国	23493.6	－0.2	339.2	152	14048	3536	116	16
176	150	沃尔特·迪斯尼公司⑤	美国	23402.0	1.9	1300.0	－30	43679	20975	120	13
177	98	兴业银行	法国	23398.6	－21.4	2476.8	230	407476	11931	65	3
178	180	关西电力公司③	日本	23246.2	14.4	469.7	14	73133	13645	27④	44
179	151	德累斯顿银行	德国	23208.8	1.9	1123.2	9	397759	11594	51	3
180	165	佳能公司	日本	23062.0	6.7	617.7	－26	25280	11743	81	8
181	137	劳埃德 TSB 集团	英国	22836.7	－6.8	4068.0	16	283804	14010	76	3
182	366	特科国际⑤	美国	22496.5	82.7	985.3	－16	32362	12333	182	10
183	194	东日本铁路③	日本	22478.5	15.7	601.4	251	71256	8350	83	34
184	197	吉之岛公司⑬	日本	22451.3	17.1	－25.2	－118	16686	2852	34	16
185	204	拉博银行	荷兰	22373.6	21.1			281865	13530	53	3
186	162	国家电力公司	意大利	22320.1	2.6	2497.4	1	46221	17618	79	44
187	156	三井相互人寿保险公司③	日本	22223.8	0.0	964.8	1270	98447	1431	21	21
188	167	第一联合公司	美国	22084.0	2.5	3223.0	12	253024	16709	72	3
189	179	韦尔斯法戈公司	美国	21795.0	6.4	3747.0	92	218102	22131	89	3
190	215	杜克能源	美国	21742.0	23.5	1507.0	20	33409	9207	21	44
191	187	纽约人寿保险公司	美国	21679.3	9.2	554.8	26	94979	6398	7	21
192	159	诺华	瑞士	21608.9	－1.2	4432.3	6	40935	23249	82	32

17—1 续表 4

位次		企业名称	国家、地区	营业额（百万美元）	营业额比上年增长%	利润额（百万美元）	利润额比上年增长%	资产额（百万美元）	股东产权权益（百万美元）	雇员数（千人）	行业代码①
1999 年	1998 年										
193	158	巴克莱银行	英　国	21573.0	−1.5	2846.3	29	410647	13672	77	3
194	216	北方电讯	加拿大	21287.0	26.3	−324.0		24007	13680	81	30
195	198	美国运通公司	美　国	21278.0	11.2	2475.0	16	148517	10095	88	9
196	283	诺基亚	芬　兰	21090.4	45.0	2748.8	44	14312	7395	55	10
197	177	洛斯公司	美　国	20952.6	1.2	363.2	−22	69464	9978	28	24
198	184	太平洋天然气和电气公司	美　国	20820.0	4.4	−73.0	−110	29715	6886	22	44
199		CONOCO	美　国	20817.0		744.0		16375	4555	17	31
200	110	联合工业企业股份有限公司	德　国	20758.8	−25.7	506.5	−23	34052	7121	82	43
201	168	西格纳公司	美　国	20644.0	−3.7	1774.0	37	95333	6149	42	19
202		现代汽车	韩　国	20566.3	231.3	461.6		22410	6279	51	29
203	155	百事可乐	美　国	20367.0	−8.9	2050.0	3	17551	6881	118	4
204	220	超价商店⑩	美　国	20339.1	16.8	242.9	27	6495	1822	80	45
205	196	美利坚公司	美　国	20262.0	5.5	985.0	−25	24374	6858	113	2
206	209	布里斯托尔—迈尔斯施贵宝公司	美　国	20222.0	10.6	4167.0	33	17114	8645	55	32
207	208	PINAULT—RPINTEMPS集团	法　国	20144.1	9.7	666.4	18	20422	3724	89	18
208	160	中国工商银行	中　国	20130.4	−7.8	498.3	20	427542	21918	549	3
209	183	萨拉·李公司⑧	美　国	20012.0	0.0	1191.0		10521	1266	138	14
210	447	佛雷特波士顿银行	美　国	20000.0	100.0	2038.0	33	190692	15307	59	3
211	199	三和银行③	日　本	19999.9	6.1	1073.2		457290	21332	13	3
212	227	斯普林特公司	美　国	19930.0	16.3	−935.0	−326	39250	13560	78	41
213	249	安田相互人寿保险公司③	日　本	19861.7	23.7	962.4	41	98456	2614	22	21
214	191	雷声公司	美　国	19841.0	1.6	404.0	−53	28110	10959	105	1
215	201	可口可乐公司	美　国	19805.0	5.3	2431.0	−31	21623	9513	37	4
216	284	微软⑧	美　国	19747.0	36.3	7785.0	73	37156	28438	31	7
217	172	卡特彼勒公司	美　国	19702.0	−6.1	946.0	−38	26635	5465	67	20
218	234	诺威奇联合公司	英　国	19697.5	16.5	920.7	2	107021	9733	19	22
219	241	瑞士再保险公司	瑞　士	19640.7	19.6	1856.4	8	68060	11106	9	24
220	222	联合健康集团	美　国	19562.0	12.7	568.0		10273	3863	29	19
221	271	日本烟草公司③	日　本	19486.5	29.8	456.2	−22	30179	14884	42	42
222	163	西敏寺银行	英　国	19480.7	−14.0	2699.0	1	299329	15060	62	3
223	233	中部电力公司③	日　本	19467.5	14.4	692.6	115	61589	10657	24	44
224	247	马自达汽车公司③	日　本	19413.0	20.6	234.9	−22	14328	2396	44	29
225	237	樱花银行③	日　本	19372.9	11.9	562.0		472827	21533	15	3
226	164	英美烟草公司	英　国	19328.6	−10.6	899.7	−15	26164	7770	67	42
227	312	斯堪的亚集团	瑞　典	19288.6	42.4	418.0	168	57181	2114	7	22
228	176	普多伊萨格公司⑤	德　国	19280.0	−7.4	313.7	14	16225	2574	79	46
229	182	施乐公司	美　国	19228.0	−4.0	1424.0	261	28814	4911	95	8
230	185	莱曼兄弟公司⑨	美　国	18989.0	−4.5	1132.0	54	192244	6283	9	37
231	205	陶氏化学公司	美　国	18929.0	2.6	1331.0	2	25499	8323	39	6
232	278	印度石油公司③	印　度	18728.6	27.2	565.3	7	9151	3240	35	31
233	352	公用事业联合公司	美　国	18621.5	48.2	160.5	21	7539	1525	4	44
234		大宇	韩　国	18618.7	−31.2	−18667.1	−21231	16461	−15906	12	43
235	235	电子数据系统公司	美　国	18534.2	9.7	420.9	−43	12429	4535	121	7
236		中国电信公司	中　国	18484.6	3.8	548.1		57170	30813	529	41
237	482	阿斯特拉捷利康	英　国	18445.0	102.0	1143.0	−3	19816	10302	58	32
238	239	东京海上火灾保险公司③	日　本	18363.8	10.4	309.1	27	58329	8031	15	24
239	232	罗克控股公司	瑞　士	18348.8	7.8	3836.6	27	43999	16838	68	32
240	229	布里奇斯通轮胎公司	日　本	18343.2	7.2	780.0	−3	17515	7260	101	35

17—1 续表 5

位次 1999年	位次 1998年	企业名称	国家、地区	营业额(百万美元)	营业额比上年增长%	利润额(百万美元)	利润额比上年增长%	资产额(百万美元)	股东产权权益(百万美元)	雇员数(千人)	行业代码①
241	206	摩根公司	美国	18110.0	—1.7	2055.0	113	260898	11439	16	3
242	265	CVS	美国	18098.3	18.5	635.1	60	7275	3680	100	16
243	277	三洋电气公司③	日本	18089.9	22.8	194.8		26384	6488	84	10
244	243	第一劝业银行③	日本	18065.0	7.7	636.3		506980	23948	16	3
245	217	联合航空公司	美国	18027.0	2.7	1235.0	50	20963	5151	100	2
246	133	巴西银行	巴西	17981.9	—28.3	465.8	—38	70506	4054	69	3
247	298	挪威国家石油公司	挪威	17945.0	27.0	436.2	1115	20920	5047	18	31
248	228	布伊格公司	法国	17895.3	4.6	65.8	—27	16682	2183	111	12
249	273	标准人寿保险公司⑨	英国	17846.8	20.3			124236		12	21
250	264	沃尔格林公司⑪	美国	17838.8	16.5	624.1	22	5907	3484	75	16
251	327	佐治亚—太平洋公司	美国	17796.0	34.6	716.0	631	15380	3750	57	17
252	238	安宝	澳大利亚	17760.3	6.4	—272.3		85874	4994	22	22
253	253	联合百货公司②	美国	17716.0	15.3	795.0	20	17692	6552	133	18
254	335	安盟—甘集团	法国	17655.0	43.9	27.4	—82	65689	4530	26	23
255	171	中国银行	中国	17623.8	—16.6	534.3	—22	350733	17921	209	3
256	365	KINGFISHER②	英国	17602.4	42.3	678.2	—6	11520	4261	84	40
257	285	三星人寿保险公司③	韩国	17574.6	13.2	264.6	260	42160	1940	8	22
258	200	日本邮政业务公司⑭	日本	17496.9	—7.2	—489.0	—403	88144	38725	141	25
259		FONCIERE EURIS	法国	17475.0	22.8	40.5	—37	12639	621	90	18
260	263	西斯科⑧	美国	17422.8	13.7	362.3	22	4097	1427	35	45
261	219	法国国营铁路公司	法国	17348.0	—0.7	42.9		43888	4187	211	34
262	240	弗朗茨—哈尼尔有限公司	德国	17330.2	4.8	296.0	74	8536	2525	40	45
263	306	伯根布鲁斯威格⑤	美国	17244.9	25.7	70.6	2175	5535	1496	13	45
264	276	德州公用	美国	17118.0	16.2	985.0	33	40729	8334	22	44
265	221	阿比公司	英国	17113.4	—1.6	2040.5	16	291303	9796	27	3
266	394	技术数据	美国	16991.8	47.4	127.5	—1	4124	1014	10	45
267	383	汤普森—拉莫—伍尔德里奇公司	美国	16969.0	42.8	468.8	—2	18266	2712	122	29
268	305	日本电装公司③	日本	16914.8	22.9	556.0	21	21004	12718	81	29
269	154	里昂信贷银行	法国	16838.0	—25.4	588.6	222	173347	6448	41	3
270	260	瑞士人寿保险和养老金公司	瑞士	16834.6	8.5	257.7	37	96623	5897	11	22
271	252	联邦捷运公司⑫	美国	16773.5	5.7	631.3	26	10648	4664	156	25
272	355	阿尔斯通③	法国	16760.1	33.7	360.4	34	19787	1900	121	20
273	230	德国 BAHN 公司	德国	16672.2	—2.3	82.1	—56	37284	8682	242	34
274	307	夏普公司③	日本	16657.7	22.0	252.6	597	19377	9347	50	10
275	190	HCA 健康公司	美国	16657.0	—15.4	657.0	73	16885	5617	168	19
276	286	MYCAL⑩	日本	16504.1	14.6	—52.6		16594	1872	62	18
277		LANDESBANK BADEN—WURTTEMBERG	德国	16457.7		447.5		257631	5530	9	3
278	261	美国铝公司	美国	16446.4	6.2	1054.1	24	17066	6318	108	27
279	371	LEGAL & GENERAL	英国	16443.5	35.5	949.8	41	164724	4972	8	21
280	259	巴西石油公司	巴西	16351.0	5.3	970.6	—19	31588	9793	39	31
281	254	法国邮政	法国	16313.5	3.0	302.0	429	43702	1481	306	25
282	189	大都会公司⑧	英国	16309.5	—2.7	1547.2	7	25659	6346	66	4
283		ALMANIJ	比利时	16243.5	—0.8	764.7	—22	186957	4410	32	3
284	291	储备银行集团	法国	16218.8	13.2	620.1	55	249323	8795	42	3
285	280	辉瑞公司	美国	16204.0	10.2	3179.0	—5	20574	8887	51	32
286	351	约翰逊控制器公司⑤	美国	16139.4	28.2	419.6	24	8614	2270	95	29
287	370	劳氏②	美国	15905.6	29.9	672.8	40	9012	4696	80	40
288	426	卡尔斯泰公司	德国	15832.7	52.7	224.3	99	7943	1657	90	18

17－1 续表 6

位次 1999年	位次 1998年	企业名称	国家、地区	营业额（百万美元）	营业额比上年增长％	利润额（百万美元）	利润额比上年增长％	资产额（百万美元）	股东产权权益（百万美元）	雇员数（千人）	行业代码①
289	270	明尼苏达矿业和机械制造公司	美 国	15659.0	4.2	1763.0	50	13896	6289	71	36
290	459	日本出光兴产石油公司③	日 本	15636.2		216.3		23093	781	8	31
291	290	DELHAIZE"LELION"	比利时	15562.0	8.6	181.2	12	5741	1088	125	16
292	334	鹿岛公司③	日 本	15518.0	19.6	81.0		23629	1717	12④	12
293	329	自由相互保险公司	美 国	15499.0	17.7	501.0	30	55259	6896	37	23
294	294	DYNEGY	美 国	15430.0	8.2	151.8	40	6525	1310	3	11
295	357	农林中央金库③	日 本	15395.9	23.3	733.9	62	501873	16384	4	3
296	310	阿克佐诺贝尔公司	荷 兰	15394.3	13.1	217.6	－67	12053	1865	68	6
297	281	西北相互人寿保险公司	美 国	15306.3	4.5	1336.6	65	85982	5069	4	21
298	396	RELIANT ENERGY	美 国	15302.8	33.2	1482.5		26221	5306	14	44
299	314	TOYOTA TSUSHO③	日 本	15218.9	12.6	－66.3	－1003	7329	1266	9	43
300	267	巴伐利亚州立银行	德 国	15203.0	0.8	550.1	62	281876	6895	8	3
301	324	乐喜国际公司	韩 国	15177.6	13.4	25.7	194	1329	450	2	43
302	236	BANCO BRADESCO	巴 西	15164.3	－9.5	610.5	－30	44786	3774	67	3
303	299	米其林	法 国	15137.5	5.3	164.7	－72	14578	3984	130	35
304	296	日本钢管公司③	日 本	15136.4	7.0	－412.5		26215	2783	40	27
305	118	富豪公司	瑞 典	15120.7	－43.5	3897.1	259	22897	11435	53	29
306	300	大成公司③	日 本	15099.8	8.9	－474.2		22288	1811	20	12
307	304	中国化工进出口总公司	中 国	15063.8	9.2	71.8	6	4736	1159	9	43
308	470	乐喜电子公司	韩 国	15021.1	60.2	1740.9		17465	3036	54	10
309	302	曼恩公司⑧	德 国	15007.0	8.5	389.4	22	9724	2453	67	29
310	382	三菱化学工业公司③	日 本	14997.5	25.2	－216.7		19610	3854	17	6
311	474	国营石油公司③	马来西亚	14943.9	61.3	3106.8	108	31988	11856	19	31
312		DEXIA GROUP	比利时	14936.7		811.7		245207	5512	15	3
313	274	伊莱克斯	瑞 典	14914.3	0.9	520.5	4	9571	3022	93	10
314	223	哈利伯顿公司	美 国	14898.0	－14.1	438.0		10728	4287	103	12
315	330	电缆与无线电公司③	英 国	14825.9	12.8	5758.9	283	34343	12916	50	41
316	341	贝特尔斯曼公司⑧	德 国	14810.7	15.7	371.5	－23	10385	2347	65	33
317	433	东海银行③	日 本	14784.2	40.7	373.8		297857	15450	11	3
318	297	德尔塔航空公司⑧	美 国	14711.0	4.1	1101.0	10	16544	4448	74	2
319	338	日本通运公司③	日 本	14708.7	14.4	215.9	10	11546	3659	68	25
320	268	弗莱明公司	美 国	14645.6	－2.8	－44.7		3573	561	36	45
321	258	INVENSYS③	英 国	14556.8	－6.5	－383.5		11537	1634	122	20
322		OLD MUTUAL	南 非	14550.4		1750.8		61406	5538	36	22
323	256	鲁尔煤矿	德 国	14541.4	－6.9	139.8	－28	18340	1809	102	28
324	289	科尔斯美亚公司	澳大利亚	14538.2	1.3	256.1	3	5031	1786	157	16
325	419	法国洛林炼钢公司	法 国	14531.4	36.5	－189.9	－151	9992	4120	64	27
326	287	毕尔巴鄂比斯开银行	西班牙	14485.8	0.7	1310.4	20	157473	8211	74	3
327	248	哈利法克斯建筑公司	英 国	14456.4	－10.0	1721.7	－11	261219	10080	32	3
328	320	可口可乐事业	美 国	14406.0	7.4	59.0	－59	22730	2924	69	4
329	275	英国航空公司③	英 国	14405.3	－2.3	－33.8	－110	21560	5020	66	2
330		国家电力公司	西班牙	14375.8	88.8	1361.5	11	49835	9338	34	44
331	380	电通公司③	日 本	14368.2	19.8	185.9	251	9805	3364	5④	46
332	378	托斯科公司	美 国	14362.1	19.5	441.7	316	6212	2108	22	31
333	369	日本航空公司③	日 本	14356.2	17.2	177.3	－15	18634	2320	19④	2
334	359	奥托邮购两合公司⑮	德 国	14290.9	14.9	258.3	29	6218	1033	50	40
335	246	阿彻－丹尼尔斯－米德兰公司⑧	美 国	14283.3	－11.3	266.0	－34	14030	6241	24	14
336	318	埃默森电器公司⑤	美 国	14269.5	6.1	1313.6	7	13624	6181	117	10

17－1 续表 7

位次		企业名称	国家、地区	营业额（百万美元）	营业额比上年增长％	利润额（百万美元）	利润额比上年增长％	资产额（百万美元）	股东产权权益（百万美元）	雇员数（千人）	行业代码①
1999 年	1998 年										
337	321	五月百货公司②	美　国	14224.0	6.0	927.0	9	10935	4077	134	18
338	288	达诺纳集团	法　国	14179.3	－1.4	727.5	9	15050	6160	76	14
339	377	东北电力公司③	日　本	14166.3	17.6	197.5	－33	42237	7014	17	44
340	308	温－迪克西百货公司⑧	美　国	14136.5	3.8	182.3	－8	3149	1411	95	16
341		中国农业银行⑯	中　国	14127.8		－110.2		244107	16274	500	3
342	322	伊士曼柯达公司	美　国	14089.0	5.1	1392.0	0	14370	3912	81	36
343	339	艾奥瓦牛肉罐头公司	美　国	14075.2	9.5	313.3	65	3713	1709	45	14
344	356	清水公司③	日　本	14052.7	12.3	88.5		21493	2356	15	12
345	430	乔治韦斯顿公司	加拿大	14033.9	36.4	236.2	－55	6924	1804	119	16
346	466	航空航天工业公司	法　国	13991.6	47.1	32.5	－82	17626	1617	52	1
347	386	飞利浦石油公司	美　国	13852.0	16.9	609.0	157	15201	4579	16	31
348	226	布罗肯希尔土地兴业公司⑫	澳大利亚	13778.0	－19.7	－1453.2		20426	5609	45	28
349	326	葛兰素威康	英　国	13738.0	3.8	2930.4	－4	16805	5064	62	32
350	333	新闻公司⑧	澳大利亚	13715.2	5.5	685.3	－41	35725	16394	50	13
351	458	DDI③	日　本	13704.5	40.5	－94.0	－170	19490	2229	3④	41
352	262	卜内门化学工业公司	英　国	13671.6	－11.2	407.8	28	11248	393	47	6
353	399	铃木自动车工业公司③	日　本	13661.8	20.0	241.5	27	11380	4853	31	29
354	337	汉莎航空公司	德　国	13629.9	5.8	671.5	－17	12918	3700	66	2
355	344	华盛顿共同公司	美　国	13571.2	6.5	1817.1	22	186514	9053	28	3
356	323	史克比彻姆公司	英　国	13561.6	1.2	1703.9	70	13853	3750	47	32
357	331	全国保险公司	美　国	13554.9	3.4	512.8	－57	120102	9768	28	24
358	317	美国家庭用品公司	美　国	13550.2	0.6	－1227.1	－150	23906	6215	52	32
359	348	五十铃自动车公司③	日　本	13531.1	6.8	－935.7	－2018	17970	1651	29	29
360	269	哈特福德金融服务公司	美　国	13528.0	－9.9	862.0	－15	167051	5466	26	24
361	313	加拿大帝国商业银行⑥	加拿大	13441.2	－0.7	687.0	－5	170188	7518	46	3
362	279	安内特	法　国	13438.0	－8.7	－1034.7	－218	41674	10395	101	32
363	424	日本能源③	日　本	13432.7	28.3	－379.5	－375	18777	1125	13	31
364		中国建设银行	中　国	13392.3	－13.2	598.8	264	265842	12908	324	3
365	340	DANA	美　国	13353.0	4.0	513.0	－4	11123	2957	84	29
366	349	太阳相互人寿保险公司③	日　本	13341.3	5.5	192.7	188	69271	1639	15	21
367	325	意大利联合信贷银行	意大利	13335.4	0.1	1369.4	509	169324	7907	60	3
368	361	麦当劳公司③	美　国	13259.3	6.7	1947.9	26	21000	9600	300	15
369	311	马克思－斯潘塞有限公司③	英　国	13205.7	－2.9	416.9	－32	12787	7825	52	18
370	392	千代相互人寿保险公司③	日　本	13198.6	14.2	33.3	－78	36258	1143	16	21
371	364	美国西部	美　国	13182.0	6.5	1342.0	－11	23216	1255	58	41
372	358	雅培制药公司	美　国	13177.6	5.6	2445.8	5	14471	7428	57	32
373	328	大西洋富田公司	美　国	13176.0	－0.1	1422.0	215	26272	8686	17	31
374	315	加拿大皇家银行⑥	加拿大	13146.1	－2.7	1151.6	－8	185802	8436	52	3
375	336	挪威水利发电公司	挪　威	13130.5	1.7	437.9	－12	22075	7403	39	6
376	346	废物处理公司	美　国	13126.9	3.3	－397.6		22681	4403	75	46
377	368	拉加代尔集团	法　国	13103.9	6.7	257.1	－17	13578	2327	49	33
378	375	PUBLIX 超级市场	美　国	13068.9	8.3	462.4	22	4068	2676	84	16
379	367	金伯利－克拉克有限公司	美　国	13006.8	5.8	1668.1	43	12816	5093	55	17
380	406	理光公司③	日　本	12996.9	16.5	376.6	57	15047	5280	67	8
381	434	沃纳兰伯特公司	美　国	12928.9	26.6	1733.2	38	11442	5098	44	32

17—1 续表 8

位次 1999年	位次 1998年	企业名称	国家、地区	营业额（百万美元）	营业额比上年增长％	利润额（百万美元）	利润额比上年增长％	资产额（百万美元）	股东产权权益（百万美元）	雇员数（千人）	行业代码①
382	444	韩国电力公司	韩 国	12899.3	28.3	1234.8	57	56628	26774	38	44
383	350	固特轮胎和橡胶公司	美 国	12880.6	1.8	241.1	—65	13103	3618	109	35
384	391	大同人寿保险公司③	日 本	12873.8	11.3	221.6	—36	56093	1764	22	21
385	374	维亚康姆	美 国	12858.8	6.3	334.0		24486	11132	83	13
386	405	九州电力公司③	日 本	12829.8	14.7	206.0	2	40381	7074	18	44
387	423	住友金属工业公司③	日 本	12789.8	21.4	—1303.4		27051	3331	49	27
388	292	蒙特爱迪生	意大利	12786.3	—10.7	103.5	—73	16728	4326	30	14
389	345	来爱德⑮	美 国	12731.9	11.9	143.7	—55	10422	2954	90	16
390		沃达丰③	英 国	12686.0	128.2	784.7	—26	244667	224670	29	41
391	224	兼松公司③	日 本	12644.5	—26.5	—111.8		8624	113	5	43
392	413	巡回城市百货公司⑩	美 国	12614.4	16.8	197.6	38	3955	2142	54	40
393	400	富士摄影胶片公司③	日 本	12589.4	11.9	762.4	36	20973	14649	37	36
394	441	BEST BUY⑩	美 国	12494.0	24.0	347.1	55	2995	1096	41	40
395	343	澳大利亚国民银行⑤	澳大利亚	12487.0	—2.1	1794.6	35	165818	12087	46	3
396	353	MIGROS 公司	瑞 士	12444.2	—1.1	408.0	48	10025	4421	78	16
397	489	利尔公司	美 国	12428.0	37.2	257.1	123	8718	1465	121	29
398	316	福陆公司⑥	美 国	12417.4	—8.1	104.2	—56	4886	1581	54	12
399	347	加拿大管道运输公司	加拿大	12415.2	—2.2	18.8	—94	17270	4565	4	11
400	332	INTESA 银行	意大利	12391.4	—5.2	906.2	39	304664	9301	73	3
401	429	德国德众银行	德 国	12345.7	19.9	110.9	91	243777	3163	13	3
402	360	塞夫韦公司③	英 国	12341.5	—0.7	269.4	—33	7311	3273	57	16
403	245	俄罗斯天然气能源公司	俄罗斯	12299.5	—24.2	1874.0		47776	27977	369	11
404	421	ADECCO	瑞 士	12294.4	16.4	—115.8		4959	1499	16	46
405	416	安田火灾海上保险公司③	日 本	12280.9	14.1	125.8	27	37117	3290	12	24
406	415	惠好公司	美 国	12262.0	13.9	527.0	79	18339	7173	45	17
407	309	柏林银行	德 国	12251.1	—10.0	160.1	399	194232	4263	17	3
408	373	苏格兰皇家银行⑤	英 国	12173.8	0.6	1394.8	21	146330	6920	33	3
409		思科系统	美 国	12154.0	43.7	2096.0	55	14725	11678	21	30
410		联合第一资本	美 国	12131.2		1490.4		82956	9801	32	9
411	407	英国邮局③	英 国	12120.4	4.5	—425.4	—152	10679		201	25
412	372	亨克尔公司	德 国	12118.5	—0.1	388.3	4	9879	2955	56	6
413	362	中国粮油食品进出口总公司	中 国	12099.2	—2.4	91.0	—2	4655	1689	28	43
414	420	富士重工业公司③	日 本	11945.8	12.9	281.5	7	10126	2012	27	29
415	385	伍尔沃斯公司⑧	澳大利亚	11920.9	0.6	161.9	—16	3113	981	120	16
416	404	玩具反斗店②	美 国	11862.0	5.9	279.0		8503	3681	55	40
417	427	英国钢铁公司	英 国	11794.9	13.9	—514.0		14528	7335	65	27
418	417	西格拉姆公司⑧	加拿大	11784.0	9.8	686.0	—28	35011	12888	34	13
419	439	积水建房公司②	日 本	11768.9	15.8	—838.8	—575	13579	6762	18	12
420	445	住友电气工业公司③	日 本	11752.2	17.3	211.8	33	14576	5738	67	26
421	303	迪尔公司⑥	美 国	11750.9	—15.0	239.2	—77	17578	4094	39	20
422	455	太阳微系统公司⑧	美 国	11726.3	19.8	1031.3	35	8420	4812	30	8
423	401	安霍伊泽—布施公司	美 国	11703.7	4.1	1402.2	14	12640	3922	24	4
424	363	CENTRICA	英 国	11678.1	—5.8	294.5	100	7570	1559	20	44
425	490	加普公司②	美 国	11635.4	28.5	1127.1	37	5189	2233	140	40
426	390	日本交通公社⑭	日 本	11633.6	—8.8	22.4	—2	3389	482	12	46

17-1 续表 9

位次		企业名称	国家、地区	营业额（百万美元）	营业额比上年增长%	利润额（百万美元）	利润额比上年增长%	资产额（百万美元）	股东产权权益（百万美元）	雇员数（千人）	行业代码①
1999年	1998年										
427	398	南方公司	美国	11585.0	1.6	1276.0	31	38396	9204	33	44
428	393	特克斯特朗公司	美国	11579.0	0.3	2226.0	266	16393	4377	68	1
429		英美石油公司	英国	11578.0		1552.0		26597	16174	229	28
430	453	雪印乳业公司③	日本	11565.4	17.0	-256.4	-1165	5623	1156	15	14
431	449	大日本印刷公司③	日本	11555.8	16.3	350.6	47	14154	9025	35	33
432	479	川铁商事公司③	日本	11488.1	25.2	-21.1		8528	337	7	43
433	384	澳洲电信⑧	澳大利亚	11475.3	-3.3	2195.8	7	18323	6789	53	41
434	342	欧莱雅	法国	11451.4	-10.4	838.6	11	10671	5639	42	39
435	389	英国航空航天公司	英国	11396.5	-2.4	524.3	-54	28098	11862	83	1
436		R. J. 雪诺兹烟草公司	美国	11394.0		2343.0		14377	7064	8	42
437	403	阿尔贝德钢铁公司	卢森堡	11362.7	1.3	77.2	-66	14922	2298	50	27
438	397	STORA ENSO	芬兰	11344.9	-0.9	802.7	285	16071	5967	40	17
439		川崎制铁公司③	日本	11292.7	31.9	111.6		22884	3231	31	27
440	446	旭玻璃公司③	日本	11289.5	12.7	118.2	196	18343	5901	46	5
441	422	太平洋联合铁道公司	美国	11273.0	6.8	810.0		29888	8001	64	34
442	435	神户制钢所③	日本	11248.8	10.1	-476.8		20717	2647	29	27
443	412	拉法公司	法国	11230.0	3.0	654.9	26	14512	5865	71	5
444	388	蒙特利尔银行⑥	加拿大	11139.3	-5.5	922.7	0	156784	7465	33	3
445	477	共荣人寿保险公司③	日本	11128.8	20.6	-15.0	-109	44972	781	14	22
446	411	丰业银行	加拿大	11118.6	2.0	1035.5	9	151396	7754	41	3
447	462	凸版印刷公司③	日本	11110.2	16.1	273.7	31	12686	6860	33	33
448		阿尔特拉马戴蒙德沙姆罗克公司	美国	11079.2	32.7	173.2		4936	1493	21	31
449	461	中央日本铁道公司③	日本	10971.4	13.6	338.4	297	59100	5697	24	34
450		教保人寿保险③	韩国	10899.1	26.1	46.8	-8	21845	392	10	22
451	451	TENET HEALTHCARE⑫	美国	10880.0	10.0	249.0	-5	13771	3870	107	19
452		全日航③	日本	10863.8	29.7	-136.5		14962	950	30	2
453	467	王子制纸公司③	日本	10826.3	14.7	50.6		16803	4310	24	17
454	450	CSX	美国	10811.0	9.2	2.0	-100	20720	5756	49	34
455		LUKOIL	俄罗斯	10780.8	39.4	1237.8	10978	8254	2747	80	28
456	498	三井不动产公司③	日本	10730.8	20.3	-524.6		29164	3853	13	46
457	480	旭化学工业公司③	日本	10727.4	17.0	184.3	36	11509	4643	27	6
458		农田工业公司⑪	美国	10709.1	22.0			3258	917	18	14
459	468	西日本铁路公司③	日本	10696.4	13.5	225.3		24970	3401	42④	34
460	460	浦项综合制铁公司	韩国	10683.8	10.0	1307.5	92	17389	8022	28	27
461	432	美国通用保险公司	美国	10679.0	4.2	1131.0	48	115447	6420	16	22
462	402	怡和有限公司	香港特区	10674.8	-4.9	207.4	310	9930	3106	150	16
463	437	法国航空公司③	法国	10661.9	4.3	365.6	30	10847	3356	59	2
464	465	高岛屋公司⑩	日本	10617.9	11.5	57.2	57	7953	1907	17	18
465		埃尔帕索能源公司	美国	10581.0	83.0	-255.0	-213	16657	2947	47	11
466	476	加拿大太阳人寿保险公司	加拿大	10511.1	13.8	110.4	203	69429	4050	11	21
467	428	惠而浦公司	美国	10511.0	1.8	347.0	7	6826	1867	64	10
468	493	多伦多-自治领银行⑥	加拿大	10470.3	16.1	1990.2	160	145771	7841	31	3
469		朝日银行③	日本	10420.3	40.1	282.0		280681	13534	12	3
470	469	川崎重工业公司③	日本	10325.4	9.8	-167.3		11766	1706	30	20

17－1 续表 10

位次		企业名称	国家、地区	营业额（百万美元）	营业额比上年增长％	利润额（百万美元）	利润额比上年增长％	资产额（百万美元）	股东产权权益（百万美元）	雇员数（千人）	行业代码①
1999 年	1998 年										
471	491	西北航空公司	美　国	10276.0	13.6	300.0		10584	－52	52	2
472		UNY⑬	日　本	10269.9	19.7	73.2	－25	7159	2120	10	18
473		科斯莫石油公司③	日　本	10266.0	29.2	43.5	563	12633	1759	5	31
474	494	办公用品公司	美　国	10263.3	14.1	257.6	11	4276	1908	41	40
475		近畿日本铁道公司③	日　本	10255.8	46.7	－41.0	－163	18425	1747	38	34
476		野村证券公司③	日　本	10221.8	98.6	1307.7		141351	13473	9	37
477	414	奥亚旭公司③	日　本	10166.7	－5.8	51.3	－26	20094	3212	13	12
478	438	大西洋和太平洋茶叶公司⑩	美　国	10151.3	－0.3	14.2		3336	846	53	16
479	409	佩希内公司	法　国	10140.9	－7.3	277.3	－20	7632	2960	30	26
480		法玛西亚	美　国	10126.0	17.1	575.0		16535	5349	30	6
481	457	胡马纳	美　国	10113.0	3.4	－382.0	－396	4900	1268	17	19
482		墨西哥电话公司	墨西哥	10076.2	17.8	2628.5	47	18833	12830	72	41
483		索迪斯联合公司	法　国	10035.2	46.6	146.7	2	6369	1351	270	15
484		ONEX	加拿大	10007.6	68.5	197.8	66	8553	881	83	10
485	443	礼来大药厂	美　国	10002.9	－0.5	2721.0	30	12825	5013	31	32
486	464	太平洋健康系统	美　国	9989.1	4.9	278.5	38	4884	1978	8	19
487	454	半岛东方航运公司	英　国	9929.8	1.3	650.5	44	10243	5572	55	38
488	440	加拿大电力保险公司	加拿大	9920.2	－2.3	358.7	27	39723	2377	28	22
489	472	国泰人寿保险公司	台湾省	9904.5	6.7	462.4	3	29886	2278	33	21
490		日本邮船公司③	日　本	9900.9	16.9	141.9	46	13844	2525	14	38
491	442	吉列公司	美　国	9897.0	－1.6	1260.0	17	11786	3060	39	26
492		联合化学公司	英　国	9860.9	11.1	127.3	7	3360	708	14	45
493	418	麻省相互人寿保险公司	美　国	9841.0	－7.8	556.5	29	71991	3411	8	21
494		SHV HOLDINGS	荷　兰	9779.1	4.1	169.1	31	6629	2233	33	43
495		MANPOWER	美　国	9770.1	10.8	150.0	98	2719	651	16	46
496		AMERISOURCE HEALTH⑤	美　国	9760.1	13.8	67.5	34	2061	166	4	45
497	295	圣保罗 IMI 银行	意大利	9738.8	－31.6	1120.0	11	140209	8055	24	3
498	481	重建信贷银行	德　国	9737.6	6.4	288.9	13	197095	5711	2	3
499		SOMERFIELD⑰	英　国	9725.9	69.6	261.4		2993	1187	41	16
500	471	LIMITED②	美　国	9723.3	4.0	460.8	－78	4088	2147	73	40
		500 家企业合计（10 亿美元，百万人）		**12696.0**		**554.0**		**44003**	**5011**	**44**	

注：①行业代码含义如下：1. 飞机制造业；2. 航空；3. 商业银行及储蓄业；4. 饮料业；5. 建筑材料和玻璃；6. 化学；7. 计算机服务及软件；8. 计算机和办公设备业；9. 多元化金融服务；10. 电子和电气设备；11. 能源；12. 土木工程；13. 娱乐；14. 食品；15. 食品服务；16. 食品和药品商店；17. 森林和纸制品；18. 综合商业；19. 医疗卫生；20. 工业和农业机械；21. 生命和健康保险（互保）；22. 生命和健康保险（存保）；23. 不动产和灾害保险（互保）；24. 不动产和灾害保险（存保）；25. 邮递、包装和货运；26. 金属制品；27. 金属材料；28. 矿业及原油生产；29. 汽车及零部件；30. 网络通讯；31. 石油精炼；32. 制药；33. 出版和印刷；34. 铁路；35. 橡胶和塑料；36. 科学、照相和控制设备；37. 证券；38. 海运；39. 肥皂与化妆品；40. 专业零售；41. 电信；42. 烟草；43. 贸易；44. 公用事业：煤气和电力；45. 批发；46. 未归类。②截止 2000 年 1 月 31 日的年度。③截止 2000 年 3 月 31 日的年度。④仅为母公司数。⑤截止 1999 年 9 月 30 日的年度。⑥截止 1999 年 10 月 31 日的年度。⑦财政年度截止日期从 1999 年 12 月 31 日改为 2000 年 1 月 31 日。⑧截止 1999 年 6 月 30 日的年度。⑨截止 1999 年 11 月 30 日的年度。⑩截止 2000 年 2 月 29 日的年度。⑪截止 1999 年 8 月 31 日的年度。⑫截止 1999 年 5 月 31 日的年度。⑬截止 2000 年 2 月 20 日的年度。⑭截止 1999 年 3 月 31 日的年度。⑮截止 1999 年 2 月 28 日的年度。⑯截止 1998 年 12 月 31 日的年度。⑰截止 1999 年 4 月 30 日的年度。

资料来源：美国《财富》杂志 2000 年 7 月 24 日。

17－2　1999年按利润额排序的世界最大的500家企业

企业名称	国家、地区	位次	利润额（百万美元）	利润额比上年增长％	营业额（百万美元）	营业额比上年增长％	资产额（百万美元）	股东产权权益（百万美元）	雇员数（千人）	行业代码①
通用电气	美国	1	10717.0	15	111630.0	11.1	405200	42557	340	9
花旗银行集团	美国	2	9867.0	70	82005.0	7.3	716900	49700	177	9
荷兰皇家/壳牌	英、荷	3	8584.0	2353	105366.0	12.5	113883	56171	96	31
西南贝尔电信	美国	4	8159.0	103	49489.0	72.0	83215	26726	205	41
埃克森－美孚石油	美国	5	7910.0	24	163881.0	62.7	144521	63466	106	31
美洲银行集团	美国	6	7882.0	53	51392.0	1.2	632574	44432	156	3
微软⑧	美国	7	7785.0	73	19747.0	36.3	37156	28438	31	7
国际商用机器(IBM)	美国	8	7712.0	22	87548.0	7.2	87495	20511	307	8
杜邦	美国	9	7690.0	72	27892.0	－28.7	40777	12875	94	6
菲利普·莫里斯	美国	10	7675.0	43	61751.0	6.8	61381	15305	137	42
英特尔公司	美国	11	7314.0	21	29389.0	11.9	43849	32535	70	10
福特汽车	美国	12	7237.0	－67	162558.0	12.6	276229	27537	365	29
戴姆勒－克莱斯勒	德国	13	6129.1	8	159985.7	3.5	175069	36143	467	29
通用汽车	美国	14	6002.0	103	176558.0	9.4	273921	20059	388	29
默克公司	美国	15	5890.5	12	32714.0	21.6	35635	13242	62	32
电缆与无线电公司③	英国	16	5758.9	283	14825.9	12.8	34343	12916	50	41
大通曼哈顿集团	美国	17	5446.0	44	33710.0	4.1	406105	23617	75	3
汇丰银行控股公司	英国	18	5407.8	25	39348.1	－9.2	567793	33330	147	3
沃尔－马特百货公司②	美国	19	5377.0	21	166809.0	19.8	70245	25848	1140	18
好利获得公司	意大利	20	5268.3	3402	30087.8	592.1	75700	26371	129	41
荷兰国际集团	荷兰	21	5250.2	80	62492.4	10.7	493949	34636	86	22
美国国际集团	美国	22	5055.4	34	40656.1	22.1	268238	33306	55	24
英国石油阿莫科	英国	23	5008.0	54	83566.0	22.3	89561	43281	80	31
摩根斯坦利添惠⑨	美国	24	4791.0	46	33928.0	9.0	366967	17014	55	37
朗讯⑤	美国	25	4766.0	391	38303.0	27.1	38775	13584	153	30
诺华	瑞士	26	4432.3	6	21608.9	－1.2	40935	23249	82	32
维里森通讯	美国	27	4202.0	42	33174.0	5.1	62614	15880	145	41
瑞士银行公司	瑞士	28	4193.3	101	27651.9	1.6	613198	21762	49	3
强生公司	美国	29	4167.0	36	27471.0	16.1	29163	16213	98	32
布里斯托尔－迈尔斯施贵宝公司	美国	30	4167.0	33	20222.0	10.6	17114	8645	55	32
劳埃德TSB集团	英国	31	4068.0	16	22836.7	－6.8	283804	14010	76	3
通用电话电子公司	美国	32	4032.8	86	25336.2	－0.5	50832	10827	100	41
世界通讯	美国	33	4013.0		37120.0	110.0	91000	51000	77	41
范尼美集团	美国	34	3911.9	14	36968.6	17.4	575167	17629	4	9
富豪公司	瑞典	35	3897.1	259	15120.7	－43.5	22897	11435	53	29
罗克控股公司	瑞士	36	3836.6	27	18348.8	7.8	43999	16838	68	32
宝洁⑧	美国	37	3763.0	0	38125.0	2.6	32113	12058	110	39
韦尔斯法戈公司	美国	38	3747.0	92	21795.0	6.4	218102	22131	89	3
丰田汽车③	日本	39	3653.4	31	115670.9	16.0	160572	66267	215	29
惠普⑥	美国	40	3491.0	19	48253.0	2.5	35297	18295	84	8
第一银行	美国	41	3479.0	12	25986.0	1.5	269425	20090	86	3
瑞士信贷银行	瑞士	42	3475.1	64	49362.0	0.4	451507	20379	64	3
贝尔南方公司	美国	43	3448.0	－2	25224.0	9.1	42453	14815	96	41
美国电话电报(AT&T)	美国	44	3428.0	－46	62391.0	16.4	169406	78927	148	41
日本生命保险公司③	日本	45	3405.4	312	78515.1	18.4	423282	10560	71	21
英国电信公司③	英国	46	3311.3	－33	30546.0	7.8	59964	25198	137	41
苏黎世金融服务公司	瑞士	47	3260.0	307	39962.0	2.2	221178	22237	69	24
第一联合公司	美国	48	3223.0	12	22084.0	2.5	253024	16709	72	3

17－2续表1

企业名称	国家、地区	位次	利润额（百万美元）	利润额比上年增长%	营业额（百万美元）	营业额比上年增长%	资产额（百万美元）	股东产权权益（百万美元）	雇员数（千人）	行业代码①
辉瑞公司	美国	49	3179.0	－5	16204.0	10.2	20574	8887	51	32
雀巢	瑞士	50	3144.3	6	49694.1	0.4	36820	15276	231	14
国营石油公司③	马来西亚	51	3106.8	108	14943.9	61.3	31988	11856	19	31
工业复兴	意大利	52	3102.9	69	23944.7	34.4	52080	3456	109	20
国家碳化氢公司	意大利	53	3047.5	18	34091.0	5.3	46303	18440	72	31
联合利华	英、荷	54	2953.1	－10	43679.9	－2.7	27940	7776	255	14
法国电信	法国	55	2952.6	16	29048.8	6.0	54179	18947	174	41
葛兰素威康	英国	56	2930.4	－4	13738.0	3.8	16805	5064	62	32
巴克莱银行	英国	57	2846.3	29	21573.0	－1.5	410647	13672	77	3
费巴集团	德国	58	2845.9	114	52227.7	20.3	52505	14415	132	43
委内瑞拉石油	委内瑞拉	59	2818.0	325	32648.0	27.2	49990	32894	48	31
诺基亚	芬兰	60	2748.8	44	21090.4	45.0	14312	7395	55	10
阿姆斯特丹－鹿特丹控股公司	荷兰	61	2741.4	38	38820.7	13.4	458937	12015	110	3
礼来大药厂	美国	62	2721.0	30	10002.9	－0.5	12825	5013	31	32
奥尔斯泰特	美国	63	2720.0	－17	26959.0	4.2	98119	16601	47	24
高盛集团⑨	美国	64	2708.0		25363.0		250491	10145	15	37
西敏寺银行	英国	65	2699.0	1	19480.7	－14.0	299329	15060	62	3
德意志银行	德国	66	2694.4	43	58585.1	29.7	841797	23200	93	3
三星电子公司	韩国	67	2671.0		26991.5	46.7	25762	11555	54	10
墨西哥电话公司	墨西哥	68	2628.5	47	10076.2	17.8	18833	12830	72	41
美林公司	美国	69	2618.0	108	34879.0	－2.7	328071	12802	67	37
农业信贷银行	法国	70	2527.5	21	32923.5	－0.3	440522	22954	86	3
国家电力公司	意大利	71	2497.4	1	22320.1	2.6	46221	17618	79	44
兴业银行	法国	72	2476.8	230	23398.6	－21.4	407476	11931	65	3
美国运通公司	美国	73	2475.0	16	21278.0	11.2	148517	10095	88	9
福特斯	比、荷	74	2470.4	18	43660.2	1.1	407043	13539	62	3
雅培制药公司	美国	75	2445.8	5	13177.6	5.6	14471	7428	57	32
可口可乐公司	美国	76	2431.0	－31	19805.0	5.3	21623	9513	37	4
安联保险	德国	77	2382.1	18	74178.2	14.3	383687	28855	114	24
本田汽车③	日本	78	2356.7	－1	54773.5	12.4	47759	18821	112	29
R.J.雪诺兹烟草公司	美国	79	2343.0		11394.0		14377	7064	8	42
家用仓储零售公司②	美国	80	2320.0	44	38434.0	27.2	17081	12341	183	40
波音	美国	81	2309.0	106	57993.0	3.3	36147	11462	197	1
特克斯特朗公司	美国	82	2226.0	266	11579.0	0.3	16393	4377	68	1
弗雷德马克	美国	83	2223.0	31	24268.0	34.5	386684	11525	4	9
埃尔夫·阿奎坦	法国	84	2210.2	268	37918.3	5.7	43016	16485	57	31
澳洲电信⑧	澳大利亚	85	2195.8	7	11475.3	－3.3	18323	6789	53	41
安盛公司	法国	86	2155.8	27	87645.7	11.3	508647	16396	92	22
拜尔	德国	87	2135.5	19	29141.6	－6.6	31351	15041	120	6
思科系统	美国	88	2096.0	55	12154.0	43.7	14725	11678	21	30
谢夫隆	美国	89	2070.0	55	32676.0	21.9	40668	17749	36	31
摩根公司	美国	90	2055.0	113	18110.0	－1.7	260898	11439	16	3
百事可乐	美国	91	2050.0	3	20367.0	－8.9	17551	6881	118	4
阿比公司	英国	92	2040.5	16	17113.4	－1.6	291303	9796	27	3
佛雷特波士顿银行	美国	93	2038.0	33	20000.0	100.0	190692	15307	59	3
多伦多－自治领银行⑥	加拿大	94	1990.2	160	10470.3	16.1	145771	7841	31	3
时代－华纳公司	美国	95	1948.0		27333.0		51239	9713	70	13
麦当劳公司③	美国	96	1947.9	26	13259.3	6.7	21000	9600	300	15

17－2 续表 2

企业名称	国家、地区	位次	利润额（百万美元）	利润额比上年增长%	营业额（百万美元）	营业额比上年增长%	资产额（百万美元）	股东产权权益（百万美元）	雇员数（千人）	行业代码①
西班牙电话	西班牙	97	1925.1	32	24487.7	25.9	64294	14518	127	41
皇家飞利浦电子	荷 兰	98	1919.0	－71	33556.6	－12.7	29564	14791	229	10
俄罗斯天然气能源公司	俄罗斯	99	1874.0		12299.5	－24.2	47776	27977	369	11
瑞士再保险公司	瑞 士	100	1856.4	8	19640.7	19.6	68060	11106	9	24
华盛顿共同公司	美 国	101	1817.1	22	13571.2	6.5	186514	9053	28	3
澳大利亚国民银行⑤	澳大利亚	102	1794.6	35	12487.0	－2.1	165818	12087	46	3
西格纳公司	美 国	103	1774.0	37	20644.0	－3.7	95333	6149	42	19
西门子⑤	德 国	104	1773.7	379	75337.0	14.1	65489	17283	443	10
明尼苏达矿业和机械制造公司	美 国	105	1763.0	50	15659.0	4.2	13896	6289	71	36
OLD MUTUAL	南 非	106	1750.8		14550.4		61406	5538	36	22
乐喜电子公司	韩 国	107	1740.9		15021.1	60.2	17465	3036	54	10
沃纳兰伯特公司	美 国	108	1733.2	38	12928.9	26.6	11442	5098	44	32
哈利法克斯建筑公司	英 国	109	1721.7	－11	14456.4	－10.0	261219	10080	32	3
史克比彻姆公司	英 国	110	1703.9	70	13561.6	1.2	13853	3750	47	32
桑坦德集团	西班牙	111	1677.9	76	25582.6	40.8	257041	8212	100	3
AEGON	荷 兰	112	1674.7	23	23865.8	27.4	229334	13574	24	22
第一相互生命保险公司③	日 本	113	1672.2	200	55104.7	23.9	294387	6284	61	21
金伯利－克拉克有限公司	美 国	114	1668.1	43	13006.8	5.8	12816	5093	55	17
戴尔计算机②	美 国	115	1666.0	14	25265.0	38.5	11471	5308	37	8
托塔尔菲纳公司	法 国	116	1621.4	65	44990.3	66.3	81168	27733	70	31
阿西布朗勃法瑞	瑞 士	117	1614.0	24	24681.0	－20.1	29516	5608	164	10
巴黎国民银行	法 国	118	1582.9	28	40098.6	49.7	700232	19835	77	3
住友生命保险公司③	日 本	119	1562.7	62	46445.1	17.5	232490	5039	66	21
伯克希尔－哈撒韦公司	美 国	120	1557.0	－45	24028.0	73.7	131416	57761	48	24
英美石油公司	英 国	121	1552.0		11578.0		26597	16174	229	28
苏黎世里昂水电公司	法 国	122	1549.3	39	33559.7	－3.8	77074	11296	222	11
大都会公司⑧	英 国	123	1547.2	7	16309.5	－2.7	25659	6346	66	4
霍尼韦尔国际公司	美 国	124	1541.0	16	23735.0	56.9	23527	8599	120	1
联合技术公司	美 国	125	1531.0	22	25242.0	－1.8	24366	7117	148	1
通用水管	法 国	126	1526.8	23	44397.8	25.8	82967	10917	275	12
杜克能源	美 国	127	1507.0	20	21742.0	23.5	33409	9207	21	44
联合第一资本	美 国	128	1490.4		12131.2		82956	9801	32	9
RELIANT ENERGY	美 国	129	1482.5		15302.8	33.2	26221	5306	14	44
爱立信公司	瑞 典	130	1467.1	－11	26052.3	12.3	23718	8097	103	10
西尔斯·罗巴克	美 国	131	1453.0	39	41071.0	－0.6	36954	6839	326	18
施乐公司	美 国	132	1424.0	261	19228.0	－4.0	28814	4911	95	8
大西洋富田公司	美 国	133	1422.0	215	13176.0	－0.1	26272	8686	17	31
安霍伊泽－布施公司	美 国	134	1402.2	14	11703.7	4.1	12640	3922	24	4
苏格兰皇家银行⑤	英 国	135	1394.8	21	12173.8	0.6	146330	6920	33	3
伊士曼柯达公司	美 国	136	1392.0	0	14089.0	5.1	14370	3912	81	36
意大利联合信贷银行	意大利	137	1369.4	509	13335.4	0.1	169324	7907	60	3
国家电力公司	西班牙	138	1361.5	11	14375.8	88.8	49835	9338	34	44
美国西部	美 国	139	1342.0	－11	13182.0	6.5	23216	1255	58	41
西北相互人寿保险公司	美 国	140	1336.6	65	15306.3	4.5	85982	5069	4	21
德国电信	德 国	141	1336.5	－46	37835.1	－4.7	94855	34781	196	41
陶氏化学公司	美 国	142	1331.0	2	18929.0	2.6	25499	8323	39	6
巴斯夫	德 国	143	1319.3	－30	31437.9	2.3	30078	13848	105	6
埃默森电器公司⑤	美 国	144	1313.6	7	14269.5	6.1	13624	6181	117	10

17－2 续表 3

企业名称	国家、地区	位次	利润额（百万美元）	利润额比上年增长%	营业额（百万美元）	营业额比上年增长%	资产额（百万美元）	股东产权权益（百万美元）	雇员数（千人）	行业代码①
毕尔巴鄂比斯开银行	西班牙	145	1310.4	20	14485.8	0.7	157473	8211	74	3
圣戈班公司	法　国	146	1307.7	7	24482.4	23.5	27980	9560	165	5
野村证券公司③	日　本	147	1307.7		10221.8	98.6	141351	13473	9	37
浦项综合制铁公司	韩　国	148	1307.5	92	10683.8	10.0	17389	8022	28	27
莱茵集团⑧	德　国	149	1300.8	63	38357.5	4.8	57133	6826	156	11
沃尔特·迪斯尼公司⑤	美　国	150	1300.0	－30	23402.0	1.9	43679	20975	120	13
南方公司	美　国	151	1276.0	31	11585.0	1.6	38396	9204	33	44
吉列公司	美　国	152	1260.0	17	9897.0	－1.6	11786	3060	39	26
LUKOIL	俄罗斯	153	1237.8	10978	10780.8	39.4	8254	2747	80	28
联合航空公司	美　国	154	1235.0	50	18027.0	2.7	20963	5151	100	2
韩国电力公司	韩　国	155	1234.8	57	12899.3	28.3	56628	26774	38	44
慕尼黑再保险集团	德　国	156	1208.5	147	38400.4	8.3	180294	18496	33	24
萨拉·李公司⑧	美　国	157	1191.0		20012.0	0.0	10521	1266	138	14
德国邮政	德　国	158	1186.1	586	25101.1	53.9	77295	2658	264	25
德士古	美　国	159	1177.0	104	35690.0	12.6	28972	12042	18	31
加拿大皇家银行⑥	加拿大	160	1151.6	－8	13146.1	－2.7	185802	8436	52	3
东京－三菱银行③	日　本	161	1148.7		32623.6	5.5	729250	27819	17④	3
TARGET②	美　国	162	1144.0	22	33702.0	8.9	17143	5862	183	18
阿斯特拉捷利康	英　国	163	1143.0	－3	18445.0	102.0	19816	10302	58	32
莱曼兄弟公司⑨	美　国	164	1132.0	54	18989.0	－4.5	192244	6283	9	37
美国通用保险公司	美　国	165	1131.0	48	10679.0	4.2	115447	6420	16	22
加普公司②	美　国	166	1127.1	37	11635.4	28.5	5189	2233	140	40
德累斯顿银行	德　国	167	1123.2	9	23208.8	1.9	397759	11594	51	3
圣保罗 IMI 银行	意大利	168	1120.0	11	9738.8	－31.6	140209	8055	24	3
德尔塔航空公司⑧	美　国	169	1101.0	10	14711.0	4.1	16544	4448	74	2
索尼③	日　本	170	1094.2	－22	60052.7	13.0	66370	21283	190	10
特斯科公司⑩	英　国	171	1088.4	8	30351.9	6.7	15580	7529	135	16
雷普索尔公司	西班牙	172	1078.4	11	28048.3	79.7	42147	12555	37	31
三和银行③	日　本	173	1073.2		19999.9	6.1	457290	21332	13	3
美国铝公司	美　国	174	1054.1	24	16446.4	6.2	17066	6318	108	27
丰业银行	加拿大	175	1035.5	9	11118.6	2.0	151396	7754	41	3
太阳微系统公司⑧	美　国	176	1031.3	35	11726.3	19.8	8420	4812	30	8
州立农业保险公司	美　国	177	1031.1	－22	44637.2	0.0	119144	45794	79	23
教师保险和学院退休基金	美　国	178	1024.1	22	39410.2	9.8	289248	7025	6	21
特科国际⑤	美　国	179	985.3	－16	22496.5	82.7	32362	12333	182	10
美利坚公司	美　国	180	985.0	－25	20262.0	5.5	24374	6858	113	2
德州公用	美　国	181	985.0	33	17118.0	16.2	40729	8334	22	44
商业银行	德　国	182	971.7	－2	26221.1	23.6	372896	11167	35	3
塞夫韦公司	美　国	183	970.9	20	28859.9	17.9	14900	4086	193	16
巴西石油公司	巴　西	184	970.6	－19	16351.0	5.3	31588	9793	39	31
三井相互人寿保险公司③	日　本	185	964.8	1270	22223.8	0.0	98447	1431	21	21
安田相互人寿保险公司③	日　本	186	962.4	41	19861.7	23.7	98456	2614	22	21
克罗格公司⑦	美　国	187	955.9		45351.6		16266	2683	213	16
LEGAL & GENERAL	英　国	188	949.8	41	16443.5	35.5	164724	4972	8	21
卡特彼勒公司	美　国	189	946.0	－38	19702.0	－6.1	26635	5465	67	20
五月百货公司②	美　国	190	927.0	9	14224.0	6.0	10935	4077	134	18
蒙特利尔银行⑥	加拿大	191	922.7	0	11139.3	－5.5	156784	7465	33	3
诺威奇联合公司	英　国	192	920.7	2	19697.5	16.5	107021	9733	19	22

17－2 续表 4

企业名称	国家、地区	位次	利润额（百万美元）	利润额比上年增长%	营业额（百万美元）	营业额比上年增长%	资产额（百万美元）	股东产权权益（百万美元）	雇员数（千人）	行业代码①
INTESA 银行	意大利	193	906.2	39	12391.4	－5.2	304664	9301	73	3
英美烟草公司	英　国	194	899.7	－15	19328.6	－10.6	26164	7770	67	42
松下电器工业③	日　本	195	895.5	745	65555.6	9.7	74946	33805	290	10
安龙天然气公司	美　国	196	893.0	27	40112.0	28.3	33381	9570	18	11
联合包裹运输公司	美　国	197	883.0	－49	27052.0	9.1	23043	12474	344	25
万全公司	英　国	198	877.0	－40	42220.3	25.4	242790	5518	22	22
大众汽车	德　国	199	874.7	－31	80072.7	4.9	67276	9637	306	29
普通保险公司	意大利	200	871.5	－13	53723.2	10.8	175930	7167	57	22
哈特福德金融服务公司	美　国	201	862.0	－15	13528.0	－9.9	167051	5466	26	24
欧莱雅	法　国	202	838.6	11	11451.4	－10.4	10671	5639	42	39
商联保险	英　国	203	833.3	1	41974.4	11.7	188129	15419	49	24
摩托罗拉公司	美　国	204	817.0		30931.0	5.2	37327	16344	121	10
美国万全保险公司	美　国	205	813.0	－27	26618.0	－22.7	285094	19291	60	22
DEXIA GROUP	比利时	206	811.7		14936.7		245207	5512	15	3
太平洋联合铁道公司	美　国	207	810.0		11273.0	6.8	29888	8001	64	34
家乐福	法　国	208	805.6	12	39855.7	30.8	33828	6660	297	16
STORA ENSO	芬　兰	209	802.7	285	11344.9	－0.9	16071	5967	40	17
皇家控股公司	荷　兰	210	802.3	35	35798.1	24.0	14319	2131	209	16
联合百货公司②	美　国	211	795.0	20	17716.0	15.3	17692	6552	133	18
东京电力③	日　本	212	785.3	3	45727.7	14.9	141952	18034	48	44
沃达丰③	英　国	213	784.7	－26	12686.0	128.2	244667	224670	29	41
布里奇斯通轮胎公司	日　本	214	780.0	－3	18343.2	7.2	17515	7260	101	35
标致	法　国	215	777.6	44	40327.9	7.4	39906	8351	166	29
ALMANIJ	比利时	216	764.7	－22	16243.5	－0.8	186957	4410	32	3
富士摄影胶片公司③	日　本	217	762.4	36	12589.4	11.9	20973	14649	37	36
法国电气	法　国	218	761.3	115	34146.6	8.9	116230	12672	133	44
CONOCO	美　国	219	744.0		20817.0		16375	4555	17	31
农林中央金库③	日　本	220	733.9	62	15395.9	23.3	501873	16384	4	3
达诺纳集团	法　国	221	727.5	9	14179.3	－1.4	15050	6160	76	14
麦克森赫伯克公司③	美　国	222	723.7	752	37100.5	22.1	10373	3566	21	45
艾特纳人寿意外事故保险公司	美　国	223	716.9	－16	26452.7	28.4	112839	10690	56	19
佐治亚－太平洋公司	美　国	224	716.0	631	17796.0	34.6	15380	3750	57	17
美国钢铁马拉松	美　国	225	698.0	4	25610.0	3.5	22962	6856	51	31
中部电力公司③	日　本	226	692.6	115	19467.5	14.4	61589	10657	24	44
加拿大帝国商业银行⑥	加拿大	227	687.0	－5	13441.2	－0.7	170188	7518	46	3
阿尔卡泰尔公司	法　国	228	686.9	－74	24558.1	3.9	34285	11559	116	41
西格拉姆公司⑧	加拿大	229	686.0	－28	11784.0	9.8	35011	12888	34	13
新闻公司⑧	澳大利亚	230	685.3	－41	13715.2	5.5	35725	16394	50	13
明治相互生命保险公司③	日　本	231	682.9	191	33966.6	19.3	164305	3192	39	21
KINGFISHER②	英　国	232	678.2	－6	17602.4	42.3	11520	4261	84	40
劳氏②	美　国	233	672.8	40	15905.6	29.9	9012	4696	80	40
汉莎航空公司	德　国	234	671.5	－17	13629.9	5.8	12918	3700	66	2
PINAULT－RPINTEMPS 集团	法　国	235	666.4	18	20144.1	9.7	20422	3724	89	18
HCA 健康公司	美　国	236	657.0	73	16657.0	－15.4	16885	5617	168	19
拉法公司	法　国	237	654.9	26	11230.0	3.0	14512	5865	71	5
半岛东方航运公司	英　国	238	650.5	44	9929.8	1.3	10243	5572	55	38
中国国家电力公司	中　国	239	647.1	－24	36076.1	14.7	133111	48099	1149	44
第一劝业银行③	日　本	240	636.3		18065.0	7.7	506980	23948	16	3

17—2 续表 5

企业名称	国家、地区	位次	利润额（百万美元）	利润额比上年增长%	营业额（百万美元）	营业额比上年增长%	资产额（百万美元）	股东产权权益（百万美元）	雇员数（千人）	行业代码①
日本兴业银行③	日　本	241	635.4		26939.9	1.7	414044	15867	7	3
CVS	美　国	242	635.1	60	18098.3	18.5	7275	3680	100	16
联邦捷运公司⑫	美　国	243	631.3	26	16773.5	5.7	10648	4664	156	25
沃尔格林公司⑪	美　国	244	624.1	22	17838.8	16.5	5907	3484	75	16
储备银行集团	法　国	245	620.1	55	16218.8	13.2	249323	8795	42	3
佳能公司	日　本	246	617.7	—26	23062.0	6.7	25280	11743	81	8
都市人寿保险公司	美　国	247	617.0	—54	25426.0	—4.9	225232	13690	42	22
鲜京公司	韩　国	248	611.5	1117	31997.3	11.1	36588	14926	23	31
BANCO BRADESCO	巴　西	249	610.5	—30	15164.3	—9.5	44786	3774	67	3
飞利浦石油公司	美　国	250	609.0	157	13852.0	16.9	15201	4579	16	31
东日本铁路③	日　本	251	601.4	251	22478.5	15.7	71256	8350	83	34
中国建设银行	中　国	252	598.8	264	13392.3	—13.2	265842	12908	324	3
里昂信贷银行	法　国	253	588.6	222	16838.0	—25.4	173347	6448	41	3
法玛西亚	美　国	254	575.0		10126.0	17.1	16535	5349	30	6
雷诺	法　国	255	569.6	—62	40098.6	—3.0	46529	8204	160	29
康柏电脑公司	美　国	256	569.0		38525.0	23.6	27277	14834	76	8
联合健康集团	美　国	257	568.0		19562.0	12.7	10273	3863	29	19
印度石油公司③	印　度	258	565.3	7	18728.6	27.2	9151	3240	35	31
桑斯博里③	英　国	259	562.4	—39	26218.0	4.3	16834	7565	117	16
樱花银行③	日　本	260	562.0		19372.9	11.9	472827	21533	15	3
麻省相互人寿保险公司	美　国	261	556.5	29	9841.0	—7.8	71991	3411	8	21
日本电装公司③	日　本	262	556.0	21	16914.8	22.9	21004	12718	81	29
住友银行③	日　本	263	555.7		27065.2	22.3	524228	17592	14④	3
纽约人寿保险公司	美　国	264	554.8	26	21679.3	9.2	94979	6398	7	21
巴伐利亚州立银行	德　国	265	550.1	62	15203.0	0.8	281876	6895	8	3
中国电信公司	中　国	266	548.1		18484.6	3.8	57170	30813	529	41
中国银行	中　国	267	534.3	—22	17623.8	—16.6	350733	17921	209	3
惠好公司	美　国	268	527.0	79	12262.0	13.9	18339	7173	45	17
英国航空航天公司	英　国	269	524.3	—54	11396.5	—2.4	28098	11862	83	1
伊莱克斯	瑞　典	270	520.5	4	14914.3	0.9	9571	3022	93	10
DANA	美　国	271	513.0	—4	13353.0	4.0	11123	2957	84	29
全国保险公司	美　国	272	512.8	—57	13554.9	3.4	120102	9768	28	24
联合工业企业股份有限公司	德　国	273	506.5	—23	20758.8	—25.7	34052	7121	82	43
自由相互保险公司	美　国	274	501.0	30	15499.0	17.7	55259	6896	37	23
中国工商银行	中　国	275	498.3	20	20130.4	—7.8	427542	21918	549	3
富士银行③	日　本	276	474.5		27815.8	34.0	567900	21912	14	3
关西电力公司③	日　本	277	469.7	14	23246.2	14.4	73133	13645	27④	44
汤普森—拉莫—伍尔德里奇公司	美　国	278	468.8	—2	16969.0	42.8	18266	2712	122	29
巴西银行	巴　西	279	465.8	—38	17981.9	—28.3	70506	4054	69	3
法国国家人寿保险公司	法　国	280	464.2	52	26802.5	11.2	117831	3006	3	22
PUBLIX 超级市场	美　国	281	462.4	22	13068.9	8.3	4068	2676	84	16
国泰人寿保险公司	台湾省	282	462.4	3	9904.5	6.7	29886	2278	33	21
现代汽车	韩　国	283	461.6		20566.3	231.3	22410	6279	51	29
LIMITED②	美　国	284	460.8	—78	9723.3	4.0	4088	2147	73	40
卡地纳健康	美　国	285	456.3	85	25033.6	57.3	8289	3463	36	45
日本烟草公司③	日　本	286	456.2	—22	19486.5	29.8	30179	14884	42	42
中国石化集团公司	中　国	287	447.7	131	41883.1	23.1	53870	19777	1172	31
LANDESBANK BADEN -WURTTEMBERG	德　国	288	447.5		16457.7		257631	5530	9	3

17－2 续表 6

企业名称	国家、地区	位次	利润额（百万美元）	利润额比上年增长%	营业额（百万美元）	营业额比上年增长%	资产额（百万美元）	股东产权权益（百万美元）	雇员数（千人）	行业代码①
西德意志银行	德国	289	444.8	18	24079.1	6.3	394660	8183	14	3
托斯科公司	美国	290	441.7	316	14362.1	19.5	6212	2108	22	31
哈利伯顿公司	美国	291	438.0		14898.0	－14.1	10728	4287	103	12
挪威水利发电公司	挪威	292	437.9	－12	13130.5	1.7	22075	7403	39	6
挪威国家石油公司	挪威	293	436.2	1115	17945.0	27.0	20920	5047	18	31
罗伯特－博施有限公司	德国	294	427.6	－4	29727.2	3.9	20881	6330	195	29
第一劝业银行⑩	日本	295	423.6	－18	28670.9	12.9	19147	9088	97	16
电子数据系统公司	美国	296	420.9	－43	18534.2	9.7	12429	4535	121	7
朝日生命相互保险公司③	日本	297	420.1	－9	26246.1	35.2	110570	2112	29	21
约翰逊控制器公司⑤	美国	298	419.6	24	16139.4	28.2	8614	2270	95	29
斯堪的亚集团	瑞典	299	418.0	168	19288.6	42.4	57181	2114	7	22
马克思－斯潘塞有限公司③	英国	300	416.9	－32	13205.7	－2.9	12787	7825	52	18
MIGROS 公司	瑞士	301	408.0	48	12444.2	－1.1	10025	4421	78	16
卜内门化学工业公司	英国	302	407.8	28	13671.6	－11.2	11248	393	47	6
艾伯森公司②	美国	303	404.1	－29	37478.1	134.2	15701	5702	235	16
雷声公司	美国	304	404.0	－53	19841.0	1.6	28110	10959	105	1
凯马特②	美国	305	403.0	－22	35925.0	6.7	15104	6304	275	18
价格成本批发公司⑪	美国	306	397.3	－14	27456.0	13.1	7505	3532	53	40
曼恩公司⑧	德国	307	389.4	22	15007.0	8.5	9724	2453	67	29
亨克尔公司	德国	308	388.3	4	12118.5	－0.1	9879	2955	56	6
富士通③	日本	309	383.8		47195.9	15.1	50062	12591	188	8
海伯威英斯银行	德国	310	382.9	－82	31868.1	0.2	504413	12469	46	3
洛克希德－马丁公司	美国	311	382.0	－62	25530.0	－2.8	29799	6361	147	1
理光公司③	日本	312	376.6	57	12996.9	16.5	15047	5280	67	8
菲亚特	意大利	313	376.5	－46	51331.7	0.7	80057	12904	221	29
东海银行③	日本	314	373.8		14784.2	40.7	297857	15450	11	3
贝特尔斯曼公司⑧	德国	315	371.5	－23	14810.7	15.7	10385	2347	65	33
法国航空公司③	法国	316	365.6	30	10661.9	4.3	10847	3356	59	2
洛斯公司	美国	317	363.2	－22	20952.6	1.2	69464	9978	28	24
美国邮政总局⑤	美国	318	363.0	－34	62726.0	4.4	55693	－447	906	25
西斯科⑧	美国	319	362.3	22	17422.8	13.7	4097	1427	35	45
阿尔斯通③	法国	320	360.4	34	16760.1	33.7	19787	1900	121	20
加拿大电力保险公司	加拿大	321	358.7	27	9920.2	－2.3	39723	2377	28	22
康尼格拉	美国	322	358.4	－42	24594.3	3.2	12146	2909	85	14
大日本印刷公司③	日本	323	350.6	47	11555.8	16.3	14154	9025	35	33
BEST BUY⑩	美国	324	347.1	55	12494.0	24.0	2995	1096	41	40
惠而浦公司	美国	325	347.0	7	10511.0	1.8	6826	1867	64	10
奥尚连琐超市	法国	326	339.2	152	23493.6	－0.2	14048	3536	116	16
中央日本铁道公司③	日本	327	338.4	297	10971.4	13.6	59100	5697	24	34
J.C.彭尼公司②	美国	328	336.0	－43	32510.0	6.0	20888	7228	260	18
维亚康姆	美国	329	334.0		12858.8	6.3	24486	11132	83	13
三井物产③	日本	330	320.5	38	118555.2	8.4	62360	6381	38	43
住友商事③	日本	331	314.9		95701.6	7.5	47820	6184	33	43
普多伊萨格公司⑤	德国	332	313.7	14	19280.0	－7.4	16225	2574	79	46
艾奥瓦牛肉罐头公司	美国	333	313.3	65	14075.2	9.5	3713	1709	45	14

17－2 续表 7

企业名称	国家、地区	位次	利润额（百万美元）	利润额比上年增长%	营业额（百万美元）	营业额比上年增长%	资产额（百万美元）	股东产权权益（百万美元）	雇员数（千人）	行业代码①
东京海上火灾保险公司③	日　本	334	309.1	27	18363.8	10.4	58329	8031	15	24
法国邮政	法　国	335	302.0	429	16313.5	3.0	43702	1481	306	25
西北航空公司	美　国	336	300.0		10276.0	13.6	10584	－52	52	2
弗朗茨－哈尼尔有限公司	德　国	337	296.0	74	17330.2	4.8	8536	2525	40	45
梅特罗	德　国	338	295.1	－10	46663.6	－10.5	19027	3623	171	16
CENTRICA	英　国	339	294.5	100	11678.1	－5.8	7570	1559	20	44
蒂森·克虏伯公司⑤	德　国	340	293.8	－73	32798.0	34.3	34771	8576	185	20
重建信贷银行	德　国	341	288.9	13	9737.6	6.4	197095	5711	2	3
AUTONATION	美　国	342	282.9	－43	24206.6	38.4	9613	4601	33	40
朝日银行③	日　本	343	282.0		10420.3	40.1	280681	13534	12	3
富士重工业公司③	日　本	344	281.5	7	11945.8	12.9	10126	2012	27	29
玩具反斗店②	美　国	345	279.0		11862.0	5.9	8503	3681	55	40
太平洋健康系统	美　国	346	278.5	38	9989.1	4.9	4884	1978	8	19
佩希内公司	法　国	347	277.3	－20	10140.9	－7.3	7632	2960	30	26
凸版印刷公司③	日　本	348	273.7	31	11110.2	16.1	12686	6860	33	33
塞夫韦公司③	英　国	349	269.4	－33	12341.5	－0.7	7311	3273	57	16
阿彻－丹尼尔斯－米德兰公司⑧	美　国	350	266.0	－34	14283.3	－11.3	14030	6241	24	14
三星人寿保险公司③	韩　国	351	264.6	260	17574.6	13.2	42160	1940	8	22
SOMERFIELD⑰	英　国	352	261.4		9725.9	69.6	2993	1187	41	16
奥托邮购两合公司⑮	德　国	353	258.3	29	14290.9	14.9	6218	1033	50	40
瑞士人寿保险和养老金公司	瑞　士	354	257.7	37	16834.6	8.5	96623	5897	11	22
办公用品公司	美　国	355	257.6	11	10263.3	14.1	4276	1908	41	40
拉加代尔集团	法　国	356	257.1	－17	13103.9	6.7	13578	2327	49	33
利尔公司	美　国	357	257.1	123	12428.0	37.2	8718	1465	121	29
科尔斯美亚公司	澳大利亚	358	256.1	3	14538.2	1.3	5031	1786	157	16
夏普公司③	日　本	359	252.6	597	16657.7	22.0	19377	9347	50	10
TENET HEALTHCARE⑫	美　国	360	249.0	－5	10880.0	10.0	13771	3870	107	19
超价商店⑩	美　国	361	242.9	27	20339.1	16.8	6495	1822	80	45
铃木自动车工业公司③	日　本	362	241.5	27	13661.8	20.0	11380	4853	31	29
固特轮胎和橡胶公司	美　国	363	241.1	－65	12880.6	1.8	13103	3618	109	35
迪尔公司⑥	美　国	364	239.2	－77	11750.9	－15.0	17578	4094	39	20
乔治韦斯顿公司	加拿大	365	236.2	－55	14033.9	36.4	6924	1804	119	16
马自达汽车公司③	日　本	366	234.9	－22	19413.0	20.6	14328	2396	44	29
三菱商事③	日　本	367	233.7	－4	117765.6	9.9	78949	8831	42	43
西日本铁路公司③	日　本	368	225.3		10696.4	13.5	24970	3401	42④	34
卡尔斯泰公司	德　国	369	224.3	99	15832.7	52.7	7943	1657	90	18
三菱电气③	日　本	370	223.0		33896.2	14.2	38083	5815	117	10
大同人寿保险公司③	日　本	371	221.6	－36	12873.8	11.3	56093	1764	22	21
阿克佐诺贝尔公司	荷　兰	372	217.6	－67	15394.3	13.1	12053	1865	68	6
日本出光兴产石油公司③	日　本	373	216.3		15636.2		23093	781	8	31
日本通运公司③	日　本	374	215.9	10	14708.7	14.4	11546	3659	68	25
住友电气工业公司③	日　本	375	211.8	33	11752.2	17.3	14576	5738	67	26
怡和有限公司	香港特区	376	207.4	310	10674.8	－4.9	9930	3106	150	16
九州电力公司③	日　本	377	206.0	2	12829.8	14.7	40381	7074	18	44
ONEX	加拿大	378	197.8	66	10007.6	68.5	8553	881	83	10

17－2 续表 8

企业名称	国家、地区	位次	利润额（百万美元）	利润额比上年增长％	营业额（百万美元）	营业额比上年增长％	资产额（百万美元）	股东产权权益（百万美元）	雇员数（千人）	行业代码①
巡回城市百货公司⑩	美　国	379	197.6	38	12614.4	16.8	3955	2142	54	40
东北电力公司③	日　本	380	197.5	－33	14166.3	17.6	42237	7014	17	44
三洋电气公司③	日　本	381	194.8		18089.9	22.8	26384	6488	84	10
太阳相互人寿保险公司③	日　本	382	192.7	188	13341.3	5.5	69271	1639	15	21
电通公司③	日　本	383	185.9	251	14368.2	19.8	9805	3364	5④	46
旭化学工业公司③	日　本	384	184.3	36	10727.4	17.0	11509	4643	27	6
INGRAM MICRO	美　国	385	183.4	－25	28038.6	27.4	8272	1967	15	45
国际造纸公司	美　国	386	183.0	－14	24573.0	26.0	30268	10304	99	17
温－迪克西百货公司⑧	美　国	387	182.3	－8	14136.5	3.8	3149	1411	95	16
DELHAIZE″LELION″	比利时	388	181.2	12	15562.0	8.6	5741	1088	125	16
日本航空公司③	日　本	389	177.3	－15	14356.2	17.2	18634	2320	19④	2
阿尔特拉马戴蒙德沙姆罗克公司	美　国	390	173.2		11079.2	32.7	4936	1493	21	31
SHV HOLDINGS	荷　兰	391	169.1	31	9779.1	4.1	6629	2233	33	43
米其林	法　国	392	164.7	－72	15137.5	5.3	14578	3984	130	35
伍尔沃斯公司⑧	澳大利亚	393	161.9	－16	11920.9	0.6	3113	981	120	16
公用事业联合公司	美　国	394	160.5	21	18621.5	48.2	7539	1525	4	44
柏林银行	德　国	395	160.1	399	12251.1	－10.0	194232	4263	17	3
日立③	日　本	396	152.0		71858.5	15.1	95912	28043	398	10
DYNEGY	美　国	397	151.8	40	15430.0	8.2	6525	1310	3	11
MANPOWER	美　国	398	150.0	98	9770.1	10.8	2719	651	16	46
索迪斯联合公司	法　国	399	146.7	2	10035.2	46.6	6369	1351	270	15
来爱德⑮	美　国	400	143.7	－55	12731.9	11.9	10422	2954	90	16
日本邮船公司③	日　本	401	141.9	46	9900.9	16.9	13844	2525	14	38
皇家和太阳联盟公司	英　国	402	140.8	－81	26018.0	2.3	113150	10450	46	24
鲁尔煤矿	德　国	403	139.8	－28	14541.4	－6.9	18340	1809	102	28
技术数据	美　国	404	127.5	－1	16991.8	47.4	4124	1014	10	45
联合化学公司	英　国	405	127.3	7	9860.9	11.1	3360	708	14	45
安田火灾海上保险公司③	日　本	406	125.8	27	12280.9	14.1	37117	3290	12	24
旭玻璃公司③	日　本	407	118.2	196	11289.5	12.7	18343	5901	46	5
川崎制铁公司③	日　本	408	111.6		11292.7	31.9	22884	3231	31	27
德国德众银行	德　国	409	110.9	91	12345.7	19.9	243777	3163	13	3
加拿大太阳人寿保险公司	加拿大	410	110.4	203	10511.1	13.8	69429	4050	11	21
福陆公司⑥	美　国	411	104.2	－56	12417.4	－8.1	4886	1581	54	12
曼内斯曼公司	德　国	412	103.5	－81	24816.3	17.1	60383	21691	131	20
蒙特爱迪生	意大利	413	103.5	－73	12786.3	－10.7	16728	4326	30	14
新日本制铁③	日　本	414	100.3	12	24074.5	11.5	40681	8670	54	27
日本电气公司③	日　本	415	93.5		44828.0	20.4	44937	9524	155	10
岩井商事③	日　本	416	91.8		65393.2	－3.5	39763	1779	18	43
中国粮油食品进出口总公司	中　国	417	91.0	－2	12099.2	－2.4	4655	1689	28	43
清水公司③	日　本	418	88.5		14052.7	12.3	21493	2356	15	12
德国 BAHN 公司	德　国	419	82.1	－56	16672.2	－2.3	37284	8682	242	34
鹿岛公司③	日　本	420	81.0		15518.0	19.6	23629	1717	12④	12

17－2 续表 9

企业名称	国家、地区	位次	利润额（百万美元）	利润额比上年增长％	营业额（百万美元）	营业额比上年增长％	资产额（百万美元）	股东产权权益（百万美元）	雇员数（千人）	行业代码①
阿尔贝德钢铁公司	卢森堡	421	77.2	－66	11362.7	1.3	14922	2298	50	27
UNY⑬	日　本	422	73.2	－25	10269.9	19.7	7159	2120	10	18
中国化工进出口总公司	中　国	423	71.8	6	15063.8	9.2	4736	1159	9	43
伯根布鲁斯威格⑤	美　国	424	70.6	2175	17244.9	25.7	5535	1496	13	45
AMERISOURCE HEALTH⑤	美　国	425	67.5	34	9760.1	13.8	2061	166	4	45
布伊格公司	法　国	426	65.8	－27	17895.3	4.6	16682	2183	111	12
三星	韩　国	427	59.1	364	29715.2	3.0	7297	2746	5	43
可口可乐事业	美　国	428	59.0	－59	14406.0	7.4	22730	2924	69	4
高岛屋公司⑩	日　本	429	57.2	57	10617.9	11.5	7953	1907	17	18
奥亚加公司③	日　本	430	51.3	－26	10166.7	－5.8	20094	3212	13	12
王子制纸公司③	日　本	431	50.6		10826.3	14.7	16803	4310	24	17
教保人寿保险③	韩　国	432	46.8	－8	10899.1	26.1	21845	392	10	22
科斯莫石油公司③	日　本	433	43.5	563	10266.0	29.2	12633	1759	5	31
法国国营铁路公司	法　国	434	42.9		17348.0	－0.7	43888	4187	211	34
FONCIERE EURIS	法　国	435	40.5	－37	17475.0	22.8	12639	621	90	18
千代相互人寿保险公司③	日　本	436	33.3	－78	13198.6	14.2	36258	1143	16	21
航空航天工业公司	法　国	437	32.5	－82	13991.6	47.1	17626	1617	52	1
安盟－甘集团	法　国	438	27.4	－82	17655.0	43.9	65689	4530	26	23
日绵③	日　本	439	26.4		25702.7	0.9	16504	1256	19	43
乐喜国际公司	韩　国	440	25.7	194	15177.6	13.4	1329	450	2	43
日本交通公社⑭	日　本	441	22.4	－2	11633.6	－8.8	3389	482	12	46
现代公司	韩　国	442	19.2	220	31669.4	29.9	977	381	1	43
加拿大管道运输公司	加拿大	443	18.8	－94	12415.2	－2.2	17270	4565	4	11
丸红③	日　本	444	18.5		91807.4	－1.9	54447	3162	32	43
大西洋和太平洋茶叶公司⑩	美　国	445	14.2		10151.3	－0.3	3336	846	53	16
CSX	美　国	446	2.0	－100	10811.0	9.2	20720	5756	49	34
拉博银行	荷　兰	447			22373.6	21.1	281865	13530	53	3
标准人寿保险公司⑨	英　国	448			17846.8	20.3	124236		12	21
农田工业公司⑪	美　国	449			10709.1	22.0	3258	917	18	14
共荣人寿保险公司③	日　本	450	－15.0	－109	11128.8	20.6	44972	781	14	22
川铁商事公司③	日　本	451	－21.1		11488.1	25.2	8528	337	7	43
吉之岛公司⑬	日　本	452	－25.2	－118	22451.3	17.1	16686	2852	34	16
英国航空公司③	英　国	453	－33.8	－110	14405.3	－2.3	21560	5020	66	2
近畿日本铁道公司③	日　本	454	－41.0	－163	10255.8	46.7	18425	1747	38	34
日本三菱石油公司③	日　本	455	－43.6	－157	24214.8	69.4	36667	8199	16	31
弗莱明公司	美　国	456	－44.7		14645.6	－2.8	3573	561	36	45
MYCAL⑩	日　本	457	－52.6		16504.1	14.6	16594	1872	62	18
TOYOTA TSUSHO③	日　本	458	－66.3	－1003	15218.9	12.6	7329	1266	9	43
太平洋天然气和电气公司	美　国	459	－73.0	－110	20820.0	4.4	29715	6886	22	44
DDI③	日　本	460	－94.0	－170	13704.5	40.5	19490	2229	3④	41
中国农业银行⑯	中　国	461	－110.2		14127.8		244107	16274	500	3
兼松公司③	日　本	462	－111.8		12644.5	－26.5	8624	113	5	43
ADECCO	瑞　士	463	－115.8		12294.4	16.4	4959	1499	16	46
全日航③	日　本	464	－136.5		10863.8	29.7	14962	950	30	2
川崎重工业公司③	日　本	465	－167.3		10325.4	9.8	11766	1706	30	20
法国洛林炼钢公司	法　国	466	－189.9	－151	14531.4	36.5	9992	4120	64	27
大荣⑩	日　本	467	－195.2		25320.1	7.4	16701	524	48④	18
三菱化学工业公司③	日　本	468	－216.7		14997.5	25.2	19610	3854	17	6

17－2 续表 10

企业名称	国家、地区	位次	利润额（百万美元）	利润额比上年增长％	营业额（百万美元）	营业额比上年增长％	资产额（百万美元）	股东产权权益（百万美元）	雇员数（千人）	行业代码①
东芝③	日　本	469	－251.5		51634.9	24.5	55596	9576	191	10
埃尔帕索能源公司	美　国	470	－255.0	－213	10581.0	83.0	16657	2947	47	11
雪印乳业公司③	日　本	471	－256.4	－1165	11565.4	17.0	5623	1156	15	14
三菱汽车③	日　本	472	－260.1	－922	29951.3	9.0	27145	3387	65	29
安宝	澳大利亚	473	－272.3		17760.3	6.4	85874	4994	22	22
北方电讯	加拿大	474	－324.0		21287.0	26.3	24007	13680	81	30
日本能源③	日　本	475	－379.5	－375	13432.7	28.3	18777	1125	13	31
胡马纳	美　国	476	－382.0	－396	10113.0	3.4	4900	1268	17	19
INVENSYS③	英　国	477	－383.5		14556.8	－6.5	11537	1634	122	20
废物处理公司	美　国	478	－397.6		13126.9	3.3	22681	4403	75	46
日本钢管公司③	日　本	479	－412.5		15136.4	7.0	26215	2783	40	27
英国邮局③	英　国	480	－425.4	－152	12120.4	4.5	10679		201	25
大成公司③	日　本	481	－474.2		15099.8	8.9	22288	1811	20	12
神户制钢所③	日　本	482	－476.8		11248.8	10.1	20717	2647	29	27
日本邮政业务公司⑭	日　本	483	－489.0	－403	17496.9	－7.2	88144	38725	141	25
英国钢铁公司	英　国	484	－514.0		11794.9	13.9	14528	7335	65	27
三井不动产公司③	日　本	485	－524.6		10730.8	20.3	29164	3853	13	46
日本电报电话公司(NTT)③	日　本	486	－609.0	－113	93591.7	23.0	179512	59831	224	41
伊藤忠商事③	日　本	487	－792.8		109068.9	0.3	59154	2743	5④	43
积水建房公司②	日　本	488	－838.8	－575	11768.9	15.8	13579	6762	18	12
东绵③	日　本	489	－848.9	－4047	25747.6	－16.8	16450	5	10	43
斯普林特公司	美　国	490	－935.0	－326	19930.0	16.3	39250	13560	78	41
五十铃自动车公司③	日　本	491	－935.7	－2018	13531.1	6.8	17970	1651	29	29
安内特	法　国	492	－1034.7	－218	13438.0	－8.7	41674	10395	101	32
美国家庭用品公司	美　国	493	－1227.1	－150	13550.2	0.6	23906	6215	52	32
三菱重工③	日　本	494	－1230.4	－970	25820.6	13.5	45208	12139	65	20
住友金属工业公司③	日　本	495	－1303.4		12789.8	21.4	27051	3331	49	27
布罗肯希尔土地兴业公司⑫	澳大利亚	496	－1453.2		13778.0	－19.7	20426	5609	45	28
墨西哥石油公司	墨西哥	497	－1906.8		25783.1	23.4	51692	18025	133	28
宝马汽车(BMW)	德　国	498	－2652.8	－617	36695.9	2.3	37593	3941	115	29
日产汽车③	日　本	499	－6146.2		53679.9	4.3	63776	9061	142	29
大宇	韩　国	500	－18667.1	－21231	18618.7	－31.2	16461	－15906	12	43
500 家企业合计（10 亿美元，百万人）			**554.0**		**12696.0**		**44003**	**5011**	**44**	

注：①行业代码含义如下：1. 飞机制造业；2. 航空；3. 商业银行及储蓄业；4. 饮料业；5. 建筑材料和玻璃；6. 化学；7. 计算机服务及软件；8. 计算机和办公设备业；9. 多元化金融服务；10. 电子和电气设备；11. 能源；12. 土木工程；13. 娱乐；14. 食品；15. 食品服务；16. 食品和药品商店；17. 森林和纸制品；18. 综合商业；19. 医疗卫生；20. 工业和农业机械；21. 生命和健康保险（互保）；22. 生命和健康保险（存保）；23. 不动产和灾害保险（互保）；24. 不动产和灾害保险（存保）；25. 邮递、包装和货运；26. 金属制品；27. 金属材料；28. 矿业及原油生产；29. 汽车及零部件；30. 网络通讯；31. 石油精炼；32. 制药；33. 出版和印刷；34. 铁路；35. 橡胶和塑料；36. 科学、照相和控制设备；37. 证券；38. 海运；39. 肥皂与化妆品；40. 专业零售；41. 电信；42. 烟草；43. 贸易；44. 公用事业：煤气和电力；45. 批发；46. 未归类。②截止 2000 年 1 月 31 日的年度。③截止 2000 年 3 月 31 日的年度。④仅为母公司数。⑤截止 1999 年 9 月 30 日的年度。⑥截止 1999 年 10 月 31 日的年度。⑦财政年度截止日期从 1999 年 12 月 31 日改为 2000 年 1 月 31 日。⑧截止 1999 年 6 月 30 日的年度。⑨截止 1999 年 11 月 30 日的年度。⑩截止 2000 年 2 月 29 日的年度。⑪截止 1999 年 8 月 31 日的年度。⑫截止 1999 年 5 月 31 日的年度。⑬截止 2000 年 2 月 20 日的年度。⑭截止 1999 年 3 月 31 日的年度。⑮截止 1999 年 2 月 28 日的年度。⑯截止 1998 年 12 月 31 日的年度。⑰截止 1999 年 4 月 30 日的年度。

资料来源：美国《财富》杂志 2000 年 7 月 24 日。

17－3 1999年按资产额排序的世界最大的500家企业

企业名称	国家、地区	位次	资产额（百万美元）	营业额（百万美元）	营业额比上年增长%	利润额（百万美元）	利润额比上年增长%	股东产权权益（百万美元）	雇员数（千人）	行业代码①
德意志银行	德国	1	841797	58585.1	29.7	2694.4	43	23200	93	3
东京－三菱银行③	日本	2	729250	32623.6	5.5	1148.7		27819	17④	3
花旗银行集团	美国	3	716900	82005.0	7.3	9867.0	70	49700	177	9
巴黎国民银行	法国	4	700232	40098.6	49.7	1582.9	28	19835	77	3
美洲银行集团	美国	5	632574	51392.0	1.2	7882.0	53	44432	156	3
瑞士银行公司	瑞士	6	613198	27651.9	1.6	4193.3	101	21762	49	3
范尼美集团	美国	7	575167	36968.6	17.4	3911.9	14	17629	4	9
富士银行③	日本	8	567900	27815.8	34.0	474.5		21912	14	3
汇丰银行控股公司	英国	9	567793	39348.1	－9.2	5407.8	25	33330	147	3
住友银行③	日本	10	524228	27065.2	22.3	555.7		17592	14④	3
安盛公司	法国	11	508647	87645.7	11.3	2155.8	27	16396	92	22
第一劝业银行③	日本	12	506980	18065.0	7.7	636.3		23948	16	3
海伯威英斯银行	德国	13	504413	31868.1	0.2	382.9	－82	12469	46	3
农林中央金库③	日本	14	501873	15395.9	23.3	733.9	62	16384	4	3
荷兰国际集团	荷兰	15	493949	62492.4	10.7	5250.2	80	34636	86	22
樱花银行③	日本	16	472827	19372.9	11.9	562.0		21533	15	3
阿姆斯特丹－鹿特丹控股公司	荷兰	17	458937	38820.7	13.4	2741.4	38	12015	110	3
三和银行③	日本	18	457290	19999.9	6.1	1073.2		21332	13	3
瑞士信贷银行	瑞士	19	451507	49362.0	0.4	3475.1	64	20379	64	3
农业信贷银行	法国	20	440522	32923.5	－0.3	2527.5	21	22954	86	3
中国工商银行	中国	21	427542	20130.4	－7.8	498.3	20	21918	549	3
日本生命保险公司③	日本	22	423282	78515.1	18.4	3405.4	312	10560	71	21
日本兴业银行③	日本	23	414044	26939.9	1.7	635.4		15867	7	3
巴克莱银行	英国	24	410647	21573.0	－1.5	2846.3	29	13672	77	3
兴业银行	法国	25	407476	23398.6	－21.4	2476.8	230	11931	65	3
福特斯	比、荷	26	407043	43660.2	1.1	2470.4	18	13539	62	3
大通曼哈顿集团	美国	27	406105	33710.0	4.1	5446.0	44	23617	75	3
通用电气	美国	28	405200	111630.0	11.1	10717.0	15	42557	340	9
德累斯顿银行	德国	29	397759	23208.8	1.9	1123.2	9	11594	51	3
西德意志银行	德国	30	394660	24079.1	6.3	444.8	18	8183	14	3
弗雷德马克	美国	31	386684	24268.0	34.5	2223.0	31	11525	4	9
安联保险	德国	32	383687	74178.2	14.3	2382.1	18	28855	114	24
商业银行	德国	33	372896	26221.1	23.6	971.7	－2	11167	35	3
摩根斯坦利添惠⑨	美国	34	366967	33928.0	9.0	4791.0	46	17014	55	37
中国银行	中国	35	350733	17623.8	－16.6	534.3	－22	17921	209	3
美林公司	美国	36	328071	34879.0	－2.7	2618.0	108	12802	67	37
INTESA 银行	意大利	37	304664	12391.4	－5.2	906.2	39	9301	73	3
西敏寺银行	英国	38	299329	19480.7	－14.0	2699.0	1	15060	62	3
东海银行③	日本	39	297857	14784.2	40.7	373.8		15450	11	3
第一相互生命保险公司③	日本	40	294387	55104.7	23.9	1672.2	200	6284	61	21
阿比公司	英国	41	291303	17113.4	－1.6	2040.5	16	9796	27	3
教师保险和学院退休基金	美国	42	289248	39410.2	9.8	1024.1	22	7025	6	21
美国万全保险公司	美国	43	285094	26618.0	－22.7	813.0	－27	19291	60	22
劳埃德 TSB 集团	英国	44	283804	22836.7	－6.8	4068.0	16	14010	76	3
巴伐利亚州立银行	德国	45	281876	15203.0	0.8	550.1	62	6895	8	3
拉博银行	荷兰	46	281865	22373.6	21.1			13530	53	3
朝日银行③	日本	47	280681	10420.3	40.1	282.0		13534	12	3
福特汽车	美国	48	276229	162558.0	12.6	7237.0	－67	27537	365	29

17－3 续表 1

企业名称	国家、地区	位次	资产额（百万美元）	营业额（百万美元）	营业额比上年增长％	利润额（百万美元）	利润额比上年增长％	股东产权权益（百万美元）	雇员数（千人）	行业代码①
通用汽车	美国	49	273921	176558.0	9.4	6002.0	103	20059	388	29
第一银行	美国	50	269425	25986.0	1.5	3479.0	12	20090	86	3
美国国际集团	美国	51	268238	40656.1	22.1	5055.4	34	33306	55	24
中国建设银行	中国	52	265842	13392.3	－13.2	598.8	264	12908	324	3
哈利法克斯建筑公司	英国	53	261219	14456.4	－10.0	1721.7	－11	10080	32	3
摩根公司	美国	54	260898	18110.0	－1.7	2055.0	113	11439	16	3
LANDESBANK BADEN-WURTTEMBERG	德国	55	257631	16457.7		447.5		5530	9	3
桑坦德集团	西班牙	56	257041	25582.6	40.8	1677.9	76	8212	100	3
第一联合公司	美国	57	253024	22084.0	2.5	3223.0	12	16709	72	3
高盛集团⑨	美国	58	250491	25363.0		2708.0		10145	15	37
储备银行集团	法国	59	249323	16218.8	13.2	620.1	55	8795	42	3
DEXIA GROUP	比利时	60	245207	14936.7		811.7		5512	15	3
沃达丰③	英国	61	244667	12686.0	128.2	784.7	－26	224670	29	41
中国农业银行⑯	中国	62	244107	14127.8		－110.2		16274	500	3
德国德众银行	德国	63	243777	12345.7	19.9	110.9	91	3163	13	3
万全公司	英国	64	242790	42220.3	25.4	877.0	－40	5518	22	22
住友生命保险公司③	日本	65	232490	46445.1	17.5	1562.7	62	5039	66	21
AEGON	荷兰	66	229334	23865.8	27.4	1674.7	23	13574	24	22
都市人寿保险公司	美国	67	225232	25426.0	－4.9	617.0	－54	13690	42	22
苏黎世金融服务公司	瑞士	68	221178	39962.0	2.2	3260.0	307	22237	69	24
韦尔斯法戈公司	美国	69	218102	21795.0	6.4	3747.0	92	22131	89	3
重建信贷银行	德国	70	197095	9737.6	6.4	288.9	13	5711	2	3
柏林银行	德国	71	194232	12251.1	－10.0	160.1	399	4263	17	3
莱曼兄弟公司⑨	美国	72	192244	18989.0	－4.5	1132.0	54	6283	9	37
佛雷特波士顿银行	美国	73	190692	20000.0	100.0	2038.0	33	15307	59	3
商联保险	英国	74	188129	41974.4	11.7	833.3	1	15419	49	24
ALMANIJ	比利时	75	186957	16243.5	－0.8	764.7	－22	4410	32	3
华盛顿共同公司	美国	76	186514	13571.2	6.5	1817.1	22	9053	28	3
加拿大皇家银行⑥	加拿大	77	185802	13146.1	－2.7	1151.6	－8	8436	52	3
慕尼黑再保险集团	德国	78	180294	38400.4	8.3	1208.5	147	18496	33	24
日本电报电话公司(NTT)③	日本	79	179512	93591.7	23.0	－609.0	－113	59831	224	41
普通保险公司	意大利	80	175930	53723.2	10.8	871.5	－13	7167	57	22
戴姆勒－克莱斯勒	德国	81	175069	159985.7	3.5	6129.1	8	36143	467	29
里昂信贷银行	法国	82	173347	16838.0	－25.4	588.6	222	6448	41	3
加拿大帝国商业银行⑥	加拿大	83	170188	13441.2	－0.7	687.0	－5	7518	46	3
美国电话电报(AT&T)	美国	84	169406	62391.0	16.4	3428.0	－46	78927	148	41
意大利联合信贷银行	意大利	85	169324	13335.4	0.1	1369.4	509	7907	60	3
哈特福德金融服务公司	美国	86	167051	13528.0	－9.9	862.0	－15	5466	26	24
澳大利亚国民银行⑤	澳大利亚	87	165818	12487.0	－2.1	1794.6	35	12087	46	3
LEGAL & GENERAL	英国	88	164724	16443.5	35.5	949.8	41	4972	8	21
明治相互生命保险公司③	日本	89	164305	33966.6	19.3	682.9	191	3192	39	21
丰田汽车③	日本	90	160572	115670.9	16.0	3653.4	31	66267	215	29
毕尔巴鄂比斯开银行	西班牙	91	157473	14485.8	0.7	1310.4	20	8211	74	3
蒙特利尔银行⑥	加拿大	92	156784	11139.3	－5.5	922.7	0	7465	33	3
丰业银行	加拿大	93	151396	11118.6	2.0	1035.5	9	7754	41	3
美国运通公司	美国	94	148517	21278.0	11.2	2475.0	16	10095	88	9
苏格兰皇家银行⑤	英国	95	146330	12173.8	0.6	1394.8	21	6920	33	3
多伦多－自治领银行⑥	加拿大	96	145771	10470.3	16.1	1990.2	160	7841	31	3

17—3续表2

企业名称	国家、地区	位次	资产额（百万美元）	营业额（百万美元）	营业额比上年增长%	利润额（百万美元）	利润额比上年增长%	股东产权权益（百万美元）	雇员数（千人）	行业代码①
埃克森—美孚石油	美　国	97	144521	163881.0	62.7	7910.0	24	63466	106	31
东京电力③	日　本	98	141952	45727.7	14.9	785.3	3	18034	48	44
野村证券公司③	日　本	99	141351	10221.8	98.6	1307.7		13473	9	37
圣保罗IMI银行	意大利	100	140209	9738.8	—31.6	1120.0	11	8055	24	3
中国国家电力公司	中　国	101	133111	36076.1	14.7	647.1	—24	48099	1149	44
伯克希尔—哈撒韦公司	美　国	102	131416	24028.0	73.7	1557.0	—45	57761	48	24
标准人寿保险公司⑨	英　国	103	124236	17846.8	20.3				12	21
全国保险公司	美　国	104	120102	13554.9	3.4	512.8	—57	9768	28	24
州立农业保险公司	美　国	105	119144	44637.2	0.0	1031.1	—22	45794	79	23
法国国家人寿保险公司	法　国	106	117831	26802.5	11.2	464.2	52	3006	3	22
法国电气	法　国	107	116230	34146.6	8.9	761.3	115	12672	133	44
美国通用保险公司	美　国	108	115447	10679.0	4.2	1131.0	48	6420	16	22
荷兰皇家/壳牌	英、荷	109	113883	105366.0	12.5	8584.0	2353	56171	96	31
皇家和太阳联盟公司	英　国	110	113150	26018.0	2.3	140.8	—81	10450	46	24
艾特纳人寿意外事故保险公司	美　国	111	112839	26452.7	28.4	716.9	—16	10690	56	19
朝日生命相互保险公司③	日　本	112	110570	26246.1	35.2	420.1	—9	2112	29	21
诺威奇联合公司	英　国	113	107021	19697.5	16.5	920.7	2	9733	19	22
安田相互人寿保险公司③	日　本	114	98456	19861.7	23.7	962.4	41	2614	22	21
三井相互人寿保险公司③	日　本	115	98447	22223.8	0.0	964.8	1270	1431	21	21
奥尔斯泰特	美　国	116	98119	26959.0	4.2	2720.0	—17	16601	47	24
瑞士人寿保险和养老金公司	瑞　士	117	96623	16834.6	8.5	257.7	37	5897	11	22
日立③	日　本	118	95912	71858.5	15.1	152.0		28043	398	10
西格纳公司	美　国	119	95333	20644.0	—3.7	1774.0	37	6149	42	19
纽约人寿保险公司	美　国	120	94979	21679.3	9.2	554.8	26	6398	7	21
德国电信	德　国	121	94855	37835.1	—4.7	1336.5	—46	34781	196	41
世界通讯	美　国	122	91000	37120.0	110.0	4013.0		51000	77	41
英国石油阿莫科	英　国	123	89561	83566.0	22.3	5008.0	54	43281	80	31
日本邮政业务公司⑭	日　本	124	88144	17496.9	—7.2	—489.0	—403	38725	141	25
国际商用机器(IBM)	美　国	125	87495	87548.0	7.2	7712.0	22	20511	307	8
西北相互人寿保险公司	美　国	126	85982	15306.3	4.5	1336.6	65	5069	4	21
安宝	澳大利亚	127	85874	17760.3	6.4	—272.3		4994	22	22
西南贝尔电信	美　国	128	83215	49489.0	72.0	8159.0	103	26726	205	41
通用水管	法　国	129	82967	44397.8	25.8	1526.8	23	10917	275	12
联合第一资本	美　国	130	82956	12131.2		1490.4		9801	32	9
托塔尔菲纳公司	法　国	131	81168	44990.3	66.3	1621.4	65	27733	70	31
菲亚特	意大利	132	80057	51331.7	0.7	376.5	—46	12904	221	29
三菱商事③	日　本	133	78949	117765.6	9.9	233.7	—4	8831	42	43
德国邮政	德　国	134	77295	25101.1	53.9	1186.1	586	2658	264	25
苏黎世里昂水电公司	法　国	135	77074	33559.7	—3.8	1549.3	39	11296	222	11
好利获得公司	意大利	136	75700	30087.8	592.1	5268.3	3402	26371	129	41
松下电器工业③	日　本	137	74946	65555.6	9.7	895.5	745	33805	290	10
关西电力公司③	日　本	138	73133	23246.2	14.4	469.7	14	13645	27④	44
麻省相互人寿保险公司	美　国	139	71991	9841.0	—7.8	556.5	29	3411	8	21
东日本铁路③	日　本	140	71256	22478.5	15.7	601.4	251	8350	83	34
巴西银行	巴　西	141	70506	17981.9	—28.3	465.8	—38	4054	69	3
沃尔—马特百货公司②	美　国	142	70245	166809.0	19.8	5377.0	21	25848	1140	18
洛斯公司	美　国	143	69464	20952.6	1.2	363.2	—22	9978	28	24
加拿大太阳人寿保险公司	加拿大	144	69429	10511.1	13.8	110.4	203	4050	11	21

17-3 续表 3

企业名称	国家、地区	位次	资产额（百万美元）	营业额（百万美元）	营业额比上年增长%	利润额（百万美元）	利润额比上年增长%	股东产权权益（百万美元）	雇员数（千人）	行业代码①
太阳相互人寿保险公司③	日　本	145	69271	13341.3	5.5	192.7	188	1639	15	21
瑞士再保险公司	瑞　士	146	68060	19640.7	19.6	1856.4	8	11106	9	24
大众汽车	德　国	147	67276	80072.7	4.9	874.7	−31	9637	306	29
索尼③	日　本	148	66370	60052.7	13.0	1094.2	−22	21283	190	10
安盟－甘集团	法　国	149	65689	17655.0	43.9	27.4	−82	4530	26	23
西门子⑤	德　国	150	65489	75337.0	14.1	1773.7	379	17283	443	10
西班牙电话	西班牙	151	64294	24487.7	25.9	1925.1	32	14518	127	41
日产汽车③	日　本	152	63776	53679.9	4.3	−6146.2		9061	142	29
维里森通讯	美　国	153	62614	33174.0	5.1	4202.0	42	15880	145	41
三井物产③	日　本	154	62360	118555.2	8.4	320.5	38	6381	38	43
中部电力公司③	日　本	155	61589	19467.5	14.4	692.6	115	10657	24	44
OLD MUTUAL	南　非	156	61406	14550.4		1750.8		5538	36	22
菲利普·莫里斯	美　国	157	61381	61751.0	6.8	7675.0	43	15305	137	42
曼内斯曼公司	德　国	158	60383	24816.3	17.1	103.5	−81	21691	131	20
英国电信公司③	英　国	159	59964	30546.0	7.8	3311.3	−33	25198	137	41
伊藤忠商事③	日　本	160	59154	109068.9	0.3	−792.8		2743	5④	43
中央日本铁道公司③	日　本	161	59100	10971.4	13.6	338.4	297	5697	24	34
东京海上火灾保险公司③	日　本	162	58329	18363.8	10.4	309.1	27	8031	15	24
斯堪的亚集团	瑞　典	163	57181	19288.6	42.4	418.0	168	2114	7	22
中国电信公司	中　国	164	57170	18484.6	3.8	548.1		30813	529	41
莱茵集团⑧	德　国	165	57133	38357.5	4.8	1300.8	63	6826	156	11
韩国电力公司	韩　国	166	56628	12899.3	28.3	1234.8	57	26774	38	44
大同人寿保险公司③	日　本	167	56093	12873.8	11.3	221.6	−36	1764	22	21
美国邮政总局⑤	美　国	168	55693	62726.0	4.4	363.0	−34	−447	906	25
东芝③	日　本	169	55596	51634.9	24.5	−251.5		9576	191	10
自由相互保险公司	美　国	170	55259	15499.0	17.7	501.0	30	6896	37	23
丸红③	日　本	171	54447	91807.4	−1.9	18.5		3162	32	43
法国电信	法　国	172	54179	29048.8	6.0	2952.6	16	18947	174	41
中国石化集团公司	中　国	173	53870	41883.1	23.1	447.7	131	19777	1172	31
费巴集团	德　国	174	52505	52227.7	20.3	2845.9	114	14415	132	43
工业复兴	意大利	175	52080	23944.7	34.4	3102.9	69	3456	109	20
墨西哥石油公司	墨西哥	176	51692	25783.1	23.4	−1906.8		18025	133	28
时代－华纳公司	美　国	177	51239	27333.0		1948.0		9713	70	13
通用电话电子公司	美　国	178	50832	25336.2	−0.5	4032.8	86	10827	100	41
富士通③	日　本	179	50062	47195.9	15.1	383.8		12591	188	8
委内瑞拉石油	委内瑞拉	180	49990	32648.0	27.2	2818.0	325	32894	48	31
国家电力公司	西班牙	181	49835	14375.8	88.8	1361.5	11	9338	34	44
住友商事③	日　本	182	47820	95701.6	7.5	314.9		6184	33	43
俄罗斯天然气能源公司	俄罗斯	183	47776	12299.5	−24.2	1874.0		27977	369	11
本田汽车③	日　本	184	47759	54773.5	12.4	2356.7	−1	18821	112	29
雷诺	法　国	185	46529	40098.6	−3.0	569.6	−62	8204	160	29
国家碳化氢公司	意大利	186	46303	34091.0	5.3	3047.5	18	18440	72	31
国家电力公司	意大利	187	46221	22320.1	2.6	2497.4	1	17618	79	44
三菱重工③	日　本	188	45208	25820.6	13.5	−1230.4	−970	12139	65	20
共荣人寿保险公司③	日　本	189	44972	11128.8	20.6	−15.0	−109	781	14	22
日本电气公司③	日　本	190	44937	44828.0	20.4	93.5		9524	155	10
BANCO BRADESCO	巴　西	191	44786	15164.3	−9.5	610.5	−30	3774	67	3
罗克控股公司	瑞　士	192	43999	18348.8	7.8	3836.6	27	16838	68	32

17—3 续表 4

企业名称	国家、地区	位次	资产额（百万美元）	营业额（百万美元）	营业额比上年增长%	利润额（百万美元）	利润额比上年增长%	股东产权权益（百万美元）	雇员数（千人）	行业代码①
法国国营铁路公司	法　国	193	43888	17348.0	－0.7	42.9		4187	211	34
英特尔公司	美　国	194	43849	29389.0	11.9	7314.0	21	32535	70	10
法国邮政	法　国	195	43702	16313.5	3.0	302.0	429	1481	306	25
沃尔特·迪斯尼公司⑤	美　国	196	43679	23402.0	1.9	1300.0	－30	20975	120	13
埃尔夫·阿奎坦	法　国	197	43016	37918.3	5.7	2210.2	268	16485	57	31
贝尔南方公司	美　国	198	42453	25224.0	9.1	3448.0	－2	14815	96	41
东北电力公司③	日　本	199	42237	14166.3	17.6	197.5	－33	7014	17	44
三星人寿保险公司③	韩　国	200	42160	17574.6	13.2	264.6	260	1940	8	22
雷普索尔公司	西班牙	201	42147	28048.3	79.7	1078.4	11	12555	37	31
安内特	法　国	202	41674	13438.0	－8.7	－1034.7	－218	10395	101	32
诺华	瑞　士	203	40935	21608.9	－1.2	4432.3	6	23249	82	32
杜邦	美　国	204	40777	27892.0	－28.7	7690.0	72	12875	94	6
德州公用	美　国	205	40729	17118.0	16.2	985.0	33	8334	22	44
新日本制铁③	日　本	206	40681	24074.5	11.5	100.3	12	8670	54	27
谢夫隆	美　国	207	40668	32676.0	21.9	2070.0	55	17749	36	31
九州电力公司③	日　本	208	40381	12829.8	14.7	206.0	2	7074	18	44
标致	法　国	209	39906	40327.9	7.4	777.6	44	8351	166	29
岩井商事③	日　本	210	39763	65393.2	－3.5	91.8		1779	18	43
加拿大电力保险公司	加拿大	211	39723	9920.2	－2.3	358.7	27	2377	28	22
斯普林特公司	美　国	212	39250	19930.0	16.3	－935.0	－326	13560	78	41
朗讯⑤	美　国	213	38775	38303.0	27.1	4766.0	391	13584	153	30
南方公司	美　国	214	38396	11585.0	1.6	1276.0	31	9204	33	44
三菱电气③	日　本	215	38083	33896.2	14.2	223.0		5815	117	10
宝马汽车(BMW)	德　国	216	37593	36695.9	2.3	－2652.8	－617	3941	115	29
摩托罗拉公司	美　国	217	37327	30931.0	5.2	817.0		16344	121	10
德国 BAHN 公司	德　国	218	37284	16672.2	－2.3	82.1	－56	8682	242	34
微软⑧	美　国	219	37156	19747.0	36.3	7785.0	73	28438	31	7
安田火灾海上保险公司③	日　本	220	37117	12280.9	14.1	125.8	27	3290	12	24
西尔斯·罗巴克	美　国	221	36954	41071.0	－0.6	1453.0	39	6839	326	18
雀巢	瑞　士	222	36820	49694.1	0.4	3144.3	6	15276	231	14
日本三菱石油公司③	日　本	223	36667	24214.8	69.4	－43.6	－157	8199	16	31
鲜京公司	韩　国	224	36588	31997.3	11.1	611.5	1117	14926	23	31
千代相互人寿保险公司③	日　本	225	36258	13198.6	14.2	33.3	－78	1143	16	21
波音	美　国	226	36147	57993.0	3.3	2309.0	106	11462	197	1
新闻公司⑧	澳大利亚	227	35725	13715.2	5.5	685.3	－41	16394	50	13
默克公司	美　国	228	35635	32714.0	21.6	5890.5	12	13242	62	32
惠普⑥	美　国	229	35297	48253.0	2.5	3491.0	19	18295	84	8
西格拉姆公司⑧	加拿大	230	35011	11784.0	9.8	686.0	－28	12888	34	13
蒂森·克虏伯公司⑤	德　国	231	34771	32798.0	34.3	293.8	－73	8576	185	20
电缆与无线电公司③	英　国	232	34343	14825.9	12.8	5758.9	283	12916	50	41
阿尔卡泰尔公司	法　国	233	34285	24558.1	3.9	686.9	－74	11559	116	41
联合工业企业股份有限公司	德　国	234	34052	20758.8	－25.7	506.5	－23	7121	82	43
家乐福	法　国	235	33828	39855.7	30.8	805.6	12	6660	297	16
杜克能源	美　国	236	33409	21742.0	23.5	1507.0	20	9207	21	44
安龙天然气公司	美　国	237	33381	40112.0	28.3	893.0	27	9570	18	11
特科国际⑤	美　国	238	32362	22496.5	82.7	985.3	－16	12333	182	10
宝洁⑧	美　国	239	32113	38125.0	2.6	3763.0	0	12058	110	39
国营石油公司③	马来西亚	240	31988	14943.9	61.3	3106.8	108	11856	19	31

17－3 续表 5

企业名称	国家、地区	位次	资产额（百万美元）	营业额（百万美元）	营业额比上年增长％	利润额（百万美元）	利润额比上年增长％	股东产权权益（百万美元）	雇员数（千人）	行业代码①
巴西石油公司	巴 西	241	31588	16351.0	5.3	970.6	－19	9793	39	31
拜尔	德 国	242	31351	29141.6	－6.6	2135.5	19	15041	120	6
国际造纸公司	美 国	243	30268	24573.0	26.0	183.0	－14	10304	99	17
日本烟草公司③	日 本	244	30179	19486.5	29.8	456.2	－22	14884	42	42
巴斯夫	德 国	245	30078	31437.9	2.3	1319.3	－30	13848	105	6
太平洋联合铁道公司	美 国	246	29888	11273.0	6.8	810.0		8001	64	34
国泰人寿保险公司	台湾省	247	29886	9904.5	6.7	462.4	3	2278	33	21
洛克希德－马丁公司	美 国	248	29799	25530.0	－2.8	382.0	－62	6361	147	1
太平洋天然气和电气公司	美 国	249	29715	20820.0	4.4	－73.0	－110	6886	22	44
皇家飞利浦电子	荷 兰	250	29564	33556.6	－12.7	1919.0	－71	14791	229	10
阿西布朗勃法瑞	瑞 士	251	29516	24681.0	－20.1	1614.0	24	5608	164	10
三井不动产公司③	日 本	252	29164	10730.8	20.3	－524.6		3853	13	46
强生公司	美 国	253	29163	27471.0	16.1	4167.0	36	16213	98	32
德士古	美 国	254	28972	35690.0	12.6	1177.0	104	12042	18	31
施乐公司	美 国	255	28814	19228.0	－4.0	1424.0	261	4911	95	8
雷声公司	美 国	256	28110	19841.0	1.6	404.0	－53	10959	105	1
英国航空航天公司	英 国	257	28098	11396.5	－2.4	524.3	－54	11862	83	1
圣戈班公司	法 国	258	27980	24482.4	23.5	1307.7	7	9560	165	5
联合利华	英、荷	259	27940	43679.9	－2.7	2953.1	－10	7776	255	14
康柏电脑公司	美 国	260	27277	38525.0	23.6	569.0		14834	76	8
三菱汽车③	日 本	261	27145	29951.3	9.0	－260.1	－922	3387	65	29
住友金属工业公司③	日 本	262	27051	12789.8	21.4	－1303.4		3331	49	27
卡特彼勒公司	美 国	263	26635	19702.0	－6.1	946.0	－38	5465	67	20
英美石油公司	英 国	264	26597	11578.0		1552.0		16174	229	28
三洋电气公司③	日 本	265	26384	18089.9	22.8	194.8		6488	84	10
大西洋富田公司	美 国	266	26272	13176.0	－0.1	1422.0	215	8686	17	31
RELIANT ENERGY	美 国	267	26221	15302.8	33.2	1482.5		5306	14	44
日本钢管公司③	日 本	268	26215	15136.4	7.0	－412.5		2783	40	27
英美烟草公司	英 国	269	26164	19328.6	－10.6	899.7	－15	7770	67	42
三星电子公司	韩 国	270	25762	26991.5	46.7	2671.0		11555	54	10
大都会公司⑧	英 国	271	25659	16309.5	－2.7	1547.2	7	6346	66	4
陶氏化学公司	美 国	272	25499	18929.0	2.6	1331.0	2	8323	39	6
佳能公司	日 本	273	25280	23062.0	6.7	617.7	－26	11743	81	8
西日本铁路公司③	日 本	274	24970	10696.4	13.5	225.3		3401	42④	34
维亚康姆	美 国	275	24486	12858.8	6.3	334.0		11132	83	13
美利坚公司	美 国	276	24374	20262.0	5.5	985.0	－25	6858	113	2
联合技术公司	美 国	277	24366	25242.0	－1.8	1531.0	22	7117	148	1
北方电讯	加拿大	278	24007	21287.0	26.3	－324.0		13680	81	30
美国家庭用品公司	美 国	279	23906	13550.2	0.6	－1227.1	－150	6215	52	32
爱立信公司	瑞 典	280	23718	26052.3	12.3	1467.1	－11	8097	103	10
鹿岛公司③	日 本	281	23629	15518.0	19.6	81.0		1717	12④	12
霍尼韦尔国际公司	美 国	282	23527	23735.0	56.9	1541.0	16	8599	120	1
美国西部	美 国	283	23216	13182.0	6.5	1342.0	－11	1255	58	41
日本出光兴产石油公司③	日 本	284	23093	15636.2		216.3		781	8	31
联合包裹运输公司	美 国	285	23043	27052.0	9.1	883.0	－49	12474	344	25
美国钢铁马拉松	美 国	286	22962	25610.0	3.5	698.0	4	6856	51	31
富豪公司	瑞 典	287	22897	15120.7	－43.5	3897.1	259	11435	53	29
川崎制铁公司③	日 本	288	22884	11292.7	31.9	111.6		3231	31	27

17−3 续表 6

企业名称	国家、地区	位次	资产额（百万美元）	营业额（百万美元）	营业额比上年增长%	利润额（百万美元）	利润额比上年增长%	股东产权权益(百万美元)	雇员数（千人）	行业代码①
可口可乐事业	美国	289	22730	14406.0	7.4	59.0	−59	2924	69	4
废物处理公司	美国	290	22681	13126.9	3.3	−397.6		4403	75	46
现代汽车	韩国	291	22410	20566.3	231.3	461.6		6279	51	29
大成公司③	日本	292	22288	15099.8	8.9	−474.2		1811	20	12
挪威水利发电公司	挪威	293	22075	13130.5	1.7	437.9	−12	7403	39	6
教保人寿保险③	韩国	294	21845	10899.1	26.1	46.8	−8	392	10	22
可口可乐公司	美国	295	21623	19805.0	5.3	2431.0	−31	9513	37	4
英国航空公司③	英国	296	21560	14405.3	−2.3	−33.8	−110	5020	66	2
清水公司③	日本	297	21493	14052.7	12.3	88.5		2356	15	12
日本电装公司③	日本	298	21004	16914.8	22.9	556.0	21	12718	81	29
麦当劳公司③	美国	299	21000	13259.3	6.7	1947.9	26	9600	300	15
富士摄影胶片公司③	日本	300	20973	12589.4	11.9	762.4	36	14649	37	36
联合航空公司	美国	301	20963	18027.0	2.7	1235.0	50	5151	100	2
挪威国家石油公司	挪威	302	20920	17945.0	27.0	436.2	1115	5047	18	31
J.C.彭尼公司②	美国	303	20888	32510.0	6.0	336.0	−43	7228	260	18
罗伯特−博施有限公司	德国	304	20881	29727.2	3.9	427.6	−4	6330	195	29
CSX	美国	305	20720	10811.0	9.2	2.0	−100	5756	49	34
神户制钢所③	日本	306	20717	11248.8	10.1	−476.8		2647	29	27
辉瑞公司	美国	307	20574	16204.0	10.2	3179.0	−5	8887	51	32
布罗肯希尔土地兴业公司⑫	澳大利亚	308	20426	13778.0	−19.7	−1453.2		5609	45	28
PINAULT−RPINTEMPS 集团	法国	309	20422	20144.1	9.7	666.4	18	3724	89	18
奥亚旭公司③	日本	310	20094	10166.7	−5.8	51.3	−26	3212	13	12
阿斯特拉捷利康	英国	311	19816	18445.0	102.0	1143.0	−3	10302	58	32
阿尔斯通③	法国	312	19787	16760.1	33.7	360.4	34	1900	121	20
三菱化学工业公司③	日本	313	19610	14997.5	25.2	−216.7		3854	17	6
DDI③	日本	314	19490	13704.5	40.5	−94.0	−170	2229	3④	41
夏普公司③	日本	315	19377	16657.7	22.0	252.6	597	9347	50	10
第一劝业银行⑩	日本	316	19147	28670.9	12.9	423.6	−18	9088	97	16
梅特罗	德国	317	19027	46663.6	−10.5	295.1	−10	3623	171	16
墨西哥电话公司	墨西哥	318	18833	10076.2	17.8	2628.5	47	12830	72	41
日本能源③	日本	319	18777	13432.7	28.3	−379.5	−375	1125	13	31
日本航空公司③	日本	320	18634	14356.2	17.2	177.3	−15	2320	19④	2
近畿日本铁道公司③	日本	321	18425	10255.8	46.7	−41.0	−163	1747	38	34
旭玻璃公司③	日本	322	18343	11289.5	12.7	118.2	196	5901	46	5
鲁尔煤矿	德国	323	18340	14541.4	−6.9	139.8	−28	1809	102	28
惠好公司	美国	324	18339	12262.0	13.9	527.0	79	7173	45	17
澳洲电信⑧	澳大利亚	325	18323	11475.3	−3.3	2195.8	7	6789	53	41
汤普森-拉莫-伍尔德里奇公司	美国	326	18266	16969.0	42.8	468.8	−2	2712	122	29
五十铃自动车公司③	日本	327	17970	13531.1	6.8	−935.7	−2018	1651	29	29
联合百货公司②	美国	328	17692	17716.0	15.3	795.0	20	6552	133	18
航空航天工业公司	法国	329	17626	13991.6	47.1	32.5	−82	1617	52	1
迪尔公司⑥	美国	330	17578	11750.9	−15.0	239.2	−77	4094	39	20
百事可乐	美国	331	17551	20367.0	−8.9	2050.0	3	6881	118	4
布里奇斯通轮胎公司	日本	332	17515	18343.2	7.2	780.0	−3	7260	101	35
乐喜电子公司	韩国	333	17465	15021.1	60.2	1740.9		3036	54	10
浦项综合制铁公司	韩国	334	17389	10683.8	10.0	1307.5	92	8022	28	27
加拿大管道运输公司	加拿大	335	17270	12415.2	−2.2	18.8	−94	4565	4	11
TARGET②	美国	336	17143	33702.0	8.9	1144.0	22	5862	183	18

17－3 续表 7

企业名称	国家、地区	位次	资产额（百万美元）	营业额（百万美元）	营业额比上年增长％	利润额（百万美元）	利润额比上年增长％	股东产权权益（百万美元）	雇员数（千人）	行业代码①
布里斯托尔－迈尔斯施贵宝公司	美　国	337	17114	20222.0	10.6	4167.0	33	8645	55	32
家用仓储零售公司②	美　国	338	17081	38434.0	27.2	2320.0	44	12341	183	40
美国铝公司	美　国	339	17066	16446.4	6.2	1054.1	24	6318	108	27
HCA 健康公司	美　国	340	16885	16657.0	－15.4	657.0	73	5617	168	19
桑斯博里③	英　国	341	16834	26218.0	4.3	562.4	－39	7565	117	16
葛兰素威康	英　国	342	16805	13738.0	3.8	2930.4	－4	5064	62	32
王子制纸公司③	日　本	343	16803	10826.3	14.7	50.6		4310	24	17
蒙特爱迪生	意大利	344	16728	12786.3	－10.7	103.5	－73	4326	30	14
大荣⑩	日　本	345	16701	25320.1	7.4	－195.2		524	48④	18
吉之岛公司⑬	日　本	346	16686	22451.3	17.1	－25.2	－118	2852	34	16
布伊格公司	法　国	347	16682	17895.3	4.6	65.8	－27	2183	111	12
埃尔帕索能源公司	美　国	348	16657	10581.0	83.0	－255.0	－213	2947	47	11
MYCAL⑩	日　本	349	16594	16504.1	14.6	－52.6		1872	62	18
德尔塔航空公司⑧	美　国	350	16544	14711.0	4.1	1101.0	10	4448	74	2
法玛西亚	美　国	351	16535	10126.0	17.1	575.0		5349	30	6
日绵③	日　本	352	16504	25702.7	0.9	26.4		1256	19	43
大宇	韩　国	353	16461	18618.7	－31.2	－18667.1	－21231	－15906	12	43
东绵③	日　本	354	16450	25747.6	－16.8	－848.9	－4047	5	10	43
特克斯特朗公司	美　国	355	16393	11579.0	0.3	2226.0	266	4377	68	1
CONOCO	美　国	356	16375	20817.0		744.0		4555	17	31
克罗格公司⑦	美　国	357	16266	45351.6		955.9		2683	213	16
普多伊萨格公司⑤	德　国	358	16225	19280.0	－7.4	313.7	14	2574	79	46
STORA ENSO	芬　兰	359	16071	11344.9	－0.9	802.7	285	5967	40	17
艾伯森公司②	美　国	360	15701	37478.1	134.2	404.1	－29	5702	235	16
特斯科公司⑩	英　国	361	15580	30351.9	6.7	1088.4	8	7529	135	16
佐治亚－太平洋公司	美　国	362	15380	17796.0	34.6	716.0	631	3750	57	17
飞利浦石油公司	美　国	363	15201	13852.0	16.9	609.0	157	4579	16	31
凯马特②	美　国	364	15104	35925.0	6.7	403.0	－22	6304	275	18
达诺纳集团	法　国	365	15050	14179.3	－1.4	727.5	9	6160	76	14
理光公司③	日　本	366	15047	12996.9	16.5	376.6	57	5280	67	8
全日航③	日　本	367	14962	10863.8	29.7	－136.5		950	30	2
阿尔贝德钢铁公司	卢森堡	368	14922	11362.7	1.3	77.2	－66	2298	50	27
塞夫韦公司	美　国	369	14900	28859.9	17.9	970.9	20	4086	193	16
思科系统	美　国	370	14725	12154.0	43.7	2096.0	55	11678	21	30
米其林	法　国	371	14578	15137.5	5.3	164.7	－72	3984	130	35
住友电气工业公司③	日　本	372	14576	11752.2	17.3	211.8	33	5738	67	26
英国钢铁公司	英　国	373	14528	11794.9	13.9	－514.0		7335	65	27
拉法公司	法　国	374	14512	11230.0	3.0	654.9	26	5865	71	5
雅培制药公司	美　国	375	14471	13177.6	5.6	2445.8	5	7428	57	32
R.J.雪诺兹烟草公司	美　国	376	14377	11394.0		2343.0		7064	8	42
伊士曼柯达公司	美　国	377	14370	14089.0	5.1	1392.0	0	3912	81	36
马自达汽车公司③	日　本	378	14328	19413.0	20.6	234.9	－22	2396	44	29
皇家控股公司	荷　兰	379	14319	35798.1	24.0	802.3	35	2131	209	16
诺基亚	芬　兰	380	14312	21090.4	45.0	2748.8	44	7395	55	10
大日本印刷公司③	日　本	381	14154	11555.8	16.3	350.6	47	9025	35	33
奥尚连琐超市	法　国	382	14048	23493.6	－0.2	339.2	152	3536	116	16
阿彻－丹尼尔斯－米德兰公司⑧	美　国	383	14030	14283.3	－11.3	266.0	－34	6241	24	14

17－3 续表 8

企业名称	国家、地区	位次	资产额（百万美元）	营业额（百万美元）	营业额比上年增长％	利润额（百万美元）	利润额比上年增长％	股东产权权益（百万美元）	雇员数（千人）	行业代码①
明尼苏达矿业和机械制造公司	美　国	384	13896	15659.0	4.2	1763.0	50	6289	71	36
史克比彻姆公司	英　国	385	13853	13561.6	1.2	1703.9	70	3750	47	32
日本邮船公司③	日　本	386	13844	9900.9	16.9	141.9	46	2525	14	38
TENET HEALTHCARE⑫	美　国	387	13771	10880.0	10.0	249.0	－5	3870	107	19
埃默森电器公司⑤	美　国	388	13624	14269.5	6.1	1313.6	7	6181	117	10
积水建房公司②	日　本	389	13579	11768.9	15.8	－838.8	－575	6762	18	12
拉加代尔集团	法　国	390	13578	13103.9	6.7	257.1	－17	2327	49	33
固特轮胎和橡胶公司	美　国	391	13103	12880.6	1.8	241.1	－65	3618	109	35
汉莎航空公司	德　国	392	12918	13629.9	5.8	671.5	－17	3700	66	2
礼来大药厂	美　国	393	12825	10002.9	－0.5	2721.0	30	5013	31	32
金伯利－克拉克有限公司	美　国	394	12816	13006.8	5.8	1668.1	43	5093	55	17
马克思－斯潘塞有限公司③	英　国	395	12787	13205.7	－2.9	416.9	－32	7825	52	18
凸版印刷公司③	日　本	396	12686	11110.2	16.1	273.7	31	6860	33	33
安霍伊泽－布施公司	美　国	397	12640	11703.7	4.1	1402.2	14	3922	24	4
FONCIERE EURIS	法　国	398	12639	17475.0	22.8	40.5	－37	621	90	18
科斯莫石油公司③	日　本	399	12633	10266.0	29.2	43.5	563	1759	5	31
电子数据系统公司	美　国	400	12429	18534.2	9.7	420.9	－43	4535	121	7
康尼格拉	美　国	401	12146	24594.3	3.2	358.4	－42	2909	85	14
阿克佐诺贝尔公司	荷　兰	402	12053	15394.3	13.1	217.6	－67	1865	68	6
吉列公司	美　国	403	11786	9897.0	－1.6	1260.0	17	3060	39	26
川崎重工业公司③	日　本	404	11766	10325.4	9.8	－167.3		1706	30	20
日本通运公司③	日　本	405	11546	14708.7	14.4	215.9	10	3659	68	25
INVENSYS③	英　国	406	11537	14556.8	－6.5	－383.5		1634	122	20
KINGFISHER②	英　国	407	11520	17602.4	42.3	678.2	－6	4261	84	40
旭化学工业公司③	日　本	408	11509	10727.4	17.0	184.3	36	4643	27	6
戴尔计算机②	美　国	409	11471	25265.0	38.5	1666.0	14	5308	37	8
沃纳兰伯特公司	美　国	410	11442	12928.9	26.6	1733.2	38	5098	44	32
铃木自动车工业公司③	日　本	411	11380	13661.8	20.0	241.5	27	4853	31	29
卜内门化学工业公司	英　国	412	11248	13671.6	－11.2	407.8	28	393	47	6
DANA	美　国	413	11123	13353.0	4.0	513.0	－4	2957	84	29
五月百货公司②	美　国	414	10935	14224.0	6.0	927.0	9	4077	134	18
法国航空公司③	法　国	415	10847	10661.9	4.3	365.6	30	3356	59	2
哈利伯顿公司	美　国	416	10728	14898.0	－14.1	438.0		4287	103	12
英国邮局③	英　国	417	10679	12120.4	4.5	－425.4	－152		201	25
欧莱雅	法　国	418	10671	11451.4	－10.4	838.6	11	5639	42	39
联邦捷运公司⑫	美　国	419	10648	16773.5	5.7	631.3	26	4664	156	25
西北航空公司	美　国	420	10584	10276.0	13.6	300.0		－52	52	2
萨拉·李公司⑧	美　国	421	10521	20012.0	0.0	1191.0		1266	138	14
来爱德⑮	美　国	422	10422	12731.9	11.9	143.7	－55	2954	90	16
贝特尔斯曼公司⑧	德　国	423	10385	14810.7	15.7	371.5	－23	2347	65	33
麦克森赫伯克公司③	美　国	424	10373	37100.5	22.1	723.7	752	3566	21	45
联合健康集团	美　国	425	10273	19562.0	12.7	568.0		3863	29	19
半岛东方航运公司	英　国	426	10243	9929.8	1.3	650.5	44	5572	55	38

17－3 续表 9

企业名称	国家、地区	位次	资产额（百万美元）	营业额（百万美元）	营业额比上年增长％	利润额（百万美元）	利润额比上年增长％	股东产权权益（百万美元）	雇员数（千人）	行业代码①
富士重工业公司③	日 本	427	10126	11945.8	12.9	281.5	7	2012	27	29
MIGROS 公司	瑞 士	428	10025	12444.2	－1.1	408.0	48	4421	78	16
法国洛林炼钢公司	法 国	429	9992	14531.4	36.5	－189.9	－151	4120	64	27
怡和有限公司	香港特区	430	9930	10674.8	－4.9	207.4	310	3106	150	16
亨克尔公司	德 国	431	9879	12118.5	－0.1	388.3	4	2955	56	6
电通公司③	日 本	432	9805	14368.2	19.8	185.9	251	3364	5④	46
曼恩公司⑧	德 国	433	9724	15007.0	8.5	389.4	22	2453	67	29
AUTONATION	美 国	434	9613	24206.6	38.4	282.9	－43	4601	33	40
伊莱克斯	瑞 典	435	9571	14914.3	0.9	520.5	4	3022	93	10
印度石油公司③	印 度	436	9151	18728.6	27.2	565.3	7	3240	35	31
劳氏②	美 国	437	9012	15905.6	29.9	672.8	40	4696	80	40
利尔公司	美 国	438	8718	12428.0	37.2	257.1	123	1465	121	29
兼松公司③	日 本	439	8624	12644.5	－26.5	－111.8		113	5	43
约翰逊控制器公司⑤	美 国	440	8614	16139.4	28.2	419.6	24	2270	95	29
ONEX	加拿大	441	8553	10007.6	68.5	197.8	66	881	83	10
弗朗茨－哈尼尔有限公司	德 国	442	8536	17330.2	4.8	296.0	74	2525	40	45
川铁商事公司③	日 本	443	8528	11488.1	25.2	－21.1		337	7	43
玩具反斗店②	美 国	444	8503	11862.0	5.9	279.0		3681	55	40
太阳微系统公司⑧	美 国	445	8420	11726.3	19.8	1031.3	35	4812	30	8
卡地纳健康	美 国	446	8289	25033.6	57.3	456.3	85	3463	36	45
INGRAM MICRO	美 国	447	8272	28038.6	27.4	183.4	－25	1967	15	45
LUKOIL	俄罗斯	448	8254	10780.8	39.4	1237.8	10978	2747	80	28
高岛屋公司⑩	日 本	449	7953	10617.9	11.5	57.2	57	1907	17	18
卡尔斯泰公司	德 国	450	7943	15832.7	52.7	224.3	99	1657	90	18
佩希内公司	法 国	451	7632	10140.9	－7.3	277.3	－20	2960	30	26
CENTRICA	英 国	452	7570	11678.1	－5.8	294.5	100	1559	20	44
公用事业联合公司	美 国	453	7539	18621.5	48.2	160.5	21	1525	4	44
价格成本批发公司⑪	美 国	454	7505	27456.0	13.1	397.3	－14	3532	53	40
TOYOTA TSUSHO③	日 本	455	7329	15218.9	12.6	－66.3	－1003	1266	9	43
塞夫韦公司③	英 国	456	7311	12341.5	－0.7	269.4	－33	3273	57	16
三星	韩 国	457	7297	29715.2	3.0	59.1	364	2746	5	43
CVS	美 国	458	7275	18098.3	18.5	635.1	60	3680	100	16
UNY⑬	日 本	459	7159	10269.9	19.7	73.2	－25	2120	10	18
乔治韦斯顿公司	加拿大	460	6924	14033.9	36.4	236.2	－55	1804	119	16
惠而浦公司	美 国	461	6826	10511.0	1.8	347.0	7	1867	64	10
SHV HOLDINGS	荷 兰	462	6629	9779.1	4.1	169.1	31	2233	33	43
DYNEGY	美 国	463	6525	15430.0	8.2	151.8	40	1310	3	11
超价商店⑩	美 国	464	6495	20339.1	16.8	242.9	27	1822	80	45
索迪斯联合公司	法 国	465	6369	10035.2	46.6	146.7	2	1351	270	15
奥托邮购两合公司⑮	德 国	466	6218	14290.9	14.9	258.3	29	1033	50	40
托斯科公司	美 国	467	6212	14362.1	19.5	441.7	316	2108	22	31
沃尔格林公司⑪	美 国	468	5907	17838.8	16.5	624.1	22	3484	75	16
DELHAIZE"LELION"	比利时	469	5741	15562.0	8.6	181.2	12	1088	125	16
雪印乳业公司③	日 本	470	5623	11565.4	17.0	－256.4	－1165	1156	15	14
伯根布鲁斯威格⑤	美 国	471	5535	17244.9	25.7	70.6	2175	1496	13	45

17—3 续表 10

企业名称	国家、地区	位次	资产额（百万美元）	营业额（百万美元）	营业额比上年增长%	利润额（百万美元）	利润额比上年增长%	股东产权权益(百万美元）	雇员数（千人）	行业代码①
加普公司②	美国	472	5189	11635.4	28.5	1127.1	37	2233	140	40
科尔斯美亚公司	澳大利亚	473	5031	14538.2	1.3	256.1	3	1786	157	16
ADECCO	瑞士	474	4959	12294.4	16.4	－115.8		1499	16	46
阿尔特拉马戴蒙德沙姆罗克公司	美国	475	4936	11079.2	32.7	173.2		1493	21	31
胡马纳	美国	476	4900	10113.0	3.4	－382.0	－396	1268	17	19
福陆公司⑥	美国	477	4886	12417.4	－8.1	104.2	－56	1581	54	12
太平洋健康系统	美国	478	4884	9989.1	4.9	278.5	38	1978	8	19
中国化工进出口总公司	中国	479	4736	15063.8	9.2	71.8	6	1159	9	43
中国粮油食品进出口总公司	中国	480	4655	12099.2	－2.4	91.0	－2	1689	28	43
办公用品公司	美国	481	4276	10263.3	14.1	257.6	11	1908	41	40
技术数据	美国	482	4124	16991.8	47.4	127.5	－1	1014	10	45
西斯科⑧	美国	483	4097	17422.8	13.7	362.3	22	1427	35	45
LIMITED②	美国	484	4088	9723.3	4.0	460.8	－78	2147	73	40
PUBLIX 超级市场	美国	485	4068	13068.9	8.3	462.4	22	2676	84	16
巡回城市百货公司⑩	美国	486	3955	12614.4	16.8	197.6	38	2142	54	40
艾奥瓦牛肉罐头公司	美国	487	3713	14075.2	9.5	313.3	65	1709	45	14
弗莱明公司	美国	488	3573	14645.6	－2.8	－44.7		561	36	45
日本交通公社⑭	日本	489	3389	11633.6	－8.8	22.4	－2	482	12	46
联合化学公司	英国	490	3360	9860.9	11.1	127.3	7	708	14	45
大西洋和太平洋茶叶公司⑩	美国	491	3336	10151.3	－0.3	14.2		846	53	16
农田工业公司⑪	美国	492	3258	10709.1	22.0			917	18	14
温—迪克西百货公司⑧	美国	493	3149	14136.5	3.8	182.3	－8	1411	95	16
伍尔沃斯公司⑧	澳大利亚	494	3113	11920.9	0.6	161.9	－16	981	120	16
BEST BUY⑩	美国	495	2995	12494.0	24.0	347.1	55	1096	41	40
SOMERFIELD⑰	英国	496	2993	9725.9	69.6	261.4		1187	41	16
MANPOWER	美国	497	2719	9770.1	10.8	150.0	98	651	16	46
AMERISOURCE HEALTH⑤	美国	498	2061	9760.1	13.8	67.5	34	166	4	45
乐喜国际公司	韩国	499	1329	15177.6	13.4	25.7	194	450	2	43
现代公司	韩国	500	977	31669.4	29.9	19.2	220	381	1	43
500 家企业合计(10 亿美元，百万人)			44003	12696.0		554.0		5011	44	

注：①行业代码含义如下：1. 飞机制造业；2. 航空；3. 商业银行及储蓄业；4. 饮料业；5. 建筑材料和玻璃；6. 化学；7. 计算机服务及软件；8. 计算机和办公设备业；9. 多元化金融服务；10. 电子和电气设备；11. 能源；12. 土木工程；13. 娱乐；14. 食品；15. 食品服务；16. 食品和药品商店；17. 森林和纸制品；18. 综合商业；19. 医疗卫生；20. 工业和农业机械；21. 生命和健康保险(互保)；22. 生命和健康保险(存保)；23. 不动产和灾害保险(互保)；24. 不动产和灾害保险(存保)；25. 邮递、包装和货运；26. 金属制品；27. 金属材料；28. 矿业及原油生产；29. 汽车及零部件；30. 网络通讯；31. 石油精炼；32. 制药；33. 出版和印刷；34. 铁路；35. 橡胶和塑料；36. 科学、照相和控制设备；37. 证券；38. 海运；39. 肥皂与化妆品；40. 专业零售；41. 电信；42. 烟草；43. 贸易；44. 公用事业：煤气和电力；45. 批发；46. 未归类。②截止 2000 年 1 月 31 日的年度。③截止 2000 年 3 月 31 日的年度。④仅为母公司数。⑤截止 1999 年 9 月 30 日的年度。⑥截止 1999 年 10 月 31 日的年度。⑦财政年度截止日期从 1999 年 12 月 31 日改为 2000 年 1 月 31 日。⑧截止 1999 年 6 月 30 日的年度。⑨截止 1999 年 11 月 30 日的年度。⑩截止 2000 年 2 月 29 日的年度。⑪截止 1999 年 8 月 31 日的年度。⑫截止 1999 年 5 月 31 日的年度。⑬截止 2000 年 2 月 20 日的年度。⑭截止 1999 年 3 月 31 日的年度。⑮截止 1999 年 2 月 28 日的年度。⑯截止 1998 年 12 月 31 日的年度。⑰截止 1999 年 4 月 30 日的年度。

资料来源：美国《财富》杂志 2000 年 7 月 24 日。

17－4　1999年按国家和地区分组的世界最大的500家企业

企业名称	1999年营业额位次	营业额（百万美元）	营业额比上年增长％	利润额（百万美元）	利润额比上年增长％	资产额（百万美元）	股东产权权益（百万美元）	雇员数（千人）	行业代码①
澳大利亚									
安宝	252	17760.3	6.4	－272.3		85874	4994	22	22
科尔斯美亚公司	324	14538.2	1.3	256.1	3	5031	1786	157	16
布罗肯希尔土地兴业公司	348	13778.0	－19.7	－1453.2		20426	5609	45	28
新闻公司⑧	350	13715.2	5.5	685.3	－41	35725	16394	50	13
澳大利亚国民银行⑤	395	12487.0	－2.1	1794.6	35	165818	12087	46	3
伍尔沃斯公司⑧	415	11920.9	0.6	161.9	－16	3113	981	120	16
澳洲电信⑧	433	11475.3	－3.3	2195.8	7	18323	6789	53	41
巴西									
巴西银行	246	17981.9	－28.3	465.8	－38	70506	4054	69	3
巴西石油公司	280	16351.0	5.3	970.6	－19	31588	9793	39	31
BANCO BRADESCO	302	15164.3	－9.5	610.5	－30	44786	3774	67	3
比利时、荷兰									
福特斯	55	43660.2	1.1	2470.4	18	407043	13539	62	3
比利时									
ALMANIJ	283	16243.5	－0.8	764.7	－22	186957	4410	32	3
DELHAIZE"LELION"	291	15562.0	8.6	181.2	12	5741	1088	125	16
DEXIA GROUP	312	14936.7		811.7		245207	5512	15	3
德国									
戴姆勒－克莱斯勒	5	159985.7	3.5	6129.1	8	175069	36143	467	29
大众汽车	19	80072.7	4.9	874.7	－31	67276	9637	306	29
西门子⑤	21	75337.0	14.1	1773.7	379	65489	17283	443	10
安联保险	22	74178.2	14.3	2382.1	18	383687	28855	114	24
德意志银行	31	58585.1	29.7	2694.4	43	841797	23200	93	3
费巴集团	37	52227.7	20.3	2845.9	114	52505	14415	132	43
梅特罗	46	46663.6	－10.5	295.1	－10	19027	3623	171	16
慕尼黑再保险集团	72	38400.4	8.3	1208.5	147	180294	18496	33	24
莱茵集团⑧	73	38357.5	4.8	1300.8	63	57133	6826	156	11
德国电信	77	37835.1	－4.7	1336.5	－46	94855	34781	196	41
宝马汽车(BMW)	82	36695.9	2.3	－2652.8	－617	37593	3941	115	29
蒂森·克虏伯公司⑤	99	32798.0	34.3	293.8	－73	34771	8576	185	20
海伯威英斯银行	106	31868.1	0.2	382.9	－82	504413	12469	46	3
巴斯夫	108	31437.9	2.3	1319.3	－30	30078	13848	105	6
罗伯特－博施有限公司	114	29727.2	3.9	427.6	－4	20881	6330	195	29
拜尔	117	29141.6	－6.6	2135.5	19	31351	15041	120	6
商业银行	138	26221.1	23.6	971.7	－2	372896	11167	35	3
德国邮政	157	25101.1	53.9	1186.1	586	77295	2658	264	25
曼内斯曼公司	159	24816.3	17.1	103.5	－81	60383	21691	131	20
西德意志银行	169	24079.1	6.3	444.8	18	394660	8183	14	3
德累斯顿银行	179	23208.8	1.9	1123.2	9	397759	11594	51	3
联合工业企业股份有限公司	200	20758.8	－25.7	506.5	－23	34052	7121	82	43
普多伊萨格公司⑤	228	19280.0	－7.4	313.7	14	16225	2574	79	46
弗朗茨－哈尼尔有限公司	262	17330.2	4.8	296.0	74	8536	2525	40	45
德国 BAHN 公司	273	16672.2	－2.3	82.1	－56	37284	8682	242	34
LANDESBANK BADEN-WURTTEMBERG	277	16457.7		447.5		257631	5530	9	3
卡尔斯泰公司	288	15832.7	52.7	224.3	99	7943	1657	90	18
巴伐利亚州立银行	300	15203.0	0.8	550.1	62	281876	6895	8	3
曼恩公司⑧	309	15007.0	8.5	389.4	22	9724	2453	67	29
贝特尔斯曼公司⑧	316	14810.7	15.7	371.5	－23	10385	2347	65	33
鲁尔煤矿	323	14541.4	－6.9	139.8	－28	18340	1809	102	28
奥托邮购两合公司⑮	334	14290.9	14.9	258.3	29	6218	1033	50	40
汉莎航空公司	354	13629.9	5.8	671.5	－17	12918	3700	66	2
德国德众银行	401	12345.7	19.9	110.9	91	243777	3163	13	3
柏林银行	407	12251.1	－10.0	160.1	399	194232	4263	17	3
亨克尔公司	412	12118.5	－0.1	388.3	4	9879	2955	56	6
重建信贷银行	498	9737.6	6.4	288.9	13	197095	5711	2	3

17－4 续表 1

企业名称	1999年营业额位次	营业额（百万美元）	营业额比上年增长％	利润额（百万美元）	利润额比上年增长％	资产额（百万美元）	股东产权权益（百万美元）	雇员数（千人）	行业代码①
俄罗斯									
俄罗斯天然气能源公司	403	12299.5	－24.2	1874.0		47776	27977	369	11
LUKOIL	455	10780.8	39.4	1237.8	10978	8254	2747	80	28
法国									
安盛公司	15	87645.7	11.3	2155.8	27	508647	16396	92	22
托塔尔菲纳公司	50	44990.3	66.3	1621.4	65	81168	27733	70	31
通用水管	53	44397.8	25.8	1526.8	23	82967	10917	275	12
标致	61	40327.9	7.4	777.6	44	39906	8351	166	29
雷诺	63	40098.6	－3.0	569.6	－62	46529	8204	160	29
巴黎国民银行	64	40098.6	49.7	1582.9	28	700232	19835	77	3
家乐福	66	39855.7	30.8	805.6	12	33828	6660	297	16
埃尔夫·阿奎坦	76	37918.3	5.7	2210.2	268	43016	16485	57	31
法国电气	88	34146.6	8.9	761.3	115	116230	12672	133	44
苏黎世里昂水电公司	95	33559.7	－3.8	1549.3	39	77074	11296	222	11
农业信贷银行	98	32923.5	－0.3	2527.5	21	440522	22954	86	3
法国电信	118	29048.8	6.0	2952.6	16	54179	18947	174	41
法国国家人寿保险公司	134	26802.5	11.2	464.2	52	117831	3006	3	22
阿尔卡泰尔公司	163	24558.1	3.9	686.9	－74	34285	11559	116	41
圣戈班公司	165	24482.4	23.5	1307.7	7	27980	9560	165	5
奥尚连琐超市	175	23493.6	－0.2	339.2	152	14048	3536	116	16
兴业银行	177	23398.6	－21.4	2476.8	230	407476	11931	65	3
PINAULT－RPINTEMPS 集团	207	20144.1	9.7	666.4	18	20422	3724	89	18
布伊格公司	248	17895.3	4.6	65.8	－27	16682	2183	111	12
安盟－甘集团	254	17655.0	43.9	27.4	－82	65689	4530	26	23
FONCIERE EURIS	259	17475.0	22.8	40.5	－37	12639	621	90	18
法国国营铁路公司	261	17348.0	－0.7	42.9		43888	4187	211	34
里昂信贷银行	269	16838.0	－25.4	588.6	222	173347	6448	41	3
阿尔斯通③	272	16760.1	33.7	360.4	34	19787	1900	121	20
法国邮政	281	16313.5	3.0	302.0	429	43702	1481	306	25
储备银行集团	284	16218.8	13.2	620.1	55	249323	8795	42	3
米其林	303	15137.5	5.3	164.7	－72	14578	3984	130	35
法国洛林炼钢公司	325	14531.4	36.5	－189.9	－151	9992	4120	64	27
达诺纳集团	338	14179.3	－1.4	727.5	9	15050	6160	76	14
航空航天工业公司	346	13991.6	47.1	32.5	－82	17626	1617	52	1
安内特	362	13438.0	－8.7	－1034.7	－218	41674	10395	101	32
拉加代尔集团	377	13103.9	6.7	257.1	－17	13578	2327	49	33
欧莱雅	434	11451.4	－10.4	838.6	11	10671	5639	42	39
拉法公司	443	11230.0	3.0	654.9	26	14512	5865	71	5
法国航空公司③	463	10661.9	4.3	365.6	30	10847	3356	59	2
佩希内公司	479	10140.9	－7.3	277.3	－20	7632	2960	30	26
索迪斯联合公司	483	10035.2	46.6	146.7	2	6369	1351	270	15
芬兰									
诺基亚	196	21090.4	45.0	2748.8	44	14312	7395	55	10
STORA ENSO	438	11344.9	－0.9	802.7	285	16071	5967	40	17
韩国									
鲜京公司	105	31997.3	11.1	611.5	1117	36588	14926	23	31
现代公司	107	31669.4	29.9	19.2	220	977	381	1	43
三星	115	29715.2	3.0	59.1	364	7297	2746	5	43
三星电子公司	131	26991.5	46.7	2671.0		25762	11555	54	10
现代汽车	202	20566.3	231.3	461.6		22410	6279	51	29
大宇	234	18618.7	－31.2	－18667.1	－21231	16461	－15906	12	43
三星人寿保险公司③	257	17574.6	13.2	264.6	260	42160	1940	8	22

17－4 续表 2

企业名称	1999年营业额位次	营业额（百万美元）	营业额比上年增长％	利润额（百万美元）	利润额比上年增长％	资产额（百万美元）	股东产权权益（百万美元）	雇员数（千人）	行业代码①
韩国（续）									
乐喜国际公司	301	15177.6	13.4	25.7	194	1329	450	2	43
乐喜电子公司	308	15021.1	60.2	1740.9		17465	3036	54	10
韩国电力公司	382	12899.3	28.3	1234.8	57	56628	26774	38	44
教保人寿保险③	450	10899.1	26.1	46.8	－8	21845	392	10	22
浦项综合制铁公司	460	10683.8	10.0	1307.5	92	17389	8022	28	27
荷兰									
荷兰国际集团	27	62492.4	10.7	5250.2	80	493949	34636	86	22
阿姆斯特丹－鹿特丹控股公司	69	38820.7	13.4	2741.4	38	458937	12015	110	3
皇家控股公司	85	35798.1	24.0	802.3	35	14319	2131	209	16
皇家飞利浦电子	96	33556.6	－12.7	1919.0	－71	29564	14791	229	10
AEGON	173	23865.8	27.4	1674.7	23	229334	13574	24	22
拉博银行	185	22373.6	21.1			281865	13530	53	3
阿克佐诺贝尔公司	296	15394.3	13.1	217.6	－67	12053	1865	68	6
SHV HOLDINGS	494	9779.1	4.1	169.1	31	6629	2233	33	43
加拿大									
北方电讯	194	21287.0	26.3	－324.0		24007	13680	81	30
乔治韦斯顿公司	345	14033.9	36.4	236.2	－55	6924	1804	119	16
加拿大帝国商业银行⑥	361	13441.2	－0.7	687.0	－5	170188	7518	46	3
加拿大皇家银行⑥	374	13146.1	－2.7	1151.6	－8	185802	8436	52	3
加拿大管道运输公司	399	12415.2	－2.2	18.8	－94	17270	4565	4	11
西格拉姆公司⑧	418	11784.0	9.8	686.0	－28	35011	12888	34	13
蒙特利尔银行⑥	444	11139.3	－5.5	922.7	0	156784	7465	33	3
丰业银行	446	11118.6	2.0	1035.5	9	151396	7754	41	3
加拿大太阳人寿保险公司	466	10511.1	13.8	110.4	203	69429	4050	11	21
多伦多－自治领银行⑥	468	10470.3	16.1	1990.2	160	145771	7841	31	3
ONEX	484	10007.6	68.5	197.8	66	8553	881	83	10
加拿大电力保险公司	488	9920.2	－2.3	358.7	27	39723	2377	28	22
卢森堡									
阿尔贝德钢铁公司	437	11362.7	1.3	77.2	－66	14922	2298	50	27
马来西亚									
国营石油公司③	311	14943.9	61.3	3106.8	108	31988	11856	19	31
美国									
通用汽车	1	176558.0	9.4	6002.0	103	273921	20059	388	29
沃尔－马特百货公司②	2	166809.0	19.8	5377.0	21	70245	25848	1140	18
埃克森－美孚石油	3	163881.0	62.7	7910.0	24	144521	63466	106	31
福特汽车	4	162558.0	12.6	7237.0	－67	276229	27537	365	29
通用电气	9	111630.0	11.1	10717.0	15	405200	42557	340	9
国际商用机器（IBM）	16	87548.0	7.2	7712.0	22	87495	20511	307	8
花旗银行集团	18	82005.0	7.3	9867.0	70	716900	49700	177	9
美国邮政总局⑤	26	62726.0	4.4	363.0	－34	55693	－447	906	25
美国电话电报（AT&T）	28	62391.0	16.4	3428.0	－46	169406	78927	148	41
菲利普·莫里斯	29	61751.0	6.8	7675.0	43	61381	15305	137	42
波音	32	57993.0	3.3	2309.0	106	36147	11462	197	1
美洲银行集团	39	51392.0	1.2	7882.0	53	632574	44432	156	3
西南贝尔电信	42	49489.0	72.0	8159.0	103	83215	26726	205	41
惠普⑥	44	48253.0	2.5	3491.0	19	35297	18295	84	8
克罗格公司⑦	49	45351.6		955.9		16266	2683	213	16
州立农业保险公司	52	44637.2	0.0	1031.1	－22	119144	45794	79	23
西尔斯·罗巴克	59	41071.0	－0.6	1453.0	39	36954	6839	326	18
美国国际集团	60	40656.1	22.1	5055.4	34	268238	33306	55	24
安龙天然气公司	62	40112.0	28.3	893.0	27	33381	9570	18	11
教师保险和学院退休基金	67	39410.2	9.8	1024.1	22	289248	7025	6	21
康柏电脑公司	70	38525.0	23.6	569.0		27277	14834	76	8

17－4 续表 3

企业名称	1999 年营业额位次	营业额（百万美元）	营业额比上年增长％	利润额（百万美元）	利润额比上年增长％	资产额（百万美元）	股东产权权益（百万美元）	雇员数（千人）	行业代码①
美国（续）									
家用仓储零售公司②	71	38434.0	27.2	2320.0	44	17081	12341	183	40
朗讯⑤	74	38303.0	27.1	4766.0	391	38775	13584	153	30
宝洁⑧	75	38125.0	2.6	3763.0	0	32113	12058	110	39
艾伯森公司②	78	37478.1	134.2	404.1	－29	15701	5702	235	16
世界通讯	79	37120.0	110.0	4013.0		91000	51000	77	41
麦克森赫伯克公司③	80	37100.5	22.1	723.7	752	10373	3566	21	45
范尼美集团	81	36968.6	17.4	3911.9	14	575167	17629	4	9
凯马特②	84	35925.0	6.7	403.0	－22	15104	6304	275	18
德士古	86	35690.0	12.6	1177.0	104	28972	12042	18	31
美林公司	87	34879.0	－2.7	2618.0	108	328071	12802	67	37
摩根斯坦利添惠⑨	91	33928.0	9.0	4791.0	46	366967	17014	55	37
大通曼哈顿集团	93	33710.0	4.1	5446.0	44	406105	23617	75	3
TARGET②	94	33702.0	8.9	1144.0	22	17143	5862	183	18
维里森通讯	97	33174.0	5.1	4202.0	42	62614	15880	145	41
默克公司	100	32714.0	21.6	5890.5	12	35635	13242	62	32
谢夫隆	101	32676.0	21.9	2070.0	55	40668	17749	36	31
J.C.彭尼公司②	104	32510.0	6.0	336.0	－43	20888	7228	260	18
摩托罗拉公司	109	30931.0	5.2	817.0		37327	16344	121	10
英特尔公司	116	29389.0	11.9	7314.0	21	43849	32535	70	10
塞夫韦公司	119	28859.9	17.9	970.9	20	14900	4086	193	16
INGRAM MICRO	121	28038.6	27.4	183.4	－25	8272	1967	15	45
杜邦	123	27892.0	－28.7	7690.0	72	40777	12875	94	6
强生公司	126	27471.0	16.1	4167.0	36	29163	16213	98	32
价格成本批发公司①	127	27456.0	13.1	397.3	－14	7505	3532	53	40
时代－华纳公司	128	27333.0		1948.0		51239	9713	70	13
联合包裹运输公司	130	27052.0	9.1	883.0	－49	23043	12474	344	25
奥尔斯泰特	132	26959.0	4.2	2720.0	－17	98119	16601	47	24
美国万全保险公司	135	26618.0	－22.7	813.0	－27	285094	19291	60	22
艾特纳人寿意外事故保险公司	136	26452.7	28.4	716.9	－16	112839	10690	56	19
第一银行	142	25986.0	1.5	3479.0	12	269425	20090	86	3
美国钢铁马拉松	147	25610.0	3.5	698.0	4	22962	6856	51	31
洛克希德－马丁公司	149	25530.0	－2.8	382.0	－62	29799	6361	147	1
都市人寿保险公司	150	25426.0	－4.9	617.0	－54	225232	13690	42	22
高盛集团⑨	151	25363.0		2708.0		250491	10145	15	37
通用电话电子公司	152	25336.2	－0.5	4032.8	86	50832	10827	100	41
戴尔计算机②	154	25265.0	38.5	1666.0	14	11471	5308	37	8
联合技术公司	155	25242.0	－1.8	1531.0	22	24366	7117	148	1
贝尔南方公司	156	25224.0	9.1	3448.0	－2	42453	14815	96	41
卡地纳健康	158	25033.6	57.3	456.3	85	8289	3463	36	45
康尼格拉	161	24594.3	3.2	358.4	－42	12146	2909	85	14
国际造纸公司	162	24573.0	26.0	183.0	－14	30268	10304	99	17
弗雷德马克	166	24268.0	34.5	2223.0	31	386684	11525	4	9
AUTONATION	168	24206.6	38.4	282.9	－43	9613	4601	33	40
伯克希尔－哈撒韦公司	171	24028.0	73.7	1557.0	－45	131416	57761	48	24
霍尼韦尔国际公司	174	23735.0	56.9	1541.0	16	23527	8599	120	1
沃尔特·迪斯尼公司⑤	176	23402.0	1.9	1300.0	－30	43679	20975	120	13
特科国际⑤	182	22496.5	82.7	985.3	－16	32362	12333	182	10
第一联合公司	188	22084.0	2.5	3223.0	12	253024	16709	72	3
韦尔斯法戈公司	189	21795.0	6.4	3747.0	92	218102	22131	89	3
杜克能源	190	21742.0	23.5	1507.0	20	33409	9207	21	44
纽约人寿保险公司	191	21679.3	9.2	554.8	26	94979	6398	7	21
美国运通公司	195	21278.0	11.2	2475.0	16	148517	10095	88	9
洛斯公司	197	20952.6	1.2	363.2	－22	69464	9978	28	24

17－4 续表 4

企业名称	1999年营业额位次	营业额（百万美元）	营业额比上年增长%	利润额（百万美元）	利润额比上年增长%	资产额（百万美元）	股东产权权益（百万美元）	雇员数（千人）	行业代码①
美国（续）									
太平洋天然气和电气公司	198	20820.0	4.4	－73.0	－110	29715	6886	22	44
CONOCO	199	20817.0		744.0		16375	4555	17	31
西格纳公司	201	20644.0	－3.7	1774.0	37	95333	6149	42	19
百事可乐	203	20367.0	－8.9	2050.0	3	17551	6881	118	4
超价商店⑩	204	20339.1	16.8	242.9	27	6495	1822	80	45
美利坚公司	205	20262.0	5.5	985.0	－25	24374	6858	113	2
布里斯托尔－迈尔斯施贵宝公司	206	20222.0	10.6	4167.0	33	17114	8645	55	32
萨拉·李公司⑧	209	20012.0	0.0	1191.0		10521	1266	138	14
佛雷特波士顿银行	210	20000.0	100.0	2038.0	33	190692	15307	59	3
斯普林特公司	212	19930.0	16.3	－935.0	－326	39250	13560	78	41
雷声公司	214	19841.0	1.6	404.0	－53	28110	10959	105	1
可口可乐公司	215	19805.0	5.3	2431.0	－31	21623	9513	37	4
微软⑧	216	19747.0	36.3	7785.0	73	37156	28438	31	7
卡特彼勒公司	217	19702.0	－6.1	946.0	－38	26635	5465	67	20
联合健康集团	220	19562.0	12.7	568.0		10273	3863	29	19
施乐公司	229	19228.0	－4.0	1424.0	261	28814	4911	95	8
莱曼兄弟公司⑨	230	18989.0	－4.5	1132.0	54	192244	6283	9	37
陶氏化学公司	231	18929.0	2.6	1331.0	2	25499	8323	39	6
公用事业联合公司	233	18621.5	48.2	160.5	21	7539	1525	4	44
电子数据系统公司	235	18534.2	9.7	420.9	－43	12429	4535	121	7
摩根公司	241	18110.0	－1.7	2055.0	113	260898	11439	16	3
CVS	242	18098.3	18.5	635.1	60	7275	3680	100	16
联合航空公司	245	18027.0	2.7	1235.0	50	20963	5151	100	2
沃尔格林公司⑪	250	17838.8	16.5	624.1	22	5907	3484	75	16
佐治亚－太平洋公司	251	17796.0	34.6	716.0	631	15380	3750	57	17
联合百货公司②	253	17716.0	15.3	795.0	20	17692	6552	133	18
西斯科⑧	260	17422.8	13.7	362.3	22	4097	1427	35	45
伯根布鲁斯威格⑤	263	17244.9	25.7	70.6	2175	5535	1496	13	45
德州公用	264	17118.0	16.2	985.0	33	40729	8334	22	44
技术数据	266	16991.8	47.4	127.5	－1	4124	1014	10	45
汤普森－拉莫－伍尔德里奇公司	267	16969.0	42.8	468.8	－2	18266	2712	122	29
联邦捷运公司⑫	271	16773.5	5.7	631.3	26	10648	4664	156	25
HCA 健康公司	275	16657.0	－15.4	657.0	73	16885	5617	168	19
美国铝公司	278	16446.4	6.2	1054.1	24	17066	6318	108	27
辉瑞公司	285	16204.0	10.2	3179.0	－5	20574	8887	51	32
约翰逊控制器公司⑤	286	16139.4	28.2	419.6	24	8614	2270	95	29
劳氏②	287	15905.6	29.9	672.8	40	9012	4696	80	40
明尼苏达矿业和机械制造公司	289	15659.0	4.2	1763.0	50	13896	6289	71	36
自由相互保险公司	293	15499.0	17.7	501.0	30	55259	6896	37	23
DYNEGY	294	15430.0	8.2	151.8	40	6525	1310	3	11
西北相互人寿保险公司	297	15306.3	4.5	1336.6	65	85982	5069	4	21
RELIANT ENERGY	298	15302.8	33.2	1482.5		26221	5306	14	44
哈利伯顿公司	314	14898.0	－14.1	438.0		10728	4287	103	12
德尔塔航空公司⑧	318	14711.0	4.1	1101.0	10	16544	4448	74	2
弗莱明公司	320	14645.6	－2.8	－44.7		3573	561	36	45
可口可乐事业	328	14406.0	7.4	59.0	－59	22730	2924	69	4
托斯科公司	332	14362.1	19.5	441.7	316	6212	2108	22	31
阿彻－丹尼尔斯－米德兰公司⑧	335	14283.3	－11.3	266.0	－34	14030	6241	24	14
埃默森电器公司⑤	336	14269.5	6.1	1313.6	7	13624	6181	117	10
五月百货公司②	337	14224.0	6.0	927.0	9	10935	4077	134	18
温－迪克西百货公司⑧	340	14136.5	3.8	182.3	－8	3149	1411	95	16
伊士曼柯达公司	342	14089.0	5.1	1392.0	0	14370	3912	81	36
艾奥瓦牛肉罐头公司	343	14075.2	9.5	313.3	65	3713	1709	45	14

17－4 续表 5

企业名称	1999年营业额位次	营业额（百万美元）	营业额比上年增长%	利润额（百万美元）	利润额比上年增长%	资产额（百万美元）	股东产权权益(百万美元)	雇员数（千人）	行业代码①
美国(续)									
飞利浦石油公司	347	13852.0	16.9	609.0	157	15201	4579	16	31
华盛顿共同公司	355	13571.2	6.5	1817.1	22	186514	9053	28	3
全国保险公司	357	13554.9	3.4	512.8	－57	120102	9768	28	24
美国家庭用品公司	358	13550.2	0.6	－1227.1	－150	23906	6215	52	32
哈特福德金融服务公司	360	13528.0	－9.9	862.0	－15	167051	5466	26	24
DANA	365	13353.0	4.0	513.0	－4	11123	2957	84	29
麦当劳公司③	368	13259.3	6.7	1947.9	26	21000	9600	300	15
美国西部	371	13182.0	6.5	1342.0	－11	23216	1255	58	41
雅培制药公司	372	13177.6	5.6	2445.8	5	14471	7428	57	32
大西洋富田公司	373	13176.0	－0.1	1422.0	215	26272	8686	17	31
废物处理公司	376	13126.9	3.3	－397.6		22681	4403	75	46
PUBLIX 超级市场	378	13068.9	8.3	462.4	22	4068	2676	84	16
金伯利－克拉克有限公司	379	13006.8	5.8	1668.1	43	12816	5093	55	17
沃纳兰伯特公司	381	12928.9	26.6	1733.2	38	11442	5098	44	32
固特轮胎和橡胶公司	383	12880.6	1.8	241.1	－65	13103	3618	109	35
维亚康姆	385	12858.8	6.3	334.0		24486	11132	83	13
来爱德⑮	389	12731.9	11.9	143.7	－55	10422	2954	90	16
巡回城市百货公司⑩	392	12614.4	16.8	197.6	38	3955	2142	54	40
BEST BUY⑩	394	12494.0	24.0	347.1	55	2995	1096	41	40
利尔公司	397	12428.0	37.2	257.1	123	8718	1465	121	29
福陆公司⑥	398	12417.4	－8.1	104.2	－56	4886	1581	54	12
惠好公司	406	12262.0	13.9	527.0	79	18339	7173	45	17
思科系统	409	12154.0	43.7	2096.0	55	14725	11678	21	30
联合第一资本	410	12131.2		1490.4		82956	9801	32	9
玩具反斗店②	416	11862.0	5.9	279.0		8503	3681	55	40
迪尔公司⑥	421	11750.9	－15.0	239.2	－77	17578	4094	39	20
太阳微系统公司⑧	422	11726.3	19.8	1031.3	35	8420	4812	30	8
安霍伊泽－布施公司	423	11703.7	4.1	1402.2	14	12640	3922	24	4
加普公司②	425	11635.4	28.5	1127.1	37	5189	2233	140	40
南方公司	427	11585.0	1.6	1276.0	31	38396	9204	33	44
特克斯特朗公司	428	11579.0	0.3	2226.0	266	16393	4377	68	1
R.J.雪诺兹烟草公司	436	11394.0		2343.0		14377	7064	8	42
太平洋联合铁道公司	441	11273.0	6.8	810.0		29888	8001	64	34
阿尔特拉马戴蒙德沙姆罗克公司	448	11079.2	32.7	173.2		4936	1493	21	31
TENET HEALTHCARE⑫	451	10880.0	10.0	249.0	－5	13771	3870	107	19
CSX	454	10811.0	9.2	2.0	－100	20720	5756	49	34
农田工业公司⑪	458	10709.1	22.0			3258	917	18	14
美国通用保险公司	461	10679.0	4.2	1131.0	48	115447	6420	16	22
埃尔帕索能源公司	465	10581.0	83.0	－255.0	－213	16657	2947	47	11
惠而浦公司	467	10511.0	1.8	347.0	7	6826	1867	64	10
西北航空公司	471	10276.0	13.6	300.0		10584	－52	52	2
办公用品公司	474	10263.3	14.1	257.6	11	4276	1908	41	40
大西洋和太平洋茶叶公司⑩	478	10151.3	－0.3	14.2		3336	846	53	16
法玛西亚	480	10126.0	17.1	575.0		16535	5349	30	6
胡马纳	481	10113.0	3.4	－382.0	－396	4900	1268	17	19
礼来大药厂	485	10002.9	－0.5	2721.0	30	12825	5013	31	32
太平洋健康系统	486	9989.1	4.9	278.5	38	4884	1978	8	19
吉列公司	491	9897.0	－1.6	1260.0	17	11786	3060	39	26
麻省相互人寿保险公司	493	9841.0	－7.8	556.5	29	71991	3411	8	21
MANPOWER	495	9770.1	10.8	150.0	98	2719	651	16	46
AMERISOURCE HEALTH⑤	496	9760.1	13.8	67.5	34	2061	166	4	45
LIMITED②	500	9723.3	4.0	460.8	－78	4088	2147	73	40
墨西哥									
墨西哥石油公司	144	25783.1	23.4	－1906.8		51692	18025	133	28
墨西哥电话公司	482	10076.2	17.8	2628.5	47	18833	12830	72	41

17－4 续表 6

企业名称	1999年营业额位次	营业额（百万美元）	营业额比上年增长％	利润额（百万美元）	利润额比上年增长％	资产额（百万美元）	股东产权权益（百万美元）	雇员数（千人）	行业代码①
南非									
OLD MUTUAL	322	14550.4		1750.8		61406	5538	36	22
挪威									
挪威国家石油公司	247	17945.0	27.0	436.2	1115	20920	5047	18	31
挪威水利发电公司	375	13130.5	1.7	437.9	－12	22075	7403	39	6
日本									
三井物产③	6	118555.2	8.4	320.5	38	62360	6381	38	43
三菱商事③	7	117765.6	9.9	233.7	－4	78949	8831	42	43
丰田汽车③	8	115670.9	16.0	3653.4	31	160572	66267	215	29
伊藤忠商事③	10	109068.9	0.3	－792.8		59154	2743	5④	43
住友商事③	12	95701.6	7.5	314.9		47820	6184	33	43
日本电报电话公司(NTT)③	13	93591.7	23.0	－609.0	－113	179512	59831	224	41
丸红③	14	91807.4	－1.9	18.5		54447	3162	32	43
日本生命保险公司③	20	78515.1	18.4	3405.4	312	423282	10560	71	21
日立③	23	71858.5	15.1	152.0		95912	28043	398	10
松下电器工业③	24	65555.6	9.7	895.5	745	74946	33805	290	10
岩井商事③	25	65393.2	－3.5	91.8		39763	1779	18	43
索尼③	30	60052.7	13.0	1094.2	－22	66370	21283	190	10
第一相互生命保险公司③	33	55104.7	23.9	1672.2	200	294387	6284	61	21
本田汽车③	34	54773.5	12.4	2356.7	－1	47759	18821	112	29
日产汽车③	36	53679.9	4.3	－6146.2		63776	9061	142	29
东芝③	38	51634.9	24.5	－251.5		55596	9576	191	10
富士通③	45	47195.9	15.1	383.8		50062	12591	188	8
住友生命保险公司③	47	46445.1	17.5	1562.7	62	232490	5039	66	21
东京电力③	48	45727.7	14.9	785.3	3	141952	18034	48	44
日本电气公司③	51	44828.0	20.4	93.5		44937	9524	155	10
明治相互生命保险公司③	90	33966.6	19.3	682.9	191	164305	3192	39	21
三菱电气③	92	33896.2	14.2	223.0		38083	5815	117	10
东京－三菱银行③	103	32623.6	5.5	1148.7		729250	27819	17④	3
三菱汽车③	113	29951.3	9.0	－260.1	－922	27145	3387	65	29
第一劝业银行⑩	120	28670.9	12.9	423.6	－18	19147	9088	97	16
富士银行③	124	27815.8	34.0	474.5		567900	21912	14	3
住友银行③	129	27065.2	22.3	555.7		524228	17592	14④	3
日本兴业银行③	133	26939.9	1.7	635.4		414044	15867	7	3
朝日生命相互保险公司③	137	26246.1	35.2	420.1	－9	110570	2112	29	21
三菱重工③	143	25820.6	13.5	－1230.4	－970	45208	12139	65	20
东绵③	145	25747.6	－16.8	－848.9	－4047	16450	5	10	43
日绵③	146	25702.7	0.9	26.4		16504	1256	19	43
大荣⑩	153	25320.1	7.4	－195.2		16701	524	48④	18
日本三菱石油公司③	167	24214.8	69.4	－43.6	－157	36667	8199	16	31
新日本制铁③	170	24074.5	11.5	100.3	12	40681	8670	54	27
关西电力公司③	178	23246.2	14.4	469.7	14	73133	13645	27④	44
佳能公司	180	23062.0	6.7	617.7	－26	25280	11743	81	8
东日本铁路③	183	22478.5	15.7	601.4	251	71256	8350	83	34
吉之岛公司⑬	184	22451.3	17.1	－25.2	－118	16686	2852	34	16
三井相互人寿保险公司③	187	22223.8	0.0	964.8	1270	98447	1431	21	21
三和银行③	211	19999.9	6.1	1073.2		457290	21332	13	3
安田相互人寿保险公司③	213	19861.7	23.7	962.4	41	98456	2614	22	21
日本烟草公司③	221	19486.5	29.8	456.2	－22	30179	14884	42	42
中部电力公司③	223	19467.5	14.4	692.6	115	61589	10657	24	44
马自达汽车公司③	224	19413.0	20.6	234.9	－22	14328	2396	44	29
樱花银行③	225	19372.9	11.9	562.0		472827	21533	15	3

17—4 续表 7

企业名称	1999 年营业额位次	营业额（百万美元）	营业额比上年增长%	利润额（百万美元）	利润额比上年增长%	资产额（百万美元）	股东产权权益（百万美元）	雇员数（千人）	行业代码①
日本(续)									
东京海上火灾保险公司③	238	18363.8	10.4	309.1	27	58329	8031	15	24
布里奇斯通轮胎公司	240	18343.2	7.2	780.0	—3	17515	7260	101	35
三洋电气公司③	243	18089.9	22.8	194.8		26384	6488	84	10
第一劝业银行③	244	18065.0	7.7	636.3		506980	23948	16	3
日本邮政业务公司⑭	258	17496.9	—7.2	—489.0	—403	88144	38725	141	25
日本电装公司③	268	16914.8	22.9	556.0	21	21004	12718	81	29
夏普公司③	274	16657.7	22.0	252.6	597	19377	9347	50	10
MYCAL⑩	276	16504.1	14.6	—52.6		16594	1872	62	18
日本出光兴产石油公司③	290	15636.2		216.3		23093	781	8	31
鹿岛公司③	292	15518.0	19.6	81.0		23629	1717	12④	12
农林中央金库③	295	15395.9	23.3	733.9	62	501873	16384	4	3
TOYOTA TSUSHO③	299	15218.9	12.6	—66.3	—1003	7329	1266	9	43
日本钢管公司③	304	15136.4	7.0	—412.5		26215	2783	40	27
大成公司③	306	15099.8	8.9	—474.2		22288	1811	20	12
三菱化学工业公司③	310	14997.5	25.2	—216.7		19610	3854	17	6
东海银行③	317	14784.2	40.7	373.8		297857	15450	11	3
日本通运公司③	319	14708.7	14.4	215.9	10	11546	3659	68	25
电通公司③	331	14368.2	19.8	185.9	251	9805	3364	5④	46
日本航空公司③	333	14356.2	17.2	177.3	—15	18634	2320	19④	2
东北电力公司③	339	14166.3	17.6	197.5	—33	42237	7014	17	44
清水公司③	344	14052.7	12.3	88.5		21493	2356	15	12
DDI③	351	13704.5	40.5	—94.0	—170	19490	2229	3④	41
铃木自动车工业公司③	353	13661.8	20.0	241.5	27	11380	4853	31	29
五十铃自动车公司③	359	13531.1	6.8	—935.7	—2018	17970	1651	29	29
日本能源③	363	13432.7	28.3	—379.5	—375	18777	1125	13	31
太阳相互人寿保险公司③	366	13341.3	5.5	192.7	188	69271	1639	15	21
千代相互人寿保险公司③	370	13198.6	14.2	33.3	—78	36258	1143	16	21
理光公司③	380	12996.9	16.5	376.6	57	15047	5280	67	8
大同人寿保险公司③	384	12873.8	11.3	221.6	—36	56093	1764	22	21
九州电力公司③	386	12829.8	14.7	206.0	2	40381	7074	18	44
住友金属工业公司③	387	12789.8	21.4	—1303.4		27051	3331	49	27
兼松公司③	391	12644.5	—26.5	—111.8		8624	113	5	43
富士摄影胶片公司③	393	12589.4	11.9	762.4	36	20973	14649	37	36
安田火灾海上保险公司③	405	12280.9	14.1	125.8	27	37117	3290	12	24
富士重工业公司③	414	11945.8	12.9	281.5	7	10126	2012	27	29
积水建房公司②	419	11768.9	15.8	—838.8	—575	13579	6762	18	12
住友电气工业公司③	420	11752.2	17.3	211.8	33	14576	5738	67	26
日本交通公社⑭	426	11633.6	—8.8	22.4	—2	3389	482	12	46
雪印乳业公司③	430	11565.4	17.0	—256.4	—1165	5623	1156	15	14
大日本印刷公司③	431	11555.8	16.3	350.6	47	14154	9025	35	33
川铁商事公司③	432	11488.1	25.2	—21.1		8528	337	7	43
川崎制铁公司③	439	11292.7	31.9	111.6		22884	3231	31	27
旭玻璃公司③	440	11289.5	12.7	118.2	196	18343	5901	46	5
神户制钢所③	442	11248.8	10.1	—476.8		20717	2647	29	27
共荣人寿保险公司③	445	11128.8	20.6	—15.0	—109	44972	781	14	22
凸版印刷公司③	447	11110.2	16.1	273.7	31	12686	6860	33	33
中央日本铁道公司③	449	10971.4	13.6	338.4	297	59100	5697	24	34
全日航③	452	10863.8	29.7	—136.5		14962	950	30	2
王子制纸公司③	453	10826.3	14.7	50.6		16803	4310	24	17
三井不动产公司③	456	10730.8	20.3	—524.6		29164	3853	13	46
旭化学工业公司③	457	10727.4	17.0	184.3	36	11509	4643	27	6
西日本铁路公司③	459	10696.4	13.5	225.3		24970	3401	42④	34
高岛屋公司⑩	464	10617.9	11.5	57.2	57	7953	1907	17	18

17－4 续表 8

企业名称	1999 年营业额位次	营业额（百万美元）	营业额比上年增长％	利润额（百万美元）	利润额比上年增长％	资产额（百万美元）	股东产权权益（百万美元）	雇员数（千人）	行业代码①
日本(续)									
朝日银行③	469	10420.3	40.1	282.0		280681	13534	12	3
川崎重工业公司③	470	10325.4	9.8	−167.3		11766	1706	30	20
UNY⑬	472	10269.9	19.7	73.2	−25	7159	2120	10	18
科斯莫石油公司③	473	10266.0	29.2	43.5	563	12633	1759	5	31
近畿日本铁道公司③	475	10255.8	46.7	−41.0	−163	18425	1747	38	34
野村证券公司③	476	10221.8	98.6	1307.7		141351	13473	9	37
奥亚旭公司③	477	10166.7	−5.8	51.3	−26	20094	3212	13	12
日本邮船公司③	490	9900.9	16.9	141.9	46	13844	2525	14	38
瑞典									
爱立信公司	140	26052.3	12.3	1467.1	−11	23718	8097	103	10
斯堪的亚集团	227	19288.6	42.4	418.0	168	57181	2114	7	22
富豪公司	305	15120.7	−43.5	3897.1	259	22897	11435	53	29
伊莱克斯	313	14914.3	0.9	520.5	4	9571	3022	93	10
瑞士									
雀巢	41	49694.1	0.4	3144.3	6	36820	15276	231	14
瑞士信贷银行	43	49362.0	0.4	3475.1	64	451507	20379	64	3
苏黎世金融服务公司	65	39962.0	2.2	3260.0	307	221178	22237	69	24
瑞士银行公司	125	27651.9	1.6	4193.3	101	613198	21762	49	3
阿西布朗勃法瑞	160	24681.0	−20.1	1614.0	24	29516	5608	164	10
诺华	192	21608.9	−1.2	4432.3	6	40935	23249	82	32
瑞士再保险公司	219	19640.7	19.6	1856.4	8	68060	11106	9	24
罗克控股公司	239	18348.8	7.8	3836.6	27	43999	16838	68	32
瑞士人寿保险和养老金公司	270	16834.6	8.5	257.7	37	96623	5897	11	22
MIGROS 公司	396	12444.2	−1.1	408.0	48	10025	4421	78	16
ADECCO	404	12294.4	16.4	−115.8		4959	1499	16	46
中国台湾省									
国泰人寿保险公司	489	9904.5	6.7	462.4	3	29886	2278	33	21
委内瑞拉									
委内瑞拉石油	102	32648.0	27.2	2818.0	325	49990	32894	48	31
西班牙									
雷普索尔公司	122	28048.3	79.7	1078.4	11	42147	12555	37	31
桑坦德集团	148	25582.6	40.8	1677.9	76	257041	8212	100	3
西班牙电话	164	24487.7	25.9	1925.1	32	64294	14518	127	41
毕尔巴鄂比斯开银行	326	14485.8	0.7	1310.4	20	157473	8211	74	3
国家电力公司	330	14375.8	88.8	1361.5	11	49835	9338	34	44
中国香港特区									
怡和有限公司	462	10674.8	−4.9	207.4	310	9930	3106	150	16
意大利									
普通保险公司	35	53723.2	10.8	871.5	−13	175930	7167	57	22
菲亚特	40	51331.7	0.7	376.5	−46	80057	12904	221	29
国家碳化氢公司	89	34091.0	5.3	3047.5	18	46303	18440	72	31
好利获得公司	112	30087.8	592.1	5268.3	3402	75700	26371	129	41
工业复兴	172	23944.7	34.4	3102.9	69	52080	3456	109	20
国家电力公司	186	22320.1	2.6	2497.4	1	46221	17618	79	44
意大利联合信贷银行	367	13335.4	0.1	1369.4	509	169324	7907	60	3
蒙特爱迪生	388	12786.3	−10.7	103.5	−73	16728	4326	30	14
INTESA 银行	400	12391.4	−5.2	906.2	39	304664	9301	73	3
圣保罗 IMI 银行	497	9738.8	−31.6	1120.0	11	140209	8055	24	3
印度									
印度石油公司③	232	18728.6	27.2	565.3	7	9151	3240	35	31
英国、荷兰									
荷兰皇家/壳牌	11	105366.0	12.5	8584.0	2353	113883	56171	96	31
联合利华	54	43679.9	−2.7	2953.1	−10	27940	7776	255	14

17—4 续表 9

企业名称	1999年营业额位次	营业额（百万美元）	营业额比上年增长%	利润额（百万美元）	利润额比上年增长%	资产额（百万美元）	股东产权权益（百万美元）	雇员数（千人）	行业代码①
英国									
英国石油阿莫科	17	83566.0	22.3	5008.0	54	89561	43281	80	31
万全公司	56	42220.3	25.4	877.0	—40	242790	5518	22	22
商联保险	57	41974.4	11.7	833.3	1	188129	15419	49	24
汇丰银行控股公司	68	39348.1	—9.2	5407.8	25	567793	33330	147	3
英国电信公司③	110	30546.0	7.8	3311.3	—33	59964	25198	137	41
特斯科公司⑩	111	30351.9	6.7	1088.4	8	15580	7529	135	16
桑斯博里③	139	26218.0	4.3	562.4	—39	16834	7565	117	16
皇家和太阳联盟公司	141	26018.0	2.3	140.8	—81	113150	10450	46	24
劳埃德 TSB 集团	181	22836.7	—6.8	4068.0	16	283804	14010	76	3
巴克莱银行	193	21573.0	—1.5	2846.3	29	410647	13672	77	3
诺威奇联合公司	218	19697.5	16.5	920.7	2	107021	9733	19	22
西敏寺银行	222	19480.7	—14.0	2699.0	1	299329	15060	62	3
英美烟草公司	226	19328.6	—10.6	899.7	—15	26164	7770	67	42
阿斯特拉捷利康	237	18445.0	102.0	1143.0	—3	19816	10302	58	32
标准人寿保险公司⑨	249	17846.8	20.3			124236		12	21
KINGFISHER②	256	17602.4	42.3	678.2	—6	11520	4261	84	40
阿比公司	265	17113.4	—1.6	2040.5	16	291303	9796	27	3
LEGAL & GENERAL	279	16443.5	35.5	949.8	41	164724	4972	8	21
大都会公司⑧	282	16309.5	—2.7	1547.2	7	25659	6346	66	4
电缆与无线电公司③	315	14825.9	12.8	5758.9	283	34343	12916	50	41
INVENSYS③	321	14556.8	—6.5	—383.5		11537	1634	122	20
哈利法克斯建筑公司	327	14456.4	—10.0	1721.7	—11	261219	10080	32	3
英国航空公司③	329	14405.3	—2.3	—33.8	—110	21560	5020	66	2
葛兰素威康	349	13738.0	3.8	2930.4	—4	16805	5064	62	32
卜内门化学工业公司	352	13671.6	—11.2	407.8	28	11248	393	47	6
史克比彻姆公司	356	13561.6	1.2	1703.9	70	13853	3750	47	32
马克思－斯潘塞有限公司③	369	13205.7	—2.9	416.9	—32	12787	7825	52	18
沃达丰③	390	12686.0	128.2	784.7	—26	244667	224670	29	41
塞夫韦公司③	402	12341.5	—0.7	269.4	—33	7311	3273	57	16
苏格兰皇家银行⑤	408	12173.8	0.6	1394.8	21	146330	6920	33	3
英国邮局③	411	12120.4	4.5	—425.4	—152	10679		201	25
英国钢铁公司	417	11794.9	13.9	—514.0		14528	7335	65	27
CENTRICA	424	11678.1	—5.8	294.5	100	7570	1559	20	44
英美石油公司	429	11578.0		1552.0		26597	16174	229	28
英国航空航天公司	435	11396.5	—2.4	524.3	—54	28098	11862	83	1
半岛东方航运公司	487	9929.8	1.3	650.5	44	10243	5572	55	38
联合化学公司	492	9860.9	11.1	127.3	7	3360	708	14	45
SOMERFIELD⑰	499	9725.9	69.6	261.4		2993	1187	41	16
中国									
中国石化集团公司	58	41883.1	23.1	447.7	131	53870	19777	1172	31
中国国家电力公司	83	36076.1	14.7	647.1	—24	133111	48099	1149	44
中国工商银行	208	20130.4	—7.8	498.3	20	427542	21918	549	3
中国电信公司	236	18484.6	3.8	548.1		57170	30813	529	41
中国银行	255	17623.8	—16.6	534.3	—22	350733	17921	209	3
中国化工进出口总公司	307	15063.8	9.2	71.8	6	4736	1159	9	43
中国农业银行⑯	341	14127.8		—110.2		244107	16274	500	3
中国建设银行	364	13392.3	—13.2	598.8	264	265842	12908	324	3
中国粮油食品进出口总公司	413	12099.2	—2.4	91.0	—2	4655	1689	28	43

注：①行业代码含义如下：1. 飞机制造业；2. 航空；3. 商业银行及储蓄业；4. 饮料业；5. 建筑材料和玻璃；6. 化学；7. 计算机服务及软件；8. 计算机和办公设备业；9. 多元化金融服务；10. 电子和电气设备；11. 能源；12. 土木工程；13. 娱乐；14. 食品；15. 食品服务；16. 食品和药品商店；17. 森林和纸制品；18. 综合商业；19. 医疗卫生；20. 工业和农业机械；21. 生命和健康保险（互保）；22. 生命和健康保险（存保）；23. 不动产和灾害保险（互保）；24. 不动产和灾害保险（存保）；25. 邮递、包装和货运；26. 金属制品；27. 金属材料；28. 矿业及原油生产；29. 汽车及零部件；30. 网络通讯；31. 石油精炼；32. 制药；33. 出版和印刷；34. 铁路；35. 橡胶和塑料；36. 科学、照相和控制设备；37. 证券；38. 海运；39. 肥皂与化妆品；40. 专业零售；41. 电信；42. 烟草；43. 贸易；44. 公用事业：煤气和电力；45. 批发；46. 未归类。②截止 2000 年 1 月 31 日的年度。③截止 2000 年 3 月 31 日的年度。④仅为母公司数。⑤截止 1999 年 9 月 30 日的年度。⑥截止 1999 年 10 月 31 日的年度。⑦财政年度截止日期从 1999 年 12 月 31 日改为 2000 年 1 月 31 日。⑧截止 1999 年 6 月 30 日的年度。⑨截止 1999 年 11 月 30 日的年度。⑩截止 2000 年 2 月 29 日的年度。⑪截止 1999 年 8 月 31 日的年度。⑫截止 1999 年 5 月 31 日的年度。⑬截止 2000 年 2 月 20 日的年度。⑭截止 1999 年 3 月 31 日的年度。⑮截止 1999 年 2 月 28 日的年度。⑯截止 1998 年 12 月 31 日的年度。⑰截止 1999 年 4 月 30 日的年度。

资料来源：美国《财富》杂志 2000 年 7 月 24 日。

17－5 1999年按行业分组的世界最大的500家企业

企业名称	国家、地区	1999年营业额位次	营业额（百万美元）	营业额比上年增长%	利润额（百万美元）	利润额比上年增长%	资产额（百万美元）	股东产权权益（百万美元）	雇员数（千人）
1. 飞机制造业									
波音	美国	32	57993.0	3.3	2309.0	106	36147	11462	197
洛克希德－马丁公司	美国	149	25530.0	－2.8	382.0	－62	29799	6361	147
联合技术公司	美国	155	25242.0	－1.8	1531.0	22	24366	7117	148
霍尼韦尔国际公司	美国	174	23735.0	56.9	1541.0	16	23527	8599	120
雷声公司	美国	214	19841.0	1.6	404.0	－53	28110	10959	105
航空航天工业公司	法国	346	13991.6	47.1	32.5	－82	17626	1617	52
特克斯特朗公司	美国	428	11579.0	0.3	2226.0	266	16393	4377	68
英国航空航天公司	英国	435	11396.5	－2.4	524.3	－54	28098	11862	83
2. 航空									
美利坚公司	美国	205	20262.0	5.5	985.0	－25	24374	6858	113
联合航空公司	美国	245	18027.0	2.7	1235.0	50	20963	5151	100
德尔塔航空公司⑧	美国	318	14711.0	4.1	1101.0	10	16544	4448	74
英国航空公司③	英国	329	14405.3	－2.3	－33.8	－110	21560	5020	66
日本航空公司③	日本	333	14356.2	17.2	177.3	－15	18634	2320	19④
汉莎航空公司	德国	354	13629.9	5.8	671.5	－17	12918	3700	66
全日航③	日本	452	10863.8	29.7	－136.5		14962	950	30
法国航空公司③	法国	463	10661.9	4.3	365.6	30	10847	3356	59
西北航空公司	美国	471	10276.0	13.6	300.0		10584	－52	52
3. 商业银行及储蓄业									
德意志银行	德国	31	58585.1	29.7	2694.4	43	841797	23200	93
美洲银行集团	美国	39	51392.0	1.2	7882.0	53	632574	44432	156
瑞士信贷银行	瑞士	43	49362.0	0.4	3475.1	64	451507	20379	64
福特斯	比、荷	55	43660.2	1.1	2470.4	18	407043	13539	62
巴黎国民银行	法国	64	40098.6	49.7	1582.9	28	700232	19835	77
汇丰银行控股公司	英国	68	39348.1	－9.2	5407.8	25	567793	33330	147
阿姆斯特丹－鹿特丹控股公司	荷兰	69	38820.7	13.4	2741.4	38	458937	12015	110
大通曼哈顿集团	美国	93	33710.0	4.1	5446.0	44	406105	23617	75
农业信贷银行	法国	98	32923.5	－0.3	2527.5	21	440522	22954	86
东京－三菱银行③	日本	103	32623.6	5.5	1148.7		729250	27819	17④
海伯威英斯银行	德国	106	31868.1	0.2	382.9	－82	504413	12469	46
富士银行③	日本	124	27815.8	34.0	474.5		567900	21912	14
瑞士银行公司	瑞士	125	27651.9	1.6	4193.3	101	613198	21762	49
住友银行③	日本	129	27065.2	22.3	555.7		524228	17592	14④
日本兴业银行③	日本	133	26939.9	1.7	635.4		414044	15867	7
商业银行	德国	138	26221.1	23.6	971.7	－2	372896	11167	35
第一银行	美国	142	25986.0	1.5	3479.0	12	269425	20090	86
桑坦德集团	西班牙	148	25582.6	40.8	1677.9	76	257041	8212	100
西德意志银行	德国	169	24079.1	6.3	444.8	18	394660	8183	14
兴业银行	法国	177	23398.6	－21.4	2476.8	230	407476	11931	65
德累斯顿银行	德国	179	23208.8	1.9	1123.2	9	397759	11594	51
劳埃德TSB集团	英国	181	22836.7	－6.8	4068.0	16	283804	14010	76
拉博银行	荷兰	185	22373.6	21.1			281865	13530	53
第一联合公司	美国	188	22084.0	2.5	3223.0	12	253024	16709	72
韦尔斯法戈公司	美国	189	21795.0	6.4	3747.0	92	218102	22131	89
巴克莱银行	英国	193	21573.0	－1.5	2846.3	29	410647	13672	77
中国工商银行	中国	208	20130.4	－7.8	498.3	20	427542	21918	549
佛雷特波士顿银行	美国	210	20000.0	100.0	2038.0	33	190692	15307	59
三和银行③	日本	211	19999.9	6.1	1073.2		457290	21332	13
西敏寺银行	英国	222	19480.7	－14.0	2699.0	1	299329	15060	62
樱花银行③	日本	225	19372.9	11.9	562.0		472827	21533	15
摩根公司	美国	241	18110.0	－1.7	2055.0	113	260898	11439	16
第一劝业银行③	日本	244	18065.0	7.7	636.3		506980	23948	16
巴西银行	巴西	246	17981.9	－28.3	465.8	－38	70506	4054	69

17－5 续表 1

企业名称	国家、地区	1999 年营业额位次	营业额（百万美元）	营业额比上年增长％	利润额（百万美元）	利润额比上年增长％	资产额（百万美元）	股东产权权益（百万美元）	雇员数（千人）
3. 商业银行及储蓄业（续）									
中国银行	中国	255	17623.8	－16.6	534.3	－22	350733	17921	209
阿比公司	英国	265	17113.4	－1.6	2040.5	16	291303	9796	27
里昂信贷银行	法国	269	16838.0	－25.4	588.6	222	173347	6448	41
LANDESBANK BADEN-WURTTEMBERG	德国	277	16457.7		447.5		257631	5530	9
ALMANIJ	比利时	283	16243.5	－0.8	764.7	－22	186957	4410	32
储备银行集团	法国	284	16218.8	13.2	620.1	55	249323	8795	42
农林中央金库③	日本	295	15395.9	23.3	733.9	62	501873	16384	4
巴伐利亚州立银行	德国	300	15203.0	0.8	550.1	62	281876	6895	8
BANCO BRADESCO	巴西	302	15164.3	－9.5	610.5	－30	44786	3774	67
DEXIA GROUP	比利时	312	14936.7		811.7		245207	5512	15
东海银行③	日本	317	14784.2	40.7	373.8		297857	15450	11
毕尔巴鄂比斯开银行	西班牙	326	14485.8	0.7	1310.4	20	157473	8211	74
哈利法克斯建筑公司	英国	327	14456.4	－10.0	1721.7	－11	261219	10080	32
中国农业银行⑯	中国	341	14127.8		－110.2		244107	16274	500
华盛顿共同公司	美国	355	13571.2	6.5	1817.1	22	186514	9053	28
加拿大帝国商业银行⑥	加拿大	361	13441.2	－0.7	687.0	－5	170188	7518	46
中国建设银行	中国	364	13392.3	－13.2	598.8	264	265842	12908	324
意大利联合信贷银行	意大利	367	13335.4	0.1	1369.4	509	169324	7907	60
加拿大皇家银行⑥	加拿大	374	13146.1	－2.7	1151.6	－8	185802	8436	52
澳大利亚国民银行⑤	澳大利亚	395	12487.0	－2.1	1794.6	35	165818	12087	46
INTESA 银行	意大利	400	12391.4	－5.2	906.2	39	304664	9301	73
德国德众银行	德国	401	12345.7	19.9	110.9	91	243777	3163	13
柏林银行	德国	407	12251.1	－10.0	160.1	399	194232	4263	17
苏格兰皇家银行⑤	英国	408	12173.8	0.6	1394.8	21	146330	6920	33
蒙特利尔银行⑥	加拿大	444	11139.3	－5.5	922.7	0	156784	7465	33
丰业银行	加拿大	446	11118.6	2.0	1035.5	9	151396.	7754	41
多伦多－自治领银行⑥	加拿大	468	10470.3	16.1	1990.2	160	145771	7841	31
朝日银行③	日本	469	10420.3	40.1	282.0		280681	13534	12
圣保罗 IMI 银行	意大利	497	9738.8	－31.6	1120.0	11	140209	8055	24
重建信贷银行	德国	498	9737.6	6.4	288.9	13	197095	5711	2
4. 饮料业									
百事可乐	美国	203	20367.0	－8.9	2050.0	3	17551	6881	118
可口可乐公司	美国	215	19805.0	5.3	2431.0	－31	21623	9513	37
大都会公司⑧	英国	282	16309.5	－2.7	1547.2	7	25659	6346	66
可口可乐事业	美国	328	14406.0	7.4	59.0	－59	22730	2924	69
安霍伊泽－布施公司	美国	423	11703.7	4.1	1402.2	14	12640	3922	24
5. 建筑材料和玻璃									
圣戈班公司	法国	165	24482.4	23.5	1307.7	7	27980	9560	165
旭玻璃公司③	日本	440	11289.5	12.7	118.2	196	18343	5901	46
拉法公司	法国	443	11230.0	3.0	654.9	26	14512	5865	71
6. 化学									
巴斯夫	德国	108	31437.9	2.3	1319.3	－30	30078	13848	105
拜尔	德国	117	29141.6	－6.6	2135.5	19	31351	15041	120
杜邦	美国	123	27892.0	－28.7	7690.0	72	40777	12875	94
陶氏化学公司	美国	231	18929.0	2.6	1331.0	2	25499	8323	39
阿克佐诺贝尔公司	荷兰	296	15394.3	13.1	217.6	－67	12053	1865	68
三菱化学工业公司③	日本	310	14997.5	25.2	－216.7		19610	3854	17
卜内门化学工业公司	英国	352	13671.6	－11.2	407.8	28	11248	393	47
挪威水利发电公司	挪威	375	13130.5	1.7	437.9	－12	22075	7403	39
亨克尔公司	德国	412	12118.5	－0.1	388.3	4	9879	2955	56
旭化学工业公司③	日本	457	10727.4	17.0	184.3	36	11509	4643	27
法玛西亚	美国	480	10126.0	17.1	575.0		16535	5349	30

17—5 续表 2

企业名称	国家、地区	1999年营业额位次	营业额(百万美元)	营业额比上年增长%	利润额(百万美元)	利润额比上年增长%	资产额(百万美元)	股东产权权益(百万美元)	雇员数(千人)
7. 计算机服务及软件									
微软⑧	美 国	216	19747.0	36.3	7785.0	73	37156	28438	31
电子数据系统公司	美 国	235	18534.2	9.7	420.9	—43	12429	4535	121
8. 计算机和办公设备									
国际商用机器(IBM)	美 国	16	87548.0	7.2	7712.0	22	87495	20511	307
惠普⑥	美 国	44	48253.0	2.5	3491.0	19	35297	18295	84
富士通③	日 本	45	47195.9	15.1	383.8		50062	12591	188
康柏电脑公司	美 国	70	38525.0	23.6	569.0		27277	14834	76
戴尔计算机②	美 国	154	25265.0	38.5	1666.0	14	11471	5308	37
佳能公司	日 本	180	23062.0	6.7	617.7	—26	25280	11743	81
施乐公司	美 国	229	19228.0	—4.0	1424.0	261	28814	4911	95
理光公司③	日 本	380	12996.9	16.5	376.6	57	15047	5280	67
太阳微系统公司⑧	美 国	422	11726.3	19.8	1031.3	35	8420	4812	30
9. 多元化金融服务									
通用电气	美 国	9	111630.0	11.1	10717.0	15	405200	42557	340
花旗银行集团	美 国	18	82005.0	7.3	9867.0	70	716900	49700	177
范尼美集团	美 国	81	36968.6	17.4	3911.9	14	575167	17629	4
弗雷德马克	美 国	166	24268.0	34.5	2223.0	31	386684	11525	4
美国运通公司	美 国	195	21278.0	11.2	2475.0	16	148517	10095	88
联合第一资本	美 国	410	12131.2		1490.4		82956	9801	32
10. 电子和电气设备									
西门子⑤	德 国	21	75337.0	14.1	1773.7	379	65489	17283	443
日立③	日 本	23	71858.5	15.1	152.0		95912	28043	398
松下电器工业③	日 本	24	65555.6	9.7	895.5	745	74946	33805	290
索尼③	日 本	30	60052.7	13.0	1094.2	—22	66370	21283	190
东芝③	日 本	38	51634.9	24.5	—251.5		55596	9576	191
日本电气公司③	日 本	51	44828.0	20.4	93.5		44937	9524	155
三菱电气③	日 本	92	33896.2	14.2	223.0		38083	5815	117
皇家飞利浦电子	荷 兰	96	33556.6	—12.7	1919.0	—71	29564	14791	229
摩托罗拉公司	美 国	109	30931.0	5.2	817.0		37327	16344	121
英特尔公司	美 国	116	29389.0	11.9	7314.0	21	43849	32535	70
三星电子公司	韩 国	131	26991.5	46.7	2671.0		25762	11555	54
爱立信公司	瑞 典	140	26052.3	12.3	1467.1	—11	23718	8097	103
阿西布朗勃法瑞	瑞 士	160	24681.0	—20.1	1614.0	24	29516	5608	164
特科国际⑤	美 国	182	22496.5	82.7	985.3	—16	32362	12333	182
诺基亚	芬 兰	196	21090.4	45.0	2748.8	44	14312	7395	55
三洋电气公司③	日 本	243	18089.9	22.8	194.8		26384	6488	84
夏普公司③	日 本	274	16657.7	22.0	252.6	597	19377	9347	50
乐喜电子公司	韩 国	308	15021.1	60.2	1740.9		17465	3036	54
伊莱克斯	瑞 典	313	14914.3	0.9	520.5	4	9571	3022	93
埃默森电器公司⑤	美 国	336	14269.5	6.1	1313.6	7	13624	6181	117
惠而浦公司	美 国	467	10511.0	1.8	347.0	7	6826	1867	64
ONEX	加拿大	484	10007.6	68.5	197.8	66	8553	881	83
11. 能源									
安龙天然气公司	美 国	62	40112.0	28.3	893.0	27	33381	9570	18
莱茵集团⑧	德 国	73	38357.5	4.8	1300.8	63	57133	6826	156
苏黎世里昂水电公司	法 国	95	33559.7	—3.8	1549.3	39	77074	11296	222
DYNEGY	美 国	294	15430.0	8.2	151.8	40	6525	1310	3
加拿大管道运输公司	加拿大	399	12415.2	—2.2	18.8	—94	17270	4565	4
俄罗斯天然气能源公司	俄罗斯	403	12299.5	—24.2	1874.0		47776	27977	369
埃尔帕索能源公司	美 国	465	10581.0	83.0	—255.0	—213	16657	2947	47
12. 土木工程									
通用水管	法 国	53	44397.8	25.8	1526.8	23	82967	10917	275
布伊格公司	法 国	248	17895.3	4.6	65.8	—27	16682	2183	111
鹿岛公司③	日 本	292	15518.0	19.6	81.0		23629	1717	12④

17－5 续表 3

企业名称	国家、地区	1999 年营业额位次	营业额（百万美元）	营业额比上年增长%	利润额（百万美元）	利润额比上年增长%	资产额（百万美元）	股东产权权益（百万美元）	雇员数（千人）
12. 土木工程（续）									
大成公司③	日本	306	15099.8	8.9	－474.2		22288	1811	20
哈利伯顿公司	美国	314	14898.0	－14.1	438.0		10728	4287	103
清水公司③	日本	344	14052.7	12.3	88.5		21493	2356	15
福陆公司⑥	美国	398	12417.4	－8.1	104.2	－56	4886	1581	54
积水建房公司②	日本	419	11768.9	15.8	－838.8	－575	13579	6762	18
奥亚旭公司③	日本	477	10166.7	－5.8	51.3	－26	20094	3212	13
13. 娱乐									
时代－华纳公司	美国	128	27333.0		1948.0		51239	9713	70
沃尔特·迪斯尼公司⑤	美国	176	23402.0	1.9	1300.0	－30	43679	20975	120
新闻公司⑧	澳大利亚	350	13715.2	5.5	685.3	－41	35725	16394	50
维亚康姆	美国	385	12858.8	6.3	334.0		24486	11132	83
西格拉姆公司⑧	加拿大	418	11784.0	9.8	686.0	－28	35011	12888	34
14. 食品									
雀巢	瑞士	41	49694.1	0.4	3144.3	6	36820	15276	231
联合利华	英、荷	54	43679.9	－2.7	2953.1	－10	27940	7776	255
康尼格拉	美国	161	24594.3	3.2	358.4	－42	12146	2909	85
萨拉·李公司⑧	美国	209	20012.0	0.0	1191.0		10521	1266	138
阿彻－丹尼尔斯－米德兰公司⑧	美国	335	14283.3	－11.3	266.0	－34	14030	6241	24
达诺纳集团	法国	338	14179.3	－1.4	727.5	9	15050	6160	76
艾奥瓦牛肉罐头公司	美国	343	14075.2	9.5	313.3	65	3713	1709	45
蒙特爱迪生	意大利	388	12786.3	－10.7	103.5	－73	16728	4326	30
雪印乳业公司③	日本	430	11565.4	17.0	－256.4	－1165	5623	1156	15
农田工业公司⑪	美国	458	10709.1	22.0			3258	917	18
15. 食品服务									
麦当劳公司③	美国	368	13259.3	6.7	1947.9	26	21000	9600	300
索迪斯联合公司	法国	483	10035.2	46.6	146.7	2	6369	1351	270
16. 食品和药品商店									
梅特罗	德国	46	46663.6	－10.5	295.1	－10	19027	3623	171
克罗格公司⑦	美国	49	45351.6		955.9		16266	2683	213
家乐福	法国	66	39855.7	30.8	805.6	12	33828	6660	297
艾伯森公司②	美国	78	37478.1	134.2	404.1	－29	15701	5702	235
皇家控股公司	荷兰	85	35798.1	24.0	802.3	35	14319	2131	209
特斯科公司⑩	英国	111	30351.9	6.7	1088.4	8	15580	7529	135
塞夫韦公司	美国	119	28859.9	17.9	970.9	20	14900	4086	193
第一劝业银行⑩	日本	120	28670.9	12.9	423.6	－18	19147	9088	97
桑斯博里③	英国	139	26218.0	4.3	562.4	－39	16834	7565	117
奥尚连琐超市	法国	175	23493.6	－0.2	339.2	152	14048	3536	116
吉之岛公司⑬	日本	184	22451.3	17.1	－25.2	－118	16686	2852	34
CVS	美国	242	18098.3	18.5	635.1	60	7275	3680	100
沃尔格林公司⑪	美国	250	17838.8	16.5	624.1	22	5907	3484	75
DELHAIZE“LELION”	比利时	291	15562.0	8.6	181.2	12	5741	1088	125
科尔斯美亚公司	澳大利亚	324	14538.2	1.3	256.1	3	5031	1786	157
温－迪克西百货公司⑧	美国	340	14136.5	3.8	182.3	－8	3149	1411	95
乔治韦斯顿公司	加拿大	345	14033.9	36.4	236.2	－55	6924	1804	119
PUBLIX 超级市场	美国	378	13068.9	8.3	462.4	22	4068	2676	84
来爱德⑮	美国	389	12731.9	11.9	143.7	－55	10422	2954	90
MIGROS 公司	瑞士	396	12444.2	－1.1	408.0	48	10025	4421	78
塞夫韦公司③	英国	402	12341.5	－0.7	269.4	－33	7311	3273	57
伍尔沃斯公司⑧	澳大利亚	415	11920.9	0.6	161.9	－16	3113	981	120
怡和有限公司	香港特区	462	10674.8	－4.9	207.4	310	9930	3106	150
大西洋和太平洋茶叶公司⑩	美国	478	10151.3	－0.3	14.2		3336	846	53
SOMERFIELD①	英国	499	9725.9	69.6	261.4		2993	1187	41

17－5 续表 4

企业名称	国家、地区	1999 年营业额位次	营业额（百万美元）	营业额比上年增长％	利润额（百万美元）	利润额比上年增长％	资产额（百万美元）	股东产权权益（百万美元）	雇员数（千人）
17. **森林和纸制品**									
国际造纸公司	美　国	162	24573.0	26.0	183.0	－14	30268	10304	99
佐治亚－太平洋公司	美　国	251	17796.0	34.6	716.0	631	15380	3750	57
金伯利－克拉克有限公司	美　国	379	13006.8	5.8	1668.1	43	12816	5093	55
惠好公司	美　国	406	12262.0	13.9	527.0	79	18339	7173	45
STORA ENSO	芬　兰	438	11344.9	－0.9	802.7	285	16071	5967	40
王子制纸公司③	日　本	453	10826.3	14.7	50.6		16803	4310	24
18. **综合商业**									
沃尔－马特百货公司②	美　国	2	166809.0	19.8	5377.0	21	70245	25848	1140
西尔斯·罗巴克	美　国	59	41071.0	－0.6	1453.0	39	36954	6839	326
凯马特②	美　国	84	35925.0	6.7	403.0	－22	15104	6304	275
TARGET②	美　国	94	33702.0	8.9	1144.0	22	17143	5862	183
J.C.彭尼公司②	美　国	104	32510.0	6.0	336.0	－43	20888	7228	260
大荣⑩	日　本	153	25320.1	7.4	－195.2		16701	524	48④
PINAULT－RPINTEMPS 集团	法　国	207	20144.1	9.7	666.4	18	20422	3724	89
联合百货公司②	美　国	253	17716.0	15.3	795.0	20	17692	6552	133
FONCIERE EURIS	法　国	259	17475.0	22.8	40.5	－37	12639	621	90
MYCAL⑩	日　本	276	16504.1	14.6	－52.6		16594	1872	62
卡尔斯泰公司	德　国	288	15832.7	52.7	224.3	99	7943	1657	90
五月百货公司②	美　国	337	14224.0	6.0	927.0	9	10935	4077	134
马克思－斯潘塞有限公司③	英　国	369	13205.7	－2.9	416.9	－32	12787	7825	52
高岛屋公司⑩	日　本	464	10617.9	11.5	57.2	57	7953	1907	17
UNY⑬	日　本	472	10269.9	19.7	73.2	－25	7159	2120	10
19. **医疗卫生**									
艾特纳人寿意外事故保险公司	美　国	136	26452.7	28.4	716.9	－16	112839	10690	56
西格纳公司	美　国	201	20644.0	－3.7	1774.0	37	95333	6149	42
联合健康集团	美　国	220	19562.0	12.7	568.0		10273	3863	29
HCA 健康公司	美　国	275	16657.0	－15.4	657.0	73	16885	5617	168
TENET HEALTHCARE⑫	美　国	451	10880.0	10.0	249.0	－5	13771	3870	107
胡马纳	美　国	481	10113.0	3.4	－382.0	－396	4900	1268	17
太平洋健康系统	美　国	486	9989.1	4.9	278.5	38	4884	1978	8
20. **工业和农业机械**									
蒂森·克虏伯公司⑤	德　国	99	32798.0	34.3	293.8	－73	34771	8576	185
三菱重工③	日　本	143	25820.6	13.5	－1230.4	－970	45208	12139	65
曼内斯曼公司	德　国	159	24816.3	17.1	103.5	－81	60383	21691	131
工业复兴	意大利	172	23944.7	34.4	3102.9	69	52080	3456	109
卡特彼勒公司	美　国	217	19702.0	－6.1	946.0	－38	26635	5465	67
阿尔斯通③	法　国	272	16760.1	33.7	360.4	34	19787	1900	121
INVENSYS③	英　国	321	14556.8	－6.5	－383.5		11537	1634	122
迪尔公司⑥	美　国	421	11750.9	－15.0	239.2	－77	17578	4094	39
川崎重工业公司③	日　本	470	10325.4	9.8	－167.3		11766	1706	30
21. **生命和健康保险（互保）**									
日本生命保险公司③	日　本	20	78515.1	18.4	3405.4	312	423282	10560	71
第一相互生命保险公司③	日　本	33	55104.7	23.9	1672.2	200	294387	6284	61
住友生命保险公司③	日　本	47	46445.1	17.5	1562.7	62	232490	5039	66
教师保险和学院退休基金	美　国	67	39410.2	9.8	1024.1	22	289248	7025	6
明治相互生命保险公司③	日　本	90	33966.6	19.3	682.9	191	164305	3192	39
朝日生命相互保险公司③	日　本	137	26246.1	35.2	420.1	－9	110570	2112	29
三井相互人寿保险公司③	日　本	187	22223.8	0.0	964.8	1270	98447	1431	21
纽约人寿保险公司	美　国	191	21679.3	9.2	554.8	26	94979	6398	7
安田相互人寿保险公司③	日　本	213	19861.7	23.7	962.4	41	98456	2614	22
标准人寿保险公司⑨	英　国	249	17846.8	20.3			124236		12
LEGAL & GENERAL	英　国	279	16443.5	35.5	949.8	41	164724	4972	8
西北相互人寿保险公司	美　国	297	15306.3	4.5	1336.6	65	85982	5069	4
太阳相互人寿保险公司③	日　本	366	13341.3	5.5	192.7	188	69271	1639	15

17－5 续表 5

企业名称	国家、地区	1999 年营业额位次	营业额（百万美元）	营业额比上年增长%	利润额（百万美元）	利润额比上年增长%	资产额（百万美元）	股东产权权益（百万美元）	雇员数（千人）
21. 生命和健康保险（互保）（续）									
千代相互人寿保险公司③	日本	370	13198.6	14.2	33.3	－78	36258	1143	16
大同人寿保险公司③	日本	384	12873.8	11.3	221.6	－36	56093	1764	22
加拿大太阳人寿保险公司	加拿大	466	10511.1	13.8	110.4	203	69429	4050	11
国泰人寿保险公司	台湾省	489	9904.5	6.7	462.4	3	29886	2278	33
麻省相互人寿保险公司	美国	493	9841.0	－7.8	556.5	29	71991	3411	8
22. 生命和健康保险（存保）									
安盛公司	法国	15	87645.7	11.3	2155.8	27	508647	16396	92
荷兰国际集团	荷兰	27	62492.4	10.7	5250.2	80	493949	34636	86
普通保险公司	意大利	35	53723.2	10.8	871.5	－13	175930	7167	57
万全公司	英国	56	42220.3	25.4	877.0	－40	242790	5518	22
法国国家人寿保险公司	法国	134	26802.5	11.2	464.2	52	117831	3006	3
美国万全保险公司	美国	135	26618.0	－22.7	813.0	－27	285094	19291	60
都市人寿保险公司	美国	150	25426.0	－4.9	617.0	－54	225232	13690	42
AEGON	荷兰	173	23865.8	27.4	1674.7	23	229334	13574	24
诺威奇联合公司	英国	218	19697.5	16.5	920.7	2	107021	9733	19
斯堪的亚集团	瑞典	227	19288.6	42.4	418.0	168	57181	2114	7
安宝	澳大利亚	252	17760.3	6.4	－272.3		85874	4994	22
三星人寿保险公司③	韩国	257	17574.6	13.2	264.6	260	42160	1940	8
瑞士人寿保险和养老金公司	瑞士	270	16834.6	8.5	257.7	37	96623	5897	11
OLD MUTUAL	南非	322	14550.4		1750.8		61406	5538	36
共荣人寿保险公司③	日本	445	11128.8	20.6	－15.0	－109	44972	781	14
教保人寿保险③	韩国	450	10899.1	26.1	46.8	－8	21845	392	10
美国通用保险公司	美国	461	10679.0	4.2	1131.0	48	115447	6420	16
加拿大电力保险公司	加拿大	488	9920.2	－2.3	358.7	27	39723	2377	28
23. 不动产和灾害保险（互保）									
州立农业保险公司	美国	52	44637.2	0.0	1031.1	－22	119144	45794	79
安盟－甘集团	法国	254	17655.0	43.9	27.4	－82	65689	4530	26
自由相互保险公司	美国	293	15499.0	17.7	501.0	30	55259	6896	37
24. 不动产和灾害保险（存保）									
安联保险	德国	22	74178.2	14.3	2382.1	18	383687	28855	114
商联保险	英国	57	41974.4	11.7	833.3	1	188129	15419	49
美国国际集团	美国	60	40656.1	22.1	5055.4	34	268238	33306	55
苏黎世金融服务公司	瑞士	65	39962.0	2.2	3260.0	307	221178	22237	69
慕尼黑再保险集团	德国	72	38400.4	8.3	1208.5	147	180294	18496	33
奥尔斯泰特	美国	132	26959.0	4.2	2720.0	－17	98119	16601	47
皇家和太阳联盟公司	英国	141	26018.0	2.3	140.8	－81	113150	10450	46
伯克希尔－哈撒韦公司	美国	171	24028.0	73.7	1557.0	－45	131416	57761	48
洛斯公司	美国	197	20952.6	1.2	363.2	－22	69464	9978	28
瑞士再保险公司	瑞士	219	19640.7	19.6	1856.4	8	68060	11106	9
东京海上火灾保险公司③	日本	238	18363.8	10.4	309.1	27	58329	8031	15
全国保险公司	美国	357	13554.9	3.4	512.8	－57	120102	9768	28
哈特福德金融服务公司	美国	360	13528.0	－9.9	862.0	－15	167051	5466	26
安田火灾海上保险公司③	日本	405	12280.9	14.1	125.8	27	37117	3290	12
25. 邮递、包装和货运									
美国邮政总局⑤	美国	26	62726.0	4.4	363.0	－34	55693	－447	906
联合包裹运输公司	美国	130	27052.0	9.1	883.0	－49	23043	12474	344
德国邮政	德国	157	25101.1	53.9	1186.1	586	77295	2658	264
日本邮政业务公司⑭	日本	258	17496.9	－7.2	－489.0	－403	88144	38725	141
联邦捷运公司⑫	美国	271	16773.5	5.7	631.3	26	10648	4664	156
法国邮政	法国	281	16313.5	3.0	302.0	429	43702	1481	306
日本通运公司③	日本	319	14708.7	14.4	215.9	10	11546	3659	68
英国邮局③	英国	411	12120.4	4.5	－425.4	－152	10679		201

17－5 续表 6

企业名称	国家、地区	1999 年营业额位次	营业额（百万美元）	营业额比上年增长%	利润额（百万美元）	利润额比上年增长%	资产额（百万美元）	股东产权权益（百万美元）	雇员数（千人）
26. 金属制品									
住友电气工业公司③	日本	420	11752.2	17.3	211.8	33	14576	5738	67
佩希内公司	法国	479	10140.9	－7.3	277.3	－20	7632	2960	30
吉列公司	美国	491	9897.0	－1.6	1260.0	17	11786	3060	39
27. 金属材料									
新日本制铁③	日本	170	24074.5	11.5	100.3	12	40681	8670	54
美国铝公司	美国	278	16446.4	6.2	1054.1	24	17066	6318	108
日本钢管公司③	日本	304	15136.4	7.0	－412.5		26215	2783	40
法国洛林炼钢公司	法国	325	14531.4	36.5	－189.9	－151	9992	4120	64
住友金属工业公司③	日本	387	12789.8	21.4	－1303.4		27051	3331	49
英国钢铁公司	英国	417	11794.9	13.9	－514.0		14528	7335	65
阿尔贝德钢铁公司	卢森堡	437	11362.7	1.3	77.2	－66	14922	2298	50
川崎制铁公司③	日本	439	11292.7	31.9	111.6		22884	3231	31
神户制钢所③	日本	442	11248.8	10.1	－476.8		20717	2647	29
浦项综合制铁公司	韩国	460	10683.8	10.0	1307.5	92	17389	8022	28
28. 矿业及原油生产									
墨西哥石油公司	墨西哥	144	25783.1	23.4	－1906.8		51692	18025	133
鲁尔煤矿	德国	323	14541.4	－6.9	139.8	－28	18340	1809	102
布罗肯希尔土地兴业公司⑫	澳大利亚	348	13778.0	－19.7	－1453.2		20426	5609	45
英美石油公司	英国	429	11578.0		1552.0		26597	16174	229
LUKOIL	俄罗斯	455	10780.8	39.4	1237.8	10978	8254	2747	80
29. 汽车及零部件									
通用汽车	美国	1	176558.0	9.4	6002.0	103	273921	20059	388
福特汽车	美国	4	162558.0	12.6	7237.0	－67	276229	27537	365
戴姆勒－克莱斯勒	德国	5	159985.7	3.5	6129.1	8	175069	36143	467
丰田汽车③	日本	8	115670.9	16.0	3653.4	31	160572	66267	215
大众汽车	德国	19	80072.7	4.9	874.7	－31	67276	9637	306
本田汽车③	日本	34	54773.5	12.4	2356.7	－1	47759	18821	112
日产汽车③	日本	36	53679.9	4.3	－6146.2		63776	9061	142
菲亚特	意大利	40	51331.7	0.7	376.5	－46	80057	12904	221
标致	法国	61	40327.9	7.4	777.6	44	39906	8351	166
雷诺	法国	63	40098.6	－3.0	569.6	－62	46529	8204	160
宝马汽车(BMW)	德国	82	36695.9	2.3	－2652.8	－617	37593	3941	115
三菱汽车③	日本	113	29951.3	9.0	－260.1	－922	27145	3387	65
罗伯特－博施有限公司	德国	114	29727.2	3.9	427.6	－4	20881	6330	195
现代汽车	韩国	202	20566.3	231.3	461.6		22410	6279	51
马自达汽车公司③	日本	224	19413.0	20.6	234.9	－22	14328	2396	44
汤普森－拉莫－伍尔德里奇公司	美国	267	16969.0	42.8	468.8	－2	18266	2712	122
日本电装公司③	日本	268	16914.8	22.9	556.0	21	21004	12718	81
约翰逊控制器公司⑤	美国	286	16139.4	28.2	419.6	24	8614	2270	95
富豪公司	瑞典	305	15120.7	－43.5	3897.1	259	22897	11435	53
曼恩公司⑧	德国	309	15007.0	8.5	389.4	22	9724	2453	67
铃木自动车工业公司③	日本	353	13661.8	20.0	241.5	27	11380	4853	31
五十铃自动车公司③	日本	359	13531.1	6.8	－935.7	－2018	17970	1651	29
DANA	美国	365	13353.0	4.0	513.0	－4	11123	2957	84
利尔公司	美国	397	12428.0	37.2	257.1	123	8718	1465	121
富士重工业公司③	日本	414	11945.8	12.9	281.5	7	10126	2012	27
30. 网络通讯									
朗讯⑤	美国	74	38303.0	27.1	4766.0	391	38775	13584	153
北方电讯	加拿大	194	21287.0	26.3	－324.0		24007	13680	81
思科系统	美国	409	12154.0	43.7	2096.0	55	14725	11678	21
31. 石油精炼									
埃克森－美孚石油	美国	3	163881.0	62.7	7910.0	24	144521	63466	106
荷兰皇家/壳牌	英、荷	11	105366.0	12.5	8584.0	2353	113883	56171	96
英国石油阿莫科	英国	17	83566.0	22.3	5008.0	54	89561	43281	80

17－5 续表 7

企业名称	国家、地区	1999年营业额位次	营业额（百万美元）	营业额比上年增长％	利润额（百万美元）	利润额比上年增长％	资产额（百万美元）	股东产权权益（百万美元）	雇员数（千人）
31. **石油精炼（续）**									
托塔尔菲纳公司	法国	50	44990.3	66.3	1621.4	65	81168	27733	70
中国石化集团公司	中国	58	41883.1	23.1	447.7	131	53870	19777	1172
埃尔夫·阿奎坦	法国	76	37918.3	5.7	2210.2	268	43016	16485	57
德士古	美国	86	35690.0	12.6	1177.0	104	28972	12042	18
国家碳化氢公司	意大利	89	34091.0	5.3	3047.5	18	46303	18440	72
谢夫隆	美国	101	32676.0	21.9	2070.0	55	40668	17749	36
委内瑞拉石油	委内瑞拉	102	32648.0	27.2	2818.0	325	49990	32894	48
鲜京公司	韩国	105	31997.3	11.1	611.5	1117	36588	14926	23
雷普索尔公司	西班牙	122	28048.3	79.7	1078.4	11	42147	12555	37
美国钢铁马拉松	美国	147	25610.0	3.5	698.0	4	22962	6856	51
日本三菱石油公司③	日本	167	24214.8	69.4	－43.6	－157	36667	8199	16
CONOCO	美国	199	20817.0		744.0		16375	4555	17
印度石油公司③	印度	232	18728.6	27.2	565.3	7	9151	3240	35
挪威国家石油公司	挪威	247	17945.0	27.0	436.2	1115	20920	5047	18
巴西石油公司	巴西	280	16351.0	5.3	970.6	－19	31588	9793	39
日本出光兴产石油公司③	日本	290	15636.2		216.3		23093	781	8
国营石油公司③	马来西亚	311	14943.9	61.3	3106.8	108	31988	11856	19
托斯科公司	美国	332	14362.1	19.5	441.7	316	6212	2108	22
飞利浦石油公司	美国	347	13852.0	16.9	609.0	157	15201	4579	16
日本能源③	日本	363	13432.7	28.3	－379.5	－375	18777	1125	13
大西洋富田公司	美国	373	13176.0	－0.1	1422.0	215	26272	8686	17
阿尔特拉马戴蒙德沙姆罗克公司	美国	448	11079.2	32.7	173.2		4936	1493	21
科斯莫石油公司③	日本	473	10266.0	29.2	43.5	563	12633	1759	5
32. **制药**									
默克公司	美国	100	32714.0	21.6	5890.5	12	35635	13242	62
强生公司	美国	126	27471.0	16.1	4167.0	36	29163	16213	98
诺华	瑞士	192	21608.9	－1.2	4432.3	6	40935	23249	82
布里斯托尔－迈尔斯施贵宝公司	美国	206	20222.0	10.6	4167.0	33	17114	8645	55
阿斯特拉捷利康	英国	237	18445.0	102.0	1143.0	－3	19816	10302	58
罗克控股公司	瑞士	239	18348.8	7.8	3836.6	27	43999	16838	68
辉瑞公司	美国	285	16204.0	10.2	3179.0	－5	20574	8887	51
葛兰素威康	英国	349	13738.0	3.8	2930.4	－4	16805	5064	62
史克比彻姆公司	英国	356	13561.6	1.2	1703.9	70	13853	3750	47
美国家庭用品公司	美国	358	13550.2	0.6	－1227.1	－150	23906	6215	52
安内特	法国	362	13438.0	－8.7	－1034.7	－218	41674	10395	101
雅培制药公司	美国	372	13177.6	5.6	2445.8	5	14471	7428	57
沃纳兰伯特公司	美国	381	12928.9	26.6	1733.2	38	11442	5098	44
礼来大药厂	美国	485	10002.9	－0.5	2721.0	30	12825	5013	31
33. **出版和印刷**									
贝特尔斯曼公司⑧	德国	316	14810.7	15.7	371.5	－23	10385	2347	65
拉加代尔集团	法国	377	13103.9	6.7	257.1	－17	13578	2327	49
大日本印刷公司③	日本	431	11555.8	16.3	350.6	47	14154	9025	35
凸版印刷公司③	日本	447	11110.2	16.1	273.7	31	12686	6860	33
34. **铁路**									
东日本铁路③	日本	183	22478.5	15.7	601.4	251	71256	8350	83
法国国营铁路公司	法国	261	17348.0	－0.7	42.9		43888	4187	211
德国 BAHN 公司	德国	273	16672.2	－2.3	82.1	－56	37284	8682	242
太平洋联合铁道公司	美国	441	11273.0	6.8	810.0		29888	8001	64
中央日本铁道公司③	日本	449	10971.4	13.6	338.4	297	59100	5697	24
CSX	美国	454	10811.0	9.2	2.0	－100	20720	5756	49
西日本铁路公司③	日本	459	10696.4	13.5	225.3		24970	3401	42④
近畿日本铁道公司③	日本	475	10255.8	46.7	－41.0	－163	18425	1747	38

17－5 续表 8

企业名称	国家、地区	1999年营业额位次	营业额（百万美元）	营业额比上年增长％	利润额（百万美元）	利润额比上年增长％	资产额（百万美元）	股东产权权益（百万美元）	雇员数（千人）
35. 橡胶和塑料									
布里奇斯通轮胎公司	日　本	240	18343.2	7.2	780.0	－3	17515	7260	101
米其林	法　国	303	15137.5	5.3	164.7	－72	14578	3984	130
固特轮胎和橡胶公司	美　国	383	12880.6	1.8	241.1	－65	13103	3618	109
36. 科学、照相和控制设备									
明尼苏达矿业和机械制造公司	美　国	289	15659.0	4.2	1763.0	50	13896	6289	71
伊士曼柯达公司	美　国	342	14089.0	5.1	1392.0	0	14370	3912	81
富士摄影胶片公司③	日　本	393	12589.4	11.9	762.4	36	20973	14649	37
37. 证券									
美林公司	美　国	87	34879.0	－2.7	2618.0	108	328071	12802	67
摩根斯坦利添惠⑨	美　国	91	33928.0	9.0	4791.0	46	366967	17014	55
高盛集团⑨	美　国	151	25363.0		2708.0		250491	10145	15
莱曼兄弟公司⑨	美　国	230	18989.0	－4.5	1132.0	54	192244	6283	9
野村证券公司③	日　本	476	10221.8	98.6	1307.7		141351	13473	9
38. 海运									
半岛东方航运公司	英　国	487	9929.8	1.3	650.5	44	10243	5572	55
日本邮船公司③	日　本	490	9900.9	16.9	141.9	46	13844	2525	14
39. 肥皂与化妆品									
宝洁⑧	美　国	75	38125.0	2.6	3763.0	0	32113	12058	110
欧莱雅	法　国	434	11451.4	－10.4	838.6	11	10671	5639	42
40. 专业零售									
家用仓储零售公司②	美　国	71	38434.0	27.2	2320.0	44	17081	12341	183
价格成本批发公司⑪	美　国	127	27456.0	13.1	397.3	－14	7505	3532	53
AUTONATION	美　国	168	24206.6	38.4	282.9	－43	9613	4601	33
KINGFISHER②	英　国	256	17602.4	42.3	678.2	－6	11520	4261	84
劳氏②	美　国	287	15905.6	29.9	672.8	40	9012	4696	80
奥托邮购两合公司⑮	德　国	334	14290.9	14.9	258.3	29	6218	1033	50
巡回城市百货公司⑩	美　国	392	12614.4	16.8	197.6	38	3955	2142	54
BEST BUY⑩	美　国	394	12494.0	24.0	347.1	55	2995	1096	41
玩具反斗店②	美　国	416	11862.0	5.9	279.0		8503	3681	55
加普公司②	美　国	425	11635.4	28.5	1127.1	37	5189	2233	140
办公用品公司	美　国	474	10263.3	14.1	257.6	11	4276	1908	41
LIMITED②	美　国	500	9723.3	4.0	460.8	－78	4088	2147	73
41. 电信									
日本电报电话公司(NTT)③	日　本	13	93591.7	23.0	－609.0	－113	179512	59831	224
美国电话电报(AT&T)	美　国	28	62391.0	16.4	3428.0	－46	169406	78927	148
西南贝尔电信	美　国	42	49489.0	72.0	8159.0	103	83215	26726	205
德国电信	德　国	77	37835.1	－4.7	1336.5	－46	94855	34781	196
世界通讯	美　国	79	37120.0	110.0	4013.0		91000	51000	77
维里森通讯	美　国	97	33174.0	5.1	4202.0	42	62614	15880	145
英国电信公司③	英　国	110	30546.0	7.8	3311.3	－33	59964	25198	137
好利获得公司	意大利	112	30087.8	592.1	5268.3	3402	75700	26371	129
法国电信	法　国	118	29048.8	6.0	2952.6	16	54179	18947	174
通用电话电子公司	美　国	152	25336.2	－0.5	4032.8	86	50832	10827	100
贝尔南方公司	美　国	156	25224.0	9.1	3448.0	－2	42453	14815	96
阿尔卡泰尔公司	法　国	163	24558.1	3.9	686.9	－74	34285	11559	116
西班牙电话	西班牙	164	24487.7	25.9	1925.1	32	64294	14518	127
斯普林特公司	美　国	212	19930.0	16.3	－935.0	－326	39250	13560	78
中国电信公司	中　国	236	18484.6	3.8	548.1		57170	30813	529
电缆与无线电公司③	英　国	315	14825.9	12.8	5758.9	283	34343	12916	50
DDI③	日　本	351	13704.5	40.5	－94.0	－170	19490	2229	3④
美国西部	美　国	371	13182.0	6.5	1342.0	－11	23216	1255	58
沃达丰③	英　国	390	12686.0	128.2	784.7	－26	244667	224670	29
澳洲电信⑧	澳大利亚	433	11475.3	－3.3	2195.8	7	18323	6789	53
墨西哥电话公司	墨西哥	482	10076.2	17.8	2628.5	47	18833	12830	72
42. 烟草									
菲利普·莫里斯	美　国	29	61751.0	6.8	7675.0	43	61381	15305	137
日本烟草公司③	日　本	221	19486.5	29.8	456.2	－22	30179	14884	42
英美烟草公司	英　国	226	19328.6	－10.6	899.7	－15	26164	7770	67
R.J.雪诺兹烟草公司	美　国	436	11394.0		2343.0		14377	7064	8

17－5 续表 9

企业名称	国家、地区	1999 年营业额位次	营业额（百万美元）	营业额比上年增长％	利润额（百万美元）	利润额比上年增长％	资产额（百万美元）	股东产权权益（百万美元）	雇员数（千人）
43. **贸易**									
三井物产③	日本	6	118555.2	8.4	320.5	38	62360	6381	38
三菱商事③	日本	7	117765.6	9.9	233.7	−4	78949	8831	42
伊藤忠商事③	日本	10	109068.9	0.3	−792.8		59154	2743	5④
住友商事③	日本	12	95701.6	7.5	314.9		47820	6184	33
丸红③	日本	14	91807.4	−1.9	18.5		54447	3162	32
岩井商事③	日本	25	65393.2	−3.5	91.8		39763	1779	18
费巴集团	德国	37	52227.7	20.3	2845.9	114	52505	14415	132
现代公司	韩国	107	31669.4	29.9	19.2	220	977	381	1
三星	韩国	115	29715.2	3.0	59.1	364	7297	2746	5
东绵③	日本	145	25747.6	−16.8	−848.9	−4047	16450	5	10
日绵③	日本	146	25702.7	0.9	26.4		16504	1256	19
联合工业企业股份有限公司	德国	200	20758.8	−25.7	506.5	−23	34052	7121	82
大宇	韩国	234	18618.7	−31.2	−18667.1	−21231	16461	−15906	12
TOYOTA TSUSHO③	日本	299	15218.9	12.6	−66.3	−1003	7329	1266	9
乐喜国际公司	韩国	301	15177.6	13.4	25.7	194	1329	450	2
中国化工进出口总公司	中国	307	15063.8	9.2	71.8	6	4736	1159	9
兼松公司③	日本	391	12644.5	−26.5	−111.8		8624	113	5
中国粮油食品进出口总公司	中国	413	12099.2	−2.4	91.0	−2	4655	1689	28
川铁商事公司③	日本	432	11488.1	25.2	−21.1		8528	337	7
SHV HOLDINGS	荷兰	494	9779.1	4.1	169.1	31	6629	2233	33
44. **公用事业：煤气和电力**									
东京电力③	日本	48	45727.7	14.9	785.3	3	141952	18034	48
中国国家电力公司	中国	83	36076.1	14.7	647.1	−24	133111	48099	1149
法国电气	法国	88	34146.6	8.9	761.3	115	116230	12672	133
关西电力公司③	日本	178	23246.2	14.4	469.7	14	73133	13645	27④
国家电力公司	意大利	186	22320.1	2.6	2497.4	1	46221	17618	79
杜克能源	美国	190	21742.0	23.5	1507.0	20	33409	9207	21
太平洋天然气和电气公司	美国	198	20820.0	4.4	−73.0	−110	29715	6886	22
中部电力公司③	日本	223	19467.5	14.4	692.6	115	61589	10657	24
公用事业联合公司	美国	233	18621.5	48.2	160.5	21	7539	1525	4
德州公用	美国	264	17118.0	16.2	985.0	33	40729	8334	22
RELIANT ENERGY	美国	298	15302.8	33.2	1482.5		26221	5306	14
国家电力公司	西班牙	330	14375.8	88.8	1361.5	11	49835	9338	34
东北电力公司③	日本	339	14166.3	17.6	197.5	−33	42237	7014	17
韩国电力公司	韩国	382	12899.3	28.3	1234.8	57	56628	26774	38
九州电力公司③	日本	386	12829.8	14.7	206.0	2	40381	7074	18
CENTRICA	英国	424	11678.1	−5.8	294.5	100	7570	1559	20
南方公司	美国	427	11585.0	1.6	1276.0	31	38396	9204	33
45. **批发**									
麦克森赫伯克公司③	美国	80	37100.5	22.1	723.7	752	10373	3566	21
INGRAM MICRO	美国	121	28038.6	27.4	183.4	−25	8272	1967	15
卡地纳健康	美国	158	25033.6	57.3	456.3	85	8289	3463	36
超价商店⑩	美国	204	20339.1	16.8	242.9	27	6495	1822	80
西斯科⑧	美国	260	17422.8	13.7	362.3	22	4097	1427	35
弗朗茨－哈尼尔有限公司	德国	262	17330.2	4.8	296.0	74	8536	2525	40
伯根布鲁斯威格⑤	美国	263	17244.9	25.7	70.6	2175	5535	1496	13
技术数据	美国	266	16991.8	47.4	127.5	−1	4124	1014	10
弗莱明公司	美国	320	14645.6	−2.8	−44.7		3573	561	36
联合化学公司	英国	492	9860.9	11.1	127.3	7	3360	708	14
AMERISOURCE HEALTH⑤	美国	496	9760.1	13.8	67.5	34	2061	166	4
46. **未归类**									
普多伊萨格公司⑤	德国	228	19280.0	−7.4	313.7	14	16225	2574	79
电通公司③	日本	331	14368.2	19.8	185.9	251	9805	3364	5④
废物处理公司	美国	376	13126.9	3.3	−397.6		22681	4403	75
ADECCO	瑞士	404	12294.4	16.4	−115.8		4959	1499	16
日本交通公社⑭	日本	426	11633.6	−8.8	22.4	−2	3389	482	12
三井不动产公司③	日本	456	10730.8	20.3	−524.6		29164	3853	13
MANPOWER	美国	495	9770.1	10.8	150.0	98	2719	651	16

注：①截止 1999 年 4 月 30 日的年度。②截止 2000 年 1 月 31 日的年度。③截止 2000 年 3 月 31 日的年度。④仅为母公司数。⑤截止 1999 年 9 月 30 日的年度。⑥截止 1999 年 10 月 31 日的年度。⑦财政年度截止日期从 1999 年 12 月 31 日改为 2000 年 1 月 31 日。⑧截止 1999 年 6 月 30 日的年度。⑨截止 1999 年 11 月 30 日的年度。⑩截止 2000 年 2 月 29 日的年度。⑪截止 1999 年 8 月 31 日的年度。⑫截止 1999 年 5 月 31 日的年度。⑬截止 2000 年 2 月 20 日的年度。⑭截止 1999 年 3 月 31 日的年度。⑮截止 1999 年 2 月 28 日的年度。⑯截止 1998 年 12 月 31 日的年度。

资料来源：美国《财富》杂志 2000 年 7 月 24 日。

17－6　1999年世界最大的500家企业中西文名称对照

位次	中文名称	西文名称	国家和地区
1	通用汽车	GENERAL MOTORS	美国
2	沃尔－马特百货公司	WAL－MART STORES	美国
3	埃克森－美孚石油	EXXON MOBIL	美国
4	福特汽车	FORD MOTOR	美国
5	戴姆勒－克莱斯勒	DAIMLERCHRYSLER	德国
6	三井物产	MITSUI	日本
7	三菱商事	MITSUBISHI	日本
8	丰田汽车	TOYOTA MOTOR	日本
9	通用电气	GENERAL ELECTRIC	美国
10	伊藤忠商事	ITOCHU	日本
11	荷兰皇家/壳牌	ROYAL DUTCH/SHELL GROUP	英、荷
12	住友商事	SUMITOMO	日本
13	日本电报电话公司(NTT)	NIPPON TELEGRAPH &TELEPHONE	日本
14	丸红	MARUBENI	日本
15	安盛公司	AXA	法国
16	国际商用机器(IBM)	INTERNATIONAL BUSINESS MACHINES	美国
17	英国石油阿莫科	BP AMOCO	英国
18	花旗银行集团	CITIGROUP	美国
19	大众汽车	VOLKSWAGEN	德国
20	日本生命保险公司	NIPPON LIFE INSURANCE	日本
21	西门子	SIEMENS	德国
22	安联保险	ALLIANZ	德国
23	日立	HITACHI	日本
24	松下电器工业	MATSUSHITA ELECTRIC INDUSTRIAL	日本
25	岩井商事	NISSHO IWAI	日本
26	美国邮政总局	U. S. POSTAL SERVICE	美国
27	荷兰国际集团	ING GROUP	荷兰
28	美国电话电报(AT&T)	AT&T	美国
29	菲利普·莫里斯	PHILIP MORRIS	美国
30	索尼	SONY	日本
31	德意志银行	DEUTSCHE BANK	德国
32	波音	BOEING	美国
33	第一相互生命保险公司	DAI－ICHI MUTUAL LIFE INSURANCE	日本
34	本田汽车	HONDA MOTOR	日本
35	普通保险公司	ASSICURAZIONI GENERALI	意大利
36	日产汽车	NISSAN MOTOR	日本
37	费巴集团	E. ON	德国
38	东芝	TOSHIBA	日本
39	美洲银行集团	BANK OF AMERICA CORP.	美国
40	菲亚特	FIAT	意大利
41	雀巢	NESTLE	瑞士
42	西南贝尔电信	SBC COMMUNICATIONS	美国
43	瑞士信贷银行	CREDIT SUISSE	瑞士
44	惠普	HEWLETT－PACKARD	美国
45	富士通	FUJITSU	日本
46	梅特罗	METRO	德国
47	住友生命保险公司	SUMITOMO LIFE INSURANCE	日本
48	东京电力	TOKYO ELECTRIC POWER	日本
49	克罗格公司	KROGER	美国
50	托塔尔菲纳公司	TOTAL FINA ELF	法国

17－6 续表 1

位次	中文名称	西文名称	国家和地区
51	日本电气	NEC	日 本
52	州立农业保险公司	STATE FARM INSURANCE COS.	美 国
53	通用水管	VIVENDI	法 国
54	联合利华	UNILEVER	英、荷
55	福特斯	FORTIS	比、荷
56	万全公司	PRUDENTIAL	英 国
57	商联保险	CGNU	英 国
58	中国石化集团公司	SINOPEC	中 国
59	西尔斯·罗巴克	SEARS ROEBUCK	美 国
60	美国国际集团	AMERICAN INTERNATIONAL GROUP	美 国
61	标致	PEUGEOT	法 国
62	安龙天然气公司	ENRON	美 国
63	雷诺	ENAULT	法 国
64	巴黎国民银行	BNP PARIBAS	法 国
65	苏黎世金融服务公司	ZURICH FINANCIAL SERVICES	瑞 士
66	家乐福	CARREFOUR	法 国
67	教师保险和学院退休基金	TIAA－CREF	美 国
68	汇丰银行控股公司	HSBC HOLDINGS	英 国
69	阿姆斯特丹－鹿特丹控股公司	ABN AMEO HOLDING	荷 兰
70	康柏电脑公司	COMPAQ COMPUTER	美 国
71	家用仓储零售公司	HOME DEPOT	美 国
72	慕尼黑再保险集团	MUNICH RE GROUP	德 国
73	莱茵集团	RWE GROUP	德 国
74	朗讯	LUCENT TECHNOLOGIES	美 国
75	宝洁	PROCTER & GAMBLE	美 国
76	埃尔夫·阿奎坦	ELF AQUITAINE	法 国
77	德国电信	DEUTSCHE TELECOM	德 国
78	艾伯森公司	ALBERTSON'S	美 国
79	世界通讯	WORLDCOM	美 国
80	麦克森赫伯克公司	MCKESSON HBOC	美 国
81	范尼美集团	FANNIE MAE	美 国
82	宝马汽车(BMW)	BMW	德 国
83	中国国家电力公司	STATE POWER	中 国
84	凯马特	KMART	美 国
85	皇家控股公司	KONINKLIJKE AHOLD	荷 兰
86	德士古	TEXACO	美 国
87	美林公司	MERRILL LYNCH	美 国
88	法国电气	ELECTRICITE DE FRANCE	法 国
89	国家碳化氢公司	ENI	意大利
90	明治相互生命保险公司	MEIJI LIFE INSURANCE	日 本
91	摩根斯坦利添惠	MORGAN STANLEY DEAN WITTER	美 国
92	三菱电气	MITSUBISHI ELECTRIC	日 本
93	大通曼哈顿集团	CHASE MANHATTAN CORP.	美 国
94		TARGET	美 国
95	苏黎世里昂水电公司	SUEZ LYONNAISE DES EAUX	法 国
96	皇家飞利浦电子	ROYAL PHILIPS ELECTONICS	荷 兰
97	维里森通讯	VERIZON COMMUNICATIONS	美 国
98	农业信贷银行	CREDIT AGRICOLE	法 国
99	蒂森·克虏伯公司	THYSSEN KRUPP	德 国
100	默克公司	MERCK	美 国

17－6 续表 2

位次	中文名称	西文名称	国家和地区
101	谢夫隆	CHEVRON	美国
102	委内瑞拉石油	PDVSA	委内瑞拉
103	东京－三菱银行	BANK OF TOKYO－MITSUBISHI	日本
104	J.C.彭尼公司	J. C. PENNEY	美国
105	鲜京公司	SK	韩国
106	海伯威英斯银行	HYPOVEREINSBANK	德国
107	现代公司	HYUNDAI	韩国
108	巴斯夫	BASF	德国
109	摩托罗拉公司	MOTOROLA	美国
110	英国电信	BT	英国
111	特斯科公司	TESCO	英国
112	好利获得公司	OLIVETTI	意大利
113	三菱汽车	MITSUBISHI MOTORS	日本
114	罗伯特－博施有限公司	ROBERT BOSCH	德国
115	三星	SAMSUNG	韩国
116	英特尔公司	INTEL	美国
117	拜尔	BAYER	德国
118	法国电信	FRANCE TELECOM	法国
119	塞夫韦公司	SAFEWAY	美国
120	第一劝业银行	ITO－YOKADO	日本
121		INGRAM MICRO	美国
122	雷普索尔公司	REPSOL YPF	西班牙
123	杜邦	E. I. DU PONT DE NEMOURS	美国
124	富士银行	FUJI BANK	日本
125	瑞士银行公司	UBS	瑞士
126	强生公司	JOHNSON & JOHNSON	美国
127	价格成本批发公司	COSTCO WHOLESALE	美国
128	时代－华纳公司	TIMER WARNER	美国
129	住友银行	SUMITOMO BANK	日本
130	联合包裹运输公司	UNITED PARCEL SERVICE	美国
131	三星电子公司	SAMSUNG ELECTRONICS	韩国
132	奥尔斯泰特	ALLSTATE	美国
133	日本兴业银行	INDUSTRIAL BANK OF JAPAN	日本
134	法国国家人寿保险	CNP ASSURANCES	法国
135	美国万全保险公司	PRUDENTIAL INS. CO. OF AMERICA	美国
136	艾特纳人寿意外事故保险公司	AETNA	美国
137	朝日生命相互保险公司	ASAHI MUTUAL LIFE INSURANCE	日本
138	商业银行	COMMERZBANK	德国
139	桑斯博里	J. SAINSBURY	英国
140	爱立信公司	L. M. ERICSSON	瑞典
141	皇家和太阳联盟公司	ROYAL & SUN ALLIANCE	英国
142	第一银行	BANK ONE CORP.	美国
143	三菱重工	MITSUBISHI HEAVY INDUSTRIES	日本
144	墨西哥石油公司	PEMEX	墨西哥
145	东绵	TOMEN	日本
146	日绵	NICHIMEN	日本
147	美国钢铁马拉松	USX	美国
148	桑坦德集团	SANTANDER CENTRAL HISPANO GROUP	西班牙
149	洛克希德－马丁公司	LOCKHEED MARTIN	美国
150	都市人寿保险公司	METLIFE	美国

17－6 续表 3

位次	中文名称	西文名称	国家和地区
151	高盛集团	GOLDMAN SACHS GROUP	美 国
152	通用电话电子公司	GTE	美 国
153	大荣	DAIEI	日 本
154	戴尔计算机	DELL COMPUTER	美 国
155	联合技术公司	UNITED TECHNOLOGIES	美 国
156	贝尔南方公司	BELLSOUTH	美 国
157	德国邮政	DEUTCHE POST	德 国
158	卡地纳健康	CARDINAL HEALTH	美 国
159	曼内斯曼公司	MANNESMANN	德 国
160	阿西布朗勃法瑞	ABB	瑞 士
161	康尼格拉	CONAGRA	美 国
162	国际造纸公司	INTERNATIONAL PAPER	美 国
163	阿尔卡泰尔公司	ALCATEL	法 国
164	西班牙电话	TELEFONICA	西班牙
165	圣戈班公司	SAINT－GOBAIN	法 国
166	弗雷德马克	FREDDIE MAC	美 国
167	日本三菱石油公司	NIPPON MITSUBISHI OIL	日 本
168		AUTONATION	美 国
169	西德意志银行	WESTDEUTSCHE LANDERSBANK	德 国
170	新日本制铁	NIPPON STEEL	日 本
171	伯克希尔－哈撒韦公司	BERKSHIRE HATHAWAY	美 国
172	工业复兴	IRI	意大利
173		AEGON	荷 兰
174	霍尼韦尔国际公司	HONEYEWLL INTERNATIONAL	美 国
175	奥尚连琐超市	GROUPE AUCHAN	法 国
176	沃尔特·迪斯尼公司	WALT DISNEY	美 国
177	兴业银行	SOCIETE GENERALE	法 国
178	关西电力公司	KANSAI ELECTRIC POWER	日 本
179	德累斯顿银行	DRESDNER BANK	德 国
180	佳能公司	CANNON	日 本
181	劳埃德 TSB 集团	LLOYDS TSB GROUP	英 国
182	特科国际	TYCO INTERNATIONAL	美 国
183	东日本铁路	EAST JAPAN RAILWAY	日 本
184	吉之岛公司	JUSCO	日 本
185	拉博银行	RABOBANK	荷 兰
186	国家电力公司	ENEL	意大利
187	三井相互人寿保险公司	MITSUI MUTUAL LIFE INSURANCE	日 本
188	第一联合公司	FIRST UNION CORP.	美 国
189	韦尔斯法戈公司	WELLS FARGO	美 国
190	杜克能源	DUKE ENERGY	美 国
191	纽约人寿保险公司	NEW YORK LIFE INSURANCE	美 国
192	诺华	NOVARTIS	瑞 士
193	巴克莱银行	BARCLAYS	英 国
194	北方电讯	NOTEL NETWORKS	加拿大
195	美国运通公司	AMERICAN EXPRESS	美 国
196	诺基亚	NOKIA	芬 兰
197	洛斯公司	LOEWS	美 国
198	太平洋天然气和电气公司	PG &E CORP.	美 国
199		CONOCO	美 国
200	联合工业企业股份有限公司	VIAG	德 国

17－6 续表 4

位次	中文名称	西文名称	国家和地区
201	西格纳公司	CIGNA	美 国
202	现代汽车	HYUNDAI MOTOR	韩 国
203	百事可乐	PEPSICO	美 国
204	超价商店	SUPERVALU	美 国
205	美利坚公司	AMR	美 国
206	布里斯托尔－迈尔斯施贵宝公司	BRISTOL－MYERS SQUIBB	美 国
207	PINAULT－RPINTEMPS 集团	GROUPE PINAULT－PRINTEMPS	法 国
208	中国工商银行	INDUSTRIAL & COMMERCIAL BANK OF CHINA	中 国
209	萨拉·李公司	SARA LEE	美 国
210	佛雷特波士顿银行	FLEET BOSTON	美 国
211	三和银行	SANWA BANK	日 本
212	斯普林特公司	SPRINT	美 国
213	安田相互生命保险公司	YASUDA MUTUAL LIFE INSURANCE	日 本
214	雷声公司	RAYTHEON	美 国
215	可口可乐公司	COCA－COLA	美 国
216	微软	MICROSOFT	美 国
217	卡特彼勒公司	CATERPILLAR	美 国
218	诺威奇联合公司	NORWICH UNION	英 国
219	瑞士再保险公司	SWISS REINSURANCE	瑞 士
220	联合健康集团	UNITEDHEALTH GROUP	美 国
221	日本烟草公司	JAPAN TOBACCO	日 本
222	西敏寺银行	NATIONAL WESTMINSTER BANK	英 国
223	中部电力公司	CHUBU ELECTRIC POWER	日 本
224	马自达汽车公司	MAZDA MOTOR	日 本
225	樱花银行	SAKURA BANK	日 本
226	英美烟草公司	BRITISH AMERICAN TOBACCO	英 国
227	斯堪的亚集团	SKANDIA GROUP	瑞 典
228	普多伊萨格公司	PREUSSAG	德 国
229	施乐公司	XEROX	美 国
230	莱曼兄弟公司	LEHMAN BROTHERS HOLDINGS	美 国
231	陶氏化学公司	DOW CHEMICAL	美 国
232	印度石油公司	INDIAN OIL	印 度
233	公用事业联合公司	UTILICORP UNITED	美 国
234	大宇	DAEWOO CORP.	韩 国
235	电子数据系统公司	ELECTONIC DATA SYSTEMS	美 国
236	中国电信公司	CHINA TELECOMMUNICATIONS	中 国
237	阿斯特拉捷利康	ASTRAZENECA	英 国
238	东京海上火灾保险公司	TOKIO MARINE & FIRE INSURANCE	日 本
239	罗克控股公司	ROCHE GROUP	瑞 士
240	布里奇斯通轮胎公司	BRIDGESTONE	日 本
241	摩根公司	J. P. MORGAN & CO.	美 国
242		CVS	美 国
243	三洋电气公司	SANYO ELECTRIC	日 本
244	第一劝业银行	DAI－ICHI KANGYO BANK	日 本
245	联合航空公司	UAL	美 国
246	巴西银行	BANCO DO BRASIL	巴 西
247	挪威国家石油公司	STATOIL	挪 威
248	布伊格公司	BOUYGUES	法 国
249	标准人寿保险公司	STANDARD LIFE ASSURANCE	英 国
250	沃尔格林公司	WALGREEN	美 国

17—6 续表 5

位次	中文名称	西文名称	国家和地区
251	佐治亚—太平洋公司	GEORGIA—PACIFIC	美国
252	安宝	AMP	澳大利亚
253	联合百货公司	FEDERATED DEPARTMENT STORES	美国
254	安盟—甘集团	GROUPAMA—GAN	法国
255	中国银行	BANK OF CHINA	中国
256		KINGFISHER	英国
257	三星人寿保险公司	SAMSUNG LIFE INSURANCE	韩国
258	日本邮政业务公司	JAPAN POSTAL SERVICE	日本
259		FONCIERE EURIS	法国
260	西斯科	SYSCO	美国
261	法国国营铁路公司	SNCF	法国
262	弗朗茨—哈尼尔有限公司	FRANZ HANIEL	德国
263	伯根布鲁斯威格	BERGEN BRUNSWIG	美国
264	德州公用	TXU	美国
265	阿比国民银行	ABBEY NATIONAL	英国
266	技术数据	TECH DATA	美国
267	汤普森—拉莫—伍尔德里奇公司	TRW	美国
268	日本电装公司	DENSO	日本
269	里昂信贷银行	CREDIT LYONNAIS	法国
270	瑞士人寿保险和养老金公司	SWISS LIFE INS. & PENSION	瑞士
271	联邦捷运公司	FEDEX	美国
272	阿尔斯通	ALSTOM	法国
273	德国 BAHN 公司	DEUTSCHE BAHN	德国
274	夏普公司	SHARP	日本
275	HCA 健康公司	HCA	美国
276		MYCAL	日本
277		LANDESBANK BADEN—WURTTEMBERG	德国
278	美国铝公司	ALCOA	美国
279		LEGAL & GENERAL	英国
280	巴西石油公司	RETROBRAS	巴西
281	法国邮政	LA PESTE	法国
282	大都会公司	DIAGEO	英国
283		ALMANIJ	比利时
284	储备银行集团	GROUPE CAISSE D'EPARGNE	法国
285	辉瑞公司	PFIZER	美国
286	约翰逊控制器公司	JOHNSON CONTROLS	美国
287	劳氏	LOWE'S	美国
288	卡尔斯泰公司	KARSTADTQUELLE	德国
289	明尼苏达矿业和机械制造公司	MINNESOTA MINING & MFG.	美国
290	日本出光兴产石油公司	IDEMITSU KOSAN	日本
291		DELHAIZE "LE LION"	比利时
292	鹿岛公司	KAJIMA	日本
293	自由相互保险公司	LIBERTY MUTUAL INSURANCE GROUP	美国
294		DYNEGY	美国
295	农林中央金库	NORINCHUKIN BANK	日本
296	阿克佐诺贝尔公司	AKZO NOBEL	荷兰
297	西北相互人寿保险公司	NORTHWESTERN MUTUAL LIFE INS.	美国
298		RELIANT ENERGY	美国
299	丰田津书	TOYOTA TSUSHO	日本
300	巴伐利亚州立银行	BAYERISCHE LANDESBANK	德国

17－6 续表 6

位次	中文名称	西文名称	国家和地区
301	乐喜国际公司	LG INTERNATIONAL	韩　国
302		BANCO BRADESCO	巴　西
303	米其林	MICHELIN	法　国
304	日本钢管公司	NKK	日　本
305	富豪公司	VOLVO	瑞　典
306	大成公司	TAISEI	日　本
307	中国化工进出口总公司	SINOCHEM	中　国
308	乐喜电子公司	LG ELECTRONICS	韩　国
309	曼恩公司	MAN	德　国
310	三菱化学工业公司	MITSUBISHI CHEMICAL	日　本
311	国营石油公司	PETRONAS	马来西亚
312		DEXIA GROUP	比利时
313	伊莱克斯	ELECTROLUX	瑞　典
314	哈利伯顿公司	HALLIBURTON	美　国
315	电缆与无线电公司	CABLE & WIRELESS	英　国
316	贝特尔斯曼公司	BERTELSMANN	德　国
317	东海银行	TOKAI BANK	日　本
318	德尔塔航空公司	DELTA AIR LINES	美　国
319	日本通运公司	NIPPON ESPRESS	日　本
320	弗莱明公司	FLEMING	美　国
321		INVENSYS	英　国
322		OLD MUTUAL	南　非
323	鲁尔煤矿	RAG	德　国
324	科尔斯美亚公司	COLES MYER	澳大利亚
325	法国洛林炼钢公司	USINOR	法　国
326	毕尔巴鄂比斯开银行	BANCO BILBAO VIZCAYA ARGENTARIA	西班牙
327	哈利法克斯建筑公司	HALIFAX	英　国
328	可口可乐事业	COCA－COLA ENTERPRISES	美　国
329	英国航空公司	BRITISH AIRWAYS	英　国
330	国家电力公司	ENDESA	西班牙
331	电通公司	DENTSU	日　本
332	托斯科公司	TOSCO	美　国
333	日本航空公司	JAPAN AIRLINES	日　本
334	奥托邮购两合公司	OTTO VERSAND	德　国
335	阿彻－丹尼尔斯－米德兰公司	ARCHER DANIELS MIDLAND	美　国
336	埃默森电器公司	EMERSON ELECTRIC	美　国
337	五月百货公司	MAY DEPARTMENT STORES	美　国
338	达诺纳集团	GRUOPE DANONE	法　国
339	东北电力公司	TOHOKU ELECTRIC POWER	日　本
340	温－迪克西百货公司	WINN－DIXIE STORES	美　国
341	中国农业银行	AGRICULTURAL BANK OF CHINA	中　国
342	伊士曼柯达公司	EASTMAN KODAK	美　国
343	艾奥瓦牛肉罐头公司	IBP	美　国
344	清水公司	SHIMIZU	日　本
345	乔治韦斯顿公司	GEORGE WESTON	加拿大
346	航空航天工业公司	AEROSPATIALE MATRA	法　国
347	飞利浦石油公司	PHILLIPS PETROLEUM	美　国
348	布罗肯希尔土地兴业公司	BROKEN HILL PROPRIETARY	澳大利亚
349	葛兰素威康	GLAXO WELLCOME	英　国
350	新闻公司	NEWS CORP.	澳大利亚

17－6 续表 7

位次	中文名称	西文名称	国家和地区
351		DDI	日本
352	帝国化学工业	IMPERIAL CHEMICAL INDUSTRIES	英国
353	铃木自动车工业公司	SUZUKI MOTOR	日本
354	汉莎航空公司	LUFTHANSA GROUP	德国
355	华盛顿共同公司	WASHINGTON MUTUAL	美国
356	史克比彻姆公司	SMITHKLINE BEECHAM	英国
357	全国保险公司	NATIONWIDE INSURANCE ENTERPRISE	美国
358	美国家庭用品公司	AMERICA HOME PRODUCTS	美国
359	五十铃自动车公司	ISUZU MOTORS	日本
360	哈特福德金融服务公司	HARTFORD FINANCIAL SERVICES	美国
361	加拿大帝国商业银行	CANADIAN IMPERIAL BANK OF COMMERCE	加拿大
362	安内特	AVENTIS	法国
363	日本能源	JAPAN ENERGY	日本
364	中国建设银行	CHINA CONSTRUCTION BANK	中国
365		DANA	美国
366	太阳相互人寿保险公司	TAIYO MUTUAL LIFE INSURANCE	日本
367	意大利联合信贷银行	UNICREDITO ITALIANO	意大利
368	麦当劳公司	MCDONALD'S	美国
369	马克思－斯潘塞有限公司	MARKS & SPENCER	英国
370	千代相互人寿保险公司	CHIYODA MUTUAL LIFE INSURANCE	日本
371	美国西部	US WEST	美国
372	雅培制药公司	ABBOTT LABORATORIES	美国
373	大西洋富田公司	ATLANTIC RICHFIELD	美国
374	加拿大皇家银行	ROYAL BANK OF CANADA	加拿大
375	挪威水利发电公司	NORSK HYDRO	挪威
376	废物处理公司	WASTE MANAGEMENT	美国
377	拉加代尔集团	LAGARDERE GROUPE	法国
378	PUBLIX 超级市场	PUBLIX SUPER MARKETS	美国
379	金伯利－克拉克有限公司	KIMBERLY－CLARK	美国
380	理光公司	RICOH	日本
381	沃纳兰伯特公司	WARNER－LAMBERT	美国
382	韩国电力公司	KOREA ELECTRIC POWER	韩国
383	固特轮胎和橡胶公司	GOODYEAR TIRE & RUBBER	美国
384	大同人寿保险公司	DAIDO LIFE INSURANCE	日本
385	维亚康姆	VIACOM	美国
386	九州电力公司	KYUSHU ELECTRIC POWER	日本
387	住友金属工业公司	SUMITOMO METAL INDUSTRIES	日本
388	蒙特爱迪生	MONTEDISON	意大利
389	来爱德	RITE AID	美国
390	沃达丰	VODAFONE AIRTOUCH	英国
391	兼松公司	KANEMATSU	日本
392	巡回城市百货公司	CIRCUIT CITY GROUP	美国
393	富士摄影胶片公司	FUJI PHOTO FILM	日本
394		BEST BUY	美国
395	澳大利亚国民银行	NATIONAL AUSTRALIA BANK	澳大利亚
396	MIGROS 公司	MIGROS	瑞士
397	利尔公司	LEAR	美国
398	福陆公司	FLOUR	美国
399	加拿大管道运输公司	TRANSCANADA PIPELINES	加拿大
400	INTESA 银行	BANCA INTESA	意大利

17－6 续表 8

位次	中文名称	西文名称	国家和地区
401	德国德众银行	DG BANK FROUP	德　国
402	塞夫韦公司	SAFEWAY	英　国
403	俄罗斯天然气能源公司	OAO GAZPROM	俄罗斯
404		ADECCO	瑞　士
405	安田火灾海上保险公司	YASUDA FIRE &MARINE INSURANCE	日　本
406	惠好公司	WEYERHAEUSER	美　国
407	柏林银行	BANKGESELLSCHAFT BERLIN	德　国
408	苏格兰皇家银行	ROYAL BANK OF SCOTLAND	英　国
409	思科系统	CICSO SYSTEMS	美　国
410	联合第一资本	ASSOCIATES FIRST CAPITAL	美　国
411	英国邮局	BRITISH POST OFFICE	英　国
412	亨克尔公司	HENKEL	德　国
413	中国粮油食品进出口总公司	COFCO	中　国
414	富士重工业公司	FUJI HEAVY INDUSTRIES	日　本
415	伍尔沃斯公司	WOOLWORTHS	澳大利亚
416	玩具反斗店	TOYS “R”US	美　国
417	英国钢铁公司	CORUS GROUP	英　国
418	西格拉姆公司	SEAGRAM	加拿大
419	积水建房公司	SEKISUI HOUSE	日　本
420	住友电气工业公司	SUMITOMO ELECTRIC INDUSTRIES	日　本
421	迪尔公司	DEERE	美　国
422	太阳微系统公司	SUN MICROSYSTEMS	美　国
423	安霍伊泽－布施公司	ANHEUSER－BUSCH	美　国
424		CENTRICA	英　国
425	加普公司	GAP	美　国
426	日本交通公社	JAPAN TRAVEL BUREAU	日　本
427	南方公司	SOYTHERN	美　国
428	特克斯特朗公司	TEXTRON	美　国
429	英美石油公司	ANGLO AMERICAN	英　国
430	雪印乳业公司	SNOW BANK MILK PRODUCTS	日　本
431	大日本印刷公司	DAI NIPPON PRINTING	日　本
432	川铁商事公司	KAWASHO	日　本
433	澳洲电信	TELSTRA	澳大利亚
434	欧莱雅	L'OREAL	法　国
435	英国航空航天公司	BAE SYSTEMS	英　国
436	R. J. 雪诺兹烟草公司	R. J. REYNOLDS TOBACCO	美　国
437	阿尔贝德钢铁公司	ARBED	卢森堡
438		STORA ENSO	芬　兰
439	川崎制铁公司	KAWASAKI STEEL	日　本
440	旭玻璃公司	ASAHI GLASS	日　本
441	太平洋联合铁道公司	UNION PACIFIC	美　国
442	神户制钢所	KOBE STEEL	日　本
443	拉法公司	LAFARGE	法　国
444	蒙特利尔银行	BANK OF MONTREAL	加拿大
445	共荣人寿保险公司	KYOEI LIFE INSURANCE	日　本
446	丰业银行	BANK OF NOVA SCOTIA	加拿大
447	凸版印刷公司	TOPPAN PRINTING	日　本
448	阿尔特拉马戴蒙德沙姆罗克公司	ULTRAMAR DIAMOND SHAMROCK	美　国
449	中央日本铁道公司	CENTRAL JAPAN RAILWAY	日　本
450	教保人寿保险	KYOBO LIFE INSURANCE	韩　国

17－6 续表 9

位次	中文名称	西文名称	国家和地区
451		TENET HEALTHCARE	美 国
452	全日航	ALL NIPPON AIRWAYS	日 本
453	王子制纸公司	OJI PAPER	日 本
454		CSX	美 国
455		LUKOIL	俄罗斯
456	三井不动产	MITSUI FUDOSAN	日 本
457	旭化学工业公司	ASAHI CHEMICAL INDUSTRY	日 本
458	农田工业公司	FARMLAND INDUSTRIES	美 国
459	西日本铁路公司	WEST JAPAN RAIWAY	日 本
460	浦项综合制铁公司	POHANG IRON & STEEL	韩 国
461	美国通用保险公司	AMERCAN GERNERAL	美 国
462	怡和有限公司	JARDINE MATHESON	香港特区
463	法国航空公司	AIR FRANCE GROUP	法 国
464	高岛屋公司	TAKASHIMAYA	日 本
465	埃尔帕索能源公司	EL PASO ENERGY	美 国
466	加拿大太阳人寿保险公司	SUN LIFE ASSURANCE OF CANADA	加拿大
467	惠而浦公司	WHIRPOOL	美 国
468	多伦多－自治领银行	TORONTO－DOMINION BANK	加拿大
469	朝日银行	ASAHI BANK	日 本
470	川崎重工业公司	KAWASAKI HEAVY INDUSTRIES	日 本
471	西北航空公司	NORTHWEST AIRLINES	美 国
472		UNY	日 本
473	科斯莫石油公司	COSMO OIL	日 本
474	办公用品公司	OFFICE DEPOT	美 国
475	近畿日本铁道公司	KINKI NIPPON AIRWAY	日 本
476	野村证券公司	NOMURA SECURITIES	日 本
477	奥亚旭	OBAYASHI	日 本
478	大西洋和太平洋茶叶公司	GREAT ATLANTIC & PACIFIC TEA	美 国
479	佩希内公司	PECHINEY	法 国
480	法玛西亚	PHARMACIA	美 国
481	胡马纳	HUMANA	美 国
482	墨西哥电话公司	TELEFONOS DE MEXICO	墨西哥
483	索迪斯联合公司	SODEXHO ALLIANCE	法 国
484		ONEX	加拿大
485	礼来大药厂	ELI LILLY	美 国
486	太平洋健康系统	PACIFICARE HEALTH SYSTEMS	美 国
487	半岛东方航运公司	PENINSULAR & ORIENTAL STEAM NAV.	英 国
488	加拿大电力保险公司	POWER CORP. OF CANADA	加拿大
489	国泰人寿保险公司	CATHAY LIFE	台湾省
490	日本邮船公司	NIPPON YUSEN	日 本
491	吉列公司	GILLETTE	美 国
492	联合化学公司	ALLIANCE UNICHEM	英 国
493	麻省相互人寿保险公司	MASS. MUTAL LIFE INSURANCE	美 国
494		SHV HOLDINGS	荷 兰
495		MANPOWER	美 国
496		ARMERISOURCE HEALTH	美 国
497	圣保罗 IMI 银行	SAN PAOLO IMI	意大利
498	重建信贷银行	KREDITANSTALT FUR WIEDERAUFBAU	德 国
499		SOMERFIELD	英 国
500		LIMITED	美 国

资源来源：美国《财富》杂志 2000 年 7 月 24 日。

17—7 中国香港最大的50家公司

（按股票市值排序）

	位次	1997年度截止月份	行业	股票市值（百万美元）	经营利润（百万港元）	税前利润（百万港元）	净利润（百万港元）	资产收益率（%）	股本收益率（%）
HSBC Holdings	1	12月	银行	69031.9	57632	63047	42500	1.4	20.6
Hutchison	2	12月	综合商贸	27643.7	10124	14718	12210	12.4	20.9
China Telecom	3	12月	公用事业	23497.9	5414	5953	4995	16.7	14.8
HK Telecom	4	3月	公用事业	22831.4	12203	12909	111178	48.1	42.6
SHK Ppt	5	6月	不动产开发商	17134.4	15739	16523	14160	8.2	10.5
Hang Seng Bank	6	12月	银行	16845.4	10138	10831	9363	2.4	19.1
Cheung Kong	7	12月	不动产开发商	16536.3	8263	19031	17602	17.6	26.4
CLP Holdings	8	9月	公用事业	12865.3	4506	6479	5774	22.1	19.2
Henderson Land	9	6月	不动产开发商	8804.2	11133	12147	9616	12.4	19.0
HK Electric	10	12月	公用事业	6716.2	4661	4959	4709	28.6	26.5
HK & China Gas	11	12月	公用事业	5744.7	2283	2639	2283	17.9	17.8
CKI Holdings	12	12月	基础设施	5398.4	1023	2696	2411		
Citic Pacific	13	12月	综合商贸	4820.0	3086	7904	7376	9.4	11.8
New World Dev	14	6月	不动产开发商	4817.6	4304	7641	5312		
Swire Pacific A	15	12月	综合商贸	4260.0	8323	9799	6678	7.7	10.8
HK Land Hold	16	12月	不动产投资商	3762.5	3604	3464	3043	4.6	4.2
Wharf Holdings	17	12月	不动产投资商	3629.6	3285	3353	1883	4.1	2.3
Cathay Pac Air	18	12月	交通	3276.8	2401	2025	1694	3.8	6.3
Bank of E Asia	19	12月	银行	2564.6	2601	2428	2083	1.7	16.7
Jar Math Hold	20	12月	综合商贸	2561.5		6088	2520		
Dairy Farm Int'l	21	12月	零售	2498.3	870	1188	903		
JSH	22	12月	综合商贸	2293.5	1019	3936	2784		
China Resources	23	12月	综合商贸	2265.6	2625	3231	1681	11.3	20.3
Amoy Properties	24	6月	不动产投资商	2065.7	2784	2813	2490	5.9	7.2
Johnson Electric	25	3月	工业	2051.3	465	465	437	10.1	14.3
Dao Heng Bank	26	6月	银行	2020.8	2022	2376	2120	1.9	21.4
Wheelock	27	3月	综合商贸	1844.8	1463	7074	2617	7.7	12.0
Henderson Inv	28	6月	不动产投资商	1800.4	1008	1991	1901	8.6	9.0
Shanghai Ind H	29	12月	综合商贸	1792.0	468	1257	1064	11.2	7.4
Sino Land	30	6月	不动产开发商	1597.3	4588	2076	1848	3.8	5.9
Smartone Telecom	31	6月	零售	1571.2	854	918	789	45.5	0.4
Hang Lung Dev	32	7月	不动产开发商	1535.3	4281	4348	2520	4.4	10.3
National Mutual	33	9月	财务	1525.2	4536	1536	1476	6.7	31.5
Hysan Dev	34	12月	不动产投资商	1498.1	1691	1444	1178	5.0	3.5
New World Infra	35	6月	基础设施	1316.2	266	711	612		
Yue Yuen	36	9月	工业	1306.9	1263	1243	1220	8.8	34.5
Li & Fung	37	12月	其他	1190.2	413	399	375	12.9	45.2
First Pacific	38	12月	综合商贸	1164.5	4342	4342	1641	16.4	105.8
TVB	39	12月	大众传播	1078.4	716	712	600	38.2	41.5
SCMP	40	6月	大众传播	960.9	919	947	805	19.2	19.7
Citic Ka Wah Bk	41	12月	银行	937.1	535	565	516	1.7	15.5
COSCO Pacific	42	12月	交通	927.1	896	735	953	13.4	16.6
Vtech Holdings	43	3月	工业	917.2	393	392	338	16.5	34.1
Kerry Properties	44	12月	不动产开发商	899.3	1703	1728	1575		
Wing Lung Bank	45	12月	银行	816.8	1088	1113	939	2.0	17.1
Wing Hang Bank	46	12月	银行	815.9	1065	1038	871	2.0	22.7
HKR	47	3月	不动产开发商	777.0	1463	1598	1140		
Great Eagle H	48	9月	不动产投资商	712.4	1247	1448	1192	3.5	4.7
Dah Sing	49	12月	银行	602.9	757	763	663	1.7	18.3
Liu Chong Hing Bank	50	12月	银行	572.8	747	747	614	2.0	12.4

资料来源：《亚洲商业》1999年3月。

17－8　中国台湾省最大的 50 家公司

（按股票市值排序）

	位次	年度截止月份	行业	股票市值（百万美元）	经营利润（百万新台币	税前利润（百万新台币	税后利润（百万新台币	资本收益率（%）	股本收益率（%）
CATHAY LIFE INS	1	1997 年 12 月	银行、保险	12812.0	20709	20806	18463	2.15	24.57
TSMC	2	1997 年 12 月	电子	12498.8	15490	15517	17960	16.50	25.80
ASUSTEK	3	1997 年 12 月	电子	6386.5	5759	7356	7038	26.55	31.50
UMC	4	1997 年 12 月	电子	5754.0	3586	9858	9740	9.88	12.79
CHINA DEVELOPMENT	5	1997 年 12 月	银行、保险	5474.6	7478	7549	7247	12.14	15.59
CHINA STEEL	6	1997 年 6 月	钢铁	4969.1	16938	17270	13526	6.66	11.77
HUA NAN BANK	7	1997 年 6 月	银行、保险	4879.1	7527	7458	6439	0.63	13.25
NAN YA PLASTICS	8	1997 年 12 月	塑料	4122.8	10182	6026	6891	4.56	11.21
FORMOSA PLASTICS	9	1997 年 12 月	塑料	3873.2	5867	4165	5047	5.70	11.36
A. S. E.	10	1997 年 12 月	电子	3031.4	2402	7872	7404	13.80	19.17
ACER	11	1997 年 12 月	电子	2818.6	3966	3422	3740	4.10	4.10
INVENTEC ELECTRONICS	12	1997 年 12 月	电子	2662.1	2738	4936	3826	19.56	34.95
ICBC	13	1997 年 12 月	银行、保险	2642.9	6049	6126	5332	0.96	15.01
HON HAI PRECISION	14	1997 年 12 月	电子	2592.4	3668	4044	3625	14.22	27.34
Fubon Insurance	15	1997 年 12 月	银行、保险	2536.7	3789	3921	3588	5.51	13.35
COMPEQ	16	1997 年 12 月	电子	2293.8	1840	2667	2330	12.71	24.23
UWCCB	17	1997 年 12 月	银行、保险	2283.8	7107	7590	6720	1.25	17.58
CHINA MOTOR	18	1997 年 12 月	汽车	2278.1	3437	4105	3452	12.31	18.06
TATUNG	19	1997 年 12 月	电气、机械	2263.4	－1049	3466	4003	12.80	25.01
CHINA TRUST BUSINESS	20	1997 年 12 月	银行、保险	2072.1	5613	5854	4931	0.97	13.38
FORMOSA CHML & FBR	21	1997 年 12 月	纺织	2004.7	3510	957	2675	3.71	6.72
PRESIDENT ENTERPRISE	22	1997 年 12 月	食品	1999.2	－318	7848	7932	17.24	21.34
WINBOND	23	1997 年 12 月	电子	1976.0	18	2610	3912	2.00	3.00
COMPAL ELECTRONICS	24	1997 年 12 月	电子	1957.6	2098	3580	3398	18.88	31.05
YULON MOTORS	25	1997 年 12 月	汽车	1904.0	3598	5603	5156	7.31	15.38
FAR EASTERN TEXTILE	26	1997 年 12 月	纺织	1809.4	721	2919	2916	1.06	2.25
DELTA ELECTRONICS	27	1997 年 12 月	电子	1806.5	220	2741	2306		
ASIA CEMENT	28	1997 年 12 月	水泥	1554.9	2631	4662	3985	7.69	11.42
PACIFIC ELECTRIC	29	1997 年 12 月	电子及家庭用品	1505.7	427	3511	3457	5.50	12.94
TAIWAN FERTILIZER	30	1997 年 12 月	化工	1487.6	202	998	1040	1.72	3.98
CHINA AIRLINES	31	1997 年 12 月	交通	1484.0	1852	2773	2348	3.90	8.70
TAIWAN CEMENT	32	1997 年 12 月	水泥	1462.8	709	2011	1865	4.00	6.00
POU CHEN	33	1997 年 12 月	其他	1451.5	713	2526	2274	17.59	32.24
EVERGREEN MARINE	34	1997 年 12 月	交通	1325.0	1248	1036	1096	6.93	10.19
SILICONWARE	35	1997 年 12 月	电子	1313.4	1918	1943	1757	11.52	18.25
MACRONIX	36	1997 年 12 月	电子	1195.9	1550	1091	1941	4.66	7.40
TECO ELCTY & M/C	37	1997 年 12 月	电子及家庭用品	1161.3	1209	2732	2373	5.59	10.36
PRESIDENT CHAIN	38	1997 年 12 月	百货商店	1128.7	1064	1515	1158	12.51	22.05
CATHAY CONSTRUCTION	39	1997 年 12 月	建筑	1119.3	883	2507	2517	9.10	11.94
WALSIN LIHWA	40	1997 年 12 月	电子、家庭用品及电缆	1092.9	662	1960	2181	7.22	11.16
WAN HAI LINES	41	1997 年 12 月	交通	986.5	1633	1592	1280		
YAGEO	42	1997 年 12 月	电子	980.0	692	2158	2009	7.02	10.81
YANG MING LINE	43	1997 年 12 月	交通	942.9	1744	1420	1310		
TAICHUNG M/C WORKS	44	1997 年 12 月	电气、机械	879.5	193	921	924	5.42	11.25
CHINA PETRO	45	1997 年 12 月	塑料	870.5	665	1621	1726	4.13	7.45
FORMOSA TAFFETA	46	1997 年 12 月	纺织	759.4	2105	1702	1532	7.29	10.46
ACER PERIPHERALS	47	1997 年 12 月	电子	697.5	1517	1884	1710	7.24	13.18
TAIWAN SECOM	48	1997 年 12 月	其他	690.7	784	1099	901	16.93	22.42
SHINKONG SYN FBR	49	1997 年 12 月	纺织	624.3	－324	236	353	－0.30	－0.46
SYNNEX	50	1997 年 12 月	电子	620.5	863	903	680	8.90	14.17

资料来源：《亚洲商业》1998 年 10 月。

17—9 马来西亚最大的50家公司

（按股票市值排序）

	位次	1997年度截止月份	行业	股票市值（百万美元）	经营利润（百万港元）	税前利润（百万港元）	净利润（百万港元）	资产收益率（%）	股本收益率（%）
Telekom Malaysia	1	12月	电讯	5878.8	2708	2376	1831	12.3	15.6
Tenaga Nasional	2	8月	能源	4119.7	1940	145	−141	2.3	−0.9
Malayan Banking	3	6月	银行	3610.7		2206	1322	1.3	19.1
Petronas Gas	4	3月	能源	3604.3	871	872	845	18.1	31.9
Sime Darby	5	6月	综合商贸	2166.9	1072	1683	836	5.6	11.8
YTL Power Int'l	6	6月	能源	1666.3	560	464	426	17.5	19.2
Genting	7	12月	娱乐	1492.2	1594	1543	771	11.6	18.9
Rothmans Malaysia	8	6月	消费品	1487.6	518	560	421	55.5	
Malaysian Int'l Shipping (Foreign)	9	12月	交通	1440.5	549	583	541	8.0	10.9
YTL Corporation	10	6月	能源	1393.7	244	453	310	12.0	25.1
Resorts World	11	12月	娱乐	1189.5	732	1091	867	23.5	27.1
RHB Capital	12	6月	银行	1182.3		590	758	1.4	14.1
Rublic Bank (Foreign)	13	12月	银行	1019.6		635	275	1.0	10.3
Kuala Lumpur Kepong	14	9月	资源开发	994.2	168	271	200	10.0	7.8
Nestle (Malaysia)	15	12月	消费品	876.3	256	254	182	26.9	46.7
Golden Hope Plantaions	16	6月	资源开发	824.2	341	410	279	13.8	10.0
Renong	17	6月	综合商贸	725.7	549	850	534	4.7	14.0
Perusahaan Otomobil Nasional	18	3月	汽车	702.5	958	1029	741	32.5	34.7
Berjaya Sports	19	4月	娱乐	656.6	306	344	268	57.8	32.7
Kumpulan Guthrie	20	12月	资源开发	621.1	419	431	178	18.2	11.9
Magnum Corporation	21	12月	娱乐	604.4	495	101	1	4.1	0.0
United Engineers	22	12月	建筑	587.2	723	700	282	5.4	7.0
Commerce Asset-Holdings	23	12月	银行	560.2		325	181	0.9	7.4
Hicom Holdings	24	3月	综合商贸	509.1	480	984	667	25.5	47.9
Malaysian Airline System	25	3月	工业	502.5	569	350	334	5.3	8.2
Malakoff	26	8月	交通	494.6	418	203	110	5.9	17.1
IOI Corp	27	6月	资源开发	464.2	303	286	152	13.9	11.2
Tanjong Pubic Ltd Comp	28	1月	娱乐	462.6	179	253	182	26.5	28.5
Oriental Holdings	29	12月	汽车	442.3	437	511	322	15.5	17.2
Technology Resources Corp	30	12月	电讯	427.1	482	−595	−651	−9.9	−56.3
AMM Holdings	31	3月	银行	407.3		1020	561	1.8	34.7
Malaysian Resources Industries	32	8月	综合商贸	395.3	245	349	151	9.9	7.2
Sime UEP	33	6月	不动产	374.7	164	209	144	37.2	20.1
Carlsberg Brewery	34	12月	消费品	374.4	130	160	116	26.6	32.6
PETRONAS Dagangan	35	3月	消费品	371.1	214	242	162	7.8	23.0
Rashid Hussain	36	6月	银行	370.3		579	339	10.0	29.8
Edaran Otomobil Nasional	37	12月	汽车	370.0	542	670	429	44.2	59.7
Southern Bank	38	12月	银行	360.3		235	83		13.1
Hong Leong Bank	39	6月	银行	358.5		316	193	1.0	14.8
OYL Industries	40	6月	制造业	334.7	231	160	107	20.1	16.8
Guinness Anchor	41	12月	消费品	308.5	140	147	106	35.4	36.1
Malaysian Pacific Industries	42	6月	制造业	292.3	177	142	96	10.4	15.3
Gamuda	43	7月	建筑业	290.3	87	131	89	22.5	13.5
RJ Reynolds	44	12月	消费品	275.3	137	134	105	25.5	29.7
Affin Holdings	45	12月	银行	265.9		209	101	0.5	9.2
Malaysian Oxygen	46	6月	制造业	265.9	150	95	79	17.5	24.0
Powertek	47	12月	能源	254.2	129	140	107	12.9	19.1
Kedah Cement	48	3月	水泥	244.3	155	123	117	10.4	20.5
Hume Industries	49	6月	建筑材料	228.2	364	283	137	17.4	15.3
F&N Holdings	50	9月	消费品	227.5	107	99	68	6.2	8.5

资料来源：《亚洲商业》1999年4月。

17—10 韩国最大的50家公司

（按股票市值排序）

	位次	年度截止月份	行业	股票市值（百万美元）	经营利润（十亿韩圆）	税前利润（十亿韩圆）	资产收益率（%）	股本收益率（%）
KEPCO	1	1997年12月	公用事业	6644.1	1916.0	561	1.36	3.29
Samsung Electronics	2	1997年12月	电子	3615.8	2856.0	124	0.63	2.28
POSCO	3	1997年12月	钢铁	2702.5	1795.0	729	4.60	10.61
SK Telecom	4	1997年12月	公用事业	1979.2	584.0	114	3.09	9.60
Hyundai Electronics	5	1997年12月	电子	1261.3	639.0	−184	−2.16	−13.08
Samsung Display Devices	6	1997年12月	电子	885.9	207.0	104	3.24	8.30
LG Electronics	7	1997年12月	电子	738.3	798.0	92	1.17	6.11
Kookmin Bank	8	1997年12月	银行	686.8	248.0	104	0.29	6.30
LG Semicon	9	1997年12月	电子	538.1	215.0	−290	−4.49	−20.66
Hyundai Motor	10	1997年12月	交通设备	476.1	812.0	47	0.52	2.79
Samsung (F&M) Insurance	11	1997年3月	保险	465.6	13.0	12	2.53	17.98
SK Corp	12	1997年12月	化工	445.9	2084.0	20	0.18	0.96
LG Chemical	13	1997年12月	化工	431.9	437.0	6	0.11	0.45
Shinhan Bank	14	1997年12月	银行	425.8	136.0	53	0.18	2.92
Ssanyong Oil Refining	15	1997年12月	化工	380.6	686.0	94	2.07	8.94
Samsung Heavy Ind.	16	1997年12月	交通设备	365.8	544.0	−96	−1.67	−12.55
Samsung Electro-Mechanics	17	1997年12月	电子	345.0	113.0	38	1.73	5.68
Dacom	18	1997年12月	公用事业	295.7	77.0	−36	−2.51	−7.70
Housing & Commercial Bank	19	1997年12月	银行	294.4	166.0	108	0.33	9.51
Hyundai Eng. & Const.	20	1997年12月	建筑	280.8	465.0	14	0.17	1.26
Daewoo	21	1997年12月	贸易	275.1	776.0	54	0.46	2.36
SI Corp	22	1997年12月	其他	272.3	13.0	10	4.66	7.86
Nong Shim	23	1997年6月	食品和饮料	270.1	22.0	25	4.40	19.26
Shindoricoh	24	1997年12月	电子	266.8	45.0	46	13.18	17.55
Korea Exchange Bank	25	1997年12月	银行	264.4	74.0	−68	−0.14	−3.38
LG Information & Comms	26	1997年12月	电子	241.6	302.0	66	5.10	18.14
Hana Bank	27	1997年12月	银行	233.6	52.0	44	0.38	6.88
Hyundai/Merchant Marine	28	1997年12月	交通	229.2	288.0	9	0.28	2.36
Medison	29	1997年12月	电子	215.3	29.0	15	7.75	21.85
Dawoo Electronics	30	1997年12月	电子	215.2	548.0	42	1.07	5.25
Daewoo Securities	31	1997年3月	证券	198.7	−52.0	−38	−1.44	−3.61
Mirae Corp	32	1997年12月	电子	180.5	18.0	18	20.77	25.19
Samsung	33	1997年12月	贸易	178.6	287.0	32	0.45	2.64
KLTBC	34	1997年12月	银行	174.7	96.0	42	0.20	3.69
Honam Petrochemical	35	1997年12月	化工	169.1	79.0	28	3.51	10.68
Dae Dak Electronics	36	1997年12月	建筑	163.1	18.0	7	4.28	9.45
Korean Air	37	1997年12月	交通	162.3	361.0	−398	−5.09	−47.66
Chei Jedang	38	1997年12月	食品和饮料	157.9	183.0	10	0.48	1.47
Hanjin Heavy Ind	39	1997年12月	交通设备	138.4	60.0	28	1.79	7.98
Korea Zinc	40	1997年12月	钢铁	132.9	70.0	3	0.47	1.31
Hankuk Glass	41	1997年12月	水泥	120.1	24.0	17	2.10	4.55
Hankook Tire	42	1997年12月	化工	120.1	111.0	10	0.71	3.54
Pusan City Gas	43	1997年12月	公用事业	117.6	17.0	11		
Cho Hung Bank	44	1997年12月	银行	112.2	−171.0	−290	−0.69	−16.85
Namhae Chemical	45	1997年12月	化工	110.4	20.0	4	0.71	1.26
Hansol Paper	46	1997年12月	木制品和造纸	105.6	217.0	11	0.49	1.79
Seoul City Gas	47	1997年12月	公用事业	103.6	21.0	12	3.00	6.07
Halla Climate Control	48	1997年12月	机械	91.7	43.0	−15	−3.85	−12.67
Shinsegae	49	1997年12月	贸易	90.2	45.0	10	0.59	1.83
Kia Motors	50	1997年12月	交通设备	89.9	167.0	−383	−4.82	−33.34

资料来源：《亚洲商业》1998年9月。

17－11　菲律宾最大的50家公司

（按股票市值排序）

	位 次	年度截止月份	行　业	股票市值（百万美元）	经营利润（百万比索）	税前利润（百万比索）	资产收益率（%）	股本收益率（%）
PLDT	1	1997年12月	电讯	2536.9	15071	7649	4.74	14.13
San Miguel	2	1997年12月	消费品	2299.5	3659	1438	1.38	3.23
Manila Electric Co	3	1997年12月	公用事业	1380.0	7209	6860	11.33	16.53
Ayala Land	4	1997年12月	不动产	1267.8	4689	4206	13.15	18.08
SM Prime Holdings Corp	5	1997年12月	零售商业	1221.7	2488	2262	8.47	11.30
Ayala Corp	6	1997年12月	综合商贸	1144.1	2856	5381	7.21	12.11
Metrobank	7	1997年12月	银行/金融服务	768.5		5251	2.11	15.30
Bank of Phil. Islands	8	1997年12月	银行/金融服务	678.9		4310	2.27	18.88
Petron Corp	9	1997年12月	不动产	608.4	−2404	−631	−3.82	−4.02
Far East	10	1997年12月	银行/金融服务	424.2		2717	1.93	17.34
PCI Bank	11	1997年12月	银行/金融服务	339.7		3199	2.37	15.67
Benpres Holdings	12	1997年12月	综合商贸	291.5	3636	2162	7.87	15.72
ABS-CBN	13	1997年12月	大众传播/娱乐	252.9	2293	1744	18.35	30.26
Equitable Bank	14	1997年12月	银行/金融服务	248.8		2026	2.42	18.40
Globe	15	1997年12月	电讯	248.8	−751	−870	−6.64	−15.60
RFM Corp	16	1997年12月	综合商贸	226.0	1453	511	2.29	7.87
Filinvest Development Corp	17	1997年12月	不动产	214.8	3266	1984	4.94	10.15
Jollibee	18	1997年12月	消费品	208.7	945	442	17.21	17.78
Union Bank	19	1997年12月	银行/金融服务	144.3		1200	2.31	15.98
Cosmos Bottling	20	1997年12月	消费品	129.6	798	508	18.82	19.04
Aboitiz Equity	21	1997年12月	综合商贸	127.4	722	767	7.04	7.78
JG Summit	22	1997年12月	综合商贸	124.6	4563	971	0.99	3.52
F. Phi. Holdings	23	1997年6月	综合商贸	110.6	1161	952	7.03	8.47
Filinvest Land	24	1997年12月	住宅	103.9	1602	1499	7.78	11.91
Phil. National Bank	25	1997年12月	银行/金融服务	95.5		1141	0.51	5.31
Metro Pacific	26	1997年12月	综合商贸	85.6	1758	751	1.16	6.17
Robinson's Land Corp	27	1997年9月	不动产	78.4	914	973	12.03	14.04
Bacnotan Cons Ind	28	1997年6月	水泥	76.0	2029	719	3.44	12.39
Ionics Circuits	29	1997年12月	制造业	74.4	379	525	21.12	32.04
La Tondena	30	1997年12月	消费品	71.7	1245	241	2.60	8.68
Alsons Cement	31	1997年12月	水泥	69.3	450	612	8.06	14.45
Security Bank	32	1997年12月	银行/金融服务	68.4		686	1.37	10.64
Digital Telecommunications	33	1997年12月	电讯	63.7	435	801	3.72	7.80
Fortune Cement	34	1997年12月	水泥	59.1	721	600	13.83	20.98
Pilipino Telephone Corp	35	1997年12月	电讯	58.8	−795	−675	−2.25	−7.46
URC	36	1997年9月	消费品	57.6	1335	1302	8.13	9.45
Belle Corp	37	1997年12月	休闲/博彩	57.3	806	1208	6.75	13.22
PS Bank	38	1997年12月	银行/金融服务	56.9		411	2.43	13.20
Int'l Container	39	1997年12月	港口服务	46.6	666	407	4.19	13.97
DM Consunji	40	1997年12月	建筑	45.2	293	631	4.65	11.41
Alaska Milk	41	1997年12月	消费品	41.5	337	303	20.51	20.54
Seacem	42	1997年12月	水泥	40.6	306	424	4.85	5.21
Philex Mining Corp	43	1997年12月	矿业	32.3	788	322	3.82	5.41
Solid group	44	1997年12月	制造业	23.6	425	431	3.97	5.93
Megaworld Properties	45	1997年12月	不动产	23.5	2827	1886	9.12	22.97
Uniwide Holdings Inc	46	1997年12月	零售商业	23.2	600	511	5.34	5.55
C&P Homes	47	1997年12月	住宅	22.3	688	436	2.31	3.54
Waterfront	48	1997年3月	休闲/博彩	17.5	51	134	9.62	12.11
Davao Union Cement	49	1997年6月	水泥	13.9	920	542	9.61	19.19
Fil-Estate Land	50	1997年9月	休闲/博彩	18.4	2698	2083	28.91	28.91

资料来源：《亚洲商业》1999年1月。

17—12 新加坡最大的50家公司

(按股票市值排序)

	位次	年度截止月份	行业	股票市值(百万新元)	股数(百万)	经营利润(百万新元)	税前利润(百万新元)	净利润(百万新元)	资产收益率(%)	股本收益率(%)
Sing Tel	1	1997年3月	电讯	23992.6	15250	2083	2249	1,658	16.98	0.90
SIA	2	1997年3月	交通	6650.0	1283	953	1076	1,032	5.73	1.30
DBS	3	1997年12月	银行	5242.2	921		883	430		1.20
OCBC	4	1997年12月	银行	5039.8	1213		984	581		1.01
SPH	5	1997年8月	工业/商业	3738.8	409	430	474	342	11.74	10.70
City Dev	6	1997年12月	不动产	3204.3	794	1087	717	409	9.00	47.90
OUB	7	1997年12月	银行	2483.5	817		491	255		22.30
ST ENG	8	1997年12月	工业/商业	2033.3	2500	135	191	121	17.68	26.20
Creative	9	1997年6月	电子	1828.2	90	169	187	167	5.53	9.60
Keppel Corp	10	1997年12月	工业/商业	1694.2	761	364	414	171		9.40
DBS Land	11	1997年12月	不动产	1267.4	1011	361	301	183	12.37	10.80
F & N	12	1997年9月	食品和饮料	1132.2	298	356	357	150	4.71	20.00
C & C	13	1997年12月	工业/商业	810.7	234	189	302	159		18.40
Sing Land	14	1997年12月	不动产	802.3	344	107	113	89	20.00	1.50
Nat Electronics	15	1997年12月	电子	766.4	391	51	44	36	15.89	20.90
STIC	16	1997年12月	工业/商业	757.2	684	84	107	62		7.00
Kepland	17	1997年12月	不动产	703.5	655	280	210	105		25.90
Jurong Shipyard	18	1997年12月	工业/商业	697.6	140	56	68	45	17.05	5.40
Keppel Bank	19	1997年12月	银行	675.5	596		96	73		4.00
Datacraft	20	1997年6月	电子	631.7	204	21	19	15		6.10
Parkway	21	1997年12月	工业/商业	631.4	321	78	41	20	29.80	10.10
KepFELS	22	1997年12月	工业/商业	630.1	210	0	25	20		16.50
Rothmans	23	1997年3月	工业/商业	596.7	115	70	72	52	19.65	5.50
Elec & Eltek	24	1997年6月	电子	593.3	124	70	70	59	5.98	31.30
Venture Mfg	25	1997年12月	电子	586.5	193	53	58	48	14.62	17.80
Cerebos	26	1997年9月	食品和饮料	550.1	313	115	124	80	11.84	7.10
Want Want	27	1997年12月	食品和饮料	520.6	491	80	70	67	12.94	6.40
YHS	28	1997年12月	食品和饮料	471.8	142	14	13	8	8.30	3.30
Semb Corp	29	1997年12月	工业/商业	458.4	223	51	94	31	15.96	6.10
UIC	30	1997年12月	不动产	446.1	1352	120	119	57	9.71	3.20
Marco Polo	31	1997年3月	不动产	436.1	399	30	23	18	1.76	4.40
Centrepoint	32	1997年9月	不动产	421.4	638	100	98	75	24.75	13.20
Natsteel	33	1997年12月	建筑/土木工程	403.8	356	121	106	57	4.87	5.20
UOL	34	1997年12月	不动产	362.1	590	113	75	53	10.82	18.80
Wing Tai	35	1997年6月	不动产	354.7	566	244	290	171	3.76	12.80
GP Batteries	36	1997年3月	工业/商业	293.0	119	28	26	24	5.27	5.70
Hong Leong	37	1997年12月	财务	259.7	225		118	73		2.60
OUE	38	1997年12月	旅馆	254.6	176	31	43	29	6.29	3.90
Thakral	39	1997年3月	零售	252.7	585	92	82	69	16.20	3.00
Robinson	40	1997年6月	零售	243.5	72	30	41	30	13.78	5.30
Shangri-La	41	1997年12月	旅馆	222.6	166	20	26	18	7.23	3.10
MCL Land	42	1997年12月	不动产	207.9	369	11	36	20		3.90
Comfort	43	1997年3月	交通	198.8	533	45	47	33	2.55	12.30
Electronics Resources	44	1997年12月	电子	189.5	237	29	24	21		10.40
First Cap	45	1997年6月	不动产	177.8	293	235	229	129		8.30
Avimo	46	1997年9月	工业/商业	171.8	105	14	15	11	6.88	11.00
Hotel	47	1997年12月	不动产/旅馆	166.9	410	136	90	32	4.73	7.00
Clipsal	48	1996年12月	工业/商业	154.0	113	25	31	23	8.53	15.60
Sime Sing	49	1997年6月	汽车	152.2	544	42	50	36	6.77	9.70
Bukit Semb	50	1997年3月	不动产	150.4	24	46	45	33	191.84	9.40

资料来源:《亚洲商业》1998年8月。

17—13 泰国最大的 50 家公司

（按股票市值排序）

	位次	年度截月份	行业	股票市值（百万美元）	经营利润（百万泰铢）	税前利润（百万泰铢）	净利润（百万泰铢）	资产收益率（%）	股本收益率（%）
PTT Exploration/Production	1	1997 年 12 月	能源	2121.0	3033	−2995	−3008	−8.8	−28.1
Thai Airways	2	1997 年 9 月	交通	1028.9	9006	4005	2764	2.1	17.4
Advanced Info.	3	1997 年 12 月	通讯	924.7	5807	4404	2523	8.8	22.7
Bangkok Bank	4	1997 年 12 月	银行	830.1	12725	8664	4214	0.3	4.0
Electricity Generating	5	1997 年 12 月	能源	661.2	4718	1768	−5464	−12.2	−43.5
Bec World	6	1997 年 12 月	娱乐和休闲	1.2	2162	2709	1868	24.2	27.0
Siam Cement	7	1997 年 12 月	建筑材料	543.6	11187	−50734	−52551	−20.0	−116.9
Thai Farmers Bank	8	1997 年 12 月	银行	495.9	4101	1030	801	0.1	1.3
Krung Thai Bank	9	1997 年 12 月	银行	487.1	3053	211	0	0.0	0.4
Bangkok Expressway	10	1997 年 12 月	交通	357.2	18	−34	−277	−0.7	−2.0
Telecomasia	11	1997 年 12 月	通讯	353.5	2132	−4357	−26631	−26.6	−124.8
Delta Electronics	12	1997 年 12 月	电子零件	336.1	2600	2772	3747	28.9	75.4
Siam Macro	13	1997 年 12 月	商业	306.5	215	828	507	3.6	6.9
Advance Agro	14	1997 年 12 月	纸和纸板	300.6	1808	−7053	−7012	−17.0	−113.0
Shinawatra Computer	15	1997 年 12 月	通讯	277.2	6285	4488	−5644	−5.4	−79.8
The Congeneration	16	1997 年 6 月	能源	237.0	839	810	722	5.2	13.6
Total Access Comm	17	1997 年 12 月	通讯	201.3	5072	3332	−19736	14.3	36.2
Thai Union Frozen	18	1997 年 12 月	食品和饮料	198.1	1438	801	16	13.1	46.2
Siam City Cement	19	1997 年 12 月	建筑材料	162.7	2090	−12335	−12343	6.1	−175.3
Hana Microelectronics	20	1997 年 12 月	电子零件	142.8	794	−281	−7	−3.7	−9.1
Siam Commercial Bank	21	1997 年 12 月	银行	124.8	8298	5232	3194	0.5	7.8
Eastern Water	22	1997 年 9 月	其他	118.1	271	262	4	14.8	18.6
Shinawatra Satellite	23	1997 年 12 月	通讯	111.7	−179	−4613	−4495	−32.7	−156.9
SG Asia Credit	24	1997 年 12 月	财务和证券	110.8	−4790	−5233	−5233	−9.4	−126.3
Bank of Ayudhya	25	1997 年 12 月	银行	108.4	4683	2727	1961	0.4	7.0
Grammy Entertainment	26	1997 年 12 月	娱乐和休闲	13.4	441	428	9	9.7	15.4
Serm Suk	27	1997 年 12 月	食品和饮料	94.0	543	403	16	6.3	11.6
Tuntex	28	1997 年 12 月	纺织和鞋类	92.9	1772	−1023	−4347	−16.0	−85.3
ThaiI Telephone/Telecom	29	1997 年 12 月	通讯	92.2	−1654	−4319	−12342	−23.1	−89.2
The Pizza	30	1997 年 12 月	食品和饮料	89.6	337	82	3	10.2	8.3
Siam Pulp & Paper	31	1997 年 12 月	纸和纸板	88.5	2612	1001	−5735	−14.6	−47.8
Italian-Thai Development	32	1997 年 12 月	不动产开发	87.3	1628	−4517	−4852	−15.0	−57.1
ThaiI Reinsurance	33	1997 年 12 月	保险	82.3	448	374	278	9.6	22.7
Ch. Karnchang	34	1997 年 12 月	不动产开发	80.3	869	−364	−4	−2.4	−8.1
Thai Petrochemical	35	1997 年 12 月	化工和塑料	79.9	1468	−15187	−69261	−49.9	−219.3
Charoen Pokphand Feedmill	36	1997 年 12 月	农业服务	78.1	−2748	−2594	−1156	−5.0	−15.3
Bank of Asia	37	1997 年 12 月	银行	74.4	561	170	42	0.0	0.4
National Finance	38	1997 年 12 月	财务和证券	73.9	−2389	−2549	−3152	−5.1	−37.8
BangchakPetroleum	39	1997 年 12 月	能源	69.2	1535	−5380	−3785	−13.2	−37.5
Jasmine International	40	1997 年 12 月	通讯	68.3	776	−1260	−5446	−23.6	−86.4
Industrial Finance Corp.	41	1997 年 12 月	银行	67.0	777	408	611	0.3	3.7
Banpu	42	1997 年 6 月	能源	64.4	123	817	16	3.5	11.6
Land & Houses	43	1997 年 12 月	不动产开发	63.4	1797	−1692	−6532	−16.9	−50.9
Tipco Asphalt	44	1997 年 12 月	建筑材料	63.3	614	144	−1428	14.5	−67.2
Phoenix Pulp	45	1997 年 12 月	纸和纸板	55.7	451	193	−2876	−152.3	−35.7
National Petrochemical	46	1997 年 12 月	化工和塑料	55.3	2234	−3530	−3590	−22.1	−87.8
Phatra Thanakit	47	1997 年 12 月	财务和证券	54.0	−5855	−6103	−6105	−8.6	−55.1
Bangkok Insurance	48	1997 年 12 月	保险	49.6	788	648	32	6.9	15.2
Post Publishing	49	1997 年 12 月	印刷和出版	47.0	4	27	1	2.3	2.6
United Communications	50	1997 年 12 月	通讯	46.8	3669	1593	−17693	20.2	−212.2

资料来源：《亚洲商业》1998 年 12 月。

17—14 澳大利亚最大的 100 家公司

（按资产额排序）

	位次	年度截止日期	总资产（千澳元）	销售收入（千澳元）	净利润（千澳元）	雇员数（人）
National Australia Bank	1	1997 年 9 月	202000000	12837000	2223000	46392
ANZ Banking Group	2	1997 年 9 月	138000000	9431000	1024000	35926
Commonwealth Bank of Australia	3	1998 年 6 月	131000000	7605000	1090000	30743
Westpac Banking Corporation	4	1997 年 9 月	119000000	8551000	1291000	31608
St George Bank	5	1997 年 9 月	45060126	2688055	227487	6988
News Corporation	6	1997 年 6 月	41358000	14389000	720000	28200
BHP	7	1997 年 6 月	37082000	21189000	−1530000	55000
Colonial	8	1997 年 12 月	34248000	5297000	227000	
Telstra	9	1998 年 6 月	26470000	16819000	3004000	66670
Rio Tinto	10	1997 年 12 月	25594000	10410000	1646000	28571
Suncorp-Metway	11	1998 年 6 月	21424000	1449000	233000	4762
Bank of Western Australia	12	1998 年 2 月	13972100	905900	92800	2787
Qantas Airways	13	1998 年 6 月	10418700	8131500	304800	28934
Coca-Cola Amatil	14	1997 年 12 月	9466300	4828400	242200	42914
Macquarie Bank	15	1998 年 3 月	7929030	290456	141155	2474
GIO Australia Holdings	16	1998 年 6 月	7724200	1486100	−26700	3910
WMC	17	1997 年 6 月	7669900	2173100	297200	3860
CSR	18	1998 年 3 月	7449100	6334800	−112400	19700
Amcor	19	1998 年 6 月	7180200	6056100	50500	22900
Coles Myer	20	1997 年 7 月	6696600	19224800	389400	148346
MIM Holdings	21	1998 年 6 月	6504000	2833400	87000	8152
Lend Lease Corporation	22	1998 年 6 月	6482900	2798600	363900	7079
QBE Insurance Group	23	1998 年 6 月	6192200	2124800	95300	3150
National Mutual Holdings	24	1997 年 9 月	6056052	1561515	300559	5037
Boral	25	1998 年 6 月	5918172	4702564	85968	
Pacific Dunlop	26	1998 年 6 月	5342300	5983500	24800	37619
Foster's Brewing Group	27	1998 年 6 月	4419800	3058400	446600	8304
North	28	1998 年 6 月	4385387	2263593	103689	
Westfield Trust	29	1997 年 12 月	4348800	440100	244100	
Woolworths	30	1998 年 6 月	4084400	16841900	279400	97000
Santos	31	1997 年 12 月	4036200	778500	193300	1615
Comalco	32	1997 年 12 月	4003500	2025000	220200	4011
HIH Winterthur Int'l Holdings	33	1997 年 12 月	3986700	1708500	61800	
Westfield America Trust	34	1997 年 12 月	3886300	336200	75400	
General Property Trust	35	1997 年 12 月	3733600	330700	219600	
MMI	36	1998 年 6 月	3690527	986251	−119297	1986
Adelaide Bank	37	1997 年 6 月	3511065	274379	27708	799
Pioneer International	38	1998 年 6 月	3437400	3572300	184300	
Woodside Petroleum	39	1997 年 12 月	3434992	870075	274901	
Publishing & Broadcasting	40	1997 年 6 月	3354918	1106206	58617	3151
Bendigo Bank	41	1998 年 6 月	3170923	195052	14193	785
Brambles Industries	42	1997 年 6 月	3137500	2668000	229100	19000
Mayne Nickless	43	1998 年 7 月	3093212	2634934	44231	
Southcorp	44	1998 年 6 月	3092786	2735294	143840	11851
Normandy Mining	45	1998 年 6 月	3076300	1483800	97000	
FAI Insurances	46	1998 年 6 月	3061195	1575677	−4762	2689
Australian Gas Light Co.	47	1998 年 6 月	2982200	1137300	196400	2096
Orica	48	1997 年 9 月	2961600	3602100	132200	9000
Caltex Australia	49	1997 年 12 月	2894741		−151912	1694
Goodman Fielder	50	1998 年 6 月	2505000	3060100	132500	15998

17—14 续表 1　　（按资产额排序）

	位次	年度截止日　期	总资产（千澳元）	销售收入（千澳元）	净利润（千澳元）	雇员数（人）
Bank of Queensland	51	1997 年 8 月	2502623	196594	14508	799
Wesfarmers	52	1998 年 6 月	2373645	2727325	166070	
Burns Philp & Company	53	1998 年 6 月	2238200	1856700	−285400	5200
Seven Network	54	1998 年 6 月	2172163	800164	20354	1918
An Feng Kingstream Steel	55	1997 年 12 月	2165971	351566	−32998	1016
John Fairfax Holdings	56	1998 年 6 月	2098178	1107329	111765	
Crown	57	1997 年 6 月	2089545	626111	−72510	8000
James Hardie Industries	58	1998 年 3 月	1985200	1297900	41600	4340
Howard Smith	59	1998 年 6 月	1881140	2463337	64418	12500
United Energy	60	1997 年 12 月	1768436	676793	−42419	
Aust. Consolidated Invst	61	1998 年 6 月	1765360	1666512	214689	
QCT Resources	62	1998 年 6 月	1707700	949845	45675	517
Aust. National Industries	63	1998 年 6 月	1697923	2183000	18766	7400
Aust. Foundation Invst Co.	64	1998 年 6 月	1683572	120437	82794	7
Leighton Holdings	65	1997 年 6 月	1622812	2926942	132112	12160
Pasminco	66	1997 年 6 月	1569300	1352800	64700	3797
RGC	67	1997 年 6 月	1545700	970600	−78000	3688
Email	68	1998 年 3 月	1527189	2331894	40046	10150
Futuris Corporation	69	1998 年 6 月	1496373	3154585	113981	
Village Roadshow	70	1997 年 6 月	1482497	392570	60194	7650
Franked Income Fund	71	1997 年 11 月	1475132	63427	62452	
Foodland Associated	72	1998 年 8 月	1445200	3709800	52200	11200
PMP Communications	73	1998 年 6 月	1301951	1127265	58036	4687
Star City Holdings	74	1997 年 12 月	1254627	425098	−56791	3200
Schroders Property Fund	75	1998 年 3 月	1229940	101909	71340	33
Reinsurance Australia Corp.	76	1997 年 12 月	1194994	457981	68251	
Westfield Holdings	77	1998 年 6 月	1184221	554523	102645	
AMP Shopping Centre Trust	78	1998 年 6 月	1176113	65435	28961	
Davids	79	1998 年 6 月	1169768	4566274	−5624	11470
F H Faulding & Co	80	1998 年 6 月	1118146	1785773	45185	
Great Central Mines	81	1998 年 6 月	1094449	376061	37736	
Washington H Soul Pattinson & Co.	82	1997 年 7 月	1090743	760982	48502	272
Argo Investments	83	1997 年 6 月	1024513	60407	41262	11
Gandel Retail Trust	84	1997 年 6 月	1013147	77938	53557	150
Austrim	85	1998 年 6 月	968133	412531	9656	4148
Envestra	86	1998 年 6 月	932883	115630	−7077	
Newcrest Mining	87	1998 年 6 月	911699	256499	174	799
Residual Assco Group	88	1997 年 6 月	907385	167521	−1234	
Hudson Conway	89	1997 年 6 月	894491	141525	−2569	50
David Jones	90	1998 年 7 月	894309	1376805	32560	
Stockland Trust	91	1997 年 6 月	878618	97153	72334	
Tabcorp Holdings	92	1997 年 6 月	865790	7087255	100761	2252
Savage Resources	93	1998 年 6 月	863614	349525	16379	790
Burswood	94	1998 年 6 月	827409	337029	40947	3299
Jupiters	95	1998 年 6 月	815532	550451	37696	4401
Pacifica Group	96	1997 年 12 月	808744	554503	21554	4300
George Weston Foods	97	1997 年 7 月	807265	1308594	65431	7075
Capral Aluminium	98	1997 年 12 月	798365	742467	40210	2658
FAI Life	99	1998 年 6 月	780691	169554	8383	222
National Mutual Property Trust	100	1997 年 6 月	778527	63106	40864	

资料来源:《亚洲商业》1998 年 11 月。

17—15 西方七国全行业资产负债表①

	1990年	1993年	1994年	1995年	1996年	1997年	1998年
日本(十亿日元)							
资产总额	319936	1273227	1300532	1344872	1308082	1314265	
流动资产	171923	664726	658007	688975	650020	646438	
应收款	63484	238106	239704	265680	246120	241694	
库存资产	36710	149001	146089	149463	141029	146668	
固定资产	147915	606172	639585	652924	655346	664848	
有形固定资产	96397	445884	469860	482100	479207	486383	
无形固定资产	51518	160288	169725	170824	176138	178464	
资本和负债总额	319936	1273227	1300532	1344872	1308082	1314265	
自有资本	83761	245319	247002	253535	260412	261316	
股份资本	22124	65219	68356	71106	71659	75836	
负债	236175	1027908	1053530	1091337	1047670	1052949	
固定负债	95200	425540	463335	464362	444259	457113	
流动负债	140858	602142	590011	626773	603201	595591	
短期贷款	47292	258767	248410	260065	248151	243487	
应付款	50620	199636	204002	217486	208571	205024	
美国(亿美元)							
资产总额	33353	37358	40061	42985	46340	49213	52619
流动资产	12934	14065	15262	16363	17472	18471	18946
应收款	4825	4941	5520	5966	6269	6501	6510
库存资产	5355	5661	6067	6544	6762	7141	7327
固定资产	20419	23293	24799	26623	28868	30741	33674
有形固定资产	10985	12153	12693	13415	14082	14669	15296
无形固定资产	9434	11141	12105	13207	14786	16072	18377
资本和负债总额	33353	37358	40061	42985	46340	49213	52619
自有资本	12655	13258	14564	16007	17713	18952	19854
股份资本	4043	5274	5634	6063	6862	7107	7224
负债	20698	24100	25497	26978	28627	30261	32765
固定负债	11358	13998	14451	15253	15886	16520	18294
流动负债	9430	10102	11046	11725	12740	13740	14471
短期贷款	1802	1792	1960	2061	2104	2358	2734
应付款	3133	3471	3924	4252	4499	4807	4824
英国(百万英镑)							
资产总额	1057265	1176276	1196180	1255358			
流动资产	294649	318392	333880	349856			
应收款	86888	87001	87109	86400			
库存资产	100300	102400	109900	118100			
固定资产	762616	857884	862300	905502			
有形固定资产	615100	670300	661100	670500			
无形固定资产	147516	187584	201200	235002			
资本和负债总额	1057265	1176276	1196180	1255358			
自有资本	595476	655492	675948	688396			
股份资本							
负债	461789	520784	520232	566962			
固定负债	29234	58559	56718	66655			
流动负债	432555	462225	463514	500307			
短期贷款	324086	346494	343322	378466			
应付款	93042	97624	99520	100037			
德国(亿马克)							
资产总额	25464	29494	31323	30912	31229		
流动资产	15272	17034	18162	18132	18272		
应收款	4112	4333	4697	4743	4674		
库存资产	5681	5938	7441	7491	7450		
固定资产	10082	12328	13023	12646	12828		
有形固定资产	7007	7934	8043	7664	7576		
无形固定资产	3075	4394	4980	4982	5252		

17—15 续表 1

	1990 年	1993 年	1994 年	1995 年	1996 年	1997 年	1998 年
资本和负债总额	25465	29494	31323	30912	31229		
自有资本	9831	11605	12369	12330	12387		
股份资本	3246	3641	3775				
负债	15633	17889	18954	18582	18842		
固定负债	3965	4640	4809	4558	4623		
流动负债	11593	13142	14026	13920	14113		
短期贷款	2461	2734	2706	2780	2798		
应付款	3884	3782	4155	4194	4226		
法国(百万法郎)							
资产总额		4291734	4413496	4507071	4319983	3362220	
流动资产		2013795	2098229	2188109	2016803	1825594	
应收款		760734	801220	846887	776295	733652	
库存资产		650594	662960	663500	635064	540440	
固定资产		2148140	2190045	2191633	2177327	1462845	
有形固定资产		1460057	1479636	1489248	1417426	743475	
无形固定资产		688083	710410	702385	759902	719370	
资本和负债总额		4291734	4413496	4507071	4319983	3362220	
自有资本		1113477	1164375	1152827	1113122	1027249	
股份资本		597425	611916	622105	607575	501618	
负债		3178257	3249121	3354244	3206861	2334971	
固定负债		1257378	1223103	1254881	1229926	769151	
流动负债		1362356	1443709	1497625	1371519	1258315	
短期贷款		152298	155223	173180	139180	117828	
应付款		620245	672321	686530	646377	619083	
意大利(十亿里拉)							
资产总额	686746	827770	859743	905992			
流动资产	404073	455994	475507	512060			
应收款	160828	183062	194728	211252			
库存资产	135589	154099	160843	171505			
固定资产	282673	371777	384235	393932			
有形固定资产	195545	263467	273575	274456			
无形固定资产	87128	108310	110660	119476			
资本和负债总额	686746	827770	859743	905992			
自有资本	179191	188052	204571	213339			
股份资本	107892	126396	135372	138011			
负债	507555	639718	655172	692652			
固定负债	157261	197352	209744	222470			
流动负债	350294	442366	445428	470182			
短期贷款	95149	141600	130686	129207			
应付款	190158	228611	244598	260687			
加拿大(百万加元)							
资产总额	1114456	1201163	1303479	1394238			
流动资产	283393	303614	328566	357009			
应收款	99572	113487	123799	131081			
库存资产	102346	101678	109723	119940			
固定资产	630731	655574	700787	730816			
有形固定资产	501959	515228	541356	564514			
无形固定资产	128772	140346	159431	166302			
资本和负债总额	1114456	1201163	1303479	1394238			
自有资本	558382	568581	623955	680290			
股份资本							
负债	521741	574960	613464	644506			
固定负债	239122	292910	317031	334861			
流动负债	282619	282050	296433	309645			
短期贷款	144863	150051	157379	158214			
应付款	49620	30400	30836	35733			

注:①不包括金融企业。日本、英国、意大利和加拿大为全部企业;美国包括制造业、采矿业和批发、零售商业;德国包括电力、煤气和水供应业、采矿业、制造业、建筑业、批发和零售商业、交通通讯业企业;法国为主要企业。日本和英国为财政年度(当年 4 月 1 日至次年 3 月 31 日)。

资料来源:日本《国际比较统计》1999 年。

17－16 日本、美国和德国制造业资产负债表①

	1990年	1991年	1992年	1993年	1994年	1995年	1996年	1997年	1998年
日本(十亿日元)									
企业数(个)	424159	433970	450936	462345	468824	469656	455357	450540	
资产总额	352959	369015	374152	370762	384258	388873	381839	393489	
流动资产	210146	210614	206713	199149	206489	211631	205691	210097	
应收款	86668	85044	81415	79792	83647	88451	87736	87988	
库存资产	43747	46224	44744	42609	42343	43733	42311	45103	
固定资产	142392	157913	166884	171082	177181	176546	175587	182664	
有形固定资产	97899	109788	116970	119373	121128	121455	118496	122872	
无形固定资产	44493	48125	49914	51709	56053	55091	57091	59793	
资本和负债总额	352959	369015	374152	370762	384258	388873	381839	393489	
自有资本	107920	114952	118245	118529	124244	126952	130212	137386	
股份资本	23949	24939	25628	26651	27555	28213	28648	29772	
负债	245039	254063	255907	252233	260014	261922	251627	256104	
固定负债	84816	93612	97938	102442	103302	100020	93460	94236	
流动负债	160223	160450	157968	149791	156712	161901	158167	161868	
短期贷款	45495	46692	50297	49528	51874	50713	48733	52383	
应付款	72167	69073	63615	59978	63845	66630	64484	64776	
流动资产占资产总额的％	59.5	57.1	55.2	53.7	53.7	54.4	53.9	53.4	
固定资产占资产总额的％	40.3	42.8	44.6	46.1	46.1	45.4	46.0	46.4	
自有资本占资本总额的％	30.6	31.2	31.6	32.0	32.3	32.6	34.1	34.9	
美国(亿美元)									
企业数(个)	7280	7265	7420	7598	7794	6995	6768	6674	6598
资产总额	26300	26817	28002	29012	30936	33133	35744	37468	39988
流动资产	9458	9445	9792	10126	10865	11549	12400	12960	13170
应收款	3660	3557	3644	3654	4055	4322	4552	4680	4693
库存资产	3754	3697	3706	3762	3913	4196	4344	4542	4577
固定资产	16843	17372	18210	18886	20071	21583	23344	24508	26818
有形固定资产	8787	9070	9384	9443	9773	10247	10559	10738	11047
无形固定资产	8056	8302	8827	9443	10298	11336	12785	13771	15771
资本和负债总额	26300	26817	28002	29012	30936	33133	35744	37468	39988
自有资本	10156	10765	10376	10570	11597	12756	14060	14793	15445
股份资本	3070	3362	3660	3884	4143	4398	5039	5018	5107
负债	15739	16052	17536	18442	19339	20377	21684	22675	24543
固定负债	8962	9294	10588	11216	11554	12164	12624	12977	14347
流动负债	6777	6758	7048	7225	7785	8213	9060	9698	10196
短期贷款	1144	1059	1178	1103	1198	1242	1353	1510	1818
应付款	2071	2054	2165	2219	2502	2716	2874	3060	2964
流动资产占资产总额的％	36.0	35.2	35.0	34.9	35.1	34.9	34.7	34.6	32.9
固定资产占资产总额的％	64.0	64.8	65.0	65.1	64.9	65.1	65.3	65.4	67.1
自有资本占资本总额的％	40.2	40.1	37.0	36.4	37.5	38.5	39.3	39.5	38.6
德国(亿马克)									
企业数(个)									
资产总额	12919	13956	14450	14189	14686	14740	14942		
流动资产	7507	7923	8050	7830	8161	8197	8245		
应收款	1864	1937	1925	1855	1969	2025	2004		
库存资产	2974	3123	3099	2841	3116	3172	3166		
固定资产	5374	5990	6358	6320	6486	6503	6657		
有形固定资产	3433	3742	3906	3704	3547	3460	3461		
无形固定资产	1941	2248	2452	2616	2939	3043	3196		
资本和负债总额	12919	13956	14450	14189	14686	14740	14942		
自有资本	6263	6727	7084	7044	7384	7491	7532		
股份资本									
负债	6656	7229	7366	7145	7302	7249	7410		
固定负债	1698	1800	1832	1833	1797	1742	1750		
流动负债	4942	5412	5514	5290	5483	5485	5634		
短期贷款	982	1064	1120	1029	935	982	965		
应付款	1490	1493	1449	1307	1438	1468	1465		
流动资产占资产总额的％	58.1	56.8	55.7	55.2	55.6	55.6	55.2		
固定资产占资产总额的％	41.6	42.9	44.0	44.5	44.2	44.1	44.6		
自有资本占资本总额的％	48.5	48.2	49.0	49.6	50.3	50.8	50.4		

注：①日本为财政年度(当年4月至次年3月)。德国仅指原西德地区。

资料来源：日本《国际比较统计》1999年。

17—17 日本、美国和德国制造业公司利润①

	1990年	1992年	1993年	1994年	1995年	1996年	1997年	1998年
日本(十亿日元)								
公司数(个)	424159	450936	462345	468824	469656	455357	450540	
销售额	408569	408034	394678	401763	407679	408452	419213	
成本	400457	405951	395003	399502	402404	400900	411663	
材料购买	321712	320780	311969	315817	319191	319798	327650	
其他费用	78745	85171	83034	83685	83213	81102	84013	
劳动报酬	61524	68228	68827	69701	69052	66399	69502	
折旧	12722	14661	14629	14057	13510	13437	14094	
融资费用	8476	8291	7072	6519	5296	3982	3656	
利润								
税前利润	16978	10066	7050	8514	11307	12367	11686	
利润税	8463	5899	4897	5248	5952	6326	6065	
税后利润	8515	4166	2153	3266	5355	6041	5621	
股息	2025	1966	1739	1862	1978	2000	2068	
美国(亿美元)								
公司数(个)	7280	7420	7598	7794	6995	6768	6674	6598
销售额	28113	28913	30145	32610	35186	37534	39255	39341
成本	26386	27399	28348	30198	32483	34756	36266	36384
材料购买								
其他费用								
劳动报酬								
折旧	1092	1203	1215	1241	1302	1377	1469	1484
融资费用								
利润								
税前利润	1596	351	1187	2438	2787	3134	3345	3177
利润税	480	98	349	685	773	819	876	801
税后利润	1116	252	838	1753	2013	2315	2469	2377
股息	622	631	667	701	809	947	1077	1188
德国(亿马克)								
公司数(个)								
销售额	20308	22248	20676	21585	22560	22784		
成本	20072	22321	20946	21505	22468	22591		
材料购买	10958	11692	11697	11223	11974	12185		
其他费用	9114	10629	9249	10282	10494	10406		
劳动报酬	5016	5688	5429	5397	5482	5440		
折旧	931	1084	1102	1064	1015	974		
融资费用	298	413	380	326	303	279		
利润								
税前利润	1417	1352	1130	1468	1610	1570		
利润税	907	1034	924	1051	1170	1161		
税后利润	510	318	206	417	440	409		
股息								

注:①日本为财政年度(当年4月至次年3月)。美国为抽样调查数。德国仅为原西德地区。

资料来源:日本《国际比较统计》1999年。

17—18 日本、美国和德国制造业公司主要财务指标①

单位:%

	1990 年	1992 年	1993 年	1994 年	1995 年	1996 年	1997 年	1998 年
日本								
自有资本占负债总额的比重	30.58	31.60	31.97	32.33	32.65	34.10	34.91	
固定资产与自有资本之比	131.94	141.13	144.34	142.61	139.07	134.85	132.96	
流动资产与自有资本之比	131.16	130.86	132.95	131.76	130.72	130.05	129.80	
库存与销售额之比②	1.28	1.32	1.30	1.26	1.29	1.24	1.29	
资本利润率③	2.41	1.11	0.58	0.85	1.38	1.58	1.43	
销售利润率③	2.08	1.02	0.55	0.81	1.31	1.48	1.34	
融资费用占销售额的比重	2.07	2.03	1.79	1.62	1.30	0.97	0.87	
劳动报酬占销售额的比重	15.06	16.72	17.44	17.35	16.94	16.26	16.58	
股息率	8.46	7.67	6.52	6.76	7.01	6.98	6.95	
美国								
自有资本占负债总额的比重	40.16	37.02	36.43	37.49	38.50	39.34	39.48	38.62
固定资产与自有资本之比	159.48	175.66	178.67	173.06	169.20	166.03	165.68	173.64
流动资产与自有资本之比	139.56	138.94	140.15	139.58	140.63	136.86	133.64	129.17
库存与销售额之比②	1.60	1.54	1.50	1.44	1.43	1.39	1.39	1.40
资本利润率③	4.24	0.90	2.89	5.67	6.08	6.48	6.59	5.94
销售利润率③	3.97	0.87	2.78	5.37	5.72	6.17	6.29	6.04
融资费用占销售额的比重								
劳动报酬占销售额的比重								
股息率	20.26	17.23	17.17	16.91	18.39	18.80	21.46	23.26
德国								
自有资本占负债总额的比重	48.48	49.02	49.64	50.28	50.82	50.41		
固定资产与自有资本之比	85.81	89.75	89.72	87.84	86.81	88.38		
流动资产与自有资本之比	151.90	145.99	148.02	148.84	149.44	146.34		
库存与销售额之比②	1.76	1.67	1.65	1.73	1.69	1.67		
资本利润率③	3.95	2.20	1.45	2.84	2.99	2.74		
销售利润率③	2.51	1.43	1.00	1.93	1.95	1.80		
融资费用占销售额的比重	1.47	1.86	1.84	1.51	1.34	1.22		
劳动报酬占销售额的比重	24.70	25.57	26.26	25.00	24.30	23.88		
股息率								

注:①日本为财政年度(当年 4 月至次年 3 月)。②库存与月销售之比。③资本利润率和销售利润率分别为净利润与资本额及销售额之比(%)。

资料来源:日本《国际比较统计》1993 年,1999 年。

17—19 日本、美国和德国非制造业资产负债表①

	1990 年	1993 年	1994 年	1995 年	1996 年	1997 年	1998 年
日本(十亿日元)							
企业数(个)	1596296	1873010	1938454	1979592	2012489	1983411	
资产总额	789148	902464	916275	955999	926243	920776	
流动资产	456555	465577	451518	477343	444329	436342	
应收款	164380	158314	156057	177229	158384	153706	
库存资产	100231	106391	103747	105730	98719	101565	
固定资产	331257	435090	462403	476379	479759	482183	
有形固定资产	244006	326511	348732	360645	360712	363512	
无形固定资产	87251	108579	113672	115733	119047	118671	
资本和负债总额	789148	902464	916275	955999	926243	920776	
自有资本	110722	126790	122758	126583	130200	123931	
股份资本	32671	38568	40801	42893	43011	46064	
负债	678426	775675	793516	829416	796043	796845	
固定负债	268633	323098	360033	364342	350799	362877	
流动负债	409671	452351	433299	464872	445034	433723	
短期贷款	165709	209239	196536	209352	199418	191105	
应付款	155502	139658	140157	150857	144087	140248	
流动资产占资产总额的%	57.9	51.6	49.3	49.9	48.0	47.4	
固定资产占资产总额的%	42.0	48.2	50.5	49.8	51.8	52.4	
自有资本占资本总额的%	14.0	14.0	13.4	13.2	14.1	13.5	
美国(亿美元)							
企业数(个)	1952	1999	2169	1597	1558	1609	1583
资产总额	7053	8346	9125	9852	10596	11745	12631
流动资产	3477	3939	4397	4813	5073	5511	5775
应收款	1165	1287	1466	1644	1716	1821	1817
库存资产	1601	1899	2155	2348	2418	2599	2750
固定资产	3576	4407	4728	5039	5523	6233	6856
有形固定资产	2198	2709	2921	3168	3522	3932	4250
无形固定资产	1378	1698	1807	1871	2001	2302	2606
资本和负债总额	7053	8346	9125	9852	10596	11745	12631
自有资本	2093	2688	2966	3251	3653	4159	4410
股份资本	963	1390	1492	1665	1823	2089	2116
负债	4959	5658	6159	6602	6943	7586	8222
固定负债	2396	2781	2897	3089	3263	3543	3946
流动负债	2564	2877	3261	3513	3680	4043	4275
短期贷款	658	689	763	819	751	848	917
应付款	1063	1253	1423	1536	1625	1747	1860
流动资产占资产总额的%	49.3	47.2	48.2	48.9	47.9	46.9	45.7
固定资产占资产总额的%	50.7	52.8	51.8	51.1	52.1	53.1	54.3
自有资本占资本总额的%	29.7	32.2	32.5	33.0	34.5	35.4	34.9
德国(亿马克)							
企业数(个)							
资产总额	12545	15305	16637	16172	16287		
流动资产	7765	9204	10001	9935	10027		
应收款	2248	2478	2728	2718	2670		
库存资产	2707	3097	4325	4319	4284		
固定资产	4708	6008	6537	6143	6171		
有形固定资产	3574	4230	4496	4204	4115		
无形固定资产	1134	1778	2041	1939	2056		
资本和负债总额	12545	15305	16637	16172	16287		
自有资本	3568	4561	4985	4839	4855		
股份资本							
负债	8977	10744	11652	11333	11432		
固定负债	2267	2807	3012	2816	2873		
流动负债	6651	7852	8543	8435	8479		
短期贷款	1479	1705	1771	1798	1833		
应付款	2394	2475	2717	2726	2761		
流动资产占资产总额的%	61.9	60.1	60.1	61.4	61.6		
固定资产占资产总额的%	37.5	39.3	39.3	38.0	37.9		
自有资本占资本总额的%	28.4	29.8	30.0	29.9	29.8		

注:①日本为财政年度(当年 4 月至次年 3 月)。

资料来源:日本《国际比较统计》1999 年。

17－20 日本、美国和德国非制造业公司利润①

	1990 年	1993 年	1994 年	1995 年	1996 年	1997 年	1998 年
日本(十亿日元)							
公司数(个)	1596296	1873010	1938454	1979592	2012489	1983411	
销售额	1019612	1044434	1037222	1077019	1039931	1048211	
成本	1018037	1047736	1039511	1076883	1038936	1047292	
材料购买	827684	829435	819492	854995	821974	824020	
劳动报酬	104710	127813	131046	133199	130182	133619	
折旧	21320	25312	26113	26769	27254	26960	
融资费用	26126	22501	21257	17992	15226	13359	
利润							
税前利润	21107	11201	10321	11764	11731	10992	
利润税	12052	9609	9073	9437	8913	8337	
税后利润	9055	1592	1248	2327	2818	2655	
股息	2202	2032	1971	2146	3458	2162	
美国(亿美元)							
公司数(个)	1952	1999	2169	1597	1558	1609	1583
销售额	14224	15994	17390	18968	20600	22110	23095
成本	13807	15506	16838	18383	19913	21286	22223
材料购买							
劳动报酬							
折旧	246	304	328	354	383	431	481
融资费用							
利润							
税前利润	246	320	415	438	590	694	634
利润税	107	123	169	163	207	247	250
税后利润	140	197	246	275	383	446	384
股息	80	89	96	107	105	127	129
德国(亿马克)							
公司数(个)							
销售额	23129	26477	28552	29128	29063		
成本	23333	27288	29156	29657	29588		
材料购买	16540	18597	19843	20352	20411		
劳动报酬	3325	4184	4487	4496	4432		
折旧	740	914	995	937	932		
融资费用	388	505	473	442	416		
利润							
税前利润	797	804	897	838	841		
利润税	364	442	466	474	511		
税后利润	433	362	431	364	330		
股息							

注：①日本为财政年度(当年 4 月至次年 3 月)。

资料来源：日本《国际比较统计》1999 年。

17—21 日本、美国和德国非制造业公司主要财务指标

单位:%

	1990年	1992年	1993年	1994年	1995年	1996年	1997年	1998年
日本								
自有资本占负债总额的比重	14.03	13.92	14.05	13.40	13.24	14.06	13.46	
固定资产与自有资本之比	299.18	339.37	343.16	376.68	376.34	368.48	389.07	
流动资产与自有资本之比	111.44	108.78	102.92	104.20	102.68	99.84	100.60	
库存与销售额之比②	1.18	1.29	1.22	1.20	1.18	1.14	1.16	
资本利润率③	1.15	0.42	0.18	0.14	0.24	0.30	0.29	
销售利润率③	0.89	0.34	0.15	0.12	0.22	0.27	0.25	
融资费用占销售额的比重	2.56	2.52	2.15	2.05	1.67	1.46	1.27	
劳动报酬占销售额的比重	10.27	11.55	12.24	12.63	12.37	12.52	12.75	
股息率	6.74	5.61	5.27	4.83	5.00	8.04	4.69	
美国								
自有资本占负债总额的比重	29.68	31.35	32.21	32.51	32.99	34.48	35.41	34.91
固定资产与自有资本之比	170.82	167.55	163.96	159.40	155.01	151.18	149.87	155.48
流动资产与自有资本之比	135.61	133.09	136.92	134.81	137.03	137.84	136.34	135.08
库存与销售额之比②	1.35	1.38	1.42	1.49	1.49	1.41	1.41	1.43
资本利润率③	1.98	1.29	2.36	2.69	2.79	3.62	3.80	3.04
销售利润率③	0.98	0.66	1.23	1.41	1.45	1.86	2.02	1.66
融资费用占销售额的比重								
劳动报酬占销售额的比重								
股息率	8.35	6.26	6.40	6.47	6.42	5.77	6.09	6.10
德国								
自有资本占负债总额的比重	28.44	30.62	29.80	29.96	29.92	29.81		
固定资产与自有资本之比	131.95	127.41	131.73	131.13	126.95	127.11		
流动资产与自有资本之比	116.75	117.40	117.22	117.07	117.78	118.26		
库存与销售额之比②	1.40	1.35	1.40	1.82	1.78	1.77		
资本利润率③	3.45	2.91	2.37	2.59	2.25	2.03		
销售利润率③								
融资费用占销售额的比重	1.68	1.93	1.91	1.66	1.52	1.43		
劳动报酬占销售额的比重	14.38	14.53	15.80	15.72	15.44	15.25		
股息率								

注:①日本为财政年度(当年4月至次年3月)。②库存与月销售之比。③资本利润率和销售利润率分别为净利润与资本额及销售额之比(%)。

资料来源:日本《国际比较统计》1999年。

主要统计指标解释

500家大企业营业额和利润 表上所列的企业必须颁布其财务数据,并向有关政府机构汇报其全部或部分数字。上报的营业额包括公布时非连续性经营活动所得收入。商业银行及储蓄所的营业额为利息收入和非利息收入。对保险公司而言,这样的数字为保险费、年金、投资收入、资产收益或亏损,但不包括存款。营业额包括子公司,不包括营业税。

此表中的利润为税后利润,扣除工资单的额外帐款或费用,扣除核算改变的累积影响。负数为亏损。利润跌幅超过100%反应出从1998年赢利到1999年亏损的变动。1999年会计年度截止日期不晚于2000年3月31日。对于非美国企业的销售额和利润,会计年度截止日期为1999年12月31日(除非有特别注明),均按年度平均官方汇率换算成美元。

为便于读者分析对比,对营业额最高的500家企业,我们又按利润额、资产额重新排序,并将它们按国别(地区)和行业分组,列出公司的中西文名称对照。

资产及股东产权权益 均为企业会计年度末的数据。股东产权权益为此时的资本存量、实收资本、留存收益总数,不包括少数股权。非美国企业的数字,按其会计年度末的官方汇率换算成美元。

雇员数 由公布企业自己决定,或为会计年度末人数,或为年度平均人数。

行业分类 反应出这些公司最主要的收入所属行业。行业分组按照美国管理和预算办公室制定的分类方法。

日本、美国和德国制造业和非制造业企业财务指标中企业范围:

日本 为不包括金融机构和保险公司的公司。

美国 数据通过大量的抽样调查获得。非制造业指标为采矿业和批发零售商业企业抽样调查数,1987年及以前为资产2500万美元以上的企业,1988年及以后为资产5000万美元以上的企业。

德国 非制造业企业包括电力、煤气和水供应业、采矿业、建筑业、批发和零售商业、交通通讯业企业。

利润核算中的各项指标如下:

(1)"劳动报酬"包括对各级主管的津贴、职员工资、劳工费用(工资、补贴、福利以及退休基金的增加),不包括用于企业生产之外的额外开支。

(2)"折旧费"包括一般性的损耗,特殊性的损耗以及生产过程中的磨损等等。

(3)"融资费用"包括支付利息费用,贴现和债券利息。

(4)"税收"大体是依照公司的所得征收的。日本征收公司税和公司人头税,不征收商业税。美国征收联邦和地方公司税。德国征收公司税和商业税。

(5)"利润" 日本为税后利润=税前利润-所得税;德国和美国为税前利润=本期利润+所得税

(6)不同国家有不同的企业核算规定,因此,不易逐条去细比。